株洲市天元区志
（株洲高新区志）

株洲市天元区·株洲高新区地方志编纂委员会

方志出版社
Publishing House of Local Records

株洲市天元区志(株洲高新区志)编纂委员会办公室

主　　任：田江萍

副 主 任：李立新　张　楠

工作人员：曾令华　李　程　刘献忠　彭　皓　全落平　李碧云

株洲市天元区志(株洲高新区志)编辑部

总　　编：杨　宇　袁哲明　蒋　智

副 总 编：黄志斌

主　　编：田江萍

执行主编：刘建军

副 主 编：李立新　张卫华　张　楠　梁　胜

编　　辑：何卫红　彭立地　邓昭强　黄剑业　高国畔

编　　务：曾令华　李　程　刘献忠　彭　皓　全落平　李碧云

株洲市天元区志(株洲高新区志)照片提供

照片选自历年《株洲年鉴》《株洲高新区·天元区年鉴》《辉煌的十年》《火炬之光耀新天》《株洲高新区·天元区统计年鉴》和市国土局、区委宣传部、株洲高科集团有限公司、湖南天易集团有限公司、中国动力谷科技创新中心、区档案馆、秦世平、钟跃能、陈瑛、欧阳华、彭水明、赵凯、李远灏、陈睿等提供的资料，如有遗漏请与编辑部联系。

株洲市天元区志(株洲高新区志)终审人员

易介南　邓建平　隆清华　李一平　李章进　陈北宏

株洲市天元区志(株洲高新区志)验收人员

吴　夏　温民胜　雷　菡

株洲市天元区志(株洲高新区志)供稿人员

（以姓氏笔画为序）

于　芳	马　杰	文　华	文　丽	文洁丽	毛　鑫
王　军	王　艳	王　敏	王文武	王代良	王红平
王建国	王晓净	邓　稳	邓昭强	邓婵娟	叶　彦
叶军明	田　敏	田江萍	仲盈蓉	刘　文	刘　鑫
刘仕良	刘江云	刘建军	刘锦明	成　歆	朱文强
江旭高	汤　雄	汤艳桃	汤鹏天	何　芳	何卫红
何利民	余　鑫	吴　宏	吴敏英	张　谦	张力行
张力群	张卫华	张绍治	张彦贺	张思伟	张荐钧
张铁强	旷　野	李　礼	李　倩	李　艳	李　铭
李立新	李淑成	杨　锋	杨　静	杨红艳	杨益军
杨艳辉	沈　强	沈光迪	肖　斌	苏　骞	苏联城
言米娜	邹　林	陈　妮	陈　林	陈　亮	陈　智
陈　瑶	陈　睿	陈灿华	陈瑜婷	周　文	周文东
周永松	周沙沙	周彪林	周春阳	周振华	周高林
易　华	易佳星	易建湘	易治国	易淑静	罗　娟
罗　艳	罗　敏	罗小清	罗青松	罗俊玲	俞鸣霞
姚　宇	姜　婷	施艳林	胡　敏	胡一鸣	胡良贵
胡骞予	赵泽宇	项锦仁	凌小娜	凌向东	唐　贝
唐　扬	唐　芳	唐　研	唐周凝	唐梦君	徐　芳
徐曙光	殷　平	殷　晖	涂　丹	袁　芬	袁　玲
袁慧娟	谈　静	资　娟	郭炼光	陶阳谷	陶　涛
顾　星	黄　华	黄　雨	黄　亮	黄凯英	黄美玲
龚寻芳	彭　炯	彭凤英	彭立地	彭亭颖	彭树军
彭雅愉	曾　洋	程　亮	程　晖	程　钺	程保民
童建芳	粟冬红	覃　莺	谢子兵	谢开祥	谢光华
韩靖宇	廖　怿	廖莉芝	漆　敏	蔡华章	谭　晨
谭小松	谭少元	谭勇军	潘文敏		

序

“夫修志者，非示观美，将求其实用也。”《株洲市天元区志（株洲高新区志）》贯古通今，史料丰富翔实，表述言简意赅，洋洋洒洒百余万字，囊括自然、政治、经济、文化、社会、人物诸多方面，以新观点、新材料、新方法，尽述历史沿革之要略，追忆先贤英杰之功绩，描绘自然风光之秀美，反映经济文化之发展。《株洲市天元区志（株洲高新区志）》的诞生，为全区提供了一部融实用性、科学性、资料性于一体的资政工具书，有助于我们萌发启迪，借鉴经验，探索规律，开拓思路，全面认识高新区、建设高新区。

清江北流龙回水，古岳南屏虎啸川。株洲新区山川灵秀，交通便利，以炎帝文化为内核的国家AAAA级景区神农城，中共株洲市委、市政府等党政机关及众多金融机构、科研院所坐落于区域核心位置，众多高新技术企业在境内蓬勃发展，得天独厚的地理位置与日益增长的综合实力，使新区成为全市的政治、经济、文化中心。

聚力创新，铸造辉煌。株洲高新区自1988年成立株洲新技术产业试验区，至1992年成为国家级高新区；从最初的54个国家级高新区中第50名的位置，跃居到146个国家级高新区中的第23名；由一片“荒丘菜地”，到现在的现代科技新城。株洲高新区建成区和在建区面积超过100平方千米，累计投资超过2000亿元，先后获得国家自主创新示范区、国家创新型特色园区、全国综合实力（科技发展）百强区等10余项国家级荣誉，以及省文明城区、省平安区等50余项省级荣誉，是株洲最具活力的经济增长极、城市拓展主阵地和社会文明的展示窗。

继往开来，发展图新。2013年伊始，株洲高新区步入第三个十年的创新驱动、战略提升发展阶段。基于已有的动力产业基础和创新创业资源，株洲高新区致力于以最先进的机车牵引引擎、最强大的航空动力引擎和最环保的汽车动力引擎为核心助推器，着力打造以“中国新能源汽车产业城、中国轨道交通城、中南地区通用航空城”为支撑的中国动力谷。盛世修志，为明时盛事。在这“凝聚中国动力，建设幸福天元”的历史新节点，诚望全区人民不忘初心，牢记使命，勠力同心、开拓创新，以矫健的步伐踏上新征程，以崭新的姿态拥抱新时代。

观史思治，修志谋远。我区第一部地方志书——《株洲市天元区志（株洲高新区志）》历四载寒暑，费多方心血，终付梓成册。备感欣喜之际，诚向辛勤耕耘在精神文化家园的全体编纂人员表示亲切的慰问和衷心的感谢！

是为序。

中共株洲高新区工委书记、天元区委书记

2018年12月28日

凡 例

一、本志坚持以马克思列宁主义、毛泽东思想、邓小平理论、“三个代表”重要思想、科学发展观和习近平新时代中国特色社会主义思想为指导，全面、系统、客观地记述株洲国家高新技术产业开发区、天元区自然、政治、经济、文化和社会的历史与现状，以充分显示本区既是开发区，又是行政区的地方特色，也为了解、研究和建设本区域服务。

二、本志为株洲市天元区首部地方综合志书，亦为首部株洲高新区志。株洲高新区前身为建于1988年9月的株洲新技术产业开发试验区。1992年12月，国务院批准为国家高新技术产业开发区。1997年8月，株洲市行政区划调整时设立天元区。2001年2月，株洲高新区与天元区职能归并，效能整合，构筑株洲新区。故本志定名《株洲市天元区志（株洲高新区志）》。

三、本志记述范围以2014年12月底株洲市天元区行政区划及株洲高新区所辖三园为界。隶属关系变动的地域，仅限于其划入期间。驻区的中央、省属单位，按所属门类，有选择地分别记述。本志上限原则上为1997年（株洲市天元区设立），株洲高新区有关内容上溯至1988年（株洲新开区设立）。鉴于本志为株洲市天元区（株洲高新区）首部志书，概述、大事记、人物等部分及个别篇章根据需要，适当追溯。

四、本志按现代社会分工和科学分类，结合本区域实际情况划分类别。全志总体按自然、政治、经济、文化、社会、人物的顺序，以单一或多个并列门类立篇，对个别事类作升格处理。除总述、大事记、人物、附录、索引外，分立25篇。

五、本志采用述、记、志、传、录体裁，辅以图、表。排列顺序大体按自然、政治、经济、文化、社会顺序和篇、章、节、目结构编排。

六、本志资料主要来源于机关、社会团体、企事业单位、其他组织提供的志稿资料和档案、史志、报刊、年鉴等，均经核实。各种统计数据，主要使用市或区统计部门公布的，缺少的部分使用有关单位提供的。

七、大事记以编年体为主，结合纪事本末体。人物篇分人物传、烈士表，收录范围为本籍人物、本籍在外地人物。人物传按通例只收录去世的人，人物传记排列以卒年为序，烈士按乡镇、街道排序。

八、本志称谓首次出现使用全称，重复出现使用简称。一般使用当时的称谓，必要时加注。地名的使用，以市民政局地名办公布的地名为标准。

九、本志计量单位使用国家颁布的法定计量单位。标点符号、数字用法执行国家技术检验检疫监督局、国家标准化管理委员会于2011年7月29日发布的《中华人民共和国国家标准出版物上数字用法》（GB/T15835-2011）规定。行文规范、印刷设计遵行湖南省地方志委员会提出的相关规定和要求。

六桥跨湘江

▲ 石峰大桥

▲ 芦淞大桥

▲ 建宁大桥

▲ 枫溪大桥

▲ 天元大桥

▲ 株洲大桥

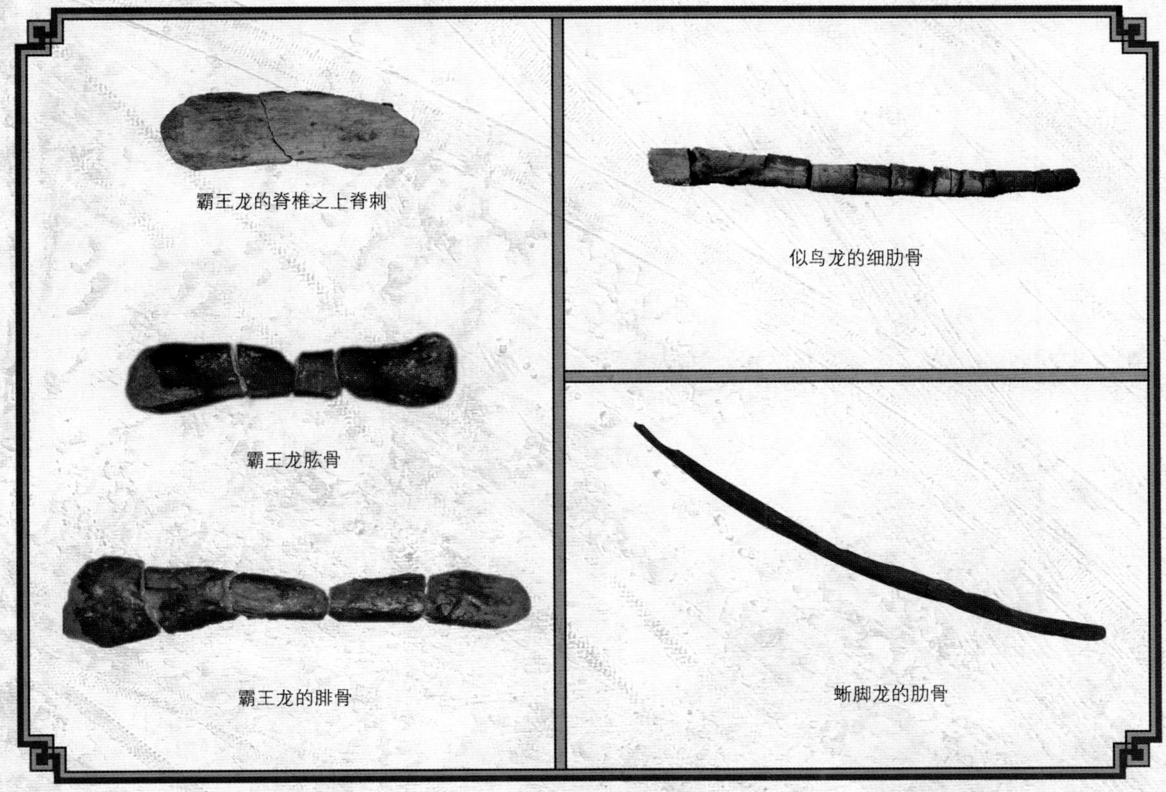

▲ 据今6500～8000万年前，位于嵩山路街道东湖管理处出土的恐龙化石

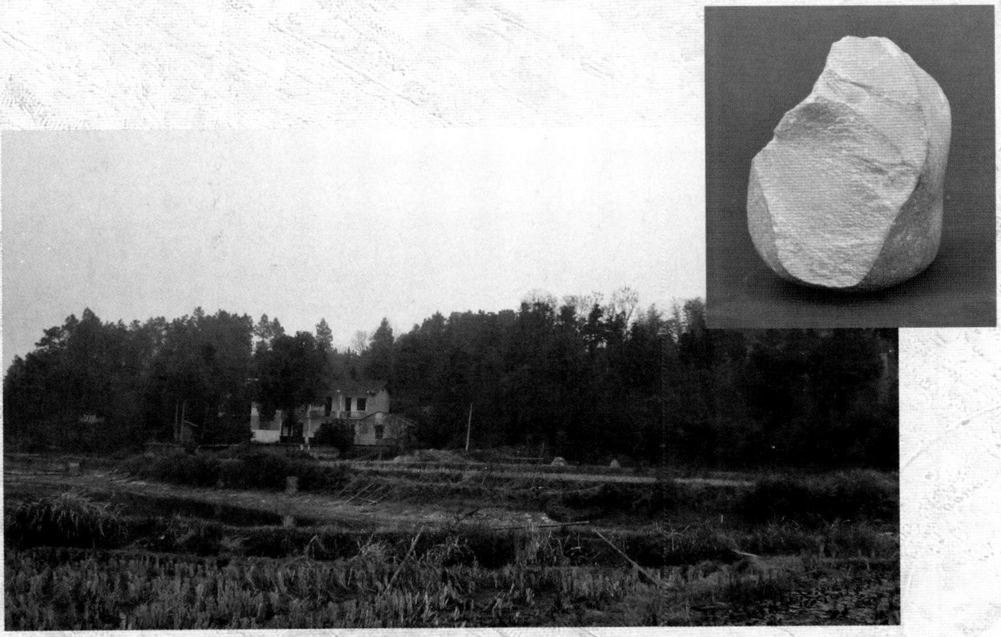

▲ 20万年前三门镇燕子村六斗坡旧石器遗址及出土的旧石器刮削器

▲ 罗瑶古墓

▲ 罗正坝古桥

▲ 龙门古寺

▲ 非物质文化遗产——正红蜡烛制作工艺

▲ 非物质文化遗产——雕镂件鎏贴金工艺

▲ 20世纪80年代末的河西

▲ 20世纪90年代的河西

▲ 20世纪90年代位于黄河北路的区政府办公大楼

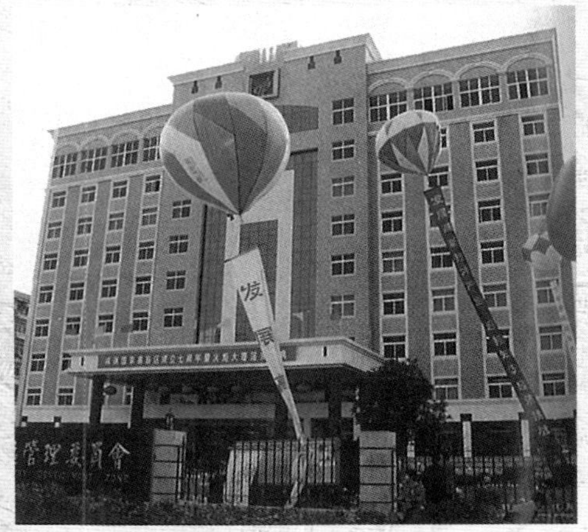

▲ 20世纪90年代的火炬大厦

▲ 20世纪80年代株洲湘江一桥河西桥头

▲ 20世纪80年代的天台路

▲ 20世纪90年代炎帝广场

▲ 2000年的长江广场

▲ 三门镇老街老店

▲ 马家河老街老店

▲ 20世纪90年代天台工业园施工现场

▲ 庆霞寺王氏石浦小学旧址

▲ 20世纪90年代的河西园艺场

▲ 航空产业园

▲ 中国动力谷自主创新园

▲ 汽车博览园

▲ 轨道交通城

▲ 天台工业园

▲ 栗雨工业园

▲ 钻石工业园

▲ 天易科技园

▲ 大汉惠普信息产业园

▲ 新马金谷

▲ 株洲汽配园

▲ 硬质合金园

▲ 长城电脑

▲ 中车株洲电力机车有限公司

▲ 唐人神集团

▲株洲时代新材料科技股份有限公司

▲ 北京汽车股份有限公司株洲分公司

▲ 悠移生态农业

◀ 湘云葡萄

雷打石镇黑山羊 ▶

▲ 株洲西站

▲ 天虹百货商场

▲ 万豪酒店

▲ 日丰庭商贸楼

▲ 神农广场

▲ 株洲湘江一桥河西风光

▲ 高科·总部壹号

▲ 天元区（高新区）政府办公大楼

▲ 王家坪立交桥

▲ 东湖立交桥

▲ 泰山路

▲ 黄河路

▲ 珠江北路

▲ 长江北路

▲ 天台路

▲ 神农城AAAA级景区

▲ 河西湘江风光带

▲ 神农大剧院

▲ 体育中心

▲ “迈入新时代·谱写新篇章”——株洲高新区、天元区主题文艺晚会

▲《株洲高新区·天元区志》稿评议会

▲ 自行车赛

◀ 三门镇月形村敬老院

株洲市中心医院 ▶

▲ 天元区疾病预防控制中心

▲ 火炬幼儿园

▲ 新马小学

▲ 建宁中学

▲ 株洲市二中

▲ 湖南工业大学

▲ 电动公交车

▲ 志愿献血

▲ 区图书馆

▲ 关爱自闭症儿童

▲ 神农湿地须浮鸥

▲ 湘水湾城市公园

◀ 栗雨湖

▲ 万丰湖生态湿地景观

▲ 栗雨休闲谷

▲ 颐乐园

▲ 杨柳水库

▲ 响水村

▲ 古桑洲

▲ 绿心保护区域

目　录

Catalogue

Part Seventeen　Fiscal, Tax and Finance 475

Part Eighteen　Urban and Rural Construction……………………………………510

总 述

一

株洲市天元区、株洲国家高新技术产业开发区（简称“株洲高新区”）是随着株洲市社会经济发展和株洲湘江大桥通车而设立的新区。境属园艺场原为湘潭县管辖区域，1954 年划属株洲市郊区，1965 年划归株洲县，1966 年重新划入株洲市郊区。1988 年 9 月，在市郊区园艺场域内成立株洲新技术产业开发试验区。1992 年 2 月，升级为省级高新区；同年 12 月，升级为国家级高新区。辖湘江西岸原市郊区园艺场和市农科所所在地域，面积 26.87 平方千米，其中国家批准的政策区 8.8 平方千米。

1997 年 8 月，株洲市调整行政区域，撤销原东区、南区、北区、郊区，改设荷塘区、石峰区、芦淞区、天元区。此次区划调整中，以株洲高新区为基础，从株洲县划入群丰镇、马家河乡成立株洲市天元区。因境内有天台山、园艺场，取“园”之谐音“元”，合名为天元。新成立的天元区位于株洲市区西部，以湘江为界，南与株洲县雷打石镇相邻，西与湘潭县接壤，辖群丰镇、马家河乡、泰山路和嵩山路街道，面积 149.56 平方千米，人口 8.96 万人。2005 年 4 月，由株洲市人民政府批准，从马家河镇成建制划出 5 个村（社区）设立栗雨街道。2011 年 1 月，市政府再次调整天元区的行政区划，将株洲县的雷打石镇和三门镇划归天元区管辖。调整后，境域北部、东部分别与石峰区、芦淞区隔江相望，南与株洲县古岳峰镇及堂市乡相邻，西与湘潭县接壤。辖群丰、马家河、雷打石、三门 4 个镇，泰山路、嵩山路、栗雨 3 个街道，辖区面积增至 327.6 平方千米，人口增至 28.77 万人。

天元区境内湘江沿岸多为河谷平原，余皆为平岗、低岗、小岗，丘岗、平原、溪谷交错，地势由中西部向东南北三向倾斜。麦子港、旗云港、包家港、三门港、湖田港自西南向东注入湘江，青龙港由东南向西北汇入湘江曲弯处。属亚热带季风性湿润气候，年平均气温为 17℃ ~ 19℃。雨量充足，年均降雨量 1348 ~ 1490 毫米，光热资源充足，土壤肥沃，宜于耕作。水利设施良好，山冈坡地多已开发为杉、油茶、果林及茶园。天元区已形成以就近供应城市市场为主，以粮食、蔬菜、猪、家禽为支柱产品的较大比重的种养业。境内矿产资源有煤、铁、石英、砂石、石灰石、石膏、耐火泥等。

境内区位优势突出，交通便捷。湘江上溯衡阳，下行通江达海。京港澳高速公路（G4）、京广高速铁路穿越区境，天易公路横贯境北，并于月塘与京港澳高速立体相交，距长沙黄花国际机场 60 千米，简易公路与主干公路交错成网，株洲大桥、天元大桥等 5 座跨湘江大桥将湘江两岸城区连为一体。中共株洲市委、市政府、市政协、株洲军分区及90%的市直机关，株洲市70%的金融机构总部，株洲市唯一的综合性大学、体育中心均驻辖区。良好的区位优势，使天元区成为全市政治、经济、军事、金融、高新技术和文化中心。

二

境内历史悠久，人文底蕴深厚。在天元区嵩山路街道东湖管理处发现的大规模恐龙化石，经中科院著名专家鉴定，距今有6500万年到8000万年。在三门镇燕子村六斗坡发掘的旧石器时代遗址点，揭示20万年前，天元区就有人类活动的踪迹。井寺冲、羊角山、龙家坡等9个古居遗址的发掘，证实远在1万年至4000年前的新石器时代，在天元区的这块土地上，就有人类生活和居住。雷打石镇有观音岩、霞石埠等历史遗迹。素有潇湘八景之一的观音岩，岩下有空洲岛独立湘江。历代文人墨客游览、流连于此，或抒怀赋诗，或凿石题字，或纠众建寺，其绝世风光可见一斑。唐大历四年（769），唐代著名诗人杜甫为空灵岸留下“空灵霞石峻，枫栝隐奔峭”的千古名句。群丰镇石塘社区有千年古刹龙门寺。

天元区人杰地灵，光彩熠熠。明代，有爱国志士罗熙、罗瑶。清代，有乾隆召见的仁人志士罗云皋，有主持岳麓书院20余年的教育家罗典，有直隶提督郭松林，有两广总督的袁树勋。罗学瓒、罗哲、易灭非、殷顺存、黄逸夫等先烈，为中国人民的革命事业献出了宝贵生命。

天元区是一块革命沃土。这里的人民群众富有革命牺牲精神。在反帝反封建的斗争烽火中，谱写了光辉壮丽的诗篇。土地革命时期，株洲河西是中共湖南省委、湘赣、湘东南部特委领导的中共株洲市委、株洲区委、株洲特别区委和中央湘赣省委、省苏维埃政府唯一的“白区”工作基地。境内天台山及附近的凿石、新市、张家园等地的中共党组织和人民，为巩固发展湘赣革命根据地付出巨大牺牲，作出重大贡献。毛泽东在《湖南农民运动考察报告》一文中，极力赞扬了境内的农民运动。马家河镇的早期中共党员罗学瓒、农运领袖罗哲与毛泽东结下深厚的革命情谊。民国17年（1928），湘潭县工委书记罗哲被国民党反动派杀害于长沙浏阳门外。民国19年（1930），中共浙江省委书记罗学瓒因叛徒出卖被捕遭敌人杀害。两人均葬于马家河镇高塘社区。由毛泽东亲笔题写碑文的罗哲烈士墓列为湖南省文物保护单位。抗日战争时期，域内人民英勇反抗日本帝国主义。解放战争时期，在中共地下党的领导下，天元区人民积极配合中国人民解放军进军湖南，努力推进和平解放的进程。

三

1949年8月3日，境内和平解放，人民从此得到新生。中华人民共和国成立初期，域内人民在中共党组织的领导下，继承、发扬革命传统，以火热的革命激情投身到社会主义革命和建设中，积极参与党和政府开展的抗美援朝、镇压反革命、土地改革、“三反”“五反”等一系列运动，为巩固人民政权、恢复发展经济，顺利完成第一个国民经济发展五年计划做出积极贡献。1956—1965年，境内的乡镇和园艺场党委积极开展社会主义革命和建设，在曲折复杂的实践中，既取得许多重大成就，也发生一些失误和问题。“文化大革命”时期，尽管运动不断，域内党组织和广大群众依然坚持发展农业生产，特别是在农田水利、机耕道路建设等方面取得一些成效，为解决农民吃饭等问题奠定了基础。

中共十一届三中全会后，党的工作重点转移到社会主义现代化建设，各乡镇和园艺场的经济和社会发展进入新的历史时期。20世纪80年代，在改革开放的大潮中，市委、市政府作出“开发河西”的重大决策，株洲湘江西岸迎来历史发展的重大转折。随着1988年12月横跨株洲湘江两岸的大桥建成通车，开发建设的热潮在西岸这片土地上蓬勃兴起。1988年5月，为加快株洲河西的开发建设，在国家火炬计划的推动下，市委、市政府决定在河西筹建株洲高新技术产业开发试验区，后易名株洲高新技术产业开发区。1992年2月和12月，株洲高新技术产业开发区先后升级为省级高新区和国家级高新区。1992—1997年，中共株洲高新区党委、管委会按照发展社会主义市场经济的要求，积极夯实城市基础设施建设，全力推进高新技术产业发展，5年引进高新技术企业55家，形成30亿元/年的工业生产能力，高标准的路网纵横交错，标准厂房、居民小区拔地而起，河西新城初具雏形。

1997年8月，天元区在株洲市行政区划调整中诞生。株洲高新区、天元区经济建设和社会事业呈现同步发展的良好局面。2001年2月，市委、市政府作出重大决策，将株洲高新区与天元区进行职能归并，效能整合，形成统一的领导体制、财政体制、人事管理体制和机构设置（此后习惯将株洲高新区、天元区合称为“新区”）。2001—2005年，以塑造株洲新区新形象为主题，以创新为灵魂，以发展高新技术产业为主线，以改革开放和技术进步为动力，以提高人民生活水平为根本出发点，实施高新技术产业先导、开放强区、环境发展战略，实现跨越式发展，把株洲新区建设成为以高新技术产业为主体的现代化新城区。2005年，株洲高新区完成地区生产总值96.48亿元；天元区地方生产总值31.33亿元，人均国内生产总值24315元，财政总收入6.97亿元，社会消费品零售总额9.78亿元。

2006—2010年，深入推进高新技术产业先导、开放强区、环境发展、城市带动四大发展战略，着力把握园区建设、项目进区、产业发展、城市建设四个重点，加大技术创新力度，全区实现工业化，实现全面小康。2010年，天元区社会消费品零售总额34.07亿元，年均增长超过25%；株洲高新区完成地区生产总值305.02亿元，年均增长16.2%；完成财政总收入25.8亿元，年均增长29%。综合经济实力位居全省市辖区第6位。以交通运输装备制造、新材料、电子信息、生物医药及食品4大产业集群为支柱的工业体系初步形成。积极建设全省人才高地、全省“两型”产业集聚区、全省城乡社会保障全覆盖区、全省城乡就业最充分区、全省教育强区。

2012年，工业总产值突破千亿元大关，获全省“千亿园区”等称号，成为全省第三个千亿产业园区。2014 年，株洲高新区、天元区分别实现国内生产总值 615.21 亿元和 248.09 亿元，工业总产值 1635 亿元和 319.49 亿元，完成财政总收入 52.02 亿元。主要经济指标连续多年保持总量全市领先，增幅高于全市平均水平。综合经济实力稳居全市各县市区之首，居全省县市区前列。株洲高新区在全国 115 个国家级高新区中排名第 28 位；天元区在全国市辖区综合实力百强中名列第 79 位，连续 3 年进入全国百强区，是中部六省唯一入选的非省会城市辖区。

四

株洲高新区、天元区始终坚持园区建设、项目进区、产业发展、城市建设 4 个工作重点，实现经济社会又好又快发展。株洲高新区先后承担国家“863”计划项目 55 项，国家火炬计划 74 项，国家重点新产品项目 90 项，国家创新基金项目 195 项；拥有国家级企业技术中心 7 个，省级企业技术中心 21 个；国家工程中心 4 个，省级工程中心 18 个；国家重点实验室 4 个，省级重点实验室 12 个；国家和省部级质量检验中心 4 个。2014 年，株洲高新区拥有各类企业 1833 家，其中高新技术企业 118 家，软件企业 25 家，上市公司 12 家，外商投资企业 60 家；完成工业总产值 1635 亿元，其中高新技术产品产值 1098.40 亿元。株洲高新区已成为轨道交通、新材料、电子信息、新能源汽车、生物医药及健康食品等产业基地。累计申报各类科技项目 1.1 万项，获得批准 4901 项。其中，国家级 3900 项，省级 760 项，市级 41 项。共获得国家、省、市科技项目经费资助 8.2 亿元。全区拥有国家授权专利 3600 件，另有国际专利 18 件。创业孵化、投融资和社会服务“三位一体”的创新创业服务体系初步建立，拥有各类孵化场 220 万平方米。

从提升改造传统产业到裂变生成优势产业，再到培育发展新兴产业，株洲新区逐步形成先进制造、新材料、电子信息、生物医药及健康食品四大主导产业以及新能源装备、节能环保两大新兴产业集群，走出一条依靠自主创新、实现科技转化、推进“两型”提升的特色产业发展之路。2014 年，占地 2.36 平方千米的天台工业园全面建成；规划面积 14.16 平方千米的栗雨科技工业园基本建成，进入完善配套阶段；规划面积 26.3 平方千米的新马创新城已有五矿精密工具产业园、湘煤立达等重大项目落户，新马创新城已成为新的投资热土和激情赛场。株洲高新区先后被认定为国家新材料成果转化及产业化基地、国家火炬计划湖南传感技术产业基地、国家高新技术产业出口基地、国家轨道交通装备制造基地、国家知识产权试点园区、国家科技兴贸创新基地、国家高新技术产业基地、国家新型工业化产业示范基地等国字号称号。

株洲高新区、天元区坚持产业、城市和生态文明的协调发展，高起点、高标准建设美丽宜居的新城区。2008 年，开始实施的“两型社会”建设得到迅速推进，“两型”项目加速引进，生态环境不断改善，“两型”示范创建成果丰硕，“征转分离，农庄变社区”的城乡经济统筹发展的“高塘模式”闻名全国。2010 年 9 月开发的河西湘江风光带打造“湘江十景”，修建全长 9.5 千米的自行车道，成为市民休闲观光的好地方。2014 年建成天台路、泰山路、长江路、黄河路、珠江路等主干道路网，其中天台路被誉为全省最美一条街。城区水、电、气、通信等基础设施完善配套，有全省设备先进、日供水10万吨的株洲市第四自来水厂。街道两旁高楼林立。一个个城市居民小区拔地而起，总建筑面积14.8万平方米的滨江一村小区获评建设部“全国优秀试点小区”称号。高达365米的电视发射塔，矗立于炎帝广场旁，高19.97米的巨型花岗岩神农炎帝塑像，巍然屹立于占地15公顷的炎帝广场（神农广场）中心，成为株洲市的标志性建筑。现建成区和在建面积超过100平方千米，形成“两环三道”“七纵四横”的城市骨干道路网络体系，城市道路实现美化、绿化、亮化，湘江风光带环抱新区，武广高铁、京珠高速穿越新城，栗雨中央商务区、体育中心、湖南工业大学、武广客运株洲西站、株洲航电枢纽、湘水湾等一批重大项目建成。随着神农广场、神农湖、神农坛、神农塔等工程建成开放，神农城项目进展顺利，成为全球华人炎帝文化景观中心。

农业是境内传统产业，盛产稻、蔬、豆、猪、鱼、家禽等，林业以松、杉、茶、果为主。天元区成立后，着力发展种养特色基地，截至2000年，形成以优质稻、生猪、家禽、蔬菜等方面的示范基地，全区农业生产总值1.84亿元，农民人均纯收入3179元。进入21世纪，全区积极发展现代都市农业。通过产业结构调整，加快农村土地流转示范重点项目建设，强化农村水利基础设施建设，建设高标准蔬菜基地，大力发展休闲农业，全区农业发展跃上新台阶。2014年，全区有休闲农庄54家，蔬菜生产基地17个，蔬菜种植面积从1997年的173.33公顷增加到433.33公顷，蔬菜总产量3.15万吨，其中绿色食品基地3个，无公害食品基地4个。粮食生产稳定发展，特别是新划入的雷打石镇和三门镇，都是原株洲县的产粮大镇。2014年，全区种植水稻面积12.66千公顷，粮食产量9.35万吨，农林牧渔业总产值12.19亿元。

为加快株洲高新区、天元区第三产业的发展，适应“两区”工业高速发展，城区迅速扩张的新形势，区委、区政府出台一系列优惠政策，促进第三产业快速发展。天元超市、天台山庄、华天大酒店、天伦商务大酒店、沃尔玛、天虹、美的城、麦德龙等大批大型商场、酒店进驻新区，形成以长江广场为核心，以湘江风光带、炎帝广场为依托，向四周辐射的现代化商业中心。房地产、金融、保险、物流等行业迅速崛起。2014年，天元区社会消费品销售总额66.72亿元，比1997年增长21.50倍。

全区教育、科技、卫生、文化、体育、计划生育等社会事业协调发展。株洲市唯一的以本科教育为主的湖南工业大学，全市规模最大的省级重点中学——株洲市第二中学均驻辖区。2014年，全区有义务教育学校38所（含3所民办学校），在校学生37064人，是全省首批教育强区。占地56公顷、总投资6.9亿元的市体育中心，建筑面积19.15万平方米；总投资15.78亿元的市中心医院均落户天元区，境内还有市中医伤科医院，区属长江医院；区内还有4个镇级卫生院，3个街道社区卫生服务中心。计划生育工作在获得省优的基础上，从2008年起，连续7年获得全国计划生育优质服务先进区；全区建立并完善多层次的社保体系，实现城乡社保政策的全覆盖，境内人民生活水平不断提高，幸福指数大幅提升。2014年，全区城镇居民人均可支配收入38246元，比1997年的5601元增长6.83倍；农村居民人均纯收入19696元，比1997年的2688元增长7.33倍。

中共株洲高新区工委、天元区委坚持“从严治党”的方针，加强各级党组织的思想、组织、作风建设，促进精神文明建设，努力提高党组织的执政能力和决策水平，发挥基层党组织的战斗堡垒作用和共产党员的先锋模范作用，为全区经济、社会事业的快速发展提供组织保障和精神动力。不断推进民主政治和社会主义法治建设，落实人民代表大会和政治协商制度，发挥统一战线、民主党派组织的作用，加强境内人民武装工作，营造了民主、和谐的社会环境。

五

株洲高新区辖河西高新技术产业示范园、田心高科技工业园、董家塅高科技工业园，并称“一区三园”。天元区是株洲市政治、经济、军事、文化、金融和高新技术产业中心。从建区开始，在株洲高新区工委、管委及天元区区委、区政府领导下，走过辉煌的岁月，也经历坎坷不平的历程。从一片荒丘、菜地起步，通过产业发展、城市发展、创新发展，至2014年已是全国综合实力（科学发展）百强区、全国科技进步先进县市区、国家人口计生工作优质服务先进区、全国首批义务教育发展基本均衡县市区、国家慢性病综合防控示范区。

回首过去，硕果累累。信心十足的株洲新区人民朝着更加宏伟的奋斗目标，坚持以习近平新时代中国特色社会主义思想为指导，决心进一步研究和解决发展动力不足，实力仍然不强，人才、土地、资金要素制约发展，社会管理创新不够等问题和困难，在深化改革和加快发展中推动株洲新区更好更快发展。

审视当今，信心满满。株洲高新区进入第三个十年的创新驱动、战略提升发展阶段，基于自身较强的动力产业优势，提出把株洲高新区打造为“中国动力谷”的战略构想。

关山已越，再眺群峰。未来十年，株洲高新区将围绕中国动力谷的目标，在项目上，重点建设动力谷自主创新园、新马EBD、汽车博览园、汽车产业集群、月塘生态新城、天易科技城自主创业园六大百亿工程项目，在产业上，形成轨道交通、通用航空、新能源汽车三大千亿产业集群；在空间上，建成中国轨道交通城、中南地区通用航空城和中国新能源汽车产业城；在区域上，发展成为中国动力产业的聚集区、中部创新驱动的示范区、湖南乐业宜居的幸福区。

大　事　记

秦

置湘县，隶长沙郡，境域属湘县。

汉

汉高祖五年（前 202）改湘县为临湘县，隶长沙国。境域属临湘县。

三国

吴太平二年（257）境域属湘西县，隶衡阳郡。

南北朝

境内属湘西县。

梁天监七年（508）在今雷打石镇盘石村空灵岸建空灵寺。

隋

开皇九年（589）隋平陈，省茶陵、攸水、阴山、建宁 4 县并入湘潭县，隶衡州。境域属衡山县，隶潭州长沙郡。

唐

天宝八年（749）湘潭县大部划属衡山县。衡山县北部划归湘潭县。自此，境域属湘潭县。

贞观元年（627）在凿石浦建庆霞寺，此寺毁于民国时期。

乾元元年（758）诗人刘长卿贬谪岭南，经空灵岸、小花石，作《花石潭》《石围峰》等诗。

大历四年（769），诗圣杜甫，偕眷载舟，游览湘江，曾宿于庆霞寺，上空灵岸游览，作有《宿凿石浦》《次空灵岸》等诗。

明

建文四年（1402）在马家河高塘建青龙桥，桥为花岗石拱桥，宽5米，拱高6米。2012年，列为株洲市文物保护单位。

清

乾隆十六年（1751）马家河人罗典中进士。乾隆四十七年（1782），65岁的他因母亲年老，辞官回乡，先在武陵主持朗江书院5年，后又主持岳麓书院27年。其间，修造爱晚亭。嘉庆十三年（1808），90岁无疾而终，嘉庆皇帝批准湖南巡抚奏章，准其入祀乡贤祠。

乾隆二十四年（1759）湘潭县知县秦嵘募资于凿石浦修杜甫草堂。

嘉庆九年（1804）邑人胡官锦建杜公亭于空灵寺右侧，刻杜甫《次空灵岸》诗于石碑。后清兵部尚书彭玉麟游此遂作《梅花图》,并题诗一首,复刻于石。建梅花阁。1970年被毁,1987年重修。

光绪元年（1875）在马家河乡月塘红花山麓创办黄氏菱溪族学（马家河中学前身）。

光绪二十二年至二十四年（1896—1898）湖南巡抚建立小花石（华石煤矿前身）煤矿分局。

宣统三年（1906）设马家河湘潭邮局邮政代办支局，开展民间邮电业务。

中华民国

民国6年（1917）谢光明等人筹措500银圆，在雷打石开办合顺瓷厂，尔后发展到10余家，从业人员逾千人。

民国14年（1925）**夏** 境内大旱，灾民挖观音土充饥。

民国15年（1926）**2月4日** 土豪汪孝逵勾结军阀叶开鑫部密杀八迭乡农民运动领袖汪先宗于三门镇杉木桥。

民国19年（1930）**1月** 奇寒，河水封冻，牲畜冻死，为数十年罕见。

民国23年（1934）**夏、秋** 特大干旱，110多天无雨。

民国29年（1940）**1月** 境内按人口分配食盐。

民国36年（1947）中央军委在雷打石镇中华窑业厂建立秘密交通联络站。

民国38年（1949）8月3日，境内和平解放。

中华人民共和国

1949年

12月 境内开始清匪反霸。

冬 境内发动群众兴修水利。

1950年

3月15日 境内开始减租退押。

5月 境内废除保甲制，设立村、组。

11月 境内开展土地改革，次年4月完成；10月始，开展镇压反革命。

12月 境内青年响应“抗美援朝，保家卫国”的号召，报名参加中国人民志愿军，赴朝鲜参战。

1951年

12月 雷打石镇试办瓷业生产合作社。

1952年

2月 境内开展查田定产。

3月 开始取缔反动会道门。

4月14日 市委召开“三反”（反贪污、反浪费、反官僚主义）动员大会。18日，市委决定在全市范围内开展全民性“三反”运动，11月结束。

1953年

11月 粮食实行统购。同时对生猪、家禽、鲜蛋等重要农副产品实行派购。

1954年

3月31日 湘潭县第一农场划入株洲市，改名株洲市园艺实验场，后又易名国营株洲市园艺场，由株洲市郊区代管，为现区域的一部分。

9月15日 棉花、棉布实行统购统销，发放布票，定量供应。

1955年

3月1日 始用新人民币。同时，境内商店、信用社保值回收旧人民币，6月结束。

7月 境内农村粮食实行定产、定购、定销政策。

1956年

2月 对境内工商业实行社会主义改造。

4月 三门、朱亭等地船民将木船组建成帆船合作社，承担境内水运任务。

8月 毛泽东主席题写“罗哲烈士之墓”碑名，并寄信、汇款慰藉烈士家属。

1957年

5月10日 妙泉乡（今群丰镇）受暴雨袭击，倒房22间，伤9人。

1958年

5月—9月 境内掀起全民“大炼钢铁”运动。

8月 贯彻中共中央《关于在农村建立人民公社的决定》。9月，境内撤销乡、镇建制，成立人民公社。

1959年

1月20日 湘潭县五星、卫星、上游、八斗、红旗5个人民公社及雷打石镇划入株洲市管辖，从此境域全部归属株洲市。

11月 境内响应市委“征服百里湘江，誓夺万担粮食”号召，数千劳力于湘江沿岸修建防洪大堤。

1960年

11月 境内农村开始整风整社，翌年春结束。

1961 年

1 月 境内废除市秤 16 两制，改用 10 两制。

4 月 23 日 湘中、湘南连降暴雨，株洲湘江水位 42.82 米，超过 39 米的警戒水位。5 月 12 日，第二次大水，湘江水位每小时上涨 0.12 米，超过 4 月 23 日洪峰水位；6 月中旬，第三次大水，湘中、湘南连降暴雨。

7 月 贯彻中共中央《农村人民公社条例》，调整社队规模，将土地、劳力、耕牛、农具固定到生产队。

1962 年

6 月 29 日 株洲湘江水位 43.3 米，30 日上午出现 43.39 米洪峰。

1963 年

3 月 响应毛泽东主席“向雷锋同志学习”号召，境内助人为乐蔚然成风。

10 月 中共株洲市委农村社会主义教育工作队试点工作在马家河人民公社展开，翌年 8 月结束。

1964 年

6 月 16 日 境内连续几天降特大暴雨，造成株洲湘江水位陡涨，淹没稻田和旱作物万亩，倒塌房屋数间。

1965 年

4 月 30 日 国务院第 155 次全体会议决定设置株洲县，群丰、伞铺、马家河、三门人民公社，雷打石镇、群丰茶场、市园艺场划属株洲县辖。

9 月 16 日 群丰人民公社新文生产大队汤家冲小学因房屋倒塌，压死学生 11 人，伤 5 人。

1966 年

1 月 18 日 株洲市郊区设立，市园艺场划入市郊区辖。

8月—9月 境内开始“红卫兵”运动，开展立“四新”（新思想、新文化、新风俗、新习惯）、破“四旧”（旧思想、旧文化、旧风俗、旧习惯）热潮，空灵岸一些文物胜景被毁。

秋 境内开始推广人力打稻机进行水稻脱粒。

1968年

6月28日 湘江水位洪峰43.83米，境内淹没水稻万亩，早稻减产。

冬 境内组织大批劳力建设园田化农田。

1970年

是年 境内各人民公社所属生产大队建立合作医疗站，各生产大队培训1～2名青年农民当“赤脚医生”，农村长期缺医少药现象有所缓解。

1973年

4月10日 雷打石镇、园艺场等地遭受10级以上暴风和冰雹袭击，倒塌房屋数百间，死伤数人，供电、通信线路遭严重破坏，损失秧田千亩，小麦、油菜、蔬菜几千亩。

冬 境内各人民公社始建知识青年点，城镇知识青年下乡接受贫下中农再教育。

1975年

7月27日 共青团株洲市委发出《关于在全市青少年中开展学习彭利华优秀事迹的决定》，群丰茶场团总支部追认彭利华为中国共产主义青年团团员。

是年 境内引进试种杂交水稻。

1976年

10月 贯彻中共中央文件精神，开展揭批江青反革命集团罪行。

1977年

1月 株洲湘江汽车轮渡开始营运。

1978 年

6 月 株洲市棉纺厂在境内破土兴建。该厂规模较大，布机 600 台，纱锭 3 万个，是株洲市轻工业建设中的一个重点项目。

是年 境内对“反右派”“四清”“反右倾”“文化大革命”老案进行全面复查。

1979 年

2 月 境内开展“四类分子”摘帽工作，原受监管的地主、富农、反革命、坏分子，经群众评议和县（区）革命委员会批准，全部摘帽。同时纠正错划错戴。

3 月 大幅度提高粮、油、蛋、禽、鱼、木材、棉花等 18 类主要农副产品收购价格。11 月 1 日，提高猪、牛、羊、禽、蛋、蔬菜、水产品、牛奶 8 类农产品销价，其中肉食平均提价 37.35%。

1980 年

8 月 11 日 株洲市第一个农工商联合企业——株洲市群丰茶叶总厂成立。

是年 农村开始第一步改革，推行稻田分组承包等生产责任制。

1981 年

7 月 境内连续遭受 40 多天的旱灾，山塘、小型水库全部枯涸，稻田受灾，粮食和棉花减产，部分地区造成饮用水困难。

1982 年

1 月 大冰冻，山区竹木损失严重。

2 月 境内农村开始推行家庭联产承包责任制，1983 年完成此项工作。

6 月 1 日 境内部分地区遭受暴风雨和山洪袭击。

1983 年

3 月 3 辆公交车由轮渡运送至西渡口（天元大桥西），河西首开公交车；从渡口（解放街派出所）

至伞铺人民公社，每天运营5班次。

8月 境内开展严厉打击刑事犯罪斗争，历时3年，治安秩序明显好转。

9月 株洲市政府决定，市郊区代管的市农科所划给市农业局管理。

1984年

3月 境内农村首次开展创建文明村竞赛活动。

4月 境内撤销人民公社，恢复乡（镇）建制。

1985年

是年 取消粮食统购制度，改粮食统购为合同定购。

1986年

1月20日 株洲湘江大桥（一桥）开工建设，1988年12月28日建成通车。桥长1192.28米，宽24米，总投资3200万元，是当时湖南省桥梁中桥面最宽的特大型城市桥梁。该桥也是株洲市湘江段建造的第一座大桥，连通河东中心广场和河西长江广场。

1987年

2月 市政府印发《关于成立河西开发建设管理处的通知》，明确河西开发建设管理处为市政府派出机构。

11月18日 湘江八大风景之一的佛教旅游胜地空灵岸正式对外开放，国务院副总理方毅题写“空灵岸”匾，全国政协副主席赵朴初题“三圣殿”匾。

1988年

5月 滨江一村工程动工兴建，为全国23个城市住宅小区之一，总面积230万平方米，投资1.5亿元，内设学校、幼儿园、市场等功能齐全的小区。1993年12月，工程投入使用。1994年7月，滨江一村获评建设部“全国优秀试点小区”。

5月 天台路开工建设，12月20日竣工通车，全长1984.04米，投资618.5万元。

9月27日 株洲市政府在市园艺场地域上筹建株洲新技术产业开发试验区。

1989 年

1 月 4 日　开通 T17 路公交线，从株洲师专至中心广场。

3 月 22 日　湖南省考古研究所确认，三门镇燕子村刘家洲组六斗坡发现的旧石器点，距今约 20 万年，是在湘江流域的河流阶地上发现的第一个旧石器点。

3 月　株洲新技术产业开发试验区领导小组成立，株洲市副市长乔钟涛任组长。

1990 年

8 月　株洲教育学院搬迁至泰山路和珠江路交汇处，占地 14 公顷，建筑面积 2.34 万平方米。1999 年，株洲教育学院改为株洲师范专科学校，设 11 个系。

1991 年

5 月　市政府大院在河西奠基，占地 12.6 公顷。1993 年 8 月 9 日建成投入使用，市政府机关从河东搬迁至河西，市委常委及部分市委直属机关随迁。

5 — 7 月　境内遭遇有记载以来的最大干旱，连续 3 个月高温无雨，水库、山塘干涸，溪河断流，部分人员饮水困难。

7 月 19 日　境内刮起持续 11 分钟的 10 级大风，直径 50 厘米以上的大树被连根拔起，多处电线杆被吹倒，造成数条线路停电、中断通信，雷暴击亡 2 人。

9 月 4 日　国家科委常务副主任、国家高新技术产业开发区领导小组组长李绪鄂考察株洲新技术产业开发试验区。

12 月 23 日　寒潮侵入株洲市，27 日，境内降大雪，最大积雪深度 18 厘米；29 日，最低气温零下 11.5℃。

1992 年

2 月 10 日　株洲新技术产业开发试验区更名为株洲高新技术产业开发区，同时升级为省级开发区。

3 月　株洲高新区办公室成立，为副县级机构。4 月，株洲市机构编制办同意株洲高新区办公室设综合协调部、技术开发部、劳动人事部和城建开发部 4 个副科级内设机构。

4 月 26 日　株洲高新技术产业开发总公司成立，是株洲高新区第一个拥有 2000 万元注册资金的经济实体。

5 月 23 日　株洲市河西开发区管理委员会成立，中共株洲市委委派副市长黄自能兼任开发区党委书记、管委会主任。

5 月　株洲高新区投资 780 万元，兴建建筑面积 7000 余平方米的科技展览馆，作为全方位展示国内外新技术、新成就的平台和株洲高新区党委、管委会临时办公场所。

6 月　株洲开发区邮电程控大楼奠基，总投资 300 万元，装机容量 3 万门；1994 年建成营业。

7 月 8 日　中共株洲市委常委会议通过《株洲高新技术开发区管理办法》，从税收、土地管理、金融、财政等方面制定 40 条优惠政策。

7 月 11 日　中共株洲市委、株洲市人民政府批准成立株洲高新技术产业开发区管理委员会（简称“株洲高新区管委会”），为市委、市政府派出机构，代表市委、市政府管理开发区的日常工作，行使开发区内的行政管理职能。副市长黄自能兼任株洲高新区党委书记、管委会主任。

7 月　中共株洲高新区委员会成立。

8 月 16 日　境内开通程控电话。

8 月 18 日　占地 4 公顷、总投资 2000 万美元的湖南硬质合金工具有限公司（后更名株洲钻石切削刀具股份有限公司）在河西天台工业园奠基，由株洲硬质合金厂、香港福林有限公司和香港湘冶有限公司合资开办；1993 年 11 月 22 日竣工投产。

8 月 31 日　长江南路竣工通车。

8 月　株洲高新区工商行政管理局成立，为隶属于株洲高新区管委会正科级行政机构；1995 年 11 月，改设株洲市工商行政管理局河西分局，隶属于市工商局。

9 月 20 日　株洲高新区面向社会发行建设债券 8200 万元，此债券分为 3 年期，年息分别为 13%、14%、15%。

10 月 15 日　株洲高新区财政局成立；1997 年 8 月，株洲高新区财政局更名为计财局，株洲市天元区财政局成立；2002 年，株洲高新区计财局作为高新区管委会内设机构，与天元区财政局一个机构两块牌子。

10 月　株洲高新区卫生工作管理站成立。

12 月 18 日　俄罗斯石油化工总公司总经理乌茨基·卡切采夫一行 5 人到株洲高新区参观考察。

12 月 19 日　国务院批准株洲高新区为国家级高新技术产业开发区，1993 年 3 月 9 日，国家科委授予株洲高新区“国家高新技术产业开发区”牌匾。

12 月　装机容量 110 千伏、总投资 500 多万元的张家园变电站建成并网送电。

1993 年

3 月　株洲中医伤科医院河西分院试营业，1994 年，医院整体搬迁河西。

5 月 10 日　株洲高新区投资建设的标准厂房开工建设，首期开工建设分为 3 座 6 栋，3.8 万平方米，总投资 4000 万元。

6 月 2 日 湖南省人大常委会主任刘夫生考察株洲高新区。

6 月 18 日 境内连续暴雨，湘江水位陡涨，多家企业遭受水灾。

7 月 18 日 株洲市生产要素市场在株洲高新区科技展览馆开业。

8 月 28 日 株洲高新区洲宏汽车制造厂生产首批“驰豹”牌轿车，结束株洲市不能生产轿车的历史。

9 月 市煤气公司煤气过江送气，当年株洲高新区有 1000 户居民使用煤气。

10 月 18 日 市政府召开河西建设工作会议，强调高新区建设是全市的大事。

11 月 株洲高新区完成《株洲国家高新技术产业开发区产业和城市建设发展规划》编制。

12 月 21 日 化工部部长顾秀莲在湖南省副省长周伯华等陪同下考察株洲高新区的投资环境，对在兴办的“901”工程表示满意。

1994 年

1 月 5 日 湖南省全国人大代表 20 余人在市人大常委会主任刘迪恺陪同下视察株洲高新区。

1 月 15 日 美国加利福尼亚州红木市副市长理查德·克莱尔、MIC 总裁范恙考察株洲高新区。

1 月 17 日 中共湖南省委书记王茂林视察株洲高新区。

1 月 19 日 株洲高新区进出口公司成立。

3 月 21 — 25 日 国家高新技术产业开发区工作研讨会在天台山庄召开。

5 月 株洲高新区城市信用社成立。

6 月 18 日 境内连降暴雨，凌晨湘江边上的张家园堤决口，洪水冲毁房屋，漫浸入街道，3 万多名群众被洪水围困。

6 月 22 日 中共中央政治局委员、中央书记处书记温家宝在湖南省省长陈邦柱陪同下察看株洲高新区洪水灾情，指示要全力以赴组织抗洪救灾，妥善安置受灾群众，保证灾民的吃、住、饮，防止疫病发生。

8 月 18 日 河西防洪大堤工程开工，投资 1 亿元，堤长 9.1 千米，于 1995 年 2 月竣工。

9 月 株洲市地方税务局河西分局、株洲市国家税务局四分局成立。

10 月 11 日 中共中央政治局委员、书记处书记、中央纪律检查委员会书记、中华全国总工会主席尉健行视察株洲河西滨江一村住宅区。

10 月 11 日 株洲高新区安全生产委员会成立，下设办公室；2003 年 7 月，天元区安全生产监督管理局成立，加挂天元区安全生产委员会办公室牌子。

11 月 14 日 株洲高新区 5 条高标准水泥混凝土道路（泰山路、黄山路、黄河南路、珠江路及天台路延伸段）通车。

12 月 株洲市第二工人文化宫在株洲高新区动工建设，总投资 1500 万元，建筑面积 1.2 万平方米；1997 年 5 月 1 日建成开业。

1995 年

2 月 27 日 市委印发《中共株洲市委、株洲市人民政府关于加快株洲高新技术产业开发区建设的会议纪要的通知》。要求全市各部门、各单位从全局出发，从株洲市长远发展出发，支持株洲高新区的发展。

6 月 22 日 市政府召开市内各大型企业厂长、经理、市直机关有关部门 100 余人参加的座谈会，号召同心协力为高新区争取新项目，招商引资，掀起高新区建设新高潮。

8 月 12 日 位于天台路顶端、占地 17 公顷的株洲炎帝广场破土动工，1997 年 10 月 1 日，一期工程竣工并对外开放，并举办“1997 年中国湖南炎帝节”开幕式和商品交易会。

9 月 泰山小学建成（前身牛形山小学），为天元区面积最大、学生人数最多的一所完全小学。

11 月 2 日 市政府下达《关于同意建立株洲高新技术开发区一级财政体制的批复》，同意株洲高新区建立一级财政，设立金库。

12 月 26 日 株洲高新区召开全区第一次工会代表大会暨总工会成立大会。

1996 年

2 月 1 日 — 3 月 31 日 株洲高新区党委在区直机关副科级以上党员干部中开展党性教育活动。

4 月 6 日 全国人大常委会副委员长廖汉生在湖南省人大常委会主任刘夫生等领导陪同下视察株洲高新区，并题词“加快产业发展，实现株洲腾飞”。

5 月 1 日 位于炎帝广场西侧的株洲广播电视发射塔动工兴建。1999 年 12 月竣工，总投资 8000 多万元，塔高 293 米，海拔 365 米，是 20 世纪中国最高的钢塔。

6 月 14 日 市委、市政府决定成立株洲高新区领导小组，由市委书记程兴汉、市人大常委会主任刘迪恺、市政协主席曾雨农任顾问，市长王汀明任组长，常务副市长黄自能、副市长侯林青分别任第一副组长、常务副组长。

8 月 市第二中学整体搬迁至河西。

10 月 18 日 株洲市第四自来水厂在河西动工兴建，投资 1.17 亿元，日供水 10 万吨；1999 年 12 月 16 日，一期工程竣工通水。

10 月 地处炎帝广场东侧的市委办公楼启用，市委归口工作部门和二级机构全部迁入办公。

10 月 株洲高新区精神文明指导委员会成立，将精神文明建设同步纳入年度目标管理计划和长远发展规划。

12 月 6 日 投资 1.2 亿元的湘港合资企业株洲湘瑞塑料建材有限公司一期工程竣工投产。

1997 年

2 月 24 日 在株洲市科技表彰大会上，株洲高新区刘光辉获市科学技术重大贡献奖，周和平、廖斌、何云获创业成才优秀中青年知识分子称号；株洲明珠科技发展有限公司 MTW－Z 型便携式智能钢丝绳检测仪获市科技进步一等奖；湖南钻石硬质合金工具有限公司 CIMS 工程获市科技进步二等奖；株洲中技电瓷设备有限公司的特种高铝瓷泥炼造成型机和株洲振球特种建材有限公司的 DGN–10 型砂浆石灰精获市科技进步三等奖。

5 月 16 日 株洲高新区农业科技园挂牌成立，为湖南首家农业科技园。

5 月 26 日 株洲高新区外商投资企业协会成立。

7 月 20 日 市政府对市辖区行政区划进行调整，撤销东区、南区、北区、郊区，调整成立天元区、芦淞区、荷塘区、石峰区，调整的市辖行政区划从 1997 年 8 月 1 日起实行。天元区地域为株洲高新区地域和株洲县的马家河乡、群丰镇，面积 149.56 平方千米，辖泰山路、嵩山路 2 个街道及马家河乡和群丰镇。

7 月 30 日 中共株洲市天元区委员会成立。

8 月 1 日 株洲市天元区成立大会在河东建设路市人民电影院举行，市党政军领导出席并分别为中共天元区委、区人大、区政府、区政协、区纪委、区人武部、区人民法院、区人民检察院授印、授牌、揭牌。

8 月 13 日 株洲市天元区工商业联合会成立。

8 月 18 日 京珠干线潭耒高速公路开工典礼在马家河乡金龙茶场举行，2000 年 12 月 26 日建成通车。

8 月 株洲市天元区妇女联合会成立。

9 月 3 日 天元交警大队开展万人签名活动，引导市民告别不良交通行为。

9 月 8—10 日 中共株洲市天元区第一届代表大会在原郊区机关办公大楼召开，选举何金棠为中共天元区委书记。

9 月 25—26 日 政协株洲市天元区委员会第一届会议在原郊区办公大楼召开，选举粟蒲先为政协天元区委员会主席。

9 月 28—30 日 株洲市天元区人民代表大会第一届会议在原郊区办公大楼召开，选举姜浩然为天元区人大常委会主任，乐永明为天元区人民政府区长。

11 月 28 日 97′中国株洲建筑装饰材料博览会在天元建材大市场举行。

1998 年

3 月 18 日区委、区政府印发《关于株洲市天元区区辖党政群机构和区属事业单位机构设置的通知》，天元区党政机构设置28个，其中区委工作机构6个，区政府工作机构22个。

4月10日 株洲高新区举行高新技术企业授牌仪式，省科委对湘通通信设备公司、株洲湘瑞塑料建材有限公司、湖南钻石硬质合金工具公司等51家科技含量高、市场前景好的高新技术企业授予牌匾。

4月 共青团株洲市天元区委员会成立。

5月19日 市委、市政府出台《关于加快株洲高新技术产业开发区发展的若干规定》，对株洲高新区的管理机构和编制、管理范围和职责、财政与财务管理体制、规划、土地和基本建设管理、组建高新技术产业发展总公司、建立高新技术产业发展周转金、设立“无费区”等问题作出新规定。

5月 株洲高新技术产业发展有限公司成立。

7月1日 市政府在株洲高新区实行“无费区”试点，对株洲高新区内的工业、农业、民营3个科技园的工业企业和高新技术企业，实行只收税、不收行政事业性收费。

7月10日 市委书记程兴汉、市长王汀明率4名副市长及市直有关部门负责人到株洲高新区就工业、农业、民营3个工业园建设及株洲高新区落实市一级财政和经济管理权限现场办公，明确3位主管副市长牵头3个科技园发展的工作格局。

7月11日 天元区委托湖南省拍卖公司株洲分公司拍卖压缩和抵债车辆11台，价值21万余元。

8月28日 株洲高新区管委会将科技园内泰山路旁边一处面积4693平方米的工业用地使用权赠送给高新区纳税大户株洲华银火力发电公司，用于建设经营核算基地和技术开发中心。

10月31日 天元区“区境烟尘控制区”达标。

1999年

1月1日 天元区城镇停止福利分房，实行住房货币分配。

5月8日 区政府办公室向各乡镇、街道印发《关于加强乡镇、街道企业改制工作中国有资产管理的通知》，提出盘活企业存量资产，防止国有资产流失。

6月3日 天元区政府对区属宝通敏感器件厂、南方皮革厂等11家区属企业分别进行股份制、破产重组、整体转让、兼并等方式进行改制。

6月30日 株洲高新区被省科委确定为全省国家新材料成果转化及产业示范基地，其范围在泰山路以南、珠江路以东，包括工业五区区域。

7月8日 天元区试行干部任前公示制。

7月14日 湖南省首家留学人员创业园——株洲留学人员创业园成立，株洲高新区无偿提供1.5万平方米的孵化基地，首批9个项目入园创业。

10月22日 株洲湘江段第二座桥——石峰大桥动工兴建，该桥是中环线上的一座特大桥，东接响石西路，西接长江路和天易路，全长1946米，宽28米，总投资2.34亿元；2002年9月30

日建成通车。该桥的建成，建立了天元区与其他区之间方便快捷的联系通道。

12月10日 海关总署批准长沙海关驻株洲办事处对外开办业务。2002年11月4日，株洲海关在天元区成立。

12月18日 株洲高新区创业服务中心被认定为国家级企业服务中心。

12月19日 株洲高新区举行成立7周年暨火炬大厦落成典礼，科技部副部长韩德乾和省政协副主席陈彰嘉等到场祝贺。

12月31日 株洲市跨世纪大型花灯展、世纪之光大型文艺晚会等庆典活动在炎帝广场举行。

2000年

1月12日 湖南省民政厅批复：撤销马家河乡，设立马家河镇，辖1个居委会、15个村委会、全镇总面积67平方千米，总人口2.77万人，镇人民政府驻南塘。

3月1日 长江北路二期工程开工建设，全长1755米，总造价1100万元。

3月12日 市政府成立株洲高新区工业五区开发建设指挥部，掀起株洲高新区“二次”开发热潮。

3月18日 全国妇联副主席顾秀莲视察天元区滨江小区。

4月 翟笃培任中共株洲高新区委员会书记，11月任株洲高新区管委会主任。

7月27日 科技部批准株洲高新区建立国家新材料成果转化及产业化基地。

9月2日 投资1500万元的天元区天台路美化、亮化工程动工，至12月26日竣工；美化、亮化路段全长1.7千米，总投资1600余万元。

9月5日 湖南炎帝专修大学暨正山国际设计艺术学院挂牌。

9月11日 科技部批准株洲高新区实施“一区三园”发展战略，调整后的株洲高新区由河西高新技术产业示范园、田心高科技工业园、董家塅高科技工业园组成。

9月28日 湖南湘瓷科艺股份有限公司在天台工业园举行奠基典礼，2003年8月5日总部搬迁至株洲高新区。

10月20日 省机构编制委员会下发《关于印发〈中共株洲高新技术产业开发区工作委员会、株洲高新技术产业开发区管理委员会职能配置、内设机构和人员编制规定〉》，明确株洲高新区党工委、管委会暂定编制50名，株洲高新区升格为副市级。

11月1日 从零时起，天元区开展第五次全国人口普查；普查后统计，天元区常住人口为120741人。

11月 编制《株洲国家高新技术产业开发区、株洲市天元区国民经济和社会发展第十个五年规划纲要（2001—2005年）》，提出把株洲新区、天元区建设成为以高新技术产业为主体的现代化新城区。

12 月 4 日 科技部批准株洲高新区建立国家火炬计划传感技术产业基地。

12 月 28 日 区政府将罗瑶古墓列为区级文物保护单位。

12 月 株洲市首家五星级酒店华天大酒店在天元区开业，投资 3 亿元。

2001 年

1 月 12 日 株洲留学人员创业网正式开通。

1 月 王群任中共株洲高新区委员会书记，3 月任中共株洲高新区工作委员会书记。

1 月 天台科技工业园开工建设，投资 3 亿元，面积 3 平方千米；2002 年 4 月竣工。

2 月 18 日 市委、市政府出台《关于加快株洲高新技术产业开发区建设，促进株洲高新技术产业发展的决定》的 1 号文件，明确株洲高新区、与天元区职能归并，效能整合，构筑株洲新区。

2 月 26—28 日 天元区人大一届五次全会召开，会议补选翟笃培为天元区人民政府区长。

2 月 天元区在各镇、街道、区直机关和村级领导班子中开展“三个代表”重要思想学习教育活动。

5 月 15 日 黄河北路亮丽工程开工建设，全长 1178 米，宽 48 米，投入资金 700 多万元；8 月 15 日竣工。

5 月 30 日 株洲高新区行政审批代理服务中心挂牌运营，为投资者提供政策指导和咨询，实行国土、规划、建工、工商、税务、海关、劳动人事、高新技术企业等“一站式”办公，接受企业委托，办理各项手续。

6 月 10 日 全国政协副主席毛致用视察株洲高新区。

7 月 18 日 科技部向田心高科技工业园、董家塅高科技工业园、高新区新材料基地、传感技术产业基地授牌，株洲高新区“一区三园两基地”建设启动。

7 月 22 日 地处市政府大楼中轴延长线，投资 2500 万元，建筑面积 15139 平方米的府前路商业步行街开工，2002 年 9 月 30 日竣工。

7 月 投资 13.5 亿元的株洲宏元化学建材工业园项目落户株洲高新区。2002 年 12 月 21 日，第一期工程竣工投产。

10 月 24 日 株洲湘江段上第三桥建宁大桥动工建设，该桥位于株洲市曲尺乡下屋湾，东接南环路，西接西环路，全长 1721 米，宽 30 米，双向六车道，总投资 2.35 亿元；2005 年 12 月 30 日建成通车。该桥的建成，进一步缓解了天元区的交通压力。

11 月 6 日 株洲高科集团有限公司挂牌成立，注册资金 9000 万元，管理和经营株洲高新区管委会国有资产，从事高新区工业园区周边配套园区土地开发及配套建设。

11 月 10 日 湘江大堤新马—万丰段整治工程开工建设。2002 年 11 月竣工，全长 3210 米，共投资 400 万元。

12 月 26 日 全长 1.7 千米的天台路美化工程竣工，总投资 1600 余万元。

2002 年

3 月 5 日 长江北路拓宽改造工程动工建设，南起长江广场，北至东湖立交桥，全长 4.5 千米，双向六车道，总投资 4500 万元，11 月 30 日竣工。

3 月 8 日 北京大学城市规划设计中心、中国城市规划设计院等单位专家汇聚株洲高新区火炬大厦 9 楼多功能会议厅，对株洲高新区栗雨科技工业园规划进行评审。

4 月 26 日 株洲新区综合信息数据网开通。

4 月 天元区启动农村税费改革，至 7 月完成。

5 月 15 日 株洲高新区下辖 5 局经过竞聘的 45 名工作人员全部上岗，株洲高新区管委会主任与 27 名副科以上干部签订聘用合同，颁发聘书。

5 月 19 日 株洲高新区、天元区劳动人事局在株洲市人才服务中心首次举办下岗职工和征地拆迁待安置劳动力就业免费专场推介洽谈会，参会求职人员 2000 余人，求职成功 208 人。

5 月 21 日 湖南国家新材料成果转化及产业化基地研讨会在株洲天台山庄举办，株洲高新区新材料产业化基地获湖南省先进示范区称号和 15 万元奖金。

5 月 27 日 株洲高新区（上海）投资说明暨洽谈会在上海四季大酒店举行。世界各地 100 余家企业，200 多名代表参加会议；洽谈会发布项目 50 多个，栗雨科技工业园基础设施建设、时代新材减震组件等项目受到投资商青睐。

6 月 4 日 株洲高新区管委会、中国建设银行株洲分行和株洲高科集团有限公司举行建立全面合作关系签约仪式，株洲高科集团有限公司与市建行城西支行签订合作协议书，并接受其 1.2 亿元额度授信贷款。

6 月 6 日 株洲高科集团有限公司承办株洲市首次湖南省株洲风险投资论坛暨技术项目投融资洽谈会，湖南高科创业投资公司等 15 家投资机构，田心高科技工业园、董家塅高科技工业园等 53 家单位参加投资公司和融资项目的推介。

6 月 29 日 湖南省首个生态工业园——栗雨科技工业园建设启动，2010 年完成工业用地开发和工业布局。

8 月 1 日 株洲航电枢纽工程开工建设，工程位于雷打石镇的空洲岛，总投资 19.3 亿元；2004 年 12 月 28 日，船闸正式通航。

9 月 10—13 日 天元区原园艺场 1000 余名群众因园艺场的性质、体制和人员身份认定等问题，连续 4 天围堵市政府、株洲大桥、石峰大桥，致使河西通往河东的两条交通要道中断。全区组织机关干部、出动警力进行疏导和劝解，对 3 名挑头人员、9 名骨干依法进行打击处理。

9 月 20 日 天元区获中共湖南省委、湖南省人民政府授予的文明城区称号。

9 月 30 日 泰山广场和泰山路一、二街区建设改造工程开工，项目投资 2650 万元，2003 年 6 月 30 竣工。

10月16—18日 中共天元区委第二次代表大会在黄河北路天元区行政中心召开，选举王群为中共天元区委书记。

10月19日 株洲高新区与市文化局联合举办炎帝节开幕式暨株洲高新区成立10周年大型文艺晚会。

10月30日 湘江大堤湘滨及万丰段整治工程开工，全长7千米，投资1100万元，2003年7月竣工。

11月25—26日 天元区政协二届一次会议召开，选举粟蒲先为政协天元区委员会主席。

11月26—28日 天元区人大二届一次会议召开，选举姜浩然为天元区人大常委会主任，翟笃培为天元区人民政府区长。

12月18日 株洲高新区首家上市公司——中国南车株洲所旗下时代新材3500万股A股在上海证券交易所上市。

12月21日 株洲高新区举行建区10周年庆祝大会，湖南省常务副省长周伯华等出席，当晚举行株洲高新区建区10周年焰火晚会。

2003年

1月28日 天元区合花蔬菜基地被省政府蔬菜工作领导小组授予“省放心菜基地”。

1月 天元区实施区域统计。

2月 区委印发《关于加强基层组织党的建设工作的实施意见》。

3月11日 株洲建市50年十佳建设项目评选活动“都市音符奖”揭晓，滨江一村、湘银小区、天元超市、株洲海关大楼、株洲新闻大楼获得“十佳建设”称号。

1月—6月 传染性非典型肺炎突然在全国许多省市暴发，全区各级各单位成立“非典”防治工作领导机构124个；其间，全区集中隔离88人，在家实施医学观察2315人。

7月8日 湖南太子奶生物科技工业园落户株洲高新区。

7月9日 株洲市首个省级街道基层党建示范点在天元区嵩山路街道挂牌。

7月10日 中国联通株洲分公司河西营业部营业。

9月23日 区创业中心获科技部实施火炬计划先进高新技术创业服务中心，创业中心主任谈志明获科技部火炬计划先进个人。

9月30日 株洲国家高新技术产品出口基地被科技部、商务部认定为第四批国家高新技术产品出口基地。

10月1日《株洲新区》报创刊。

10月28日 中共中央政治局委员、国务院副总理曾培炎在中共湖南省委书记、省人大常委会主任杨正午，省委副书记、代省长周伯华等陪同下视察株洲高新区。

11 月 27 日 株洲市首家小区再就业培训指导服务中心——天元区滨江小区再就业培训指导服务中心成立。

12 月 1 日 株洲高科杯全国汽车场地越野赛在株洲高新区举行，中央电视台第五套节目现场直播。

12 月 株洲新区首部《株洲新区年鉴（2003）》出版。

2004 年

1 月 8 日 株洲新奥燃气公司在境内挂牌成立。

2 月 10 日 株洲高新区斥资百万重奖 2003 年度招商引资功臣，58 个单位、4 名个人分享该奖。

2 月 18—20 日 天元区人大二届三次全会召开，补选杨平为天元区人民政府区长。

3 月 19 日 株洲高新区被科技部、商务部认定为国家高新技术产品出口基地。

6 月 14 日 全国政协副主席、致公党中央主席罗豪才率致公党中央中部崛起考察团到株洲新区考察。

8 月 10 日 政协湖南省主席胡彪到株洲新区民营企业调研。

9 月 20 日 株洲新区在全国汽车场地越野锦标赛主办地——神农生态园举行农业项目招商活动，共签约 9 个项目，合同引资近 3 亿元。

10 月 8 日 株洲市首座立交桥——东湖立交桥竣工通车，该桥 2003 年 6 月开工建设，总投资 1.3 亿元。

10 月 14—15 日 长株潭经济一体化暨“一点一线”地区加快发展座谈会在株洲召开。会议期间，中共湖南省委副书记、省长周伯华，常务副省长于幼军率领与会代表近百人考察株洲新区。

10 月 19 日 全国政协委员、广东省政协常委、深圳侨商国际联合会会长马介璋一行 22 人考察株洲高新区，株洲高新区管委会与深圳侨商国际联合会签署《战略合作协议》，并聘请马介璋为株洲高新区高级经济顾问。

10 月 21 日 中共株洲市委常委、株洲高新区工委书记王群，株洲高新区管委会主任杨平率团参加 2004 年中国湖南投资贸易洽谈会，共引进项目 8 个，总投资 9.06 亿元，其中外资 3710 美元。

11 月 3 日 株洲高新区在湖南省首届诚信建设成果展示会上被评为湖南十大投资环境诚信安全区。

11 月 27 日 中央电视台“同一首歌·走进株洲”大型演唱会在株洲炎帝广场举行，近 2 万名来自株洲及全国各地的观众现场观看演出。

2005 年

1 月 1 日 全区开展第一次全国经济普查，普查结果显示：2004 年全区法人单位 830 家，产业活动单位 879 家，有证照的个体经营户 4906 家。

1 月 17 日 中共株洲高新区工作会议提出开启“二次创业”新征程。

1 月 23 日 株洲高新区与深圳市侨商国际联合会举行迎春联谊会暨项目签约仪式，总投资额 2000 万美元的力嘉（株洲）数码彩印包装工业园落户株洲高新区。

1 月 株洲高新区、天元区分两批在全区党员中开展保持共产党员先进性教育活动。至 2006 年 6 月活动结束。

2 月 27 日 株洲湘江段第四桥——天元大桥开工建设，该桥东起建宁大道，西连天元区泰山路，全长 1922 米，双向六车道，桥型为三塔部分斜拉桥，总投资 4.43 亿元，是株洲市首个采取 BT 方式融资建设的项目；2007 年 6 月 12 日大桥建成通车，该桥的建成，沟通了芦淞区与天元区的交通通道。

3 月 24 日 由株洲时代集团与三菱电机合资组建的株洲时菱交通设备有限公司在株洲高新区天台工业园奠基。

3 月 制定《株洲新区〈株洲高新技术产业开发区、株洲市天元区〉“二次创业”行动纲要》，提出在全省率先实现工业化，率先实现全面小康，率先基本实现现代化。

4 月 15 日 高新技术企业株洲康美尔科技发展有限公司进入株洲高新区，投资 6000 万元建设康美尔生物医药园。

4 月 25 —27 日 由 20 多名院士专家组成的院士专家株洲行在省委常委、组织部长黄建国的带领下到区考察调研，帮助企业解决疑难问题。

4 月 29 日 从马家河镇划出 4 个村、1 个社区设立栗雨街道。

4 月 30 日 庐山路竣工通车，东起滨江路，西抵炎帝广场与珠江北路相接，全长 2.5 千米，路幅宽 48 米，双向六车道，总投资 5460 万元。

5 月 20 日 株洲高新区重点进区项目签约仪式举行，聚龙科技、唐人神新产品生产基地、新华硬质合金等一批企业进驻高新区。

6 月 1 日 中共湖南省委书记、湖南省省人大常委会主任杨正午到区视察，并指导加快推进工业化进程。

6 月 13 日 株洲高新区工业园区首家博士后工作站在时代新材设立。

6 月 27 日 100 多名粤港台企业家聚首株洲高新区，参加株洲新区举行的专场投资说明会，并对新区园区和企业进行实地考察。

6 月 28 日 位于高新区栗雨科技园 52 区的力嘉（株洲）印刷科技工业园开工建设，全国政协常委、中国技术包装协会会长石万鹏，省政府党组成员、经济顾问陈德铨莅临开工现场指导，并为园区奠基。

7 月 杨平任中共株洲高新区工作委员会书记。

8 月 12 日 中共中央政治局常委、国务院总理温家宝在中共湖南省委书记杨正午、湖南省省长周伯华等陪同下视察株洲电力机车有限公司、金德工业园、天台科技园。

8月13日 株洲航电枢纽电站首台机组并网试运行。

9月 1日天元区城乡所有派出所全面停止办理第一代居民身份证，全面启动办理第二代居民身份证。

9月30日 株洲大道建成通车，该路2003年开建，东起东湖立交，西至京珠高速公路收费站，全长4.11千米，总投资2.55亿元。2011年4月，投资6.5亿元建成东起株洲西，西抵湘潭县边界的株洲大道延伸段。

10月14日 株洲电力机车有限公司轨道电力牵引技术中心高速研究所所长刘友梅，获得2005年度何梁何利基金科学与技术进步奖。

10月29日 株洲高新区被授予湖南省“轨道交通装备制造产业基地”。

11月12日 欧盟驻华代表团大使赛日·安博先生一行参观考察株洲高新区和湖南欧洲工业园。

12月6日 湘江生态经济带开工建设，株洲段北起湘芸路，南至株洲航电枢纽进场公路，全长33.07千米，概算投资9.3亿元。

12月 编制《株洲国家高新技术产业开发区、株洲市天元区国民经济和社会发展第十一个五年规划纲要（2006—2010年》，提出着力把握园区建设、项目进区、产业发展、城市建设4个重点，在全省率先实现工业化和全面小康。

2006年

1月3日 天元区被评为全国科技进步先进县市区。

1月8日 马家河镇新马村马石组3名村民因腹痛腹泻等症状就医，经检验为尿隔超标。经省政府领导率领的环保、卫生、国土、农业等部门组成的调查组实地调查，结论为新马村部分村民身体不适反应系镉污染所致，属慢性轻度镉中毒。结果公布后，天元区疾控中心按省调查组制定的建议方案，分类组织进行医学观察，实施对症支持治疗。与此同时，区政府下拨专项资金，对病人进行救治救助。

2月9—10日 中共湖南省委书记张春贤到株洲新区视察。

2月27日—3月2日 天元区人大二届五次全会召开，补选谢高进为天元区人民政府区长。

3月10日 株洲市94家企事业单位近3000名干部职工在天台公园参加大型植树活动，共栽下杜英、樟树、木荷等万余株。

3月15日 湖南欧洲工业园在北京中国国际贸易促进会礼堂举行推介会，湖南省政府省长周伯华、副省长贺同新和欧盟驻华使节等出席。

4月9日 中共中央政治局常委、中纪委书记吴官正在中共湖南省委书记张春贤、湖南省省长周伯华陪同下视察株洲高新区。

4月13日 总投资24亿元的天台金谷项目启动，项目位于长江南路和黄河南路交汇处，规划面积5公顷。

5月8日 武广高速铁路株洲段开工建设，2009年12月26日通车。该铁路过境全长33.892千米，投资35亿元。

6月19—21日 中共天元区第三次党员代表大会在天元区政府大会议室召开，会议选举杨平为中共天元区委书记。

6月30日 位于天元区25街区的株洲市体育中心建成，项目2004年6月29日开工建设，占地56公顷，建筑总面积10万余平方米，总投资6.9亿元。

7月5日 株洲高新区举行重点进区项目签约仪式，株洲江山生物科技工业园、香港VGM集团（株洲）实业有限公司等8个项目落户株洲新区，总投资10.36亿元。

7月14日 株洲市第一家韩资企业——株洲丹石精细化工厂有限公司一期工程顺利竣工。

8月31日—9月7日 湖南省第十届运动会在株洲市体育中心举行，全省4209名运动员参加决赛，1人2项2次超世界纪录，8人11项13次破省纪录。

10月9日 株洲高新区中小企业促进园创新大厦落成，占地0.67公顷，总建筑面积1.29万平方米，由株洲高科企业孵化器有限公司开发，总投资约1250万元。

10月20日 由株洲南车时代电气股份有限公司研制的首只6英寸晶闸管样品通过省科技厅组织的专家鉴定，为世界上诞生的最大直径、最高电流电压容量的晶闸管。

11月28日 株洲市中环大道（城市快速环道）竣工通车，工程1999年10月开工，历时8年，将株洲市“五片一中心”连接成整体；全长32.79千米，对外连接320国道，京珠高速、上瑞高速和长株高速公路。

11月30日 株洲高新区、天元区召开全区科技、人才大会，王建宏等18名区级首批有突出贡献专业技术人才，株洲时代新材料科技股份有限公司等10家人才工作先进单位，肖美南等10名人才工作先进工作者受到表彰。

11月 谢高进任中共天元区委书记。

12月20日 株洲南车时代电气股份有限公司在香港联合交易所大厅正式挂牌交易，为湖南省第二家株洲第一家发行H股的企业。

2007年

1月8日 天元区农民罗新辉，无偿献血30次2.44万毫升，被评为“感动株洲十大人物”；12月30日，罗新辉获国家无偿献血金奖。

1月30日 天元区城市管理行政执法局行政执法大队成立。

2月10日 投资8亿元的亚洲最大的乳酸菌奶生产基地在栗雨科技工业园落成投产；同日，由省政府举办的国际视野下的新型工业化论坛在湖南太子奶集团举行，全国人大常委会副委员会长成思危出席论坛并作主题演讲。

3 月 7 — 9 日 天元区人大二届六次会议召开，补选丁乾峰为天元区第二届人大常委会主任，何剑波为天元区人民政府区长。

3 月 12 日 唐人神集团股份有限公司、株洲千金药业股份有限公司 2 家企业品牌入选首批 300 家全国重点保护品牌。

4 月 13 日 由韩国龟尾市组织的韩国企业代表团到株洲高新区考察投资环境。

7 月 4 日 国家知识产权局批准株洲高新区为知识产权试点园区，在株洲高新区开展园区知识产权试点工作。

7 月 6 日 建于 20 世纪 90 年代初的长江广场交通环岛开始“撤圆改直”改造。

8 月 2 日 天元区规划 4B 区、1 区地产开发项目进行投资商招标，株洲旗滨置业有限公司在 3 家投标人中胜出，此为株洲市首次通过招标方式确定地产招商专案签约客商。

8 月 10 日 在三门镇金牌村一建筑工地挖出 1 只保存完整，陶质形状罕见的瓷碗，经专家鉴定确认为晋代文物。

8 月 31 日 湖南南车时代电动汽车股份有限公司挂牌成立暨电动汽车产业化基地奠基仪式在株洲高新区栗雨科技工业园举行，科技部部长万钢、湖南省省长周强共同为新公司揭牌。

10 月 12 日 株洲高新区成立 15 周年、天元区成立 10 周年庆典大会在天台山庄举行。

11 月 26 — 27 日 政协天元区第三届委员会会议召开，选举文季纯为政协天元区委员会主席。

11 月 26 — 28 日 天元区人大第三届代表大会召开，选举粟建华为天元区人大常委会主任，何剑波为天元区人民政府区长。

12 月 13 日 政协湖南省主席胡彪到株洲高新区考察察。

12 月 23 日 举行北京汽车工业控股有限责任公司南方制造基地进驻株洲高新区栗雨科技工业园签约仪式。

12 月 天元区获得湖南省社会治安综合治理先进县市区称号。

2008 年

1 月 10 日 北京汽车集团有限公司（简称“北汽集团”）年产 20 万辆整车的南方生产基地项目合同签订仪式在北京举行，8 月 26 日，在株洲高新区栗雨科技工业园举行北京汽车工业控股有限责任公司南方生产基地项目奠基仪式；2010 年 12 月，株洲南方生产基地落成暨首款 BC301Z 轿车下线；2013 年 6 月，北京汽车株洲基地第一工厂建成暨第二工厂战略合作签约仪式在北汽股份株洲分公司举行。

1 月 13 日—2 月上旬 南方遭遇历史罕见的低温雨雪冰冻灾害，造成辖区内所有道路冰冻严重，京珠高速路段交通瘫痪，滞留大量车辆和人员，天元区在京珠高速天元段全长 17 千米范围内设立 9 个救助点，投入人员 1100 余人，连续奋战 126 个小时，发放物资及药物折合 50 余万元，救助被困车辆 7600 多辆，司乘人员 2.8 万余人次，转移救助病人 89 人。

1 月 29 日 中共中央政治局常委、国务院总理温家宝到天元区京珠高速公路株洲段视察指导抗冰救灾工作。

3 月 11 日 株洲高新区开发建设局被评为湖南省人民满意的公务员集体。

5 月 18 日 株洲湘江段第五桥——芦淞大桥开工建设，该桥东起红港路，西接天元区庐山路，主线全长 2495.6 米，主桥总长 1821.6 米，宽 33 米，总投资 7.08 亿元；2010 年 12 月 26 日建成通车。该桥的建成，与天元大桥、建设路、长江路形成株洲市“内环”，构筑河东、河西共同发展的交通大动脉。

6 月 25 日 北汽控股南方生产基地落户株洲高新区。

6 月 27 日 天元区嵩山路街道东湖管理处出土的爬行类动物化石被专家鉴定为距今约 6500 ~ 8000 万年的恐龙化石，也是湘江流域首次出土恐龙骨骼化石。

6 月 中共湖南省委、湖南省人民政府确定将株洲高新区全部纳入“两型社会”建设核心区范围，批准天易示范区为长株潭“两型社会”建设五个示范区之一。

7 月 28 日 株洲高新区综合信息门户网站开通，该网站集政务公开、服务资讯、投资指南等为一体。

8 月 6 日 监察部副部长郝明金率全国人大、国家信访局等相关人员组成中央信访督导组到区督导信访工作。

9 月 2 日 株洲市首次在天元区规划路段启用 58 盏太阳能光电互补路灯。

9 月 26 日 总投资 15 亿元的创科硅业多晶硅项目在栗雨科技工业园奠基。

11 月 10 日 株洲市在雷打石镇的空灵岸举行空灵岸建寺 1500 周年庆典。

10 月 22 日 中共株洲高新区工委、天元区委召开深入学习实践科学发展观活动动员大会，全区分 3 批开展学习实践科学发展观活动，至 2009 年 3 月结束。

10 月 23 日 湘江株洲段出现 29.37 米的历史最低水位，比该站 1954 年设立以来观测历史最低水位低 0.01 米，实测流量 474 立方米 / 秒。

10 月 中国南车株洲电力机车研究所有限公司收购世界第六大半导体公司——英国丹尼克斯，为中国轨道交通装备制造第一家实现跨国并购的企业。

11 月 天元公安分局完成嵩山、泰山两个派出所的监控室和分局主监控室的建设、安装。

12 月 22 日 天元区被国家人口计生委评为全国计划生育优质服务先进区。

2009 年

1 月 1 日 天元区开展第二次经济普查，结果显示：2008 年全区法人单位 1723 家，产业活动单位 2204 家，有证照的个体经营 4028 家。

1 月 16 日 株洲新区召开建设教育强区工作会议，会上印发《关于建设教育强区的决定》。

2 月 6 日 由南车株洲电力机车研究所有限公司规划投资的南车时代风电产业园奠基，项目占地约 16 公顷，总投资逾 5 亿元；2010 年 8 月建成投产。

2 月 12 日 全球领先的大功率半导体器件独立供货商——株洲南车时代电气股份有限公司与世界能源领域领先企业之一的 AREVA 输配电英国有限公司在北京正式签订战略合作协议。

2 月 17 日 政协株洲市七届十三次主席会议成员在政协株洲市主席刘岁文率领下到株洲新区视察时代新材风电叶片、南车时代电动汽车、欧格瑞轿车变速箱、创科硅业、湘依电器等工业项目建设情况。

3 月 2 日 湖南天易示范区开发建设有限公司成立。

3 月 25 日 株洲高新区被列为全省 10 个千亿园区之一。

5 月 22 日 株洲市人大常委会主任姜玉泉率市人大常委会主任会议成员视察株洲高新区园区建设。

5 月 27 日 国内首台 2.5 兆瓦永磁同步发电机在株洲南车电机股份有限公司诞生。

6 月 2 日 株洲新区成立“两型社会”建设综合配套改革领导小组办公室。编制《株洲天易示范区建设总体规划》和《株洲天易示范区“两型社会”建设发展纲要》，制定 7 个“两型”示范点创建标准体系和创建考评办法。

6 月 4 日 德国驻华使馆经济处主任公使、柯殷博士一行到株洲高新区内的湖南欧洲工业园考察。

6 月 12 日 中共中央政治局常委、国务院总理温家宝在中共湖南省委书记张春贤、湖南省省长周强等陪同下到天元区视察。

7 月 11 日 中共中央政治局常委、全国政协主席贾庆林在全国政协副主席钱运录、中共湖南省委书记张春贤、政协湖南省主席胡彪等陪同下到株洲新区视察。

7 月 22 日 天元区出现五百年一遇的天文奇观“日偏食”。9 时许，太阳光变暗，对比度明显变弱，持续近 20 分钟。

9 月 10 日 株洲市天元区归侨侨眷联合会成立并举行第一次代表大会。

10 月 29 日 株洲高新区被授予国家高技术产业基地和湖南省综合性高技术产业基地。

10 月 天元区被民政部评为全国和谐社会建设示范区。

12 月 15 日 中共株洲天易示范区工作委员会与株洲天易示范区管理委员会设立。

12 月 25 日 株洲市举行武广客运联络线通车典礼，联络线东起中环大道，西至武广客运专线株洲西站，由王家坪立交桥、炎帝大道、站前广场 3 部分组成，工程总投资 5.6 亿元。

12 月 31 日 神农城项目动工建设，2010 年 10 月神农广场建成开放。至 2014 年，神农湖、神农太阳城、神农塔先后开放。

12 月 王家坪立交桥竣工通车，该桥 2008 年 9 月 26 日开工建设，是中环大道与炎帝大道的转换互通，由匝道、辅道组成，总长 5.8 千米，总投资 1.4 亿元。

2010年

1月25日 香港金轮集团董事局副主席兼总裁王锦辉一行到天元区考察。

1月 湖南工业大学主校区从河东迁至天元区新校区，新校区2002年8月筹备启动建设，占地266.67公顷，紧邻神农城。

2月2日 株洲高新区被工信部授予第一批国家新型工业化产业示范基地（装备制造·轨道交通装备）。

4月26—27日 湖南省推进义务教育均衡发展现场会在株洲新区召开，天元区获评全省推进义务教育均衡发展工作先进县市区。

5月13日 政协湖南省主席胡彪到天元区视察调研区城管数字指挥中心、北汽控股南方生产基地。

5月21日 科技部副部长杜占元到株洲高新区考察南车株洲电力机车研究所有限公司（简称“南车株洲所”）、南车株洲电力机车有限公司（简称“南车株机”）、株洲时代新材料科教股份有限公司（简称“时代新材”）、株洲钻石切削刀具股份有限公司（简称“钻石切削”）等企业。

5月22日 株洲城市规划展览馆开馆，总面积10400平方米，总投资1.2亿元，是湖南省唯一一家城市规划展览馆。

5月28日 规划用地320公顷，总投资110亿元的湘水湾项目开工建设；2013年，湘水湾生态公园等一批子项目建成。

6月28日 株洲新区召开天易示范区“两型社会”建设配套改革工作会议，全面启动村级配套改革工作。

7月7日 中共湖南省委副书记、湖南省代省长徐守盛到株洲高新区调研南车株机、南车株洲所、南车株洲电机、北京汽车股份有限公司株洲分公司（简称“北汽控股株洲分公司”）、湖南南车时代电动汽车股份有限公司（简称“南车时代电动汽车”）等企业。

7月21日 株洲高新区、天元区行政中心高新大厦举行揭牌仪式，新区行政中心正式启用，大厦2008年启动建设，由主办公楼、会议中心和政务中心组成，总建筑面积5万余平方米。

7月30日 为期1个月的首届株洲新区艺术节在新区行政中心闭幕，艺术节以“情满新区、畅享未来”为主题，共有81个节目参演，468幅作品参展，参与人数3000余人。

8月24日 湖南省最大风电整机生产基地之一——南车株洲所风电产业基地在株洲高新区投产。

8月26日 总投资5000万元，占地面积3.89公顷，总建筑面积1.8万平方米的栗雨小学落成。

9月18日 北京海纳川部件股份有限公司株洲汽车零部件基地在天元区栗雨科技工业园奠基。

9月30日 河西湘江风光带对外开放。

10 月 株洲高新区成为湖南省首个通过国家生态园区论证的工业园区。

11 月 1 日 从零时起,全区启动全国第六次人口普查工作。普查显示:全区常住人口 215392 人,与第五次全国人口普查 2000 年 11 月 1 日零时的 120741 人相比,10 年增加了 94651 人。

11 月 13 日 天元区颐乐园·老干部活动中心落成,总建筑面积 3106 平方米,有功能用房 45 间。

11 月 编制《株洲高新技术产业开发区、株洲市天元区国民经济和社会发展第十二个五年规划纲要》,提出到 2015 年在全市率先基本建成全面小康社会和基本建成“两型社会”示范区。

2011 年

1 月 25 日 株洲高新区、天元区召开表彰大会,对企业、金融机构发放“创新奖”487.9 万元。

1 月 30 日 株洲县的雷打石镇和三门镇划归天元区管辖,区域面积扩大到 327.6 平方千米。

2 月 17 日 规划面积 58.53 公顷,投资 2 亿元的栗雨休闲谷开园。

3 月 2 日 唐人神集团在深交所上市,成为中国生猪全产业链经营首家上市公司。

3 月 21 日 中共中央政治局常委、国家副主席习近平视察株洲高新区。

5 月 25 日 全国人大常委会副委员长、农工党中央主席、中国工程院院士桑国卫到株洲新区视察指导神农城项目建设。

6 月 22 — 24 日 中共天元区第四次党员代表大会召开,选举谢高进为中共天元区委书记。

7 月 22 日 国务院医改领导小组副组长、卫生部党组书记、副部长张茅在省委常委、副省长郭开朗等陪同下到天元区就全国医改工作和农村卫生医疗工作进行调研。

10 月 15 日 株洲市食品药品监督管理局天元分局成立,为市食品药品监督管理局的派出机构。

10 月 18 日 神农城项目核心景观工程神农湖开园。

10 月 23 日 中共中央政治局委员、中央书记处书记、中宣部部长刘云山到株洲高新区视察。

10 月 25 日 株洲高新区国家知识产权试点园区通过验收。

12 月 20 日 天元区实现财政收入 30.2 亿元,提前两年实现“二次创业行动纲要”提出的“1030335”目标。

12 月 31 日 位于天元区长江南路 4B 区的株洲市中心医院挂牌营业,占地 17.33 公顷,建筑面积 19.15 万平方米,编制床位 1500 张,总投资 15.78 亿元。

2012 年

1 月 2 日 中共中央政治局常委、国务院总理温家宝在中共湖南省委书记、省人大常委会主任周强,省委副书记、省长徐守盛等陪同下到株洲新区调研。

1 月 17 日 中共湖南省委常委、省军区政委李有新到株洲新区走访慰问困难群众。

2 月 15 — 17 日 天元区人大第三届六次会议召开,补选顾峰为天元区人民政府区长。

2 月 28 日 株洲高新区在全省加速推进新型工业化大会上被授予“千亿园区”称号。

3 月 31 日 国家人口计生委主任王侠在省委常委、副省长陈肇雄等陪同下到天元区调研人口计划生育工作。

4 月 26 日 全国妇联书记处书记范继英到天元区就社区妇儿工作开展情况进行调研。

4 月 27 日 株洲新区与浦发银行合作的科技银行成立。

5 月 19 日 可持续发展市长论坛 2012 市长与跨国公司对话会在株洲高新区会议中心进行，湖南长沙、株洲，安徽合肥，山西太原，江西南昌，河南郑州的市长或副市长，共同围绕“推进资源节约型、环境友好型城市建设，实现城市功能转型”展开讨论。

6 月 8 日 株洲高新区被授予湖南省“院士专家工作站”及“人才特区”。

9 月 5 日 黄山路开工建设，东起滨江路，西至长江南路，全长 500 米，路幅宽 40 米，双向 6 车道，总投资 7000 万元。

9 月 6 日 株洲新区最大的公办幼儿园——火炬幼儿园开园。

10 月 24 日 株洲神农城生态景观公园工程（一期）获中国风景园林学会优秀园林绿化工程金奖。

11 月 19 日 神农城创 AAAA 级旅游景区接受国家旅游局评定验收，成为 AAAA 级旅游景区。

11 月 28 — 29 日 政协天元区第四届委员会会议召开，选举程燕为政协天元区第四届委员会主席。

11 月 28 — 30 日 天元区人大四届会议召开，选举马光辉为天元区人大常委会主任，顾峰为天元区人民政府区长。

12 月 18 日 株洲高新区成立 20 周年，天元区建区 15 周年庆祝大会在栗雨休闲谷举行。

12 月 24 日 神农太阳城南区商业街开业。

12 月 28 日 天虹百货株洲店开业。

2013 年

2 月 4 日 株洲高新区工委、天元区委对首届杰出英才奖获得者进行表彰，株洲时代新材料的杨军、株洲时代电子的马世宏、株洲钻石切削的陈响明获奖，并分别获得 10 万元的奖励。

2 月 科技部批复同意株洲高新区开展创新型特色园区建设工作；3 月 22 日株洲高新区启动建设国家创新型特色园区。

3 月 25 日 株洲高新区、天元区下发《株洲高新区瞪羚企业扶持暂行办法》，以扶持中小企业成为跳得高、跑得快、长得好的“瞪羚企业”。

4 月 16 日 湖南省政协主席陈求发到株洲新区视察。

5 月 8 日 由株洲高科集团子公司高科发展有限公司主发的湖南高科发创智能制造装备创业投

资基金设立并揭牌。

6月7日 株洲高新区举行动力谷企业成长学院成立暨首期开班仪式。

6月26日 省委副书记、省长杜家毫等省市区领导出席北汽一工厂建成，北汽二工厂签约仪式。

7月15—31日 国务院第三次经济普查领导小组办公室在天元区开展为期半个月普查综合试点工作，天元区为第三次全国经济普查7个国家级综合试点区域之一。

7月15日 株洲湘江段第六桥——枫溪大桥开工建设，大桥位于中环线建宁大桥与内环线天元大桥之间。东起航空大道与曲尺路交叉口，西接黄河南路与科瑞路交叉口；全线长1729.4米，桥长1429米，宽3.2米，双向6车道，投资7.6亿元，2016年完工。该桥的建成，促进河东枫溪生态新城、航空工业园和河西城区的开发及建设。

8月23日 株洲高新区创新驱动平台建设引进办公室成立。

9月2日 天元中学和天元小学举行第一届开学典礼，共提供学位4560个，弥补辖区北部的教育空白。

9月7日《打造中国动力谷——株洲高新区创新驱动发展战略十年行动方案》通过专家评审。2014年1月6日，中共株洲市委十一届六次全体（扩大）会议暨市委经济工作会议提出全力打造中国动力谷。

9月11日 中共株洲市委书记贺安杰、株洲市市长毛腾飞率市发改局、经信委、科技局、民政局、国土局、住建局、房产局等相关职能部门就全力推进高新区和各个工业园区发展升级，全面掀起株洲高新区新一轮建设热潮到株洲高新区现场办公。

9月29日 中国动力谷研究院成立，与中国动力谷招才引智办公室合署办公。

9月 中国动力谷自主创新园开工建设。

10月 天元区嵩山路街道社区卫生服务中心获“全国示范社区服务中心”称号。

11月21日 北汽股份株洲分公司举行第20万辆整车下线暨首届企业文化节闭幕式。

12月5日 湖南省科技厅与中共株洲市委、株洲市人民政府就加强厅市合作，共同打造株洲中国动力谷，推动株洲加快发展升级会商。

2014年

1月1日 全区开展第三次全国经济普查，结果显示：2013年全区法人单位2625家，产业活动单位2769家，有证照的个体经营户5866家。

1月7日 株洲高新区工委、株洲高新区管委印发《关于加强企业研发机构建设的意见》。

1月23日 株洲高新区入围中国湘商力量总评榜2013年湘商十大最具投资价值经济园区。

1月29日 中国动力谷商标注册申请收到国家工商总局商标书面签发通知，中国动力谷LOGO对外公开使用。

2 月 19 — 21 日 天元区人大四届三次会议召开，补选董巍为天元区人民政府区长。

3 月 6 日 株洲高新区、天元区召开党的群众路线教育活动动员大会，活动至 10 月结束。

3 月 7 日 中国动力谷迎来株洲市首位“千人计划”专家周孟初加盟，周孟初受聘为“中国动力谷”专家顾问委员会第一届委员。当日，高速铁路车辆网大资料研究和应用中心在株洲高新区揭牌。

3 月 27 日 中共中央政治局委员、国务院副总理马凯视察中国南车株洲所、千金药业等企业。

3 月 31 日 株洲高新区与华中科技大学教授、湖北省汽车工程学会副理事长、美国麻省理工学院斯隆汽车实验室原专家陈国华教授团队签约。以陈国华教授为核心的研发团队将在中国动力谷自主创新园投资建立发动机与汽车电子研究院，并推动研究成果产业化。

4 月 株洲市天元区保障住房开发建设公司成立。

5 月 13 日 中共湖南省委常委、湖南省军区政委李有新到天元区人武部检查工作。

5 月 24 日 中国动力谷“千人计划”专家项目合作洽谈会在株洲高新区举行，22 位国家“千人计划”专家、6 位海内外顶尖人才和高校合作团队围绕“动力、创新、梦想”主题，为株洲高新区打造中国动力谷建言献策；会上签订 5 个项目，向 22 位“千人计划”专家、6 位顶尖人才颁发聘书。

6 月 3 日 株洲高新区、天元区认定 13 家专业领域新、创新能力强、成长速度快的中小企业为第二批“瞪羚企业”，给予每家“瞪羚企业”50 万元 ~ 200 万元扶持资金。

6 月 25 日 湘江大道开工建设，起于天元区王家坪立交桥，止于株洲县朱亭镇。

6 月 26 日 株洲精工硬质合金有限公司精密复杂硬质合金切削刀具生产基地开工，位于新马创新城内，占地 5.4 公顷，建筑面积 4.3 万余平方米。

7 月 4 日 中共中央政治局常委、国务院总理李克强视察株洲电力机车有限公司等单位。

7 月 7 日 株洲高新区独家冠名赞助第十四届 COTA 国际交通年会。

8 月 6 日 全省首家数字化预防接种门诊——天元区泰山街道小区卫生服务中心接种门诊投入使用。

8 月 8 日 三门镇被列为国家第三批改革示范小城镇。

8 月 11 日 株洲高科集团公司 2014 年公司债券首期 10 亿元发行，本期债券规模 20 亿元，期限 7 年，拟分 2 次发行（每期 10 亿元），所筹资金全部用于中国动力谷自主创业园项目。

8 月 20 日 中国动力谷科技金融创新联盟成立并揭牌。

8 月 27 日 中共湖南省委书记、省人大常委会主任徐守盛到株洲高新区、天元区视察项目建设。

8 月 27 日 北汽株洲基地二工厂启动建设，项目占地面积 115.35 万平方米，规划设计产能 30 万台，项目总投资超过 60 亿元。

8 月 科技部火炬中心发布全国国家级高新区最新综合排名，排名以 2012 年 105 个国家高新区和苏州工业园（共 106 个单位）的统计数据为基础，株洲高新区排名第 40 名。

9 月 1 日 株洲市二中搬迁武广新城新校区开学，新校区总建筑面积 10 万平方米，占地 16.53 公顷。

10 月 17 日 株洲高新区、天元区召开第二届道德模范表彰会，潘雪云、彭程等 10 人获区道德模范称号。

10 月 21 日 2014 年中国综合实力（科学发展）百强市辖区排名出炉，天元区入选全国百强区，列第 98 位，是中部六省唯一入选的非省会城市辖区。

11 月 4 日 株洲时代新材料科技股份有限公司荣获化工橡胶工业博览会“金像奖”十大领军企业称号。

11 月 20 日 教育部副部长杜占元到银海学校调研基础教育，对天元区学校教育信息化工作给予高度肯定。

11 月 27 日 世界 500 强企业麦德龙株洲商场开业。

11 月 28 日 株洲高新区首个创业苗圃——金谷创业苗圃开园。

11 月 30 日 中国南车旗下的湖南南车时代电动汽车股份有限公司第二期新能源公交车产业化基地正式竣工投产，新基地具备年产纯电动、增程插电式、混合动力等各类新能源公交车超万台能力。

12 月 26 日 天元区获“国家慢性病综合防控示范区”称号。

12 月 30 日 动力产业 IT 信息产业区域服务基地——大汉·惠普软件（湖南）信息产业园开工建设。

12 月 国务院批复同意支持长沙、株洲、湘潭 3 个国家高新区建设国家自主创新示范区，这是全国首个以城市群为单位的国家自主创新示范区。

第一篇　地理·人口

天元区是在株洲市原园艺场地域开始起步的，现所辖区域属于典型的江南丘陵地貌，四季分明，雨量充沛。株洲高新区从 1988 年 9 月筹建株洲新技术产业开发试验区开始，到 2000 年 10 月升格为副市级株洲国家高新技术产业开发区。天元区区域面积由 1997 年成立时的 149.56 平方千米，调整扩容到 2014 年的 327.6 平方千米，扩大 1 倍多；人口由 1997 年的 8.96 万人，发展到 2014 年的 29.13 万人，增加了 20.17 万人。

第一章　建置区划

第一节　区位、区域

一　区位

天元区位于株洲市河西，湖南省东部中段。东隔湘江与株洲市河东地区为界，南与株洲县古岳峰镇及堂市乡相邻，西与湘潭县接壤，北与石峰区隔江相望，距省会长沙 62 千米。位于北纬 27° 31'05" ~ 27° 51'20"，东经 112°59'18" ~ 113°08'36"。境内有武广高速铁路和京港澳高速公路贯穿南北。

二　区域

1954 年 3 月，从湘潭县划入第一农场（后改名株洲市园艺场），面积 26.19 平方千米。

1959 年 1 月，从湘潭县划入雷打石镇、三门镇、马家河乡，划归株洲市郊区管辖。

1965 年，群丰镇一部分划入株洲市郊区。

1965 年 4 月，雷打石镇、三门镇、园艺场划归株洲县；1966 年，园艺场重新划归市郊区。

1992 年 2 月，株洲高新区辖市园艺场和市农科所所在地域，土地面积 26.87 平方千米。其中市园艺场 26.19 平方千米，市农科所 0.68 平方千米。

1997 年 8 月，市政府调整行政区划设立天元区，天元区总面积 149.56 平方千米；东、北以湘江为界，南以群丰镇与雷打石镇界线为界，西以株洲市与湘潭市界线为界。

2000年9月，株洲高新区“一区三园”总面积8.8平方千米，区域边界划定：河西高新技术产业示范园为滨江路—庐山路—黄河北路—黄河南路—黄山路—滨江南路合围区域；田心高科技工业园为田红路延伸至广空四站铁路专用线以北，九方路接六九库专用线以东，田心路接田林路以西，空四站围墙延伸至六九库专用线以南区域；董家塅高科技工业园为浙赣线以南，东环线以东，株董路以北，幸福路接株醴路以西区域。

2011年1月，从株洲县划出雷打石、三门2个镇由天元区管辖，天元区辖4个镇、3个街道。北部、东部分别与石峰区、芦淞区隔江相望，南与株洲县古岳峰镇及堂市乡相邻，西与湘潭县接壤，总面积327.6平方千米。

第二节　历史沿革

区域战国时属楚，秦时属临湘县。东汉建安二十年（215），吴、蜀以湘水为界分荆州，境地归蜀。隋时属衡山县。唐天宝八年（749）至中华人民共和国成立，隶属湘潭县。

1951年7月1日，株洲建市（县级市）。1956年，株洲升格为地级市，区域一部分隶属株洲市郊区，一部分隶属株洲县。1965年4月30日，区域隶属株洲县。

1988年9月27日，市政府决定在株洲市园艺场地域上筹建株洲新技术产业开发试验区。1992年12月，株洲高新区升级为国家级高新技术产业开发区，隶属中共株洲市委、株洲市人民政府领导。

1997年8月1日，天元区成立，隶属株洲市，地域为株洲高新区地域和株洲县的马家河乡、群丰镇。

2000年10月20日，株洲高新区升格为副市级，仍隶属中共株洲市委、株洲市人民政府领导。

2011年1月，天元区隶属株洲市，地域为4个镇、3个街道；至2014年，隶属关系无变化。

第三节　治 所

1992年，株洲高新区成立之初，株洲高新区管委会在泰山路街道株洲高新区科技展览馆办公，办公面积7000多平方米。

1997年8月，天元区成立，区政府及区直机关部分单位暂住株洲市建设南路原郊区办公楼办公。

1998年12月，株洲高新区新建株洲高新区火炬大厦，总建筑面积7512平方米，占地0.37公顷，层高11层。1999年12月，大厦投入使用，株洲高新区管理机构搬至黄河北路嵩山路街道大湖塘火炬大厦办公至2010年。

1999年11月，天元区在黄河北路新建区政府办公楼，2000年12月竣工。2001年1月，区委、区人大、区政府、区政协及部分区直机关搬入黄河北路276号新办公楼办公。

2008年10月，株洲高新区、天元区在株洲大道旁建设高新大厦（科技中心），总占地面积63673平方米，主楼建筑面积51932.2平方米，会议中心建筑面积7182.2平方米，政务中心建筑面积 8815.7 平方米。2010 年 5 月竣工，7 月株洲高新区、天元区领导机关及区直机关大多数单位搬至株洲大道北 1 号高新大厦办公，会议和政务中心同时投入使用。

第四节 行政区划

1954 年 3 月 31 日，湘潭县第一农场划归株洲市，改名株洲市园艺试验场；1954 年 5 月 30 日又改为株洲市园艺场，隶属株洲市郊区。1988 年 9 月 27 日，在市园艺场地域上成立市级株洲新技术产业开发试验区。

1992 年 2 月 10 日，湖南省政府批准株洲新技术产业开发试验区更名为株洲高新技术产业开发区，为省级开发区。

1992 年 12 月 19 日，国家科委批复株洲高新区为国家高新技术产业开发区，辖株洲高新区所在地域。下辖渡口、隆兴、东湖、大坪、张家园、天台、徐家冲、新塘、莲花、桥头 10 个管理处。

1997 年 5 月 31 日，国务院批复同意湖南省调整株洲市市辖区行政区划；6 月 28 日，省政府下发《关于调整株洲市辖区行政区划的通知》；7 月 20 日，市政府印发《关于市辖区行政区划调整的通知》。撤销东区、南区、北区、郊区，调整设立天元区、芦淞区、荷塘区、石峰区。调整后的市辖区行政区划从 1997 年 8 月 1 日起实行。天元区辖原株洲县的群丰镇、马家河乡和辖原株洲市郊区园艺场和株洲市农科所所在地域。调整后，天元区辖泰山路、嵩山路 2 个街道，马家河乡、群丰镇 2 个乡（镇），共 30 个村、8 个社区，8 个管理处。1999 年 3 月，马家河乡撤乡设镇。

2000 年 9 月 11 日，科技部批准株洲高新区实施“一区三园”发展战略，同意设立田心高科技工业园和董家塅高科技工业园，与株洲河西高新技术产业示范园一起组成“一区三园”。将株洲高新区不易开发利用的 3 平方千米区域调出开发区，将规划有效面积分别为 1.5 平方千米的田心高科技工业园和董家塅高科技工业园调入开发区。调整后，株洲高新区“一区三园”面积 8.8 平方千米不变。

2001 年 7 月 18 日，科技部向田心高科技工业园、董家塅高科技工业园、国家高新区新材料成果转化及产业化示范基地、国家火炬计划湖南传感技术产业基地授牌，形成株洲高新区“一区三园两基地”格局。

2003 年，天元区开展城区居民委员会改革，将两个街道的 15 个居民委员会调整改设为 24 个社区；马家河镇设立 2 个社区，群丰镇设 1 个社区。

2005 年 4 月 29 日，天元区行政区划调整。增设栗雨街道，辖栗雨村、凿石村、南塘村、王家坪村、王家坪社区。增加后为泰山路、嵩山路、栗雨 3 个街道；马家河镇新增新马社区。

2011 年 1 月 30 日，省民政厅对株洲市部分行政区划进行调整，将株洲县所属雷打石、三门 2 个镇划入天元区，天元区辖 3 个街道 4 个镇。

2014 年，天元区辖泰山路、嵩山路、栗雨 3 个街道，马家河、群丰、雷打石、三门 4 个镇，共 45 个村、67 个社区、8 个管理处（原园艺场工区）。

1997 年 12 月株洲市天元区行政区划一览表

表 1－1－1　　单位：个

镇（街道）	社区	村	管理处	所辖村名称	所辖社区名称	所辖管理处名称
泰山路街道	5	—	4	—	青香、长留、桥南、云里、铁西	张家园、徐家冲、天台、新塘
嵩山路街道	3	—	4	—	桥北、花园里、大湖塘	大坪、莲花、东湖、隆兴
马家河乡	1	15	—	高塘、万丰、新马、农科、中路、栗雨、月塘、金龙、太高、仙岭、泉源、浅塘、南塘、王家坪、凿石	古桑洲	—
群丰镇	—	15	—	石塘、竹溪、栗山、新塘、江璜、湘滨、湘云、长岭、高台岭、旗营、新文、妙泉、白莲、响塘、合花	—	—

2014 年 12 月株洲市天元区行政区划一览表

表 1－1－2　　单位：个

镇（街道）	社区	村	管理处	所辖村名称	所辖社区名称	所辖管理处名称
泰山路街道	17	—	4	—	铁西、云里、滨江、家园、泰园、广场、大岭、泰西、金锦、谢家冲、湘紫、天台、徐家冲、张家园、新塘、工大、文家冲	徐家冲、天台、新塘、张家园
嵩山路街道	11	—	4	—	大湖塘、花园里、桥北、湘银、大坪、小湖塘、白鹤、莲花、尚格、香山、东湖	隆兴、东湖、大坪、莲花
栗雨街道	5	—	—	—	永安、栗雨、南塘、王家坪、凿石	—
马家河镇	13	—	—	—	古桑洲、大石桥、高塘、金龙、农科、浅塘、泉源、太高、万丰、仙岭、新马、月塘、中路	—
群丰镇	16	—	—	—	新街、长岭、白莲、高台岭、合花、江璜、栗山、妙泉、旗云、石塘、湘滨、湘云、响塘、新塘、新文、竹溪	—

续表 1 － 1 － 2

镇（街道）	社区	村	管理处	所辖村名称	所辖社区名称	所辖管理处名称
雷打石镇	3	23	—	胜塘、神围、霞石、盘石、砖桥、龙塘、胜利、泉丰、铁篱、龙岩、建强、布塘、龙泉、新林、中心、脉湾、小冲、养鲤、农科、金塘、扶兴、东林、仙鹅	沧沙、公道街、青石	—
三门镇	2	22	—	范家洲、高岭、杨柳、黄田、松柏、莲花、湖田、马道坪、白石、苍霞、高峰、响水、福星、石亭、护塘、梽木、月形、株木、燕子、金牌、南江、湖坪	上节街、码头口	—

说明：泰山路街道徐家冲、天台、新塘、张家园 4 个社区与徐家冲、天台、新塘、张家园管理处两块牌子，一套人马。嵩山路街道东湖社区与东湖管理处两块牌子，一套人马

第二章　自然环境

第一节　地质地貌

一　地　质

天元区地质构造为第四纪红壤，广泛分布于丘岗地。除自成土外，由河流或沟冲积而成的运积土分布于沿江一带。天元区地质以黏土、亚黏土和沙砾等地层为主，地震设防烈度为 6 度。全区成土母质八大类。其中，板页岩占 47.9%，第四纪红色黏土占 20.7%，紫色砂页岩占 12.9%，花岗岩占 8.8%，河流冲积物占 4.9%，砂岩沙砾占 1.3%，石灰岩母质占 0.3%，异源母质占 3.2%。

二　地　貌

天元区地处湖南省东部中段，株洲市区湘江西岸。属江南丘陵腹地，为长（沙）衡（阳）丘陵盆地之一部分，其所在区域由河流冲击小平原与小丘岗而成。湘江从南、东、北依次环绕流过。东北部沿江一带多为河漫滩地，地势平坦，海拔高程 40 米左右；西南部地势略高，丘岗海拔高程多在 100 米左右。区内最高点位于雷打石镇南部昆山山顶，海拔 192.6 米，最低点为马家河镇古桑洲，海拔 34 米，相对高差 158.6 米。境内有 5 处高于百米的山峰，除昆山外，另有海拔 166.9 米、位于三门镇西南角与堂市乡交界处的北斗岭；海拔 154 米，位于群丰镇西缘的龙门寺；海拔 113 米、

位于马家河镇太高村境内的太子山；海拔 101.6 米、位于炎帝广场南侧的天台岭。全境地势为西部、中央高，往南、东、北成辐射状，三面环湘江。全区地貌以山地、丘陵、丘岗地为主。境内江中岛屿有古桑洲。

第二节 水系水文

天元区有湘江从南、东、北依次环绕流过。天元区段属湘江下游。湘江天元区段由三门镇湖坪村矮洲组入境，由马家河镇高塘社区井塘组出境，长 47.95 千米。另有中小河流 57 条，其中较大的有 7 条，分别为河流长度为 11.2 千米的万丰港、长度为 6.46 千米的泉水港、长度 7.86 千米的小麦港、长度为 8.23 千米的王竹港、长度 12.3 千米的沧沙港、长度 12 千米的苍霞港及长度 4.38 千米的罗家洲。湘江株洲天元段江面宽 400 ~ 800 米，水深 2.5 ~ 3.5 米，水利坡度 0.102‰；枯水期水面宽约 100 米。年平均总径流量 664 亿立方米。历史最高值水位 44.59 米，最低值 27.83 米；流量历史最大值 22250 立方米 / 秒，最小值 101 立方米 / 秒。湘江两岸水文条件差异较大，西岸水流平缓且水浅，扩散稀释条件较差。

天元区地下水贮量丰富，沿湘江阶地的第四系松散含水层，含水性中等。地处群丰镇白莲社区汗塘组有一泉水窟温泉，常年恒温 13℃。

2014 年株洲市天元区地表水系一览表

表 1 - 2 - 1

流 域	水 系	河流名称	上一级河流名称	河流长度（千米）	流域面积（平方千米）	流 经	河流平均比降（‰）	平均年降水深（毫米）	平均年径流深（毫米）
长江流域	洞庭湖水系	万丰港	湘 江	11.2	32.0	马家河镇	1.8	1411.3	797.0
长江流域	洞庭湖水系	泉水港	湘 江	6.46	13.3	群丰镇、马家河镇	2.3	1402.0	800.0
长江流域	洞庭湖水系	小麦港	湘 江	7.86	16.1	群丰镇	3.2	1401.7	800.0
长江流域	洞庭湖水系	王竹港	湘 江	8.23	15.4	群丰镇	2.4	1406.0	800.0
长江流域	洞庭湖水系	沧沙港	湘 江	12.3	36.1	雷打石镇	1.7	1405.9	831.8
长江流域	洞庭湖水系	苍霞港	湘 江	12.0	36.5	三门镇	2.0	1405.2	847.7
长江流域	洞庭湖水系	罗家洲	湘 江	4.38	11.3	三门镇	4.2	1409.0	850.0

第三节　气候、土壤

一　气　候

天元区位于湘东中、南部，纬度较低，受东亚季风影响很大，属亚热带季风性湿润气候类型。冬季多为欧亚大陆干冷气团控制，北方寒流频频南下，造成雨雪冰冻，气候比较湿冷；夏季则多为低纬海洋暖湿气团影响，温高湿重；在春夏之交，正处在冷暖气团交替的过渡地带，锋面、切变线和气旋活动频繁，造成阴湿多雨，天气多变；而在盛夏期间，因副热带高压脊常控制湘东、湘中一带，酿成高温酷热，晴热少雨，蒸发强盛；秋季多受稳定的大陆高压控制，前一个月多秋高气爽天气，后一个月受冷空气影响，则多秋风秋雨天气。一年之中，一般 1 月最冷，7 月最热，气温年差在 17℃ ~ 18℃之间。主要气候特点是：气候温暖，四季分明；雨热同季、暖湿多雨；热量充足，雨水集中；春温多变，夏秋多旱；严寒期短，暑热期长。

天元区多年平均气温 17.7℃，多年平均降雨量 1445.4 毫米，多年平均日照时数 1531.7 小时。区内日最大降水量为 157 毫米，出现在 2010 年 5 月 13 日。年雨日数 155.7 天。年极端最高气温 40.3℃，出现在 2010 年 8 月 5 日；年极端最低气温 -11.5℃，出现在 1991 年 12 月 29 日。年平均雷暴日 45 天。无霜期长，在 286 天以上。

二　土　壤

天元区土壤具有类型多、土壤肥力强、生产性能好、适种性广的特点，有水稻土、潮土、红壤 3 个土类、10 个亚类、35 个土属、92 个土种。水稻土，主要分布于境内主要流域河流冲积平原；潮土，常见于河州、河滩地段；红壤，在境内平原、丘陵、山地均有分布。

第四节　自然资源

天元区属亚热带常绿阔叶林带，主要植物被类型有次生常绿阔叶林、落叶阔叶林和针阔混交林、毛竹林和人工林 5 个类型。由于自然条件优越，森林植物种类繁多，据调查，有木本植物 42 科 115 属 201 种。有国家保护的珍稀树种 12 种。其中，一级保护树种有水杉、银杏、苏铁 3 种；二级保护树种有香樟、楠木、三尖杉、紫荆木等 15 种。有药用植物 5 大类，213 种，有花卉植物 2 类、74 种；有野生植物 31 科、281 种。矿产资源已探明的有煤、铁、钨、铅、锌、金、锡、铀、钼、铜、银、铌、钽、稀土、萤石、石膏、硅石土、高岭土、石灰石、花岗岩等 40 余种。

第五节 自然灾害

天元区主要自然灾害有大风、冰雹、暴雨、低温连阴雨、雷雨大风、干旱、寒露、冰冻、寒潮、雾、霾、山体滑坡、泥石流。其中尤以洪涝、干旱对全区经济和人民生命财产影响较大。

暴雨洪涝 洪涝包括山洪、江河泛滥、内涝和内渍，且常有突发性。历史上有记载的两次大的洪水为1907年，湘江水位最高44.20米；1924年，湘江水位最高44.30米。中华人民共和国成立后，1954年、1962年、1968年、1976年、1978年、1984年、1994年、1998年各发生一次重大洪水灾害。

1994年6月16—20日，境内发生特大洪水灾害。6月18日12时，湘江株洲段水位44.59米，超过警戒水位5.59米，超过历史最高水位0.29米，流量每秒2.23万立方米，造成多处决口溃堤，尤其是区域内易家港决堤，致使株洲高新区遭受严重灾害。洪水致使湘江倒塌河堤5处200多米。其中，主堤2处110多米，子堤3处90余米。洪水淹没农作物总面积640.74公顷，其中水田73.67公顷，蔬菜485.4公顷，鱼塘61.67公顷，其他20公顷。株洲高新区10个管理处75个组全部受灾，灾民3000多户1.29万人，倒塌房屋154栋711间。洪水还淹没长江北路、长江南路、天台山路、滨江路等5条主干道；水淹工厂20多家，商店门面250余家；死亡牲畜1000余头，家禽1.7万多羽；沿江水利设施基本被毁，损坏变电器5台、电动机15台，直接经济损失1亿元以上。

1998年，境内发生特大洪涝灾害，春汛和夏汛迭起。3月中旬就出现有记录以来最强和最早的春汛，株洲市湘江水位42.95米，超过警戒水位3.95米。5月13日、6月1日和6月27日遭受暴雨和大暴雨袭击，暴雨中心最大降水量195毫米，致使6月中、下旬发生长时间的洪涝灾害。

雨雪冰冻 冻害是天元区冬季常见的一种气象灾害，它包括雪灾、冰冻及严寒期等几大类，其成因与低温相关。

2008年1月13日—2月4日，境内出现自1954年株洲有气象记录以来冰冻范围最广、持续时间最长、灾害损失最严重的雨雪冰冻天气过程。此次过程天元区最大降雪量（2月1日08时—2月2日08时）22.6厘米，最大积雪深度（2月2日08时）18厘米；电线积冰平均直径最大值42毫米；连续低温雨雪的日数21天，日平均气温为－2.5℃～0.4℃，有16天日平均气温低于0℃，期间最低气温（2月3日晨）－6.9℃。此次低温雨雪冰冻灾害对境内交通运输、能源供应、电力传输、通信设施及农业和人民群众的生活造成严重影响和重大损失。

干旱 雨季结束进入盛夏晴热少雨季节，容易发生干旱灾害。中华人民共和国成立后，1960年、1963年、1966年、1971年、1974年、1978年、1979年、1986年、1994年、2009年、2010年、2013年各发生一次严重旱灾。

2003年6月—8月，境内出现35℃以上的高温天气40天以上，极端最高气温突破40℃，1月—8月，降水总量比历年同期偏少7%。7月，全区降水仅22毫米，比历年同期偏少80%，为历年最少。因高温时间长，降雨少，大部分地区遭遇严重干旱。2009年、2010年，境内又连续发生干旱灾害。

2013年，天元区严重干旱。6月—8月，全区总干旱日数在28天，其中中旱日数22天，重旱日数6天。湘江干支流接近最低水位，全区多数溪河出现断流，小型水库和山塘干涸。

第三章　人口

第一节　人口总量

1997年天元区成立时，辖区内常住人口89574人。随着城市化进程加快，外来务工、进城就业、经商人员、外地迁移人员日益增多，城市人口增长迅速，全区人口逐年增加。2000年，天元区辖区常住99337人。2005年增至128213人，比1997年增加38639人。2010年增至215392人，比2005年增加87179人。2011年，株洲县三门镇、雷打石镇划入天元区，人口增至280500人。2014年人口增至291300人，比建区的1997年增加201726人。1997—2014年，年均增加11207人。

1997—2014年株洲市天元区常住人口情况一览表

表1－3－1

年 份	总户数	总人口	年末常住人口				城镇化率（%）	人口密度（人/平方千米）
			男	女	城 镇	乡 村		
1997	31862	89574	44745	44829	27837	61737	30.3	597
1998	31847	90994	45430	45564	30770	60224	33.8	606
1999	31830	95615	47599	48016	35578	60037	35.9	637
2000	31824	99337	49350	49987	40231	59106	39.6	662
2001	31803	104148	51762	52386	45235	58913	43.4	694
2002	33512	109012	54130	54882	49869	59143	45.7	727
2003	35761	115863	57402	58461	57305	58558	49.4	773
2004	38224	121634	60324	61310	62941	58693	51.7	811
2005	40551	128213	63399	64814	71203	57010	55.5	855
2006	42836	136263	67397	68866	76791	59472	56.3	908
2007	64200	174800	93900	80900	147100	27700	84.1	1165

续表 1 - 3 - 1

年份	总户数	总人口	年末常住人口				城镇化率（%）	人口密度（人/平方千米）
			男	女	城镇	乡村		
2008	65800	175800	94100	81700	155400	20400	88.4	1172
2009	66260	180360	96886	83474	159492	20868	88.4	1202
2010	65894	215392	123239	92513	212470	28769	87.8	1608
2011	83800	280500	150200	130300	209100	71400	74.6	855
2012	84600	283100	151700	131400	215300	67800	76.1	863
2013	85300	287700	154000	133700	218800	68900	76.1	877
2014	86700	291300	156000	135300	222200	69100	76.3	882

第二节　人口构成

民族构成 2000年，第五次人口普查统计显示，辖区内总人口120741人。其中，汉族119977人，蒙古族19人，回族55人，藏族2人，维吾尔族4人，苗族178人，彝族8人，壮族28人，布依族1人，满族36人，侗族44人，瑶族41人，白族43人，土家族292人，畲族4人，土族5人，羌族1人，仡佬族2人，锡伯族1人。

2010年，第六次人口普查统计显示，辖区内总人口215392人。其中，汉族212740人，占总人口的98.8%，较2000年第五次人口普查增加92763人；土家族944人，苗族607人，侗族235人，瑶族265人，壮族168人，回族134人，满族87人，白族66人，蒙古族28人，藏族5人，维吾尔族11人，彝族17人，布依族16人，朝鲜族3人，哈尼族2人，哈萨克族2人，傣族5人，黎族6人，傈僳族1人，佤族1人，畲族17人，水族9人，土族9人，毛南族1人，仡佬族2人，怒族1人，俄罗斯族2人，京族4人，鄂伦春族1人，未识别民族的2人。与2000年第五次人口普查相比，少数民族增加11个，少数民族人口增加1888人。

年龄构成 2000年，第五次人口普查统计显示，辖区0～14岁少儿23307人，占总人口的19.3%，15～49岁人口76043人，占总人口的63%；50～64岁人口14106人，占总人口的11.6%；65岁以上老年人7285人，占总人口的6.0%。

2010年，第六次人口普查统计显示，少儿人口比例减少，少儿人口（0～14岁）所占比例较2000第五次人口普查时减少6.1个百分点。在少儿人口，新出生人口（0岁）占总人口比例9.1‰，较2000年第五次人口普查减少0.9个千分点，其中新出生男女性别比为128.62∶100。老年人口比例增加，老年人口（60岁及以上）所占总人口比例为10.4%，较2000年第五次人口普查时增加1.2

个百分点。老年人口中，80 ～ 89 岁的 1939 人，90 ～ 99 岁的 153 人。女性平均寿命高于男性，65 岁及以上老年人口中女性 7166 人，男性 6915 人，其中 85 岁以上老年人口女性人数 428 人，多于男性人数（302 人）126 人，100 岁（含）以上老人 2 人，均为女性。

辖区 0 ～ 14 岁少儿 28428 人，占总人口的 13.2%，15 ～ 49 岁人口 143156 人，占总人口的 66.5%；50 ～ 64 岁人口 29727 人，占总人口的 13.8%；65 岁以上老年人 14801 人，占总人口的 6.5%。与国际人口构成类型标准对比，年龄构成属于由成年型向老年型过渡。

性别构成 根据 2 次人口普查的统计显示，男女性别比（以女性为 100）2000 年为 105.88，2010 年为 104.44，全区总人口性别比基本平衡。从 2010 年第六次人口普查来看，各年龄段性别比有所分化，按照联合国明确认定的性别比的通常值域为 102 ～ 107，其他值域则被视为异常。2000 年，天元区 0 ～ 14 岁性别比 112.9；15 ～ 34 岁性别比为 98.8；35 ～ 59 岁性别比；60 岁及以上老年人口性别比 104.2。2000 年，天元区人均期望寿命值为 72.91 岁，其中男性为 70.82 岁，女性 74.89 岁。2010 年，天元区 0 ～ 14 岁男性人口占比明显超过平衡区，性别比达到 112.9；15 ～ 34 岁女性高于男性，性别比为 98.8；35 ～ 59 岁性别比 107.2；60 岁及以上老年人口男性多于女性，性别比 104.2。2014 年，天元区人均期望寿命值为 77.51 岁。其中，男性为 76 岁，女性 79.24 岁。

2000 年株洲市天元区人口普查性别、年龄构成表

表 1 － 3 － 2

年龄段	人口数（人）			占总人比重（%）			性别比（女性＝100）
	合计	男	女	小计	男	女	
总计	120741	62096	58645	100	51.43	48.57	105.88
0	1239	653	586	1.03	0.54	0.49	111.43
1 ~ 4	4387	2302	2085	3.63	1.91	1.73	110.41
5 ~ 9	5830	3015	2815	4.83	2.50	2.33	107.10
10 ~ 14	11849	5985	5864	9.81	4.96	4.86	102.06
15 ~ 19	10823	5231	5592	8.96	4.33	4.63	93.54
20 ~ 24	9867	4965	4902	8.17	4.11	4.06	101.29
25 ~ 29	11797	5734	6063	9.77	4.75	5.02	94.57
30 ~ 34	15431	7910	7521	12.78	6.55	6.23	105.17
35 ~ 39	12591	6828	5763	10.43	5.66	4.77	118.48

续表 1 - 3 - 2

年龄段	人口数（人）			占总人比重（%）			性别比（女性=100）
	合计	男	女	小计	男	女	
40～44	7643	4136	3507	6.33	3.43	2.90	117.94
45～49	7891	4179	3712	6.54	3.46	3.07	112.58
50～54	6173	3275	2898	5.11	2.71	2.40	113.01
55～59	4108	2148	1960	3.40	1.78	1.62	109.59
60～64	3856	2076	1780	3.19	1.72	1.47	116.63
65～69	2908	1540	1368	2.41	1.28	1.13	112.57
70～74	2146	1069	1077	1.78	0.89	0.89	99.26
75～79	1283	622	661	1.06	0.52	0.55	94.10
80～84	646	325	321	0.54	0.27	0.27	101.25
85～89	215	86	129	0.18	0.07	0.11	66.67
90～94	48	15	33	0.04	0.01	0.03	45.45
95～99	10	2	8	0.01	0.00	0.01	25.00
100岁以上	—	—	—	—	—	—	—

2010年株洲市天元区人口普查性别、年龄构成表

表 1 - 3 - 3

年龄段	人口数（人）			占总人比重（%）			性别比（女性=100）
	合 计	男	女	小 计	男	女	
总计	215392	110035	105357	100	51.09	48.91	104.44
0	1973	1110	863	0.92	0.52	0.40	128.62
1～4	7967	4213	3754	3.70	1.96	1.74	112.23
5～9	9470	5030	4440	4.40	2.34	2.06	113.29
10～14	9018	4721	4297	4.19	2.19	1.99	109.87

续表 1 - 3 - 3

年龄段	人口数（人）			占总人比重（%）			性别比（女性＝100）
	合 计	男	女	小 计	男	女	
15～19	13876	7150	6726	6.44	3.32	3.12	106.30
20～24	30068	15542	14526	13.96	7.22	6.74	106.99
25～29	17625	8267	9358	8.18	3.84	4.34	88.34
30～34	17443	8316	9127	8.10	3.86	4.24	91.11
35～39	21178	10647	10537	9.83	4.94	4.89	100.99
40～44	24165	12440	11725	11.22	5.78	5.44	106.10
45～49	18801	10149	8652	8.73	4.71	4.02	117.30
50～54	10593	5596	4997	4.92	2.60	2.32	111.99
55～59	10930	5488	5442	5.07	2.55	2.53	100.85
60～64	8204	4206	3998	3.81	1.95	1.86	105.20
65～69	5059	2585	2474	2.35	1.20	1.15	104.49
70～74	4281	2225	2056	1.99	1.03	0.95	108.22
75～79	2647	1364	1283	1.23	0.63	0.60	106.31
80～84	1364	690	674	0.63	0.32	0.31	102.37
85～89	575	245	330	0.27	0.11	0.15	74.24
90～94	128	49	79	0.06	0.02	0.04	62.03
95～99	25	8	17	0.01	0.00	0.01	47.06
100岁以上	2	—	2	0.00	0.00	0.00	0.00

文化构成 2000年第五次人口普查统计显示，全区具有研究生文化程度的159人，占总人口的0.14%，具有大学本科文化程度的2837人，占总人口的2.49%，具有大学专科文化程度的9182人，占总人口的8.05%，具有中专、高中文化程度的19662人，占总人口的17.22%，具有初中文化程度的40560人，占总人口的35.5%，具有小学文化程度的38397人，占总人口的33.6%，15岁以上文盲半文盲人口3335人，占总人口2.92%。

随着教育文化事业的发展，辖区人口文化程度迅速提高，文盲、半文盲人口比例由2000年第五次人口普查的2.52%，下降到2010年第六次人口普查的1.04%。第六次人口普查统计，全区具有研究生文化程度的1574人，占总人口的0.73%，具有大学本科文化程度的31157人，占总人口的14.5%，具有大学专科文化程度的31106人，占总人口的14.4%，具有研究生、大学本科、大学专科学历者，十年增长5.2倍，具有中专、高中文化程度的43773人，占总人口的20.3%，具有初中文化程度的59763人，占总人口的27.7%，具有小学文化程度的34306人，占总人口的15.9%，15岁以上文盲半文盲人口1206人，占总人口0.56%。女性受教育程度较2000年第五次人口普查有明显提高，第五次人口普查时，文化程度各等级（文盲除外），男性均高于女性，而2010年第六次人口普查中，文化程度等级男女差别缩小，小学与高中程度的女性超过男性。

2000年株洲市天元区分性别各种文化程度人口状况表

表1-3-4

文化程度	男		女		合计=(1)+(2)
	人数(1)	占总人口比重(%)	人数(2)	占总人口比重(%)	
研究生	131	0.11	28	0.02	159
大学本科	1919	1.68	918	0.80	2837
大学专科	4916	4.31	4266	3.74	9182
高　中	10003	8.76	9659	8.46	19662
初　中	20743	18.17	19817	17.36	40560
小　学	20045	17.56	18352	16.08	38397
15岁以上文盲半文盲	866	0.76	2469	2.16	3335

2010年株洲市天元区分性别各种文化程度人口状况表

表1-3-5

文化程度	男		女		合计=(1)+(2)
	人数(1)	占总人口比重(%)	人数(2)	占总人口比重(%)	
研究生	974	0.45	600	0.28	1574
大学本科	17580	8.16	13577	6.30	31157
大学专科	16136	7.49	14970	6.95	31106
高　中	21523	9.99	22250	10.33	43773
初　中	29983	13.92	29780	13.83	59763
小　学	16932	7.86	17374	8.07	34306
15岁以上文盲半文盲	276	0.13	930	0.43	1206

第二篇　中共地方组织

中国共产党在境内的早期活动可追溯到土地革命时期，株洲河西（现天元区部分）是湘赣革命根据地唯一的中共白区区委（县级区委——中共株洲直属区委，后改为中共长湘区委）所在地和白区工作基地。1928 年 7 月—1934 年，湖南省委、湘东、湘东南特委、湘赣省委先后在区内天台山及其附近建立中共株洲市委、中共株洲区委、中共株洲特别区委、中共株洲直属区委、中共长湘区委。

1949 年 8 月，株洲和平解放，境内的党组织和共产党员为此作出重大贡献。株洲解放时，境内地域属湘潭县管辖。至 1992 年 2 月，株洲在郊区园艺场和市农科所所在地域上建立株洲高新技术产业开发区。1992 年 7 月，建立中共株洲高新技术产业开发区委员会；1997 年 8 月，设立中共株洲市天元区委员会。

第一章　机　构

第一节　区级机构

1991 年 7 月，成立株洲高新技术产业开发区领导小组，由市委常委、常务副市长王汀明任组长。1992 年 6 月，成立中国共产党河西开发区委员会。同年 7 月，河西开发区委员会更名为中共株洲高新技术产业开发区委员会，与管委会合署办公，实行两块牌子，一套人马，代表市委行使对株洲高新区区域内党组织的管理职能。1997 年 8 月，设立中共株洲市天元区委员会。

1997 年 8 月，成立中共株洲高新技术产业开发区党组，同时撤销中共株洲高新技术产业开发区委员会。1998 年 5 月，恢复中共株洲高新技术产业开发区委员会。

2000 年 10 月，省编委以湘编〔2000〕4 号文件明确：中共株洲高新区工作委员会、株洲高新技术产业开发区管理委员会是市委、市政府派出机构，为副市级单位。

2001 年 3 月，中共株洲高新技术产业开发区委员会更名为中共株洲高新技术产业开发区工作委员会。

2001 年 2 月，市委、市政府对株洲高新区、天元区进行“职能归并、效能整合”。建立中共株洲高新技术产业开发区工作委员会（简称“株洲高新区工委”），与中共天元区委员会实行“两块牌子，一套人马”。至 2014 年无变化。

中共株洲高新区工委（党组）领导班子成员名录

表2－1－1

组织名称	职务	姓名	性别	任职时间
中共株洲市河西开发区委员会（1992年06月—1992年07月）	书记	黄自能(兼)	男	1992年06月—1992年07月
	副书记	崔清臣	男	1992年06月—1992年07月
中共株洲高新技术产业开发区委员会（1992年07月—1997年08月）	书记	黄自能(兼)	男	1992年07月—1993年02月
		崔清臣	男	1993年02月—1994年08月
		何金棠	男	1994年08月—1997年08月
	副书记	崔清臣	男	1992年07月—1993年02月
		周建国	男	1993年11月—1997年08月
		李智	男	1997年07月—1997年08月
	委员	苏正根	男	1993年11月—1997年08月
		刘国定	男	1993年11月—1995年01月
		杨平	男	1994年01月—1997年08月
		杨克敏	男	1994年01月—1995年04月
		周忠祥	男	1994年12月—1997年08月
		董树初	男	1994年12月—1997年08月
中共株洲高新技术产业开发区党组（1997年08月—1998年05月）	书记	何金棠	男	1997年08月—1998年03月
		翟笃培	男	1998年03月—1998年05月负责全面工作
	副书记	乐永明	男	1997年08月—1998年03月
		杨平	男	1997年08月—1998年05月
	党组成员	肖祥清	男	1997年08月—1998年05月
		周忠祥	男	1997年08月—1998年05月
		罗伟	男	1997年08月—1998年05月
中共株洲高新技术产业开发区委员会（1998年05月—2001年03月） 2000年10升级为副厅级（湘编〔2000〕4号）		翟笃培	男	1998年05月—2000年05月负责全面工作
	书记	翟笃培	男	2000年05月—2001年01月
		王群	男	2001年01月—2001年03月
	副书记	杨平	男	1998年05月—2001年02月
	委员	肖祥清	男	1998年05月—2001年03月
		周忠祥	男	1998年05月—2001年02月
		罗伟	男	1998年05月—2001年03月

续表2－1－1

组织名称	职 务	姓 名	性 别	任职时间
中共株洲高新技术产业开发区工作委员会（2001年03月—2014年12月）	书 记	王 群	男	2001年03月—2005年07月
		杨 平	男	2005年07月—2006年08月
		谢高进	男	2006年08月—2014年12月
	副书记	翟笃培	男	2001年03月—2003年05月
		杨 平	男	2003年05月—2005年08月
		谢高进	男	2005年08月—2006年08月
		何剑波	男	2006年08月—2011年12月
		李 智	男	2011年12月—2014年12月
	委 员	肖祥清	男	2001年03月—2002年01月
		晏首先	男	2001年03月—2003年04月
		丁乾峰	男	2001年03月—2006年06月
		罗 伟	男	2001年03月—2005年10月
		马光辉	男	2001年03月—2011年06月
		文 闻	男	2001年03月—2003年08月
		颜莉芝	女	2001年03月—2005年07月
		段晓茅	男	2001年03月—2003年12月
		文迪波	男	2001年03月—2004年04月 2007年07月—2011年06月
		何建红	男	2002年02月—2010年12月
		邓尚文	男	2003年08月—2011年12月
		袁生华	男	2003年08月—2011年06月
		石 强	男	2003年08月—2010年12月
		金 勇	男	2003年12月—2014年12月
		马立恒	男	2005年10月—2014年12月
		陈远瑞	男	2006年06月—2014年12月
		杨爱云	女	2006年06月—2013年04月
		谈志明	男	2007年07月—2014年12月
		程 燕	女	2008年04月—2011年06月
		费水牛	男	2009年11月—2011年12月
		姚永告	男	2010年12月—2014年12月

续表 2－1－1

组织名称	职 务	姓 名	性 别	任职时间
中共株洲高新技术产业开发区工作委员会（2001年03月—2014年12月）	委 员	谢维红	男	2010年12月—2014年12月
		罗克俭	男	2011年05月—2014年12月
		童举纲	男	2011年06月—2014年12月
		李征兵	男	2011年06月—2014年12月
		董　巍	男	2011年08月—2014年12月
		文专文(兼)	男	2011年12月—2012年11月
		巢　亮	男	2011年12月—2014年12月
		顾　峰	男	2011年12月—2013年07月
		周小毛	男	2012年11月—2014年12月
		刘铁华	男	2013年04月—2014年12月

中共天元区委领导班子成员名录

表 2－1－2

属 别	职 务	姓 名	性 别	任职时间
中共天元区委员会（1997年07月—1997年09月）	书 记	何金棠	男	1997年07月—1997年09月
	副书记	乐永明	男	1997年07月—1997年09月
		李　智	男	1997年07月—1997年09月
		黄曙光	女	1997年07月—1997年09月
	常 委	黄松林	男	1997年07月—1997年09月
		晏首先	男	1997年07月—1997年09月
		周自力	男	1997年07月—1997年09月
		周光裕	男	1997年07月—1997年09月
中共天元区第一届委员会（1997年09月—2002年10月）	书 记	何金棠	男	1997年09月—2000年08月
		乐永明	男	2000年08月—2000年10月
		王　群	男	2000年09月—2002年10月
	副书记	乐永明	男	1997年09月—2000年08月
		李　智	男	1997年09月—1998年04月
		杨　平	男	1997年09月—1998年03月
		黄曙光	女	1997年09月—2000年10月

续表2－1－2

属别	职务	姓名	性别	任职时间
中共天元区第一届委员会（1997年09月—2002年10月）	常委	晏首先	男	1997年09月—2002年10月
		翟笃培	男	2000年10月—2002年10月
		肖祥清	男	2001年02月—2002年02月
		丁乾峰	男	1998年04月—2002年10月
		文　闻	男	2000年07月—2002年10月
		黄松林	男	1997年09月—2001年02月
		周自力	男	1997年09月—2001年02月
		周光裕	男	1997年09月—2001年02月
		马光辉	男	1997年09月—2002年10月
		傅依全	男	1998年04月—2001年06月
		丁乾峰	男	1998年04月—2001年02月
		姜衡松	男	1998年12月—2001年02月
		周芳文	男	1999年06月—2000年06月
		赵金伟	男	2000年06月—2002年08月
		段晓茅	男	2001年02月—2002年10月
		颜莉芝	女	2001年02月—2002年10月
		罗　伟	男	2001年02月—2002年10月
		文迪波	男	2002年02月—2002年10月
		何建红	男	2002年02月—2002年10月
		刘展科	男	2002年08月—2002年10月
中共天元区第二届委员会（2002年10月—2006年06月）	书记	王　群	男	2002年10月—2005年08月
		杨　平	男	2005年08月—2006年06月
	副书记	翟笃培	男	2002年10月—2003年04月
		晏首先	男	2002年10月—2003年04月
		丁乾峰	男	2002年10月—2006年06月
		文　闻	男	2002年10月—2003年08月
		罗　伟	男	2002年10月—2005年10月
		杨　平	男	2003年04月—2005年07月

续表 2 - 1 - 2

属 别	职 务	姓 名	性 别	任职时间
中共天元区第二届委员会（2002年10月—2006年06月）	副书记	颜莉芝	女	2003年08月—2005年07月
		袁生华	男	2003年08月—2006年06月
	常 委	谢高进	男	2005年07月—2006年06月
		马光辉	男	2002年10月—2006年06月
		段晓茅	男	2002年10月—2003年12月
		颜莉芝	女	2002年10月—2003年08月
		文迪波	男	2002年10月—2004年04月
		何建红	男	2002年10月—2006年06月
		刘展科	男	2002年10月—2006年04月
		邓尚文	男	2003年08月—2006年06月
		石 强	男	2003年08月—2006年06月
		粟建华	男	2003年12月—2006年06月
		金 勇	男	2003年12月—2006年06月
		马立恒	男	2005年10月—2006年06月
		张文轲	男	2006年04月—2006年06月
中共天元区第三届委员会（2006年06月—2011年06月）	书 记	杨 平	男	2006年06月—2006年11月
		谢高进	男	2006年11月—2011年06月
	副书记	谢高进	男	2006年06月—2006年11月
		何建红	男	2006年06月—2010年12月
		何剑波	男	2006年12月—2011年06月
		姚永告	男	2010年12月—2011年06月
	常 委	马光辉	男	2006年06月—2011年06月
		袁生华	男	2006年06月—2011年06月
		邓尚文	男	2006年06月—2011年06月
		石 强	男	2006年06月—2010年12月
		粟建华	男	2006年06月—2007年09月
		金 勇	男	2006年06月—2011年06月
		马立恒	男	2006年06月—2011年06月

续表2－1－2

属 别	职 务	姓 名	性 别	任职时间
中共天元区第三届委员会（2006年06月—2011年06月）	常　委	张文柯	男	2006年06月—2007年07月
		陈远瑞	男	2006年06月—2011年06月
		杨爱云	女	2006年06月—2011年06月
		文迪波	男	2007年06月—2011年06月
		刘建南	男	2007年06月—2011年06月
		程　燕	女	2008年04月—2011年06月
		尕藏加	男	2008年12月—2010年02月(挂职)
		费水牛	男	2009年11月—2011年06月
		谢维红	男	2010年12月—2011年06月
		罗克俭	男	2011年05月—2011年06月
中共天元区第四届委员会（2011年06月—2014年12月）	书　记	谢高进	男	2011年06月—2014年12月
	副书记	何剑波	男	2011年06月—2011年12月
		姚永告	男	2011年06月—2014年12月
		李　智	男	2011年12月—2014年12月
		顾　峰	男	2011年12月—2013年07月
		文专文(兼)	男	2011年12月—2012年11月
		周小毛	男	2012年11月—2014年12月
		董　巍	男	2013年06月—2014年12月
		邓尚文	男	2011年06月—2011年12月
	常　委	金　勇	男	2011年06月—2014年12月
		杨爱云	女	2011年06月—2013年04月
		刘建南	男	2011年06月—2012年06月
		谢维红	男	2011年06月—2014年12月
		罗克俭	男	2011年06月—2014年12月
		童举纲	男	2011年06月—2014年12月
		李征兵	男	2011年06月—2014年12月
		柏国顺	男	2012年06月—2014年04月
		刘铁华	男	2013年04月—2014年12月
		文忠于	男	2014年04月—2014年12月

第二节 工作机构

1992 年 6 月，建立中国共产党河西开发区委员会。1992 年 7 月，河西开发区委员会更名为中共株洲高新技术产业开发区委员会，属市委直接领导，负责区内党务工作，同管委会合署办公，两块牌子，一套人员。1993 年 5 月，株洲高新区管委会内设政治部。1995 年 2 月，增设株洲高新区纪律检查委员会和政法委员会。1996 年，株洲高新区党委、管委会机构全面进行调整，共设置管理机构 14 个，属于中共组织机构有政治部、政法委员会（社会治安综合治理委员会办公室）、纪律检查委员会（与监察局合署办公）、群众工作部。1997 年 8 月，建立中共株洲市天元区委员会，同时设中共天元区纪律检查委员会。设区委工作机构 5 个。即区委办公室、组织部、宣传统战部、政法委员会（社会治安综合治理委员会办公室）、机关工作委员会。1998 年 3 月，统战部与宣传部分离，单独设立天元区统战部。

2002 年，设区委工作机构 7 个。即纪律检查委员会、区委办公室、组织部、宣传部、统战部、政法委、机关工委。监察局与纪律检查委员会机关合署办公，政策研究室、保密局与办公室合署办公，机构编制委员会办公室与组织部合署办公，社会治安综合治理委员会办公室与政法委合署办公，工商业联合会与统战部合署办公。2007 年，设立独立的区机构编制委员会办公室。

2011 年 3 月，设区委工作机构 9 个。即纪律检查委员会（加挂优化经济环境发展领导小组办公室牌子）、区委办公室〔加挂政策研究室、保密委员会办公室（区国家保密局）牌子〕；组织部、宣传部（加挂精神文明建设办公室牌子）、统战部（加挂台湾事务办公室、人民政府民族宗教事务办公室牌子）、政法委员会（与社会治安综合治理委员会办公室、处理法轮功问题领导小组办公室一个机构三块牌子）、机关工委、信访局、机构编制委员会办公室。其中，机构编制委员会办公室为机构编制委员会常设办事机构，既是党委的工作机构，又是政府的工作部门，列入党委机构序列，归口区委组织部管理。天元区信访局由区委办公室、政府办公室共同管理，以区政府办管理为主，列入党委机构序列。至 2014 年 12 月，区委工作机构无变化。

第二章 会 议

第一节 党的代表大会

1997 年、2002 年、2006 年、2011 年，中共天元区第一次、第二次、第三次、第四次党员代表大会先后召开。党代表的产生，严格按照《中国共产党党章》《中国共产党地方组织选举工作条例》《中国共产党基层组织选举工作暂行条例》有关规定，在全区设立若干选区，由各选举单位组织召开党员代表会议，采取无记名投票方式、差额选举产生。候选人预备人选由基层党支部提名，逐级遴选产生；或由选举单位下一级党组织提出初步人选名单，再广泛征求基层党组织和党员的意见，确定代表候选人预备人选名单。

一　中共天元区第一次代表大会

1997年9月8—10日，中共天元区第一次代表大会在市郊区区直机关大院召开，参会代表200名。

会上，何金棠代表区委作《同心同德、共图发展，为建设一个繁荣昌盛的天元区而努力奋斗》的报告。大会总结天元区成立前的各项筹备工作以及天元区党代会的各项筹备工作情况。确立天元区今后五年的指导思想和主要目标是高举邓小平建设有中国特色社会主义理论的伟大旗帜，坚持党的基本路线，全面贯彻落实中共十五大精神，紧紧围绕富民强区主题，坚持两手抓、两手硬的方针，正确处理好改革、稳定与发展的关系，团结和带领全区共产党员和人民群众，发扬开拓奉献、艰苦创业的精神，积极创建高新技术产业密集区，带动农业产业化，推进城乡一体化，促进经济、社会全面发展，把天元区建设成为繁荣昌盛、人民安居乐业的新城区。

大会选举产生中共天元区第一届区委委员26人，区委候补委员3人。区委一届第一次全体会议选举何金棠、乐永明、李智、杨平、黄曙光、黄松林、晏首先、周自力、周光裕、马光辉为区委常委，何金棠为区委书记，乐永明、李智、杨平、黄曙光为区委副书记。

区纪委一届第一次全体会议选举黄松林为区纪委书记，陈松桥、夏秀元为区纪委副书记。

二　中共天元区第二次代表大会

2002年10月16—18日，中共天元区第二次代表大会在黄河北路天元区行政中心召开，参会代表200名。

会上，王群代表中共天元区第一届委员会作为《加快发展，增强实力，建设以高新技术产业为主体的现代化新城区》的工作报告，晏首先作题为《中共株洲市天元区纪律检查委员会工作报告》，翟笃培致大会闭幕词。

大会总结过去5年的工作经验：唯有改革，唯有开放，唯有紧紧扣住发展这个主题不放，新区才有进步，新区才有发展，新区才有前途。会议指出新区发展中存在的一些不容忽视的问题，如科技和经济实力仍然偏弱，主导产业还未形成规模，基础设施配套还不完善，经济发展环境离标志性区域仍有差距，干部的思想观念、工作作风和领导方式方法尚不能完全适应新形势的要求等。

会议确立今后5年全区工作总的指导思想和奋斗目标。高举邓小平理论伟大旗帜，全面实践“三个代表”重要思想，深入贯彻中共十六大精神，坚持以加快发展，增强实力为主题，以创新为灵魂，以改革开放和科技进步为动力，切实加强和改进党的领导，积极推进高新技术产业先导、开放强区和环境发展三大战略，实现“两个文明”建设协调发展，努力把株洲新区建设成为以高新技术产业为主体的现代化新城区。

会议强调，要实现宏伟的目标，全区必须紧紧围绕经济建设这一中心，切实加强党的思想、组织、作风建设、进一步增强党的创造力、凝聚力、战斗力；进一步解放思想，转变观念，切实提高对发展趋势的把握能力，提高驾驭全局的能力，提高对实际问题的处理能力。要通过培育新区文化引领先进文化的前进方向；通过培育壮大主导产业，确保新区群众充分就业来实现新区群众的根本利益。

大会选举产生中共天元区第二届委员会委员 27 人，候补委员 5 人。区委二届一次全体会议选举王群、翟笃培、晏首先、丁乾峰、文闻、罗伟、刘展科、文迪波、马光辉、颜莉芝、段晓茅、何建红为区委常委，王群为区委书记，翟笃培、晏首先、丁乾峰、文闻、罗伟为区委副书记。

区纪委二届一次全体会议选举晏首先为区纪委书记，涂梅生、谭少元为区纪委副书记。

三　中共天元区第三次代表大会

2006 年 6 月 19 — 21 日，中共天元区第三次代表大会在黄河北路天元区行政中心召开，参会代表 203 名。

会上，杨平代表中共天元区第二届委员会作题为《锻造实力高新，构建和谐天元，全面推进“二次创业”进程》的工作报告，马光辉作《中共株洲市天元区纪律检查委员会工作报告》，谢高进致大会闭幕词。

会议认为，区第二次党代会以来，是株洲高新区、天元区历史上发展速度最快、发展质量最好的时期，创造了较快的工业化、城市化和现代化发展速度，充分展示了高新技术产业的光明前景，更加坚定全区上下实施“二次创业”和建设和谐、文明、富裕的现代科技新城的信心和决心，圆满完成了区第二次党代会以来的各项工作任务。大会认为，过去 4 年工作成功的经验主要在于全区上下团结一心，牢固树立科学发展观，坚持城市化和产业化的良性互动，坚持外延式扩张和内涵式发展相结合的道路，注重提升经济增长的质量和效益，注重提升发展能力，注重解决各种复杂矛盾和历史遗留问题，注重让最广大的人民群众共享发展的成果。

会议认为，未来 5 年是锻造实力高新、构建和谐天元、全面实施“十一五”规划、推进“二次创业”进程的关键时期，是以大开发、大投入、大招商来实现大跨越的重要时期，也是落实科学发展观，率先实现全面小康的攻坚阶段。国家实施中部崛起战略、湖南省推进新型工业化进程、加速长株潭一体化进程，也为新区经济技术合作、产业梯次转移、生产要素流动提供了新的机遇。

会议确定今后 5 年全区工作总的指导思想和工作目标。指导思想是以科学发展观为统揽，深入推进高新技术产业先导、城市发展带动、开放强区、环境发展战略，始终突出产业发展、招商引资、园区建设重点，统筹新农村建设、社会事业发展，锻造实力高新，构建和谐天元，初步建成和谐、文明、富裕的现代科技新城。工作目标是全面完成株洲高新区、天元区“二次创业”第一步和第二步战略目标，园区经济形成规模，城区建设日臻完善，社会事业协调发展，全区经济社会发展跃上新的台阶，创建全国同类城市发展最好的国家级高新区，创建国家级文明城区，建成全市乃至全省最美城区，率先实现全面小康。

会议强调，要实现上述目标，必须坚持和改善党的领导，不断增强各级党组织的创造力、凝聚力、战斗力；必须以创新改革促推进，解放思想，拓宽思路；必须坚持“锻造实力高新，构建和谐天元”，以全面推进“二次创业”进程为主题，在培育核心竞争力上实现突破，在转变增长方式上实现突破，在对外开放上实现突破，在推进和谐发展上实现突破。

大会选举产生中共天元区第三届委员会委员33人，候补委员6人。区委三届一次全体会议选举杨平、谢高进、马立恒、马光辉、邓尚文、石强、杨爱云、何建红、张文轲、陈远瑞、金勇、袁生华、粟建华为区委常委，杨平为区委书记，谢高进、何建红为区委副书记。

区纪委三届一次全体会议选举马光辉为区纪委书记，赵凯、张水平为区纪委副书记。

四　中共天元区第四次代表大会

2011年6月22—24日，中共天元区第四次代表大会在高新大厦会议中心召开，参会代表24名。

会上，谢高进代表中共天元区第三届委员会作《坚持“三争”主题，加快“两型”建设，为建设现代化科技新城而努力奋斗》的工作报告，金勇作题为《中共株洲市天元区纪律检查委员会工作报告》，何剑波致大会闭幕词。

大会总结过去5年的工作，认为过去的5年是株洲新区发展进程中极不平凡的5年，也是新区发展速度最快、发展质量最好、发展成效最大的5年。5年来，全区各级党组织团结带领广大党员和干部群众，紧扣“全市争第一、全省争一流、全国争前移”的工作主题，加快转变发展方式，全面提升发展质量，实现全区经济社会发展的大突破，谱写株洲新区科学发展的新篇章。

大会认为，过去几年的实践为今后工作提供经验。一是必须把解放思想作为一大法宝；二是必须把科学跨越作为第一要务；三是必须把改革创新作为第一动力；四是必须把以人为本作为第一要求；五是必须把民主团结作为第一保障。

大会确立今后5年工作的指导思想和奋斗目标。指导思想：高举邓小平理论和“三个代表”重要思想伟大旗帜，全面落实科学发展观，以加快转变发展方式为主线，始终坚持“三争”工作主题不动摇，大力实施高新技术产业先导、环境发展、项目带动、民生优先战略，深入推进“两型社会”建设，努力把新区建设成为以高新技术产业为特征的现代生态科技新城。发展的总目标是“2235”：“两个率先”，即到2015年，在全市率先基本建成全面小康社会、率先基本建成“两型社会”示范区；“两个创建”，即创建国家生态工业示范园区、国家创新型科技园区；“三个翻番”，即在2010年的基础上，实现地区生产总值、财政总收入、城乡居民人均收入三个翻番；“五个建设”，即建设全省人才高地、全省“两型”产业集聚区、全省社会保障全覆盖区、全省城乡最充分就业区、全省教育强区。

会议强调，要实现宏伟发展目标，就必须始终坚持“三争”工作主题；坚持科学规划，推进城市大拓展；坚持转型升级，实现产业大发展；坚持改革创新，推动活力大迸发；坚持民生优先，促进社会大和谐；坚持切实加强党的建设。

大会选举产生中共株洲市天元区第四届委员会委员 33 人，候补委员 6 人。

区委四届一次全体会议选举谢高进、何剑波、姚永告、邓尚文、罗克俭、金勇、杨爱云、刘建南、谢维红、童举纲、李征兵为区委常委，谢高进为区委书记，何剑波、姚永告为区委副书记。

区纪委四届一次全体会议选举金勇为区纪委书记，王维疆、沈铁波为区纪委副书记。

中共天元区委第一至第四次代表大会选举情况一览表

表 2 - 2 - 1

届 次	书 记	副书记	常 委	委 员	候补委员
第一届（1997 年 09 月）	何金棠	乐永明 李 智 杨 平 黄曙光	何金棠 乐永明 李 智 杨 平 黄曙光 黄松林 晏首先 周自力 周光裕 马光辉	马光辉 申光伟 乐永明 刘运娥 阳仲雄 杨 平 李益安 李 智 肖海庄 肖祥清 吴建华 何金棠 陈远瑞 罗 伟 罗育常 周自力 周忠祥 姜浩然 晏首先 黄松林 黄曙光 曹孟秋 粟建华 廖放明	颜莉芝 罗冬梅 洪 卫
第二届（2002 年 10 月）	王 群	翟笃培 晏首先 丁乾峰 文 闻 罗 伟	王 群 翟笃培 晏首先 丁乾峰 文 闻 罗 伟 文迪波 马光辉 颜莉芝 段晓茅 何建红 刘展科	丁乾峰 马光辉 王 群 王少华 文 闻 文迪波 刘运娥 刘展科 阳仲雄 何建红 张 意 陈远瑞 罗 伟 罗佳良 周小刚 周光裕 段晓茅 姜浩然 贺武夷 晏首先 唐明揪 曹孟秋 巢 亮 粟蒲先 程 燕 翟笃培 颜莉芝	粟建华 谈志明 黄月红 龚守仁 刘刚军
第三届（2006 年 06 月）	杨 平	谢高进 何建红	杨 平 谢高进 马立恒 马光辉 邓尚文 石 强 杨爱云 何建红 张文轲 陈远瑞 金 勇 袁生华 粟建华	丁乾峰 马立恒 马光辉 王雁清 文迪波 文季纯 邓尚文 石 强 石备荒 刘运娥 关坦良 杨 平 杨爱云 肖国斌 何建红 何登科 张文轲 陈远瑞 金 勇 周小刚 赵 凯 贺武夷 袁生华 谈志明 黄月红 龚守仁 巢 亮 粟建华 粟蒲先 程 燕 傅永东 童举纲 谢高进	吴 兵 徐清林 王亚东 黄政发 韩 非 谭育喜
第四届（2011 年 06 月）	谢高进	何剑波 姚永告	谢高进 何剑波 姚永告 邓尚文 罗克俭 金 勇 杨爱云 刘建南 谢维红 童举纲 李征兵	马立恒 马光辉 王 旭 王维疆 王雁清 文季纯 邓尚文 刘卫军 刘建南 刘新文 李征兵 杨 宇 杨爱云 肖国斌 何剑波 何登科 陈文君 陈远瑞 罗克俭 金 勇 费水牛 姚永告 袁丽凡 徐清林 谭志明 黄伟波 巢 亮 粟建华 程 燕 童举纲 谢志毅 谢高进 谢维红	谭洪军 董运喜 韩 非 吴 兵 谭晖晖 黄政发

第二节　工委委员、区委常委会议

工委委员、区委常委会议是中共株洲高新区工委、天元区委常委议事和决策的主要形式。工委委员、区委常委会议由工委、区委书记召集并主持，特殊情况下，可委托副书记召集并主持。会议须有半数以上工委委员、区委常委到会才能召开。研究决定重大问题和讨论干部问题时，应当有 2/3 以上工委委员、区委常委到会方可举行。工委委员、区委常委因故不能参加会议的，应当在会前向工委书记、区委书记请假并告知工委办公室、区委办公室，对会议讨论议题的意见和建议可在会议召开前用书面形式表达。

工委委员、区委常委会议一般每月召开 1 次。遇有重要情况可以随时召开，必要时可召开工委委员、区委常委扩大会议。出席工委委员、区委常委会议人员为工委、区委常委会全体成员。区人大常委会主任、区政协主席固定列席会议。工委委员、区委常委会议议题由工委委员、区委常委提出或者有关单位提请，包括确定议题、征求意见、会前酝酿、准备材料、会议通知等环节。会议的主要内容是把握全区大局，对政治建设、经济建设、文化建设、社会建设、生态文明建设、党的建设和株洲高新区发展战略规划等工作中的重大问题、重要事项作出决策；协调区人大、政府、政协、人武部等领导机关及纪检监察、政府机关、群众团体的关系；按照干部管理权限和程序，制定干部管理政策，教育、管理和监督干部；对科级干部的推荐、提名、任免等，作出决定或者提出建议；讨论决定召开区党代表大会、区党代表会议、工委工作会议和区委全委会以及其他重要会议的有关事项。

1992 年 2 月至 1997 年 9 月两委会议　其间，市委、市政府明确株洲高新区管委会为市政府派出机构，同时设立中共株洲高新区委员会，与管委会合署办公，实行两块牌子、一套人马。在此期间，全区重大决策主要以管委会办公会议纪要的形式体现。1992 年 6 月 26 日的管委会办公会议，研究株洲高新区部门机构设置事宜。1994 年 5 月，株洲高新区党委决定成立株洲高新区城市信用社，为高新区建设提供服务。1996 年 2 月，株洲高新区党委决定在区直机关副科级以上干部中开展党性教育活动。1996 年 5 月，株洲高新区党委研究加快株洲高新区发展的意见，强调在发展高新技术产业方面，要突出产业，扶强扶大，扶新扶尖。1996 年 10 月，株洲高新区党委出台《株洲高新区党委学习贯彻十四届六中全会精神的意见》，成立区精神文明建设指导委员会，将精神文明建设和物质文明建设同步纳入全区年度目标管理计划和长远发展规划。

1997 年 9 月至 2002 年 10 月两委会议　其间，株洲高新区党委、天元区一届区委共召开常委会议 122 次。1997 年 9 月—1998 年 7 月，常委会多次研究天元区成立后，高新区工作如何开展的问题。其间，株洲高新区不以地域划分而以产业界定，社会事业统归天元区，株洲高新区、天元区分别按各自职责开展工作。1998 年 5 月，株洲高新区管委会决定成立株洲高新技术产业发展有限公司。1998 年 7 月，天元区委作出关于在全区开展进一步解放思想，振兴天元区经济大讨论的决定。1999 年 1 月，区委作出切实加大工作力度，加快非公有制经济发展步伐的决策。1999 年 7 月，株洲高新区党委、管委会着手创办湖南省第一家留学人员创业园——株洲留学人员创业园，与创业服务中心合署办公。2000 年 2 月，区委决定在领导班子及成员中开展以“讲学习、讲政治、讲正气”为主要内容的党性党风教育活动。2000 年 4 月，区委成立党风廉政责任制建设工作领导小组。2000 年 11 月，工委、区委决定由区计统局牵头组织编制株洲高新区、天元区国民经济和社会发展第十个五年规划纲要（2001—2005 年）。2001 年 2 月，市委、市政府 1 号文件《关于加快株洲高新技术产业开发区建设，促进株洲高新技术产业发展的决定》出台，正式明确株洲高新区、天元区实行统一的领导体制、统一的财政体制、统一的人事管理、统一的机构设置。

2002 年 10 月至 2006 年 6 月两委会议 其间，株洲高新区工委、天元区二届区委召开常委会议 55 次。2003 年 2 月 19 日，常委会研究关于加强基层组织党的建设工作的实施意见。同年 5 月 23 日，常委会研究组织天易体育产业（集团）有限公司问题。2004 年 3 月 26 日，常委会专题研究了教育工作，提出“教育新区”战略，构建“足额、多元、均衡、优质”的教育发展目标。2005 年 1 月 31 日，常委会研究制定全区保持共产党员先进性教育活动方案。同年 3 月，工委、区委制定株洲高新区、天元区“二次创业”行动纲要，提出“1030335”奋斗目标（即从 2003 年开始，用 10 年或稍长一点时间，实现年财政收入 30 亿元，“一区三园”实现年地区生产总值 335 亿元）。同年 5 月，常委会研究栗雨街道成立党工委有关事宜。同年 12 月，工委、区委决定编制株洲高新区、天元区国民经济和社会发展第十一个五年规划纲要（2006 —2010 年）。

2006 年 6 月至 2011 年 6 月两委会议 其间，株洲高新区工委、天元区三届区委召开常委会议 61 次。2006 年 11 月 2 日，常委会研究关于加强常委会自身建设的意见，审定出台关于进一步加强人才工作的若干意见、2005 — 2010 年人才队伍建设规划、引进和培养人才办法（试行）、有突出贡献专业技术人才评选管理办法（试行）、人才开发基金管理使用办法（试行）5 个文件。2007 年 4 月 4 日，常委会研究开展新型农村合作医疗试点工作，出台关于启动新型农村合作医疗的决定。同年 6 月 11 日，常委会研究制定园区开发建设财政体制方案，进一步明确株洲高科集团公司作为园区建设承债和偿债的主体地位。同年 11 月 1 日，常委会研究城市管理有关工作，提出天元区要做城市四区的表率，为全市创建国家园林城市贡献力量；研究原园艺场范围失地人员安置办法，制定原园艺场范围被征地人员就业培训和基本生活保障实施方案。2008 年 2 月，常委会提出“全市争第一、全省争一流、全国争前移”的奋斗目标。同年 3 月 17 日，常委会研究创建国家卫生城市工作。同年 10 月 13 日，常委会研究关于开展深入学习实践科学发展观活动的有关工作。同年 12 月 29 日，常委会专题议教会议，出台关于建设“教育强区”的决定。2009 年 2 月 17 日，常委会研究同意筹建湖南天易示范区开发建设有限公司。同年 6 月 18 日，常委会研究安置房建设问题，决定从 2009 年开始，通过两年的努力，从根本上解决安置房供应量严重不足的突出矛盾。2010 年 1 月 22 日，常委会研究出台株洲天易示范区“两型社会”建设发展纲要（2009 — 2020 年）。同年 2 月 5 日，常委会研究制定中共天元区委员会全体会议重大事项议事规则（草案）、株洲高新区、天元区党政领导干部选拔任用及工委委员会议、区委常委会议表决制度。同年6月2日，常委会研究村级综合配套改革工作，同意按照“撤村建居、政居分设”的原则，改革村级组织架构。村改社区后，在社区设立社区党组织、社区居委会和社区政务服务中心。同年9月29日，常委会研究将株洲县雷打石镇和三门镇划入天元区的行政区划调整方案。同年11月，工委、区委研究决定，着手编制株洲高新区、天元区国民经济和社会发展第十二个五年规划纲要（2011—2015年）。

2011年6月至2014年12月两委会议 其间，株洲高新区工委、天元区四届区委召开常委会议41次。2011年11月1日，常委会研究制定株洲国家高新区创建国家生态工业示范园区实施方案。同年12月16日，常委会研究制定株洲高新区入园工业项目评估决策体系方案（试行）。2012年2月20日，常委会研究制定3年行动计划，以较高标准建设好24个村（社区）活动场所。同年5月24日，常委会研究建设更高水平的全省城乡社会保障全覆盖区和全省城乡最充分就业区的《实施方案》；研究建设株洲高新区科技银行事宜。同年12月31日，常委会同意将创建文明城市工作列入2013年区委、政府工作报告。2013年7月4日，常委会议研究提出打造“中国动力谷”的发展定位，出台《打造中国动力谷——株洲高新区创新驱动发展战略十年行动方案》，此后十年，株洲高新区坚持高举创新驱动旗帜，围绕定位，大力引进和培育动力相关产业。同年10月24日，常委会研究决定株洲高新区部分产业扶持政策辐射到河东田心、董家塅、金山工业园区。2014年2月14日，常委会研究关于开展党的群众路线教育实践活动，制定工委、区委教育实践活动实施方案，工委委员会、区委常委会教育实践活动实施方案。同年9月17日，常委会研究同意设立株洲中国动力谷科技创新服务中心。同年11月27日，常委会研究决定从2015年春季开始，将白鹤小学改为公办体制学校，学校教职工人事、工资待遇按公办学校体制管理。同年12月19日，常委会研究全面深化改革工作，同意区委改革办拟设专职副主任职数1名（副科级），制定株洲高新区、天元区关于全面深化改革的实施方案。

第三章　组织建设

1997年8月，成立中共株洲市天元区委组织部，内设办公室、组织组、干部组3个组室。

2002年，根据区委《关于中共株洲市天元区委组织部主要职责、内设机构和人员编制规定》，区委组织部为区委主管组织和干部工作的工作部门，区机构编制委员会办公室为区机构编制委员会的常设办事机构。2007年，区机构编制委员会办公室从组织部分离，组成独立的工作机构。2011年，根据株天委〔2011〕2号文件精神，区委组织部为区委主管组织、干部和人才工作的工作部门，设4个内设机构，分别为办公室（加挂研究室的牌子）、组织组、干部组（加挂中共天元区委公务员管理办公室、干部监督组的牌子）、绩效考核办公室；归口管理中共天元区委党校、中共天元区人才工作领导小组办公室、中共天元区委组织部党员教育中心以及天元区党代表联络办公室。1997 — 2014 年，先后有晏首先、文闻、颜莉芝、石强、杨爱云、童举纲任部长。

第一节 基层组织建设

1992 年 7 月，中共株洲高新技术产业开发区委员会成立。是年底，设党委 1 个，下辖党总支部 2 个，党支部 38 个；有党员 565 名。其中，正式党员 547 名。为加强对城市和农村党建工作的领导，1994 年 12 月和 1995 年 2 月，分别成立中共株洲高新区城市工作处委员会和中共株洲高新区农村工作部委员会；1995 年 3 月和 1996 年 5 月，又分别成立中共株洲高新区机关委员会和中共株洲高新区城建部委员会。至 1996 年 12 月，株洲高新区设区委 1 个，基层党委 4 个，党总支 3 个，党支部 58 个，党员 881 名。1997 年 8 月，株洲市对市辖区进行区划调整，设立中共天元区委员会。2000 年底，株洲高新区和天元区职能归并，构筑株洲新区。职能归并后，株洲高新区工委、天元区委下辖直属党（工）委 7 个，党支部 118 个。两区合并以后，工委、区委适应经济社会的迅速发展，加强基层党组织建设，先后成立株洲高科集团党委、创业服务中心党委、公安分局党委、城管局党委、教育局党委、劳动人事局党委、湖南天易集团党委。2001 年 7 月 25 日，区委组织部下发《关于加强非公有制经济组织党建工作的实施意见》，提出非公有制经济中党组织建设的目标、任务和要求。至 2002 年底，全区成立私营企业党支部 36 个，完成组建任务率达 100%。2005 年 6 月，成立栗雨街道党工委。2007 年 6 月，中共天元区工商业联合会（商会）党组成立。2011 年初，全市区划调整，由株洲县划入雷打石镇和三门镇，并相应成立党委。同年 11 月，经工委、区委常委会议研究同意，成立中共株洲高新区、天元区非公有制经济组织工作委员会（简称“区非公经济组织党工委”），明确区非公经济组织党工委为工委、区委派出机构。截至 2012 年，全区有非公企业党组织 161 个，党员 1528 名，50 名以上员工的非公企业党组织组建率 75%，有 3 名以上正式党员的非公企业党组织覆盖率 100%。2014 年，全区有泰山路街道、嵩山路街道、栗雨街道、马家河镇、群丰镇、雷打石镇、三门镇、创业服务中心、机关工委、劳动人事局、城管局、教育局、公安分局、株洲高科集团、湖南天易集团党委直属党（工）委 15 个；有区人大常委会、区政府、区政协、区人民法院、区人民检察院、区工商业联合会 6 个党组；有党总支 12 个，党支部 419 个，党员总数 9434 名。

第二节 党 员

一 党员发展

株洲高新区成立后，各级基层党组织认真贯彻“坚持标准、保证质量、改善结构、慎重发展”的方针，按照成熟一个发展一个的原则，严格做好党员发展工作。1993—1997年，株洲高新区党委发展新党员18名，办理预备党员转正手续28名。1997—2003年，全区举办入党积极分子培训班36期，培训入党积极分子1500多名，发展新党员509名。其中，高中以上文化程度的占82%。2003—2005年，全区培养入党积极分子1200多名，发展新党员417人。其中，女党员占41.7%，35岁以下占72.7%，大专及以上学历占53.5%。2005—2014年，全区入党积极分子培训统一由区委组织部主办，区直机关工委承办，期内举办入党积极分子培训班10期，培训入党积极分子5800多名，发展新党员1000多名。2014年底，全区有党员9434人。其中，农村党员1817人，占比19.26%；社区党员3788人，占比40.15%；机关企事业单位党员2703人，占比28.65%；非公经济和社会组织党员1126人，占比11.93%。

二　党员教育

1992年10月，株洲高新区党委组织专门培训班，举办专题讲座，在全区机关干部中掀起学习贯彻落实中共十四大精神的热潮。1996年2月—3月，根据株洲市委《关于深入开展党性教育的通知》精神，在区直机关副科级以上干部中开展党性教育活动，通过活动开展进一步增强广大党员的党性，坚定为人民服务的信念。1997年9月至1998年上半年，区委中心组、全区副科级以上干部和机关各部门各单位深入学习贯彻中共十五大精神，开展专题报告会8场次，深入基层开展宣讲报告15场次，举办中共十五大精神培训班4期。1998年12月起，部署开展农村党员冬春训工作，组织对全区4个乡镇、街道，38个村、管理处的1780名农村党员进行一次全面系统的培训，占应参训人数比例96.8%。1999年8月—10月，在乡镇基层干部中开展“四个观念”教育活动，有效增强乡镇干部的政治组织观念、群众观念、政策法制观念和勤政廉政观念。2000年5月—8月，在农村村组干部和农村党员中广泛开展“三学习三提高”活动，培训村干部114人、组干部及村（管理处）党员1500多人。从2000年起，持续开展创建“六好”乡镇党委、“五好”村党支部活动，积极发挥基层组织的战斗堡垒作用和党员先锋模范作用。2002年底，全区党员干部围绕中共十六大报告提出的重大理论和实践问题，采取集中培训、自学和听讲座、专题讨论等形式，撰写读书笔记和心得体会5000多篇，全面学习贯彻中共十六大精神。2003年7月，启动党员干部现代远程教育试点工作，并由农村扩展到社区。通过统一规范工作制度，建立健全目标管理考核制、领导联系责任制、管理使用月报制，大力开展“五好站点”创建活动，至2004年全区建成远程教育终端接收A级站点2个、B级站点47个，覆盖率85%。2007年10月至2008年10月，以学习贯彻中共十七大精神为重点，在全区广泛深入开展以“全市争第一、全省争一流、全国争前移”为主题的解放思想大讨论活动。

2012年2月，在全区开展党基层组织建设年活动，全区71名县处级以上领导干部及部门一把手都确立党建工作联系点，对符合条件的304个基层党组织进行分类定级，完成47家非公企业和 6 家社会组织党组织组建任务，推动了全区党的基层组织建设。2013 年，以网格化管理、组团式服务为载体，通过抓“认领岗位、搭建平台、全程纪实”，全面开展“在职党员双奉献，社区服务我先行”活动，活动中在职党员认领服务岗位 2.5 万个，开展在职党员志愿服务活动 135 次，为群众义务服务 4580 人次，为居民办实事 1355 件。2013 年 9 月，全区 736 名区级和乡镇、街道党员干部深入基层与 1160 名群众交朋友、结对子，着力构建为民服务新机制。

2013 年，出台天元区党代会代表任期制等 7 项制度，对 246 名区党代表进行分组，在乡镇、街道和城市社区建立 30 家党代表工作室，广泛开展党代表服务群众“五个一”工程。同时，全区建立 135 个群众工作站（点），帮助基层解决实际问题 850 个，办理实事 285 件。

第三节 重要活动

一 社会主义思想教育活动

1992 年，根据《中共湖南省委关于在农村深入开展社会主义思想教育的决定》，全区各级党组织认真开展社会主义思想教育活动。主要任务是通过开展马克思主义基本理论、党的基本路线、党的基本知识教育，增强全区广大党员的无产阶级阶级性，增强共产主义坚定性和全心全意为人民服务的自觉性，增强组织纪律性和思想作风的纯洁性，保持全党在思想上、政治上的高度一致。活动中以全区各级基层党组织为主体，组织机关、企事业单位党员干部和农村、社区党员普遍进行一次集中轮训。同时，积极组织开展义务服务活动，累计为基层群众做好事 460 余件。

二 “三讲”学习教育活动

2000 年年初，在区委、区人大、区政府、区政协和其他区直机关单位开展为期 2 个月的“三讲”学习教育活动。活动主要任务是解决领导干部思想政治素质不适应形势任务要求的问题，推动领导干部更好地担负起把建设中国特色社会主义伟大事业全面推向新世纪的历史重任。“三讲”教育分 4 个阶段进行，即思想发动，学习提高；自我剖析，听取意见；交流思想，开展批评和自我批评；进行整改，巩固成果。活动中，全区收集基层意见和建议 320 余条，集中归纳 47 条，解决群众实际问题 250 余个。全区广大党员领导干部通过活动受到一次深刻的党性教育。

三 “三个代表”重要思想学习教育活动

2001 年 5 月至 2002 年 2 月，全区开展“三个代表”重要思想学习教育活动。按照“让干部受到教育，群众得到实惠”的要求，分 3 个批次组织对乡镇干部、区直机关单位干部和村级组织党员进行学习教育。第一批学习教育活动中，结合乡镇实际，通过学教活动解决经济发展、乡镇干部作风、社会风气三大问题，转变干部作风，提高干部素质。第二批学习教育活动中，结合区直单位实际，解决大局意识不强、部门利益驱动、干部作风不实、以权谋私四个方面问题，规范部门收费，实行政务公开，推动企业产权制度改革。第三批学习教育活动中，结合全区村级组织特点，突出发展农村经济，增加农民收入，保持农村稳定这个主题，开展正面教育和自我教育，不断转变干部作风。“三个代表”重要思想学教活动回访复查共收集意见167条，重新整改问题115个，落实整顿措施113条，为群众解决实际问题113个，办实事300多件，新区党员干部真正成为实践“三个代表”重要思想的楷模。

四　保持共产党员先进性教育活动

2005年1月至2006年6月，全区组织207个党支部分两批次开展保持共产党员先进性教育活动。每批教育活动分3个阶段进行，即思想发动，学习培训，撰写心得体会和大讨论阶段。全区各级党组织以“项目新区、满意新区、平安新区”和“二次创业”为主题，分不同层次、不同阶段，先后组织策划“五个一”等系列活动。机关党员干部纷纷服务基层、服务群众、服务产业；农村基层党员开展比思想觉悟、比致富本领、比自身形象竞赛；企业党员开展为企业做贡献、为党旗添光彩、为群众作表率活动。区委巡回检查组和督导组加强活动的督查指导，确保规定动作不走样，自选动作有特色。全区3947名机关党员、农村党员和企业党员在活动中争当服务基层、服务群众、服务发展的表率。

五　学习实践科学发展观活动

2008年10月至2010年2月，全区开展学习实践科学发展观活动。活动分3个批次，按照学习研讨、分析检查、整改落实3个阶段进行。第一批从2008年10月至2009年2月，第二批从2009年3月至2009年8月，第三批从2009年9月至2010年2月。全区通过组织座谈、问卷调查、上门访谈等形式开展调研活动，召开座谈会议220多次，发放问卷3500余份，收集意见建议580多条，查找出制约和阻碍新区科学发展的主要问题。开展大接访、大排查、大调解活动，全区各级党员干部走访基层群众1500余户，收集各类意见400多条。

六　创先争优活动

从2010年6月起，全区分3期开展创先争优活动。区委成立活动领导小组和办公室，向各基层单位派出巡回检查组和指导检查组，根据机关、企事业单位、农村、社区、“两新”组织党组织等不同领域不同岗位特点，分类指导推进基层党组织和党员开展创先争优活动。2010年，全区各级党组织和党员作出有效承诺23188项，践诺率98%以上。按照基层党组织隶属关系逐级开展点评和评议，全区各级党组织召开点评会议230余场，对6200多名党员进行点评，点评覆盖率98%以上。

七　党的群众路线教育实践活动

从2014年2月开始，在全区广大党员干部中深入开展党的群众路线教育实践活动。全区59家区直单位、419个基层党组织、9000余名党员紧紧围绕"促发展、促民生、促和谐、促党建"目标，以"高标准、严要求"为原则，抓实"学习教育、听取意见""查摆问题、开展批评""整改落实、建章立制"3个环节，活动至10月基本结束。活动过程中，工委、区委认真贯彻落实习近平总书记系列重要讲话精神，坚持整风精神，精心谋划，创新特色，深入推进各环节工作，较好地实现树立群众观点、弘扬优良作风、解决突出问题、保持清廉本色的目标要求。班子建设全面加强，党内生活更加严格，提高了领导班子解决问题的能力；开展53项专项治理，"四风"问题得到整治，干部作风明显好转；建立和完善44项制度，长效机制初步构建，规范权力运行，活动成果得到巩固；突出问题有效解决，采取"联点领导＋联点片区＋对口联系单位"的形式，积极开展"我与群众交朋友"活动，全区736名党员干部与1160名群众交朋友，开展结对帮扶，帮助基层及群众解决实际问题850个、办理实事285件。

第四节　机关党建党务工作

1995年3月，成立中共株洲高新区机关委员会。1996年2月，区直机关党委管理17个单位部门的党建工作。1997年1月，区直机关各部门设14个党支部。1997年8月，中共株洲市天元区直属机关工作委员会（简称"机关工委"）成立，负责区直机关党建、党务工作，内设综合办公室和组工股，同时辖区直机关工会联合会、区直机关团工委。2009年5月，区作风建设领导小组办公室设机关工委，作风办主任由机关工委书记兼任。

1997年8月，机关工委下辖基层党组织59个。其中，党总支部8个，总支下辖支部23个，独立支部28个，党员495人。至2014年，区直机关工委管辖的基层党组织65个。其中，党总支7个，党总支下设支部26个，独立支部32个，党员733名；基层工会30个；基层团支部6个。成立至2014年，先后有马光辉、段晓茅、郭利华、谭晖晖任书记。

一　党员教育管理

学习教育　机关工委成立以来，按照工委、区委统一部署，扎实开展系列党员学习教育活动。1998年8月—12月，深入开展学习邓小平理论的活动；2000年冬，开展"三个代表"重要思想学习教育活动，2001年，进行“三个代表”重要思想学教活动回头看；2005年1月—12月，在区直机关党员干部中开展保持共产党员先进性教育活动；2008年9月，开展学习实践科学发展观活动。2008年开始，机关工委坚持和完善区直机关理论学习中心组集中学习制度，区直机关各党总支、支部书记，单位主要负责人，区直机关工委委员均为天元区二级学习中心组成员。根据工委、区委要求和工作实际，创新学习方法和内容，邀请专家教授讲课或观看知名专家视频授课。同时，开展中心组成员互助式授课学习，每年组织学习4～6次。2010年4月，株洲高新区、天元区启动创先争优主题活动，严格依照各阶段、各环节规定动作要求，扎实推进各项工作；2012—2013年，对区直机关基层党组织认真进行分类定级、晋位升级工作，组织65个机关基层党组织展开自评、互评、群众评议，评出区委办等13个“好”的支部（总支），并对其他43个评为“较好”的支部（总支）进行整改提高，在整改期限内，43个“较好”支部（总支）都达到“好”的标准。2014年，按照工委、区委统一部署，区直机关党组织为全区第二批党的群众路线教育实践活动参加单位，机关工委在扎实开展好自身活动的同时，全委班子成员认真配合活动办，对第七、第八督导组所有单位活动开展情况从严要求，真督实导，确保各督导单位活动进度和质量。

党员发展 1997—2005年，区直机关单位、泰山路街道、嵩山路街道2个街道入党积极分子培训由区直机关工委具体承办，期内举办入党积极分子培训8期，培训入党积极分子500余名。2005—2014年，全区入党积极分子培训，采取坚持标准、保证课时、集中培训的方式，统一由区委组织部主办、区直机关工委承办。至2014年，举办入党积极分子培训班10期，培训入党积极分子5800多名。党员发展坚持“严格标准、保证质量、成熟一个、发展一个”总方针，扎实推行发展党员“四制”（培训制、审查制、公示制、责任追究制）。1997—2014年，机关工委共发展新党员550多名。

文明及“两型”创建 根据区委组织部，区文明办要求，区直机关工委从1997年开始，积极组织开展区直机关党组织创先争优和文明单位、文明机关（窗口）创建工作，在党组织创选争优中，每年以25%的比率评选出工委、区委和区直机关工委表彰的先进党组织，以15%的比率评选出工委、区委和区直机关工委表彰的优秀共产党员和优秀党务工作者。2012年11月，区直机关工委牵头联合区纪委、区委组织部、区委宣传部等部门对全区机关开展创先争优活动和作风建设、文明创建工作进行全面的督查表明，区直机关各级党组织创先争优活动整体推进较好，效果明显。至2014年的18年中，创建文明单位60多个次，文明窗口30多个次，有力促进了区直机关文明建设工作。全区积极开展“两型机关”创建活动。至2014年的5年中，株洲高新大厦、火炬大厦、区法院、区检察院、区老干局机关分别创建成为“两型机关”。

二　机关作风建设

“讲文明、树新风”活动 1997—1998年，根据区委的统一部署，在区直机关中开展“讲文明、树新风”活动，成立活动领导小组，印发活动实施方案，进行广泛的宣传发动，紧紧围绕“文明言行、环境卫生、服务质量、交通秩序”4个方面开展工作，取得阶段性成果，机关干部文明意识增强，服务质量提高。

机关作风整顿 2000年5月，为改变机关存在的“散、懒、浮、阻”等现象，在区直机关中开展为期1个多月的机关作风整顿。解决办事拖拉、串岗、溜岗、迟到、早退、无故旷工，甚至上班打牌赌博等问题；财经纪律不严，公款请吃、请钓、请跳及个人消费公款开支等现象；解决履行职责不认真，服务行为不规范，责任心不强，工作方法简单，工作效率低，利用职务及工作之便假公济私，贪图个人私利及生活作风不严谨等问题；解决纪律松散、文风、会风不正，有令不行，有禁不止，形不成合力的现象。全区参加机关单位81个（含双管单位及区机关二级机构）副科级以上行政事业单位的机关干部职工883名，通过学习动员、自查自纠，各单位提出、征求、归纳意见和建议370多条，在此基础上，建立和完善各种规章制度440多个，活动使机关作风明显改进。

区直机关“四个一”活动 从2001年3月开始，在全区机关中开展“四个一”活动。即每个月的第一个星期一上午8∶10分别在机关大院及火炬大厦两地举行升国旗仪式，要求全体机关干部参加并进行考勤；实行一张离岗登记卡，机关干部职工在离开岗位前，自觉地在离岗登记卡上标明去向和离岗起止时间；严格首问责任制，凡基层单位或个人来机关办事第一个询问的人即为首问责任人，首问责任人必须做到首问必答、首问必释、首问必果；一分钟管理，机关工作人员在离开办公室前的一分钟，按定置要求整理好办公室，关好门窗、空调及电灯。通过活动，新区机关干部素质明显提高，机关作风得到切实改进，服务环境日渐优化，干群关系日益密切。《株洲日报》、株洲电视台等多家媒体对株洲新区“四个一”活动进行报道和宣传。

作风建设主题活动 2009—2013年的每年3月—4月，区直机关均开展作风建设主题活动。区作风建设领导小组及其办公室针对株洲新区建设和老百姓“最关心、最直接、最现实”的问题，在全区范围内组织上千名干部下基层，认真排查各类问题，深入园区走访，帮助园区企业破解融资瓶颈，申报产业引导奖金等各类问题，深入了解居民、村民需求，为其做好各项服务，其作法得到市作风办充分肯定。

第四章 干部队伍建设

第一节 干部选拔任用

1998年6月，按照工委、区委坚持“德才兼备，以德为先”理念，科学合理配备领导干部，着眼建设与经济社会发展相适应的干部队伍，制定下发《关于在全区开展科级后备干部选拔工作的通知》，在全区范围内组织公开选拔科级后备干部。

2000年9月，区委组织部指导区法院完成择优补员工作。2001年，制定《株洲高新区公开选拔领导干部的工作方案》,面向全省公开招考4名县处级干部,面向全市公开招考6名科级干部。2004年,面向全市公开招考10名干部,株洲高新区14个空缺科级职位面向全区竞争上岗。2006年,完成区、镇党委换届人事安排工作。2008年，开展全市“80后”优秀青年干部（管理人才）推选活动。2010年，面向社会公开选拔科级干部1名，面向全区竞争选拔5个正科级职位和6个科级非领导职位。2011年,组织好区委和乡镇党委换届工作。制定株洲《高新区、天元区竞争选拔“80后”科级干部实施方案》，面向全区“80后”年轻干部竞争选拔6个镇、街道行政副职。2012年，完成区人大、政府、政协换届人事安排工作。2013年，组织开展干部选拔任用工作自查工作，开展干部人事和机构编制领域专项治理。2014年，会同区财政局、区编制办开展“三超两乱”专项治理工作，确保在规定期限内对超编制、超职数配备干部整改消化到位。

第二节　干部人事制度改革

株洲高新区工委、天元区委完善干部交流制度，加强干部队伍交流。2000年，选派10名机关干部到居委会挂职锻炼。2001年，下派10名机关干部到村（管理处）任职。2001年，株洲高新区、天元区实行职能归并、效能整合，工委、区委全面深化干部人事制度改革，在全区推行党政机关干部竞争上岗制度，天元区党政群机关和镇、街道除不符合竞争上岗条件的单位外，干部全部实行竞争上岗。2002年，推进干部考察预告制和差额考察制，召开民主推荐会和民主测评会80多场次，120多名干部列入差额考察对象，31名干部获得提拔任用。2002年、2005年，株洲高新区5个局机关人员先后两次实行全员下岗、竞争上岗，64名优秀年轻干部走上株洲高新区工作岗位，16名干部得到提拔重用。2004年，采取公开选拔和竞争上岗方式，面向社会对株洲高新区5个局各职位进行择优补员，7名人才得到选拔使用。2008年，制定《中共株洲市天元区委员会全体会议对镇、街道领导班子党政正职拟任人选和推荐人选表决办法（试行）》，3名街道党政正职拟任人选面向全体区委委员进行征求意见。2009年，制定《株洲高新区、天元区干部考察工作规程》，规范干部考察工作，实行任职试用期制度。2010年，制定《株洲高新区、天元区党政领导干部选拔任用区委委员全体会议票决制度》《株洲高新区、天元区党政领导干部选拔任用工委委员、区委常委会议票决制度》和《株洲高新区、天元区领导干部选拔任用工作规程》,6名镇、街道党政正职拟任人选在全委会上票决。2010—2014年，先后面向社会公开选拔科级干部5名，面向全区竞争选拔正科级干部4名，选拔“80后”年轻干部12名。

第三节　干部监督

2001年，建立由组织、纪检、监察、审计、检察、信访等部门组成的干部监督管理联席会议，强化干部选拔任用监督。2004年，完善领导干部任前谈话制度、经济责任审计制度，6名科级干部开展经济责任离任审计，100多名科级干部进行任前谈话。2006年，制定《株洲新区领导干部个人重大事项报告制度》，加强领导干部日常监督管理。2006年，实行定期审计与离任审计相结合审计模式，2名县处级后备干部开展任期经济责任审计，4名科级领导干部开展离任经济责任审计。2010年，组织安排领导干部选拔任用“四项监督制度”专题学习。2011年，严肃区委换届纪律，开展学习教育活动，“5个严禁、17个不准、5个一律”换届纪律知识知晓率100%，回答准确率98.9%。联合区纪委举办廉政教育培训班，对新提拔重用74名科级干部开展廉政教育培训。2013年，加强对公务人员因私出国（境）管理，组织对市管干部因私出国（境）证件摸底调查，收集并统一保管市管干部因私出国（境）证件。2014年，研究制定《天元区干部监督工作联席会议制度和信息沟通办法》，调整充实干部监督联席会议成员单位，确定干部监督联席会议组织协调和议事规则。制定出台《天元区区管干部因私出国（境）管理办法》，规范科级干部因私出国（境）管理，明确区管科级干部因私出国（境）审批流程，对区管科级干部因私出国（境）证件实行区委组织部统一保管。

第四节 干部教育培训

1998年，天元区分3批组织全区公务员和参照公务员制度管理单位45岁以下干部107人参加普及计算机知识培训，参训率、考试合格率均达100%，在全市四区中率先完成培训任务。同时利用区委党校平台，招收大专预科班80名。1999年5月，在区委党校举办一期以村（管理处）主要干部为对象的村干部培训班，参加人员100多人。2002年7月，株洲高新区劳动人事局制定《株洲新区2003—2005年人事教育培训工作计划》。此后，根据工委、管委会、区委、区政府的有关精神，区委组织部、区劳动人事局等部门按照“干什么学什么，缺什么补什么”的原则，通过与高等院校、科研（院）所和国外培训机构合作，采取请进来、走出去的方法，分区内、境内、境外3个层次，开展多种形式的干部教育培训活动，进一步提高广大干部的理论素质和业务水平。2003年开始，根据干部实际情况，先后组织开展计算机知识更新、世贸知识、行政许可法、普通话等一系列培训班，提升干部基本素质。2004年，为拓宽干部视野，学习国外先进的管理经验。工委、区委在新加坡建立干部境外培训基地，每年选派优秀干部赴外培训，重点学习新加坡招商引资、园区建设、人力资源建设、社区建设、中小学教育管理等知识。截至2009年，先后选派8批次185名干部到新加坡培训。2005年、2008年，工委、区委相继在苏州高新区和清华大学建立国内干部教育培训基地。至2012年，先后组织3批89名干部赴苏州、5批210名优秀干部赴清华大学等培训基地参加学习培训，全面提升干部综合素质和工作视野。2014年，选送区内58名优秀中青年干部赴浙江大学公共管理与领导力提升专题研修班学习。此外，还采取将教授、专家请进来的办法，举办各类知识讲座和业务培训班100多场次，先后有5000多人次参加培训。

第五节 干部绩效考核

2002年，根据《党政领导干部考核工作暂行规定》的要求，制定《株洲高新区、天元区直属各部门和镇、街道领导班子和领导干部年度考核工作实施意见》，实行区级有关领导考核、单位党政主要负责人考核、考核组考核、民主测评考核相结合的方式，由各考核主体对照考核标准和30%的优秀比例确定考核等次，在考核等次对应的分值内打出考核分数，然后计算出综合分值，确定每个被考核对象在全区考核对象中的考核等次。此外，把考核结果作为班子及干部的奖惩、评先评优和任用的重要依据，使考核结果得到有效运用，增强考核实效。2003年，进一步深化领导班子和领导干部考核，拓宽考核内容，考核标准进一步具体，操作性更强，使考核更为科学、客观。2005年3月，印发《株洲高新区、天元区直属各单位和镇、街道领导班子及区管干部绩效考核试行办法》，在全省率先推行月度考核与年度考核相结合的考核办法，初步建立符合科学发展观和正确政绩观要求的干部考核评价体系。2005年7月，印发《关于进一步加强月度绩效考核工作的通知》，健全月度绩效考核制度，将“项目新区”建设等中心工作作为月度绩效考核重点内容，实行考核奖金与考核结果挂钩。2012年5月，印发《株洲高新区、天元区月度绩效考核补充规定（试行）》，进一步明确年度工作目标和月度工作目标，规范月度考核的组织，并对原有的评分办法进行适当调整。根据总体目标和经济社会发展的实际情况，科学设置考核目标，加大重点目标考核力度，树立干部考核正确导向，营造“重实干、创实绩、争一流”竞争氛围。2005—2014年，全区先后有6名“不称职”和不确定考核等次的干部被调整岗位或诫勉谈话。

第六节 人才建设

2005年，为实现株洲新区“二次创业”的奋斗目标，推动株洲新区经济社会事业可持续发展，工委、管委，区委、区政府先后制定颁发各种优惠政策，打造人才创业平台，吸引优秀人才到株洲新区创新创业，人才集聚效应逐步显现，人才创新能力显著增强。至2014年底，全区拥有各类专业技术人才10万多人。其中，中国工程院院士5名，副高以上职称、硕士以上学历4000多人，本科以上学历超过20%。2012年，市委、市政府授予高新“人才特区”称号。

谋划人才 2006年，工委、区委先后印发《关于进一步加强人才工作的若干意见》《株洲高新区、天元区2005—2015年人才队伍建设规划》《株洲高新区、天元区引进和培养人才办法（试行）》《株洲高新区、天元区有突出贡献专业技术人才评选管理办法（试行）》《株洲高新区、天元区人才开发基金管理使用办法（试行）》5份较具影响力的人才政策文件。2007—2010年，区人才人力资源建设领导小组坚持每年年初召开领导小组成员会议，制定下发本年度《人才工作、干部教育要点》和《人才工作任务分解计划》，将人才工作的具体任务细化分解到有关单位，压实责任。2012年，又编制《株洲高新区、天元区中长期人才发展规划纲要（2010 — 2020 年）》和各行业系统子规划。制定《株洲国家高新技术产业开发区关于实施“5211 人才计划”的暂行办法》明确拟用 5 年左右时间，引进和培养 20 名左右掌握国际、国内领先技术、引领产业发展的领军人才，100 名左右在新兴产业领域内从事科技创新、成果转化、科技创业的海内创新创业优秀人才，1000 名左右博士、具有正高级专业技术职称人员、园区紧缺高层次技术和管理人员。2013 年，区委组织部编制《中长期人才规划纲要》。同时，指导产业发展局、劳动人事局、教育局、卫生局等部门分别制定各行业人才发展子规划，构建较完善的人才发展规划体系。制定出台《“5211 人才计划”暂行办法》配套政策。如人才项目评审工作细则、杰出英才奖和优秀科技成果奖评选奖励暂行办法以及高层次人才就医、子女就学和配偶就业暂行办法等。出台《株洲高新区、天元区人才基金管理使用暂行办法》，明确区财政每年拨付 1000 万元资金作为人才工作专项资金。修改《高新区“创新奖”奖励办法》，加大对企业管理创新、技术创新、品牌创新、金融创新的支持力度。

引进人才 2008 年至 2012 年 4 年中，面向海内外招聘电子信息、新材料等专业高层次人才 14 名，带动引进大型项目 6 个、合同引资 10 亿元、承担研究课题 21 个；开辟引才绿色通道，公开引进专业技术人才 51 名、公共服务领域知名专家和学术带头人 160 余名，公开招聘（选调）各类人才 117 名。面向全区竞选 12 名“80 后”优秀年轻干部，提拔重用 32 名德才兼备、实绩突出、群众认可的“80 后”干部。积极指导企业开展各类引才活动，对企业引进的高层次人才，政府提供项目资金扶持、科研经费资助、贷款贴息、个税返还等一系列扶持政策。开展企业人才招聘活动，年均招聘近 200 场次，引进各类人才 3000 余人。2012 年组织 7 家企业参加“院士专家株洲行”，与 9 名院士专家进行对接。多家企业与院士专家建立长期合作关系。发挥载体引才集聚作用。加速建设新马科技谷、新马智谷孵化基地等科研创新载体平台建设。至 2012 年底，全区建成国家级、省级企业技术中心、工程中心、重点实验室 49 个，博士后工作站 7 个，集聚研发团队 100 余家、高层次人才 2000 余名。2013 年，全区引进和培养一批海内外高端人才，有 1 人入选国家中青年科技创新领军人才，3 人为国务院政府特殊津贴人员，新引进博士、硕士、本科生等专业技术人才 1000 多名。同年 6 月，株洲高新区、天元区面向社会公开招聘（选调）高层次人才、专业人才、政法人才、教育人才、卫生专业技术人才 94 名，从 2715 名优秀人才中招聘（选调）各类专业人才 80 名。

留住人才 从 2003 年开始，工委管委、区委政府不断健全和创新人才投入、创新创业扶持机制，设立人才专项资金，并将专项资金由每年 200 万元提高到 1000 万元。按照《株洲国家高新技术产业开发区关于实施“5211 人才计划”的暂行办法》为高新技术企业领军人才提供 100 万元政府补助、100 万元贴息贷款、100 万元项目扶持资金和 100 平方米免租工作场所。同时，管委和区政府设立风险补偿基金，出资 2000 万元与浦发银行合作成立科技银行，为人才创新创业提供融资支持，并每年安排 1000 万元科技创新引导资金，扶持园区科技型项目发展；对符合条件的瞪羚企业按照《株洲高新区瞪羚企业扶持暂行办法》提供 50 万 ~ 200 万元的科技引导免息周转资金。2014 年，对“5211 人才计划”入选者给予政府补助、工作津贴、工作补贴、个税返还等多方面扶持奖励，发放资金 250 多万元。有 1 名人才被推荐参评省“百人计划”，4 名人才入选株洲市创新创业领军人才，28 名人才入选株洲市核心专家。开展首批“5211 人才计划”人选评选工作，评选出 101 名株洲高新区首批“5211 人才计划”人选。其中，国家级企业技术中心主任等二层次人才 2 人、国务院政府特殊津贴专家、省级企业技术中心主任等三层次人才 11 人，博士、正高职称人才等四层次人才 88 人。组织开展株洲高新区“杰出英才奖”和“优秀科技成果奖”评选活动，评选出时代新材公司刘建勋、钻石切削公司刘敏和时代电动汽车公司刘凌 3 名 2013 年度“杰出英才奖”，时代新材公司《低风速大型复合材料风电叶片设计开发》、钻石切削公司《超硬材料刀具》和时代电动汽车公司《基于双电机直联式混合动力城市客车》3 个 2013 年度“优秀科技成果奖”，对每名杰出英才奖和每个“优秀科技成果奖”获得者分别给予 10 万元奖励。向第二届有突出贡献专业技术人才发放工作津贴 6.12 万元。完善人才生活服务机制，对进区人才给予高度人文关怀，重点解决人才疗休、人才就医、子女就学等问题。2014 年 6 月，区委、区政府全额出资 10 万元，组织 49 名区内高层次人才到株洲市中心医院进行健康体检，为每名高层次人才建立健康档案。7 月，区委、区政府全额出资 10 万元，组织 13 名区内高级专家赴大连疗休。对“5211 人才计划”入选者子女就学实行“点读制”。

使用人才 自 2005 年始，工委管委、区委政府力争国家、省、市的大力支持，积极打造高端科研平台，建立高端人才基地。2012 年 6 月，经湖南省科协批准，在株洲高新区设立全省第二家以园区为平台的院士专家工作站。2012 年 12 月，黄路生、王浩、郎景和、刘友梅、尹泽勇、丁荣军、何理 6 名院士与 1 名专家受聘成为株洲高新区“院士专家工作站”首批进站院士专家。其中，中国科学院院士黄路生与唐人神集团建立长期合作关系，开展科研合作、技术指导、人才培训、项目转化等各项活动，推动了企业快速发展。2014 年，全面启动中国动力谷自主创新园“一圃两器三中心”建设，高品质打造中国动力谷自主创新园，为人才创新创业提供国内一流的科技创新平台，年内有 10 个项目和人才团队达成进园意向。株洲高新区、天元区人才工作的做法，获得新华网、中国人才网和《高新技术导报》《湖南日报》《株洲组织工作》等新闻媒体的广泛宣传报道。

第七节　干部档案和信息管理

1992 年，全面清理、整理干部档案，逐个建立卡片，按姓氏编号造册，分门别类入库。1997 年区划调整，向荷塘区移交干部档案 304 本、向芦淞区移交干部档案 346 本、向石峰区移交干部档案 462 本。1999 年 12 月，经省委组织部验收，区干部档案管理达到中央组织部一级档案室标准。2000 年，由中央组织部颁发证书和“干部人事档案工作目标管理一级单位”奖牌。2002 年，在全市率先启用《通用组织干部人事管理多媒体信息系统》和《干部人事档案管理系统》，2005 年进行更新换代，2008 年进行全面的系统升级，建立和完善干部档案数据库，实现干部人事档案信息化管理。2010 年 7 月，行政中心整体搬迁至高新大厦后，安排 135 平方米的档案用房，设置办公室、阅览室、微机室。

2010 年 7 月至 12 月，对全区 476 名已登记干部的公务员登记表进行审核。2011 年 2 月，区划调整接收株洲县三门镇和雷打石镇干部人事档案 87 卷。2014 年，完成全区在职干部档案改版工作，对全区 927 卷在职干部的人事档案进行全面清理规范，更换成 A4 版本，同时对每卷档案进行查漏补缺，对存在重要档案材料不齐、“三龄一历”无法认定的情况予以补充核定，确保全区干部档案信息的真实、准确、完整。至 2014 年，有干部档案 1317 卷。其中，在职干部档案 927 卷，离退休干部档案 350 卷，离休干部档案 19 卷，死亡档案 21 卷。

第八节　老干部工作

1997 年 8 月，天元区委老干部工作局（简称区老干局）成立，原郊区老干局工作人员及其管理的离退休老干部成建制地过渡至天元区，为区委、区政府的老干部工作机构（参公管理的事业单位），归口区委组织部管理，主要管理和服务天元区离休和副处级以上退休老干部。2002—2014 年，为区委组织部归口管理的正科级事业机构，全额拨款事业编制 7 名。内设综合办公室（加挂株洲市天元区关心下一代工作委员会办公室、天元区老年体育协会办公室、天元区老年大学办公室 3 块牌子，2009 年加挂天元区老龄工作委员会办公室）。1997—2014 年，先后有李晓萍、汪建梅、韩非任局长。

一　老干部待遇

2014 年，区老干部局有离退休干部 67 人（区本级 60 人，企业代管 3 人，教育系统 4 人）。其中党员 59 人，离休干部 16 人，退休干部 51 人，平均年龄 76 岁，年龄最大 91 岁。

政治待遇 根据 1982 年 2 月《中共中央关于建立老干部退休制度的决定》规定，1997 — 2014 年，区老干部局为每位老干部订阅一报《株洲日报》，一刊《老年人》。2004 年，《株洲新区》报出版后，又为每位老干部加送一份《新区报》。制定了阅读文件、领导联系老干部、走访慰问老干部、定期为老干部通报情况、组织老干部学习等制度。2008 年以来，坚持每月理论学习不少于 1 次，党员党组织生活 1 次，每周三为定期学习日；每年召开一次离退休干部春节座谈会，区主要领导通报全区情况，并与离退休老干部座谈，听取意见和建议；每年组织老干部参加区“两会”，工委、区委全会暨经济工作会议及市、区重大活动，让老干部了解全区社会经济发展情况；每年组织安排 2 次以上离退休干部市内参观考察活动，2009 — 2013 年，每两年适时组织老干部赴省外参观考察活动 1 次。

生活待遇 2000 年 12 月后，区老干局按照中央、省市有关文件精神，坚持完善离休干部离休费保障机制、医疗费保障机制、财政支持保障机制，认真做好离退休干部津补贴调标和生活补贴的发放，落实好离休干部护理费的提标与发放，做好重大节日上门走访慰问，为老干部贺寿、对住院老干部和长期不能参加活动的老干部进行上门慰问；每年组织1次体检，并邀请专家结合体检情况进行保健知识专题讲座；积极组织丰富多彩的学习和文娱活动；坚持做好企业代管和教育系统离休干部的走访慰问工作。从2011年开始，按照省市政策，为离休干部每人每年增发1个月的基本离休费，落实天然气、自来水优待补贴以及离退休干部13个月工资的发放、1000元春节慰问金等，使老干部生活丰富多彩，经济上无后顾之忧。

二 老干部服务

2003年，区委、区政府投资130万元在原政府宿舍院内建设737平方米的老干部活动中心，以满足老干部日常活动的正常开展。2010年，区委、区政府在紧靠株洲新区行政中心，与栗雨街道、颐景园为邻选址，新建区老干部活动中心——颐乐园，于2010年1月开工建设，11月13日举行落成典礼。活动中心占地2.07公顷，建筑面积3106平方米，内设教室、阅览室、图书室、棋牌室、排练室、乒乓球室、健身房、多功能会议室等，室外有门球场、羽毛球场和垂钓鱼塘等，是集学习、休闲、娱乐、保健、运动于一体的“老年乐园”，为全省一流县（区）的老干部活动中心。

1997年以来，区老干局紧紧围绕“服务一个中心（经济建设为中心）、落实二项待遇（政治待遇、生活待遇）、开展三个主题活动（思想教育学习参观、作用发挥、文化娱乐）、做好四个老字号工作（关工委、老年大学、老年体协、老龄办）”的工作思路做好服务工作，为区委、区政府分忧，为老干部解难。1997—2014年，区老干局组织老干部参加重大会议年均4次以上；开展主题学习活动年均3次以上；组织到北京、江苏南京、福建厦门等地参观；省内参观考察岳阳楼和君山、湘潭韶山、南岳衡山、长沙岳麓书院、浏阳周洛大峡谷、长沙市望城经济开发区、靖港古镇和橘子洲公园、刘少奇故居、彭德怀故居等地；市内组织参观茶陵云阳山、炎陵县红军标语展览馆、市规划展览馆、株洲西站、株洲航电枢纽工程、株洲方特欢乐世界、神农城、栗雨休闲谷、观音岩、湘江风光带、石峰区污水处理厂、云龙示范区职教城、中国动力谷和汽车博览园等。

三 关工委工作

1998年5月，天元区关心下一代工作委员会（简称“关工委”）成立。至2014年，全区有关工委（关协）组织110个，班子成员120人，“五老”会员620人，形成横向到成员单位，纵向到区、镇（街道）、村（社区）三级组织网络，并创建6个关心下一代工作示范点。成立以来，积极开展普法宣传、关心留守儿童、贫困儿童、加强未成年人思想道德建设等工作，齐抓共管、齐头并进，得到省、市关工委好评。2009—2012年，关工委组织老干部党员捐款4800元，资助马家河镇金龙村贫困学生罗杏读完初中，顺利升入高中。2013 年，区关工委出资 12000 元，购买 600 册普法教育读本赠送给全区各中学，为学生们提供学法资料。2014 年，全区有 15 个城市家庭结对帮扶 15 个农村贫困儿童家庭并捐款捐物。

第五章 纪律监察

1992 年 7 月，株洲高新区党委内设纪检组。1995 年 2 月，增设株洲高新区纪律检查委员会，周建国为第一任纪委书记。1996 年，区纪委与区监察局合署办公，王亚东兼监察局局长。

1997 年，天元区成立。9 月区委第一次党员代表大会召开，会上选举产生中共天元区纪律检查委员会，黄松林为天元区第一任纪委书记。下设 4 个镇（街道）纪委以及法院、检察院纪检组。区纪委与区监察局是区委、区政府负责履行党的纪律检查和行政监察职能的机关。

2000 年底，株洲高新区与天元区实行职能归并、效能整合，株洲高新区纪委改为纪工委并与天元区纪委实行合署办公。

2004 年，新成立 3 个基层纪委，设立 2 个监察室，调整交流 5 名干部进入区纪委监察局工作。

2009 年，实行纪检监察派出机构统一管理改革，设立 3 个派出纪工委、监察分局；派出机构的人权、事权、财权全部由区纪委、监察局统一管理，人员统一调配、工作统一安排、财物统一保障。

1997 年、2002 年、2006 年、2011 年，分别召开中共天元区第一至第四次党员代表大会，代表大会同期选举产生新一届纪委领导班子。1997 — 2014 年，先后有黄松林、晏首先、颜莉芝、马光辉、金勇任株洲高新区纪工委、天元区纪委书记；有陈松桥、涂梅生、赵凯、王维疆任监察局局长。

第一节 党风党纪教育

1998 年 7 月，株洲高新区纪委、天元区纪委分两批对全区副科级以上干部进行纪检监察法规知识培训，并组织统一考试。

2001 年，区纪委建立新任干部接受党纪政纪条规知识培训制度，明确规定区内凡提拔科级以上领导干部，任前必须接受培训教育，并参加统一测试。

2002 年至 2006 年 6 月，共组织 197 人次参加任前廉政教育培训班。分别组织村管理处、镇（街道）、区直部门党政一把手 170 余人，赴警示教育基地接受警示教育。

2008 年，组织全区 1158 名党员干部参加《建立健全惩治和预防腐败体系 2008 — 2012 年工作规划》答题活动。并在农村基层召开案例教训会 5 场，受教育镇村干部 600 余人次。开展群丰镇长岭廉政文化集市、农民书屋“廉洁文化角”“行风热线进农村、惠农政策进农户”等廉政文化进农村活动，使全区 1460 名农村党员干部受到教育。

2010 年，重点开展《廉政准则》系列学习教育活动，邀请省纪委专家进行廉政讲座，组织全区副科级以上领导干部参加《廉政准则》统一考试。打造栗雨街道、大岭社区、湘银社区、创业中心、创业中心天台金谷园廉政文化进机关、进社区、进园区的示范精品工程。其中，大岭社区被评为株洲市廉政文化创建示范点。

2011 年，在全区 7 个廉政文化示范点设置廉政宣传栏、广告牌，高标准地更换廉政文化一条街宣传内容。同年，大岭社区、东湖社区申报省廉政文化示范点。

2013 年，出台《株洲高新区廉政文化创建活动三年行动计划》，宏观规划新区廉政文化体系。组织编写《纪检监察核心法律法规汇编》《农村基层干部勤政廉政行为规范（试行）》《纪检监察工作手册》，全区有 648 名副科级以上领导干部、1200 余名基层农村干部进行集中学习，并以“廉满新区”为主题，举办廉政形象作品征集活动。

2014 年，将中共中央和中共湖南省委颁布的禁令以“掌中宝”的形式汇编成册，向全区的县处级干部和“一把手”发放。发送廉政短信 1 万余条次。改编纪检监察版的《小苹果》，制作廉政扇、廉政书袋，在嵩山路街道小湖塘社区和株洲红星美凯龙举办“廉政种子进万家，文明之花耀新城”活动，以更加“接地气”的方式将廉政宣传到街道社区和企业中。

第二节　党风廉政建设责任制

2000 年，中共中央、国务院颁布《关于党风廉政建设责任制的规定》，区委、区政府结合区情，制定具体的实施意见。成立区党风廉政责任制建设工作领导小组，组长由区委书记担任，副组长由区委副书记、区长、纪委书记担任。领导小组下设办公室，办公室设在区纪委，纪委书记兼任办公室主任。在领导小组和办公室的推动下，区、街道（镇）两级迅速建立党风廉政责任制。

2001 年 8 月 30 日，工委、区委下发《关于进行党风廉政建设责任制执行情况自查的通知》，要求各单位对执行责任制的情况进行自查、总结，并向区纪委上报自查工作报告。区纪委通过督查后，对不按要求自查或没有上交报告的 7 个单位给予通报批评，限期进行自查，在全区引起较大的震动。这一时期起，工委、管委，区委、区政府将党风廉政建设责任制工作纳入重要议事日程，形成“党委统一领导，党政齐抓共管，纪委组织协调，部门各负其责”的反腐败斗争领导格局，以及“谁主管谁负责，一级抓一级，层层抓落实”的工作格局。区纪委监察局认真履行组织协调职责，协助区委对下一级领导班子及领导干部执行党风廉政建设责任制情况进行考核，同时对违反党风廉政建设责任制规定的党员干部进行责任追究。

2002 年 4 月，株洲高新区、天元区党风廉政建设责任制工作领导小组为进一步落实党风廉政建设责任制和反腐败工作，制定《党风廉政建设责任制考核办法各项任务评分细则》，明确 19 个任务牵头单位，建立分级考核制度，采取自查自评、实地考核、重点考核、小组考核4种方式相结合的综合考核机制。

从2002年起，区纪委监察局按照当年全区党风廉政建设任务的要求，逐一逐层进行责任分解，将党风廉政建设和反腐败工作的各项要求，细化分解为具体任务，全区各牵头单位和责任单位根据各自任务进一步将责任落实到科室和个人，做到责任到位、到岗、到人。每年年底区纪委监察局会同组织部、人事局等部门对全区各单位、各部门副科级以上领导干部履行党风廉政建设责任制情况进行检查考核。要求各单位党政主要领导在本单位、本部门干部职工大会上作履行党风廉政建设责任制情况报告，接受广大干部职工的监督。通过进行民主测评、查阅资料，对全区各单位各部门落实党风廉政责任制情况排队打分。

2004年，出台《株洲高新区、株洲市天元区党风廉政建设责任制考核结果运用暂行办法》，区纪委监察局协调组织部门将廉政责任制考核结果纳入各单位年度考核，直接与评优评先、干部任用挂钩。当年对5名违反党风廉政责任制的党员干部实施责任追究，在年度考核和“七一”党组织考核表彰中，否决4个单位和5名个人的先进候选资格。

2010年，对3个街道、41个区直单位建立党风廉政建设责任制工作台账。2004 — 2012年，全区对违反党风廉政责任制的27名党员干部进行责任追究。2013年，区纪委监察局印发《关于加强对“一把手”监督五项制度及责任追究办法》以及党政正职述廉测评及廉政巡查谈话等文件，全区4个镇、3个街道和教育、城管、高科集团等6个单位的一把手当场向工委、区委书记递交党风廉政建设承诺书。2014年，进一步强调党委（党组）领导班子贯彻落实“三重一大”事项集体决策制度和领导干部重大事项报告制度，并开设“廉政账户”，严格执行礼金礼品上交制。全年全区领导干部报告个人及家庭重大事项12项，上交红包礼金21.1万元。

第三节 违纪案件查处

天元区纪委监察局成立初期，把查办违纪违法案件摆在工作的重要位置，克服人少经验不足的困难，1997年查办2个违纪经济案件，处分党员干部3人，收缴违纪金额10万余元。

1997年8月至2002年10月，区纪委监察局受理群众信访举报152件次，纪检监察立案50件，给予党纪政纪处分48人。其中，开除党籍14人，移送司法机关7人。在受处分的党员干部中，科级干部10人，一般党员干部38人。在查处的案件中，违纪违法金额在1万元以上的案件和科级干部案件26件，占案件总数的52%。

2001年，案件查处工作创新纪录，在查处天元区信用联社案件中，实行全程封闭办案，同时有6人被“双规”，一举查处一串案，处分党员干部7人，收缴违纪资金17万多元。

2002年至2006年6月，区纪检监察机关查处党员干部53人（其中科级干部8人），14人被开除党籍。

2007—2011 年，区纪委监察局受理信访举报 156 件次，立案 53 件，处分党员干部 41 人（其中科级干部 6 人），移送司法机关 4 人，收缴违纪资金 134.7 万元，为国家挽回经济损失 821 万元。

2013 年，初核案件线索 16 件，立案 5 件，党纪处分 5 人，政纪处分 1 人。2014 年，区纪委监察局立案 8 件，结案 7 件，处分违纪党员干部 7 人，给予党纪处分 6 人，政纪处分 1 人。其中，副科以上干部 1 人，移送司法机关处理 2 人。

第四节　党内监督

一　专项治理

1997—2002 年，区纪委监察局每年集中开展一次红包礼金治理，并坚持每季度自查，全区各级领导干部登记上交红包礼金、有价证券 8.51 万元；折价处理公费配置的移动电话、住宅电话、无线寻呼机 320 余台，收回折价资金 19 万元，清退超范围和超标准报销话费 8.7 万元。认真开展住房违规问题治理，收缴违规款项 16.6 万元。落实省、市关于厉行节约、制止奢侈浪费行为的规定，印发《关于加强会议、接待及出国等管理工作的通知》，建立会议审批制度，严禁公款高消费行为，压缩和制止不合规定的公费考察学习活动，有效地节约财政资金。落实领导干部配偶、子女从业规定，建立推行领导干部收入申报制度。5 年间，开展任期经济责任审计 76 人次，有 7 人受到责任追究。

2004 年，区纪委监察局进一步完善手机话费补贴和公务用车编制管理，统一规范全区各项奖金、津补贴和加班工资的发放，落实红包礼金登记制度，全年全区各级领导干部登记上缴红包礼金 5 万余元。

2005 年，区纪委监察局开展清理党员干部职工及其亲属建私房的专项整治，下发督办通知 19 份，涉及 7 人违法建筑计 460 平方米被责令自拆，4 人被立案调查，2 名干部因有违法建筑行为被免职。

2008 年，认真执行“四大纪律、八项要求”，开展禁止利用职务谋取不正当利益的自查自纠，县处级领导干部配偶、子女从业情况的公示，换届工作中严肃纪律等专项工作。开展达标评比活动的规范管理、超标建设楼堂馆所、公款旅游、公务接待和公车配备的清理检查。全年进行廉政谈话 26 人次。领导干部主动登记上交红包礼金 0.8 万元。

2014 年，在开展党的群众路线教育实践活动中，印发《关于持续深入开展“四风”突出问题专项整治工作的通知》等文件，对全区的 53 项专项整治任务进行跟踪、督查和查处。活动第三阶段，结合区情制定《株洲高新区、天元区深化“四风”突出问题专项整治有关问题清单》，在区内媒体《株洲新区》报上进行公示。

二 制度建设

1998 年，在全区推行村务、厂务、政务公开的办事公开制度，落实执行执罚单位以收缴分离为主要内容的“收支两条线”制度。

从 2000 年开始，建立推行政府采购制度，当年实行大件物品招标采购 51 次，采购总金额 653 万元，节约资金 70 多万元。成立会计集中核算中心，当年有 39 个单位纳入中心管理，有 3 个单位实行会计委派。

2001 年年初，区纪委将党中央、国务院及中纪委有关领导干部出国境的规定向工委、区委作了专题汇报，要求领导干部出国境由工委区委、管委政府主要领导审签把关。

2008 年，区纪委监察局与区委组织部联合印发《关于进一步严肃村级组织换届选举纪律的通知》，制定出“十个严禁”规定，对 30 个行政村的选举工作进行全程督查指导，对涉及选举的信访件实行包案限时办结制，对候选人进行严格的资格审查，有 3 名候选人因受纪律处分被取消资格。同年制定《关于加强科级单位党政正职监督管理的暂行办法》。

2010 年，出台《株洲高新区、天元区领导干部操办婚丧喜庆事宜报告回复制度》，规定领导干部操办婚丧喜庆事宜先进行报告，事后必须回复，31 名领导干部报告个人有关事项。落实纪委同下级党政负责人谈话制度，对城市环境综合管理工作不力的 11 名责任单位领导干部进行严格问责，近 300 人接受处罚，经济处罚金额约 30 万元。严格执行领导干部离任审计制，查处违规金额 20 多万元。

2013 年，建立“六项谈话”制度，即谈心谈话、提醒谈话、诫勉谈话和任前廉政谈话、任中巡查谈话、离任后回访谈话。当年谈心谈话 6 人、提醒谈话 4 人、诫勉谈话 5 人、任中巡查谈话 11 人。同年制定《株洲高新区、天元区机关事业单位招考录用工作人员监督办法》，规范招考录用的工作流程和程序。2014 年，开设“廉政账户”，全区领导干部报告个人及家庭重大事项 12 项。

第五节 行政监察及其他工作

一 效能监察

1999 年，区纪委监察局重点对水利工程建设情况和粮食流通体制改革的执行情况开展监察，受理投诉 10 件，办理上级交办函 3 件。2001 年 9 月，区纪委制定出台“过时责任追究制”，明确在工委、区委当年要办的 9 件大事中实施效能监察。

2002 年，在全市率先开展重大事项行政效能监察，实行过时责任追究工作，研究制定相关实施方案和细则。全区选立 16 项重大事项，20 个单位被纳入效能监察对象范围。

2005 年，区纪委监察局选定事关全区经济和社会发展的 9 件大事作为重大事项行政效能监察项目，选定乡村道路建设和防治禽流感作为“即立即办”项目。

2007 年，按照市“项目建设年”活动和省、市纪委开展“中博会”项目效能监察工作要求，制定“项目建设年”效能监察工作方案，当年对 6 大类 16 个项目开展“重大事项效能监察和过时责任追究”。设立效能投诉电话 8837794，受理各类投诉 19 件，所有投诉都在规定时限处理完毕，投诉满意率 100%。同年，对区直机关开展效能监察。4 月和 9 月，召开“效能、行风、优化”工作测评会，测评会上 30 名监督员和部分“效能联系点”（企业）负责人对全区各单位部门在行政效能监察、部门作风和优化环境工作中存在的问题进行评议，并在评议后进行打分排队。

2008 年，围绕社会主义新农村建设、项目建设年活动、省市区实事项目、集中整治拆违工作等工作，认真开展效能监察。对 16 个重点项目进行重大事项效能监察和过时责任追究。

2010 年，对 11 个中央新增投资项目的进展情况开展监督检查，涉及资金 6739 万元，选择“三大战役”为主线的 16 个重点项目进行监察立项，开展 9 次专项督察。同年开始后，每年都开展“机关效能建设年”活动，突出抓好重点岗位效能监督。至 2014 年，4 年重点选择 16 个项目和 11 个责任单位开展效能监察。并强化对审批环节的实效监控，提高审批效率，1/2 以上事项提前完成审批，缩短审批时间 1/3 以上。

2013 年，印发《关于开展 2013 年重点项目建设效能监察的实施方案》，会同区委办、政府办、组织部、重点办等单位，对当年“十大基础工程、十大产业项目、十大民生实事”、安置房及征地拆迁重点项目的立项实施重点监督。

二　财务监察与招投标管理

财务监察 2001 年，加强行政事业性收费及罚没收支两条线的监督检查，有针对性地对 8 个单位开展财务监察，提出监察建议 6 件次，清退违纪资金 16 万多元，给予党纪处分 1 人。2002 年，开展专项资金日常监督检查，并先后立项对区国土分局、教育系统、市政维护处、区园林绿化处等 8 个单位开展财务监察，检查资金额近 4000 万元，查处违纪资金 120 多万元，下发监察建议 8 件次，发现 3 件案件线索移送纪检监察立案查处。

2004 年，区监察局重点对征地补偿资金、部分单位奖金津补贴发放情况以及粮食“两补”情况、民政优抚救济资金进行专项监察，收缴违纪违规资金 28 万元。2005 年，专项执法监察立项 7 个，提出监察建议 16 条，追缴违法违纪资金 67 万元。先后在体育中心、株洲高科集团、区建设局和区征地拆迁指挥所设立监察室。推行工程建设“双合同”制，制定印发《天元区工程建设廉政合同考核管理办法》。

2008 年，区监察局组织财政、审计等部门对全区 5 家未纳入会计核算中心的基层单位进行财务监察。当年通过专项执法监察追缴税金 53 万元。

2013 年，区监察局对 2 个街道的财务执行情况开展执法监察，发现问题 2 处，下发财务监察建议书，提出监察建议 5 条。

2014 年，区监察局开展财务专项检查，会同财政局、农村工作局、审计局对三门、雷打石 2 个镇的村级财务进行检查，整改问题 8 项，促进村级财务制度的落实。

招投标管理 2002 年，天元区将建设领域专项治理的工作目标和任务分解落实到各责任部门，加强《中华人民共和国招标投标法》实施情况的监督检查，督促责任单位制定招投标管理实施方案及考核细则，全年对 24 个项目招投标进行监督检查，查处一起招投标违规违纪行为，废除招标结果，对责任人进行批评教育。

2005 年，制定《天元区工程建设管理办法》，对工程前期工作、工程招投标、合同签订、质量管理、财务管理与审计监督、工程验收和法律责任等方面作了详细规定。

2008 年，完善区内 30 万元以上的工程招投标工作的监督管理，建立邀请投标单位信息库，推行合理定价评审抽取法和最低投标价法。加强专项财政资金管理，严格使用审批，实施定期检查制度。

2010 年，创新政府投资项目监督管理制度体系，专门制定《关于区级财政投资项目实行邀请招投标的有关规定》。2013 年 12 月，市委、市政府出台《关于促进产业园区发展升级的若干意见》，城区产业园区工业及基础设施项目招标方式、招标组织形式和招标范围的核准采取联合会审。河西示范园范围内的招投标由区发展和改革局与市发改委联合会审。

2014 年 1 月，天元区出台《政府投资项目区内招标投标监督管理办法》和《进一步加强政府投资项目区内招标投标监管事项的意见》，并成立政府投资项目区内招标投标的监督管理领导小组，副区长张意任组长，办公室设在区发展和改革局。区发展和改革局、区监察局、区财政局、区审计局和区开发建设局 5 家单位对规定范围内（建设工程 200 万元以内）的政府投资项目的招标投标工作进行监管。

三　纠风与优化环境

纠正行业不正之风 1998 年，纠风工作将减轻农民负担、减轻企业负担为工作重点。为减轻农民负担，全区取消村广播达标、育龄妇女计划生育押金和农民建房保证金等收费项目。到 2000 年，全区农民负担仅占纯收入的 2% 以下。

2000 年，受理投诉及上级交办函 20 余件，清理乱收费项目 5 个，总金额 14 万多元，清退 3 个学校违规收费 2 万多元，纠正一职能部门向企业索要产品的不良行为。

2004 年，区纪委监察局牵头在全区开展“工作满意、生活满意、投资满意”为主体的“满意新区”活动。当年行风测评，21 个被评单位平均综合满意率为 97.99%。2005 年，区纪委监察局组织对全区 35 家单位和部门的千人行风评议活动。

2007 年，建立以行风监督员为主体，重点项目效能检测为辅的工作网络，不断完善政风行风测评体系，落实季度测评、限期回复、末尾诫勉和评议结果综合运用制度。

2012 年 3 月—10 月，区纪委监察局采取调查走访、财务审计、现场感受等形式，围绕食堂原材料采购、财务管理、食品卫生等内容对全区各中小学食堂管理工作开展专项检查。

2014 年，区纪委牵头整治全区“门难进、脸难看、事难办”、公款送礼行为等 13 项“四风”问题专项整治工作，查处吃拿卡要问题 2 人，查处慵懒散拖问题 37 个，查处侵占挪用补助资金问题 1 个。

优化经济发展环境 2000 年，为认真落实“无费区”政策，区纪委研究制定《关于优化经济环境若干规定》下发至各单位，并对部分重点企业实行挂牌保护和跟踪调查。

2002 年，区优化经济发展环境办公室组建，挂靠区纪委办公。区纪委经研究，将纠风工作和优化环境一起研究部署。在区内企业中聘请 15 名信息监督员，调查走访 50 家企业，召开小型座谈会 3 次，对 17 个单位进行小范围的行风评议。

2007 年 9 月，在省纪委纠风工作业务培训期间，天元区代表株洲市作《创新民主评议、优化经济发展环境》的典型发言，将全区优化环境工作经验进行推介，得到省优化办的充分肯定，并在系统刊物进行宣传。

2010 年，建立完善“区、镇、村三级优化环境联动机制”和“主动服务企业，规范涉企检查”的制度。2012 年 7 月、12 月，在园区企业内随机抽取部分企业与政府涉企部门开展“双向测评”。

2013 年 10 月，启动“优环境、提效能、促升级”专项活动。2014 年年初，组织 60 多家企业与 30 家政府部门开展“双向测评”。9 月 12 日，组织 15 家区直涉企部门、10 家市直驻区分支机构的负责人与 51 家企业和重点项目的负责人进行相互评分和现场问政，形成交办件 14 件，由区纪委效能室进行全程追踪督办。全年受理各类优化作风方面的投诉 50 件，处理 50 件。同年，开展“纠正损害涉农利益行为”专项整治活动，对 9000 万元惠农补贴资金和 51 项涉农收费项目进行清理，确保惠农政策落实；开展国家公职人员拖欠银行贷款清理行动，11 名公职人员本息 28 万元全部清收到位。

第六章　宣传教育

1997 年 8 月，设立中共天元区委宣传统战部，部长由区委副书记黄曙光兼任。

1998 年 3 月，宣传、统战分设为中共天元区委宣传部和中共天元区委统战部，明确宣传部为区委主管意识形态方面工作的职能部门。2001 年，株洲高新区与天元区职能合并，重设中共天元区委宣传部，按照“精减、统一、效能”的原则，内设办公室、宣传理教组、文明办（副科级）3个机构。2004年2月，增设全额拨款副科级事业单位《株洲新区》编辑部。

2007年6月，增设副科级事业单位互联网管理中心，后更名为互联网宣传与管理办公室。2009年9月，增设副科级事业单位区委外宣办（区政府新闻办）。2010年12月，区文明办升格为正科级单位。2011年6月，成立天元区文学艺术联合会，为全市首家区级文联机构。2012年1月，《株洲新区》编辑部升格为正科级全额拨款事业单位。

2014年，中共天元区委宣传部内设精神文明建设办公室、办公室、新闻宣传组、理论教育组4个机构，管理《株洲新区》报编辑部、区互联网宣传与管理办公室、区委外宣办（区政府新闻办）3个事业单位，主要负责全区意识形态工作，并加挂天元区文学艺术界联合会牌子。1997—2014年，先后有黄曙光、姜衡松、颜莉芝、何建红、杨爱云、谢维红任宣传部部长。

第一节　时政教育

1992年，株洲高新区组织开展学习贯彻邓小平视察南方重要讲话精神，掀起学习宣传高潮，并就如何深入贯彻落实南方谈话精神、抓住机遇、解放思想、大胆改革开放、大力招商引资、加快高新技术产业发展步伐、努力“再造一个株洲”等问题开展大讨论。

1997—1998年，株洲高新区、天元区全面学习贯彻中共十五大精神，邀请专家教授举办专题报告会8场次，组建报告团深入各镇、街道宣讲15场次，举办培训班4期，参学人数3000余人次。

2002年，工委、区委印发《关于认真学习贯彻党的十六大精神》的通知，工委、区委理论学习中心组开展专题学习。各镇、街道采取组织宣讲小分队进村入户、建立宣传橱窗、开办市民学校等方式进行广泛宣传。

2007年，工委、区委举行中共十七大精神专题理论学习会议，邀请省委党校教授为全区副科级以上干部和各村、社区党组织负责人进行专题辅导，组建“天元区学习贯彻中共十七大精神宣讲团”，开展巡回宣讲180多场次，并举办“贯彻落实中共十七大精神，推动科学发展，促进社会和谐”理论研讨会。组织观看《大国崛起》专题片，听取《中国崛起的形势》报告会。

2012年，首次将学习范围扩大到村（社区）干部，举行村（社区）干部培训班，学习贯彻“中共十八大”精神，成立全区理论教育宣讲团深入各街道进行专题宣讲。

2013年，组织中心组成员收看中央宣讲团到湖南宣讲中共十八届三中全会精神，进行学习宣传习近平总书记系列重要讲话及中共十八届三中全会精神专题宣讲。开展“我与群众交朋友”活动，副科级以上干部深入居民家中走访，深入宣传中共十八大和十八届三中全会精神。

2014年，组织开展中共十八届三中全会精神“微宣讲”活动，深入企业、农村、社区进行宣讲。

第二节　理论教育

一　理论学习

1992—2000年，株洲高新区、天元区围绕学习邓小平理论展开全区理论学习。1994年，组织学习社会主义市场经济理论、《关于加强党的建设几个重大问题的决定》和《邓小平文选》第一、二、三卷。1998年，向全区党员干部发放《邓小平理论100题简答》等资料3400余份，举办学习班68期，参学760人次，组织学习报告会108场次，参会3万余人次；中心组成员撰写调查报告、理论文章40篇。其中，24篇被湖南人民出版社的《精神文明与现代化》一书采用，采用率排全省县区中第一。2000年，组织迈向新世纪株洲高新区发展战略研讨会。

2001—2004年，株洲高新区、天元区围绕"三个代表"重要思想开展理论学习。2002年，组织观看《中国"入世"》20余场、1000余人次；4月—6月，在全区党组织中开展"书记讲党课竞赛"活动。

2003年，组织为期3天的全区"兴起学习'三个代表'重要思想新高潮"理论培训班，配发《"三个代表"重要思想学习纲要》700余本，建立党务工作报告员队伍，开辟全区党务信息、形势政策教育通道。2004年，在全市率先组织完成"万村报栏"建设任务，开辟新的基层宣传思想文化阵地。

2005—2010年，株洲高新区、天元区集中组织学习科学发展观理论。2005年，举办全区"永葆共产党员先进性"暨"形势责任使命"演讲赛。2006年，组织开展"践行'八荣八耻'、树立社会主义荣辱观""党员先进性教育"等主题教育活动。2008年，组织开展全区"解放思想大讨论活动"，召开解放思想大讨论活动座谈会。2010年，开展"理论进社区"活动近30场。

2011年，株洲高新区、天元区的理论学习重点为"创先争优"等。2013年，在全区范围组织开展"贯彻落实中共十八大精神、创新驱动在新区"主题活动，以"怎么看、怎么学、怎么办"为主题，在党员干部中开展创新大讨论。2014年，组织副科职以上党员干部参加为期3天的党的群众路线教育实践活动集中培训。

二　工委、区委理论中心组学习

自1992年始，株洲高新区党委（党组）成立理论学习中心组，不定期集中学习理论知识，党组成员轮流讲党课，邀请国家、省、市知名专家、教授专题授课。1997年，株洲高新区、天元区各基层党委和区直机关各党组织成立学习中心组，建立季度、年度学习呈报制度。1999年，各基层党委参照工委、区委中心组学习制度，全面建立科级中心组的理论学习制度，规定每周五为政治理论学习日。2002 年，全区各基层党委签订年度工作目标管理责任书，区委宣传部定期组织对二级中心组学习的督查指导，年终考评，实行奖罚制。2004 年，形成工委、区委学习中心组每月集中学习一次，全年不少于 12 次的学习制度。2006 年，发挥工委、区委学习中心组的龙头作用，形成中心组学习、科级以下干部学习、青少年在校学习和区域群众社会化学习的多层次、多方位的学习网络。2007 年，创新学习形式，组织参加两次全市县以上党委（党组）理论学习中心组成员集中听大课。2008 年，实现“理论学习与调研活动相结合、专家教授讲座辅导与自我学习相结合、观看录像与听大课相结合、请进来与走出去相结合、自主创新与质疑相结合”的“五结合”形式，切实抓好六大主题学习活动，组织副科级以上干部听大课 3 堂。2010 年，组织中心组成员前往 75210 部队参加“军事日”活动。2011 年，加强对基层党委理论教育工作的业务指导与督查，在全区宣传思想文化工作暨群众路线教育活动推进会上推荐 4 个基层单位就中心组学习、学习型党组织建设进行典型发言。2012 年，首次将工委、区委中心组学习参加人员扩大到基层党委书记、区直机关各单位、市直驻区各单位主要负责人。

三　理论研讨

1997 年，成立天元区邓小平理论研究会、思想政治工作研究会，在全区开展解放思想、加大改革开放力度的研讨。1998—1999 年，开展“进一步解放思想，振兴天元经济大讨论”活动，收到调查报告、理论文章、各种建议 128 篇（条）。2001 年，举办“新世纪、新城区、新创业”为主题的青年论坛活动，征集论文 54 篇，评选出 37 篇汇编成《青年论坛》文集，理论调研文章在市级以上报刊发表 80 多篇，工委、区委书记王群《开发区究竟怎样开发》在《经济日报》公开发表，管委会主任、区长翟笃培《坚持新城区建设与产业发展并举努力 探索株洲城市发展的新模式》获市“城市发展带动战略”征文一等奖。2003 年，拟定“信息化与新型工业化”等 4 个学习专题和“走新型工业化道路与全面建设小康社会”等 40 个调研参考课题召开理论研究调度会，发表理论文章 30 余篇。2005 年，《株洲新区》开辟理论专版专栏，工委、区委书记杨平在《中国高新区》《理论参考》《湖南日报》等刊登多篇文章，中心组成员共发表理论文章 30 余篇。2006 年，在全市先进性教育活动理论研讨征文中，全区选送 11 篇，获奖 3 篇，主要领导干部在《中国高新区》《领导参阅》（内参）等发表理论文章 7 篇。2007 年，开展“火炬论坛”理论征文活动，收到征文 10 篇，在《株洲日报》《调查与研究》等发表文章 3 篇，《株洲新区》开辟 5 个理论专版。2008 年，认真做好全省“改革开放与富民强省——纪念改革开放三十周年”和“毛泽东思想与中国特色社会主义”两个理论研讨筹备工作，组织选送 6 篇参加研讨会，《株洲新区》推出“建言献策”“走进清华”理论研讨专栏。2009 年，认真做好新中国成立 60 周年理论研讨会论文收集工作，组织选送 6 篇参评。其中，管委会主任、区长何剑波的《化“危”为“机”中实现科学跨越》获一等奖。2011 年，结合建党九十周年开展面向全区的理论征文活动，收到理论文章近 50 篇，并选送 5 篇参加全市理论征文竞赛，3 篇获奖，区委宣传部获全市理论征文工作组织奖。2012 年，工委、区委中心组成员带头撰写理论文章 30 余篇，工委、区委书记谢高进的《以“三个转变”开创群众文化新局面》在省委宣传部编写的《书记谈文化》一书中发表；区政协所撰写的调研报告《天元区楼宇统战初探》获市优秀调研报告二等奖。2013 年 6 月，成立“动力谷企业成长学院”，学院通过举办企业家沙龙、开展企业中高层管理人员培训、进行企业发展过程管理诊断咨询等系列活动，当年组织 7 次集中学习，吸引辖区 200 余家企业、1500 余人次参加学习。2014 年，工委、区委书记谢高进在《株洲日报》唯实版发表理论文章《以教育实践活动推动转型升级》。

四　学习型党组织建设

2010 年 7 月，工委办公室、区委办公室印发《关于推进学习型党组织建设的实施意见》。7 月 21 日，株洲高新区、天元区举行推进学习型党组织建设启动仪式，将建设学习型党组织与“创先争优”活动有机结合，开设“新区讲坛”，邀请省内外知名专家学者前来授课。

2011 年，继续深入开展推进学习型党组织活动，株洲高科集团党委获评全市学习型党组织称号。

2012 年，进一步拓展学习型党组织建设的途径，组建形势政策理论宣讲团，就征地拆迁、党的十八大精神等内容在全区进行巡讲，用鲜活的事例、生动的语言帮助群众更好的理解有关政策，受到群众的欢迎。同年，天元区马家河镇高塘社区党支部成为株洲市学习型党组织建设示范点。

2013 年，工商天元分局、马家河镇高塘社区、时代新材料科技股份有限公司、区人民法院党组等 4 家单位获评全市模范学习型党组织。袁哲明、谢焕获评模范学习型党员干部，谭晖晖获评学习型党员干部。

2014 年，以“勤学习、强素质”为主题的学习型党组织建设活动为抓手，结合党的群众路线教育实践活动，全区范围内广泛开展创建机关、学校、企业、社区、农村学习型党组织活动。

第三节　对外宣传

株洲高新区成立后，特别是天元区成立之后，区委宣传部围绕工委管委、区委区政府的中心工作，集中组织开展各类对外宣传活动。

2006 年，通过在北京、长沙、深圳举行的三次湖南欧洲工业园推介会，全力推介株洲高新区、天元区，《人民日报》《科技日报》、凤凰卫视等 50 余家境内外媒体相继进行采访。2007 年，在“珠洽会”、上海招商等大型会议中举行湖南欧洲工业园专场推介会；以株洲高新区成立十五周年为契机，重点宣传园区建设和招商引资工作，关注新型工业化、项目建设年等专项工作，制作《楚天辽阔展风流》宣传片，在湖南电视台公共频道播出，有效地提升株洲新区知名度和影响力。2008 年，举办“采访线工程”建设培训班。完善新闻发言人制度；建立和完善突发事件的应急协调机制。2009 年，区委宣传部增设“区委外宣办（区政府新闻办）”。全年在国家级媒体发稿 13 篇，省级媒体发稿 29 篇。2010 年，围绕“三大战役”等工作重点，在各级各类媒体发稿 776 条；邀请清华大学博士董关鹏进行《如何面对媒体与公众：突发事件处置与媒体关系管理》专题培训。2012 年，国家高新技术产业开发区建设 20 年成就展在北京开幕，株洲高新区成立 20 周年相关宣传资料进入会场发放。出台《株洲高新区、天元区新闻发言人制度（试行）》，当年举办新闻发布会 12 场次。其中，在长沙成功举办株洲高新区成立 20 周年新闻发布会，来自中央、省、市 20 余家媒体参加此次发布会。2013 年，举办“株洲高新区国家级创新园区创建”等 5 场次新闻发布会；邀请省新闻发布处处长阳芳菲讲授《提高应对媒体的能力》。2014 年，围绕创新驱动、打造中国动力谷突出重点宣传，在市级以上媒体发稿 800 余条（篇）；举办“5211 人才工程”“建设教育强区”“中国动力谷‘千人计划’项目对接洽谈会”等 5 场次新闻发布会。

第四节　文明建设

1992 年株洲高新区成立后，株洲高新区党委高度重视精神文明建设工作，明确由党委办公室具体负责相关工作。1996 年 11 月，株洲高新区成立区精神文明建设指导委员会，由党委书记、管委会主任何金棠任主任，区政法委书记杨平任副主任，下设办公室，将精神文明建设和物质文明建设同步纳入全区工作年度目标管理计划和长远发展规划。

1997 年区划调整后，成立中共天元区委员会宣传统战部，区委明确区精神文明建设委员会办公室（简称区“文明办”）是区精神文明建设委员会的非独立建制的常设办事机构，归口区委宣传部。2010 年 12 月，区委、区政府实施机构改革，区委宣传部加挂精神文明建设办公室牌子（升格为正科级），负责全区精神文明建设的规划、调查研究、信息反馈和文明市民教育，组织指导全区精神文明创建活动。1996—2014 年，先后有赵凯、覃冬清、吴伯毛、王维疆、杨卫国任区文明办主任。

一　群众性文明建设创建活动

1992 年，株洲高新区深入开展“满意在株洲、满意在单位、满意在岗位”的“三满意”活动，在全区全面推行“双文明”建设目标管理责任制。当年，株洲高新区被市委、市政府授予株洲市“双文明”建设先进单位。

1993 年，株洲高新区党委组织区内各基层单位广泛开展“警民共建、军民共建、厂校共建、工农共建”等精神文明创建活动。

1994—1995 年，株洲高新区围绕市委提出的“社会稳定、经济繁荣、科教发达、法制健全、市民文明、环境优美”文明城市建设目标，积极开展“株洲精神”大讨论和“创建文明小区”活动。

1996年，株洲高新区组织开展“八不”活动（不随地吐痰、不乱丢果皮纸屑、不在公共场所吸烟、不占道摆摊担、不损坏绿化、不说粗话脏话、不乱贴乱画、不乱停放车辆），并组织“我爱株洲、实施‘八不’”万人签名活动，发放宣传传单5000多份，制作宣传展板15块；成立实施“八不”综合执法队，加大对违犯“八不”行为的监督执法力度。1997年，株洲高新区首次表彰“双文明”先进单位19个，先进个人144人，“双文明户”“五好家庭”140户，文明楼栋10栋。1998年，天台路成功创建为省级“文明街道”，滨江一村居民小区创建成为国家级“青年文明社区”。

2001年9月，工委、区委下发《关于开展创建文明城区活动的决定》，提出文明城市创建的指导思想、创建目标、主要内容、主要措施，召开动员大会，成立工委、区委书记任组长的创建工作领导小组，建立涵盖城区经济建设、政治建设、文化建设和社会建设各个方面的创建工作体系。创建活动以着力打造廉洁高效的政务环境、公平公正的法治环境、规范守信的市场环境、安居乐业的生活环境、健康向上的人文环境和可持续发展的生态环境为突破口，结合深入开展创建“园林城区”“讲文明、树新风”和“五创一争”活动，落实各项具体措施和工作。在2001年进行的“美化亮化城市环境，做好城市大拆违”中，拆除违法建筑4万平方米，投资700万元改造黄河北路，建成全市最亮最美一条街。2002年9月，天元区首次被中共湖南省委、湖南省人民政府授予文明城区称号。

自2002年始，在全区开展科教、文体、法律、卫生“四进社区”活动。2003年，组织开展“诚信兴商”和“百城万店无假货”活动。以推进乡风文明建设为主题，开展“以城带乡、城乡同治”及文化、科技、卫生“三下乡”“文明创建进农家”等活动，拓展农村精神文明建设的渠道和空间，提升市民文明素质和农村文明水平。

2006年，天元区将创建文明城区规划纳入城区建设总体规划和区委、区政府的重要议事日程，常抓不懈。当年10月，顺利通过“省文明城区”复查。2007年，印发《株洲高新区、天元区文明建设和文明创建先进评选表彰办法》，创建工作进入制度化阶段。印发《文明市民手册》，组织开展“五个一”宣传活动（即出一期宣传专栏、悬挂一条宣传横幅、发放一份宣传材料、举办一期公民道德知识讲座、举办一次道德实践活动），有效提高干部群众的文明素质。2008年，天元区重新申报省级文明城区，通过考评，再度获“省文明城区”称号。2009年，出台《区领导联系创建全国文明城市工作方案》，进一步明确工作任务，规范工作程序。新建天元文明网站，制作开通机关电话创建彩铃1000余台。2010年，进一步规范全区的文明市民学校，区文明市民学校举行讲座47场，开展“送课进社区”活动30场。

2011年，天元区在全市率先建立文明创建工作联席会议制度，组织召开首次联席会议。2012年，出台《株洲市天元区创建文明城市工作考评办法》，将文明创建内容纳入区绩效考核，占总分的5分，每月对全区各责任单位进行考核。2014年，印发《天元区2014年创建文明城市工作考评办法》，投入425万元，设立奖励基金，实行“以奖代投”，考评对象包括创建文明城市工作40家成员单位及各镇（街道）。2009—2014年，天元区年年被评为株洲市文明建设先进区。截至2014年，辖区内有全国文明单位，株洲移动分公司；全国文明村镇，雷打石镇砖桥村；省文明标兵单位，株洲钻石切削刀具股份有限公司、株洲时代新材料科技股份有限公司、湖南省地矿局四一六队；省文明单位，天元区国税局、株洲时代电子技术有限公司、株洲科瑞变流股份有限公司、天元区地税局、株洲高科集团有限公司、株洲市质量安全监督管理处；省文明社区，嵩山路街道湘银社区；省文明窗口单位，株洲高新区创业服务中心、天元区国税局服务大厅。

二 公民思想道德建设

2002年开始，为全面贯彻落实《公民道德建设实施纲要》，区委宣传部、区文明办坚持每年组织“9·20”公民道德宣传日活动，宣传“爱国守法、明礼诚信、团结友善、勤俭自强、敬业奉献”公民道德基本规范。

2004年，为全面贯彻落实中共中央、国务院《关于进一步加强和改进未成年人思想道德建设的实施意见》，首次开展未成年人思想道德建设工作和未成年人思想道德建设工作先进单位、先进个人、创新案例的评选活动。2006年，开展“法律进学校”活动、第五届青少年法制宣传周、预防青少年违法犯罪图片展览等活动，30余人参加全国“五好小公民”读书教育系列活动，获国家、省、市奖励。2008年，开展“学英雄少年、为奥运添彩、做有道德的人”和“我为奥运祝福、我为奥运添彩、我为奥运加油”网上签名寄语留言活动。2009年，印发《关于进一步做好市民学校教育培训工作的通知》，进一步规范完善文明素质教育网络。

2010年，组织开展全区首届道德模范评选表彰活动，陈雨岚等10人获评区道德模范。胡建武获评株洲市首届道德模范。开展学习道德模范征文活动，收到文章55篇，并将优秀征文在《株洲新区》上刊登。新建天元区青少年活动中心。2011年，聘请聂鑫森、曹敬庄、童心等10名社会知名人士为天元区市民学校特聘教师。2012年，推进道德讲堂建设，设立天元区道德讲堂，承办株洲市“道德模范巡讲活动”。组织开展全区第二届道德模范评选活动，评选出王雪飞、陈正集等10名区道德模范。欧东阳获评株洲市第二届道德模范，邱伏萍获评中国好人榜诚实守信类好人。全面建成天元区青少年活动中心和心理健康辅导总站，并免费向未成年人开放，区教育局获得全省未成年人思想道德建设工作先进单位称号。

2013年，洪少明、陈国营先后获评中国好人，唐先勇、刘春南、洪少明获评株洲好人；组织开展天元区首届美德少年评选表彰活动，评选袁帅等10名区美德少年。2014年，组织开展天元区第三届道德模范评选表彰活动，评选潘雪云等10名区道德模范。徐辉煌、彭程获评中国好人，袁帅、贺锦程获评株洲市首届美德少年。

三 学雷锋志愿服务活动

2008年，印发《关于成立株洲市天元区志愿者活动领导小组的通知》，安排部署全区志愿服务活动。2009年，天元区在全市率先启动志愿者全区统一编号工作，当年注册志愿者5000余人。

2010年，天元区交警实施的“文明交通行动计划”，天元义工联实施的“春蕾计划”，湖湘文化志愿者队伍编制《株洲新区特色地名集》，株洲高新网网友关爱三峡移民等志愿服务活动有声有色。

2011年，区湖湘文化志愿者协会登记注册。2013年，唐勇、彭水明、易铁奇、龙瑛等获评全市学雷锋优秀志愿者，刘振华获评市学雷锋志愿服务突出贡献先进个人，天元区义工联获评全市学雷锋优秀志愿服务组织，“国学大讲坛”及“七进”公益系列活动获评全市学雷锋优秀志愿服务项目。截至2014年，全区网络志愿者36364人，注册志愿服务组织213支，开展活动332次。全区设立140个学雷锋志愿服务岗，推动志愿服务活动的蓬勃发展。

第七章　统一战线

1997年8月，成立天元区委宣传统战部，确定1名副部长分管统战工作。1998年3月，统战工作与宣传工作分离，单独成立天元区委统战部。2002年12月，成立区对台工作办公室。

2006年3月，成立区民族宗教事务办公室。2007年9月，成立区侨联办公室。2014年11月，成立天元区党外知识分子联谊会。天元区委统战部内设综合办公室（加挂归侨侨眷联合会办公室牌子）、民族宗教事务工作办公室、台湾事务工作办公室。1997—2014年，先后有董法仁、曹孟秋任政协副主席兼统战部部长，粟建华、程燕任专职区委统战部部长，邓尚文、罗克俭任常务副区长兼区委统战部部长。

第一节　统战宣传

1997年始，区委每年召开一次全区统战工作会议，贯彻中央、省、市统战工作精神，总结上年工作，部署年内统战工作。区委将统战理论学习列为中心组学习内容，区委不但多次聘请专家学者到区作统战形势报告，区委领导还多次进行辅导讲课。开展多种形式统战宣传，组织媒体报道统战活动和新区统战工作事迹。组织统战信息上报，及时向省市报送新区统战信息，最少年份20余条，最多300余条。订阅发行《湖南统一战线》《中国统一战线》杂志。举办各种座谈、研讨会、联谊会，邀请民主党派基层组织负责人、港澳台胞及其家属、侨胞侨属、党外人士、非公经济代表人士进行交流和沟通，加强联络联谊。1998年，区委统战部下发省委统战部编印的《统一战线宣传教育资料》150本，要求各级以其为基本读本，动员统战干部和各级领导带头学习。同时，区委办下发“关于认真贯彻省委办公厅《关于在全省广泛开展统一战线宣传教育活动的通知》”，对搞好宣传教育进行动员部署。年内在全区范围内，根据不同对象和要求，分3次组织相关人员参加由市委统战部、区委统战部、区政协举办的统战知识竞赛。

1999年，区委统战部向市委统战部及有关部门报送信息8条。其中，《天元区统战部推出“三心”工程》被《湖南统战信息》采用。调研论文《跨世纪的中国——问题与对策》获全国精神文明与现代化理论研讨会优秀论文二等奖。

2002—2006年，开始对台宣传，推进祖国统一大业。期内区委中心组成员两次听取对台形势报告和专题讲座。2004年中秋节前夕，区委统战部召开台胞、台属、台资企业经理座谈会，宣传对台政策，沟通交流。年内选拔5名党外人士参加市委党校非党干部培训，还采取以会代训形式对10名民主党派人士和党外干部进行培训。

2007年，加强反“台独”促统一《中华人民共和国反分裂国家法》宣传。全国、省、市统战工作会议召开后，区委统战部先后召开6次会议，进行专题部署安排，全年向区委常委会议作专题汇报5次，区委理论学习中心组听取统战理论专题辅导学习1次，集中学习2次，开展讨论4次，组织举办统战对象培训班1次。统战系统各单位和各镇、街道分别采取不同方式，在党员干部、党派成员、党外干部和有关代表人士中宣传会议精神12次，在省、市、区新闻媒体及有关杂志上报道30多次。

2011年，紧紧围绕区委工作中心，服务经济建设和社会发展，坚持以统战宣传信息为切入点，搭载网络平台开展信息调研和宣传工作，提升宣传信息传输速度，扩大宣传面。4月1日，组织全区各基层统战信息员进行业务培训，并建立“天元统战”QQ群，全区各基层统战宣传员都加入该群，及时交流互通信息。引导民建天元一支部创建博客宣传平台，组织10名统战信息员到市委统战部政研室跟班学习。当年区委统战部在《株洲日报》《新区报》《工商大观》和三湘统战网、红网、湖南省政务网、国家高新网、湖南电视台、株洲电视台等十多家媒体公开发表或播出关于新区统战工作事迹20多次。各基层统战部门上报信息30余篇，办公室上报信息500余条，内网录用270余条，名列全市前茅。

2012年，区委统战部上报统战信息300余条，录用60余条。其中，1条被中央统战部采用，破历史纪录，外网上报信息30余条，录用20余条。

2013年，加强对台宣传交流力度，对辖区内的港澳台胞台属、华人华侨、侨胞侨眷进行摸底造册，组织慰问交流，组织机关干部15人赴台交流宣传推介株洲新区，积极为港澳台商搭建与政府的沟通平台。网上上报信息80余条，录用60余条，外网上报信息130余条，录用90余条。

2014年，积极做好台胞台属、台商、归国华侨的服务工作。协调解决台湾元创集团劳资纠纷问题、台湾旺旺集团公司职工小孩及归国华侨子孙就学问题、台胞家人户口所在地的征收问题，在服务中提升统战内涵，并多途径开展对台宣传和涉台教育工作。

第二节　党外人士工作

1998年3月，区委统战部单独设立后，积极开展无党派知识分子联络联谊交友活动，促进其与社会各界的联系。区委、区政府在制定经济发展和社会进步的计划以及重大决策出台之前，都认真听取或征求民主党派成员、非党干部、非公有制经济代表人士的意见。8月，区委统战部积极支持和帮助中国国民党革命委员会成立株洲市河西支部。年内，区委统战部配合有关部门，采取单位推荐，群众评议，统战部考查，组织部门备案等方法，向区委组织部推荐李海泉等13名非党后备干部。是年起，开展民主党派课题调研工作，民主党派人士通过调研考察，写出提案和建议35份，其中被区委、区政府采纳15份。

1999年，区委统战部全面启动同民主党派协商合作的“同心”工程、非公经济代表人士光彩事业的“爱心”工程、加强统战队伍自身建设的“热心”工程。配合三项工程具体组织开展“我为振兴天元献一计”“我为爱民工程出把力”“我为统战工作做贡献”活动，三项工程当年就取得成效。民革河西支部调查撰写的《合理分布商业网点，适应城市发展需要》，民盟株洲市二中支部调查撰写的《天元区教育事业如何与经济发展相适应》的调研课题得到区委、区政府高度重视和采纳。其同心工程，系全省首例。

2001年，区委统战部向区委组织部上报《在机构改革中注意安排党外实职的建议》。协助组织、人事等有关部门选配党外干部14名。撰写的《区委高度重视，全部配齐乡镇党外干部》的典型材料被省、市采用并作为先进典型材料转发。12月，区委统战部积极支持和帮助中国民主促进会成立株洲市二中支部。

2002年，推荐柳怀德等13名非中共干部（人士）供市委统战部考察。按标准建立党外优秀后备干部人才库，做到知人、知面、知情。2003年5月，区委统战部积极支持和帮助九三学社成立株洲市支社。

2005年11月，区委统战部积极支持和帮助中国农工民主党成立天元区支部。年内通过畅通区委统战部与区委、区委组织部联系渠道，重现党外干部的选拔和任用。非中共人士在全区各部门任实职干部28人，区人民法院和人民检察院均配备非党干部进院级领导班子，实现新的突破。

2006—2007年，以建立统战工作格局，延长工作手臂为目标，逐步形成和谐共事的工作机制。积极开展党派联合调研活动。充分发挥民主党派人才遍布各行各业优势，组织辖区内各民主党派支部和非公经济代表人士就拟定的有关新区建设发展的18个课题进行专题调研。期内，区委统战部积极支持和帮助中国致公党和中国民主建国会分别成立致公党天元区工委和中国民主建国会株洲市天元总支部。

2008年，区委统战部和区委组织部密切配合，对党外干部、党外人士做到共同研究、共同建档、共同考核、共同向党委推荐，当年有6名党外干部和党外人士得到提拔。

2009年，株洲高新区、天元区印发《关于进一步加强党外干部工作的意见》《关于做好区领导与党外人士联系交友工作的意见》两个文件，对进一步加强新形势下党外代表人士队伍建设、区领导与区辖范围内有关党外人士联系交友作出全面部署，提出明确要求。

2010年，建立民主党派“五有”机制（有场地、有经费、有平台、有培训、有评价），民主党派工作经费纳入区财政预算，引导辖区内民主党派加强自身建设。对党外代表人士在工作、生活和其他社会活动遇到的问题和困难，区委统战部与相关部门及时为他们提供政策服务、思想引导、生活帮助、工作支持等全方位服务。

2011—2012年，对全区党外知识分子情况进行调查摸底，全区有1500余名党外知识分子。积极引导党外干部“同心同行”，致力新区建设发展。人大会议和政协会议期间，党外干部就当前新区建设存在的难点、热点问题提交30余份建议或提案。其中，《关于进一步为中小企业持续发展提供更多空间的建议》等多个提案被定位“一号提案”，提振党外代表人士参政议政的热情。

2013年，党外干部的选拔任用机制不断完善，区委组织部通过公开招考或交流提拔重用郭森等13位党外干部，充实到政府相关部门，为他们的发展提供平台支持。截至2014年，全区有副科级以上党外干部53名。其中，副处级干部7名，区政府组成部门中有8个部门配备了党外副职；有徐向荣、郭毅、唐振森3名党外代表人士担任市检察院特约检察员。

2014年11月，召开区天元区党外知识分子联谊会成立大会暨一届一次理事会议。选举产生黄芳为会长的28人第一届理事会领导成员。会议审议通过《天元区党外知识分子联谊会章程》《五年规划》《会费交纳及管理办法》，明确工作思路和工作目标。至2014年，全区有民主党派33个支部、9个工委（总支）、无党派人士1500余人。

第三节　对台及侨务工作

一　对台工作

天元区有在册定居台胞10人，台属300人左右，涉台婚姻30对，在册台资（合资）企业有小哈佛美语幼稚园、张家界荣台房地产开发公司株洲分公司、株洲健宁公共自行车发展有限公司、台湾元创集团等13家，涉及机械制造、电子、软件开发、幼儿教育、餐饮、保健等行业。

1999年，区委统战部购买《中国台湾问题》一书，做到每个领导干部人手一册。要求认真学习并进行考试，全区27名副处级干部和1名对台工作干部参加，成绩均在96分以上。

2002年12月，区委台湾工作办公室成立，挂靠在区委统战部。2004年5月，组织参加株洲市首届对台知识抢答决赛，荣获优胜奖。2005年7月，组织全区机关干部和区内各中小学校参观台湾问题图片展览会。2006年9月，举办对台形势报告知识讲座。2007年，区台办深入走访台胞台属、台资企业，宣传《反分裂国家法》。

2009年6月，成立区对台工作领导小组。区委台湾工作办公室升格为正科级机构。同年8月，由区长何剑波带队，区台办第一次组团19人赴台进行公务考察交流。2010年10月，区台办在中秋佳节召集20余名台胞台属代表参观市规划展览馆并座谈。

2011年9月，参加第七届湘台经贸交流合作会的台商产业园区投资考察团在全国台湾同胞投资企业联谊会常务副会长叶宏灯率领下考察株洲新区。同年10月，区台办参加由省、市台办主办的“辛卯年海峡两岸炎帝神农文化祭”活动。

2012 年 8 月，台湾富士康科技集团大中华区业务总处处长关胜旗带领考察团到天元区进行项目考察。同年 11 月，株洲健宁公共自行车生产基地二期工程动工建设。12 月，台湾山外山农业国际贸易有限公司技术总监张国钦率团考察天元区三门镇，洽谈农业开发。

2014 年 10 月，省台办主任冯波受天元区台办的邀请，为区工委、区委理论学习中心组作对台形势报告。

二　侨务工作

2007 年 9 月，天元区归国侨眷联合会成立，挂靠区委统战部，与统战部合署办公，首届归国侨眷联合会主席由区委统战部副部长王思永兼任。2009 年，组织开展侨务扶贫送温暖活动，上门慰问区内贫困归侨和侨眷并发放慰问金，给归国留学生送政策送信息。至 2014 年的 5 年中，发放慰问金 3.78 万元，送政策送信息 36 人次。2010 年，在玉树地震中，归侨侨眷通过各类途径向灾区捐款捐物累计 7.41 万元。2012 年，在人大、政协换届选举中，侨界代表人士 3 人当选市、区人大代表、政协委员。

2013 年 10 月，开展归侨侨眷、归国留学生调查摸底建档工作，全区登记在册的归侨 4 人，侨眷 70 人，归国留学生 86 人，侨资企业 3 家。吸引回国创业留学生 50 余人，创办中小微企业 21 家，留学生创业代表吴海平创立的湖南斯迈尔特智能科技发展有限公司被评为湖南省优秀侨资企业。2013 年，吴海平被评为湖南省“十佳”留学生。11 月，组织举办侨务法律、法规、政策宣传活动，协助区法院设立涉侨维权绿色通道。区侨联被省侨联评为 2013 年度侨联工作先进单位。

2014 年，在嵩山路街道桥北社区开展侨务工作进社区试点工作，帮助社区建立“侨务之家”，为社区居民的娱乐、生活提供方便，帮助归侨侨眷化解矛盾和困难 20 余人次，解决归侨侨眷子女就学 6 人次。

第四节　民族宗教事务管理

2004 年，天元区设立民族宗教办公室。2006 年，天元区民族宗教事务办公室成立，隶属区政府，挂靠区委统战部。

一　民族事务管理

天元区成立之初，散居的少数民族人口约 100 人。2001 年达到 770 余人，当年区委副书记肖祥清被评为株洲市首届少数民族“十佳”。随着湖南工业大学迁址天元区，至 2014 年，天元区散居的少数民族人员3000余人（其中工业大学2400余人），主要以壮族、苗族、侗族、瑶族、土家族、满族为主。每年申办居住证的外来少数民族人员20人左右，来自新疆的占绝大多数，以经营清真面馆、流动摊贩、烤羊肉串为主。

区民族工作牢牢把握“共同团结进步、共同繁荣发展”两大主题，抓好民族团结进步示范点建设，指导株洲新时代输送机械有限公司成功创建市级“民族团结进步”示范点；成立由副区长任组长，区政府办副主任、统战部副部长任副组长、区综治办等13个部门负责人为成员的区少数民族人员服务管理工作组，制定“天元区来株少数民族服务管理工作组成员单位职责”和“天元区来株少数民族人员服务管理工作综治考评细则”，形成合力，共同做好少数民族人员服务管理工作；成立区少数民族流动人口维权服务管理中心，维护少数民族群众合法权益，提升少数民族流动人口服务管理水平；做好少数民族干部培训、民族成分更改和民族优惠政策考生资格审核认定工作。

2002年2月13日，天元区在株洲师范专科学校为西藏学生举行欢庆“藏历年”活动，送去2000余元慰问品。4月，受区政府委托向该校藏族学生赠送2台冰箱，价值5000元。2008年起，连续6年引导辖区内广大民族宗教界代表人士献爱心，参与湖南工业大学的金秋助学活动。2014年2月14日，《光明日报》高等教育栏目以《湖南工业大学创新民族工作》为题，报道天元区民宗办引导民族宗教界代表人士热心服务工大少数民族学生事迹。

二 宗教事务管理

2003年，天元区正式登记的宗教活动场所2处，信徒5000人左右。2006年，全区有合法的宗教活动场所2处，宗教教职人员6人，一般信众逾3000人。2011年，区划调整后全区有合法的宗教活动场所4处，宗教教职人员19人，一般信众逾万人。

2007年，设立佛缘楼为临时佛教场所；资福寺举行观音殿开光山门奠基法会；资福寺、龙门寺组织信众、僧尼参加首届“海内外佛教界公祭炎帝祈福世界和谐大典”。资福寺在金秋助学中捐资1万元,资助10名贫困学子。资福寺住持释妙开当选为株洲市佛教协会会长,市政协委员；龙门寺住持释归空当选为区政协委员。2008年，龙门寺被评为“五好宗教活动场所”。2009年，区政府召开协调会议，专题研究资福寺配套设施建设问题，将资福寺建设规划纳入区城市基础建设规划之中，将水、电、气、通信、有线电视、排水、排污等管网同步建设到资福寺；依法制定《宗教场所卫生防疫制度》《宗教教职人员管理制度》等，用制度管理宗教事务。

2010年，处理资福寺挡土墙安全隐患，协调解决寺庙围墙与旗滨集团的纠纷。资福寺作为首批试点单位推行“文明燃香”。资福寺、龙门寺成功创建市级“和谐寺观教堂”。资福寺、龙门寺为玉树地震灾区人民捐出善款4万余元，为场所周边村修路、修桥捐资2万元。2011年，位于雷打石镇的宗教活动场所空灵寺划归天元区管理。当年确定空灵寺的地质灾害等级并纳入省级地质灾害预防项目。宗教场所参与光彩事业广施善举扶贫济困，积极参与“爱心送温暖，关爱贫困家庭”活动，其中龙门寺捐款8000元，资福寺捐款10000元。龙门寺为周边村民义务修路2千米。当年，区政府办、区委统战部、区委政法委、公安分局等14家单位依法开展治理基督教私设聚会点工作。2012年，开展“和谐寺观教堂”创建活动，宗教活动场所进一步完善学习例会、教务、经济管理制度。资福寺、空灵寺成功创建省级“和谐寺观教堂”。召开群丰镇、石塘村、龙门寺及建设单位协调会，责令建设单位停止侵占龙门寺古迹行为，保护文物；为辖区内宗教活动场所周边村修路、修桥捐赠2万元，捐款11万余元，救助贫困学生12名。空灵寺方丈释新坚当选为株洲市人大代表，资福寺方丈释妙开当选为株洲市政协委员；龙门寺住持释归空当选为区政协委员。

2013年，开展“教风建设年”创建活动，宗教活动场所教风明显改善。妥善处理龙门寺住持释归空圆寂事宜，实现平稳过渡；空灵寺地质灾害崩塌群综合治理省级示范工程全面完成；协助雷打石镇治理空灵寺北门违建，及时控制违建现象蔓延。2014年，制定宗教领域反恐维稳工作预案，有效维护宗教领域的和谐稳定。

第八章　党务综合工作

1993年5月，株洲高新区工委、管委设立协助工委、管委处理日常工作的机构——政治部。1997年8月，设立协助区委处理日常工作的机构区委办公室。2001年2月，株洲高新区、天元区“职能归并，效能整合”。工委、区委设办事机构工委、区委办公室。

2001年12月，工委办公室、区委办公室定行政编制10名（含工委、区委领导编制）。其中，区委办主任1名，副主任2名，机关后勤服务人员事业编制6名；将原区委政策研究室、原区委保密委员会办公室（天元区国家保密局）的职能划入区委办公室，并保留3个单位牌子。

2012年，工委办公室、区委办公室定行政编制10名（含工委、区委领导编制）。其中，区委办主任1名，副主任3名，机关后勤服务人员事业编制6名。领导和管理的单位区委党史资料征集办公室。1992—2014年，先后有马光辉、段晓茅、金勇、童举纲、刘铁华任工委委员、区委常委，工委（区委）办公室主任。

工委、区委办公室主要职责是：围绕工委、区委的工作部署，对涉及全区政治、经济、社会发展和党的建设等全局性重大问题开展调查研究，为工委、区委科学决策提出建议、预案和依据；及时、准确、全面地向中央、省、市和工委、区委报送信息，反映国内外、省内外和市内外的有关动态；负责中央、省、市和工委、区委重大方针政策、重要工作部署和领导同志重要批示、批件的贯彻落实情况及督促检查；负责工委、区委日常文书处理和工委、区委领导文稿的起草、校核、印发工作；研究、审核高新区各部门、区直各部门、镇（街道）党组织向工委、区委的请示和报告，并提出处理意见，报工委、区委领导审批；协助工委、区委领导处理群众来信来访工作；负责工委、区委会议的准备和组织协调工作，统筹安排工委、区委领导及部分区级领导的重要公务活动；负责上级领导来区视察的有关服务工作；负责工委、区委的值班联络和机要通信工作；负责全区保密工作的规划、宣传教育、指导协调、技术防范、监督管理和失泄密案件的查处工作；负责指导全区党委系统办公室的业务工作；归口管理区委党史资料征集办公室工作；完成工委、区委和领导交办的其他工作。

第一节 政策研究

2002 年 7 月，区委办公室内设综合文秘室、政研督查室、后勤服务组 3 个职能组室。2006 年，区委办公室加挂政策研究室牌子。

区委政策研究室职责是根据工委、区委的部署，围绕中心工作，对本区经济和社会发展重大问题进行调查研究，提出意见和建议，供工委、区委决策参考；组织和参与并研究制定本区中长期经济社会发展战略、发展思路及其对策措施；综合分析研究全区经济社会发展态势，及时向工委、区委提供决策参考；围绕工委、区委的重点调研课题，组织、联络、协调各有关部门共同开展调查研究；参与起草和修改工委、区委部分重要政策文件；研究国际、国内、全省、全市经济社会发展趋势及其对本区的影响，收集、整理周边县市区情况和分析信息资料，提供领导借鉴；承担和参与工委、区委有关经济社会、党的建设等重要政策、重要会议、领导讲话、工作部署等文稿的起草和修改。

2003—2004 年，区委政策研究室为做好失地劳动力就业问题，对农村失地劳动力的创业就业进行调研，形成调研成果，在此基础上经区委批准相继制定出台《关于促进就业工作的若干意见》《天元区就业培训实施暂行办法》和《关于进一步促进失地劳动力就业的意见》等文件，建立健全就业服务的长效机制。

2005 年，区委政策研究室在科学分析形势、准确把握区情、总结基本经验、明确战略部署的基础上，为区委提出将 2005—2015 年确定为“二次创业”阶段，编制《株洲新区（高新区、天元区）“二次创业”行动纲要》，提出“1030335”（即从 2003 年开始，用 10 年或稍长一点时间，实现年财政收入 30 亿元，“一区三园”实现年 GDP335 亿元，再造一个株洲）的奋斗目标提供了决策依据。

2006 年，区委政策研究室在充分调研基础上，为全省制定较具影响力的《关于进一步加强引进和培养人才办法（试行）》《人才工作的若干意见》《2005—2010 年人才队伍建设规划》《有突出贡献专业技术人才评选管理办法（试行）》《人才开发基金管理使用办法（试行）》5 个文件提供有关依据。2013 年，组织编制《株洲高新区、天元区中长期人才发展规划纲要》，为区出台《关于实施“5211 人才计划”的暂行办法》等 10 多个人才政策文件，形成较完善的人才政策体系，确立全区人才工作的指导思想、工作目标、重点工程、实施路径。

2007—2008 年，针对征地拆迁等中心工作开展调研，提出建立“阳光拆迁”机制的理念，出台《征地拆迁管理若干规定》《征地拆迁政策执行及资金监管办法》《关于加强征地拆迁安置房建设管理工作的若干意见》等一系列规范性文件，坚持公开拆迁政策、工作程序、补偿安置方案、拆迁困难补助情况、拆迁异议复查情况等进行上墙公示，设立举报电话，使征地拆迁工作全过程、全方位接受老百姓的监督，坚持做到“一碗水”端平，一把尺子量到底。

2010 年，对原马家河镇高塘社区以改革创新推进城乡经济社会统筹发展的情况，形成调查报告，推荐高塘社区以统筹城乡发展为主线，以体制机制创新为动力，率先试水“征转分离”，扎实推进村级综合配套改革，有计划、有重点、有步骤地推进城乡统筹发展工作，为推进城乡一体化探索了有益经验，相继被列为株洲市“统筹城乡”发展改革试点村、省级“万企联村、共同发展”活动示范项目。

2011 年，经省政府批准，省民政厅批复同意将株洲县的雷打石镇和三门镇划归天元区管辖。根据调研成果，从长期看，这次区划调整拓展了新区发展空间，有利于加快两镇经济社会发展，进一步增强新区综合实力。但从短期来说，又面临着一些现实压力，如农村工作的压力、城镇化的压力、财政支出增加的压力、社会管理和民生事业的压力等。

2013 年，在经过反复调研的基础上，基于自身较强的轨道交通、通用航空、新能源汽车等动力产业优势，提出打造“中国动力谷”的战略构想，制定《打造中国动力谷——株洲高新区创新驱动发展战略十年行动方案》。打造“中国动力谷”成为当前及今后一段时期株洲高新区的工作重点。

2014 年，在对园区、城区进行调研考察的基础上，在项目建设上提出“六大百亿工程项目”（中国动力谷自主创新园、新马 EBD、汽车博览园、汽车产业集群、月塘生态新城、天易科技城自主创新园）的概念，包括中国动力谷自主创新园、新马 EBD、汽车博览园、汽车产业集群、月塘生态新城、天易科技城自主创业园。六大百亿工程项目成为株洲高新区、天元区“十三五”时期的工作重点。

第二节　党务督查与信息工作

一　党务督查

2002 年，成立区委办政研督查室，作为办公室内设机构，负责对各镇、街道、各单位贯彻落实中央和省市区委重大方针政策及重要工作部署情况的督促检查，对区委决策决定事项的催办落实，编发《新区督查》，组织实施督查落实，做好来信来访处理和领导批示件专项督查。督查采用电话催办、函件转办、派员督办、专题督查等形式，认真做好领导批示件及时交办、定期跟踪、限期催办、结案审核等工作，解决一批群众反映、领导关注的热点难点问题，并做到件件有答复、事事有回音。2002—2011 年，先后组织开展城乡统筹综合配套改革、创建国家卫生城市、四创四化等专项督查200余次，编发《新区督查》200余期。

2012年，成立区委办督查室。2012—2014年，督查办理市、区领导批办件100余件，办结率97%。先后组织对全区省市重点项目建设、征地拆迁、作风建设、半年工作、创国家卫生城市迎检和文明创建等开展专项督查，通过督查总结经验、查找问题。共组织督查活动60余次，编发《新区督查》90余期，使领导对重大决策、重要部署、重点工作的推进情况随时掌握，心中有数。

二 信息工作

工委、区委信息工作分别始于1995年和1997年。1995年，工委办印发《向工委办报送重大社会动态信息的实施办法》。1995—2014年，全区党委信息工作紧紧围绕全区中心工作，服务社会发展大局，充分发挥党委信息系统主渠道作用，挖掘信息工作亮点，促进信息水平提升。为提升党委信息服务领导、服务机关、服务基层的水平，先后下发《关于切实做好紧急信息报送工作的通知》《关于进一步加强全区信息工作的通知》《关于在全区开展"好信息"征集活动的通知》《关于在全区开展党委信息调研活动的通知》等文件，不断提升信息采集力度、面度和深度，重点抓好突发事件、信访维稳、园区工作和一些特色信息及调研信息的采集工作，为工委、区委科学决策提供工作参考。1995—2014年，共向上级报送各类信息9000余条，被省委办公厅采用1200余条，市委办公室采用2800余条。《株洲市加快推进实施创新驱动战略打造中国动力谷》《首位国家"千人计划"专家正式签约株洲中国动力谷》和《株洲市天元区实施"5221人才计划"强力支持中国动力谷建设》等特色信息被省委办公厅内刊《湖南信息》《综合与摘报》着重采用，较好地推介株洲新区。

第三节 公文处理与文件报备

一 公文处理

株洲高新区、天元区公文处理工作秉承精细化、规范化、科学化的原则，严把政治关、政策关、文字关，规范送审关、签批关、校对关，做到处理及时、发放准确、分类归档。在文件的收、发、传、送、销等环节坚持做到程序化、规范化、制度化。1992—2014年，共收登、办理中央、省、市文件8465份（密件3182份，电子公文明件5283份），规范并下发文件2000余份，全部符合规定要求，没有出现大的差错。每年如期完成中央、省、市级来文处理和密级文件清退工作，无拖沓、遗失和泄密情况发生。22年来，培训基层办文人员4000余人，夯实基层办文水平。2012年，中央、省委就公文处理工作颁布最新的工作条例，同时废止1996年和2000年颁布的相关条例办法，要求全面启用新的条例条规指导公文处理工作的开展。区委办以此为契机，在全区办公室系统组织了学习宣传、贯彻落实工作，并将相关内容纳入工委、区委《关于加强作风建设的若干规定》。2013 年 1 月 1 日，全面启用新的公文格式模板，实现党委、政府公文格式的基本统一，文件数量得到控制、质量得到提高。

二　规范性文件备案审查

2013 年，天元区委办公室增设规范性文件备案审查，备案审查的范围为党委部门、纪检监察部门及区直机关各单位在履行职责过程中形成的具有普遍约束力、可以反复适用的决议、决定、意见、通知等文件。2014 年，天元区规范性文件备案审查工作是株洲市各县（市）区中唯一的省直报点。同年 7 月 24 日，株洲市文件报备工作经验交流会在天元区召开，天元区作为全市先进及典型作经验交流发言。2013—2014 年，区委办公室向市委办公室、省委办公厅报送备案规范性文件 20 余份，内容涉及人才发展规划、拆迁政策执行监管、瞪羚企业扶持办法、“创新奖”管理办法、集体土地上房屋拆迁申请司法执行实施办法、企业研发机构建设、高新区入园工业项目评审决策体系等领域。其中，向省委办公厅报备文件 2 份，向市委办公室报备文件 18 份，全部通过审查。

第四节　保密机要工作

一　保密工作

1997 年，天元区成立区保密委员会，加挂区保密局的牌子，实行两个机构一套人员，成为区委的保密工作部门和区政府的保密工作职能机构。保密委主任由工委委员、区委常委、工委办公室、区委办公室主任兼任，副主任由区政府、区人大、区政协办公室主要负责人和区委办副主任兼任，委员由区纪委、区委组织部等区直机关负责人兼任。保密委员会下设办公室，办公室设在区委办，具体工作由区委办执行。主要职能是制定和修定全区保密规章制度、密级划分及保密工作年度计划、组织保密法规、制度宣传学习、监督实施和执法检查。

宣传教育　区委保密委成立后，采取多种渠道、多种形式宣传学习 1988 年颁布的《中华人民共和国保守国家秘密法》，并将其纳入普法宣传规划之中。1997 年，保密宣传教育结合“三五”普法广泛深入，先后举办学习培训班、放映保密教育录像、开展保密知识竞赛。1998 年、2003 年，以《中华人民共和国保密法》颁布 10 周年、15 周年为契机，区保密委组织全区各相关单位开展形式多样的宣传、纪念活动。2003 年 10 月，区保密委利用区委机关报《株洲新区》刊登文章，开辟专栏宣传保密知识。2008 年起增加网络宣传渠道。2010 年，全国十一届人大常委会修订通过新的《中华人民共和国保守国家秘密法》，区保密委采取多种形式，包括会议、学习培训、报纸、网络平台开展宣传学习。

2012 年，依托株洲高新区门户网站，开辟“保密法”专栏，对保密工作的相关信息予以公开，转载上级网站的“法规宣传”等知识，及时宣传报道工作中的新情况、新进展，并链接株洲市国家保密局网站，延伸保密宣传教育的覆盖面。围绕“零失职、零差错、零容忍”的工作目标，推进机关信息化建设。10 月特邀市委副秘书长陈德浩在工委、区委学习中心组进行专题授课，包括基层党委书记在内的 100 多人受到教育。2014 年，《中华人民共和国保守国家秘密法实施条例》颁布，区保密委为《实施条例》的贯彻实施营造良好舆论氛围，在全市“学习保密常识，增强保密意识”竞赛活动中荣获组织奖。

制度建设 2009 年以后，根据新的形势发展，工委办公室、区委办公室先后制定下发《中共株洲市天元区保密委员会工作责任制》《涉密计算机保密管理制度》《涉密移动存储介质管理制度》三项制度，进一步完善计算机保密、移动存储介质保密、文印室保密、公共网络信息发布保密等制度。建立健全国家秘密确定，变更和解除制度、涉密信息及涉密载体保密管理制度、信息系统和信息设备保密管理制度、信息公开保密审查制度、保密要害部门部位保密管理制度、领导干部保密管理制度、涉密人员保密教育和管理制度、保密工作责任制考核制度等八项制度。

设施建设 从 1997 年开始，区保密委要求核心管理单位均需配备三铁一器一机，即：铁门、铁窗、保险柜、报警器和碎纸机，其他涉密单位均配“三铁一器一机”。至 2014 年，全区共购置配备铁门 15 张，铁窗 35 个，保险柜 15 只，报警器 3 件，碎纸机 40 台。2011 年，根据新的形势和科技发展水平，提升信息化条件下的技术规范工作，推广保密先进技术产品的使用力度、指导和帮助全区各单位保密要害部门、部位配备必要的保密技术防护设备。2012 年，区财政拨款 3.8 万元配备一套强制信息系统和信息设备违规深度检测工具，利用其定期进行技术检查，以确保计算机网络信息安全。2014 年，区保密委按照上级保密委“强制配备”的要求，督促全区各单位将保密技术防护设备配备到位，特别针对移动存储介质存在交叉使用的安全移动 U 盘进行注册认证。

保密管理 1997 年区保密委成立以后，依据保密要求分别确定区内各个部门、单位的国家秘密范围和密级、保密期限。区保密局每年定期对基层单位进行保密检查，对涉密重点部门、部位除定期检查外，还经常不定期地进行抽查，发现问题及时督促解决。2012 年，工委办、区委办下发《进一步加强全区保密工作分层次管理的通知》，对保密工作层次管理范围的单位进行了新的界定，确定区机关核心管理单位 13 家，重点管理单位 17 家，其他区直机关为一般管理单位。区保密局进一步加强网站管理，规范网络行为，定期开展门户网站保密的搜查，做好涉密信息单位的保密管理。2014 年，区保密部门对全区各单位涉密计算机、涉密移动存储介质实行统一防范、统一标识、统一登记、建立管理台账，实现“户籍化”管理。同时加强对规范涉密载体登记、传阅、存储、保管、销毁等环节的管理。

二　机要工作

2012 年 3 月，设立中共株洲市天元区委机要室(机要局)，为区委办内设机构，归口区委办管理，设局长 1 名，其主任（局长）为高配副科级。2014 年，专用机要保密室硬件设施齐全，密码电报工作做到规范管理，近年来年均受密电数量逐年上升。2012—2014年，接收办理各类机要文电821份（密件486份，明件335份），所有文件在收、传、阅过程中没有出现任何差错，实现零事故、零差错，切实履行机要保密职责。同时，根据上级要求，2014年建设党委视频会议室1间，可容纳45人开会，确保政令畅通，保障党的方针政策落实。

第五节　会务接待

一 接待工作

1992—2002年，株洲高新区、天元区尚属创建初始阶段，到区考察、指导工作的上级领导主要是市委、市政府领导，省、部级以上领导较少。10年间接待省部级以上领导7人，其中省委副书记、常务副省长周伯华3次到区考察指导工作。

2003—2014年，承办区党员代表大会、区委、区人大、区政协各两次大会及每年召开的工委工作会议、区委全会、人大代表、委员全体会议外，还先后承办了农业项目招商活动、长株潭经济一体化暨“一点一线”地区加快发展座谈会、株洲高新区与深圳市侨商国际联合会举行迎春联谊会暨项目签约仪式、株洲高新区成立15周年暨天元区成立10周年庆典大会、县市区党委办公室主任会议、党务工作会议、基层单位宣传工作会议、株洲高新区成立20周年和天元区成立15年度庆祝大会等一系列重要会议和活动。从2010年开始，每年召开一次工委、区委工作会议暨区委全会。2014年，工委办、区委办承办的大中型会议有区委四届四次全体（扩大）会议暨工委、区委经济工作会议、天元区第四届人大代表大会第三次会议、区政协第四届委员会第三次会议、全区征地拆迁、控违治违工作总结表彰大会暨2014年工作部署大会、党务工作会议，群众路线教育实践活动专项大讨论、创建全国文明城市迎检攻坚动员会等20余次。

二 会务工作

1997—2002年，主要承办区党员代表大会、区人民代表大会和区政协委员会各两次换届大会和工委工作会议、区委全体（扩大）会议，区人大、区政协每年一次的代表、委员会议，每次会议规模约200~300人。此外，还承办建党80周年、株洲高新区建区10周年等大中型会议10余次。

2003年以后，株洲高新区、天元区经济、社会事业高速发展，在全国地位明显上升，上级领导到区视察、指导人数倍增，各类横向联系迅速扩大，国际交往逐步增多，召开的大中型重要会议有所增加。会务接待工作的要求也不断提升。会务接待工作做到行动快、讲求时效、急事急办。办事追求精确、精细、精简、细致入微、不厌其烦、不出纰漏。力求规范化，开展会务接待工作之前，都做好预案，制定详细的工作规范，各个环节明确责任、细化分工、规定时限，落实到人。同时，帮助党政领导压缩一些不必要的会务接待，从“文山会海”中解脱出来。

2003—2014年，区委办接待的市（厅）级以上的领导达210余人次。其中，党和国家领导人有中央政治局常委、国务院总理温家宝，中央政治局委员、国务院副总理曾培炎，全国政协副主席罗豪才。温家宝总理于2005年8月、2008年1月、2012年1月3次到区视察、指导工作。接待的省（部）级领导干部54人。其中，省委书记、省人大常委会主任有杨正午、徐守盛，省长周伯华、周强、杜家毫，省政协主席胡彪、陈求发，省军区政委李有新，国家部委主要领导科技部部长万钢、国家人口计生委主任王侠；有的领导多次到区考察、指导工作。22年间还多次接待中共株洲市委、市人大、市政府、市政协主要领导到区考察、检查、指导工作。横向联系方面，工委办、区委办接待了北京、香港、深圳、台湾、湖北恩施市、省内岳阳经开区、云溪区、资兴市等地的多批客人。2007—2014年，北京市有关部门的负责人和北汽控股公司负责人多次到新区洽谈建设汽车基地事宜。先后接待北汽控股公司党委书记、董事长徐和谊，北京市国资委副主任张宪平，北汽控股公司总经理汪大总，北京市工业促进局局长李平等负责人。从2003年起，先后接待3批香港经贸界人士，包括香港万都集团董事长钟建国，香港金轮集团董事长王钦贤，香港中小企业联合会会长佘继标，香港金轮集团监事局副主席兼总裁王锦辉等客人。2005年6月27日，接待粤港台企业家100多人。2011年10月15—16日，接待台湾41个神龙宫、庙、殿，7个团体及国台办、省市县等700余人到区考察。2012年2月11日，接待广东省委常委、深圳市委书记王荣，市委副书记、市长许勤率领深圳市党政代表团。

国际方面，先后接待美国、英国、欧盟、韩国、德国、印度尼西亚6个国家（地区）和国际组织的经贸代表团。接待的知名人士有欧盟驻华代表团大使赛日、安博，德国驻华使馆公使经济处主任柯殷周等。

第三篇　人民代表大会

1997 年天元区成立，当年 9 月，召开天元区第一届人民代表大会，成立地方一级权力机关，由其选举产生天元区人民代表大会常务委员会委员、主任、副主任，区人民政府区长、副区长，区人民法院院长，区人民检察院检察长。至 2014 年，共召开四届人民代表大会，举行 21 次会议。

第一章　人大代表

第一节　代表产生

天元区第一届至第四届（1997 年 9 月至 2012 年 11 月）人民代表大会的换届选举工作及其代表的产生，依据《中华人民共和国全国人民代表大会和地方各级人民代表大会选举法》和《中华人民共和国地方各级人民代表大会和地方各级人民政府组织法》进行。成立区选举委员会，制定换届选举工作方案，按照坚持党的领导、充分发扬民主、严格依法办事的原则，组织和领导全区的换届选举工作。全区以选民工作单位或选民居住地划分选区，按人口比例分配代表名额。首先进行选民登记、公布选民名单，然后各选区按区选举委员会分配的区代表候选人名额推荐代表候选人并张榜公告。通过两轮酝酿推选后，最后确定正式代表候选人。在统一的选举日期，分选区由全体选民进行无记名直接差额选举投票。投票时，选区设中心会场集中投票，另设流动票箱方便选民投票。分选区集中统票后，公布结果，并报区选举委员会。由人民代表大会代表资格审查委员会确认其代表资格。

天元区出席株洲市人民代表大会的代表，由株洲市人民代表大会常务委员会按人口比例分配代表名额，区人大常委会按程序推荐的代表候选人（含市推荐的职务代表候选人），加上会议期间由 10 名以上代表联名推荐的代表候选人，由区人民代表大会差额选举产生。天元区出席湖南省人民代表大会的代表，在株洲市人民代表大会会议上按相同程序选举产生。

第二节　代表构成

天元区第一届至第四届人民代表大会的代表由工人、农民、知识分子、干部和其他方面代表组成。代表中妇女和非中共党员都占一定比例。

第一届人民代表大会代表 131 名。代表中，有工人 23 名、农民 25 名、干部 50 名、知识分子 25 名、其他 8 名，分别占代表总数 17.6%、19.1%、38.2%、19.1%、6%。非中共党员代表 36 名，占代表总数 27.5%；妇女代表 33 名，占代表总数 25.2%。

第二届人民代表大会代表 135 名。代表中，有工人 23 名、农民 25 名、干部 48 名、知识分子 8 名、其他 31 名，分别占代表总数的 17%、18.5%、35.5%、6%、23%。非中共党员 26 名，占代表总数 19.3%；妇女代表 28 名，占代表总数 20.7%。

第三届人民代表大会代表 158 名。代表中，有工人 28 名、农民 27 名、干部 32 名、知识分子 26 名、其他 25 名，分别占代表总数 17.9%、17.1%、33%、16%、16%。非中共党员 28 名，占代表总数 18%；妇女代表 53 名，占代表总数 34%。

第四届人民代表大会代表 168 名。代表中，有工人 29 名、农民 30 名、干部 56 名、知识分子 28 名、其他 25 名，分别占代表总数 17.2%、17.6%、33.2%、17%、15%。非中共党员 30 名，占代表总数 18%；妇女代表 57 名，占代表总数 34%。

第二章　人大会议

第一节　代表大会

一　第一届人民代表大会

第一次会议 1997 年 9 月 28—30 日在区政府办公大楼会议室举行。出席代表 127 人，缺席 4 人。大会选出区人大常委会委员 10 名，选举姜浩然为区人大常委会主任，文季纯、管万宝、赵庆武、王挺万为副主任；选举乐永明为天元区人民政府区长，申光伟、廖放明、肖祥清、颜莉芝、段桂生为副区长；选举周自力为天元区人民法院院长；李益安为区人民检察院检察长。选举出席株洲市第十一届人民代表大会代表 23 名。

第二次会议 1998 年 4 月 17—19 日在区政府三楼大会议室举行。出席代表 128 人，缺席 5 人。会议听取和审议区政府及其计划部门、财政部门、区人大常委会、区法院、区检察院 6 个工作报告，并作出相应决议。大会确定围绕经济建设这个中心，围绕改革、发展和稳定的大局，积极履行宪法和法律赋予的各项职权的工作目标任务。

第三次会议 1999 年 4 月 7—9 日在区政府三楼大会议室举行。出席代表 122 人，缺席 9 人。会议听取和审议区政府及其计划部门、财政部门、区人大常委会、区法院、区检察院 6 个工作报告，并作出相应决议。

第四次会议 2000 年 3 月 8—10 日在区政府三楼大会议室举行。出席代表 131 人，缺席 5 人。会议听取和审议区政府及其计划部门、财政部门、区人大常委会、区法院、区检察院 6 个工作报告，并作出相应决议。大会确定认真贯彻落实“三个代表”重要思想，落实依法治国的基本方略，围绕全区大局工作，依法行使各项职权的目标任务。

第五次会议 2001 年 2 月 26—28 日在区政府三楼大会议室举行。出席代表 128 人，缺席 8 人。会议听取和审议区政府及其计划部门、财政部门、区人大常委会、区法院、区检察院 6 个工作报告，并作出相应决议。大会确定坚持“依法治国”方略，围绕经济建设中心，突出以加快发展、增强实力、塑造株洲新区新形象的工作目标任务。会议补选周自力为天元区区人大常委会副主任，补选翟笃培为天元区人民政府区长、肖祥清、周光裕、罗伟为天元区人民政府副区长。

第六次会议 2002 年 2 月 27 日—3 月 1 日在区政府三楼大会议室举行。出席代表 127 人，缺席 9 人。会议听取和审议区政府及其计划部门、财政部门、区人大常委会、区法院、区检察院 6 个工作报告，并作出相应决议。补选王雁清、齐湘平、罗冬梅、黄白玉、韩建伟为天元区人大常委会委员。

二　第二届人民代表大会

第一次会议 2002 年 11 月 26—28 日在区政府三楼大会议室举行。出席代表 129 人，缺席 6 人。大会选出区人大常委会委员 7 名，选举姜浩然为区人大常委会主任，文季纯、李晓华、赵庆武、王力行、周自力、王少华为副主任；选举翟笃培为天元区人民政府区长，丁乾峰、巢亮、程燕、罗伟、周光裕、柳怀德为副区长；罗佳良为区人民法院院长；周小刚为区人民检察院检察长。选举出席株洲市第十二届人民代表大会代表 27 名。

第二次会议 2003 年 2 月 26—28 日在区政府三楼大会议室举行。出席代表 121 人，缺席 13 人。会议听取和审议区政府及其计划部门、财政部门、区人大常委会、区法院、区检察院 6 个工作报告，并作出相应决议。大会确定围绕“加快发展，增强实力，建设以高新技术产业为主体的现代化新城区”的工作目标任务。

第三次会议 2004 年 2 月 18—20 日在区政府三楼大会议室举行。出席代表 124 人，缺席 10 人。会议听取和审议区政府及其计划部门、财政部门、区人大常委会、区法院、区检察院 6 个工作报告，并作出相应决议。大会确定按照全面建设小康社会的要求，与时俱进，开拓创新，紧扣主题，强化监督，突出重点，讲求实效的工作目标任务。补选杨平为区人民政府区长，补选贺武夷为区人民法院院长，补选丁自良、文佳良、何胜华、唐卫民为区人大常委会委员。

第四次会议 2005 年 3 月 3—5 日在区政府三楼大会议室举行。出席代表 125 人，缺席 7 人。会议听取和审议区政府及其计划部门、财政部门、区人大常委会、区法院、区检察院 6 个工作报告，并作出相应决议。大会确定落实工委工作会议暨区委全会精神，认真行使宪法和法律赋予的各项职权，求真务实，开拓创新，促进新区社会主义物质文明、政治文明和精神文明协调发展的任务。

第五次会议 2006年2月27日—3月2日在区政府三楼大会议室举行。出席代表122人，缺席12人。会议听取和审议区政府及其计划部门、财政部门、区人大常委会、区法院、区检察院6个工作报告，并作出相应决议。大会确定同心同德，扎实工作，为“锻造实力高新，构建和谐天元”、推进“二次创业”和全面建设小康社会的宏伟目标任务。会议补选谢高进为区人民政府区长、尹心田为区人大常委会委员。

第六次会议 2007年3月7—9日在区政府三楼大会议室举行。出席代表122人，缺席9人。会议听取和审议区政府及其计划部门、财政部门、区人大常委会、区法院、区检察院6个工作报告，并作出相应决议。大会确定紧紧围绕工委、区委“锻造实力高新，构建和谐天元”，推进“二次创业”的工作目标，切实履行宪法和法律赋予的职权目标任务。补选丁乾峰为区人大常委会主任，唐仁奇为区人大常委会副主任，何剑波为区人民政府区长。

三 第三届人民代表大会

第一次会议 2007年11月26—28日在区政府三楼大会议室举行。出席代表151人，缺席7人。大会选出天元区第三届人民代表大会常务委员13名，选举粟建华为区人大常委会主任，李晓华、王少华、唐仁奇、汪建梅、王力行为副主任；选举何剑波为天元区人民政府区长，邓尚文、程燕、童举纲、张意、杨胜跃、张倩为副区长；肖青松为区人民法院院长；选举刘新文为区人民检察院检察长；选举出席株洲市第十三届人民代表大会代表25名。

第二次会议 2008年2月25—27日在区政府三楼大会议室举行。出席代表143人，缺席15人。会议听取和审议区政府及其发展与改革、财政部门、区人大常委会、区法院、区检察院等6个工作报告，并作出相应决议。大会确定认真贯彻落实中共十七大和天元区第三届党代会精神，紧紧围绕“锻造实力高新，构建和谐天元”的工作目标任务。

第三次会议 2009年2月11—13日在区政府三楼大会议室举行。出席代表141人，缺席11人。会议听取和审议区政府及其发展与改革、财政部门、区人大常委会、区法院、区检察院等6个工作报告，并作出相应决议。选举王旭为区人大常委会委员。大会确定以科学发展观为统领，坚持党的领导、人民当家做主和依法治国有机统一，关注民生，服务大局，切实履行宪法和法律赋予的职责，充分发挥地方国家权力机关的作用目标任务。

第四次会议 2010年3月3—5日在区政府三楼大会议室举行。出席代表145人，缺席12人。会议听取和审议区政府及其发展与改革、财政部门、区人大常委会、区法院、区检察院等6个工作报告，并作出相应决议。选举李逢为区人大常委会委员，黄伟波为区人民法院院长。大会确定围绕全区工作大局，团结奋进，为推动全区经济又好又快发展和社会和谐进步，促进“两型社会”建设，实现“全市争第一、全省争一流、全国争前移”的工作目标任务。

第五次会议 2011 年 3 月 9—11 日在高新大厦会议中心举行。出席代表 162 人，缺席 15 人。会议听取和审议区政府及其发展与改革、财政部门、区人大常委会、区法院、区检察院等 6 个工作报告，并作出相应决议。补选王亚东、王太培为区人大常委会副主任，曹光喜、易贵斌为区人大常委会委员。大会确定“十二五”规划发展良好开局，开创“保二争一，科学跨越”全新局面而努力奋斗，以优异成绩向建党 90 周年和建市 60 周年献礼目标任务。因区划调整，新增雷打石镇、三门镇代表 20 名。

第六次会议 2012 年 2 月 15—17 日，在高新大厦会议中心举行。出席代表 157 人，缺席 19 人。会议听取和审议区政府及其发展与改革、财政部门、区人大常委会、区法院、区检察院等 6 个工作报告，并作出相应决议。大会确定紧扣区委“2235”奋斗目标，团结和凝聚全区人民的力量，办实事，抓落实，为全面建设两型示范城、科技创新城、投资创业城、和谐宜居城而努力奋斗目标任务。补选顾峰为天元区人民政府区长，马光辉为天元区人大常委会副主任。

四　第四届人民代表大会

第一次会议 2012 年 11 月 28—30 日，第一次会议在高新大厦会议中心举行。出席代表 155 人，缺席 12 人。大会选出天元区第四届人民代表大会常务委员 17 名。选举马光辉为区人大常委会主任，唐仁奇、王太培、黄白玉、谭红德、李海泉为副主任；顾峰为天元区人民政府区长，罗克俭、张意、黄芳、何登科、章定良、杨宇、文树忠为副区长；黄伟波为区人民法院院长；刘新文为区人民检察院检察长；选举出席株洲市第十四届人民代表大会代表 32 名。

第二次会议 2013 年 2 月 26—28 日，在高新大厦会议中心举行。出席代表 161 人，缺席 9 人。会议听取和审议区政府及其发展与改革、财政部门、区人大常委会、区法院、区检察院 6 个工作报告，并作出相应决议。大会确定紧紧围绕区委四届三次全会提出的工作要求，认真履行宪法和法律赋予的职责，不断开创天元区人大工作新局面的目标任务。补选欧阳桂华为天元区第四届人民代表大会常务委员会委员。

第三次会议 2014 年 2 月 19—21 日，在高新大厦会议中心举行。出席代表 157 人，缺席 13 人。会议听取和审议区政府及其发展与改革、财政部门、区人大常委会、区法院、区检察院 6 个工作报告，并作出相应决议。大会确定紧扣全区工作大局，切实履行宪法和法律赋予的各项职权目标任务。补选董巍为株洲市天元区人民政府区长；选举杨斌、张兆凯、周刚为株洲市第十四届人民代表大会代表；姜玉成为天元区四届人大常委会委员。

第二节 常委会议

天元区人大常务委员会委员会议（简称“人大常委会议”），由常务委员会主任召集并主持，主任可以委托副主任主持会议。会期一般为1~2天，每两个月至少举行一次，如有特殊情况，可以临时召开。区人大常委会议主要是听取和审议区人民政府、区人民法院、区人民检察院工作报告及其贯彻实施有关法律、法规与区人大及其常委会有关决定、决议的情况汇报，讨论决定有关重大事项，决定有关人事任免事项等。区人民政府区长或副区长、区人民法院院长、区人民检察院检察长列席会议。

天元区一届人大常委会听取区人民政府及其部门、区人民法院、区人民检察院，以及人大常委会工作机构的工作和专题汇报72项，进行66次执法检查活动。作出决议31项。

天元区二届人大常委会依法召开常委会议36次，讨论和审议“一府两院”专项工作汇报60余项，撰写视察、调查、检查报告34项。对《中华人民共和国义务教育法》《中华人民共和国刑法》中假释、保外就医执行情况、《中华人民共和国预算法》《中华人民共和国人口与计划生育法》《中华人民共和国行政监察法》《中华人民共和国行政许可法》等34部法律法规的贯彻落实情况进行监督检查。审议并批准区人民政府提交的《关于提请审议向国家开发银行承诺按期偿还河西科技工业园基础设施建设项目贷款的议案》。两项议案的批准，使高科集团顺利获得国家开发银行2.4亿元贷款和中国银行0.8亿流动资金贷款额度；批准区人民政府提交的《关于提请审议将2006年到期国家开发银行贷款本息列入天元区财政预算的议案》，作出《关于株洲市天元区所辖镇、街道区划调整的决定》和《关于在栗雨街道设立人大工作办公室的决定》；批准区政府提交的《株洲高新区园区开发建设财政体制方案》。

天元区三届人大常委会依法召开常委会议32次，先后听取和审议创建国家卫生城市、区域环境保护状况、食品安全、医药卫生体制改革、农产品质量安全、困难群众社会救助、养老保险基金管理使用、农村公路建设、水利建设、义务教育、社会保障、残疾人就业等121项工作情况汇报，针对相关工作中存在的问题和不足，提出建议和意见300余条；作出决议、决定92项，及时批准高科集团、天易集团等32个政府融资议案，支持政府融资30余亿元。先后检查《中华人民共和国环境保护法》《中华人民共和国行政许可法》《中华人民共和国行政处罚法》《中华人民共和国城乡规划法》《中华人民共和国食品安全法》《中华人民共和国环境保护法》《中华人民共和国水法》《中华人民共和国民事诉讼法》《治安管理处罚条例》等30余部法律法规的贯彻实施情况。

天元区四届人大常委会依法召开常委会议17次，听取区人民政府及其部门、区人民法法院、区人民检察院，以及人大常委会工作机构的工作和各类议题报告52项，作出重大事项决议、决定38项，批准《政府融资计划的议案》《株洲高新区新马工业园高排渠水利建设工程项目资金议案》《天易公路改造项目贷款的议案》《天元区人民政府关于调整神农城及周边道路项目建设投资额的议案》《株洲市天元区人民政府关于提请审议天易公路改造项目周转贷款的议案》等政府融资议案、提出、督办、落实审议意见133条，开展视察、调研9次。

第三节　主任会议

区人大常委会主任会议由主任、副主任、办公室主任组成，每月至少召开2次，主要听取和考察区人民政府、区人民法院、区人民检察院工作报告以及政府组成部门的有关工作情况，研究决定常委会议召开时间以及常委会议程，研究决定区人大机关内部建设相关事项。

第三章　区人大常务委员会

第一节　领导班子

天元区人民代表大会常务委员会（简称“区人大常委会”）是区人民代表大会的常设机关，由本级人民代表大会选出，对区人民代表大会负责并报告工作。区人大常委会由主任1人、副主任若干人、委员若干人组成。在区人民代表大会闭会期间，根据《中华人民共和国地方各级人民代表大会和地方各级人民政府组织法》第四十四条的规定行使职权。

区人大常委会其主要职权：1.在本行政区域内，保证宪法、经济、教育、科学、文化、卫生、民政、民族工作的重大事项，根据区人民政府的建议，决定对本行政区域内的国民经济和社会发展计划、预算的部分变更。2.监督区人民政府、人民法院和人民检察院的工作，联系区人大代表，受理人民群众对上述机关和国家工作人员的申诉和意见；撤销下一级人大不适当的决议和区人民政府不适当的决定和命令。3.召集区人大会议，领导或主持本级人大代表的选举。4.在区人大闭会期间，决定副区长的个别任免；在区长和人民法院院长、人民检察院检察长因故不能担任职务时，从区人民政府、人民法院、人民检察院副职领导人员中决定代理人选；根据区长提名，决定区人民政府组成部门行政正职领导人员；依法任免人民法院的副院长、庭长、副庭长、审判委员会委员、审判员；依法任免人民检察院副检察长、检察委员会委员、检察员；补选上一级人大出缺的代表和撤换个别代表。

1997年9月，区第一届人民代表大会第一次会议选举产生的第一届人大常委会，由16人组成。其中，主任1人，副主任5人，委员10人。区第一届人大常委会实际任期5年，至2002年11月届满。

2002年11月,区第二届人民代表大会第一次会议选举产生的第二届人大常委会,由20人组成。其中，主任1人，副主任6人，委员13人。第二届人大常委会任期5年，至2007年11月届满。

2007年11月,区第三届人民代表大会第一次会议选举产生的第三届人大常委会,由23人组成。其中，主任1人，副主任5人，委员17人。第三届人民代表大会任期5年，至2012年12月届满。

2012年11月，区第四届人民代表大会第一次会议选举产生的第四届人大常委会，由25人组成。其中，主任1人，副主任5人，委员19人。至2014年，已任期3年。

株洲市天元区第一届至第四届人大常委会组成人员名录

表3－3－1

<table>
<tr><th>届别</th><th>职务</th><th>姓名</th><th>性别</th><th>任职时间</th><th>委员</th></tr>
<tr><td rowspan="6">第一届</td><td>主任</td><td>姜浩然</td><td>男</td><td>1997年09月—2002年11月</td><td rowspan="6">张立华 叶志林 袁美玲 何瑞根
唐贤冬 陶建国 袁章发 刘芝元
沈光迪 蔡 达</td></tr>
<tr><td rowspan="5">副主任</td><td>文季纯</td><td>女</td><td>1997年09月—2002年11月</td></tr>
<tr><td>赵庆武</td><td>男</td><td>1997年09月—2002年11月</td></tr>
<tr><td>管万宝</td><td>男</td><td>1997年09月—2001年11月</td></tr>
<tr><td>王挺万</td><td>男</td><td>1997年09月—2001年10月</td></tr>
<tr><td>周自力</td><td>男</td><td>2001年02月—2002年11月</td></tr>
<tr><td rowspan="9">第二届</td><td rowspan="2">主任</td><td>姜浩然</td><td>男</td><td>2002年11月—2006年12月</td><td rowspan="9">黄白玉 王雁清 罗冬梅 韩建伟
齐湘平 齐建湘 杨正双 丁自良
文佳良 何胜华 唐卫民 尹心田
范宏平</td></tr>
<tr><td>丁乾峰</td><td>男</td><td>2007年03月—2007年11月</td></tr>
<tr><td rowspan="7">副主任</td><td>文季纯</td><td>女</td><td>2002年11月—2006年06月</td></tr>
<tr><td>李晓华</td><td>男</td><td>2002年11月—2017年11月
2006年12月—2007年03月(代理主任)</td></tr>
<tr><td>赵庆武</td><td>男</td><td>2002年11月—2006年11月</td></tr>
<tr><td>王力行</td><td>男</td><td>2002年11月—2007年11月</td></tr>
<tr><td>周自力</td><td>男</td><td>2002年11月—2006年11月</td></tr>
<tr><td>王少华</td><td>男</td><td>2002年11月—2007年01月</td></tr>
<tr><td>唐仁奇</td><td>男</td><td>2007年03月—2007年11月</td></tr>
<tr><td rowspan="3">第三届</td><td>主任</td><td>粟建华</td><td>男</td><td>2007年11月—2012年11月</td><td rowspan="3">韩建伟 唐卫民 范宏平 尹心田
张先锋 彭子玉 董运喜 罗 平</td></tr>
<tr><td rowspan="2">副主任</td><td>李晓华</td><td>男</td><td>2007年11月—2011年01月</td></tr>
<tr><td>王少华</td><td>男</td><td>2007年11月—2011年01月</td></tr>
</table>

续表3－3－1

届 别	职 务	姓 名	性 别	任职时间	委 员
第三届	副主任	唐仁奇	男	2007年11月—2012年11月	袁 毅 周 旻 李海泉 张 晖 刘 杨 李 逢 曹光喜 易贵斌 王 旭
		汪建梅	女	2007年11月—2012年02月	
		王力行	男	2002年01月—2012年12月	
		王亚东	男	2011年03月—2012年11月	
		王太培	男	2011年03月—2014年12月	
		马光辉	男	2012年02月—2012年11月	
第四届	主 任	马光辉	男	2012年11月—2014年12月	范宏平 李 逢 曹光喜 易贵斌 文 宏 王 旭 马世宏 关 勇 刘述泉 苏振华 杨融志 杨碧琼 罗吉堂 袁丽凡 黄立新 欧阳桂华 姜玉成 彭子玉 尹心田
	副主任	唐仁奇	男	2012年11月—2014年12月	
		王太培	男	2011年03月—2014年12月	
		黄白玉	男	2012年12月—2014年12月	
		谭红德	男	2012年11月—2014年12月	
		李海泉	女	2012年12月—2014年12月	

第二节 工作机构

1997年，区人大常委会机关设办公室、内务司法工作委员会、财政经济工作委员会（含农业工作职能）、选举任免联络工作委员会、教育科学文化卫生体育工作委员会、城乡建设环境资源保护工作委员会6个；2001年12月，内务司法工作委员会与城乡建设环境资源保护工作委员会合并为内司城环工作委员会；2004年2月再次分设。2009年2月，财政经济工作委员会与农业工作委员会分设。2014年，区人大常委会内设机构（正科级）共7个。

株洲市天元区第一届至第四届人大常委会各委办主任名录

表3－3－2

届 别	委办名称	职 务	姓 名	任职时间
第一届	办公室	主 任	沈光迪	1997年09月—2002年05月
	内务司法工作委员会	主 任	陶建国	1997年09月—2002年11月
	财政经济工作委员会(含农业工作职能)	主 任	叶志林	1997年09月—2002年11月

续表3－3－2

届 别	委办名称	职 务	姓 名	任职时间
第一届	选举任免代表联络工作委员会	主 任	袁美玲	1997年09月—2001年11月
			黄白玉	2001年11月—2002年11月
	教科文卫工作委员会	主 任	张立华	1997年09月—2001年11月
			罗冬梅	2001年11月—2002年11月
	城乡建设环境资源保护工作委员会	主 任	袁章发	1997年09月—2002年11月
第二届	办公室	主 任	王雁清	2002年05月—2004年02月
			何胜华	2004年02月—2005年03月
			范宏平	2005年03月—2007年11月
	内司城环工作委员会	主 任	齐湘平	2002年11月—2007年11月
	财政经济工作委员会	主 任	韩建伟	2002年11月—2007年11月
	选举任免代表联络工作委员会	主 任	黄白玉	2002年11月—2005年07月
	教科文卫工作委员会	主 任	罗冬梅	2001年11月—2003年12月
			唐卫民	2004年02月—2007年12月
第三届	办公室	主 任	范宏平	2007年11月—2012年12月
	内务司法工作委员会	主 任	彭子玉	2007年12月—2012年12月
	财政经济工作委员会	主 任	韩建伟	2007年11月—2009年08月
			李 逄	2009年08月—2014年12月
	选举任免代表联络工作委员会	主 任	尹心田	2005年07月—2014年12月
	教科文卫工作委员会	主 任	唐卫民	2007年11月—2010年10月
	城乡建设环境资源保护工作委员会	主 任	张先锋	2007年11月—2010年04月
	农业工作委员会	主 任	韩建伟	2009年08月—2012年02月
第四届	办公室	主 任	彭子玉	2012年11月—2014年12月
	内务司法工作委员会	主 任	欧阳桂华	2012年11月—2014年12月

续表 3 - 3 - 2

届 别	委办名称	职 务	姓 名	任职时间
第四届	财政经济工作委员会	主 任	李 逢	2012年11月—2014年12月
	选举任免代表联络工作委员会	主 任	尹心田	2012年11月—2014年12月
	教科文卫工作委员会	主 任	易贵斌	2012年11月—2014年12月
	城乡建设环境资源保护工作委员会	主 任	曹光喜	2012年11月—2014年12月
	农业工作委员会	主 任	文 宏	2012年11月—2014年12月

第四章 职权行使

第一节 重大事项决定

区人大常委会及时对重大事项作出决议、决定。区人大常委会每年适时听取区政府上半年国民经济和社会发展计划运行情况报告、上半年财政预算执行情况报告，提出完成全年工作计划和财政收支任务的建议意见；听取审查区财政局当年财政预算变更报告和上一年财政决算及审计情况报告，作出批准政府财政预算变更和财政决算的决定。1997—2002 年，第一届常委会作出决议、决定 31 项。2003—2007 年，第二届常委会作出决定、决议 30 余项。2008—2012 年，第三届常委会共召开常委会 32 次，主任会议 102 次，听取和审议“一府两院”工作报告 121 项，作出决议、决定 92 项。2013—2014 年，第四届常委会作出决定、决议 38 项。

第二节 法律监督

常委会每年开展执法检查，督促政府部门依法行政、司法部门公正司法，保证宪法和法律法规在全区的贯彻实施。1997—2002 年，常委会和主任会议先后对 45 部法律法规的贯彻实施进行 66 次执法检查活动。2003—2007 年，常委会和主任会议先后对 34 部法律法规的贯彻落实情况进行了监督检查，撰写调查、检查报告 34 项。2008—2012 年，常委会和主任会议先后对 32 部法律法规的贯彻落实情况进行监督检查。2013—2014 年，常委会和主任会议先后对 8 部法律法规的贯彻落实情况进行监督检查。

第三节 代表议案办理

1997—2002年，第一届区人大代表大会在会议期间提出的议案和建议、批评、意见204件，其中19件议案经议案审查委员会审议转为建议、批评、意见，一并交政府及其有关部门和两院办理。所有建议、批评、意见都在法定期限内向代表作出答复，满意率均在95%以上。

2003—2007年，针对区二届人大各次会议代表提出的意见建议，常委会及时召开交办会，向“一府两院”提出办理要求，常委会领导深入基层进行现场督办，促进办理质量的提高，保护了代表依法履职的积极性，督促解决了影响群众生产生活的一些突出问题。代表建议、批评和意见办理满意率100%，解决率逐年上升。

2008—2012年，区三届人大常委会始终把代表依法提出议案和建议作为代表履行职责、参与管理地方事务、监督国家机关依法行政的重要形式。通过召开建议交办会、建议办理座谈会等多种方式，切实加大代表建议、批评和意见督办力度，代表建议办理质量明显提高，问题解决率逐年提升。共办理代表建议、批评和意见248件，办理工作满意率100%，结果满意率在90%以上。

2013—2014年，区第四届人民代表大会按照“分类研究、恰当处理、统筹协调、公开督办”的原则，确定主任督办建议。常委会及时将代表提出的建议、批评和意见整理归类送交区人民政府办理，并采取召开专题办理会、现场实地督办会等多种形式督办代表建议。为改进督办方式，不断提高代表建议办理实效，常委会走访各代表团，专题听取人大代表对建议办理工作的反馈意见。共办理代表建议、批评和意见152件，办理工作态度满意率100%，办理结果满意率97.2%。

第四节 人事任免

区人大常委会每年根据工作需要依法任免国家机关工作人员。为切实行使宪法和法律赋予的任免权，常委会注意正确处理党管干部原则和人大依法任免干部的关系，坚持党的领导，严格依法办事。对所有拟任人员进行法律知识考试和公开述职。

1997—2002年，任免国家机关工作人员311人次。其中，决定代理人选2人次；决定任免区人民政府组成人员64人次；任免区人大工作委员会负责人及组成人员103人次；任免区人民法院、区人民检察院工作人员144人次；接受辞职12人，补选株洲市第十一届人大代表10人。2003—2007年，依法任免国家机关工作人员171人次。其中，依法任命人大常委会工作机构人员及“一府两院”工作人员121人次，免去“一府两院”工作人员职务50人次，接受辞去职务7人次，补选株洲市人大代表6名，区人大代表16名，接受18名区人大代表辞去代表职务。2008—2012年，依法任免区人民政府组成单位和“两院”工作人员347人次。其中，任命人大常委会工作机构工作人员45人次，任命“一府两院”工作人员128人次；免去人大常委会工作机构工作人员职务42人次，免去“一府两院”工作人员职务132人次。2013—2014年，依法任免国家机关工作人员88人次。其中，任命副区长2人次，组织法律考试26人次，任命人大常委会工作机构工作人员和“一府两院”工作人员15人次，免去人大常委会工作机构工作人员和“一府两院”工作人员职务5人次。

第五节　工作监督

常委会每年坚持听取和审议区人民政府年度计划、预算执行情况和统计财政审计情况报告，针对天元区改革开放和经济建设中的重大问题以及人民群众关心的热点问题，听取和审议区人民政府关于城建体制改革、城市管理、招商引资、农业产业结构调整、湘江大堤、创建科技先进城区、发展河西基础教育、小城镇建设、农村税费改革、义务教育、医疗机构改革、民政工作、失地劳动力再就业、农垦系统养老保险等方面的专项工作报告。

围绕督促全局性工作的落实，听取和审议区“两型社会”建设，创建国家卫生城市、国家环保城市、国家交通管理模范城市、全国文明城市工作等专项工作汇报。围绕推动社会事业的全面进步，听取和审议义务教育、民办教育、学校建设、公共文化体育设施建设、民族宗教、人口和计划生育等工作情况汇报，加快全区社会建设步伐。围绕推动社会管理创新和发展，听取社会保险、人民调解、法律援助等工作情况汇报，督促政府大力创新社会管理体制机制，提高社会管理科学化水平。围绕改善民生，维护民利，听取征地拆迁、失地劳动力就业培训、安置房建设、残疾人保障、妇女儿童权益保障、民政优抚等专项工作汇报，针对工作中的突出问题和薄弱环节，提出审议意见，督促解决一些人民群众普遍关心的实际问题。连续开展环保世纪行、农产品质量安全行、三湘农民健康行、民族团结进步行等活动，相关工作多次名列全市第一。监督促进依法行政、公正司法，督促本级国家行政机关、审判机关、检察机关及其工作人员依法履行职责。

2009年，制定《关于专项评议工作暂行办法》及《天元区人大常委会2009年度开展专项工作评议的实施方案》。对区产业发展局、区民政局、区水利局、区非税收入征收管理局、区物业管理办公室、区爱卫办、国土局天元分局、交警支队天元大队8个单位工作进行评议。

2010年，常委会依照监督法和评议工作办法分别对区发展和改革、人口与计划生育、环境保护、农村公路建设、法院等5项工作开展工作评议。评议调查组走访全区6个代表团、33家相关单位、45家企业，共有129名代表，371名人民群众参加座谈，收集各类意见和建议100余条。5项被评议工作综合满意度均为100%。2011年，常委会组织5个评议调查组，采取听取工作汇报、走访基层群众、问卷调查、个别谈话等方式，对区政府城乡规划、安全生产监督与管理、教育、司法行政、社会保险等5项工作开展专项工作评议。全区177名人大代表，400余名人民群众参加座谈，收集各类意见和建议 100 余条。评议后提出审议意见和整改建议 30 条，并督促有关单位限期整改落实。

2012 年，常委会邀请部分人大代表组成 5 个调查组，对人力资源和社会保障、城市管理行政执法、农村、审计、文化体育和新闻出版等 5 项工作开展专项工作评议。走访调查 400 余人次，发放征求意见表 400 余份，发放和收回满意度测评表 400 余份，收集各类意见建议 128 条，并于 9 月 29 日召开专项工作评议大会，当场对 5 项工作进行满意度公开测评。会后针对问题与不足，常委会对区人民政府及其有关部门发出审议意见书 5 份，提出整改意见 18 条并督促限期整改。2014 年，常委会邀请部分人大代表组成 5 个调查组，对区人民政府财政、建设、民政、司法、卫生 5 项工作开展专题调查。9 月，区人大常委会第 16 次会议对 5 项工作进行满意度公开测评。会后提出加强预算管理、减少土地资源浪费或闲置、规范完善临时性救助制度、落实社区（村）调解组织的经费保障、加快村卫生室的建设等整改意见 18 条，并督促限期整改。

第六节 代表活动

常委会坚持常委会组成人员分工联系区人大代表小组的制度，经常深入到代表小组，加强指导；通过送市培训和区召开培训会等形式加强对代表的培训，提高代表素质；坚持邀请区人大代表列席常委会会议的制度；指导各代表小组开展活动的基础上，组织区部分省、市人大代表开展视察活动；保障代表活动经费，为人大代表订阅《人民之友》等业务报刊。1997—2002 年，常委会组织全区市、区代表小组开展各类视察活动 361 次，写出调查报告 121 份。2003—2007 年，常委会共指导和组织人大代表进行各类视察活动 52 次，组织 50 位市、区代表对 17 个政府部门的行风进行评议。2008—2012 年，常委会组织省、市代表开展专题调研、视察和述职等活动 23 次。组织 7 个基层人大进行代表工作经验交流。指导 15 个区代表小组开展视察活动 217 次。2013—2014 年，常委会组织 16 个区代表小组开展各类视察活动 94 次。

第七节 信访接待

常委会通过受理代表和人民群众的来信来访，了解社情民意，加强同代表和人民群众的联系，督促“一府两院”及各部门改进工作作风，解决实际问题。办公室专人负责信访工作，完善人大信访工作制度，拓宽信访渠道。对来信来访常委会根据不同情况，按照信访工作原则，分别作出处理。对重点来信来访，由常委会领导亲自批示或接待，并对承办部门提出要求，限期回复办理结果，并实行重点监督，全程跟踪，不属人大职责范围内的，在了解情况的同时，做好解释工作。

1997—2002 年，第一届人大常委会共接待来信来访 724 件次；2003—2007 年，第二届人大常委会共接待来访 707 次，信访件 130 件，受理申诉、控告案件 64 件；2008—2012 年，第三届人大常委会共接待来信来访 470 件（次），受理申诉、控告案件 68 件；2013—2014 年，共受理和接待群众来信 39 件，接待来访群众 80 人次。办结息访 22 件。

第八节　指导乡镇人大工作

第一届至第四届常委会加强与乡镇人大主席团、街道人大工作办公室的工作指导和联系。人大常委会指导乡镇人大组织开展宪法、地方组织法、选举法、代表法专题辅导，组织观看省人大常委会编制的法律知识辅导讲座光盘，组织乡镇人大主席赴沿海发达地区考察，组织学习交流开展乡镇人大工作的先进经验和做法，提高乡镇人大主席政治素质和业务能力。坚持乡镇人大主席列席常委会会议制度，指导乡镇人大完善制度，依法履行职责，有效开展对乡镇人民政府的工作监督。

第四篇　人民政府·管委会

1992 年 7 月，株洲高新区管委会成立。1997 年 8 月 1 日，天元区正式成立。当年 9 月，召开天元区第一届人民代表大会，诞生天元区第一届人民政府。至 2014 年，历经四届人民政府。株洲高新区管委会、天元区人民政府组建后，积极履职，民主决策。提升自主创新水平、发展高新技术产业、完善城乡基础设施、加快对外开放、推进新型城镇化、发展三产服务业、发展社会事业、建立完善社会保障体系，较好地完成了工作目标任务。

第一章　机　构

第一节　株洲高新区管委会

1987 年 2 月，株洲市政府印发《关于成立河西开发建设管理处的通知》，明确管理处为市政府派出机构，赋予其相应的职责和任务，加强对河西规划区的开发、建设和管理。1988 年 5 月，市委、市政府决定在河西创建株洲新技术产业开发试验区，明确市科委为试验区的管理机关，负责试验区的全面管理和各项工作的组织实施。1989 年 3 月，市委、市政府成立株洲新技术产业开发试验区领导小组，下设办公室，具体负责试验区各项工作。

1992 年 2 月 10 日，省政府批准株洲新技术开发试验区更名为株洲高新技术产业开发区。3 月，市政府发文成立株洲高新技术产业开发区办公室，为副县级机构。4 月，市机构编制办公室同意株洲高新区办公室设综合协调部、技术开发部、劳动人事部和城建开发部 4 个内设机构，为副科级单位。7 月 11 日，市委、市政府下发《关于成立株洲高新技术产业开发区管理委员会的通知》，设立中共株洲高新技术产业开发区委员会，与管委会合署办公，实行两块牌子，一套人马。管委会机关下设 4 部 1 室，即：高新技术产业开发部、社会工作部、生产经营部、城建开发部和办公室。株洲高新区升级为国家级高新区后，市委、市政府进一步充实、加强其管理机构。年底，株洲高新区共有机关干部职工 40 人。

1993 年 5 月，市机构编制办公室下文同意株洲高新区管委会设立办公室、政治工作部、高新技术产业开发部、地方企业部、城建开发部、社会工作部、农村工作部，同时在高新技术产业开发部加挂招商局的牌子；同意设立劳动人事局、工商行政管理局、财政局。1995 年 2 月，增设株洲高新区纪律检查委员会和政法委员会。

1996 年，株洲高新区党委、管委会机构进行全面调整，共设置管理机构 14 个，即：办公室、政治部、政法委员会（社会治安综合治理委员会办公室）、纪律检查委员会（与监察局合署办公）、群众工作部、高新技术产业部、城市建设部、社会工作部、农村工作部、物价审计局、劳动人事部、财政局、对外经济贸易局（招商局）、经济贸易局。配备编制 100 名。

1997 年，株洲市市辖区区划调整后，株洲高新区仍独立存在，为正处级单位。由于将社会事业管理工作移交给天元区区委和区政府，株洲高新区管委会机构精简为 1 室 4 部，即：办公室、招商部、开发建设部、企业管理部和计财局。1998 年 5 月，市委、市政府下发《关于加快株洲高新技术产业开发区发展的若干规定》，明确在株洲市城区行政区划调整的基础上，单独设立株洲高新区党委、管委会，为市委、市政府的派出机构，党委、管委会两块牌子、一套人马。

2000 年 10 月，省机构编制委员会 4 号文件明确中共株洲高新技术产业开发区工作委员会、株洲高新区管委会是中共株洲市委、株洲市人民政府的派出机构，合署办公，为副市级单位。株洲高新区由河西高新技术产业示范园、田心高科技工业园、董家塅高科技工业园组成，对全市高新技术产业实行归口管理。株洲高新区设办公室、招商合作局、开发建设局、财政局、产业发展局（园区管理局）、劳动人事局，均为副处级机构；株洲高新区党工委、管委会暂定人员编制 50 名。

第二节　株洲市天元区人民政府

1997 年 5 月，国务院批准株洲市对市辖区进行行政区划调整，在河西新设立天元区。同年 8 月 1 日，天元区正式开始履行职能，同时接管原由株洲高新区管理的高新区域的社会事业管理职能。新成立的天元区委、区政府设置 26 个机构。其中，区政府机构 21 个。2001 年，天元区政府实施机构改革，设置区人民政府办公室、区发展和改革局、区经济信息化局、区教育局、区监察局、区城市管理行政执法局、区民政局、区司法局、区财政局、区人力资源和社会保障局、区城乡建设局、区农村工作局、区商务局、区文化体育局新闻出版局、区卫生局、区人口和计划生育局、区审计局、区安全生产监督管理局、区招商合作局 19 个工作部门。其中，区政府办公室、区经济信息化局、区城乡建设局、区财政局、区人力资源和社会保障局与株洲高新区管委会办公室、产业发展局、开发建设局、财政局、劳动人事局为两块牌子，一套人马，实际区政府设置工作机构 14 个。设置区机关事务管理局、档案局、城市建设与管理办公室、征地工作协调管理办公室、治理违法建设协调监察大队、土地储备中心、国有资产管理局、老干部工作局 8 个直属事业单位。下辖马家河镇、群丰镇、泰山路街道、嵩山路街道。

2010 年 9 月，再次启动天元区政府机构改革，2011 年完成。区人民政府设置工作部门 18 个，分别是区政府办公室、财政局、城乡建设局、人力资源和社会保障局、经济和信息化局、监察局、城市管理行政执法局、卫生局、民政局、教育局、司法局、农村工作局、人口和计划生育局、商务局、发展和改革局、审计局、安全生产监督管理局、文化体育局。

1992—2014年株洲高新区管委会领导班子成员名录

表4-1-1

组织名称	职 务	姓 名	性 别	任职时间
株洲市河西开发区管理委员会（1992年06月—1992年07月）	主 任	黄自能(兼)	男	1992年06月—1992年07月
	副主任	崔清臣	男	1992年06月—1992年07月
		苏正根	男	1992年06月—1992年07月
株洲高新技术产业开发区管理委员会（1992年07月—2014年12月）2000年10月升级为副厅级（湘编〔2000〕4号）	主 任	黄自能(兼)	男	1992年07月—1993年02月
		崔清臣	男	1993年02月—1994年08月
		何金棠	男	1994年08月—1998年03月
		翟笃培	男	1998年03月—2000年11月负责全面工作
	主 任	翟笃培	男	2000年11月—2003年04月
		杨 平	男	2003年04月—2005年08月
		谢高进	男	2005年08月—2006年08月
		何剑波	男	2006年08月—2012年01月
		李 智	男	2012年01月—2014年12月
株洲高新技术产业开发区管理委员会（1992年07月—2014年12月）	副主任	崔清臣	男	1992年07月—1993年02月
		苏正根	男	1992年07月—1994年12月
		周建国	男	1992年07月—1997年07月
		刘国定	男	1993年11月—1995年01月
		杨 平	男	1994年12月—2001年02月
		周忠祥	男	1994年12月—2001年02月
		董树初	男	1994年12月—1997年06月
		戴卫丁	男	1996年08月—1997年07月
		乐永明(兼)	男	1997年07月—1998年03月
		肖祥清	男	1997年07月—2002年02月
		罗 伟	男	1997年07月—2005年10月
		丁乾峰	男	2001年02月—2006年07月
		文迪波	男	2002年04月—2004年08月

续表4－1－1

组织名称	职务	姓名	性别	任职时间
株洲高新技术产业开发区管理委员会（1992年07月—2014年12月）	副主任	邓尚文	男	2003年10月—2011年12月
		马立恒	男	2005年10月—2014年12月
		刘跃(挂职)	男	2006年07月—2012年10月
		袁生华	男	2006年07月—2011年08月
		费水牛	男	2010年01月—2012年04月
		陈远瑞	男	2011年08月—2014年12月
		顾　峰	男	2011年12月—2013年07月
		姚永告	男	2012年02月—2014年12月
		董　巍	男	2012年02月—2014年12月

1997—2014年株洲市天元区人民政府领导班子成员名录

表4－1－2

组织名称	职务	姓名	性别	任职时间
天元区第一届人民政府（1997年10月—2002年11月）	区　长	乐永明	男	1997年10月—2000年10月
		翟笃培	男	2001年02月—2002年11月
	副区长代区长	翟笃培	男	2000年11月—2001年02月
	副区长	肖祥清	男	1997年10月—1998年03月 2001年02月—2002年01月
		颜莉芝	女	1997年10月—2001年02月
		申光伟	男	1997年10月—1999年10月
		廖放明	男	1997年10月—1999年09月
		段桂生	男	1997年10月—2002年11月
		文迪波	男	1999年10月—2001年02月
		丁乾峰	男	1998年04月—2002年11月
		罗　伟	男	2001年02月—2002年11月
		周光裕	男	2001年02月—2002年11月
		李晓华	男	2002年03月—2002年11月

续表4-1-2

组织名称	职务	姓名	性别	任职时间
天元区第二届人民政府（2002年11月—2007年11月）	区长	翟笃培	男	2002年11月—2003年05月
		杨　平	男	2004年02月—2005年09月
		谢高进	男	2006年03月—2006年12月
		何剑波	男	2007年03月—2007年11月
	副区长	杨　平	男	2003年05月—2004年02月
		谢高进	男	2005年09月—2006年03月
		何剑波	男	2006年12月—2007年03月
		丁乾峰	男	2002年11月—2006年06月
		罗　伟	男	2002年11月—2005年10月
		周光裕	男	2002年11月—2006年12月
		巢　亮	男	2002年11月—2007年07月
		柳怀德	男	2002年11月—2007年07月
		程　燕	女	2002年11月—2007年11月
		邓尚文	男	2003年08月—2007年11月
		杨爱云	女	2003年09月—2006年12月
		马立恒	男	2005年10月—2007年11月
		袁生华	男	2007年02月—2007年11月
		童举纲	男	2007年02月—2007年11月
		文迪波	男	2007年07月—2007年11月
		张　意	男	2007年08月—2007年11月
		杨胜跃	男	2007年07月—2007年11月
天元区第三届人民政府（2007年11月—2012年11月）	区长	何剑波	男	2007年11月—2012年01月
		顾　峰	男	2012年02月—2012年11月
	副区长代区长	顾　峰	男	2012年01月—2012年02月
	副区长	邓尚文	男	2007年11月—2012年01月
		马立恒	男	2007年11月—2012年11月

续表4－1－2

组织名称	职 务	姓 名	性 别	任职时间
天元区第三届人民政府（2007年11月—2012年11月）	副区长	程 燕	女	2007年11月—2008年05月
		童举纲	男	2007年11月—2011年07月
		张 意	男	2007年11月—2012年11月
		杨胜跃	男	2007年11月—2010年07月
		张 倩	女	2007年11月—2010年10月
		关坦良	男	2008年05月—2009年05月
		李征兵	男	2009年05月—2011年07月
		何建红	男	2010年10月—2011年01月
		姚永告	男	2011年01月—2012年11月
		黄 芳	女	2011年01月—2012年11月
		罗克俭	男	2011年07月—2012年11月
		何登科	男	2011年07月—2012年11月
		章定良	男	2011年07月—2012年11月
		董 巍	男	2011年10月—2012年11月
		王奇璋	男	2012年05 月（挂职1年）
天元区第四届人民政府（2012年11月—2014年12月）	区 长	顾 峰	男	2012年11月—2013年11月
		董 巍	男	2014年02月—2014年12月
	副区长代区长	董 巍	男	2013年11月—2014年02月
	副区长	罗克俭	男	2012年11月—2014年12月
		张 意	男	2012年11月—2014年12月
		黄 芳	女	2012年11月—2014年12月
		何登科	男	2012年11月—2014年12月
		章定良	男	2012年11月—2014年12月
		杨 宇	男	2012年11月—2014年12月
		文树忠	男	2012年11月—2014年12月
		刘建南	男	2013年11月—2014年12月

第二章　施政方式

株洲高新区管委会、天元区政府职能是执行国务院、湖南省、市政府的决定和命令，受市政府直接领导，负责本管辖区的一切社会事务。贯彻中共株洲高新区工委、天元区委的决定决议；根据法律、法令、法规和上级政府的规章制度制定行政措施、制发规范性文件，发布决定和命令，改变或撤销所属部门和下级人民政府、街道不适当的决定。领导所属各部门和下级人民政府、街道工作，执行国民经济与社会发展计划和财政预算；管理全区高新产业发展和经济工作、各项社会事业和行政工作；依法任免、培训、考核、奖惩国家行政机关工作人员；依法保护全民所有的财产、人民群众集体所有的财产、保护人民私人所有的合法财产、保护各类经济组织的合法权益，维护社会秩序和人民群众的利益。

第一节　领导分工

株洲高新区管委会由主任、副主任、高新区 5 局及办公室负责人组成，实行主任负责制。主任负责管委会全面工作，副主任、管委会办公室主任协助主任工作。每个副主任分工几个方面工作，一般事务按谁分管谁负责原则处理，重大且事关全局性、涉及面广的事务由副主任提出建议，提交管委会主任决策或管委会工作例会、专题会议、管委政府常务会议讨论决定。

区政府由区长、副区长、办公室主任、区政府组成部门的行政主要负责人组成。区政府实行区长负责制，区长领导区政府的全面工作，副区长协助区长按分工分管几个方面的工作。区长外出期间，由常务副区长主持区政府工作。区政府按照民主集中制的原则和方式讨论决定政府工作中的重大问题，部署全区性的重要工作，提出提请区人大审议的事项，区长有最终决策权。重大紧急事项，由区长临机处理，需向市政府和区人大报告的，事后要立即报告。副区长按分工负责处理分管工作；受区长委托，负责其他方面的工作或专项任务。对工作中的重要情况和重大事项，及时向区长报告。对涉及面广、带方针政策性的问题，在认真调查研究基础上提出建议，提交区长决策或区政府常务会议、区长办公会议讨论决定。副区长除重大问题提交政府有关会议集体研究决定外，一般性的问题谁分管，谁负责。区政府组成部门的行政主要负责人负责本部门的工作，并负责部门之间的协调配合工作。审计局在区长领导下，依照法律、法规规定的职权和程序，独立行使审计监督权，不受其他行政机关、社会团体和个人的干涉。政府各个部门工作中较大的事项，事前、事中、事后应及时向分管领导汇报，一般不得越级汇报或多头汇报。

第二节　会议部署

一　株洲高新区会议

株洲高新区管委会实行工作例会、专题会议以及与天元区政府联合召开管委政府常务会议制度。1992—2000年，管委单独召开会议部署高新区工作。会议形式有管委会主任主持召开的，有副主任和办公室、管委会5局主要负责人参加的管委会工作例会，一般每月召开1次。特别情况下增加会议次数，有时就专项问题召开专题会议。2000年底株洲高新区与天元区整合为株洲新区后，管委会议的形式除以上2种外，增加管委、政府常务会议。会议研究讨论株洲高新区、天元区重要事项，讨论通过提交区人民代表大会及其常务委员会审议的议案；讨论决定管委、政府的重要文电、重要行政措施以及涉及两区全局性的政策性问题，通过和讨论区政府其他事项。管委、政府常务会议由管委会主任、副主任、政府区长、副区长、区政府党组成员、区人武部部长、管委办主任、政府办主任参加。2000—2014年，一般一月召开一次，有时一月内召开二次，最多的2004年，管委、政府召开常务会议20次。

二　天元区政府会议

区政府实行政府全体会议，管委会、政府常务会议，区长办公会议、区长碰头会议和区政府专题会议制度。

区政府全体会议　第一届政府期内每年召开1次，后因精简会议等原因被区人民代表大会区长所作政府工作报告和区经济工作会议所取代。从第二届政府至第四届政府，没有召开过专门的区政府全体人员会议。

区政府常务会议　由区长、副区长、区政府党组成员、区人武部部长、区政府办公室主任参加。会议由区政府召集。一般每月召开一次，最多年份2012年区政府召开常务会议26次。

区长办公会议　由区长、副区长、区政府办公室主任、副主任和会议内容有关的区政府部门负责人参加。会议由区长或区长委托常务副区长召集。一般每月召开一次。根据情况有时一月多次，其任务是研究处理区政府工作中的一些专门问题。2014年，召开区长办公会议19次。其中，4月召开5次，2月、6月、11月没有召开。

区长碰头会　由区长或区长委托常务副区长召集和主持。副区长、区政府党组成员、办公室主任、区政府副调研员、副处级干部参加，区发改局、建设局、人社局、财政局等部门负责人列席。碰头会一般每周一上午召开，可根据需要不定期召开。其任务是通报交流政府近期重点工作，落实工委、区委常委会议议定事项及株洲高新区管委会工作例会交办事项，安排区政府近期重点工作，统筹协调各分管副区长的重大事项和重大活动。

第三节 文件颁发

公文颁发是株洲高新区管委会、区政府下达政令的主要形式。公文包括决定、报告、通知、会议纪要、公告、通告、意见等。特殊事项以区长名义签发区长令和布告。

株洲高新区每年以株洲高新区管委会、株洲高新区管委会办公室等形式发文。天元区以区政府、区政府办公室等形式发文。同时，还以株洲高新区管委会、天元区政府，株洲高新区管委会办公室、天元区政府办公室联名发文。一般每年发文在100个左右。其中，2002年、2008年、2009年、2010年发文较多。最多的一年为2011年，发出文件413个，其中，株高政文件10个、株高政发文件1个、株高政函文件14个、株高政办函文件5个、株高天政文件3个、株高天政办发文件19个、株高天政办函文件14个、株天政发文件7个、株天政文件72个、株天政函111个、株天政告1个、株天政办发文件48个、株天政办函发文件108个。

第四节 目标管理

区政府和各部门每年年初认真研究制定本部门经济发展的工作目标、重大项目和重要工作，分阶段落实到每个季度，做到重点突出、整体衔接、有序规范。根据政府工作报告，区政府与各镇政府和区政府有关部门签订目标责任状，把目标任务落实到相关单位和责任人，并建立相应的激励约束机制，强化工作责任，确保全年工作目标的完成。各基层单位、各部门按照区政府年度工作安排布局，并在年中和年末向区政府报告执行情况。区政府督查室适时督办并发出通报，并实施奖罚。

第三章 施政纪略

1992—2014年，株洲高新区管委会、区政府坚持以经济建设为中心，把握“以高新技术产业为特征的现代生态科技新城”定位，紧扣“全市争第一、全省争一流、全国争前移”的工作主题，大力实施高新技术产业先导、环境发展、项目带动、民生优先战略，强化“二次创业”，突出“两型社会”建设，提出并打造“中国动力谷”，两区经济社会各项事业获得快速发展。

第一节 提升产业自主创新水平

1995年，区内25个项目技术在国内尚属首创或居国内领先水平，其产品填补国内空白。

实施火炬、巨龙、滚动计划项目25个，7个新产品通过省部级技术鉴定。1999年，新时代橡塑所获得国家首批100万元“科技型中小企业技术创新基金”支持。企业申报国家级、省级火炬计划等科技计划28项，申报争取科技周转金和银行贷款3170万元，天元区荣获“全国科技工作先进城区”称号。

2001年，实现过亿元的企业、“863”计划项目、软件企业3个零的突破，被评为全省科技进步城区。2003年，国家高新技术产品出口基地获科技部、商务部批准，成功申报国家“863”计划项目9个，企业技术创新能力进一步增强。2004年，时代新材技术中心成为株洲第一家国家级技术中心，组织企业成功申报各类科技项目91项，争取扶植资金2300万元。2006年，组织企业与全国知名高校和科研院所成功对接项目89个。拥有国家级技术（工程）中心5个，博士后工作站7个。成功申报科技项目142项，其中，“863”计划项目17项，争取资金1.75亿元。成功申报3个国家级基地和1个省级基地。2007年，出台“创新奖”奖励办法，政府对50家企业的自主创新奖励达到225万元，为11家企业发放贴息资金124万元，为3家企业提供担保贷款780万元。企业研发平台得到新的发展，8家企业研发机构升格为国家、省级技术中心或工程技术中心，企业申报各类科技项目95个，获得资金支持6400多万元。湖南首个国家知识产权试点园区和国家科技兴贸创新基地落户株洲高新区。2008年，组织申报各类科技项目105项，获得资金支持9079万元。经科技部考核，获得全国科技考核先进县区称号。2010年，累计发放创新奖和创新扶持资金1300多万元，组织申报各类科技项目4802个，争取资金3.45亿元。重新认证高新技术企业110家，获评全国科技进步先进城区、国家知识产权试点园区、国家科技兴贸创新基地和国家新型工业化示范基地等称号。2013年，制定《株洲高新区创新驱动发展战略十年行动方案》，明确高新区未来十年的发展定位和目标举措。修订完善“创新奖”奖励办法，制定瞪羚企业培育、企业股份制改造、“4215”工程、“5211”人才计划等一系列产业扶持政策，首批7家瞪羚企业获得扶持资金750万元，人才专项资金从每年100万元提高到1000万元。出台《关于鼓励和扶持企业上市的若干政策》，辅助40家企业进入拟上市名单，日望电子成为全市首家新三板挂牌企业。加速推进金融与科技融合，科技银行扩展到4家，对中小企业的贷款支持达到10亿元。

2014年，“中国动力谷”的知名度和影响力不断扩大，参与创建长株潭国家自主创新示范区获得国务院批复，株洲高新区在全国高新区的位置前移6名、排名第40位。设立动力谷发展专项资金，区财政科技投入经费2.5亿元。举办中国动力谷“千人计划”专家项目合作洽谈，成功签约项目7个，意向合作项目10个。专利申请突破1000件，申报科技计划项目48项，争取项目资金1.15亿元。新增高新技术企业7家、企业技术中心6家。科技银行服务中小企业80家，授信总额超过3亿元，累计发放贷款2.5亿元，日望电子、利德浆料、华信精工3家企业在新三板挂牌，三板、四板拟上市重点后备企业达到11家。

第二节 重点发展高新技术产业

1992年，株洲高新区管委会迅速启动高新技术产业，引进并认定高新技术企业46家，外资企业6家，高新技术从业人员500多人，2项产品进入国家级火炬计划项目。1996年，15家企业成为高新区首批企业合法权益挂牌重点保护单位。1999年，创业服务中心跻身国家级高新技术创业服务中心行列，株洲留学人员创业园开园。全区年销售收入过亿元企业5家，过千万元企业21家。2000年，经科技部批准，高新区确立“一区三园两基地”发展新格局，初步形成超硬材料、新型建筑材料、高性能陶瓷材料、弹性元件材料和耐磨材料等高科技新型材料优势产业。2001年，以株洲高新技术产业发展有限公司为基础，重组株洲高科集团。时代新材料成功上市，实现新区本土培育上市公司零的突破。金德管业、钻石切削、南方阀门、碧辉建材等一批企业建成投产，为主导产业形成奠定了坚实基础。2004年，全区高新技术企业达到119家，千金药业、株冶火炬成功上市，全区上市公司达到9家，完成高新技术产品产值132.9亿元。2006年，以钻石切削等有色金属深加工企业为主体的新材料产业，以电力机车、时代新材等交通运输装备制造企业为主体的先进制造业，以时代电子、湘依电器、湘怡中元等自动化控制装备企业为主体的电子信息产业，以千金药业、协力药业、三湘医药、唐人神、太子奶等企业为主体的生物医药与健康食品等四大主导产业已基本形成。

2010年，有色金属深加工、新材料、电子信息、生物医药及健康食品等传统主导产业不断壮大，过亿元企业20家，过10亿元企业5家。天元区工业总产值由2005年的31亿元增加到206亿元，年均增长28.2%，高新技术产业增加值占全区国民生产总值的比重由43.3%提高到60%。2011年，高新区工业总产值达到1018亿元，成为继长沙高新区、长沙经开区后的全省第三个千亿产业园区。其中，高新技术产品产值815.99亿元。通过国家知识产权试点园区验收，11家企业与券商签订“新三板”服务协议，10家中小企业获得互保体系融资4280万元，发放创新奖715万元。2013年，提出打造“中国动力谷”战略构想，获得科技部论证评审，成功纳入省市核心发展战略。全省首家国家创新型特色园区创建获得科技部正式批准。2014年，株洲高新区高新技术企业118个，高新技术产品产值1421.47亿元，比2011年增长74.2%。

第三节 完善城乡基础设施

1992年，株洲高新区先后开工建设珠江南路、黄河南路、黄河北路、黄山路、长江北路以及滨江路等5条城市主次干道，形成以天台路为主轴、长江路和黄河路为两翼的道路格局。1993年，7条新建道路通车。

1995年，中国南方最大的广场——炎帝广场正式破土动工。1997年，完善炎帝广场、黄河南路和桥西广场、天台支路等工程项目，加快珠江北路、华天路、天平路等绿化美化工作。天台路被评为全省最美一条街。2001 年，投入 2.5 亿元进行园区基础设施和城区公共设施建设，完成天台科技园基础设施建设，开发总面积 2.36 平方千米。完成栗雨科技园规划，初步形成“一核两带八组团”规划成果。2003 年，按照抵御 50 年一遇洪水标准，完成 6.8 千米湘江大堤整修工程，完成总长 28.5 千米的马石线砂改油和湘新线砼化工程，硬化 30 千米村级道路，全区基本实现村村通公路。2004 年，栗雨科技工业园基础设施建设投资超过 5 亿元。城区路网建设，重点实施“四路两站一大道”（泰山路、庐山路、嵩山路、昆仑山路及 22 万伏 11 万伏两个变电站和株洲大道）建设改造工程。2005 年，随着株洲大道、庐山路、嵩山路的建成和泰山路、黄河北路的改造竣工，“六纵四横”的道路交通网络基本形成。农村公路建设累计投入 2200 多万元，硬化区、乡道路 45 千米，村道 27 千米，构建了“三纵六横”的农村公路网络。2007 年，长江北路一二三街区、株洲大道东湖立交段改造完工，泰山西路启动建设，完成黄河北路三四五街区、黄山路延伸段、湘依路路基工程，全面建成新闻路、德政路、华天路，麒麟国际社区的项目策划和对外招商取得新的突破。完成水利设施投入 190 多万元，整修湘江大堤湘滨段和一批排渍机埠、骨干山塘。总投资 2000 万元的农村电网改造工程全面启动。实现乡村公路建设投资 1100 多万元，完成旗麦路路基拓宽工程，建成乡村“通畅工程”“通达工程”道路 25.5 千米。2010 年，累计投入 80 亿元，建设、改造道路 30 多条，新增道路 65 千米，拓展城区 15 平方千米。建成和延伸炎帝大道、黄河北路、长江南路、泰山路、黑龙江路、湘芸路、新东路；拓宽改造株洲大道、湘江风光带河西段、旗麦路、马石路；完成天台支路、新闻路等 20 多条小街小巷提质改造；武广株洲西站、中环大道、天元大桥、芦淞大桥等一批国家、省、市重点工程相继建成，基本形成“六纵四横”“一环两带”的城区道路骨干网络。2011 年，投资 5.5 亿元的株洲大道延伸段建成通车，获评全市十大标志性工程。长江南路二三街区实现道路通行，泰山西路七八街区全线贯通，黄山路二街区改造完成。新东路、新马西路和湘芸路等园区干道基本建成。高标准推进农村公路建设，投入 1008 万元完成村道硬化 36.8 千米，里程居全市第一。投入 485 万元完成水利设施建设 168 处。全线拉通湘江防洪景观道路工程雷打石段堤岸线。

2014 年，完成三潭线铁篱至石亭段新建硬化、高岭至梽木段改建工程，硬化 30 千米乡村公路，燕子桥新建工程和马家湾危桥改造全面完工。启动实施小农水重点县第一片区建设项目，整治排水渠道 198 千米，完成杨柳水库除险保安主体工程，三门镇水厂土建工程基本完成。

第四节　加快对外开放

1993 年，株洲高新区签订外资项目 11 项，内资项目 23 项，协议利用内外资金达 5 亿元。1997 年，编制《投资指南》，建立招商引资项目信息库，与省招商局和外经贸部联网，逐步形成覆盖全国的招商网络，先后组团参加湘交会、乌洽会、厦交会等活动。1999 年，高新区成功实施网上招商。

2001 年，全区引进项目 78 个，投资总额 23.93 亿元。其中，投资过 10 亿元项目 1 个，过亿元的项目 9 个。2002 年，出台招商引资奖励政策，建立株洲高新区招商网站，设立北京、上海、长沙招商代理站。2005 年，全区引进项目 98 个，合同引资 41.2 亿元，实际到位资金 26.8 亿元，完成工业项目固定资产投资 12.8 亿元，实现招商引资由“内向型”向“外向型”的转变。2007 年，招大引强和产业链招商取得突破，全年实现招商引资到位资金 30.8 亿元，引进投资额过亿元的项目 18 个，工业项目平均投资密度提高到 200 万元 / 亩以上。英国澳利国际、香港超然塑胶、时代电动汽车等项目相继进区，成功引进投资 30 亿元、年产 20 万台整车的“北汽控股”南方制造基地。2013 年，北汽株洲一工厂实现年产 20 万辆整车产能，投资 60 亿元的北汽二工厂 30 万辆整车项目正式签约进区。2014 年，引进亿元以上项目 16 个，到位省外境内资金 48.6 亿元、外资 2.78 亿美元，引进大汉·惠普软件信息产业园、台湾元创汽车零部件园、八达电子信息智慧谷等一批投资体量大、产业效益优的好项目。

第五节　推进新型城镇化

1993 年，株洲高新区辖区面积 26.87 平方千米，征用土地 33.33 公顷开发工业五区。1999 年，完成对外开放形象工程——火炬大厦建设，一批企业进区开工投产。2002 年，占地面积 3.5 平方千米的天台科技园建设初具规模通过验收，正式启动栗雨科技工业园建设，首期建设 1.5 平方千米。2003 年，园区建设完成投资 2.56 亿元，建成园区道路 2.8 千米，杆塔和地面面积 66.67 公顷。城区基础设施完成投资 1.47 亿元，完成泰山广场及泰山路一、二街区，启动昆仑山路二街道、珠江南路四街区、株洲大道一期工程，湖南工业大学顺利开工。2007 年，高科环线全线竣工，启动欧洲工业园二期电力、供水工程，总投资 1.5 亿元的“天台金谷”全面竣工并交付使用。完成全区城乡统筹规划、13 个示范村的整建规划和 2 个居民点的详细规划，太高、江璜等 6 个新村部建成并投入使用。2008 年，园区开发累计完成投资 19 亿元，全面启动行政中心、颐景园、中央商务区水系建设。建成泰山西路、黄河北路三四五街区，改造完成长江南路一街区。完成 21 条小街小巷的新建改造、13 条道路砼改沥青，完成保利小区、耀华新村等 21 栋临街建筑物的“穿衣戴帽”工程。2010 年，神农城、栗雨中央商务区、湘水湾等投资过百亿元的重点项目加快实施，城市的支撑力和带动力明显增强。园区开发加速推进。累计投入资金 50 亿元，开发工业用地 733.33 公顷，基本建成栗雨科技工业园。新马工业园开发全面铺开，园区环线道路、管网配套设施正在加紧完善，中建五局光伏幕墙、湘煤立达、三湘湘雅健康城等重大投资项目进驻发展。2011 年，神农城项目完成核心区景观工程，神农湖开园，神农太阳城主体完工。湘水湾项目完成投资 6 亿元，生态公园初具雏形。栗雨中央商务区实现栗雨休闲谷开园，引进美的城、万豪酒店、佳兆业等一批服务业建设项目。2013 年，争取天易科技城、五云峰生态城交由株洲高新区、天元区整体开发，园区发展空间由 45 平方千米拓展到 146 平方千米。栗雨中央商务区总部壹号实现主体封顶。汽车博览公园完成整体概念规划，商贸服务区开工建设。湘水湾生态公园建成开园，神农城核心区生态景观工程基本完成。2014 年，完成天易科技城概念性规划，启动产业规划和土地利用规划。制定五云峰国际生态新城详规，着手进行项目包装和前期策划。推动“6 大百亿工程”建设，汽车博览园启动汽贸区建设，建成 4 千米片区道路，招商入园 4S 店 33 家，建成和在建的 6 家。高科·总部壹号完成基础投入 9.5 亿元顺利封顶。北汽二工厂实现投资 10 亿元，完成整车和停车坪范围内征地拆迁。新马 EBD 投入资金 25 亿元，启动总面积 125.53 公顷、全长 4.5 千米的万丰湖生态水系景观工程建设。月塘生态新城完成投资 40 亿元，启动泰山路沿线区域 93.33 公顷地块开发。

第六节　发展农业产业

1992 年，株洲高新区辖区内有耕地 519 公顷。1993 年，株洲高新区管委会大抓区内农村农田基本建设，不断发展优质农业，粮食产量达到 4083 吨，蔬菜 2 万吨。1997 年，农业总产值达到 1.68 亿元，粮食平均亩产 1050 千克，巩固了吨粮田建设成果。1997 年，农业科技园挂牌成立，标志湖南省首家农业科技园正式启动运作。1998 年，全区农民人均收入达到 2873 元，经省市农村小康达标验收组验收，全区农村达到小康标准，成为全省“小康区”。2001 年，以群丰为主的合花蔬菜基地、栗山果苗基地和以马家河为中心的花卉苗木、休闲旅游农业基地不断壮大。2010 年，农村面貌焕然一新。投入 3000 万元，完成农村电网改造。累计硬化乡村道路 80 千米，实施通达工程 125 千米，构建“三纵六横”的农村公路网络。整修湘江大堤 16.5 千米，建成农村村级活动场所 13 个，完成 500 公顷农田整理，无公害蔬菜、特种养殖、休闲观光农业稳步发展。2011 年，农业总产值达到 10.29 亿元，增长 5%。投资 2000 万元的唐人神群丰生猪健康养殖基地完成一期项目建设。扩面特色蔬菜基地 102 公顷，认证无公害农产品基地 6 家、无公害农产品 12 个，蔬菜总产值 1.36 亿元。发展休闲农庄 118 家，新增悠移农业园、合花园林山庄等四星级农家乐 3 家，实现营业收入 1.58 亿元。2014 年，全区粮食种植面积 13066 公顷（早、晚稻），粮食总产 9.35 万吨，总产值 2.51 亿元；种植蔬菜 4200 公顷，蔬菜生产基地 17 个，其中无公害蔬菜生产基地 8 个。区内有 3 个绿色食品基地、4 个无公害食品基地、3 个绿色食品、3 个无公害食品，全区蔬菜总产量 5.5 万吨，总产值 1.61 亿元。全年农业产值 12.19 亿元。

第七节　兴办三产服务业

2003 年，天元区内有商贸企业和餐饮服务业总数 2344 家，形成以天元超市、商业步行街、华天大酒店等为代表的长江广场中心商业辐射区和以炎帝广场、大中华、惟楚大厨房为代表的饮食服务区。2004 年，商贸三产渐成规模，完成河西商业网站 10 年规划编制，出台加快商贸经济发展若干意见，全区商贸企业和餐饮等服务业发展到 2386 家，累计实现社会商品消费零售总额 6.5

亿元。天元购物广场、肯德基长江分店等一批商业项目建成营业，长江广场核心商业圈正加速形成。2011 年，实现社会消费品零售总额 44.65 亿元，增长 21.8%。新增商贸、餐饮服务业 1343 家，逸景华天、帝都海鲜城、湘江一号等规模酒店餐饮企业进区发展，红星美凯龙家居广场建成营业。全区中小企业担保公司、金融机构数量超过河东三区总和。新增中国驰名商标 2 个、省著名商标 7 个。工商天元分局授权获得外商投资企业登记管理权。2014 年，天元区第三产业产值 110.18 亿元，占全区生产总值的 44.4%。

第八节 全面发展社会事业

1992 年，株洲高新区启动河西中学和高新区小学、医院筹划建设。1993 年，新建伤科医院河西分院，商检、财务、法律、科教文卫及进出口公司等 26 个支撑机构相继成立。1997 年，大坪逸夫学校对外招生，天台中学、东湖小学等进行改扩建。1999 年，新建泰山小学、马家河卫生院，扩建群丰卫生院，医疗设施日趋完善。2001 年，在炎帝广场隆重举行天元区首届大众体育运动会。2002 年，教育投入 0.22 亿元，撤并 3 所小学，重建、扩建 7 所学校，困扰河西的中小学生入学难问题得到初步解决。开展文明城区创建，被省委、省政府授予“文明城区”荣誉称号。2003 年，全面取得抗击“非典”胜利，建立完善多层次、高效率的疾病防治体系。创建省级园林城区和省级人口与计划生育模范区顺利通过验收，连续第四次获得城市管理先进城区称号。2007 年，银海学校实现秋季开学，启动东湖小学建设，“两基”迎国检和省“两项督导评估”顺利通过考核验收。全面推进新型农村合作医疗制度改革，参合率 92%，累计为参合农民发放医疗补偿金 120 多万元。126 名城乡贫困大病患者得到政府医疗救助。环境卫生、园林绿化、市政维护全面推向市场或实行内部竞争承包，成功创建国家园林城市，城管考核连续 6 年评为全市先进城区。积极开展计划生育优质服务活动，人口与计划生育工作连续 10 年保持全省先进水平。2008 年，创卫、创模初见成效，城市管理综合排名全市第一，小街小巷改造获得全市唯一的红旗单位称号。投入资金 7500 多万元，对 20 个城中村、11 个城乡接合部、29 个老旧小区、2000 多家“五小行业”门店、8 个农贸市场进行了综合整治。在全市率先建成网格化城管指挥系统，实行城市管理运行市场化、管理网格化、作业精细化、考核标准化。投入 200 多万元完成了群丰中学合格学校改造，免费义务教育政策全面落实，为农民工子女提供学位 1200 多个，资助贫困学生 1650 人。争取上级对农村卫生的投入 120 多万元，农村“新农合”参保 4.45 万人，启动实施城镇居民医疗保险，爱卫工作得到加强。广场文化有序繁荣，湘银社区被评为全国先进文化社区。计生工作再创佳绩，成功创建全国计生工作优质服务先进区，并连续 11 年获得全省人口与计生工作先进单位称号。2010 年，新建和改造天台小学、泰山学校、银海学校、北师大附中、栗雨学校等优质学校，完成群丰中学等 14 所合格学校建设，荣获湖南省推进义务教育均衡发展先进县区称号。新建嵩山社区卫生服务中心，建成区疾控中心大楼。实施国家基本药物制度，成功防控甲型 H1N1 流感、手足口病等重大传染疾病。《新农合》参合率和受益率均为全市第一。人口自然增长率控制在7‰以内，继续保持“国优”，连续14年获全省计生优质服务先进单位。投资8亿元的株洲市体育中心全面建成，成功承办湖南省第十届运动会。2011年，设立210万元城市管理考评奖励基金，城市管理考评综合排名位居全市第一。完成泰山小学、农业银行等5处美化工程，完成荣华居、五一新村等4个老旧小区1.5万平方米绿化提质。天元区被教育部确定为全国义务教育均衡发展改革试点区，教育质量检测成绩名列全市第一。投入1961万元完成三门镇、雷打石镇9所合格学校建设。2013年，投资3.2亿元的天元学校实现秋季开学，新增学位4560个，成功创建全国义务教育基本均衡先进区。区卫生监督所、疾控中心建成交付使用，16家村卫生室完成标准化建设，嵩山社区卫生服务中心创建为国家级示范服务中心。2014年，通过全省“教育强区”评估验收，获评全国首批义务教育发展基本均衡县区。打造神农中医药示范区，成功创建国家慢性病综合防控示范区，嵩山街道社区卫生服务中心创建为国家示范社区卫生服务中心。区文化馆建设基本完成。

第九节　建立完善社会保障体系

1993年，株洲高新区因开发建设需要，接收征地劳动力2318人，安置人员近1400人。2002年，天元区全面落实“两个确保”和最低生活保障制度，全区低保对象1327户4306人，实现应保尽保。2003年，全面搭建就业平台，正式启动“订单式”培训，积极促进失地劳动力和下岗失业人员就业，开发城镇就业岗位3831个，新增城镇就业人数4186人，城镇登记失业率控制在4%以内。2007年，社会保障、社会救助体系不断健全，五大保险新增参保6300多人次，参保总数2.73万人次。五保供养政策全面落实，投资340多万元建成马家河敬老院。启动实施失地农民基本生活保障制度，认真做好失地农民安置工作，启动安置房建设1700套，建成900套，启动以村为主体的5处安置区的建设。2008年，启动实施被征地农民基本生活保障制度，有5000多名失地农民参加养老保险，2600多人参加医疗保险，800多人享受基本生活补助。创造以村为主的安置房建设新办法，启动7个安置小区、2500多套安置房建设，销售安置房1280多套，解决3800多名被征地农民的居住问题。2010年，社会保障体系日趋完善，城乡低保应保尽保，保障标准大幅提高，发放保障金6239万元，大病医疗救助6757人次。加快推进失地农民基本生活保障制度，新增养老参保23421人，新增医疗参保100526人。开发公益性岗位2325个，新增就业22748人，农村劳动力转移就业8109人，城镇登记失业率控制在4%以下。投入资金11亿元，建成或在建安置房10348套，逐步化解拆迁累积下来的生活安置问题。2011年，建成安置房4702套，交付使用2485套。投资2.4亿元的湘湾小区建成使用，可解决1231户失地农民住房问题，成为全市最大的示范性安置区。率先实施城镇居民养老保险，全面开展新农保和辖区企业社保扩面征缴。新增参保人数1.2万人，总参保21.1万余人。2013年，推进省城乡统筹社会保障和充分就业示范区建设，稳步实施养老保险示范建设，财政投入补贴资金1.5亿元，将群丰镇第四年龄段3628

人整体纳入城镇企业灵活就业养老保险，保障覆盖范围大幅扩展。2014 年，组建保障性住房开发建设公司，制定“两安”用地管理办法和安置房建设标准，建设安置房 4272 套，竣工 1709 套。完成 1596 套公租房、廉租房建设和 150 户农村危房改造。积极推进安置房办证，办理房产证 6535 本、国土证 3248 本，10 多年来安置房两证办理的历史遗留问题取得重大突破。继续打造领跑全省的城乡社会保障体系，城乡统筹区域第四年龄段 1560 人参加企业职工养老保险，企业和农垦退休人员退休金再增 10%，实现“十连涨”。全区 7715 名农村低保、“五保”对象和残疾人实现基本医疗参保全免费，率先在全省对 80 岁以上老人实施医疗补助，为 3860 名高龄老人发放生活补贴 205 万元。开展社会救助“阳光行动”，清退城乡低保对象 929 户 2016 人，年节约保障资金 700 万元。

第四章 综合政务

株洲高新区成立于 1992 年 2 月，12 月经国务院批准为国家级高新区，设株洲高新区管委会办公室。1997 年 8 月，设天元区政府办公室。2000 年 10 月，经市委、市政府批准将株洲高新区、天元区职能合并、效能整合，设株洲高新区管委会办公室、天元区政府办公室，形成两块牌子、一套人马的格局。管委办、政府办内设综合调研科、督查科、信息科、秘书接待科 4 个职能科室，办公室二级和归口管理部门 6 个，分别为区政府法制办、区人防办、区食安办、区应急办、区爱卫办、区政务中心。

管委办、政府办主要职能是：负责管委会、区政府会议的准备和组织协调工作，负责安排领导同志的公务活动，办理领导同志交办的事项；负责管委会和区政府的文件和领导同志文稿的起草、校核、印发工作，负责文书处理、档案管理工作。研究、审核管委会、区政府各部门以及各镇、街道向管委会、区政府的请示、报告和反映的重要问题，提出处理意见报领导审批；及时、准确向上级报送信息，反映有关动态；负责重大方针政策、重要工作部署和领导同志重要批示、批件和贯彻落实情况的督促检查工作，组织办理人大代表和政协委员有关建议、提案；负责统筹规划全区推进依法行政工作，全区规范性文件审查报备工作，负责行政执法监督工作，承办申请区人民政府行政复议的案件；代理区人民政府的参与行政、民事应诉工作；制定防空预案，组织起草区人民防空的法规、制度等，战时组织防空疏散和隐蔽，宣传人防知识，普及三防教育，组训人防队伍，组织防空演练；负责全区的爱国卫生、应急管理、政务公开等工作；负责管委会对外接待工作；负责统筹安排区水利、统计相关工作；完成高新区党工委、管委、天元区委、区政府交办的其他工作。

1992—1997 年，先后有杨克敏、谈志明任株洲高新区管委办主任；1997—2014 年，先后有何建红、陈远瑞、何登科、袁哲明任株洲高新区管委办、天元区政府办主任。

第一节 调研督查

一 综合调研

从1992年起，办公室开展经常性调查研究工作，每月有1次小调查，每年组织3次以上重要课题调查。调查分为工作决策型、政策研究型、社会问题剖析型三类。1995年，《实行“三同步”加快开发区建设》在哈尔滨举行的全国高科技产业开发区经验交流大会上作书面交流，并在《湖南政报》1995年第24期上全文发表。2002年，《创新发展环境，发挥洼地效应，加快高新技术产业化进程》《实施城乡联动、以高新技术辐射带动农村经济全面发展》《株洲高新区企业孵化器的调查与思考》分别在《中国高新区》《调查与研究》上发表。《提升产业层次、整体发展高新技术产业》获得“科教兴市”战略征文特等奖。《理顺现行财政体制，促进新区跨越式发展》《关于新区管理体制的调查与思考》《加强社区建设，建立与新区发展相适应的新型社区》3篇调研文章得到市政府办公室的充分肯定。2005年，《株洲高新区创业中特色园区建设的思考》《加大高新区整体营销力度，推进“二次创业”》在省级以上刊物上发表。2009年，先后在《湖南日报》《中国文明网》公开发表文章3篇，《在化危为机中实现科学跨越》获得新中国成立60周年论文评选一等奖。2010年，《培育战略性新兴产业》在《湖南日报》发表。2012—2013年，在《中国高新区》等各级媒体发表《加快产业发展，助推升级跨越》《加快区域经济发展》《创新五大机制，推进征地拆迁》等文章12篇。2004—2006年，信息工作连续3年被评为全市政府系统先进单位。

二 政务督查

从1992年起，为确保管委、政府工作部署的落实和各项重大工作任务的完成，根据领导要求和工作需要，办公室适时组织各种较大规模的督查活动。通过督查了解工作进程，反馈工作信息，为领导决策提供依据。1995年，逐步完善督办制度，督查落实市委、市政府1995年“十件实事”中第九件和开发区1995年“十件实事”、思想作风整顿、市第八次党代会和十一届人大会精神。2002年，印发《关于对高新区主任暨天元区政府常务会和高新区管委工作例会、天元区政府区长办公会议议定事项落实情况进行督查的通知》和《关于开展〈政府工作报告〉落实情况督查活动的通知》，落实了督查责任制。及时完成市政府〔2002〕6号督办函、10号督办函关于金锦小区的问题和河西基础教育问题的处理情况。2006年，制定《村干部绩效考核办法》，首次组织对全区30个村115名村干部进行绩效考核。2009年，建立限时办结制度，重新修改制定《天元区村干部绩效考核工作方案》。2010年，实行“月查月报、季督季评”工作机制。2014年，创新考核方式，首次将政府部门工作完成情况纳入绩效考核范畴。负责省委书记包案件朱某等原炎帝广场开发部17名员工信访问题处置工作的协调联络工作，经过努力，顺利办结长达10年的信访积案。

第二节　办文办会与议案办理

一　办文办会

从1992年始，逐步加大办文规范管理力度，严把文件初审关、文字审核关、文种关和格式关，规范办文程序，办文质量明显提高，文件数量得到控制；做好各类正式文件的制发。抓好文件的收发、阅办、归档，确保公文的快速有序流转。提前谋划准备，统筹协调配合，做好会务接待工作，重点抓好管委例会、区政府全会、常务会议、区长碰头会等高规格会议，严格按照要求办事，既保证完成任务，又节省接待支出，减轻财政压力。1993年，转发《国家行政机关公文处理暂行办法》。2003年，印发《关于规范政府常务会议有关事项的通知》，规范会务组织。2005年，建立《处置信访突出问题及群体性事件工作联席会议制度》，增强处置突发事件的应对能力。2009年，严格按照《国家行政机关公文处理办法》，进一步规范办文程序。

二　议案办理

1993年，株洲高新区开始办理人大代表和政协委员的建议、批评、意见和提案，当年共办复35件。议案的办理主要是通过政府常务会讨论通过，然后报区人大常委会，质询案的办理，涉及政府工作的，由政府办牵头办理。贯彻实施《株洲市办理人大代表建议和政协委员提案工作规则》《政协株洲市委员会办公室关于办理政协提案的意见》《株洲市人民代表大会代表建议、批评和意见办理工作办法》，及时建立催办制度，明确办理标准，规范办理程序，规定办理时限，检查办理质量。2008年，制定《建议提案办理工作手册》，将建议、提案办理情况纳入考核体系。至2014年，明确建议提案办理工作由区长总负责，常务副区长牵头抓，分管副区长直接抓。并要求承办建议提案5件以上的单位成立“一把手”为组长的建议提案办理领导小组；各承办单位都建立“承办单位主要负责人总负责，分管领导亲自抓，经办人员具体办”的三级责任制度。作为建议办理的牵头单位，区政府办明确由一名副主任加上一名专职工作人员负责建议的督办、跟踪，明确专项经费，明确专项考核，将建议的办理考核情况纳入部门的月度绩效考核，奖优罚劣。至2014年的21年中，株洲高新区管委办、天元区政府办多次被评为全市人大建议、政协提案办理先进单位。

第三节　应急处理

2009年12月，成立天元区应急管理办公室，接受区突发事件应急委员会（简称“区应急委”）领导，为归口区政府办管理的副科级全额拨款事业单位，履行值班应急、预防处置、联络协调和参谋服务等职能。2013 年 8 月，根据工委委员会议、区委常委会议精神，设立区总值班室，与区应急办合署办公，在原有 5 名人员编制的基础上增加 3 名人员，实行全年 365 天每天 24 小时专职在岗值班制度。承担突发事件预防和处置、机关大楼日常值班应急以及“市、区长热线”事项和社会求助服务事项办理工作，负责对接市委值班室、市政府总值班室（市应急办）、市长热线管理办公室等部门工作。部门成立以来，紧扣各项工作目标，持续创新思维、持续推动落实，有效有序抓好工作落实、保质保量完成阶段任务。应急管理连续5年在全市单项排名第一；值班运转、信息报告、风险查控、预案演练以及宣教培训等各项基础性工作保持全市领先位置。城区紧急疏散避难场所“三横四纵”主干道导引系统建设在全市首开先河，泰园、栗山 2 个社区先后被评为全国“减灾防灾”示范社区。其中，在栗山社区开展的“同创共建”工作受到各方关注，被市政府授为首批“应急管理基层示范创建单位”。热线办理在全市月考季评中保持 A 类水平，多次在全市政府办公系统工作会议上作典型发言。值班工作规范推进硬软件建设和流程化运转，作为全市值班应急外来考察学习活动接待方案的常备单位，先后接待中央办公厅值班室、河南平顶山市委值班室、湖北省委值班室等多批次调研考察活动。

第四节　政务服务

2010 年 10 月，天元区政务服务中心正式运行，总面积 400 平方米，进驻 12 个服务窗口，分别为民政、计生、建设、发改、卫生、人防、残联、法律援助中心、水利、文体等，窗口工作人员 14 名。至 2014 年，中心常驻服务窗口 22 个，窗口工作人员 31 名。2010 —2014 年的 5 年中，累计受理行政审批事项和服务事项 88507 件，办结 87858 件，办结率 99%，公众评价满意度 100%。积极推动乡镇（街道）、社区便民服务中心建设，按照“群众有什么需求，中心就提供什么服务”的原则，科学设置服务事项，充实服务内容，搭建服务基层的平台，积极开展政务服务政务公开向乡镇（街道）、社区延伸的指导督办工作。全区镇、街道政务服务中心覆盖率 100%，社区便民服务中心建设 80%。2010 — 2012 年，连续 3 年被评为全市政务公开工作先进单位。2013 年，被评为全省政务公开工作先进单位。2013 — 2014 年，连续 2 年被评为全市政务公开工作优秀单位。

第五章　法治工作

2006 年，设立区政府法制办公室（简称区法制办）。主要职责是负责拟定区政府依法行政年度工作安排，并组织实施；负责区政府规范性文件和镇人民政府、街道，区直各部门制定规范性文件审查备案工作，实行全区规范性文件统一编号、统一审查、统一备案“三统一”制度；负责区政府规范性文件的解释和其他政府性涉及法治问题的解释工作，定期清理区政府规范性文件，编辑区政府规范性文件汇编；负责审核区政府审批的各种具体行政行为材料；负责受理和审理行政复议案件，受区政府委托进行行政诉讼、民事诉讼，承办区政府决定受理的行政赔偿案件；负责受理公民、法人、其他组织的举报，纠正下级人民政府和区政府部门作出的违法或不当的具体行政行为；负责对区政府部门行政执法责任制执行情况的考评工作；负责对区政府部门的培训工作，具体办理全区行政执法证的核发、补发事宜；负责对区政府规范性文件实施情况及行政执法中带有普遍性的问题开展调查研究，向区政府提出完善制度和解决问题的意见；承办区委、区政府和上级交办的其他工作。2006—2014年，法制办机构职能无变化。

第一节 行政行为规范

一 规范性文件审核

凡以区政府及经区政府同意由区政府办公室发出涉及法律、法规和重大政策的规范性文件，均须经区法制办审核。由区政府办公室或其他部门起草的，将文稿及法律法规依据一并交由区法制办审核，区法制办确认其法律法规依据的时效性、准确性和实用性后，方可呈送区政府领导签发。2006—2014年，区法制办草拟和审核的区政府规范性文件72份。其中，审核签发的69份，法律依据不足滞留不发的3份。

二 规范性文件清理

从2006年起，区法制办适时组织规范性文件清理工作。2010年，为认真贯彻实施《湖南省行政程序规定》，根据上级政府精神，区法制办组织对区政府2000年至2008年9月30日发布的规范性文件进行全面清理，决定废止规范性文件10件，宣布失效的规范性文件3件，需要重新公布的规范性文件3件，确认继续有效的规范性文件5件。为从2008年10月1日后实行规范性文件“三统一”奠定基础。2010年，区法制办组织进行第二次清理。对2008年10月以来发布的规范性文件进行全面清理，经清理，共废止过期规范性文件5件；重新公布规范性文件2件。清理结果在公报、政府网上进行公布。

三 行政执法培训发证

2007年，制定《关于加强领导干部学法用法工作的若干意见》《新区领导干部任前法律知识考试实施方案》，区委中心组学习时安排5次法治专题讲座。组织全区机关干部集中学习《中华人民共和国行政许可法》《中华人民共和国物权法》，聘请省商学院法学专家授课，区领导及全区干部共300余人参加学习。2008年，区委中心组学习时安排3次法制专题讲座。聘请市法制办领导和省商学院法学专家授课，区领导及全区干部共300余人参加学习。结合《湖南省行政程序规定》《行政许可法》颁布实施、《信访条例》和公务员法出台等热点问题，适时开展机关干部全员知识更新培训和考试。2010年，加大对行政执法人员的培训考核力度。7月—9月，举办3期依法行政讲座，参加培训的行政执法人员达300余人次；11月，对全区29个单位的执法主体172名行政执法人员的执法资格进行审核，并予以公示。2011年，举办5期行政执法人员培训班，参加培训400余人次。全面推行行政执法人员全员培训考试持证上岗制度、行政执法人员定期培训考核制度。全区164名行政执法人员经考核均持证上岗。2012年，全年举办5期法治培训，参加培训600余人次。以行政执法证换证为契机，加大培训力度，全区行政执法人员260余人参加培训。2013年，举办5期法治培训，参加培训600余人次，重点学习新施行的《中华人民共和国行政强制法》《湖南省行政程序规定》等法律、规章。2014年，严格落实政府常务会议学法制度，邀请省安监厅副厅长李大剑到天元区讲授《中华人民共和国安全生产法》；省法制办处长张政讲授《中共中央关于推进依法治国若干重大问题的决定》。区直各部门均建立经常性的学法制度。

第二节　行政执法监督

2007年，制定《行政执法监督考核办法》《行政执法过错责任追究办法》《行政执法统计工作制度》等一系列配套制度，区法制办与区监察局按照各自的职责分工，采取联席会议的方式，加强对区环保、国土和工商分局等部门的行政执法工作进行监督与检查，督促整改，并对检查情况进行全区通报。2008年，制定《创建株洲市行政程序示范单位实施方案》，启动全区创建株洲市行政程序示范单位工作。加强对卫生、城管、民政、水利、计生等行政执法部门依法实施行政许可、行政处罚、行政征收情况进行检查，考核结果与部门评先、干部奖金直接挂钩。在此基础上认真执行区人大及其常委会的决议、决定，自觉接受人大代表和政协委员的监督，实行政情通报会制度，对政府的阶段性重点工作、重大决策和重要文件，及时向区人大报告。2010年，建立健全《行政行为监督检查制度》《行政执法案卷评查制度》《行政行为过错责任追究制度》。对全区29个行政执法部门的执法依据进行梳理，分解执法职权，将部门法定职权细化分解到具体执法岗位，明确执法责任，做到有权有责，权责分明，有错必究。全面贯彻执行《湖南省规范行政裁量权办法》，区城管、卫生、计生等主要执法部门均制定行政裁量基准、发布行政执法案例。对区内行政执法单位进行3次依法行政检查。2011年，建立健全《重大行政行为备案制度》《行政执法行为监督电话网上公示及文书告知制度》等行政程序制度，实现用制度规范和完善行政行为。2012年，建立健全《行政执法评议考核制度》，区直行政执法部门进一步完善行政处罚裁量基准并上网公布，制定行政执法流程图。6月，区法制办联合区监察局对各行政执法单位进行依法行政检查。11月下旬，区政府对全区的行政执法单位进行督查考核。2013年，建立行政执法人员数据平台并上网公布，建立并运行社会救助服务平台。2014年，继续加大监督考核的力度，严格落实行政执法责任追究制度；建立健全行政程序制度，用制度来规范和完善行政行为。

第三节　行政复议办理

贯彻《中华人民共和国行政复议法》《中华人民共和国行政复议法实施条例》，逐步规范行政复议行为。2006—2010年，全区受理行政复议案件14件。其中，申请人主动撤回申请6件，审结8件。

2010—2012年，建立区政府法制系统行政复议、行政应诉案件统计报告制度。规范行政复议案件的受理工作，拓宽受理方式，畅通行政复议案件的受理渠道。创新行政复议审理方式，从新区社会和谐稳定的角度出发，加大调解、和解力度，并综合运用多种方式办案，行政复议的效果显著提升。2014年，办理行政复议案件1件，审结1件。

第六章　来信来访

1997年8月，成立天元区信访工作办公室，归口区政府办公室管理。2001年12月，更名为天元区信访工作局，由区委办公室、区政府办公室共同管理，以区政府办公室管理为主，为全区信访工作管理机构。2012年，更名为天元区信访工作局，由区委办公室、区政府办公室共同管理，列入区委工作机构序列，内设办公室、督查办公室，下设天元区人民来访接待中心（信访大厅），隶属区信访局管理的全额拨款事业单位。同时，区信访局还承担区处理信访突出问题及群体性事件联席会议办公室、区信访事项复查复核委员会办公室的日常管理工作。2014年，全区各镇（街道）、区直相关部门均建立信访接待室，明确分管信访的领导及信访专干，各村、社区明确信访信息员，区、镇（街道）、村（社区）三级信访网络逐步规范完善。2007—2009年，天元区信访局被评为全省信访工作先进集体；1997—2014年，18年中有13年被评为全市信访工作先进集体（单位）；先后有陈有谋、范宏平、韩非、谭洪军、李霞任区信访局局长（主任）。

第一节　信访制度建设

1997—2014年，区委、区政府高度重视信访工作，不断强化信访工作力度，并将信访工作纳入重要议事日程，出台一系列规章制度，信访工作逐步走上规范化、制度化轨道。1997年，区、各镇（办）均建立信访工作领导小组，进一步强化信访工作领导责任制，形成一级抓一级，一级对一级负责的信访工作格局。

2000年，区委办、区政府办下发《关于进一步加强信访工作领导责任制的通知》，进一步规范信访工作领导责任制；同时，完善定期研究制度、领导接待日制度、定期排查制度、领导包案制度、检查、督促制度、责任追究制度、逐级上访和分级受理等制度。

2003年，泰山路街道云里社区居委会成为全市第一个揭牌的“社区信访接待站”，标志着全市信访工作进社区的启动，也标志着天元区信访工作重心下移，构建信访大格局的新思路形成。此后，针对信访工作中出现的新情况、新问题、新特点，工委管委、区委区政府又相继建立完善天元区处理信访突出问题及群体性事件联席会议制度、信访信息员制度、“一岗双责”责任制度、定期排查分析制度、联合接访制度、群众越级上访维稳劝返制度、信访风险评估和信访听证制度、信访救助制度、信访工作绩效考核制度、信访工作责任追究制、“群众信访一卡通”制度和年轻干部到信访部门跟班学习等制度，形成比较完善的制度支撑体系，信访工作基础进一步夯实。

2012年以后，为贯彻落实中央、省、市关于做好新形势下群众工作的重要指示，成立中共天元区区委群众工作部，扎实推进用群众工作统揽信访工作的机制，实现社会管理创新。

第二节　来信来访办理

天元区是株洲市城市建设、园区攻坚和征地拆迁的主战场，全区群众上访反映的问题相对集中，主要为征地拆迁类。1997年，天元区信访办成立后，认真做好群众来信来访接待处理，制定群众来信来访处理规则，规范群众来信来访的接待、登记、转办、交办、督办、答复等办理程序，做到“公开办理流程，公开办结时限”。

1997—2002年，全区受理来信来访7167件。其中，来信1569件，来访5598人次，立案查办967起，结案944起。

2002年，原株洲市园艺场部分群众上访问题较为突出，主要反映农工身份、征地拆迁补偿标准、生活困难、养老保险等问题。区委、区政府高度重视，多次召开会议研究，主要领导亲自过问，并成立专门的调研、处理工作领导小组。经多次走访、请示省、市相关部门及原郊区、园艺场、渔场、果木场的老领导、部分园艺场老同志和上访群众代表，先后形成一系列合理合法符合实际的书面答复、处理意见和政策性说明，一起影响全省，乃至全国的重大信访事件得到妥善处理。2003—2005年，全区受理来信来访6127件。其中，来信173件，来访5954人次，立案查办967起，结案944起。

2006年，马家河镇新马村部分村民发现尿液中重金属镉超标问题。区委、区政府高度重视这一关系群众生命安全的事件，成立处置工作领导小组和专门的工作班子，认真开展调查研究，出台《天元区处置新马村村民尿镉问题的实施意见》，并从人力、财力上给予全力支持，最终促使该问题得到妥善处置。

2014年，原炎帝广场开发部员工反映问题突出，主要反映要求退回其在开发部的投资、股本及应得红利以及安置补偿的相关问题。该信访问题为当年省委书记交办的信访积案，自收到交办后，市区两级迅速动作，明确包案领导，成立专门工作班子进行调查处理。经过近3个月的艰苦努力，问题得到圆满解决，化解了这一长达10年的信访积案。

1997—2014年，全区信访总量为29501件次。其中，来信2987件，来访26514人次。

第七章 机关事务管理

1997年8月，天元区机关事务管理局成立，内设二级机构区机关接待办。1998年3月，区机关接待办更名为区政府接待办。2001年12月，天元区机关事务管理局更名为天元区机关行政事务管理服务中心。同年，不再保留区接待办、机关车队。区机关事务管理服务中心归口区政府办公室管理，为全额拨款事业单位，编制数15人。内设综合办、物业管理股、后勤事务股。2007年6月，恢复为区机关事务管理局。内设综合办、物业管理股、财务室。主要负责高新大厦、火炬大厦及区老干活动中心的后勤服务管理工作，保证整个机关工作的正常运转。2001年，获株洲市文明机关称号。2011年，被评为市、区两级“两型”机关示范单位。1997—2014年，先后有徐拥军、齐艳辉、谭育喜、刘蔚、宋云辉任局长（主任）。

第一节 基本建设

1980—1989年，原郊区行政科负责组织兴建2562平方米的5层办公楼、6栋151套计8000多平方米的干部宿舍。1990—1995年，负责组织实施造价为1000万元的办公大楼（原郊区办公大楼）、食堂、餐厅、车库、老干楼计10000多平方米的基本建设工作，并配置相关设备250余万元。承建机关干部职工集资建房和天鹅花园（鹅颈洲处）干部宿舍基建，共建4栋182套计18102平方米。其间，株洲高新区投资780万元，在河西黄河路口兴建建筑面积7000多平方米的区科技展览馆，作为全方位展示国内外新技术、新成就、新动向和株洲高新区党委、管委会的临时办公场所。

1997年，株洲市进行行政区划调整，新成立天元区。经区委、区政府决定，在天元区黄河北路建设天元区临时办公楼。天元区初建阶段，对区委、区人大、区政府、区政协及其所属60多个部门单位的办公场地、办公设备、车辆财产移交接手续半月内全部办妥，确保国有资产的安全。1998年，投入50万元新开发一个农副产品生产基地和一个机关干部活动场地；投入10万元开办一个机关经营服务部；投入30万元开办汽车修理厂，均面向社会；负责管理和经营区政府机关31个门面，创利25万元左右；组织集资建房80套。同年，株洲高新区党委、管委会决定兴建高新区火炬大厦，火炬大厦地处黄河北路，占地3713平方米，总建筑面积7512平方米，共11层，于1999年12月落成。1999年，启动机关后勤服务基地建设，新盖1栋综合性服务楼，面积466平方米。同年11月，天元区黄河北路办公楼动工兴建。2000年12月竣工，总建筑面积1.3万平方米。2001年上半年，正式挂牌天元区后勤服务基地，对外营业，为机关干部职工提供休闲服务，年创收近5万元。2000年8月至2001年9月，兴建干部职工住房156套计23070平方米，由区机关后勤事务管理服务中心具体负责资金筹集、结算等有关事宜。2001年1月1日，天元区委、区人大、区政府、区政协及部分区直机关单位迁入新办公大楼。2003年河东区政府办公楼（原郊区办公楼）整体移交给国宾酒店管理使用。

2005年6月，经工委委员会议、区委常委会研究决定，在栗雨中央商务区株洲大道旁新建高新大厦（科技中心），用于区直机关办公。2008年10月，高新大厦动工建设，总占地面积63673平方米，建筑面积51932.2平方米，于2010年5月竣工，7月正式投入使用。新建的高新大厦包含1栋12层主楼和2栋附属楼（会议中心及政务中心）。主楼建筑面积35934平方米，用于区直机关单位办公；会议中心建筑面积7182平方米；政务中心建筑面积8815平方米。2010年，区政府搬至新行政中心，区机关事务管理局圆满完成新办公楼的物业引进、家具、窗帘、标牌标识等招投标政府采购，火炬大厦改扩建工程等重大项目，总金额1200多万元，并为区财政节约资金400余万元。

第二节　后勤管理

一　物业管理

1997年，行政区划调整移交任务繁重而紧迫，当时的区行政事务管理办公室对区委、区人大、区政府、区政协及其所属60多个单位的办公场地、办公设备、车辆财物的移交交接等事宜，半月内全部安排到位，保证区划调整的顺利进行。1999年火炬大厦落成，负责办公楼安保及清洁工作。2001年，天元区从原郊区政府办公楼集体搬至天元区政府临时办公楼办公，区机关行政事务管理服务中心配合区委、区政府进行搬迁工作，同时认真做好两院（火炬大厦和天元区政府临时办公楼）的绿化、卫生和安全保卫工作，代管机关宿舍的住宅建设和物业管理，包括宿舍的消防、水电、供热、煤气、通信、房屋等设施的维护、维修和管理，聘请保安公司负责两院及机关宿舍的安全保卫工作。制定实施保安、消防、卫生、水电、绿化、采购、购物等方面管理制度，汇集成行之有效的机关大院后勤管理办法，办公大楼、公共场所保持干净整洁，院内绿化合理，安全保卫井然有序。

2010年，天元区政府搬至新行政中心高新大厦，区机关事务管理局配合区国资局做好原区政府大院（天元区政府临时办公楼）资产移交及处置工作。同年10月顺利将后期水电收取及物业管理权全部移交给市派物业公司。将株洲高新区科技中心物业管理服务委托给万厦居业有限公司。区机关事务管理局积极探索物业管理新举措，按照“政府出资、专业化管理、市场化运行”的管理模式，进一步提升服务水平。为规范对物业公司的管理，明确工作职责。区机关事务管理局制定并完善《办公用房物业管理制度》等一系列规章制度，督促物业公司由传统服务向管家服务转变。在遵守各项制度，做好日常服务、会务接待、领导服务、楼层服务和特色餐饮服务上做新的尝试，对机关的水、电、空调、办公用品及消防管理，院内绿化、环境卫生、安全保卫及院内车辆停放和秩序维护等严格管理，强化节能。做好各类设备设施的维修、维护及消防设施的安全工作。高新大厦设施齐全，随着时间的推移，设施的老化、维修、维护工作增多，及时做好保养、养护工作，保障大楼正常运转。做好消防设施维护、保养工作，杜绝消防隐患。通过一系列有效的预防措施，多年来，没有发生一起安全意外事故。

落实“两型”机关建设。机关事务管理局积极与相关部门合作分工，共同制定《高新大厦“两型”机关创建实施方案》及责任分解，通过不断努力，2011年“高新大厦”被评为市、区两级“两型”机关示范单位；2012年，“火炬大厦”被评为市级“两型”机关示范单位。2013—2014年主动推进节能降耗宣传指导工作，深入调研，严格监督物业公司的日常管理工作，使机关节能工作走上规范化、制度化的轨道。

二　机关食堂管理

2001年，天元区政府搬至临时办公楼后，在全区范围内广泛征求各部门和就餐者意见，改善服务方式，由原来窗口排队就餐，改成围席就餐，增加菜的花色品种，得到广大就餐者好评。在充分利用现有餐具、桌椅条件下，为厨房添置切肉机、和面机、冰箱，为餐厅添置空调、彩电、录放机等电气设备，面向社会聘请3名厨师和下岗职工在内的10名服务员，并多次请省餐饮学校教授和特级师傅讲课，还先后两次送服务员到省饮食学校参加培训。除大餐厅的营运，同时开设5个小餐厅、雅座，接待规模达到500多人。接待办理机关本身各种会议和来客接待就餐，所得利润用于扩大再生产，添置设备。

2010年，天元区政府搬至新行政中心（高新大厦）后，食堂一并交由万厦居业有限公司负责，由机关事务管理局对其进行管理。首抓服务，提高服务品味，并根据服务特点制定服务标准。狠抓质量，通过开展岗位练兵，技能比武提高服务质量和菜品质量，通过制定卫生岗位责任制及抽查制度，认真把好机关食堂食品采购渠道关和卫生检疫关，定期进行市场调查，不断研究和推出新菜式品种，实现口味多样化，确保机关食堂饭菜品种、质量，无食品卫生安全问题发生。加强宣传及督办力度。定期开展厉行节约宣传工作，杜绝浪费行为，积极推行简餐和标准化饮食，对执行制度不到位或不认真的，限期改正，在新区超市商品价格上，严格控制，以不超过本市大型超市商品价格为基础，为机关干部职工提供质优价廉的商品。

三　公务接待

天元区成立以来，区机关事务管理局紧密配合区政府中心工作，协助全区做好重大活动的接待工作。每年不下400余次、上万余人的公务及会议接待，都做到精心组织、妥善安排会务，每次会议对音响、茶水、卫生、空调等细节逐一落实，要求会务工作人员规范、周到、细致。无会时加强设施巡查维护，保持会场清洁卫生，为区委、区政府重要会议和活动提供高效优质的后勤保障。2002年11月，株洲高新区创建10周年庆典及2012年株洲高新区成立20周年、天元区建区15周年大型庆典活动期间，区机关事务管理局负责接待各方来宾，安排住宿、就餐、车辆，圆满完成任务；2005年，承办省政府欧洲工业园选址考察组、百名粤港企业家考察团等十余次大型接待活动；2012年中博会、专家院士行和区人大、区政协“两会”等公务接待工作，提前安排、布置会场，制定接待方案，提供高效优质的后勤保障。2014年，区委、区政府明确将全区所有公务接待用餐交由区机关事务管理局负责，区机关事务管理局圆满完成株洲·中国动力谷“千人计划”专家高峰论坛、国家自主创新示范区迎检等近百次餐饮服务及公务接待。

第五篇　人民政协

中国人民政治协商会议株洲市天元区委员会（简称“区政协”）是全国政协的地方组织，是在中共天元区委领导下，由全区各民主党派、无党派爱国人士、人民团体、各族各界代表人士组成广泛的爱国统一战线组织。

1997 年 9 月 25 日，区政协第一届委员会第一次会议开幕，区政协正式成立。下辖办公室、提案法制委员会、经济科技委员会、文化教育卫生体育委员会、学习联络群团委员会 5 个委办。区政协先后于 2002 年 11 月、2007 年 11 月、2012 年 11 月完成第二届、第三届、第四届换届选举。18 年来，区政协历届全会及其常务委员会坚持以经济建设为中心，以加强民主法制建设为重点，依法行使宪法和法律赋予的职权。

第一章　政协委员

第一节　委员产生

区政协委员，以拥护中国共产党的领导和社会主义事业，热爱祖国，遵守国家的宪法和法律，严格遵守政协章程，在区各界别中有代表性、有社会影响和参政议政能力为基本条件。一般经酝酿准备、协商提名、综合考察、协商确定等程序产生。建议名单经区政协党组会议研究、政协常委会议协商后，再报区委常委会审定。委员总数按照省委统战部要求，结合天元区实际情况，拟定规模，常委会组成人员占委员总数的 15% 左右。

第二节　委员构成

区政协委员由中国共产党、民主党派和工会、共青团、妇联、工商、农林、教育、医卫、侨联、宗教、科技等社会各界人士组成。其中，中共界别委员不得超过总数 40%，非中共界别委员不得少于总数 60%，女性委员不低于 30%，上届委员留任按照一定比例，非公有制经济人士占委员总数的 15% 以上。

政协株洲市天元区第一届至第四届界别设置、委员构成情况一览表

表5－1－1

界别		第一届	第二届	第三届	第四届
中国共产党		14	21	22	35
工　会		1	1	1	1
共青团		1	1	1	2
妇　联		1	2	1	1
工商联		3	2	2	7
侨　联		—	—	1	2
科学技术		7	9	4	5
农林水利		6	8	10	19
教　育		9	16	6	5
医药卫生		4	7	4	2
文化艺术		2	3	2	—
宗　教		—	—	1	2
经　济		25	30	27	33
无党派		5	5	12	12
青　联		1	1	1	—
新　闻		1	1	1	—
社会科学		2	1	2	—
少数民族		2	1	2	1
社会保障		2	2	2	—
特　邀		2	2	1	—
民　革		—	—	2	3
民　盟		—	—	1	4
民　建		—	—	3	4
民　进		—	—	1	3
农　工		—	—	3	2
致　公		—	—	2	3
九三学社		—	—	1	3
体　育		—	—	3	2
科　协		1	—	—	—
合计	界别数	19	18	28	22
	委员数	88	113	120	151

第二章 政协会议

第一节 全体会议

区政协全体委员会议是天元区最高层次的协商形式，由区政协常务委员会召集并主持。每年至少举行一次，会议与天元区人民代表大会同时召开。议程由主席会议提出，常务委员会议协商决定。开、闭幕式一般邀请工委、区委，区人大，管委、政府，区法院、区检察院的领导，离退休的历届政协正、副主席，离退休老干部代表，驻区省、市政协委员，区直机关各部办局主要负责人参加。全体委员会议的主要任务是选举政协天元区委员会主席、副主席、秘书长和常务委员；听取和审议常务委员会的工作报告；讨论并通过有关决议；参与对全区重要事务的讨论，提出建议和批评。区政协每届任期为5年。区政协从1997年成立至2014年，四届委员会共召开全体委员会议22次。

一 第一届政协全体会议

第一次会议 1997年9月25—26日举行第一届一次政协全体会议。出席委员88人。大会学习中共十五大报告和政协章程；听取并审议政协株洲市天元区第一届委员会筹务工作报告，选举产生政协株洲市天元区第一届委员会主席、副主席、秘书长和常务委员会委员；听取政协株洲市天元区第一届委员会第一次会议委员提案审查情况报告；协商并通过大会决议。

第二次会议 1998年4月14—15日举行第一届二次政协全体会议。出席委员90人，特邀45人，列席人员70人。大会听取并审议政协株洲市天元区第一届委员会常务委员会工作报告，听取和审议政协株洲市天元区第一届第一次会议以来提案工作报告；听取政协株洲市天元区第一届委员会第二次会议委员提案审查情况报告；协商《天元区人民政府工作报告》等报告，增选1名副主席；协商并通过大会决议。

第三次会议 1999年4月5—6日举行第一届三次政协全体会议。出席委员94人，特邀45人，列席人员70人。大会听取和审议政协株洲市天元区第一届第二次会议以来提案工作报告和第一届三次会议关于提案情况和审查意见的报告；协商《天元区人民政府工作报告》等报告；表彰1998年度政协工作先进集体和优秀个人；协商并通过大会决议。

第四次会议 2000年3月6—7日举行第一届四次政协全体会议。出席委员103人，特邀60人，列席人员70人。大会听取和审议政协株洲市天元区第一届委员会常务委员会工作报告；听取和审议政协株洲市天元区第一届第三次会议以来提案工作报告和第一届四次会议关于提案情况和审查意见的报告；协商《天元区人民政府工作报告》等报告；表彰 1999 年度政协工作先进集体和优秀个人；协商并通过大会决议。

第五次会议 2001 年 2 月 26—28 日举行第一届五次政协全体会议。出席委员 101 人，特邀 49 人，列席人员 54 人。审议政协株洲市天元区第一届委员会常务工作报告；听取和审议政协株洲市天元区第一届第四次会议以来提案工作报告和第一届五次会议关于提案情况和审查意见的报告；列席人大第五次会议；大会选举，增选 1 名副主席；通过大会决议。

第六次会议 2002 年 2 月 27 日—3 月 1 日举行第一届六次政协全体会议。出席委员 101 人，特邀 57 人，列席人员 50 人。审议政协株洲市天元区第一届委员会常务工作报告；审议提案工作报告；列席人大第五次会议，表彰 2011 年度政协工作先进集体和个人；通过大会决议。

二　第二届政协全体会议

第一次会议 2002 年 11 月 25—26 日，举行第二届一次政协全体会议。出席委员 113 人。大会听取并审议政协株洲市天元区第一届委员会常务委员会工作报告；审议区政协第一届委员会提案法制委员会关于提案工作的报告；选举政协第二届委员会主席、副主席、秘书长和常务委员会委员；通过大会决议。

第二次会议 2003 年 2 月 26—27 日，举行第二届二次政协全体会议，出席委员 113 人，特邀列席人员 80 人。审议政协株洲市天元区第二届委员会常务委员会工作报告；列席区人大二届二次会议，听取《政府工作报告》等报告；通过大会决议。

第三次会议 2004 年 2 月 17—19 日，举行第二届三次政协全体会议。出席委员 113 人，特邀列席人员 90 人。会议听取并审议政协株洲市天元区第二届委员会常务委员会工作报告。审议区政协第二届委员会提案法制委员会关于提案工作的报告和二届三次会议提案审查情况的报告。列席区人大二届三次会议，听取《政府工作报告》等报告。安排 6 名委员大会发言，姜玉成委员作《强化部门服务，优化新区环境》的发言；李铭委员作《株洲新区招商引资工作的难点与对策》的发言；黄声波委员作《规划株洲大学城，实现高等教育与城市文明的跨越式发展》的发言；童举纲委员作《关于我区弱势群体生活情况的调查》的发言；崔剑林委员作《关于我市市场非公经济企业发展的思考》的发言。高建民委员作《征地拆迁行政非诉执行“难”的再思考》的发言。

第四次会议 2005 年 3 月 2—3 日，举行第二届四次政协全体会议。出席委员 120 人，应邀出席的领导及各部门负责人 110 人。审议政协株洲市天元区第二届委员会常务委员会工作报告。审议区政协第二届委员会提案法制委员会关于二届三次会议以来提案工作情况的报告和二届四次会议提案审查情况的报告。列席区人大二届四次会议，听取《政府工作报告》等报告。表彰先进，通过大会决议。

第五次会议 2006年2月26—28日，举行第二届五次政协全体会议。出席委员120人，应邀出席的领导及各部门负责人120人。审议政协株洲市天元区第二届委员会常务委员会工作报告。审议区政协第二届委员会提案法制委员会关于二届四次会议以来提案工作情况的报告和二届五次会议提案审查情况的报告。列席区人大二届五次会议，听取《政府工作报告》等报告，协商区国民经济和社会发展第十一个五年规划纲要。表彰先进，通过大会决议。

第六次会议 2007年3月7—9日，举行第二届六次政协全体会议，出席委员120人，应邀出席的领导及各部门负责人130人。审议政协株洲市天元区第二届委员会常务委员会工作报告。审议区政协第二届委员会提案法制委员会关于二届五次会议以来提案工作情况的报告和二届六次会议提案审查情况的报告。列席区人大二届六次会议，听取《政府工作报告》等报告，补选区政协二届委员会副主席，表彰先进，通过大会决议。

三 第三届政协全体会议

第一次会议 2007年11月26—27日，举行第三届一次政协全体会议，出席委员120人，应邀出席的区领导和列席人员132人。审议政协株洲市天元区第二届委员会常务委员会工作报告。听取和审议区政协第二届委员会关于提案工作情况报告，选举政协第三届委员会主席、副主席、秘书长和常务委员会委员；通过大会决议。

第二次会议 2008年2月25—26日，举行第三届二次政协全体会议。出席委员127人，应邀出席的领导及各部门负责人140人。审议政协株洲市天元区第三届委员会常务委员会工作报告。列席区人大三届二次会议，听取《政府工作报告》等报告。听取政协株洲市天元区委员会提案法制委员会关于三届二次会议提案审查情况的报告，通过大会决议.

第三次会议 2009年2月11—12日，举行第三届三次政协全体会议，出席委员128人，应邀出席的领导及各部门负责人150人。开幕式前开展文艺联欢。审议政协株洲市天元区第三届委员会常务委员会工作报告。列席区人大三届三次会议，听取《政府工作报告》等报告，听取政协株洲市天元区委员会提案法制委员会关于三届二次会议以来提案情况的报告和三届三次会议提案审查情况的报告，通过大会决议。安排大会发言5人。刘红兵委员作《关于加快我区休闲农业发展的建议》的发言；姜玉成委员作《预防和惩治社会领域腐败任重道远》的发言；易祝明委员作《加强教师队伍建设，提升基础教育品位》的发言；黄冬媛委员作《解决出嫁女土地补偿费分配纠纷的建议》的发言；单童委员作《加快我区文化设施建设的建议》的发言。

第四次会议 2010年3月3—4日，举行第三届四次政协全体会议，出席委员128人，应邀出席的领导及各部门负责人150人。审议政协株洲市天元区第三届委员会常务委员会工作报告。听取政协株洲市天元区委员会提案法制委员会关于三届三次会议以来提案情况的报告和三届四次会议提案审查情况的报告。列席区人大三届四次会议，听取《政府工作报告》等报告。表彰先进，通过大会决议。安排大会发言五人。齐艳辉委员作《关于率先在全省建立城乡居民社会保障全覆盖区的建议》的发言；易祝明委员作《创办公立初级中学名校，谱写新区教育强区新篇章》的发言；单童委员作《适应新区经济发展需要,努力抓好镇级文化站建设》的发言；管卫国委员作《关于对我区基层人民调解工作的几点建议》的发言；郑毅委员作《化危为机，共克时艰》的发言。

第五次会议 2010 年 8 月 20 日，举行第三届五次政协全体会议。出席委员及民主党派负责人 129 人，应邀出席的区领导和各部门负责人 150 人。选举政协株洲市天元区第三届委员会秘书长、补选政协株洲市天元区第三届委员会常务委员；政情通报会。

第六次会议 2011 年 3 月 9—10 日，举行第三届六次政协全体会议。出席委员 135 人，应邀出席的领导及各部门负责人 165 人。听取和审议政协株洲市天元区第三届委员会常务委员会工作报告。听取政协株洲市天元区委员会提案法制委员会关于三届四次会议以来提案情况的报告和三届六次会议提案审查情况的报告。列席区人大三届五次会议，听取《政府工作报告》等报告。选举常委，表彰先进，通过大会决议。开幕式前进行文艺会演。

第七次会议 2012 年 2 月 15—16 日，举行第三届七次政协全体会议。出席委员 148 人，应邀出席的领导及各部门负责人 165 人。听取和审议政协株洲市天元区第三届委员会常务委员会工作报告。听取政协株洲市天元区委员会提案法制委员会关于三届六次会议以来提案情况的报告和三届七次会议提案审查情况的报告，列席区人大三届六次会议，听取《政府工作报告》等报告，补选副主席，表彰先进，通过大会决议。

四　第四届政协全体会议

第一次会议 2012 年 11 月 28 — 29 日，举行第四届一次政协全体会议。出席委员 151 人，应邀出席的领导及各部门负责人 160 人。会议选举政协株洲市天元区第四届委员会主席、副主席、秘书长和常务委员，审议通过政协株洲市天元区第四届委员会第一次会议决议，委员培训。

第二次会议 2013 年 2 月 26 — 27 日，举行第四届二次政协全体会议。出席委员 155 人，应邀出席的领导及各部门负责人 166 人。听取和审议政协株洲市第四届委员会常务委员会工作报告。听取和审议政协株洲市第四届委员会常务委员会关于三届政协期间提案工作情况的报告和关于四届二次会议提案审查情况的报告，列席第四届人大二次会议，听取《政府工作报告》等报告。通过大会决议。

第三次会议 2014 年 2 月 19 — 20 日，举行第四届三次政协全体会议。出席委员 155 人，应邀出席的领导及各部门负责人 169 人。会议听取和审议政协株洲市第四届委员会常务委员会工作报告。听取和审议政协株洲市第四届委员会常务委员会关于四届二次会议以来提案工作情况的报告和关于四届三次会议提案审查情况的报告。举行“高祺杯”政协知识竞赛。列席第四届人大三次会议，听取《政府工作报告》等报告。选举常委，表彰先进，通过大会决议。

第二节 常务委员会会议

区政协常务委员会会议是区政协全体委员会会议闭会期间的主要协商形式。一般每季度举行一次，必要时可临时举行。常务委员会会议的议程和日期由秘书长拟定，主席会议审定，一般于会前 10 ~ 15 天将会议的有关事项通知常务委员会组成人员。由政协主席主持，或由政协主席委托副主席主持，副主席、秘书长、全体常务委员参加。其主要任务是组织常委参加政治学习及其辅导课活动，研究常委会日常工作，安排开展调研活动，听取区政府政情通报，提案办理情况通报，审议通过下一届次全会议程和日程安排，讨论常委会工作报告和提案工作报告，开展专题协商，协商决定增补和新一届政协委员名单，讨论通过参政议政材料。期内，第一届举行常务委员会会议 30 次；第二届举行常务委员会会议 20 次；第三届举行常务委员会会议 21 次；第四届至 2014 年 12 月举行常务委员会会议 8 次。

第三节 主席会议

区政协主席会议由主席主持，副主席、秘书长参加，必要时，政协各专委会主任可列席参加。区政协主席会议是区政协常务委员会议闭会期间的重要协商形式。一般每月举行一次，必要时可临时召集。主席会议由主席或主席委托的副主席主持。会议的议程由主席提出，或副主席提出报主席决定。主要任务是负责处理常务委员会的重要日常工作；协商讨论区委、区政府贯彻实施党和国家的方针政策，以及经济、社会生活中的重大问题，提出建议；审查通过以主席会议名义向区委、区政府提出的建议案，审查以委员会名义或常务委员会名义向区委、区政府提出的建议案；审定常务委员会会议的议程、日程，审议提交常务委员会会议的文件和重大事项；审议委员会及其常务委员会的工作计划、工作报告和重要活动方案；审议专门委员会的工作计划和总结，听取工作报告；执行常务委员会的决议。期内，第一届委员会举行主席会议 19 次；第二届委员会举行主席会议 18 次；第三届委员会举行主席会议 24 次；第四届委员会至 2014 年 12 月举行主席会议 11 次。

第三章 政协常务委员会

第一节 常务委员会组成

政协株洲市天元区委员会设常务委员会，由主席、副主席、秘书长（办公室主任）和常务委员组成。由政协全体会议选举产生。

政协株洲市天元区第一届—第四届常务委员会组成人员名录

表5－3－1

届 序	任 期	主 席	副主席	秘书长	常务委员(按姓氏笔画为序)
第一届	1997年10月—2002年11月	粟蒲先	杨桂芳 董法仁(补) 龚榕生(补) 吴咸希(兼) 张天如(兼)(二次会议增补董法仁为委员，选举其为副主席；五次会议增补龚榕生为委员，选举其为副主席)	郭 飞	王力行 王金生 刘继庆 刘德辉 杨桂芳 吴咸希 张天如 柳怀德 胡德昌 郭 飞 龚榕生 顾伟雄 黄秋蓉 粟蒲先 董法仁 雷纯武 谭立群
第二届	2002年11月—2007年11月	粟蒲先	曹孟秋 段桂生 涂梅生 文季纯(补) 罗世安(补) 易冬林(补) 刘亚云(兼) 陈浩(兼)	易冬林	文季纯 王颖曜 刘亚云 陈 浩 李 铭 肖桂霞 罗世安 易冬林 罗 平 段桂生 涂梅生 袁利凡 顾伟雄 曹孟秋 崔剑林 粟蒲先 彭加文 谭正香 谭立群 谭建志 谭晖晖
第三届	2007年11月—2012年11月	文季纯	罗世安 易冬林 王征宇(兼) 周定良(兼) 肖 玲(兼)(七次会议罗世安辞去副主席，增补程燕、曾天青为委员，选举为副主席)	曹光喜 陈毅陟(五次会议曹光喜辞秘书长，选举陈毅陟为秘书长)	王伟鸣 田江萍 申旭明 刘 芳 刘红兵 李 铭 何君花 邹艳君 陈金雨 陈毅陟 祝 慧 顾伟雄 卿杰超 黄政发 黄顺鸿 黄晓丽 彭 炯 彭加文 谭建志 谭晖晖(第三届五次会议选举袁艳芳为常务委员；第三届六次会议彭加文、顾伟雄辞去常委职务；第三届七次会议增补周清良 邓辉军 王思永为常务委员)
第四届	2012年11月—2014年12月	程 燕	曾天青 郭 飞 李 铭(兼) 彭炯(兼) 谈培蕾(兼)	刘江云	王思永 王雁清 邓辉军 冯少明 田江萍 刘红兵 何君花 肖 波 肖轩杰 罗 翔 易志勇 周清良 胡志清 徐向荣 郭剑锋 袁艳芳 黄建华 董 古 谢志毅 谢国泉(第四届三次会议袁艳芳辞去常委职务，选举徐勇军为常务委员)

第二节 工作机构

根据株洲市机构编制委员会办公室《关于城市四区政协机构设置和人员配备有关问题的通知》和区委、区政府《关于印发〈株洲市天元区机构改革方案的实施意见〉的通知》有关规定，政协株洲市天元区第一届至第四届委员会均设立办公室、提案法制委员会、经济科技委员会、文化教育卫生体育委员会和学习联络群团委员会。

政协株洲市天元区历届各委办主任任职人员名录

表5-3-2

职 称	姓 名	任职时间
办公室主任	周飞鸿	1997年09月—2001年12月
	郭 飞	2001年12月—2003年01月
	易冬林	2003年01月—2007年02月
	曹光喜	2007年04月—2010年04月
	陈毅陟	2010年04月—2012年11月
	刘江云	2012年11月—2014年12月
提案法制委员会主任	王传学	1997年09月—2001年12月
	邓海华	2001年12月—2007年11月
	陈毅陟	2008年02月—2010年04月
	袁艳芳	2010年04月—2014年02月
	谢志毅	2014年02月—2014年12月
经济科技委员会主任	宋冬满	1997年09月—2001年12月
	陈金雨	2001年12月—2008年02月
	刘红兵	2008年02月—2014年12月
文化教育卫生体育委员会主任	顾伟雄	1998年04月—2010年09月
	周清良	2010年09月—2014年12月
学习联络群团委员会主任	易振华	1997年09月—2001年12月
	易晓红	2001年12月—2007年12月
	陈金雨	2008年02月—2012年11月
	谢志毅	2012年11月—2014年02月
	徐拥军	2014年02月—2014年12月

第四章　职能履行

第一节　政治协商

株洲市天元区政协成立后，围绕全区各个时期的重要工作与重大事项，通过整体协商、专题重点协商，以及参加区委、区政府组织的各类会议活动等形式，开展协商活动，为全区制定中长期发展目标和规划、重点工程建设、重大人事任免以及其他专项工作提供可行性意见和建议。

一　整体协商

1997—2014年，区政协组织召开全会22次，围绕政府工作报告、计划、财政、法检两院报告等一系列重大政治、经济、社会、人事、规划、政策等问题协商讨论。会议期间收到委员提案1025件，立案971件，立案率95%，涉及领导决策、经济建设、群众生活、法治建设和城建、教育、宗教、卫生、科技、体育、城市和交通建设和管理、政法综治、规划、国土、人民群众生产生活、党群社会、农业农村、纪律监察等方面；会议组织大会发言26人次，有关金融、农业、城建、教育、经济和人力资源、文化、司法、优化政务环境、招商引资、非公经济、征地拆迁等方面，均得到区委、区政府和相关职能部门重视和采纳。

二　专题重点协商

1997—2014年，区政协常务委员会会议和主席会议共向区委、区政府提交常委会议或主席会议建议案9篇，举行专题视察和专题协商会110余次，涉及征地拆迁、非公有制经济、物业管理、劳资关系、政法工作、文化、教育、旅游、园区产业招商和培育等方面。1998年5月—6月，区政协由正、副主席带队，组织部分常委和机关委办主任，对全区非公有制经济发展的现状、存在的问题和应采取的对策，进行广泛深入的调查研究，形成专题报告。并以区政协常委建议案的形式，向区委和区政府提出关于加快天元区非公有制经济发展的建议。2004年5月—7月，区政协根据区委常委专题议教会议精神，组织专门班子，就发展新区教育问题开展专题调研，并形成调研报告。区政协二届七次常委会议在认真审议调研报告的基础上，向区委、区政府提出《关于适度超前、优质发展新区教育的建议案》。区委、区政府对具备条件解决的问题已经解决，暂不具备条件解决的列入计划，并在2005年得到解决。2010年8月—9月，区政协从全区征拆工作的遗留问题角度出发，由正、副主席带队，组织专门班子，对全区失业青年，尤其是失业青年的培训和就业工作进行专题调研，形成调研报告。区政协三届十二次主席会议在审议调研报告后，向区委、区政府提出《关于进一步做好我区失业青年尤其是失地青年的培训和就业工作，实现最充分就业区的建议案》，得到区委、区政府高度重视。区加大培训就业费用的投入，采取有条件的镇、街道实现免费培训或由失地青年支付培训费，政府部门视具体情况按一定比例或按定额报销两种模式。2013 年 12 月，区政协四届委员会组织部分政协常委和专委会主任广泛听取园区企业和社会各界的意见和建议，就“园区企业职工收入倍增”进行专题调研，形成主席会议建议案《关于园区企业职工收入倍增的建议案》。区建立起企业职工工资的增长与企业劳动生产率提高同步的机制，按照“同步增长”的原则，企业劳动生产率增长比例在 15% 的，职工工资增长不得低于 15%。

第二节　民主监督

区政协成立后，始终坚持履职为民的理念，不断拓展履职为民的内容，为反映和解决人民群众切身利益的问题，积极探索民主监督运行机制，提高民主监督组织化程度，不断加大监督力度，强化监督实效。

一　提案工作

1997—2014 年，区政协收到提案 1070 件，经审查立案 981 件，61 件作来信或社情民意处理，28 件采用其他处理方式，立案率 92%。

区政协一届委员会期间，区委、区政府发布《关于进一步加强政协工作的意见》，明确规定各单位要有专人负责政协提案、建议案的承办工作，并确保办理质量，建立政协民主监督交办事项不办追究制。区政协有针对性地提出和制定调研课题，围绕经济建设中心和加快发展，提高经济运行质量，壮大高新技术产业，提高技术创新能力和城市品位，调整农村产业结构，加快第三产业发展以及人民群众关心的生产、生活中的热点、难点问题下发给各位政协委员书写提案时参考，同时与提案交办单位密切配合，随时注意提案办理进程和效果，提案办结率 100%。

1999 年，郭飞委员提交的《加大宣传力度，促进全区招商引资工作快速、高效发展》的提案被区委和政府采纳。6 月 11 日，区委、区政府联合印发《株洲市天元区招商引资若干规定》的通知，给予招商引资领导小组安排专门经费。当年引进项目 16 个，协议引进资金 4142 万元。届内，区政协表彰优秀提案 36 件，承办提案先进单位 20 个。副主席张天如在一届六次会议上书写提案 8 件，创造个人撰写提案之最。

区政协二届委员会期间，落实完善各承办单位“一把手负总责、分管领导负专责、承办人抓落实”的三联责任制。2004 年，区政协主席会议成员对《泰山路二、三街区的美化、亮化》和《加强街面控制，创建平安新区》的两件提案进行重点督办，这两件提案均得到落实；2005 年，区政协对

“关于维修、整治长岭居委会高、低压线路”的提案进行督办，当年年底城西供电局投入60余万元，改造长岭高、低压线路。5年间，区政协共表彰奖励优秀提案21件，委员提案承办先进单位24个。

区政协三届委员会期间，区委、区政府把提案的办理纳入相关职能部门年度目标考核。各承办单位普遍实行“定单位、定人员、定措施、定时间、定标准、包质量”的工作责任制，建立政协提案办理无障碍通道。2009年，谭湘委员提出的《关于在全区主干道两旁设置休息凳的提案》，全区共投资49万余元，在主干道两旁安装382条休息凳。提案督办上，采取上门催办、联合督查、跟踪督办等形式直接与承办单位进行沟通协商，共同研究解决提案办理工作中遇到的困难和问题。2009年4月，区政府召开的提案交办会上，常务副区长邓尚文强调，政协委员提案办结率、见面率和办理态度满意率必须达100%，解决率必须达50%以上。2010年3月，政协株洲市天元区第三届委员会第四次会议期间，邓辉军委员撰写《关于“神农城”重点工程建设的若干建议》的1号提案和《关于株洲城市品牌命名为中国“神农城”的紧急建议》的2号提案，其主要内容是如何将中华民族始祖“神农”文化融入株洲市重点工程“神农城”建设，如何打好“神农”品牌发展株洲旅游等。1号、2号提案引起广泛关注，特别是被《株洲新区》报道后，先后有香港凤凰卫视、台湾东森卫视、环球资讯、《南方都市报》、搜狐网、新浪网等510多家媒体进行报道和转载，网上转帖13万多篇。邓辉军委员还多次参加市、区两级召开的关于神农城建设听证会议。5年间，区政协表彰奖励优秀提案18件，委员提案承办先进单位20个。

区政协四届委员会期间，区政府修订完善《政协委员提案工作暂行规则》，对提案办理进行统一规范。政府常务会议两次专题研究政协提案工作，将提案办理情况纳入年度绩效考核指标体系；常务副区长阅批委员提案，并亲自督办重点提案，分管区领导牵头协调，相关部门分工负责共同办理，形成联动高效的提案工作格局。提案工作督办上改变往年召集承办单位全盘听汇报的惯例，采取“背靠背”的方式，先期了解承办单位办理情况和委员满意度，有针对性地进行督办。2014年，政协副主席督办的5个重点提案，采取现场察看、深入调研、协商论证相结合的方式进行督办。如张定富、雍建敏等8名委员提出的《重建三门燕子桥的建议》，区建设部门认真落实，解决该地老百姓出行问题。2014年，区政协网站开辟“政协网上提案系统”快速通道，改以往的纸质提交为方便快捷的网上提交提案方式。

二 监督工作

1997—2014年，区政协委员中共有570余人次被市、区权力机关聘为行风特约监督员、执法特约监督员等各类民主监督员和参加市、区职能部门的行风评议。

区政协一届委员会通过委活动、走访委员所在单位、听取全面工作通报，对全区政法、教育、城建、交通、计划生育、文明机关建设等工作，提出许多意见。有10余名委员受聘担任特约执法监督员和行风评议员，行使民主监督的职责。区政协二届委员会将民主监督与法律监督、纪律监督、舆论监督、群众监督紧密配合，不断畅通民主监督的渠道，着力提高民主监督的实效。届内每年都有20多名政协委员担任政府相关单位及检察院、法院、工商、税务等部门的特约监督员、行风评议员。监督工作始终立足于帮助党委、政府化解矛盾，促进社会和谐，使诸如学校周边环境治理、社区服务用房建设、农村医疗设施建设、征地拆迁政策实施、城市管理等一大批热点、难点问题得以解决。

区政协三届委员会围绕事关全区经济社会发展中热点、难点问题，开展协商，实施民主监督，有针对性地提出批评、意见，促使政府和部门改进工作，提高效率。届内有100多名委员担任区法院、检察院、工商、税务、组织部、优化办、建管办、残联等部门的政风、行风、政绩考核、慈善事业以及城市管理等义务监督员、考评员；有100多名委员，200多人次参与廉政建设、行风评议、政绩考核等各种监督活动。

区政协四届委员会加强民主监督，积极拓展监督的内容和途径。2013年，推荐3名委员担任法院执法执纪监督员，20名委员担任人民监督员与特约检察员，10名委员被聘为区城市管理特邀考评员。2014年，首次实施民主监督员“聘”改“派”工作。区委转发《关于委派政协委员担任民主监督员的意见》，出台实施方案、实施细则、考核办法，向10个部门委派民主监督小组。各受派单位制定工作、会议等制度，主动对接工作。设立“阳光台”“征询意见箱”，全面接受监督。

三　反映社情民意

区政协成立后，充分发挥政协联系面广的优势，抓住民众关注、党政关心的热点、难点问题，深入调查研究，收集各方意见，积极开展活动，共收集和上报社情民意信息556条。

1998—2000年，区政协开展为救灾解囊，为五保户、贫困户送温暖，为希望工程筹款捐资，为全区发展献计献策活动，协助区政府引进开发项目16个，办好事、办实事200多件，筹款10万余元，衣物4000多件。2005年，区政协深入基层、深入联系点讲形势、上党课、听民意、察民情、解民难。如长岭社区高压电路老化，离居民住房太近，安全隐患多，急需改造，提案法制委多次与市、区电业部门联系，于12月由电业局对电路进行整改，确保居民安全用电。2007—2012年，区政协委员捐款10多万元，为10多名困难学子完成大学学业。2013年6月，区政协围绕“奋力打造株洲发展升级版”战略设想，组织委员们立足本职，提交相关社情民意23条。2014年，区政协出台《关于进一步加强宣传信息工作的实施办法》，加强组织领导，提出报送、采用要求，提高奖励标准。《“唤醒”市花市树 弘扬城市精神》《“拼车”市场乱象需引起重视》等社情民意得到市政协《信息专刊》采用，《盲道不应被挤占》等信息引起相关部门重视。

第三节　参政议政

区政协坚持把团结、民主两大主题贯穿于政协工作的始终，统一各方思想，凝聚各方力量，集中各方智慧，维护改革发展稳定大局。

一 专项视察

1997—2014年，区政协组织常委视察、主席会议成员视察等专项视察90余次。

区政协一届委员会对全区政法、教育、城建、交通、计划生育、文明机关建设、人才引进等工作，开展专项视察20余次。1998年11月，区政协常委视察全区种养殖业中的蘑菇、蔬菜、湖北野鸭、法国番鸭、瘦肉型生猪等科技兴农项目。常委们着眼于推进农业产业化和农民增产丰收，积极建言献策。

区政协二届委员会固守"帮忙不添乱"的前提，先后组织主席会议成员和常委专项视察30多次。区政协主席会议成员视察区财政工作时，建议财政预算要逐年向农业、教育、卫生、社会保障倾斜；面对教育工作，提出城乡教育均衡发展、适度超前，切实解决"上学难"的问题；针对城区和农村医疗基础发展不平衡，易患矛盾尖锐的现状，提出要着眼于实现人人享受基本医疗卫生保健服务的目标，借助新农村合作医疗这一契机，逐步完善基础设施建设，着力提升从业人员素质，加大引进人才的力度。2005年4月，区政协组织部分常委和各专委会成员，对区农村医疗卫生状况进行调研，提出"加强领导、加强基础设施建设、引进人才、增加财政投入、健全农村医疗保障机制、提高农村医疗服务质量"等6个方面的建议，并以常委建议案的形式报送区委、区政府。

区政协三届委员会围绕全区经济及社会事业的发展问题，先后视察区财政局、建设局等29个单位，分别就各单位的工作进行协商。视察区卫生局、司法局后，专题给区政府呈送视察情况通报。2009年，为总结区委、区政府在马家河镇高塘村实施的"征转分离"的工作经验，区政协组织常委和部分委员深入高塘村视察调研，所起草的《关于马家河镇高塘村实行"征转分离"的思考与建议》，在市政协七届三次全会联组会议上作发言。

区政协四届委员会安排16次视察活动。实地走访视察天元学校、老干局、城管局、法院、检察院、卫生局疾控中心、水利局等单位，听取工作汇报，提出相关意见。撰写《理顺体制优化保障构建"大城管"格局》《提升公信加强保障打造法院发展升级版》《主动作为完善管理建设美丽新区》等9篇视察报告，报送区委区政府。2014年，开展7次主席视察活动，对群丰镇、财政、档案、文化体育等工作进行视察，与会人员走访征拆指挥部、农贸市场、基层单位，提出对策建议。

二 调查研究

区政协成立后，共组织常委会调研、专委会调研、委员活动组调研等多种形式的调查研究，形成调研报告200余篇。

区政协一届委员会对加快全区非公有制经济发展步伐、规范和发展城区物业管理、做好征拆户住房安置工作、治理优化经济发展环境、大力发展民营科技企业、实施城市发展带动战略、农业产业结构调整、小城镇建设、开发旅游业资源、发展优质大米、加强农村基层政权建设、社会力量办学等重要课题，进行了调查研究，形成调查报告百余篇，并编印《政协委员调查报告论文集》5集。其中，雷纯武委员撰写的《国有企业改革必须完善监督体制》一文，获评全国“精神文明与现代化研究会”优秀论文。

区政协二届委员会先后组织委员对新农村建设、重点项目建设、水利工程建设、医疗卫生基础设施建设、文化体育建设、教育基础设施建设和社会保障体系建设等工作进行调查研究，形成调研报告60余篇，编印《委员调查报告论文集》4集。其中，易冬林委员撰写的《关于构建和谐天元的理性思考》、刘健委员撰写的《马家河镇新农村建设工作的调研和思考》等15篇调研报告获评优秀调研报告。

区政协三届委员会开展专题调研39次，写出《关于天元区休闲农业的调查报告》《天元区非公经济发展调研报告》等39份质量较高的调研报告，编印《委员调研报告集》3集。其中，获得省政协颁发的三等奖3篇，市政协颁发的二等奖3篇、三等奖2篇、区优秀调研报告10篇。

区政协四届委员会完成调研报告38篇，编印《调研报告集》2集。其中，《关于天元区“园区企业职工收入倍增”的调研报告》获省政协三等奖，《关于天元区食品安全工作的调研报告》《城市化、工业化进程中征地拆迁工作的调查与思考》获市政协一等奖。理论文章《浅析人民政协作为协商民主重要渠道作用的有效发挥》获市政协一等奖。

第四节　自身建设

区政协成立后，致力于提高履职能力、优化服务质量，内强素质，外树形象，始终注意抓政协自身队伍的建设，积极稳健地推进政协履职的规范化、制度化。

区政协一届委员会组织邓小平理论、中共十五大精神、“三个代表”重要思想等政治理论学习，开展新中国成立50周年、人民政协成立50周年、澳门回归、建党80周年等重大政治纪念庆祝活动，参加“三讲”教育、“三个代表”重要思想学教活动、机关作风整顿、“四个一”活动等思想作风建设，政协机关工作人员和政协委员荣获各级各种表彰奖励120人次，有30人次受到省级以上奖励；区政协机关党支部连续5年被工委、区委和机关工委授予先进党组织称号，政协办、提案委荣获双文明建设先进单位称号。机关20余人次获区优秀党员、双文明建设先进工作者称号。至2002年，区政协已形成《党组议事规则》《常委会议事规则》《对口联系协商制度》《委员、常委考评暂行办法》以及机关《工作制度》《学习制度》《党风廉政建设责任制》等多项制度。

区政协二届委员会开展保持共产党员先进性教育和创建学习型、服务型、和谐型、廉洁型机关活动。注重机关党支部建设，发挥党员先锋模范作用，机关支部连续5年被区委或区直机关工委评为“五个好”党支部；注重制度建设，规范专门委员会对委员活动组的考核；政协机关注重协调、强化对委员的服务，注重联系、强化与委员的感情培养，注重宣传，注重民生、鼓励委员在参政议政中说实话讲实情；通过“委员之家”的培育和打造，凝聚委员之心。

区政协三届委员会在机关和委员队伍建设中坚持倡导“健康、和谐、激情”的理念。坚持每周一次的学习活动，重视对委员及机关干部的政治理论学习和业务能力培训。选送机关干部参加全国政协在北戴河举办的培训学习和区委组织的赴清华大学主题培训。将专家请进来，举办书画、健美、养生、消防等各种知识讲座。以“四治”为契机，建立健全各种制度，创建学习型、“三化”型、服务型、效能型、和谐型机关。政协机关荣获市级“文明机关”荣誉称号。区机关党支部多次获得区“优秀支部”称号，政协机关获得“书香机关”称号。委员和机关干部积极参加省、市政协两级主办的政协理论研讨活动，共撰写论文15篇。其中，获得市特别奖1篇，一等奖1篇，二等奖2篇，三等奖3篇。区政协四届委员会开展党的群众路线教育实践活动，组织开展专题学习、视频学习、专题读书活动、党组书记讲党课、专题讨论、廉政警示教育、理论测试等活动。深入查摆“四风”突出问题，班子成员带头撰写对照检查材料，以整风精神开展批评和自我批评，认真制定整改方案，明确整改责任人及时限，构建长效机制。修改包括《党组会议制度》《常务委员会会议制度》《委员履职规定》《督办提案制度》等34项制度在内的《制度汇编》。提出《关于加强政协基层组织建设的建议》，区镇、街道联工委统一挂牌、规范名称，明确职责、配备人员，强化保障、安排预算。截至2014年12月，区7个镇、街道联工委全部挂牌，群丰镇率先建立“委员之家”。精心组队参加市政协组织的“庆祝人民政协成立65周年”知识抢答赛，在全市18支队伍中夺得第2名。

第五节　文史编纂

1997—2014年，区政协编印《政协委员调查报告论文集》《委员调查报告论文集》《委员调研报告集》《调研报告集》14集，编印《优秀提案选编》8集，编印《动态参考》6期，编印《委员风采》《委员风采录》9集；专题举办《新区政协委员论坛》。2002年，编写反映株洲新区十年发展业绩和光辉历史的文史书刊《虎步天台》。2007年，区政协编写反映区政协十年发展历程的文史书刊《搏浪同舟》。2012年，编辑出版全面回顾区政协三届委员会工作的文史书刊《回首五年》。

第六节　联络联谊

1997—2014年，区政协充分发挥自身独特优势，积极开展与委员及委员所在单位的联络联谊，加强与外省兄弟县（市、区）政协的联谊，先后接待全国政协外事委员会、贵州省、湖北省、广东省及省内等40多个兄弟县市区政协到区考察交流以及专题调研。采取走出去的方式，先后到市内、省内、浙江、福建等地政协学习取经，通过与各调研考察团的互动交流，做到取长补短，拓宽视野，提高参政议政能力。

第六篇　民主党派与工商联·群众团体

民主党派与工商联在株洲高新区、天元区的发展历程中发挥了重要作用。从1998年至2014年的17年中，区域内各民主党派支部与工商联就天元区发展建设、执政理念等方面提出提案、建议，助推了区域内经济发展、新农村建设。

辖区内的工会、共青团、妇联、残联和红十字会等群团组织为株洲高新区、天元区的发展壮大积极作为，群策群力。

第一章　民主党派与工商联

第一节　民革地方组织

1998年5月，中国国民党革命委员会株洲市河西支部成立。2009年11月，更名为中国国民党革命委员会株洲市天元区支部委员会（简称“民革天元区支部”）。2014年，辖民革天元区一支部、民革天元区二支部、民革环保支部、民革中心医院支部、民革湖南工业大学支部5个支部，有党员118人。其中，株洲市政协委员5人，区级政协委员7人，区级人大代表4人。

至2014年的17年中，民革天元区支部提出提案、建议91件。其中，《发挥特区“政策”优势，大力发展教育事业，实现教育强区》《取消以旅游为目的的学生课外实践活动》《政府应积极组织、支持民间资本组建中小型投资、担保类金融公司》等提案、建议取得良好社会效果。民革环保支部连续3年参加全省“同心系湘江，共护母亲河”民主监督活动。民革河西支部（天元支部）两次获得民革全国先进支部称号；民革环保支部、民革湖南工业大学支部获得民革湖南省先进支部称号。

第二节　民盟地方组织

1996年11月，中国民主同盟株洲市二中支部成立。1996年以来，中国民主同盟天元区各基层组织努力发挥参政议政、民主监督职能，积极开展形式多样的主题活动。2008年，盟员杨胜跃邀请美国中佛罗里达大学教授到天元区讲学，促成中南大学民盟铁道支部为江瑱小学捐建计算机20余台；盟员龚建华多次到群丰镇等乡镇进行农业技术讲座。2011年，中国民主同盟天元区支部被民盟中央授予“先进集体”称号。至2014年，共提交《发展“都市农业”，提升天元新区》《生产性服务业，需要重视与培育——天元区生产性服务业发展分析》等调研报告和论文30余篇。2014年，天元区辖区内有民盟湖南工大委员会、天元区支部、二中支部、中心医院支部。盟员115人。其中，有省政协委员1人，市政协副主席1人；市政协常委2人，市人大代表1人，市政协委员7人，区人大代表1人，区政协委员4人；曾任市委副主委3人、现任市委副主委1人，市委委员5人。是年，民盟天元区支部被民盟湖南省委评为全省“先进基层组织”。

第三节　民建地方组织

2007年12月，中国民主建国会株洲市天元总支部成立，设民建天元第一、第二支部2个支部。截至2014年，有会员55人。

2007年始，中国民主建国会株洲市天元总支部积极履行参政议政、民主监督、社会服务职能。从2010年起，民建天元总支部对口帮扶天元区群丰镇高台岭村，助推新农村建设。会员企业株洲蝶依斓布艺有限公司每年开展金秋助学活动，资助贫困学子完成学业。2014年，天元总支部与民建株洲市委一道援建天元区马家河镇小冲村水利建设。天元区总支部有《株洲高新区中小企业发展现状与发展路径研究》《加强“三调联动”化解社会矛盾——构建“大调解”体系化解矛盾纠纷的调研》两篇调研文章获2014年天元区民主党派课题调研优秀论文。

第四节　民进地方组织

2001年12月，中国民主促进会株洲市二中支部成立。2001年始，中国民主促进会天元区各级基层组织积极履行参政议政职能。湖南工业大学总支部先后承担民进湖南省委重点理论研究项目、民进中央参政党理论研究会招标课题、湖南省统战理论研究会课题。2012—2014年，有20多人次获省市级奖励，多篇论文先后在《光明日报》理论版和教育版发表，并被求是理论网、中国共产党新闻网（人民网）、中国文明网等多个著名网站全文转载。民进各支部会员《关于推动株洲市农民工有序市民化的调查》《理顺管理体制，力保食品安全》《关于减轻农民负担》等提案、建议引起广泛关注，取得良好社会效果。2014年，天元区辖区内有民进中心医院支部、湖南工业大学总支、株洲市二中支部、株洲市中医伤科医院支部，会员79人。

第五节　农工党地方组织

2005年11月，中国农工民主党株洲市天元区支部成立。2005年始，中国农工民主党天元区各支部积极参政议政，积极组织各类社会爱心活动。2012年7月，天元区支部与中国农工民主党株洲市委共同组织大型义诊送药进社区活动，选派来自市中心医院、市伤科医院、省直中医院等多家公立医院20多位名医、专家和医护人员为社区居民免费看病500余人次，测量血压300余人次，免费派送防暑药品1000袋。是年，天元区支部被中国农工民主党湖南省委评为优秀支部。2013年2月，天元区支部联合女企业家协会开展爱心行动，温暖孤残儿童，为市儿童福利院捐赠价值2万多元的衣物。2013年，市中心医院搬迁至天元区后，辖区内有6个支部，党员100余名。是年，天元区支部再次被中国农工民主党湖南省委评为优秀支部。2014年9月，农工民主党天元区支部为泰山街道大岭社区捐赠微波治疗仪2台、电脑中频治疗仪2台，价值1.3万多元。

第六节　致公党地方组织

2006年12月，中国致公党株洲市天元区工委成立。2006—2014年，提交提案、建议110余份，调研报告30余篇。各支部多次组织党员到天元区雷打石镇和革命老区茶陵县、炎陵县进行医疗义诊和捐资助学活动。2011—2014年，累计捐款2.6万多元。2014年，中国致公党天元区工委下辖天元一、二、三支部和中心医院支部4个支部，有党员75人。

第七节　九三学社地方组织

2003年5月，九三学社株洲市天元区支社成立，有社员10名。2013年7月，分立为天元区支社、泰山支社、二中支社3个支社，并设立九三学社株洲市天元区工作委员会，工委有社员33名。12年中，积极组织社员参政议政、民主监督。社员张天如任天元区政协副主席期间撰写提案16件。《对启动新型农村养老保险的思考》《财政资金绩效评价的探讨与思索》《建设民生财政的思考》《关于加强天元区政府非公经济建设的支持与思考》等调研报告、论文、建议取得良好的经济和社会效果。社员谈培蕾2009年起任市人民检察院监督员，参与评议案件25起，否决不起诉案件1起。2014年12月，成立中心医院支社。2014年底，九三学社株洲市天元区工作委员会下辖4个支社，有社员51人。

第八节　工商业联合会

1997年8月13日，株洲市天元区工商业联合会（简称“区工商联”）成立，有会员104名。1998年4月25日，成立区工商联（商会）法律顾问室。1999年1月13日，天元区工商联第一个基层分会——泰山路街道分会成立。至2006年，区工商联相继成立嵩山路街道、群丰镇、马家河镇、创业服务中心、天元建材市场、栗雨街道、中小企业园区工商联分会。2007年6月，中共天元区工商业联合会（商会）党组成立。

2011 年，株洲县三门镇、雷打石镇工商联分会转入区工商联管辖。同年 11 月，成立中共天元区非公有制经济组织工作委员会，办公室设在区工商联。2012 年 2 月，天元区工商业联合会定编 5 人，内设综合部、经联会员部、宣教党建部。

2014 年，区工商联有会员 837 名。其中，团体会员 3 个，企业会员 517 个，个人会员 317 个；大型企业会员 4 个，中型企业会员 98 个，辖区内 95% 的规模以上企业均入会，会员数量占私营企业数量比例超过 66%。先后与香港中小企业家协会、福建厦门市思明区、广东阳江市江城区、湖南永顺县、湘潭县、湘潭市岳塘区工商联结缔为友好商会。

1997 — 2014 年，先后有刘继庆、肖桂霞、王征宇、李铭任区工商联主席；2007 — 2014 年，先后有肖桂霞、黄月红、胡新键任区工商联党组书记。

一　代表大会

1997 年 11 月 21 日，天元区工商业联合会成立大会暨首次会员代表大会在天台山庄召开。会议选举产生第一届执行委员会委员 19 名。会长刘继庆，副会长郭晓红、黄秋蓉、李建平、胡德昌、杨健，郭晓红兼秘书长。大会提出认清形势，把握区情，抓住机遇，发挥优势，同心协力，奋发图强，掀起发展非公有制经济的新高潮。

2002 年 7 月 5 日，召开天元区工商业联合会第二次会员代表大会，会议选举执委 27 名，常委 13 名。会长肖桂霞，副会长郭晓红、姜玉成等 9 名，姜玉成兼秘书长。会议提出要走出一条“会员办会，服务立会和实业兴会”的商会发展新路子，坚持“立足总商会、面向工商界、支持增长点、服务企业家”，努力开创天元区工商联工作的新局面。

2007 年 6 月 27 日，天元区工商联第三次会员代表大会召开，选举产生 47 名执委委员。王征宇任会长，罗学秋等 18 人为副会长，罗学秋兼秘书长。会议提出要以促进非公经济健康发展和非公经济代表人士健康成长为第一要务，突出“服务企业、凝聚力量、搭建平台、完善职能”工作重点，为推动新区非公有制经济跨越发展、科学发展、和谐发展做出新的更大的贡献。

2012 年 7 月 6 日，召开天元区工商联第四次会员代表大会，会议选举李铭为工商联主席，胡新键任工商联党组书记兼第一副主席，罗学秋等 23 人任副主席（副会长），谭宇任秘书长。会议提出要坚持“三性统一”，促进“两个健康”，服务“三争”工作主题，办实事，抓落实，努力为新区实现“2235”工作目标做贡献。

二　主要活动

参政议政　1997 年始，区工商联推荐 240 多名非公有制代表人士进入省、市、区、乡镇任党代表、人大代表和政协委员。其中，有5人当选省党代表、10人任省人大代表，8人任省政协委员，5人当选为市党代表，17人当选为市人大代表，75人为市政协委员；另有21人当选市工商联兼职副主席，10人当选市总商会副会长，98人当选市工商联执委，54人当选为区工商联副会长。

第一届执委会期间，区工商联撰写《我区非公有制经济发展现状问题及建议》《如何加强私营企业党组织建设》等调查文章。会长刘继庆提交的《优化新区发展环境，保护企业合法权益》的提案，得到区委、区政府的高度重视，区委下发《关于规范规费收缴工作的通知》，区纪委、监察局对天元建材大市场等12家企业实行挂牌重点保护。

第二届执委会期间，区工商联系统的人大代表、政协委员共提出各类意见、建议和提案128条。2006年，区工商联撰写专题调研文章6篇编入区委统战部《天元区民主党派支部专题调研文集》一书。

第三届执委会期间，区人大、政协中非公经济代表、委员撰写建议和提案100余件。2010年由邓辉军委员提出的《关于“神农城”重点工程建设的若干建议》、2011年区工商联12名非公经济界别区政协委员联名提出的《关于进一步为中小企业持续发展提供更多空间的建议》，被分别确定为当年区政协一号提案。2014年，副会长肖轩杰、董古等7名非公经济界别政协委员受区政协委托，担任民主监督员，参与对区建设局、人社局、地税局、农村工作局、城管局等部门工作的民主监督，起到较好效果。

光彩事业 第一届执委会期间，工商联会员先后为抢险、赈灾、教育助学、扶贫济困、助残、修路等社会公益事业捐资捐物共计120余万元，资助失学儿童60多人。通达铁路电机厂厂长黄秋蓉为株洲师范附中捐助奖学基金10万元。

第二届执委会期间，区工商联联手区民政局，协助市工商联、《株洲晚报》组织12家民营企业，为全区700多名特困低保户和农村特困户送年货达21万多元。5年中，为辖区内228名困难家庭子女捐款捐物18.5万元。

第三届执委会期间，区工商联等有关部门组织发动非公企业参与汶川、玉树地震救灾、抗冰救灾、“金秋助学”“爱心年货”以及重阳节爱心敬老等社会公益活动。2007年，全区有30多名非公经济人士与30多个村对接项目50多项，转移农村剩余劳动力近万人，帮助农民增收过亿元。2008—2012年，会员企业从各个渠道参与各项社会公益事业，回报社会累计超过2000万元。2012年，生命伟业总经理邱伏萍、高祺贸易董事长洪少明入选中国好人榜。

2013年，会员单位积极参与“金秋助学”活动，区工商联副主席、湖南海诚集团董事长姜君向曾虎海诚希望小学捐赠20万元及学习用品，向茶陵县教育局捐赠10万元贫困学生资助金。鸿洋房产、瑞丰建筑、肯特金属、南方阀门、大中华酒店等单位用不同方式共资助贫困学生70余名。新时代输送公司和科瑞变流公司对湖南工业大学20名少数民族学子捐款4万元。2014年，执委单位宏发出租车公司、天元建材市场等非公企业，积极组织爱心人士加入“株洲第十届爱心送考”大型公益活动。新时代输送公司和科瑞变流公司每年继续对湖南工业大学20名少数民族学子捐款 6 万元。

发展非公有制经济 1997 年，天元区注册的非公有制经济 862 户，从业人员 8000 多人，注册资金 16464 万元，上缴税金 1000 多万元。至 2006 年，全区有规模私营企业 298 户，注册资本 8.8 亿元，私营企业完成工业产值近 10 个亿，占全区工业总产值的 36%。新区民营企业和股份制企业等非公经济的工业总产值占全区国民生产总量的 75%，占全区财政收入的 73%。南方阀门公司董事长黄靖被评为“湖南省劳动模范”、通达铁路电机厂厂长黄秋蓉被评为“湖南省十佳女民营企业家”、双龙房地产董事长兰晖被评为“湖南省优秀女民营企业家”，馨香房产董事长陈菊香、伟联实业总经理刘美丽被评为“株洲市优秀女民营企业家”，万利砖厂董事长罗水玲被评为“首届新区杰出创业青年”；湘银房产董事长齐建湘、南方阀门公司董事长黄靖、通达铁路电机厂董事长崔德兴获得“株洲市优秀中国特色社会主义事业建设者”的称号。

2011 年，全区非公经济实现增加值 95.05 亿元，占全区国民生产总量的 53.1%，比 2007 年增长 65.89 亿元，增幅 226%；实现税收 22.6 亿元，占全区总税收的 72%。全区各类非公中小工业企业近 300 家，形成新材料、新能源、电子信息、轨道交通装备、生物医药和健康食品等一批颇具规模的特色产业。区工商联帮助区内 30 余家非公企业与北汽、时代集团进行产业配套合作工作；借力兆富投资平台，建成“中小企业创业成长俱乐部”。引导精工硬质、明日合金等 10 家企业组建硬质合金企业产业联盟。是年，天元区被评为全省“发展非公有制经济先进县市区”。2012 年 3 月省科技厅认定，全区有 41 家非公企业为高新技术企业。

2014 年，全区工商局注册的个体户 8848 户，私营企业 3457 家，全区非公经济实现增加值 132.7 亿元，占全区国民生产总值的 53.5%，全区非公经济完成固定资产投资 206 亿元，占全区比重的 62.1%，全区非公经济实现税收 28.98 亿元，占全区税收总额的 70% 以上。非公企业为全区农村转移劳动力和城镇新增就业提供 90% 以上的岗位，城乡居民总收入的 60% 以上来源于非公经济，非公经济对本区经济贡献率达 80% 以上。同年，区工商联被授予“湖南省县级五好商会”称号。

第二章　群众团体

第一节　总工会

1995 年 12 月，株洲高新区总工会成立。1997 年 8 月，株洲市天元区总工会成立，株洲高新区工会工作归并到天元区总工会。同年 11 月，区编委核定区总工会为区委群团组织办事机构。2002 年 3 月，区委核定区总工会为党和政府联系全区职工群众的群众团体组织，内设办公室、女职工委员会办公室、经费审查委员会办公室 3 个股室，核定行政编制 3 名，机关后勤事业编制 1 名。

2004年8月，天元区成立“天元区困难职工帮扶中心”，归口区总工会管理。2012年2月，区总工会内设办公室、职工维权帮扶中心、经费审查委员会办公室3个职能股室，核定行政编制3名，机关后勤事业编制1名。

1998年，全区工会组织37家，会员3000余人。至2002年，全区工会组织发展到453家，会员15331人。至2014年，全区已建各级工会组织1230家，行业性工会组织16家，区域性工会组织26家，有职工66300多人，会员63200多人。2014年，区总工会下设基层联合会15个。其中，街道、镇联合工会7个，园区工会联合会2个，机关和行业工会联合会6个。全区建立工会组织490余家，会员3.1万余人。

一 代表大会

1995年12月，召开株洲高新区总工会第一次代表大会。选举张立华等11人为工会委员会委员，张立华为总工会主席，唐卫民为副主席。

1997年12月，召开株洲市天元区总工会第一次代表大会，会议正式代表88人，特邀代表50人。选举罗万高为天元区总工会第一届委员会主席，袁连四为副主席。

2003年3月，召开天元区总工会第二次代表大会，选举产生第二届工会委员会委员、工会经费审查委员会委员和第二届工会女职工委员会委员；选举阳仲雄为区总工会主席，王策英、袁连四为副主席。

2008年5月，召开天元区总工会第三次代表大会，会议正式代表198名。选举黄政发为总工会主席，朱剑泽、许波为副主席。

2013年4月，召开天元区总工会第四次代表大会，会议正式代表197名。选举王雁清为总工会主席，王征宇、刘玉辉、何花、何桂林为副主席。

二 组织建设

1997年8月，天元区总工会成立，原郊区区委、政府机关各基层工会成建制转为天元区总工会管理，株洲高新区工会工作归并到天元区总工会，从株洲县区划调整到天元区的群丰镇、马家河乡工会组织成建制转为天元区总工会管理。

1999年4月，天元区总工会率先在私营企业株洲通达电机厂建立样板工会。

2000年3月，区委办、区政府办印发天元区新建企业工会建设工作协调领导小组《关于加强新建企业工会建设工作的意见》的通知，通知要求用两年时间使全区95%左右的新企业建立工会，绝大多数新企业职工加入工会，做到哪里有职工，哪里有企业，就在哪里建立工会。至2002年，全区企业组建工会355家，组建率95%，机关行政事业单位工会组建率、入会率100%，镇、街道工会组织发展到村、管理处、社区，工会组织基本达到网络健全，创建市级模范职工之家5家。同年，区总工会被评为株洲市工会组建工作先进单位。

2005年，天元区总工会提出工会“八有”（组织有机构、法人有登记、活动有场所、工作有经费、管理有制度、建会有档案、工会有牌印、人员有作为）规范建设目标，成立镇、街道、园区联合工会12家，社区联合工会27家，将全区500余家基层工会组织分成4个片区进行管理，全区共有专兼职工会干部1500余人。制定下发《基层工会联合工会考核细则》。2006年，镇、街道，机关科级单位改设专职工会主席，工会主席政治待遇按组织规定得到落实。各园区、企业工会主席从2006年起按规定享受同级副职待遇。

2011年，制定《天元区街道、镇、园区工会联合会工作条例》《村（社区）、行业联合工会工作条例》，通过加强工会联合会建设，实现全区工会组建“二次覆盖”。全区企业总数788家，建立工会组织的企业707家，组建率89.7%。2012年，区委制定《天元区工会中长期发展规划》，提出重点抓好“一个创建”“两项工程”和“三项活动”,（即创建和谐劳动关系，职工素质提升工程、职工帮扶工程，工会宗旨、业务知识宣传教育活动、职工文化体育活动、特色俱乐部和群众团体活动）。至2014年，全区已建各级工会组织1230家，行业性工会组织16家，区域性工会组织26家，有职工66300多人，会员63200多人，工会组建核准率达80%以上。全区工会逐步实现分级分层管理和网格化管理相结合的管理体制，形成党委领导、政府支持，社会协同、工会自主的工作格局。

三　主要活动

职工素质建设　1997年8月，区总工会成立后，每年组织安排职工参加各类劳动技能、创业技能培训，组织开展职工劳动竞赛和劳动技能比武等活动。1997—2005年，组织各类培训7000余人次。其间，泰山路街道滨江社区谢湘赣被授予省级劳模。2005年，南方阀门、湘银房产、通达电机等20多家企业工会组织职工开展技术攻关、科技创新、提合理化建议，为企业创造效益3600万元。是年，株洲南方阀门股份有限公司总经理黄靖被授予“湖南省劳动模范”“湖南省十佳支持创新厂长（经理）称号”，天元区环卫处冯正根被授予湖南省先进工作者称号。南方阀门、高科集团工会被评为市级模范职工之家。2006年，区法院民事审判一庭创省级“芙蓉标兵岗”验收合格。2009年，株洲南方阀门股份有限公司被授予省级模范职工之家。株洲留学人员创业园被授予省级“和谐园区”，成为株洲市第一个省级“和谐园区”。

2010年，区总工会协同区劳动人事局、区安监局组织31家企业开展职工劳动保护监察，督促企业改善劳动环境和安全生产条件的“安康杯”活动。区总工会被评为省“安康杯”竞赛活动组织工作优秀单位。同年4月，群丰镇合花村书记周水强被授省级农业劳模称号；7月，天元区常务副区长罗克俭被评为湖南省先进工作者。2011年4月，新天大酒店工会组织开展“保安之星”“最美微笑”等劳动技能比武的系列活动；5月，在西苑宾馆举办青年职工知识抢答赛；中建五局节能科技有限公司在株洲生产基地车间组织以“四比”（比质量、比进度、比安全、比文明施工）为竞赛内容的劳动竞赛活动，近200名职工参加为期90天的劳动竞赛活动。区卫生系统在5·12护士节期间组织开展护理技能操作竞赛活动，竞赛内容为静脉输液和卧床病人更换床单。经过激烈竞争，文丹获得静脉输液项目一等奖，张金玲获得卧床病人更换床单项目一等奖。2013年，株洲南方阀门股份有限公司工会委员会被推荐为全国模范职工之家，泰山路街道工会联合会被评为全省“六好”乡镇（街道）工会联合会，株洲新时代输送器材股份有限公司被评为株洲市模范职工之家。

2014年五一国际劳动节，区总工会组织举办“中国梦，劳动美，我与改革创新”主题演讲比赛，来自全区10个基层工会的17名选手讲述为实现中华民族伟大复兴的中国梦立足岗位做贡献的事迹；5月，区总工会、区工商联、团区委联合开展“动力新区、竞技天元”新区竞技系列活动月，来自全区的16个代表队368人于5月4日参加开幕式。7月，湘银集团举办长株潭三地职工的物业管理技能比武大赛，1000余名物业管理人员冒雨参加比赛。

职工维权 株洲高新区、天元区总工会成立至2002年，全区32家企事业单位成立厂务公开协调领导小组，建立厂务公开（企务公开、校务公开、院务公开、处务公开）民主监督制度，维护企业职工的合法权益。

2002年，在全区行政事业单位及部分企业单位推行女性“两癌”保险。当年，行政事业单位参保率100%，赠送企业女性防癌保险300多份。2006年，根据厂务公开要求，天元区总工会发文，强化职工代表大会制度，推行厂务公开、政务公开，推动公司、企业工会主席进董事会。至2008年，全区国有集体及其控股企业5家，职工人数2000余人，全部建立职工代表大会和推行厂务公开；事业单位30家，职工人数1800余人，全部建立职工代表大会和推行厂务公开的占30%；规模以上非公企业50家，职工人数1.5万人，全部建立职工代表大会和推行厂务公开的50家；其他非公企业700家，职工人数14000人，建立职工代表大会和推行厂务公开的420家，达到总数的60%。

2010年，在全区中推动区域性、行业性工资集体协商，推进企业职工权益保护。年内，首批在37家企业启动签订“工资集体协商合同”。同时，当年在全区职工中组织开展职工医疗补充保险。2011年，为天元区“工资集体协商”全面推进年。工委、区委建立工资集体协商指导组，乡镇建立工资集体协商指导站。当年，区企业总数648家，签订工资集体协商协议的企业450多家，签订率70%，签订“工资集体合同”率为全市领先水平；签订女职工权益保护专项集体合同71份，覆盖女职工3000多人；督促区内企业办理职工基本保险，建立职工工资按时发放和农民工权益维护机制。根据天元区推进企业工资集体协商“三年行动计划”，2012年，签订工资集体协商协议的企业有624家，完成率96%。

2013年，以健全职工代表大会制度为主要形式，促进民主管理，全区有280多家企业建立职工代表大会制度，各企业年内基本做到召开职代会一次以上；以推行多种形式的厂务公开，实行民主管理，全年有520多家企业进行厂务公开；区总工会对全区所有企业建立民主管理台账。在区司法局设立工会法律援助中心，受理劳动者权益、人身损害和婚姻家庭等方面的维权问题，提供法律咨询、法律援助等各类法律服务。

2014年，区总工会协调有关部门处理投诉案件65起，涉及金额1270余万元。涉及农民工集体讨薪案件共12起，追回农民工工资1000万元。受理劳动仲裁案件37起，涉及金额80余万元。当年，全区建立职代会制度企业340多家，比上年增加120多家，增长率30%以上。

扶贫帮困 1998年，区总工会协同区直机关工会发动爱心捐助8万多元，挽救区直机关一名生命垂危的换肾职工。从总工会成立至2002年，总工会共慰问困难职工370余人。2002年，天元区启动和开展“机关联系企业、机关干部联系困难职工”的“双联”工作，每年安排区领导20余人，区直机关、事业单位60个，机关干部500人以上开展联系企业、联系职工的“双联”活动。当年筹资2.6万元，走访慰问困难职工76人次，扶助2户残疾人职工困难家庭。

2004年8月26日，区委、区政府举行“天元区困难职工帮扶中心”授牌和困难帮扶启动仪式。区政府拨给开办费1万元，帮扶中心组织基层工会捐款7.6万元，个人捐款3.2万元。从2005年开始，区财政每年将困难职工帮扶资金列入财政预算。2005年，区帮扶中心启动金秋助学，对考取二本以上的困难学生实行帮扶。2007年，天元区被评为湖南省“双联”工作先进县市区。至2008年的5年中，帮扶中心发放救助资金110万元，其中大病救助35万元，生活救助70万元，受灾救助5万元。2008年6月，在参与“5·12”抗震救灾活动中，区总工会组织全区职工支援灾区重建交纳特殊会费11.47万元。

2011年，在“金秋爱心助学”活动中，全区爱心助学筹资逾20万元。2012年，在元旦、春节两节期间的“送温暖”活动中，区总工会发放慰问金18.27万元，涵盖370户职工家庭。其中，大病救助23户，生活救助347户。金秋助学活动中，全区10名学生获得人均5000元助学金。区双联办建立征拆救助帮扶项目，争取补助帮扶资金40万元，为10户被征收家庭发放该项目帮扶资金16.35万元。全区为1823名女职工购买5.43万元“两癌”保险；组织职工参保补充医疗保险506人，计9.07万元。2013年，区总工会发放各类救助资金13.78万元。组织32万余元资金和200余份物资在2014年春节前发放到全区困难职工手中。

2014年，区总工会发放本级各类救助款36.95万元，救助2803人。争取到市总工会重特大病救助款5万元，救助4人。组织3073名职工参加职工医疗互助，已有55人成功申领医疗互助补助金6.83万元。开展女职工“关爱行动”，为704名女职工参保特殊疾病保险7040元，走访慰问困难女职工2400人，筹集2.8万元为24名单亲困难女职工、10名女农民工、5名患“两癌”女职工提供救助。

四　劳模推荐与管理

1998年5月，市政府印发《株洲市劳动模范管理暂行办法》规定，市总工会负责劳动模范的评选和日常管理，市农办负责农民劳模的评选和日常管理。区总工会根据《暂行办法》要求，建立劳模档案，向由区总工会管理的四级劳模按规定每年定期发放劳模津贴，每年两次慰问和发放困难救济。

2000年以后，区总工会出资每年分两批对在职、退休劳模进行健康检查，分批组织在职劳模外出疗休。同时对家庭困难的劳模实行困难救助和慰问。

从2004年开始，针对退休后退休工资未达到本市平均退休工资水平的国家级、省级劳模实行差额补贴的方式，由区财政拨款总工会核实给予补足。

2009年，启动省级以上农业劳模每月生活补贴和救助，2004年启动市级农业劳模每月生活补帖和救助，每位农业劳模每年享受补贴和救助2000 ~ 4000元，由农口部门按等级年底一次性补助。

1997—2014年，株洲高新区、天元区严格按照上级分配名额，基层申报，区总工会推荐，上级主管部门审核批准的评选机制。区总工会推荐评选各类劳模45名。至2014年，天元区总工会管理的劳动模范76名，按级别与类别分：全国劳模2名，省级劳模17名，省级先进工作者3名，省级五一劳动奖1名，市级劳模40名，县级劳模13名。按就业状况分：在职的劳模37名，退休劳模30名，农业劳模13名。劳动模范来源主要是由株洲高新区、天元区推荐评选的劳模，原株洲市郊区和株洲县转来的劳模以及随户口、住址转迁来的劳模。近几年来，区财政每年用于劳模的经费在20万元以上，申请上级部门用于全区劳模的费用每年在30万元以上。

1995—2014年株洲市天元区劳动模范和先进工作者一览表

表6－2－1

姓名	性别	出生年月	政治面貌	文化程度	模范称号（级别）	授予时间	工作单位及职务或住址	就业状况	管辖单位
彭三元	男	1952.12	中共党员	本科	全国劳动模范	1995.04	市经济信息委员会	退休	—
包光良	女	1943.01	中共党员	初中	全国劳动模范	1995.04	群丰镇长岭社区居民	农业	区总工会
罗克俭	男	1964.07	中共党员	研究生	省级先进工作者	2010.07	天元区政府常务副区长	在职	区总工会
冯正根	男	1966.08	中共党员	本科	省级先进工作者	2005.04	天元区环卫处主任	在职	区总工会
黄靖	男	1964.09	中共党员	大专	省级劳动模范	2005.04	南方阀门公司董事长	在职	区总工会
匡祝芳	男	1964.06	中共党员	大专	省级先进工作者	2000.06	天源纺织公司经理	在职	—
罗清	女	1970.05	群众	初中	省级劳动模范	2000.04	天源纺织公司工人	在职	—
杨碧琼	女	1964.08	中共党员	本科	省五一劳动奖章	2014.04	天元区银海学校校长	在职	—
谢湘赣	女	1960.04	中共党员	大专	省级劳动模范	2000.04	泰山路街道滨江社区	在职	区总工会
覃冬清	男	1943.12	中共党员	本科	省级劳动模范	1995.04	区委宣传部副部长	退休	区总工会

续表6－2－1

姓 名	性别	出生年月	政治面貌	文化程度	模范称号（级别）	授予时间	工作单位及职务或住址	就业状况	管辖单位
姜文连	男	1931.07	中共党员	高 中	省级劳动模范	1960.04	雷打石镇沧沙居委会教师	退休	区总工会
胡忠华	男	1937.05	中共党员	初 中	省级劳动模范	1981.04	雷打石镇农科村	退休	区总工会
邹爱京	女	1953.01	中共党员	高 中	省级劳动模范	1989.04	嵩山路街道湘银小区	退休	区总工会
唐运科	男	1933.02	中共党员	初 中	省级劳动模范	1955.04	嵩山路街道大湖塘社区	退休	—
孙生�	男	1942.07	中共党员	高 中	省级劳动模范	2000.04	嵩山路街道大湖塘社区	退休	—
黄秋蓉	男	1947.07	群 众	大 专	省级劳动模范	2000.04	通达电机公司总经理	退休	区总工会
董法仁	男	1946.11	中共党员	大 专	省级劳动模范	1988.04	天元区政协副主席	退休	区总工会
冯铁坚	男	1947.09	中共党员	高 中	省级劳动模范	1970.04	嵩山路街道小湖塘社区	退休	区总工会
陈雪明	女	1934.12	中共党员	初 中	省级劳动模范	1959.04	泰山路街道滨江一村	退休	—
陈正集	男	1936.01	中共党员	小 学	省级劳动模范	2000.04	雷打石镇砖桥村书记	农业	区总工会
周水强	男	1967.09	中共党员	高 中	省级劳动模范	2010.04	群丰镇合花社区书记	农业	区总工会
田 立	男	1967.11	中共党员	高 中	省级劳动模范	2010.04	三门镇株木村书记	农业	区总工会
钱新武	男	1955.01	中共党员	高 中	省级劳动模范	1980.02	栗雨街道干部	农业	区总工会
宋国武	男	1962.01	中共党员	大 学	市级劳动模范	2010.04	天元区政府调研员	在职	区总工会
谭 勇	男	1964.05	中共党员	本 科	市级劳动模范	2012.04	天元区信任联社理事长	在职	区总工会
凌邦军	男	1964.12	中共党员	本 科	市级劳动模范	2010.04	湘银物业公司经理	在职	区总工会
贺桂香	女	1963.06	中共党员	高 中	市级劳动模范	2009.04	泰山路街道金锦社区主任	在职	区总工会
袁朝晖	女	1971.01	群 众	高 中	市级劳动模范	2004.04	太子奶公司品控员	在职	区总工会
申宇翔	男	1963.01	中共党员	本 科	市级劳动模范	2004.04	时代电动汽车公司总经理	在职	区总工会
邹 志	男	1988.07	中共党员	大 专	市级劳动模范	2014.04	红龙电工公司组装班长	在职	区总工会
刘献军	男	1965.04	群 众	本 科	市级劳动模范	2012.04	生命伟业公司总经理	在职	区总工会
李观清	男	1958.07	中共党员	研究生	市级劳动模范	2008.04	华天大酒店总经理	在职	—
王银花	女	1966.02	群 众	初 中	市级劳动模范	2002.04	天源纺织公司工人	在职	—
吴长江	男	1960.04	中共党员	本 科	市级劳动模范	1995.05	新奥燃气公司经理	在职	—
欧阳肃	男	1956.01	中共党员	高 中	市级劳动模范	2004.04	新奥燃气公司负责人	在职	—

续表6－2－1

姓 名	性别	出生年月	政治面貌	文化程度	模范称号（级别）	授予时间	工作单位及职务或住址	就业状况	管辖单位
吴志勇	男	1967.12	中共党员	本 科	市级劳动模范	2006.04	株洲华兴建筑公司总经理	在职	区总工会
陈 更	男	1963.12	中共党员	本 科	市级劳动模范	2011.04	千金药业公司技术员	在职	区总工会
王首雄	男	1966.05	中共党员	本 科	市级劳动模范	2010.04	新通铁路装备公司经理	在职	区总工会
王社权	男	1973.03	中共党员	研究生	市级劳动模范	2010.04	钻石切削公司副总经理	在职	—
谢 宏	男	1968.01	中共党员	研究生	市级劳动模范	2011.04	钻石切削公司刀具厂厂长	在职	—
陈响明	男	1966.07	中共党员	研究生	市级劳动模范	2007.04	钻石切削研发中心副主任	在职	—
王汉青	男	1963.10	中共党员	研究生	市级劳动模范	2013.04	湖南工业大学校长	在职	—
郑思乡	男	1967.12	九三学社	研究生	市级劳动模范	2013.04	市农业科学研究所副主任	在职	—
郑炜青	男	1968.02	中共党员	本 科	市级劳动模范	2013.04	株洲日报社、副主任	在职	区总工会
郭 英	女	1977.12	中共党员	大 专	市级劳动模范	2013.04	市公交公司驾驶员	在职	—
易桂枝	女	1963.08	中共党员	高 中	市级劳动模范	2009.04	天元区环卫处职工	在职	区总工会
罗冬明	男	1939.08	中共党员	初 中	市级劳动模范	1979.04	天元区人大常委会副主任	退休	区总工会
曾三林	女	1946.12	中共党员	本 科	市级劳动模范	1998.04	天元区卫生局局长	退休	区总工会
黄常仁	男	1935.12	中共党员	初 中	市级劳动模范	1977.04	天元区经委副主任	退休	区总工会
刘宜生	男	1941.06	中共党员	初 中	市级劳动模范	1983.04	雷打石镇沧沙居委会	退休	区总工会
罗学喜	男	1936.08	群 众	初 中	市级劳动模范	1978.04	雷打石镇公道居委会	退休	区总工会
马铁山	男	1926.07	中共党员	大 专	市级劳动模范	1960.04	天源纺织公司原经理	退休	—
杨瑞芬	女	1941.01	群 众	中 专	市级劳动模范	1990.04	泰山路街道滨江社区	退休	—
余瑞琼	女	1935.04	中共党员	本 科	市级劳动模范	1982.04	泰山路街道金锦社区	退休	—
黄兆萍	女	1957.08	中共党员	大 专	市级劳动模范	1980.04	泰山路街道滨江社区	退休	—
彭达义	男	1953.10	群 众	本 科	市级劳动模范	2007.04	泰山路街道熹悦花都	退休	—
杨长立	男	1955.02	中共党员	高 中	市级劳动模范	1989.03	嵩山路小湖塘德政花苑	退休	—
周聪敏	女	1953.07	中共党员	高 中	市级劳动模范	2001.04	雷打石镇东林村村民	农业	区总工会
杨正双	男	1962.09	中共党员	高 中	市级劳动模范	2013.04	群丰镇湘云社区书记	农业	区总工会
罗 平	男	1969.01	中共党员	高 中	市级劳动模范	2009.04	马家河镇高塘社区书记	农业	区总工会

续表6－2－1

姓 名	性别	出生年月	政治面貌	文化程度	模范称号（级别）	授予时间	工作单位及职务或住址	就业状况	管辖单位
段发珍	女	1947.12	群　众	初 中	市级劳动模范	1986.04	三门镇湖田村村民	农业	区总工会
冯革风	男	1965.03	中共党员	初 中	市级劳动模范	2005.04	三门镇福星村村民	农业	区总工会
罗立文	男	1963.03	群　众	初 中	市级劳动模范	1994.04	马家河镇仙岭社区居民	农业	区总工会
苏友根	男	1949.01	中共党员	高 中	县级劳动模范	1997.04	雷打石镇金塘村	退休	区总工会
唐仕文	男	1948.12	中共党员	高 中	县级劳动模范	2007.04	雷打石镇农科村	退休	区总工会
罗步康	男	1950.01	中共党员	初 中	县级劳动模范	1992.04	雷打石镇公道居委会	退休	区总工会
汪茂修	男	1942.02	中共党员	小 学	县级劳动模范	1988.04	雷打石镇公道居委会	退休	区总工会
谢述连	女	1958.01	群　众	高 中	县级劳动模范	1995.04	雷打石镇公道居委会	退休	区总工会
吴正庚	男	1952.02	群　众	高 中	县级劳动模范	1991.04	三门镇燕子村	退休	区总工会
龙正忠	男	1945.07	中共党员	初 中	县级劳动模范	1989.04	三门镇株木村	退休	区总工会
刘银辉	女	1949.08	中共党员	大 专	县级劳动模范	1989.04	群丰镇长岭社区	退休	区总工会
肖忠英	女	1952.01	群　众	大 专	县级劳动模范	1995.04	嵩山路街道小湖塘社区	退休	区总工会
曹仁俊	男	1966.01	中共党员	初 中	县级劳动模范	1997.04	三门镇燕子村村民	农业	区总工会
吴松林	男	1959.12	中共党员	高 中	县级劳动模范	1999.04	三门镇松柏村村民	农业	区总工会
周更进	男	1959.01	中共党员	初 中	县级劳动模范	2000.04	雷打石镇公道居委会	在职	区总工会
王宇平	男	1976.11	中共党员	大 专	县级劳动模范	2009.04	雷打石中心卫生院	在职	区总工会

第二节　共青团

1997年8月，共青团株洲市天元区委员会（简称“团区委”）成立，下设直属团组织9个。2001年12月，团区委定编为区委的工作机构，设立专职书记，内设团区委办公室、天元区希望工程和天元区青年联合会办公室。团区委成立后，开展“两新”组织团建工作，成立区个私协团工委，新建非公企业团组织182家。开展街道区域化团建和乡镇实体化大团委建设，拓宽基层团组织联系青年和整合资源的渠道，增强工作力量。

2012年，团区委出台《共青团天元区委员会考核管理细则》，率先在全市落实镇（街道）团（工）委2万元共青团工作专项经费纳入区财政预算。2013年，针对20家区属团组织存在到期或过期现象未换届情况，上半年陆续展开换届选举。通过换届，全区团干部均实现年龄为35岁以下。7月，在区个体私营经济组织协会成立团工委。

2014年，开展街道区域化大团建和乡镇“大团委”建设。3个街道团工委召集辖区内机关、事业单位、企业、学校、园区等团组织组成共建委员会，利用各自优势资源开展团的活动，扩张街道团工委工作触角。至2014年，建立区属团委14家、团支部146家。

一 代表大会

1997年12月，召开天元区第一次团代会。会议应到代表95人，实到代表95人。选举马励等19人为共青团天元区第一届委员会委员。选举罗双全为书记，胡晓、彭晓军为副书记。

2002年9月，召开天元区第二次团代会。会议应到代表100人，实到代表92人。选举文宏等16人为共青团天元区第二届委员会委员。选举张倩为书记，罗曼为副书记。

2007年12月，召开天元区第三次团代会。会议应到代表100人，实到代表98人。选举文颖等12人为共青团天元区第三届委员会委员。选举齐华为书记，吴丹为副书记，易士强为兼职副书记。

2013年4月，召开天元区第四次团代会。会议应到代表160人，实到158人。吴丹代表共青团天元区第三届委员会作题为《同心筑梦，奋起追梦，践行创新驱动，助力新区圆梦》工作报告。选举吴丹等30人为共青团天元区第四届委员会委员。选举吴丹为书记，郝陆游、彭亭颖为副书记。

二 主要活动

开展青年主题活动 2011年开始，团区委连续三届开展“新区青年联谊会”，每年均有300余名单身青年参与其中，拓宽青年们沟通交流的渠道。2013—2014年，区团委开展5场“少年梦青春梦中国梦”活动，吸引2000多名来自株洲各地的高中生和大学生以及家长。开展“动力新区、乐业天元”系列竞技活动，来自全区机关、国企和私企的18支队伍500名参赛，形成新区青年强技能、重比拼良好氛围。

创建青年文明和雷锋号 自1998年始，团区委积极开展“五四红旗团委”“青年文明社区”创建活动。嵩山路街道团委成功创建为全国五四红旗团委，滨江社区、湘银社区成功创建为全国青年文明社区。2002年，团区委被评为全国“团建先进县（市）创建单位”。全区建立省级青年文明号1个，市级青年文明号4个。2006—2014年，全区有株洲南方阀门股份有限公司销售部等10家单位（部门）成功创建市级“青年文明号”；株洲神农城文化旅游发展有限公司等2家单位（部门）成功创建省级“青年文明号”。至2014年的4年中，全区有泰山路街道云里社区等10家社区，分3批成功创建市级“雷锋”号；有嵩山路街道莲花社区等2家社区成功创建省级“雷锋”号。

爱心捐赠 从2001年起，团区委组织为贫困大学生新生捐款。至2012年的12年中，捐款35万元，帮助70名学子实现大学梦。2008年，团区委召集组织区机关工委等多家单位30余人在栗雨街道王家坪社区拉开“宣传中共十七大 温暖2008”活动，现场提供医疗健康检查百余人次，送去慰问金2000元，发放慰问物资折合人民币千余元。2009年，团区委和市规划局到连喜坪小学，为学生们送去趣味英语课，带去文具学习用品。团区委联合区委宣传部、计生局、关工委、市儒学会共同举办关爱贫困女孩的“牵手行动”，活动现场共有15对孩子结成帮扶对象。2010年，开展“一瓶水、一份情”支援西南灾区募捐活动，一天时间捐款7000余元。2012年，在开展的“希望工程一元捐”大型公益助学活动中，全区有5所农民工子女集中的学校均获得“一元捐”活动添置的体育用品。2013年3月28日，联合市海关团委为株木中学师生送去价值3万元的图书和5000元文具，并为留守儿童开展“第二课堂”的活动。2014年，募得善款10余万元。其中，包括“芙蓉学子”“茅台学子”等助学项目9.2万元，20人接受捐赠；“一元捐”活动募集款项63248.5元，大部上交株洲市青少年发展基金会。其中，2.4万元用于资助区内45名贫困中小学生；中建五局御山和苑特别捐赠6000元，用于资助雷打石镇等地的6名贫困中学生。

志愿者服务行动 自1997年始，团区委每年通过组织志愿者以发放资料、义务咨询、义务劳动等形式，开展大规模的“弘扬雷锋精神，创建文明城市，展示新区形象”活动，组织团员青年赴雷锋故居参观，亲身感受雷锋的人生历程。湖南工业大学的青年志愿者定期到社区开展志愿服务。从2008年起，湖南铁路科技职业技术学院的优秀大学生每年暑假开展“三下乡”“送文艺下乡”活动，投身新农村建设。开展“关爱农村留守儿童，争当知心哥哥知心姐姐”“七彩课堂”等关爱活动，给农民工子女传递真爱。2009年，团区委组织区志愿者协会下属义工30多名志愿者到马家河镇敬老院开展冬日暖阳活动。2014年，湖南中医药大学附属第一医院和湖南中药大学20名专家学生组成卫生志愿者服务队，深入马家河、群丰和雷打石镇，开展送药活动，赠送药品价值7万余元，慰问金3000元。

投身新区建设 从2008年4月起，团区委广泛开展“洁净天元，美化家园，共青团在行动”活动，累计组织义务劳动30余次，参与人员3000余人次。2009年，开展“洁净天元、美化家园”大型公益活动18次，参与志愿者300余人次。2014年，团区委以区域化大团建工作为契机，积极整合区内资源，组织区内团员青年积极参加市海关、市卫生局、市中心医院等市级团组织的各类志愿活动，助推文明城市创建。

服务重点工作 2011年，团区委联合区征管办建立6支青年突击队，在全区重点工程项目中开展竞赛活动，充分发挥团员青年“生力军”作用。2014年，与全区多家单位联合开展服务征拆“五个一”系列活动，牵头编撰《城市让生活更美好》服务手册，成立5支专业志愿服务团队，深入征拆任务集中的地区开展集中服务，共服务800余名征拆对象，发放政策资料4000余册。9月23日，与区征管办联合举办天元区征地拆迁工作先进事迹报告会，把平民的故事搬上专业舞台，通过21名先进典型人物的事迹，展示天元区“阳光拆迁”的历程。在全国文明城市创建过程中，积极组织志愿者将防暑降温物资同入户宣传材料一同发放到居民家中，发放防暑降温药品和入户宣传单1000余份。举办“大手牵小手”系列活动。其中，滨江广场和湘银鼓楼广场两场活动吸引300多对父母和孩子参与。

指导青年创业 2009年，出台《共青团天元区委员会促进青年就业创业行动实施方案》。2001—2012年，团区委协调发放青年创业小额贷款65869万元，获得贷款人数3212人，带动2686名青年就业。依托区人社局培训中心、农村党员干部现代远程教育站点、青年文明号集体等资源，直接面向青年提供就业创业咨询、职业技能培训、SYB创业辅导等。全区建成2个青年就业创业见习基地。2014年按照株洲市《促进青年创业三年行动计划》的要求，积极整合区内资源，为新区想创业、能创业的青年提供各类优惠政策和信息，筹备成立天元区青年创业者协会。积极宣传选树创业典型，推荐10人加入株洲市农村青年致富带头人协会，推荐20多个创业项目参加全国、省、市青年创业大赛。其中，雷打石镇大学生村干部陈姣的23.33公顷“沁园果木基地”项目荣获株洲市第二届青年创业大赛挑战组一等奖；90后CEO凌翔宇带领的微云端微信公众平台团队成为行业市场占有率前三的公司。

创新青年宣传载体 2014年11月，团区委开通微信公众号，利用QQ群、微博、微信等新媒体平台，积极吸引和联系青年，做好青少年的思想引导工作。

三 关爱未成年人

区团委成立后，与区法院、区检察院、公安分局、区司法局、区法律援助中心、区民政局、区教育局等单位加强协作，不断加大对重点青少年群体的教育、管理、服务。从2008年起，每逢6月26日“国际禁毒日”，团区委都会组织百余名禁毒志愿者与法院等多家单位共同举办禁毒宣传活动，带领青年团员宣誓，开展禁毒万人签名等形式，向广大市民宣传禁毒知识，并号召广大市民积极加入禁毒志愿者队伍。

2013年，落实《全国少工委办公室关于区域化推进少先队活动课建设的通知》，确保少先队活动课每周1课时进课表。开展“网上祭英烈”“我向国旗敬礼”网上签名、少先队建队日等常规活动。

2014年，通过深入调研和“倾听”活动，提交名为《让立法走向“保姆主义”，加强对未成年人监护人的监管》的提案。

第三节 妇女联合会

1997年8月，成立株洲市天元区妇女联合会（简称“区妇联”），11月区妇联内设办公室（加挂“区双学双比”协调领导小组办公室和区妇女儿童工作委员会牌子），核定行政编制3名。至2014年，全区有7个乡镇（街道）妇联、70个社区妇女代表会、45个妇女代表小组、53个非公经济组织和社会妇女组织。

一　代表大会

1997年12月23日，召开天元区第一次妇女代表大会。会议正式代表98名，特邀列席代表60名。黄月红作题为《积极进取奋力拼搏为实现跨世纪宏伟目标建功立业》的工作报告。选举产生天元区妇联首届执行委员会执委15人。其中，常委5人。黄月红为主席、彭娜为副主席。

2003年3月25日，召开天元区第二次妇女代表大会。大会应到代表120人，实到113人。黄月红作题为《与时俱进开拓创新——为实现新城区跨越式发展谱写新的篇章》的工作报告。选举产生新一届区妇联执行委员13人。其中，常委5人。黄月红为主席，刘盼盼、陶理为副主席。

2008年5月29日，召开天元区第三次妇女代表大会，大会应到代表217人，实到199人。袁丽凡作题为《团结动员广大妇女，争创跨越发展、科学发展、和谐发展的新业绩》的工作报告。选举产生新一届区妇联执行委员14人。其中，常委7人。袁丽凡为主席，刘盼盼、陶理为副主席。

2013年4月18日，召开天元区第四次妇女代表大会，大会应到代表189人，实到184人。袁丽凡作题为《扎实工作务实求真——团结动员广大妇女为建设“实力、美丽、幸福”新区而努力奋斗》的工作报告。选举产生新一届区妇联执行委员25人。其中，常委13人。袁丽凡为主席，彭凤英、杨曦为副主席。

二　主要活动

“双学双比”活动　1998年，区政府成立由15个单位组成的“双学双比”（学文化、学技术；比成绩、比贡献）竞赛领导小组。区妇联积极组织全区妇女开展竞赛。1999年，在全区开展创“万元大嫂”活动，全区共创“万元大嫂”1121户，创“10万元大嫂”15户。2000年，联合8家单位举办“世纪百星”竞赛活动。2004年，实施“巾帼科技致富工程，推进农村产业化进程”。2005年，倡议“万名妇女学科技”活动。2006年，开展“学科技、比致富、奔小康”活动。2007年，开展“十岗十村”共建社会主义新农村活动，实行“五送”（送信息、送培训、送法律、送温暖、送政策）到农村。至2014年的17年中，共举办实用技术培训班457期，妇女参加培训近4万人次，发放各类资料近10万份，30%以上妇女掌握1～2项实用技术。易映霞获得市“双学双比”先进个人，栗山种养大户杨白果被授予省“科技示范户”称号，区妇联被授予市“双学双比”先进单位。

“巾帼建功”活动　自1997年始，区妇联积极响应全国妇联、国家教委等13个中央部委号召，在全区城镇妇女中开展争做“四有”（有理想、有道德、有文化、有纪律）、“四自”（自尊、自信、自立、自强）女性，在各自岗位上建功立业活动。区妇联组织全区各行各业妇女开展技术大比武、岗位大练兵等竞赛活动。其间，先后组织开展“巾帼建功”“巾帼文明示范岗”“巾帼十杰”“巾帼十星”“巾帼明星企业家”“巾帼示范村”等系列活动。至2014年，全区荣获区级“巾帼文明示范岗”48个、市级2个、省级2个；荣获区级“巾帼建功”标兵60人、市级4人，省级2人，其中黄月红于2007年被授予全国“三八红旗手”；荣获区级“巾帼建功”先进单位30个，市级1个，省级1个。授予市级“巾帼示范村”1个，省级2个。通达电机厂的黄秋蓉、馨香房地产的陈菊香2人被评为株洲市“巾帼十杰”，嵩山路街道刘美丽下岗不失志，办起自己的预制场，年上缴利税20余万元，安置下岗工人40余人就业，被授予株洲市“巾帼建功”先进个人，湖南省“巾帼科技致富带头人”称号。

“五好文明家庭”创建活动 1996年，全国妇联联合中宣部等18个部委发出《关于深入持久开展“五好文明家庭”创建活动的联合通知》。区妇联期内先后开展“五好文明家庭”“文明公民”“书香家庭”“两型家庭”“美德家庭”“十大孝星”“最美家庭”等评选活动。2002年，区妇联在滨江广场举办天元区首届家庭风采大赛。2010年，湘银社区被全国妇联授予家庭教育示范社区，小湖塘社区被全国妇联授予全国读书型家庭示范社区称号。2014年，萧潼、童心夫妇被评为省文明家庭标兵、省最美家庭、全国五好文明家庭、全国最美家庭提名奖。全区有891户家庭在区、市、省、全国评选活动中获得荣誉。

三 妇女权益保护

1997年以来，区妇联宣传贯彻《中华人民共和国妇女权益保护法》《中国妇女发展纲要》《中华人民共和国未成年人保护法》《中国儿童发展纲要》和新《中华人民共和国婚姻法》等法律法规。2005年，建立天元区预防和制止家庭暴力工作联络制度，将预防和制止家庭暴力工作纳入区综治年度考核。2006年，与区司法局法律服务中心协同，建立天元区法律援助中心妇联工作站，招募法律援助女性工作者22名。在7个街道、乡镇妇联挂牌建立妇女维权工作站。2014年，成立婚姻调和机构“等等吧”，成立天元区婚姻家庭纠纷人民调解委员会，已成功调和60对夫妻，接待来访、来询1236人次。

四 关爱少年儿童

1997—2014年，区妇联组织儿童少年开展丰富多彩的文体活动。关爱留守儿童，组织社会各界为贫困儿童及少年捐款捐物，为全区儿童少年营造良好成长环境。落实春蕾计划、春蕾爱心屋、彩虹邮包、国医启蒙毛毛雨班等救助困难儿童827名，捐款20余万元，全区7岁以下儿童全面体格检查近20万人次，评选出191名健美儿童并进行奖励。

第四节 残疾人联合会

1997年8月，株洲市天元区残疾人联合会成立，属民政局二级机构，理事长由民政局副局长兼任。1998年，区民政局对全区残疾人重新调查，当年造册登记1996人，开展助残日活动，换发残疾证 45 个。成立区精神病防治领导小组，专访精神病人 260 人次。1999 年，完成全区精神病人摸底登记建卡，成立康复中心、建立家族病床等，其工作在全省地、州、市精神病防治“九五”末期检查中，取得第二名。2000 年 7 月，天元区残疾人联合会升格为独立核算的正科级法人单位。2001 年 4 月 16 日，株洲高新区、天元区残疾人工作协调委员会成立，全区 24 个单位为成员单位。同年机构改革中，各镇、街道确定分管残联领导和干部，村、居委会明确负责残联工作的人员，区残联工作网络基本形成。2002 年，核定天元区残疾人联合会事业编制 3 名，内设办公室。2005 年，天元区通过扶贫和广泛动员社会力量开展“帮、包、带、扶”，使 200 多名残疾人脱贫或减轻贫困，民政局优先将残疾人纳入低保范畴，为 312 名残疾人办理低保，保障残疾人基本生活；通过康复，使 280 余名残疾人改善功能；通过特教、提高残疾人素质，残疾儿童入学率达到 83%；通过加大残疾人就业工作力度，全区有 50% 的残疾人能自食其力。2012 年，区残联编制 6 人，内设办公室和维权中心，下辖天元区残疾人劳动就业服务中心，天元区残疾人辅助器具服务站。同年，辖区 4 个镇、3 个街道均配有残联理事长，各村、社区均建立残疾人协会，有残疾人专职委员 116 名。2013 年，嵩山路街道获评全市规范化建设示范单位。2014 年，天元区 4 个镇、3 个街道全面完成规范化建设，残疾人机构、工作人员、办公设施配置全部实现 100%。

一　代表大会

2005 年 4 月 1—2 日，天元区残疾人联合会召开第一次代表大会。张先锋作题为《自强不息团结奋进在全面建设小康社会中加快残疾人事业发展》的工作报告。大会选举张先锋为执行理事会理事长，周志勇、谢光辉为副理事长。同时选举产生肢残人协会、盲人协会、聋人协会、智力及精神残疾人亲友协会。

2009 年 9 月 4 日，天元区残疾人联合会第二次代表大会召开。罗志林作题为《弘扬人道主义精神抢抓新的发展机遇团结带领残疾人为实现全面小康而奋斗》的工作报告。大会选举罗志林为理事长，谢光辉、刘孟琴、朱劲军为副理事长。

二　主要活动

(一) 疾病康复

2011 年 8 月，成立天元区残疾人辅助器具服务站并加挂天元区残疾人康复服务站。当年，天元区残联被中国残疾人联合会评为全国残疾人康复工作先进单位。至 2014 年，服务站为残疾人发放各类辅助器具 438 件。2013 年，嵩山路街道、栗雨街道、雷打石镇、三门镇建立社区中心康复站。2014 年，新增泰山路街道、群丰镇 2 个残疾人康复服务站。

白内障复明 2009年，天元区被定为全市“白内障无障碍区”试点区，全区白内障患者得到免费手术治疗。2010年12月，天元区被授予第三批“全国白内障无障碍区”称号。至2014年，天元区残联组织近千名白内障患者实施白内障手术，术后康复效果良好。

0～6岁残疾儿童抢救性康复 2010年，对全区30余名0～6岁儿童进行脑瘫、智力、自闭症康复，人工耳蜗适配等项目，康复效果良好。2011年2月，天元区残联获2010年省政府为民办实事“0～6岁贫困残疾儿童抢救性康复项目”株洲市先进单位。2011—2014年，对全区50余名0～6岁儿童进行康复。

精神病防治康复 自2004年开始，天元区残联对辖区精神病患者给予每人每年500元的服药补贴。2010—2014年，天元区残联对82名重症住院患者住院费用给予补助，使其病情得到有效治疗，稳定可控。2014年，享受服药的精神病患者402名。

（二）残疾人普查发证

2009年，区残联为全区1146名残疾人全面换发第二代残疾证。2011年1月，天元区区划调整，接收雷打石镇和三门镇部分残疾人办证档案。2013年，将雷打石镇和三门镇的残疾证地址信息全面更换并发放新证。2014年，天元区实有持证残疾人3662人。

（三）助残日活动

1997年以来，天元区每年开展“助残日”系列活动。2010年，建立学雷锋助残志愿服务站，先后开展志愿助残活动20余次，招募助残志愿者194名。2014年助残日期间，天元区开展贫困残疾人辅助器具捐赠志愿助残活动，发放座便轮椅、普通轮椅、盲杖、助听器、助行器、手杖等各类辅助器具225件；邀请区领导开展调查研究和走访慰问活动，累计慰问困难残疾人550人次，并帮他们切实解决实际困难，号召全社会爱心助残。

（四）残疾人文体活动

2010年4月，区残联在区政府一楼大厅举办天元区第一届残疾人运动会，20名残疾人参加象棋、飞镖等比赛。2011年，组织参加市残联举办的“喜迎建党90周年、建市60周年”演讲、书法、绘画、摄影、读书征文活动。天元区代表队获得演讲比赛一等奖、书法绘画二等奖以及6个三等奖。2012年，组织参加由团区委承办的第二届新区艺术节之“青年诗歌朗诵会”，区残疾人易洋、唐妍的朗诵《生命不止自强不息》获得二等奖。2014年，6名残疾人运动员在湖南省第九届残疾人运动会获2.5块金牌、4.5块银牌、3.5块铜牌。至2014年的9年中，天元区残联组织23名残疾人参加省、市残联举办的运动会8次，获得金银铜奖牌30块。组织残疾人参加省、市、区级文化艺术活动12次。

(五) 残疾人社会保障及扶贫

2002年，在春节、全国助残日、国际残疾人日等节日分别组织慰问特困残疾人。2010年，实施“阳光家园”项目，为共计430名符合条件的对象发放补助资金。2012，实施《株洲市城区重度残疾人特殊生活补助实施方案》，确定重残补贴对象近千名，发放资金60万元。截至2014年，天元区2378名残疾人参加新农合、新农保，参保比例100%，城镇残疾人参加城镇居民基本医疗保险、养老保险的比重上升，残疾人最低生活保障实现应保尽保。

(六) 残疾人教育与就业

天元区建区后，积极推动适龄残疾儿童入学，天元区适龄残疾儿童入学率90%，但仍有少数残疾程度较重的残疾儿童（脑瘫）无法入学。2011年起，天元区实施金秋助学项目。截至2014年，帮扶贫困残疾人及残疾人子女27人。安置415名残疾人就业。通过组织参加各类招聘会20余次，663人成功就业。天元区组织参加省市级、开展区级农村实用技术、盲人按摩、种植、养殖等各类残疾人就业技能培训班20余次，培训790人次。2014年，天元区适龄残疾儿童入学率达95%。

(七) 残疾人信访与维权

信访 区残联成立后，年均接待残疾人来信来访130人次。残疾人上访内容涉及就业、康复、教育、家庭、法律咨询等方面。区残联认真做好接访工作，并代表残疾人把他们的呼声想法反映给政府。截至2014年，天元区残联共接待残疾人来信2339人次，发给临时救助390人次。

维权 天元区成立法律救助站，积极维护残疾人合法权益，残疾人维权意识不断得到提高，全区残疾人合法权益得到有效保障，无遗弃、虐待、侮辱案件发生。2008年，群丰镇智力残疾人袁某某及其父母遭同村袁某毒打、打伤后，住院治疗3天。袁某某到区残联请求帮忙维权，区残联积极联系司法部门和有关单位，最终袁某向袁某某及父母赔礼道歉，并赔偿住院治疗费用。2011—2014年，为全区符合条件的700名残疾人发放残疾人机动轮椅车燃油补贴；完成贫困残疾人家庭居家无障碍改造91户。

第五节　红十字会

2012年3月，成立天元区红十字会，正科级事业单位，属群团组织。区政府副区长黄芳任会长，王红平任常务副会长。

区红十字会成立后，围绕职能开展多项活动。2013年，以“关爱老人、医疗服务”为主题，深入到敬老院、社区开展义诊活动；以“博爱送万家”为主题，慰问贫困家庭20余户，为70户贫困儿童免费发放价值800元/户的婴幼儿奶粉；积极参与无偿献血、骨髓移植、器官移植等工作；组织全区干部参加无偿献血 300 多人次；开展群众性初级卫生救护知识培训及青少年应急救护，疏散演习等知识培训；组织红十字会志愿者参与各项社区公益活动。

2014 年，积极宣传和推动天元区无偿献血工作，组织召开全区无偿献血工作会议，安排部署天元区无偿献血工作。会上，印发《天元区 2014—2016 年度无偿献血工作方案及考核细则》等文件。制作大型无偿献血公益广告 2900 平方米，组织 4 场专家讲座，集中献血 9 场次，参与献血 348 人次。开展学雷锋应急救护培训，对城区所有社区的学雷锋志愿者进行应急救护知识的普及，发放无偿献血、器官捐献、公众应急救护手册等宣传资料 8 万余份，培训近 1800 人次。开展幸福天使“美丽中国行”全国公益救护行动，为全区 60 户贫困婴幼儿及留守儿童家庭提供每户价值 800 元的奶粉；为雨灾中受损的 20 多户家庭发放日用品应急包，对部分生活困难的残疾老人提供棉被等日常生活用品。

第七篇　军　事

1997年8月，天元区人民武装部（简称“区人武部”）成立。在中共天元区委和上级军事部门的领导下，建立健全党管武装的组织协调机构和工作制度，落实各项保障措施，开展部队机关正规化、现代化建设，加强民兵预备役工作，进行全民国防和战备教育，密切军政军民关系。民兵整组、民兵训练、兵员征集、演习考核等多项经常性工作成效显著。2001年5月，中共天元区委被湖南省军区评为党管武装先进单位。2002—2013年，区人武部连续12年被株洲军分区评为全面建设先进单位。至2014年的18年中，区人武部受湖南省军区表彰10次，株洲军分区和市级表彰52次；区人武部部长、政委连续5年被株洲军分区评为“一对好主官”，连续7年无政治责任和行政责任退兵，多次被市政府、株洲军分区评为征兵工作先进单位。

第一章　机构与驻军

第一节　天元区人民武装部

1997年8月，株洲市郊区人民武装部易名株洲市天元区人民武装部，为正团级单位，既是中共天元区委的军事部门，又是区政府的兵役机关。区人武部机关设军事、政工、后勤3个科，辖马家河乡、群丰镇、泰山路街道、嵩山路街道、天源纺织有限公司5个基层武装部。2014年，天元区设基层武装部11个，即4个镇各1个，3个街道各1个，湖南工业大学、市公交公司、太子奶集团、产业战线各1个。

株洲市天元区人武部领导班子名录

表7－1－1

职　务	姓　名	性　别	任职时间
部　长	赵金伟	男	1997年08月—2002年04月
	吴道良	男	2002年04月—2005年03月
	张文轲	男	2005年03月—2007年02月
	刘建南	男	2007年02月—2012年04月

续表 7－1－1

职 务	姓 名	性 别	任职时间
部 长	文忠于	男	2012年04月—2014年12月
政 委	周光裕	男	1997年08月—1999年04月
	周芳文	男	1999年04月—2000年04月
	斐 迪	男	2000年04月—2001年04月
	刘展科	男	2001年04月—2006年02月
	刘建南	男	2006年02月—2007年02月
	王定升	男	2007年02月—2010年03月
	彭文骅	男	2010年03月—2012年04月
	柏国顺	男	2012年04月—2014年03月
	彭书红	男	2014年03月—2014年12月
副部长	李明球	男	1997年08月—1998年04月
	陈太明	男	1998年04月—1999年04月
	罗 伟	男	1999年04月—2000年04月
	梁开义	男	2001年04月—2003年03月
	邱胜良	男	2003年03月—2004年03月
	杨之金	男	2004年12月—2006年03月
	彭喜雨	男	2006年03月—2009年03月
	李辉军	男	2009年03月—2010年03月
	杨剑波	男	2010年03月—2011年03月
	武玉刚	男	2011年03月—2013年03月
	胡喜林	男	2013年03月—2014年12月
	张建武	男	2014年12月—2014年12月

第二节 基层武装部

1997 年，天元区有基层武装部 5 个。至 2005 年，马家河镇、群丰镇、泰山路街道、嵩山路街道、栗雨街道、金德公司、二一四队、天源纺织有限公司 8 个单位设立武装部。2006—2014 年，陆续增设 3 个基层武装部。至 2014 年，天元区基层武装部 11 个，7 个镇（街道）武装部建设全部达到上级规定标准。

第三节 驻 军

株洲军分区 1983 年 10 月，株洲市人民武装部（对外称“株洲警备区”）扩编组建为中国人民解放军株洲军分区，为正师级机构，机关设司令部、政治部、后勤部，下辖 9 个县（市、区）人武部和 1 个军队离职干部休养所。

预备役部队 1984 年 2 月，湖南省人民政府、湖南省军区根据中央军委指示，决定在株洲市所属县（市、区）以复员退伍军人、经过训练合格的基干民兵和地方专业对口人员为对象，组建中国人民解放军所属的株洲陆军预备役师（后改名为“株洲陆军预备役步兵师”）。同年 11 月 16 日举行成立大会。1986 年 8 月，根据中央军委指示，预备役部队编入中国人民解放军编制，师、团授予番号、军旗、实施统一编制，平时隶属湖南省军区，战时归指定的野战部队指挥。设司令部、政治部、后勤部。1999 年 8 月，株洲陆军预备役步兵师改为省建师，师部迁往长沙市。株洲市则调整组建炮兵团，各营和直属分队分别在株洲市部分县（市、区）组建。

第二章 兵 役

第一节 兵役制度

中华人民共和国成立至 1954 年，全国实行志愿兵制度，参军参战均属自愿，国家对兵员条件未作统一规定。凡自愿参加中国人民解放军的青年，政治可靠、品质优秀、身体健康者均可报名，经县（市）兵役机关批准入伍。

1955 年 7 月，第一届全国人民代表大会第二次会议通过《中华人民共和国兵役法》，以义务兵役制代替志愿兵役制。1978 年，义务兵役制改为以义务兵与志愿兵相结合的制度。1984 年，根据新的《中华人民共和国兵役法》，实行以义务兵为主体的义务兵与志愿兵相结合，民兵与预备役相结合的兵役制度。兵役分为现役和预备役，服现役的称现役军人，服预备役的为预备役军人。1955 年，士兵的服役期限：陆军 3 年，空军 4 年，海军 5 年。1965 年，改为陆军 4 年，空军 5 年，海军 6 年。此后又改为陆军 2 年，空军 3 年，海军 4 年。1978 年，又恢复 1955 年的规定。1984 年，规定陆军为 3 年，海军、空军为 4 年。服满役期的义务兵，根据军队对技术兵员和基层骨干需要及本人自愿，少数人可超期服役 1 ~ 2 年。1998 年 12 月，规定服役年限不分陆海空军，一律为 2 年。

第二节 兵员征集

1997 年，天元区成立区征兵领导小组，由区委、区政府、区人武部领导任领导小组正副组长。

下设办公室，由区人武部机关及地方的组织、宣传、公安、卫生、交通、财政等部门抽调人员组成，全面负责征兵工作。各乡镇、街道相应成立征兵工作领导小组和办事机构。同年，天元区兵役机关依照国防部、公安部和中华人民解放军总参谋部、总政治部联合颁发的征集兵员的体检标准、政治条件，从476名预征对象中择优征集适龄青年入伍。此后，一般每年冬季进行一次兵员征集。2002年开始从大专院校征集大学生新兵；2009年开始面向社会征集女兵。从2012年开始，由冬季征兵改为夏秋季征兵。2013年，区政府制定实施《征兵工作奖惩暂行办法》，对征兵先进单位奖励，对未完成任务的单位处罚。选送新兵中，大学生征集比例达到51%。2014年，以确保新兵质量为核心，完成新兵征集任务，其中大学生71名，新兵文化素质在全市各县区排名第一。至2014年的18年中，全区征集的新兵无一责任退兵，区人武部多次被市政府、株洲军分区评为征兵工作先进单位。

一　征集条件

年龄条件 通常征集当年12月31日年满17岁的男性公民。当年未被征集者，在22周岁以前，仍可征集服现役。视军队需要和本人自愿，也可征集未满18岁的女青年。

政治条件 1980年10月，根据公安部、总参谋部、总政治部《关于征集兵员政治条件的规定》，明确不得征集以下几种人员：依法被判刑、拘役、管制和剥夺政治权利者；依法被劳动教育、少年管教，期满后经两年考验仍未改正错误和恶习者；政法机关正在侦查、控制的犯罪嫌疑人；对中国共产党和社会主义制度心怀不满，政治思想反动者；近两年内有流氓、贪污、抢劫、诈骗、投机倒把、打架斗殴等不法行为及其他品质不良者；被机关、单位、学校开除公职、学籍者。

文化条件 20世纪90年代，城镇入伍新兵要求具有大专以上文化程度，农村入伍新兵具有高中以上文化程度。从2002年开始，天元区人武部按规定从大专院校招收大学生入伍。至2014年，入伍新兵中大学生比例提升至72%。

身体条件 应征者必须身体健康，五官端正，无遗传病史，无慢性疾病，凡有残疾、有缺陷者一律不征集。身高条件，男性从20世纪50年代的1.50米提高到70年代的1.55米、80年代的1.60米。90年代以后，要求身高1.62米以上。

二　征集步骤与方法

兵役登记 征兵前摸清公民政治、身体状况，以便确定他们是应服兵役、缓服兵役、免服兵役、不服兵役等，准确掌握兵员数量及分布情况，做好征集准备。根据1984年《中华人民共和国兵役法》的规定，从1985年开始，重新进行兵役登记，每年9月30日前结束。

宣传发动 征集工作开始后，召开各种会议，落实征集任务，深入宣传教育，发动适龄青年报名应征。宣传发动时间一般为 7～10 天，采取报纸、广播、电视、黑板报、宣传栏、标语、会议等形式，开展爱国主义、国防观念教育。宣传发动后，以乡镇、街道为单位，分设若干报名站，户口在本站范围的适龄青年到报名站进行目测，明显不合格的予以淘汰。然后汇总，张榜公布。20 世纪 90 年代后，农村青年外出务工者增多，各乡镇、街道采取预先写信、打电话或派专人通知的办法，使大部分外出适龄青年如期返乡报名。

政治审查和身体检查 政治审查按公安部、总参谋部、总政治部《关于征集兵员政治条件的规定》执行。以乡（镇、街道）为单位，对目测合格青年逐一进行初步政治审查。通过初审，按一定比例选择体格检查对象。此后对体检合格者做进一步复查，为定兵做好政治条件方面的准备。体格检查按国防部《应征公民体格检查条件》规定执行。区设若干体检组，以乡镇、街道为单位，设立检查站。初检合格者统一到县以上人民医院进行透视和肝功能化验（含表面抗原体检查）。体检全部合格者，特种兵一般由地（市）体检组逐个复查，普通兵员抽查复查由县区进行，抽查复检人数不少于征兵数额的 1／3。各基层单位在应征青年送检前，由乡镇、街道卫生院进行病史调查，以及体检合格后的复查，以查出体检中不易发现的疾病。

审批定兵 经政审和体检合格对象填写“应征青年入伍登记表”，连同病史调查、体格检查表、入党入团志愿书等装入本人档案，由乡镇、街道征兵领导小组根据分配名额，初步择定应征人员，报区征兵办公室。区征兵领导小组依据规定和条件审批定兵。1982 年开始改为乡镇、街道定兵。定兵完后，区征兵办公室根据审定的应征青年名单，填写入伍通知书，由乡镇（街道）、村（社区）负责送至应征青年家中。

交接运送 根据上级下达的兵员起运计划，依次确定集中时间。新兵集中的当日或次日发放服装，并视人数多少编成连、排、班，从新兵中指定正、副班长。然后，区征兵办公室按军种和接兵单位划分，用点名形式将名册档案一并移交部队。1984 年，改为由县区组织人员送兵到部队，送兵人员以区人民武装部干部和专职武装干部为主，送兵干部与新兵比例为 1 : 30 左右，排以上干部由送兵干部担任。新兵到站或到部队后，由送兵负责人交给部队，双方在交接花名册上签字盖章。新兵档案、物资手续，待到部队营区后，按照交接人名册数额逐个清点，一次性交接。

第三节　预备役登记

1996 年始，开展预备役军官登记工作，对军事军官、政治军官、后勤军官、专业技术军官进行分类统计。

1998 年 12 月 29 日，第九届全国人大常委会第六次会议《关于修改（中华人民共和国兵役法）的决定》，对预备役人员登记、统计工作进行修改。规定 18～35 岁的退伍军人，经过军事训练的 18～28 岁的基干民兵、35 岁以下的地方与军事专业对口的技术人员，为一类预备役；编入民兵组织 18～35 岁的普通民兵为二类预备役。同时，加强对预备役人员的军政训练，注重提高他们的军政素质，一旦战争爆发，就将他们补充到部队，担负起保卫祖国神圣使命。

2003 年 6 月 2 日至 7 月 10 日，天元区开展退伍军人和地方军事专业对口人员预备役登记工作，并对 1990 年以来退伍军人预备役的军事编码逐个进行套改。

第三章 民 兵

第一节 组织建设

依据《湖南省民兵预备役工作条例》规定，天元区在辖区乡镇、街道和部分企事业单位建立民兵组织。民兵分为基干民兵和普通民兵。28 岁以下的退出现役的士兵和经过军事训练的人员，以及选定参加军事训练的人员，编为基干民兵；其余 18 ~ 35 岁符合服兵役条件的男性公民，编为普通民兵。

民兵组织每年整组一次，原则上在上一年民兵调整改革的基础上进行。区人武部一般用 1 个月左右，乡镇、街道武装部一般为 10 ~ 20 天时间。主要为民兵思想教育，办理出队、入队、转队手续，改选干部，清点装备，健全制度等工作。

1998 年 6 月 20 日至 7 月 25 日，天元区人武部首次开展民兵整组工作。由于天元区是新成立的行政区，专武干部和民兵营长（负责武装工作的联络员）队伍 75% 是新任命的，业务生疏。区人武部通过举办培训班培训专武干部和民兵营长，提高业务素质；贯彻改革思想，科学编组编队；着力建设一支规模适当、布局合理、重点突出、可靠管用的基干民兵队伍。民兵编组以国有大中型企业为骨干，并向“三资”企业、股份制企业、乡镇企业和私营企业倾斜。天元区建立民兵应急分队，配备车辆、购置装备。基干民兵，农村以乡（镇）为单位编连，以村连片编排，有条件的乡（镇）把基干民兵集中编组在乡（镇）企业；城镇一般以企事业单位单独编成连或排，以街道编连。基干民兵一般由基层武装部管理。扩大专业技术对口人员服预备役的范围，将专业技术对口（含医疗、交通、通信、修理等专业）并符合服预备役条件的人员编入一类预备役，专业技术分队的人数大幅增加。随后于 1999 年进行调整改革，增加民兵应急分队普通民兵的建置和人口。

2002—2004 年，民兵整组中先后增设抗洪抢险舟桥连、侦察预警连、医疗救护连、防空导弹连等专业民兵组织。2005 年，突出民兵预备役防空、信息作战、军兵种、支前保障、应急维稳等骨干力量布局编组。2011 年，编组重点向人员稳定、便于集中的企事业单位转移，高标准抓好基层武装部和通信支援分队建设。2014 年，完成基干民兵整组工作，编成 3 大类共 21 支民兵专业分队。基本实现基干民兵组织逐步向城市大中型企业及事业单位转移的目标。

第二节　军事训练

区人武部成立始，每年安排对民兵进行军事训练。民兵训练以基干民兵、民兵营（连）长为主，重点培训民兵专业应急分队。内容包括轻武器射击、投弹、战术、队列、军体常识和专业技术训练等。训练形式采取在重点乡镇分片联训、大型广场合训、专业骨干在人武部驻训的办法组织进行。

2000年，区人武部进行4期民兵军事训练。2004年，天元区政府投入资金278万元，在全市率先兴建民兵高炮库房和高炮训练、轻武器射击训练、民兵基础训练“四位一体”的多功能综合训练基地。是年，区人武部组织新编侦察预警连、汽车运输连、车船维修连、医疗救护连进行专业训练，两镇、两街道武装部组织民兵进行相应的军事训练。区人武部还选送11人参加株洲军分区组织的为期10天的舟桥骨干培训和专武干部、高炮骨干集训。

2005年，民兵高炮训练基地和综合训练基地竣工并投入使用。当年6月，湖南省民兵高炮现场会在天元区民兵高炮训练基地和综合训练基地举行，受到湖南省军区和株洲军分区的表彰。这次全省民兵预备役高炮部（分）队一体化建设现场会为期一天半，湖南省军区全体常委及部以上领导，湖南省下辖各军分区司令员，长沙、株洲、湘潭、衡阳四市的市辖区人武部部长，省领导杨泰波、各地市分管民兵高炮组建任务的市领导及国家人防委、解放军总部、广州军区有关领导参加会议。天元区等单位介绍经验，现场还观摩天元区民兵高炮训练基地，天元区人武部组织民兵高炮分队骨干参加演习。同年区人武部组织民兵应急分队进行冲锋舟操作手培训，训练成绩全部合格；组织民兵应急分队军事训练，总评成绩良好。

2008年，区人武部按照“练为战”的要求，强化作战分队和应急分队的基础训练，分四期对民兵进行训练。民兵常驻应急分队和森林防火分队分别接受省军区考核和省森林防火指挥部点验和拉动演练，受到上级领导表彰。2009年，区人武部在民兵训练基地分别组织专武干部集训和森林防火、对空观察、交通运输、应急分队、高炮分队等民兵专业分队训练。2010年9—10月，区人武部首次组织全市女子民兵高炮分队训练，其做法被《解放军报》报道。2012年，区人武部狠抓“教学、督导、考核”责任制落实，重点组织民兵应急分队、森林防火分队和民兵高炮分队训练，高炮分队参加省军区组织的实弹射击比赛获得第一名。

2014年，区人武部完成民兵应急分队、反恐维稳分队、伪装防护分队、安全警戒分队、防空分队共5期基干民兵训练任务。7月，组织基干民兵参加全省“湘江—2014”演习，全面完成任务，其中作业文书被评为全市第一名。结合森林防护期，组织森林灭火分队训练和演练，提高分队灭火能力。1998—2014年，区人武部组织各类民兵军事训练73期，参训民兵数千人次。

第三节　政治教育

政治教育是民兵工作的优良传统。教育时间一般在春节、“八一”等重大节日和中心工作、军事训练、民兵整组等活动时进行。1997年区人武部成立后，教育内容上突出5个方面教育，即突出马克思列宁主义、毛泽东思想、邓小平理论、“三个代表”重要思想和科学发展观的教育，突出建设有中国特色社会主义理论和党的基本路线教育，突出人民战争思想和民兵基本常识教育，突出以爱国主义为核心的国防知识教育，突出时事政治教育。基干民兵，每年一般学习教育4次；普通民兵，每年2次。教育方式方法上，以民兵训练基地及镇（街道）国防教育中心为基本场所，建立民兵政治教育基地。相继建立和完善教研室、资料室、购置部分电教设施，基本形成课堂理论教育、图片直观教育、电化形象教育、书刊阅览自学的民兵政治教育骨干培训体系。全区特别是农村广泛建立“青年民兵之家”，进行民兵经常性政治教育，开展文化娱乐活动。从20世纪90年代开始在民兵中进行的刊授学习，并形成制度，长期坚持下来，做到在民兵自学的基础上，区人武部每季度组织一次考试，每半年进行一次检查评比，并对优秀试卷进行奖励，收到良好效果，区人武部被总政治部群工部和《中国民兵》杂志社评为订刊用刊先进单位。

20世纪90年代中期，郊区人武部在全区建有青年民兵之家79所，配备有图书2.13万册，文体器材1405件，电视机13台，篮球场19个，活动开展得有声有色，激发青年民兵的进取精神，做法和效果受到省军区肯定。天元区人武部继承传统，不断加强青年民兵之家的建设工作。至2012年，全区有青年民兵之家113所，配备图书10万册。2013年以后，区直机关、镇（街道）和村级民兵营普遍订阅《中国民兵》《中国国防报》等报纸杂志，有效推进民兵的政治教育。

第四节　参加地方建设

一　参加经济建设

20世纪90年代初期，郊区人武部响应省军区号召，积极组织民兵、预备役人员深入开展“三富一维护”（带头富、帮民富、共同富、维护社会治安）活动，带领群众脱贫致富，成果丰硕。1994年，区人武部被省委、省军区评为组织民兵开展“三富一维护”先进单位。1993年，组织大批民兵、预备役人员参加修建高新技术产业开发区道路，1994年参加修建高标准的河西湘江防洪大堤。进入21世纪，区人武部组织和带领民兵、预备役人员积极开展扶助贫困村、贫困户活动。通过帮扶，为群丰镇石塘村修建农贸市场和2.21千米柏油村道。民兵、预备役人员积极投身经济建设，带头勤劳致富。至2005年，全区从事个体工商户的民兵预备役人员57人，科技示范户24户。嵩山路街道民兵排长易新辉兴办个私企业，安置待业人员19人，年销售收入160余万元；上缴税金6万多元。他先后拿出3000多元装修民兵活动室，扶助一批困难户和孤寡老人，被区政府评为致富带头人。马家河镇民兵科技示范户罗平经营神农生态园，办1个实业（民营股份制企业），帮助周围农民致富。2005年公司完成一、二期工程800万元，安置待业人员50多人，其中国企下岗工人30多人，扶持带动30多个养猪大户，每户年出栏生猪100头以上，年收入平均3万元以上。至2014年的18年中，共出动民兵、预备役人员1万余人次参加修路筑桥、征地拆迁、参加重点工程建设等经济建设活动。

二　抢险救灾和维护社会治安

1994年6月，株洲市遭遇百年一遇的大洪灾，洪峰超过历史最高水位。湘江河西大堤溃垮，3万多群众被洪水围困，郊区人武部组织民兵、预备役人员数千人3次上堤抗洪抢险，营救落水群众。1997年，区人武部组织民兵、预备役人员2000余人次，对市区境内近30千米的京广铁路沿线的通信光缆进行护路护线，出色完成任务，受到上级表彰。1998年3月，湘江出现历史上罕见的春汛，超过警戒水位3.95米，6月又遭暴雨、大暴雨袭击，境内民兵、预备役人员先后5次出动抢险救灾。2002年5月17日，天元区境内园艺场职工因身份补登、就业等问题发生群体闹事，围堵市党政机关大门和株洲大桥，区人武部领导带领民兵应急分队40人协助公安、民政部门做群众思想工作，化解怨气，保持社会稳定。2003年5月，为防御即将到来的洪水，区人武部组织100余人的民兵突击队，冒雨赶赴群丰镇湘江沿岸，奋战10多个小时，完成2000米长的大堤加固任务，有效抵御洪水的冲击。同年12月，天元区马家河镇太高村发生特大山火，区人武部组织民兵、预备役人员380人参加扑火战斗，经过3个小时奋力拼搏，将山火扑灭。2008年初，株洲市发生特大雨雪冰冻灾害，区人武部出动现役干部和民兵共1620人次，车辆80余台次，设置食品发放点10个，搬运发放食品37吨，扫除道路积雪和破冰21.4千米，来回机动距离340千米，圆满完成上级赋予的确保京珠高速公路、株洲大道以及株雷路畅通和滞留车辆及人员安全的任务。在灾后重建中，又组织民兵、预备役人员300多人次，抢修电路5千米，恢复森林防火隔离带8千米。区人武部被省军区评为抗冰救灾先进集体。2009年5月，荷塘区红旗路高架桥发生垮塌事故，区人武部出动民兵应急分队500人次，执行救援和执勤任务。2010年5月，辖区内发生严重内涝，区人武部组织出动民兵应急分队260人次，抢救出大批财产，转移群众500余人。6月，辖区马家河镇仙岭村一河堤发生决堤，区人武部立即组织民兵应急分队150余人，连续奋战一天两夜，及时抢修好河堤。

2013年，全区发生山火13起，区人武部组织民兵应急分队第一时间到达现场，在最短的时间内将山火扑灭；派出森林防火分队驰援茶陵县云阳山火扑救任务，连续奋战20多个小时，最终将山火扑灭。当年夏天，天元区持续高温，2000多公顷农田受旱灾，全区广大民兵和预备役人员积极投身抗旱救灾任务，每个镇政府均有一支20余人的民兵抗旱救灾分队开展工作，最大程度减轻旱情。

至2014年的18年中，共出动民兵1.3万余人次参加抗洪救灾、防汛抢险、扑灭山火，组织8000余人次民兵参加社会治安、综合治理、抓捕犯人、维稳处突、征地拆迁、扫雪除冰等重大活动。

三 参加社会主义精神文明建设

2001 年 8 月，由区人武部牵头，组织区内团以上驻军单位和部分民兵、预备役人员开展军民共建长江北路文明街活动，持续到 2014 年，获得良好的社会反响。2004 年 3 月 5 日，区人武部组织 100 多名民兵预备役人员上街入户为民服务，为 5 名贫困学生交学费 1300 元，为残疾人捐款 510 元。

2008 年，区人武部组织干部和民兵、预备役人员积极投身株洲市创建国家卫生城市活动，当年出动 260 人次，清除垃圾 20 余吨，为大湖塘社区出资 1 万元进行环境美化。至 2014 年的 18 年中，天元区 6000 余人次民兵参与“讲文明，树新风”、创文创卫、创环境模范城市、创“两型”建设等区内社会主义精神文明建设。

第四章 国防教育与人民防空

1997 年天元区成立后，根据国务院、中央军委 1994 年《关于成立国家国防动员委员会的通知》和上级军事机关的指示精神，成立区国防动员委员会（简称“区国动委”）。区国动委与区武委会实行一个机构，两块牌子，其组成人员与武委会组成人员相同。区国动委是天元区委、区政府、区人武部和上级国动委的领导下的、主管全区国防动员工作的议事协调机构。区国动委成立后，其成员一般随着区委、区政府、区人武部及区直有关部门主要负责人变动进行调整。调整的原则：中共天元区委书记任第一主任，区长任主任，常务副区长和区人武部部长、政治委员任副主任。区直、区人武部相关部门主要负责人为委员。辖区内各乡镇、街道、大中型企事业单位先后建立国防动员委员会。

第一节 国防教育

1997 年，区国防教育委员会（简称“区国教委”）成立后，依托区人武部设置的国防教育室及配备的电教设施、有关文字、图片、音像资料等设备资料，开展有组织、有计划、多层次、多途径的全民国防教育。先后开展宣传《湖南省国防教育条例》《中华人民共和国国防法》《中华人民共和国国防教育法》等系列宣传活动以及组织新闻媒体宣传报道等宣传活动，组织知识竞赛等方式，普及国防知识，增强公民国防意识，营造关心和支持国防教育的良好风尚。1998 年，区人武部获省国教委授予的国防法规知识竞赛先进单位称号。在此基础上，开展形式多样的教育活动，深入进行国防教育，包括开设国防教育课、军事活动日、国防教育日、国防体育活动、国防文艺活动等。国防教育课主要在各级党校、团校、职工学校、农村夜校以及全日制大、中、小学开设。区人武部复制国防录像带《长城在我心中》10套，下基层放映210场，观众9000多人次，反映良好。国防教育日在每年的9月第三周的周六进行，根据不同对象、采取不同的活动形式进行。如组织老年人阅读国防教育书刊，收听收看电视、录像；组织青年进行野营拉练，军事比武等；组织少年儿童参观访问、举办夏令营、祭奠烈士墓等。国防体育活动从区实际出发，主要是开展射击、投弹、越野、田径、球类、体操、游泳、划船、武术等项目的军事体育活动，还多次组织区内大学生参加全省大学生军事体育竞赛等活动。国防文艺活动方面，在每年的"八一"、春节前夕举办大型文艺晚会，演出一些反映国防教育与军事题材的节目。平时通过组织放映电影、开展歌咏比赛、举办文艺会演等方式开展全民国防教育。1998年以后，区国教委每年都组织大批公民参加炎帝广场每周一次的"周周乐"广场文化活动，演出节目突出爱国主义主题。1998年11月至2005年，参加"周周乐"广场文化活动的市民160余万人次。

2009年6月，株洲高新区工委书记、天元区委书记谢高进被湖南省军区评为全民国防教育先进个人。自2010年始，充分利用板报、宣传栏、QQ群等形式，进学校、入社区、到企业，大力宣传国防知识，普及国防教育。2014年，区人武部联合区委宣传部，组织湖南工业大学学生、银海小学学生和民兵预备役人员到罗哲和罗学瓒烈士墓前进行扫墓祭拜，缅怀先烈。同时，动员市民和学生积极参与市国防教育委员会开展的"维护海洋权益，共建强大国防"征文活动和"中国海洋国土和防卫政策"知识竞赛，通过这些征文和活动，提高全民国防观念。

第二节　人民防空

1995年8月，株洲高新区人民防空办公室成立。1997年区划调整改称天元区人民防空办公室，加挂株洲高新区人民防空办公室牌子，隶属天元区政府办编制。管理天元区内的工业企业的人防工程建设。

区人民防空组织指挥平时主要是组织实施人民防空战备建设规划；制定城市防空袭行动预案；拟制战时人口疏散计划；组织有关部门拟制战时医疗救护、工程、通信警报、交通运输、"三防"（防核武器、化学武器、生物武器）、物资、储备、消防、抢险、治安、交通、灯火管制、政治工作等保障计划，组建专业队伍，组织参加防空演习演练，提高人防专业队伍的技能业务知识。战时成立区人民防空指挥部，负责组织指挥全区的防空袭行动。区人防指挥部由司令部、政治部、后勤部和疏散指挥部构成。其首长由区委、区政府和区武装部主要领导担任。

根据制定的城市防空袭预案，按人防指挥部和区人防指挥部首长意图，对全区防空袭行动实施指挥。并对防空袭行动的政治工作、后勤保障和人口离城疏散统一领导下开展工作。1995—2014年，先后有陈伟其、李海东、彭建国、熊大仁、吴建军任人防办主任。

一 宣传教育

1997 年，实施《中华人民共和国人民防空法》后，天元区人防办组织全办人员在街头广场、走进社区，深入认真地宣传“人防法”，动员社区居民积极参与防空防灾演练，结合每年警报试鸣放时，动员机关干部、社区居民、在校师生、企业职工共同参与防空袭演练，提升大家的国防意识，爱护人防设施的意识。2008 年，区人防办在区泰山学校、市第二中学开设“三防”知识课，有 1326 名师生参加学习。2009 年，开始在全区所有中小学校开设“国防、人防”教育课。提高防护技能，充实如何防范自然灾害和突发事故等内容，突出提高学生防灾自救的应变能力、生存能力。各校采取现场观摩、讲课、观看影像带、挂图及自己手工制作简易“三防”防护器材等多种形式开展人防教育。区人防办给全区各中小学校免费配置人防实物展示柜。并组织各校师生参观人防工程，举办国防夏令营，增强人防教育课的趣味性、生动性。全区各中小学校“人防”知识考试及格率 98%。区人防教育在全市名列前茅。

二 工程建设

1995 — 2002 年，株洲高新区、天元区人防工程由市人防办管护。自 2003 年始，株洲市人防办按地域管理将天元区内所有原市属防空地下室划拨至天元区人防办维护管理，计人防工程（防空地下室）14 个，面积 3.47 万平方米。随着天元区城区的扩展，至 2014 年，天元区建有人防工程（防空地下室）37 个，面积 7.98 万平方米，比 2003 年增加 1 倍多。人防工程面积按城市防空袭预案基本能够保障战时留城人员的防护掩蔽和物资保障的储备。2010 年，建设天元区战时人口疏散指挥所基地，2014 年，区人防办配合株洲市人防办在天元区马家河镇太高村建设株洲市国防教育基地。

三 警报通信

1996 年，株洲高新区人防办在辖区范围内选址安装 2 台电动防空警报，并在当年的 11 月 1 日湖南省防空警报试鸣日第 1 次在天元区鸣响防空警报。1999 年 4 月，全区完成首次防空袭预案的编制。2005 年，将区内原安装的 2 台老式防空警报器改换为新式电声遥控警报器。2013 年，对区防空袭预案进行修订。1997 — 2014 年，陆续在天元区内安装 33 台电声无线遥控防空警报，警报音响覆盖率、鸣响率 100%。每年 11 月 1 日，区内都进行警报鸣放。

2013 年 1 月，株洲市人防办为市辖各县、市（区）配备防空通信警报车及车载无线电台。同年在市人防办组织下赴茶陵县云阳山人防疏散基地开展为期 3 天的野外长途通信指挥演训。2014 年 5 月，远程拉练到常德、吉首、张家界、怀化、娄底、邵阳、芷江等市州县与驻训当地人防办共同进行无线对接、远程通信等训练。

第八篇　政　法

1995 年 2 月，成立中共株洲高新区政法委员会。1997 年 8 月，中共天元区政法委员会成立，为区委的工作机构。同时，成立天元区社会治安综合治理委员会办公室，是协助区委、区政府领导全区社会治安综合治理工作的常设议事机构，与区委政法委合署办公。区委政法委员会内设办公室。1999 年 10 月，区委成立反邪防邪工作领导小组，下设办公室。2012 年，中共天元区委政法委员会设办公室、执法监督室。2012 年 6 月，天元区社会治安综合治理委员会办公室更名为天元区社会管理综合治理委员会办公室（简称“区综治办”）。同时，成立天元区维护社会稳定工作领导小组办公室（简称“区稳定办”），为正科级事业编制单位，归口区委政法委管理和领导。2014 年，区政法委定编 9 人，内设办公室、执法监督室。1997—2014 年，先后有周自力、马光辉、陈远瑞、李征兵任区委政法委书记。

第一章　综治维稳

第一节　社会治安综合治理

1993 年 5 月 6 日，成立株洲高新区社会治安综合治理委员会，株洲高新区党委书记、管委会主任崔清臣任主任，社会工作部部长杨平任副主任。1995 年 3 月，根据上级部署安排，成立株洲高新区“春季严打攻势”指挥部，以公安等政法部门为主体，工商、文化、交通、税务、卫生、财政等部门及各管理处、各企事业单位密切配合，确保集中打击各项工作落到实处，有力地打击各类破坏发展环境的犯罪活动。同年 5 月，开展创建治安模范居委会活动，滨江、铁西居委会在当年底达到治安模范居委会标准，其余居委会 1996 年底全部达到治安模范居委会标准。1995 年 9 月，株洲高新区综治委在全区组织开展创建安全小区活动，各基层、各单位切实加强软件、硬件的投入，明确职责，层层签订责任状。通过创建活动，实现本单位（居民区）社会秩序稳定、各项安全防范措施得力，区内无重大刑事案件、无治安灾害事件、无重大纠纷，一般案件下降，邻里之间和睦相处，使各居民区真正成为人民安居乐业的生活乐园。1996 年 7 月，株洲高新区政法委在全区开展“扫黄打非”工作，重点是坚决防止严重危害社会稳定的非法出版物和违法有害信息进入文化市场，严厉查禁损害未成年人身心健康的淫秽色情等文化垃圾和侵权盗版重大案件。1996 年底，株洲高新区被评为全市综合治理先进单位。

1997 年 8 月，先后成立天元区委政法委员会和天元区社会治安综合治理委员会办公室，两块牌子、一套班子，合署办公。区委副书记李智任区社会治安综合治理委员会主任，区委常委、政法委书记周自力，区委常委、人武部部长赵金伟任副主任，办公室设在区委政法委。区委常委会议每年至少 3 次专题研究政法、综治维稳工作；政法、综治维稳工作实行“三纳入”“三同”，即“纳入区委、区政府任期目标，纳入经济社会发展总体规划，纳入文明建设的总体布局，与经济工作同部署、同检查、同考核”。

1997—2000 年，区委、区政府为深入贯彻落实中共中央、全国人大常委会、国务院《关于加强社会治安综合治理的决定》，强化对社会治安的治理，确保株洲高新区、天元区经济建设顺利进行，坚持“一把手负总责，分管领导负专责”，形成“一把手抓一把手，一把手抓一班人，一级抓一级，一级对一级负责”的工作制度。每年年初的全区政法工作会议上，各乡镇（街道）党、政负责人与区委、区政府签订维护社会稳定和综合治理责任状。同时，各村（社区）与乡镇（街道）签订责任状，形成区乡、镇（街道）、村（社区）三级领导包干责任体系。按照“属地管理”和“谁主管，谁负责，谁管辖，谁处理”的原则，建立综治维稳问题部门责任机制。全区 2 个乡镇、2 个街道均设立综治办，落实编制、人员、经费等问题。各个村、社区均成立综治办、调委会、治保会；推行社区警务，先后在 12 个社区居委会设立社区警务室，安排 26 名民警负责，建立以复退军人为主要组成人员的城区专业巡防队，负责辖区内夜间巡逻。其间，由区委政法委牵头，公、检、法、司齐上阵，全区各基层组织密切配合，以“打黑除恶”为重点，先后开展一系列的“春、夏、秋季攻势”等严打专项活动，有力地打击黑恶势力和犯罪分子。

1998 年，区委政法委印发《天元区安全文明小区、治安模范村镇、治安模范单位标准》。同时，区委、区政府提出要在 1999 年实现“省级治安模范区”目标，并提出开展相关创建活动。区委、区政府加强领导，落实责任，把创建活动作为维护社会治安稳定的工作重点，纳入两个文明建设的总体布局，将创建活动同发展经济、促进精神文明建设结合起来，同落实综合治理领导责任制、目标管理责任制和“一票否决”制结合起来。至 2000 年底，全区“四创”达标率 80%。

2004 年 1 月，工委、管委会、区委、区政府先后印发《关于开展“平安新区”活动的实施意见》和《关于开展“满意新区”活动的实施意见》。提出在全区开展创建“平安社区（村）”“平安大道”“平安街道”“平安园区”“平安单位”5 个创建活动。区综治委也相应制定《“平安新区”创建活动考核办法》《综治成员单位参与“平安新区”创建的职责任务》等制度。2005 年年初，区综治委将综治工作的触角延伸到非公经济组织，在较大规模以上的非公企业，如金德工业园、南方阀门等单位在重点要害部位安装监控设备，组织或聘请专职保安队伍。2006 年以后，天元区继续加强社会治安综合治理，注重加强综治委（办）建设，健全机构配好人员，各镇街道均配备 2 ~ 3 名综治干部，全面组建基层创安、人口管理、治安联防、普法宣传、安置帮教、法律维权 6 个基层综治网络。坚持严打方针不动摇，着力严厉打击各类刑事犯罪分子，建立健全治安形势分析评估和预警机制，按照“什么犯罪突出就打击什么犯罪，什么问题严重就重点整治什么问题”的原则，先后持续不断地组织开展“打黑除恶”“缉枪治爆”“命案侦破”等一系列专项打击行动。

2010年，区委进一步推动平安建设向纵深发展。区综治委以加强社会治安综合治理规范化建设为契机，以镇、街道综治维稳中心和村、社区综治维稳工作站建设为突破口，大力整合镇、街道资源，在全区先后建立7个镇、街道综治维稳中心，113个村、社区综治维稳工作站，还将镇及街道综治、信访、民政、司法、计生、公安、国土、劳动保障等统一纳入综治维稳中心，明确镇、街道党政领导担任中心主任，配备1名专职副主任负责日常工作，构建“大调解”工作体系。全区始终保持对违法犯罪打击的高压态势，城区各主次干道长期保持24小时治安巡逻。每年均组织“大巡逻压发案”活动，对各类嫌疑人进行盘查，全区刑事案件得到有效遏制。至2012年的12年中，全区共破获各类刑事案件9300余起，打击各类违法犯罪人员1.3万余人。至2014年底，天元区连续8年获得全省社会治安（管理）综合治理工作先进区称号。天元区先后获得全国和谐社区建设示范城区、湖南十大投资环境诚信安全区等称号；连续6年保持省委、省政府授予的全省平安区荣誉称号。

第二节　专项整治行动

2001年4月，全区组织开展“严打”整治斗争。4月中旬，召开区委常委（扩大）会议，传达全国、省、市会议精神，分析研究全区社会治安形势，制定《株洲市天元区“严打”整治斗争实施方案》。成立以市委常委、高新区工委书记、天元区委书记王群为组长的“严打”整治斗争领导小组，成立专门的工作机构，明确把加强社会治安、维护社会政治稳定工作摆在重中之重，分3个阶段推进“严打”，即发动准备阶段、集中打击阶段、总结验收阶段。在第三次“严打”整治斗争期间，全区组织大规模宣传活动6次，悬挂严打整治斗争宣传横幅100余幅，张贴标语4万余条，出动宣传车辆160余台次，发放各种宣传资料10万余份，收到群众检举揭发线索50余条，由此破获刑事案件30余起，抓获犯罪嫌疑人、逃犯等110余人，形成强大的“严打”斗争声势。2001年6月26日上午，在河西长江广场召开近5000群众参加的公开打击处理大会，现场对30余名涉嫌故意杀人、故意伤害、强奸、抢劫、盗劫等犯罪分子依法宣告逮捕、打击处理，有力震慑违法犯罪分子。

2002年，全区政法机关继续开展以“打黑除恶”“五项整治”、打击“两抢”等多发性犯罪为重点的严打整治斗争。公安机关破获各类刑事案件446起，处理各类犯罪嫌疑人788人。其中，逮捕150名，劳教22名。追捕网上逃犯31名，摧毁涉黑涉恶团伙1个。省公安厅、市政法委、市公安局挂牌督办的重特大恶性案件，做到命案发一破一。检察机关共受理批捕案件183件，批准逮捕131件，起诉165人，立案查处贪污、贿赂、渎职等职务犯罪案件6件6人。区法院一审判决刑事案件100件，判处172人。全年受理执行案件148件，执结144件，执结标的3000余万元。

2003—2006年，先后开展“命案必破”“两抢一盗”等集中打击行动。其中，2005年破获各类刑事案件682起，破获命案8起，查处治安案件1500余起，处理各类违法犯罪嫌疑人1600

余人，抓获网上逃犯32人。2007—2012年，先后开展“打黑除恶”“缉枪治爆”、打击地下“六合彩”、打击“非法集资”以及打击违法犯罪“春季、夏季、秋季、冬季攻势”等系列社会治安集中整治行动。

2013—2014年，开展“打盗抢、保民安”“百日侦破大会战”等专项行动，破获唐某、梁某系列入室盗窃案、千金药业系列撬盗保险柜案、财政局小区被盗案等重点案件，破获现行命案7起。至2014年，现行命案侦破连续7年保持100%。

第三节 维护社会稳定

1994年4月，株洲高新区党委召开第一次党委会议，传达市委召开的维护社会稳定会议精神，结合高新区实际，研究贯彻实施意见。会议决定成立株洲高新区稳定社会治安领导小组，由区委书记、管委会主任崔清臣任组长。召开管理处书记、主任及独立科级以上单位负责人会议，传达上级精神，要求争取积极有效措施解决相关问题；区党委委员分头深入基层单位做思想政治工作和稳定工作；建立社情通报制度；如发现不稳定事件，区机关干部都要主动前往做维稳工作，确保高新区的社会稳定。1995—1997年，株洲高新区党委多次召开会议，研究维护社会稳定问题，出台多项措施和办法，确保社会稳定和谐。

1997年1月，成立株洲高新区维护社会政治稳定领导小组，区委书记何金棠，区委副书记、区长乐永明为总负责人，区委副书记李智为领导小组组长，董树初、周自力、周光裕、李益安为副组长。下设办公室，由区委政法委员会一名副书记兼任办公室主任。同年5月，株洲市北区发生株洲钢厂数百职工上街游行、数千人围观的突发事件，株洲高新区党委及时传达贯彻市委、市政府紧急会议精神，结合本区实际提出区内要妥善处理的包括退伍军人安置、帮扶困难企业等11个问题，研究处理办法，消除不稳定因素，保持全区的社会稳定。

1998年年初，全国、省、市先后召开政法综治工作会议，将综合治理特别是社会稳定工作提到新的高度，强调稳定是改革发展的前提，稳定压倒一切，各级党委、政府要切实担负起维护稳定的政治责任。区委、区政府对此高度重视，区委多次召开常委会会议，贯彻上级维稳会议精神，排查分析区内不稳定因素，成立维稳工作领导小组，区委书记和区长分别担任正、副组长，区委书记为第一责任人。建立健全维稳工作责任制，将维稳工作纳入年度目标管理考核，实行“一票否决制”。全区先后物色和建立一支遍布辖区范围的60余人的信访维稳信息报送、矛盾纠纷排查工作队伍，完善值班制度，逐步建立节假日、特护期领导带班的24小时值班带班等制度，及时处置突发事件。

1997—2000年，全区及时处置化解因征地拆迁、水土流失、企业改制、城市建设、意外事故等引发的较大不稳定事件80余件，化解各类矛盾纠纷1100余起。株洲高新区党委建立每月一次的稳定工作例会制度，组建由区政法委管理的维稳专门班子。严格实行矛盾纠纷月排查制度，对每一起矛盾纠纷，及时将问题起因、涉及人员、牵头人物、事态变化记录在案，纳入台账管理，按照“五个一”（一个问题、一名领导、一套班子、一个方案、一包到底）的要求、明确化解责任领导、责任人员，最大限度地减少社会不稳定因素。

2000—2007年，区维护稳定工作领导小组坚持强化责任，健全维稳机制和各项制度，真抓实干，确保全区社会大局持续稳定。其间，成功处置“9·10”（2002年）大规模群体性事件。天元区原园艺场1000余名群众因园艺场的性质、体制和人员身份的认定等问题，打出横幅，连续4天冲击市政府、堵塞株洲大桥、石峰大桥，致使河西通往河东的2条交通要道被中断。全区组织人员、出动警力进行疏导和劝解，对3名领头人员、9名骨干依法进行处理，有效维护了社会稳定。

从2008年起，全区认真贯彻中央、省、市维稳工作会议精神，紧扣重特大恶性刑事案件“零发案”、赴省进京非正常上访“零登记”、重大群体性事件“零发生”的工作目标，围绕区委中心工作和经济社会建设主题，着力排查调处矛盾纠纷、着力完善社会治安防控体系、着力加强基层基础建设、不断完善维稳体制机制、全面落实各项维稳工作措施，确保社会大局稳定，为推进全区经济社会平稳较快发展创造稳定和谐的社会环境。从2009年起，每年集中开展矛盾纠纷排查化解12次以上（每月1次以上）。坚持特护期间、重要节点、敏感时段随时排查不稳定因素和24小时领导带班值班等制度，年均成功处置化解各类重大复杂突发事件、不稳定群体事件100余起。从2010年起，建立并强化维稳办与职能部门组成的联席会议制度，负责分析重大涉稳事件发生的原因、责任单位和人员，查究事件的引发者、思想疏忽者、徇私舞弊者、工作飘浮者和处置不力者的责任。从2011年开始，改变长期以来的事后被动“维稳”的模式，实现事前主动“创稳”，先后建立社会稳定风险评估机制工作机制，出台《天元区重大事项社会稳定风险评估机制》《重大项目建设专项评估办法》等3项制度；聘请10余名相关领域专家组建社会稳定风险评估工作专家小组，先后对80余项重大事项（决策）开展社会稳定风险评估。其中，评估后确定不予实施3项，要求暂缓实施、待化解不稳定因素后方能实施的事项6项，同意实施的70余项。2012年，是中共十八大召开之年，为营造良好稳定的社会环境迎接和保障中共十八大的胜利召开，围绕这一重要政治任务和工作重点，全区加大矛盾纠纷排查和化解力度，坚持多措并举、领导包案化解等工作方式，切实化解一批矛盾纠纷和信访积案。2013年，市委、市政府组织开展的3个阶段的“信访维稳百日竞赛”活动中，天元区连续3个阶段获得第一名。2014年，组织区、镇两级对30余件重大事项进行社会稳定风险评估及应对化解，开展矛盾纠纷集中排查10余次，成功处理各类矛盾纠纷1300余起，及时处置各类突发事件、群体聚集事件等60余起。

第二章 公 安

1993年10月，株洲市公安局成立株洲高新区公安分局筹备组。1995年2月8日，将河西派出所更名为泰山路派出所，同时在株洲高新区另建嵩山路派出所。筹备组负责管辖2个派出所，下设 9 个警区。

1995 年 5 月 7 日，市公安局批复建立株洲市公安局河西公安分局，为正科级行政单位，隶属市公安局领导。1996 年 2 月 13 日，河西公安分局正式挂牌成立。内设办公室、政工室、政保大队、治安大队、巡警大队、消防大队。管辖泰山路、嵩山路 2 个派出所。至年底，有干警 71 人。

1997 年 3 月，为完善机构职能，增设执法管理室、后勤保障室和预审大队。8 月，河西公安分局因区划调整更名为株洲市公安局天元公安分局，将原株洲县公安局马家河派出所、群丰派出所及 6 名民警划入市公安局天元分局管辖范围，管辖泰山路、嵩山路、马家河、群丰、水上 5 个派出所。

2004 年，水上派出所划出。2005 年，增设新塘、栗雨派出所，撤巡警大队，增设经侦大队、禁毒大队。

2011 年，株洲县三门镇、雷打石镇划入天元区。天元区公安分局增设三门派出所，同时内设科室逐步健全，职能更加完善。2012 年 2 月，将原隶属于市公安局巡特警支队巡逻大队全部成建制移交分局，加上城区派出所巡逻中队民警，设立分局巡警大队。11 月，新设网络安全保卫大队。至 2014 年，分局内设纪委、办公室、政工室、警务保障室，法制大队、刑侦大队（正科级）、经侦大队、治安大队、禁毒大队、巡警大队、网安大队、国保大队 8 个大队，泰山路（正科级，城市派出所）、嵩山路（正科级，城市派出所）、栗雨、马家河、群丰、新塘、三门 7 个派出所，雷打石派出所正在筹建之中。

分局成立后，多次在全市公共安全感和队伍形象测评中名列全市第一，3 次（2009 年、2010 年、2012 年）被省公安厅评为优秀公安局，2 次荣立集体二等功。截至 2014 年，分局干警有陈耕良、李孟合获全国优秀人民警察称号，有李孟合、章恒、刘铁光、曾晓明、余海鹰 5 人获得全省优秀人民警察称号。1995—2014 年，先后有何亦新、田见晖、肖国斌、文树忠任分局局长，贾建志、张海桂、颜文明、樊伟、谢永忠任政委。

第一节 治安管理

天元公安机关从成立开始，就把重点放在全区社会治安综合管理上，专门设置治安大队，加强对辖区公共场所、人口、特种行业、枪支弹药及管制刀具、危爆物品管理，查禁打击黄赌毒，维护社会秩序长期稳定。1998—2014 年，全区发生治安事件 32551 起，查处 19558 起；查处违法犯罪人员 12608 人。

一 特种行业管理

1996 年，公安机关对特种行业实行分级管理，加强对刻字（章）印刷、废旧物品回收、典当、公共娱乐场所、旅馆等特种行业的监管，按照三级管理原则，分别与所列管场所主管单位和经营业主签订治安承包责任状，并指导各场所普遍建立各项管理制度。1997年，分局治安部门与全区旅馆业、印刷业、废旧业、公共娱乐场所、修锁配锁行业各业主签订治安责任状，对从业人员进行登记和培训、发证上岗，实行许可经营。1998—1999年，开展废旧金属收购站点、印刷业清理整顿。

2004年，全区6家大中型宾馆实现与治安大队、市公安局治安支队的计算机联网，住宿旅店登记由过去落后的手写方式改变为计算机输入管理。2005年，联合派出所对全区歌舞娱乐场所设施进行检查，发现问题10余起，整改40余处，依法取缔不合格场所2处。

2006年，针对少数娱乐场所有自有保安组织情况，组织派出所对辖区娱乐场所逐个摸底，督促其依法与保安服务公司签订劳务合同，依法配备保安员。落实法人代表、经理责任制，与辖区范围内的大型场所签订治安责任状，建立健全"场所、特业开业后的备案"制度。2007年8月，分局组织对辖区废旧收购点、非法修理店进行清理整顿，取缔2家违法经营站点，查处3名涉嫌违规经营废旧收购点业主。

2008年，全区87家旅馆。其中，安装监控设施34家，留宿洗浴场所7家。查处不按规定登记住宿人员信息的旅馆、留宿洗浴场所6家，通过旅馆业管控抓获网上逃犯38名。

2010年，全区旅馆业上传住宿旅客信息24万余条。同年，结合年审制度推进完善全区10家旅店业视频联网系统建设，通过旅馆信息抓获网上逃犯18人，破获各类刑事、行政案件21起。

2011年，通过落实治安民警和社区民警责任制，加强对歌厅、舞厅、酒吧、网吧等人员密集场所管理。2014年，全区有印刷企业11家、废旧业69家、公共娱乐场所46家、修锁配锁12家、旅馆业146家。

二　危险物品管理

1996年，河西公安分局开展以清缴非法持有枪支、弹药、管制刀具和危爆物品的专项整治行动，收缴枪支6件，管制刀具29件，清理炸药117.5千克、导火索3000米，雷管2165枚。1999年，开展整顿、枪支培训、清理危爆物品枪支弹药和打击涉枪犯罪专项斗争。加强和改革治安行政管理模式，加大对枪支弹药和危爆物品的管理力度。

2005年，民用爆炸品三级管理审批权限下放分局。年内，全区有剧毒化学品单位2个，放射源单位1个。同年，分局治安大队接收巡警全部业务和国保大队警卫工作，强化爆破施工队伍、爆破器材的安全管理，完善片石场安全管理制度，取缔烟花爆竹非法经销点13家，下达整改通知书8份，收缴无证鞭炮20万响。2007年3月—10月，开展为期8个月的"缉枪治爆"专项行动，查获5起非法持有枪支弹药案件，收缴仿制枪5支，查获涉案人员5名，逮捕4人，取保候审1人，收缴各类枪支8支，各类子弹171发，炮弹1发，手榴弹1枚，收缴管制刀具347把，收缴炸药

2 千克，雷管 6 枚，打击处理违法犯罪人员 12 人。

2008 年，开展公安机关公务用枪管理使用专项检查，做到逐单位逐人逐项排查，规定期限内，有 14 名民警主动上交各类子弹 2449 发。通过检查，建立健全枪支管理制度。奥运会安保期间，坚持分局每月检查不少于 1 次，辖区派出所每 10 天不少于 1 次对全区危险物品单位进行日常防范检查。全年大规模检查 6 次，发整改通知意见书 4 份，督促当场整改 8 项。2009 年 4 月，开展防范打击涉枪违法犯罪专项行动，收缴流散社会枪支、弹药。其间，收缴各类枪支 7 支，军用子弹 786 发，民用子弹 12 发，查处非法持有、携带枪支案件 10 余起，处理涉枪人员 10 余人。

2010 年，开展涉枪涉爆安全隐患排查整顿，防范打击涉枪违法犯罪专项活动，收缴民用枪支 2 支，非制式枪支 9 支，管制刀具 98 把，单位和群众主动上缴防爆枪 3 支，民用枪支 3 支，非制式 2 支，军用子弹 193 发，管制刀具 15 把。民爆物品检查 50 次，发现隐患 4 处，当场整顿 3 处，责令停业整顿 1 家。收缴炸药 0.7 千克，雷管 1 枚，群众主动上缴 6 枚。

2012 年，组织警力对辖区安达爆破公司、金龙片石场、龙岩煤矿、雷打石福光鞭炮厂等涉危涉爆单位进行日常检查，破获“4・23”经仕新材料有限公司非法爆破案，逮捕直诉 2 人。快速侦破“张某非法储存爆炸物品案”。2014 年 1 月，分局联合区安监局对全区经营烟花爆竹进行检查，查获花炮 80 箱，鞭炮 200 余盘，与区交警联合执法查获 1 台非法运输车，当场收缴烟花 31 箱。至 2014 年的 7 年中，天元区开展“缉枪治爆”专项行动 6 次，破获涉枪违爆案件 6 起，处理 9 人。

三 查禁“黄赌毒”

20 世纪 80 年代至 90 年代初，境内原已基本禁绝的赌博、卖淫嫖娼、吸毒等现象在辖内出现。区公安机关采取各种手段进行查禁和打击。每年都开展一次以上的专项治理和打击行动。

1996 年，河西公安分局配合“严打”斗争，组织查禁赌博、卖淫嫖娼、制贩淫秽物品、吸毒贩毒专项行动，查获赌博案件 246 起，卖淫嫖娼案件 26 起。1999 年，天元公安分局首次对辖区 4 名吸毒人员实行强制戒毒。

2002 年，查处黄赌毒等丑恶类案件 125 起。同年，在滨江社区等 7 个社区开展“无毒社区”创建试点。滨江等社区被市禁毒委授为“创建无毒社区示范单位”。

2004 年，分局组织 5 所、2 队与区文化局专干对辖区范围内清查整治无证经营电游户、单个电游赌博机、市督察通报的违规电游室专项行动。取缔查处华天路、泰山路旁无证经营户和天平路、长江南路、珠江南路门面的单个电游赌博机，取缔无证经营电游户 3 家、收缴单个电游赌博机 28 台。查处 5 家违规电游室、清查违规经营及无证经营的网吧 14 家，净化和规范辖区文化市场和娱乐场所。清理电游室 24 家，书店 27 家、网吧 31 家，音像行 48 家，要求限期整改的电游室 2 家、网吧 1 家，关门停业整治网吧 1 家。

2005年，坚决执行赌博违法犯罪活动“露头就打”的方针，查处赌博问题比较严重、群众反映比较强烈的铁西生活区、富坤花园等3个居民区，炎帝广场商业圈、长江南路一线休闲场所以及辖区电子游戏室，查处赌博案件49起，依法处理259人。其中，劳教49起，治安拘留19人，治安罚款191人。收缴赌资近29万元，捣毁聚众赌博窝点7个。其中，“地下六合彩”赌博点2个，取缔赌博电子游戏厅6家，没收赌博电游板52块，清理整顿涉赌娱乐场所65家。2006年，集中打击娱乐服务场所、旅店业、隐蔽场所卖淫嫖娼社会丑恶现象，规范娱乐服务场所经营活动。治安大队联合各派出所对全区的歌舞娱乐场所设施进行检查，发现问题10余起，整改违规设施40余处，依法取缔不合格场所2处。

2007年，结合市公安局开展的集中整治公共娱乐场所吸贩毒问题的“蓝天行动”和“打击零包贩毒”的清零行动，破获钻石金柜经理容留他人吸毒案、天台娱乐会所公关经理贩毒案以及殷某、章某为首贩卖毒品团伙等一系列有影响的毒品大要案件。收缴毒品麻古629粒、冰毒96克、K粉55.16克、摇头丸17粒、海洛因1.5克。重点打击、集中摧毁贩毒吸毒、聚众赌博犯罪。年内，查处涉黄案件28起，涉赌案件32起，涉毒案件26起，强制戒毒70人，治安拘留87人。

2008年6月10日，分局破获一起覆盖株洲城市4区、株洲县的贩毒团伙，在天元区滨江一村抓获毒贩张某、张某、唐某，并从出租房内查获K粉975.95克、冰毒25.59克、麻古470粒，团伙7名成员全部落网。2009年，在全省公安禁毒部门社会治安整治活动中，破获陈某跨省贩卖新型毒品团伙案，抓获贩毒嫌疑人4人，现场收缴毒品麻古2479粒、冰毒20余克。是年，查破毒品案件57起，抓获涉毒违法犯罪嫌疑人291人。受理赌博治安案件22起，治安处罚121人，以查处电游赌博案为主，查处电游机赌博案件18起，治安罚款103人次，收缴具有赌博性质电脑板217块，收缴各类赌博机175台。

2009—2010年，根据中央开展打击组织、强迫妇女卖淫和打击拐卖妇女儿童犯罪活动专项行动的统一部署。办理拐卖案件4起，抓获人贩子8名，解救妇女6名。对个别洗浴中心等涉黄场所勒令停业整顿或关停。

2011年，以禁毒禁赌为重点，着力整治治安问题和复杂治安部位和场所。破获涉毒刑事案件50起，抓获54人，缴获毒品海洛因10.64克、麻古718.9粒、冰毒940.83克、K粉26.61克；查获赌博案件23起，抓获涉赌人员31人，行政拘留5人，行政处罚26人，捣毁电子游戏机8台，依法收缴各种赌博机86台。

2012年，多次开展零散电游机集中收缴行动，以韶山东路、长江南路“一把梳子店”为整治重点，共销毁各类赌博电游机152台，捕鱼机23台，抓获各类违法嫌疑人32人。全年破案涉黄刑事案件2起，送劳教4人，破获涉赌刑事案件6起，逮捕直诉8人，收缴赌资14万余元。当年，辖区内强制戒毒人员达504人，创历史新高。

2013年，针对辖区涉毒、涉赌特别是电游赌博、聚众赌博等违法犯罪高发的问题，专门组织

“打击毒品犯罪”“强打击、治乱源”专项活动，加大对赌、黄案件的查处，打击涉赌涉毒涉黄违法犯罪人员176人，销毁各类电游赌博机140余台。破获湘银小区一无名茶餐吧内开设大型聚众赌博场所，抓获犯罪嫌疑人87人，当场收缴赌资104.5万元。

2014年，开展“深入推进禁毒”专项行动。依托“大侦察”，查获公安部督办的特大跨省贩毒团伙，抓获以王某为首的10名贩毒团伙成员和6名吸毒违法人员，收缴毒品冰毒13006克、麻古102.77克、毒资15万元，扣押涉案车辆3台，彻底斩断一条从广东通往长沙、株洲、衡阳等地的贩毒通道。

四 调解群体性纠纷

天元区是市委、市政府所在地，稳定问题尤为敏感。天元公安机关广辟信息来源，及时收集和反馈各类不稳定因素、闹事苗头信息。

1998年，稳妥处置部分村民破坏莲花砖厂生产经营事件、“5·18”冲击市政府、“景兰大厦招租公告事件”等38起群体性上访和闹事事件和苗头。1999年，分局制定处置突发事件预案，建立办公室、政保大队、各派出所为主体的情报信息网络。2001年，处置各类群体性事件91起。2002年，果断处置原园艺场数次集体上访、连续冲击政府、堵塞株洲大桥群体性事件32起，依法处理12名为首分子和骨干分子。2006年，出动警力9000余人次，处置各类群体性突发事件189起。依法处置“6·17”冲击市政府、天元纺织公司职工上访游行、城西电业局抬尸闹事等涉及范围广、参与人员多、社会影响大的群体性事件。

2007年，全区妥善处置10人以上的群体性事件36起。

2009年，分局出动警力1750人次，处置包括“原园艺改制遗留”“五一全市的士游行”等规模性群体事件42起。

2011年，落实医疗纠纷预警机制，在辖区大型医院实行警力派驻机制，有效预防医疗事故。8月23日，有效处置天元区吴航诊所重大医患纠纷1起，制止群体性堵路事件的发生；围绕太子奶集团职工等群体事件，加强情报收集，配合有关部门处置各类群体性事件21起。

2014年，分局治安部门共处置各类突发性事件40余起，出动警力120余人次。先后快速处置“7·26”携带管制刀具到市委上访事件，行政拘留1人；“7·26”协力药业员工中毒死亡事件；“7·30”非法运输爆炸物品案件，行政拘留1人；参与处置“8·1”石峰区杀人案件引发的系列连锁事件；“8·6”扰乱单位秩序案件，行政拘留7人，以强有力的手段维护着辖区的治安平稳。

五 “110”警务

天元公安分局成立时，就设有巡警大队，后虽经几次变更，但其接处警、巡逻防控和调处矛盾纠纷的职能一直没变。1998 年，分局建立以“110”报警服务台为龙头，以巡警为主体，以出城哨卡、警务站、民警执勤室为补充的社会面防控体系，当年共接处警 2173 起，其中刑事案件 436 起，治安案件 904 起，调解纠纷 698 起，群众求助 291 起，交通事故 35 起，火灾事故 12 起，不安全因素 12 起，出动警力 4263 次，出车 1873 台次，平均处警为 5 分钟。

1999 年，深化“三大体系”改革，以指挥中心为龙头，以巡警为先锋，以派出所为基础，以群众治保力量为辅助，完善动态环境下社会治安防控体系。全年全局接警 4324 起，处警 4324 起，调解纠纷 2414 起，接受公民求助 228 起，救助群众、伤员 900 余人，出动警力 17570 人次，通过处警，破获刑事案件 120 起，抓获作案人员 163 人。

从 2002 年起，实施社区警务战备和派出所防控一体化。开展社区巡逻守护，构筑以社区警务室为依托，派出所为基础的多层面、立体化的城市治安防控体系；将巡逻民警由原来的 13 人充实到 30 人，根据辖区的治安特点，确定 4 个必巡线、4 个必巡点和 3 个必巡时，采取步巡为主、车巡为辅的巡逻方式，实现巡警从坐等处警到动态巡逻的转变；构建街面、社区、重点单位三张防控网络，形成点、线、面相结合，巡逻民警、刑侦民警、社区民警共同参与的街面防控体系。

2006 年，分局“以技防为龙头，人防物防为辅助，专群结合”的工作模式，按照“公安牵头、市场运作、老板出钱、百姓受益”的工作思路，将科技成果应用到现代防范上来，对有条件的居民区、内部单位、业主推广使用联网报警、GPS 定位系统为重点的技防设施。成立专职巡防队，在城区各社区成立“流动人口服务中心站”，采取街道管人和经费，派出所负责工作指导和考核的工作方式，充分发挥辅警作用，广泛发动群众力量积极参与巡防，构建专群结合、警民互动的社会治安网络。至 2007 年，全区建立专业巡防队伍 13 支，专业巡防人员 290 人，守楼护栋组织 90 多支，守楼护栋、义务巡逻人员 340 多人。

2008 年 11 月，分局在全市率先完成嵩山路、泰山路两所的监控室和分局主监控室的建设、安装。至 2010 年，天元区基本建成涵盖全区各主要街道和乡镇各重点部位、出城卡点的 200 个视频监控点以及包括分局总监控室和 6 个派出所分监控室在内的 7 个监控指挥平台，当年还完成“科技创安”联网户数 954 户，解决遗留问题户数 234 户。

2011 年，全区范围内建成 201 个公安街面电子监控系统和联网的 12 家重点列为内保单位、8 个物业小区、57 家金融网点、23 个中小学校、98 家宾馆、10 家大型娱乐场所。2013 年，分局在社会治安防控和降压发案工作中，落实巡防力量民警 55 人，辅警 117 人，社会力量 48 人；设立巡防卡点 4 个，共盘查可疑人员 7.4 万余人次，抓获各类违法犯罪人员 210 人，其中在逃人员 9 人，劳教以上对象 41 人，行政拘留对象 158 人。

2014 年，分局及时调整思路，安排反恐联勤工作，由原来机关队室副职以上民警带枪巡逻更改为分局除机关、派出所以外的实战单位所有具有持枪资格的民警每天带领武警参加反恐联勤执勤活动，年内 365 天无间断。全区电子眼建设工作稳步推进，建有 968 个点位 1550 个探头。建立三级巡防网络的“大巡防”工作格局，通过大巡防，抓获各类犯罪嫌疑人 151 人。

第二节 刑事案件侦查

河西公安分局成立后，把侦破打击刑事犯罪作为重点，根据不同阶段确立侦打重点。1995 年，尽管机构不健全，干警们超负荷奋战，在“春季严打攻势”中勇夺株洲市第一名，当年破获各类刑事案件 239 起，其中大案 50 起，摧毁各类团伙 11 个，瓦解成员 42 名，为群众挽回经济损失 70 余万元。

1996—1998 年，区公安机关保持“严打”高压态势，坚决打击刑事犯罪。采取签订侦破打击责任状，建立领导包案包片责任制，侦破奖惩机制，加大侦破打击力度，始终把侦破打击的锋芒指向那些暴力案件和影响恶劣、危害严重的现行重特大案件上。通过专案侦察，统一清查搜捕，巡逻设卡、线索深挖等形式，破获现行重特大案件。

1999 年，破获各类刑事案件 1093 起。其中，大案 169 起，打击处理 1104 人，摧毁犯罪团伙 40 个，瓦解成员 148 人，抓获逃犯 85 人。年内，先后破获“1・20”系列抢劫的士案、“3・30”特大现金抢劫案、“3・9”强奸杀人案、10 人特大盗窃机动车团伙案及系列盗窃农村变压器特大盗窃团伙案等。刑侦大队被株洲市公安局记集体三等功。

2002 年，成功侦破“1・2”黑恶势力断人手腕案，“1・14”绑架杀人案，“2・8”天元区保利花园特大入室抢劫、强奸、杀人案，“7・4”马家河新马大堤杀人案，石峰区“6・30”绑架案，“11・8”绑架案等省市挂牌督办重特大恶性案件，做到命案发一破一。

2006 年，辖区内抢劫、盗窃、抢夺案件大幅度上升，分局采取调查摸底、巡逻设卡、蹲点守候、群众举报、特情耳目反映、110 处警，破获“两抢一盗”案件 547 起，摧毁“两抢一盗”犯罪团伙 9 个，抓获犯罪嫌疑人 56 人，破获“9・28”特大入室抢劫案、“2・24”系列飞车抢夺案。

2008 年，破获各类刑事案件 2566 起，打掉各类犯罪团伙 45 个，抓获各类违法犯罪嫌疑人 1277 人，打击处理绝对数创历史最高水平。开展“迎两会、保平安”为主题的侦破打击百日竞赛活动、“反盗抢、抓逃犯”专项行动、“迎奥运、保平安百日会战”专项斗争。其间，破获各类刑事案件 1079 起，破获“两抢一盗”案件 967 起，抓获犯罪嫌疑人 777 人，摧毁犯罪团伙 35 个，抓获网上逃犯 50 人，总成绩排全市第一，分局获集体二等功。

2009 年，破获各类刑事案件 3130 起。其中，“两抢一盗”案件 2533 起，逮捕 264 人，直诉 131 人，劳教 108 人，抓获网上逃犯 254 人，摧毁涉黑涉恶团伙 8 个，打掉犯罪团伙 44 个，特别是打掉由公安部和省公安厅督办的以贵州铜仁籍为主的重大“丢包”诈骗、抢劫团伙。

2010 年，破获各类刑事案件 642 起，抓获网上逃犯 160 人。相继侦破源圆小区“2・15”涉案 380 万元特大入室盗窃案（省公安厅督办），冯某某、黄某某恶势力团伙案，唐某某系列抢劫出租车案，谢某某拐卖儿童案（公安部督办）。

2011—2012年，组织开展打黑除恶、“百日侦破大会战”、打击多发性侵财犯罪竞赛，破获现行刑事案件440起、抓获违法犯罪嫌疑人1645名。

2013年，开展“打盗抢、保民安”“百日侦破大会战”等专项行动，破获唐某某、梁某某系列入室盗窃案、千金药业系列撬盗保险柜案、财政局小区被盗案；破获现行命案7起，现行命案侦破从2007年开始连续7年保持100%。

2014年，破获各类刑事案件521起，刑事拘留263人。是年，入室盗窃、其他盗窃案件破案率同比上升31.43%、148.4%；八类恶性案件、入室盗窃案件、其他盗窃案件破案率较上年分别提高62.71%、15.58%、9.53%。至2014年的14年中，天元公安刑侦机关立案21508起，破案16857起。

附：案例选登

“2·29”绑架、杀人、碎尸案 2000年2月29日，天元区保利花园怡沁园一栋一居民家的孩子周某某（男，14岁，初二学生）上学途中遭绑架，中午12点20分，周家接到绑架者要挟电话，声称索要赎金50万元。3月4日上午8点，石峰区白马垄地段搪瓷厂附近水沟里发现两袋尸块。经检验，死者系2人，其中1人为周某某。案发后，省公安厅将此案列为2000年首起挂牌督办大案。市公安局成立由刑侦支队、天元刑侦大队、石峰刑侦大队干警组成的专案小组。调查访问中，刑警从犯罪嫌疑人作案乘坐的交通工具入手寻找突破口，于4月19日和4月20日分别将犯罪嫌疑人谢某某2人抓获。经审讯，两人对犯罪事实供认不讳。

曾某某为首的杀人、抢劫、轮奸、盗窃案 2000年5月26日，天元公安分局成功摧毁一杀人、抢劫、轮奸、盗窃犯罪集团，抓获团伙首犯曾某某（男，湖南新化县人，曾2次被判刑）及该团伙成员罗某某、郑某某、李某某。长期以来，曾某某犯罪团伙流窜广西柳州，湖南长沙、湘潭、怀化、株洲等地，先后纠合10余人，采用千斤顶破防盗网入室的办法盗窃作案100余起，同时进行肆意杀人、抢劫犯罪活动。

“1·14”邮政小区抢劫杀人案 2005年2月1日，分局“1·14”专案组历经艰辛，成功破获天元区邮政小区抢劫杀人案，犯罪嫌疑人李某某、彭某某、杨某被抓获归案。经审查，3人系在湖南省赤山监狱服刑时结为牢友，出狱后又纠合一起，在贵州购买手枪，自制炸弹，专门选择有私车、经济条件好的人抢劫作案。2005年1月14日晚10时许，3人在天元区“枫林晚”茶楼门口持枪劫持1辆黑色丰田佳美轿车，抢走现金800余元及数张银行卡，并将车主2人用刀捅死，之后又到其他省市分数次从银行取走1.5万元。

第三节 经济案件侦查

1995年，河西公安分局筹备设立开始，就把着重点放在打击扰乱社会主义市场经济秩序和影响经济建设案件上。1999年，破获经济类案件118起。

2000年，组建经济犯罪侦查专门队伍，重点打击严重破坏金融秩序、偷税、抗税、骗税、侵吞国家资产、制贩销售假冒伪劣产品犯罪。全年破获经济犯罪案件29起，打击处理10人，挽回经济损失300万元。2001年，先后156次投入警力2300名民警参与新区经济保卫工作，开展整治南、北工业园周边地区治安秩序的集中统一行动，破获破坏经济建设案件136件。2005年7月，天元公安分局经侦大队正式成立，围绕服务民生、服务发展两条主线，严厉打击各类经济犯罪。2007年，整顿、规范市场秩序，侦破经济案件4起，抓获犯罪嫌疑人12人，为国家、企业和人民群众挽回经济损失10多万元。2009年，先后组织开展打击假币犯罪、假发票犯罪、非法传销等专项行动，破获经济犯罪案件53起，收缴假币240.28万元，为企业挽回经济损失近500万元。2010年，破获侵财性案件472起，侦破各类经济案件60起，为群众挽回和避免经济损失1025万元。

2011年3月10日，通过1年多的侦查，经侦大队侦破由省公安厅督办的“徐国涛、张光怀特大非法制造、销售非法制造的注册商标标识案”。专案组民警赴河南抓获该案主要犯罪嫌疑人徐国涛等8人，摧毁非法制造、销售非法制造的注册商标标识团伙4个，捣毁造假窝点5个，为企业挽回经济损失120万元。2013年，破获合同诈骗等侵害企业经济案件12起，为企业挽回经济损失400余万元。

2014年，随着经济形势运行整体下滑，辖区非法集资、非法传销犯罪突出，涉案金额巨大，涉及群众较多，严重影响社会和谐稳定。经侦大队充分发挥打击经济犯罪的主力军作用，认真研究辖区经济犯罪的特点、趋势，犯罪作案手段，重点打击涉众犯罪，打击、防范非法集资专项行动。做好非法集资的线索摸排、案件侦破和稳控工作，查处立案一批。破获湖南胜善投资担保公司、湖南君诚投资担保公司非法吸收公众存款案和何沛卿等组织领导传销案。严厉打击涉企犯罪，开展打击生产销售假冒伪劣产品、侵犯知识产权类犯罪、合同诈骗、职务侵占犯罪、虚开增值税发票犯罪等专项行动，破获一批有影响的涉企经济犯罪案件。打击金融犯罪，破获信用卡诈骗案件18起，抓获处理18人。

第四节　安全保卫

一　警卫与保卫

天元区是株洲市政治和经济中心，警卫和保卫任务艰巨。1999年，做好炎帝广场周周乐文娱演出执勤保安，完成保卫任务47场次，出动警力1960人次。2001年，出动警力3000余人次，完成新千年文艺晚会、炎帝节、“周周乐”安全保卫和执勤任务。

2005年，完成中央领导到株洲视察、两院院士株洲行警卫工作，同时完成重大工程保卫、征地拆迁、开工典礼等保卫147次、参加“周周乐”、炎帝商务节等大型活动安全保卫126次。2006年，完成省第十届运动会、第七届残运会和4次中央、省领导警卫工作。

2010年，完成在天元区进行的全国“安踏”杯男子排球联赛、全国体操锦标赛安保任务；在“消防之歌”大型MTV拍摄现场以及元宵、国庆焰火燃放现场中，完成安全警卫、保卫任务165批次。2011年，完成建市60周年焰火晚会、湖南旅游节开幕式等重大活动的安保任务。2013年，出动警力6700多人次，完成中央、省部级领导赴株考察、湘商会、全国广场舞大赛、市运动会等大型庆典活动的警卫保卫工作173场次。

从分局成立至2014年，先后完成江泽民、朱镕基、胡锦涛、温家宝、习近平、李克强等党和国家领导人及百余位省部级领导到株洲视察、考察和调研的警卫和保卫任务。每年担负几次至几十次大型会议和活动的执勤保卫，出动警力最少年份几百人次，最多年份近万人次。

二　护校安园

2004年，天元公安分局对辖区内大、中、小学校及周边治安秩序进行调查摸底和集中整治，以整治校园周边“三室二厅”（电游室、桌球室、录像室、歌舞厅、卡拉OK厅）、网吧等场所、整治校园周边出租房屋、商业店、整治校园内部治安为重点，开展一系列的清查、整治行动，确保学校稳定。全年出动人员213人，出动车辆27台，查处各类案件36起，打击违法犯罪人员15名，清理“三室二厅”43家，清理“网吧”26家，清理电游室14家、出租房122家，取缔限期搬迁8家，清查音像行37家，书店12家。

2006年，坚持整治与创建相结合，打击与防范相结合。对全区中、小学、幼儿园逐一登记建立台账，采取建立公安机关维护校园及周边治安秩序工作联系室、派驻法制副校长（辅导员）、建立校园及周边治安巡逻防控网络、集中开展校园周边治安整治行动、快侦快破涉校刑事治安案件等方式，确保各项工作措施落到实处。10月11日，株洲市贯彻落实公安部“八条措施”现场交流会在分局召开，市综治办、市局对天元公安分局的做法给予充分的肯定。

2010年，全国各地连续发生多起侵害校园师生安全恶性违法犯罪活动，公安部、教育部多次召开紧急会议部署校园安全工作，分局结合全区校园安全实际，积极组织督促各派出所抓好校园安全工作。全年出动警力510人次，出动车辆210车次，盘问可疑人员8人，开展涉校矛盾纠纷排查12次，化解矛盾纠纷12起，稳控重点人员9名，建立驻校警务室2个，开展安全检查5次，发现和整改隐患2起，开展校园周边整治5次，清理音响书刊点2个。

2014年，天元公安分局治安大队为全区7个派出所统一印制校园周边整治检查本，对学校幼儿园涉及安全防范的25项内容列入检查中，方便基层民警日常巡查有据可查。结合“创文”工作采取不定期的方式对辖区的中小学校、幼儿园实行全面的明察暗访工作，检查各类安全隐患81处，当场责令整改30处，下发整改通知书10份，刊发检查通报3期，配合其他职能部门开展联合执法行动4次，有效整肃校园周边社会治安环境。

第五节 户政管理

河西公安分局筹备组成立时，株洲高新区各管理处配有协管员，派出所配有户籍民警，对辖区户籍统一管理，驻区居民户口簿一户一册。出生、死亡、迁入、迁出“四项异动”，由户主带户口簿到当地派出所登记异动情况。1993 年后，株洲市户政管理政策松动，以“蓝印户口”取代过去“农转非”入户，解决新区进城务工、经商、创业以及调入株洲新区人才和家属落户问题。1996 年，株洲高新区开展农村户口城市化管理试点工作。1 月，由分局治安部门牵头，组织泰山路、嵩山路 2 个派出所民警对农村户口进行全面清理。各管理处、居委会确立 1 名兼管户口管理工作的领导，配备 1 名专职户管员，普遍建立村牌、路牌、制定门牌，确立一系列户政管理制度。

1997 年 7 月天元区成立后，分局各派出所配置微机，实行户政管理电脑化。全年共核户口 18460 户，换发新户口本 1930 个，全区调整充实户口协管员，户口信息员队伍，形成农村户口管理由户籍民警、户口协管员、户口信息员组成的三级管理网络。1998 年，本着有利于人口流动的原则，在全区全面推行农村户口城市化管理，并开展居民身份证纠错工作，完善暂住人口管理和房屋出租登记制度，重点整治公共场所、房屋出租户和暂住人口。1999 年，以嵩山路派出所为试点，全面开展派出所现有人口管理工作，做到底数清、情况明、栋有号、户有牌、人有册。

进入 21 世纪，随着株洲新区城市建设快速发展，各类人口大量涌入，仅 2005 年全区就新迁入常住人口 8392 人，登记录入暂住人口 20469 人，出租房屋 4955 户。分局针对以上情况，以居（村）委会为单位，逐户上门，逐人逐项登记、核查，认真填报暂住人口信息登记表，与房屋出租户逐一签订《租赁房屋治安管理责任状》；对无合法证件、无固定职业、无固定住所的“三无人员”，统一造册登记；对有违法犯罪嫌疑的重点人员进行列管，并及时通告原住地公安机关。

2005 年 3 月，启动办理第二代居民身份证。2007 年，为需要提供快证服务的居民办理 850 张二代证。2008 年，全面完成二代身份证办证工作。

2011 年，加强流动人口与出租房屋管理，推行“旅业式”“物业式”“单位自管式”“散居包片式”“院区围合式”5 种房屋出租管理模式，准确掌握全区流动人口与出租房屋的动态，做到“人来登记，人走注销”。同时充分利用公安信息和社会信息资源，及时、准确收集掌握实有人口和工作对象、重点人员的动态信息。

2013 年，对常住人口设置一级、二级、三级户口审核。一级审批由派出所所长或其授权的民警审批；二级审批由分局主管副局长或其授权的民警审批；三级审批由市公安局人口与出入境管理支队审批。农迁农、非转农户口实行集体审核、审批制度。

2014 年，天元公安分局对全区常住人口 251350 人、80146 户居民，暂住人口 79060 人、重点人员 2745 人进行管理。

1997—2014年株洲市天元区户籍统计表

表8－2－1　　　　单位：人、户

年份	总人口	出生	死亡	迁入	迁出	户数
1997	86872	871	335	3035	491	25829
1998	90994	915	474	5064	1482	27314
1999	94963	882	386	1627	493	28802
2000	99428	967	452	2227	606	30153
2001	104148	1028	268	4933	1183	31803
2002	109012	1355	286	2191	634	33512
2003	115683	1123	296	3617	1678	35761
2004	121634	1268	233	6649	2451	38224
2005	128213	1343	245	8392	2941	40551
2006	136263	1864	188	9382	2990	42836
2007	142551	1767	247	7568	2800	44920
2008	148499	1865	270	8415	4062	47419
2009	152953	2128	364	5044	2354	48849
2010	157305	2272	1180	6694	2015	56393
2011	232820	2747	1194	8375	1760	75164
2012	238740	3223	648	5518	2173	76800
2013	244297	3357	722	5710	2788	78232
2014	251350	3483	1093	6621	1958	80146

第六节 网络安全管理

一 网吧管理

1998年，天元区网吧内打架斗殴、伤害、赌博等治安问题时有发生。2002年，按照《互联网上网服务场所管理条例》要求，查处无照经营网吧3起，没收从事违法经营活动的专用工具、设备42件。为改善网吧治安环境，消除安全隐患，2004年，分局与工商、文化、电信等部门联合，按照“保护合法、打击违法、取缔非法”的原则，对网吧业开展专项治理工作。共检查网吧31家，清查违规经营及无证经营网吧14家，要求限期整改1家，关门停业整治1家。2005年，查处向无照经营网吧提供互联网信号行为案2起。2006—2011年，取缔黑网吧38家。

2012年1月，分局网安大队成立后，天元区将网吧纳入公安机关行业管理。是年，分局对全区发证网吧建立档案、制定“上网人员登记制度”“上网安全巡查制度”，并在网吧安装互联网络信息管理系统软件，有效地防止黄、赌、毒和邪教组织利用网吧进行有害信息传播。同时规定，网吧设置必须离学校200米，未成年人不得进入网吧。多次组织专职人员对公安局域网计算机进行维护防毒，有效地保证公安局域网正常使用，防止各类病毒的侵入。2012年1月，天元分局成立网络安全保卫大队，配置6名民警承担天元区网络安全监管、网络案件的侦办，以及配合、协助其他部门和警种侦查、调查各种涉网违法犯罪等工作。网安大队成立后，加强对全区网络安全管理和监督。

2011—2014年，天元区组织清理整顿行动4次，检查网吧200余家次，行政处罚15家次。

二 网络案件查处

2011—2014年，分局调取1521起违法犯罪案件相关图像视频，网安大队查处网上违法犯罪案件23起，协助侦查部门侦破刑事案件90起，其他案件50余起，抓获违法犯罪嫌疑人102人，其中刑事处罚54人，行政处罚48人。

第七节 道路交通安全管理

天元交警大队前身为株洲市郊区交警大队，1997年8月，更名为天元交警大队，隶属于株洲市公安局交通警察支队所属正科级下属机构，负责天元区和株洲国家高新技术产业开发区的道路交通安全管理工作，内设2个中队、4个股室；2004年，天元交警大队内设3个中队、4个股室，增设三中队，即天易路执勤中队；2011年，原属株洲县交警大队管辖的雷打石、三门中队的人员和业务移交至天元大队，变更为五中队。截至2014年，天元大队内设5个中队、4个股室，管辖547千米道路，管理区内51395台机动车和78032名驾驶员。1998年，天元交警大队安全股被省公安厅政治部、省交警总队授予全省公安交警学济南交警先进集体称号。2004年，天元大队被省公安厅授予“湖南省2003年度“公安交警部门综合考评先进大队”称号。1992—2014年，先后有谢汉民、黄育干、马贵清、陈晓林、黄铁勇、肖卫红、谢焕任天元交警大队大队长，有殷作罗、黄育干、罗正华、吴肇祥、杨湘三、郭斌、谢焕、张志军任天元交警大队政委。

一　路面管理

1992年，株洲高新区开展纠正自行车违章的整治行动，纠正自行车违法行为3000余起。

1998年，天元交警大队实施勤务制度改革，交通民警执勤方式由传统的多人一岗、手势指挥变为以动制动、动静结合，保留形象岗和以点带线、流动巡逻相结合的多种勤务管理方式。2000年，落实24小时值班制和国、省道24小时巡逻执勤制度，进一步改革交通民警执勤方式，以定点执勤与巡逻执勤相结合。同年，全区实施畅通工程。加强摩托车、非机动车非法营运的整治，对叭叭车、两轮摩托车、踩士车、板车开展整治；组织对违章占道经营、马路市场等开展大规模清理整顿。2004年，开始在城区临近主干道的中、小学校开展“绿色护学岗”工作，在上学和放学的高峰期安排警力在学校周边主要路口进行交通秩序维护，保证广大师生的出行安全。2010年开始，大队以道路巡逻执勤改革为突破口，全面落实“网格化”勤务管理制度，将辖区道路路口、特殊点段按照道路等级、交通流量、通行状况分为五级，实行分级管控，其中一、二、三、四级安排执守岗，不安排执守岗的路口，由巡逻岗监管，确保路面达到有效管控率，确保中心城区主干道始终处于受控状态。同年11月，全省中小学生交通安全“护学旗”在白鹤小学首次推广使用。2012年9月，开展打击“两抢一盗”犯罪清查行动，查获及返还盗抢机动车11辆（其中汽车7辆，摩托车4辆），套牌出租车9辆，其他套牌车27辆，查处机动车涉牌涉证违法行为275起。

2011—2014年，天元交警大队按照辖区交通状况，在确保一、二级岗点警力的情况下，对警力配置进行实时调整，增加高峰期临时执勤点，确保中心城区始终处于受控状态，投入更多警力开展交通违法专项整治和机动巡逻，将苗头问题提前化解。针对雷打石、三门等农村地区，加强纵向协调和警力支援，围绕乡镇主干道和市建道路开展交通维护，保障道路畅通。

二　交通安全宣传

2004年，天元交警大队开展“送检下乡”活动，在农民群众中广泛开展交通安全宣传，赠送资料，播放宣传光碟、电影等。2006年，确立法制副校长、联校民警，负责对辖区城乡中小学校开展交通安全教育义务授课，指导学校开展宣传活动。2008年，开展交通安全进农村、进社区、进学校、进单位、进家庭的“五进”活动，至2011年，走访辖区党政机关、人大代表、政协委员、执法监督员、大型园区企业负责人和社会各界群众21300人（次），发放宣传资料47800份。2011年，以“文明交通行动计划”和省市两级开展的各类宣传活动为重点，以“五进”和新闻宣传为载体，分别开展文明交通我先行、安全文明进企业、创文明城市志愿者和道路交通事故快处快赔等主题宣传活动，做到“月月有主题，月月有重点”。2014年，开展“树形象、促满意”主题宣传、“礼让斑马线快闪秀”“创文·株洲交警在路上”路况宣传和“12·2”全国交通安全日等活动。

三 车驾管理与事故处理

1999年，天元交警大队将春运交通安全工作纳入议事日程，制定春运交通安全工作方案，印发加强春运交通安全管理的通知,与客运单位负责人签订责任状。推行交通事故处理“阳光作业”，普遍建立规范的事故调处室、听证室,所有法律法规一律上墙公布,对事故处理推行“明白卡”和“回访卡”的两卡制度,实行大队领导事故处理接待日制度,增强交通事故处理透明度,接受群众监督。2001年，天元大队事故室民警4人，全年道路交通事故少于400起，死亡16人。2002年，全面实施客运车辆户籍化管理工作，将辖区公路客运企业、危化运输企业所属车辆和中小学校、幼儿园接送车辆纳入日常监管，每台车确立1名责任民警，实施月检、季检制度。

自2008年始，天元交警大队抓事故研判，隐患排查，对辖区中小学校和幼儿园周边道路交通状况、交通事故易发路段和危险路段的排查整治，对交通情况复杂的道路和农村道路增加巡逻密度，对存在的安全隐患及时发现、积极上报，并督促相关部门及时治理。2011年5月，大队加大对交通肇事逃逸案件的侦破力度，采取分组模式多头并进开展调查工作，充分协调社会各部门单位的资源信息，加强业务培训力度，不断提高侦查工作技能，研究典型案例开拓思路。同年8月开始，天元区成立道路交通事故快速理赔中心（简称“快处快赔”），适用于发生事故的双方车辆手续齐全（车辆按期年检、无涉酒涉毒驾驶、有驾驶证、有交强险）、无人员伤亡、单车经济损失在1万元以下的非外省车辆，事故双方拍摄事故现场照片（要求车辆牌照清晰、事故发生路段明了、两车接触部位明确）3张以上，保留相关事故证据，自行约定时间前往快速理赔中心定责处理。快处快赔的实施和推行，加大简易道路交通事故的处理速度，提高道路通行效率，节省社会公共资源。

2011年11月28日16时50分，天元区泰山路财政局路段发生1起交通肇事逃逸案件，1辆无牌摩托车将1名横过马路的女子撞倒后未作停留，直接驾车沿泰山路由东往西逃走。现场没有目击证人，更没有遗留任何有价值的痕迹。案发后，该案主办民警胡九洲根据嫌疑车辆可能逃跑的线路，调取天元区内交警、公安、城管、灯饰以及各沿路单位所有的监控视频，经过80余小时查阅比对，确定肇事车为1辆黑黄相间的女士踏板摩托车。其后，胡九洲拿着视频照片在摩托车大市场逐户开展调查走访，确认肇事嫌疑车辆为雅马哈的一款摩托车，从而根据客户资料信息锁定肇事逃逸者，促使“11·28”肇事逃逸案件仅用一周的时间就完全告破。

2014年，天元交警大队事故中队民警8人，全年境内发生道路交通事故10209起，其中，死亡44人。

四　交通设施

1995年，株洲高新区道路交通监控系统开通投入试行。1996年，“122”交通报警服务台开通。

2008年，公安部开展“百千万生命防护工程”活动，大队对辖区城乡道路安全隐患开展排查治理，先后排查出存在安全隐患的路段（点）95处，增补防护栏5000米、减速带90米，完善交通安全标识标牌75块，全面提高区内道路安全通行条件。2009年，天台路黄河路口、长江南路泰山路口、珠江路泰山广场机动车闯红灯和不按车道行驶的违法行为全天候管控电子警察装置正式启用。大队成立分控指挥中心，对辖区范围内道路交通违法实施监控设备抓拍，同时兼备辖区内“122”接处警调配工作。2008年，大队新建办公楼，实现规范化办公分区，实现办公、办事、办案科学规划分隔，保证执法程序的规范化。

至2014年的19年中，天元交警大队购置公用车辆21台、巡逻摩托车5台，并先后添置酒精测试仪、移动雷达测速仪、搜索灯、破拆工具、抓捕网等警用设备28个，购买电脑70台，完善大队专用内网光缆和互联网，实现网上办公和网上办案等全电脑程序操作。

五　交管服务

1994年6月，交警大队政委罗正华和民警蒋锡中、高长青、彭武、李合林在危急关头借用木船在莲花工区抢救出6名被洪水围困的村民。2003年，全面贯彻落实公安部交通管理17项便民利民措施。2009年，天元区社区交管服务站揭牌并正式投入运行，该站提供包括非现场交通违法处理、驾驶证到期换证、提交驾驶证年审身体检测证明手续和国家免检小型车辆上牌等服务。

2008年，南方数省份遭遇低温冻雨袭击，形成广泛影响交通出行的冰冻灾害天气，大队全体民警上路执勤，连续加班20余天，除在辖区加强巡逻力量外，还调配大量警力对京珠高速公路进行援助，协助车辆分流、为受困群众提供帮助，保证辖区道路安全。2010年，道路交通事故民事损害赔偿人民调解委员会在天元区首次成立并正式启动运行。

2011年，大队设立交通事故远程法庭，依靠网络视听系统实现远程审判，借由区交警大队和区人民法院之间搭建的专用光缆来实现视频连接及对话，使诉讼双方当事人在不用去法院的情况下参与诉讼。2012年，成立警营志愿者服务队，深入基层开展献爱心、送温暖活动，先后组织策划并参与了义务植树、义务献血、“爱心捐赠，支教五丰”、爱心送考和慰问交通事故困难家庭等活动。

2014年，启动湖南工业大学警务站的建设，由民警长期驻校，开展交通安全管理和宣传教育，提供交通法律法规咨询服务，规范校内交通标志标牌的设置，处理校内简易交通事故，为高校园区提供全方位的交管服务。至2014年，接待咨询6000多人（次），调处辖内道路交通事故损害赔偿纠纷案件3200起，经当事人双方申请调解结案1990件，涉案金额9250余万元。

六　创建国家交通管理模范城市

2007年10月，市委、市政府提出创建国家交通管理模范城市的目标。天元区相应成立创建国家交通管理模范城市领导小组，制定详细的创建计划和措施。《株洲新区》报、株洲高新网开辟创建专栏，深层次、高密度、多角度地宣传交通法规和安全常识，倡导市民文明出行。区直机关有关部门组织人员积极参与市里组织开展的“珍爱生命，安全出行”“小手牵大手”“祝你平安”文艺晚会等主题宣传活动。2007—2010年，全区组织机关干部3000余人次，统一佩戴红袖筒，在天台路、长江路、黄河路等主要交通要道开展交通劝导、交通安全宣传教育等活动，提高广大行人遵守交通规则的自觉性。2010年7月，株洲市成功创建国家交通模范管理城市。

第八节　消防管理

1997年4月，河西公安消防大队成立。8月，更名为天元区公安消防大队，又称中国人民武装警察部队天元区消防大队，正营级。1998年2月，成立天元消防中队，编制20人。2000年8月1日，市公安消防支队特勤中队在天元区挂牌成立（天元中队摘牌），编制45人，为副营级，归属区公安消防大队领导。2001年6月，株洲市社区消防教育基地在特勤中队建成并对外开放。2008年8月，特勤中队搬迁至芦淞区，天元消防中队重新挂牌。2012年，天元区公安消防大队升格为副团级单位。2013年7月，大队成立第二个消防中队——栗雨中队，并驻军。2014年，天元区公安消防大队下辖天元中队和栗雨中队，实有现役官兵92人，装备各类消防车辆12台（水罐消防车4台、泡沫消防车3台、压缩空气泡沫车1台，抢险救援消防车2台、云梯消防车1台、高喷消防车1台），列管重点单位120个。建队以来，大队先后4次被湖南省消防总队评为全面建设先进大队（单位）、多次获评省公安厅、株洲市政府、天元区委区政府消防工作先进荣誉，先后有2人荣立二等功，30余人（次）荣立三等功，100余人（次）被总队、支队及区委区政府评为先进个人。1997—2014年，先后有欧阳志、王杰义、黄建平、李建河、洪仁杰、王彪任大队长；有何星阶、戴志宏、梁建军、黄建平、刘国其、李旺任政治教导员。

一　防火宣传培训

1997年以来，天元区公安消防大队充分发挥电视广播、报纸、网络、广告等传统宣传平台以及微信微博等各类新媒介，广泛采取印发消防宣传资料、设置固定消防宣传专栏、播发消防公益广告、开展消防培训、开放消防站、举办“119”消防宣传周（月）等多种形式，积极开展消防宣传进企业、进学校、进社区、进农村等活动，普及消防知识，提高民众自防自救能力。2014年，由区政府牵头，各镇、街道及各职能部门配合，在全区开展“全民总动员，安全进万家”“119”消防周等一系列宣传活动。全年发放消防宣传资料1.5万份，展出消防板24块，在辖区单位LED显示屏滚动播放宣传标语1000余条；同时，开展对单位消防安全责任人、消防安全管理人、特殊岗位工种人员及政府人员的消防培训工作。乡镇长、村支“两委”负责人消防安全培训率100%。至2014年的6年中，培训人员1万余人次。

二 消防监督

1997年以来，天元区公安消防大队加强与公安、安监、民政、教育、工商、旅游等部门的联合执法，扎实开展“铁拳”整治、清剿火患等一系列消防安全专项治理行动，严格执行查封、关停、拘留等刚性措施，采取“5+2”“白＋黑”“拉网式排查＋不定期回访”相结合的方式，始终保持对火灾隐患整治的高压态势。对城中村等重大火灾隐患及公众聚集场所、大型仓库等消防安全重点单位，集中开展排查，并确定专门防火监督员，定期进行监督检查。发现火灾隐患，责令整改，限期消除隐患；对一时难以整改到位的单位，依法实施停业整改；对拒不改正的，依法予以处罚。至2014年的6年中，全区开展消防监督检查8882次，发现并整改火灾隐患或违法行为30584处，责令“三停”101家，罚款317.69万元，行政拘留31人。

三 社会化消防

从1997年开始，区委、区政府每年均与乡镇、街道签订消防安全责任状，建立逐级消防工作责任机制。2003年3月，区公安消防大队与区民政局联合下文，在全区选择滨江社区、联谊小区、湘银小区、耀华小区进行创建省、市消防工作示范区试点，经过3个月努力，4个小区消防工作建设取得成效，成立4支志愿消防队，每个小区配有消防装备。随后，社会化消防工作在全区各社区推开。在社会单位特别是消防安全重点单位中推行“户籍化”管理模式，实行自防自管，推进消防控制室达标创建工作，初步形成齐抓共管、综合治理良好局面。

积极与规划部门协调，将消防规划纳入城镇总体规划进行编制。截至2014年，全区4个建制镇、3个街道的消防规划全部完成编制。同时推进乡镇街道消防安全“网格化”管理，67个社区全部完成消防建设任务，特别是泰山、嵩山街道“城中村”消防基础设施不断改善，消防安全管理得到加强，居民消防安全意识逐步增强。深入开展“消防工作示范村镇”活动，以点带面狠抓农村消防基础设施和义务消防组织建设，有效提升农村抗御火灾能力。

四 灭火训练及救援

灭火训练 1997年区消防大队成立后，先后开展双百日大练兵、争当岗位能手、训练破纪录、打造消防铁军、实战化练兵等活动，形成良性竞争机制。坚持“严下先严上，练兵先练官，干部作表率”，突出领导练兵和干部练兵，营造全员参训、人人争先练兵氛围。大队所辖2个中队，干部100%取得相应等级岗位资格，等级消防战斗员达标率90%。2010年，所辖天元中队在全市消防部队打造消防铁军比武竞赛活动中获得团体总分第二名，大队被总队评为打造公安消防铁军先进大队；2011年，天元中队被总队评为战训工作先进中队。

救援 建队以来，大队官兵忠诚履行职责使命，尤其是在2009年“5·17”株洲红旗高架桥坍塌事故救援、2010年“8·4”京珠高速石油槽罐车侧翻泄漏事故救援以及抗洪抢险、抗冰救灾、奥运、国庆60周年及中共十八大消防安保等急难险重任务中，舍生忘死，英勇奋战，为维护全区经济社会发展和人民安居乐业作出突出贡献。2010—2014年，区消防大队接警1563起，其中灭火910起，抢险救援653起，出动车辆2293辆次、警力15964人次，抢救被困人员306人，疏散被困人员678人，抢救财产价值4303.6万元。

第三章 检 察

株洲市天元区人民检察院（简称“区检察院”）其前身为市郊区人民检察院。1997年8月，株洲市郊区人民检察院更名为天元区人民检察院。内设办公室，政工、监察室，刑事检察一科，刑事检察二科，反贪污贿赂工作局，法纪检察科，监所检察科，控告申诉检察科，民事行政检察科，检察技术科，有干警职工33人。

1998年，区检察院法纪检察科更名为渎职犯罪侦查局，工作职责不变。同年，设立行政装备科，政工、监察室分为监察室和政工科。2001年，天元区检察院被省检察院授予五好检察院。2002年，将刑事检察一科更名为侦查监督科，刑事检察二科更名为公诉科。2004年，撤销行政装备科，增设法警大队；在政工科加挂监察室牌子。2005年，政工科更名为政治工作办公室，同时升格为副科级。2006年，渎职犯罪侦查局更名为反渎职侵权局，增设职务犯罪预防科。是年，获全国妇联授予的全国三八红旗集体称号。2009年1月，区人民检察院迁址到天元区黄河北路269号新大楼办公。4月22日，设监察室、检务督察室。2014年，设立未成年人刑事检察科。年末，天元区人民检察院内设办公室（含人民监督员办公室和研究室）、政治工作办公室、反贪污贿赂局、反渎职侵权局、公诉科、未成年人刑事检察科、侦查监督科、检务督察室、监察室、控告申诉科和举报中心、民事行政检察科、监所检察科、检察技术科、法警大队、职务犯罪预防科15个科局室队，实有干警 51 人。至 2014 年的 4 年中，连续 4 年获评株洲市文明建设先进单位。1997—2014 年，先后有李益安、周小刚、刘新文任区检察院检察长。

第一节 预防职务犯罪

自 1997 年始，区检察院以查办职务犯罪大要案为重点。2000 年，立贪污、贿赂、滥用职权等职务犯罪案件 10 件 10 人。其中，大案 7 件，要案 3 件，实现要案的历史性突破，其数量居全市其他县、区前列。通过查处 3 名处级干部大、要案，促进投资资金和建筑市场招投标的规范化管理。

1998—2002 年，区检察院立贪污贿赂、渎职等职务犯罪案件 41 件 41 人。其中，大要案 12 件 12 人，为国家和集体挽回经济损失 660 余万元。2002 年 11 月 18 日，天元区成立预防职务犯罪工作领导小组，领导、协调、考核、监督、考评全区预防职务犯罪工作。区检察院在金融、税务系统和辖区企业设立预防职务犯罪联络室 6 个，聘请联络员 12 名。2003—2004 年，重点查办土地征收过程中涉及的国土、规划、建设、金融等有关系统和基层管理处等部门中的职务犯罪案件，开展土地专案行动，查处涉及征地拆迁及其相关领域的职务犯罪案 10 案 12 人，涉案金额 120 余万元，其中大要案 4 件 4 人。针对在办案中发现的发案单位在管理上存在的漏洞，及时提出检察建议 30 余份，帮助案发单位整章建制 19 项。2004 年，区检察院被省检察院评为优秀预防项目主办单位。

2005—2006 年，查办职务犯罪案件 9 件 15 人，渎职侵权案件 4 件 6 人。其中，大要案 4 件 5 人。查处湘运集团副总经理、大成运业公司董事长刘某某受贿案，在全区产生很大的影响和震动。2006 年，积极进行渎职犯罪的专项预防工作，在市住房公积金中心设立预防渎职犯罪联络点。

2007 年，把查处职务犯罪的工作重点放在损害国有大中型企业发展、造成国有资产流失的，影响恶劣的贪污、受贿大要案件上，查办国有大型企业南车集团株洲电力机车厂 4 人贪污、受贿窝案。并与株洲市人民检察院联手建立职务犯罪信息数据库、启动开通行贿犯罪档案查询工作。2008—2011 年，区反贪部门查处一批社会影响大、群众反映好的职务犯罪案件，通过办案为国家挽回经济损失 1100 余万元。

2012—2014 年，区检察院积极践行侦防一体化办案模式，共立贪污贿赂、渎职等职务犯罪案件 18 件 23 人。反贪部门积极参与办理省交通厅系列案件，侦查终结并依法起诉 2 件 3 人，直接为国家挽回经济损失 3200 余万元。参与炎陵“5·19”爆炸案件的侦查，依法查处市交通运输局驾培科 2 名工作人员涉嫌滥用职权违规发放道路运输从业资格证、非法收受贿赂案，依法侦查并起诉衡阳破坏选举系列案中破坏选举案 5 件 5 人。在全省率先建立职务犯罪预防咨询委员会，向职务犯罪发案单位提出预防建议 20 份，先后到市住房和建设局、市交通运输管理处、区地税局等单位开展预防警示教育活动、法制讲课 16 次。2014 年，区检察院在天元区地税分局成立职务犯罪预防联络室，通过开展预防工作，发现或提供职务犯罪案件线索，为地税干部进一步提升预防职务犯罪的自身免疫力。

至 2014 年的 18 年中，区检察院立案查处贪污贿赂、渎职等职务犯罪案件 149 件 175 人，为国家和集体挽回经济损失 5580 余万元。

第二节 刑事检察

1997 年，区检察院依法严厉打击破坏社会主义市场经济秩序的犯罪活动。批捕各类破坏社会主义市场经济秩序的犯罪嫌疑人 12 人。依法直接立案侦查偷税、抗税、非法出售增值税发票、假冒商标、生产销售伪劣产品、销售伪劣种子等犯罪案件 6 起。2000 年，实行主诉、主侦、主办检察官岗位责任制，按照个人申请、民主推荐、竞聘上岗、党组考核决定、检察长任命的程序，共选聘 18 名“三主”（主诉、主侦、主办）检察官，对管辖承办的案件进行指导和质量把关。大案件的侦查，协助确定侦查方向。快审快结，批捕案件平均办案时间为 2.6 天，公诉案件平均办案时间为 5 天。同期内集中打击盗窃、抢劫、抢夺等侵财型多发案件。5 年间，打击此类案件 300 余件 500 余人。2005 年，公诉部门配合市检察院办理涉案金额、被告人数和庭审时间均创株洲历史之最的某犯罪集团非法吸收公众存款案。

2006 年，区检察院集中打击“两抢一盗”等侵财型多发性案件 30 余件 50 余人。集中精力抓好“打黑除恶”专项斗争，集中调配业务上的精兵强将，确保涉黑涉恶案件的及时处理，打击处理市检察院交办的 29 人的涉黑团伙案在内的涉黑涉恶案件 10 余件 40 余人。

2007 年，区检察院贯彻宽严相济刑事政策，探索刑事和解制度。执法办案中坚持区别对待，宽严相济。对严重刑事犯罪依法快捕快诉，对于一些因邻里纠纷等引发的轻微刑事案件、未成年人犯罪案件、初犯、偶犯和过失犯罪等案件，立足于教育、感化和挽救方针，慎重逮捕和起诉，做到当宽则宽，积极化解社会矛盾。先后对 7 起轻微的刑事案件中的 16 名犯罪嫌疑人作出不起诉决定，其中故意伤害案件 3 案 6 人、非法侵入住宅案件 1 案 7 人、交通肇事案件 2 案 2 人、盗窃案件 1 件 1 人。2009 年，在办理刑事和解案件中引入人民调解员，与区司法局联合设立驻检察院人民调解室，建立健全刑事和解与人民调解相衔接的工作机制，完善相关工作制度、流程，对刑事和解工作给予指导、监督和见证，提高办案效率。2010 年，对轻微刑事案件引入人民调解机制，与区司法局联合设立刑事和解案件调解领导小组。

2011 年，区检察院探索建立存疑不起诉听证制度。为避免出现案件当事人对检察机关存疑不诉、处理结果不接受、不理解甚至上访的情况，区检察院在全省检察系统首先启动存疑不起诉听证制度。通过邀请人大代表、政协委员、人民监督员等参加听证，充分听取案件当事人特别是被害人、案件承办人、听证员意见，所作出存疑不起诉决定的案件，无一起出现上访或申诉。2012—2014 年，受理公安机关报捕刑事案件 438 件 608 人。其中，批准逮捕 336 件 447 人，无错捕、漏捕现象，法定期限内审结率 100%；受理移送审查起诉案件 801 件 1154 人，依法提起公诉 674

件 952 人；其中办理故意杀人案 3 件 3 人，故意伤害案 90 件 94 人，办理涉毒案 109 件 133 人，集中打击盗窃、抢劫、抢夺等侵财型案件 281 件 404 人。通过继续规范完善存疑不起诉听证机制，所有不起诉案件没有一件出现上访或申诉，案件当事人对存疑不起诉处理结果满意度 100%。

至 2014 年的 18 年中，区检察院受理提请批准逮捕 2396 件 3876 人，审查批准逮捕 2033 件 3211 人，依法不批捕 618 人；受理移送审查起诉案件 3196 件 5323 人，依法提起公诉 2720 件 4514 人，依法不起诉 264 人。追捕犯罪嫌疑人 92 名，追诉犯罪嫌疑人 45 名。

第三节　监所检察

1997 年，区检察院监所干部驻所 213 天，在驻所检察中发现问题并及时提出书面纠正建议。与看守所犯罪嫌疑人谈话 455 次，对全区 37 名监外执行罪犯的交付、执行情况进行重点检察 2 次。1998—1999 年，执行监督方面共纠正劳教不当案件 7 件 7 人，劳教期限不当案件 2 件 2 人。

2000—2001 年，监所干部找服教人员谈话教育 735 人次，提出检察建议 9 份，有效地促进教改秩序。2003 年，监所检察找服教人员谈话教育 180 人次，重点监督不依法交付执行，以及办理减教、所外就医中的问题，发出检察建议 11 份，通知立案 4 件 4 人。2004—2007 年，监所部门以查办违法减刑、假释、保外就医、监外执行中的犯罪行为为重点，强化职能，发出检察建议书 40 余份。2007 年，按照省、市要求，深入辖区开展核查纠正监外执行罪犯脱管漏管专项行动，并办理监督案件、刑劳假释人员又犯罪案件 6 件 6 人。从 2008 年开始，区检察院监所科对在册监外执行罪犯进行每年两次全面检察，对刑期、考验期已满的罪犯督促公安机关到期公开宣告；对暂予监外执行罪犯督促及时办理续保手续。对辖区内的监外执行罪犯、采取日常检察和不定期检察的方法、查阅相关材料、看有无建立监管档案、有无谈话材料、罪犯有无思想汇报材料、公安机关有无采取监管措施等，针对已出现的情况，及时向公安机关、司法机关发出纠正违法通知书和检察建议书。

2009—2010 年，监所部门纠正劳教日期计算有误情况 8 件 13 人，发出检察建议书 28 份，开展劳教场所联合检查 13 次。从 2011 年开始，监所部门重点加强对监外执行“五种人”的监督和管理，发出纠正违法通知书 18 份、检察建议 3 份，及时纠正缓刑计算错误案件 1 件。社区矫正工作于 2011 年 6 月开始试点，年内，区检察院对辖区内各司法所逐一进行检察监督，对存在的问题及时指出，促使其完善规范。2011 年 6 月 21 日，湖南省人民检察院监所处突击检查区检察院的监外执行工作，省院领导检查后对区检察院的监外执行监督检察工作给予充分肯定。

2012 年，依法对劳教与监外执行各执法环节进行监督，纠正劳教日期计算有误 15 件 20 人，审查所外就医、所外执行 78 件，发出纠正违法通知书和检察建议 323 份，有效避免可能产生错收错放、超期羁押和发生安全事故等现象，切实维护劳教人员合法权益。2013—2014 年，针对监外执行中的违法和不当情况，发出纠正违法通知书 92 件，发出检察建议书 46 件。

第四节 控告申诉检察

1997 年始，区检察院控告申诉检察科坚持检察长接待日制度。随后开展创建省级文明接待室活动。至 2002 年，受理来信来访 430 件，告急信访 19 件，刑事赔偿案件 1 件，决定赔偿 1 件。

2003 年，举报控申文明窗口建设进一步完善，接待工作在息诉维稳上下功夫，被评为省级文明接待室。2004 年，办理刑事申诉案 2 件，刑事赔偿案 1 件。2006 年，积极配合区重点办、区纪委查办一起在征地拆迁过程中骗取补偿款的案件，挽回损失 10 余万元。从 2007 年开始，区检察院开展依托举报宣传周活动，通过展板展示、流动宣讲、宣传手册发放、现场接受法律咨询和举报等一系列宣传方式，广泛宣传检察机关惩治和预防职务犯罪的职责、案件受理范围、举报途径。当年发放宣传资料上千余份，现场接待群众 560 余人次，答复问题 200 余件，收集各类案件线索近 100 条。2008 年，控申部门创新工作方法，探索建立涉检涉法上访评估预警工作机制，着力把涉检涉法上访控制在萌芽状态。2012 年，控申部门积极探索“涉检信访多维联动释法说理机制”。2013 年，在群丰镇、雷打石镇设立检察联络室，密切与人民群众的联系，延伸检察机关服务基层、服务人民群众的途径。2014 年，控申部门出台《司法救助工作实施细则》，规定司法救助的适用对象和申请材料，细化司法救助的适用程序，由控告申诉部门统一受理司法救助申请，并规定办理和处理决定的时间期限；明确司法救助的资金来源和使用办法，区财政共拨付 20 万元专项司法救助经费。同年，给予 5 个案件当事人 4.3 万元司法救助金。

1997—2014 年，区检察院妥善处理来信来访 638 件，举报线索 436 件，初核 192 件，移送立案 59 件。全面落实首问责任制和首办责任制，坚持贯彻执行“检察长接待日”制度，开通 24 小时举报接访电话、网上举报接访系统，畅通信访举报渠道，接待各类上访人员 500 余人次，妥善处理各种举报、申诉 47 件，息诉息访 48 件。控申工作先后被湖南省人民检察院授予“文明接待室”和“处理涉法上访工作先进集体”等称号。

第五节 民事行政检察

民事行政检察部门承办对人民法院已经发生法律效力的民事、行政判决或裁定，发现确定有错误或者能影响案件正确判决、裁定的，依法提出刑事附带民事诉讼、抗诉等工作。1997—2002 年，区检察院民事行政检察立案 65 件，提请抗诉 31 件，市检察院决定驳回上诉 21 件，改判 20 件。2003—2005 年，区检察院受理民事、行政申诉案件以及刑事附带民事案件 26 起，其中息诉案件 9 件、执行和解 3 件、提起刑事附带民事诉讼 4 件。提请民事、行政抗诉 5 件，为国家和集体挽回经济损失 10 余万元。针对在单位或个人侵害国家、集体财产的刑事案件中，犯罪分子往往只受到刑事处罚，而造成的国家、集体财产损失却屡遭忽视的问题，加大法律监督力度，在提起刑事诉讼的同时附带民事诉讼，先后对6名案犯提起附带民事诉讼，达到办理几案，惩处几个，教育一大片的效果。

2006—2007年，民事行政检察科坚持重履职，广辟案源；重质量，认真对待；重效果，扩大影响。积极加强与区人大、政法委、法院的协商和沟通，争取支持。

2008—2012年，受理案件线索18件。督促起诉案件19件。申诉案件中向法院发出再审检察建议4件，建议提请抗诉43件，息诉1件。

2013—2014年，区检察院民事行政检察科牢牢把握《中华人民共和国民事诉讼法》《中华人民共和国行政诉讼法》修改后对民行检察工作带来的新机遇、新挑战，积极与法院等单位加强联系，及时发现申诉线索；加强对法院判决、裁定、调解书的审查，从中发现案源；积极与行政单位衔接，加强民事行政监督。通过新闻媒体、网络媒体发现案件线索，主动与国土局、计生局、公积金管理中心了解情况，加强民事行政监督，特别是对民生关注的热点强化监督，促使行政机关更好的履行职责，更好维护国家利益。2014年，在基层院建设综合考核中，区检察院民事行政检察科名列全市前列。

1997—2014年，区检察院受理各类民事行政案件线索201，支持起诉40余件，督促履职30余件，向同级人民法院发出违法行为检察建议书20余份。

第六节　检务督察与案件管理

2009年，设区检察院检务督察室，与案件管理中心合署办公，负责案件管理、检务督察、检察委员会办公室等工作任务。检务督察室主要负责对区检察院执法状况、办案质量进行调查分析，组织执法质量考评，调查督促纠正执法活动中违规违纪、违法活动，对检委会决定的案件等事项进行督查。2012年，区检察院开始筹建案管中心，7月正式运行。案件管理中心承担检察机关案件的受理和督办，监督管理全院业务部门办案流程和涉案款物，统一管理重要法律文书，承担全院案件质量考评工作、律师会见阅卷事项的申请、预约、安排的有关工作；承担检察委员会日常工作。2013—2014年，案件管理中心直接受理案件810件，流程监控案件103件，辩护人、诉讼代理人接待147人次，案件信息查询59次，涉案款出入库185万元，涉案物出入库211件，案件评查585件。区检察院检务督察室与案件管理中心被评为2013年度株洲市检察机关案件管理工作先进集体、2013年度株洲市检察机关公正执法先进集体。

第七节　未成年人刑事检察

2014年上半年，区检察院设立未成年人刑事检察科。城市4区的未成年人刑事案件统一移送天元区人民检察院审查起诉，在全省率先实现未检案件集中办理。年内，受理公安机关移送审查起诉 19 件 35 人，提起公诉 24 人，不起诉 1 人，附条件不起诉 2 人。

2014 年 11 月，区检察院完成对未检办案区的特色化建设，办案区设置指纹门禁，安装防护网、监控设施：包括 2 间专用办公室，1 间圆桌讯问室，营造绿色、轻松的讯问氛围，2 间全省一流的心理辅导室。未成年人刑事检察科心理辅导工作室被称为“检爱工作室”。配备干警 2 名、书记员 1 名，均为女性，3 人均具有国家心理咨询师资格。加强涉案未成年人心理辅导。成立全市检察机关第一家未成年人心理辅导中心，年内开展心理辅导 12 人次、心理测评 12 人次、给全区中小学生家长发放公开信，受教育学生数万人次。构建教育、挽救、感化“三位一体”多方联动的回访帮教网络，协同学校、派出所、居委会共同跟踪关注未成年人的改造过程。

第四章 审 判

1997 年 8 月，株洲市天元区人民法院（简称“区法院”）成立，依法管辖株洲高新区以及天元区所辖的有管辖权的各类一审刑事、民商事及行政案件的审判。

1998 年 2 月 25 日，根据中共株洲市天元区区委办公室《关于印发株洲市天元区人民法院机构设置和人员编制方案通知》，区法院设置 11 个庭室，即：刑事审判庭、民事审判庭、经济审判庭、行政审判庭、立案庭、审判监督庭、执行庭、司法技术室、司法警察大队、办公室、政工科（含监察室），下设长岭人民法庭。2000 年，设立书记官室，撤销长岭人民法庭；2005 年，政工科更名为政治工作办公室。2008 年，设立知识产权审判庭。2010 年，设立非诉行政案件执行局。

2011 年，株洲市部分行政区划调整，株洲县三门人民法庭划入区法院建制。2012 年，经湖南省高级人民法院批准，区法院成立株洲市少年法庭。至 2014 年，区法院设办公室、政治工作办公室、监察室、审判管理办公室、刑事审判庭、民事审判第一庭、民事审判第二庭、知识产权审判庭、行政审判庭、审判监督庭、立案庭、执行工作局、非诉行政案件执行局、书记官室、司法技术室、司法警察大队、研究室、少年法庭、三门人民法庭 19 个内设机构，有正式在编干警 60 人，聘用人员 44 人。在编干警中，法官 36 人，司法警察 4 人，书记员和司法行政人员 20 人。

1997 — 2014 年，区法院先后为辖区内各单位、群众和 320 国道、株洲冶炼厂白银工程、株洲高新区工业园等 40 余项国家、省、市重点工程建设提供优质、高效的法律服务，多次受到省市表彰，并在全省重点建设工程经验交流大会上介绍经验。至 2014 年，受理刑事、民商事、行政、执行案件 20421 件，审执结 20051 件，其中刑事案件审结 2905 件，民商事案件审结 11876 件，行政案件审结 985 件，非诉行政执行案件执结 1163 件，执行案件 3122 件。18 年中，区法院先后获得国家、省、市区集体荣誉 133 项，其中市级荣誉 58 项，国家级荣誉 5 项。2006 年立案庭获全国青年文明号，2008 年区法院被最高人民法院授予全国优秀法院称号，2009 获全国知识产权维权优秀合作单位称号，2011 年被最高人民法院评为全国法院立案信访窗口建设先进集体，2012

年被最高人民法院评为全国法院法警执法规范化先进单位。全院干警获得国家级、省级、市级、区级先进个人荣誉197项。其中，国家级1人，省级14人次，市级136人次，区级46人次。

1997—2014年，天元区法院先后有周自力、罗佳良、贺武夷、肖青松、黄伟波任区法院院长。

第一节　刑事审判

1998年，区法院审理刑事案件80件。1999年审理刑事案件107件，其中爆炸、抢劫、绑架等暴力犯罪案19件，占18%；贩毒涉毒罪1件，占0.93%；贪污受贿经济犯罪案13件，占14%。2000年以后，侵犯公民财产案件，诸如抢劫、诈骗、盗窃不断增多，2001年审理刑事案件110件，有44件为侵犯公民财产案。其中盗窃案件20件，占侵犯公民财产案的45%。此外审理、走私、贩卖、运输、制造毒品罪、交通肇事案33件，占刑事审判案的30%。区法院以打造平安新区为重点，坚持惩治犯罪与保障人权并重，着力维护社会稳定，对主观恶性较小、犯罪情节轻微的初犯、偶犯、过失犯以及未成年人犯罪，依法从轻从宽处理，努力实现刑事审判工作的法律效果和社会效果统一。在严厉打击严重刑事犯罪的同时，准确把握“宽严相济”的刑事政策，2009—2010年，对396名被告人适用缓刑，占判处刑罚总人数的50%，免于刑事处罚21人，最大限度地减少社会对立面，营造安定有序的社会环境。

2011年，区法院审结刑事案件216件中，抢劫、绑架、强奸等暴力犯罪案18件，占0.88%；贩毒涉毒罪17件，约占0.8%；贪污贿赂经济犯罪6件，约占0.27%。经过严厉打击暴力犯罪和惩治贪污受贿案件之后，暴力犯罪案和贪污受贿经济犯罪案的比例有较明显减少。相对持平的是贩毒涉毒罪案件仍持续发生。

2011—2014年，区法院对230名被告人适用缓刑，占判处总人数的45.4%，免于刑事处罚的21人。实现刑事审判工作的法律效果和社会效果的高度统一。

1997—2014年，区法院共审结刑事案件2905件、3218人，其中判处5年以上徒刑440人，免于刑事处罚的105人，宣告无罪的17人。

第二节　民事审判

区法院民事案件的审判，贯彻“调解优先、调判结合”的原则。在依法妥善审理婚姻家庭、债权债务等纠纷案件中，始终坚持有利于保护妇女、老人、儿童和无过错方的合法权益，有利于群众的生产、生活，有利于树立良好道德风尚的原则。2003—2005年，受理民商案件1604件，审结1585件。2010年10月—2011年10月，民事立案711件，其中婚姻家庭纠纷立案153件，占民事案件的20.5%，其他合同纠纷、人身损害赔偿纠纷、管理纠纷、借贷纠纷等占79.5%。在受理婚姻家庭、损害赔偿、劳动报酬等民事纠纷案件中，实现“以判为主”向“以调为主”的转变。

上述711件民事案中，调解案件421件，撤诉案件174件，调解撤诉率73.4%。在调解中充分运用法制教育、裁判诠释、疏导劝解等措施和手段，妥善审结一批涉稳涉众的集团诉讼案件，积极探索、总结诉讼调解方式方法，取得明显效果。民事审判中，始终坚持“调解就是高质量审判”理念，努力实现案结事了，将调解贯穿于诉讼的整个过程。创新审判模式，区法院率先在全省采用“圆桌审判”模式审理民事案件，在全国首开先河，聘请7名心理咨询专家全程参与案件庭审，协助法官做好当事人的心理疏导工作，努力化解矛盾纠纷。“圆桌审判”模式运行以来，共审结婚姻家庭纠纷案件121件，案件调解撤诉率97.52%。

1997—2014年，区法院审结民事案件8284件，其中调解、撤诉5475件，平均调解撤诉率65%。最高撤诉率为2011—2012年，1507件案件中，调解撤诉1206件，调解撤诉率80%。

第三节　经济商事审判

1997年，区法院开始商事审判。2006年，开展“企业服务年”活动。区法院加强与企业的联系和沟通，走访企业60家，建立联系点24个，召开座谈会14场次，开展法律咨询12次，提出司法建议40条，帮助完善合同18份，为企业防止和减少经济损失280余万元。共审结盗窃、职务侵占等侵害企业财产权益案件28件，为企业挽回经济损失30万元，审结涉企案件185件，结案标的达2865万元。深入开展依法收贷专项审判活动，为天元区信用联社收回不良贷款531万元。

2008年，区法院开展“环境建设年”活动。区法院成立司法服务工作小组，由院领导带队走访企业46家，征求意见36条，解答有关法律方面的问题72个。同时，对于群众关心的热点，党政关注的难点、社会反映的焦点案件，更注重从服务大局和维护社会稳定出发，尽可能调解结案，集中力量快审快结“小额担保贷款纠纷系列案”174件，调解和撤诉145件，平均结案周期仅8天，挽回经济损失460万元。

2010年10月至2011年10月，区法院立案审理的378个案件中，调解结案的176件，撤诉的117件，调解撤诉率77%；2013年结案的250件中，判决117件，调解撤诉135件，调撤率63.6%，驳回起诉1件。普通程序平均审限75天，简易程序平均审限34天，当庭裁判率100%，当年无一件发回重审或改判等瑕疵案件。

2012年，区法院针对商事审判领域的案源相对稳定的情况，积极探索，推举创新，开辟新渠道。深入辖区内的企业、单位调研，走访，征求意见，挖掘案件，就如何防范金融风险提出切实可行的司法建议17条。改变过去“守株待兔”模式的被动状态，树立“走出去、请进来”的新思路，开辟案件来源新渠道。2013—2014年，区法院审结商事案件561件，其中企业债务纠纷合同纠纷案341件，占总案件61%，企业案源相对提高。

1997—2014年，区法院审结商事案件3592件，结案率99.3%，标的金额52088.5万元。

第四节　行政审判

2001—2002年，区法院执结非诉行政案件132件。2003—2004年，审结行政案件89件，执结非诉执行案件121件。2007—2008年，受理行政诉讼案件113件，一半以上是通过协调方式结案的。2010年，区法院把支持市、区重大工程和园区项目建设列为全院工作的重中之重，制定《为"三大战役"提供司法保障和服务的实施意见》，由院领导负责，抽调8名政治、业务素质高的干警组成司法服务工作组，进驻重点工程神农城、湘江风光带及区属重点项目建设指挥部现场办公，及时解决拆迁中遇到的热点、难点法律问题。主动向省院、市院汇报，争取支持和帮助，开辟绿色通道，开展湘江风光带、园区重点项目建设的司法强拆，并依法对无理拒拆且暴力抗法人员进行制裁。

1997—2014年，区法院共受理行政案件1013件，审结985件，结案率97.2%，执结非诉行政案件1163件。

第五节　少年庭审

2010年9月，区法院建立全省首家"圆桌法庭"，从共青团、妇联、工会、社区等单位聘请热心青少年工作的人员担任特邀陪审员，缓和未成年被告人的紧张、抵触情绪，为法庭审理创造良好氛围。坚持法定代理人、辩护人出庭制度，进行立体化的教育和感化。

2012年3月，区法院经省高及人民法院批准成立株洲市少年法庭，开展圆桌审判模式，运用审前社会调查、法庭教育、心理疏导、圆桌审判和回访帮教等配套措施，达到挽救、教育未成年人的目的。从2012年7月23日开始受理"未"字号刑事案件以来，截至2013年10月底，累计收案38件62人，其中已满14周岁不满16周岁的2案6人。判处三年以上有期徒刑4人，判处三年以下有期徒刑、拘役、管制、单处罚金55人，其中宣告缓刑13人，免予刑事处罚1人，公诉机关撤诉1人。未成年人刑事案件宣判后，省、市新闻媒体予以正面报道，收到较好社会效果、政治效果和法律效果，体现未成年人刑事案件审判以"教育为主，惩罚为辅"的原则。

对于在服刑的未成年犯，与其父母及帮教部门保持联系，不定期回访，了解其近况及改造情况；联合区司法局等单位对未成年帮教对象进行"一对一"结对帮扶，帮助解决困难，促使他们争做对社会有用的人才。至2014年，无一件二审被发回重审或改判，无一人重新犯罪。

第六节　审判监督

1997—2009年，区法院受理申诉、复查案件12件，其中进入再审8件。自2001年始，区法院相继建立《天平基金处罚制度》《优秀案件奖励办法》《瑕疵案件处理办法》。2003年，区法院成立审判质量与效率管理领导小组，负责案件质量与效率管理工作，并作为审委会的日常办事机构，接待处理落实信访举报、纠查违法审判、组织庭审、评查案件和开展个人办案绩效考核、开展竞赛等八大职能。2004 年，成立司法质量考核评议领导小组，定期对每月报结的案件进行逐案评查。2005 年，健全完善《执行案件流程监督制度》，使监督管理涵盖执行的全部过程。切实提高审判效率和案件质量，实现违法审判率、违法执行率、到省进京上访率、违法违纪与犯罪率、违法违纪被投诉率的“零”目标。2006 年，设立审判管理办公室，调配骨干力量专门负责案件质量和司法绩效监督管理。2010 年，完善《司法状况考评细则》。以中央政法委开展的“百万案件大评查”为契机，重点对发改案件、信访案件和群众反映违规违法等案件进行评查。

2012 年，区法院在全区范围内聘请彭雨林等 12 名执法监督员。对人大、政协的建议和提案，件件有答复，并邀请人大代表、政协委员、执法监督员、基层单位负责人等旁听重大案件庭审。2012 — 2014 年，再审案件有 9 件审监庭重新组成合议庭进行再审。再审结果改判的 4 件，维持原判的 2 件，调解 2 件，撤诉 1 件。至 2014 年的 5 年中，区法院受理申诉、复查案件 17 件，其中进入再审 11 件，驳回再审申请 5 件，经过判后答疑并做工作而撤回再审申请 1 件。

第七节 案件执行

自 1997 年始，区法院对产生法律效力的已审案件的执行以审执方式进行。1997 — 2000 年，受理案件 1233 件，执行结案 1133 件，执行金额 8501.3 万元。2001 — 2006 年，受理案件 879 件，执行结案 879 件，执行金额 8650 万元。2007 — 2010 年，受理案件 589 件，执行结案 589 件，执行金额 10699 万元。

2010 年以后，区法院从维护稳定的大局出发，慎用强制措施执行的 24 件腾地类案件中，采取强制措施仅占所有拆迁案件的 18%。对于那些有履行能力而拒绝、拖延履行甚至是阻扰、抗拒执行的，以及那些认定事实清楚、适用法律正确、程序合法，处罚得当的案件应当依法采取措施，坚决依法强制执行。执行过程中，选择某些地方能够引起群众注意的“钉子户”，集中各方面力量专项执行，往往能起到以点带面，以面带片，“走好一子，满盘皆活”的作用。2011 年，成立的非诉行政案件执行局，办理非诉行政执行案件。人民法院受理后，依法组成合议庭，对申请单位的行政行为的合法性进行审查，并举行听证，作出裁定，依法强制执行。2012 年，开展清理执行积案活动，成功执结一批多年来未执结的案件。如彭某申请执行全某及醴陵市某中学购销合同纠纷一案，区法院多次出动警力，六赴醴陵，三下广州，行程数千千米寻找全某，最终成功执结。

2013 年，区法院受理的株洲市国土资源局申请强制执行肖建云、肖菊云腾地一案，依法组织申请人、被执行人及其他相关部门进行听证，认真听取征拆户及相关部门的意见，并通过听证向被执行人普法宣法，讲解有关拆迁的法律法规和政策，但被执行人无动于衷，仍旧漫天要价，在无数次做工作无果后，法院依法下达准予执行的“行政裁定书”，在下达执行“裁定书”后，仍多次上户进行法律、政策讲解，但被执行人始终不自动履行腾地义务，在这种情况下，法院依法对被执行人房屋强制拆除，这次司法强拆行动对其他漫天要价、坐观其变的征迁户起到震慑作用，多数自动主动履行腾地义务，案件达 180 件。是年，为追索赡养费、抚养费、扶养费案件、拖欠农民工工资案件、人身损害赔偿案件专设快立、快审、快执的“绿色通道”。如仅用半天时间就帮助残疾人董某追加工资款 2 万余元，仅用 9 天时间就执行湖南省第五工程公司拖欠 100 多名农民工工资 200 余万元。

1997 — 2014 年，区法院受理执行案件 3225 件，执结 3122 件，执行标的金额 39514.3 万元。

1997—2014 年株洲市天元区法院案件审判情况统计表

表 8 - 4 - 1

审判情况			1997—1998	1999—2000	2001—2002	2003—2004	2005—2006	2007—2008	2009—2010	2011—2012	2013—2014	合 计
刑事审判	受理案件(件)		181	260	165	246	341	443	403	383	519	2941
	审结案件(件)		180	258	165	243	340	433	403	379	504	2905
	判5年以上刑（人）		33	56	64	39	22	57	86	30	53	440
	免于处罚（人）		—	12	—	3	22	26	21	4	17	105
	宣告无罪（人）		—	7	4	4	—	2	—	—	—	17
民事审判	受理案件(件)		1075	526	642	612	631	655	813	1544	1925	8423
	审结案件(件)		1050	517	642	612	631	655	813	1507	1857	8284
	调解撤诉(件)		525	275	257	410	462	453	639	1206	1248	5475
	调撤率(%)		49.76	52.15	40.03	66.99	73.22	63.16	78.60	78.11	66.19	65.00
商事审判	受理案件(件)		421	585	462	214	207	315	423	430	583	3640
	审结案件(件)		388	592	462	214	207	315	423	430	561	3592
	标的金额(万元)		4278	5464	6468	5240	3706	1850.5	6214	1890	16978	52088.5
行政审判	受理案件(件)		122	241	118	89	124	113	55	47	104	1013
	审结案件(件)		122	238	100	89	124	113	49	46	104	985
	非诉行政执行	受理(件)	352	162	132	121	124	48	55	76	109	1179
		执结件(件)	347	162	132	121	124	48	49	71	109	1163
执行案件	受理案件(件)		562	671	263	310	306	212	377	168	356	3225
	执结件(件)		487	646	263	310	306	210	377	167	356	3122
	执行金额(万元)		4133.7	4367.6	3150	3050	2450	2185	8514	2562	9102	39514.3

第五章 司法行政

天元区司法局成立于1997年，是区人民政府组成部门，负责人民调解、法制宣传教育、公证、律师管理、法律服务等工作。1998年，区司法局内设办公室、基层工作股（加挂刑释解教人员管理站牌子）、法制宣传和法学教育培训股（公证律师管理股）。局机关编制7名，后勤编制1名。下设公证处和西京、中兴律师事务所。2002年6月，设立区法律援助中心。2003年12月，全市公证机构改革，撤销区公证处。2010年后，司法行政工作主要职能是负责全区法制宣传教育和依法治理、基层人民调解、法律援助、法律服务、社区矫正、安置帮教等业务工作，内设办公室，法制宣传教育股，基层工作股，社区矫正股，法规股，下辖泰山路、嵩山路、栗雨、马家河、群丰5个基层司法所。2011年，区域规划调整，雷打石、三门司法所划归区司法局管理，基层司法所增至7个。2014年，区司法局有行政编制19名，后勤事业编制1名。1997—2014年，先后有黄应明、易冬林、侯建国、唐志明任局长。

至2014年的18年中，天元区先后获评“全省‘五五’普法依法治理工作先进县（市、区）”“全国法治县（市、区）创建活动先进单位”。区司法局先后获省、市“四五”“五五”普法依法治理、社会治安综合治理、司法所建设工作、政法工作等多项工作先进单位。另有泰山街道司法所获评省“人民调解工作优秀司法所”（2004年）和“全国模范（先进）司法所”（2005年）；栗雨街道、马家河镇司法所获得省“规范化司法所”称号（2009年）。

第一节 普法教育

1996—2000年，区司法局开展“三五”普法教育。普法内容主要是宣传《土地管理法》《农业法》《民法通则》等，全区发放“三五”普法教材26530余册，进行法律咨询活动18场次，法律授课组下乡巡回讲课30余次，出动宣传车60次，开展“送法下乡”活动3次，组织法律知识竞赛、演讲比赛10次。期间，辖区20多所中学、完全小学聘任法制副校长，上法制课12次。5年中，共举办法律培训班45期，培训干部2600人次，干部学法用法年度考核合格率达100%。期间，区司法局被评为株洲市“三五”普法先进单位，邓自耕被评为全省“三五”普法总结表彰的先进个人，2001—2005年，开展“四五”普法教育。其间，是中国加入世贸组织与国际经济接轨的重要时期。这一阶段普法重点对象是领导干部、司法和行政执法人员、青少年以及企业经营管理人员。围绕中国加入世界贸易组织，司法局与人事局、组织部等有关部门配合，对1800余名工商个体户业主和交通、水利、税务、土地、公路等部门的干部职工进行专业法培训考试，合格率100%。

“四五”普法期间，法制副校长上法制辅导课205次，区委先后组织50余名优秀中青干部到省司法厅参加依法行政等知识培训。2003年，成立青少年法制教育基地。2004年，群丰镇组织18支队伍54名队员开展群丰镇首届农民法律知识抢答赛，从《中华人民共和国宪法》《中华人民共和国刑法》《中华人民共和国婚姻法》《中华人民共和国土地承包法》等内容精选出试题。

2006—2010年，开展“五五”普法教育。全区率先推行学法考试网络答题，全区干部参考率、合格率均达100%。开展“百千万”工程、举办“关爱农民工、法律在行动”“法制宣传月”等活动，发放《农村城镇居民普法读本》10万册，举办干部和农民党员培训班40场，培训人数1300多人次。期间，开展《信访条例》《畜牧法》《农村土地承包法》等法制宣传活动，举办农民法制讲座400余次，散发各类宣传资料8万份，受教育群众达10万余人次。2010年，天元区获得全省“五五”普法依法治理工作先进县（市、区）和全国法治县（市、区）创建活动先进单位荣誉称号，区司法局获得全省“五五”普法先进单位称号。

2011—2014年，开展“六五”普法，内容以“法律六进”（进机关、进乡村、进社区、进学校、进企业、进单位）为载体，举办“三八”妇女节、“3·15”消费者维权日、农村法制宣传月、安全生产月等专题活动，覆盖全区30多个区直机关单位和7个镇（街道），其中多利用各种节日、纪念日、主题日，出动宣传车、悬挂横幅、张贴标语、制作板报和宣传栏的形式，先后各类媒体刊载信息宣传稿件600余篇。全区2000余名干部参加干部学法用法考试，合格率100%。聘任法制副校长35名，共讲授法制课200余堂，协助学校开展法制宣传教育100余次。主要发放的法规政策为《中华人民共和国城乡规划法》《中华人民共和国土地管理法》及省、市征地拆迁政策宣传资料共2万余份，共出动宣传车500余次，开展送法下乡活动20次，组织普法骨干培训5次，发放各类普法宣传资料30多万份。其间，天元区有2个社区被授予省级民主法治示范村（社区），2个村和1个社区被授予市级民主法治示范村（社区）。

第二节　公证与调解

一　公证

1997年，成立天元区公证处，为全额拨款的事业单位，其人员编制为政法专项编制。公证处依法行使公证职能，办理公证事项、开展公证业务、负责管理公证员、公证联络员和公证网络建设，以及公证员的注册工作，编制3名，全额拨款。2002年10月，根据市司法局要求撤销。7年中，公证处办理各类公证10150件，其中经济公证5197件，民事公证4953件，合同总标的达13735.15万元，业务收费21.5万元。

二 调 解

全区人民调解工作最开始由司法所所长与村委会、居委会工作人员负责，主要功能为化解民间矛盾，调解纠纷。随着人民调解工作体制逐步健全。人民调解委员会主要负责调解、处理一般民事纠纷和轻微的可以不追究刑事责任的刑事案件。1998 年，泰山路街道人民调解委员会成立，为全区第一个街道调解组织。至 2007 年,全区共成立 5 个镇(街道)调委会、71 个村(居)调委会。全区乡村三级调委会队伍专、兼职调解员 1388 人。

2014 年，全区有村调委会、居民调委会、镇调委会、街道调委会、企业调委会、社会团体和其他组织人民调解委员会共 120 个，有调解员 323 人。全年，共调处各类民间纠纷 1154 件，调解成功 1131 件，调解率 98%，协议涉及金额 1056 万元。

第三节 律师服务与法律援助

一 律师服务

天元区设有嵩山、炎帝、泰山 3 个法律服务所，归口管理中兴、百杰、西京 3 个律师事务所。区司法局每年对 3 个法律服务所及法律服务人员年度注册和资格审查，规范法律服务市场。每年组织律师、法律工作者直接担任企业法律顾问和法制辅导员，及时为企业提供有效法律服务。2008—2014 年，辖区律师事务所为辖区企业担任法律顾问 40 家，办理各类法律事务 135 件，挽回经济损失 1000 多万元。

二 法律援助

2002 年，天元区法律援助中心成立，坚持把维护弱势群体的合法权益作为为民办实事的一项“民心工程”，积极开展民事法律援助工作，使当事人“抱着希望而来，带着满意而归”。2008 年，法律援助中心承办的文某刑事附带民事诉讼案件作为为市民办实事的典型事迹刊登在《株洲日报》上。从 2010 年 1 月 1 日起，严格实行全国统一的法律援助信息系统，全面建立健全纵向的全区法律援助工作办案、咨询登录信息系统，实现法律援助的全国联网。2012 年，法援中心被评为全省优秀青少年维权岗。

2014 年，湖南百杰律师事务所、湖南中兴律师事务所、湖南湘东律师事务所设立法律援助工作联络点，进一步完善法律援助网络体系，彻底改变过去法援工作单一的局面。是年，法援中心办理的某公司 60 余名员工经济补偿案以及某餐饮管理公司 10 余名员工追索劳动报酬纠纷案，均顺利结案。区司法局获全国2014年度人民调解宣传工作先进单位称号。

2014年，全区办理各类法律援助案件249件，其中民事案件194件、刑事案件55件。至2014年的7年中，全区办理各类法律援助案件996件。为当事人挽回经济损失1000万元。接待法律咨询人员20000人次，发放各种宣传资料10万余份。

第四节　社区矫正与安置帮教

一　社区矫正

2010年5月前，天元区社区矫正职能归于区公安分局负责。2010年，社区矫正职能划到区司法局。随着政府职能调整，5月，区司法局成立社区矫正工作领导小组，负责社区矫正工作的组织、领导和启动前的筹备工作。同年6月，天元区召开社区矫正工作启动动员大会，印发《株洲市天元区社区矫正工作实施方案》，天元区社区矫正工作全面启动。社区矫正的对象主要为被判处管制、被宣告缓刑、被暂予监外执行（保外就医、生活不能自理等）、被裁定假释4类。根据湖南省高级人民法院、湖南省人民检察院、湖南省公安厅、湖南省司法厅联合下发《关于在我省开展社区矫正试点工作的通知》的要求，对全区社区矫正工作流程、矫正衔接、矫正对象管理、矫正对象考核、社区矫正教育、解除矫正程序、矫正档案规范建立作出更加具体的要求。利用全市社区矫正GPS监管平台，加大监督管理力度，提高管控水平，对社区矫正人员实行全方位、立体化监管。定期组织社区矫正人员开展集中公益劳动、集中教育学习，帮助矫正人员进行教育改造。制作档案袋、矫正人员学习本等，加强社区矫正工作的规范化管理。截至2014年，全区接收社区服刑人员382人，累计解除社区矫正人员218人，无脱管、漏管和重新犯罪情况。

二　安置帮教

天元区安置帮教是随着社区矫正职能开展而进行的。2006年，建立基层帮教管理机构5个，帮教小组64个，帮教人员270人，初步形成全区的三级帮教管理网络。从2011年起，因株洲县雷打石镇和三门镇划为天元区，基层帮教管理机构为7个，帮教小组113个，帮教人员410人。

区司法局依托刑释人员信息管理系统，建立刑释人员档案数据库，并有按月回访机制，防止和遏制重新犯罪。在规范管理机制方面，实行“四表一卡”制度，即“街道归正人员安置帮教工作领导小组人员登记表”“村（居）、企业归正人员安置帮教工作小组人员登记表”“归正人员情况统计分类表”“归正人员安置帮教情况登记表”“工作纪律回访卡”，形成严格的纵向到底、横向到边的动态管理机制。2013—2014年，全区在册刑释人员分别为88人和66人，帮教率100%，均无重新违法犯罪。

第九篇　编制·人事·劳动

株洲高新区、天元区成立后，严格机构编制控制和管理，建立组织、人事、编制联席会议制度。按照办事高效、运转协调、行为规范和统一、精简、效能原则进行机构改革。强化人事管理，深化劳动、人事、工资制度改革，加强劳动就业与培训，建立完善多层次社会保障体系，帮助农民工创业就业。以民生福祉为宗旨，企业养老保险、机关事业单位养老保险、失业保险、工伤保险不断完善；新型农村保险、城镇居民养老保险全面铺开；敢为人先，制订符合本区特点的农垦养老保险、被征地人员社会保障制度。满足群众不同层次社保需求，实现全区城乡社保政策的全覆盖和城镇社会保障制度向城乡社会保障制度的根本转变，全区人民幸福指数大幅提升。

第一章　机构编制

1998 年 3 月，天元区机构编制委员会办公室设立，为天元区机构编制委员会常设办事机构，既是区委的工作部门，又是区政府工作机构，与区委组织部合署办公，核定行政编制 4 名。2007 年，天元区机构编制委员会办公室从区委组织部单列，列入区委机构序列。1998—2014 年，先后有何瑞根、罗世安、何东知、王旭任主任。

第一节　机构设置

一　株洲高新区

1987 年 2 月，成立河西开发建设管理处，为市政府派出机构。1988 年 9 月，成立株洲新技术产业开发试验区。1989 年 3 月，成立株洲新技术产业开发试验区领导小组。1991 年 7 月，成立株洲高新技术产业开发区领导小组。

1992 年 2 月，省政府批准株洲新技术产业开发试验区更名为株洲高新技术产业开发区，升级为省级开发区。3 月，成立株洲高新区办公室，为副县级机构。4 月，株洲高新区办公室设综合协调部、技术开发部、劳动人事部和城建开发部 4 个内设机构，均为副科级单位。6 月，成立中共株洲市河西开发区委员会。7 月，成立株洲高新区管理委员会，为市政府派出机构。同时设立中共株洲高新区委员会，属市委直接领导，负责区内常务工作。中共株洲高新区委员会与株洲高新区管理委员会合署办公，两块牌子，一套人马。原株洲高新区领导小组、河西开发区管理委员会、株洲高新区办公室同时撤销。10月，株洲高新区下设4部1室5局，即：高新技术产业开发部、社会工作部、生产经营部、城建开发部、办公室、工商行政管理局、国土管理局、财政局、劳动人事局、株洲市税务四分局。

1993年5月，市编办批准株洲高新区管委会设立办公室、政治工作部、高新技术产业开发部、地方企业部、城建开发部、社会工作部、农村工作部，同时在高新技术产业开发部加挂招商局牌子。

1995年，增设株洲高新区纪律检查委员会和政法委员会。

1996年，株洲高新区机构设置14个。即办公室、政治部、政法委员会（社会治安综合治理委员会办公室）、纪律检查委员会（与监察局合署办公）、群众工作部、高新技术产业部、城市建设部、社会工作部、农村工作部、物价审计局、劳动人事部、财政局、对外经济贸易局（招商局）、经济贸易局。

1998年，中共株洲高新区党委、株洲高新区管委会统一设置内设机构，设1办4局，即：办公室、招商合作局、开发建设局、产业发展局、计财局。

1999年，组建正处级株洲高新技术产业发展有限公司。同年7月，成立全民公益性科技事业单位株洲留学人员创业园。

2000年10月，省编委〔2000〕4号行文，中共株洲高新区工作委员会、株洲高新区管理委员会是中共株洲市委、市政府的派出机构，合署办公，为副市级单位。株洲高新区管委会内设5局1室，即：办公室、招商合作局、开发建设局、财政局、产业发展局（园区管理局）、劳动人事局，均为副处级机构。市国土局、市工商行政管理局、市国税局、市地税局分别在株洲高新区设立派出机构，行使市级管理权限。

2001年2月，株洲高新区管委会设5局1室，即：株洲高新区管委会办公室、财政局、开发建设局、产业发展局、劳动人事局、招商合作局5个工作部门。

2014年，株洲高新区管委会设办公室、财政局、开发建设局、劳动人事局、产业发展局与天元区政府办公室、财政局、城乡建设局、人力资源和社会保障局、经济和信息化局一个机构两块牌子。招商合作局为株洲高新区管委会内设机构。

二 株洲市天元区

1997年5月，国务院批准设立株洲市天元区。1997年8月，株洲市天元区在河东人民路市人民电影院举行成立大会。其时，天元区有正县级机构4个。即中共天元区委员会、天元区人大常委会、天元区人民政府、政协天元区委员会。

1998年，天元区有党政机构29个，群团机构5个，人大机构6个，政协机构5个，政法机构2个，乡镇、街道4个，事业单位59个。其中，区委机构7个：区纪律检查委员会、办公室（区委政策研究室、保密局）、组织部（编制委员会）、宣传部（精神文明建设指导委员会办公室）、政法委员会（社会治安综合治理办公室）、机关工作委员会、统战部。政府工作机构22个：办公室、经济委员会（乡镇企业局）、科学技术委员会（科学技术协会）、计划统计局、城市建设委员会、财政局、民政局、司法局、教育局、人事局、劳动局、审计局、卫生局、计划生育委员会、监察局、水利局、农村工作办公室（区委农村工作部、农村畜牧水产局）、商业贸易局（区供销合作社）、粮食局、环境保护局、文化广播体育局、蔬菜办公室。群团机构5个：区总工会、妇女联合会、共青团委员会、工商业联合会、科学技术协会。人大机构6个：办公室、内务司法工作委员会、财政经济工作委员会（含农业工作职能）、代表联络工作委员会、教育科学文化卫生体育工作委员会、城乡建设环境资源保护工作委员会。政协机构5个：办公室、提案法制委员会、经济科技委员会、文化教育卫生体育委员会、学习联络群团委员会。两院：法院、检察院。乡镇、街道4个：泰山路街道、嵩山路街道、马家河乡、群丰镇。事业单位59个。其中，正科级事业单位4个：区老干局、区党校（进修学院）、档案区志局、行政事务局；副科级事业单位34个：党史办、事业单位登记办、人防办、土地办、残疾人联合会、接待办、机关车队、机关事业社保局、社会劳动保险局、劳动就业管理局、公证处、中兴律师事务所、西京律师事务所、审计事务所、爱卫办、卫生防疫站、规划设计所、建工局、市政维护处、城市管理办、环卫处、道路建设公司、绿化办、绿化处、渡口排渍站、国资局、财信资产管理部、收费管理站、会计事务所、计生咨询服务站、电力管理站、经营管理办、物价检查所、种子公司；另有股级事业单位21个。

2001年2月，天元区8个相关政府机构与株洲高新区“五局一室”归并。机构改革后，区委设置工作部门7个，部门管理机构1个。区政府设置工作部门19个，部门管理机构1个。

2002年，撤并区经济委员会、乡镇企业局。区道路公司、绿化公司、市政维护处、环卫处改制为企业。

2004年，设立2个副科级机构：天元区党员干部现代化远程管理中心、《株洲新区》报编辑部。

2005年，设置栗雨街道。2011年，株洲县三门镇、雷打石镇划入天元区。2012年，新设天元区红十字会。

2014年，全区党政机构、群团机构、人大机构、政协机构、政法机构、乡镇街道、事业单位130个。其中，党委机构9个：区纪律检查委员会、区委办公室（区委政策研究室、保密局）、组织部、宣传部（区委精神文明指导委员会办公室）、统一战线工作部、政法委员会（区社会治安综合治理办公室）、机构编制委员会办公室、直属机关工作委员会；议事协调常设机构信访局。政府工作机构16个：区人民政府办公室（区法制办公室、人民防空办公室、统计局、水利局）、发展和改革局（物价局）、经济和信息化局（科学技术局、科学技术协会、知识产权局）、教育局、监察局（与区纪委合署办公室，不计政府机构数）、民政局、司法局、财政局、人力资源和社会保障局、城乡建设局、农村工作局（蔬菜办、乡镇企业局）、商务局（粮食局）、文化体育新闻出版局、卫生局、人口和计划生育局（人口计划生育协会）、审计局、安全生产监督管理局；另外城市管理行政执法局为政府独立的行政执法机构、不计入政府工作部门个数。群团机构 6 个：总工会、共青团株洲市天元区委员会、妇女联合会、工商业联合会、残疾人联合会、红十字会。人大机构 7 个：办公室、内务司法工作委员会、农村工作委员会、财经预算工作委员会、城乡建设环境资源保护工作委员会、科教文卫工作委员会、选举任免联络工作委员会。政协机构 5 个：办公室、提案法制委员会、经济科技委员会、文化教育卫生体育委员会、学习联络群团委员会。两院：法院、检察院。镇、街道 7 个：泰山路街道、嵩山路街道、栗雨街道、群丰镇、马家河镇、雷打石镇、三门镇。直属事业单位 8 个：机关事务管理局、档案区志局、城市建设与管理办公室、征地工作协调管理办公室、治理违法建设协调监察大队、国有资产管理局、区委老干部工作局；其他事业单位 70 个。

第二节　人员编制

一　株洲高新区

1992 年底，株洲高新区机关单位实有干部职工 45 人。1993 年 5 月，市编办核准株洲高新区定编 54 名。1996 年，配备编制 100 名。1998 年，中共株洲高新区委员会（党委）、株洲高新区管委会机关行政编制控制在 60 人以内。2000 年 10 月，省编办核实中共株洲高新区党工委、株洲高新区管委会编制 50 名。2002 年，株洲高新区实有行政编制 50 名，事业编制 10 名，自收自支事业编制 18 名。至 2014 年未变。

二　株洲高新区、株洲市天元区

1998 年，株洲高新区、天元区有省、市机构编制部门核定全区行政编制 538 名。2003 年 4 月，株洲高新区、天元区有省、市机构编制部门核定各类编制 938 名。其中，行政编制 359 名，政法专项编制 90 名，基层司法所编制 11 名，事业编制 417 名（不含全区教师、医护人员等）、后勤服务事业编制 61 名。实有行政人员 318 名。其中，区直机关 257 名，镇、街道 61 名。实有事业人员 416 名。其中，区直机关 345 名，镇、街道 71 名。实有后勤服务事业人员 49 名。其中，区直机关 48 名，镇、街道 1 名。实有政法人员 89 名，司法所人员 4 名。空余各类编制 67 名。2011 年，三门镇、雷打石镇划入天元区后，移交在职人员 621 人。其中，教育系统 362 人，卫生系统 83 人。

2014 年，株洲高新区、天元区行政编制 561 名。其中，机关党政群行政编制 261 名，镇编制 165 名，政法编制 135 名。核实事业编制 2488 名。其中，财政预算 2456 名（全额拨款 1997 名，差额拨款 459 名），自收自支 32 名。实有行政人员 499 名。其中，区直机关 272 名，镇、街道 111 名，政法 116 名。实有事业单位人员 2228 名。其中,财政拨款的 1925 名(教育 1324 名,其他 601 名),差额拨款的 260 名卫生院(所)133 名,其他 127 名),自收自支 43 名。

第三节 机构改革

第一次机构改革 1997 年 8 月—1998 年 3 月。株洲高新区与天元区两区职能合并和效能整合,并对领导班子成员进行整合交叉任职,减少领导职数。中共株洲高新区工作委员会书记兼任天元区委书记,株洲高新区管理员会主任兼任天元区区长,纪工委书记兼任区纪委书记。按照“小机构、大服务、高效率、少层次”和“精简、统一、效能”原则将株洲高新区办公室、财政局、开发建设局、产业发展局、劳动人事局分别与区政府办公室、财政局、建设局、经济发展局、劳动人事与社会保障局合并办公,一个机构两块牌子。天元区则按照区委、区人大、区政府、区政协、区法院、区检察院及群团机关等设置工作机构。其中,区委设置工作机构 7 个,部门管理机构 1 个;区政府设置工作部门 19 个(含与高新区合并设置的 5 个机构),部门管理机构 1 个。此次机构改革,精减人员 188 人,调整任免干部 176 人,133 名科局级干部走上新的工作岗位。

第二次机构改革 2001 年 8 月—2002 年 6 月。这次改革的重点是转变职能、理顺关系、调整机构、精减人员编制和领导职数。通过改革,设置区政府工作机构 19 个,部门管理机构 1 个,其中包括第一次改革时归并高新区“5 局 1 室”中的办公室、财政局、开发建设局、劳动人事局、产业发展局等,区政府实际设立的工作机构为 14 个,比原 22 个机构减少 8 个,精减 36.4%。此外,区委、区人大、区政府、区政协、区群团组织、区人民法院和人民检察院机关和党政系列常有行政职能的事业单位也进行相应的合并与精减。将区园林绿化管理处更名为区园林绿化公司,并由事业单位改制为企业。区各工作部门内设机构总量精减 20%,综合经济部门和业务量特别大的部门,内设机构控制在 4 个以内,比较大的部门内设机构控制在 3 个以内,一般的设置 1 ~ 2 个内设机构。人员编制精减方面,区委、人大、政协、群团机关人员行政编制由 54 名精减为 43 名,精简 20%;政府机关行政编制由 143 名精减为 107 名,精简 25%,政法部门专项编制由 110 名精减为 99 名,精简 10%。承担行政职能的事业单位编制精简原则上不低于 20%。各部门和工作机构领导职数一般配备 2 ~ 3 名,工作量较大和人员编制较多的部门可增配 1 名副职。在此基础上,按照“工作需要、群众参与、综合考评、组织决定”的原则,做好人员编制定岗工作;按照“带职分流、定向培训、加强企业、优化结构”的原则,妥善做好人员分流工作。

第三次机构改革 2010 年 9 月—11 月。这次改革重点是按照精简、统一、效能的原则和决策权、执行权、监督权、既相互制约又相互协调的要求,着力优化组织结构,规范机构设置,完善运行机制,理顺职责关系。解决部门职责交叉和关系不顺的问题。通过改革,组建区经济和信息化局。将区企业发展促进局所承担的职责及分散在相关单位的信息化管理职能,一并划入区经济和信息化局,不再保留区企业发展促进局;撤销区科学技术局、区水利局、区政府法制办公室,其职能分别并入区经济和信息化局、区政府办公室，并保留原机构牌子；规范机构设置：区政府不分组成部门和直属机构，统称为政府工作部门；区政府不设部门管理机构。清理和规范议事机构，协调不设实体性办事机构，确需保留在编制限额内配置。领导干部管理方面，不得制定领导干部改非（由领导职务改任非领导职务）和提前离岗政策，不得超职数配备领导干部和非领导职务。通过这次机构改革，区政府设置工作部门16个，另设区政府独立的行政执法机构1个。同时，进一步下放管理权限，把不该由政府管理的事务转移出去，加快政企分开、政资分开、政事分开、政府与市场中介组织分开的进程，更好地适应“两型社会”建设和新型工业化建设对体制与机构创新的需要。

乡镇机构改革 根据《中共湖南省委办公厅湖南省人民政府办公厅转发省委组织部等四部门〈关于全面推进乡镇机构改革的实施意见〉的通知》，2011年10月初，全面启动全区4个镇、3个街道机构改革。规范分类、人员编制和领导职数，全区7个街道、镇形成“机构设置统一规范、职责配备科学、人员分工合理、工作运转高效”的机关运行新方式，机构编制资源的配备得到进一步优化。改革后，各镇、街道内设机构统一为5个，即：党政办公室、经济发展办公室（加挂安监站、统计站）、社会事务办公室（加挂食安站、爱卫办）、综合治理办公室（加挂维稳办、信访办）、计划生育办公室（与计生站合署办公）。设事业站所6个，其中乡镇设综合文化站、农业服务中心、计划生育服务站、劳动社会保障和最低生活保障管理服务站、城乡统筹协调管理办公室、征地工作协调管理所；街道办事处设综合文化站、安置房建设管理办公室、计划生育服务站、劳动社会保障和最低生活保障管理服务站、征地工作协调管理所、城市管理办公室。

第四节　编制管理

株洲高新区、天元区机构编制的控制和管理，严格执行中央机构编制委员会办公室“五不准”规定和区委、区政府“三个一”审批制度。“五不准”即不准超编进人，不准擅自设立内设机构和提高内设机构级别，不准违反领导职数配备的有关规定，不准越权审批机构编制，不准上级业务部门干预下级的机构编制。“三个一”即涉及机构编制审批事项，由机构编制委员会及其办公室一部门承办，由党委、政府主管机构编制工作的领导“一支笔”审批，由机构编制委员会及其办公室一家行文；严格执行机构编制“只减不增”的有关规定；严格实行机构编制审核、审批和申报制度。从2001年开始，建立组织、人事、编制联席会议制度。

2001年，区成立机构编制委员会、人事领导小组、机构改革领导小组。明确编制人事联席会议制度。区外人员调入必须由联席会议审批核定，由区人事领导小组组长亲自签字把关，由编制、人事、财政三家联合办理相关手续，3家环环相扣，互相制约；区内调入或录用工作人员，必须通过考试择优录取。凡有关职能调整、机构设置、机构升格、增加编制和领导职数的事项由机构编制部门一家办理，主管领导一支笔审批，由机构编制部门一家行文。为规范机构编制事项议事办事程序和原则，先后制定《天元区编制委员会工作规则》《天元区组织人事编制三家联席会议规定》以及机构编制审批规程、编制实名制与工资统发规程。

2002年，制定“三定”方案以后，职能增加和任务增加的部门，原则上不再增加内设机构和人员编制，由部门内部调剂解决。财政补贴的事业单位，个别确因工作需要增加的，要按照“撤一建一”和“只减不增”原则，确保事业单位机构编制不增加。

2003年，株洲高新区、天元区制定下发《关于进一步加强机构编制管理工作的通知》，规定涉及机构编制事宜不经编办提出常委会不议，原则上不增设机构，确因需要严格按机构编制管理权限在人员编制上严格控制，严禁超编进人，对临时工实行编内控制。

2006年，办理增设机构4项，机构更名22项，机构加挂牌子2项，调整调动人员编制审核110人。并对全区事业单位进行摸底，在此基础上，将全区50家事业单位职能上报市编办。

2007年，全区统一使用中编办的《机构编制实名制管理信息系统》软件管理，全区2700多名在编人员的个人信息全部录入数据库。

2013年，按照市纪委关于印发《全市干部人事和机构编制领域突出问题专项治理工作方案》的通知精神，区编办对全区机构编制进行清理，并规定机构编制管理工作长效机制：消化党政机关行政编超编人员，制定消编计划，把紧入口关；消化超配领导职数，对超配职数没有消化的单位，在干部调整中只出不进，原班子成员退任后不再补充新的人员；严禁党政正职分设（一把手是党外干部的单位除外）。

2014年，区委下发《高新区、天元区机构编制委员会工作规则》《高新区、天元区区直机关事业单位领导职数使用审核管理办法》《高新区、天元区区直机关事业单位人员异动管理暂行办法》，形成一套“有章可循、有章必遵、违章必究”管理制度，明确涉及机构编制问题，一律征求编办意见；未经区编制办公室、编制委员会研究的机构编制问题，区委、区政府一律不上会、不研究、不讨论。

第五节　事业单位登记管理

1998年3月，根据《湖南省事业单位登记管理办法》，设立天元区事业单位登记管理办公室，为副科级事业单位，归口区编办管理。2001年3月，更名为区事业单位登记管理局。2011年，区事业单位登记管理局由副科级单位升格为正科级单位。主要职责是，负责全区事业单位法人登记、年检、监督管理。区事业单位登记管理办公室设立后，每年的1月1日—3月31日，对全区事业单位法人进行年度审查，并对办理变更事项的事业单位法人进行公告。同时做好事业单位法人档案管理，为各机关企事业单位和社会各界人士提供查询服务。

2000年，开展非事业法人单位向事业法人单位过渡。2001年，召开全区事业单位登记管理工作会议，会上分发资料百余套。会后，对全区33家需参加年检的事业法人办理相关手续，并理清各自的工作职能和业务范围。2003年，全区有独立法人资格事业单位67家，事业单位登记率100%。2008年，全区开始实行事业单位网上登记管理。

2010年，全区有事业单位71个。年内，变更登记事业单位12个，新成立事业单位2个，年限到期更换法人证26个，年检率100%。2011年，区内有44个单位注册政务域名，17个单位注册公益域名。当年，天元区所辖事业单位72个。

2014年，全年对82个事业单位进行年检，变更手续8个，年限到期更换法人证书5个，年检率100%。至2014年，全区登记在册的事业单位法人数82个，比2001年的33个增加49个。

第二章　人　事

1992年8月，株洲高新区劳动就业管理处、社会保险管理处、人才交流中心分别成立。1992年10月，株洲高新区劳动人事局成立。

1997年，设立株洲市天元区劳动局和天元区人事局，履行全区劳动、人事行政管理工作。

2001年，株洲高新区劳动人事局加挂天元区劳动人事和社会保障局牌子，全面负责株洲高新区、天元区范围内的劳动人事、社会保险、就业工作。

2011年，区劳动人事和社会保障局更名为区人力资源和社会保障局，人力资源和社会保障局与株洲高新区劳动人事局一个机构两块牌子。内设综合科、人事管理科、劳动管理科、考核科（对外称“政府绩效评估暨实事考核办”）4个副科级职能科室，归口管理社会保险中心、人才人力资源开发服务中心（加挂劳动就业管理局）、机关退休人员管理服务办公室、劳动保障监察大队4个正科级职能部门。主要负责全区公务员管理、机关事业单位人事工资福利、省市为民办实事督查考核、劳动行政管理与监察、劳动仲裁、人才人力资源服务、就业培训、社会保险、机关退休人员管理服务等工作。1992—2014年，先后有丁自良、张先锋、罗冬梅、袁应明、粟建华、张意、齐艳辉任局长。

第一节　干部队伍

一　干部数量

1992年，株洲高新区机关事业单位干部有110人。其中，机关单位41人，事业单位69人。1997年，株洲高新区、天元区在编干部（含国家公务员、行政事业单位管理人员、专业技术人员）人数增至1743人。其中，机关单位132人，事业单位1611人（教师629人），企业单位235人。与1992年末比较，干部人数增加1633人（基数不含企业干部）。其中，机关单位增加91人，事业单位增加 1542 人。

2010 年末，在编干部（含国家公务员、行政事业单位管理人员、专业技术人员）人数 2090 人。其中，机关单位 357 人，事业单位 1733 人（含教师 1177 人）。与 1997 年末比较，干部人数增加 347 人。其中，机关单位增加 225 人，事业单位增加 122 人；机关事业单位工勤人员 258 人。2014 年末，在编干部（含国家公务员、行政事业单位管理人员、专业技术人员）人数 2783 人。其中，机关单位 555 人，事业单位 2228 人（含教师 1327 人）。与 2010 年末比较，干部人数增加 693 人。其中，机关单位增加 198 人，事业单位增加 495 人。

二　干部来源

区划调整转入　1997 年，株洲市行政区划调整，株洲县马家河乡、群丰镇区域划入天元区，共移交在职人员 152 人，退休人员 23 人。2011 年，株洲市行政区划再次进行调整，株洲县雷打石镇、三门镇区域划入天元区，移交在职人员 621 人。其中，教育系统 362 人，卫生系统 83 人。

军转干部安置　全区每年按照株洲市人力资源和社会保障局下达的指令，落实政策性安置任务，安置军转干部到行政事业单位工作。2001—2014 年，安置军转干部 48 名。其中，团职干部 2 人，副团职干部 12 人，营职干部 30 人，连职干部 4 人。在事业单位安置随军随调家属 29 名。

工勤人员转干　1997 年，从优秀工勤人员中转为干部 20 人。2004 年，从优秀工勤人员中转为聘用干部 33 人。

事业单位人员招聘　2001 年，株洲高新区、天元区按照科技部《关于国家高新技术产业开发区管理体制改革与创新的若干意见》精神，率先实行公开招聘。采取竞争考试招聘的方式。按照区编办核定的编制，教育部门由区教育局组织，组织部、人事、编制等部门参与招聘。至 2010 年，全区事业单位公开招聘 222 人。其中，专业人才 134 人，教师 64 人，绿色通道引进 24 人。自 2011 年始，高新区、天元区事业单位新进人员基本采取公开招聘的方式，按照编办核定的编制，由组织、人事、编办和用人单位主管部门参与。所有招聘工作由纪检监察、人大、政协全程监督。招聘方案报市人力资源和社会保障局批准同意后，通过笔试、面试、体检、考察等程序进行。2011—2014 年，全区事业单位公开招聘 454 人。其中，专业人才 49 人，教师 311 人，绿色通道引进 35 人，卫生系统专业技术人员 51 人，其他事业单位工作人员 8 人。

三　事业单位岗位设置

2011 年，天元区在事业单位开始实施岗位设置管理工作，根据《株洲市事业单位岗位设置管理实施意见》有关规定，制定下发《株洲高新区、天元区事业单位岗位设置管理工作方案》，在教育、卫生、城管、征拆系统实施岗位设置管理，逐步实现由身份管理向岗位管理的转变，由固定用人向合同用人的转变。2012 年，岗位设置管理 1455 人。其中，教育系统 1222 人，卫生系统 142 人，城管系统 91 人。至 2014 年，岗位设置管理 1583 人。其中，教育系统 1254 人，卫生系统 186 人，城管系统 127 人，征拆系统 16 人。

第二节　实施国家公务员制度

一　公务员过渡与登记

1997 年 1 月，株洲高新区根据市政府《株洲市国家公务员制度实施意见》精神，按照机构改革确定的“三定”方案，采取考试与考核相结合方式，有 97 人过渡为国家公务员。1997 年 8 月，区划调整，原郊区政府移交公务员 109 人。

2006 年 12 月，根据中共中央、国务院《关于印发〈中华人民共和国公务员法〉实施方案的通知》、中共湖南省委、湖南省人民政府《关于印发湖南省实施〈中华人民共和国公务员法〉工作方案的通知》和市委、市政府《关于印发株洲市实施〈中华人民共和国公务员法〉工作方案的通知》，向株洲市实施公务员法工作领导小组请求批准出台《株洲高新区、天元区实施〈中华人民共和国公务员法〉工作方案》。对列入公务员法实施范围的机关，按照自上而下、先易后难、逐级负责、稳步推进的方法，在 2007 年 3 月，完成全区行政机关公务员 333 人登记工作（其中参照登记 40 人），因在见习期内等原因暂缓登记 25 人。

2008 年，省实施公务员法工作领导小组批准天元区政府部门的档案区志局等 3 个单位为参照管理事业单位，参照公务员法管理事业单位工作人员登记 26 人。2010 年，省实施公务员法工作领导小组批准天元区乡镇财政管理局等 8 个单位为参照管理事业单位，参照公务员法管理事业单位工作人员登记 72 人。至 2014 年，全区公务员 467 人，参照公务员法管理人员 114 人。

二　公务员选拔录用

1999 年，根据湖南省人事厅《关于选拔高校毕业生到农村乡镇基层工作的通知》文件精神，按照“公开、平等、竞争、择优”的原则，通过报名、资格审查、笔试、面试、政审、体检等环节，选拔应届大专以上毕业生到乡镇基层工作。1999 年选拔 2 人；2006 年选拔 5 人；2007 年，选拔 2 人到镇及街道工作。2012 年，公务员考录 1 人。

第三节　专业技术人员职称评定

从 1993 年起，全区开展企事业单位专业技术人员职称评定工作，实行评聘分离、以考代评、业绩考核等方式，按照“个人申报、社会评价、单位聘任、政府调控”原则，推行评审公示制，不断强化事业单位专业技术职务岗位设置和专业技术职务任职资格管理。2002—2014年，组织申报高级职称172人，中级职称656人，完成初级职称评定1102人，全区申报职称评审通过率达到95%。2014年，全区事业单位有专业技术人员1480人。其中，高级职称147人，中级职称851人，初级职称482人。

第四节 工资福利

一 工资

1993年，机关事业单位实行工资制度改革，机关工作人员（除工勤人员外）实行职级工资制；事业单位专业技术人员实行技术等级工资制；管理人员实行职员职务等级工资制；工人实行岗位技术等级工资制；机关技术工人实行岗位技术等级工资制。事业单位技术工人实行技术等级工资制。

根据人事部、财政部〔1997〕89号文件精神，从1997年8月1日起，调整机关事业单位工作人员的工资标准和适当延伸职务工资档次。机关公务员（干部）基础工资标准由90元调至110元，事业单位工作人员和机关工人固定工资部分分别在原基础上增加14元，活工资部分按经费来源确定的不同的活工资比例相应调整。工资标准调整后，原所在的工资档次不变。根据湘政办发〔1994〕5号文件规定，全额、差额、自收自支事业单位津贴（活工资），分别按在工资构成中占30%、40%、45%的比例核定。全区按上述文件精神共办理1150余人次工资调整。

1999年，根据国办发〔1999〕78号文件精神，按人平约120元的水平调整机关事业单位工作人员的工资标准。这是1993年工资改革第二次调整工资标准。机关公务员（干部）基础工资标准由110元调至180元，级别工资根据原有级别基数，按一定幅度分别进行调整；事业单位工作人员和机关工人工资的固定部分分别在原基础上进行调整，活工资部分按原预算管理形式确定的不同的活工资比例相应调整。工资标准调整后，原所在的工资级别、档次不变。此次调整共办理1325人次工资调整，人平增资约120元。1999年，按照湖南省人民政府有关文件规定，行政事业单位工作人员在年终考核中被评为称职以上等次的，年底多发1个月工资（除补贴外的基本工资），作为年度奖金。2000年，随着工资制度改革的深入开展，工资发放方式由单位发放改为由财政统一发放。

2001年，根据湘政办发〔2001〕11号文件精神，按人平约100元调整机关事业单位工作人员的工资标准。这是1993年工资改革后第三次调整工资标准。机关公务员（干部）基础工资标准由180元调至230元，级别工资根据原有级别基数，按一定幅度分别进行调整；事业单位工作人员和机关工人工资的固定部分分别在原基础上进行调整，活工资部分按原预算管理形式确定的不同的活工资比例相应调整。工资标准调整后，原所在的工资级别、档次不变。同年10月1日，根据国办发〔2001〕70号和湘政办发〔2001〕54号文件精神，按人平约80元的水平调整机关事业单位工作人员的工资标准。这是1993年工资改革后第四次调整工资标准。从2001年10月起，机关公务员职务工资、事业单位工作人员和机关工人工资的固定部分分别在原基础上进行调整，活工资部分按原预算管理形式确定的不同的活工资比例相应调整。工资标准调整后，原所在的工资级别、档次不变，共办理1447人次工资调整，人平增资约180元。2001年，开始发放公务员年终奖金，年终奖金就是本人1个月的基本工资，凡在考核中被确定为优秀、称职人员均可享受。

2002年，根据科技部《关于国家高新技术产业开发区管理体制改革与创新的若干意见》的精神，建立与聘任（用）制相适应，与工作业绩相结合的职级结构工资分配新机制，促进高新区的建设和发展，下发《株洲高新技术产业开发区机关工资改革试点方案》的通知，规定职级结构工资由职级工资、绩效工资、工龄津贴三部分组成。职级工资为固定部分，根据竞聘职级，对职入座，按月发放。绩效工资为浮动部分，与工作业绩挂钩，按季考核后定等定档兑现。工龄津贴按实每人每年2元标准计算，固定按月发放。

2003年，根据国办发〔2003〕93号和湘政办发〔2003〕46号文件精神，按人均约50元的水平调整机关事业单位工作人员的工资标准。这是1993年工资改革后第五次调整工资标准。机关公务员职务工资、事业单位工作人员和机关工人工资的固定部分分别在原基础上进行调整，活工资部分按原预算管理形式确定的不同比例相应调整。工资标准调整后，原所在的工资级别、档次不变。从7月起，增加离退休费；离休人员按同职务在职人员的增资额增加离休费，月增加不足50元的按50元增加；退休人员行政人员月增加退休费，最高厅级120元，科员及办事员35元；专业技术人员月增加退休费最高教授级115元，助教以下35元；工人月增加退休费，技师50元，高级工以下和普工35元；退职的人员月增加30元退职生活费。从2003年10月1日起适当增加离休、退休、退职费。离休人员按同职务同条件在职人员滚动晋档的职务档次增加离休费，每月低于25元的按25元增加；退休人员按每月20元增加退休费；依照国家规定退职的人员，按每月15元增加退职费。此次办理1600余人次工资调整，人平增资约50元。

2006年，按照《湖南省公务员工资制度改革实施意见》《湖南省事业单位工作人员收入分配制度改革实施意见》和《湖南省机关事业单位离退休人员增加离退休费和计发离退休费等问题的实施意见》文件要求，全区参加工资改革的机关事业单位102家。其中，机关43家，事业57家。在职人员1972人。其中，机关606人，事业1366人，离退休人员434人。

2009年，下发《天元区义务教育学校绩效工资实施意见的通知》，按国家规定执行事业单位岗位绩效工资制度的义务教育学校正式工作人员，从2009年1月1日起实施绩效工资，全区849名教师落实绩效工资。

2010年，根据省人事厅关于细化退休费计发比例和省计生委关于停止增发独生子女父母基本工资5%退休金的文件精神，完成区内机关事业单位2006年7月后退休人员168人退休费重新计发工作。

2011 年，根据人力资源和社会保障部、财政部、卫生部《关于印发公共卫生与基层医疗卫生事业单位实施绩效工资的指导意见的通知》《湖南省人力资源社会保障厅、省财政厅、省卫生厅关于印发湖南省公共卫生与基层医疗卫生事业单位绩效工资实施意见的通知》和《关于公共卫生与基层医疗卫生事业单位绩效工资有关问题处理意见的通知》文件精神，结合天元区深化医药卫生体制改革实际，下发《天元区公共卫生与基层医疗卫生事业单位绩效工资实施意见》。按国家规定执行事业单位岗位绩效工资制度的公共卫生与基层医疗卫生事业单位正式工作人员，从 2009 年 10 月 1 日起实施绩效工资。

2013 年，下发《天元区区属其他事业单位绩效工资实施办法》，区属其他事业单位按国家规定执行事业单位岗位绩效工资。

2014 年，根据省政府《关于印发〈湖南省完善城镇独生子女父母奖励办法若干规定〉的通知》，关于机关事业单位 2009 年 10 月 22 日以前退休且“原已享受增发本人基本工资 5%退休金的”“由各单位按人事管理权限，报当地人力资源社会保障部门重新核定”的要求，完成 100 名区直机关事业单位独生子女父母基本退休费重新核定工作。

二 津补贴及其他福利

津贴补贴 津贴补贴的发放，是与株洲市规范公务员津补贴工作同步进行的，从 2007 年 1 月 1 日起执行。2007—2009 年，人均发放 20500 元 / 年；从 2010 年 1 月 1 日起，按照市统一标准增加 300 元 / 月，提高到人均 24100 元 / 年。对参照依照管理单位和全额拨款事业单位（除学校以外），采取参照公务员津补贴标准发放。在规范公务员津补贴的同时，按 20500 元 / 年·人的标准作为教师绩效工资。教育局按 70% 发放到教师的个人账户，30% 拨付到学校由学校对教师的出勤、业绩、工作量等情况进行考核，每期末根据考核情况分等次发放。在职在岗工作人员 2090 人，离退休人员 597 人，年发放津补贴 8558.18 万元。

休 假 2011 年，下发《区直机关事业单位工作人员带薪年休假工资报酬审批发放办法》，全面落实机关事业单位工作人员带薪年休假制度。

丧葬费 1997 年，病故的 900 元，因工死亡的 1300 元。2001 年，丧葬费调整为病故的 1500 元，因工死亡的 2000 元。2005 年，丧葬费调整为病故的 4000 元，因工死亡的 5000 元。2009 年，丧葬费调整为病故的 5000 元，因工死亡的 6500 元。2013 年，丧葬费调整为病故的 7000 元，因工死亡 9000 元。

遗属生活补助 1992 年，无固定工资收入的遗属生活困难补助标准调整，系非农业人口：一人每月 45 元，二人以上每人每月 40 元。系农业人口：一人每月 40 元，二人以上每人每月 35 元。经组织确认因工（公）死亡工作人员的遗属，每人每月增发 8 元。

1997 年，无固定工资收入的遗属生活困难补助标准调整，系非农业人口的一人每月 110 元，二人以上每人每月 90 元。系农业人口的一人每月 70 元，二人以上每人每月 50 元。经组织确认因工（公）死亡工作人员的遗属，每人每月增发 15 元。

2001 年，离休干部的配偶无固定工资收入的生活补助标准调整，在 1997 年标准基础上，每人每月提高 100 元。无固定工资收入的遗属生活困难补助标准调整，系非农业人口的一人每月 180 元，二人以上每人每月 160 元。系农业人口的一人每月 140 元，二人以上每人每月 120 元。经组织确认因工（公）死亡工作人员的遗属，每人每月增发 45 元。

2005 年，无固定工资收入的遗属生活困难补助标准调整，系非农业人口的一人每月 210 元，二人以上每人每月 190 元。系农业人口的一人每月 170 元，二人以上每人每月 150 元。经组织确认因工（公）死亡工作人员的遗属，每人每月增发 65 元。

2009 年，无固定工资收入的遗属生活困难补助标准调整，系非农业人口的一人每月 285 元，二人以上每人每月 260 元。系农业人口的一人每月 225 元，二人以上每人每月 190 元。经组织确认因工（公）死亡工作人员的遗属，每人每月增发 85 元。

2013 年，无固定工资收入的遗属生活困难补助标准调整，系非农业人口的一人每月 425 元，二人以上每人每月 385 元。系农业人口的一人每月 335 元，二人以上每人每月 285 元。经组织确认因工（公）死亡工作人员的遗属，每人每月增发 125 元。

抚恤金 2004 年 10 月 1 日起执行死亡一次性抚恤金，批准为烈士的，为本人生前 80 个月基本工资；因工死亡的，为本人生前 40 个月基本工资；病故的为本人生前 20 个月基本工资。

第五节　干部管理

一　人员分流与竞争上岗

2001 年，为做好区、镇两级机构改革中人员定岗工作，株洲高新区、天元区下发《高新区、天元区机构改革人员定岗实施意见》；为做好人员分流和分流人员的学习培训工作，株洲高新区、天元区下发《高新区、天元区机构改革人员分流的实施意见》，转发《区劳动人事和社会保障局、教育局关于做好分流人员的学习和培训工作的意见》。为进一步推进和规范区党政机关的竞争上岗，配合机构改革做好机关人员的选配定岗工作，下发《天元区党政机关推行竞争上岗的实施意见》。

2002 年，下发《株洲高新技术产业开发区干部人事制度改革试点方案》和《株洲高新技术产业开发区竞争上岗实施意见》，率先在株洲高新区五局引入竞争激励机制，通过对劳动用工、人事管理、工资分配等方面的改革，形成一种干部能进能出、职务能上能下、工资能高能低的用人新机制。下发《株洲高新区绩效考核暂行办法》文件，对高新区机关及工作人员实行“目标管理、绩效挂钩、实绩考核、末位淘汰”的考核管理机制。

2004 年，根据工作实际和高新区干部队伍现状，按缺什么补什么，优化干部队伍结构的要求，对高新区五局部分职位采取公开选拔和竞争上岗的方式进行择优补员，下发《株洲高新区部分职位择优补员工作方案》。

2005年，下发《株洲高新区五局机关第二次竞聘上岗工作方案》。由区委组织部组织实施，人事局参与，此次竞聘的职位有副局长、科长和科员职位，职位数64个。

二 干部培训

1998—2000年，为整体提高干部队伍的依法行政和公共服务水平，拓展管理人员的视野和创新思维，组织举办12期计算机培训班，培训人员420人。2003年，制定《株洲新区2003—2005年人事教育培训工作计划》。通过与高等院校、科研院所，国外培训机构的合作，采取请进来、走出去2个方向，区内、境内、境外3个层次，开展多形式的干部教育培训。组织全区行政执法人员、公务员1200多人参加《中华人民共和国行政许可法》的培训与考试。举办3期普通话培训，6期普通话测试，有500人参加培训与测试，培训率97%；聘请国务院发展研究中心对外研究部博士研究员、中国社科院研究生院教授亲自授课，区辖有关单位近300人参加培训与分组测试。组织举办14期计算机知识更新培训班，培训人员530人；选送185名优秀干部到新加坡培训，拓展视野，提高管理水平。至2014年，每年组织干部参加脱产培训，公务员初任培训和事业单位新聘工作人员入门培训，培训率100%。

三 干部考核

1993年，机关事业单位对国家公务员和其他工作人员进行包括德、能、勤、绩、廉五方面的年度考核。考核等次为优秀、称职（合格）、不称职（不合格），2003年增加基本称职等次。其中优秀等次不超过总人数15%。考核结果与本人的工资套改、晋级和立功、奖罚挂钩，并进入本人档案。考核中对工作责任心、工作能力、思想政治素质等方面不足的，存在违纪问题的，被刑事、行政处分或立案查处期间的人员，分别予以基本称职、不称职等次或不定等次确定。考核为基本称职（基本合格）、不称职（不合格）和不定等次的人员，年度考核奖金不予发放，并推迟滚动晋工资档次年限。

2006—2014年，经市政府批准，天元区给予公务员、事业单位工作人员记二等功9人，记三等功83人，并予以表彰；评定基本称职（基本合格）13人，不称职（不合格）11人。

四 干部调配

2001年，按照干部管理权限，调配交流机关事业单位工作人员35人。至2010年，调配交流事业单位、乡镇工作人员247名。至2014年，对419名工作人员进行交流调配，其中调往区外32人，调配交流387人。

五　聘用人员管理

2002 年，下发《关于规范区属机关、事业单位临时用工管理的规定》，规范聘用人员人事管理。

2003 年，下发《天元区关于规范街道所辖管理处有关问题的意见》。2004 年，下发《编内临聘人员规范管理的补充意见》。2011 年，下发《株洲高新区（天元区）聘用人员管理暂行办法》。至 2014 年，区内聘用人员有 452 人。聘用人员实行申报审批原则，实行凡进必考原则。聘用人员一律采取聘用合同制，由用人单位负责管理，并与被聘用人员签订聘用合同。聘用合同期限一般为 3 年，其中试用期为 6 个月。聘用人员在聘用期内，参加城镇企业职工养老保险、工伤保险、医疗保险、生育保险、失业保险，由用人单位和个人分别按规定缴纳社会保险费。

第六节　机关退休人员管理

2006 年，成立天元区机关退休人员管理服务办公室，归口区劳动人事和社会保障局管理，为副科级全额拨款事业单位，设立编制 3 名，承担天元区机关科级以下退休人员的管理服务工作。

2010 年 1 月，区机关退休人员管理服务办公室升格为正科级事业单位，编制 5 名。

2006 年，区退管办服务对象 76 名退休人员，2014 年增至 228 人，其中党员 179 人。成立机关退休党员支部 8 个。2006 — 2014 年，每年春节、“三八妇女节”“端午节”“中秋节”“建军节”“教师节”“重阳节”等重大节日，组织退休人员开展各种活动 63 次；对生病、住院、满十生日、特困党员、特困家庭等退休人员进行走访慰问，累计走访慰问 615 人次；成立门球、柔力球等各类兴趣活动小组 8 个，退休人员参与率 40% 以上，丰富退休人员的晚年生活。其间，有 10 名退休人员去世，区退管办参与去世人员的追悼、丧事办理以及 5 名家属抚恤金发放等工作。

第三章　劳　动

第一节　劳动体制

株洲高新区实行全员劳动合同制，从 1992 年区劳动人事局成立伊始，就开始劳动合同的鉴证工作。园区企业从建区伊始就突破固定工制度，实行劳动合同制度，劳动体制遵循市场经济规律。2001 年 3 月，株洲高新区管委会与天元区政府实行职能归并，效能整合，设立株洲市天元区劳动人事和社会保障局劳动管理科，履行劳动保障监察行政管理、办理劳动争议仲裁案件、开展社保基金监督、退休手续审批等工作职能。

第二节 工资与福利

1992年8月，株洲高新区人才交流中心成立。所有进入开发区机关、企事业单位的人员，其人事档案一律交由人才交流中心托管，实行“四保”（即保工资级别，保工龄、保职称、保原有身份）。淡化“单位人”属性，强化“社会人”观念。株洲高新区内人员的流动，由区劳动人事局办理劳动人事关系及人事档案转移手续。株洲高新区企业的职工取消档案工资，职工的工资可在不高于同行业职工1.5倍的宏观控制下，自行确定工资水平和工资分配方案。

1992年，市委、市政府下发《株洲高新技术开发区管理办法》，规定区内企业自主确定人员编制、劳动计划，实行全员劳动合同制管理，企业可自行确定工资奖金分配制度，工资标准和管理办法可参照中外合资企业有关规定执行。至2014年，株洲高新区、天元区均按此办法执行劳动工资。

第三节 劳动就业与培训

2001年，株洲高新区（天元区）人才人力资源开发服务中心成立，加挂“株洲高新区（天元区）劳动就业管理局”牌子，履行劳动就业管理职能；2003年，街道（镇）、社区建立劳动保障服务站和劳动保障服务中心，配备2～3名工作人员，形成区、街道、社区三级就业服务网络，区劳动就业管理局负责业务指导；2005年，株洲高新区（天元区）人才人力资源开发服务中心（劳动就业管理局）升格为正科级事业单位，人员编制6人；2010年，株洲高新区（天元区）人才人力资源开发服务中心就业服务窗口被评为全国人力资源社会保障系统2008—2010年度优质服务窗口称号。

一 劳动就业

1993年4月，株洲高新区下发《关于河西开发区征地劳动力安置暂行办法》，规定由劳动部门将政策性安置的指标分到各管理处，由管理处推荐劳动力。对等待安置的劳动力，每月发放生活过渡费100元。

2003年1月，株洲高新区管委、天元区政府出台《关于促进就业工作的若干意见》和《天元区就业培训实施暂行办法》。同时区委、区政府出台《就业培训暂行办法》。2004年5月，株洲高新区管委、天元区政府下发《关于进一步促进失地劳动力就业的意见》，对建立健全就业服务的长效机制、促进失地劳动力本地就业作出更明确的要求。2005年9月，天元区将就业服务窗口改造升级为人力资源市场，添置电脑等现代化设备，将政策咨询、职业指导、求职登记、培训申请、劳务派遣、劳务输出、劳动保障人事代理等业务集中于一体，为用人单位和求职人员提供便利、快捷的服务环境。

2006年7月，区政府下发《关于进一步做好就业工作的意见》，召开全区促进农村失地劳动力就业、高校新生升学奖励大会，兑现108名农村失地劳动力高校新生的奖励奖金26万元。2007年9月，天元区在市人才市场举办“项目建设年”大型人才交流会，组织17家企业进场招聘，提供空岗350个。建立企业、院校、政府三方人力资源的信息共享平台，对新区43家企业的人力资源情况进行摸底调查，促进全区下岗失人业员、失地劳动力就业。2008年9月，区委、区政府印发《关于进一步强化就业和培训工作的意见》。2009年，首次组织举办8场农村招聘会，为农村劳动力最大限度地搭建就业平台。

2010年7月，举行“株洲高新区人力资源市场揭幕挂牌仪式暨高校毕业生专场招聘会”，充分利用新市场齐全的软硬件设备、优良的服务环境，开展就业推荐服务工作。成立区创业指导服务中心，承担全区创业促就业的指导、协调和相关政策的督导落实工作，为创业者和创业企业提供优质服务。

2011年，天元区率先建设全省城乡统筹充分就业示范区，全面实施“五个百分百”工程，即基层平台建设100%达标、劳动力100%的免费技能培训、有创业意愿的劳动力100%参加免费创业培训、有就业愿望的100%推荐就业、在法定劳动年龄内有劳动能力和就业愿望的人员动态就业率100%。2012年，区人力资源和社会保障局被评为全省就业工作先进单位。

2013年，株洲高新区（天元区）劳动就业管理局通过与乡镇联合举办送岗位下乡、专场招聘会等活动，精心汇编企业所需招聘岗位，方便返乡农民朋友就近选择合适岗位就业。是年，组织举办11场现场招聘会，累计提供供职单位数464个，搜集空岗信息3591个，向区内各用人单位推荐求职人员4205人次，推荐成功就业1851人次。

2014年，全省劳动力信息采集“百日会战”，建立区内人力资源和用人单位的EXCEL信息台账，完善就业信息平台，录入劳动力资源人数111891人、录入单位数1378个。按市级创建就业创业提质升级平台要求，全区创建34个基层就业创业提质升级平台。拨付就业资金779.68万元。其中：拨付331人享受社会保险补贴148.85万元，拨付平台建设资金318.8万元，279人享受公益性岗位补贴312.03万元，其中退役军人169人。

二　劳动力转移

天元区通过举办各种类型的免费专业技能培训班，建立一批农村富余劳动力转移就业培训示范基地的形式，帮扶特困家庭劳动力和失地农民获得一技之长，实现转移就业。

2005年，群丰镇开展实用技术培训1100多人，有928名特困家庭劳动力和失地农民实现转移就业。2007年，全区培训农民2568人，新增转移就业人口1756人。马家河镇太高村由天元区劳动部门、马家河镇共同组织农家乐专业免费培训，培训期20天，培训了农家乐从业人员120多人。2009年，天元区新增农村劳动力转移就业1358人；组织劳务收入18亿元，全区农民人均3000元，占农民人均纯收入的42%。“十一五”规划期间，天元区举办农民实用技术培训班165期，培训12146人次，实现农村劳动力转移就业8530人。

三 就业培训

1994年，首次开展就业培训工作。举办两期失地劳动力厨师培训班，学员79人，举办一期宾馆服务员培训班，学员17人。2003年1月，区委、区政府出台《就业培训暂行办法》。按照《办法》规定：失地劳动力参加实用技术短期培训的由政府承担培训经费的70% ~ 100%。失地劳动力参加一年以上、二年以下的职业技能培训的，由政府承担50%的学杂费，取得国家职业资格证书后，再按全部学杂费的20%予以奖励。

2003—2014年，组织开办计算机、汽车驾驶、汽车修理、电工、家电维修、钳工、厨师、家政服务、园林绿化、美容、宾馆服务、种植、SIYB创业培训等各类班1724期，培训各类人员51728人次。其中，失地劳动力9558人次，下岗失业人员6195人次，农村劳动力转移培训22560人次。天元区在全省率先实施被征地劳动力“免费学历教育培训”，选送5批339名适龄青年免费到相关职业院校进行全日制学历教育培训，解决预备劳动力就业问题，较好地对接市场和企业的需求。

2014年，组织75名镇（街道）社区劳动保障工作人员参加全国劳动保障协理员资格考试的报名培训工作，有58人通过资格考试，获得全国劳动保障协理员资格证书。

2003—2014年株洲市天元区失业人员就业再就业培训情况一览表

表9-3-1 单位：人

项目与人数 \ 年份		2003	2004	2005	2006	2007	2008	2009	2010	2011	2012	2013	2014
培训总人数		1015	4829	4926	6465	5522	6615	6932	4915	3050	3809	3350	300
其中	失业人员再就业培训人数	358	463	476	358	348	372	465	875	900	980	600	—
	失地劳动力培训人数	657	1292	1202	1378	1246	1218	350	770	300	345	800	—
	农村劳动力转移就业培训人数	—	1941	1893	3291	2285	3702	3750	2170	1150	1578	800	—
	劳动预备制培训人数	—	618	726	612	700	500	720	300	0	0	0	—
	企业在职职工培训人数	—	360	478	621	631	523	947	700	500	398	800	—
	创业培训人数	—	155	151	205	312	300	700	100	200	508	350	300

第四节　劳动监察与仲裁

一　劳动监察

1992年，株洲高新区劳动人事局成立伊始，实行全员劳动合同制，全面落实劳动合同的鉴证工作。1993年，成立株洲高新区劳动监察大队，对区内企业开展劳动监察工作。1995年，首次开展用人单位《中华人民共和国劳动法》执行情况年审工作。

2001年，设立天元区劳动人事和社会保障局劳动管理科，承担劳动保障监察行政管理职能。2009年，成立天元区劳动保障监察大队，设立编制数6名，承担宣传劳动保障法律、法规，督促指导检查用工单位贯彻执行劳动保障法律、法规情况。监督辖区内用人单位劳动用工行为，维护用人单位和劳动者的合法权益等职能。

2009—2010年，接待投诉案件188件。其中，立案处理168件；为劳动者追回被拖欠、克扣的工资、押金计260.44万元；参与处理突发事件10起。2010年，株洲高新区下发《株洲高新区建筑行业农民工工资支付保障金制度》，全程监督农民工工资保障金缴纳、使用发放等程序，建立和缴纳农民工工资保障金的建设施工企业15户，缴纳工资保障金163.64万元。

2011—2014年，接受日常投诉384件，立案179件，解决日常投诉案件177件，涉及金额6122.3万元。建立和缴纳农民工工资保障金的建设施工企业48户，缴纳工资保障金2033万元。涉嫌欠薪逃逸移送公安机关案件2起。率先在全市开展劳动保障监察“两网化”（网络化、网格化）管理试点，建设区级“两网化”指挥中心及泰山路街道“两网化”工作室试点单位。2014年，探索在建筑行业建立工资支付“一卡通”制度，全行业推广建立工资保证金制度。

二　劳动仲裁

1994年10月，株洲高新区劳动争议仲裁委员会成立，开始独立审理劳动争议案件。2012年，推进仲裁机构实体化建设及镇、街道等基层劳动争议调解组织建设。2014年，筹建标准化劳动人事争议仲裁庭。至2014年的21年中，立案受理劳动仲裁申请案件388件，其中调解212件，裁决170件，主动撤回6件，结案率100%。

第四章　社会保障

第一节　社会保险

1992年7月，中共株洲市委、市政府下发《株洲高新技术开发区管理办法》，规定“开发区内机关、企事业单位职工实行养老、医疗、工伤、女工生育息工等社会保险，由开发区管委会设立保险机构统筹管理”，劳动和社会保障制度初步形成。2001 年 1 月，株洲高新区管委会与株洲市天元区政府职能归并，效能整合，设立株洲高新区（天元区）社会保险服务中心，由机关事业单位养老保险、企业养老保险、医疗保险和失业保险“四保合一”而成的机构。履行全区各项社会保险的服务工作。由区劳动人事局劳动管理科履行社保基金监督和退休审批工作。2004 年 3 月，天元区社会保险服务中心升格为正科级事业单位。2011 年 7 月 1 日，《中华人民共和国社会保险法》颁布实施，确立广覆盖、可转移、可衔接的社会保险制度。

一 企业养老保险

1992 年 8 月，株洲高新区社会保险管理处成立。按照国家、省市相关政策积极开展养老保险工作。当年参保单位 30 余家，参保人数 379 人，收缴养老保险费 5.8 万元。

1995 年 9 月，建立“统账结合”社会保险制度，实现社会养老保险统一制度、统一标准、统一管理、统一调剂使用基金。1998 年 1 月，国家颁布建立全国统一的企业职工基本养老保险制度，确立社会养老保险模式，制定统一养老保险政策，由地区性逐步走向全国一体化。2006 年，基本养老保险政策进一步完善，建立统一的缴费制度和养老金计发办法以及完整的个人账户管理系统。2013 年，执行企业养老保险基金省级统收统支模式，原企业职工养老保险关系跨省转移电子化业务实现转移基金由省局统收统支。至 2014 年，全区参保单位 541 家，在职参保人数 32340 人（含农垦），年收缴养老保险费 2.2 亿元。自 2004 年开始，连续 11 年，每年对退休人员调整增加养老金待遇，调整增加幅度每年均不低于 10%，退休人数 14629 人（含农垦），年发放基本养老金 2 亿元。

二 机关事业养老保险

1996 年 6 月，成立株洲高新区机关事业社会保险局。1997 年 8 月，全区机关事业单位开展养老保险工作，养老保险费缴纳标准单位按工资总额的 24.5%，个人按 3% 征收。2002 年 6 月，机关事业单位养老保险实行“以支定支”的新型收缴模式。7 月 25 日，经区政府办公会议研究决定从 2002 年 7 月起开始实施。新模式保证财政全额拨款单位的社会保险费按时足额缴纳，保证基金收缴率，保证此类单位不出现保险资金被占用或者占用单位正常工作经费的现象。至 2014 年，全区参保单位 153 家，在职参保人员 3312 人，年收缴保险费 2395 万元。退休人员 1140 人，年发放基本养老金 3469 万元。

三 原园艺场农垦养老保险

株洲高新区成立之初辖区为原市园艺场（国有农场）范围。原园艺场农工的社会保障问题，是新区建设与发展过程中难以解决的“心病”。2002 年，天元区成立株洲市园艺场政策调研小组。对市园艺场农工基本情况进行全面调查摸底，对其社会保障问题进行专题研究。2003 年，省政府出台《湖南省国有农垦企业职工基本养老保险实施办法》。2004 年年初，区政府决定，将解决市园艺场农工养老保障问题，作为新区当年最大民生工程实施。先后制定《株洲市园艺场参加农垦系统养老保险实施办法》《关于〈株洲市园艺场参加农垦系统养老保险实施办法〉实施细则》《株洲市园艺场参加农垦系统养老保险宣传提纲》等文件。3 月，天元区在市园艺场范围内全面启动农垦系统养老保险社会统筹。符合文件精神的园艺场农工 14784 人，2004 年参保缴费农工 2851 人，2539 名农工不用缴费直接享受养老金待遇。至 2014 年，农垦保险在职缴费人员 7596 人，年收缴保险费 409 万元。享受农垦保险养老金待遇人员 3574 人，年发放养老金 5184 万元。

四　城乡居民养老保险

2010 年 10 月，区委、区政府按照“统筹城乡发展，淡化身份概念，提供两项政策，农民自愿选择”的思路，在全市率先启动新型农村社会养老保险工作。实现保障体系“多层次、全覆盖”。天元区被评为“省新农保经办管理服务工作先进单位”。2011 年，启动城镇居民社会养老保险，实现城镇职工养老、城镇居民养老、新型农村社会养老保险制度的对接，保障不同群体公平享有社会保障权利，共享改革发展成果。2014 年，新型农村社会养老保险和城镇居民养老保险合并统一为城乡居民养老保险。至 2014 年，全区城乡居民养老保险在职参保人数 52378 人，年收缴保险费 503 万元；待遇领取人数 12618 人，年发放退休费 1078 万元，全区城乡居民基本养老保险参保覆盖率达到 100%。

五　失业保险

1992 年 11 月，市政府下发《关于企业职工待业保险工作有关问题的通知》，规定从次年 1 月起，全面实行待业保险。2004 年 11 月，市政府下发《关于切实做好事业单位参加失业保险的通知》，规定全市全额拨款、差额拨款事业单位及其职工、社会团体及专职人员不分隶属关系，不论职工身份，均在本年 12 月 10 日前依法参加失业保险。至 2014 年，全区参保单位 215 家，参保人数 11104 人；年收缴失业保险费 360 万元，年发放失业救济金 72 万元。

六　城镇职工保险

1999 年，全区开展城镇职工基本医疗保险、生育、工伤保险。成立天元区医疗保险制度改革筹备办公室，开展医疗保险起步准备工作。2000 年 12 月 5 日，区政府组织召开全区医疗保险制度改革工作会议，就启动医保工作进行全面部署。为确保2001年1月1日全区行政事业单位职工能享受医疗保险待遇，经区劳动局办公会议研究决定，社保局、失业所、医保所3个部门合署办公，委托社保局进行全面管理，对工作岗位统一安排，人员的身份、编制、经费来源渠道不变。全区第一批参保人员2133名职工。2002年，区劳动人事局规范全区机关、事业单位工伤、生育医疗费用报销手续，制定报销办法，实现三个统一。全额拨款单位的工伤、生育医疗费用列入财政预算，进行专项管理。至此，天元区机关事业单位工伤、生育医疗费用报销实现“三统一”，即统一审批、统一预算、统一管理。2004年8月，启动新的工伤保险制度和新的城镇职工生育保险制度。至2014年，全区城镇职工基本医疗保险参保单位627家，参保人数16931人，年征缴医保费3243万元；生育参保单位487家，参保人员15419人，年征缴生育保险费248万元；工伤保险参保单位457家，参保人数13942人，年征缴工伤保险费60万元。

七 城镇居民医疗保险

2008年，全区启动城镇居民基本医疗保险工作，天元区医疗保险实现所有城镇人口全覆盖，全年参保人数53944人，征缴110万元。2014年，城镇居民医疗保险参保单位实际缴费人数50222人，年征缴1908万元。

八 被征地人员基本生活保障

2007年，天元区开展被征地人员社会保障工作，解决全区失地人员社会保障问题。2008年1月，区政府按照“方案符合政策，群众能够接受，财政（政府）能保运转”的要求，结合辖区内有原国营园艺场和纯农村乡镇实际情况，制定出台一系列征地补偿安置及失地人员就业培训和社会保障政策，是全省率先建立健全失地人员基本生活保障和医疗保障体系的县市区。当年全区有9000名被征地人员办理各项基本生活保障业务，参加企业职工养老保险5000多人，参加医疗保险3010人，纳入第三年龄段生活补助914人、第四年龄段生活补助6人，全年发放上述参保人员经费1100多万元。至2014年，全区各类被征地人员符合参加养老保险人数56021人，参加养老保险41471人。其中，第四年龄段人员（男性60周岁，女性55周岁）13599人参加企业职工养老保险并享受退休待遇，领取第四年龄段老年生活费人员130人；领取第三年龄段生活补助费（男性55周岁，女性50周岁）1920人。12244人参加城镇灵活就业人员医疗保险。1031人参加城镇居民医疗保险。全年发放第四年龄段老年生活费70万元、发放第三年龄段生活补助费1210万元。被征地人员灵活就业人员社会保险补贴7.77亿元、被征地人员农垦保险补贴686万元。共报销医疗保险费1217万元，村干部、代课老师养老金及缴费补差11.5万元。

九　镉污染核心区域居民的社会保障

2009 年，天元区在株洲市率先实施区重金属污染区域人员的社会保障政策。天元区部分区域由于重金属污染，区域范围内农民已不能实行正常的农业生产，报经国务院有关部门、省政府、市政府认可后，参照“征转分离”政策，天元区政府投入 1.7 亿元，采取医疗保险给予 60% 缴费补贴，对已达到退休年龄的人员，采取给予单位部分缴费补贴办法鼓励该区域居民纳入养老保险、医疗保险、生活保障等社会保障体系，为株洲乃至全省解决同类问题创造了先例。

十　征转分离社会保障

2009 年，天元区进行土地征转分离试点。被确认人员参照《株洲市被征地农民和城中村改造安置人员就业培训和基本生活保障实施办法》实施社会保障。试点涉及高塘村 8 个组 180 公顷土地，814 人（欧洲工业园二期征地）。第四年龄段 126 人，办理养老保险和老年生活保障 120 人，占 95%；122 人参加医疗保险，占 97%。

第二节　城乡居民最低生活保障

一　城镇居民低保

1997 年，天元区启动城镇居民低保工作，确定保障线为 120 元 / 月 / 人，人平补差 10 元。1998 年，为 2193 人次低保对象发放最低保障金 13.18 万元。2000 —2001 年，为城镇居民和部分驻区特困企业 2.2 万人次发放低保金 194.58 万元。2003 年，区政府对低保资金的投入由 2001 年的 20 万元增加到 40 万元。全区享受低保待遇有 1372 户，4306 人。

2004 年，对天元区城镇居民达到退休年龄的人员发放退休金的特殊情况，取消符合退休条件的低保对象 630 户 1318 人。当年有 1857 户，5189 人享受低保金 347.5 万元。2005 年 3 月，天元区城市居民最低生活保障标准提高到 170 元 / 月 · 人。至 2005 年的 3 年中，全区发放低保金 1160.95 万元。2007 年，城市低保标准两次提高，由 170 元 / 人 · 月提高到 220 元 / 人 · 月，人平补差由上年的 68.66 元提高到 94.7 元。取消城市低保对象 124 户，367 人，新增对象 303 户，367 人，全区城镇低保对象共有 3412 户，8663 人，占非农业人口的 5.5%，月支出保障金 87.58 万元，发放保障金 988 万元，全区城市低保覆盖率 100%。从 2008 年开始，天元区认真落实入户调查制度，加快信息化管理步伐，基本实现动态管理下的应保尽保。2009 年，天元区城市低保月保障标准提高到 270 元，年末在册低保对象 3696 户，8160 人，发放低保金 1635.81 万元，区财政配套城市低保资金 112 万元，月人平补差标准 152.56 元。春节期间按每人 150 元标准发放生活补助费共 129.8 万元，协助电力部门将 2008 年度电费 25.2 万元补贴发放到位。

2010 年，城市低保保障标准提升至 300 元 / 月 · 人。从是年起，开展低保“阳光行动”，对区内享受城乡低保的对象进行清理核查，全面实现动态管理下的应保尽保。2011 年 7 月开始城乡统筹全面推广，城市低保对象月保障标准增至 330 元，月人均补差水平从 184.4 元提高到 253.16 元。2012 年，月保障标准又提高 40 元达到 370 元，月人均补差水平提高到 280.2 元。当年全区有城市低保对象 3446 户，5815 人，占全区非农业人口的 3.34%，发放城市低保金 2204.2 万元。2014 年在 2013 年 400 元的基础上提高到 420 元，月人平补差 307.46 元，全区城市低保对象 2636 户，3997 人。

2005—2014 年株洲市天元区城市低保发放情况一览表

表 9－4－1

年 份	保障标准（元 / 月）	城市低保人数	人均补差（元）	发放总金额（万元）
2005	170	7531	73.08	583.31
2006	170	8154	68.66	730.42
2007	220	8663	94.7	1074.28
2008	220	8663	131.55	1442.13
2009	270	8160	152.56	1635.81
2010	300	6284	219.71	1988.23
2011	330	6656	253.16	2113.49
2012	370	5815	280.2	2204.2
2013	400	5489	300.3	2002.41
2014	420	3977	307.46	1730.99

二 农村低保

2006 年 10 月，天元区实施农村最低生活保障制度。当年有 772 户 1157 人得到农村最低生活保障，保障标准 50 元 / 月 · 人，季发放保障金 12.5 万元，覆盖面 2%，月人平补差 12.74 元。2007 年累计有 48 户，54 人因家庭收入增加被取消农村低保资格，新增农村低保 155 户，204 人，年末有 845 户，1226 人，发放农村低保金 61.6 万元。2008 年，农村低保保障标准提高到 70 元 / 月 · 人，有低保对象 1023 户，1438 人，年发保障金 103.39 万元，发放生活补贴 8.1 万元，月人平补差 70 元，社会保障面达到 3%。2009 年，农村低保保障标准提高到 120 元 / 月 · 人，全区发放农村低保金 116.52 万元。2010 — 2012 年，全区发放农村低保保障金 1264.88 万元。2012 年末，全区农村低保对象 2662 户，3748 人，占全区农业人口总数 3.26%，新增低保对象 376 户 472 人，取消 64 户 88 人。2013 年，以新划归入的三门、雷打石两镇为清查重点，对所有低保对象重新核查，重新认定，两镇共清退低保对象 1169 人。其中，三门镇的清退率 65%，实现“政策运用准确、程序操作准确、对象审批准确”的目标，确保低保政策公开公平公正实施。2014 年，全区农村低保为 420 元 / 月 · 人，共有 2362 人享受农村低保，发放农村低保金 431.9 万元。

2006 — 2014 年株洲市天元区农村低保发放情况一览表

表 9 － 4 － 2

年 份	保障标准（元 / 月）	农村低保人数	人均补差（元）	发放总金额（万元）
2006	50	1157	12.74	17.69
2007	60	1226	41.12	61.62
2008	70	1438	59.92	103.39
2009	120	1354	70.37	116.52
2010	120	1411	81.75	133.42
2011	330	4043	115	557.96
2012	370	3748	132	573.5
2013	400	2576	148	575.8
2014	420	2362	148	431.9

第十篇 民 政

1997 年天元区成立后，即成立天元区民政局，为区人民政府组成单位，主要任务包括部分社会保障工作，部分社会行政事务管理及基层政权建设工作。局内设办公室、政建股、救灾救济股，归口管理区残疾人联合会、区敬老院两个事业机构。2001 年 9 月，在区政府机构改革中，区民政局定位为区政府主管全区民政事务的工作机构，职能进一步充实、完善。内设机构有综合办公室、救灾救济优抚安置股、基层政权社区建设股，归口管理的事业单位有区敬老院、区最低生活保障工作管理局、区残联。2005 年 4 月，区残联从民政局分离设独立机构。2011 年，将原救灾救济优抚安置股分设为救灾救济股和优抚安置股。局机关内设机构 4 个，归口管理单位增加区慈善管理分会办公室。基层机构在镇（街道）设民政工作办公室，配备专职工作人员 1 名，在村（社区）配备民政专干 1 名。区民政局成立后，社区建设、婚姻登记先后被评为全国先进。1997 — 2014 年，先后有曾庆元、丁自良、童举纲、石备荒、黄政发任局长。

第一章 基层自治组织建设

第一节 村（居）民委员会选举

村（居）委会换届选举每 3 年举行一次。1999 年上半年，天元区农村按照《中华人民共和国村民委员会组织法》，开展省、市统一部署的第四次村级班子换届选举工作，并首次实行“海选”。按照“直接、平等、差额、无记名”原则，由选民直接提名候选人，以无记名方式直接选举村委会主任和委员。2000 年 10 月，全区 10 个居委会按照《中华人民共和国居民委员会组织法》有关规定，进行全省第四次、全区第一次换届选举。2003 年，全区 28 个新型的社区居委会进行换届选举，并在滨江、白鹤两个社区进行直选试点。2005 年，进行全省第六次村委会换届选举，采取设立秘密划票间，扩大竞选范围等措施，选民参选率 93%。2006 年，全省第六次社区居委会换届选举直选率增至 35%。2008 年，进行全省第七次村委会换届选举，选民参选率 99.8%。2009 年，按期进行全省第七次社区居委会换届选举。2011 年，第八次村委会换届选举是区划调整后天元区增加三门、雷打石两镇后的第一次换届选举，马家河、群丰两镇 30 个村改为社区，区委，区政府高度重视，部署严密，措施到位，实现平稳过渡。村委会班子搭配合理，整体素质明显增强。2012 年，全区按期进行第八届社区居委会换届选举，本届直选率75%，直选率、居民参选率均达历届最高。2014年，完成第九次村委会换届选举工作，全区45个村共选举产生新一届村委会成员133人，第一次实现村委会换届选举工作无人到省、市上访。

第二节　村民自治

依据《中华人民共和国村民委员会组织法》规定，村民委员会作为村民自我管理，自我教育，自我服务的基层群众性自治组织，实行民主选举、民主决策、民主管理、民主监督，村民自治，由村民群众依法办理自己的事情。

1998年，区民政局贯彻实施市、区关于在农村普遍建立村务公开制度，加强村民自治工作的实施意见。至2000年，全区30个村全部建立村务公开栏，将村民的财务、计划生育、农业、农业税、统筹、村提留等全部公布于公开栏。2001年，全区各村全部建立村民代表会议制度，大部分村建立村民自治章程，成立民主理财小组。年底，按照区政府安排部署，全区进行1999—2001年村级财务清理。2004年，村民自治的重点转向制度建设。全区30个村民委员会从本村实际出发，制定村民自治章程、村规民约、村务规范化管理、党支部和村委会工作制度、村民会议、村民代表会议、议事制度等一系列规章制度，并在镇统一引导下，制定村干部行为准则，民主评议党员干部、村干部廉政等制度，使村务管理真正实行制度化。2005年，结合村委会换届选举，全区选出村民代表1020名，所有村都建立村民代表会议制度，初步形成农村基层民主决策机制，村民代表会议成为村民自由表达意愿、讨论农业大事、实行民主自治的权力机构，村民们形象地称之为“小人大”。全区所有村都在人口集中或交通要道等显著位置建立遮阳防雨式村务公开栏，每半年或随时公布群众关心的热点问题和重要村务。2006年，全区村务公开和民主管理工作进一步深化，基本建立起运作程序规范，工作协调有序的村民自治新机制，提升了村级组织规范化建设的水平。当年，天元区被评为全市村务公开民主管理示范区。

2007—2008年，天元区深入开展村务公开民主管理创建活动，各村在区民政局指导下争创“民主管理示范单位”，村务公开做到版面统一，内容规范，村务公开透明度100%。2008年11月，天元区被省民政厅推荐为全国村务公开民主管理示范单位。2010年，区民政局转发市民政局《关于进一步加强村务公开民主管理工作的意见》，要求各村严格执行。从是年下半年开始，天元区根据省市对统筹城乡发展的要求，在全区农村启动村级综合配套改革试点工作，区民政局与区“两型”办密切配合，起草《天元区撤村建居具体操作流程》。2011年，重点督促三门和雷打石两镇规范做好村务公开工作。是年，马家河镇、群丰镇30个村全部完成撤村建居任务。马家河镇村改社区高塘社区先行先试，村级公司红红火火，服务用房宽敞规范，现代化办公设施一应俱全，一度代表全区社区服务用房建设的最高标准。2012年，以村民监督委员会建设为重点，强化村务公开。在雷打石镇、三门镇进行农村社区建设试点工作，试点村 23 个，占农村行政村的 50% 以上。2013 年，全区建立村务监督委员会的村 100%。2014 年，为提升民主管理水平，全区有 21 个村启动村级活动场所建设。

第三节 社区建设

一 基础及规范建设

1998 年，天元区有 10 个社区，社区居委会成员 34 人，只有 4 个居委会有办公场地。1999 年，开始进行社区居委会达标建设，2000 年，经区验收，认定 6 个社区达到三级标准，并推荐 4 个社区居委会经市民政局申请认定为二级社区。

2001 年，天元区重点落实中央关于推进城市基层管理体制改革、强化社区功能的精神，社区建设有较大发展。年初，成立以区委副书记为组长的天元区社区建设指导委员会。按照区委、区政府的安排，区民政局在深入调查、反复论证的基础上，制定社区建设实施方案，组织各街道，社区居委会的干部到大连、青岛等 9 个城市学习考察社区建设经验，结合本区实际，采取多项措施抓社区建设。规定每年由区财政下拨社区工作人员经费 64 万元，使其职责由抓创收为主转到抓社区建设、管理和服务工作上来。投入资金 490 万元，建设滨江和花园里两个示范社区，美化社区环境，改善办公条件，建立“五室二站一场所”，即居委会办公室、党建室、警务室、青少年活动室、老年活动室，社区保障服务站、社区医疗站、群众文化体育活动场所。建立和强化街道社区居委会的服务功能。区政府成立社区建设服务指导中心，嵩山路街道成立社区服务中心，建立 3 支社区志愿者队伍，2 支党员服务队，3 支群众文化体育活动队，12 支保洁队和 3 支治安巡逻队。

2002—2003 年，天元区社区建设力度逐渐加大。成立由区党政领导挂帅、民政部门牵头、基层单位负责、社会力量参与的基层政权和社区建设工作领导小组，并修订《株洲市天元区社区建设五年发展规划》，明确创建全省社区建设示范区和争创全国社区建设示范区工作目标，颁发《株洲市天元区社区建设目标责任分解》，根据中办发〔2000〕23 号和湖办发〔2001〕17 号文件精神，对原社区进行整合，至 2003 年 6 月，全区整合设立 28 个社区，配备社区居委会负责人员 104 名，专职社区工作者 44 人，初步建立起“以块为主、条块结合、分工科学、管理有序”的城区基层管理体制。社区居委会自治作用加强，形成区、街道、社区三级组织网络齐抓共管的局面。区、街道、社区分别建立社区服务指导中心、街道服务中心、社区服务站，开展一站式家政、医疗、环卫、计生、警务、社会保障等多项服务，既方便居民，又解决下岗职工的就业问题。2002 年，全区成立各类志愿者队伍 23 支，844 人，开展志愿者服务 3800 人次，安置下岗失业人员 330 人。通过各级和驻区社区单位共同投入，社区各类建设项目相继竣工，投资 100 多万元天平路整体改造全面竣工；金锦小区对文化、娱乐、绿化及路面等设施进行全面更新；湘银社区依靠社区单位建立功能齐全的服务中心；铁西社区居委会投资170万元，建成存放车棚1个，大型农贸综合市场1个，封装式老年门球场1个，新建600平方米的老年活动中心对外开放。这些工程的建设和竣工，使社区环境美化，社区品位提高，带动社区文化、体育活动的蓬勃发展，全区共成立18支老年歌咏、舞蹈、门球等多项文化体育活动队伍，各种活动开展经常化。2002年8月，在全国社区建设工作会上，天元区获得全国社区建设模范城区荣誉称号。是年，区社区建设指导委员会对全区创建活动进行检查验收，确定滨江、花园里等8个社区为区级示范社区。

2004年开始，天元区社区建设以建设服务办公用房为重点，区委，区政府成立社区服务用房建设指挥部，提出社区建房目标计划，出台相应政策措施，对每个建房社区给予5万元财政补助，对提前完成建房任务的另给予0.5万~2万元奖励。除区财政投资外，社区一些企事业单位也予以支持，湘银房地产公司投入20万元资助社区服务办公用房建设。当年，有6个社区建成可使用的社区服务办公用房，所有服务办公用房均达到“建筑质量优、功能布局全、周围环境美、配套设施齐”标准。至2005年，已有15个社区新建成服务办公用房，建筑面积13449平方米。每个社区平均投入136.89万元，建筑面积平均896.6平方米，比原办公服务用房增加20倍。至2007年底，区委、区政府共投资3511万元，新建22个社区居委会独立办公服务用房，总面积2.03万平方米。

2007年，成立天元区基层政权与社区建设领导小组，区委办、政府办联合下发《关于印发〈天元区社区综合考核办法〉的通知》，将社区民主建设作为重要考核指标，根据各社区年度工作完成情况进行综合考核，评出一、二、三等奖，发放奖金以资鼓励。自2008年始，着重推进社区工作规范化管理，逐年建立社区两委联席会、居民代表会议、居务监督委员会、社情民意恳谈会和社区党风廉政制度建设、档案管理、民主评议干部、社区考勤、社区值班等规章制度，修改完善居民自治章程和居民公约，使民主自治的各项工作基本走上法制化、制度化和规范化轨道。区民政局统一设计居务公开栏框架模版，强化督查考核，居务公开率100%。实行社区集体财务审计、社区干部离任审计的“双审计”，健全居民参与社区事务的机制，使社区自治水平得到进一步提升。区民政局还组织引导社区因地制宜求发展，开展各项创建活动，一些社区创建成为株洲市园林社区、环保社区、平安社区等，先后多次接受国家民政部和省民政厅领导的现场督察和考评。2014年，区政府下发《关于加快推进乡镇无房社区服务用房建设的方案》，明确区财政按新建60万元/社区的标准。改建40万元/社区的标准，强力推进社区服务用房建设。

2009—2014年，天元区认真贯彻省委、省政府《关于进一步加强社区党建和社区建设的意见》精神，加强社区居委会建设，提高社区居委会工作效率和工作质量，确保各项工作目标任务完成。同时，继续加强和推进社区综合考核和创建活动，探索社会管理和服务的新路子，开展全国志愿服务记录制度试点，推动公益志愿服务工作，得到上级领导和专家的好评。天元区获得全国和谐社区建设示范城区称号，嵩山路街道湘银社区被评为全国和谐社区建设示范社区，嵩山路街道被评为全省社区党建和社区建设先进街道，小湖塘等4个社区被评为全省社区党建和社区建设先进社区。泰山路街道和小湖塘社区分别参与创建全国和谐社区建设示范街道和示范社区活动。2014年，全区有社区居委会67个，其中城区3个街道有社区居委会33个。

二 队伍建设

区委、区政府注重社区居委会干部队伍建设。社区居委会按照3/5/7的职数配备专职工作人员，普遍实行聘任上岗。至2014年，全区社区总数由2000年的10个增加到67个，社区居委会工作人员由40人增加到390人，大专以上文化达70%，改变以往社区居委会“婆婆姥姥当家”的状况。为提高他们的综合素质，区民政局多次组织社区工作人员赴先进地市学习考察，举办社区工作人员政治、业务培训班，并每年进行综合考核两次。为稳定这支队伍，区委、区政府给他们提供较为优厚的待遇。制定下发《天元区社区工作者管理办法（试行）》，其中规定社区工作者一律实行岗位结构工资制，岗位工资由基本工资、岗位补贴和年度绩效工资三部分组成，基本工资按职级分为700元/月、750元/月、800元/月三个档次，岗位补贴200元/月、300元/月、400元/月。所有人员全部参加城镇职工养老保险、失业保险和医疗保险。社区主任基本工资2400元/月，其他聘任人员2000元/月。

第二章 优抚安置

第一节 拥军优属

一 走访慰问

每年春节和“八一”期间，株洲高新区工委、管委，天元区区委、政府领导走访慰问天元区人武部、区消防大队、预备役炮兵团等单位，给部队官兵送去节日的祝福和慰问金。分批走访慰问抗战老兵、参军参战人员等重点优抚对象，给他们送去慰问金。2000年，为纪念中国人民志愿军抗美援朝出国作战50周年，区委、区政府对区内志愿军烈士家属和作战英勇、功勋卓著的原志愿军官兵及其家属逐户登门进行慰问。区委、区政府坚持走访慰问，为驻区部队排忧解难，重点扶持优抚对象，为特困户建造新房，财政每年发放节日慰问金及对有困难的优抚对象提供经费补助。2010—2014年，全区为驻区部队发放春节、“八一”节慰问金20多万元，走访慰问重点优抚对象2634人次，发放慰问金167万元。

二　落实优抚政策

1997—1999年，区民政局每年对军烈属发放优待军属金，对优抚对象发放优待金。从2004年开始，发放城市义务兵优待金并为全区优抚对象抚恤金全面提标，由原来最低15元/月提高到31元/月。

2006—2010年，优抚对象抚恤金，生活补助继续提标，优抚对象抚恤补助标准自然增长机制得到较好落实。为在乡重点优抚对象建立医疗补助、医疗减免，住院费按比例报销，大病救助“四位一体”的优抚医疗保障制度。2008年7月，建立优抚对象医疗保障制度，为全区符合条件的优抚对象参保缴费资金，对新增的精简退职人员按政策发放生活补助费。2009年，出台《天元区优抚对象补助医疗保障实施细则》。同时，完成优抚对象抚恤金、生活补助提标，下拨优抚金80万元。2010年，全区优抚对象250人，累计发放优抚金103万余元，帮助优抚对象参加城市医疗保险并缴费。从2011年8月起，为年满60周岁以上的农村籍退役士兵按照当兵年限发放老年生活补助，至2012年全区有298名退伍老兵领取补助金27.8万元。2011年提高义务兵优待标准，城市义务兵优待标准从1500元/人·年提到15000元/人·年，农村义务兵优待标准从1000～1500元/人·年提到6000元/人·年。2012年，优抚对象抚恤标准从2003年的15元/人·月按照人员类别分别提高到250～590元/人·月。当年为全区830名优抚对象发放优抚金293万余元，为优抚对象缴纳城市医疗保险缴费。开展优抚对象“四帮”（思想上帮助解惑、生活上帮助解困、医疗上帮助解难、住房上帮助解危）活动。2013年，全区优抚抚恤投入进一步加大，全年为1356人次发放优抚费328.3万元，为838人次发放慰问金41.66万元，及时发放义务兵家属优待金262.5万元，入疆新兵奖励金22万元。对伤残退伍军人进行伤残定级，发放在职伤残人员抚恤金65.5万元。

2014年，发放优抚费268.8万元，发放城乡义务兵优待金655.5万元。

第二节　退役安置

天元区成立后，根据国家政策，退伍安置按“从哪里来，回哪里去”和“妥善安置、各得其所”的方法和原则，农村义务兵回乡参加生产，志愿兵和城镇义务兵安排工作。

20世纪末至21世纪初，因天元区是新城区及国有企业少等原因导致城市义务兵安置工作难度大，连续几年未能完成安置任务。2001—2002年，区委、区政府采取政策倾斜措施，区民政局积极协调，各部门通力合作，将前几年遗留的待安置退伍军人全部安置上岗，对于自谋职业的给予一次性的货币安置。2003—2005年，区民政部门积极拓宽安置渠道，鼓励和引导退役士兵自谋职业，3年发放自谋职业补偿金36.15万元。为缓解城镇义务兵“安置难”的矛盾，从2006年开始，天元区积极推行安置改革，采取货币安置和指定安置的模式进一步拓宽退伍士兵安置渠道。

自2010年起，天元区接收退伍士兵日益增多，其中士官数量显著增加，安置压力越来越大。

区民政局重点安排好士官就业，多数城镇退伍义务兵实行自谋职业。积极筹集资金，为自谋职业的退伍兵发放补偿金。2010 年发放退伍兵补偿金 31.88 万元；2011 年发放退伍补偿金 56 万元。根据第三次修改后的《中华人民共和国兵役法》和《退役士兵安置条例》，积极做好退伍安置解释和宣传工作，广泛收集信息，将相关的招工信息及时向退役士兵反馈。2014 年，对全区 2011 年底至 2013 年底接收的自主就业退役士兵，按照服现役每满 1 年补助 3000 元的标准，发放一次性自主就业金，3 年累计发放 273 万元。

第三章　社会救灾救济

第一节　灾害救济

1993 年，株洲高新区农作物受灾面积 272.2 公顷，受灾人口 1 万人，经济损失 80 万元，得到国家救济 8000 余人次。1998 年 6 月 24—28 日，天元区遭受暴雨洪涝灾害袭击，受灾农作物面积 656.27 公顷。其中，421.73 公顷绝收，缺粮 1580 户 5530 人。倒塌民房 88 户 268 间。其中，全倒 38 户 157 间。灾情发生后，全区紧急动员机关、企事业单位工作人员先后两次捐款 37.36 万元，全年发放救灾救济款 33.65 万元，衣服 3.25 万件，棉被 230 床。1999 年，区民政部门筹集资金 8 万元，对境内受到洪水、内渍灾害的乡、镇、街道进行救济。2001 年，天元区连喜坪学校因暴雨导致围墙倒塌，造成人员伤亡，区民政部门按照政策规定对死亡人员给予 52 万元的善后安排，组织社会捐助，区委、区政府干部职工共捐款 11 万多元，帮助学校平稳度过困难时期。2002 年，天元区遭受 6 次洪水灾害，古桑洲居民房屋和生产物资全被淹没。区民政部门将有限的救灾资金重点帮助灾民建房 20 栋，救助特困户 26 户，资助受灾户学生 30 名缴纳学费，受到灾民好评。

2003—2005 年，天元区民政部门健全自然灾害应急体系，充分发挥抗洪救灾综合协调职能，进一步完善自然灾害的应急预案机制，做好部门预案间的衔接工作，及时报灾、救灾，确保灾民及时得到有效救助。期内下拨救灾款 98 万元，救灾衣被近 2000 件，帮助受灾特困群众建设民房 62 栋，对 60 名特困学生进行助学救助，发放救助金。2004 年，贯彻落实全省灾民倒房户重建工作要求，区政府采取“政府救济一点、政策优惠一点、集体出一点、邻里帮一点、社会捐助一点、联合单位送一点”的办法，共筹措恢复建房资金 36.9 万元，义务投工投劳 1852 个，共帮助 25 户重灾民重建新居。

2006—2010 年，天元区建立健全自然灾害救助长效机制，灾害应变救助能力逐步提高。每年年初，区民政局都制定《自然灾害应急处置预案》，以加强对救灾工作的组织领导和临时应急处理能力，并定期对全区 70 名灾害信息员进行集中培训，进一步提高自然灾害预警预报和灾情信息管理水平。2007 年，天元区较严重的暴雨洪涝灾害有 4 次，龙卷风 1 次，夏旱历时 2 个多月，5.8 万人受灾，水、旱灾造成经济损失 900 多万元。区民政局积极向上级争取到救灾资金 60 万元，对受灾特困群众给予救助，并组织受灾群众开展生产自救。2008 年初，株洲市遭遇 50 年不遇的持续冰冻。天元区受灾严重，5 个镇（街道）全部受灾，尤其是电网、交通、森林、农业等毁损严重。全共有 6.8 万人受灾。损坏房屋 76 间，倒塌 20 间，农作物受灾 1066 公顷，损失巨大。在区委、区政府统一领导下，区民政部门采取有力措施，全力投入抗冰救灾工作，及时准确上报灾害信息，发放救灾物资。累计救助车辆 4710 台，救助司乘人员 27800 人次，发放食品 89425 包，多方筹措救灾资金 85 万元。2010 年 5 月，天元区又遭洪涝灾害，区民政局争取救灾资金 84 万元，完成灾后重建以及灾民住房修缮共 58 栋。

2011 年，天元区积极开展防灾减灾宣传活动，开展减灾防灾示范区创建活动，实施农村危房改造工作，取得良好成效。是年，泰园社区被评为全国减灾防灾示范社区。2012 年，全区有 3 个社区创建为全国、省综合减灾防灾示范社区，是全市创建单位最多的。至 2012 年的 2 年内，筹集发放危房改造援建资金 314 万元，完成危房改造 311 栋。2013 年，将危房改造移交区住建局。2013—2014 年，又有 6 个社区分别创建成为全国和全省的示范社区，其中栗山社区是全省第一个创建成为全国综合减灾防灾示范区的农村社区。至 2014 年的 6 年中，全区用于抗灾救灾、解决灾后群众生活的救灾资金 577 万元。

第二节　社会救助

天元区社会救助经历救助项目、救助对象由少到多的发展过程，由零散救助到向社会救助体系转变并不断完善的过程，逐步形成完善的城乡社会救助保障制度和体系。1997 年，全区启动城市最低生活保障工作；2002 年 4 月，天元区成立最低生活保障工作管理局，各街道（镇），社区（村）配备 1 名兼职低保专干；2006 年，启动农村低保、城乡大病医疗救助工作，并加大对农村五保户供养工作；2009 年，启动临时救助工作。2010 年，逐年大幅度提高人均救助补差水平，开展低保清查阳光行动。天元区获湖南省社会救助规范化建设先进单位、全省农村五保供养先进区、株洲市城乡低保“阳光行动”先进单位。2011 年，实行全区城乡低保并轨。至 2014 年，天元区通过同时建立社会保障体系，对城镇低保人员实现应保尽保，农村特困户救助全覆盖，实行一对一帮扶；对因病、因残丧失劳动能力的人建立特困户救济制度，发放大病救助金；对缺房、危房户资助新建安居房；新建敬老院，对“五保”老人实行集中供养。全区无一个家庭子女因缺钱而失学，无一人因病无钱而放弃治疗，无一户缺房而居无定所。

第三节　医疗救助

2004 年 10 月，天元区在城市四区率先启动城乡大病医疗救助，对全区符合条件的因重大疾病造成困难致贫的低保户、困难户，实施大病医疗救助，首批有13户对象得到医疗救助金3.3万元。2006年，救助人数63人，发放医疗救助金15.68万元，缓解城乡“因病致贫，因病返困”的现象。

2007年，全区医疗救助73人，按照每人次发放不超过3000元的标准，发放医疗救助金19万多元，救助额度比上年增长8.8%。人均领取医疗救助金2707元。2008—2009年，全区有336人次领取大病医疗救助金88.57万元。2010年，区政府下发《天元区城乡医疗救助制度实施方法（试行）》的通知，标志着天元区城乡大病救助制度向全面救助转变，对符合医疗救助条件的居（村）民实行医疗救助。全年有320人领取城乡医疗救助金68万余元，发放临时门诊补贴79万元，支保参合4263人26万元，为患慢性病或者有重大疾病但不需要住院的城乡低保对象购买门诊药卡40万元。2011年，全区启动农村五保对象住院零支付政策，提高救助资金的使用率。全年救助患病住院对象900人，发放救助金148.7万元。2012—2014年，全区发放各类医疗救助金1170.61万元。其中，为4572名困难群众发放住院医疗救助金677万元，为患大病需长期用药的困难对象3315人发放门诊医疗救助金210.75万元，为1450名“五保户”对象全免基本住院医疗费124.02万元，为26675名城乡低保对象、“五保”对象参保（城镇居民医保）参合（农村合作医疗）资助158.84万元。

第四节　特困救助

株洲高新区成立以后，区管委、政府每年都要安排一定的临时救济款，分发给各乡镇、街道，由镇街道民政所对辖区内因灾、因病、因残、无劳动力或因特殊原因需救急等特别困难户给予临时救济，以缓解特困家庭的生活困难。

1993年，株洲高新区有社会困难户60户240人，救助4458人次。1999年，区民政局争取上级拨付救济特困款2.25万元，重点解决5户特困无房户急待解决的困难。2001年，全区筹措扶贫救济金20万元，为4户无房困难户解决住房问题及解决150多户特困户的生活困难问题。2003年10月，天元区召开全区农村特困户救助工作会议，制定下发《天元区农村特困户救助工作实施细则》，对农村特困户救助进行规范，明确救助对象分两类：一类是无生活来源，无劳动能力，无法定赡养人和抚养人的无依无靠者，暂不够“五保”条件又确需救助者；另一类是因灾、因病、因残丧失劳动能力造成长期特别困难，确定难以维持基本生活的特困家庭救助每人每月10元。首批享受救助的特困户有341户589人，发放首批救助金17670元。2004年，对农村特困户做到应保尽保，共有367户664人享受特困救助金7.6万元。2005年，全区发放农村特困救济金11.6万元。

2006年，建立农村最低生活保障制度后，特困救助对象以城镇为主，当年全区救助特困群众5744人次，发放救助金30多万元。同时开展安居房援建活动，有22户困难户喜迁新居。2007—

2008 年，为 123 户城市低保对象筹集租住房 2.54 万平方米，发放房租住房货币补助近 15 万元，为农村特困群众援建安居房 61 栋，发放安居房救助款 25 万多元。此外，临时救助困难群众 1300 多户（人），发放临时救助金近 20 万元。

2009 年，天元区对临时救助进行规范，在全市率先建立临时生活困难救助制度，规范救助资金的来源，救助的条件及救助审批程序。当年，共救助因灾，因病造成生活困难的群众 60 人次，发放临时救助金 4.48 万元。全年还发放农村安居房援建款 23 万元，使 20 户安居房、26 户灾后重建房全部竣工验收。2010 年，农村安居房建设新增 10 栋，发放援建款 10 万元。发放临时救助款 53 万元。2011 年，对 11304 名各类困难对象发放临时物价补贴 33.9 万元，按每镇、街道 4 万元 / 年标准给予临时救助。2013 — 2014 年，全区对 11630 名各类困难对象发放元旦、春节临时物价补贴 264.68 万元，电费补助 36.81 万元，发放临时救助金 50 万元。

第五节　慈善救济

2008 年，四川汶川特大地震灾害发生后，区民政局组织全区机关企事业单位及个人捐款捐物，筹得价值 185 万元的物资。2009 年，天元区慈善分会成立，隶属区民政局管理的副科级全额拨款事业单位。天元区召开区慈善分会大会，选举区委副书记何建红为第一任会长。全年区政府和各理事单位捐款 74 万元，并在全区发起“天天慈善一元捐”的倡议，设立慈善网站，将慈善资金的募集及使用情况予以及时公开，接受社会监督，打造阳光慈善。2010 年，玉树地震发生后，区慈善分会第一时间在全区发出捐款献爱心的号召，募集慈善资金 43 万元，为灾区群众送去温暖。同时，创新慈善救助方式，分别在嵩山路桥北和泰山路云里两个社区设立慈善超市，每个超市安排慈善经费 1 万元。向低保户和低收入家庭销售或免费发放社会捐赠物品，得到群众好评。同年，组织开展“天天慈善一元捐活动”，募得善款 19.58 万元。2012 年，向企业募集慈善款 11 万元，为 11 名特困户向市慈善办争取特困医疗救助，在市烟草公司支持下发放金叶慈善卡 77 张，解决部分特困户的燃眉之急。至 2012 年，区慈善分会共募集资金 110 万元，为有医疗需求的困难群众发放金叶慈善卡 322 张，金额 16.1 万元。2013 年，在全区发动慈善义卖活动，共接收捐赠义卖资金 8.3 万元，支援四川雅安地震灾区。发放救助金 2.6 万多元救助孤儿 10 名。

2014 年，召开全区慈善募资会，收到企业善款 15 万元，为 10 名特困对象发放救助金 3.4 万元。指导三门镇响水、福星、盘石 3 个村成立慈善工作站，募集资金 10.4 万元，为全面启动全区村（社区）慈善工作站打下良好基础。

至 2014 年的 6 年中，区慈善分会累计发放救助资金、物资 148.27 万元，救助 1000 多人次。2 个爱心慈善超市向 100 多名低保户和低收入居民低价销售或免费发放米、油、面条、棉被等物资价值 10 多万元。

第四章 社会福利事业

第一节 “五保”供养

1997年天元区成立后，重视“五保”老人生活。2006年，随着天元区农村“五保”制度的建立，区民政局开展农村“五保”户核查审批工作，将符合条件的302人全部纳入农村“五保”范围，集中和分散供养标准分别提高到每人每月170元和70元。

2007年，天元区贯彻国务院《农村“五保”供养工作条例》和湖南省实施办法，做好“五保”对象调查复核工作，严格落实“五保”供养标准，分散供养的“五保”对象年供养金额1000元，集中供养的2400元以上。随着新区城市化进程加快，征地转城后退出“五保”的对象逐年增多，至2010年，全区分散供养的农村“五保”户有197户205人。

2011年，天元区社会救助实行城乡并轨，区内“五保”对象均纳入城乡最低生活保障系统，集中供养标准达到400元/人·月；分散供养标准达到330元/人·月。因三门、雷打石两镇区划，区内集中供养“五保”对象210人，分散五保对象709户717人，全年累计发放“五保”供养金303.3万元。

2012年，天元区集中供养标准5340元/人·年，分散供养标准4440元/人·年，累计发放“五保”供养金448.7万元。2013年，集中供养的对象增加至480元/月·人，分散供养的增至400元/月。全年为1.1万人次发放“五保”供养金479.8万元。2014年，全区分散供养“五保”对象658户671人，发放“五保”供养金353.2万元。

第二节 敬老养老

一 敬老院建设

天元区敬老院前身是郊区园艺场敬老院，1983年始建，1986年竣工。全院占地4000平方米，建筑面积1034平方米，当年入住“五保”老人30余人。1992年株洲高新区成立后，划归高新区管辖，1997年区划调整后隶属天元区管辖。1999年，天元区筹措资金100余万元，将其改建为占地面积0.4公顷（建筑面积2500平方米）、床位60个，集养老、健身、娱乐为一体的新型敬老院。到2000年，共免费接收14名“五保”老人入住，另有48名老人自费入住。2001年，投资23万元，将旧楼重新装修，每个房间增建1间5平方米卫生间；2004年，投资30万元，完善配套设施、绿化、美化、亮化院内环境。2010年，为消除消防安全隐患，将旧楼住房的电线全部更换，更换原有旧家具，并在院内的相关地点安装监控，便于院内院外人员进出及动态管理。至2014年，该院配套设施齐全，已打造成集娱乐、休养、生活于一体的多功能老年公寓，入住老人62人。建院以来，先后入住老人283人，包括农村五保老人和城区自费入住老人。除区敬老院外，群丰镇建有1所敬老院，1998年收住“五保”老人11人。2000年下半年，区民政局投资5万元，帮助群丰敬老院搬到交通较便利的新文村。2005年，区投资135万元，在群丰镇江璜村建设一座占地0.67公顷，建筑面积1300平方米的全省一流的敬老院，供养“五保”老人40人。

2006年，天元区财政投资349.3万元，建成占地面积为1公顷，建筑面积为2199.5平方米，床位68个的马家河镇敬老院。当年10月，接纳农村五保老人入住。便于扩大对无法定抚养人、无劳动能力、无生活来源的老年人，残疾人和未成年人集中供养。此举受到民政部和省民政厅的充分肯定。至2007年，全区有敬老院3所，床位180张。2011年，三门镇和雷打石镇划归天元区管辖，两镇各有1所敬老院，共计占地面积1.13公顷，建筑面积2980平方米，床位56个。2014年，区民政局帮助雷打石镇启动镇敬老院新建工作，新院规划建筑面积3300平方米，床位120个。区政府投资1400万元，建设雷打石镇敬老院；投资300多万元，改造三门镇敬老院。2014年，为规范农村敬老院的服务和管理，将4个镇敬老院管理体制由社会福利单位改为差额拨款事业单位，将日常管理经费和工作人员经费纳入区财政预算。至2014年底，天元区有农村敬老院4所，区老年公寓1所，接收各类老年人224人。

二　农村幸福院建设

2013年，天元区针对农村老人不愿意集中供养的问题，提出建设农村幸福院的发展规划。全区结合农村危房改造工程，逐步加速建设农村幸福院。2013年，雷打石镇扶椅山村建成幸福院。2014年，三门镇南江、福星、燕子、高峰、松柏等村启动幸福院建设，6个村当年均获得湖南省民政厅补助。

2014年春节前夕，三门镇南江村、福星村等5个村散居的“五保户”、无房低保户集中搬进各村幸福院。南江村农村幸福院虽然面积不大，但是“五脏俱全”。每一套房屋都设置一室一厅一厨一卫，还配备床、柜子、桌子等家具和一些生活用具，可容纳4位老人安享晚年。

第三节　福利彩票

2004年4月24日—30日，由市政府、市民政局牵头，在城市4区联合发行3000万元即开型福利彩票，此为天元区首次发行福利奖票。从24日起，在株洲市第二工人文化宫前坪，区民政局组织销售人员60余名，全力以赴，共销奖票60万元，创税3.8万元，获得福利资金12万元，为区级社区服务用房建设筹集资金。同时，还多次协助市民政部门发行福利彩票。

第五章 社会事务管理

第一节 民间组织管理

2001年以前，区内社会团体不多，多数由各部门自行管理。2001年，天元区成立民间组织管理工作领导小组，全面开展民办非企业单位登记工作。至2002年，办理登记的民办非企业单位3家。2003—2005年，全区加大民间组织管理工作力度，办理登记民办非企业单位8家，社会团体4家。2007年，依法登记审批民办非企业单位5个，对原有的9个民办非企业单位进行年审。2008年，完成民办非企业单位年审工作，办理登记民办非企业单位7个，社会团体5个。2009—2014年，区民政局审批办理登记民办非企业单位64个，社会团体27个，年审192个（次），换发证件20个。

2014年株洲市天元区社会团体一览表

表10－5－1

序 号	单位名称	成立时间	单位地址	业务主管单位
1	株洲高新区人力资源研究会	2004年07月26日	天元区长江南路	区劳动人事局
2	天元区勤工俭学研究会	2005年04月17日	天元区高新大厦	区劳动人事局
3	天元区餐饮业行业协会	2005年06月15日	天元区黄河南路	区商务局
4	天元区王家坪白菜苔协会	2005年10月20日	天元区栗雨街道王家坪村	区农村工作局
5	天元区合花无公害蔬菜食品协会	2006年09月19日	天元区群丰镇合花村	区农村工作局
6	株洲高新区、天元区女领导干部联谊会	2008年04月18日	天元区高新大厦	区机关工委
7	株洲高新区、天元区篮球协会	2008年06月02日	天元区高新大厦	区文体局
8	天元区老年科技工作者协会	2008年06月02日	天元区老干活动中心	区老干局
9	天元区艺术摄影协会	2008年08月15日	天元区火炬大厦8楼	区财政局
10	天元区总商会	2008年11月06日	天元区高新大厦	市工商联
11	天元区气排球协会	2009年12月16日	天元区高新大厦	区文体局
12	天元区义工联合会	2009年12月18日	天元区高新大厦	区文明办
13	天元区慈善分会	2009年12月22日	天元区高新大厦	区民政局

续表10－5－1

序号	单位名称	成立时间	单位地址	业务主管单位
14	天元区慈善办公室	2009年12月22日	天元区高新大厦	区民政局
15	天元区羽毛球协会	2010年06月08日	天元区庐山路福泰国际1号	区文体局
16	天元区风景园林绿化行业协会	2010年08月23日	天元区黄河南路	区城管局
17	天元区阳光青少年体育俱乐部	2011年05月31日	天元区珠江南路518号	区文体局
18	天元区湖湘文化志愿者协会	2011年09月14日	天元区王家坪街109号	区文明办
19	天元区艺术协会	2011年09月16日	天元区湘银会所一楼	区文体局
20	天元区徒步登山协会	2012年04月30日	天元区政府机关宿舍	区文体局
21	天元区内部审计协会	2012年06月07日	天元区高新大厦	区审计局
22	株洲高新区、天元区书画协会	2012年07月09日	天元区高新大厦	区文体局
23	天元诗联协会	2012年07月09日	天元区滨江一村	区文体局
24	株洲市高科企业联合会	2013年09月11日	天元区中达路9号	区产业局
25	天元区卫生局老年科技工作者协会	2013年10月15日	天元区圆方路129号	区卫计局
26	天元区党外知识分子联谊会	2014年01月12日	天元区高新大厦	区统战部
27	天元区戏曲协会	2014年04月12日	天元区老干部院内	区文体局

第二节　婚姻登记

1992—1997年，株洲高新区民政部门办理结婚登记1727对，离婚登记127对。

1998年，天元区民政局办理结婚登记374对，离婚登记39对，颁发未婚证49个。经市民政、计生部门联合检查，无违法登记，无搭车收费。1999—2001年，全区办理结婚登记1097对，离婚登记210对，合格率98%以上。

2003年，区民政部门深入围绕贯彻《中华人民共和国婚姻法》和国务院新《婚姻登记管理条例》，严把婚姻登记关，做到相关材料“一看、二问、三审查”（看当事人提供的证件是否齐全有效、询问当事人填报资料情况是否真实自愿、审查当事人填报资料是否合格有效），并从2003年10月1日起，撤销2个镇婚姻登记处，设立天元区民政局婚姻登记处，利全区集中办理婚姻登记。2004年，区政府投入3万余元购买电脑、婚姻登记软件、打印机等设备，使区婚姻登记实现网络化，在全市率先将所有证件都用电脑打印、存档，提高办证效率和质量。4年共办理结婚登记3373对，离婚登记811对。

2006—2011年，区民政局深入贯彻《婚姻登记条例》，下发规范办理婚姻登记手续的通知，强化婚姻登记管理，改善办证窗口服务态度，提高婚姻登记质量。6年办理结婚登记10617对，离婚登记2808对，合格率100%。另外，补办结婚登记570对。2012年，区民政局婚姻登记处主任科员黄连湘被评为全国优秀服务标兵。

2012—2014年，切实加强婚姻登记档案管理，做到每周一整理，实行分类归档，年初按时将上年度婚姻登记档案移交区档案区志局，无婚姻登记档案遗失和损毁情况。婚姻登记人员服务质量不断提高，婚姻登记窗口得到服务对象的一致好评。3年办理结婚登记8004对，离婚登记1909对，合格率均为100%。

1992—2014年株洲高新区·天元区婚姻登记一览表

表10-5-2

年 份	结婚(对)	离婚(对)	离婚率(%)
1992	187	3	1.6
1993	312	17	5.4
1994	310	16	5.1
1995	322	20	6.2
1996	276	35	12.6
1997	320	36	11.3
1998	374	39	10.4
1999	360	53	14.7
2000	339	55	16.2
2001	398	102	25.6
2002	410	111	27.1
2003	737	149	20.2
2004	1188	252	21.2
2005	1038	299	28.8
2006	1613	333	20.6
2007	1342	355	26.5
2008	1457	457	31.4
2009	1911	772	40.4
2010	1791	408	22.8
2011	2503	483	19.3
2012	2788	588	21.1
2013	2392	581	24.3
2014	2824	740	26.2

第三节 行政区划工作

株洲高新区、天元区自成立以来，先后进行多次行政区划调整。

1988 年 9 月，成立株洲新技术产业开发试验区，范围为河西天台路以南 10 平方千米。1992 年，升级为国家级的株洲高新区，辖株洲市原郊区园艺场和市农科所所在地域，管辖面积 26.87 平方千米，国家批准的政策区 8.8 平方千米。其中，起步区 3.78 平方千米。下辖渡口、隆兴、东湖、大坪、张家园、天台、徐家坳、新塘、莲花、桥头 10 个管理处，人口 3.14 万人。

1997 年 8 月，株洲市对市辖区行政区划进行调整，在湘江西岸设立天元区，下辖泰山路、嵩山路 2 个街道和马家河乡、群丰镇，总面积 149.56 平方千米，人口 89574 人。其中，非农业人口 21173 人。株洲高新区的管理范围也作出相应调整，除 3 个工业园、工业五区由其直管外，其管理范围不以地域划分，而以产业界定。2001 年，市委、市政府对株洲高新区、天元区实施职能归并，效能整合，形成高效、便捷的运行机制，习惯上将两区合称为“株洲新区”。1999 年，马家河乡撤乡建镇。2005 年 4 月，设立栗雨街道，辖区为原马家河镇的栗雨村、凿石村、南塘村，王家坪村和王家坪社区居委会，总面积 15.14 平方千米，人口 1.2 万人。同时，马家河镇增设新马社区居委会。2009 年 4 月，区政府制定下发《天元区城乡统筹行政区划设置意见》，提出天元区可按比例设置 7 个街道，72 个社区的意见。

2010 年，区政府积极配合市政府开展行政区划调整工作。2011 年 1 月，经省政府批准，株洲县的雷打石镇和三门镇划归天元区管辖。新增两个镇增加人口 6.8 万人，面积 178.96 平方千米。至此，天元区辖 3 个街道 4 个镇，共有 45 个村，67 个社区，总面积 327.6 平方千米，人口 28.77 万。2014 年，按照区政府部署，区民政局对街道（镇）和社区的界线及管辖范围进行调整，增设湖南工业大学社区和文家冲社区。年底，天元区辖泰山路、嵩山路、栗雨 3 个街道，群丰、马家河、雷打石、三门 4 个镇，45 个村，67 个社区，8 个管理处，总面积 327.6 平方千米，人口 29.13 万人。

第四节 区界勘定和地名管理

一 区界勘定

1998 年，天元区民政局完成本区与周边县、区的划界、签订协议、埋桩、制表制图任务。同时按照区政府的部署，对区内新城区的所有道路、街、巷号全部进行丈量、命名、制图等工作。1999 年，完成群丰镇竹溪、嵩台岭两处地市争议线调解。向市政府上报 11 条道路的命名方案。取市场动作的模式，将道路命名权进行拍卖。2013 年，完成芦淞区、株洲县、湘潭市和株洲县的界线联检工作。2014 年，按照市民政局的统一安排，做好天元区与石峰区的界线联检牵头工作，并完成联检工作任务。

二 地名管理

株洲高新区、天元区道路命名根据国务院《地名管理条例》(国发〔1986〕11 号)、《地名管理条例实施细则》(民政发〔1996〕71 号)等相关法律法规，结合区内实际开展。道路命名总体原则为：主干道：南北向以江河系列为主，如长江路、黄河路等；东西向以名山系列为主，如泰山路、黄山路等。次干道、支路：南北向以“奋发进取名称系列”为主，如奋发路、创新路等；东西向以“天体天象名称”为主，如朝霞路、明月路等。巷：一般以“美好祝愿名称”为主，如幸福巷、吉祥巷、如意巷等。

1999年，对群丰镇竹溪、嵩台岭2处地市争议线调解完成。向市政府上报11条道路的命名方案。2004 年，全区 10 条主干道路全部命名。园区道路命名权、路牌设置权、广告发布权提交市政府申请审批。2005 年，采取市场动作的模式，将道路命名权进行拍卖，成功将原天台支路等 3 条城市次干道进行拍卖。2006 — 2010 年，区民政局加大城市地名工作力度，5 年完成道路命名 30 多条。仅 2007 年就命名 13 条道路，并及时发布了地名公告。2009 年，命名道路 17 条。2012 年，区民政局上交华晨房地产公司的 3 条道路命名的申报资料，并对栗雨科技工业园的所有道路进行调查摸底及信息采集。2013 年，对区内 21 条道路进行更名和命名，并上交栗雨科技工业园 21 条道路命名的申报资料。对庐山路周围未命名的路巷进行命名及路牌申请。2014 年，天元区民政局根据国务院和省、市政府有关文件精神，制定《株洲市天元区第二次全国地名普查工作实施方案》。同年 12 月，区政府办公室将该方案印发各镇、街道办事处贯彻实施。

株洲市天元区道路命名情况一览表

表 10 - 5 - 3　　单位：米

序号	名 称	起 点	止 点	长度	宽度	道路走向	途径主要单位
1	株洲大道	芙蓉大道	庐山路	6980	100	东西	天元区政府、市体育中心、株洲南方航空机械进口有限公司、金元湖南新型管件有限公司、市国家税务局
2	西环路	石峰大桥南端	王家坪立交桥	5966	30	南北	
3	南环路	王家坪立交桥	建宁大桥	186	30	东西	市廉政防腐教育基地管理处
4	湘莲大道	湘芸路	仙湖路	7643	60	东西	

续表10－5－3

序号	名　称	起　点	止　点	长度	宽度	道路走向	途径主要单位
5	滨江北路	株洲大桥	湘芸路	8508	10	东西	市国家安全局、市农业委员会、市体育馆
6	滨江南路	珠江南路	株洲大桥	2099	10	南北	市政协、市中心医院、株洲通达铁路电机有限公司
7	长江北路	庐山路	天台路	1752	60	南北	市交通运输局湘银房地产股份有限公司、市残疾人联合会、市国土资源局、市人力资源与社会保障局
8	长江南路	天台路	衡山东路	3034	48	南北	天源纺织有限责任公司、市中心医院、市工商行政管理局
9	黄河南路	天台路	滨江南路	3136	36	南北	市公交公司、湖南地质矿产勘查开发局四一六队、市规划局天元分局、市畜牧兽医水产局、市财政局、市政务服务中心
10	黄河北路	新东路	天台路	5623	48	南北	市地税局、市中心血站、市经济和信息化委员会、市公安局天元分局、天元区人民检察院、元区人民法院、市安全生产监督管理局、市质量技术监督局
11	黄山路	滨江南路	熹悦花都小区	2700	36	东西	泰山路街道办事处、株洲和睦佳妇科医院、株洲钻石切削刀具股份有限公司
12	珠江北路	新东路	天台路	5971	36	南北	市公安局
13	珠江南路	天台路	滨江南路	2827	36	南北	株洲湘瑞塑料建材有限公司、市环境保护局天元分局、湖南松本林业科技股份有限公司、市食品药品监督管理局、建宁实验中学
14	泰山路	湘芸路	滨江南路	7354	48	东西	市工商行政管理局、市发展和改革委员会、天元区国家税务局、市国家税务局稽查局、市畜牧兽医水产局、市财政局、市教育局、市档案局、市广播电视台、湖南工业大学、湖南高远电池有限公司、湖南兵器新成机器有限公司
15	黑龙江路	新东路	西环路	4355	36	东西	区天元小学、株洲时代新材料科技股份有限公司东湖基地、株洲鼎端装备股份有限公司、株洲凯天环保科技有限公司、株洲汇隆实业发展有限公司、湖南科瑞变流电器股份有限公司、湖南特科能热处理有限公司
16	创业路	湘芸路	栗雨路	1600	28	东西	株洲多彩建材科技有限公司
17	湘芸路	新东路	创业路	7900	40	南北	中国南车风动发电有限公司、北京汽车株洲分公司、湖南南车时代电动汽车股份有限公司、北京海纳川株洲西站、株洲神农千金医药食品物流有限公司

续表 10 - 5 - 3

序号	名 称	起 点	止 点	长度	宽度	道路走向	途径主要单位
18	江山路	黄河北路	泰山路	2974	40	南北	湖南天鹰钻机制造有限责任公司、湖南中威制药有限公司、湖南振球消防实业有限公司、株洲鼎端装备股份有限公司、栗雨街道办事处、湖南千金协力药业有限公司
19	栗雨南路	衡山西路	创业路	2968	40	南北	市天元分局群丰派出所、群丰镇政府
20	庐山路	芦淞大桥	珠江北路	2003	36	南北	市交通运输局、市食品药品稽查支队、株洲新联益农资有限公司、湖南省宇通建设工程有限公司、北京师范大学株洲附属学校
21	天台路	株洲大桥	神农广场	2635	36	东西	株洲市市委、中国邮政集团公司株洲分公司、株洲海关、市信访局、市人民政府、
22	嵩山路	黄河南路	滨江北路	1307	36	南北	市水务局、市规划局、市林业局、嵩山路街道办事处、市联谊房地产开发有限责任公司
23	莲花路	黄河北路	滨江北路	1400	18	南北	莲花社区居委会
24	响泉路	站前北路	创业路	3100	20	南北	新修道路，暂时未有单位进驻
25	金华路	泰山路	衡山中路	800	28	南北	维多利亚小区、龙腾国际
26	火炬一街	黑龙江路	力嘉路	1325	16	东西	湖景名城
27	火炬二街	湘芸路	栗雨湖路	1188	18	东西	株洲汇隆实业发展有限公司
28	火炬四道	新东路	株洲大道北辅道	1868	12	南北	株洲日望精工有限公司
29	湘依路	泰山路	黄山路	707	20	南北	湖南省湘依路铁路机车电器股份有限公司
30	华都路	湘山路	莲花路	580	22	东西	华府龙苑、锦绣华都
31	海天路	四水厂	黄山路	1100	12	南北	株洲海天工程塑料实业有限公司
32	明珠路	长江北路	滨江北路	645	30	南北	明珠花园
33	栗雨路	西环路	株洲大道	3700	16	南北	株洲千金药业股份有限公司、天元区人民政府
34	隆兴路	株洲大道	株洲大道	3700	16	南北	湖南永盛新材料股份有限公司、高科集团
35	高新一街	江山路	西环辅道	424	14	东西	香山美境小区
36	响合路	泰山路	创业路	713	14	南北	山水洲城小区
37	圆方路	天台路	泰山路	594	6	南北	市民政局、株洲中医伤科医院、市公证处
38	云里路	黄河南路	泰山路	340	8	东西	株洲电力机车厂长河机电产品开发公司
39	为民路	嵩山路	小湖塘路交汇处	230	8	东西	益民小区

续表 10 - 5 - 3

序号	名　称	起　点	止　点	长度	宽度	道路走向	途径主要单位
40	聚业路	嵩山路	小湖塘路	150	6	东西	市工商行政管理局天元分局
41	韶山路	长江北路	滨江北路	1389	9	东西	株洲市交通建设质量安全监督处、湖南天地人空调环保工程有限公司
42	家园路	黄河南路	银城路	300	5	东西	家园社区居委会
43	慈善路	庐山路	建业路	150	16	东西	市食品药品稽查支队
44	庐建路	庐山路	建业路	160	9	东西	福泰国际
45	湘银路	长江北路	湘银社区	300	8	南北	湘银小区
46	桃李苑路	庐山路	庐山春天曼城小区	400	12	东西	庐山春天小区
47	大拇指路	庐山路	和园小区南面	400	12	东西	庐山春天小区
48	新里程路	庐山路	蓝天小区	300	12	东西	庐山春天小区
49	牛形山路	黄河南路	长江南路	610	6	东西	天元区泰山学校
50	银城路	泰山路	黄塔嘴	800	14	南北	钻石怡园
51	重阳路	黄河北路	新闻路	500	10	南北	香草园
52	新闻路	黄河北路	重阳路	300	10	东西	株洲日报社、市地方税务稽查局
53	和平路	长江北路	小湖塘社区	400	40	南北	欣佳花园
54	安业路	黄河北路	高新幼儿园	200	5	南北	天元区人民法院
55	湘春路	嵩山路	和平路	330	12	东西	德政小区
56	小湖塘路	长江北路	湘春路	400	12	南北	益民小区
57	建业路	长江北路	黄河路	723	5	南北	庐山恋小区
58	荣业路	庐山路	建业路	220	3	东西	庐山恋小区
59	兴业路	庐山路	建业路	245	5	东西	城市风景小区
60	天伦路	黄河南路	滨江南路	1385	16	东西	株洲市总工会、滨江小学
61	花园路	韶山路	嵩山路	330	7	南北	花园小区
62	白鹤路	长江北路	嵩山路	300	7	东西	白鹤小学
63	广夏路	滨江北路	长江北路	600	12	东西	广厦新村
64	银海路	广厦路	明珠路	254	14	东西	天元区银海学校

续表 10 - 5 - 3

序号	名 称	起 点	止 点	长度	宽度	道路走向	途径主要单位
65	金石路	长江北路	联谊新村小区	356	18	东西	银苑小区
66	劳动路	长江北路	五一新村	370	20	东西	市人力资源与社会保障局
67	牛家牌路	长江北路	联谊路	600	7	东西	市公共资源交易中心
68	联谊路	天台路	滨江北路	615	8	南北	市太阳宫小学、株洲市规划设计院
69	海诚路	滨江南路	天台路	685	20	东西	市出入境检验检疫局、市园林绿化局
70	金锦路	长江南路	交运楼	286	7	东西	金锦社区
71	长滨路	长江南路	天滨路	600	12	东西	滨江幼儿园
72	天滨路	天伦路	新澜府小区	448	7	南北	滨江小区
73	蓝盾路	滨江南路	秦淮路	300	15	东西	中信蓝盾景园
74	秦淮路	泰山路	蓝盾路	500	12	南北	秦淮世家小区
75	泰西路	珠江南路	泰西社区	400	8	东西	泰西社区居委会
76	学园路	珠江南路	黄山路	800	9	东西	天台小学
77	习园路	泰西路	学园路	375	10	东西	珠江花园
78	橡果路	长江南路	科瑞路	500	9	南北	湖南康琪壹佰生物科技有限公司
79	五丰路	黑龙江路	泰山路	643	15	南北	株洲肯特硬质合金有限公司
80	汇加路	黑龙江路	三鑫路	837	20	南北	湖南汇加投资发展有限公司
81	三鑫路	黑龙江路	泰山西路	658	24	南北	株洲三鑫塑胶塑料科技有限公司
82	中达路	黑龙江路	泰山路	870	18	南北	株洲中达特科电子科技有限公司
83	海天路	四水厂	黄山路	1100	12	南北	株洲海天工程塑料实业有限公司
84	科瑞路	黄河南路	橡果路	700	30	东西	株洲科瑞变流电气有限公司
85	家家乐路	黄山路	长江宝饰路	700	12	南北	株洲碟依斓布艺有限公司
86	普兰特路	珠江南路	黄河南路	780	12	东西	泰山路派出所
87	创新路	普兰特路	长江宝饰路	300	10	南北	株洲田龙铁道电气有限公司
88	长江宝饰路	珠江南路	黄河南路	700	12	东西	株洲市弘强能源有限公司
89	鸿洋路	珠江北路	隆兴路	335	6	南北	湖景名城

第五节　老龄人管理

1997 年始，区老龄办为辖区内百岁老年人发放长寿保健补助金 300 元 / 人・月。2009 年，区老龄工作委员会办公室成立，为副科级全额拨款事业单位，设主任 1 名，人员编制由区老干部局内部调剂。职能为开展老年服务，弘扬尊老爱老养老优良传统，倡导敬老风尚；做好辖区内高龄老年人各项补贴审核、发放等工作。2010 年 5 月起，原由市老龄办统一办理“老年优待证”的工作下放到各县（区）老龄办，免费为老年人办理，办理年龄由原来 70 周岁变更为 65 周岁。2011 年 1 月，区老龄办为辖区内 90 ~ 99 周岁老年人发放高龄生活补助 70 元 / 人・月。2013 年 1 月，90 ~ 99 周岁老年人高龄补贴提高到 100 元 / 人・月，百岁老年人长寿补助金提高到 500 元 / 人・月。均为全市最高标准。

2014 年 1 月，天元区率先对户口在本区的 80 ~ 89 周岁老年人发放 50 元 / 人 / 月的基本养老生活补贴，覆盖率 100%，当年发放补贴资金 205.43 万元。至 2014 年，区老龄办为符合条件的老年人办理“老年优待证”2000 余本。全区创建省级养老服务示范点 3 个，省级老年协会示范点 5 个。

1997—2014 年株洲市天元区百岁以上老人一览表

表 10 － 5 － 4

序 号	姓 名	性 别	出生日期	民 族	家庭住址	逝世时间
1	宋杨东	男	1913.12	汉族	三门镇燕子村	—
2	易爱清	女	1914.11	汉族	栗雨街道栗雨村	—
3	吴清秀	女	1914.02	汉族	三门镇高岭村	—
4	甘德珍	女	1911.03	汉族	泰山路街道铁西社区	2011.11
5	易庆元	女	1911.01	汉族	泰山路街道天台管理处	2013.04
6	郭爱珍	女	1912.02	汉族	马家河镇万丰村	2014.05
7	李柏森	男	1909.08	汉族	泰山路街道泰西社区	2014.03
8	唐满珍	女	1913.11	汉族	三门镇燕子村	—
9	王应新	男	1914.10	汉族	栗雨街道王家坪社区	2014.12
10	袁佑林	男	1906.01	汉族	三门镇株木村湖冲组	2012.06
11	胡秀英	女	1909.08	汉族	群丰镇旗云村	2013.02

第六节 殡葬管理

2000年以前，区内城镇逝世者火化率不高，农村原用棺木土葬，全区年均火化率低。2000年，区民政局召开专题会议，研究部署殡葬管理改革，并开展大规模的宣传教育工作，号召国家职工特别是共产党员实行遗体火化，引导群众破除丧葬习俗，文明节俭办丧事，树立社会新风。2001年，区民政局以改革的精神，制定殡葬管理实施方案。2002年，对2起想土葬的家属做好宣传教育工作，让他们转变观念，实行火葬。2003年以后，全区积极推行殡葬管理实施方案的贯彻落实。

2013—2014年，通过宣传《湖南省长株潭城市群生态绿心地区保护条例》和发放有关宣传资料，引导群众自觉树立移风易俗、文明治丧、勤俭节约的新风尚，自觉接受并参与殡葬改革。2014年，按照省人大督查要求，制定《整治绿心区非法墓葬问题专项行动方案》，配合市综合执法大队认真抓好调查核实、政策宣传，整改建制等工作，对违规丧葬进行处理，并向区政府提出简易性公墓建设选址方案。

第七节 弃婴收养

2004—2013年，天元区依法办理收养登记52例，其中2例为过继，送养人因家庭困难无力抚养而过继给收养人，其余50例被收养的对象均为弃婴，收养人为婚后多年不育，经医院检查有一方或双方患不育症，要求收养子女。2014年，办理收养登记6例。

第十一篇　经济综述

1998 年 2 月，中共株洲市委对株洲高新区管理体制进行调整，继供销体制改革、粮食流通体制改革、税务体制改革、农村土地承包经营后，又开展了土地流转、农业产业化经营和农村税费改革，农业和农村工作取得长足进步。株洲高新区生产总值从 1992 年的 0.61 亿元，发展到 2014 年的 615.11 亿元，增长 1000 多倍；天元区生产总值从 1997 年的 3.02 亿元，发展到 2014 年的 248.09 亿元，增长 80 多倍。通过持续产业结构调整、优化，株洲高新区和天元区的产业结构发生了很大变化，第一产业（农业）比重减少，第二产业（制造业）和第三产业（服务业）比重逐年增加，其中 2014 年高新区和天元区的产业结构比分别为 1.5∶80.6∶17.9 和 3.7∶51.8∶44.5。产业结构调整、优化后，经济效益相继发生显著变化，株洲高新区 1992 年高新技术产品利润只有 0.1 亿元，而 2014 年达到 51 亿元，23 年间增长了 510 倍。

第一章　经济体制改革

第一节　宏观调控体制改革

1998 年 2 月，市委对株洲高新区、天元区管理体制进行调整，决定设立株洲高新区党委和管委会，为市委、市政府派出机构，与天元区不交叉任职，株洲高新区不以地域划分而以产业界定，社会事业统归天元区；株洲高新区不设金库，财务单列，专项管理；株洲高新区成立产业发展公司建立产业基金，形成实体，政企分开，原株洲高新区投资的项目组成紧密型公司，债权随转。同年，市委、市政府出台《关于加快株洲高新技术产业开发区发展的若干规定》，对株洲高新区财政与财务管理体制、规划、土地和基本建设管理、组建高新技术产业发展总公司、建立高新技术产业发展周转金、设立“无费区”等问题作出新的规定。根据市委、市政府的决策部署，市财政局明确高新区属市本级财政预算下的一级财务单位，其财务收支活动受市财政的监督管理；高新区实行“核定基数、比例增长”的财务体制，一定 3 年；株洲高新区经费管理的 7 个项目收入和其他收入，属财政预算的收入全额上缴市级财政。市本级财政列收列支，全额返还用于高新区的发展；市财政局还明确天元区和株洲高新区的债权债务问题。

2000 年 9 月，科技部批准调整株洲高新区区域范围，同意设立田心高科技工业园和董家塅高科技工业园。将株洲高新区内不易开发利用的3平方千米区域调出开发区，将规划有效面积分别为1.5平方千米的田心高科技工业园和董家塅高科技工业园调入开发区。调整后，区域边界划定，河西高新技术产业示范园为滨江路—庐山路—黄河北路—黄河南路—黄山路—滨江南路合围区域；田心高科技工业园为田红路延伸至空四站铁路专用线以北，九方路接六九库专用线以东，田心路接田林路以西，空四站围墙延伸至六九库专用线以南区域；董家塅高科技工业园为浙赣线以南，东环路以东，株董路以北，幸福路接株醴路以西。同年10月，湖南省机构编制委员发文将株洲高新区机构升格为副市级单位。株洲高新区对株洲市高新技术产业实行归口管理。

2001—2003年，株洲高新区、天元区全力推进宏观经济体制改革。公共财政模式从依赖财政投入向引导社会资金的综合投入转变，从偏重直接投资向间接投资转变，从分散投入向集中投入转变；盘活国有企业资产，对竞争性项目、基础性项目和公益性项目分别采取不同的投融资方式解决建设资金。推进政企分开，将高新技术产业发展有限公司从管委会分离，组建株洲高科集团有限公司；建立科技投资公司，为中小型科技企业和孵化项目提供资金支持，落实企业法人财产权；建立科技成果转化的税费、土地、资金、人才引进、技术股设置、项目扶持等政策配套体系。

2004—2007年，招商工作由逢商必招逐步转变为重点招商。株洲高新区成立由工委书记和管委会主任挂帅的招商引资工作领导小组，建立以领导干部带头落实的招商引资目标责任制。

2011年，进行机构改革，整体划出统计职能，设立发展和改革局，宏观调控的职能更加明确，宏观调控体制更加成熟。拟订、发布规划和计划，提出发展目标，引导社会形成发展共识。根据发展规划和计划，有针对性地包装策划一批前期项目，积极争取资金支持，促进本地区经济社会发展。通过对重大产业项目布局提出建议和项目立项审批核准，达到宏观调控的目标。

2013—2014年，实施企业投资类工业项目节能评估备案。国民经济和社会发展过程中，更加注重节能控制和管理。

第二节　供销粮食体制改革

一　供销体制改革

天元区商务系统的前身为市郊区供销社和市郊区粮食局。供销系统共有干部职工136人，有销售网点23家。1997年，区划调整设立天元区后，将原郊区供销社和粮食局整体转入天元区商务局。2000年，区政府对全区流通体制进行改革，将体制内的干部职工分别实行提前退休和一次性买断，机构进行彻底精简，除保留办公室外，原设机构一律取消，新设置市场建设及调控办、对外经济贸易办、粮食办。机关编制由19人调整为行政编制9人，事业编制2人，临聘人员1人。区商务局主管全区内外贸易、国际经济合作、粮食流通和粮食储备等工作。整个系统由原来计划经济模式转为民营经济的发展模式。

二　粮食流通体制改革

20 世纪 50 年代，政府对粮油实行严格的统购统销政策。1986 年以后，政府对粮油的购销逐步放宽，不断调整购销政策。20 世纪 90 年代初，原株洲市郊区粮食系统根据省市相关要求，全面完成全区粮食系统国有事业单位向国有粮食企业转换，推行企业工资总额同经济效益挂钩，粮食加工厂、粮站、粮店全面实行多种形式的承包经营责任制，试行企业化管理，全面放开粮油销售价格，取消城镇居民定量粮油平价供应，价格随行就市，各种粮油票（券）、指标、粮证不再流通使用。国有粮食企业失去独营特权，参与市场竞争。20 世纪 90 年代中期，区粮食系统转换经营机制，创办经济实体，成立粮贸公司，对粮店、招待所、运输车辆、饮食店试行承包经营责任制。1997 年 8 月，原郊区粮食系统整体划入天元区。2011 年，区商务局和区粮食局合署办公，为区政府工作部门，对全区粮食流通和粮食储备负管理之责。

第三节　农业经济体制改革

一　农村土地承包经营

1998 年，天元区农村第一轮土地家庭承包经营 15 年到期。1999 年 1 月，启动农村第二轮土地承包，实施土地延包 30 年不变。土地延包工作包括土地清查、确权、发证。延包经营权证颁发工作，以村民小组为单位，摸清耕地底子，确定土地延包关系，逐户造出清册，张榜公布。经公示无误后，农户与村民小组签订承包合同书。经区检查验收合格后，由各镇、街道填发“农村土地承包经营权证”。2014 年，天元区在三门镇南江村、群丰镇新塘社区开展土地承包经营权登记试点。是年底，2 个村完成土地确权调查摸底，现场指界工作。

二　土地承包经营权流转

1999 年，区内土地向经营大户、种田能手流转。至 2008 年，全区流转土地面积 203.4 公顷，占耕地总面积 6%，其主要形式为转包。2009 年，天元区农村土地流转呈现出规模化、制度化的发展态势。同年 9 月开始，天元区为流转大户颁发“株洲市天元区农村土地承包经营权流转证书”。流转大户以“流转证”为抵押，可以在农村信用社贷款。至 2014 年，全区土地面积 5200 公顷，其中流转 3200 公顷，占总耕地面积的 42.7%。涉及农户超过 2 万户，占总农户数一半以上。通过土地流转，全区涌现出蔬菜、水果、苗木、水稻等种植大户和水产、生猪养殖大户近 100 户，发放流转证 23 本，13 户在信用社贷款累计 8700 万元。土地承包经营权流转，让一大批农民专业合作社、农业公司、家庭农场得到银行资金支持。

三 农村税费改革

2002年，根据中共中央、国务院《关于进行农村税费改革试点工作的通知》精神，区委、区政府按照“统一部署，规范操作，分步实施”的原则，在全区全面实行农村税费改革，全面取消乡统筹、村提留等面向农民征收的行政事业性收费和政府性基金、农村教育集资、屠宰税，并逐步取消统一规定的劳动积累工和义务工，调整农业税、农业特产税政策，改革村提留征收使用办法等。当年，全区农民总体税负从改革前的375.13万元减少至262.99万元，减少112.14万元，减负率29.89%。2005年，按照“多予、少取、放活”的政策方针，在全区全面取消农业税和农业特产税。

四 农业产业化经营

2009年7月，天元区壹加玖水果种植合作社在区工商分局登记注册。此为天元区第一家水果种植合作社。

2012年，建设农民专业合作社省级示范社1个。2013年，按照“服务农民、进退自由、权利平等、管理民主”的要求，筹建1个省级示范社——株洲大地蔬菜种植农民合作社，按省市标准完成创建任务，并通过验收。2014年，全区新注册农民专业合作社10家，有3家为粮食生产提供全过程农机服务的农机专业合作社。至2014年底，天元区发展农民专业合作社38家，其中2家为省级农民合作社示范社，有合作社成员4500户，带动农户近5000户。农民合作组织生产经营产业涉及农业种植、养殖、加工、销售和农机服务等行业，合作社成员人均年收入高于全区农民人均纯收入20%。至2014年，天元区有8家农民专业合作社得到中央和省财政的扶持资金。

第四节 区属工业经济体制改革

1997年，天元区成立后，即对原园艺场江南节能设备厂、湘江粉丝厂、针织厂、商业总公司、湘江袜子厂等5家场办集体企业先后进行清算注销改制。1999年5月8日，区政府办公室向各乡镇、街道发出“关于加强乡镇、街道企业改制工作中国有资产管理的通知”，提出盘活企业存量资产，防止国有资产流失。同年6月3日，天元区政府对区属宝通敏感器件厂、南方皮革厂等11家区属企业分别进行股份制、破产重组、整体转让、兼并等方式进行改制。

2001年5月，天元区须改制的区属企业共有9家，分别是工业总公司、宏球工艺木制品公司、飞达塑料厂、宏城建筑公司、湘江制刷厂、宝通敏感器件厂、南方皮革厂、湘达公司、保利达公司。当时除宝通敏感件厂勉强维持运转外，其余8家企业均已停产多年，部分企业靠厂房出租的租金发放职工生活费。这些企业共有土地面积6公顷，不包括土地在内的资产总额2508万元（其中流动资产大部分为不良资产），负债总额4853万元，其中银行贷款本金1388万元。

2002年9月，完成飞达塑料厂、宏城建筑公司、工业总公司、宏球工艺木制品公司、湘江制刷厂、宝通敏感器件厂等6家企业的改制。2002年底，完成南方皮革厂的改制，引进中外合资企业赛格林公司。2003年5月，完成湘达公司的改制。2005年5月，完成保利达公司的改制。除宝通敏感器件厂改制成立一家新的民营公司以外，其余企业均清算注销。

第五节　税务体制改革

1994年，贯彻中共中央、国务院将税务分立的新税收制度，境内成立株洲市国家税务分局和地方税务分局。

2013年8月1日，按照国务院的统一部署，营业税改征增值税试点在湖南省全面推开，试点行业为交通运输业和部分现代服务业。2014年1月1日，试点行业范围进一步扩大至铁路运输业和邮政业。2014年6月1日，将电信业也纳入试点行业范围。截至2014年，全区有973户纳税人纳入试点。其中，一般纳税人79户，小规模纳税人894户，超过95%的试点纳税人因税制转换带来税负不同程度的下降。

第二章　经济发展水平

第一节　经济总量

一　地区生产总值

株洲高新区　1992年，株洲高新区地区生产总值0.61亿元。2000年，科技部批准株洲高新区实行“一区三园”的发展格局，地区生产总值23.81亿元。2001年，地区生产总值34.92亿元，相对于1992年的年均增长率56.75%以上，是1992年地区生产总值的57.1倍。2011年，地区生产总值390.16亿元，相对于1992年的年均增长率40.49%以上，是1992年地区生产总值6113万元的638倍。2014年，地区生产总值615.11亿元，提前实现“十一五”规划翻番目标。至2014年的23年中，株洲高新区地区生产总值年均增长率为36.93%。

天元区　1997年，天元区地区生产总值3.02亿元。1998年受亚洲金融风暴的冲击，经济增速有所减缓，但仍保持高速增长。2000年底，与高新区进行职能归并、效能整合，统一领导体制、财政体制、人事管理和机构设置，构筑“株洲新区”。当年地区生产总值13.7亿元，为1997年的4.54倍，年均增长率65.55%以上。2009年，突破100亿元大关，相对于1997年，年均增长率为41.97%。2011年，天元区委、区政府，提出“2235”战略，国民经济步入发展的快车道，经济总量增长较快，地区生产总值179.56亿元，是1997年的59.5倍，年均增长33.89%以上。2014年，地区生产总值248.09亿元，接近实现“十一五”规划目标翻番任务。第一产业产值由1997年1.06亿元上升到2014年9.18亿元，增长7.66倍，年均增长率16.67%以上。第二产业占地区生产总值比重大，发展速度快，达128.73亿元，比1997年增长117倍，年均增长率32.41%以上。第三产业不断上升到110.17亿元，比1997年增长125倍。建区后的18年中第三产业年均增长率40.37%。

1992—2014年株洲高新区地区生产总值及增长速度情况一览表

表11-2-1

年 份	地区生产总值（万元）	第一产业（万元）	第二产业（万元）	第三产业（万元）	地区生产总值增长速度（可比价）(%)
1992	6113	1008	4085	1020	—
1997	58486	2143	51565	4778	28.9
1998	74993	2250	67487	5256	18.7
1999	128120	5393	118810	3917	59.7
2000	238103	10722	139132	88249	54.9
2001	349243	11285	239119	98839	29.8
2002	474723	11583	352440	110700	27
2003	620952	12467	484501	123984	21.1
2004	784108	16361	628963	138784	19.1
2005	964809	18127	788455	158227	13.8
2006	1130480	19926	929465	181089	13.2
2007	1454476	25708	1145362	283406	16.3
2008	1901040	26922	1548819	325299	15.6
2009	2302010	26656	1749917	525437	14.5
2010	3050155	31532	2443378	575245	16
2011	3901566	73338	3105845	722383	15.5
2012	4842441	80770	3941182	820489	13
2013	5452358	83680	4398807	969871	10.6
2014	6151123	91798	4957564	1101761	10.5

1997—2014年株洲市天元区主要经济指标一览表

表11－2－2　　　　单位：平方千米、万元

指标	1997年	2000年	2005年	2006年	2007年	2008年	2009年	2010年	2011年	2012年	2013年	2014年
土地面积	149.56	149.56	149.56	149.56	149.56	149.56	149.56	149.56	327.6	327.6	327.6	327.6
生产总值（现价）	30190	136983	313310	365441	623049	861899	1004923	1327732	1795646	2001856	2211076	2480896
第一产业	10623	10722	18127	19926	25708	26612	26656	31532	73338	77283	83680	91798
第二产业	10887	38012	136956	164775	314651	375121	458578	699456	995125	1082733	1157525	1287337
工业	8568	32354	107955	134945	280645	334509	413396	643898	918570	994670	1057133	1175112
第三产业	8680	88249	158227	180740	282690	460166	519689	596744	727183	841840	969871	1101761
人均地区生产总值	3474	14006	23434	25325	35246	54169	63044	70737	65013	71038	77473	85696
全社会固定资产投资额	3866	25420	347072	431935	559193	717305	1002916	1262882	1473824	1981571	2720632	3312993
一般预算收入	5611	7094	40286	47895	60631	79308	133540	139812	199792	245437	274834	322179
一般预算支出	6839	7007	29602	31510	44419	56397	93880	131319	154252	187009	216348	267615
农林牧渔业总产值（现价）	16841	18440	30091	32398	42743	41120	39600	41987	102911	108952	112176	121931
全部工业总产值（现价）	27215	130773	309773	379477	659958	909326	1172928	2055643	2901219	2413167	2841116	3194884
规模工业总产值（现价）	2876	89463	247323	317326	582328	856546	1072840	1888570	2701134	2184055	2585902	3023122
建筑业总产值（现价）	5742	24080	40368	49685	60516	70774	84556	121266	215040	239749	309478	390130
社会消费品零售总额	31036	48525	97762	127503	157940	199790	251168	340685	446451	519553	591771	667186
城镇居民人均可支配收入	5601	6648	11230	12455	14711	17080	18958	21347	24425	27967	34983	38246
农民人均纯收入	2688	3179	4999	5636	6806	8314	9490	11359	13893	16631	17680	19696

二 社会总产出

株洲高新区 1992—2014年，社会总产出未有统计。

天元区 1997—2003年,社会总产出未有统计。2004年,天元区社会总产出(总量现价,下同)58.41亿元。其中，第一产业2.74亿元，第二产业30.93亿元，第三产业24.74亿元。2005年，天元区社会总产出71.22亿元，比2004年增加22%。其中，第一产业3亿元，第二产业39.91亿元，第三产业28.30亿元。2010年，天元区社会总产出309.77亿元，比2005年增长4.35倍。其中，第一产业4.20元，第二产业198.01亿元，第三产业107.56亿元。2014年，天元区社会总产出606.92亿元，比2005年增长8.52倍。其中，第一产业12.15亿元，第二产业395.47亿元，第三产业199.30亿元。2004—2014年的11年间，天元区社会总产出年均增长率为26.38%。

第二节 经济效益

一 农业经济效益

天元区成立后，农业生产条件改善，农产品综合生产能力提高，生态环境好转，经济效益、社会效益和生态效益显著。1997年,全区农村劳动力2.92万人,创造农林牧渔业总产值16841万元,农民人均纯收入为2688元。2000年,天元区农村劳动力3.11万人,创造农村社会总产值1.84亿元,农民人均纯收入3179元。2006年,天元区农村劳动力3.06万人,创造农林牧渔业总产值3.24亿元,农民人均纯收入为5636元。2010年,天元区农村劳动力5.85万人,创造农村社会总产值4.20亿元,农民人均纯收入为11359元。2014年，天元区农村劳动力5.98万人，创造农村社会总产值12.26亿元，农民人均纯收入19696元。

二 工业经济效益

株洲高新区 1992年,株洲高新区工业总产值1.25亿元(现价,下同),工业销售收入0.55亿元,税收总额214万元。1997年，株洲高新区工业总产值14.49亿元，工业销售收入14.27亿元，税收总额1.08亿元。2000年，株洲高新区工业总产值45.84亿元，工业销售收入41.97亿元，税收总额2.83亿元。2005年，株洲高新区工业总产值245.00亿元，工业销售收入240.82亿元，税收总额11.62亿元。2010年，株洲高新区工业总产值737.92亿元，工业销售收入693.52亿元，税收总额28.16亿元。2014年，株洲高新区工业总产值1635.24亿元，工业销售收入1551.02亿元，税收总额60.62亿元。

天元区 1997 年，天元区工业总产值 2.72 亿元，规模以上工业总产值 0.29 亿元。2000 年，工业总产值 13.08 亿，规模以上工业总产值 8.95 亿元。2005 年，工业总产值 30.98 亿元；2010 年，工业总产值 205.56 亿元，规模以上工业总产值 188.86 亿元。2014 年，天元区工业总产值 319.48 亿元，工业增加值 117.5 亿元，比 2013 年增长 16.0%，对地区生产总值增长贡献率 55.8%，拉动经济增长 6.5%。

三　高新技术产业效益

株洲高新区高新技术企业数量显著增加，高新技术产值快速增长，高新技术产业效益突出显现。1992 年，高新技术企业 34 个，高新技术产值 0.6 亿元，高新技术产品利润 0.1 亿元。1997 年，高新技术企业 55 个，高新技术产值 13.5 亿元，高新技术产品利润 2.3 亿元，高新技术产品利税为 3.2 亿元。2001 年，高新技术企业 76 个，高新技术产值 63.7 亿元，高新技术产品利润 2.4 亿元，高新技术产品利税为 5.8 亿元。2010 年，高新技术企业 108 个，高新技术产值 641.4 亿元，高新技术产品利润 30.3 亿元，高新技术产品利税 52.5 亿元。2014 年，高新技术企业 118 个，高新技术产值 1098.4 亿元，高新技术产品利润 51 亿元，高新技术产品利税 92.2 亿元。

第三章　经济结构

第一节　产业结构

株洲高新区 1992 年，地区生产总值 6113 万元。其中，第一产业 1008 万元，第二产业 4085 万元，第三产业 1020 万元。一、二、三次产业结构比为 16.5∶66.8∶16.7。经济仍以工业为主，农业欠发达，第三产业的发展相当滞后。2001 年，地区生产总值 34.92 亿元。其中，第一产业 1.13 亿元，第二产业 23.91 亿元，第三产业 9.88 亿元。一、二、三次产业结构为 3.2∶68.56∶28.3，产业结构调整主要提升第二产业比重，第三产业有所增加，第一产业比重大幅减少。2011 年，经过第二个十年“初创探索期”（2002—2011 年）努力，地区生产总值 390.16 亿元。其中，第一产业 7.33 亿元，第二产业 310.58 亿元，第三产业 72.23 亿元。其结构为 1.9 ∶ 79.6 ∶ 18.5。与第一个十年“初创探索期”（1992—2001 年）末相比，第一产业比重继续下降，第二产业继续上升，第三产业比重有所下降。2014 年，全区生产总值 615.11 亿元。其中，第一产业 9.18 亿元，第二产业 495.76 亿元，第三产业 110.17 亿元。其结构为 1.5∶80.6∶17.9。第一产业比重很少，第二产业比重继续上升，第三产业比重有所下降。

天元区　1997年，全区生产总值3.02亿元。其中，第一产业1.06亿元，第二产业1.09亿元，第三产业8680万元。一、二、三次产业结构为35.2∶36.1∶28.7。经济仍是以工业和农业比重基本相同，第三产业的发展相当滞后。2000年底，天元区与高新区进行职能归并，天元区实行新发展战略，全区地区生产总值13.70亿元。其中，第一产业1.07亿元，第二产业3.81亿元，第三产业8.82亿元。一、二、三次产业结构为7.8∶27.8∶64.4，农业比重降低，工业比重也同时下降，第三产业快速发展。经过十年发展，2010年，全区生产总值132.77亿元。其中，第一产业3.15亿元，第二产业69.95亿元，第三产业59.67亿元，其结构为2.4∶52.7∶44.9。与2000年比，第一产业比重大幅下降，第二产业上升21.7个百分点，第三产业上升18.2个百分点。2014年，全区生产总值248.08亿元。其中，第一产业9.18亿元，第二产业128.73亿元，第三产业110.17亿元，其结构为3.7∶51.8∶44.5。

第二节　所有制结构

农村经济所有制结构　1997年，天元区农村土地实行集体所有制，但土地经营权在农户。1999年以后，由原规定土地承包期限15年延长至30年不变，很多农户离土不离乡，从事工业或者工商业，农村非公有制经济得以发展。

工业经济所有制结构　1992年，株洲高新区主要为国有经济、集体经济。1997年后，民营企业日渐发展壮大，国有、集体工业企业开始走下坡路，多数企业处于停产、半停产状态。1999年后，境内工业所有制结构发生重大变化，国有、集体为主的公有制经济逐步转向为多种经济成分并存，以股份制、尤以非公有经济占主导地位。如时代新材、钻石切削、时菱交通、时代电子、南方阀门等70余家股份制民营工业企业，数量多，规模大，科技含量提高，产品从国内市场走向国外。同时外资独立企业、合资企业占有一定份额。2011—2014年，株洲高新区以最先进的机车牵引引擎、最强大的航空动力引擎和最环保的汽车动力引擎为核心助推器，着力打造以中国轨道交通城、中南地区通用航空城、中国新能源汽车产业城为支撑的中国动力谷，国有经济、非公有经济都得到快速发展。

商业经济所有制结构　从20世纪80年代开始，商业流通体制改革不断深化，商贸所有制发生重大变革。国有集体商业通过资产重组等措施，实行两个置换，公有制商业退出历史的舞台，个体和私营非公有制经济不断发展壮大，到20世纪末，个体和私营非公有制经济基本取代公有制商业。

第三节　固定资产投资结构

株洲高新区、天元区固定资产投资实行按时调度管理。自1998年始，每年1月左右，由区发展和改革局根据5年发展规划确定的目标，以及本年度宏观经济社会发展形势，初步拟订年度固定资产投资额和增长率，然后报天元区政府常务会、工委委员、区委常委会议研究确定。工委、管委、区委、区政府确定之后，报天元区人民代表大会审议通过。

目标确定以后，株洲高新区管委、天元区政府及投资主管部门根据区人大会审议通过的固定资产投资任务，细化分解到全区各责任单位。管委办公室、区政府办公室按时对全区固定资产投资情况进行调度，定时进行督查和反馈。针对固定资产投资运行情况和突出问题，及时向工委、管委、区委、区政府汇报，并提出应对举措。督查考核情况由区委办、区委组织部纳入单位绩效考核。区投资主管部门，定时向区人大常委会汇报全区固定资产投资进展情况。

株洲高新区 1992年，固定资产投入总额2.28亿元。2000年，固定资产投入总额为3.86亿元，比1992年增长0.69倍。2002—2011年，株洲高新区累计投入860多亿元进行园区开发建设，带动新型城市化、新型工业化进程快速发展。区域空间上，从1992年的一片荒丘菜地起步，发展为建成区和在建区域面积超过100平方千米，“两环三道”“七纵四横”的城市骨干道路网络体系已经形成，城市道路均已实现美化、绿化、亮化，湘江风光带环抱新区，武广高铁、京珠高速公路穿越新城，栗雨中央商务区、体育中心、湖南工业大学、武广客运株洲西站、神农城、湘水湾等一批重大项目已经建成。2010年，固定资产投资总额175.32亿元。2014年，固定资产投资373.87亿元，比1992年增长163.91倍。

天元区 1997年，固定资产投资总额为3866万元。2000年，固定资产投资总额2.54亿元，比1997年增长5.58倍。2005年，固定资产投资总额34.71亿元，比1997年增长88.78倍。2011年，固定资产投资总额147.38亿元，比1997年增长380倍。2014年，固定资产投入总额33.30亿元，比1997年增长855倍。

1997—2000年，天元区固定资产投资4.38亿元，资金主要投放在基础设施、工业园建设、农业方面；2001—2005年，合计投资102.05亿元，资金主要投向基础设施、工业园建设、第三产业、农业方面；2006—2010年，合计投资397.42亿元，资金主要投放在基础设施、更新改造、房地产开发上，分别为113.26亿元、131.22亿元、96.65亿元，占比分别为28.50%、33.02%、24.32%，三者占5年投资的85.84%；从产业投向看，第三产业投资257亿元，占5年投资的64.67%；第二产业投资137.10亿元，占34.49%；第一产业投资3.33亿元，占5年投资的0.84%。2011—2014年，天元区固定资产投资948.90亿元，这4年固定资产投资是建区最多的，占18年投资的65.34%，投资主体为国有和其他投资，分别为380.10亿元和568.80亿元，资金投放重点为基础设施、更新改造、房地产开发上，农业少有投资。产业投向第三产业投资722.19亿元，占4年投资的76.10%；第二产业投资213.18亿元，占22.47%；第一产业投资13.54亿元，仅占4年投资的1.43%。至2014年的18年中，天元区固定资产投资1468.26亿元，年平均增幅28.97%。其中，国有投资593.67亿元，集体投资15.37亿元，个体投资6.20亿元，其他投资837.51亿元。分别占投资的39.94%、1.03%、0.42%、56.4%。

2006—2014年株洲市天元区全社会固定资产投资一览表

表11-3-1　　　　单位：万元

指标名称	2006年	2007年	2008年	2009年	2010年	2011年	2012年	2013年	2014年
全社会固定资产投资	431935	559193	717305	1002916	1262882	1473824	1981571	2720632	3312993
#公有经济	141656	198053	225881	435936	602320	699415	916040	907085	1255311
非公有经济	290279	361140	491424	566980	660562	774409	1065531	1813547	2057682
#国有经济	141656	198053	225881	435936	602320	699415	916040	907085	1255311
集体经济	9600	14392	17816	34298	47624	—	—	—	—
个私经济	4455	5658	6515	3616	10787	38799	57108	147125	146922
联营经济	69988	71699	155996	277626	196373	—	—	—	—
股份制经济	54899	106219	90872	85135	235871	42681	241423	234161	214579
外商投资经济	10168	250	18000	19144	17632	10030	14116	12590	—
港澳台投资经济	14258	27635	15353	1830	1708	—	5000	13550	8000
其他经济	126911	135284	186872	145331	150567	682899	747884	1406121	1688181
#基础设施	73686	149605	165792	279738	463795	593993	741259	760609	1144208
#更新改造	133461	186369	224850	280380	487151	138266	761403	946860	1192876
房地产开发	148643	166526	164071	220506	266768	626722	618786	955556	858002
其他	76145	56693	162592	222292	45168	114843	160123	235600	1262115
#第一产业	1000	920	3756	15710	11938	—	21253	28845	85290
第二产业	140621	194332	286730	364692	384526	179072	408933	633631	910115
#工业	140621	194332	286036	364692	384526	179072	408933	633631	910115
第三产业	290314	363941	426819	622514	866418	1294752	1551385	2058156	2317588
#住宅	73844	117938	117717	102144	193251	458389	430725	694394	743530
#国家预算内资金	18747	31644	30893	59591	43669	23739	4200	41410	4000
国内贷款	76767	102388	110571	110194	155026	780070	693300	456245	579251
利用外资	1690	—	—	—	—	—	56175	68153	—
自筹资金	225730	317013	459844	677499	1045268	589640	834565	1726041	2265680
其他资金	109001	108148	146890	165632	18919	402721	561979	829268	644607
#建安工程	269302	333138	427123	502044	668709	867467	1251741	1690323	1623434
设备工器具购置	70447	85514	123832	168029	185092	54489	190451	442565	817176
其他费用	92186	140541	166350	322843	409081	551868	513374	482406	872383

第十二篇　经济综合管理

1992 年株洲高新区成后，株洲高新区管委会下设工商行政管理、国土资源管理局负责经济管理工作。1997 年天元区设立，设计划统计局、国土资源管理、工商行政管理局、审计局、安全监督管理局等经济综合管理部门。2010 年后，天元区统计工作职能从区计划统计局划出，并入株洲高新区火炬统计、河西示范园统计职能成立区统计局。2011 年机构调整设立天元区发展改革局。

第一章　计　划

1997 年 8 月，成立天元区计划统计局（加挂天元区物价局牌子）。2010 年，机构职能调整整体划出统计职能，设立天元区发展和改革局（加挂天元区物价局牌子），归口管理区价格监督检查局和区两型办。内设办公室、规划发展室（加挂环资和能源办公室牌子）、重点前期办（加挂重点项目稽查牌子）和物价室 4 个职能机构，核定编制 11 名（含物价 4 名）。负责拟定并组织实施国民经济和社会发展中长期发展规划、年度计划、产业政策和价格政策，指导和推进经济体制改革，研究分析经济形势和发展情况，提出宏观调控政策建议，组织解决经济运行中的重大问题。1997 — 2014 年，先后有粟建华、雍建敏、胡玉萍、罗红群、徐清林任局长。

第一节　计划体制

1992 年株洲高新区成立时，境内实行以指导性计划向市场调节为辅的转变，即社会主义商品经济制度。

从 1994 年开始，境域按照建立社会主义市场经济体制的要求，计划管理体制发生大的变革，由微观经济管理转向宏观经济管理。但仍保留一定范围内固定资产投资、基建项目投资的立项和审批。

1996 年，境域取消非农业人口的粮食定量供应制度，并引导国有、集体企业转换体制，逐步走向市场。

从 1998 年起，天元区取消对农业户口转为非农业户口的计划限制。2002 年，撤销大中专毕业生分配和户口“农转非”计划管理制度，不再审批企业自有资金和商业银行贷款建设的一般项目，将工业、农业、运输生产指标的制定和分配改为预测指标。

2003—2014年，计划管理职能转变为对全区经济运行动态实行预测、监测、分析和经济信息发布，编制株洲高新区、天元区国民经济和社会发展的年度计划和中长期计划。经济运行的调节实行市场调节为主、政府指导性计划为辅的机制。

第二节 计划编制与执行

国民经济和社会发展计划，主要通过五年规划和年度计划实现。即五年编制一次国民经济和社会发展规划纲要，明确目标、任务、途径等内容，指导全区经济社会发展。围绕五年发展规划，每年再拟订年度国民经济和社会发展计划。1997—2014年，全区共编制3个五年规划、18个年度计划、1个行动纲要。

一 中长期计划

“十五”规划（2001—2005年） 2000年11月，编制《株洲国家高新技术产业开发区、株洲市天元区国民经济和社会发展第十个五年规划纲要（2001—2005年）》。发展目标：到2005年，株洲新区国内生产总值50.86亿元，人均国内生产总值24931元，财政总收入3亿元，一般预算收入2亿元,高新技术产值占工业总产值比重达90%。辖区内社会消费品零售总额突破7.65亿元，进出口总额突破4亿美元，全社会固定资产投资总额56亿元。全区城镇化率达到75%。城、乡居民人均可支配性收入分别为12075元和4055元，城镇居民人均居住面积增加到20平方米，农村居民人均居住面积50平方米，实现村村通油路，有线电视全覆盖，固定电话安装率90%，移动电话普及率40%。执行情况：至2005年底，全区地区生产总值96.65亿元，年均增长32.19%，一、二、三产业增加值分别为1.81亿元、78.85亿元、15.99亿元，年均分别增长8.77%、41.7%、12.3%；全社会固定资产投资126亿元，年均增长60%以上；财政总收入6.97亿元，年均增长45%以上；新建和改造城市道路35千米，形成“六纵四横一大道”的城市道路网络；城市建成区面积15平方千米，城市主干道全部实现美化、绿化、亮化。水、电、气、通信等基础设施功能配套，城市功能和品位全面提升；“一区三园多基地”的产业发展格局加快形成；城镇居民人均可支配性收入11230元，农村居民人均纯收入4999元，年均增长分别为8.17%和7.19%，居民家庭由“生存型、温饱型”向“发展型、享受型”转化。期内，株洲高新区、天元区先后获得全国科技进步先进区、全省新材料产业化基地先进示范区、湖南十大和谐行政示范区、湖南十大投资环境诚信安全区等荣誉称号。

“十一五”规划（2006—2010年） 2005年12月，编制《株洲国家高新技术产业开发区、株洲市天元区国民经济和社会发展第十一个五年规划纲要（2006—2010年）》。发展目标：到2010

年，全区地区生产总值突破200亿元，年均增长16%以上；全社会固定资产投资年均增长20%，五年累计360亿元以上；社会消费品零售总额年均增长16%，2010年17亿元；三次产业增加值结构比0.94∶82.78∶16.28；财政总收入14亿元，年均增长16%；高新技术产业增加值占GDP的比重60%；万元GDP能耗降低15%，能源和资源利用效率显著提高，经济增长方式得到有效转变。城镇居民家庭人均可支配性收入年均增长11%以上；农村居民家庭人均纯收入年均增长7%以上。城镇基本养老保险、失业保险、基本医疗保险参保率均达到80%；城镇居民最低生活保障覆盖面100%；农村新型合作医疗保险参合率85%。执行情况：2010年，株洲高新区地区生产总值305亿元，年均增长16.2%，占全市的比重由2005年的18.4%提高到2010年24.8%；全社会固定资产累计突破500亿元（其中河西本土超过400亿元），年均增长近30%；完成财政总收入25.8亿元，年均增长29%；社会消费品零售总额33.5亿元，年均增长超过25%；河西本土经济实力显著增强，地区生产总值在2009年突破100亿元，2010年达到133.6亿元，综合经济实力位居全省市辖区第6位；以交通运输装备制造、新材料、电子信息、生物医药与食品四大产业集群为支柱的工业体系初步形成，工业企业中销售收入过亿元的企业46家；高新技术产业增加值占GDP得比重由2005年的43.3%提高到2010年的60%；城市建成区面积33平方千米，城镇化率88.4%；城镇居民人均可支配收入21347元，农村居民人均纯收入11359元，年均增长分别为13.9%和16.3%。期内，株洲高新区、天元区先后获得全省社会治安综合治理先进县市区、全国社区建设示范区、全国计划生育优质服务先进区、全省推进义务教育均衡发展工作先进县市区等荣誉称号。

"十二五"规划（2011—2015年） 2010年11月，编制《株洲高新技术产业开发区、株洲市天元区国民经济和社会发展第十二个五年规划纲要》。发展目标：到2015年，在全市率先基本建成全面小康社会，率先基本建成"两型社会"示范区；创建国家生态工业示范园区、国家创新型科技园区。在2010年的基础上，实现地区生产总值翻一番、财政收入翻一番、城乡人均收入翻一番；建设全省人才高地、全省"两型"产业集聚区、全省城乡社会保障全覆盖区、全省城乡就业最充分区、全省教育强区。2012年，株洲高新区工业总产值突破千亿大关，荣获全省"千亿园区"等称号，成为全省第三个千亿产业园区。至2014年，株洲高新区地区生产总值615亿元，总量占全市比重28.5%；工业总产值1635亿元；全社会固定资产投资435亿元。株洲高新区成功获批国家新材料成果转化及产业化基地、国家火炬计划传感技术产业基地和国家创新型特色园区。2014年，株洲高新区在114个国家级高新区的综合排名跃升至第28名。天元区地区生产总值248.09亿元；公共财政预算收入52.02亿元，年均增长18.5%，公共财政预算收入总量连续10年稳居全市第一；城镇居民人均可支配收入38246元，农村居民人均纯收入19696元，年均增长13.5%以上；社会固定资产投资（500万元以上）达到331.5亿元。是年，天元区获全省全面小康经济快进县（区）。综合经济实力居全市各县市区之首，居全省县市区前列，连续3年进入全国百强区。

"二次创业"行动纲要 2005年3月，编制《株洲新区（株洲国家高新技术开发区、株洲市天元区）

“二次创业”行动纲要》。《纲要》提出在全省率先实现工业化，率先实现全面小康，率先基本实现现代化。发展目标：到 2013 年，全面实现“1030335”奋斗目标，各项主要经济社会指标处于全省前五位，真正把新区建成“投资环境的示范区、工业发展的重点区、科技创新的密集区、产业集群的孵化区”，再造一个株洲新城。具体实施步骤按照“一年一小变，三年一大变，五年一巨变，十年再造新城”的总体要求，至 2013 年，地区生产总值突破 335 亿元，财政总收入突破 30 亿元，城乡居民人均可支配收入分别达到 20000 元和 8000 元。株洲新区形成“一区三园多基地”的园区格局，河西新城形成“两环六纵四横两大道”的城市骨架，全面建成一个以高新技术产业为主体的现代化新城。执行情况：2011 年，株洲高新区完成地区生产总值 390 亿元，天元区完成地区生产总值 179 亿元，实现全社会固定资产投资 147 亿元，实现财政收入 30.55 亿元，主要经济指标达到整个株洲市 2012 年末的发展水平，提前两年实现“二次创业”制定的“1030335”目标，完成 2013 年省、市要求株洲高新区“再造一个株洲”的使命。

二 年度计划

1992 年，株洲高新区成立后，每年都制订年度计划，直至 2000 年。天元区从 1998 年起，区人民政府每年根据五年计划和参照上年度国民经济和社会发展计划的执行情况，拟定年度国民经济和社会发展计划主要任务和目标，以及完成计划的政策和措施，至 2000 年。2001 年后，株洲高新区、天元区共同编制年度计划，年度计划内容的编制以国家的计划经济为主体，株洲高新区侧重于高新技术产业、产品、产量等经济指标及完成情况。天元区侧重城市建设和社会事业、民生等。2003 年税费改革以后，年度计划注重工业经济发展和重大项目建设，把经济发展的重点落实到项目建设和项目发展上，优化经济建设的环境，加大招商引资的力度。各年度计划执行情况良好，区域经济得以较快发展。至 2014 年，株洲高新区单独编制国民经济年度发展计划 9 个，天元区编制国民经济年度发展计划 3 个，株洲高新区、天元区共同编制国民经济年度发展计划 14 个。

第三节 固定资产投资管理

一 管理权限

株洲高新区、天元区固定资产投资实行按时调度管理。自 1998 年始，每年 1 月左右，由天元区发展和改革局根据五年发展规划确定的目标，以及本年度宏观经济社会发展形势，初步拟订年度固定资产投资额和增长率，然后报区政府常务会、工委委员、区委常委会议研究确定。工委、管委、区委、区政府确定之后，报天元区人民代表大会审议通过。

目标确定以后，株洲高新区管委、天元区政府及投资主管部门根据区人大会审议通过的固定资产投资任务，细化分解到全区各责任单位。管委办公室、区政府办公室按时对全区固定资产投资情况进行调度，定时进行督查和反馈。针对固定资产投资运行情况和突出问题，及时向工委、管委、区委、区政府汇报，并提出应对措施和举措。督查考核情况由区委办、区委组织部纳入单位绩效考核。区投资主管部门，定时向区人大常委会汇报全区固定资产投资进展情况。

二 投资实施

株洲高新区 1992年，株洲高新区固定资产投资2.28亿元。1997年，区固定资产投资2.53亿元。2001—2005年，固定资产投资128.6亿元。其中，2001年，固定资产投资5.19亿元。2002年，固定资产投资实现跳跃式增长，达到19.24亿元，增长3.7倍。2005年，固定资产投资50.35亿元。2006—2010年，5年固定资产投资527.66亿元。其中，2009年突破百亿大关，达131.52亿元。2011—2014年，4年固定资产投资1201.52亿元。其中2011年突破200亿元，达210.22亿元；2013年突破300亿元，达347.22亿元。2014年固定资产投资373.87亿元。至2014年的23年里，株洲高新区固定资产共投资1871.75亿元。

天元区 1997年，天元区固定资产投资0.37亿元。1997—2000年，固定资产投资4.38亿元。其中2000年在1999年的0.99亿元基础上实现跳跃式增长，达2.54亿元。2001—2005年，5年固定资产投资102.05亿元。其中，2002年、2004年、2005年突破10亿元、20亿元、30亿元大关，分别达14.85亿元、27.73亿元、34.71亿元。2006—2010年，5年固定资产投资397.42亿元。其中2009年突破100亿元，达100.29亿元。2011—2014年，4年固定资产投资948.90亿元。其中，2013年突破200亿元，达272.06亿元；2014年突破300亿元，达331.30亿元。至2014年的18年里，天元区固定资产共投资1468.26亿元。

第二章 国土资源管理

第一节 管理机构

一 株洲市国土管理局天元分局

1995年，成立株洲市国土管理局河西分局（简称“国土河西分局”）。1996年6月，株洲市机构编制委员会办公室明确河西分局为市国土局的正科级派出机构，接受市国土局和株洲高新区管委会的双重领导，配备事业编制10名。分局机关及所属国土管理所均为财政全额拨款。7月，市国土局确定河西分局内设机构为用地管理股、地政地籍股、法规监察股和分局办公室，职能为依法对辖区范围内的土地资源进行管理。1997 年 8 月，株洲市设立天元区，株洲市国土管理局天元分局（简称“国土天元分局”）随之成立，并将原国土河西分局归并，内设机构在原国土河西分局内设机构的基础上，增设地产市场股。国土天元分局机关定员 16 人。所辖镇（乡）国土所履行辖区内建设用地管理、地籍地政管理，负责土地的法规监察等工作。1998 年 7 月，天元区地产开发服务中心成立。2011 年，三门镇和雷打石镇划归天元区管辖后，两个镇的国土资源管理工作由三门国土资源中心所承担。当年，天元分局内设办公室、土地业务管理股、矿产测绘管理股、执法监察大队、征地拆迁所和群丰、嵩山、三门 3 个国土资源中心所。2014 年，国土天元分局增设园区股，与土地业务管理股实行两块牌子、一套人马体制，负责株洲高新区三大园区土地资源的管理工作。同年，为贯彻执行《株洲市国土资源局行政审批简政放权实施方案》，市国土局将部分行政审批权限下放，天元国土分局从此承担集体土地登记申请受理，地籍调查，土地登记审查、审核、审批、颁证及档案整理，承办集体土地证书遗失登报公告申请受理、经办。公告审核及集体土地证书注销公告等职能。

1995—2014 年，先后有贺捷（兼）、胡开富（兼）、唐运刚、刘细兰、王承才、蔡勇、曹明勋任分局局长，有凌新民、丁桂云、唐清兰、文水祥、周杰、蔡凤美、彭树军任分局党支部书记。

二 征地工作协调管理办公室

2001 年，成立天元区重点工程协调管理办公室（简称“区重点办”），负责协调管理全区重点工程建设和征地拆迁工作。2011 年 6 月，区重点办更名为天元区征地工作协调管理办公室（简称区征管办）。内设征地、综合、安置 3 个管理室和 1 个财务评审室，另设立国有土地房屋征收指挥部，其主要职能是代表株洲高新区工委、管委会、天元区委、区政府负责区内征地拆迁和房屋征收计划和任务下达，监管相关政策的执行，负责被征地农民转城等。2001—2014 年，先后有周光辉、吴建华、包剑、谭洪军任办公室主任。

三 治理违法建设筑协调监察大队

2005 年，成立临时性机构——天元区专业拆违队伍。2007 年，组建天元区治理违法建筑协调监察大队，归口区城市管理行政执法局管理。2009 年 4 月，又划归区城市建设和管理委员会管理，为副科级全额拨款事业单位。2011 年 11 月，归口区政府办公室管理。2012 年月，成立由区长为组长的区治理违法建筑工作领导小组，各镇、街道成立治违中队，同时专设治违专项考评基金 600 万元（其中 500 万元用于年终奖励，100 万元用于年中考评），区治违大队和各基层单位共同承担辖区控违、拆违工作。2014 年，区治理违法建设协调监察大队内设办公室、考核办、财务室，下辖嵩山、泰山、栗雨、马家河、群丰、三门、雷打石 7 个治违中队，有执法人员 58 名，在编人员 7 名，协管员 51 名。2005 — 2014 年，先后有田亮、文钢举任协调监察大队大队长。

四 土地储备中心

2009 年 6 月，成立天元区土地储备中心，负责编制区辖范围内用地储备计划，对依法收回的闲置土地、转城剩余土地以及经营性用地实施储备管理，负责储备土地的资金筹集与管理，组织协调储备地的前期开发、日常管理及市场投放等。2013 年，区土地储备中心纳入国土资源部土地储备机构第三批审核名录，取得办理储备土地登记，核发储备土地使用证的资质。2009 — 2014 年，先后有姚艺、龙海波任土地储备中心主任。

第二节　地籍管理

一 土地调查

20 世纪 90 年代，区国土部门围绕土地利用现状和地籍、土地条件开展调查，完成非农用地清查，基本摸清辖区内的土地现状。1997 年，开展城镇地籍调查，对全区 8.80 平方千米规划面积，4.30 平方千米建成区面积以内各类 160 家用地单位以及 300 余户私房进行全面调查，查清土地权属、位置界线、数量、用途及面积等基本情况，于 1998 年底结束。1999 年，建立年度土地变更调查制度，开展土地利用现状变更调查，并定于翌年 10 月 31 日为调查基准日。至此，全区地籍工作由初始地籍逐步转向日常地籍，由全面地籍基础建设逐步转向运用地籍基础强化产权管理，由初创阶段的技术管理转入制度建设及行业管理。

2007 年 7 月，天元区开展第二次土地调查。对农村土地利用现状调查和城镇地籍调查，历时两年零两个月，于 2009 年 9 月完成。2010 年，通过湖南省国土资源厅验收。

2011 年，株洲县三门、雷打石两个镇划归天元区后，区辖 4 个镇 3 个街道，总面积由 1997 年的 149.56 平方千米增至 327.6 平方千米。2014 年，耕地面积 6840 公顷，其中水田面积 5960 公顷，旱地面积 880 公顷。

二 土地权属管理

1992 年，完成非农业用地清查发证工作，发证率 95%。1994 年，开始对集体土地所有权进行登记发证。1995 年 10 月，全区启动房改房发证工作，对实施房改的公房发放国有土地使用证，历时 5 年，到 2000 年基本完成。1998 年，区国土部门执行《株洲市土地登记实施细则》规定，加强土地登记管理和规范土地登记工作。1999年，对未申请集体土地所有权登记发证，且又需要征地的，优先办理土地登记，以明确土地权属。是年，办理土地登记1188宗。其中，涉及单位的84宗，私人户1104宗，发放国有土地使用证976本，集体土地使用证212本，发放集体所有权证11本。2000年，通过对建设用地进行竣工验收、日常变更地籍调查和变更土地登记，及时更新土地图件和数据，在建立地籍管理信息系统的基础上，开始启动土地登记计算机管理。截至2006年，全区共向313家工业企业，65家外商投资企业，136家高新技术企业分别颁发国有土地使用权证、集体土地所有权证和集体土地使用权证。全区核发国有土地使用权证1914本。城区面积拓展到15平方千米。

2014年，全区核发集体土地所有权证3本，核发集体土地使用权证512本（其中安置房集体土地使用权证326本）。

三 土地分等定级和地价管理

1995年，市政府正式公布城区基准地价。1996年，国土、财政、物价联合发文，制定出土地有偿使用的具体收费标准。1998年，区政府执行《株洲市城镇土地有偿使用若干规定》和《株洲市企业改制、改组中土地使用权管理暂行办法》，把土地使用制度改革与企业改革结合起来，以“地改”促“企改”使土地有偿使用的管理工作得到进一步拓展。1999年，新《中华人民共和国土地管理法》颁布实施，土地有偿使用从单一的出让方式向出让、租赁、作价出资（入股）等多种方式转变。

2010年，区政府贯彻执行市政府《关于公布株洲市城区基准地价更新成果的通知》和《株洲市人民政府关于株洲市城区基准地价局部调整成果的通知》两个文件精神，辖区内土地分等定级和地价的具体标准是：城区商业用地分为7个级别，出让土地使用权40年，基准地价最高（Ⅰ级）4650元/平方米，最低（Ⅶ级）480元/平方米；城区住宅用地分为6个级别，出让土地使用权70年，基准地价最高（Ⅰ级）1910元/平方米，最低（Ⅵ级）400元/平方米；城区工业用地分为5个级别，出让土地使用权50年，基准地价最高（Ⅰ级）642元/平方米，最低（Ⅴ级）293元/平方米。区内建制镇土地级别分为2个级别，商业用地出让土地使用权40年，基准地价最高696元/平方米，最低435元/平方米；宅用地出让土地使用权70年，基准地价最高569元/平方米，最低347元/平方米；工业用地出让土地使用权50年，基准地价最高345元/平方米，最低290元/平方米。

第三节　土地利用管理

一 土地利用规划

1992年，株洲高新区成立之初，即委托华南理工大学编制区总体规划，确定3.78平方千米的起步区，8.80 平方千米的政策区，35 平方千米的远期建设区和 68 平方千米的控制区，并组织专家进行两次评审。1993 年 8 月，株洲高新区开展土地利用总体规划、农业区域综合开发总体规划和划定基本农田保护区（简称“两规一划”）工作，确定规划基础年为 1990 年，规划期为 1991 — 2000 年，展望年为 2020 年，并明确以土地利用总体规划为主。至 1994 年 10 月，完成区土地利用总体规划报告（送审稿），上呈市政府。之后，由于国家对土地管理基本要求发生变化，致使这一规划未得到上级人民政府审批。

1997 年 9 月，市政府下发《关于认真做好土地利用总体规划修编工作的通知》。此次规划修编以 1996 年为基础年，1997 — 2010 年为规划期，2030 年为展望年。区政府于 1998 年完成编制工作并报市人民政府。此次编制于 1999 年 9 月经国务院批准、国土资源部批复，同意株洲市政府报送的《株洲市土地利用总体规划实施办法》。

2000 年后，土地利用总体规划的修编工作，在社会经济的发展中不断延续。2003 年 3 月，区人民政府启动新一轮修编，于 2004 年完成。2007 年，天元区再次启动土地利用总体规划修编，将全区基本农田保护面积核减 2854 公顷。

2009 — 2011 年，区政府拨专款 20 万元，完成群丰、马家河两个镇的土地利用总体规划编制，用 15 万元完成栗雨街道土地利用总体规划的编制。

2012 年，区国土部门争取到 261 公顷建设用地指标，满足重点工程项目的用地需求，并申请调规 20 平方千米，保障北汽二工厂和神农城项目用地的顺利实施。2013 — 2014 年，完成三门、雷打石两镇的土地利用总体规划的编制。

二 基本农田保护

1995 年 11 月，株洲高新区贯彻执行《株洲市基本农田保护办法》，对基本农田实施特殊保护，规定凡非农业建设无法避开基本农田的，除按规定缴纳有关税费外，还必须开垦同等数量与质量的耕地或缴纳占用基本农田造地费。收取的造地费用于新的基本农田的开垦，以保持耕地总量的动态平衡。随着人口的迅猛增长和社会经济的飞速发展，辖区内对建设用地的需求逐年增加，土地供需矛盾日益突出，加强土地管理特别是耕地保护，任务越来越艰巨。1997 年，区人民政府为贯彻落实市委、市政府《关于进一步加强土地管理切实保护耕地的实施意见》，制定基本农田保护细则，区国土部门通过严把用地审批关、划定基本农田保护区、推行占用基本农田许可证制等措施，加强对耕地的保护。建立起“五级五长”责任制，即：明确区长、镇（乡）长、村主任、组长、农户家长的各自责任，使基本农田保护工作落实到了村、组、农户直至地块。

1997 — 1998 年，天元区冻结非农业建设占用耕地，对乱占滥用耕地进行有效遏制。遵照修订后的《中华人民共和国土地管理法》，对区内基本农田保护区进行重新调整划定，全区基本农田保护指标总面积为 3322 公顷，并将指标一一分解落实到马家河乡、群丰镇和嵩山街道，其中马家河乡1750公顷，群丰镇1430公顷，嵩山路街道142公顷。

2001—2005年，为确保基本农田保护指标不受占用，推行基本农田“五不准”，即：不准占用基本农田进行植树造林、发展林果业和搞林粮间作以及超标准建设农田林网；不准以农业结构调整为名，在基本农田内挖塘养鱼，建设用于畜禽养殖的建筑物等严重破坏耕作层的经营生产活动；不准违法占用基本农田进行绿色通道和城市绿化隔离带建设；不准以退耕还林为名违反土地利用总体规划，将基本农田纳入退耕范围；除法律规定的国家重点建设项目以外，不准非农建设项目占用基本农田。针对辖区内部分乡（镇）、村、组、农户受经济利益驱使，未经批准，擅自占用基本农田挖塘养鱼，植树栽种苗木的违法违规行为，区国土分局及时发出《关于纠正占用基本农田挖塘养鱼、植树造林的通知》，规定对占用基本农田养鱼、种花木的限期恢复耕种。对在基本农田上建设畜禽养殖等建筑物的，限期拆除并予以整理。对建设基础设施造成基本农田耕作层破坏的，限期修复。对超标准建设绿色通道而占用基本农田的，必须恢复耕种条件。对各类非农建设占用基本农田的必须依法完善，确保基本农田面积不减少，质量不降低，农民经济不受损失，使辖区内基本农田得到切实保护。

2006年，天元区成立以常务副区长、任组长的基本农田保护领导小组，各镇成立相应的组织机构，配备专人抓农田保护工作，严格执行土地利用总体规划和年度用地计划。对必须占用耕地的重点工程项目，严格执行占一补一制度，确保占补平衡。全区对5420户农户进行基本农田保护登记造册，专设“110”举报电话，通过执法巡查和群众举报，及时制止占用基本农田扩建集贸市场、修路等违法行为。

2007年，在新一轮规划修编中，考虑到天元区城市建设快速发展的需要，全区基本农田保护面积由上轮规划的3322公顷，核减为468公顷，被核减的基本农田均调整为一般耕地。2009年，天元区基本农田保护面积由468公顷再次调整为96公顷。对建设占用耕地严格实行“占一补一、先补后占”的耕地占补平衡政策。2010年，又向村、组、农户发放基本农田保护卡，以确保全区耕地保有量不少于2185.33公顷，基本农田保护面积不少于96公顷。

2011年，株洲县雷打石镇、三门镇划归天元区，辖区总面积327.60平方千米，基本农田保护指标由96公顷增至4359.48公顷。2011—2014年，为落实好基本农田保护目标管理，区人民政府采取宣传教育、合理制定和调整辖区内土地利用规划、调出基本农田到对口县补划、将基本农田保护工作量化和细化、动态巡查、对永久性标识牌实行保护、建立台账等措施，确保保护目标实现。

三 土地开发利用

土地开垦和整治 1992年，区国土部门严格执行《株洲市基本农田保护办法》。在严格批地、厉行“节流”的同时，积极推行土地开发与土地整理的激励机制，实行“谁开发，谁种植，谁受益”和“新开耕地五年内不上交农业税提留、定购粮”等优惠政策，以及“用一开一”“先开后用”的管理制度，积极引导农民进行土地整理和开发。1998年，马家河乡中路村村民郭泽民将房屋搬迁到山上，空出原宅基地开垦成菜地0.13公顷，并利用荒山荒地开垦菜地1.07公顷。同年，区辖两个镇（乡）新开耕地1.27公顷，新开园地5.53公顷；次年，辖区内新开耕地1.6公顷，新开园地4.1公顷。

2001年，天元区开始对基本农田实行成片开发整理。是年，在群丰镇白莲村陈家组平塘坡和长岭村6组，完成土地连片开发4.73公顷，总投资12.94万元。2003年，在完成马家河、群丰2个镇的耕地开垦选址后，对已划定的5公顷耕地开垦进入实施阶段。同年，争取到省国土资源厅对群丰镇湘云村120公顷土地整治项目的投资，并于2004年投入施工。2005年，群丰镇的旗云村开垦的1.87公顷耕地通过省国土资源厅验收。

2006年，群丰镇新塘村开垦耕地3.97公顷，当年，通过省国土资源厅验收。2007年，先后完成群丰镇江璜村、马家河镇太高村两个土地整理项目立项，开发面积86公顷的太高土地整理项目当年即启动。2008年，总投资615万元，总面积142公顷的马家河镇金龙村土地开发整理项目获批，并投入施工。

2009—2010年，天元区开始农村土地综合整治，高质量地完成石塘山279.53公顷，总投资1047.70万元的土地整治项目，新增耕地3.14公顷。

2010年12月16日，群丰镇新塘村土地综合整治项目开工，2011年5月28日竣工，历时6个月，投入专项资金398.05万元，落实配套资金246万元，整治土地面积97.01公顷，新增耕地面积3.11公顷，新增耕地率3.10%。之后，全区农村土地综合整治工作侧重面转向新划入天元区的三门、雷打石两个镇。由市投资的三门镇株木村和月形村土地综合整治项目总面积115.52公顷，总投资449.96万元，于2012年施工，当年完工即通过验收受益，整治后，新增耕地3.54公顷，新增耕地率3.06%。2012年至2013年5月，完成三门镇南江、莲花和株木3个村339.84公顷土地整治，总投资722.53万元。完成三门镇松柏、黄田和杨柳3个村462.26公顷，总投资1052.99万元的省级高标准农田基本建设整治项目的可行性研究报告和论证，并经省国土资源厅批准后开始建设，2014年全部完工，顺利通过省厅验收。当年，启动对雷打石镇扶椅山、布塘2个村120公顷农田的高标准整治、项目预算投资300万元，经项目测量、设计和招投标后进入施工阶段。

土地利用综合监管 2014年，区国土部门推行土地利用综合监管机制。依据建设用地预审文件，农转用及征地批文，建设用地批文、划拨决定书和土地出让合同等规定、约定的土地使用条件和要求，重点管控“批而未征、征而未供、供而未用”的土地，充分运用“一张图”和电子政务系统，全面、准确、动态掌握土地管理宏观、微观信息。严格建设用地预审和农转用报批审查，严格执行审查规定，坚持以制度筛选项目，合理设置准入条件，从源头上抑制滥占、多占和浪费土地资源现象，定期督促办理征地供地手续，实行建设项目用地开工、竣工管理，实施建设用地开发利用申报制度，执行建设用地开工、竣工、延期处置程序，实行建设项目用地挂牌施工，建立健全建设用地跟踪检查制度，加强建设用地管理信息化建设，使土地综合监管落到实处。同年，国土天元分局将监管工作纳入对分局机关各股（室、大队）和各中心所工作目标考核内容。

第四节 建设用地管理

一 土地使用制度改革

株洲高新区土地使用制度改革从1992年起步。当年，对划拨土地转让、出租进行统一管理，以适应和促进株洲高新区的发展。11月，成功出让河西一宗土地，结束了无偿、无限期、无流动地使用国有土地的历史，建立起以“有偿、有限期、有流动”为标志的新的土地使用制度。

1993年，推行所有建设用地必须坚持统一规划、统一征用和拆迁、统一开发、统一出让、统一管理“五统一”管理机制。土地出让方式由协议出让向招标、拍卖方式转变。1995年，供地方式由“双轨”变“单轨”，国家建设用地全部实行有偿供地，取消原有的行政划拨的供地方式。同时，全面推行土地使用证年检制度，对供而不用的土地予以收回，至此，全新的土地使用制度初步确立。

1992—1997年，株洲高新区累计出让土地111.13公顷，合同出让金23332.80万元，除支付成本外，有442.50万元投入到河西城区的基础设施建设。利用这些资金，修筑区内8条长达10余千米的干道，配套完善一批基础设施。1999年，贯彻落实市人民政府出台的《建设用地报批及审批暂行办法》，促进土地管理的法制建设和实现土地利用和管理方式的根本转变，使土地使用管理进一步规范化、法制化。

2000年后，土地使用制度改革进一步深化。2007年，区国土部门依据国家出台的工业用地“招、拍、挂”新的供地政策，及时制定并不断完善工业用地招、拍、挂操作方案。土地使用完全实现市场化。2014年，省国土资源厅推行一条重要改革措施，每年将用地计划指标由向市本级下达改为直接对市辖各县（市）下达，市本级不能再对所辖各县（市）指标进行调配。

二 用地审批

宅基地和集体建设用地 1995年以前，株洲高新区范围内的宅基地和集体建设用地的审批由建房户或集体用地单位提出申请，所在管理处视情况批注意见，报河西规划局，经区城建部、规划、国土、管理处联合现场勘察，联合进行审批，以防止滥建私房和任意侵占土地。

1995年，对因征地拆迁而需住房安置的人员，开始由区国土部门新建安置用房集中解决，以节约土地。1997年，通过冻结非农建设占用耕地，探索出非农建设用地变两眼盯着耕地为向荒山荒坡开发，此后的一段较长时间，宅基地和集体建设用地都向山坡发展。

2000年，区国土部门对土地利用计划实行指令性管理。首先优先保证国家、省、市重点工程建设项目用地，从紧安排乡（镇）公用设施、公益事业建设，农村村民建房和集体建设用地开始从紧审批。同时，对村民建房开始按标准收费。由于辖区内原有私人建房遗留问题多且复杂，时间跨越长达十余年，涉及房屋2700余栋，为解决这一问题，从2001年开始，由区政府牵头，国土、规划、房产及相关部门联合办公，历时近三年，逐步解决了这一历史遗留难题。

2003年，开始对辖区内村民建房分期分批进行审批。当年审批268户，面积44215平方米。其中，新建126户，面积20490平方米；改建142户，面积23725平方米。补办用地手续617户，面积65992平方米。发集体土地所有权证47本，面积443万平方米，核发集体土地使用权证885本，面积110207平方米。2004年，审批村民建房399户，面积68237平方米。其中，新建235户，面积39900平方米；改建164户，面积28337平方米。

2005年，区国土部门对农民建房实行年度计划管理，对建房资格的审定实行两次公示，严格建房现场管理，加强对建房审批后的跟踪，实行按批次审批等农民建房措施。2005—2006年，全区审批农村村民建房602户，面积97586平方米。其中，新建229户，面积42797平方米；改建373户，面积54769平方米。

2007年，新农村建设热潮高涨，而国家对建设用地采取紧缩政策，针对这种情况，全区用地审批工作适时采取新的对策，上门服务做好政策宣传，积极帮助基层单位合理选址。当年，完成马家河镇人民政府行政中心等9宗土地的用地报批和区内6家村办企业的选址踏勘及送审。2008—2010年，全区审批村民建房862户，面积106503平方米，核发村级企业集体建设用地土地使用权证95本，颁发集体土地所有权证44本。

2011年，区国土、规划部门简化村民建房审批手续，共同制定《天元区村民建房联合审批制度》，进一步明确村民建房时，镇（街道）、规划、国土部门的职责、审批程序、各环节的办结时限以及所需资料等，得到村民赞同。对新划入辖区的三门镇、雷打石镇的村民建房，进行全面摸底调查，两个镇未办理建房审批手续的村民2862户，占村民总户数的16.95%，村民要求办理权证的反应强烈。2013年5月，区人民政府召开常务会，专题研究处理这一遗留问题，并列入当年政府为民办实事之一。之后，向市国土局报送《株洲市天元区人民政府关于三门、雷打石镇村民建房遗留问题处理的函》，对补办对象、补办程序、补办资料、用地审批与地籍管理等提出建议，得到市国土局支持。本着尊重历史、依法依规、公开公正、实事求是的原则，从速从简、分批妥善解决，补办好相关手续。对符合建房资格的按审批程序补办规划、用地手续，一律免予处罚，除工本费外不另外收取费用；对用地面积不超过150平方米（占用耕地不超过120平方米）的按实补办，超过的只补办150平方米；规划补办房屋高度不超过二层。之后，又制定《天元区农村村民住宅建设管理暂行办法》，对村民建房的选址、范围划分、审批、建设、管理等进行明确规定。截至2014年，两镇村民建房的遗留问题基本得到解决。

2013年，区国土部门在用地审批上，把保障安置房建设项目用地放在重要位置，加大报批力度，全年批回安置房建设项目6宗，总面积25.91公顷，创区历史之最。2014年，向上报安置房用地6宗，总面积21.87公顷，省国土厅全部受理。年内批回1宗，面积12.53公顷。

项目用地 1995年，土地使用制度的改革，使项目用地（含园区建设用地和公共基础设施用地）出现全新面貌。当年，株洲高新区新签订国有土地使用权合同2宗，面积23342.78平方米，征取土地出让金21.56万元，耕地占用税66.80万元，菜地建设基金90.44万元，土地预购定金1269.64万元。截至1997年，全区出让土地113.13公顷，合同出让金23332.80万元。1998—1999年，又出让项目建设用地43宗，总面积57.43公顷，出让总金额14429.77万元。

2000年后，土地利用计划实行指令性管理。区国土部门依据土地利用总体规划、土地利用计划和建设用地标准，对项目建设用地制定出报批流程，受理并初审用地单位提交的申请，进行土地权属调查，拟定征地方案并组织征地拆迁，对拟占农用地的拿出转用和补充耕地方案，并收取好相关费用后，启动报批用地程序。

2001—2005年，3.50平方千米的天台工业园基本建成，无存量工业项目建设用地。栗雨科技工业园作为新的建设重点，2.30平方千米政策区内工业项目建设用地133.33公顷，道路及其他配套设施建设用地66.67公顷。对项目选址不符合土地利用总体规划的91.33公顷土地进行调规。

2006—2010年，对69宗符合规定的工业用地遗留项目进行全面清理。先后完成欧洲工业园二期、太子奶集团栗雨科技工业园二期、神农城、湘水湾生态园二期及园区奇瑞等大宗项目用地的报批。

2011—2014年，全区上报项目用地221宗，总面积1572.58公顷，满足天易、武广、新马片区等重点项目的用地需要。通过调规，新增建设项目用地20平方千米，保障北汽二工厂、神农城片区、园区基础设施和安置房等一批项目的顺利实施。

三 土地储备管理

土地报批 2009年，区土地储备中心完成湘水湾项目26.67公顷用地的土地报批；园区用地指标345.61公顷。2010年，协助园区批回用地指标138.53公顷。其中，商住用地137.53公顷，工业用地1公顷。2011年，取回用地审批单207.07公顷。2012年，配合株洲高科集团完成土地报批289.03公顷，牵头湖南天易集团批回5宗地，面积77.11公顷，牵头区建设局批回土地面积57.87公顷。2013年，协助高科高科集团、湖南天易公司、区建设局批回土地262.33公顷。2014年，完成土地报批91.57公顷。

土地挂牌、出让 2009—2014年，区土地储备中心土地挂牌344.92公顷，土地出让成交金额38.31亿元。其中较大的项目有：湘水湾项目71.45公顷，形成土地出让总价款7.78亿元；出让商业外圈二期、神农文化艺术街B地块等15.73公顷，出让成交总价款7.08亿元；出让竹山普通商品房项目9宗地44.98，出让总价款5.43亿元。

土地融资 2009—2014年，区土地储备中心实现土地融资26.20亿元。2009年，完成105.33公顷抵押物土地证及他项权证的办理，为园区获得中国银行贷款3亿元。2010年，在全市开创先河，建立教育土地资产处置形成收益继续投入教育建设的良性运行模式，促成大坪逸夫小学地块成功签约。2014年，完成土地融资23.2亿元；完成14.1亿融资规模卡的下发工作。

土地证办理 2009年，区土地储备中心完成105.33公顷抵押物土地证及他项权证的办理；协助株洲高科集团办理153.33公顷抵押贷款土地证和他项权证；协助完成时代新材、南车风电、旭阳机电等入园项目36公顷工业用地的招拍挂工作和土地证的办理工作。2010年，为神龙城项目10.93公顷和66.4公顷土地协调办理土地使用权证；协助园区办理6个项目41.08公顷工业用地土地证。2011年，完成土地办证120.47公顷；开辟绿色通道，协助园区办理融资抵押土地证137.6公顷。2009—2014年，区土地储备中心完成对671.16公顷土地办理土地证。

四 征地拆迁与安置

1989年，市政府先后颁发《株洲市土地管理若干规定》《株洲市国家建设征地补偿办法》《株洲市国家建设征地转户安置办法》《株洲市征购拆迁房屋补偿安置办法》4个文件。1993年，市政府又对以上4个文件的部分条款进行修改补充。这一时期，区管委会均严格按以上文件精神进行征地拆迁和安置工作。

1993—1995年，全区征用土地200余公顷，拆迁私房800多栋，拆迁面积11万平方米，安置劳动力1500人，办理转城3000多人。为解决拆迁户的住房安置问题，根据株洲高新区作出“拆迁户不再择地重建，集中建楼房”的决定，区国土部门利用所收购地定金和土地出让金作为启动资金。

1996年，为配合省、市重点工程的建设，区国土部门全员出动，为株洲市第四自来水厂建设工程早日上马，10天完成黄河南路至市四水厂2.30千米长的延伸工程的征地拆迁任务，22天完成厂区10.30公顷土地上的征拆工作，还用30天完成炎帝广场10.50公顷的征地任务，为这些重点工程落地奠定先期基础。在市广播电视塔3.02公顷建设用地的征拆中，国土河西分局首创一次报批、分二次拆迁、二次腾地的灵活办法，既保证了电视塔工程按时奠基，又根据工程进度做到及时供地。至1997年的5年中，分别在辖区内的大湖塘、华天新村、张家园、天台、大坪、莲花等地新建拆迁户安置房22栋，共636套，总面积4.68万平方米。因拆迁户集中建安置房刚刚起步尝试，房屋建成后，由此产生诸如安置房的债权债务清理、水网改造、水电维修、物业管理等等一些遗留问题。

1998年，全区拆迁户的安置一律不允许自拆重建或重新选宅基地自建，只能以商品房与拆迁户的私房兑换房屋产权进行安置，并对以房换房、兑换房屋产权必须具备的条件和兑换的具体操作办法作出明确规定，对不予以房换房的合法房屋建筑予以征购，对违章建筑一律无偿拆除。

1999年，完成石峰大桥河西桥头广场和河西防洪后续工程等重点建设项目用地的征地拆迁工作。至2000年的4年中，全区征地面积253.33公顷，占全市征地总面积的50%，共拆除房屋607栋，面积48万平方米。

进入21世纪，因历史原因和对农民建房缺乏规范，“两违”建设较为普遍。仅泰山路、嵩山路两个街道存在有私人建房遗留问题2369户。村民因长期没有建房用地批准书和产权证而不时上访。2001年，为妥善解决这一问题，成立以区政府牵头，市国土局、市规划局和市房产局等部门参加的天元区私人建房遗留问题处理领导小组，对2个街道辖区内未经规划、国土部门批准，擅自占地新建或改扩建的房屋及乱搭乱建的棚店，依据相关法律、法规，本着尊重历史、面对现实；处理为主，处罚为辅；教育多数，惩治少数；规范行为，优化环境的原则，区分不同时期，不同情况，公正、公平、公开，依程序进行清查处理。从2001年5月开始，至2003年11月才将这一历史遗留问题处理完毕。

2003年7月，区政府为建设湘江生态经济带沿江防洪景观道路工程，综合制定出移民安置方案。规定凡建房安置均采用城市规划区内统一规划、统一设计、统一建设，货币安置；城市规划区外，统一规划，统一征地，分户建设和集中安置；企事业单位实行货币补偿，自找出路，严格控制搬迁，原则上一次性解决，避免重复建设、重复搬迁。同年9月，为安置栗雨科技工业园拆迁户，启动占地12.27公顷，建筑面积12万平方米的安置住宅用地上的征拆工作。为使市城市快速环道西环线工程建设尽快上马，征拆沿线93栋房屋。

2004年5月，天元区在市政府组织征地拆迁大会战中，完成区辖范围内市体育中心、庐山路、泰山路四街区、村民安置小区等重点工程的征拆任务。

2005年，武广铁路客运专线穿越辖区15.28千米，涉及2个镇1个街道8个行政村、54个村民组，需征用土地112.09公顷，拆迁民房168栋，总面积6.56万平方米，需用于解决拆迁户的安置住房258套。征地拆迁工作中，土地确权复杂，加之补偿标准偏低，工作难度前所未有。区人民政府召开沿线村、组负责人会议，乡村分组召开村民大会进行动员。区国土部门散发宣传资料，宣传相关法规政策，号召村民舍小家为大家，全力支持重点工程建设，造福子孙后代，使沿线村民都能以大局为重，支持征拆，整个征拆工作在上级规定的时限内顺利完成，成为全省沿线领先完成征拆的地（市），得到省及指挥部领导的表彰。至2005年的5年中，征地1034.53公顷，实现交地83宗，拆除房屋2479栋，计建筑面积198万平方米。保证区内各项工程按计划施工建设，其中，包括湖南工业大学、西环线、庐山路、储备用地、湘江四桥等重点工程。

2006—2010年，区政府严格执行《株洲市征地拆迁补偿安置办法》，严格界定征地拆迁安置的内涵，适用范围，对补偿标准及计算、安置途径、具体操作程序等，下发天元区征地拆迁工作程序等文件，使辖区内包括欧洲工业园二期133.33公顷工业用地、太子奶集团栗雨科技工业园二期47.1公顷建设用地，株洲高科集团176.47公顷工业用地的58宗征地项目，涉及土地面积733.33公顷用地上的征拆工作顺利完成。同时，全区还分别在泰山、嵩山、栗雨三个街道和群丰镇，启动8000套安置房建设，共拆房屋52栋，至2010年底前全部建成交房。

2011年，区国土部门执行领导带头担责，建立项目副所长负责制，每个拆迁项目均由1名拆迁事务所副所长担任第一责任人，全年完成22宗征地项目的拆迁任务，面积415.27公顷，拆迁房屋1327栋，面积51.67万平方米，使神农城、湘水湾、武广片区等一批重点项目及时得到供地。

2012年，区政府创新征地拆迁工作“重心下移、责权对等、考核严格、奖惩到位”的管理模式，将工作重心下移到辖区各镇（办），明确镇、街道、村（社区）是征地拆迁安置房建设管理工作的责任主体。全年完成征拆项目29宗，总面积433.71公顷，拆迁房屋1300户，面积52.66万平方米。同年，《高新区天元区征地拆迁安置房建设管理改革实施细则》颁布实施，规定安置房建设管理的自主权、决策权更多地交给村民集体表决；安置房建设模式采取多样化，实行因地制宜，采取自购、团购、自建、代建回购等模式；坚持“谁建设、谁筹资”的原则封闭运转，财政不再设置专项资金用于安置房建设；实行产权改革，鼓励生活、生产安置用地由国有划拨土地、集体所有土地转为国有出让土地，把只有小产权的安置房向拥有完整产权的商品房转变。

2013年，市委、市政府召开征地拆迁工作“百日攻坚”动员大会，会后，区委、区政府创新出台一整套共13个有关征拆法规政策性文件，为贯彻文件精神，分期分批举办培训班。区国土部门派出精干力量，加大宣传力度，走村进组入户，细致讲解征拆政策和征拆程序，在征拆工作中严格遵守依法征拆，严守程序，文明征拆，全体人员发扬“5+2”（每周五个工作日＋周六、周日）、“白＋黑”（白天加晚上）的连续作战精神，完成市委、市政府交给的“百日攻坚”任务，天元区获得全市第一名，获一等奖。全区实现交地58宗，549.73公顷，完成国有土地上房屋征收项目交地4宗，2.09万平方米。

2014年，全区征地拆迁工作实行日报告、周调度、月讲评制度；坚持政策会审工作机制，召开50余次专题会议，研究解决答复疑难问题100余个。全年完成集体项目交地48宗，面积634.53公顷，完成国有房屋征收项目7宗，面积近5万平方米。

第五节　矿产资源管理

天元区境内矿产资源已探明的有煤、铁、钨、铅、锌、金、锡、铀、钼、铜、银、铌、钽、稀土、萤石、石膏、硅石土、高岭土、石灰石、花岗岩等40余种，但不具有开采价值的金属矿，非金属矿的开采也是“小打小闹”，没有形成规模。2007—2010年，区内矿产资源的开发均为非金属矿产的开采，且规模小，最多时达13家，最少时4家，均为煤矿和砖厂。

2010年，国土天元分局内设立矿产测绘管理股，以加强对辖区内矿产资源开发的管理。当年，通过巡查，在7家开采企业中就查处越界开采片石案一宗，没收非法所得2.42万元，收取矿产资源补偿费1.50万元。

2011年，开展整顿和规范矿产资源开发秩序，通过对矿山企业进行年检，为群丰镇栗山村、马家河镇金龙村、雷打石镇龙泉村3家非煤矿产企业和龙岩煤矿采矿企业颁发采矿权证，企业取得合法生产资格。通过建立动态巡查制度，实现对矿山企业的动态管理和监控。

2012年，国土天元分局下发《打击非法开采矿产资源专项行动方案》，开展“打非治违”集中行动，重点整治湘江河道株洲段采砂、洗砂，以及页岩、石灰石等无证开采。对龙岩煤矿、金龙片石场两家企业超深越界开采行为进行立案查处，永久性密闭3处超深越界开采巷道。此后，各开采企业均与国土部门签订守界开采承诺书。

2013年，区政府下发《天元区2013—2015年金属非金属矿山依法整顿工作实施方案》，以打击非金属矿山违法行为为重点，依法取缔无证开采和关闭不具备安全生产条件和破坏生态污染环境等各类矿山。关闭工作实行政府领导，部门配合，落实责任，联合执法的工作机制。通过整顿，全区7家非金属矿山的开采秩序进一步好转，辖区内无证开采和超深越界开采等非法违法行为得到遏制。同年3月，境内首次发现擅自破坏山林开采砂石资源的违法行为，随后半年时间，又先后发现11起毁林挖山采砂案件，总面积2.67公顷，且有不断漫延之势。区人民政府印发《制止打击乱砍乱采专项行动工作方案》，颁布《关于整治乱砍乱挖乱采行为的通告》，安排35万元资金，雇请有资质的单位对非法采砂现场逐一进行准确测量和产量评估，掌握证据，移送司法机关惩处。年内，立案查处非法开采者8名，扣押挖掘机7台、货车10辆、装载机3台、封存非法洗砂场1家，责令自行拆除2家，停业3家，收取罚款11.40万元，使大规模非法开采砂石行为得到有效遏制。

2014年，砂石价格飞涨，采砂者受经济暴利驱使，非法挖山采砂、洗砂行为死灰复燃，不仅对生态环境造成破坏，有的还直接危害当地人民群众生命财产安全。区政府出台《天元区制止、打击乱砍乱挖乱采行为专项行动的通告》，5月—9月，组织“百日攻坚”行动，制止、打击非法开采砂石违法案件50余起，立案调查23起，扣押车辆42台，处以罚款127.80万元，整治打击效果明显，辖区内无大规模非法上山开采砂石行为。

第六节　地质灾害防治

20世纪90年代至2009年，株洲高新区和天元区的地质灾害防治工作，由乡（镇）政府负责，所在各乡（镇）国土所予以配合。

2010年，国土天元分局增设矿产测绘管理股，将地质灾害防治工作纳入职能范围。当年，前后历时4个月，对辖区内2个镇、3个街道、30个村进行全面排查，发现40余处地质灾害隐患点，经专家认定，其中6处需重点防范，共设立警示牌11处。组织编制《天元区2010年度地质灾害防治方案》《天元区2010年度地质灾害应急预案》，成立突发地质灾害应急处置小分队，制定值班、灾情速报等制度，明确责任分工，各村都有地质灾害信息员，形成群测群防网络。

2011年，成立区地质灾害防治工作领导小组，健全《地质灾害防治方案》和《应急预案》，加大对地质灾害防预、避险等的宣传力度，强化巡查、值班、速报和应急处置等制度，完成辖区内 1 : 500 地质灾害外出作业详查，对重点隐患点进行整治。全年发送信息 20 次共 400 条。同时，对汛前排查、汛期值班、汛中巡查、汛后核查等工作进行全面部署。对三门镇石亭村傅家组等 6 处地质灾害隐患点，逐点编制应急预案。2012 年，区财政下拨专款 6 万元，对 14 个地质灾害隐患点重新设立警示牌，添置应对突发灾害的警戒绳等器械。同年，雷打石镇空灵寺出现地质灾害崩塌群隐患，直接威胁寺内人员、香客、游人的生命安全，危及寺内房屋及内部设施，被列入当年省、市重点整治项目。省国土资源厅和市国土资源局以及区政府各拨专款 249 万元，通过公开招投标，确定勘察设计、监理和施工单位后，治理工程于 11 月 26 日开工，2013 年 9 月通过验收，分别对 17 个点进行凿除危岩石、锚杆、锚索、挂防护网、钢筋砼支撑扶臂等施工；对已开裂的片石挡土墙进行加固锚杆，钢筋砼网格梁施工；在南起三圣殿，北至危岩体后缘的山崖顶上修筑砼截水沟；对罗汉堂至药师殿建造砼防护墙。同年，区人民政府获株洲市维护矿产资源开发秩序及地灾防治责任目标管理先进单位。

2013 年，首次在雷打石镇养鲤村坟坪组的隐患点安装地质灾害位移报警器，开始使用现代化的手段对地质灾害进行远程自动监控。2014 年 2 月，因湘潭县谭家山镇多家煤矿大量开采，致使与其邻近的三门镇石亭村傅家组发生 2 处地面塌陷险情，其中 1 处位于 2 位村民 2 栋房屋之间，距离房基分别为 7 米和 9 米，塌陷洞口平面为 4.5 米 ×4 米的长方形，洞深约 7 米；另 1 处位于村民赖东海房屋前坪，其砼坪出现多条裂缝，裂缝最大宽度达 10 厘米，地面可见延伸长度 25 ~ 30 米，裂缝深度 2.5 米以上，敲击地面时，地下发生空响，再次发生大规模塌陷可能性大。两处塌陷带还严重威胁 7 栋房屋，28 名村民的生命财产安全。区人民政府接到报告后，当即组织撤离险情区域内的所有人员，划出警戒线，邀请湖南省有色地质勘查局二一四队进行实地勘测，组织力量开展实地调查，并及时向湘潭县政府进行通报。区政府根据二一四队出具的《株洲市天元区三门镇石亭村地质灾害点基本情况调查报告》，迅即向省国土资源厅呈送专题报告。由于采取的措施得当，没有造成人身伤亡和更大的财产损失。经与湘潭县协调达成后续处置意见，得到较好的解决。

第七节　土地执法监察

一　动态巡查与卫片执法检查

20 世纪 90 年代中期，国土天元分局成立执法监察大队，配备专职执法监察人员，逐步建立起土地执法工作规范和土地监察网络，由区、镇人大牵头，国土、法院、监察齐抓共管，形成执法合力，切实保护好区辖范围内的国土资源。

2000 年，国土天元分局制定国土动态巡查责任制，参与公安“110”联动的国土“110”，划定巡查区域，确定巡查重点，与市国土局签订《土地执法监察动态巡查目标责任状》，向下与基层中心所签订《土地执法监察动态巡查工作目标责任书》，土地执法监察纳入年度目标管理范围。对动态巡查重点区域、路线、巡查时间、具体内容、工作范围、工作纪律、工作责任追究等作出明确规定。

从2008年开始，开展土地卫片执法检查。土地卫片是国家利用卫星遥感监测等技术手段制作的叠加监测信息及有关要素后形成的专题影像图片，国土资源部每年都对影像图片上的土地异动情况（简称“图斑”）直接向全国所有县（市、区）行政管辖区域进行一次通报，要求图斑所在县（市、区）限期组织卫片执法检查并进行验收。当年，国土资源部共下发区辖范围内的图斑35个，总面积185.53公顷。国土天元分局对图斑逐一进行现场核对检查，在规定的时间内上报，一次性通过验收。

2009—2010年，辖区出现新图斑76个，数量占株洲市一半还多，工作量为市内其他3个行政区的3倍多。任务重，时间紧，区国土部门领导带头，加班加点，在规定的时限内完成任务并顺利通过验收。

2011年，全区卫片图斑猛增至389个，涉及面积288.31公顷。国土天元分局外业调查，内业复核，最终确定合法用地图斑349个，面积277.19公顷；违法用地图斑40个，面积11.13公顷。对违法用地分别进行查处，凡违法使用耕地的进行复垦复绿。

2012—2014年，全区卫片执法检查3年共下发图斑265个，总面积390.57公顷。经调查核实，确定违法图斑63个，面积44.59公顷，立案查处34宗，其中8宗为村民建房，全部拆除复垦，收取罚金56.92万元。

二 控违拆违

2000年以后，随着征地拆迁进程的加快，辖区内一些村民为谋取在征地拆迁中更多的经济利益，违法建房、突击建房、乱搭乱建等现象较为突出。区国土部门和专业拆违队伍对于即将发布征地公告的区域提前介入，会同有关乡（镇）、街道、项目指挥部等走家串户开展群众工作，宣讲城乡规划和控违治违政策。对违建突出的地域，加大控违力度。在控违治违过程中，做到有巡查台账记录、影像证据，不少于对当事人有3次以上谈话记录等，严格依法依规依程序办事，体现公平、公正、公开处置原则。对需要强制拆除的违建项目，区人民政府根据不同情况制定出1～3级强拆行动预案，经严格审批程序后，由区人民政府牵头，相关镇（街道）、国土、规划、公安、治违大队等联合进行执法。2005年，拆除违法建1.2万平方米

2008—2009年，全区控制和拆除违法建筑2992处，面积47.76万平方米。

2010—2011年，全区控制和拆除违法建筑2569处，面积49.86万平方米；共组织一级行政

强拆行动 340 次；二级行政强拆行动 22 次；三级行政强拆行动 5 次。

2012 年，区政府出台《天元区治理违法建筑工作专项考核办法（试行）》，建管办开始牵头进行区级治违控违考核。考评采取周检查、月考核、季评比、年总结的综合考评方式，构建区、镇（街道）、村（社区、管理处）三级考核网络，发挥考核推动作用。全年组织一级拆违行动 169 次、二级拆违行动 3 次、三级拆违行动 19 次，共拆除违法建筑 950 处，面积 28.61 万平方米，在市拆违综合考评中，连续 3 个月排名第一，治违工作得到市级主管部门的高度认可，并成为其他兄弟区学习的标杆。

2013 —2014 年，全区控制和拆除违法建筑 834 处，面积 44.35 万平方米；共组织一级拆违行动 72 次，二级拆违行动 32 次，三级拆违行动 10 次，配合司法机关强拆和集中拆违 10 次，超额完成市考评办下达的违法建筑的拆除数量面积。

2008 —2014 年，全区拆除和控制违法建筑面积 175.55 万平方米，组织拆除行动 920 次。

三 违法违规用地行为查处

1998 年，《中华人民共和国土地管理法》修改以来，天元区以动态巡查为主，结合“湖南省土地利用全程监管系统”和市国土局“一张图”工程，构建统一的综合信息监管平台，通过对实时获取的各类监管信息，进行网络化的统一管理和在线应用，实现“天上看、网上管、地上查”的全方位执法监管。1999 年，立案 24 起，涉及土地总面积 5.46 公顷，结案 23 起，收取罚款 38.79 万元。收回闲置土地 2 起，面积 55.33 公顷，收回瑞丰公司 11.73 公顷，重新出让给市卫生局；收回银捷房地产公司 15.79 公顷。2000 —2005 年，全区发生违法用地案件 395 起，涉及土地面积 5.62 公顷，其中立案查处 146 起，结案 136 起。仅 2005 年就强制拆除违章建筑 40 栋，共收回土地 2.28 公顷。对已签订用地协议，未签订土地使用权出让合同的斯特实业有限公司、时代新材、康琪壹佰、通达铁路等 19 家迟迟不办理用地手续的企业下发催办通知，限期办理用地手续，进一步规范园区企业用地行为。

2006 年，查处违法用地 137 宗，涉及土地面积 1.92 公顷，行政强制拆除违章建筑 30 栋，敦促自拆违章建筑 17 栋，查处违法用地 92 起，清理闲置土地 3 起。2007 年，开展土地执法百日行动和闲置土地清理专项行动，查处群丰镇卫生院、神农生态园及湖南经仕集团实业有限公司等 10 家单位违法用地。全年查处违法用地 256 起，涉及土地面积 2.60 公顷，收回土地面积 2.54 公顷。清理以租代征集体土地 61 起，涉及土地面积 188.51 公顷，清理闲置土地 42 起，总面积 107.80 公顷。2008 年，制止违法用地 128 起，涉及土地面积 1.81 公顷，拆除违法违章建筑 814 处，面积 9.47 公顷。为全面清理农村集体土地违法违规问题，成立区清理农村集体土地违法违规问题的领导小组，通过调查摸底发现辖区内农户新建、改建、扩建违法用地达 3208 户，涉及土地面积 39.42 万平方米，及时将情况上报市国土局进行统一处置。2009 年，查处违法用地 34 宗，面积 0.14 公顷，拆除违法建筑49栋，面积5023.24平方米。对耀华电器、肯特硬质合金闲置土地进行清理，收回闲置土地7.87公顷。

2010年，认真落实《国土资源共同监管责任制》等13项制度，加强部门之间的配合，发挥协同联合执法的作用，拓宽案源发现渠道，做到早发现、早制止、早处置。查处违法用地284起，强拆违章构筑物810处，面积18.78万平方米，其中立案4起，当年全部结案。开展“批而未征”“征而未供”“供而未征”的土地清理工作，清理15起，面积33.17公顷。

2011—2014年，全区发现违法用地442起，涉及土地面积22.54公顷，立案查处44起，结案率连续4年100%，收取罚没款144.03万元。

第三章　统　　计

1997年，成立区计划统计物价局（对外保留区统计局牌子），保留统计室。2005年，区政府设立副科级全额拨款事业单位的区域统计调查队，2006年更名为区经济社会抽样调查队，2010年更名为区地方经济社会调查中心。2010年，天元区统计工作职能从区发展和改革局单列，同时将株洲高新区产业发展局的高新区火炬统计、河西示范园园区统计职能划入，组建成立区统计局，并设立副科级全额拨款事业单位的区普查中心，率先在全市构建一局两中心架构。区统计局成立后，充分发挥统计信息、咨询、监督的职能，全区的统计工作纳入规范化管理。1997—2014年，先后有粟建华、雍建敏、胡玉萍、罗红群、徐清林、何成钢任局长。

第一节　统计制度

1997—2014年，区统计局执行国家、省、市统计局颁布的年（定）报统计方法制度，大型普查的方案、制度和报表由国务院普查领导小组及其办公室、国家统计局和省、市统计局制定，区统计局组织实施。从2003年起，区统计局全面承担市统计局下达的各项专业统计任务，即工业、交通运输、批发零售贸易业、住宿和餐饮业、固定资产投资、建筑业、房地产业、社会服务业、科技、劳动工资、能源与原材料、区级增加值（试算），根据市统计局规定的统计对象、范围、行业采集统计报表，审核、汇总、上报。从2006年第一季度开始，季度GDP（地区生产总值）核算按照“下算一级”制度，即由市统计局统一核算后并反馈给株洲市各县市区。

自2002年始，天元区按照《株洲市人民政府关于在天元区范围实施区域统计的公告》规定，开展区域统计试点工作。试点对象包括中央及省属、市属企业法人、事业单位法人、机关法人、社会团体法人和民办非企业等其他法人，及其法人单位所属的农业、工业、建筑业、批发零售业、餐饮业、服务业等产业活动单位。对部分不宜按区县行政区域划分其生产经营活动情况的单位，经市统计局确认，暂不列入试点范围。主要包括：部分生产经营业务不能按区域划分、财务上实行统一核算的单位，如金融保险业中的银行、保险公司、证券公司等；交通运输、邮电通信业中的铁路、邮政局、通信公司等；跨越区县范围的城市建设项目，如桥梁、道路等项目。基本实现从过去“以条为主”转向“以块为主”的统计管理制度改革目标。

2003 年 1 月，经报请区委、区政府同意，天元区率先在全市、全省实施区域统计，按照现行行政区域，凡该行政区域内的各类单位，除部分不宜按区域划分其生产经营活动的单位外，均由其所在区县的政府统计机构行使统计职能。因跨区域经营生产业务而不能按区域划分、财务上实行统一核算的单位，仍由市统计局统计，如铁路、邮政局、通信公司等。实施区域统计以来，各项工作整体运行良好，精准、全面反映区域经济社会发展全貌，为区领导作出各项决策提供有效统计支持。

从 2011 年 8 月起，按照国家统计局统计一套表以及联网直报改革要求，株洲高新区、天元区“三上”（规模以上工业企业、资质建筑企业与资质房地产企业、限上批发零售住宿餐饮企业）既要按原模式上报各类报表，又要启动企业联网直报“双轨制”。2012 年 2 月，全区全面推行“三上”企业联网直报，并施行“统一组织领导、统计部门负责牵头、行业主管部门监管、直报单位为责任主体、乡镇街道强力推进”的工作机制。2013 年 2 月，规模以上服务业纳入联网直报范围，统称“四上”企业联网直报，基本实现无纸化报表报送。

第二节　统计调查

常规性统计调查　常规性统计调查主要包括工业、批发零售业、住宿餐饮业、房地产、固定资产投资、建筑业、能源、劳动工资、服务业、科技、人口变动情况、妇女儿童两纲监测、转型升级、高新区火炬计划统计、园区统计、规模以下工业、限下服务业等类别。其中工业能源、批发零售住宿餐饮业、房地产、固定资产投资、服务业为月报，其他则为季报或年报。2013 年，在全市统计工作评比中，天元区统计局被评为红旗单位。

一次性统计专项调查　此类统计调查由国家、省、市统计局根据需要不定期组织实施。主要的一次性统计调查包括：2000 年，实施第五次全国人口普查；2001 年，实施第二次全国基本单位普查；2005 年，实施 1% 人口抽样调查；2006 年，实施第二次全国农业普查；2009 年，实施第二次全国 R&D 资料清查；2010 年，实施第六次全国人口普查；2012 年，实施全国投入产出调查；2013 年，实施第三次全国经济普查；国家统计调查队临时交办各类抽样调查。

自行组织统计调查　1997—2008 年，区统计局每月编制《天元区主要经济指标快报》《天元区主要工作完成情况月报》《天元区经济月报表》；自 2009 年 2 月始，每月编制一期《高新区、天元区统计月报》，对区域范围内的重点项目投资情况、重点企业完成情况进行调查统计。

第三节　专项普查

一　人口普查

第五次全国人口普查　第五次全国人口普查标准时点2000年11月1日零时，普查结果显示：全区常住户数为35126户，常住人口为120741人。其中：从家庭户人口来看，常住人口中共有家庭户33766户，家庭户人口111046人，平均每个家庭户的人口3.29人；从性别构成来看，男性人口62096人，女性人口58645人，性别比为102.84；从年龄构成来看，0～14岁人口23305人，其中男11955人、女11350人，15～64岁人口90180人，其中男46482人、女43698人，65岁及以上人口7256人，其中男3695人、女3597人；从受教育程度来看，大学以上的人口12178人、高中的人口19662人、初中的人口40560人、小学的人口38397人，文盲人口（15岁及以上不识字的人）3335人。

第六次全国人口普查　第六次全国人口普查标准时点2010年11月1日零时，全区选聘1000多名普查工作人员。普查结果显示：全区常住人口为215392人，与第五次全国人口普查（简称"五人普"）比，共增加94651人，增长78.37%。年平均增长率为5.96%。从家庭户人口来看，常住人口中共有家庭户63408户，家庭户人口186732人，平均每个家庭户的人口2.94人，与"五人普"比，减少0.35人；从性别构成来看，男性人口110024人，女性人口105347人，性别比由"五人普"的105.88下降为104.44；从年龄构成来看，0～14岁人口28425人，15～64岁人口172867人，65岁及以上人口14079人，与"五人普"比，0～14岁占比下降6.10个百分点，15～64岁占比上升5.58个百分点，65岁及以上人口占比上升0.53个百分点；从受教育程度来看，大学以上人口63832人、高中以上人口43769人、初中人口59763人、小学人口34306人，文盲人口（15岁及以上不识字的人）1206人。与"五人普"比，文盲人口减少1503人，文盲率由2.92%下降为0.65%，下降2.13个百分点。

二　经济普查

第一次全国经济普查　标准时点为2004年12月31日，普查时期资料2004年度。经普查核定2004年GDP实现26.2亿元，比2004年快报增加1.1亿元，其中第二产业增加0.1亿元、第三产业增加1亿元。从单位数量来看，2004年末各类法人单位830个，其中企业法人443个、机关事业法人201个、社团法人117个、其他法人69个。个体经营户4906户。分产业看，第二产业196个，其中工业145个、建筑业51个；第三产业683个，其中批发和零售业40个、住宿和餐饮业17个、房地产业87个、其他行业480个。

2004年株洲市天元区单位数与有证照个体经营户数一览表

表12－3－1

单位类型	单位数（个）	比重（%）
一、法人单位	830	100
企业法人	443	53.4
机关、事业法人	201	24.2
社会团体法人	117	14.1
其他法人	69	8.3
二、产业活动单位	879	100
第二产业	196	22.3
第三产业	683	77.7
三、有证照的个体经营户	4906	100
第二产业	796	16.2
第三产业	4110	83.8

第二次全国经济普查 标准时点为2008年12月31日，普查时期资料2008年度。普查结果显示，2008年末全区共有各类法人单位1723个，比“一经普”（第一次全国经济普查，下同）增加893个；个体经营户13149户，比“一经普”增加8243户。从机构类型来看，2008年企业法人1174个，比“一经普”增加731个；机关事业法人310个，比“一经普”增加109个；社团法人和其他法人239个，比“一经普”增加53个。分产业看，第二产业法人412个，比“一经普”增加216个，其中工业326个、建筑业86个；第三产业1311个，比“一经普”增加628个。从普查总量来看，普查核定2008年地区生产总值（GDP）实现86.2亿元，比2008年快报增加9.2亿元，其中第三产业增加9.2亿元。

2008年株洲市天元区单位数与有证照个体经营户数一览表

表12－3－2

单位类型	单位数(个)	比重(%)
一、法人单位	1723	100
企业法人	1174	68.1
机关、事业法人	310	18
社会团体和其他法人	239	13.9
二、产业活动单位	2204	100
第二产业	412	18.7
第三产业	1792	81.3
三、个体经营户	13149	100
其中:有证照个体经营户	4028	30.6
第二产业	648	4.9
其中:有证照个体经营户	215	33.2
第三产业	12501	95.1
其中:有证照个体经营户	3813	30.5

第三次全国经济普查综合试点 天元区被国家统计局列为第三次经济普查试点地区，从2013年6月初开始，7月底结束。在试点期间，全区按照第三次全国经济普查试点方案要求，全过程模拟机构组建、两员选聘、普查区划分与绘制、单位比对、宣传动员、业务培训、PDA内容加载与分配、入户登记和试点总结等业务流程，检验经济普查方案及配套软件的科学性、可行性，圆满完成试点工作任务。

第三次全国经济普查 标准时点为2013年12月31日，普查时期资料2013年度。普查结果显示，2013年末全区共有从事第二产业和第三产业活动的法人单位2625个，比“二经普”（第二次全国经济普查，下同）增加902个，增长52.35%；产业活动单位2769个，增加565个，增长25.64%；有证照个体经营户5866个，增加1838个，增长45.6%，有证个体户占比为49.1%，提高18.5个百分点。

2013年株洲市天元区单位数与有证照个体经营户数一览表

表12－3－3

单位类型	单位数（个）	比重（%）
一、法人单位	2625	100
企业法人	1833	69.8
机关、事业法人	395	15.1
社会团体法人	157	6.0
其他法人	240	9.1
二、产业活动单位	2769	100
第二产业	622	22.5
第三产业	2147	77.5
三、有证照的个体经营户	5866	100
第二产业	229	3.9
第三产业	5637	96.1

三 农业普查

第二次全国农业普查标准时点2006年12月31日，时期资料为2006年度，共调查全区5个乡级行政单位，其中3个街道、2个镇，1.77万个住户。普查结果显示：全区共有农业生产经营户1.64万户，农业生产经营单位17个，共有农业从业人员1.72万人，农业技术人员45人；大中型拖拉机2台，小型拖拉机90台，大中型拖拉机配套农具7台，小型拖拉机配套农具520台，联合收割机30台；农村劳动力资源总量4.3万人，其中男劳动力占52.8%，农村从业人员4.1万人；农村平均每户拥有住宅面积257平方米，平均每百户拥有彩电98台、固定电话22台、手机125部、电脑3台、摩托车55辆、生活用汽车4辆。

第四节 统计服务

统计公报 从1997年起，区统计局每年及时发布《天元区国民经济和社会发展统计公报》。内容包括经济发展、社会事业、城市建设和管理、人口和人民生活。每年及时发布《株洲高新区年度统计报告》，内容包括年度发展概况、招商引资、城区建设、产业发展、财政管理、人力资源建设、园区建设、孵化器建设以及河东田心高科园、董家塅高科园发展概况。

统计年鉴 从2006年起，每年编制《天元区统计年鉴》，并免费赠送。内容包括区域概况、财政金融、人口与劳动、综合经济、农业、人民生活、投资、建筑业、工业与能源、园区经济、服务业、名录库。编制专项年鉴，即《第一次全国经济普查年鉴》《第二次全国经济普查年鉴》《第六次全国人口普查年鉴》。

统计月报 从2009年2月起，每月编印《高新区、天元区统计月报》。主要内容包括：高新区主要经济指标、天元区综合核算、产业结构、工业经济、社会消费品零售总额、城乡居民收入、房地产投资与销售、固定资产投资、财政收支、规模以上服务业企业、重点工业企业情况、重点项目情况、重点商贸企业情况。

统计分析调研 加强统计分析，做好统计资料的编辑整理和开发应用工作，每年组织有关统计人员撰写大量统计分析文章。1997—2010年，区统计局完成统计定报和年报后，对全区经济各行各业进行专题调研分析，撰写统计报告，多篇分析材料得到区领导批示。2010年起，在原有统计分析的基础上，深度挖掘统计数据，突出专项统计调研，重点分析人民群众关心的、区领导关注的问题，切实为各级领导、管理人员进行科学决策和经济运行分析提供依据。

统计教育培训 从2003年起，区统计局每年利用布置统计年报会议，组织工业、批发零售住宿餐饮业、固定资产投资、建筑业、房地产业、服务业、科技、劳动工资等统计人员进行统计专业报表业务培训。全面贯彻落实《中华人民共和国统计法》《统计从业资格认定办法》《湖南省统计管理条例》等有关规定，每年定期组织统计人员持证上岗业务培训，年均有100多名统计人员参加持证上岗或再继续教育培训。

第五节 统计监督

统计法制宣传 按照湖南省、株洲市统计法制宣传教育有关要求，区统计局在每年的统计年报工作会议上，把宣传统计法规列入会议内容。在第一、二、三次全国经济普查，第二次全国农业普查，第五、六次全国人口普查期间，利用板报、通告、电子屏、《株洲新区报》等形式开展宣传咨询活动，重点宣传《中华人民共和国统计法》《经济普查条例》《人口普查条例》《农业普查条例》。积极配合市统计局，组织参加各项统计普法宣传以及活动。2011年，区统计局被湖南省统计局授予2006—2010年湖南省统计法治宣传教育先进单位。

统计执法检查 1997—2010年，区统计局联合市统计局，每年初将需检查单位报市统计局，每月末对各个单位进行检查。从2010年起，市统计局授予区统计局单独统计执法权，每年初制定统计执法检查工作计划，按一定比例对事业、企业单位的统计报表进行重点检查。2013年，根据区政府办下发的《关于开展第三产业单位统计数据质量大检查的通知》精神，区成立由区统计局、政府办、国税、地税、工商、城管、卫生等单位组成的统计数据质量大检查办公室，对全区第三产业企业开展大检查，重点抽查服务业企业、批发零售住宿餐饮企业，重点核实企业营业收入、从业人员数、职工工资总额等，督导报表单位规范业务，进一步夯实统计基础工作。

第四章　物价管理

天元区成立之前，价格管理职能由株洲市郊区物价局行使。1997 年 8 月，天元区成立后，价格管理职能由天元区物价局行使。

第一节　实施“无费区”政策

1997 年，区政府计划统计物价局负责区内物价管理工作。1998 年 5 月，为优化株洲高新区的经济发展环境，提高区域竞争力，市委、市政府分别在株洲高新区实行“无费区”试点工作下发文件，明确“无费区”的范围为株洲高新区内“三个园区”总面积约 10 平方千米的区域，具体的界限为：泰山路以南，滨江南路以西、以北，黑龙江路以东，再加上凿石行政村和科技园地块内的所有高新技术企业。“无费区”内实行只收税、不收行政事业性费的优惠政策；水、电、煤气增容费和土地出让金按国家给予高新区的优惠政策执行；由株洲高新区管委会对“无费区”内的工业企业发放“无费证”，企业凭证免缴行政事业性收费。

“无费区”的组织实施，由株洲高新区管委会、株洲市物价局具体负责。1998 年 6 月，高新区管委会与市物价局联合下发《关于在株洲高新技术产业开发区内实行“无费区”试点的实施细则》。7 月 1 日，株洲高新区在全国率先实行“无费区”政策。市政府向湘瑞塑料建材有限公司、株洲普兰特油脂有限公司等 24 家企业发放第一批“无费企业”证书。至 2000 年底，株洲高新区“无费”企业总数共 72 家。

第二节　价费管理

2005 年，区物价部门启动价费公示进社区试点，监督执行医疗收费标准调整和药品降价，全区收费许可单位 44 家。

为解决幼儿“入园难”“入园贵”问题。2006 年 5 月，区物价局启动对幼儿园收费情况专项调查，进一步规范学前教育收费。2007年2月，对中小学春季教育收费标准进行审核。8月，监督社区医疗服务点（7个点）落实政策并发证。同年5月，区物价部门对全区安置房进行成本审核定价，使之远远低于市场价格，为征地拆迁群众提供保障。

2011年2月，为进一步规范全区行政事业性收费秩序，区物价部门对全区行政事业收费单位进行培训；并组织执法力量对全区幼儿园收费调查；与区教育局联合出台《关于规范公办义务教育阶段学生伙食费管理的通知》，对中、小学就餐伙食标准进行审核。

2011年7月，包括天元区医院在内，全区6家基层医疗卫生服务机构，执行基本药物价格政策，医药价格下降50%以上，受到全区群众的好评。2012年2月，启动乡村卫生室基本药物零差率试点，基本药物零差率政策进一步向纵深推进。

2013年11月，召开群丰镇响塘二期安置房价格听证会，广泛征求业主代表、人大代表、项目业主单位代表关于安置房价格定价问题的意见和建议，这是天元区第一次就安置房成本定价召开听证会。

第三节　价格监督服务

一　价格监督检查

2005年5月，32路公交车票价涨价，区物价部门进行监督检查。2006年4月，组建农村义务价格监督站，加强对农资经营点的价格监管。行风监督员提出“物价部门加强幼儿园收费管理”的建议。2007年5月，监督区医院、卫生院执行降价政策；9月，查处多起中小幼教育收费案件，清退违规捐资款2万多元。2011年5月，督促房地产销售楼盘实施明码标价销售；7月，对小哈佛幼儿园收费进行清理、清退；11月，对资福寺门票价格问题进行调查。2012年，积极开展“百城万店无假货”示范街（天台路）建设活动；天台路价格诚信明码标价示范一条街挂牌。2013年，查处群丰镇响塘社区安置房交房时强制预交两年物业管理费的违法收费行为，清退违法收取的费用。

二　价格服务

2005年10月，群丰镇政府发生财物损失案，区物价部门进行现场勘察，开展价格调查采集工作。2006年8月，开展“价格服务进万家”活动，加大对工商企业的价格指导和监管，进一步规范全区价格秩序。2013年，开展“价格诚信株洲”活动，为诚信示范企业单位建立档案。2014年，发生涉案价格评估案件102起，涉案标的额281.6万元。

第五章　工商行政管理

1992年8月，成立株洲高新区工商行政管理局，隶属于株洲高新区管委会，正科级行政机构。内设综合科、注册登记科、个体科、市场科、合同科，定编20人。履行注册登记、企业（个私）监管、市场合同管理、消费者权益保护等职能，收取个体工商户管理费和集贸市场管理费。办公场所位于天台横路天台管理处办公楼内。1993年12月，搬至市展览馆办公。1994年3月，增设公平交易科。1995年11月，改设株洲市工商行政管理局河西分局，隶属于市工商局。同年12月，长江南路工商所成立。1996年5月，增设财务科。

1997年8月，全市行政区划调整，增设王家坪工商所和黄河北路工商所。1998年11月，区工商分局搬至天元建材大市场办公。1999年9月，分设株洲高新区工商分局和天元区工商分局。株洲高新区工商分局定编8人，履行辖区园区内企业的注册登记职能，办公场所设火炬大厦。天元区分局内设科室7个：办公室、财务科、法制科、个体科、合同科、公平交易科、市场管理科。另设社团组织1个（个体劳动者私营企业协会）。

2002年1月，工商系统体制改革，省以下由省工商局垂直管理。株洲高新区工商分局和天元区工商分局合署办公（两块牌子一套人马），名称为株洲市工商行政管理局天元区分局（简称工商天元分局）副处级机构。行使市辖区分局、株洲高新区开发区分局工商行政管理职权。内设办公室、政策法规、财务基建、商标广告监督管理、企业和个体私营经济监管、消费者权益保护（“12315”申诉举报中心）、注册登记、公平交易（打击传销办公室、经济检查大队）、市场规范管理、人事教育等10个科室。定编58人。辖王家坪工商所、黄河北路工商所、长江南路工商所，科（室）所均为副科级机构。4月搬至市住房公积金中心办公。同年6月，成立天元区消费者委员会。8月，设立局纪检监察室。2003年2月，设立局工会。

2003年12月，投资380余万元的分局新办公楼落成，年底搬至新址嵩山路188号办公。2004年3月，增设信息中心、机关党总支。

2002年，工商天元分局被评为全省服务建设促进经济发展先进单位。2004年，被评为全省行政执法质量考评先进单位。2014年，被评为全省烟草市场综合治理先进单位和株洲市文明建设先进单位。

1992—2014年，先后有张忠石、廖自强、刘亚芹（1999年9月至2002年1月株洲高新区工商分局局长）、聂放军任局长。

第一节　工商登记

1992年，株洲高新区工商局开始办理企业和个体工商户注册登记发照。全市冠高新开发区名称的企业都在高新区注册，至 1993 年，高新区有企业 1056 户，其中企业法人 840 户，营业单位 216 户。

1994 年，贯彻《中华人民共和国公司法》《中华人民共和国公司登记管理条例》，株洲高新区工商局支持企业改变经营机制，发展各类新兴经济组织。1999 年，注册登记企业 549 户，注销 411 户，按照《公司法》规范的企业 85 户，都是由全民、集体企业规范成私营企业的有限责任公司。

2004 年 7 月 1 日，《中华人民共和国行政许可法》实施，规定企业登记属于依法申请的行政许可行为，工商登记机关办理企业登记由原来的实行受理、审查、复审、核准四个环节，减少为审查员受理、核准员核准两个权责统一环节。

2006 年，是实行新《中华人民共和国公司法》的第一年，严格按照新《中华人民共和国公司法》的要求严把市场准入关，当年新设立有限责任公司 79 户。至 2010 年，株洲高新区在册内资企业 1035 户。

2012 年，由国家工商总局授权，分局正式获得外商投资企业登记权限，成为中西部地区获得此权限的首批园区工商分局，极大方便外商投资企业就近办理登记注册手续。

2014 年，工商登记制度改革，放宽注册资本登记条件，除特定行业外，注册资本实缴登记制改为认缴登记制；放宽住所（经营场所）登记条件，实行“一照多址”和“一址多照”；实行“先照后证”，将 107 项行政审批事项改为工商登记后置审批事项。工商登记制度的改革，激发人民群众的创业热情和民间投资创业活力，当年新办企业数量呈井喷式增长。全年新办企业 780 户，变更 445 户，注销 32 户，新设立企业增长率 333%，变更企业增长率 124%。2014 年底，高新区在册开业企业 1972 户，其中外资企业 8 户。个体工商户 9846 户。

2000—2014 年株洲高新区企业、个体工商户登记统计表

表 12 - 5 - 1　　　　单位：户

年 份	内资企业		外资企业		个体工商户	
	新 设	总 数	新 设	总 数	新 设	总 数
2000	160	596	—	—	776	1052
2001	147	226	—	—	412	1055
2002	97	298	—	—	562	1156
2003	116	384	—	—	607	1153
2004	137	511	—	—	1200	2710
2005	72	578	—	—	828	3510
2006	89	658	—	—	693	4160

续表 12 - 5 - 1

年份	内资企业		外资企业		个体工商户	
	新设	总数	新设	总数	新设	总数
2007	101	746	—	—	978	5060
2008	92	821	—	—	2056	6880
2009	136	940	—	—	1561	8220
2010	195	1035	—	—	1394	8560
2011	233	1210	—	—	1357	9901
2012	162	1360	1	1	2132	11033
2013	246	1600	2	3	2212	11230
2014	780	1972	5	8	1820	9846

第二节　市场管理

市场主体监督管理　株洲高新区工商局（工商天元分局）成立后，严格市场主体监管，按规定定期巡查各类市场，农贸市场是市场管理的重点，每月巡查一次以上，其他市场每季度巡查一次，逢有重大任务或节假日不定期巡查，督促办照悬照，依法经营。1992 年，株洲高新区有市场 2 家，办照户数 34 户。1997 年，有市场 6 家，累计办照户数 79 户。2005 年，天元区有市场 12 家，累计办照户数 278 户。2010 年，天元区有市场 11 家，累计办照户数 699 户。2014 年，天元区有铁西、四一六队、民政、天源 4 个市场统一悬照。全区农贸市场 10 家，农贸市场经营户 800 余户。

规范农贸市场主体经营行为　坚持食品进货的索证索票制度，查处三无食品和过期食品，对熟食经营户配齐“三防”（防鼠、防蝇、防虫）设施。2000 年以来，金锦市场熟食经营户维持在 6 ~ 7 家，其他农贸市场熟食经营户 1 ~ 2 家，督促全区熟食经营户从业人员办理健康证。坚持每月进行一次肉品市场整治，分局牵头，组织商务、公安、动检等部门参加查处白板猪肉，每次行动查扣的白板肉在 100 ~ 400 千克不等。

查处短斤少两行为　通过日常巡查和突击检查等方式，对市场经营户的衡器进行检查，发现不合格的一律收缴。对巡查中发现和群众举报的违法经营行为，一经查实，依法依规处罚。2000 年，查处不合格衡器 150 件。2005 年，查处不合格衡器 153 件。2007 年，查处不合格衡器 155 件。2010 年，查处不合格衡器 164 件。2014 年，查处不合格衡器 171 件。

引导建设发展各类市场　1992 年，全区仅有天台横路马路市场，成交量 62 万千克，成交额 48 万元，市场经营品种 200 余种。1993—2000 年，陆续建立滨江、天台、铁西、天源、旺佳、金锦、五一新村、盛世鑫诚、耀萱、人人家等 12 家农贸市场。1995—2012 年，相继新建木材市场（2009 年 11 月撤）、天元建材大市场（1997 年 4 月营业）、新安居市场（2012 年 7 月营业）、庐山路农贸市场（2012 年 8 月营业）。

2000 年，全区有各类市场 18 家，年成交额 71 亿元；至 2005 年，全区市场数与 2000 年相同，年成交额 91 亿元；2007 年，各类市场 20 家，成交额 108 亿元；2010 年，全区市场 24 家，年成交额 135 亿元；2012 年，3 家汽车 4S 店进入新区，2014 年底增至 14 家。2014 年，全区各类市场商品交易总额超过 180 亿元。天元区形成以人才市场、证券交易市场构成的生产要素市场体系，以天元建材市场、新安居建材市场等为主体的生产资料市场体系。2014 年，红星美凯龙市场被评为省诚信市场。

第三节　经济合同管理

1992 年，株洲高新区工商局鉴证合同 35 份，金额 630 万元。1994 年，鉴证合同 41 份，金额 720 万元。1996 年，鉴证合同 45 份，金额 810 万元。1998 年，鉴证合同 56 份，金额 1350 万元；2000 年，鉴证合同 67 份，金额 1930 万元。2002 年，鉴证合同 83 份，金额 2500 万元。2004—2006 年，新发法人资格证明书 60 份，年检法人资格证明书 115 份；查处合同违法案件 13 件。2008 年，新发企业法人证明书 120 份，年检 145 份。2008 年后，停止发放法人资格证书。2004—2009 年，办理企业资产抵押物登记 50 件，金额 1.92 亿元。2010 年后，抵押登记上交市工商局。2008—2014 年，检查借贷合同、汽车销售合同等共计 189 份，合同金额超过 6.8 亿元，为企业挽回经济损失 73 万元。工商天元分局积极引导企业和个体工商户加强诚信建设，依法生产经营，努力争创重合同守信用单位。

2006—2014 年，获得市级重合同守信用企业称号的 65 家；获得省级重合同守信用企业称号的有株洲大中华餐饮管理有限公司、湖南天地人空调环保工程有限公司、湖南添胜国际有限公司、株洲精五环硬质合金有限公司、湖南高祺贸易有限公司、株洲泰天电器有限公司、株洲市天元区振兴钢构有限公司等 43 家。

第四节　商标广告管理

2000 年以前，天元区商标广告监管由市工商局负责。2001 年，天元区工商分局设立商广科后接手辖区内的商标广告监督管理工作。

商标管理　2003 年，落实天元区政府“1030335”品牌强区工作目标，启动品牌创建工作。2004 年，组织对株洲新区具有独立法人资格的 196 家工业企业的商标运作进行普查，有注册商标企业 66 家，有注册商标 434 件；天元区 132 家工业企业中，有注册商标的 46 家，占全区工业企业总数的 34.85%，有注册商标 68 件，占新区注册商标总数的 15.67%。新区工业企业中有湖南省著名商标8件，天元区占4件。“开畅”于2002年获天元区首个省著名商标。2004年，开展保护注册商标专用行动，查处商标侵权行为，保护商标注册人的合法权益。“唐人神”“千金”获中国驰名商标。

2005年1月，株洲高新区、天元区印发《关于大力加强新区品牌创建工作意见》，并在全区实施。株洲高新区管委会和天元区政府设立品牌创新奖，给予获得中国驰名商标、湖南省著名商标的企业分别奖励20万元和3万元。4月，工商天元分局创办《品牌创建信息》期刊免费发放企业。是年，“日出”商标获中国驰名商标。2006年4月，工商天元分局牵头组织召开新区品牌创建工作会议暨商标知识讲座。其间，“火炬+图形”商标获中国驰名商标，“利德”等8件商标获省著名商标。2007年，“太子”商标获中国驰名商标，“千金+图形”等9件商标获省著名商标。

2008年，“时代新材”等5件商标获省著名商标。2009年，开展“打假护牌”专项行动。当年，天元区有注册商标229件。“南方阀门+图形”“骆驼”商标获中国驰名商标，“生命伟业”等5件商标获省著名商标。2010年，“珠华+图形”商标获中国驰名商标，“明日”等8件商标获省著名商标。至2010年，新区有注册商标944件，新增510件。

2011年，开展商标普查和建档工作。4月，区政府决定对驰名商标、著名商标获得者的创新奖励调整为20万元和5万元。给区工商分局奖励工作经费，标准为驰名商标5万元/件，著名商标2万元/件。当年，“时代新材”“生命伟业”获中国驰名商标，“三新”等7件商标获省著名商标。辖区内有注册商标1084件，国际商标66件。按国家工商总局的部署，组织开展打击侵犯知识产权和制售假冒伪劣商品专项行动。2012年，“美神”等6件商标获省著名商标。商标注册总量1312件。2013年，“湘瑞”商标获中国驰名商标，湘煤立达”等6件商标获省著名商标。注册商标1651件，新增339件。开展“双打”（打击侵犯知识产权和打击制售假冒伪劣商品）专项行动，加大商标监管力度，查处商标侵权案件4起。2014年，辖区注册商标达1936件，新增286件。“中普盛德”等4件商标获省著名商标。

广告管理 2002年，按省、市工商局要求，对辖区医疗、药品、保健品广告进行整治规范。2004年，配合天元区迎接省、市城市语言文字工作评估，对区内广告从业人员进行规范汉字知识培训。

2005年4月，参与区政府集中整治非法鉴定胎儿性别和选择性别终止妊娠行为联合执法，清理整顿非医学需要选择胎儿性别内容的广告流入市场。2006年8—9月，为迎接湖南省十运会，组织检查户外广告115处，办理广告登记49户（次），查处16起违法广告，责令改正21起。2007年，检查户外广告68处，办理广告登记63户（次）。

2008年，开展对“奥运标志”专项检查，责令改正5起；办理广告登记46户（次）。2009年，办理广告登记35户（次），查处1起违法广告案。2010年，会同区卫生、纠风办、物价、劳动局整治查处发布虚假医疗广告，办理广告登记33户（次）。2011年，办理广告登记28户（次），查处3起违法户外广告。2012年，办理广告登记32户（次），查处虚假违法广告案件5件。2013年，积极开展“亮剑”专项行动，监测各类广告236条次，办理广告登记40户（次），查处违法户外广告4件。2014年，办理广告登记36户（次），查办2起违法广告案，对3起职业打假人投诉举报按照程序进行查办落实。

第五节　经济监管与执法

一 经济监督管理

2002 年 1 月，工商天元分局设立企业和个体私营经济监管科。履行对内资企业、个体工商户、农民专业合作社的监督管理；承担本局登记注册的内资企业年检工作，指导个体工商户验照工作；组织查处取缔无照经营；参与校园周边环境整治。当年依法对 2 个年度以上未年检的 365 户企业予以吊销营业执照。

2003 年，实行“经济户口”微机管理，试运行工商行政管理综合监管系统软件。组织开展整治无照经营“红盾风”行动，清理无照经营 106 户，立案查处 9 户。同年年底，召开全区个体私营经济诚信经营户表彰大会，表彰 30 户诚信个体工商户，10 户诚信私营企业。

2004 年始，落实株洲市工商局印发的《株洲市工商局经济户口管理暂行办法》和《市场主体监管巡查暂行办法》的要求，对企业和个体工商户实行巡查监管，并记录在案。2005 年，根据《湖南省工商行政管理系统经济户口管理试行办法》《湖南省工商行政管理系统企业信用分类监管试行办法》《湖南省工商行政管理系统重点行业企业监督管理试行办法》，开展和实施网格责任管理。全面建立企业数据库，健全企业和个体工商户经济户口，落实管理网格责任制，做到监管到位。

2006 年，天元区建立查处取缔无照经营联席会议制度。由区政府牵头组织，办公室设在工商天元分局。成员单位由区综治办、工商天元分局、区公安分局等 17 个单位组成。制度明确各成员单位的职责，建立联动机制和情报互通机制。工商天元分局制定查处取缔无照经营工作的考核奖惩办法，并与各所签订查处取缔无照经营责任书，工商所与管片干部签订查处取缔无照经营责任书，责任到人。在查处取缔无照经营行为时采取引导督促办照为主，行政处罚为辅的方式。辖区的有照率保持在 95% 以上。

2007 年，开始注重依法对无照经营建筑材料以及销售劣质建材的经营户进行取缔和查处。当年取缔无照经营建筑材料的经营户 9 家，对 3 户销售劣质建材的经营户予以行政处罚。2008 年，对 4 家无照生产水泥砖的作坊予以取缔。

从 2008 年 9 月起，停止征收个体工商户管理费和集贸市场管理费。同年，为保障北京奥运会顺利举办，开展反兴奋剂专项治理工作，对相关化工企业上门清查，并签订责任承诺书。

2010 年，依法对 2 个年度以上未年检的 366 户企业予以吊销营业执照处理。从 2013 年开始，转变监管方式，运用大数据等手段提升监管水平，加快社会诚信体系建设，充分发挥信用在维护市场经济秩序中基础作用，停止企业的年度检验和个体工商户验照，开始由企业和个体工商户在全国企业信用信息公示网进行年度报告。

2002 — 2014 年，督促办理营业执照 10352 户，查处无照经营 265 户。

二 公平交易执法

1998—2014年，天元工商部门查处各类案件1087起。其中，1998年最少为14起，2004年最多为139起，案件以制售假冒伪劣商品、商业贿赂、无照经营、传销和变相传销违法居多。

打击制售假冒伪劣商品 1993年，在天台管理处9队一民宅查处一假酒生产窝点，查获假冒五粮液、茅台等白酒56瓶，案件总值1.8万元。1994年，在滨江路株洲船厂一车间内查处一生产劣质化肥窝点，查获劣质化肥70吨，案件总值2.2万元。1998年，在徐家冲管理处株洲南方皮革厂内查处一生产销售劣质白酒窝点，查获“六福”牌劣质白酒1260瓶，案件总值3.2万元。1999年，查处某汽车公司侵犯东风汽车注册商标专用权案，查获侵犯东风汽车注册商标专用权汽车7台。2000年，查处某个体户侵犯“三枪”牌注册商标专用权案，查获假“三枪”牌注册商标标识6000套。

2001年，查处某粮站销售陈化粮案，查获陈化粮6.6吨；查处伪造“珠江”牌摩托车生产产地案，查获伪造产地的“珠江”牌摩托车2辆；查处生产汽车配件假冒厂名厂址案，查获假冒厂名厂址生产汽车配件包装盒1.5万个。2002年，查获某个体户向某电信公司销售假冒小灵通手机2400台，罚款18万元，没收销毁还没有销售的假冒小灵通手机100台；是年查获某个体户销售假冒水稻种子50吨，全部予以销毁，使6666.67公顷农田免受损失。2004年，在大坪管理处查处一劣质月饼生产窝点，查获劣质月饼72千克。2011年，捣毁株洲市迄今为止发现的最大的一起制售假冒名酒的窝点，共收缴贵州茅台、五粮液、水井坊、国窖1573、酒鬼、剑南春等假冒名酒包装盒2232个、名酒空瓶700多个、假防伪标识1300多张、散装制酒原料650千克，涉案金额38万多元，有效维护商标所有人的合法权益。2013年，在全区开展打击假冒伪劣专项行动中，在黄河南路、长江北路等商业网点查获假冒劣质卷烟500包、走私卷烟76包、假酒120瓶，案件总值2.1万元。2014年，在马家河镇、群丰镇商业网点查获假冒驰名商标“虹波”牌石棉瓦2002块，案件总值2.2万元，没收假冒“虹波”牌石棉瓦2002块。

查处不正当竞争 2005年，以查处商业贿赂等不正当竞争行为为突破口，专项检查医疗领域的药品回扣等行为，查处9起医疗领域的商业贿赂案件，罚没31万元。2013年，查处商标侵权案件4起。2014年，查处虚假宣传的不正当竞争案件2起，罚没5万元。

查处其他违法经营 2002年，按照《互联网上网服务营业场所管理条例》的要求，查处无照经营网吧3起，没收从事违法经营活动的专用工具、设备42台。2003年，查处无照经营网吧4起，没收从事违法经营活动的专用工具、设备56台。2005年，查处向无照经营网吧提供互联网信号行为案2起，罚款10万元。2006—2007年，取缔黑网吧10起。2010—2011年，取缔黑网吧28起。依据《禁止传销条例》和《直销管理条例》，严厉打击传销和变相传销违法行为，依法规范直销。

同时，通过“12315”投诉举报中心、群众来电举报等渠道受理涉嫌传销线索60条，取缔传销人员聚集窝点27处，驱散传销人员320人次，遣送传销人员3人，救助被骗误入传销窝点人员4人。

自2013年始，对行政执法办案案件予以公示，对社会公开。2013年，公示案件33起，2014年，公示案件48起，公示率100%。

第六节　消费者权益保护

2002年1月，工商天元分局消费者权益保护科成立。各工商所设立消费维权站。通过“12315”消费者申诉（举报）网络平台和在商场、超市、企业、学校、社区和乡村建立“一会两站”，及时掌握消费投诉信息，受理调解消费争议，发布消费警示，开展消费维权宣传，推动消费维权“五进”（商场、企业、学校、社区和乡村）活动，分别在株百天元超市、天元建材市场和红星美凯龙市场等大中型商场、市场设立消费投诉站9个。

2002—2004年，工商天元分局受理消费者申诉496件，解决489件，办结率98.5%，为消费者挽回经济损失18.9万元；受理消费者举报125件，解决125件，办结率100%；接受消费者咨询542人次。

2005—2007年，受理消费者申诉504件，解决488件，办结率96.8%，为消费者挽回经济损失40.5万元；受理消费者举报184件，解决180件，办结率97.8%；接受消费者咨询884人次。

2008—2014年，受理消费者申诉1079件，解决1067件，办结率98.9%，为消费者挽回经济损失190余万元；受理消费者举报1160件，解决1160件，办结率100%；接受消费者咨询3012人次。2014年3月，开展新《中华人民共和国消费者权益保护法》大型宣传活动，深入商场、社区、景区和学校进行新《中华人民共和国消费者权益保护法》宣传讲座56人次，播放消费维权电子视频标语38条，张贴宣传横幅13条，制作宣传板报5块，发放宣传资料2180份。

第六章　食品药品卫生监督管理

株洲市食品药品监督管理局天元分局成立前，天元区食药监管理由株洲市食品药品监督管理局监督管理。2011年11月15日，株洲市食品药品监督管理局天元分局（简称食药“天元分局”）挂牌成立，为株洲市食品药品监督管理局的派出机构，内设办公室、餐饮室、保化室，在编工作人员9名，公益性岗位聘用制人员5名，负责天元区餐饮服务环节食品许可的预防性审查、现场检查和餐饮服务环节食品、保健食品、化妆品安全监管工作。周卫民任局长。2012年、2013年、2014年连续3年被株洲市食品药品监督管理局、区政府评为年度先进集体（单位）。

第一节 餐饮业食品监管

2011 年，食药天元分局成立后，安排专人负责餐饮监管信息档案登记工作，对全区餐饮店规模、面积、从业人员、安全设施等情况建立“一户一档”，做到监管工作“底数清、情况明”。2012 年，天元区在册的各类餐饮服务单位 965 家。2013 年，增至 1162 家，2014 年，增至 1342 家。其中大型餐饮 38 家、中型餐饮 116 家、小型餐饮（含小吃店、饮品店）1034 家、企事业机关学校工地食堂 154 家。

日常监督检查 2012—2014 年，食药天元分局依据国家法律、法规及各种规范性文件，现场检查各类餐饮单位 7748 家次，下达《现场检查笔录》3164 份、《监督意见书》3164 份、《责令改正通知书》732 份；办结行政许可 1702 件，全部在规定的时限内完成，群众满意率 100%。开展学校（幼儿园）食堂及周边餐饮、小餐饮、食用油、两节两会期间餐饮、熟制花生、肉及肉制品、早餐等 34 次专项检查行动，着重抓学校（幼儿园）食堂、大中型餐馆、企事业（机关）单位、建筑工地、农村餐饮服务机构等的食品安全监管，突出抓住原料采购、贮存、索证索票等关键环节，不断提升经营者自律意识，规范经营管理。

量化管理 2012 年，食药天元分局完成量化分级管理动态评级 873 家，其中 A 级单位 79 家；B 级单位 93 家；C 级单位 701 家。是年起，天元分局分别对鸡肉、瘦肉、大米、蔬菜、辣椒酱、酱油、豆制品等 19 个品种的食品抽检 173 批次。2013 年，完成餐饮服务单位量化评级 1030 家，A 级 60 家，B 级 132 家，C 级 838 家。对 46 家餐饮服务单位的新鲜猪肉、食用油、腊制品、新鲜蔬菜和豆腐等 14 个品种进行快速检测 184 批次，所有检测结果均为合格，并公示在餐饮单位醒目位置。2014 年，完成餐饮服务单位量化评级 1342 家，A 级 79 家，B 级 101 家，C 级 1162 家，全部建立包括许可资料、日常监管文书在内的“一户一档”并开展违规记分。成功打造滨江南路、天台路、神农太阳城 3 条餐饮服务示范街；湘江汇馆等 9 家餐饮服务单位为市级示范单位；天台小学食堂等 4 家学校食堂评为市级示范学校食堂。

第二节 保健食品化妆品监管

自 2011 年始，食药天元分局建立和更新并完善保健食品化妆品经营企业的完备数据库。2014 年，天元区共有保健食品、化妆品经营单位 107 家。

监督抽检 自 2012 年始，食药天元分局对 85 家保化经营单位及生产企业进行风险产品的抽检，共计 102 批次，其中有 1 批次保健食品抽检结果不合格，对其经营业主进行立案查处。

不良反应监测 自 2012 年始，食药天元分局建立健全化妆品不良反应事件报告制度，有效加强化妆品不良反应监测管理、提高化妆品不良反应突发事件应急处置能力。利用互联网优势，选取 12 家有代表性的经营单位开展化妆品不良反应事件网络建设，进行化妆品不良反应事件电子报告。设立不良反应报告终端 12 个，收集上报不良反应信息 116 份，提高化妆品产品质量的安全监管效率。

查处违规经营 自 2012 年始，食药天元分局开展保健食品打“四非”、儿童鱼肝油、美容美发店等各类专项检查 18 次；对钙铁锌硒维生素高钙片、丹健营养减肥晶、富来森牌唐淑宁胶囊及虫草壮腰补肾口服液等假冒保健食品、假冒企业生产的产品进行排查，及时制止 2 起涉嫌违规销售行为。

第三节 社会共治

自 2011 年始，天元区实施食品药品安全监管城乡一体化。至 2014 年，全区 3 个街道、4 个镇建立 7 个监管站、113 个信息点，成为食药监管的桥头堡。天元分局采取上门指导、组织学习、答疑解惑等方式，加大对监管站点的指导，完善工作例会、食品药品安全事故、信息收集报告等相关工作机制。着重提升监管站人员的业务能力，积极组织教育培训：对监管站专干、信息员进行 2 期规范系统性培训，协调天元区法制办授予 14 名工作人员部分执法权限。打造监管站亮点建设：泰山路街道监管站以小餐饮监管为重点，马家河镇、群丰镇监管站以农家乐为监管重点，嵩山路街道监管站利用各市场电子显示屏开展食品药品安全知识宣传。天元区食品药品安全城乡共建体系建设，克服基层监管“短板现象”，延伸监管触角，形成横向到边、纵向到底的监管网络。

附 :克伦特罗中毒事件

2012 年 8 月 24 日，天元区栗雨街道瀚水栗源小区发生 1 起克伦特罗中毒事件，累计报告病例 85 例，其中男性 38 例，女性 47 例，无死亡病例报告。在处理过程中，共回收居民购买的牛肉 100 余千克；区卫生部门组织专业人员进行卫生学处理，对发病居民积极开展治疗，并协助区公安、畜牧水产、食安、医保、民政等部门处理善后事宜。事件得到妥善处理，并于 9 月 9 日结案。

第七章 审 计

1997 年 8 月，由原株洲高新区计划物价审计局、原市郊区审计局合并成立天元区审计局，核定行政编制 8 名。2002 年，区审计局内设经济责任审计办公室（副科级）、土地与工程审计组、财政与行政审计组。

2011 年，天元区审计局内设机构调整为办公室、经济责任审计办公室（副科级）、财政财务收支审计组，核定行政编制 8 名，机关后勤服务全额拨款事业编制 1 名。成立二级机构天元区建设项目审计监督中心，核定全额拨款事业编制 3 名。2014 年，全局有在编人员 11 名。2001 年，陶岳被省人事厅、审计厅评为全省审计工作先进个人，荣立个人二等功；2013 年，区审计局在政府性债务审计工作中，被省审计厅评为先进单位，局长龙凤萍被评为先进个人。

1997 — 2014 年，傅依全、陶岳、吴兵、何胜华、龙凤萍先后任天元区审计局局长。

第一节　国家审计

1999 年，区审计局率先实施区级财政年度预算执行和其他财政财务收支情况审计，并延伸审计区环保局、区行政事务管理局等单位的部门预算执行情况，同时根据湖南省审计厅统一安排，对新区地税税收成本和农税征收情况进行审计调查。审计发现市地税四分局多提手续费、区信托投资公司漏交税款、区武装部未及时上交出让金等 8 类问题。

2007 年，财政预算执行情况审计重点突出对预算分配、预算支出和专项资金的审计监督。先后对区财政局总预算会计、5 个科室及区财政局所属的非税局、国资办、债权债务处置中心、会计管理中心、政府采购办等部门进行全面审计，查处违纪违规金额 34099.97 万元，管理不规范金额 7165.86 万元，责令纠正和上缴财政 2044.08 万元。

2011 年，以促进“转方式、调结构、惠民生”为主题，按照“评价总体、揭露问题、规范管理、促进改革、提高绩效、维护安全”的审计思路，针对 2010 年度财政预算执行在政府性资金收、支、管、用等流程控制环节中存在的问题，注重从制度、机制层面深入分析原因，提出建设性建议，为政府宏观决策、规范财政性资金管理提供依据。

2014 年，围绕健全完整的政府预算体系，进一步深化财政审计，重点关注预算的完整性和执行的规范性，政府财政资金绩效和“三公经费”、会议活动等经费管理使用情况以及专项资金分配和使用情况等，分别对天元区本级和区残联、人防办等单位 2013 年度财政预算执行情况及财政财务收支情况开展审计，查出管理不规范金额 95955 万元，并延伸抽查审计株洲高科集团、湖南天易集团 2 家平台公司 2012 — 2013 年投资额在 100 万元以内的工程项目，提出进一步规范财政预算管理合理化意见和建议 10 余条。

至 2014 年的 18 年中，区审计局审计出财政预算执行中存在的问题 142 个，累计问题金额 45.58 亿元，提出整改意见 67 条。审计发现的主要问题有：无预算安排支出、应缴未缴国库收入、挤占专项工作经费、不纳入预算管理、超范围和标准拨付资金、不及时拨付资金等。

一　领导干部任期经济责任审计

1997 年，区审计局配合区划调整，区审计局对全区 29 个撤并的单位进行领导干部离任和财政财务审计，有效防止 179 万元的国有资产流失，查处违纪金额 38.6 万元，上缴财政 22.5 万元。

通过审计，进一步明确资产、责任，为区委、区政府任用干部提供了依据。

1998 年，区审计局配合区直部门和乡镇领导班子调整，先后对区经委等 7 家单位领导干部进行离任换届经济责任审计。

2000 年，审计署及监察部等相关部委制定的领导干部任期经济责任审计实施细则正式实行。同年，区审计局先后开展对区统计局、区建工局、区车队等 5 家单位的经济责任审计。受管委会、区政府委托，开展管委会所辖原株洲高新区工业总公司的债权债务审计，对该公司造成资产损失 421 万元进行全面核实、分析，客观公正明确其债权债务责任，为区政府挽回损失 300 多万元。

2001 年，株洲高新区、天元区成立领导干部任期经济责任审计领导小组和领导干部任期经济责任审计联席会议、领导干部任期经济责任审计办公室等领导干部任期经济责任审计组织领导机构，进一步完善天元区领导干部任期责任履行情况审计工作机制。

2002 年，完成领导干部任期经济责任审计项目 30 个，查出违纪金额 534.13 万元，其中漏交各项税金 17.89 万元，挪用挤占专项资金 92.03 万元，漏交各项应缴预算收入 333.47 万元，国有资产流失 40 万元，不符合规范发票 7.86 万元，未纳入会计核算中心统一管理资金 34.08 万元，隐瞒、坐支收入 8.8 万元。

2005 年，区审计局完成领导干部任期经济责任审计项目 15 个，查出违纪违规资金 539.37 万元，不规范资金 10 万元，收缴入库资金 66.8 万元，查处侵占国有资产案件 1 起，追究刑事责任 2 人，追缴和挽回国有资产损失 61.5 万元。

2010 年，进一步规范领导干部经济责任审计程序，突出对重点部门、重点人员的审计。当年，完成领导干部离任审计项目 10 个，任期内审计项目 2 个。共查出被审计对象任职期间单位违纪违规及管理不规范金额 8076.57 万元，责令自行上缴区财政违规资金 53.29 万元，限期更正、调整相关账务 5729 万元，自行上缴税务部门 1120 万元，处以罚款 23.27 万元。查出区城市建设管理委员会负责人涉嫌违纪金额 14.52 万元，及时移送区监察局进行了处理。

2014 年，完成区妇联、泰山路街道等 8 个单位的领导干部任期经济责任审计工作，查出违纪违规金额 6528 万元，处罚上缴财政资金 21 万元，针对审计中发现的问题提出审计建议 21 条。

至 2014 年的 15 年中，完成 178 名领导干部任期经济责任审计，查处违规金额和管理不规范金额 26902 万元，收缴违规金额 325.5 万元，提出整改意见和建议 342 条，为推进区党风廉政建设和反腐败工作及干部考核、任免、奖惩提供重要依据。

二 基本建设投资审计

2000 年，区审计局参与基建领域的专项治理工作，先后审计嵩山路街道办公大楼、泰山小学综合楼、河西房产分局的基建投资，核减基建投资额 85 万元。

2002 年，为加强天元区基本建设投资资金管理、使用等方面的审计监督，减少政府投资的流失与浪费，区审计局于 3 月内设土地与工程审计小组。

2003 年，推出《高新区、天元区基本建设审计监督实施细则（试行）办法》和《高新区、天元区建设工程设计变更及现场签证监督暂行办法》。当年，完成工程预决算审计项目 21 个，涉及设计及施工单位 120 余家，送审工程总造价 9672.2 万元，经审计后定案金额为 8793.6 万元，净核减投资额 878.5 万元，平均核减率为 9.1%；完成征地拆迁补偿费用审计项目 3 个，审计征用土地两宗，审计补偿资金 8520 万元，核减补偿款 683 万元，协助纪委办案，发现违法违纪案件线索 2 起，3 人被移送纪检、监察部门处理。

2006 年，区审计局开展大小基建投资审计项目 24 个，送审工程造价 10844.97 万元，审定工程造价 9837.8 万元，核减工程造价 974.17 万元，其中复审核减 148.03 万元，出具基建投资审计报告 11 篇，上缴财政罚没款 19.99 万元。在湖南工业大学天元区征地拆迁内审中，审核征地拆迁补偿资金近 2 亿元，核减补偿款 100 余万元；对新塘某生产队集体补偿款的审计中，一次核减补偿款 10 万余元，节约大量政府补偿资金。在高科环线南村段道路工程造价审计中，复审核减工程造价 97.66 万元，对因合同签订不完善、施工管理不规范、设计考虑不周全等因素进行如实披露，对其造成的损失进行认真分析，提出审计建议 3 条。

2010 年，区审计局完成审计项目 14 大项，审定工程造价 34531.31 万元，建设单位初审核减造价 7397.15 万元，审计核减工程造价 3132.72 万元。对嵩山路一街区的竣工结算审计中发现投资建设方株洲某房地产公司利用政府返还土地出让金抵付工程款的批文，多获取政府资金 70 万元，对该房地产公司作出收缴 70 万元的决定并收缴到位，最大限度节约财政资金。同年 11 月，正式成立二级机构天元区基本建设项目审计监督中心（副科级全额拨款事业单位）。

2011 — 2012 年，区审计局先后出台《株洲高新区、天元区基本建设项目审计时限的暂行规定》《株洲高新区、天元区基本建设项目审计流程和审计时限的规定》《关于工程项目预（结）算材料计价的暂行规定》，进一步规范基建投资项目的审计行为，同时加强对外委中介机构的管理，要求参与天元区政府投资工程审计的社会中介机构主动就审计质量及审计时间进行造价咨询服务承诺，保证约束自身审计行为，杜绝违法违纪行为。

2014 年，区审计局继续加大政府投资审计创新力度，规范审计行为，建立中介机构备选库，出台中介、内审机构考核评分办法。当年，审计区建设局、高科集团、天易公司等单位建设项目 38 个，送审工程造价 60781.75 万元，一、二审审减 18929.07 万元，三审审减 665.65 万元，审定工程造价 41187.03 万元。

2003 年至 2014 年的 12 年中，区审计局完成基本建设投资审计项目 1019 个，审定工程造价 37.88 亿，核减工程造价 4.02 亿，核减率 10.61%。

三 专项资金审计

自 1998 年始，区审计局不断拓展审计领域，突出重点审计、民生审计，先后开展乡镇债务清理、政府性债务审计、普九债务审计、中小学校安全工程资金审计、国家安居工程资金审计、社会保障资金审计、全国土地出让收支和耕地保护情况审计等专项审计。1998年，根据上级审计机关统一安排完成粮食亏损挂账、房改、水利资金使用情况、司法系统财务收支情况、世界银行结核病控制项目5个专项审计项目。在粮食亏损挂账审计中，区审计局交叉审计荷塘区粮食局，审计核减亏损挂账资金51.6万元。同时通过协调，为天元区新争取300多万元粮食专项贷款。在对房改资金审计时，向市房改办、市审计局提出审计意见，为区争取房改资金158万元。

2000年，根据省审计厅统一安排，区审计局参加工商系统行业审计，查出区工商分局乱收注册企业押金65万元，挪用个体企业协会会费28万元用于机关经费的违纪事实。

2008年，区审计局重点审计区重点办征地拆迁专项资金、抗冰救灾资金、镉污染专项资金等群众关心的资金和问题。完成专项资金审计项目及审计调查5个，查出各类违规金额251.37万元，上缴财政24.94万元。

2010年，区审计局在4B区征地拆迁项目专项审计中，通过对4户10个房号的现场测量核实，发现多计算房屋面积1000多平方米，多计拆迁补偿费用120余万元，通过区纪委查处得到纠正，促使征地拆迁部门出台严格拆迁合理计算补偿费用的管理办法。

2014年，区审计局完成残疾人社会保障和服务体系建设情况、人防专项资金使用管理情况、公共卫生专项资金使用和管理情况等专项审计，并对2013年度保障性安居工程及公共租赁房工程项目进行跟踪审计，重点关注民生资金的流向和使用，促进已整改的惠民资金232.8万元。

1998年至2014年的17年中，区审计局通过开展校安工程建设及资金审计，利用国家政策累计争取到国家资金1122万元，建设栗雨学校，改造区内15所中、小学，总计投入资金11220万元，审计查出挤占建设成本资金2156万元，下发书面整改通知，责成有关部门依法依规纠正。

第二节　内部审计

1998年，区政府提出加强全区内部审计工作，全区11个单位建立内部审计机构，明确内审专、兼职人员，开展内部审计活动。其中区建委的内审机构当年核减工程造价200多万元。

2000年，各内审机构围绕“促管理、创效益”积极开展内审工作，全年完成审计项目11个，查出并纠正违纪违规金额40万元，核减拨款11万元，催收应缴资金19万元。区经委内审小组对所辖飞达电器厂审计中，查出不实资产7.8万元；区建委内审小组落实应核减和上缴资金18万元；区教育局内审小组追还被镇政府挪用的教育费附加12万元。

2002年，区卫生局内审机构接受委托对马家河乡卫生院院长进行任期内经济责任审计。高科集团和区建设局内审室对所属基本建设工程项目的预决算开展审计，节约工程投资500余万元。

2012年年初，全区内审机构发展至15个，内审专兼职人员达到59人。为更好开展内部审计工作，加强交流和沟通，2012年6月7日，天元区内部审计协会正式登记成立，登记个人会员85人，单位会员29家。

2013 年 12 月，天元区内部审计协会召开成立大会暨第一期业务培训会议，有 38 家单位派人参加。当年，区卫生局内审机构完善工程采购业务流程，节约采购资金 10 万余元，清查出地方政府性债务 144.02 万元；区教育局内审机构加大对教育系统基本建设投资的审计，仅在仪器装备采购一项就核减费用 249 万元。

2014 年 11 月，区内部审计协会举办为期 4 天的内部审计教育培训班，有 71 名内部审计人员参加培训。是年，株洲高科集团内审机构完成工程项目预结算初审 10 个，核减金额 1021.86 万元，完成二审项目 89 个，核减金额 788.59 万元，完成三审项目 16 个，核减金额 404.82 万元。

第三节　社会审计

1997 年天元区成立时，社会审计机构已与国家审计机关脱钩。但仍有多家社会审计机构先后将营业场所设在天元区，与国内其他社会审计机构公平竞争，有偿为辖区企事业单位提供会计报表审计、企业资本验证、企业合并审计、会计咨询等服务。2014 年，境内的社会审计机构有：湖南建业会计师事务所有限公司株洲分所、湖南中柱有限责任会计师事务所、株洲天展联合会计师事务所、湖南天岳联合会计师事务所、湖南新天地联合会计师事务所、湖南广汇联合会计师事务所、天职国际会计师事务所株洲分所、恒信弘正会计事务所有限责任公司株洲分所、湖南金算盘会计事务所有限公司 9 家单位。同年，为更好发挥政府资金投资效益，加快建设项目办理竣工结算的进度，天元区审计局出台《基本建设审计项目外委管理制度》，并将 21 家乙级以上资质的社会中介审计机构纳入合作单位名单，积极探索向社会购买审计服务。社会审计成为辖区开展审计工作的一支重要补充力量。

第八章　国有资产管理

1998 年 5 月，天元区财政局下设区国有资产管理局（副科级）。2002 年，成立株洲高新区（天元区）国有资产管理办公室（简称“区国资办”），为区财政局二级机构，正科级全额拨款事业单位。2011 年 2 月，区国资办更名为株洲高新区（天元区）国有资产管理局（简称“区国资局”）。11 月，设定区国资局为区政府直属正科级事业单位，内设综合法规室、资产监管室。负责全区国有资产和集体资产的清产核资、产权界定、产权登记、资产使用与调剂、核销处置、产权收益、“非转经”资产管理以及车辆控购管理，监督产权转让及交易行为，依法对乡镇、街道的资产管理工作进行监督和指导，监管企业国有资产的保值增值情况等。2002 — 2014 年，先后有龙凤萍、李海泉、刘蔚等任区国资局（国资办）局长（主任）。

第一节　清产核资

1997 年 9 月，区政府印发《关于对区属行政事业单位进行国有资产清理的通知》，要求从 9 月 5 日开始至 11 月 20 日结束。2001 年 4 月，株洲高新区管委、天元区政府印发《关于对区属行政事业单位进行国有资产清理的通知》，对株洲高新区、天元区归并后的 33 家行政事业单位的国有资产进行清理，包括无形资产（土地）、固定资产等，时间为 4 月 10 — 30 日。统计结果显示，“两区”归并后行政事业单位资产总额为 38438.19 万元，负债总额为 6309 万元，净资产总额为 32129.19 万元。2007 年 3 月，为摸清“家底”和实现资产动态管理，株洲高新区、天元区开展行政事业单位资产清查工作。此项工作由区国资办负责组织，资产清查专项审计工作委托社会中介机构实施。资产清查基准日为 2006 年 12 月 31 日，共清查行政事业单位 102 家。其中，行政单位（含执行行政单位会计制度的事业单位）50 家、事业单位 52 家；清查资产 25683.17 万元，核增资产 84.6 万元，核减资产 314.87 万元（其中资产清查待处理 228.81 万元），清查负债 5709.74 万元，核减负债 21.8 万元，清查净资产 19973.43 万元，核增净资产 21.8 万元，核减净资产 1.46 万元。2010 年 3 月，株洲高新区、天元区国有资产总规模为 73.5 亿元。其中，行政事业单位国有资产 3.5 亿元，企业国有资产 70 亿元（净资产 41.7 亿元）。截至 2014 年，株洲高新区、天元区国有资产总规模为 438.18 亿元。其中，行政事业单位资产 17.44 亿元，企业国有资产 420.74 亿元（净资产 197.17 亿元）。

第二节　国有资产经营与处置

一　国有资产经营

2004 年 4 月，区政府印发《天元区行政事业单位经营性国有资产管理暂行办法》。同年 11 月，株洲高新区管委会、天元区政府印发《株洲高新区、天元区国有资产管理办法》。

2009 年 10 月，区财政局、区人社局、区机关事务管理局等单位管辖的门面、闲置院落资产全部移交区国资局统一管理，具体负责对外租赁和处置。截至 2014 年，区国资局对外租赁的门面和闲置院落总面积约 10055 平方米，年租金约 220 万元。其间，为提升经营性资产经济效益，区国资局将门面全部推向市场，以市场行情指导门面租赁价格。2010 — 2012 年，门面租赁价格发生“三连涨”，年均增幅达 30% 以上。此外，切实做好门面合同管理，建立健全《行政事业单位经营性资产租赁信息台账》，贯彻执行门面租赁“收支两条线”管理，实现租金收益全额上交非税收缴专户，严格按比例返还经营性资产收益，专项用于门面物业管理等费用支出。

二　国有资产处置

按照资产类别和价值不同，全区资产处置主要分为闲置院落资产（土地和地面构筑物）处置、车辆处置，以及办公家具和电子电器设备等其他资产处置三大类。区国资局相应建立具体的资产处置工作流程，确保处置程序公开透明。在闲置院落资产处置方面，由区国资局制定具体处置方案报经区政府主要领导和分管领导审批后，再委托中介机构进行拍卖处置。2002 年，区国资办配合株洲高科集团公司对河东原政府院落进行转让处置。2004 年，将原郊区畜牧水产局院落整体出让给株洲市土地储备中心，总价款 160 万元。2005 年 12 月，将天元区人民检察院办公楼等资产拍卖给株洲市京华拍卖有限责任公司，拍卖底价 598 万元。2009 年 2 月，将区市政维护处、环卫处、建委、计生委、区劳动人事局、大坪逸夫学校等 6 家区属院落资产作为株洲高新区管委会投资调拨给湖南天易集团公司。同年 12 月，处置原郊区教师进修学校院落资产，通过委托中介机构办理土地变性等审批手续，委托市国土局确定的拍卖中介机构公开拍卖土地资产，实现拍卖处置收入 1286.88 万元（含地面资产 245.38 万元）。在车辆处置方面，严格按照公开、公平、公正的原则进行。车辆评估、拍卖环节，全权委托中介机构独立操作，区国资局不干预、不介入，车辆评估、拍卖以市场价值为导向，区国资局仅对车辆拍卖处置过程进行跟踪监督。2014 年，区国资局组织 2 场公务用车专场拍卖会，拍卖成交超编、更新和国企车改车辆 39 台，实现拍卖处置收入 370 余万元。对确定为无拍卖价值的报废车辆，统一交由株洲市具有相应资质的解体公司回收处置。在零星资产处置方面，区国资局建立《办公家具、电子电器设备等其他资产处置工作流程》和《小额废旧资产处置信息台账》，先后采取两方以上公开竞价、定点协议回收（园区内企业凯天环保公司）等方式处置其他资产。

第三节　公务用车控购管理

2007 年，区政府将区公务用车控购管理职能划入区国资局。区公务用车实行单位定编管理，公务用车新购或换购的控购审批严格按车辆编制和配备标准执行。2007 — 2010 年，年均办理公务用车控购审批手续约 30 台次。2011 年 6 月至 2012 年底，全区持续开展公务用车问题专项治理工作，区国资局作为区公务用车问题专项治理工作领导小组办公室，具体负责组织对全区 107 家行政事业单位的公务用车进行全面摸底，清理全区公用车编制 264 台，统计实有公务用车 259 台。经市公务用车主管部门认定，全区超标配备车辆 4 台，超编配备车辆 14 台。截至 2014 年，市公务用车主管部门核定全区公务用车编制总数为 258 台。其中，一般公务用车编制 193 台、执法执勤用车编制 35 台、生产服务用车编制 30 台。全区实有公务用车 228 台。其中，一般公务用车 172 台、执法执勤用车 29 台、生产服务用车 27 台。

第四节 企业国有资产管理

区国资局根据株洲高新区管委会和区政府授权，履行出资人职责，落实企业国有资产监督管理职能。2011年，核准25宗土地资产评估项目，土地面积133.33公顷，评估总价25亿余元。

2012年，年检区属国有企业母公司及下属子公司、孙公司总户数12户，清理注册资本16.10亿元，办理变动产权登记1户、产权占有登记6户。2013年年初，为进一步加强国有企业产权管理、业绩考核、薪酬管理、企业工资总额管理以及重大事项等监管，株洲高新区管委会、区政府出台《高科集团、天易集团国有资产监督管理办法（试行）》。区国资局局长任株洲高科集团有限公司和湖南天易集团有限公司的监事、天元区保障住房开发建设有限公司的董事，参与审议国有企业年度经营决算指标、财务报告和经营计划等重大事项。在日常监督管理中，区国资局具体负责国有企业产权登记管理等工作。截至2014年，区属国有企业3家。其中，株洲高科集团有限公司和湖南天易集团有限公司由株洲高新区管委会100%出资，天元区保障住房开发建设有限公司由区国资局100%出资。企业国有资产总规模420.74亿元，净资产197.17亿元。

第九章 安全生产监督管理

1994年10月，株洲高新区成立安全生产委员会，下设办公室，归口区劳动人事局，负责全区安全生产的日常工作。1998年4月，成立株洲市天元区安全生产委员会，下设办公室，归口区劳动局。2001年3月，调整设立高新区、天元区安全生产委员会，职能归并。委员会下设办公室，归口区产业发展局。2003年7月，成立天元区安全生产监督管理局（简称“安监局”），内设综合办公室和安全生产监督室，同时加挂天元区安全生产委员会办公室牌子。2004年12月，天元区筹建乡镇、街道安全生产监督管理机构，配备安全生产监察员。2006年6月，天元区2个镇、3个街道在经济发展办加挂安全生产监督管理站牌子，人员和编制内部调整。2011年，株洲县雷打石镇、三门镇划入天元区。至此，天元区基层安监站增至7个。2014年，区安监局内设局办公室、危险化学品及烟花爆竹监管股、矿山及行业综合协调股（加挂职业安全健康监督管理股牌子）、天元区园区安全管理办公室（加挂天元区安全生产应急管理办公室）、法规股。至2014年的12年中，天元区政府先后8次获株洲市安全生产目标管理红旗（先进）单位，2次获湖南省安全生产先进单位；区安监局叶琳、张汉林分获湖南省安全生产先进个人和优秀安监员称号。2003—2014年，先后有雍建敏、侯建国任区安监局局长。

第一节 安全教育

一 安全知识培训

1993年10月，株洲高新区下发《株洲高新技术产业开发区安全生产管理规定》的通知，要求开发区各生产企业、相关单位认真组织学习，严格贯彻执行。2002年11月，区安全生产办公室、区产业发展局印发关于学习贯彻《中华人民共和国安全生产法》的通知，并组织相关人员学习培训。

2003年7月—2005年12月，区安监局组织全局干部参加省安监局举办的学习《安全生产许可证条例》《湖南省安全生产条例》以及安全生产许可证受理等工作的培训班，并取得国家安全生产监督员资格培训和行政执法、事故调查处理业务资格证。举办全区生产经营单位主要负责人、安全管理人员和特种设备操作人员培训班，共培训765人次；编印《新区安全工作简报》，加大安全生产宣传力度。2006年，区安监局组织全区45名安全监督员在湖南煤田技校参加安全资质取证培训。2012年11月，根据《湖南省安全生产委员会办公室关于进一步加强全省乡镇长和村支“两委”负责人安全培训工作的通知》，区举办乡镇长和村支“两委”安全培训班。2012—2013年，按照区安监局编制的全区安全培训计划，分批次组织企业班组长和高危行业企业从业人员、“三项岗位”人员和特种作业人员培训，同时要求高危行业企业从业人员全部做到持证上岗。2014年，投入资金10多万元，编印4000余册《天元区安全生产监管手册》。同时，利用LED电子显示屏，每天滚动播放安全生产宣传标语。

二“安全生产月”活动

从2002年开始，执行国务院规定，将安全生产周改为安全生产月，并确定2002年6月为全国首个“安全生产月”。2004年以来，区安监局根据国家规定的“安全生产月”主题内容，围绕安全生产警示教育、宣传咨询、安全文化、应急演练四个主题，在全区开展安全生产宣传咨询、知识竞赛、送安全培训到企业等多种形式的安全宣传教育活动，向公众普及安全生产知识，提高社会公众的安全生产意识。

2004年6月，区安监局牵头组织各乡镇、街道、区直有关部门及辖区各单位主要负责人和安全专干，参加安全宣传、教育培训工作与“安全生产月”“百日安全竞赛”活动，在全区营造“关爱生命、关注安全”的良好氛围。2005年6月，结合高新区、天元区创建“平安新区”活动在株洲海天工程公司举办安全知识抢答赛，并联合交警开展“安全电影”下乡等活动。2007年6月，区安监局编印并免费发放《市民安全常识手册》和《员工安全知识读本》，向全区广大群众和企业职工普及安全知识和安全应急常识。2009年6月，以“关爱生命、安全发展”为主题，以深入开展“安全生产年”活动为主线，组织开展“查找身边一个安全隐患、提一条安全生产合理化建议、答一套安全生产和工伤保险知识试题”（简称“三个一”）宣传教育活动。2010 年 6 月，开展“安康杯”竞赛和“青年安全生产示范岗”活动。2012 — 2013 年，“安全生产活动月”期间展出安全生产板报 30 余块，摆设安全咨询台，向市民提供安全防范知识和安全法规知识咨询，现场发放宣传资料 2 万余份，全区各镇、街道发放宣传资料 7.5 万余份，张贴标语 300 多张，在村、社区展出安全生产宣传栏 160 余版；组织开展“安康杯”安全健康知识竞赛活动，弘扬安全文化，全区收到知识竞赛答卷 2400 余份。2012 年 6 月 29 日，在栗雨科技工业园内美的城举行“2012 年天然气主管道发生泄漏的重大涉险大演练活动”。2014 年，在第十三个“安全生产月”活动中，全区发放各类宣传资料 15000 余份，展出安全宣传展板 30 余块；6 月中旬，联合株洲市安委会在区长江广场开展“安全生产月”集中咨询活动。各镇、街道和行业管理部门结合实际，开展形式多样的社区消防培训、消防演练、安全知识抢答赛、安全知识进乡村进学校进单位等宣传教育活动。

第二节　安全监督管理

2005 年 4 月，全区烟花鞭炮行业生产、经营环节的日常监管从区公安局分离，划入区安监局。是年，全区有危险化学品生产经营单位 46 家，烟花爆竹经营户 37 家，非煤矿山企业 9 家，其他企业 297 家。2006 年 5 月，劳动防护用品管理从劳动局分离，划入区安监局。2012 年 9 月，职业健康由卫生部门划入安监部门。至此，安监局的监管行业涵盖煤矿、非煤矿山、危险化学品、烟花爆竹、工贸企业、职业病防治、劳动防护用品管理等。2014 年，全区有煤矿 1 座、非煤矿山 2 座、危险化学品生产企业 2 家和批发经营企业 25 家、烟花爆竹生产和批发企业各 1 家、其他工业企业 429 家。

一 安监责任体系建设

1994 年 10 月至 2003 年 7 月，区安全生产各成员单位部门负责本系统、本单位的安生产监督管理工作。2003 年始，在区安全生产委员会的领导下，构建以区政府为第一级，基层政府和行业主管部门为第二级，各生产企业单位为第三级，区安监局牵头监督管理的安全生产监督管理体系，细化目标，层层签订责任状，落实奖惩措施。编印《新区安全工作简报》，及时公布月、季度、半年、全年安全事故情况。2004 年，天元区政府办公室印发《天元区安全生产责任目标管理考核办法》。设立安全生产事故举报、奖励等制度。2011 年，天元区政府印发《关于进一步加强企业安全生产工作的通知》和《天元区安全生产“一岗双责”实施办法》，明确各级各单位行政一把手对安全生产负全面责任，每年区政府与各乡镇、街道、相关单位层层签订安全生产责任状，将安全生产纳入综合目标管理考核，严格实行安全生产“一票否决”制度。2014 年 1 月，株洲高新区、天元区以四办名义印发《高新区、天元区党政领导干部安全生产“一岗双责”暂行规定》通知，进一步明确全区党政领导干部安全生产工作责任及事故责任追究。

二 安全生产监督检查

1993 年 12 月，株洲高新区开展首次安全生产大检查，由区劳动人事局具体组织实施，各有关单位部门协助配合。各单位接通知后立即组织自查、自检，由区劳动人事局组织对各单位进行抽查。1996 年 11 月，印发《开发区建设安全生产管理实施办法》，要求开发区建设行政主管部门按照自身职权，对从事各种房屋建筑、土木工程、设备安装、装饰装修、市政工程、管线铺设等施工的安全管理以及建筑结构配件、非标准设备的加工生产等加强安全监督管理。2000 年 5 月，区政府办公室印发《株洲市天元区加强烟花爆竹生产经营安全监督管理和清理整顿行动方案》通知，开展对全区范围内烟花爆竹生产经营的清理整顿。此次行动依法取缔从事非法生产、储存、经营的单位和个体作坊，查处 1999 年以来烟花爆竹事故的责任人，整改存在隐患的生产、经营单位，建立健全各项生产经营、安全管理制度，规范有合法证照的生产、经营单位的生产经营活动及安全管理。

2001 年 3 月—4 月，对全区安全生产工作进行大检查，检查分企业自查自纠、行业安全检查、区安委会对区内重点企业、重点部位进行检查，发现问题及时进行整改和处理。2003 年 7 月—2005 年 12 月，全区开展危险化学品、非煤矿山、烟花爆竹、劳动防护用品等领域的专项整治，期内组织各类安全大检查 69 次，各类生产经营场所检查 1400 人次，排查生产经营企业安全隐患 659 处，下达整改指令书 186 份，查处安全生产违法行为 267 起，打击取缔非法销售烟花爆竹商户 80 余家，关停不符合安全条件的非煤矿山 2 个。2004 年，围绕“三零一负”（危化物品零事故，工矿企业零死亡，消防零重灾、交通事故负增长）的工作目标，区安监局与 30 家重点监管企业签订安全生产责任状，报请区政府出台《天元区安全生产责任目标管理考核办法》，设立安全生产事故举报奖励制度，并在全市率先推行建立企业安全生产档案制度。2007 年，对 36 家全区重点监管企业建立重点监管企业安全生产档案。

2010 —2011 年，天元区制定下发《天元区人民政府关于加强乡镇安全生产工作的实施意见》《天元区安全生产示范乡镇对口联系制度（试行）》《天元区镇、街道及部门负责人安全生产“一岗双责”实施办法》等通知，加强对乡、镇、村（社区）的安全生产工作力度。2012 年 6 月，区安监局、区公安分局联合开展“打非治违”专项整治与隐患治理活动。行动中，依法打击非法销售和经营不合格烟花爆竹产品等违法行为，收缴各类非法烟花 400 余件，爆竹 160 余万响，罚款 5 万元，取缔非法销售点 28 家。2013 年，全区检查各类生产经营单位 1927 家，累计报告各类隐患 800 余处，查出发现隐患 920 条，下发限期整改指令书 189 份，责令整改隐患 715 处，停产整顿企业 3 家，开展安全隐患自查自纠按要求报送信息生产经营单位 322 家，累计报告各类隐患信息 800 余处。

2014 年，进一步加大对非法生产经营建设行为的打击力度，制定并印发《全区打击非法生产经营建设行为实施方案》，成立“打非”工作领导小组。按照“片区包干、划分网格、实名负责、职责到位”的原则，以镇（街道）为责任片区，村（社区）为基本网格，建立起辐射全区的“打非”

工作机制。全年打击非法经营液化气、柴油、烟花鞭炮等门店63处，及时查处群众举报非法储存油漆、冷库空调排水等影响居民安全行为2起，在全区113个村（社区）组织设立“打非信息举报公告牌”，形成全区浓厚的“打非”工作声势。

第三节 安监设施及标准化建设

2007年，天元区开展安全生产示范乡镇创建工作，制定《天元区安全生产示范乡镇创建工作方案》，层层抓落实。同年11月底，泰山路街道率先通过市安委会“安全生产示范乡镇”初检。2008年，马家河镇创建市级示范乡镇验收合格。2009年，泰山路街道创建省级示范乡镇，栗雨街道创建市级示范乡镇验收合格。2011年，雷打石镇创建市级示范乡镇验收。2012年，马家河镇通过省级示范乡镇验收合格。

从2010年开始，在天元区工矿企业中开展安全生产标准化建设工作。2011年5月，天元区安委会印发《天元区深入开展企业安全生产标准化建设方案》通知，要求企业按照《企业安全生产标准化基本规范》相关规定，制定完善安全生产标准和制度规范，严格落实企业安全生产责任制要求，截至2014年，已有22家企业通过安全标准化评审，其中一级标准化企业1家，二级标准化企业1家，三级标准化企业20家。

2003—2014年，株洲高新区管委会、天元区政府先后为安监局机关及各镇、街道安监站配置电脑21台，打印机7台，传真机9台，摄像机7台，照相机6台，小轿车1台，锂电池安全帽灯6台，多气体检测仪1台，电子式风速表1个，保险柜1个，执法记录仪1台。

第四节 安全事故救援处理

区安监局成立前，高新区、天元区工矿安全生产事故和其他事故由区安全管理监督部门处理，安全事故的救援、善后处理工作在区安全生产委员会的领导下由安全生产委员会办公室牵头，组织相关成员单位协调处理。2003年，区安监局成立后，由区安监局牵头组织相关安全生产成员单位共同处理。2004年，为规范全区安全生产事故灾难的应急救援管理和应急救援响应程序，高新区、天元区印发《天元区安全突发事故救援处理应急预案》。2007年8月，区人民政府印发《天元区突发公共事件总体应急预案》通知。设立安全生产事故灾难应急指挥机构为区安委会，区安委会办公室设区安监局，负责综合协调，同时具体承担安全生产事故灾难应急管理工作。事故救援处理成员单位为区安监局、区监察局、区公安分局、区交管站、质监高新分局、区消防大队等20个部门。一般事故，由区安监局组织相关成员单位协调处理；较大、重大、特别重大安全生产事故在区委、区政府的组织领导下，区安监局牵头组织区相关成员单位配合、协助市、省、国家安监部门进行处理。

2003—2014年，天元区发生工矿安全生产事故和其他事故53起，其中一般事故44起，伤亡事故9起，无较大、重大、特大事故。至2014年，天元区连续6年无工矿安全事故发生。

第十三篇　高新技术产业开发建设

株洲高新区是株洲市按照中共中央的部署，为适应不断深化改革、扩大对外开放的新形势，依托株洲交通区位优势和传统工业基础，以现代科技为先导，强化工业第一推动力，着眼于全面提升株洲新兴产业的发展水平，转变工业发展方式，倾力打造以高新技术为支撑的现代工业。株洲高新区始终坚持创新驱动、产城一体，“园区是生命，项目是灵魂”的发展理念，致力于加快园区建设，实施科技引领，进而实现株洲高新区产业兴市、工业强市的发展战略。

1992年株洲高新区成立之初，结合河西城市开发建设，坚持边实践，边探索，边完善，高起点，快节奏，稳步推进。经过20多年的摸索总结，至2014年，株洲高新区下辖河西高新技术产业示范区、田心高科技工业园、董家塅高科技工业园，管理体系不断完善，政策措施不断配套，发展环境不断优化，创新能力不断增强，发展水平不断提升。地区生产总值从1992年的0.61亿元增至615亿元，工业总产值从1992年的1.25亿元增至1635.24亿元，工业销售收入从1992年的0.55亿元增至1551亿元，税收总额从1992年的214万元增至90.62亿元，高新技术产业产值从1992年的5680万元增至1098.40亿元，高新技术企业从1992年的34家增至118家。

第一章　决策规划

第一节　发展战略

株洲市是中华人民共和国成立后迅速崛起的一座工业新城，城区和产业全都分布在湘江东岸。湘江西岸面积26.87平方千米，系原市郊区管理的一个园艺场，主要种植蔬菜和水稻。由于湘江阻隔，交通受限，经济发展相对滞后，但其地势较平坦，东部为冲积平原，具备良好的开发条件。20世纪60年代初，市委、市政府曾确定河西为株洲市最大的蔬菜基地，适当发展农副产品加工业。20世纪70年代末期，株洲市第二次修编的城市总体规划将河西定位为用地120公顷，以轻纺工业、农副产品加工为主的工业区，并规划修建跨湘江大桥。但由于资金短缺等原因，修桥未能实施，工业建设发展不快。

中共十一届三中全会后，市委、市政府谋划拓展城市产业发展空间，经过充分调查研究和反复比较，认为河西开发条件优于河东，作出城市“西进”和“开发河西”的重大决策，同时决定立即着手开展修建湘江大桥的工作。1985 年 5 月，市长周吉太在政府常务会议上指出：河西是我们即将开发的一个新城区。1986 年，市政府第 55 次市长办公会议明确指出："建设湘江大桥的目的是为了开发河西，要把河西建成一个现代化新城区，从现在开始统一规划，合理布局，加强管理。"是年 1 月 20 日，株洲跨湘江大桥动工兴建。1988 年 12 月，建成通车，定名为株洲大桥。交通条件的改善，加速了河西开发建设的进程。

株洲市第三次修编的城市总体规划明确，河西片是中心片，工业主要安排技术密集型项目，最终成为株洲市一个高质量的现代化新区。1987 年 2 月，市委、市政府下发《关于成立河西开发建设管理处的通知》，明确管理处的职责和任务。1988 年 5 月，市委、市政府分别召开常委会，决定在河西天台路以南 10 平方千米内创建"新技术产业试验区"。由株洲市科委具体负责试验区的全面管理和各项工作的组织实施。9 月 27 日，湖南省科委批准，省政府授权，同意成立"株洲新技术产业开发试验区"。10 月，市政府制定下发《株洲新技术产业试验区暂行规定》，对试验区的开发范围、重点开发的技术、开发方针以及企业利润分配、税收、土地征收、科技人员奖励等方面作出详细规定。1989 年 3 月，市委、市政府成立由副市长乔钟涛为组长，市政府副秘书长、市科委主任为副组长，市计委副主任等为成员的株洲新技术产业开发试验区领导小组及办公室。

为使株洲新技术产业开发试验区享受到国家更多的优惠政策，以加快试验区的发展步伐，1991 年 7 月，市委、市政府决定将株洲新技术产业开发试验区更名为株洲高新技术产业开发区，并成立株洲高新技术产业开发区领导小组，由常务副市长王汀明任组长，积极主动向省政府、省科委和国家科委汇报，请求将株洲高新区晋升为国家级高新区，并在 3 个月内连续 3 次报送有关请示和资料。1992 年 1 月 22 — 23 日，市委召开七届四次全体会议，市委书记周吉太在会上根据市委常委会议的意见，提出要大胆地试，坚决地创，把株洲的事办好，并表示要把河西开发区办成国家级高新技术产业开发区。1992 年 2 月 10 日，省政府批准株洲新技术开发试验区更名为株洲高新技术产业开发区，明确为省级开发区，参照长沙高新区执行相关政策。3 月，市政府成立株洲高新技术产业开发区办公室，为副县级机构，下设 4 个内设机构。同年 4 月 23 日，市政府行文呈报国家科委，请求将株洲高新区升级为国家级高新技术产业开发区。6 月，市委成立中共株洲市河西开发区委员会。7 月 11 日，中共株洲市委、市政府印发《关于成立株洲高新技术产业开发区管理委员会的通知》，明确株洲高新区管理委员会属市政府的派出机构，下设 4 部 1 室，代表市政府行使株洲高新区的行政管理职能。同时设立中共株洲高新技术产业开发区委员会，属市委直接领导，负责区内党务工作，同管委会合署办公，两块牌子，一套人马。由副市长黄自能兼任高新区党委书记、管委会主任。

1992 年 12 月 19 日，经国务院授权，国家科委批复同意《株洲高新技术产业开发区为国家级高新技术产业开发区，执行国务院关于国家高新技术产业开发区和有关政策规定的通知》。株洲国家高新技术产业开发区规划面积 8.8 平方千米，近期开发 3.78 平方千米。株洲高新区成为全国第 52 个国家级高新技术产业开发区。1993 年 3 月 6 — 9 日，国务院授权国家科委对株洲国家高新技术产业开发区进行评审检查。现场审定后，授予株洲国家高新技术产业开发区的牌匾。1993年3月9日，株洲国家高新技术产业开发区挂牌。

1993年5月20日，市委召开株洲高新区建设现场办公会议。随后，中共株洲市委办公室、市政府办公室印发《关于株洲高新技术产业开发区有关问题的会议纪要》。《纪要》对高新区的机构设置，关于高新区规划、国土、建工、房产、城建管理，关于高新区供水、供电、供气、邮电通信，关于高新区要素市场建设，关于高新区基础设施建设、房地产开发，关于高新区一级财政体制，关于高新区标准厂房建设，关于科技园建设，关于高新区项目评审，以及高新区领导班子配备等10个具体问题作出决定。成为国家高新区后，市委、市政府及时作出完善高新区管理体制，促进高新技术产业发展的重大决策。1993年5月，株洲高新区内设机构增至7个，并设立高新区劳动人事局、工商行政管理局、财政局等机构，定编54名。1995年2月，增设高新区纪律检查委员会和政法委员会。1996年，市委、市政府批准株洲高新区党委、管委会机构进行全面调整，设置管理机构14个，核定编制100名。市委、市政府要求株洲高新区把工业园区建设作为高新技术产业的基础性工作来抓。通过园区建设促进项目进区。1996年3月，市政府召开常务会议，决定在株洲高新区开发建设工业科技园、农业科技园和民营科技园。1997年8月，株洲市市辖行政区进行全面调整，以株洲高新区所在的郊区园艺场为基础，将与之相联的株洲县群丰镇、马家河乡划入，成立天元区。区划调整后，市委、市政府进一步调整株洲高新区的职能，重申株洲高新区党委和管委会为市委、市政府派出机构，并升级为正县级机构，设专职书记、主任，编制不超过60人；株洲高新区不以地域划分而以产业界定，财务单列，专项管理；社会事业部划归天元区管理。1998年5月，市委、市政府下发《关于加快株洲高新技术产业开发区发展的若干规定》，进一步明确株洲高新区的管理范围，指明株洲高新区党委、管委会受市委、市政府的委托，行使有关高新技术产业和“三资”企业进区的经济管理权限和行政管理权限，履行计划、规划、招商、项目审批、国土、税务、审计、环保、人防、建工等市级管理职能，对进区高新技术企业和“三资”企业实行一决式办法，“一条龙”服务。文件要求株洲高新区组建高新技术产业发展有限公司，为科技型国有独资公司，主要从事工业园区的开发建设。为进一步增强株洲高新区的领导和协调能力，市委、市政府从1998年开始多次请求省委、省政府将株洲高新区党委改为党工委，工委、管委会由正处级升为副地（市）级机构。2000年10月，得到省委、省政府批复同意。株洲高新区设5局1室，均为副处级机构，工委、管委会暂定人员编制50名。2000年6月，市政府向省政府、科技部呈报在株洲高新区重点建好高新技术产业示范园的同时，带动建好河东田心、董家塅两个高科技工业园，构建“一区三园”发展模式的请示。科技部于同年9月批准调整株洲高新区区域范围，将株洲高新区内不易开发利用的3平方千米区域调出株洲高新区，将规划有效面积分别为1.5平方千米的田心高科技工业园和董家塅高科技工业园调入株洲高新区，由此形成株洲高新区“一区三园”发展格局，有效缓解株洲高新区发展空间不足的矛盾，株洲老工业基地的科研、技术优势得到充分发挥。2001年7月，科技部在向3个工业园区授牌时又新增加国家新材料成果转化及产业化基地、国家火炬计划传感技术产业基地2个基地，从而形成株洲高新区“一区三园两基地”的新格局，步入发展的“快车道”。

2001年2月，市委、市政府下发1号文件，对株洲高新区、天元区进行职能归并，效能整合，理顺两区工作体制，明确两区实行统一的领导体制，统一的财政体制，统一的人事管理，统一的机构设置。株洲高新区党工委、管委会组成人员与天元区委、区政府部分领导成员交叉任职，其中株洲高新区党工委书记兼任天元区委书记，管委会主任兼任天元区区长。株洲高新区管委会5个工作机构与区政府相应的工作部门合二为一，一个机构，两块牌子，形成高效、便捷的运行机制。实现两区资源共享，扩大株洲高新区的发展空间，形成共同发展的合力。文件出台支持株洲高新区发展新的政策措施，成立株洲高新技术产业开发区领导协调小组，由市委书记任顾问，市长任组长，株洲高新区管委会主任任副组长，市委、市政府有关部门负责人为成员，协调解决高新区开发建设和管理工作中的重大问题，检查政策落实情况。

2011年1月，市委、市政府再次提请省政府调整行政区划，将株洲县的雷打石镇和三门镇划为天元区管辖，获得省政府批准。行政区划调整后，天元区面积增至327.6平方千米，人口增至28.77万，经济实力进一步增强，发展空间进一步扩大。

第二节　发展规划

一　高新区城市建设和产业发展规划

1993年3月，株洲国家高新技术产业开发区正式挂牌后，株洲高新区党委、管委会即着手编制《株洲国家高新技术产业开发区产业和城市建设发展规划》。11月，正式编制完成。整个规划分为概况、株洲高新区规划布局、2000年产业发展规划、城市发展规划和需采取的措施5个部分。

城市建设采用轴向开发、板块与组团布局相结合，以适应滚动式发展的可变性规划结构。新城区沿三条轴线发展。即中心轴，系全市政治、文化、功能线，沿轴布局金融、贸易中心、行政管理中心等；北轴（工业轴），沿轴布局加工业、仓储区、污水处理厂等；南轴（技术轴），沿轴布局高新技术产业园、工业园等。东部沿江一带地势平坦，以高层建筑为主，为未来株洲市中心区；西部丘陵起伏，采用小团组自由布局，以低层建筑为主，形成花园式城市风格。“八五”计划期间，围绕发展高新技术产业，重点开发3.78平方千米的科技园，基本开发8.8平方千米的政策区，完成10平方千米基础设施建设，形成6万常住人口。“九五”计划期间，着力开发建设科技园和工业园区，形成35平方千米范围内的道路骨架，基本完成、完善污水处理厂、第四水厂、体育中心等基础设施及学校、医院、商贸服务等配套建设，基本形成30万人口、35平方千米的城区规模。

2000年产业发展规划主要目标是：组织实施50项“火炬”计划项目，开发500项高新技术产品，建成400个高新技术企业，创造10个高新技术先导型企业集团；到“八五”期末，实现高新技术产业总产值10亿元，“九五”期末实现高新技术产业总产值50亿元，利税12亿元。从业人员发展到4.5万人以上，其中大中专以上技术人员占职工总数的35%。确定电子信息技术、光机电一体化技术，新材料技术、精细化工技术和生物技术5个领域向高新技术产业重点技术领域的发展方向。并计划“八五”“九五”计划期间分别投入资金4亿元和8亿元。

二　中长期规划编制

(一) 五年发展规划

“十五”计划 2000年11月，株洲高新区工委、天元区委决定，由区统计局牵头，组织编制《株洲高新技术产业开发区、株洲市天元区国民经济和社会发展第十个五年规划纲要（2001—2005年）》。规划高新技术产业河西示范园南部工业园面积由1.2平方千米扩大到3平方千米，重点布局国家新材料成果转化及产业化基地和国家火炬计划传感技术产业基地；北部工业园沿马家河镇天易路规划10平方千米，以电子信息、生物、制药、先进制造业为主。田心高科技工业园突出电力机车制造、发展能源环保产业，董家塅高科技工业园突出航机陆用，发展健康食品产业。

“十一五”规划 2005年12月，株洲高新区工委、天元区委决定编制“十一五”经济社会发展规划纲要。《规划》提出“构建科技新城、生态新城、和谐新城的发展目标”和“一区三园多基地”的发展格局。确定重点开发东部区域，保护性重点开发北部、西部区域，禁止性开发南部区域。继续巩固发展“一区三园多基地”工业格局，河西高新技术产业示范园重点发展有色金属深加工、交通运输装备制造、自动化控制、生物医药和健康食品四大主导产业；栗雨科技工业园建成集生产、研发、会展、居住于一体的生态型科技园；欧洲工业园要以机械制造、环保设备、生物材料为主导产业；田心高科技工业园以轨道交通装备产业为主体，形成技术密集型产业群优势；董家塅高科技工业园重点发展先进制造业，加快培育中小发动机产业群和服饰产业群，促进健康食品发展。

“十二五”规划 2010年11月，株洲高新区工委、天元区委决定编制经济社会发展“十二五”规划纲要。《规划》提出坚持“一区四园三城多基地”的工业发展格局。提出创建创新型科技园区、生态工业示范园区，加快专业园区建设和园区产业转型，完善园区商务功能，发展园区金融、教育、娱乐、商住等第三产业，提升园区品位等策略。

(二) 长期规划

“二次创业”行动纲要 2005年3月，株洲高新区工委、管委会，天元区委、区政府主持制定《株洲新区（株洲高新技术产业开发区、株洲市天元区）“二次创业”行动纲要》。提出发展产业总战略为高新技术产业先导、开放强区、环境发展。形成“一区”，即株洲高新区；“三园”，即河西示范园（天台科技工业园、栗雨科技工业园、创业园、金德科技工业园、新马科技工业园、高等职业技术教育园）、田心高科技工业园、董家塅高科技工业园。“多基地”，即国家新材料成果转化及产业化基地、国家火炬计划传感技术产业基地、国家高新技术产品出口基地、湖南高等院校和科研院所科技成果转化及产业化基地、高等职业技术教育培训基地、轨道交通装备制造基地、硬质合金深加工新材料基地等。在此基础上，重点发展以硬质合金为主体的有色金属深加工业；以交通运输装备制造为主体的先进制造业；以自动化控制装备为主体的电子信息业；以生物医药与健康食品为主体的食品医药产业，以四大高新技术产业构筑科技新城。

创新驱动发展战略十年行动方案 中共十八大后，株洲高新区工委、天元区委制定《株洲高新区创新驱动发展战略十年行动方案（2013—2022年）》，《行动方案》提出株洲高新区要以最先进的机车牵引引擎、最强大的航空动力引擎和最环保的汽车动力引擎为核心助推器，着力打造以“中国轨道交通城、中南地区通用航空城、中国新能源汽车产业城”为支撑的中国动力谷。发展轨道交通、通用航空、新能源汽车三大千亿产业集群。建设河西示范园、田心高科技工业园、董家塅高科技工业园、金山科技工业园。推进产业集群创新工程、企业技术创新工程、知识产权创新工程、人才支撑创新工程、金融服务创新工程。

天易科技城规划 2013年，株洲高新区编制《株洲市天易科技城发展规划（2014—2020年）》。规划重点构建天易科技城的产业“两型”发展，其主体内容为“资源节约”和“环境友好”。具体内容分为低碳（节约能源，减少资源破坏与能源浪费，减少碳排放）、高效（包括高效率、高效益、高效能、以最少的投入获得最有价值的产出）、创新（以科技创新为核心，打造创新、创意、创造产业集聚区）。产业配置原则是战略培育，提升科技实力；产学研结合，推动成果转化；构筑链条，完善产业体系；分类集聚，创造规模效应；服务多元，提升综合品质；因地制宜，适应地形地貌。产业结构体系：轻型高技术产业，包括节能环保产业、电子信息产业、生物医药产业、机械制造产业；创新型生产服务业，包括科技研发、物流运输、商务办公、现代农业、旅游服务等。产业重点与总体布局是重点打造两园及两大农业板块，两园即太高工业园、龙泉工业园。4大创新型生产服务业板块为湘江新城、五云峰片区、雷打石片区、三门片区。

第三节 管理体制

1987年2月，市政府印发《关于成立河西开发建设管理处的通知》，明确管理处为市政府派出机构，赋予其相应的职责和任务，加强对河西规划区的开发、建设和管理。1988年5月，市委、市政府决定，在河西创建株洲新技术产业开发试验区，明确市科委为试验区的管理机关，负责试验区的全面管理和各项工作的组织实施。1988年9月，由省政府授权同意，成立株洲新技术产业开发试验区。1989年3月，株洲市委、市政府成立由副市长任组长的株洲新技术产业开发试验区领导小组，下设办公室，具体负责试验区各项工作。

1992年2月10日，省政府批准株洲新技术开发试验区改为株洲高新技术产业开发区，作为省级开发区，并参照长沙高新技术产业开发区的有关政策试行。7月11日，株洲市委、市政府下发《关于成立株洲高新技术产业开发区管理委员会的通知》，明确株洲高新技术产业开发区管理委员会为市政府的派出机构，同时设立中共株洲市高新技术产业开发区委员会，与管委会合署办公，实行两块牌子，一套人马，代表市委、市政府行使对株洲高新区区域内的管理职能。

1997年7月，株洲市对市辖区行政区划进行调整，在河西新设立天元区。从此，天元区与株洲高新区相辅并存。与此同时，市委、市政府及时调整高新区职能，为两区并肩快速发展打下坚实基础。1997年7月，市委、市政府在《关于认真做好市辖区行政区划调整工作的通知》中明确，株洲高新区管委会是市政府的派出机构，负责组织实施高新技术产业的开发与管理。

2000年底，市委、市政府对株洲高新区与天元区进行“职能归并、效能整合”，明确两区实行统一的领导体制、统一的财政体制、统一的人事管理、统一的机构设置。2001年2月，市委、市政府以1号文件形式出台《关于加快株洲高新技术产业开发区建设，促进株洲高新技术产业发展的决定》，明确“职能归并、效能整合”的内容和要求。

第四节　产业政策

1988年10月，市政府制定下发《株洲新技术产业开发试验区暂行规定》，从税收、关税、创汇、征地、开发经费、产品定价、投资、合作开发、设备折旧、创办新技术企业、资金分配、兴办高新技术“三资”企业、提供信息、牵线搭桥、税款返还等方面出台一系列优惠政策。1992年2月，省政府批准将株洲新技术开发实验区升级为省级高新区，享受湖南省开发区的一切优惠政策。7月11日，市委、市政府颁布《株洲高新技术产业开发区管理办法》，共9章40条，规定工商、劳动人事、财税、金融、规划、土地、治安和户籍管理办法，其中有许多优惠的政策、措施。11月6日，副市长黄自能在省人才交流大会上宣布：凡为株洲河西开发区创纯利5万元以上者，可获进口摩托车、住宅、豪华别墅、桑塔纳轿车等重奖。12月19日，经国务院批准，同意株洲高新区执行《国务院关于国家高新技术产业开发区有关政策的通知》。当年，市委、市政府出台《株洲高新技术产业开发区鼓励科技人员进区兴办民间科技企业暂行规定》和《株洲高新技术产业开发区鼓励外商进区投资实施办法》。

1995年1月27日，市委、市人大、市政府、市政协的主要领导在株洲高新区召开现场办公会议，专题研究株洲高新区放开搞活，加快产业发展的问题。会后，市委、市政府印发《关于株洲高新技术产业开发区有关问题的会议纪要》。11月，市政府同意建立株洲高新技术产业区一级财政体制，即对株洲高新区实行“划分收支范围，确定收支基数，以收抵支，收支相抵，超支不补，结余留用，一定三年”。同时，在市本级的城市维护费、科技三项费用和教育费附加中，每年切块安排相当比例给高新区，用于高新区建设和科教事业发展；上级其他拨款和市本级财政拨款，比照各县市区的标准下拨给高新区；市政府每年安排必要的专项资金用于支持高新区重点建设。

1996年5月，市委书记、副书记等11名市委常委及市人大常委会主任、分管副市长到株洲高新区，重申过去的有关文件，在进一步补充完善的基础上长期有效；河西建设的历史欠债逐年还清，基础设施建设负债由市财政在3～5年内解决。12月13日，市政府办公室印发《关于河西开发区财政有关问题的会议纪要》。《纪要》重点对株洲高新区的财政体制、集资款用途、省拨给株洲高新区启动周转金、株洲高新区城市维护经费、教育经费等问题作了进一步的明确。

1998年5月，市委、市政府制定《关于加快株洲高新技术产业开发区发展的若干规定》。《规定》对高新区管理机构和编制、管理范围和职责、高新区财政与财务管理体制、规划、土地和基本建设管理、组建高新技术产业发展总公司、建立高新技术产业发展周转金以及高新区实行“无费区”的范围与对象作出明确的规定。同时，市政府办公室批转市财政局《关于株洲高新技术产业开发区财政管理体制的意见》，明确高新区属市本级财政预算下的一级财务单位，实行“核定基数，比例增长”的财务体制，其财务收支活动受市财政的监督管理。同时还明确高新区的企业利税收缴、分成、开发区的有关经营所得收入等问题。5月18日，市政府下发《关于在株洲高新技术产业开发区实行“无费区”试点的通知》。“无费区”范围内实行只收税、不收行政事业性费用的优惠政策，水、电、煤气增容费和土地出让金按国家给予高新技术产业开发区的优惠政策执行；由高新区管委会对“无费区”内的工业企业发放“无费证”。企业凭证免缴行政事业性收费。“无费区”的组织实施，由市物价局、高新区管委会具体负责。同年7月1日，株洲国家高新技术产业开发区在全国率先实行“无费区”。

1999年11月2日，市政府下发《关于落实高新区有关优惠政策的会议纪要》，明确关于国家新材料示范基地、株洲留学人员创业园以及高新区创业服务中心的优惠政策。同年12月6日，副市长朱桂生主持召开专题会议，就株洲留学人员创业园、创业服务中心的优惠政策进行研究，下发《关于落实高新区有关优惠政策的会议纪要》。《纪要》对加快高新技术产业孵化基地（创业服务中心）的建设、创业服务的性质、税收优惠、进驻创业服务中心的企业享受高新技术企业的优惠政策等给予明确。

2000年3月、8月，市委、市政府先后4次召开会议，专题讨论研究高新区工业五区开发、高新区项目进区开发用地、高新区重点项目进区等问题，并印发《株洲高新区重点项目进区协调会议纪要》，对高新区重点项目进区、开发用地等问题作出较明确的规定。

2001年2月，市委、市政府以1号文件出台《关于加快株洲高新技术产业开发区建设，促进株洲高新技术产业发展的决定》。《决定》进一步明确高新区、天元区职能归并、效能整合的具体内涵，主要从政策层面上给高新区的建设发展以强有力的支持，被视为给株洲高新区持续、稳定发展的“尚方宝剑”。首次提出“不均衡发展战略”，要求在全社会形成支持株洲高新区和高新技术产业超常规发展的合力，把株洲高新区建设成为株洲最具活力的经济增长极和以高新技术产业为主的现代化新城区；明确“一区三园”8.8平方千米政策区和河西35平方千米规划区，由高新区按照“统一领导、统一政策、统一规划、统一审批、统一征税”的模式进行管理；由株洲高新区管委会代表市政府具体管理高新区各项相关行政事务，对“一区三园”实行封闭管理，园区内高新技术项目土地出让价及其相关收费收入全额返还高新区等；为增强高新区的自我投入和滚动开发能力，株洲新区设立一级相对独立财政体制。市政府设立高新技术产业发展专项资金，从2001年开始，连续3年，由市财政组织拼盘每年安排不少于3000万元，用于河西示范园基础设施建设和高新技术产业发展；加大对高新区建设和高新技术产业发展的政策支持，对税收、技术创新、“无费区”、科技人员和管理人员的奖励、高新技术成果作为无形资产参与转化项目投资、鼓励和支持采取期权制、生产和科研设备采取快速折旧等给予重要政策扶持。

第二章　产业园区

第一节　河西高新技术产业示范园

河西高新技术产业示范区（简称“河西示范园”）是株洲高新区着力培育和发展的主力园区，总规划面积282平方千米，主要由株洲高科集团有限公司（简称“株洲高科集团”）负责开发建设。1999—2014年，株洲高科集团累计投入开发资金224.5亿元，先后完成天台工业园、化学建材园的开发，基本完成栗雨科技工业园的开发。同时，推进新马创新城开发建设，累计提供工业土地1033.87公顷，商业土地296公顷，形成先进制造、新材料、智能制造、食品医药四大主导产业，工业产值突破千亿元，成为中部第四个千亿园区和天易示范区的核心区。

一　天台工业园

天台工业园东起规划道路，南到湘江，西至珠江南路，北至黄山路，规划面积2.36平方千米，总投资6亿元，是株洲高新区第一个工业园，主要承接河东传统优势产业的转移，以新型材料为主导产业。从1998开始建设，2003年竣工，提供工业用地约119.6公顷、经营性用地约36.27公顷，建成道路8.7千米，引入时代新材、时代电子、钻石切削、南方阀门、湘瑞建材等52家企业，其中上市公司（子公司）5家，2014年，园区企业年销售收入突破180亿元，上缴税金3.88亿元。园区先后被授予国家新材料成果转化及产业化基地、国家火炬计划传感技术产业基地，是一个以高新技术产业为主，居住、研发为辅，具有完善配套服务体系的现代化综合园区。

二　化学建材园

化学建材园东起神农大道，南到黄河北路，西至昆仑山路，北至长江北路，规划面积0.67平方千米，总投资1亿元，以化学建材为主导产业。园区从2001年开始建设，2004年完工，提供工业用地约66.67公顷，引入金德管业、南方工贸、高新电业等9家企业。2014年，上缴税金3411万元。

三 栗雨科技工业园

栗雨科技工业园东起西环路，南到泰山西路，西至京广客运专线，北至湘江，按照“生产、生活、生态”三生协调的理念设计，由“一轴一核一环九组团”构成现代化生态科技新城，规划面积11.51平方千米，其中栗雨中央商务区4.77平方千米。园区于2002年正式启动建设。2004年底，基本建成园区主干道—株洲大道与高科环线。2010年，完成工业用地开发和产业布局。2012年，园区基本建成。累计提供工业用地约476.33公顷、经营性用地约187.13公顷，完成投资78亿元。园区内不仅有先进制造、电子信息、生物医药和健康食品等产业组团，还有市级标准的基础设施，完善的社会服务，以及35%以上的保留山体和绿地。园区建设的两型项目栗雨休闲谷，吸引北汽控股、美的等73家企业入驻，包括千金药业、时代新材等4家上市公司，带动总部壹号、万豪酒店、时代广场等综合服务项目落地，2014年，上缴税金7.4亿元。栗雨科技工业园的成功转型，实现园区由单一的工业园区向综合性服务园区的转变，由以二产业为主到二、三产业相互促进和互动提升，园在城中，城在景中，切实走出一条产业化与城市化相结合的新路子。2011年，园区获首个湖南省“两型”示范园区，栗雨中央商务区项目建设获评株洲市十大重点工程。

四 新马创新城

新马创新城东起京珠高速公路，南到西站南路，西至株洲、湘潭分界线，北至湘江，规划面积26.3平方千米。新马工业园为原欧洲工业园（湖南）二期新马组团，原包含栗雨、新马2个组团。2005年11月，湖南省人民政府批准设立，2006年完成控规编制。后因沪昆线调整，园区于2010年进行部分控规调整，欧洲工业园（湖南）二期新马组团更名为新马工业园，规划结构为“一轴、三核、三带、四区、五组团”。2013年，株洲高新区按“产城一体”的规划理念，将新马工业园范围规划为新马创新城。园区于2005年启动开发，完成投资134亿元，累计提供工业用地371.27公顷、经营性用地38.4公顷，建成道路7千米，在建道路12.9千米。其中，新马生态商务区项目于2013年启动开发，规划面积6.74平方千米，包括约133公顷万丰湖生态水系景观工程。新马生态商务区以万丰湖水系景观助推生态新城建设，产业区以建设中国动力谷自主创新园构筑产业发展平台。新马创新城以先进汽车制造、新材料、新能源、电子信息、现代服务业为主导产业，已引入中建五局光伏幕墙、湘煤立达、宝钢毂轮、五矿集团等一批工业项目。2014年，上缴税金1924万元。

五　汽车博览园

汽车博览园位于京珠高速与京广高铁之间，规划面积 3.76 平方千米，总建筑面积约 500 万平方米，总投资约 200 亿元，其中土地一级开发投资约 38 亿元。项目定位为中南地区最具影响力的集多种业态为一体的汽车商贸平台和全国文明的汽车文化及旅游胜地，是打造株洲市“千亿”汽车产业集群和汽车产业城战略的重要组成部分，主要规划汽车商贸与物流、汽车文化博览与运动、汽车研发与商住配套三大业务板块，将建设成为集汽车贸易、汽车运动文化、综合服务平台、现代物流四大功能为一体的千亿汽车产业平台。项目于 2010 年启动谋划，2013 年 9 月启动建设。由株洲高科汽车园投资发展有限公司投资建设，累计投入 4.96 亿元，已提供商业用地 34.2 公顷，在建道路 6 千米，完成约 40 公顷土地平整及基础设施建设。园区已吸引大众、沃尔沃、雪佛兰等 28 家车企签约入园，其中蓝马、雪佛兰及沃尔沃 3 家 4S 店开建，意向入驻经销商 33 家，车检中心、二手车市场运营商等达成合作意向。项目建成后，园区年营业额将超过 300 亿，年创税收 10 亿元，提供就业岗位 4.5 万个。

第二节　田心高科技工业园

田心高科技工业园（简称“田心高科园”）位于株洲市东北面，320 国道以东与长株高速公路以北的区域，南靠株洲市植物园。距长沙 45 千米，距湘潭 40 千米。园区多为低岗山地，地势较为平坦，地质条件较好。

2000 年 9 月，科技部批准调整株洲高新区区域范围，同意设立田心高科园，属于株洲国家高新区“一区三园”之一。园区详规面积 1.5 平方千米，控规面积 5.08 平方千米。园内在册人口 5 万余人。

2001 年 7 月，田心高科技工业园启动，由上海同济城市规划设计研究院按高标准、高起点进行规划设计，设工业生产区、商务办公区、商业服务区、科研设计区、居住教育区五大功能区。园区以株洲电力机车研究所、中南林学院等院所为依托，以株洲电力机车厂、西门子牵引设备有限公司为基础，致力于建设以先进制造技术为支柱，以信息技术、新材料、新能源、产业为重点，自主开发和引进相结合，投资主体多元化的高新技术产业基地。

2005 年，田心高科园洽谈项目 12 个，新签入园项目 3 个，引进资金 1.2 亿元。园区完成固定资产投资 1.3 亿元，累计完成固定资产投资 2 亿元。开发土地 32 公顷，累计开发土地 70.2 公顷，当年投资 2000 万元进行园区水、电、路、通信等基础设施建设。

2010—2014 年，园区先后筹措 70 亿元资金，其中 30 亿元用于园区基础设施建设，20 亿元用于老城区提质改造，20 亿元用于产业项目征地拆迁。通过株洲市国投集团、株洲轨道公司等平台公司，获得国家开发银行、中国建设银行、中国农业发展银行等金融机构信贷支持；获得省级转贷地方政府债券支持。截至 2014 年，累计投资约 25 亿元用于轨道交通城建设。株洲轨道交通装备制造企业 80% 集中在石峰区田心高科园范围内。

田心高科园为石峰区政府二级派出机构，由国家高新区田心高科园及田心高科园产业发展有限责任公司组成，两块牌子一套人马的组织架构。管委会由区政府派出副处级领导担任。2010 年，根据石峰区人民政府“园政合一”工作机制的要求，田心高科园管委会原有的建设规划、招商产业等职能分别归口到区招商局、财政局、审计局、城建局和政府办。田心高科园产业发展有限责任公司主要负责处理园区职能划分后有关遗留问题处理。2012 年因机构改革，撤销田心高科园产业发展有限责任公司。2000 — 2012 年，先后有顾东来、邹志超、陈国林任田心高科园管委会主任。

一　轨道交通产业

中华人民共和国成立以后，株洲田心是中国轨道交通产业基地。1958 年，生产中国第一台干线电力机车韶山 1 号。1996 年，生产中国第一台交流传动电力机车 AC400。2002 年，生产电力动车组中华之星，创造当时中国铁路第一速 321.5 千米 / 小时，这几个第一都诞生在田心地区内。

历经 50 多年发展，特别是经过创办田心高科园以来十多年的发展，株洲田心地区聚集了南车株洲电力机车有限公司、南车株洲电力机车研究所有限公司、南车株洲电机有限公司等 160 家轨道交通装备制造企业，其中规模以上企业 62 家、百亿级企业 2 家、过亿元企业 31 家，形成规模总量最大、综合实力最强、技术最先进、配套最完善的轨道交通产业集群。其中，有南车株洲电力机车有限公司、南车株洲电力机车研究所、南车电机有限公司 3 大主机企业和核心部件制造企业，以及联诚集团、九方装备等配套企业及南车物流等服务业，产品覆盖轨道交通装备产业所有领域，已形成从产品研发—生产制造—售后服务—物流配套于一体的完整成熟的产业链条，成为国内最大的轨道交通装备产业发展集聚区。

株洲田心地区还是国家轨道交通装备高新技术产业化基地、国家轨道交通装备制造创新型产业集群试点、国家战略性新兴产业区域集聚发展试点。拥有 1 家国家企业重点实验室、2 家国家级工程技术（研究）中心、12 家省级工程技术（研究）中心，2 名中科院院士、42 名国家级科技专家。南车株洲电力机车有限公司是世界上唯一掌握储能技术作为主动力能源的“储能式电力机车”制造商；南车株洲电力机车研究所有限公司拥有 52 项行业国际标准起草权；高速牵引、货运重载、城轨（地铁）等核心技术处于世界领先水平。

针对田心高科园的传统产业优势，市委、市政府先后制定出台《关于支持轨道交通产业发展若干意见》《关于实施工业企业成长“十百千”工程的意见》《株洲市创新创业园区“146”工程实施方案》《关于促进产业园区发展升级的若干意见》等，落实市级领导联系制度，企业特派员制度，精简下放 60 项市级园区经济管理行政审批权限，建立服务企业绿色通道。2010 年始，园区加大基础设施建设，先后建成田林路、联诚路、凌鹰路等一批园区道路；还有时代大道南北辅道、田心大道、卧龙路等园区道路正在建设中。完善园区的供电、给排水、供气等管网设施，筹建11万伏变电站。投入使用标准厂房10万平方米，正在建设智谷二期标准厂房21万平方米，规划建设轨道交通城30万平方米标准厂房。2010年9月，石峰区政府主导，由市区2家国投公司以及4家具有丰富投融资和园区开发经验的民营企业共同出资，组建注册资金为4亿元的株洲轨道交通产业发展股份有限公司（简称“轨道公司”）。此为株洲市历史上首次引进民营资本参与政府主导的园区开发，形成“多元投资主体”投资建设园区的运营模式，创建园区开发建设投资新机制。至2014年园区平台公司各类银行性融资到位15.3亿元。从2011年开始，通过开展“企业服务年”征地拆迁“百日攻坚”“项目攻坚”活动，轨道交通城共批回土地336.53公顷，累计完成征收土地220公顷，共引进产业及配套项目29个，合同引资60亿元。已建成项目16个，完成投资34.1亿元。

2014年，南车旗下的4家在株企业主营业务收入总和占南车集团的50%。轨道交通多个产品产量和销售量居国内第一；电力机车、城轨车辆、铁路货车以及城市轨道交通产品已出口北美、南美、东欧、东南亚以及澳大利亚等70多个国家和地区。根据德国SCI研究报告，株洲地区的电力机车产品占全球市场的20%，市场份额全球第一，株洲成为国内最大的轨道交通装备生产基地和出口基地。2014年，株洲轨道交通装备产业实现工业总产值753亿元，其中田心高科园实现工业总产值630亿元，同比增长24.7%。实现主营业务收入547亿元，同比增长12%。

二　园区骨干企业

中国南车株洲电力机车有限公司　创建于1936年，国家特大型一类企业，是中国南车旗下的核心子公司，中国最大的电力机车研制基地、田心高科园（湖南千亿轨道交通产业集群）的龙头企业，被誉为“中国电力机车之都”。公司主要业务集中在电力机车、城轨车辆、城际动车组，磁浮车辆、储能式有轨／无轨电车等新技术，以及公共交通车辆、重要零部件、专有技术延伸产品及维保服务等领域。

2014年，公司总资产240亿元，在国内外设有20余家子公司，销售收入221亿元，利税27.7亿元。在1万余名株机人中，超过25%的员工从事产品及工程技术的研究与开发，其中包含1名在企业成长的中国工程院院士以及10名享受国务院政府特殊津贴的行业专家。公司拥有全球最大的电力机车产能、与欧洲标准接轨的城市交通装备研发制造能力，以及分布在业主城市能快速响应的造修基地。同时建有国家级企业技术中心和检测试验中心，掌握系统集成、交流传动、重载运输、磁悬浮、车辆储能、铰接轻轨车辆、高速受电弓、超级电容等多项前沿技术，始终处于轨道交通装备行业的最前列。

株洲南车时代电气股份有限公司　由中国南车集团株洲电力机车研究所联合行业内的4家企

业，于 2005 年 9 月共同发起设立。2006 年 12 月，公司成功在香港联交所上市。上市后，公司注册资本变更为 10.8 亿元。公司主要从事机车电传动技术及工业、民用变流技术的应用研究和工程化研究，承担电力机车、内燃机车、地铁及轻轨车辆、客车、大型养路机械等电气控制装置以及电力电子器件、传感器、真空集便器、红外感应洁具、印制电路板、节能环保、汽车电子等产品的开发与生产及系统集成业务。公司产品出口到美国、欧洲、西亚、东南亚等地。公司建成 3 个出口基地，设立 3 ~ 5 个销售网点。

公司是湖南省重点高新技术企业，拥有科技产品进出口自主经营权，拥有博士后科研工作流动站。与国际知名企业德国西门子公司、日本三菱公司建立合资企业。在 2006 年全国软件企业排名中，公司列第 40 名。2007 年度公司获得湖南省加速推进新型工业化“红旗企业”荣誉称号，其中海外销售突破千万美元。2014 年，营业额 126.76 亿元，净利润 14.67 亿元，每股净资产 9.35 元。

株洲南车电机股份有限公司 2004 年 4 月，由株洲电力机车厂电机分厂、变压器分厂和株洲电力机车研究所电机部分整合成立，是中国铁路干线电力机车牵引电机、变压器制造的龙头企业，国内城轨车辆电机、变压器、工业特种电机、变压器的专业化科研、生产基地。2010 年以来，公司与三菱、西门子、庞巴迪、阿尔斯通、日立、GE、ABB 等知名跨国公司有着广泛的技术交流与合作，成功研制出交直流铁路干线、高速动车组、地铁牵引电机、变压器及辅助电机，工业高压电机、风力发电机、油田电机、汽车牵引电机、供电和整流变压器、移相脉波变压器、电抗器、互感器等系列产品，形成轨道交通、发电装备、工业特种三大产业发展格局，产品广泛运用于运输、机械、钢铁、化工、发电等行业，并出口到欧洲、美国、中亚、西亚等地。是跨国公司三菱电机、西门子、庞巴迪的战略合作伙伴之一，中国最大的风力发电机供应商、湖南省高新技术企业。拥有一个博士后科研工作站和多个硕士生联合培养基地。拥有国家风力发电工程技术研究中心电机研究室。固定资产 3.5 亿元，员工 2500 多人。2014 年，销售收入 52.9 亿元，税收 2.7 亿元。

株洲联诚集团有限责任公司 始建于 1979 年的株洲电力机车配件总公司引进现代企业制度经过整体改制而成立，系中国最大的轨道交通牵引装备部件制造商和供应商之一，是一家在行业内备受推崇的专业化公司。公司先后通过 ISO 9000、ISO 14000\OHSMS18000 和 DIN6700 焊接体系认证，湖南省科技厅认定的“双高”企业。公司占地面积 88980 平方米，注册资金 3500 万元，有员工 2268 人，工程技术人员 423 人，高、中技师 97 人，资产总值 1.77 亿元。下辖 5 个分公司、6 个全资子公司、4 个控股公司和 1 个事业部。产业涉及机电、电子电气、有色金属焊接、铸造、机械加工和进出口业务等。主要产品有机车辅助电机、风机、油压减震器、制动电阻、启动电阻、变流装置、机车制动系统、后视镜、电空阀、变压器油箱、地铁铝部件等 300 多种轨道交通牵引装备零部件，具有较强的铸造、铆焊、机加工、电机、电器、电子等产品的设计、制造能力。公司具有 20 多年的机车部件研发历程和制造经验，主要为株洲电力机车有限公司、德国西门子公司、加拿大庞巴迪公司、法国阿尔斯通公司、日本三菱公司等国内外轨道交通牵引装备行业的核心企业提供配套产品。与德国 BEHR 公司、法国 FBO、意大利 TELEMA 公司等众多国际轨道交通牵引装备部件知名企业进行广泛深入的技术商务合作，具备年产 300 台机车和 200 节城轨车辆零部件的制造能力。2014 年，公司销售收入 32.78 亿元，在湖南省工业企业百强和制造业 50 强的年度排名中列 20 位和 9 位，位列全省民营企业百强第 34 位。

第三节　董家塅高科技工业园

董家塅高科技工业园（简称“董家塅高科园”）是 2000 年经科技部批准设立的高新技术产业发展基地，是株洲高新区“一区三园”的重要组成部分，2001 年开始筹备，2002 年全面启动开发建设。园区位于株洲南部芦淞区境内，即浙赣铁路以西，南环路以南，芦淞区与株洲县行政境界以北，曲尺村与坚固村权属线以东区域。由清华大学设计研究院深圳分院进行总体规划设计，总规划面积 12.48 平方千米。产业发展定位是：依托南方航空动力机械公司和中航工业航空动力机械研究所发展光机电一体化产业；依托唐人神和太子奶两个品牌，发展健康食品产业；汇聚多家科研院所，发展电子信息产业；引入民营科技，发展先进制造和环保产业。

该园由株洲高新区董家塅高科园管理委员会及董家塅高科园产业发展公司组成，两块牌子一套人马，下设综合管理办公室、招商产业部、国土资源部、建设规划部、融资财务部。分别担负综合办公业务、招商引资、企业服务、土地报批、征地拆迁、规划报建、平台融资及财务管理等职能。2000 — 2014 年，先后有罗春风、江林、徐业伟、谭润洪、杨晓江、文定国、肖立志任董家塅高科园主任。

2012 年底，为进一步优化政务服务环境，董家塅高科园管委会原有的招商产业部、国土资源部、建设规划部等职能分别归口到芦淞区招商局、土地储备中心、建设局、经信局、财政局、审计局等部门。当年 12 月，经市政府批准，由芦淞区政府与市国有资产投资控股集团有限公司共同出资，注册资本 10 亿元成立株洲新芦淞产业发展集团有限公司，主要承担株洲航空城、服饰城土地一、二级开发、基础设施及配套建设、产业园区建设、商业开发、国有资源（资产）运营管理等职能，是市、区两级政府唯一授权统筹株洲航空、服饰东部新城投资开发建设的运营商和打造航空、服饰两大千亿产业的产业发展商。董家塅高科园产业发展公司并入新成立的园区平台公司新芦淞集团，主要负责处理园区职能划分后有关遗留问题。

一　通用航空产业

2002 年，根据株洲高新区园区产业发展目标和整体要求，确立航空产业、服饰产业、健康食品为园区三大支柱产业。2008 年，园区确立航空产业主导产业，并相继被国家发改委和科技部、工信部授予长株潭地区综合性国家高技术产业基地航空产业园、国家火炬计划中小航空发动机特色产业基地、国家新型工业化（军民结合）产业示范基地。

株洲通用航空城产业园作为中南民航局重点支持的2个航空产业园（株洲和珠海）之一。2010年，市委、市政府将董家塅高科园的通用航空产业列入株洲五大千亿产业集群进行发展。依托中小型航空发动机的研发和制造技术优势，中航工业湖南通用航空发动机项目、加拿大普惠发动机、法国透博梅卡公司发动机、山河航空动力等项目落户株洲，中小型航空发动机产业特色进一步突显；山河智能通用飞机整机制造项目、罗特威直升机整机制造项目、北航“小蜜蜂”整机制造项目相继落户，实现整机制造零的突破；南方宇航民品产业园项目、中航动力航空零部件公司进一步壮大航空配套和衍生产业链。航空发动机与燃气轮机国家重大科技专项涡轴和涡桨发动机课题和产业落户株洲。

为促进航空产业发展，株洲市制定一系列发展规划和政策，完成《株洲通用航空城空间规划》《株洲市通用航空产业发展规划》等核心规划，颁布《株洲市航空产业振兴行动计划（2014—2017年）》。同时《株洲市航空城机场片区规划》《株洲航空服饰东部新城投融资规划》等编制工作全面启动。中小型航空发动机以中国南方航空工业（集团）有限公司及中航工业航空动力机械研究所为代表的龙头企业，产品在全国形成垄断地位，部分关键技术接近世界先进水平，具备研制第三代中小型航空发动机的工业技术能力；在中小微型燃气轮机方面，航翔燃气轮机公司，成为国内唯一提供88～300千瓦的微型地面燃气轮机的研发单位，株洲南方燃气轮成套制造有限公司工业中小燃气轮机占有80%国内市场保有量；在航空机械传动方面，中航工业航空动力机械研究所是中国唯一的直升机传动系统研发机构，先后参与国家多个重点型号直升机传动系统的研发工作。整机及通航运营项目方面：山河科技阿若拉2座轻型运动飞机、飞虎无人直升机、罗特威直升机整机下线并实现销售；2014年5月，市国投集团以2400万元入股湖南翔为通航发展有限公司，已获民航中南管理局颁发的筹建许可，成为全省首家飞机6S店。发动机项目方面：高精传动、中航发动机维修中心建成投产；加拿大普惠航空发动机项目完成商务部注册；珠海航展期间，中航工业集团和法国赛峰集团签订民用涡桨发动机部件合作框架协议，项目由赛峰集团旗下的斯纳克玛公司和331厂具体实施，608所提供相关支持。

2014年，园区有航空企业22家，技工贸收入85.6亿元。园区固定投资83.6亿元，工业增加值20.4亿元，高新技术产值51.9亿元，上缴税收3.4亿元。

二　园区基础设施及服务

2012年底，为推动航空产业发展，园区全面推进基础设施建设，芦淞区委四届四次全会明确2013年为基础设施建设年，建设“一环一场”，拉开“两城”基础骨架；2014年，按照市委、市政府“项目建设年”总体要求，芦淞区委、区政府要求将“一环一场”作为新城建设核心区域强力推进，尽快完成通航整机项目进出通道和连接航空、服饰两大产业的路网建设，为产业发展扫除障碍。接着，启动千亿大道、通用路、服瑞大道二期等三条道路建设，实现向南与机场大道、迎新路、东环线相连，向北与320国道相连，320国道与东环线相接，由此“两城”路网形成一个“环形”，将带动“两城”土地资源开发，实现经营性收入，推进“两城”开发建设。

为推进园区建设，完善园区服务，市委、市政府先后出台《关于实施工业企业成长“十百千”工程的意见》《株洲市创新创业园区“146”工程实施方案》《关于促进产业园区发展升级的若干意见》。董家塅高科园下发《进一步明确园区各相关单位工作职责的通知》《芦淞区承接产业园区工业及基础设施项目市级审批权限一览表》《芦淞区创新创业园区“146”工程实施方案》等文件来推动园区发展，服务园区企业。

三　园区骨干企业

株洲庆云电力机车配件厂　是铁道部定点专业从事中国铁路电力机车高电压安全开关、走行安全电气装置、减振装置的研发、生产单位，是一家坚持创造民族品牌价值的现代股份制企业。企业自主创新研发的TDVC-660/25型电力机车真空断路器、TPS1型轮轨瓷砂喷射装置等产品，其产品企业技术标准已收纳为国家铁路标准，并成为铁标发起单位。该厂是湖南高新技术企业，优秀民营科技企业，通过ISO 14001 : 2004环境管理体系认证、ISO 9001 : 2000质量管理体系认证。

株洲南方燃气轮机成套制造有限公司　2003年，由中国南方航空动力机械公司和株洲南方航空动力有限公司共同出资成立，注册资金1635万元。2007年5月，作为高新技术企业，搬迁进入董家塅高科园。从事燃气轮机及其成套设备、备件的设计、制造、安装、调试、运行、修理及服务。公司利用航空技术在国内率先将航空发动机改为地面用燃气轮机，由此产生中国第一台航改型（WJ6G1型）地面燃气轮机。以此燃气轮机为动力的QDR20型燃气轮机机组是公司具有自主知识产权的主导产品，在国内处于领先地位。公司成立后，利用多年积累的航空发动机改制地面燃气轮机的经验，与加拿大普惠公司合作，研制成功QY40型燃气轮机组增压机组，产品填补国内空白，性能达到世界先进水平。至2014年，改制后的燃机公司获得16项专利，是湖南省高新技术企业。

第三章　产业配套开发

第一节　工业厂房开发

工业厂房开发是株洲高新区河西示范园的重要开发领域。2003—2014年，株洲高科集团开发园区标准厂房项目总建筑面积50.3万平方米，自持物业19.1万平方米；在建120万平方米（含动力谷91.8万平方米），自持物业51.4万平方米。

一 创业园

株洲高新区创业服务中心创业园本部占地面积1.33公顷，总建筑面积为3.9万平方米，其中一栋标准厂房面积为1.7万平方米，二栋标准厂房面积为1.2万平方米，三栋标准厂房面积为1万平方米。1998年，建立服务楼面积2000平方米，主要用于企业员工居住。其他附属设施2000平方米。3栋标准厂房均为框架结构设计，其中一栋标准厂房以办公为主，二、三栋标准厂房以生产为主。除一栋一楼楼层层高为6米外，其他楼层层高均为5米。入驻企业90家。

二 株洲中小企业促进园

位于栗雨科技工业园50区，占地5.73公顷，建筑面积6.9万平方米，自持全部物业。项目由株洲高科企业孵化器有限公司开发，2003启动建设，2013年竣工，引入企业130家，在孵企业48家，毕业企业82家，其中规模以上企业10家，年上缴税金1600万元，初步形成新能源、电子信息、医疗器械、新材料等4大技术领域的产业特色，成为区域内创新创业体系的重要组成部分和株洲高新区栗雨科技工业园的启动区。园区通过“政府引导、市场运作”的公司制孵化器运作模式，实现集约利用工业用地、降低企业前期门槛、助推中小企业发展、培育优秀民营企业和企业家的目标。2013年，获湖南省第一批省级中小企业创业基地、天元区首个优质纳税服务示范基地园区。

三 天台金谷

天台金谷位于天台科技园内，占地5.2公顷，建筑面积10.6万平方米，自持物业6万平方米，周边配套环境完善，是株洲高新区重点扶持的创造力经济基地。由株洲高科企业孵化器有限公司开发。2005年开始建设。2008年竣工。2009年，株洲高新区管委会出台建管分离政策后交由株洲高新区创业服务中心运营管理，引入企业100家，在孵企业76家，其中规模以上企业15家，年上缴税金1700万元。2014年11月，天台金谷公寓楼12楼被改造成为株洲高新区金谷创业苗圃，成为株洲高新区引进和培育微型企业的基地。苗圃内设有9间独立办公房、1间会议室和1间咖啡厅，办公房内均配有办公桌椅和光纤宽带接入，符合条件的创业者拎包即可入驻创办企业。开园之初有9家企业入驻苗圃。

四 硬质合金园

项目位于栗雨科技工业园45区，占地面积4.46公顷，是长株潭一体化的核心地带，交通便利，区位优势突出。建筑面积3.6万平方米，绿地率15.6%，自持物业1万平方米。为整合株洲本土硬质合金产业，聚集硬质合金产业化项目，形成一个硬质合金领域科技成果从研发、孵化、中试到产业化推广的新服务模式，硬质合金孵化基地应运而生。项目由株洲高科集团开发。2010年启动建设。2011年竣工。先后引进肯特、精五环、高精、开拓、百泰等12家硬质合金公司，集聚效应得以实现，产业特色初步形成，年上缴税金800万元。

五　株洲汽车零部件产业园

位于栗雨科技工业园46区，总用地面积约51.6公顷，分3期开发。规划为生产制造区、仓储物流区、办公研发区、展示贸易区、配套生活区五大功能区。总建筑面积约32万平方米，自持物业7.1万平方米，总投资约8亿元，带动企业投资约8亿元。主要建设内容包括单层厂房、多层厂房、多层仓库、集中多层厂房、公租房、企业会所、员工活动中心等。项目以聚集中小企业为主，优先引入汽车零部件企业，同时吸引机械加工、装备制造、新材料、电子电器等企业入驻，并带动研发设计、投资金融、软件信息、咨询策划等新型服务企业进园。由株洲高科发展开发，2010年5月开始建设。2012年竣工。已引进企业160余家，提供3000余个就业岗位，带动企业投资8亿元，年产值过10亿元，年缴税金过亿元。2014年，获省级“两型”综合示范片区创建合格单位称号。

六　新马金谷

位于新马创新城南片区，北临金仙路，西临仙月环路，南临新马南路，东临万丰湖，紧邻京港澳高速公路株洲出口及武广高速铁路，占地37.6公顷，建筑面积52万平方米，自持物业17.6万平方米，建设总投资约12亿元。定位于“标准工业厂房及园区仓储物流基地”，以满足中小型企业生产加工、仓储物流为主要功能，兼顾办公研发、产业服务、生活配套等服务功能，建设现代化的综合工业园区。由株洲高科集团开发。2012年7月开工，至2014年完成10栋单层厂房、1栋多层厂房、3栋公租房的开发建设与交付使用，项目选址紧邻湘煤立达等大型生产物流企业，周边工业物流园云集，产业氛围浓厚。至2014年底，入驻企业17家。

七　中国动力谷自主创新园

中国动力谷自主创新园东至仙月环路，北邻新丰路，西接新马西路，南靠株洲大道北辅道。位处株洲高新区。项目总用地面积358.8公顷，分5年开发完毕，其中工业用地约315.93公顷，配套商业用地约42.87公顷，建设总投资约223亿元。规划建设各类物业约710万平方米。其中，工业物业603万平方米，商业物业107万平方米。其中中国动力谷自主创新园一期位于新马创新城北片区，占地58.6公顷，建筑面积91.8万平方米。项目由株洲高科发展有限公司开发，2014年年初启动，主要建设创业苗圃、孵化器、加速器、研发中心、公共技术中心、管理服务中心、定制厂房等。项目定位为中国动力谷引进和培育企业研发机构的核心载体，致力于成为全国具有影响力和竞争力的自主创新示范区。项目由“一流园区运营商”——株洲高科发展有限公司领衔开发运营，力求将其打造为创新驱动发展、创业投资双赢、经济增长领先、最富持久活力的示范区，成为支撑中国动力谷经济发展和人口聚集的产业综合体及重要的空间载体。

第二节 重点片区开发

2009—2014年，湖南天易集团负责神农城、湘水湾2个市级重点项目建设，株洲高科集团负责栗雨中央商务区项目开发。

一 神农城项目

神农城项目规划以炎帝广场和天台公园为核心，以神农文化为主题，在原炎帝广场的基础上对现有建筑提质改造，对现有城市森林带进行提质升级，建设以神农文化为主题的一系列标志性建筑与景观，包括神农太阳城、神农像、神农塔、神农湖、神农大剧院、博美馆（神农文化艺术中心）、神农坛、神农大道、神农广场、神农文化休闲街等，建设集文化、旅游、商业于一体的新型城市开放性空间，使之成为中国一个优秀文化项目，成为神农文化展示和传播基地、全球华人炎帝文化景观中心和长株潭地区的一个优秀的休闲、购物、健身、娱乐区域。项目总占地198公顷，其中核心区面积108公顷，拓展区规划面积90公顷，总投资超过100亿元。

2009年12月31日，神农城项目开工建设。湖南天易集团公司投入大量人力、财力和物力，坚持严格管理保质量，狠抓调度保进度，致力于为广大市民打造精品工程、廉洁工程、安全工程。同时成立项目建设指挥部，负责指挥、调度、协调、督查、考核。在此基础上成立审计、工程建设等4个项目领导小组，精心组织项目建设，创造独有的“神农城建设模式”。2010年10月1日，神农广场建成开放。2011年10月—2012年7月，神农湖景区、神农太阳城（含6栋塔楼）主体、神农艺术中心主体相继竣工。2012年10月2日，神农坛、神农塔正式开放。2012年12月24日，神农太阳城南区商业开业。神农城项目获评株洲市建市60周年十大标志性工程、省“两型”示范项目等荣誉称号，神农城景区入选湖南省首届旅游名片，先后被评为国家AAAA级旅游景区、省“两型”景区。

神农太阳城 包括广场及其背景圈建筑。广场突出神农像的统领作用，集瞻仰、旅游、节庆、市民休闲娱乐等多功能于一体。植入六十四卦和陶艺文化，利用大型旱喷、历史人物雕塑群和三山五岳之石，烘托炎帝始祖地位。广场背景圈建筑体现炎帝“日中为市”思想，建设集高档娱乐、休闲、餐饮和购物于一体的综合性休闲购物步行街。项目自2010年开始施工，2012年12月24日实现南区营业。

神农广场 占地面积约10万平方米，是神农城景区核心景点。神农广场主要突出神农像的统领作用，集瞻仰、旅游、节庆、市民休闲娱乐等多功能于一体，广场地砖中有一万块砖刻有“福”字，又称之为万福广场。在神农广场，市民可以瞻仰神农像并向始祖神农献花。神农广场自2010年3月1日开始施工，9月30日完工，10月1日全面对外开放。总投资1.5亿元。

神农大剧院 总建筑面积40388平方米，项目总投资约6.89亿元。项目由一个1400余座的综合剧院、一个400余座的小剧场组成，是株洲市弘扬高雅艺术、推动文化交流的最高艺术表演中心。建筑以“山高人为峰”为主题，通过勇敢自由、坚强进取的神农精神和自强不息、热情奔放的圣火精神来表达对神农氏的敬仰和纪念。2010年，项目开始施工。2014年，基本完成。

神农艺术中心 总面积2.05万平方米，定位为博物馆和美术馆。项目以“远古印象”为主题，凸显古朴圣洁的建筑形象，表达对神农炎帝的敬仰与纪念。神农艺术中心自2010年开始施工，主体结构全部完成，总投资1.67亿元。

神农坛 位于神农塔南面的山体，总建筑面积1427平方米，与神农湖隔塔相映，是供市民拜祭、祈福的圣地。自2011年11月，神农坛开始施工。2012年10月，完工并对外开放，总计投资7700万元。

神农湖项目 为神农城景区的重要组成部分，总面积22公顷。2011年1月1日，项目开工建设。10月18日，完工并对外开放，总投资3.6亿元。该湖景色秀美，通过水质精滤、跌水补氧、生物净化等方式处理后，神农湖湖水清澈见底。为了让市民们更好地欣赏水、亲近水，神农湖边还设置亲水平台及近水平台。湖中还放养10多种名贵的鱼，其中有昭和三色、大正三色、红白锦鲤、写鲤、别光鲤等珍稀品种。

神农塔 神农塔为原株洲电视塔，高293米，海拔365米，为钢结构带旅游的多功能综合电视塔。该塔既是广播电视的重要基础设施，又是株洲标志性景观和人民群众文化娱乐的重要场所。作为神农城最高点，是整个景观中心的中央观景平台。2010年12月开始施工。2012年10月试营业，总投资1.01亿元。

神农大道 南起长江南路，北至长江北路，全长3639米，路宽48米，是天元区核心主干道，贯通神农城区域南北走向。该大道的修建缓解了长江北路及长江南路的交通压力，使居民出行得到改善。2011年2月，开始施工。2012年12月，完成通车，总投资2.93亿元。

神农文化休闲街项目 规划用地总面积约6.67公顷，总建筑面积约10万平方米。其中规划建设商业街一条和五星级酒店一座，是集购物、商务、文化休闲于一体的商业休闲步行街。2012年7月16日，开始施工。2014年，基本完成，总投资6.86亿元。

二 湘水湾项目

湘水湾项目包括国际五星级酒店、生态公园、国际水准的高尚社区。2010—2014年，累计投资15亿元。

湘水湾生态公园 占地约120公顷，由美国尼森和沃公司设计。2010年5月，项目开建，是国务院批准，市政府授权，株洲高新区管委会负责招商引资和建设管理的湘水湾项目的一个子项目，估算投资2.2亿元。2012年底，公园基本建成，与神农城景观连接成一个整体，构成天元区中心城区南北轴向一道特别的景观。

晋合湘水湾酒店 占地面积约8.33公顷，建筑面积约为97720平方米，北临滨江南路，南临湘江。用地内拟规划建设重宾接待区、酒店主体区（约300间客房）、酒店配套区三个区域。酒店规划设计由美国SRSS公司担纲，景观由美国SWA景观设计公司负责，由美国凯悦酒店集团管理。2014年，完成土石方工程，进入基础施工阶段。

晋合湘水湾居住社区 总建筑面积约160万平方米，高层建筑为精装修成品房。社区配建有3万余平方米的公共建设设施，包括幼儿园、社区医院、老年活动中心、室内游泳馆、羽毛球馆等商业配套设施。

三 栗雨中央商务区项目

栗雨中央商务区作为栗雨科技工业园的核心组成部分，定位为城市新名片，体现株洲科技、产业、文化的对外窗口，以构建科技创新服务体系为目标进行区域产业、金融、商业、商务、居住的功能布局，同时具备聚集特定人群的核心项目、两型的特征和城市次中心的功能。区域规划面积466.67公顷，总建筑面积500多万平方米。其中两项重点为株洲高新区、天元区新行政中心和栗雨休闲谷。

2005年6月，经工委委员会议、区委常委会议研究决定，在栗雨中央商务区株洲大道旁新建高新大厦，用于区直机关办公。2008年10月，高新大厦动工建设，项目总投资5300万元，占地面积5万平方米，于2010年5月竣工，7月正式投入使用。新建的高新大厦包含一栋12层主楼和两栋附属楼，主楼用于区直机关单位办公；一栋附楼为会议中心与机关食堂，另一栋附楼为政务服务中心和新区展厅以及株洲高科集团、湖南天易集团办公用房。

栗雨休闲谷建设由株洲高科集团具体负责。2011年1月，项目竣工，总投资2亿元，同年2月正式开园。栗雨休闲谷位于栗雨中央商务区中心地带，面积28.87公顷，其中三级水面共计13.33公顷，主游道3700米，自行车道3600米，由株洲大道、栗雨西路、珠江北路和规划六路合围而成。作为中央商务区规划布局中的核心景观部分，栗雨休闲谷秉持“两型”建设理念，结合原基地地貌，按照“节地、节土、节水、节能、节材、节力”的原则设计，该项目设计方案2012年获得第二届国际景观设计大会金奖。栗雨休闲谷内湖光山色、阳光沙滩、花木成荫，成为市民休闲好去处。2010年，园区即拥有北汽南方生产基地、南车时代电动、欧格瑞、千金药业、唐人神等企业100多家，实现工业总产值131亿元。

高新大厦和栗雨休闲谷的建设，带动高科·总部壹号、香港佳兆业、美的城、鸿洋湖景名城、麦德龙、万豪酒店等一大批知名配套项目进驻，投资金额达156亿元。短时间内，栗雨中央商务区人气凝聚，项目开发建设迅速集行政办公、总部经济、商务服务、生活居住于一体，实现由纯工业园向综合性产业园区的华丽转型，成为一个功能完善、园城融合、适宜居住并具有一定规模的科技新城，成为株洲新区产城一体发展的样板区和核心区。2011年，栗雨科技工业园被评为湖南省首个“两型”示范园区；栗雨中央商务区项目建设获株洲市十大重点工程。2014年，栗雨科技工业园基本完成工业用地开发和产业布局，园内汽车制造、风电、生物医药与健康食品等产业初具规模。

第三节　商住地产开发

2003—2014年，株洲高科集团开发园区商住项目总建筑面积54.2万平方米，自持物业7.3万平方米；在建40.5万平方米，自持物业9.9万平方米。

一　楠湖山庄

位于栗雨科技工业园49区，占地3.3公顷，建筑面积约为6.2万平方米，自持物业800平方米。由株洲高科房地产开发有限公司开发。2003年，启动建设。2006年竣工，小区内道路、绿化、健身等配套设施建设到位，农贸市场开业，成为天元区示范性拆迁安置小区。

二　栗雨城·香山美境

位于栗雨科技工业园49区，北临黄河北路和株洲大道，东接快速环道与湖南工业大学毗邻，西临天元区政府，珠江北路横贯小区中部使整个小区与炎帝广场遥相呼应。规划总用地面积7.13公顷，建筑面积12.8万平方米，自持物业0.6万平方米。由株洲高科房地产开发有限公司开发。2005年启动建设。2012年竣工。由叠加别墅、多层和小高层花园洋房组成，是低密度、低容积率、高绿化率的生活小区，已交付682户住户使用。住宅采用经典欧陆风格的“三段式”立面，给人以沉稳、庄重的美感，在细部则注重虚实搭配，细节变化丰富多彩，令人赏心悦目。2011年，香山美境小区获天元区“两型”建设小区。

三　栗雨城·颐景园

位于天元区48区，北临珠江北路，西临株洲天元区政府。规划总用地面积约9.47公顷，总建筑面积约20.45万平方米。其中，住宅建筑面积约19万平方米，商业及其他配套面积约1.3万平方米，自持物业0.15万平方米，小区容积率为2.29%，绿地率为40.3%。由株洲高科房地产开发有限公司开发。2009年，启动建设。2010年竣工，均为高层住宅。小区保持地块原生态山谷地貌，依山而筑，周边植被丰富，四季景色宜人，原生态植被、内湖、坡地、山水灵动而充满自然气息，营造出舒适、优雅的庭院式家居生活环境。小区景观设计充分利用地形和植物进行空间组合，以自然的地形放坡，依势而筑的小溪流水、丰富的植物群落组合形成山环水绕的主体布局，有蜿蜒的曲水流觞，有起伏的山林，有林立的森林树阵，还有开阔的绿茵草地，形成丰富而又变化的立体景观层次。2011年、2012年，颐景园分别荣获天元区“两型”建设小区、湖南省园林式小区；2014年，颐景园获株洲市治安防范规范小区。

四　高科·蓝筹公寓

位于栗雨科技工业园50区，栗雨西路与规划道路交汇处东南面，两面临城市道路，东面为北汽一期配套工程。规划总用地面积约0.72公顷，总建筑面积约2.2万平方米，其中住宅建筑面积约2万平方米，商业及其他配套面积约0.14万平方米，小区容积率为2.92%，绿地率32%。由株洲高科房地产开发有限公司开发建设。2010年，启动建设。2012年12月31日交房，主要由3栋11层小高层建筑组成，功能为住宅和公寓，已交付336户住户使用。该项目与42万平方米的栗雨休闲谷相互映衬，紧邻万豪国际大酒店、麦德龙、嘉禾影院等国际商业巨擘。

五　高科·慧谷阳光

位于栗雨科技工业园47区，北接珠江北路与高科·香山美境隔路相对，南临天元学校，东接西环线辅道，西、南分别临规划支路，项目区域位置优越，交通便利。总用地面积9.53公顷，总建筑面积约27.9万平方米。其中，住宅建筑面积22.5万平方米，商业及其他配套面积为1.4万平方米。小区容积率为3%，绿地率为38%，自持物业4.5万平方米。项目由株洲高科房地产开发有限公司开发。2012年，项目启动，共396户。2013年1月，二期开工建设，共720户。项目紧临天元中学、天元小学而建，2分钟直达神农城，3分钟瞬达栗雨湖，5分钟抵步武广高铁，兼顾出城入城两大交通系统。

六　高科·总部壹号

位于栗雨中央商务区核心地段，南向紧邻株洲大道，东向紧靠栗雨休闲谷中央水系公园。规划总用地面积为5.92公顷，总建筑面积约20万平方米。2012年底，启动建设。2015年6月，正式投入使用，总投资约8亿元。其中，一期定位AAAAA级国际精装写字楼，总建筑面积10.4万平方米，为百米高双子楼（裙楼3层，塔楼27层），容积率3.41，建筑密度31.59%，绿地率25%。写字楼由株洲高科发展有限公司实力打造，高科·总部壹号总建筑面积10万平方米，是公园式、低密度、纯商务的AAAAA级国际精装写字楼。项目位处栗雨中央商务区核心地段，距离株洲高新区管委会仅800米，与行政中心享受同等周边配套，旨在为企业提供一个集政企资源与生态办公于一体的国际化办公总部。外享54公顷城市“绿肺”栗雨休闲谷，内享4维立体生态系统，引领株洲商务空间向“环境友好型”转变；周边聚集栗雨科技工业园中为城市GDP增长作出80%以上贡献值的首脑级企业，打造优质产业资源载体，支撑企业永续发展。

第四节　公益项目开发

一　天元学校

该校位于天元区栗雨科技工业园规划47区，南临黑龙江路，东临西环线，北侧和西侧紧靠规划道路。学校总占地总面积13.4公顷，净用地面积12.27公顷，总建筑面积64487.43平方米，绿地率38.57%，停车位214个。2012年，启动建设。2013年6月，项目竣工，总投资2.8亿元，由株洲高科集团组织实施，株洲高科建设工程有限公司承建。2013年9月，投入使用。天元学校中、小学分设，中学位于北侧、小学位于南侧，规划中学50个班、小学48个班，提供学位4560个。天元学校是2012年区委、区政府十大民生实事项目之一，也是区委、区政府重点打造的高标准、高投入、高规格的公办体制学校，旨在改善天元区基础教育资源严重不足，解决城区扩容带来的入学难问题。

二　栗雨休闲谷

位于栗雨科技工业园的中部，由株洲大道、栗雨西路、珠江北路和规划六路围合而成，属于整个中央商务区核心景观工程。项目总规划面积28.87公顷，其中水域面积13.33公顷，主游道3700米，自行车道3600米，由株洲高科集团有限公司负责开发。2009年11月，项目开工。

2011年竣工，总投资约2亿元。景观设计坚持“节地、节土、节水、节能、节材、节力”的原则，依托湖水资源优势，打造具有滨水特色的自然景观，因地制宜设计观光、休闲、滨水风情3个功能分区。建设保留原有自然山体，依山就势巧设草坪、茶吧及各式园林小品，利用地势南高北低的特点，建设三级人工湖，并以自然雨水和河西污水处理厂的中水作为人工湖的补水水源，每天为园区节约自来水约1万吨，同时中水还用于部分绿化灌溉，自行车道和游道铺装材料采用环保吸水砖，生态水系中科学配置适宜的水生植物，实现水质的净化并丰富水体景观。2014年，建成的栗雨休闲谷已初显花木成荫、鸟语水鸣的景观特色。围绕栗雨休闲谷，天元区已成功引入商务、企业总部项目6个，建成后商业面积达42万平方米。其中，总部写字楼、公寓面积15万平方米，酒店面积6万平方米。

第四章　创新创业服务

第一节　投资金融服务

一　高科发创基金

湖南高科发创智能制造装备创业投资基金是由株洲高科发展有限公司主发起，财政部和省财政厅共同出资，2013年5月设立，纳入国家新兴产业创投计划的创业投资基金，基金规模2.51亿元。基金坚持“立足产业园区、聚焦中小企业”战略，重点投资服务于湖南范围内具有高成长性和行业优势的目标投资企业。至2014年，投资创锐高陶、锦波实业、金韦合金、佳诚车业、南车轨道、竟宁科技、巧房信息、永盛新材、商砼物流等项目，投资金额超过8000万元。

二　科技银行信贷风险补偿基金

2012年6月，株洲高新区管委会出资设立株洲高新区科技银行信贷风险补偿基金，通过与商业银行或其他非银行金融机构合作，为园区工业制造类中小微企业提供快速、低门槛、综合成本较低的金融产品和服务，降低中小微企业融资成本和融资难度。风险补偿基金采取市场化模式运作，委托株洲高科火炬非融资性投资担保有限公司管理。要求合作商业银行为符合贷款要求的中小微企业提供不低于风险补偿基金10倍的授信额，按比例承担贷款风险损失。至2014年，风险补偿基金规模2500万元，合作银行有建设银行、浦发银行、华融湘江银行、招商银行4家，累计为园区70家企业授信约2.5亿元，贷款余额约1.3亿元。

三 弘高高技术基金

2014年1月，湖南津湘投资有限责任公司、湖南高科时代发创投资管理有限公司、株洲南车时代高新投资担保有限责任公司共同出资设立湖南弘高高科投资管理有限公司，注册资本500万元人民币。湖南弘高高科投资管理有限公司为管理人，湖南津湘投资有限责任公司、株洲高科集团有限公司为主要发起人，组织向国家发展和改革委员会、财政部申报组建弘高技术 高基金，即湖南弘高高技术服务创业投资有限公司。2014年12月，获得国家发改委、财政部《关于确认2014第二批新兴产业创投计划参股创业投资基金并下达资金使用计划的通知》文件批复，取得国家财政资金和湖南省财政配套资金各5000万元人民币投资的支持。

四 小额贷款平台

2013年5月，以孵化资金管理模式为基础，株洲高科企业孵化器有限公司和湖南高科时代发创投资管理有限公司共同设立小额贷款平台，以委托贷款的方式，为园区中小微企业提供小额、短期的信用贷款，将小额贷业务打造成园区内短期融资的最优解决方案。至2014年，累计为园区企业发放贷款43笔，金额1800万元。

第二节 物业运营服务管理

一 物业管理

2007年4月，株洲高科物业管理有限公司成立。承接株洲高科集团有限公司整个体系所开发项目的前、中、后期物业管理，为客户提供安全管理、维修维护、垃圾处理、水电管理等服务，总面积近200万平方米，是株洲市工业物业管理面积最大、经验最丰富的专业物业管理企业，并提供工业园区整个管理链条和全盘前期顾问与介入的能力，能在第一时间为客户服务，着力将模式输出打造成公司的最大赢利点。服务类别涵盖工业园区、住宅项目、市政项目、写字楼、办公楼等，在商务服务、会议服务、室内绿化、节日装饰、家政服务、接待活动、开业庆典等领域。

二 蓝筹宾馆

项目又名蓝筹天申商务公寓，由株洲高科企业孵化器有限公司全额投资并管理的首家商务型酒店式公寓，共设有客房22套，长租房4套。2013年8月开业。商务公寓采用的是嘉城酒店管理系统中的酒店通软件，采用酒店管理系统及时的控制并了解当天的房间状态，集中管理预定、收银、退房、会员管理、夜审、酒店经营报表统计、房间价格管理、客史管理、销售点及商品管理、协议客户管理等。2014 年，开房率达 85% 以上。

三　慧谷酒店

由株洲高科企业孵化器有限公司慧谷酒店分公司投资管理的首家精品商务型智慧酒店，酒店设有 79 间客房及套房，中西餐厅及会议室。酒店实行项目经理责任制，成立分公司并由酒店经营班子具体负责责任期内的经营及管理工作。由公司委任酒店总经理负责日常经营管理，并履行对酒店的监督、检查、指导和考核等职责。采用基于云计算的酒店集团大型管理软件服务系统——罗盘 HIMS 系统，通过互联网无缝进行数据交互，系统涵盖基本的酒店客房管理，餐饮管理、电子点餐、康体娱乐、会员管理、电子门锁等功能。

第三节　创业服务

1993 年 12 月 23 日，成立株洲高新区创业服务中心，为株洲高新区直属的公益型科技事业单位。黄志雄任法人代表，设企业孵化部、技术开发部、后勤服务部。1997 年，中心机构设置为“两部”，即企业管理部、物业管理部。1999 年 7 月，成立株洲留学人员创业园，为湖南省成立的第一家留学人员创业园。1999 年 12 月 14 日，科技部认定株洲高新区创业服务中心为第三批国家高新技术创业服务中心。2001 年 2 月 16 日，株洲高新区创业服务中心（株洲留学人员创业园）升格为副处级机构。2006 年 12 月 13 日，天台金谷实行“建管分离”，由株洲高科集团承建，创业服务中心负责管理。2009 年 3 月 20 日，新增天台金谷管理办公室，属中心副科级内设机构。2011 年 11 月 10 日，株洲高新区创业服务中心（株洲留学人员创业园）内设综合管理部、物业管理部、企业管理部、留学人员管理部、天台金谷管理办公室。1993 — 2014 年，先后由黄志雄、杜虎、谈志明任创业中心主任。

创业中心有创业园、天台金谷 2 个孵化基地，楼宇面积 14.5 万平方米，是株洲高新区主要楼宇工业园区之一。成立以来，秉承“以人为本，以客为尊、精心管理、细心呵护”的服务理念，不断改进创业软、硬环境和创业平台服务，为企业提供包括前期咨询、投融资、综合信息咨询、培训交流、宣传推介、项目申报指导等各种免费或低偿服务，满足企业生产发展需求。先后荣获全国先进高新技术创业服务中心、湖南省留学人员创业园先进单位、湖南省优秀中介服务机构、湖南省国家火炬计划实施 20 周年先进服务机构、湖南省非公有制经济服务先进单位、湖南省先进基层党组织、湖南省文明窗口单位、湖南省科技管理系统先进集体、湖南省和谐劳动关系示范工业园区、株洲市先进基层党组织等 170 多项荣誉称号。2012 年，被湖南省人社厅认定为首批省级创业孵化基地。2013年，被湖南省经信委认定为第一批省级中小企业创业基地。2014年，被认定为第四批国家中小企业公共服务示范平台。

一　项目申报和推介平台

为帮助企业获得科研支持，促进自主创新，创业服务中心企业管理部与科技部、工信部、教育部、省科技厅、省人社厅、省经信委、省商务厅等政府职能部门保持密切联系，与省市管理咨询公司建立长期合作关系，为企业提供发展计划、创业指导、项目申报等各种咨询服务。2001年，“崛起的新城——株洲50年”新闻采访团到创业服务中心采访，新华社湖南分社、《光明日报》、湖南人民广播电台、湖南电视台等19家新闻单位全面报道园内情况、园内企业和创业者故事。2012年,中央电视台社会与法频道(CCTV-12)《见证》栏目,其中一集选取园内企业创锐高强、印象光电、斯迈尔特、生命伟业4家企业的创业故事，较好地宣传了中小微企业的创业典型。

2010年至2014年的5年中，园内有6家企业先后被评为株洲高新区瞪羚企业，3家企业分别获得2011年、2013年、2014年中国留学人员创业园百家企业之成长性企业。2014年，创业服务中心申报各类科技项目60多项。成功申报工信部中小企业发展专项资金项目、湖南省省级平台建设引导专项资金项目、湖南省科技厅大学生科技创业公共服务平台建设项目。湖南秋克热源塔热泵科技工程有限公司作为湖南省唯一参赛新能源与环保企业进入第三届中国创新创业大赛全国总决赛，获得行业组优胜奖。株洲嘉成科技发展有限公司获第五届中国留学人员创业园百家企业之成长性企业，并被认定为株洲高新区瞪羚企业。嘉成科技、智能电子、富利来环保科技、秋克热源塔热泵科技公司4家企业的5个项目获湖南省外国专家局海外人才与智力引进项目资助。斯迈尔特、智能电子、富利来环保科技和株洲畅联科技4家企业获得留学人员资助省级配套资金支持。共创科技公司负责人龙星祺、株洲市联合进出口公司负责人陈波作为高校毕业生创业典型获株洲市吴运铎创业奖。斯迈尔特吴海平、三本科技丁泽良、华美钨合金公司陈国生3人入选株洲高新区首批“5211人才计划”，获得专项基金资助。富利来环保科技、秋克热源塔热泵科技、恒祥高科数码技术3家企业在深圳前海挂牌上市新四板。

二　融资平台

初创型企业缺乏的就是资金，又很难从银行贷到资金。株洲高新区创业服务中心创业园努力探索多种形式的投融资方式，全方位吸引各类社会资本入园发展。创业服务中心积极争取上级资金支持，主动搭建企业与各级政府职能部门和银行的对话平台，组织企业参加各种投融资洽谈对接活动，为企业融资牵线搭桥。2012年，与华融湘江银行建立长期合作关系，为园区企业争取到提供动产及不动产抵押小额贷款的优惠政策；同年与株洲高新区科技银行建立联系，降低中小微企业融资成本和融资难度。2014 年，协助园内华通科技、秋克热源塔热泵等 5 家企业获得高新区科技银行贷款 1525 万元，协助嘉成科技等 4 家瞪羚企业获株洲高新区科技引导免息周转资金 500 万元。将收入的一部分作为孵化资金提供给园内一些资金紧缺的优秀项目，帮助企业渡过难关，企业只需缴纳一定比例的资金使用费和办理适当抵押手续。从创业中心成立始对企业孵化资金的投入规模不断加大，2014 年借给园内企业孵化资金 4500 多万元。

三 培训交流平台

创业服务中心为提升企业创新创业发展能力，组织企业参加部、省、市、区等各种创新创业培训，聘请各领域龙头企业的高级管理人员、各领域行业技术专家举办培训班、座谈会，帮助企业解读国家科技产业政策、剖析科技创业案例。2010 年，创业服务中心与株洲市、天元区劳动局合作举办的 IYB（改善你的企业）培训班，邀请国家高级创业指导培训专家，免费对园内骨干企业高层管理人员进行为期 7 天的 IYB 高级创业培训，培训效果受到受训者赞扬。2013 年，创业服务中心综合管理部和企业管理部联手开办“创新创业讲坛”，根据中小微企业关注的热点、难点问题，邀请专家讲座，著名企业家现身说“法”，帮助创业企业解决成长中遇到的各种问题。2014 年，共举办创业创新讲坛活动 4 期，组织企业参加《中国政治、经济变革与投融资管理》《战略与创新智慧》《高新技术企业认定及技术合同登记相关政策》等培训活动 12 次。

2010 年至 2014 年的 5 年中，组织园内企业参加中国留学人员广州科技交流会、华侨华人创业发展洽谈会、湖南省海外赤子为国服务行动计划、湖南省大学生创新创业论坛等交流活动 30 余次。

四 党群组织平台

1996 年，创业服务中心成立联合工会委员会。2001 年，株洲高新区创业服务中心在全国孵化器行业中率先成立党委，下属非公企业党支部，按照“围绕经济抓党建，抓好党建促发展”的工作思路，根据园内企业数量多、规模小的特点，着力抓好非公经济党组织建设，充分发挥基层党支部和党员的先锋模范作用。2010 年，创业服务中心被湖南省劳动和社会保障厅、湖南省总工会、湖南省企业联合会评选为“湖南省和谐劳动关系示范工业园区”。2011 年，被评为株洲市先进基层党组织。2012 年，创业服务中心联合工会为烧伤职工马晓军进行献血和爱心捐款活动，筹得捐款 26 万余元。2013 年，创业服务中心党委多次作为全区、全市非公党建典型接受电视媒体采访，湖南红星网、株洲新闻综合频道《旗帜 · 信仰》栏目对创业服务中心党建工作进行专题报道。至 2014 年，中心已成立党支部 14 个、工会 112 个、商会成员 80 多个、团支部 11 个、基层妇联 5 个，有党外高级知识分子 400 多人。通过抓好党群建设，充分发挥基层党支部、工会、团支部、商会、妇联、统战等组织作用，让园内企业职工能更好地维护权利，履行义务，感受组织的关怀、社会的温暖，营造健康和谐的创业氛围。每年组织开展文体活动和爱心帮扶活动。2014 年，创业服务中心联合工会组织举办乒乓球比赛、徒步比赛、健康知识讲座等各种文体活动；组织园内企业职工参加株洲市、天元区总工会举办的技术比赛、文艺演讲、手工比赛等各种活动；为园内企业 50 多名困难党员和职工提供各项帮扶资金 10 万余元。

五　沟通平台

2003 年，建立株洲高新技术创业服务中心 / 株洲留学人员创业园网站，发布中心工作动态、企业信息、创业政策、入驻指南等信息。2008 年，建立创业沙龙 QQ 群，企业代表和中心管理人员在群内互相交流，资源共享。从 2011 年起，为给企业提供更实在更优质的服务，创业中心每年开展“进企业、体企情、解企忧”活动，组织全体管理人员下企业走访，了解企业需要，收集企业意见和建议，帮助企业解决问题，变被动服务为主动服务。对企业反映的各种问题给予及时解决，不能及时解决的则进行整理分类，由中心分管领导牵头，限期解决。2014 年，活动走访企业 100 多家，收集意见和建议 50 多条，意见和建议全部整改。同时，中心领导及部门负责人对园内 20 多家重点企业和 20 多位高级人才进行定点定人重点联系服务，及时了解企业情况、提供服务、解决问题。

第五章　主要开发企业

第一节　株洲高科集团有限公司

1998 年 5 月，根据《中共株洲市委、株洲市人民政府关于加快株洲高新技术产业开发区发展的若干规定》，经株洲高新区党工委、管委会研究决定，成立株洲高新技术产业发展有限公司，性质为集技工贸于一体的科技型事业型国有独资公司。1999 年 3 月公司登记注册，注册资金 1000 万元，定位为园区融资与建设工具。成立之初的产业公司设立董事会，株洲高新区管委会常务副主任杨平任董事长兼总经理，内设发展部、管理部、财务部 3 个部室。

2001 年 11 月，为建立和完善适应市场需要的开发与建设机制，加快株洲高新区的建设和发展，高新区管委会将产业公司重组为株洲高科集团有限公司，注册资本调增至 9000 万元。性质为国有独资企业，公司定位为工业设施发展商，主要负责河西示范园的开发建设，拥有土地一级开发权、经营权和收益权，翟笃培任董事长，张乾勇任总经理。

2004 年 10 月，株洲高科集团实行政企分开，进行劳动、人事、薪酬三项制度改革，逐步建立现代企业制度。根据《公司法》和《公司章程》，设立监事会和董事会，董事会作为株洲高科集团的最高决策机构，决定株洲高科集团的重大事项。

2007年，株洲高科集团注册资本增至1.5亿元，总资产达16.8亿元，下辖全资公司4家，控股、参股公司各2家，确立“园区发展商”的定位和“一体两翼”（以土地一级开发为主体，土地二级配套建设和创新创业综合服务为两翼）的业务发展战略，业务除提供工业土地外，还涉及商业土地开发、工业房产、商住房产的项目运作和投融资服务领域。

2009年4月，株洲高科集团注册资本调增至3.5亿元，组建天易示范区开发建设有限公司，于2010年10月从集团公司剥离。同年5月、6月先后引入新股东中融国际信托有限公司和中信信托有限责任公司。2011年4月、2012年9月，两家股东分别退出，并将股份全部转让至株洲高新区管委会。变更后，株洲高科集团注册资本增至10亿元，株洲高新区管委会持股比例为100%，性质为国有独资企业。

2014年，株洲高科集团注册资本增至20亿元，资产总规模突破270亿元，内设办公室、人力资源部、企划部、融资财务部、审计资产部、纪检监察室、总工办、工程开发部、征地拆迁部、营销服务部10个部室。下辖全资公司6家：株洲高科发展有限公司、株洲高科建设工程有限公司、株洲高科房地产开发有限公司、株洲高科物业管理有限公司、株洲火炬投资担保有限公司、株洲高科汽车园投资发展有限公司；控股公司7家：株洲白鹤教育集团有限公司、株洲正融投资有限公司、株洲汽车园经营管理有限公司、株洲高科企业孵化器有限公司、株洲高新火炬资产管理有限公司、湖南高科时代发创投资管理有限公司、湖南高科发创智能制造装备创业投资有限公司；参股公司6家：株洲南车时代高新投资担保有限公司、株洲高科奶业经营有限公司、湖南省广信创业投资基金有限公司、湖南新能源创业投资基金、株洲美的高科房地产发展有限公司、株洲钻石切削刀具股份有限公司。业务涉及土地开发、工业地产、商住地产、工程建设、企业孵化、创业投资、金融服务和物业管理等领域，建立了以土地开发为主体，土地深度开发和产业投资金融服务为两翼的业态格局。2014年，株洲高科集团获湖南省文明单位称号。

1999—2014年株洲高科集团公司高管人员名录

表13－5－1

职 务	姓 名	性 别	任职时间
产业公司董事长	杨　平	男	1999年03月—2001年07月
	翟笃培	男	2001年08月—2001年10月
高科集团董事长	翟笃培	男	2001年11月—2003年09月
	杨　平	男	2003年09月—2004年08月

续表 13 - 5 - 1

职 务	姓 名	性 别	任职时间
高科集团董事长	文迪波	男	2004年08月—2007年07月
	陈 旌	男	2007年07月—2009年04月
	巢 亮	男	2009年11月—2014年12月
产业公司总经理	杨平(兼)	男	1999年03月—2001年07月
	张乾勇	男	2001年05月—2002年08月
高科集团总经理	文迪波	男	2002年12月—2004年08月
	陈 旌	男	2004年08月—2007年07月
	巢 亮	男	2007年07月—2009年11月
	陈大雄	男	2009年11月—2014年12月
	王洪宇	男	2014年12月—2014年12月
产业公司副总经理	洪 卫	男	2001年02月—2003年02月
	方光辉	男	2001年05月—2003年02月
高科集团副总经理	方光辉	男	2003年02月—2011年02月
	洪 卫	男	2003年02月—2003年09月
	宋国武	男	2004年02月—2008年12月
	王洪宇	男	2008年12月—2014年12月
	刘 倩	女	2010年05月—2014年12月
	段新宇	男	2011年02月—2014年12月
高科集团纪委书记	方光辉	男	2010年01月—2010年12月
	罗红群	女	2010年12月—2014年12月

一 株洲高科发展有限公司

2009年5月成立，是株洲高科集团的全资子公司，注册资本10亿元，房地产二级开发资质，主营园区开发经营、企业孵化、房地产开发、工程建设、创业投资、房屋租赁等业务，公司以成为“一流园区运营商”为定位，是株洲高科集团的二级创新创业开发平台。至2014年，总资产48.5亿元，净资产16.7亿元，公司人员80人，中级以上技术人员30人。下辖全资子公司高科房产、高科建设，控股子公司高科企业、高科时代发创，托管二级子公司高科物业，参股钻石切削、美的高科房产。公司已开发高科·汽配园、高科·总部壹号。从2013年开始，开发中国动力谷自主创新园。

二 株洲高科房地产开发有限公司

2002年4月成立，是株洲高科发展有限公司全资子公司，注册资本1.5亿元，主营房地产开发与经营、建筑材料销售，是一家具有国家一级资质的优秀房产公司。公司内设行政人事部、融资财务部、开发经营部、工程技术部、营销策划部、客户服务部6个部门，有员工48人。公司以“打造园区房产第一品牌”为使命，坚持“创建品质生活，缔造和美人居”的开发理念，恪守“诚信、团结、敬业、进取”的工作理念，依托土地优势资源，以“栗雨新城”住宅、商业开发为主体，科学规划设计，致力于培育企业的优秀品格，以诚信筑就企业品牌。先后开发天台科技园的高科公寓、栗雨新城绿色社区楠湖山庄、12.8万平方米的园林式小区栗雨城·香山美境、24.6万平方米的高档住宅小区栗雨城·颐景园和2.2万平方米的小户型公寓楼高科·蓝筹公寓。27.9万平方米的高档学区房高科·慧谷阳光一期和二期建成，其中一期于2014年6月交房。

公司连续7年被市政府、市房产局评为先进单位，先后获得湖南省房地产业诚实守信企业、消费者信得过单位、房地产开发企业诚信之星、湖南省房地产优秀企业等称号。开发项目中栗雨城·香山美境获得两次株洲市十佳楼盘称号，栗雨城·颐景园获得湖南省房地产创新小区奖。

三 株洲高科建设工程有限公司

1999年10月成立，是株洲高科发展有限公司旗下的全资子公司，注册资本6000万元。公司具有市政公用工程施工总承包贰级、房屋建筑工程施工总承包二级、土石方工程专业承包二级、钢结构工程专业承包二级、园林绿化叁三级资质，承担着高新开发区市政设施、土方平整、商住楼盘、标准厂房的开发和建设，是以工程施工为主体的经济实体。公司职工78人，其中一级建造师12人，二级建造师16人，高级工程师2人。

公司通过质量、安全、环境三合一体系认证，实现安全生产无事故，工程一次性验收合格率100%。先后承建高科环线、泰山广场、高科·汽配园、栗雨城·颐景园、天元学校、高科·新马金谷、中国动力谷创新园、高科·总部壹号、北汽二工厂等大型项目，获湖南省级安全文明示范工地2个。

四 株洲高科企业孵化器有限公司

2003年3月成立，注册资本2773万元，是由株洲高科发展有限公司与株洲市国有资产投资控股集团有限公司合资成立的控股子公司，主营标准厂房建设经营、企业孵化、技术中介服务等，以促进科技成果转化、培养高新技术企业和企业家为宗旨并为科技型中小企业提供综合服务的科技企业孵化器。公司内设行政人事部、招商运营部、园区服务部、融资财务部、孵化投资部5个部室，共有员工37人。公司的孵化基地为4个园区，包括株洲中小企业促进园、硬质合金园、汽车零部件产业园以及新马金谷工业园，园区在孵企业158家（规模以上企业89家），累计入园企业248家，累计毕业企业87家，初步形成新能源、电子信息、医疗器械、硬质合金、新材料和汽配件等六大技术领域的产业特色。先后被授予湖南省高新技术企业孵化器、湖南省发展非公有制经济优秀创业基地、湖南省级孵化创业基地株洲市创业示范基地、株洲市促进企业技术创新奖等荣誉称号。

五　株洲高科物业管理有限公司

2007年4月成立，是株洲高科集团下属全资子公司，注册资本500万元，国家一级物业服务企业，湖南省、株洲市物业管理协会会员单位，有员工450人（其中全国注册物业管理师5人）。2010年11月，通过ISO9001国际质量体系认证。公司实行执行董事领导下的总经理负责制，主营工业、商业物业管理，兼营园林绿化、家政服务、垃圾清运、小型工程、汽车租赁、水电维修与管理等业务，承接高科·汽配园、高科·新马金谷、中国动力谷自主创新园、栗雨城·颐景园、高科·总部壹号等200余万平方米物业管理服务。先后获湖南省物业服务企业综合实力40强，连续2年获株洲市物业管理先进单位。

六　株洲高科汽车园投资发展有限公司

2014年4月成立，注册资本5亿元，是株洲高科集团全资子公司。主要从事土地一、二级开发和项目投融资及运营等业务。受株洲高新区管委会和株洲高科集团授权，主导株洲汽车博览园项目的开发建设和运营，包括项目的规划、设计、土地开发整理、基础设施建设、项目招商营销、资源整合、投融资、专业市场板块的开发建设与运营管理的各项业务。内设融资财务部、行政人事部、投资运营部、营销服务部、工程开发部5个部室，有员工40人。

七　株洲高科汽车园经营管理有限公司

2013年9月成立，是株洲高科集团有限公司和湖南津湘投资有限责任公司合资成立的控股子公司。注册资本200万元。内设人事行政部、经营管理部、招商部及运营发展部等部门。主要负责整合专业的汽车商贸、汽车运动、汽车文化、汽车物流、汽车研发和汽车旅游等市场资源，专业化运营，致力于打造一个全业态运动商业、全时段服务、全年龄阶层享受的、跨地域一站式汽车体验消费平台，为株洲汽车园项目的开发、运营和管理提供全面系统的服务。

八 湖南高科发创智能制造装备创业投资有限公司

2013年3月成立，其管理的湖南高科发创智能制造装备创业投资基金于同年5月设立，是株洲市首支国字号创业投资基金，基金规模2.51亿元。主营创业投资服务、风险投资服务，相继参与新能源、节能环保、高技术服务等基金运作。2014年，投入6家企业，其中有2家在新三板上市，并建立了退出机制。

九 株洲高新火炬资产管理有限公司

2014年8月成立，注册资本2000万元，是株洲高科集团有限公司联合弘高融资租赁有限公司、株洲南车时代高新投资担保有限责任公司等成立的专业金融服务和资产运作机构。以“打造金融超市”的方式，面向园内外企业提供全方位的金融服务，打造成为株洲高新区、株洲高科集团对接外部金融资源的平台、高新区金融创新的平台、高新区资本运作的平台。内设风险控制部、科技银行部、创新业务部、综合财务部4个部门，有员工40人。业务涉及株洲高新区科技银行相关业务、小额贷业务、入园企业建设资金融资服务业务、硬质合金企业仓储金融业务、票据服务业务等。

第二节 湖南天易集团有限公司

湖南天易集团是由株洲高新区管委会出资成立的大型国有企业。2009年3月，株洲高新区管委会出资成立湖南天易示范区开发建设有限公司，为株洲高科集团子公司。2010年12月，从株洲高科集团分离。2011年5月，公司筹建集团公司，更名为湖南天易集团有限公司。主要经营城市资源综合运营开发、资本市场投资与经营管理。注册资本2.5亿元。湖南天易集团资产总规模151亿元，净资产74亿元，共实现融资91.04亿元。公司下辖全资或控股、参股子公司10家，共有员工400余人。至2014年，公司基本完成神农城、湘水湾2个株洲市重点项目的建设。

公司是“两型社会”天易示范区城市资源发展运营商，负责株洲天易示范区范围内的产业园区开发和政府基础设施建设，是天易示范区城市建设、投融资管理服务的重要平台。以城市建设为纽带，以规划成片规模开发城市资源为核心竞争力。主营产业园区及城市基础设施建设，包括城市一级土地整理、二级土地开发以及城市基础设施建设；城市资源经营与管理，包括商业资产经营管理、文化旅游产业经营管理；股权投资与经营，包括金融类公司及金融市场股权投资与经营、上市公司及拟上市公司股权投资与经营。

2014年，公司内设办公室（党群工作部）、人力资源部、企划部、融资财务部、监察审计部、土地开发部、征拆事务部、总工办、工程技术部门、五云峰项目指挥部办公室10个部门。下辖株洲神农城文化旅游发展有限公司、株洲天易物业管理有限公司、株洲天易房地产开发有限公司、株洲湘水湾生态经营管理有限公司、株洲天易建设发展有限公司、株洲天易商业经营管理有限公司、株洲神农城开发建设有限公司7个全资子公司；株洲新奥神农城能源服务有限公司、株洲天易商联商务服务有限公司、株洲天易开元发展投资有限责任公司3个控股子公司。

2010—2014年湖南天易集团高管人员名录

表13－5－2

职 务	姓 名	性 别	任职时间
董事长	姚永告	男	2010年12月—2014年12月
副董事长	罗克俭	男	2011年12月—2014年12月
党委书记	谢云山	男	2012年05月—2014年12月
总经理	宋国武	男	2009年08月—2011年08月
	董 巍	男	2011年12月—2013年06月
副总经理	贺文辉	女	2012年05月—2014年12月
	肖 波	男	2009年08月—2014年12月
	张水平	男	2009年08月—2014年12月
	陈 勃	男	2009年08月—2014年12月
总工程师	龙学工	男	2010年05月—2014年12月
纪委书记	赵 凯	男	2011年12月—2014年12月

一　株洲天易商业经营管理公司

2010年9月30日成立，是湖南天易集团全资子公司，注册资本1000万元，从事神农太阳城商业项目的定位、规划、租赁招商、策划推广、商业经营管理等。2010—2012年，神农太阳城南北区商业开始工程建设、租赁招商、策划推广。经过多方努力，成功引进沃尔玛、苏宁、麦当劳、中影影城等100多家品牌商家入驻。太阳城南区于2012年12月24日对外营业。

2013 年，积极督促并跟进主力店美美、娃欧、美熙的二次招商，协助美熙按要求完成区域内的品牌调整工作，收取租金约 200 万元。配合商家销售及节庆开展元宵节主题灯谜活动、“3·15”消费节汽车展、“五一”和“六一”买赠活动、合美吉姆“六一”亲子活动、9 月—10 月联合苏宁直降 10%大型促销活动、11 月 — 12 月欢乐家庭秀活动和 12 月电影周主题、太阳城 1 周年店庆消费节主题活动等。

2014 年，重新明确整体经营定位及各楼层经营主题，完成招商面积 12421 平方米。其中餐饮 4007 平方米，占 32%；儿童体验及童装、儿童用品 7084 平方米，占 57%；零售及服务配套 1330 平方米，占 11%，全年收取租金约 800 万元。策划组织各类大、小型活动总计 25 场。

二 株洲神农城文化旅游发展有限公司

2011 年 8 月 25 日成立，为湖南天易集团公司全资子公司，注册资本 1000 万元，从事神农城文化旅游产业开发、投资及经营管理。

2011 年国庆期间，神农广场对外开放；10 月 18 日，神农城核心区神农湖开园。2012 年 11 月，株洲神农城景区通过全国旅游景区质量等级评定委员会复检，获得国家 AAAA 级旅游景区称号。景区开放以来至 2014 年，神农城接待游客 1620 万人次，景区经营总收入 2278 万元。成立以来，先后获湖南省“两型”示范旅游景区、湖南省“两型”创建示范景区、湖南省青年文明号、株洲市青年文明号、株洲市 2012 年度文明风景旅游区等称号。

三 株洲天易物业管理有限公司

2012 年 4 月 23 日成立，为湖南天易集团公司全资子公司，注册资本 3000 万元，从事物业管理、设施管理、房地产资产管理等。为株洲市物业管理协会会员单位。2012 年，公司与世界 500 强企业仲量联行取得战略合作，创造出打造服务“两型社会”的城市资源管理模式。公司有员工 30 人，其中中级技术职称人员 2 人，全国物业管理项目经理岗位技能证 5 人。先后获得湖南省巾帼文明岗称号；获株洲高新区工委、天元区委先进基层党组织称号等。公司承接天易集团大厦、悦湖国际写字楼、神农湖景区铁塔地下停车场的物业管理工作。

四 株洲天易房地产开发有限责任公司

2010 年 4 月 27 日成立，为湖南天易集团公司全资子公司，注册资本 3000 万元，主要从事房地产开发、销售、租赁和自建商品房及配套设施的管理。2013 年，公司正式启动运营，克服组建之初人才缺乏、经验不足等实际困难，完成神农文化休闲街项目、湘水湾项目及神农城四号地块项目的市场调研报告和神农文化休闲街项目营销推广，启动项目前期招商工作。

2014年，房地产市场进入下行通道，公司积极调整经营策略，加强规范管理，完成神农文化休闲街项目施工面积3.9万平方米，完成总产值1.1亿元；项目写字楼和商铺认购2134平方米，销售面积1219平方米，销售收入1050.33万元，公司资产总额39617万元；成功升级为房地产三级开发资质企业，获湖南省青年文明号称号。

五　株洲天易建设发展有限公司

2014年4月18日成立，为湖南天易集团公司全资子公司，注册资金5.2亿元，是一家从事房地产开发、房屋建筑工程、市政工程、钢结构工程、园林绿化工程等城市配套基础设施建设和综合性公司。成立后，主要负责天易科技新城新一代信息技术产业园、月塘生态新城等重点项目的开发建设。

第十四篇　工　业

1992年，株洲高新区成立时，境内仅有园艺场办10余家集体企业。2014年，株洲高新区、天元区共有工业企业1300多家，工业总产值达1900多亿元。株洲高新区已形成轨道交通、通用航空和新能源汽车“三大产业集群”，新材料基地、电子信息基地和生物医药及健康食品基地“三大产业基地”的产业发展布局。

第一章　产业发展与管理

第一节　产业发展

株洲市是中华人民共和国成立后首批建设的8个工业城市之一，是中国老工业基地，工业布局一直以株洲市原北区、南区、东区为重点。河西园艺场辖区主要以蔬菜、水果种植等农业经济为主，工业基础薄弱，1992年，河西园艺场仅有江南节能设备厂、湘江粉丝厂、针织厂、湘江袜子厂等10余家场办集体企业。改革开放后，株洲高新区和天元区把发展现代工业摆在突出位置，区域内工业开始全面起步，并迅速进入发展快车道。

1992年12月，国务院批准在株洲河西郊区园艺场建立株洲国家高新技术产业开发区。建区初期，河西是一片荒丘和菜地，基础设施几乎空白，年财政收入40多万元。株洲高新区就在这片热土上，用市委、市政府拨给的30万元经费起家，艰苦创业。1992年，株洲高新区工业总产值达到1.25亿元。

1994年，株洲高新区以基础设施先行、产业进区为本、高新技术先导、综合功能配套为原则。先后引进株洲硬质合金刀具公司、时代电子技术有限公司、华银火电公司、湘瑞建材、通达铁路电机、百通技贸、湖南天牌实业、湖南唐人神集团、湖南天鹰钻机制造等45家企业注册落户株洲高新区。至年底，外商直接投资项目5个，固定资产投资4.5亿元。是年，株洲高新区实现工业总产值3.58亿元，工业销售收入1.59亿元，税收总额1025万元。

1997年8月，天元区设立。此时株洲高新区工业经济由大规模投入转向大规模产出，有70%的入驻企业建成投产，有2家企业总收入过亿元，外商直接投资项目5个，固定资产投资2.52亿元，株洲高新区主要工业企业75家。其中，高新技术企业55家。当年，株洲高新区实现工业总产值 14.48 亿元，工业销售收入 14.26 亿元，税收总额 1.08 亿元；天元区工业总产值 2.72 亿元。

2000 年底，株洲高新区与天元区职能归并，效能整合为株洲新区后，新区工业经济发展空间扩大，工业投资力度加大，企业不断发展壮大，初步形成“一区三园两基地”的产业发展格局，主要经济指标一直保持高速增长态势。2001 年，株洲高新区实现技工贸总收入 80.59 亿元，工业总产值 71.5 亿元，利税 6.77 亿元，出口创汇 1.22 亿美元。株洲高新区拥有各类工业企业 834 家。其中，高新技术企业 76 家，销售收入过亿元企业 13 家，过 5 亿元的 5 家，过 10 亿元的企业 3 家。株洲高新区工业增加值占株洲市工业增加值的 20%，成为株洲经济重要增长极。

2002 年 9 月，天元区属企业宏球工艺木制品公司、飞达塑料厂、湘江制刷厂、宝通敏感器件厂、南方皮革厂等工业企业全部改制为股份制企业或私营企业。

2005 年，株洲高新区形成初具规模的河西高新技术产业示范园、田心高科技工业园、董家塅高科技工业园 3 个园区，并成为国家新材料成果转化及产业化基地、国家火炬计划传感技术产业基地、国家高新技术产品出口基地、湖南轨道交通装备制造基地、湖南有色金属深加工基地、湖南高等院校和科研院所成果转化及产业化基地，形成“一区三园多基地”发展格局。当年，株洲高新区工业总产值 245 亿元，天元区工业总产值 30.98 亿元。株洲高新区有高新技术企业 129 家，完成高新技术产品产值 160.95 亿元，形成以交通装备为主体的先进制造业、以自动控制为主体的电子信息产业、以有色深加工为主体的新材料产业、生物医药和健康食品 4 大支柱产业。4 大支柱产业完成高新技术产品利润 7.88 亿元，高新技术产品利税 16.73 亿元，出口创汇达到 2.45 亿美元。

2011 年，株洲高新区拥有工业企业 489 家。其中，外商投资企业 60 家，高新技术企业 130 家；年销售收入过亿元的企业 52 家，过 10 亿元的企业 17 家，过 50 亿元的企业 5 家，过 100 亿元的企业 3 家。株洲高新区实现高新技术产品产值 1055 亿元，同比增长 32%，实现增加值 333.5 亿元，增长 22.5%，高新技术产品增加值占工业增加值比重 39.4%，研发经费支出 262.8 亿元，占地区生产总值比重的 1.7%，实现财政总收入 30.55 亿元。先进制造、新材料、电子信息、生物医药及健康食品四大主导产业分别达到 186.6 亿元、283.5 亿元、68.1 亿元和 100.6 亿元。占株洲高新区工业总产值的 63%。培育出时代新材、时代电子、钻石切削、金德管业、北汽股份等一批行业龙头企业和南方阀门、湘依电器、湘能电容、海天工程、科瑞变流等一批高技术含量、高附加值的“双高小巨人”。

2013 年，科技部在株洲高新区组织对“中国动力谷”评审论证会议，通过《打造中国动力谷——株洲高新区创新驱动发展战略十年行动方案》，株洲高新区立足自己的基础和优势，转变发展方式，调整产业结构，以轨道、航空、新能源汽车三大动力产业为重点，着力打造以“中国轨道交通城、中南地区通用航空城、中国新能源汽车产业城”为支撑的中国动力谷和未来的“世界动力谷”。当年，株洲高新区工业总产值 1422 亿元，天元区工业总产值 284.11 亿元，天元区公共财政预算总收入 42.6 亿元。高新技术企业 108 家，高新技术产品产值 1009.83 亿元，实现利税总额 81.6 亿元。株洲高新区电力机车、航空、汽车三大动力产业占株洲市工业总产值比重 60%，高新区形成庞大的产业集群，并发展成为中国动力产业的聚集区。自 2013 年始，株洲高新区步入创新驱动、战略提升发展阶段，着力打造“中国动力谷”。

2014年，株洲高新区有工业企业930家。其中，年销售收入过亿的企业62家，过10亿元的企业18家，过50亿元的企业8家，过100亿元的企业4家。株洲高新区工业总产值1635亿元，占株洲市比重42.5%。天元区有工企业424家,其中规模以上企业108家,工业总产值319.49亿元。高新技术产品产值1098.4亿元，天元区财政总收入52.02亿元。株洲高新区形成轨道交通、通用航空和新能源汽车三大产业集群以及新材料基地、电子信息基地和生物医药及健康食品基地等“三集群三基地”的产业发展布局。

1992—2014年株洲高新区工业总产值情况统计表

表14－1－1　　单位：万元

年 份	工业总产值	经营收入	工业销售收入	税收总额
1992	12539	5763	5539	214
1997	144852	206962	142679	10805
1998	195400	223000	216000	21649
1999	336434	369917	340064	22610
2000	458352	493656	419672	28293
2001	744822	805887	709831	48192
2002	1131250	1207926	1141879	57239
2003	1519017	1508129	1479327	63435
2004	1950469	2004041	1972970	82142
2005	2450010	2520846	2408217	116244
2006	2850120	2754171	2719228	133133
2007	3385906	3382202	3312581	172375
2008	4352880	4173636	4013479	237988
2009	6100166	6156329	5596532	243347
2010	7379148	7299712	6935231	281554
2011	10189416	10088575	9537063	458970
2012	12035914	11130335	10586351	525732
2013	14222901	13447951	12645036	733476
2014	16352398	16242781	15510209	906219

1997—2014年株洲市天元区工业总产值统计表

表14－1－2　　单位：万元

年份	工业总产值	其中规模以上	工业增加值	其中规模以上
1997	27215	—	8568	—
2000	130773	89463	32354	22366
2001	158370	115408	40712	28852
2002	193871	148923	55701	43188
2003	212141	163911	65707	49173
2004	249524	196381	82713	62842
2005	309773	247323	107955	81400
2006	379477	317326	134945	101700
2007	659958	582328	209573	199527
2008	909326	856546	334509	307177
2009	1172928	1072840	413396	394032
2010	2055643	1888570	673798	658486
2011	2901219	2701134	918570	854975
2012	2413167	2184055	1011670	715830
2013	2841116	2585902	1077590	841813
2014	3194884	3023122	1175112	999538

2014年株洲市天元区规模工业企业一览表

表14－1－3

单位名称	法定代表人	主要业务活动
株洲电力机车研究所有限公司风电事业部	梁裕国	大型风力发电机组级配件制造
株洲北汽汽车系统科技有限公司	黄文炳	汽车及零部件制造
株洲天瑞精密钣金有限公司	余亚强	钣金机械加工
湖南海特汽车部件有限公司	敖志华	BC306排气管制造

续表 14 - 1 - 3

单位名称	法定代表人	主要业务活动
湖南特科能热处理有限公司	椛泽均	热处理加工
株洲明益鑫轨道交通装备制造有限公司	胡　晓	高速道岔构件盾构构件
湖南南车时代电动汽车股份有限公司	申宇翔	汽车整车制造
湖南太子奶集团生物科技有限责任公司	袁　健	含乳饮料制造
株洲科瑞变流电气有限公司	丁劲松	自动控制系统装置制造
株洲汇隆实业发展有限公司	李忠于	汽车零部件制造
湖南炎帝生物工程有限公司	黄佳林	保健品
株洲欧格瑞传动股份有限公司	王新录	汽车电子电控产品制造
株洲石英化玻有限公司	鲁恩平	化学试剂制造
株洲精工硬质合金有限公司	袁少勇	硬质合金制造
金元(株洲)新型管业有限公司	陈中辉	PPR管材制造
金元(湖南)化学建材有限公司	金　辉	PVC管材制造
金元(湖南)新型管业有限公司	梁敬才	PVC管件制造
湖南铁道职业技术学院天一实业有限公司	杨利军	电力机车配件制造
株洲联宇电气有限公司	陈小建	变压器、电线制造
株洲南方机电制造有限公司	龚　川	微电机及其他电机制造
唐人神集团股份有限公司	陶一山	饲料制造
湖南维格磁流体股份有限公司	言继春	磁流体及磁流体密封件制造
株洲红龙电工有限公司	蔡炳秋	高低压配电箱
湖南唐人神西武肉制品有限公司	郭拥华	肉制品及副产品加工
株洲海畅铁路机车配件有限公司	王特宽	单节散热器制造
株洲众欣科技发展有限责任公司	罗喜梅	磁流体密封装置制造
湖南千金协力药业有限公司	叶胜利	雷公腾多苷片
湖南永盛新材料股份有限公司	潘　勇	电池材料制造
株洲新时代输送机械有限公司	陈　英	链式输送机
株洲斯特高新材料有限公司	刘梓旗	铟锭制造
株洲四方电气有限公司	李　杰	整流设备制造

续表 14 - 1 - 3

单位名称	法定代表人	主要业务活动
湖南中普防雷股份有限公司	殷建军	防雷产品开发制造
湖南德力通电梯有限公司	陈世盛	乘务电梯B3R制造
株洲市锦波实业有限责任公司	谢　苇	面包制作
株洲市四兴机械有限公司	周上游	汽车五金配件制造
株洲科锐硬质合金有限公司	尹新龙	硬质合金品制造
株洲锻压机床有限公司	郑学海	锻压机械制造
株洲电力机车厂长河机电产品开发公司	刘志平	多种自动控制部件制造
株洲南方阀门股份有限公司	黄　靖	多功能水泵控制阀制造
株洲时代电子技术有限公司	马世宏	电子元件及组件制造
湖南湘瓷科艺股份有限公司	魏义良	金装饰材料制造
湖南健坤科技信息技术有限公司	李征石	计算机软硬件开发
株洲市弘强能源有限公司	蔡道国	锂离子电池
株洲嘉成科技发展有限公司	郑　祎	铁路车辆电子系统制造
株洲湘瑞塑料建材有限公司	刘旭东	制造塑料建材
株洲田龙铁道电气有限公司	郭照华	电力机车微机控制系统
株洲时代新材料科技股份有限公司	曾鸿平	铁路机车配件制造
株洲南车铁路科技有限责任公司	冷　坚	铁路配件制造
湖南湘怡中元科技股份有限公司	曾继疆	CA42型树脂包封固体电解质容制造器
株洲时菱交通设备有限公司	丁荣军	牵引逆变器箱制造
株洲华锐硬质合金工具有限责任公司	肖旭凯	硬质合金数控刀具制造
株洲广胜硬质合金有限公司	李永华	硬质合金加工
株洲新奥燃气有限公司	欧阳肃	管道燃气提供
湖南富利来环保科技工程有限公司	刘博成	农村环境连片整治项目施工及小城镇污水治理成套设备生产安装
株洲蓝石精密制造有限公司	曹　涛	机械模具工具制造
株洲通达铁路电机有限公司	黄秋蓉	机车配件制造
湖南利德电子浆料有限公司	宁文敏	电子浆料生产及销售
湖南利德集团股份公司	周微明	镀镍钢带制造

续表 14 - 1 - 3

单位名称	法定代表人	主要业务活动
株洲湘火炬汽车灯具有限责任公司	于岳平	灯具及附件制造
株洲振邦科技实业有限公司	王自团	机车车辆配件
湖南康琪壹佰生物科技有限公司	王 毅	液体钙深海鱼油
株洲日望精工有限公司	贺建权	火车动车控制柜制造
株洲市绝缘材料有限责任公司	丁立新	预设材料制造
株洲九方制动设备有限公司	姚碧波	制动单元
湖南湘依铁路机车电器股份有限公司	李公武	工业自动控制系统装置制造
湖南生命伟业科技有限责任公司	刘献军	纯水机制造
株洲钻石切削刀具股份有限公司	杨伯华	切削刀片刀具制造
株洲佳满假肢矫形技术开发有限公司	刘伯华	假肢制造
湖南恒祥高科数码技术有限公司	钟志华	数码科技电子产品开发、生产
湖南光华荣昌汽车部件有限公司	许小江	汽车座椅及其零部件、汽车零部件的销售
株洲明日硬质合金有限公司	袁四明	硬质合金制造
湖南株洲颐丰防腐工程有限公司	谢国泉	防腐工程
株洲海纳川汽车底盘系统有限公司	来灿军	汽车车桥
株洲盈定自动化设备科技有限公司	郑圣泉	自动化设备
株洲天一焊接切割有限公司	黄立新	焊接切割设备及配件
湖南高远电池有限公司	唐杰雄	锂离子电池及配件开发、生产、销售
株洲富力达硬质合金有限公司	熊裕德	硬质合金加工
株洲佳邦难熔金属有限公司	吴 博	钨钼产品
株洲开元自动焊接装备有限公司	郭定明	焊接专机设备
株洲天桥舜臣选煤机械有限责任公司	成固平	选煤离心机脱水设备制造
株洲凯天环保科技有限公司	叶明强	环保设备制造
株洲华信实业有限公司	谢钧辉	通信器材及电器产品开发、销售
株洲旭阳机电科技开发有限公司	邓 卓	铁路机车配件制造
株洲天桥起重机工程有限公司	曾 辉	起重机制造
株洲中达特科电子科技有限公司	李立中	电子、电气机电仪一体化技术产品制造
湖南天鹰钻机制造有限公司	方 正	牙轮钻头

续表 14 - 1 - 3

单位名称	法定代表人	主要业务活动
株洲金鼎硬质合金有限公司	高　勇	硬质合金制造
株洲鸿新实业有限公司	谭会明	板式换热器
株洲精五环硬质合金有限公司	杨文献	硬质合金产品制造
株洲肯特硬质合金有限公司	张国顺	硬质合金制造
株洲三新包装技术有限公司	刘为成	全伺服高精度瓦楞纸板印刷机制造
湖南长鹏汽车部件有限公司	徐永清	汽车配件制造
株洲华通科技有限责任公司	喻　芳	音视频矩阵制造
株洲麦格米特电气有限责任公司	童永胜	电子产品生产
中建五局建筑节能科技有限公司	李水生	光伏设备及元器件制造
湘煤立达矿山装备股份有限公司	朱宗元	生产矿用提升机
株洲大禹恒基新材料有限公司	龙　伟	混凝土制造
湖南宝钢车轮有限公司	戴国强	钢制车轮生产
株洲恒力混凝土有限公司	黄仲明	预拌混凝土生产
湖南立方新能源科技有限责任公司	涂　健	锂离子电池
株洲大禹兆丰新材料有限公司	罗建军	预拌混凝土
株洲南方有色焊材有限公司	丁智辉	有色焊材生产
株洲梓农混凝土有限公司	黄仲明	混凝土生产
株洲市亿丰新材料有限责任公司	唐锡中	氧化锌制造
株洲天宝铸造有限公司	潘国良	机械铸造加工
湖南普来得机械技术有限公司	张　辉	机械制造
株洲航电枢纽空洲水电站	彭　平	水力发电
株洲宇丰实业有限公司	丁立新	化纤生产
天元区龙岩煤矿	唐　帅	煤矿开采销售
三门镇建新玻璃灯饰厂	麻建年	日用玻璃生产
三门镇昌泰灯饰玻璃厂	吴义芳	日用玻璃生产
株洲市永胜玻璃灯饰制品厂	刘清泉	日用玻璃制品生产
三门峣鑫灯饰玻璃工艺厂	陈艳辉	日用玻璃生产

第二节 管理机构

1992 年 8 月，株洲高新区管委会设高新部，下辖产业管理科、科技管理科、园区管理科，为归口管理株洲高新区产业开发、规划、布局、发展业务的职能部门，有人员 4 人。1993 年 10 月，更名为株洲高新区技术产业开发部。1996 年 3 月，更名为株洲高新区技术产业部。1998 年 7 月，成立株洲高新区产业发展局。2000 年 10 月，株洲高新区、天元区职能归并效能整合后，株洲高新区产业发展局（园区管理局）定编 11 人，内设综合科、科技管理科、企业管理科 3 个科室。2014 年，株洲高新区产业发展局与天元区经济和信息化局一个机构，两块牌子，职责是管理工业园区的产业规划、项目申请、科技与产业统计以及评审认定工作。1992 — 2014 年，先后有周忠祥、唐明揪、周玉智任局长（部长）。

第二章 经济类型

1992 — 2014 年，株洲高新区、天元区工业经济类型分别经历以国有、集体工业有主体，私营、个体为辅助的经济成分，逐渐过渡到股份制、股份合作制、私营及个体等多元经济结构的经济类型。20 世纪 90 年代，虽对区内国有、集体企业实行政企分开、简政放权、减税让利、扩大企业自主权、技术革新等政策措施，但终因产品滞销、管理粗放、体制制约及市场变化等因素，使得国有、集体工业企业举步艰难。2000 年后，株洲高新区、天元区国有中央、省属企业，区属国有集体企业以及乡镇企业在改制中改变所有制性质。至 2014 年，株洲高新区、天元区国有及国有控股工业企业、集体工业企业比重大幅下降，私营及个体工业，尤其是股份制及股份合作工业企业比重大幅上升。当年天元区工业总产值 319.49 亿元。其中，规模以上工业总产值 302.31 亿元，规模以下工业总产值 17.18 亿元。规模以上工业总产值 302.31 亿元中，国有企业、集体企业工业总产值 4.08 亿元，占 1.35%；股份制及股份合作工业企业工业总产值 231 亿元，占 76.41%；外商及港、澳、台商投资企业工业总产值 65.70 亿元，占 21.73%；其他类型企业工业总产值 1.53 亿元，占 0.51%。

第一节 国有企业

1992 年，株洲高新区有工业企业 126 家，90% 的企业为全民国有、集体企业。1993 年，株洲高新区工业企业比上年增加 60 家，达 186 家。年内，有高新技术企业 74 家。其中，国有企业 26 家。当年新增轴承组装厂、塑胶厂、精工特种材料厂等 9 个项目，其中 7 个项目当年投产。1998 年，株洲高新区有工业企业 154 家。国有企业有湖南华银株洲火力发电公司、湖南钻石硬质合金工具有限公司、时代（株洲）电气总公司等。

2004 年，天元区有工业企业法人单位 145 家。其中，规模工业以上企业 44 家。从业人员 10118 人。在工业企业法人单位中，国有企业及国有独资公司 2 个，占 1.4%。就业人员 235 人，占比 2.3%。2005 年，天元区工业总产值 30.98 亿元。其中，规模以上工业总产值 247323 万元。

2008 年，天元区工业企业法人单位 326 家。其中，规模工业以上企业 105 家，规模工业以下企业 221 家。从业人员 18346 人，分别比 2004 年增长 124.8% 和增长 81.3%。在工业企业法人单位中，国有企业 2 家，占 0.6%。从业人员 319 人，占 1.7%。

2013 年，天元区工业企业法人单位 525 家。其中，规模工业以上企业 113，从业人员 38254 人，比 2008 年末增长 61.0%。另有小微工业企业 506 个，从业人员 20217 人。在工业企业法人单位中，国有企业 1 个，占比 0.2%，从业人员 95 人，占比 0.2%。2014 年，天元区国有规模以上工业企业工业总产值 32268 万元。

第二节　集体企业

1993 年，株洲高新区有工业企业 186 家，其中高新技术企业 74 家。在 74 家高新技术企业中，集体企业 33 家，占比 45%。有株洲市力达工程塑料开发实业公司、株洲市金盾保安防盗设备厂、开发区通用电器公司、东方实业特种机电公司等企业。

2004 年来，天元区有工业企业法人单位 145 个。其中集体企业 9 个，占比 6.2%；有从业人员 10118 人。其中，集体企业 586 人，占比 5.8%。

2008 年末，天元区有工业企业法人单位 326 个，其中集体企业 5 个，占比 1.5%；有集体企业从业人员 194 人，占比 1.1%。

2013 年，天元区有工业企业法人单位 525 个。其中，集体企业 3 个，占比 0.6%；有集体企业从业人员 229 人，占比 0.6%。2014 年，天元区集体规模以上工业企业工业总产值 8545 万元。

第三节　私营企业

1993 年，株洲高新区主要 74 家高新技术企业中，有株洲市通达高科技术开发公司、株洲市天华特种防水材料开发公司等 10 家私营企业，占比 13.51%。1998 年，私营企业株洲通达铁路电机厂主修产品 3000 千伏安主发电机、850 千瓦牵引电动机，年产值 1200 万元。

2004 年末，在 145 个天元区工业企业法人单位中，有私营企业 96 个，占 66.2%。在 10118 个从业人员中，私营企业从业人员 4367 人，占 43.2%。

2008 年末，天元区工业企业法人单位 326 个，从业人员 18346 人，分别比 2004 年增长 12.4% 和 81.3%。2008 年，在天元区 326 个工业法人单位中，私营及个体工业企业 186 家，占

57%；天元区工业企业法人单位从业人员 18346 人，私营及个体工业企业从业人员 3998 人，占比 21.8%。工业有证照的个体经营户 191 户，从业人员 1808 人。

2013 年末，在 525 个天元区工业企业法人单位中，有私营及其他企业 352 个，占比 67.1%，在 38254 人工业企业法人单位从业人员中，私营及其他企业从业人员 13800 人，占比 36%。有小额工业企业 506 个，从业人员 20217 人。2014 年，天元区私营规模以上工业企业工业总产值 15285 万元。

第四节 外商及港澳台商投资企业

1993 年，株洲高新区有 1 家中外合资工业企业——株洲金浩金刚石有限公司。

1995 年，湖南天牌实业有限公司与香港立华投资有限公司合资的企业，生产“天”牌无纸面高强防潮石膏，获得中国专利十周年成就展览会金奖，第 23 届日内瓦发明与新技术新产品展览会金奖。1996 年 9 月，无纸面大板获得北京国际发明金奖。1996 年，被列入国家星火计划。

1997 年，株洲高新区有湖南长城焊接器材有限公司、湖南金山电子实业有限公司、株洲硬质合金工具有限公司、株洲普兰特油脂有限公司、株洲湘瑞建材有限公司等 19 家外商及港、澳、台商投资企业。

2004 年末，天元区 145 个工业企业法人单位中，有外商及港、澳、台商投资企业 12 个，占 8.2%，在 10118 人工业企业法人单位从业人员中，外商及港、澳、台商投资企业 1750 人，占 17.30%。

2008 年末，在 326 个天元区工业企业法人单位中，外商及港澳台商投资企业 21 个，占 6.5%；在 18346 人工业企业法人单位从业人员中，外商及港、澳、台商投资企业 2898 人，占 15.8%。

2013 年末，在 525 个天元区工业企业法人单位中，外商及港、澳、台商投资企业 23 个，占比 4.4%；其中港、澳、台商投资企业 7 个，外商投资企业 16 个。在 38254 个从业人员中，外商及港、澳、台商投资企业 4833 人，占比 12.7%。2014 年，天元区外商及港、澳、台商投资规模以上工业企业工业总产值 65.70 亿元。

第五节 股份制及股份制合作企业

1993 年，株洲高新区有工业企业 186 家。74 家高新技术企业中，有株洲时代电子技术有限公司等股份制企业 3 家，占比 4.05%。

1998 年，南方摩托股份有限公司产品收入 12.49 亿元，摩托车销售量 13 万多辆，净利润 1.09 亿元，总资产 20.31 亿元，从业人员 6940 人，是当时株洲高新区最大的股份制企业。

2004 年末，在天元区 145 个工业企业法人单位中，股份制及股份合作企业 25 家（股份合作企业 1 家，集体联营企业 1 家，其他有限责任公司 15 家，股份有限公司 5 家），占 17.24%。在天元区 10118 人工业法人单位从业人员中，股份制和股份合作企业从业人员 3147 人，占 31.1%。

2008 年末，在天元区 326 个工业企业法人单位中，股份制及股份合作企业 112 家（股份合作企业 14 家，股份制企业 98 家），占 34.36%。在天元区 18346 人工业法人单位从业人员中，股份制和股份合作制企业从业人员 10937 人，占 59.62%。

2013 年末，在天元区 525 个工业企业法人单位中，股份制和股份合作企业 146 家（股份合作企业 1 家，有限责任公司 116 家，股份有限公司 29 家），占 27.81%。在天元区 38254 人工业企业法人单位从业人员中，股份制和股份合作企业从业人员 19297 人，占 50.44%。2014 年，天元区股份制及股份制合作工业企业工业总产值 231 亿元。

第三章　产业门类

第一节　机械制造产业

20 世纪 80 年代末，株洲高新区汽车及零配件产业起步，主要为汽车修配和摩托车制造。1992 年 8 月，中外合资企业——湖南钻石硬质合金工具有限公司以 9000 万注册资金落户河西开发区，次年投产，主要产品是高性能精密硬质合金可转位刀片。至 1994 年，已有通达铁路电机公司、湖南天牌实业公司、时代电子技术有限公司、湖南天鹰钻机制造公司、圣园焊接机器实业公司等合资企业进驻高新区。1995 年，株洲动力配件进驻泰山路，企业产品有摩托车 NP 五十铃减速器壳和各类差速器，当年总收入 74.8 万元，净利润 2 万元。

1997 年，株洲高新区有先进制造产业外资项目 38 个，合同总投资 9018 万美元。主要产品有硬质合金孔加工刀具 45497 件，硬质合金模具及异形产品 4435 件。摩托车 15.60 万轴，电焊条 393 吨。塑料型材 353.3 吨。当年，台联企业总公司刘光辉获市科学技术重大贡献奖，钻石硬质合金工具公司高级工程师何云获“创业成才优秀知识分子”称号。明珠科技公司 MTW-Z 型智能钢丝绳检测仪获市科技进步一等奖。同年，由南方航空公司独家发起组建的南方摩托股份公司注册株洲高新区。该公司生产 125 摩托车、750 发动机。当年，产品销售收入 12.49 亿元，摩托车销售量为 13 万多辆，净利润 1.09 亿元，总资产 20.31 亿元，从业人员 6940 人。年内，还有赛福特车辆配件公司（主要产品是摩托车系列油箱）、长城铝轮壳厂（主要产品是 125、250 摩托车整体铝合金轮壳）、开发区超强实业公司（主要产品是摩托车锁具及轮鼓）、株洲火炬火花塞股份公司（主要产品是火花塞、车灯系统）先后进驻株洲高新区。

2001 年，先后有南方阀门公司（生产各行业用阀门）、田龙铁道电气公司（生产电力机车配件）、湘力发动机制造公司（生产小型发动机）、南方润迪摩托车公司、南车电机公司（生产交直流牵引电动机）、新时代橡塑元件研究所（生产高速重载V型弹簧）、时代电机技术公司（生产磁悬浮列车用直线牵引电动机）、时代新材公司（生产城市轨道车电气控制）、时菱交通设备公司（主要生产轨道交通电机电器）等企业入驻高新区。至此，高新区拥有先进制造业30家，实现工业产值27.2亿元，占工业总产值38.3%。

2002年，湘火炬投资股份有限公司生产的电阻型火花塞、铱金火花塞、汽车刹车盘系列产品出口东南亚，当年创汇4544万美元。湘火炬公司总收入过10亿元。当年，有湘火炬投资公司、株洲湘火炬汽车灯具公司、株洲齿轮有限责任公司、湖南湘怡中元科技公司、力达液压机械公司成为株洲高新区高新技术企业。

2005年，九方钢结构、博雅、机车配件、科达4个项目正式投产，新入园投产项目10个。至此，株洲高新区有先进制造业34家，主要产品品种222个，实现工业产值49.2亿元，占工业总产值20.08%。总收入过20亿元的先进制造企业有株冶火炬金属公司、湘火炬投资公司、南车集团株洲电力机车厂、南方航空动力机械公司、株洲华银、南车时代电气公司，总收入过10亿元的有株洲建设雅马哈摩托车公司；总收入过5亿元的有南车电机公司、钻石切削刀具公司、时代新材、时代电子、九方电气、天桥起重、金元建材、新型管业公司。

2008年，南车时代电动汽车公司的电动汽车继北京奥运会成功使用后，与株洲公交公司签订140台混合动力公交车采购协议，是国内最大的电动汽车采购订单。南方宇航公司相继开发4个“绿色”系列电动汽车产品，拥有5项专利，国内首家通过欧洲EEC认证。当年，株洲齿轮有限公司、欧格瑞传动公司总收入过5亿元，并成为株洲高新区高新技术企业。

2011年，株洲高新区（河西）实施工业项目19个，完成工业投资19.8亿元。南车时代电动汽车公司与辽宁曙光汽车集团公司成功合作，生产新能源汽车。当年，株洲高新区先进制造业41家，实现工业产值186.6亿元，占工业总产值18.33%。时代新材、钻石切削等先进制造企业获全省推进新型工业化二等奖，先进制造业成为高新区最大的支柱产业。2012年，北气株洲公司达到年产20万辆乘用车的产能。

2013年，株洲高新区动力产业（电力机车、通用航空、新能源汽车）为主体的先进制造产业占株洲市工业总产值比重60%。株洲高新区进入创新驱动、战略提升发展阶段，基于自身较强的动力产业优势，提出把株洲高新区打造为“中国动力谷”的战略构想，顺利通过科技部火炬中心组织的认证评审。

2014年，株洲高新区有轨道交通装备产业上游、中游、下游企业93家，有通用航空装备企业20余家，有汽车及零部件企业近40家。三大动力产业实现工业总产值1000余亿元，占全区工业总产值比重61.32%。

附：企业选介

湖南南车时代电动汽车股份有限公司 座落在株洲高新区栗雨科技工业园第五十七区，占地面积19.2公顷。2007年8月31日，公司成立暨电动汽车产业化基地奠基仪式揭牌。科技部部长万钢，湖南省省长周强为公司挂牌。至 2013 年 12 月，总投资 6 亿元，建成有现代化的底盘组装、车架焊装、整车电泳、车身涂装以及整车总装五大生产线和新能源客车电气系统及关键零部件中试生产线，具备年产新能源客车 10000 辆，电气系统及关键零部件 20000 台（套）的生产能力。公司是中国首家专门从事新能源汽车整车、电气系统及关键零部件研发、试验和制造的产业新军，先后承担 20 多个国家“863”计划电动汽车研发课题，奠定中国电动汽车核心技术领跑者的地位。为国家新能源汽车技术创新工程的承担单位，拥有国际领先的新能源汽车综合试验室，为湖南省企业技术中心，湖南省首批“湖南创造”品牌企业。自主研发的电动汽车关键零部件、系统及电动整车的市场占有率稳居国内同行前列，累计向市场提供各类系统及零部件 6000 多套；至 2013 年，累计销售节能与新能源客车 4 万多辆，车辆行驶里程累计超过 10 亿千米，平均实际节油率在 20% 以上。2013 年 5 月，南车时代电动 TEG6129GHEV 公交车以百千米油耗 17 升，千米油耗 2.68 升，获得中国公交车节能大赛金奖。新能源客车畅销上海、广州、昆明等 10 多个省市，并出口巴西等国际市场。2013 年销售收入突破 10 亿元，当年整车产销 1118 台，首次突破千台大关。2014 年，公司销售收入 11.17 亿元，利税 2641 万元，年末从业人数 563 人。

北京汽车股份有限公司株洲分公司 位于株洲高新区黑龙江路栗雨科技工业园区五十七区。2008 年 8 月，进驻株洲高新区。2010 年 10 月建成投产。公司是世界 500 强企业北京汽车集团打造自主乘用汽车发展平台建立的第一个自主品牌乘用车制造基地。本着“一次规划，两次实施”的原则分两期建成一个占地面积 53 万平方米，包含整车冲压、焊装、涂装、总装四大工艺，发动机总成及公用动力配套设施，产能为 20 万辆的整车和 10 万台发动机工厂。主要产品有北京汽车 E 系列轿车、威旺系列乘用车、A12 发动机。2013 年，北汽株洲分公司实现年产 20 万台 E 系列汽车并上市。北汽二工厂投资 30 亿元建成投产后，年产整车 50 万辆。2014 年，北汽株洲分公司实现销售收入 66.2 亿元，实现利税 1.85 亿元，年末从业人数 4273 人。

中国南方航空工业有限责任公司 建于 1951 年，地处湖南省株洲董家塅工业园，占地面积 5.5 平方千米。隶属于中国航空工业集团公司。公司于 1954 年研制成功中国第一台航空发动机，掀开新中国航空工业的历史篇章。此后相继研制成功中国第一台燃气轮机、第一台摩托车发动机等，创造了 10 多个国内第一。先后研制 30 多个型号的航空发动机，至 2014 年累计交付活塞、涡喷、涡轮螺旋浆、涡轮轴、涡轮风扇和辅助动力装置 6 大类别 31 个型号的航空发动机 1 万余台。2014 年，公司销售收入过 50 亿元。

株洲时菱交通设备有限公司 位于株洲高新区天台工业园五区，2005 年 4 月 8 日成立，为中国南车株洲所控股的株洲南车时代电气股份有限公司、日本三菱电机株式会社、三菱电机（中国）有限公司共同出资建立的合资公司。厂区占地 55748 平方米，总投资 11591 万元。其中，电力研究所出资比例 50%，日本三菱公司出资比例 40%，三菱中国公司出资比例 10%。公司主机依托日本三菱电机制造株式会社在轨道车辆电机设备、电气试验装置、VVVF 逆变器、辅助变流器等产品制造行业中的国际先进水平。2006 年，该公司实现年均销售收入过 3 亿元。2014 年，株洲时菱交通设备有限公司销售收入 12.2 亿元，出口总额 2 万美元，年末从业人数 292 人。

株洲通达铁路电机有限公司 1992 年，进驻株洲高新区黄山路，注册资本 436 万元，占地面积 16.67 公顷，厂房面积 5 万平方米。通达铁路电机是铁道部定点生产铁路机车电机、电器、电子产品的专业厂家。拥有各类机械动力设备 300 余台套，并在四川广汉市和湖南衡阳市拥有两家具有独立法人资格的分厂。建厂 20 多年，产值、利税等经营指标年平均增长幅度均保持在 20% 以上。工厂拥有 13 个自主知识产权的专利产品，研制的真空断路器、高效节能永磁电机均填补国内空白。1999 年，获得湖南省百强私营企业和湖南省明星民营科技企业称号。2000 年，通过 ISO9001 国际质量体系认证。2001 年，获湖南省银行 AAA 级信用企业和株洲市国税免检单位称号。2003 年 11 月，工厂获科技部中国民营科技企业促进会颁发的中国民营科技企业创新奖。2014 年，工厂实现销售收入 3881 万元，上缴税收 364 万元，年末从业人数 166 人。

第二节 新材料产业

1994 年，株洲湘瑞塑料建材有限公司入驻高新区，一期工程投资 1.2 亿元，从奥地利和德国引进一流生产设备和技术，引进塑钢门窗组装设备，形成年产 PVC 异型材 6000 吨及塑钢门窗 10 万平方米的生产规模。1997 年，株洲时代新材料科技股份有限公司在河西高新区投资 1500 万元创建国内唯一的减振降噪弹性元件科研开发机构，4 年后通过搬迁在栗雨科技工业园五十四区建成占地 8 公顷的时代新材工业园，成为一家典型的工业装备科技开发型企业。2001 年，株洲高新区拥有时代新材、株冶火炬、钻石切削、湘瑞建材、南方阀门、湘瓷科艺、金德管业、明日硬质合金等新材料产业企业 31 家，实现工业产值 26.58 亿元，占株洲高新区工业总产值的 35.68%。2005 年，株洲高新区新材料产业企业 34 家，生产产品有硬质合金材、高纯金属材、化学建材、减震弹性材料。产品主要用于电力机车、地铁、轻轨、汽车制造和航空机电业。当年，实现工业产值 46.52 亿元，占株洲高新区工业产值的 18.99%。以有色金属深加工为主体的新材料产业成为高新区四大支柱产业之一。2010 年，时代新材、钻石切削等新材料产业获得国家火炬计划项目 6 个，国家重点新产品项目 4 个。时代新材被认定为国家火炬计划重点高新技术企业。

2014 年，株洲高新区有时代新材、株冶火炬、钻石切削、湘瑞建材、南方阀门、湘瓷科艺、金德管业、明日硬质合金、艾美新材料、华美钨合金、科锐硬质合金、特科能热处理、精工硬质合金、永盛新材料、利德电子浆、博戈橡胶、亿丰新材料等新材料企业 50 余家，实现工业总产值 252 亿元，产品销售收入 265 亿元，实现利税 9.5 亿元。

附 :企业选介

株洲时代新材料科技股份有限公司 1994 年 5 月成立，位于天台工业园，占地 10.67 公顷，是湖南省高新技术企业。2002 年 7 月，通过证监会的发行审查，成为湖南省第 36 家、株洲高新区首家本土成长的上市公司。公司拥有涵盖高分子材料、机车车辆、机械模具设计、机电一体化、食品分析及计算机等技术领域的各类专业人才，专业技术开发人员108人，其中有15名高级工程师，博士3人，硕士19人。是省级、国家级企业技术中心。投资建立减振降噪弹性元件成型、工业和民用高分子材料改性、出口生产等完整的生产场地三处。配套各类加工生产设备120多台套，年产各类高品质复合弹性元件120万套。公司是专业从事高分子复合减振弹性元件、高分子复合改性线路减振材料和特种涂料与新型绝缘材料等三大系列产品的研制、生产与销售，致力于减振降噪弹性产品在交通运输、机械装备领域的工程化应用，品种500多种，主导产品各项性能已达到国际先进水平，产品已成批量出口美国、加拿大和欧洲市场。产品覆盖国内同类产品市场75%以上。2002年实现销售收入1.5亿元，实现利税6000万元。2005年，年产500多万件弹性元件，完成工业总产值5.8亿元。2014年，时代新材公司实现销售收入52.4亿元，利税2.7亿元，创汇3.47亿美元。年末从业人数3789人。

湖南湘瓷科艺股份有限公司 2000年秋，选址株洲高新区工业5区。占地面积12万公顷，注册资金13000万元，建成陶瓷工业园。2002年，公司总资产规模扩大1倍，达到1.1亿元，净资产增加94%，年均利税总额增长110%，实现“第二次创业”的发展目标。公司在工业园内采用自主开发的、达到国际领先水平的等静压成型技术，引进国际上最先进的连续式等静压成型，离心式喷雾干燥等生产设备，生产以电真空管为主的高技术结构陶瓷，并全部具备对瓷件的金属加工能力，替代国内多数厂家采用热压铸成型生产的产品，适应电子、军工、电力、广电等行业产品升级的需要，代表国内结构陶瓷的最高水平。拥有自主知识产权的高科技产品30多个。相继完成高级耐火陶瓷、陶瓷柱塞、陶瓷模具、造纸用陶瓷脱水板、耐磨陶瓷等10多个陶瓷新材料科研成果的产业化转化，成为国内最大的高技术结构陶瓷生产基地和陶瓷材料领域的领头企业。新研制开发的丝网印刷金膏获国家五部委联合颁发的国家级重点新产品称号，瓷用6%金水、8%金水分别获得全国轻工业博览会金奖和国家轻工科技进步三等奖，钯金水获得全国新技术博览会金奖。公司的陶瓷玻璃金装饰材料系列产品在全国市场的平均占有率稳定在65%以上。釉下五彩陈设及生活艺术瓷在国际上独树一帜，被誉为中国的当代“官窑”。2014年，实现销售收入2473万元，利税383万元。出口总额1.6万美元，年末从业人数242人。

株洲钻石切削刀具股份有限公司 1992年，选址在株洲高新区黄河南路，注册资本8500万元。公司是我国最大和最先进的高性能精密硬质合金可转位刀具研发、生产基地，是我国唯一能全面提供精密硬质合金可转位刀片，整体硬质合金钻头和铣刀、配套刀杆和刀盘的企业，产品广泛应用于汽车、能源、航空航天行业。2004年12月，被认定为湖南省重点高新技术企业，是株洲高新区首家中外合资企业。拥有刀片的槽型设计与开发、整体硬质合金刀具的设计与开发、刀具材质技术研究、涂层工艺技术的应用开发等核心技术，已拥有授权专利56项。现有专职从事科研开发人员385人。其中，博士后3人，博士8人，硕士19人；具有高级技术职称的84人。公司产品有硬质合金高速铣刀，重切削、干式切削波刃铣刀、高性能模具铣刀、PVD高性能涂层刀具、

DC003 系列标准铣刀等 5 个系列。2005 年，工业总产值 5.4 亿元，实现销售收入 5.3 亿元，利润 6500 万元。同年，完成出口创汇 427.9 万美元。产品销往欧洲、美洲、韩国、日本、东南亚各国等。2014 年，实现销售收入 13 亿元，利税 2.2 亿元，创汇 3375 万美元，年末从业人数 1440 人。

株洲湘瑞塑料建材有限公司 位于天台工业园，是 1993 年由国家“901”工程办公室为推广使用化学建材而批准布点建设的三大 PVC 塑料建材生产骨干企业之一，由国有大型企业——湖南株洲化工集团有限责任公司控股，香港瑞锦投资有限公司和豪利公司合资经营，注册资金 4000 万元。主要从事 PVC 塑料异型材、PVC 塑钢门窗、PP-R 冷热给水管及管件、PVC 排水管及管件、PVC 电子套管及管件研发和生产。所有产品都用《湘瑞》注册商标。湘瑞公司从 KRAUSS-MAFFEI 公司（德国）引进先进的生产加工设备，年生产 PVC 塑料异型材 2 万吨，年组装塑钢门窗 10 万平方米，另外还有 5 条 PP-R 给水管和 PVC 排水管电工套管生产线，年生产能力 1 万吨。1997—2001 年，销售收入 2.04 亿元。公司产品 1998 年通过 ISO9002 质量体系认证，2002 年通过 ISO9001 质量体系认证。2014 年，公司实现销售收入 3237 万元，实现利税 494 万元，年末从业人数 199 人。

株洲南方阀门股份有限公司 位于株洲高新区工业五区（黄河南路），是一家以生产水力控制阀著称的专业生产厂家，湖南省科技厅认定的民营高新技术企业，中国建筑金属结构协会阀门委员会副主任委员单位，湖南省民营企业五百强之一。1996 年成立，注册资金 315 万元，2005 年完成工业总产值 1.1 亿元。公司已获国家实用新型专利 21 项，省级科技进步奖 8 项，铁道部科技进步奖 5 项。拥有多名阀门界的国内知名专家、学者，本科以上人员 106 人，研发人员 98 人，具有学士、硕士学位和中高级技术职称的专业人员占员工总数的 40% 以上。2014 年，公司销售收入 2.65 亿元，利税 3719 万元，年末从业人数 421 人。

第三节 电子信息产业

1992 年，株洲时代电子技术有限公司入驻株洲高新区，为株洲电力机车研究所控股的有限责任公司，株洲高新区高新技术企业。产品有清筛机电气系统、捣固车电气系统、稳定车电气系统、铁路客车电气综合控制柜控制软件、电力机车空调电源控制软件、TEGP 工作站网络隔离器控制软件，主要用于铁路轨道交通行业。同年，株洲通达铁路电机厂投资 436 万元入驻株洲高新区，是铁道部定点生产铁路电机、电器、电子产品的专业厂家。主要产品有全自动氩弧焊机、双电流传感器接地检测仪、机车故障显示屏。

1999 年，湘依铁路机车电器有限公司投资 1000 万元，入驻株洲高新区黄河南路天台工业园。产品有电力机车光电速度传感器、高速机车行走部车载故障诊断装置、漏电保护插座、光缆终端设备等。次年，公司总收入 1596 万元，上缴税金 186 万元。2001 年，株洲高新区有电力机车研究所、铁路机车电器、时代电子、德通实业、田龙铁道、华清仪器、千年科技、神风通信、达能科技等

21家电子信息企业，完成工业产值7.7亿元，占当年工业总产值的10.33%。

2005年，株洲高新区有电子信息产业企业25家，拥有产品品种121个，实现工业产值14.29亿元，占当年工业总产值的5.83%。当年，有南车时代电气公司年总收入过10亿元；有南车电机公司、时代电子公司、九方电器设备公司总收入过亿元。

2012年，株洲高新区有27家电子信息产业企业，主要有汽车电子控制系统、计算机集成系统、工业软件应用系统、嵌入式软件、手机电视软件、列车控制网络系统、轨道交通用新型电力电子器件、移动电视、电子芯片集成电路驱动控制器、智能控制节电器、电子政务应用软件、电子商务软件、物联网通信设备、固态电容、传感器、互感器等产品品牌。当年，实现工业产值68.1亿，占全区工业总产值的5.65%。电子信息产业成为株洲高新区四大支柱产业之一。

2014年，株洲高新区有南车时代电气、九方电器设备、田龙铁道、华清仪器、千年科技、神风通信、达能科技、时代电子、湘依铁路机车电器、株洲北汽汽车系统、麦格米特、宏达电子、中达特科、海量信息、八达电子、科瑞变流、中普防雷、晶彩电子、时代电气绝缘、神通光电等计算机、通信和其他电子信息企业30余家，实现工业产值70余亿元。

附:企业选介

株洲时代电子技术有限公司 位于株洲高新区黄河南路天台工业园，是株洲时代集团公司控股的一家股份制软件企业。1992年12月成立，注册资本575万元，占地面积5.13公顷。公司技术人员占2/3，工人占1 / 3，本科以上学历占90%。公司从事机电一体化技术、自动化技术、变流器（整流器、逆变器、斩波器）技术、检测技术产品的研制、开发、设计、生产、销售和服务，开发和生产大型养路机械电器控制系统，TPD系列机车空调电源，TGN系列客车空调电源、TGP系列DC/DC变换器TET-S、TET-L系列高频开关电镀电源，TET是流电压传感器系列、ZHG系列变频供水、供气装置，大功率整流器，功率因数补偿装置等产品，广泛应用于铁路、冶金、化工、电力、建筑、办公自动化领域，出口伊朗、北美等国家。2005年，公司销售收入2.2亿元。2014年，公司销售收入6亿元，利税1.96亿元，年末从业人数740人。

湖南湘依铁路机车电器有限公司 位于株洲高新区天台科技园，1991年成立，注册资金3600万元，占地面积1.87公顷，厂房面积20000平方米，是国内轨道交通用速度传感器的主要供应商。生产铁路机车光电式速度传感器、继电器、温度传感器、漏电保护插座、光缆终端设备、高速机车故障诊断装置等产品。其中，铁路机车光电式速度传感器，经过3年的研制开发和50多万千米的运行试验，各项技术指标均达到或超过进口同类产品，被铁道部指定为铁路机车光电式速度传感器的定点生产厂家。新开发的GZ-1型机车故障诊断装置，运用共振解调技术，对机车（特别是高速机车）的轴承、齿轮损伤的振动冲击和温升信息的检验、诊断到预警，比单纯的轴温报警装置对故障的诊断在可靠性、准确性方面大大提高一步。2002年，公司销售收入1596万元，上缴税金186万元。2014年，公司销售收入5986万元，利税1294万元，创汇512万美元，年末从业人员124人。

第四节 生物医药及食品产业

株洲高新区以中成药、生物制药、肉食品、奶制品等为主的生物医药及健康食品产业虽然起步较晚，但发展迅速，虽规模不大，却是株洲高新区四大支柱产业之一。

1992 年，湖南湘大唐人神实业股份有限公司以 5340 万元注册资金入驻株洲高新区；主要产品为“唐人神”系列肉品等，是湖南最大的农业产业化一条龙经营集团。同时，株洲普兰特油脂公司在珠江南路建厂，生产色拉油。

1996 年，株洲市金泰制药有限公司以 428 万元注册资金入驻河西高新区。该公司的产品主要有至灵菌丝（胶囊）、琥乙红霉素（颗粒剂）。1997 年，湖南太子奶生物科技有限公司以 3600 万元注册资金进驻株洲高新区。当年，有日新生物科技实业公司等 6 家企业进驻株洲高新区。

2002 年，株洲高新区生物医药产业工业产值 21.02 亿元，利税总额 1.18 亿元，分别占当年株洲高新区工业总产值和利税的 18.58%、12.4%。2005 年，湖南太子奶集团公司在河西栗雨科技工业园投资 5 亿元，征地 40 公顷，建设乳酸菌奶、鲜奶、果蔬汁等奶制品及健康食品生产基地。当年，全区 18 家企业，工业总产值 35.1 亿元。当年，有千金药业股份有限公司“千金”商标、湖南唐人神集团有限公司的“唐人神”商标、株洲太子奶生物科技有限公司的“日出太子及图形”3 个商标评为中国驰名商标。

2011 年，株洲高新区先后有千金协力药业、千金养生坊健康品、智荟生物科技、炎帝生物工程、江山生物科技、中威制药等企业入驻。年内，株洲高新区有 16 家生物医药、健康食品企业，完成工业产值 100.6 亿元，占株洲高新区工业总产值 9.87%。

2014 年，株洲高新区有千金药业、千金协力药业、智荟生物科技、炎帝生物、江山生物科技、中威制药等近 20 家生物医药、健康食品企业，工业总产值 125 亿元，销售收入 120 亿元，利税 5.4 亿元。

附 :企业选介

株洲千金药业股份有限公司 创建于 1966 年。1993 年进行股份制改造后，公司持续快速发展，1998 年进入全国中成药工业重点企业 50 强，经济效益综合指标在湖南省同行业中排列前列。2004 年在上海证券交易所上市。旗下 13 家控股公司。先后获全国中药系统先进集体、全国医药优秀企业、湖南省优秀企业、湖南省文明标兵单位等称号。生产中成药，其中片剂、胶囊剂、颗粒剂、糖浆剂、酒剂等生产线荣获 GMP 认证。产品有妇科千金片、舒筋风湿酒、补血益母颗粒、好神采口服液、千金宁糖浆、养阴清肺糖浆。主要产品妇科千金片荣获国家质量银奖和湖南省名牌产品称号。“千金”被认定为中国驰名商标。2009 年，千金药业选址高新区栗雨科技工业园，建成千金女性健康产业基地，占地 13.33 公顷。2013 年，集团实现合并经营，实现收入 25 亿元，实现利税3.62亿元。2014年，资产总额22.29亿元，跻身中国制药工业百强企业行列。销售收入22.2亿元，利税3.5亿元，年末从业人数3184人。

湖南炎帝生物工程有限公司 位于株洲高新区栗雨科技工业园，2005年成立，注册资金8000万元，是大型民营企业集团上海三湘集团投资建立的集研发、生产、销售于一体的现代化高科技生物医药、保健品企业。占地13.33公顷，投资总额3.6亿元。生产金生宝胶囊、追风宝液、骨生春液等12种产品。拥有中研Ⅱ号抗艾滋病药物的专利。2011年，炎帝公司获得商业部“直销”批文，创造国内直销企业获得批文最快的纪录。2014年，实现销售收入5.6亿元，利税6775万元，年末从业人数270人。

第五节　其他产业

株洲高新区、天元区除上述四大产业外，还有一些规模不大的工业企业。

纺织服装工业 20世纪90年代，境内有株洲市棉纺厂、针织厂、湘江袜子厂、陇宝实业公司、圣得西服饰公司、华丰皮革制品厂、工业用布厂、开畅服饰公司等纺织服装企业。2002年，株洲市棉纺厂、针织厂、湘江袜子企业改制。圣得西服饰公司、开畅服饰公司先后迁往外地。至2014年，境内有纺织业5家，纺织服装、服饰企业3家，皮革、皮毛、羽毛及其制品和制鞋企业3家。

建材工业 20世纪90年代，境内有振球特种建材公司、天立装饰材料公司。至2014年，境内有水泥、石灰和石膏制造企业3家，石膏、水泥制品类制造企业20家，砖瓦、石材等建筑材料制造企业25家，玻璃制品制造企业13家，陶瓷制品制造企业1家。其中，恒力混凝土公司、梓农混凝土公司、大禹恒基新材料公司3家混凝土制造生产企业，三门镇建新玻璃灯饰厂、三门镇昌泰灯饰玻璃厂、三门峣鑫灯饰玻璃厂、永胜玻璃灯饰制品厂4家日用玻璃生产和制品企业为规模以上企业。

除此之外，境内还有采矿业企业7家，土砂石开采企业6家，电力生产企业1家。

第十五篇　农业与农村经济

1992 年，株洲高新区成立，辖 10 个管理处，124 个组，有耕地 519.07 公顷。当年，农林牧渔业总产值 3169 万元。1997 年 8 月，天元区成立，辖 1 镇 1 乡、2 个街道，38 个村、8 个社区，608 个村民小组。农业户 1.6 万户，农业人口 6.1 万人。全区耕地面积 3686.67 公顷，丘岗山地面积 4710 公顷。1997 年，全区农村经济结构为传统的偏粮型的“粮、猪”二元结构，当年粮食产量 36479 吨，农林牧渔业总产值 16841 万元，农民人均可支配收入 2688 元。

2000 年，天元区坚持“稳定发展，富民强区”的工作思路，以“农业增产，农民增收，农村稳定”为目标，坚持市场导向，积极调整农业结构，推进农业产业化，加强农业基础设施建设，推进城乡协调发展，当年全区粮食产量 39900 吨，完成农林牧渔业总产值 18440 万元，农民人均可支配收入 3179 元。

2005 年，全区粮食产量 40805 吨，实现农林牧渔业总产值 30091 万元，农民人均可支配收入 4999 元。

2010 年，全区粮食产量 38600 吨，天元区农林牧渔业总产值 41987 万元，农民人均可支配收入 11359 元。

2011 年，株洲县三门镇、雷打石镇划入天元区，天元区辖 4 个镇 3 个街道，耕地面积 8148 公顷，其中耕地中，丘岗山地 12300 公顷。随着三门、雷打石两镇的划入，区委、区政府进一步推进城乡一体化和产业结构调整，农业规模化、产业化、集约化、基地化特色明显。当年全区粮食产量 94523 吨，农林牧渔业总产值 102911 万元，农民人均可支配收入 13893 元。

2014 年，全区粮食产量 93457 吨，农林牧渔业总产值 121931 万元，农民人均可支配收入 19696 元。

1997 年，株洲高新区农村工作办公室经过调整后重新组建，更名为天元区农村工作办公室，编制 23 人。区农办是全区农业和农村经济工作的主管部门，负责全区农、林、畜牧、水产、农机和农村经营管理 6 条业务战线的工作。2001 年，天元区政府机构改革，天元区农村工作办公室与区蔬菜办公室、区乡镇企业局整合，成立天元区农村工作局，负责贯彻执行党和国家有关农村工作的方针政策和法律法规、负责编制并组织实施辖区内农业、林业、畜牧水产业、乡镇企业、农机事业的中、长期发展规划和年度计划，并组织实施。2014 年，区农村工作局内设办公室、农企办、林业办、畜牧水产办，下辖经营管理办公室、产品质量安全监督检验检测中心、农业技术推广服务中心和蔬菜技术推广站。1992 年，李炳辉任株洲高新区农村工作部部长。

1997—2014 年，先后有杨安武、易正明、王太培、欧阳桂华、曾小平任局长（主任）。

1997—2014年株洲市天元区农林牧渔业产值产量一览表

表15－1－1

年 份	农林牧渔业总产值(万元)	粮食产量(吨)	油料产量(吨)	猪牛羊肉产量(吨)	水产品产量(吨)
1997	16841	36479	222	3821	871
2000	18440	39900	220	8000	810
2005	30091	40805	535	6785	1271
2006	32398	41309	356	7003	1441
2007	42743	42050	363	11700	1648
2008	41120	40585	250	5600	1700
2009	39600	38000	300	5900	1600
2010	41987	38600	295	4778	2348
2011	102911	94523	1200	17200	2500
2012	108952	93496	1226	18619	2807
2013	112176	90603	1249	19838	4636
2014	121931	93457	761	20126	4875

第一章　种植业

第一节　粮食作物

一　水稻

1995年，株洲高新区农村实现双季稻亩产过吨粮。1997年，天元区粮食播种总面积为3080公顷，水稻播种面积占粮食播种总面积9成达2772公顷，稻谷总产量3.65万吨。其中，早、晚稻面积分别为2526.67公顷、2860公顷；产量分别达1.64万吨、2.01万吨。

1998年，省政府针对早稻米质差，销售难的现状，调整粮食收购政策，降低早稻收购数量和价格，提高晚稻收购的数量和价格，从政策倒逼天元区粮食生产进行结构调整，主抓优质稻推广。是年，天元区在群丰镇和马家河乡建立333.33公顷优质稻新品种示范推广基地，全区早晚稻水稻播种面积 5633.33 公顷，总产量 4.12 万吨，比 1997 年增产 0.47 万吨，增长 11.41%。

1999 年，全国粮食流通体制改革工作会议再次指出“南方早籼稻品质差，要逐步退出保护价敞开收购的范围”。稻米品质优质化是水稻种植的方向。是年，天元区编制《优质稻高产栽培集成和配套增产技术》，获得湖南省丰收计划项目立项。早稻主要推广培两优 288、香两优 68；晚稻主要推广培两优 288、新香优 80、金优 207 等品种。全区早、晚稻水稻播种面积 5366.67 公顷。其中，优质稻 1100 公顷，优质稻占水稻总面积 20%；当年水稻总产量 3.94 万吨，优质稻总产量 8132.44 吨。经济效益远比早常规稻、晚杂交稻好，经测算每公顷平均增收 1167.6 元。优质稻新品种的优良表现广受农户欢迎，迅速推广到全区。至 2006 年，全区优质稻发展到 4666.67 公顷，占水稻播种面积的 87%。

2011 年，天元区区域扩展。2012 年，天元区早、晚稻水稻播种面积 13266.67 公顷。其中，优质稻播种 6733.33 公顷，占水稻总面积的 51%；稻谷总产量 9.45 万吨。

2013 年，天元区早、晚稻水稻播种面积 13066.67 公顷，比上年减少 133.33 公顷；优质稻播种面积 6553.33 公顷，比上年减少 180 公顷；双季稻播种面积 6360 公顷，比上年增加 213.33 公顷；产稻谷 9.06 万吨，比上年减少 1.4 万吨。2014 年，全区实有耕地面积 6840 公顷。其中，水田面积 5960 公顷，旱地 880 公顷；土地流转面积 1550 公顷。全区早、晚稻水稻播种面积达 13066.67 公顷，粮食总产量 9.35 万吨。

二　旱粮作物

天元区旱粮作物主要为薯类（马铃薯、白薯主要用作蔬菜）、豆类（包括黄豆、黑豆、绿豆、蚕豌豆）、玉米。1997—2010 年，年均栽种红薯 100 公顷左右，总产折合稻谷 50 万千克左右；播种豆类 73.33 公顷左右，总产 10 万千克左右；播种玉米 13.33 公顷左右，总产量 7 万千克左右。2011 年之后，年均栽种红薯 140 公顷左右，总产折合稻谷 74 万千克左右；播种豆类 166.67 公顷左右，总产量 18 万千克左右；播种玉米 266.67 公顷左右，总产量 1000 万千克左右。2014 年，豆类播种面积 140 公顷，总产量 255 吨；薯类播种面积 260 公顷，总产量 1327 吨；玉米 30 公顷，总产量 215 吨。

第二节　经济作物

一　蔬菜

面积与产量　天元区核心地段是原株洲市园艺场和株洲市农科所所在地，长期是株洲市城区主要的蔬菜供应基地。1992 年，株洲高新区蔬菜种植面积 247.73 公顷，产量 26589 吨。1996 年，蔬菜总产量 22384 吨。天元区成立后，蔬菜种植仍然是天元区农业和株洲市“菜篮子”工程的重要组成部分。

1997 年，蔬菜种植总面积 177.67 公顷，上市 8000 余吨。同年，区农业部门通过与省食用菌协会合作，投入 15 万元，在马家河乡公路沿线种植食用菌。1998 年，天元区种植蔬菜总面积 1260 公顷，占耕地面积的 31.8%，创产值 4724.6 万元。其中，利用冬闲田种植半年菜 200 公顷。2002 年，全区蔬菜产量 45889 吨。

2009 年，天元区蔬菜生产面积降为 1220 公顷。其中，常年蔬菜面积 266.67 公顷，半年菜面积 953.33 公顷；蔬菜总产量 3.44 万吨，产值 7070 万元。至 2010 年，全区蔬菜种植面积稳定在 1220 公顷，蔬菜总产量 3.5 万吨，总产值 1.2 亿元，首次成为过亿元产业。

2011 年，雷打石、三门镇划入天元区后，随着城镇化步伐加快，为确保市民“菜篮子”，市、区两级分别下达蔬菜扩面指标，区、镇均签订蔬菜生产目标管理责任状，将目标任务逐一分解落实。当年，全区新扩蔬菜种植面积 240 公顷，蔬菜总种植面积增至 4471 公顷（含菜用瓜）。其中，常年蔬菜、半年菜面积从 953.33 公顷增至 1400 公顷；蔬菜总产量 156230 吨。

2014 年，天元区引进、扶持发展蔬菜生产营销企业组织、专业合作社和蔬菜种植大户，促进蔬菜产业发展方式的转变。全年引进企业 2 家，引进资金 800 多万元，扶持建立蔬菜专业种植合作社 5 家。2014 年，全区蔬菜种植面积 4530 公顷（含菜用瓜）总产量 191489 吨，总产值 4.27 亿元，是区内种植业中除粮食生产之外的第二大支柱产业。

品 种 天元区农户家家户户都种植白菜、萝卜、苋菜、空心菜、莴笋、冬瓜、南瓜、黄瓜、丝瓜、苦瓜、豆角、辣椒、大蒜、韭菜、葱、食用笋等常见的大路蔬菜品种。少数农户种植生姜、莲藕。天元区还适应市场需求，注重蔬菜新品种、新技术的引进和推广，发展时鲜蔬菜和反季节蔬菜。主要有食用菌、番茄、白薯、早白菜苔、娃娃菜、芦笋、快菜、香菜、金针菇、槟榔芋、食用笋等。

1997 年，天元区农业部门与省食用菌协会合作，投入 15 万元，在马家河乡公路沿线试种食用菌并作为示范推广基地，全年举办培训班 4 次，参加培训 300 人次，发展种菇户 42 户，种植蘑菇 2.07 公顷，所产平菇白皙，味道鲜嫩，双孢菇个体平均重量 150 克，最大个体重 1150 克，一上市便销售一空。受到市场销售鼓舞，翌年，种植面积扩大，利用房前屋后建大棚近百个。区、镇、乡均成立蘑菇生产领导小组，由省食用菌中心负责提供菌种和技术服务。1998 年，全区举办蘑菇培训班 14 期，培训人员 400 余人。至 1999 年，食用菌种植面积扩至 3.5 公顷，种菇户增至 143 户，当年创产值 40 余万元。

2000 年，马家河镇、群丰镇相继建立起 10 公顷食用笋基地。同年，马家河镇、天台管理处同时引进种植槟榔芋（又名香芋），各种植 2.8 公顷。天台管理处种植的槟榔芋 2.8 公顷，总产量 6.5 万千克，平均每公顷产量 2.25 万千克，总产值近 10 万元，平均每公顷产值 2.7 万元，与种粮比较，每公顷增值 1.8 万 ~ 2.25 万元。

2002 年，天元区重点发展早白菜苔、番茄、娃娃萝卜菜、白薯四大蔬菜品牌。马家河镇王家坪村种植早白菜苔 66.67 公顷，栗雨村种植娃娃菜 26.67 公顷，中路村栽种白薯 34.53 公顷，南塘村种植番茄 33.33 公顷。至 2014 年，早白菜苔年种植 800 公顷的王家坪村，仅此一项就为农民创收 1500 万元；栗雨种植娃娃菜 53.33 公顷；中路村白薯年产量 4000 吨，创产值 1200 多万元。2006 年，马家河镇新马村西塘组引进莲藕，种植 5.33 公顷。

2012 年，三门镇月形村建成 33.33 公顷芦笋基地，聘请中国芦笋研究中心、武汉市黄陂区芦笋研究所的专家担任技术顾问，当年种植获得好收成。

基地建设 1998 年，天元区委、区政府采取区、乡镇（街道）扶持，村组、农户为主体，新建蔬菜、蘑菇大棚 196 个。1998 年 10 月至 1999 年 12 月，市、区两级政府先后投入资金 120 余万元，重点对嵩山路街道隆兴管理处 12.33 公顷蔬菜基地内道路、排水沟进行全面改造，新建排水渠 3000 米；同时新建 80 多个蔬菜大棚，发展反季节蔬菜。并在全市率先建设 0.67 公顷自动化程度较高的滴喷灌菜地。1999 年，又投资 80 余万元，新建隆兴 23.33 公顷连片标准蔬菜基地。是年 12 月，市政府授予隆兴蔬菜基地为四季园示范基地。

2000—2005 年，天元区逐步形成以建设无公害蔬菜为主的 6 大蔬菜基地的格局，即：中路村蔬菜基地、隆兴蔬菜基地、合花蔬菜基地、湘滨蔬菜基地、栗雨蔬菜基地、王家坪蔬菜基地。中路村蔬菜基地投入建设资金 100 万元，用于完善生产基地建设水池、路、沟等配套设施；隆兴 23.33 公顷四季园蔬菜基地，建成大棚 121 个；合花蔬菜基地规划 100 公顷，完成开发 20 公顷，修建环形主道 2000 多米、沟渠 5230 米，搭建水泥大棚 238 个、钢架大棚 21 个，修建化粪池 120 个。栽种辣椒、茄子、番茄、黄瓜等早春菜，平均每年每个大棚收入近 5000 元。2010 年，悠移农业园在园内建成 7 个热镀锌钢架温室大棚的有机蔬菜种植园，面积 2 万多平方米，大棚内常年种植各季瓜果蔬菜，品种 30 多种。

2012 年，天元区完成蔬菜扩种面积 240 公顷，扩改建三门镇月形、响水、株木和雷打石胜塘、合花 5 个蔬菜基地。2013 年，分别与三门、雷打石、群丰 3 镇签订蔬菜生产目标责任状，蔬菜扩种面积 86.67 公顷。至 2014 年，全区建成湘云、合花 66.67 公顷以上成片大型专业蔬菜种植基地 2 个；铁篱、南塘、胜塘、月形和中路 33.33 公顷以上成片的大型专业蔬菜种植基地 6 个；湘滨和金龙 20 公顷以上成片的大型专业蔬菜种植基地 2 个。2014 年，天元区蔬菜种植基地 17 个，种植面积 433.33 公顷，蔬菜产量 3.15 万吨。

二　油料、茶叶、水果及其他作物

油料 油菜籽。1997—2010 年，天元区境内油菜种植不多，常年播种面积 40 公顷，产菜籽 5 万千克。2011 年，三门镇、雷打石镇划入天元区后，当年菜籽播种面积 350 公顷，年产菜籽 491 吨，其中双低油菜籽播种面积 86.67 公顷，产菜籽 190 吨。2014 年，天元区种植油菜 540 公顷，产菜籽 761 吨。其中，三门、雷打石镇种植油菜 480 公顷，产菜籽 658 吨。

花生。2010年前，天元区花生常年播种面积80公顷左右，年产量240吨左右。2011年，雷打石、三门两镇划入天元区后，常年播种面积扩大至150公顷左右，总产量370吨左右。2014年，境内种植花生160公顷，总产量488吨。

茶 叶 境内种植茶叶有悠久历史。各乡镇都有一定规模的茶叶种植。群丰镇长岭有较长的种茶历史，曾专设行政区群丰茶场，有茶园近70公顷。20世纪80年代后，因诸多原因茶园逐渐萎缩，但境内少数村组还坚持种茶。2011年，三门、雷打石两镇从株洲县划入天元区后，天元区茶园保有量100公顷左右，年产绿茶146吨左右。2014年，绿毛茶产量150吨。

水 果 境内水果品种有柑橘、橙、柚、桃、梨、李、葡萄、枣、柿子、杨梅等。

柑橘。境内有种植柑橘习惯。2011年，全区有柑橘100公顷，柑橘树89737株，年产柑橘1763吨；2014年，柑橘果园面积110公顷，柑橘产量1866吨。

梨。2011年，有梨园10公顷，年产梨57吨；2014年，鸭梨产量149吨。

桃。境内长期有桃树种植。2011年，除零散桃树种植外，有桃园13.33公顷，主要分布在石塘村龙门寺于2004年连片栽种的10公顷桃园，年产桃24吨；2014年，产桃92吨。

李子。境内自古有李子种植。2011年，产李子162吨；2014年，产李子92吨。

猕猴桃。为引进品种。2011年，产量112吨；2014年，产量极少。

葡萄。2007年，开始规模种植，年产葡萄56吨；是年，成立的天元区壹加久水果种植专业合作社，引进种植夏黑红宝石、红地球等葡萄系列优良品种。2009年，悠移农业园规划占地面积13.33公顷，从全国各地引进近30个适合南方栽培的世界优良葡萄品种。2011年开始，每当葡萄成熟之季，在庄园内举行葡萄节活动，开展如吃葡萄比赛、葡萄画展、葡萄酿酒等活动。2014年，全区葡萄果园面积40公顷。

瓜 果 境内瓜果主要有西瓜、草莓、甜瓜等。部分村组有小规模种植。2011年，瓜果（西瓜、甜瓜、草莓）66.67公顷，年产量3296吨。2014年，瓜果产量4363吨。

西瓜。2003年，群丰镇湘云村西瓜种植户引进种植早春红玉西瓜6.67公顷，实现产值150万元。2006年，群丰镇又引进浙江台州商人种植早春红玉西瓜26.67公顷，西瓜产量高，品质好，销售畅。

草莓。2007年，成立的天元区壹加久水果种植专业合作社，引进种植牛奶、原味、奶油等草莓系列优良品种，建立草莓园等。

其 他 天元区经济作物还有棉花、烟叶等。棉花在境内有零星种植。2011年，全区播种棉花45公顷，总产棉花67吨；至2014，仅有少量种植。烟叶仅少数户种植，种植量很少。

三 花卉苗木

2002年，天元区有花卉苗木50多公顷。其中，株雷公路沿线20多公顷，有一定规模的花木基地10个。是年，天元区委、区政府出台《关于发展株雷公路花木产业带优惠政策》等文件。

2003年，全区新增花木面积68.67公顷，花木面积发展到140余公顷，年收入10万元以上的花木基地14个；花木生产经营户58户，总投资1000多万元。全年花木产业新增产值近500万元。2004年，株雷花卉苗木基地扩大，全区花木面积发展到147.33公顷。2005年，栗雨片区出现连片花木经营户18户，年产值200多万元，产品畅销省内外。栗雨街道成立花木协会，帮助花木经营户做好花卉生产。2014年，群丰镇白莲村花卉苗木种植4.08公顷，湘云村悠移庄园逐渐开始种植乌桕、樱花、香樟等花卉苗木，种植面积33.33公顷。

第三节　种植技术

选用优良品种　重点发展优质稻。1997年始，全区水稻生产100%实现良种化。粮食产量大增，但米质较差，一度出现“卖粮难”。区政府转而主抓优质稻推广。早、晚两季水稻选用优质高产良种组合。1999年，在全区一乡一镇30个村推广优质稻1000公顷。其中，早稻优质稻333.33公顷，每公顷产稻谷6000千克；优质晚稻666.67公顷，每公顷产稻谷6750千克。2000年，继续进行优质稻新品种示范推广。“两系”杂交稻播种面积300公顷，优质稻2020公顷，占谷物播种面积的37.5%。全年共推广优质稻品种8个。经测算，优质早稻平均每公顷产6754.5千克，优质晚稻平均每公顷产7674千克，8个新品种栽培大面积推广成功。优质早稻中的中鉴81，每公顷均产6778.05千克；中鉴100，每公顷均产6483千克；浙9248，每公顷均产6639.75千克；香两优68，每公顷均产7392千克。优质晚稻中新香优80，每公顷均产7644千克；培两优288，每公顷均产7713千克；金优207，每公顷均产7749千克；湘晚灿11号，每公顷均产7635千克。

1999年，优质稻稻谷每100千克价格130元；2000年，优质稻稻谷每100千克价格为120元，虽然比上年下跌10元，但比杂交稻的每100千克价格100元仍高出20元，优质稻效益提高14.5%，两年累计比杂交稻增值104万元。

推广集中育秧　全面实行地膜育秧，并推广软盘育秧、抛秧技术，防止烂秧，培育壮秧。同时节约成本，提高工效，减轻农民劳动强度。集中育秧户由种植大户中推出3～5户进行试点示范，确保集中秧育成片规模在1～1.33公顷。统一对集中育秧户（种植大户）给予1.5万元/公顷秧田投入补贴，集中育秧用秧大田600元/公顷的奖励。同时对乡镇、村、农技部门组织得力，服务到位的设专项奖励金进行奖励。

防治病虫害　水稻病虫害主要有纹枯病、稻瘟病、稻飞虱、稻纵卷叶螟、二化螟。尤以晚稻病虫害发生为盛。各乡镇均设有植保植检站，在水稻生长期间组织农技员进行虫情观察，发现病虫新情况，及时编发病虫情报发给村、组、农户。同时，通过有线广播、板报等方式向农民作出预报，介绍防治方法。区、乡镇农技部门针对水稻不同生长阶段主要病虫害，每年编发10期以上病虫情报，集中组织3～4次以上防治歼灭战，有效杀灭病虫。农技员经常深入田间检查、监测，现场指导农民进行防治。同时，积极推广农作物病虫防治机械集团承包，提高病虫防治效力。

巧灌水巧施肥 建立“包村联户”为主要形式的工作机制和“专家＋农业技术人员＋科技示范户＋辐射带动户”的技术服务模式，并通过举办农民田间学校等多种方式，建立覆盖全区的农业科技示范和服务网络，提高农民科学种田水平。农民普遍掌握“深水活蔸、浅水分蘖，干干湿湿壮籽”和“重施底肥，看苗追肥，巧施叶面肥和壮籽肥”的水、肥管理技术，确保安全齐穗，提高谷物的结实壮籽率。

科技示范 2012年，区农村工作局自筹资金15万元，在三门镇燕子村开展集中育秧、合理密植、安全齐穗3项技术试验示范13.33公顷，示范基地及周边村、组早稻全部采用集中育秧、地膜育秧，采用高产优质多抗品种。示范村及周边村、组双季稻平均亩产提高150～250千克。2014年，天元区集中举办2期培训班，培训科技示范户200户，培训基本学员460人，培训内容涉及新品种推广5个、新技术推广12项。全区向农户发放4650本农业科技教材，向农户普及农业技术知识。

第四节　农产品质量安全监测

一　建立工作机制

2000年，天元区农村工作局成立农产品质量安全领导小组，全面负责农产品质量安全工作。建立“一把手亲自抓，分管领导具体抓，业务机构分工协作抓”的工作机制，在原有检测体系基础上，新设立区农产品质量安全检测中心（副科级事业单位），投资10万元配套仪器设备，在南塘蔬菜基地和合花蔬菜基地新建2个农残检测室，对基地的农产品安全进行全面自检。建立一支合格的专业检测技术队伍。区政府与镇（街道）政府签订农产品质量安全责任状，区农村工作局又与各镇、街道农办签订农产品质量安全目标管理责任书，各镇、街道办与各村（管理处）签订农产品质量安全目标管理责任书。蔬菜基地所在村与菜农签订蔬菜安全生产合同，并在合同后附有《蔬菜禁用农药名录》。至2014年，全区有省级检测员5人，获得市级认证的检测员13人。

二　宣传和源头管控

天元区成立后，为保证农产品质量，让广大群众注重农产品安全，采取印发资料、举办学习培训班、出动宣传车等措施，向菜农和蔬菜销售单位宣传《中华人民共和国农产品质量安全法》《中华人民共和国食品安全法》等法律法规。2010—2013年，天元区通过印发宣传资料、举办培训班、出动宣传车辆等形式在全区城乡进行宣传。4年间印发宣传资料、海报6万余份；举办培训班46期，培训人员5000余人。同时，加强技术指导，免费为农民提供全程技术指导和服务。从源头抓起，治理环境污染；在肥料和农药使用上，坚持以有机肥为主、化学肥为辅，使用高效、低毒、低残留农药，严格控制农药用量和周期；推广防虫网和遮阳网以及生物杀虫灯。指导种植企业、农民种植专业合作社和种植大户建立生产过程记录，健全档案。全面掌握农产品从生产到销售各方面的情况。实现“生产有记录、流向有追踪、信息可查询、质量可追溯”。

三 严格市场准入

2000 年，天元区农产品质量安全领导小组成立后，即在 2 个镇 3 个街道设立 8 个定点检测点。检测站坚持每星期抽检 4 次以上，采用定点检测和例行监测相结合的方法，每次抽样 10 批次以上。

2010 年，区检测站例行监测累计抽样 2084 批次，合格批次 2078 批，合格率 99.7%，对不合格产品视具体情况推迟上市或者就地销毁。每年定期或不定期开展执法检查 5 次左右，对国家严禁使用的农药等农业投入品作重点执法检查。全区市场和蔬菜生产杜绝了甲胺磷等 5 种禁止使用农药。对违反农产品质量安全的行为和销售不合格农产品者，依据《中华人民共和国农产品质量安全法》进行处罚。

2013 年，配套投资仪器设备 15 万元，在月形和悠移山庄蔬菜基地新建 2 个农残检测室，对基地的农产品安全进行全面自检；投资 5 万元，对株百天元超市检测仪器设备进行全面更新。组织超市、市场和基地农残检测人员进行技术培训，学习蔬菜农药残留快速检测法和速测卡检测法。督促辖区内株百天元超市、庐山农贸市场、合花蔬菜基地等 8 家农产品市场准入试点单位切实搞好农产品自检，符合农产品质量安全要求的农产品才能上市销售。全区每年抽检任务 4000 个样、抽检合格率 98% 以上。在重大节假日、“两考”（中考、高考）期间，对全区农产品进行重点抽检。

2014 年，农业部、省、市主管部门 6 次抽检天元区蔬菜，被检样品 100% 合格；检测 5252 批次农产品，合格率 100%。

四 发展无公害蔬菜基地

2002 年，天元区将群丰镇合花蔬菜生产基地打造为区内首个株洲市无公害蔬菜生产试验示范基地。2003 年，该基地被湖南省批准为全省首批放心菜基地。

2007 年，天元区对此前认定的合花、王家坪和中路 3 个无公害蔬菜基地以及通过农业部认证的天合辣椒、天合丝瓜、王家坪早白菜苔和中路白薯 4 个无公害农产品的有效期到期后，进行复查换证，获得重新认定和认证。

2010 年，天元区获得南塘蔬菜基地、高塘蔬菜基地 2 个无公害产地认定和南塘黄瓜、辣椒 2 个无公害产品的认证。湘云绿色葡萄申报无公害产品成功。是年，全区种植业认证“三品”（无公害农产品、绿化食品、有机食品）产地 7 个，产品 11 个。其中，绿色食品产地 1 个，产品 1 个；无公害基地 6 个，产品数十个。全区“三品”种植认定面积 1239.67 公顷。

2014 年，全区有绿色食品基地 3 个、无公害基地 4 个、绿色食品 3 个、无公害食品 3 个。

第二章　养殖业

第一节　养殖种类及产量

一　家畜养殖

(一) 生猪

生猪养殖在境内占有十分重要的位置。1992 年，株洲高新区出栏生猪 3.15 万头。1997 年，天元区饲养生猪 12.34 万头。其中，出栏生猪 7.54 万头，存栏 4.8 万头。受市场价格影响，生猪生产波动较大。2000 年，天元区饲养生猪 12.24 万头。其中，出栏生猪 7.68 万头，与上年基本持平，存栏 4.56 万头。

2001 年，天元区生猪生产有所回升，全区饲养生猪 12.51 万头。其中，出栏生猪 7.88 万头，比上年同期增长 2%。

2002 年，天元区养殖业规模不断扩大，逐步向区域化、专业化、产业化方向发展。全区饲养生猪 13.3 万头。其中，出栏生猪 8.3 万头，同比增长 5%；存栏 5 万头。全区有出栏生猪 50 头以上的养殖专业户 23 户。其中，出栏 200 头以上的 11 户。逐步形成以群丰镇新塘、长岭，泰山路街道张家园管理处为中心的瘦肉型猪养殖小区。通过招商引资，神农生态园一期工程建设高标准猪舍 5000 平方米，引进加拿大“双肌臀”大约克母猪和新丹麦长白公猪 370 头。

2005 年，天元区形成以神农生态园为龙头，辐射仙岭、月塘、金龙、太高、石塘等村，年出栏 1.8 万头的瘦肉型生猪养殖基地。全区有年出栏 100 头以上的生猪养殖大户 52 户。2007 年，全区饲养生猪 18 万头。其中，出栏 10.8 万头，存栏 7.2 万头，产值 11340 万元（1050 元/头）。

2010 年，天元区养殖生猪 22 万头。其中，出栏 15.5 万头，存栏 6.5 万头。随着城区扩大、失地农民增加和市场价格波动影响，散户养猪日益减少。区政府把工作重点放在扶持养殖大户，发展规模养殖上。2012 年，全区有存栏 50 头、出栏 200 头以上的规模养猪场 125 个。

2013 年，天元区申报标准化养殖场项目 3 个。其中，唐人神生态农业科技有限公司的项目投资 180 万元，国家投入资金 80 万元。2013 年和 2014 年，天元区生猪饲养量分别达 37.2 万头和 37.85 万头。其中，出栏分别为 23.2 万头和 23.05 万头；存栏分别为 14 万头和 14.8 头。

(二) 牛

1997 年，天元区牛饲养量 805 头，大部分为耕牛，当年出栏 65 头，存栏 740 头。1998 年以后，饲养肉牛增多。2000 年，全区牛饲养量 1540 头。其中，出栏 780 头，存栏 760 头。2001 年和 2002 年，牛饲养量均为 1440 头，出栏数和存栏数均各占饲养量的一半。2006 年，全区牛存栏 800 头，出售和自宰牛 600 头。2010 年，全区牛存栏 446 头，出售和自宰 300 头。2011 年，随着三门、雷打石镇划入天元区，境内牛的存栏和饲养量随之增多。当年全区牛存栏 1146 头，出售和自宰牛 725 头。2014 年，天元区牛存栏 1197 头。其中，肉牛 533 头，役用牛 664 头。

（三）山羊

1996 年前，境内有少量山羊养殖，品种以饲养黑山羊为主。1997 年，天元区饲养量 3.59 万只，年内出栏 2.65 万只，存栏 0.94 万只。1999 年，全区山羊饲养量 4.8 万只。其中，出栏 3 万只，存栏 1.8 万只。2000 年和 2001 年，山羊饲养量持平，分别为 4.44 万只和 4.43 万只。年内出栏分别为 2.96 万只和 2.95 万只，存栏均为 1.48 万只，均比 1999 年下降 2%。

2002 年，区内出现年出栏 50 只以上的养羊专业户 35 户，其中年出栏 100 只以上的 8 户。2006 年，区内养羊 0.87 万只，存栏 0.35 万只。

2010 年和 2011 年，天元区山羊饲养量分别为 2.6 万只和 2.24 万只，出栏分别为 1.1 万只和 1.77 万只，存栏分别为 1.5 万只和 0.47 万只。2013 年，羊存栏 0.35 万只，出栏 1.82 万只。2014 年，饲养量 2.26 万只。其中，出栏 1.68 万只，存栏 0.58 万只。

二　家禽养殖

境内家禽主要为鸡、鸭、鹅。鸡饲养量最多，农户几乎户户都养；其次是鸭，有散养和群养；鹅，少数户饲养，养殖量较少。

1997 年，天元区家禽总饲养量 346.78 万羽。其中，出笼 122.68 万羽，存笼 213.6 万羽。1998 年，马家河乡南塘村饲养北京鸭，当年出笼 6.8 万羽，实现产值 136 万元，利润 10 万元。1999 年，马家河乡南塘、浅塘、仙岭、新马等村形成连片北京鸭养殖基地，有养鸭专业户 150 余户，养鸭 20 万羽。当年全区养鸭 136.3 万羽，出笼 116 万羽，存笼 20.3 万羽，年产值 2000 多万元，年产鸭蛋 200 多吨。

2000 —2002 年，天元区家禽饲养量连续 3 年下降，依次为 2000 年 289.5 万羽、2001 年 283.6 万羽、2002 年 280.5 万羽，以上 3 年分别出笼 257 万羽、248 万羽、247 万羽。但养殖重点户、专业户有所发展。马家河镇仙岭村和群丰镇白莲村分别成为闻名全区的养鸭专业村和养鸡专业村。2002 年，天元区年出笼家禽 2000 羽以上的专业户 51 户。其中，5000 羽以上的 16 户。

2004 年，天元区家禽饲养量回升到 346.78 万羽。其中，出笼 310.58 万羽，存笼 36.2 万羽。2005 年，受禽流感冲击，全区家禽饲养量回落到 236.8 万羽，同比减少 4%。其中，出笼 150.2 万羽，存笼 86.6 万羽。2006 年，全区出笼 500 羽以上家禽养殖大户 708 户。

2010年，天元区家禽养殖总数448万羽，为历史最高年。2011年，全区养殖家禽回落至325万羽，出笼265万羽，存笼60万羽。2013年，全区出笼135.42万羽，存笼85万羽；年产蛋量1420吨。

2014年，天元区出笼家禽138万羽，存笼73万羽，有家禽养殖大户315户。其中，雷打石镇273户；年产禽蛋1438吨，其中，鸡蛋产量277吨。

三　水产养殖

天元区养鱼主要在山塘、水库、稻田养鱼，亦有在湘江网箱养鱼。2000年，全区放养水面361.47公顷，投放各类鱼种510万尾，出产鲜鱼1458吨，以草鱼为主，其次为鲢鱼、鳙鱼、鲤鱼、鳊鱼、鲫鱼、青鱼等鱼种。当年，区农业部门引进芙蓉鲫和鲈鱼2个水产品种，分别投放到马家河镇太高村莲花组、群丰镇湘云村、泰山路街道张家园管理处和天台管理处4个示范点。

2001年，天元区放养水面仍为361.47公顷，投放各类鱼种520万尾，水产品总量1526吨。2002年，全区水产品总量1637吨。2010年，天元区养殖面积363公顷，水产品总产量5544吨。其中，淡水产品捕捞产量492吨，淡水产品养殖产量4310吨。随着农业结构调整力度加大，部分耕地改挖鱼塘和推广稻田养鱼，养殖水面增加。2013年，天元区水产品总量增加到4700吨。

2014年，天元区淡水养殖面积530公顷，产量4875吨。其中，捕捞产量（鱼类、甲壳类、贝类、其他类）642吨，淡水产品养殖产量4233吨。

四　特色养殖

20世纪末，境内从外地引进珍珠鸡、七彩山鸡、鹌鹑、绿头野鸭、法国番鸭、肉鸽等养殖新品种10余个。1998年，马家河乡南塘村饲养北京鸭，当年出笼6.8万羽，实现产值136万元，利润10万元。1999年，马家河乡南塘、浅塘、仙岭、新马等村形成连片北京鸭养殖基地。同年，区内10余家农户开始发展特色养殖，养殖珍珠鸡、七彩山鸡和鹌鹑。年内，珍珠鸡出笼1.5万余羽，产值600万元；七彩山鸡出笼1万余羽，产值500万元；养殖鹌鹑30万羽，产值100万元。2000年，部分养殖户引进绿头野鸭、法国番鸭，以浅塘、凿石为中心的野鸭养殖小区发展势头强劲。2010年，马家河镇仙岭村养殖野兔2000余只；同年，马家河镇仙岭村引进繁育白狐100余对。野兔和白狐养殖均因2013年征收拆迁停止养殖。2014年，三门镇、雷打石镇各有存栏野兔100只；有农户养蜂450箱。

第二节　畜禽疫病防治

自1997年始，天元区相关部门通过多种形式在全区广泛宣传动物防疫法和防疫知识，增强养殖户的防疫意识，掌握基本防疫知识。养殖户搞好畜、禽舍通风、清洁、消毒，一般轻微疫情的防治，发现重大疫情先行隔离防治，及时报告。

区建立畜牧水产工作站，乡镇、街道建立畜牧水产服务站或畜牧兽医站。全区配备15名动物防疫员。根据需要，区农业部门每年安排专项防疫经费，购置防疫设施、疫苗、药物及防疫人员安全防护口罩、手套等用品。遇有疫情，动物防疫部门及时制定防疫措施，层层签订防疫责任状落实责任。突出抓好春、秋两季的集中防疫。遇有突发性疫病流行暴发时，果断隔离扑杀病畜。对病死畜禽一律进行无害化处理，确保疫情不扩散，人员不感染。加强市场检疫，坚决杜绝病畜、死畜流入市面。

2005年，区内发生禽流感，区农业部门印发《告全区农民朋友公开信》，发至各家各户加强防范，并公布动物防疫员的责任区范围和联系电话。区相关部门安排人员24小时值班。突击扑杀响塘、湘滨、新文、凿石4村123户家禽21461羽，进行无害化处理。

2010年，完善建立天元区重大动物防疫防治应急预案。当年，春防开展后，牲畜口蹄疫、猪瘟、禽流感免疫密度均达100%；猪蓝耳病免疫密度98%。

2013年，区农业部门拿出4万元防疫工作经费，发动村级防疫员进行禽流感免疫，对村级防疫员给予工作补助金。当年，发现有的乡镇冷链设施损坏，有的乡镇冷链设施不足，区农村工作局当即决定购买7台大冰柜，补充到乡镇动物防疫站。是年，发现三门、雷打石2个镇有丢弃病死猪现象，区相关部门立即启动相应应急预案，积极排查，及时处置，并发出《关于做好病死畜禽无害化处理的紧急通知》，将各种危害降到最低程度。同时，区、乡镇与482家规模养殖户签订《病死畜禽无害化处理承诺书》。病死畜禽无害化处理发生的费用由区政府负担。区农业部门还拿出4万元在三门镇福新村和雷打石镇盘石村各建立1个病死畜禽化尸池。至是年末，全区建立病死畜禽化尸池18个，区政府在病死畜禽无害化处理上投入资金20多万元。

2013年，为保护环境和湘江水质，对全区范围内所有规模养殖户排放不合格对环境造成污染的责令限期整改。全区43家养殖场在禁养区内和距离湘江主河道200米内，根据株洲市《关于划定畜禽禁养区的通知》，逐渐实行关停，年内关闭8家。

2014年，区农业部门出资3.5万元购置注射器、针头及其防护用品、消毒物资等，保证春、秋两季平均每个村民小组配有2支一次性注射器、两盒针头；将95万毫升禽流感疫苗、26万头份猪兰耳苗、26万头份猪瘟苗、26万毫升口蹄疫苗、2万毫升牛羊口蹄疫苗、0.5万毫升小反刍兽疫疫苗分发到各镇（街道），确保动物防疫取得实效。全区全年处置湘江及沟渠内各类病死畜禽近500头（只）。年内，区政府还安排90万元畜禽防疫、防污染整治资金，增建6个容积为216立方米的病死畜禽无害化处理化尸池。

第三章　乡镇企业

第一节　企业发展

20世纪80年代，马家河乡有建筑队、红砖厂、预制场、供应站、农机站、轴配厂、食品厂等10余家企业。1984年，群丰镇乡属企业发展到10多个行业58家公司，主要以冶炼、粉末冶金、机械、隔音设备、制砖、制茶等10多个门类。

1986年，马家河乡兴建机砖厂，年产量2000万块。群丰镇冶炼产品铋、锑、铅、氧化锌、硬质合金、优质铅锭远销美国，红砖占株洲建筑业70%的份额，有冶炼、建材之乡誉称。1991年，建立马家河乡建筑公司，被定为株洲市三级企业，当年该乡成为株洲市首个乡镇企业达标乡，年产值960万元。至1992年株洲高新区成立时，乡镇企业总产值1375万元，利润136万元。1993年，株洲高新区乡镇企业总产值6547万元，利润480万元。其中，建筑业产值2668万元，利润140万元。

1996年，株洲市对乡镇集体企业全面实行改制，完善企业法人制度，明晰企业产权，实行企业重组，创新管理机制，解决乡镇集体企业政企不分、产权不清、机制不活、制约企业发展的弊端。1997年天元区成立后，继续以改制为抓手促进乡镇企业发展。是年，马家河乡兴办采砂场、片石场，仙岭铸件厂取得产品直接销售权和出口权。嵩山路街道以建筑、建材为两翼，一业带动多业，成立益民房产公司、大坪建筑公司，开办东湖、城西2个预制构件和东湖沙砾石场。1998年，泰山路街道组建成立株洲市天泰房地产开发有限公司和株洲市泰鑫物业发展公司。1997—1998年，马家河乡乡镇企业全面完成改制。1999年，嵩山路街道按照“一厂一策”方针推行企业改制，益民房地产公司实现经营者持大股改制，当年销售面积约6000平方米。大坪建筑公司改制当年完成建安产值900余万元。鬃刷厂改制后，抓住日用刷料货源紧缺、价格上扬的机遇，扩大生产，完成产值120万元。东湖预制厂进行规模扩张，扩建一个砂石场，建设一个四级码头，成为株洲市唯一的省级防汛沙砾石贮藏场。至2001年，天元区完成26家乡镇集体企业改制，实现企业重组、产权置换、机制创新。妥善处理企业债务、职工安置等历史遗留问题，帮助企业走出困境。重点协调处置八一砖厂职工安置工作。区农村工作局与银行、工商等部门配合，对砖厂账务进行处置衔接，帮助企业职工排忧解难，妥善安置企业职工。

2002年，天元区对未进行改制的3家乡镇集体企业全部实现改制。至此，全区乡镇企业通过股份制改造、拍卖、一次性转让存量资产、兼并、破产重组等形式全部完成改制。改制后的企业重焕生机，经济效益稳步增长。当年全区实现乡镇企业总产值8.5亿元，同比增长15%；企业增加值2.6亿元，同比增长15%；实现利润0.14亿元，同比增长15%；上缴税金0.16亿元，同比增长 16%。2003 年，群丰镇、马家河镇、泰山路街道、嵩山路街道均成立置业股份有限公司，帮助改制企业职工排忧解难，对乡镇企业遗留问题进行处理。同时，负责各自境内的安置房建设。至 2014 年，天元区 4 个镇、3 个街道均有置业公司。

第二节　企业构成

农产品加工企业 20 世纪 90 年代，天元区境内有打米碾米、食品厂、湘江粉丝厂等。湘江粉丝厂生产的“洁玉”牌粉丝曾多次获部优、省优产品，畅销全国十几个省、市，年生产粉丝 350 ~ 400 吨，年产值 300 万 ~ 400 万元，有职工 45 人，是全省产量最大、质量最优的粉丝厂之一。马家河乡新马村雄霸熟食加工厂，主要加工鱼、肉、卤制品，年收入 20 万元。至 2002 年，全区有农产品加工企业 12 家。2003 年，引进放心米粉生产线，年产值 150 万元。

工业企业 乡镇工业企业有群丰冶化设备制造厂、粉末冶金厂、机械厂、隔音设备厂，嵩山路街道的鬃刷厂，马家河乡的轴承配件厂、龙腾机械配件厂，群丰镇的电碳厂、华清仪器厂、湘润塑钢厂、隔热材料厂、润宏实业有限公司、金属制品有限公司、鑫泰新型建筑材料厂等。其中，株洲鑫泰新型建筑材料厂投资 700 多万元，引进美国、德国先进技术，生产新型预制构件，产品型号达 180 多个。

建筑施工企业 1988 年株洲大桥通车后，随着大规模的城市建设，境内建筑施工企业高速发展，各乡镇、街道均建立建筑公司，不少的村、园艺场下属的管理处也都成立建筑公司或建筑施工队。1993 年，株洲高新区境内有隆兴、东湖、园林、莲花、天台、宏城、新城、新塘、华厦、吉华、渡口、大坪、张家园、徐家冲、宏源、西都、银海、天柱、科技等建筑公司和建筑施工队，另有土木工程公司、水电安装公司、东方花卉苗木公司、环安保温队等 29 家。1997 年，境内建筑施工企业有隆兴、张家园、人发、天柱、台联、吉华、天台、大坪、渡口、黄山、莲花等 22 家建筑公司，建筑业总产值 1.28 亿元。2000 年，有泰山路、天台、吉华、黄山、大坪、亿程、人发等乡镇街道建筑公司。2001 年，天元区乡镇、村办集体建筑施工企业全部改制，成为股份制或私营企业。

第四章　水 利

天元区境内除有湘江流经境内外，较大的支流有霞石高排、胜利高排、包家港、王竹港、小麦港、七〇高排、高台岭高排、泉水港、南塘高排、万丰高排、栗雨高排等，河港分布较为集中。

天元区水利局的前身是株洲高新区农村工作部。1997 年 8 月，天元区水利局成立。1998 年，局机关内设办公室、水政水保股、工程技术股。2002 年，区农村排渍站归口水利局管理。天元区水利局被评为全省抗洪工作先进单位。2005 年 12 月，被评为湖南省水利系统文明单位，巢亮、罗传胜被评为全省抗洪工作先进个人。2009 年 5 月，设立区防汛抗旱指挥部办公室。2010 年、2011 年，天元区水利局连续两年获得湖南省河道管理先进单位称号。2011 年 3 月，撤销天元区水利局，其职能划入区人民政府办公室，在其下加挂天元区水利局牌子，二级机构一并划转。2011 年 6 月，设立天元区移民管理办公室，为区人民政府办公室（区水利局）领导和管理的副科级事业单位。2014 年，区水利局内设办公室、水政水保股、工程技术股，下辖区农村排渍站、防汛抗旱指挥部办公室、杨柳水库管理所（天元区抗旱服务队）、区移民管理办公室 4 个二级机构，有干部职工 41 人。

1997 — 2014 年，先后有易建光、彭建国、范宏平任区水利局局长，有易建光、陈毅陟、易厚存、张岳南任局党支部书记。

第一节　水利建设

一　湘江防洪大堤修建

1994 年 6 月 16 — 20 日，湘江株洲段出现 20 世纪最大洪水。6 月 17 日，株洲高新区湘江河段张家园沙石码头处决堤，缺口 20 米。6 月 18 日 12 时，湘江株洲段水位高达 44.59 米，超过警戒水位 5.59 米，超过历史最高水位 0.29 米，流量每秒 2.02 万立方米，造成多处决口溃堤，尤其是市区易家港决堤，形成株洲百年未遇的特大洪灾。洪水致使株洲高新区主次干道全部淹没，市政府门口洪水齐膝。沿江水利设施基本被毁。6 月 22 日，中央书记处书记温家宝视察株洲高新区灾情，对抗洪救灾工作作出明确指示。7 月，市委、市政府认真贯彻落实温家宝指示精神，决定彻底根除水灾隐患，整修河西部分湘江大堤。工程定名株洲市湘江防洪工程。整修的河西湘江防洪大堤全长 9.1 千米。其中，泰山路口至庐山路口 3.44 千米为株洲高新区近期建设段，堤顶宽 20 米，采取路、堤、滨江公园、半边街相结合的建设方式。其余堤段堤顶宽 12.5 米，堤顶标高按百年一遇的防洪标准，黄海标高 44.5 米；堤内重新设计、新建涵洞 17 座，排渍站 3 座。主体工程需土石方 50 万立方米，总投资 1.2 亿元。8 月 18 日，河西大堤整修工程正式动工。工程建设采取专业队伍与群众运动相结合的办法，从征地拆迁、规划设计到施工，实现高质量、高速度。株洲高新区内群众一边恢复生产重建家园，一边自觉拆迁，不到 1 个月完成 11 万余平方米房屋的征地拆迁任务，创造株洲市拆迁工作新纪录。村民不但积极参加修堤，还踊跃捐款，一定程度上缓解了资金不足的问题。经过 6 个月的日夜奋战，1995 年 2 月河西湘江防洪大堤全面竣工。整修后的湘江大堤堤身加高 2 米、堤面加宽 10 余米。

1997 年 8 月，株洲市区划调整后，辖区内湘江堤防全长 32.217 千米，占市区的 65%。其中城区段 7.296 千米堤面已硬化，当时可抵御 30 ~ 50 年一遇的洪水。农村 21.19 千米大堤仅能抵御

10年一遇的洪水。2001—2002年，湘江6次洪峰过境，因大部分堤段堤身单薄，大堤多处出现管涌、滑坡、散浸等现象。2002年7月，市政府向省政府提交有关整治天元区辖区内湘江大堤的报告。2002年12月，湖南省水利水电勘测设计研究院编制《湖南省株洲市城市防洪工程初步设计报告》。根据设计，株洲市城市防洪工程分4个保护圈。其中，河西保护圈设计标准为：城区由15~25年一遇提高到100年一遇；城郊由10~15年一遇提高到50年一遇，排涝标准由5~6年一遇提高到10年一遇。湖南省水利厅下达的项目实施计划为投资1985万元。2002年11月，按照城区防洪规范100年一遇、农村50年一遇的标准，对区内还未整修的21.19千米湘江大堤进行加高、培厚。同时，加固、加长、修复现有的穿堤建筑物，使河西湘江段形成完整的防洪闭合圈。按照堤路结合及与湘江风光带结合的原则，高标准规划设计，高质量施工建设，将大堤建成稳固的防洪长堤、美丽的生态长堤、便捷的交通干道。整治工程实行统一规划、分步实施，3年内全部完工。3年内筹集资金1500万元。其中，中央、省级拨款500万元，市财政300万元，区财政100万元，向银行贷款500万元，区内干部职工（含教师）集资100万元。并连续3年向干部征收防洪保安资金46.42万元。2001—2007年，投入资金3193.44万元，完成17个堤防标段16.5千米整修任务，完成七〇、合花和万丰等高排闸的改造。整治后的湘江大堤，堤面宽农村段由整治前的4~6米增加到6~8米。堤身高农村段的由整治前的42.4~44.6米增加到43.9~46.1米。

二　水库山塘整修

天元区水库山塘大多修建于20世纪50—60年代，距今时间久远，多数存在一定程度的安全隐患，尤其是水库。因资金有限，只能逐年安排计划进行除险加固工作，按照实际需求对急需的优先进行除险加固。2005年，区委、区政府制定《天元区农田水利设施建设以奖代补实施办法》（2007年修订）。对具有防汛抗旱及灌溉效益的骨干山平塘的被覆、加固，小型排渍机埠和抗旱机埠的更新、改造，涵闸的大型维修，高低排渠主干渠道的清淤、衬砌、硬化及水坝的整修改造等工程以及由区水利局审核认可具备公益性质的其他中、小型水利项目实施以奖代补。

2008年后，根据湖南省水利规划，“十二五”期间天元区有15座小（二）型水库纳入中央、省水库除险保安项目计划。从2011年开始，每年对2~4座小（二）型水库进行除险保安，加厚加固大坝坝体、上游培筑黏土斜墙，采用砼块护坡，下游草皮护坡，完善下游贴坡排水设施。对溢洪道进行整修加固，并完善消能防冲设施；改造放水涵，重做放水卧管，涵洞；整修上坝公路。是年，整修三门镇的月形水库和白石塘水库，完成投资365万元。2012年，整修雷打石镇稀泥塘、油榨塘、三门镇石塘3座水库，完成投资358.4万元。2013年，整修雷打石镇形前、三门镇托塘2座小型水库，完成总投资318.52万元。2014年，完成雷打石镇的横塘水库、小驹塘水库及三门镇的岐塘水库、道士塘4座小（二）型水库除险加固工程，总投资627.73万元。至2014年的10年中，全区小型农田水利基础设施共投入资金2775万元。其中，发放以奖代补项目资金1665万元，各受益村组自筹资金 1110 万元，整修、维护各类农田水利设施 2000 处，建设的经验在全省得到推广，并于 2008 年、2009 年、2010 年连续 3 年夺得市政府授予的“芙蓉杯”奖。

三　农村安全饮水

20 世纪 80 年代之前，农村村民一直饮用山塘水。因山塘水水质差，容易受到污染，从 80 年代初期开始，为改变饮水状况，村民自费挖水井。根据国家水利部统一部署，2013 年 8 月经评审湖南省水利厅批复下达天元区三门雷打石供水工程初步设计。2014 年 4 月 17 日项目开工。供水工程管网铺设供水范围为天元区三门镇 7 个村 2 所学校和雷打石镇 5 个村 2 所学校，合计 12 个村 4 所学校，供水人口 13230 人。工程包括土地平整及新砌围墙、管理用房、沉淀池、消毒工作间、清水池、变压器房等。水网则以三门、雷打石水厂为中心，主管道往北接通至雷打石集镇，往南接通至三门镇株木村，与三门镇自来水厂并网，共计约 26 千米，785 户居民入户供水。同时，规划“十三五”期间，全面解决天元区农村饮水安全问题。

四　小型农田水利重点县建设

2014 年，天元区在雷打石、三门 2 个镇 42 个村开始为期 3 年的小型农田水利重点县项目建设，项目概算总投资 5190 万元。是年，完成衬砌渠道 81 条 28.99 千米，新建渠系建筑物 505 处，改造排涝沟道 9 条 4.7 千米；整修山塘 93 处；改建、重建泵站 11 处 84 千瓦；低压管道灌溉工程面积 66.67 公顷。2014 年度项目实施后，可新增和恢复灌溉面积 93.33 公顷，改善灌溉面积 473.33 公顷，新增节水灌溉面积 66.67 公顷，新增粮食生产能力 106 万千克，年节水量 138.42 万立方米。

附：杨柳水库

杨柳水库位于湘江支流颜家港上游的天元区三门镇。1959 年，成立杨柳水库工程指挥部，12 月动工修建。1960 年建成小（二）型水库。1966 年 11 月，成立杨柳水库配套工程指挥部。1967 年，扩建为中型水库并进行灌区配套。1968 年，成立杨柳水库管理所革命委员会。1978 年，杨柳水库管理所革命委员会更名为杨柳水库管理所。1981—1993 年，杨柳水库管理所由事业单位变为企业管理。经 1983 年“三查三定”核实，灌溉堂市、古岳峰、王十万和三门 4 个乡镇 33 个村 2001.33 公顷农田。

2008 年，株洲县人民政府重新确定杨柳水库管理所为事业单位。2011 年，杨柳水库所在地的行政管理权由原来的株洲县人民政府三门镇变更为天元区人民政府三门镇。2012 年，株洲市天元区抗旱服务队挂牌成立，与杨柳水库管理所合并为一个单位两块牌子。杨柳水库枢纽由 1 座主坝、2 座副坝和泄洪设施、输水设施及取水机埠组成。水库集雨面积 15.96 平方千米，其中库区自身的集雨面积有 7.5 平方千米，向外引水的集雨面积有 8.46 平方千米。校核洪水位 74.13 米，总库容 1092 万立方米，正常蓄水位 72.92 米，正常库容 922 万立方米。水库渠道共计 11 条，全长 112 千米。其中，包括白碧引水渠 16.5 千米、三旺引水渠 7.5 千米，株洲县堂市渠 17.5 千米、株洲县古岳峰提灌渠 7.5 千米、太提灌渠 4 千米、株洲县抗旱渠 24 千米。天元区管辖范围内有高南渠、低南渠、高北渠、低北渠、神仙坝渠，全长 58.5 千米。主坝涵洞自流灌溉可从正常蓄水位高程 72.82 米至 63.02 米，自流能力为 0.6 立方米 / 秒，主要供天元区低南、低北两条渠道。茶子山副坝自流灌溉从正常蓄水位高程 72.82 米到 68.12 米，自流能力 1.5 立方米 / 秒，主供天元区杨柳村及株洲县古岳峰的石塘村。

新湾副坝可自流灌溉也可提水灌溉，渠道自流灌溉从正常蓄水位高程 72.82 米到 67.8 米，自流能力 1.5 立方米 / 秒。提水灌溉从 67.8 米到死水位 63.0 米。主供株洲县堂市镇、王十万镇、古岳峰洪宜村的一部分及天元区黄田村的 5 个组。株洲县杨柳抗旱机埠（160 千瓦）采用提水灌溉，可从正常蓄水位高程 72.82 ~ 66.92 米之间取水，主供株洲县古岳峰镇，灌溉能力 1.5 立方米 / 秒。天元区三门镇主坝涵管和茶子山副坝涵管同时供水流量 2.1 立方米 / 秒，株洲县堂市、杨柳水库机埠、和太机埠同时供水可达 3.2 立方米 / 秒。

2012 年，对杨柳水库除险加固。项目作为中央水利投资重点项目，初步设计概算总投资 2820.45 万元，资金来源为中央投资 1692 万元，占总预算 60%，其余由地方各级财政性水利建设资金安排，其中区财政配套 300 万元。此次除险加固对主坝坝身及坝基帷幕灌浆、冲抓回填，大坝坝身培土加厚、坡比放缓、六方块护坡处理、下游坝坡草皮护坡、新修排水棱体、新建放水涵洞、新建主坝溢洪道；新湾副坝坝身坝基灌浆防渗处理、上游坝坡平壑及六方块护坡、下游坡草皮护坡、背水坡做贴坡排水、放水涵洞修整；茶子山副坝坝身坝基灌浆防渗处理、上游坝坡平整及六方块护坡、下游坡草皮护坡和贴坡排水、放水涵洞修整；上坝防汛公路改造；凤形山隧洞开挖衬砌和白碧引水渠清淤后浆砌石衬砌等。

第二节　水利管理

一　河道采砂管理

湘江河道属省管河道，天元区主要配合株洲市对湘江河道进行水利执法管理，河道采砂管理始终是水利执法管理的重要内容。受高额经济利益驱动，违章采砂、无证非法采砂现象虽经多次严厉打击，仍不时发生。不但危及堤防安全、行洪畅通，还直接影响和造成水资源、水生态环境的破坏。2011 — 2012 年，天元区投资 300 余万元对三门片区砂石场进行集中整治，采取 3 次大的行动对片区内 24 家违法砂石场进行强制拆除，整治后天元区仅存三门三河公司一家合法经营砂石场。2013 年 8 月，由株洲市水务局牵头，对天元区沿线砂石场进行调查摸底。9 月，对砂石转运综合基地进行选址。12 月，下发《株洲市人民政府关于开展湘江株洲城区段采砂及砂石场综合整治的通告》。区水利局按照行政许可法的要求制定完善《水域水工程管理范围内建设审批制度》《天元区砂石场管理制度》等工作制度。通过建章立制，进一步规范行政执法行为，提高依法行政的水平。

2014 年，区水利局收集制作河段砂石的储量报告、防洪影响评价报告、通航论证等相关资料。同年 7 月，天元区三门河段砂石经营权有偿出让工作得到省水利厅批复，区水利局将相关情况在网上进行公示。8 月，开展组织报名、资格审查等前期工作。年底，完成三门河段砂石经营权出让。

二　用水管理

天元区虽然临近湘江，且年降雨量较大，但水量在时间和空间上分布不均，尤其是在丘陵区和蓄水水源工程缺乏的地区，存在干旱死角，农业旱灾影响较重。天元区水利工程分布相对比较分散，且大部分水利工程兴建于 20 世纪 50—60 年代，受当时物力、财力的限制，工程设计标准偏低，经过多年的运行，工程存在诸多问题：渠道渗漏老化严重、灌溉设施未配套、渠系建筑物如闸门、人行桥都是临时架设，土法上马；田间工程布局不合理；加之灌溉普遍采用漫灌，管理方式粗放等原因，造成农业用水利用率低，作物产量低，经济效益差。2005 年开始，天元区实施“以奖代补”项目、“五小”水利工程、小农水重点县等工程，这些项目通过对各级灌溉渠道进行防渗衬砌及田间工程改造，减少了渠道及田间输水损失，增强了工程输水能力，提高了灌溉水利用系数。

2006 年，农业税和农村“两工”取消后，镇村投入农田水利建设的资金大大减少，仅仅通过区级“以奖代补”资金不能从根本解决小型农田水利设施的维护、维修和管理问题。天元区委、区政府针对“水利工程老化失修、管水用水矛盾突出”的情况，以小型灌区、小型水库、小型灌溉机埠为依托，发展农民用水户协会，先后成立天元区雷打石镇中心村农民用水户协会、三门镇石亭村农民用水户协会、响水村用水户协会，全面负责协会辖区内灌溉工程的建设、维护、运行、管理和供水调度，为用水户提供与水利及灌溉有关的技术、咨询服务。农民用水户协会成立后，灌区实行“灌区水管单位 + 协会 + 农户”的管理体制和运行机制，既避免了千家万户或单个村组要水造成无序供水的浪费，又实现了整个灌区用水的统一调度，提高用水效率和效益。2014 年，全区有用水户协会 12 个，管理灌溉面积 1306.67 公顷。

三　水库移民安置

2006 年，根据《大中型水利水电工程建设征地补偿和移民安置条例》《国务院关于完善大中型水库移民后期扶持政策的意见》等文件精神和要求，天元区开始对符合大中型水库移民后期扶持政策人口进行申报和身份确认。是年开始，每年对移民安置区的交通、能源、水利、环保、通信、文化、教育、卫生、广播电视等基础设施建设进行扶持，帮助移民安置区的经济社会发展。

2007年2月，对天元区符合大中型水库移民后期扶持政策人口进行登记。当年登记境内大中型水库移民人口18名，均为省内大中型水库迁入。其中，大京水库9人、洋泉水库2人、石坝口水库1人、斗山桥水库1人、白渔潭水库1人、黄材水库1人、中路铺水库1人、望仙桥水库1人、杨柳水库1人。

2011年2月，三门镇、雷打石镇划入天元区，天元区大中型水库移民人口总数2417人。其中，杨柳水库移民占57%，株洲航电枢纽移民占40%。2011年6月，天元区设立移民管理办公室。

至2014年的9年中，天元区发放水库移民后期扶持资金778.85万元，采取生产、生活补助和项目扶持相结合的方式，每人每年600元直补资金，发放给移民个人。至2014年，下拨专项扶持款512万元，扶持农田水利建设37处、道路建设33段、生产开发项目5处、文教卫生建设项目9处。

四 水利普查

2010年7月至2012年12月，天元区开始进行第一次全国水利普查。整个普查分前期准备阶段、清查登记阶段、填表上报阶段和成果发布四个阶段。根据各项普查内容的特点和相互关系。其中，河湖名录的编制于2010年12月底完成，作为其他普查对象开展清查登记的基础。水土流失和侵蚀沟道普查在2010年12月底由国家水土保持专项普查组完成内业提取工作后，开始开展水土流失和侵蚀沟道普查的外业调查工作。2年内全区共有158名普查员及普查指导员参与普查工作，通过数据采集、台账建设、清查登记、填表上报、质量控制等手段，获得最终普查成果。

2012年，天元区有水库工程25座。其中，中型水库1座、小（一）型水库1座、小（二）型水库23座。有株洲航电枢纽水电站工程1座；过闸流量大于等于1立方米/秒的水闸工程20座；过闸流量大于等于5立方米/秒水闸工程7座。泵站工程124座。境内堤防工程7条，共46.54千米。分散式农村供水工程（20吨每天以下的机电井和人力井）17367处，供水人口6.56万人。500立方以上容积的塘坝工程3726处。万亩灌区有雷打石镇双江口电灌站灌区和杨柳灌区2处。133.33公顷以上灌区有雷打石白沙洲泵站灌区和三门月形水库灌区2处。133.32公顷以下灌区489处。

第三节 防汛抗旱

1997年7月天元区成立后，辖区有湘江大堤32.217千米。2009年6月，设立天元区防汛抗旱指挥部办公室。2011年，雷打石、三门两镇划至天元区后，全区境内湘江防洪大堤增加到47.957千米。上游南至株洲县堂市湖塘闸，下游北至湘潭县马家屋场。另有高中低排水渠48条，中型水库1座，小（一）型水库1座，小（二）型水库23座。每年的3月，区委、区政府召开各镇、街道防汛工作动员会，与基层一把手签订防汛责任状。各镇、街道也与各村、管理处（社区）签订防汛责任状。区委、区政府成立由区委书记任政委，区长任指挥长、区政府主管副区长任副指挥长，区直机关有关部门主要负责人为成员的区防汛抗旱指挥部，全面负责全区防汛抗旱、山洪灾害的紧急避险工作指挥和调度工作。各镇、街道设立分指挥部，党（工）委书记、镇长（主任）分别任分指挥部政委、指挥长，行使本辖区内的指挥权，并对本辖区内防汛抗旱及山洪灾害工作负总责。同时，为及时处置突发事件，组织成立防汛抢险队伍，即抢险突击队，每千米40人，全区1720人；查险巡逻队，每千米3人，全区130人；每个镇、街道都设立抢险预备队，人数不限。区水利局根据全区任务情况，绘制《湘江防洪保安工程防汛抢险指挥示意图》发给每位区级领导和各镇、街道。示意图将全区46.54千米防洪大堤按行政村划分为若干个责任段。每个责任段都明确了责任人。区级领导和区直各部门领导也明确定位到各区段，并实行行政首长负责制、部门分工责任制、情况报告责任制、技术参谋负责制。2003年5月18日，湘江最高水位达43.26米，超危险水位2.26米，最高流量达1.69万立方米/秒。洪峰来临时，所有区级领导、镇、街道及区直机关干部职工、村、管理处干部在大堤上对所有险段实行24小时巡查值守。

2013年夏季，天元区处于晴热少雨天气，出现连续33天超高气温，受干旱影响，农业灌溉主水源河流水位急剧下降，水库和塘坝蓄水量全面告急，三门、雷打石、群丰3个镇农业主产区的大部分水源接近枯竭，成为重灾区。此次旱情造成天元区3120公顷农田受灾。区水利局全体机关干部分成4个组，深入4个镇指导抗旱工作，组织村民自己动手，不等不靠，疏浚渠道或新开输水通道、筑坝引水、深挖井寻找地下水、购买小型抗旱机具，抽、引、提相结合，渠、井、塘一齐上，采取多引、多提、多拦、多蓄水，增加水源，多渠道开展自救工作，最大限度地减轻旱灾损失和影响。对于人畜饮水困难，有地下水源的，区抗旱服务队提供设备打井，无水源的各镇均安排送水车将饮用水送至农户家中，确保饮水安全。至2014年的4年中，全区投入抗旱资金495万元，用于购买抗旱设备、柴油、整修渠道以及缴纳电费等。

2012年株洲市天元区小（二）型以上水库情况统计表

表15－4－1

所在地	水库名称	水库等级	主坝尺寸坝高（米）	坝顶高程（米）	校核洪水位（米）	设计洪水位（米）	正常蓄水位（米）	死水位（米）	总库容（万立方米）	设计灌溉面积（千亩）	除险加固时间（年份）
三门镇杨柳村	杨柳水库	中 型	15.5	75.5	74.13	73.94	72.92	61.32	1092	34	2012
雷打石镇布塘村	山塘水库	小(一)型	12.5	82.63	81.3	81.16	80.65	72.56	105	2.64	2011
雷打石镇东林村	大塘水库	小(二)型	7.4	86.9	86.05	86.02	85.5	79.5	15.9	0.3	—

续表 15 - 4 - 1

所在地	水库名称	水库等级	主坝尺寸坝高（米）	坝顶高程（米）	校核洪水位（米）	设计洪水位（米）	正常蓄水位（米）	死水位（米）	总库容（万立方米）	设计灌溉面积（千亩）	除险加固时间（年份）
雷打石镇胜塘村	横塘水库	小(二)型	10.4	65.7	64.85	64.5	64.1	55.3	15.3	0.68	2014
雷打石镇建强村	建强水库	小(二)型	5.5	87	85.8	85.6	85.4	81.5	12.1	0.5	—
雷打石镇新林村	江灵水库	小(二)型	7.2	84.7	83.85	83.6	83.5	77.5	14.88	0.42	—
雷打石镇龙泉村	苦竹塘水库	小(二)型	6.8	84.8	83.8	83.6	83.1	78	12.76	0.376	—
雷打石镇扶椅山村	稀泥塘水库	小(二)型	9.2	81.2	80.29	80	79.6	72	22.49	0.56	2012
雷打石镇小冲村	小驹塘水库	小(二)型	8.5	74.4	73.4	73.1	72.8	65.9	15.75	0.6	2014
雷打石镇东林村	形前水库	小(二)型	6.6	86.5	85.59	85.4	85	79.9	13.44	0.336	2013
雷打石镇新林村	油榨塘水库	小(二)型	10.1	83	81.94	81.72	81.3	74.5	23.4	0.22	2012
马家河镇太高村	太高水库	小(二)型	9.4	59.4	59	58.6	57.6	55.15	26.18	0.75	—
群丰镇栗山村	乌冲水库	小(二)型	9.4	94.3	93.2	93	92.8	84.9	14.4	0.371	—
三门镇湖坪村	白石塘水库	小(二)型	9.6	57.75	56.77	56.48	55.97	51.34	11.7	0.31	2011
三门镇苍霞村	苍霞水库	小(二)型	9	58.7	57.7	57.5	56.9	49.7	14.13	0.36	—
三门镇白石村	茨菇塘水库	小(二)型	8.4	49.5	48.7	48.5	48.2	41.1	11.54	0.35	—
三门镇松柏村	大鱼塘水库	小(二)型	5.7	75.7	74.79	74.6	74.1	70	11.28	0.31	—
三门镇黄田村	道士塘水库	小(二)型	7.7	82.7	81.63	81.3	80.9	75	12.06	0.338	2014
三门镇株木村	歧塘水库	小(二)型	6.4	55.7	54.7	54.4	53.6	49.3	12.31	0.318	2014
三门镇马道村	石塘水库	小(二)型	8.2	51.3	50.4	50.1	49.6	43.1	11.65	0.303	2012
三门镇松柏村	太沙塘水库	小(二)型	6.5	76.1	75.1	74.8	74.4	69.6	12.54	0.33	—
三门镇福星村	托塘水库	小(二)型	5.3	73.5	72.37	71.8	71.5	68.2	12.04	0.344	2013
三门镇南江村	丫塘水库	小(二)型	6	96	95.2	95	94.5	90	11	0.262	—
三门镇石亭村	月塘水库	小(二)型	5.1	73.6	72.5	72.4	72.2	68.5	12.71	0.36	2015
三门镇月形村	月形水库	小(二)型	12.8	66.2	65.29	65.04	64.5	55	84.17	2.5	2011

2012年株洲市天元区泵站情况一览表

表15－4－2

序号	泵站名称	所在河流(湖泊、水库、渠道)名称	所在灌区（引调水工程）名称	工程任务	装机流量(立方米/秒)	装机功率(千瓦)	设计扬程(米)	水泵数量(台)
1	白沙洲泵站	湘江	雷打石镇白沙洲泵站灌区	灌溉	0.25	130	32	1
2	包家港泵站	湘江	—	灌溉	0.1	50	30	1
3	包家港机台	湘江	—	排水	0.5	85	7	2
4	沧沙机台	湘江	—	排水	1.7	264	7.3	2
5	长岭排渍泵站	湘江	—	排水	0.6	75	6	1
6	陈埠港泵站	湘江	—	排水	3	315	6	6
7	城围港机台	湘江	—	排水	0.7	75	5	1
8	东湖泵站	湘江	—	灌溉	0.4	55	5	1
9	渡口泵站	湘江	—	排水	2	260	7.5	4
10	合花泵站	湘江	—	灌溉	0.6	75	6	1
11	栗雨泵站	湘江	—	灌溉，排水	0.4	55	5	1
12	隆兴泵站(抗旱)	湘江	—	灌溉	0.4	55	5	1
13	隆兴泵站(排涝)	湘江	—	排水	0.2	150	32	2
14	南塘港泵站	湘江	—	排水	1.6	215	15	3
15	浅塘泵站	湘江	—	灌溉	0.6	75	6	1
16	群立1号机台	湘江	—	灌溉	0.21	75	14	1
17	韶溪港泵站	湘江	—	排水	2	196	6	3
18	神仙坝机台	杨柳水库	杨柳灌区	灌溉	0.135	55	22	1
19	石家埠泵站	湘江	—	排水	1.5	340	20	3
20	双江口电灌站泵站	湘江	双江口电灌站灌区	灌溉	1.5	720	50	4
21	汤家冲机台	湘江	—	排水	0.7	75	10	1
22	堂市机台	杨柳水库	杨柳灌区	灌溉	0.27	55	8	2
23	万丰低排泵站	湘江	—	灌溉，排水	0.4	55	5	1
24	万丰高排泵站	湘江	—	排水	3	310	5	2
25	王竹港泵站	湘江	—	排水	0.6	75	8	1

续表 15 - 4 - 2

序号	泵站名称	所在河流(湖泊、水库、渠道)名称	所在灌区(引调水工程)名称	工程任务	装机流量(立方米/秒)	装机功率(千瓦)	设计扬程(米)	水泵数量(台)
26	霞石湖机台	湘 江	—	排 水	1.4	150	5	2
27	湘合泵站	湘 江	—	排 水	1.5	155	7	1
28	小麦港泵站	湘 江	—	排 水	1.5	370	22	2
29	新马一泵站	湘 江	马家河镇新马村下龙塘灌区	灌 溉	0.6	75	6	1
30	徐家港泵站	湘 江	—	排 水	1.6	220	7.2	2
31	油布港泵站	湘 江	—	排 水	0.7	75	7	1
32	原陈埠港泵站	湘 江	—	排 水	3	510	7	3
33	月佳港泵站	湘 江	—	排 水	1	130	10	2
34	凿石抗旱泵站	湘 江	—	灌 溉	0.4	55	5	1
35	凿石排渍泵站	湘 江	—	排 水	5	555	8	3
36	中路泵站	湘 江	—	灌 溉	0.4	55	6	1
37	株洲市新市自来水有限公司取水泵站	湘 江	—	生活供水工业供水	0.17	149	30	3
38	株洲市自来水有限责任公司四水厂取水泵站	湘 江	—	生活供水	1.5	1660	45	4

2012 年株洲市天元区规模以上水闸情况一览表

表 15 - 4 - 3

序号	水闸名称	建成时间(年)	工程等别	闸孔数量(孔)	闸孔总净宽(米)	水闸类型	排(退)水闸过闸流量(立方米/秒)	排(退)水闸设计洪水标准(重现期)(年)	排(退)水闸校核洪水标准(重现期)(年)
1	高台岭高排闸	1976	Ⅳ	2	8	排(退)水闸	22	20	50
2	合花高排闸	1976	Ⅴ	1	4	排(退)水闸	12	10	30
3	南塘高排闸	1972	Ⅴ	2	4.4	排(退)水闸	8	10	30
4	七〇高排闸	1970	Ⅳ	2	10	排(退)水闸	35	20	50
5	三门水闸	2006	Ⅲ	3	12	排(退)水闸	230	30	100
6	胜利高排闸	1971	Ⅳ	2	14	排(退)水闸	60	20	50
7	万丰高排闸	1971	Ⅳ	2	10	排(退)水闸	35	20	50

第五章　农业机械

第一节　农机种类与作业

20 世纪 60 年代，区域内始用柴油机抽水灌田。1966 年，境内乡镇开始使用手扶拖拉机和东方红中型拖拉机运输和耕地。20 世纪 90 年代后，春耕、双抢、冬耕、旱地、耕耙、除虫、除草等逐渐使用机滚船、耕整机、动力喷雾器、动力打稻机、抛秧软盘等。1997 年，天元区拥有各种拖拉机 213 台，各种农用汽车 276 辆，水田耕整机 383 台，动力打稻机 1680 台，排灌机械 1155 台，动力植保机械 73 台，农业机械总动力 2846 台 24582 千瓦。全年完成水田机械化耕作面积 3120 公顷，机械化程度 52%；完成动力脱粒面积 1730 公顷，机械化程度 60%；完成排灌抗旱面积 1500 公顷，占应排灌抗旱面积的 80%；推广动力植保机械 73 台，完成植保面积 1100 公顷，机械化程度为 35%。同时推广软盘育秧、抛育技术示范 1.8 公顷。

1998 年，全区共拥有各类拖拉机 220 台，农用汽车 270 辆；水田耕整机 385 台，完成机耕面积近 3333.33 公顷；动力打稻机 680 台，脱粒面积 1666.67 公顷（单季）；动力植保机械 73 台，完成植保面积近 1333.33 公顷；推广软盘抛秧 26.67 公顷。农机总动力 24900 千瓦。

1999 年，全区农机总动力 3050 台 28000 千瓦，较上年分别增长 2.5%、3.4%。其中，农用汽车 280 余台，拖拉机 240 台，水田耕整机 400 台，机耕面积 3466.67 公顷，占应耕面积 65%；动力植保机 75 台，植保面积 1000 公顷。联合收割机在“双抢”中首次试用成功。推广软盘抛秧 170 公顷。

2000 年，全区农机总动力 3150 台，3 万千瓦，分别比上年增长 3% 和 5%。其中，农用汽车 285 台，各类拖拉机 253 台，水田耕整机 452 台，机滚船 60 台，完成机耕面积 3533.33 公顷，占应耕面积的 67%。动力植保机械 78 台，完成植保面积 1066.67 公顷。排灌机械 1200 多台，6000 千瓦，完成排灌面积 800 公顷。其中，集团承包占 80% ~ 90%。推广软盘抛秧 566.67 公顷。

2001 年，全区农机总动力 3250 台，3.3 万千瓦，均较上年增长 3%。其中，农用汽车 288 台，各类拖拉机 260 台，水田耕整机 430 台，机滚船 130 台，完成机耕面积 3533.33 公顷，占应耕面积的 68%。动力植保机械 70 台，完成植保面积 933.33 公顷。排渍机械 2300 台，排渍面积 766.67 公顷。新增小型收割机 2 台，收割近 6.67 公顷。完成软盘抛秧 900 公顷，占 36%。

2002 年，全区机耕面积 3466.67 公顷，占耕地面积的 75%；机械植保面积 800 公顷，机械排灌 106.67 公顷。推广软盘抛秧 2133.33 公顷。2004 年，全区机耕面积 3600 公顷；发展联合收割机 13 台，双季收割面积 300 公顷。2005 年后，境内大部分农田均使用农机作业。除部分机械无法使用的深泥田和高岸小丘田，基本实现机械耕田。

2006—2013年，主要农作物生产机械化水平提升，机耕、机收率85%以上。至2014年，除耕田使用机械外，插秧、收割、除草基本实现机械化。家庭农场、农户通过农机服务专业合作社、农机公司得到其提供的喷药、耕田、除草、收割、运输等服务。据统计，仅群丰镇2014年就有农机服务专业合作社12家。

第二节 农机管理与服务

根据《湖南省农业机械管理条例》，天元区、乡镇设有农机站和农机管理员，无专职农机管理员的街道设有兼职农机管理员，区农办（农村工作局）具体负责农机管理组织协调工作。

一 农机监理

乡镇农机站建立农机驾驶员常会制度，每年召开2～3次；每年春耕、双抢之前，按惯例区里都召开有乡镇领导和农机员参加的机耕动员大会，部署农机监管工作。每年进行驾驶员年审、拖拉机年检。

1997年，配合市农机监理所和株洲县农机监理站对全区154台拖拉机进行年检、换牌工作，占应检数的72%，并对拖拉机进行动力技术检测。

1998年，区里为每位驾驶员订阅1份农机安全报。驾驶员年审换证、拖拉机年检前，区农办专门发文，并召开农机员会议安排部署，将年审换证通知、年检通知发送到每位机手。

2000年，区相关部门配合市农机监理总所开展农机安全监理工作，搞好年度农机年检工作。全区连续4年未发生较大的农机责任事故。2001年后，全区农机监理由市农机监理总所负责。至2014年，区内未发生过重大的农机责任事故。

二 农机修理服务

1998年，乡镇农机服务站组织维修服务小分队30支，到机手家或田头为农民维修农业机械，全年共检修农机具400多台次。

2000年，全区农机服务部门向农机户提供农机具维修服务，维修农机具300多台次。

2001年，全区共组织30个维修小分队到田头或机手家维修耕作、植保、抗旱机械，共维修机具300多台次。另外对3户植保户、2户机耕户、2户联合收割机户进行重点帮扶。

2002年和2003年，全区每年维修农机具400多台次。2004年后，区农机站每年组织对农机维修。2013年，全区乡镇农机站组织维修服务小分队50支，机手到农户家或田头为农民维修农业机械，全年共检修农机具400多台次。

2014年，全区有2000多台农机享受农机购置补贴。组织维修服务小分队50多支，检修农机具1000多台次。

第六章　林 业

第一节　造林营林

一　山地造林

2000 年，天元区推动丘岗山地开发计划，实施人工造林 9.33 公顷；2001 年，造林 10 公顷；2002 — 2005 年，4 年分别完成长防林造林 32.2 公顷、32.6 公顷、40 公顷、72.2 公顷。2007 年，造林 13.33 公顷。其中，造国外松混交林 10.27 公顷，油茶林 3.07 公顷。2012 —2013 年，全区新造林 181 公顷。2014 年，新造林 82.67 公顷。

二　退耕还林

2002 —2005 年，全区完成国家退耕还林 474 公顷。2012 年后，天元区获得退耕还林资金 43.787 万元。

三　全民义务植树

2000 年，天元区响应中央全民义务植树号召，全区义务植树 4.5 万株。2001 年，驻区各机关、企、事业单位、部队全面动员，全区义务植树 12 万株。此后，每年 3 月全民义务植树成为常态，年义务植树 10 万 ~ 15 万株左右。2013 年，义务植树基地造林 6.67 公顷。2014 年，全区义务植树基地造林 12.4 公顷。至 2014 年，全区通过义务植树、“三边” 造林，生态公益林建设保护，成功创建绿色村庄 37 个。

四　林地抚育

1998 年，全区垦复油茶林 660 公顷。2000 年，全区抚育幼林 100 公顷，1999 —2001 年，全区年均垦复油茶林 666.67 公顷。2007 年，改造抚育林地 40 公顷。2002 — 2010 年，全区每年中幼林抚育 90 公顷左右。2011 — 2014 年，全区每年抚育幼林 106 公顷左右。

五　封山育林

2002—2003年，天元区每年实施封山育林66.67公顷，确定森林生态效益补助资金试点面积1586.4公顷，发放补助资金83191.5元，落实管护人员33人，树立砖混结构公示碑4块。2005年，完成长江中下游防护林工程封山育林221.4公顷，在马家河镇林场和群丰镇林场分别树立封山育林公示碑，落实10名封山育林管护员。2013年年初，天元区与各村签订生态公益林管护协议，由村确定护林员，并签订护林合同。同时，区政府为全区生态效益林投了保险。是年，全区生态公益林面积6673.33公顷。2014年，省级以上公益林管护面积到位率和补偿资金到位率均达100%，并完成域内长株潭生态绿心区省级公益林的区划界定工作。

附 :天元区古树

三门古樟　在三门镇河堤上，有一株又高又粗的樟树，它的个头很高，目测约有40米，它的腰围很粗，六七个成人才能合抱。光树皮间的裂缝就能放下一个手指头。此地有两株古樟，人们习惯把这棵叫“母树”，隔几米远还有一株“公树”，在体型上要比“母树”略小些。“母树”长到空中分出一个大树杈，像妈妈孕育孩子一样，叫“母树”。几百年来，这两株江边的树，无言中经历风雨，始终并肩站在一起，叶在云里相触，根在地下紧握。

古桑洲古樟　位于古桑洲洲头，树高30米，胸围5.7米，需要四五人才能抱住。树干几乎被白蚁啃空，但树枝仍然粗壮遒劲。几枝枯桠仍旧灵魂不死，像一尊尊罗汉举起擎天柱，展示着它不朽的力量；另两枝古桠却像一双铺天盖地的巨臂，郁郁葱葱，仿佛昭示着古桑洲的历史沧桑和它与大自然抗争的生命活力。此树植于明嘉靖年间，树龄在500年以上。

栗雨皂角树　位于栗雨街道和嵩山路街道交界处。180余年树龄，直径1米，高近20米。属于市级保护古树。此树很特别，隔年结一次果，头年果实累累，次年果实全无。皂角树既是树名，又是地名，还是“界”树。树西边原属马家河乡，树东边原属园艺场管辖。天元区成立之前，马家河乡行政管理属株洲县，园艺场行政管理属郊区。这棵树成为泾渭分明的“界碑”。

第二节　林地确权

2003年7月，天元区在群丰镇高台岭村、马家河镇仙岭村进行林地林权登记换证工作试点。

2004年，全区林地林权登记换发证工作全面铺开。2005年，完成林地界线现场核实19个村、2个居委会，界定面积3313.33公顷；发证林地面积2318.3公顷，共882宗林地，占应发证面积的68.19%。2007年，清晰林地权属界线3333.33公顷，占全区林业总用地面积的96.8%；换发林权证596本。2008—2014年，天元区政府未换发过林权证。

第三节　林政管理

一　森林防火

1997 年天元区成立后，天元区及各镇、街道分别成立以主要负责人为组长的森林防火领导小组，组建专门的扑火队伍，制备砍刀等防火工具。1997 — 2001 年，天元区每年森林过火面积 0.7 公顷左右，未引起人员伤亡事故。2002 年，全区火灾、火警比 2001 年减少 5%。

2004 年，全区印发森林防火宣传资料 4.6 万份，发到每家每户；投入 5 万元添置 3 台油锯、5 台割草机、200 把铁扫把等防火器材。清明节前后，区机关建立 24 小时值班制，各镇、街道组建以党员、村组干部、护林员为主的森林防火巡逻队，对重点林区设卡巡查，杜绝火种上山。全年发生森林火灾火警 15 起，同比减少 50%。

2005 年，全区加强巡山护林力度，组织森林防火宣传车巡回宣传，加强对野外火源和用火的管理；建立镇（街道）、村、组三级联防网络，明确各级行政一把手为森林防火第一责任人；购买防火 2 号工具 200 余把、柴刀 100 把；组织 500 余人的扑火队伍，共扑灭火灾 16 起，将火灾损失减少到最低程度。

2011 年 4 月 2 日，天元区民兵森林防火分队成立。分队成立后，每年组织专业培训、扑火专业器材操作演示和扑火救灾综合演练。因建立常态化森林防火宣传，有效的护林防火制度，配置必需的防火器具，应急处置措施到位，至 2014 年，全区未发生过重特大森林火灾。

二　制止毁林和乱砍滥伐森林

2001 年，全区对征、占用林地进行清理。对林业违法犯罪行为发现一起查处一起。全年处理滥伐林木案件 6 起，对当事人实施了行政处罚。并对全区林木加工户进行全面清理，规范木材加工和木材市场经营秩序。

2002 年，打击、处理乱砍滥伐森林案件 10 多起。2004 年，查处乱砍滥伐森林行政案件 5 起，盗砍破坏森林刑事案件 2 起，分情节轻重给予行政处罚和刑事处分。2005 年，全区共查处林业行政案件 18 起，协助市森林公安分局处理盗伐林木案件 3 起，刑事拘留 1 人。2013 年，配合市林业局组织开展林区秩序整顿活动。协助市森林公安分局治理马家河镇、群丰镇的挖山采砂违法行为，查处破坏森林资源案件 6 起。2014 年，协助市森林公安分局打击处理马家河镇仙岭社区、月塘社区、万丰社区和新马社区违法挖山采砂，协助市殡葬管理机构对马家河镇太高社区违法修建大墓、活人墓、豪华墓的打击处理。协助市森林公安分局侦破雷打石镇两起重大火灾案件。

三　林地征用、占用审核办理

2007 年，全区征、占用林地 18 公顷，依法依规征收林地植被恢复费 150 多万元。2012 年，依法依规审核办理征占用林地项目 27 宗，征用林地 6.24 公顷。没有出现一起乱开口子、违规审批现象。

2013 年，办理征、占用林地 18 宗，征用林地 26 公顷，征收植被恢复费 321 万元。2014 年，办理征、占用林地 9 宗，征用林地 38.39 公顷，征收植被恢复费 376.47 万元。

第七章　新农村建设

第一节　规划及投入

1997 年，天元区对农村集镇和部分村庄进行规划和建设。2002 年，区内农村道路全部实现村村通，农村电网改造有序进行，农村近千农户开通数字电视信号。

2004 年，根据湖南省农办《关于全面小康示范村村庄规划建设的指导性意见》，“以改善村民居住条件，提高村民生活质量为目标，按照村庄美的总体要求，实行科学规划，统筹安排，综合治理，达到布局优化、环境美化、卫生洁化、水质净化、道路硬化”的要求，天元区成立社会主义新农村建设领导小组，全面启动天元区新农村建设。

2000 — 2005 年，天元区按照工业反哺农业，城市支持农村的方针，坚持“多予、不取、放活”的方针，加大公共财政扶持力度，6 年累计投入 2200 多万元，硬化乡村道路 105 千米。开展交通、居民集中区和农村集市建设。至 2006 年，全区实现村村通油路，开通 5 条公交车线路，为农民出行、进城提供方便。区内新增农村集市 9 个，集市总数达 15 个。区政府还拨专款 16 万多元为 72 户无电户进行免费安装用电线路，全区率先在全市实现户户通电。数字电视、电脑快速进入寻常农民家庭。过半农户使用液化气。

2009 年，天元区本着“合理安排，择重投入，分步推进”的基本原则，认真编制当年新农村建设的财政预算，总计 1204 万元。其中，安排 3 个重点示范村建设 150 万元，村主干道路拓宽、改造、修建 650 万元，农田水利建设 404 万元。

2010 — 2014 年，区政府逐年增加新农村建设投入，新农村建设加速推进。其中，2014 年三门镇响水村被评为省级新农村示范村；雷打石镇砖桥村等 4 个村被评为市级新农村示范村，一批改善村民生产生活的基础设施项目顺利完成。2011 — 2014 年，全区每年新修或硬化公路近 50 千米，投入 1500 万元以上；水利项目每年完成近 60 处，投入 300 万元以上。

第二节　示范村建设

2005 年，天元区完成 5 个新农村示范村的建设规划。2006 年，示范村群丰镇响塘村村政活动中心建成投入使用。中心拥有建筑面积 1800 平方米，集办公、学习、娱乐于一体，设有文化娱乐室、老年活动室、医疗卫生室，基本能满足本村农民群众文化娱乐以及初级就医需要。

2013 年，新农村示范村三门镇响水村完成 3 年村级整体规划、泉丰至响水主干道 1.9 千米水泥硬化以及 4.5 千米南北村级主道路工程拓宽绿化。投资 120 万元建成集办公、学习、娱乐于一体的村级活动中心。引进樱花、桂花、紫薇等名贵品种，种植面积 13.33 余公顷。同时，对 15 户农户的房屋进行“穿衣戴帽”美化。

2014 年，三门镇响水村、雷打石镇砖桥村、群丰镇湘云社区、马家河镇高塘社区作为美丽乡村建设示范村，制定具体的示范村建设方案。三门镇响水村在原规划基础上，邀请湖南农业大学教授对村庄发展总体规划进行编制，对今后五年村级发展规划进行重新定位。不断完善农村基础设施，硬化村级道路 13.8 千米；加快村容村貌和环境整治，投入新农村建设资金 2350 万元，硬化沟渠 1150 米，安装路灯 153 盏，绿化村庄 660 平方米，设置垃圾桶（池）165 个，培训农民 1160 人次，新建农民休闲广场 2 个。当年，雷打石镇砖桥村被省农委树为“新农村建设示范村”。

第三节　农村环境综合整治

2005 年，天元区开展农村环境综合整治和清洁工程。是年，全区完成改水 16870 户，改厕 8565 户；完成 38 个村的村容村貌整治。

2010 年，天元区全面启动乡村清洁工程，制定和颁布《天元区农村市容环境卫生整治实施方案》和《天元区农村市容环境卫生整治考核评比办法（试行）》，对全区 38 个村进行环境卫生集中整治。各镇、村的垃圾污染状况得到有效控制，道路整洁，农民环保意识得到提高，庭前屋后清洁干净，农民生活环境明显改善。2011 年，建成新农村清洁工程示范村 1 个。各镇、街道力推农村清洁能源，“十一五”期间，全区新建 1500 个沼气池，用沼气做饭、照明，既环保又节能，经发酵后的沼气水、沼气渣作有机农肥，肥效更高。神农生态园的沼气池容量达 600 立方米，相当于 60 个家用沼气池。

第八章　农业综合经济管理

第一节　村级财务管理

一　农村会计培训

随着计划经济向市场经济的转变，农村财务管理发生很大变化。在各镇、街道稳定村（社区）会计队伍的基础上，区经管办负责对村会计的业务培训。1997 — 2003 年，区、镇两级先后举办不同规模的农村财务业务知识培训班10余期，参训人员410人次。2003年，天元区实行“村账镇代管”，各镇、街道办事处均设会计管理中心，38个村（管理处）不再设会计，其会计业务由镇或街道会计管理中心代管，村只设报账员。从此，村级会计培训主要针对报账员和村主任，会计管理中心的会计由镇或街道财税所请有会计证的人担当。区经管办只在三年一届的村级领导班子换届后以区为单位进行一次大的培训，所有村干部均参加。至2014年，结合领导班子换届共举办4期培训班，培训人数超过1000人次。

二　财务检查和审计

1997—2014年，区经管办多次组织力量对全区村（社区）财务进行检查和审计。一般联合区监察局每年对村级财务进行抽查，每个镇抽查3～4个村，发现问题要求村干部和会计立即整改，问题较多则发通报批评。每一届村级领导班子任期内开展一次全面的村级财务责任审计，经过公示后再开展换届选举。期内，累计清理违纪违法违规资金300万元。对6名违犯财经法纪的人员，给予相应的处罚。其中，1人被开除党籍，3人被行政撤职，2人被移交司法机关处理。

三　村会计委托代理

2003年6月，天元区全面启动村会计委托代理即村账镇管。群丰镇、马家河镇，泰山路街道、嵩山路街道同时成立会计管理中心，并正式挂牌办公，实行“村账镇管”制度。2011年3月，原株洲县辖区内的三门镇、雷打石镇划入天元区，新划入的两镇各村实行“村账镇管”。2012年，经区政府批准，三门、雷打石镇45个村全部实行村账镇代管。

四　整章建制

从2000年开始，全区村级财务经过整章建制，全面实现规范管理，做到4个统一，即：统一管理财务人员，实现村财务会计委派制；统一民主理财，建立村组民主理财小组，所有开支须经理财小组审核后方可入账；统一村账乡记，由乡镇集中保管账目；统一公开账务，定期在公布栏上公布账目，提高村级集体财务收支透明度，加强对集体资金的监管。

五　清产核资

2008年6—9月，根据农业部文件精神，全区开展村级债权债务清查摸底，清查至2008年底前的集体资产。全区30个村（不含2个街道的8个管理处）有21个村负债，债务总额715.16万元，村平均负债23.48万元。9个村没有负债。

六　清理合作基金会呆账

1997年，从株洲县接管群丰镇、马家河乡2个农村合作基金会。是年，区经管办下发《关于暂停基金会放款的紧急通知》和《关于调整基金会资金占用率的通知》。对基金会呆账进行清理，开展追贷偿存工作，消除基金会资金隐患，维护储户利益。1999年，按照上级整顿金融管理相关精神，农村合作基金会相继关停，部分业务并入农村信用合作联社。工作重心转入收取放款阶段，至2000年放款收缴基本完成，少量无法收缴的资金由区财政给予统一兑现，入股农户资金没有受到损失。2011年，株洲县三门、雷打石两镇划入天元区，株洲县政府向天元区政府发函，要求支付两镇310户419157元存款中，区财政应承担1/3部分。天元区按要求支付16万多元，至此合作基金呆账问题彻底解决。

七　惠农资金管理

从21世纪开始，为稳定粮食生产，保护粮农生产积极性，促进农业发展，中央、省、市每年都要投入粮食直补等各种惠农补贴资金，粮食补贴资金逐年增加。2005年，天元区发放粮食补贴资金124.12万元。其中，粮食直补资金53.99万元，每亩比上年增加2元；良种补贴70.13万元。2007年，粮食补贴资金增加到258万元。2010年，粮食补贴资金增加到458.02万元。此外，新购农机具300台，农民获购机国家补贴款80万元；获家用电器、汽车、摩托车补贴200多万元。2012年，粮食补贴资金增加到1727万多元，退耕还林资金43.787万元，重点公益林生态效益补偿基金88.209万元，渔船燃油补贴41.5万元，农垦危房改造资金566.2万元，农机购置补贴资金148.41万元，财政奖补资金135万元。2013年，粮食直补、良种补贴、农资综合补贴等1700余万元；农机补贴农户590户，补贴机具622台，补贴资金176.6万元。所有补贴资金均由镇（街道）、村（社区）逐一落实对象，造具花名册，核实补贴金额，设立专门账户，通过建立惠农一卡通全部发放到位，惠及广大农民。

2014年，全区所有惠农补贴资金全部实现"一卡通"发放并实行备案制。下发《关于开展坚决纠正损害涉农利益行为专项整治工作的实施方案》，对全区损害涉农利益行为进行全面清理整顿，规范惠农资金的发放和管理，各项惠农补贴资金及时足额到位。

第二节　农民负担监督

一　建立减负机制

1997年8月，天元区成立农民负担监督管理领导小组，办公室设区农村工作局。1998年3月，建立党政主要领导亲自抓、负总责，实行谁主管、谁负责部门责任制和减负工作考核制，将减负工作纳入工作目标管理内容。2003 年，对农民负担恶性案件和群体事件实行“一票否决”制。

二　落实减负政策

2002 年，天元区农村税费改革取消乡统筹费（包括屠宰税）。通过税费改革，全区农民税负总额 262.99 万元，较改革前减少 112.14 万元。2003 年开始实施中小学收费“一费制”。2004 年，取消由村一级组织收取的公积金、公益金和集体管理费。农村公益事业建设所需资金和劳力，改由村民委员会一事一议筹资筹劳解决。当年起，国家和地方政府对农民种田、农资购买和农机具购置实行补贴。2005 年，天元区在 30 个村全面实行义务教育“一费制”“两免一补”政策、订阅报刊“限额制”“一事一议”制度；通过监督检查，确保各村在农民建房、农业生产用水用电、农民进城务工等方面不出现乱收费现象；加强对农资价格、假冒伪劣农资和坑农害农行为的监督管理。2009 年，对村内“一事一议”筹资筹劳实施财政奖补。至此，天元区农民实现“零负担”。

三　来信来访处理

1997—2014 年，区经管部门每年接待来信来访 30 起左右，50 ~ 80 人次（件）。设置农民投诉窗口，畅通民意表达渠道。及时化解矛盾，消除隐患，维护农村社会稳定。通过案件的受理查处，减轻农民负担，保障农民的权益，没有发生过大的涉农信访事件。期内重点调处了三门、雷打石两镇 16 名涉农分流人员的社保和医保问题，21 名畜牧站分流人员的“两保”问题。对出嫁女的权益保护问题，包括承包地和征收款的分配问题为调处信访问题的重点和难点。

第九章　农业综合开发

第一节　调整农业结构

一　种植业结构

1998 年，天元区立足实际，在提高粮食单位面积产量、稳定粮食总产的前提下，提高经济作物的比重，主要发展无公害蔬菜生产、时鲜蔬菜品种、花卉苗木。2000 年，稻田改种蔬菜 266.67

公顷。2002 年，全区改造稻田 115.13 公顷。其中，改挖鱼塘 46.33 公顷，改种花木 26.8 公顷，改种常年蔬菜 42 公顷。通过稻田改制，当年农民人均增收 150 元。2005 年，全区调减粮食作物面积 1071.53 公顷（不含常年蔬菜 200 公顷），占耕地总面积的 30.2%。其中，改种蔬菜、饲草等经济作物 871.53 公顷，占调整面积的 88.3%。经济作物和副业收入占农业收入的 52%。通过调整，至 2005 年，全区粮食和经济作物的比重调整到 83∶17。全区种植业逐渐形成花卉、无公害蔬菜两大特色产业，早白菜苔、番茄、娃娃萝卜菜、白薯等特色农产品得到发展，一村一品、几村一品的种植特色进一步显现。农产品优质率大幅提高，全区优质农产品播种面积达 2280 公顷，占农作物总播种面积的 98%。随着种植结构调整力度的加大，至 2014 年，全区已形成多种特色经济作物，经济效益达到传统种植的 5 ~ 8 倍。

二　养殖业结构

1997 年，天元区把养殖业结构调整的重点放在实施种苗工程，调优畜禽品种结构。1998—2000 年，淘汰劣种公猪 32 头，并引进良种公猪 21 头，实现生猪人工授精达 3000 头胎次。以引进三元、大约克、长白、杜洛克为主，配合专门化品系生猪生产，使全区的良种猪比重达 25%。生猪生产品种质量逐步改善，瘦肉型、外向型生猪比重得以提高。大力引进优良养殖品种。为适应市场和人们生活水平的不断提高，引进和推广一批“名、优、特”家禽和渔业新品种。以浅塘、凿石为中心的野鸭养殖小区，以新文、大坪的珍珠鸡、七彩山鸡、鹌鹑生产得到很好的发展。从湖南省水产科研所引进的彭泽鲫、加州鲈等品种在全区 4 个乡镇、街道进行试养获得成功。天元区引进各类养殖新品种 10 余个。到 2005 年，天元区优质畜禽水产品率 78%。马家河镇仙岭村的特种养殖在全区有名。2010 年，这个村野鸭存笼 1800 余羽，野兔存笼 2000 余只，白狐繁育获得成功，存栏 100 余对。各镇、街道通过发展休闲产业带动畜禽消费，通过畜禽特色吸引休闲人群，实现两个产业的融合。至 2012 年，养殖业产值 4.57 亿元，养殖业产值占农业生产总值的 44.1%，与种植业的 44.5%“平分秋色”。2014 年，养殖业产值 42350 万元，占农业生产总值的 48%。

第二节　发展规模经营

1998 年，天元区发挥区域优势，实施专业化生产，规模化经营。1998 — 2000 年，重点扶植马家河镇仙岭村养鸭专业村、群丰镇白莲村养鸡专业村、区家禽养殖生产基地、泰山街道槟榔芋基地、嵩山路街道隆兴管理处综合基地、马家河镇坪上村和中路村以及群丰镇高台岭村的优质稻高产技术栽培基地、群丰镇林场的优质良种油茶基地和马家河镇坪上村食用笋基地。通过典型引路，区域带动，珍珠鸡养殖由原来群丰镇新文、妙泉等村 10 户 5000 只，发展到 30 户 50000 只；以群丰镇新塘村生猪养殖专业户为龙头，在原有基础上再增加1000头生猪生产线，建立专业示范村，辐射周边。马家河南塘村北京鸭养殖规模达20万羽，以此为基础建立北京鸭养殖小区。在马家河镇建立3个村连片的肉鸭示范区。并对小区和示范户逐一落实，建立台账，及时掌握生产动态，加强服务指导。

2005年，天元区有各类农业经济大户800户。其中，种植养殖户484户，年销售收入10万元的加工流通户68户。年内，有出栏100头以上的生猪养殖大户52户，年出笼3000羽以上家禽养殖大户50户。2012年，年存栏50头、出栏200头以上规模养殖场125个。随着农民专业合作社的发展，规模化生产步伐逐年加快。至2014年，天元区建成规模以上蔬菜基地17个。马家河镇王家坪的早白菜苔种植面积突破800公顷，中路村白薯种植面积发展到133公顷；群丰镇合花基地的番茄种植面积跃增到100公顷；神农生态园的生猪品种改良基地规模养殖户100户，年出栏生猪1.8万头。

第三节 发展休闲农业

1999年，天元区境内有个体农户在自家园地内兴办农家乐，主营农家土菜餐饮、棋牌休闲，但规模小、功能单一。为了适应这一新型产业发展形势，区政府因势利导，在株洲市率先推出《天元区休闲观光农业产业带发展规划》和《天元区发展休闲观光农业优惠政策》。2005年2月，颁布实施《天元区农家乐管理暂行办法》等政策，进一步为休闲农业发展提供政策支撑，全区的大大小小农家乐、休闲农庄大量出现。

2010年，株洲市出台《鼓励休闲农业发展的八项优惠政策》，进一步激励和规范休闲农业的发展。一批经济实力比较强、地域条件比较好的农家乐逐步转变为以“垂钓采摘、观光休闲、农事体验、科普教育”为主体的多功能的休闲农庄。是年，天元区有大小农家乐、休闲农庄91家。其中，有一定规模的休闲农庄54家。经湖南省休闲农业星级农庄评审委员会评定授牌的星级农庄6家。其中，五星级的2家，三星级的4家。各类农家乐、休闲农庄的投资主体除农户个体或合股经营之外，还包括乡村集体经济、农业产业化龙头企业和工商业主等，呈现多元化趋势。休闲农业企业与农民合作经营有3种模式：农民以土地参与入股休闲农庄获利，同时又在农庄就业获取劳动收入；农庄租赁农民土地，招聘农民到农庄就业；农庄与农户签订种养协议，为农庄提供蔬菜水果等特色农产品。休闲农业成为农民致富的新渠道。

2014年，全区休闲农庄发展到132家。其中评定为星级的23家。从业人员1900多人，95%以上是当地农民。年接待游客总数30万~50万人次，年营业收入1.5亿~2亿元，年实现利润2000万元左右，带动周边农户约7000户。全区涌现一批上规模、档次高、有特色的休闲农庄。

附 :农家乐简介

悠移农业园 位于天元区南部株雷公路旁，是2008年株洲市首批规划建设的农业园区，占地面积200余公顷,总投资5.4亿元。是集规模葡萄种植、有机蔬菜种植、农副产品深加工、休闲观光、团体会议接待、餐饮住宿、花卉观光、户外教育、拓展培训与种植示范于一体的生态农业产业旅游庄园。农业园设有棋牌、KTV、踏青、篝火、垂钓、休闲观光、采摘种植、骑马、汽车电影等各种娱乐项目。庄园先后荣获全国休闲农业与乡村旅游五星级园区、株洲市农业产业化龙头企业、湖南省无公害农产品基地、株洲市十大农业产业化基地、株洲市先进农村专业技术协会、株洲市农村科普示范基地、湖南省科普惠农兴村先进单位、蔬菜生产先进单位等多项荣誉称号。

紫薇山庄 始建于2003年，位于天元区群丰镇合花村，为湖南省五星级休闲农庄。规划总投资5000万元，占地10公顷。其中，绿地面积8公顷，水面2公顷。休闲项目10个。其中，农事体验项目2个。山庄建筑房屋建筑总面积5000平方米，有客房85套，标准床位100个。商务楼、别墅按四星标准配套，人性化布局、设计，宽敞、舒适、绿色、豪华、温馨；各类餐厅、包厢共100个餐位。有各类古树名木。其中，百年生以上树木50余株。山庄还引入各种奇石、根雕，形成独特观赏特色。有餐饮、住宿、水果（蔬菜）自采、垂钓、棋牌、球类、健身、农家乐、KTV、拓展训练、古树名木及高档盆景鉴赏等10余种室内外娱乐项目。

第四节　产供销经营

一　构建经济联合体

1998—2000年，出现马家河乡浅塘村为中心的养鸭生产联合体，群丰镇合花村家禽养殖区、马家河乡新马村和高塘村涌现年销近25万羽，产值过百万元的家禽加工贩运大户。建立养鸡、养鸭协会。2005年，南塘村成立西红柿协会，王家坪村成立早白菜苔协会。为养殖种植户提供产前、产中、产后服务。2000年以后，区内出现一批经纪人和直销户。如张家园生猪养殖大户寻旭平的生猪远销广州，全年销售量达1000多头。马家河的肉鸭、黑山羊、野鸡销售到长沙、湘潭、岳阳、益阳等地。各种销售流通渠道逐步建立和完善。同时，还出现专门从事农机服务的专业合作社、农业公司，为农户提供喷药、耕地、收割、除草、运输等服务。

二　龙头企业带动

天元区成立后,积极推行“公司+基地+农户”的农业发展模式。通过政府有关部门牵线搭桥，构筑龙头企业带动农村经济发展。2008年6月24日，马家河镇太高村科研养殖协会暨唐人神集团1000万头生猪养殖工程太高村养殖示范小区成立。该村积极与唐人神集团联系，争取龙头企业的扶持。由唐人神集团统一提供种苗、统一饲料供应、统一防疫、统一价格收购销售，形成公司加基地加农户的现代养殖模式，让广大群众有效规避养殖市场风险。在唐人神集团的扶助下，太高村养殖大户当年投入资金4万元改造生猪养殖基础设施，年出栏生猪2500头以上，产值600多万元，太高村人均增收70多元。

至2012年，全区有农副产品加工企业32家。其中，拥有市级以上农业产业化龙头企业8家，国家级龙头企业1家。涵盖肉食、乳酸奶、蔬菜加工种植、医药食品、木材加工、粮食加工等，提高农产品附加值，带动农业产业化和农民增收。2013年，农副产品加工企业35家。2014年，全区有37家农副产品加工企业，评定为龙头企业的有14家。其中，太子奶、唐人神2家为国家级，康尔美乐为省级，另有市级11家。

第十六篇　商贸·招商

株洲高新区成立前，株洲河西商贸流通坚持服务城市，保障供给的方针，主要以供销社为主，集贸市场贸易为辅，个体商品为补充的商业模式。境内只有3家供销点，2家集贸市场，14家个体户，零售商品大都是日用生活的必需品和农业生产资料，商业发展有限。1992年，随着株洲高新区的设立，河西的商业、服务业和个体商业也逐步发展起来，重点围绕天台路沿线进行商业网点调整和建设，零售商品日益丰富，个体商户发展迅速。1997年天元区成立后，重点做好天台路、长江路、黄河路、泰山路、沿江路的市场和商业网点建设，商业街区、特色街区逐步形成。1997年，全区社会消费品零售总额3.1亿元。1999年后，依托天易公路主干道和长江北路、黄河北路和嵩山路支干道连通优势，扩大招商引资范围，吸引一批知名商贸企业先后入驻。2000年，全区社会消费品零售总额增长到4.85亿元。2004年，全区社会消费品零售总额9.78亿元。2007年，依托交通优势和临街门面打造一批如惟楚大厨房、大中华海鲜楼、湘春楼、韩国烧烤、日本料理、铁锅烧大鹅、牛肚王、光头鱼头等特色餐饮店；依托上海浦发银行株洲分行和天元超市等商家，发挥长江广场的集群效应和股份制银行的总部经济效应，扩大长江广场商务圈的影响力；依托天元建材市场的独家优势，不断扩大市场规模，提升铺面品位，打造河西建材市场群；依托城市风景、庐山恋、尚格名城、伟大国际等房地产项目的临街铺面，发挥地理和人群优势，吸引时装、餐饮、休闲等精品商家加盟，逐步打造休闲商业住宅区；依托西环线、天台路、泰山路等交通优势，利用国土商业储备用地和失地农民生产安置用地，定向招商，以东湖立交桥为中心，构筑家居、装饰建材、小五金为题材的超市商业型中心。在广本、丰田等汽车营销店周边发展美宝行、宝盛、宏骏等一大批高档汽车4S店，以汽车营销4S店为主、物流业为辅的配套中心。2010年，全区社会消费品零售总额34.1亿元。2014年，全区消费品市场繁荣兴旺。神农城核心区初具规模，麦德龙、株百栗雨超市进驻栗雨商圈，天虹百货、红星美凯龙等大型卖场购销平稳，成功举办株洲市食品博览会、兰舍硅藻泥杯春季家博会、两期株洲汽车博览会。是年，全区社会消费品零售总额66.72亿元，是1997年天元区成立时的21.5倍。

1997—2014年株洲市天元区社会消费品零售总额及分布情况表

表16－1－1　　单位：万元

年 份	社会消费品零售总额	按地区分		按行业分		
		城 区	乡 镇	批发和零售	住宿和餐饮	其 他
1997	31036	17783	13253	—	—	—

续表 16－1－1

年份	社会消费品零售总额	按地区分		按行业分		
		城区	乡镇	批发和零售	住宿和餐饮	其他
2000	48525	30262	18263	—	—	—
2005	97762	82188	15574	66574	29344	1844
2006	127503	108156	19347	89228	36145	2130
2007	157940	135582	22358	105443	49996	2501
2008	199790	174794	24996	132543	64405	2842
2009	251168	221362	29806	165594	82199	3375
2010	340685	327314	13371	249303	91382	—
2011	446451	404143	42308	335319	111132	—
2012	519553	473261	46292	394208	125345	—
2013	591771	571531	20240	452666	139105	—
2014	667186	646778	20408	508400	158786	—

第一章 商业

1997年8月，天元区商贸局（内含天元区粮食局）成立，属区政府工作部门。下设局办公室、供销社、粮食办。1998年3月，区粮食局从区商贸局划出，单独成立区粮食局，属区人民政府工作部门。2001年12月，天元区商贸局和天元区粮食局合并为天元区商贸粮食局，属区人民政府工作部门。下设局办公室、三产个私办、粮食管理办公室、牲畜定点屠宰管理办公室、供销社。2005年3月，天元区商贸粮食局改名为天元区商务局，同时加挂天元区粮食局、天元区供销社牌子，属区人民政府工作部门。下设办公室、市场建设及调控办、对外经济贸易办、粮食办。2011年，天元区商务局为区人民政府工作部门。内设办公室（区产业损害调查办公室）、市场建设、市场管理运行调控办公室（区政府商品市场建设领导小组办公室、天元区整顿和规范市场经济秩序领导小组办公室）、对外经济贸易合作办公室（科技发展和技术贸易办公室）、粮食行业发展指导和调控办公室（天元区粮食行政管理执法大队）。1997—2014年，先后有易正明、吴伯毛、谭茗、彭炯任局长。

第一节　商品购销

1992 — 1995 年，株洲河西的商品购销相当部分是由供销社组织购销，销售商品品种以日常生活必需品和农业生产资料为主，主要有粮油、布匹、日用百货和化肥、农药、基本农具等，商业经济不发达。1997 年，天元区成立后，实行“开放活区，兴市富区”发展战略，提升传统商贸业，发展特色街市，注重商业网点建设和知名商家的引进，区内商贸业逐步发展起来，涌现出诸如天元购物广场、沃尔玛、苏宁等著名商贸企业进驻，各种小型超市云集，商品种类繁多，逐步形成了天台路商业圈和炎帝广场商业圈。2004 年，天元区有批发和零售业企业法人单位 40 个，从业人员 1803 人。2005 年，天元区商品批发和零售额 6.66 亿元。2008 年，天元区有批发和零售业企业法人单位 169 个，从业人员 2725 人，分别比 2004 年增长 322.5% 和 26.7%。批发和零售业商品销售额 13.25 亿元，比 2005 年增长 1.99 倍。

2010 年，天元区限额以上批发和零售业法人 26 家，从业人员 1315 人，商品批发和零售额 24.93 亿元。2013 年，天元区批发和零售业企业法人单位 440 个，从业人员 7064 人，分别比 2008 年增长 160.4% 和 159.2%，商品批发和零售额 45.27 亿元。2014 年，天元区内商品批发零售额 50.84 亿元，占社会消费品零售总额的比重 76.20%。

第二节　商业网点

一　商场超市

天元区设区之初，仅有株百天元购物广场和新一佳（后撤离关闭）2 家商场，居民的购物选择十分有限。从 2005 年起，境内如每天惠、大家乐等便利店逐渐增多，每个居民小区 3 ~ 6 家，最多的居民小区 10 余家。2009 年，小型超市如锦华、奇迹、123 超市陆续开业。至 2014 年，天元区有中型超市 15 家，大型超市有株百天元店、珠江店、栗雨店、天虹百货、苏宁电器、沃尔玛、麦德龙商场、美美百货等。

天元购物广场 位于天元区长江广场旁，成立于 2001 年，注册资金 6539 万，员工 1200 余人，是株洲百货股份有限公司扩大经营、西拓发展的第一家分店，位于天元区长江广场的西南侧，占地面积 5000 平方米，营业面积 2 万平方米。2001 年，销售额达 6000 万元。2003 年，被评为株洲市消费者信得过单位；2005 — 2010 年，被评为株洲市诚信经营示范单位；2012 年，被评为株洲市“两型”示范创建单位。2014 年，销售额达 4.5 亿元。

天虹百货 位于天元区天台路银天国际。2012 年底开业，系天虹在湖南的第四家分店，建筑面积约 3.5 万平方米,共有地下 1 层至地上 5 层。天虹百货以“百货 + 超市 + 特色餐饮”的业态组合，为株洲市民的生活注入新的时尚元素。2013 年，销售额 8000 万元。2014 年，销售额 1.12 亿元。

沃尔玛超市 位于天元区珠江南路神农太阳城大厦第一层。是沃尔玛（湖南）商业零售有限公司在湖南开设的一家大型连锁超市，注册资金 700 万元，商场从业人员约 300 人，超市总面积 13500 多平方米。经营服装、家电、日用百货、生鲜食品等数万种商品，为株洲市民提供“一站式”的购物体验。2013 年 12 月 12 日开业，2014 年营业收入 1.04 亿元，被评为沃尔玛华中区最佳新店。

麦德龙商场 位于天元区珠江北路美的时代广场中心。2014 年 11 月开业，营业面积 5100 平方米，提供 16300 余种商品，包括经过优化的超生鲜产品，以及每日配送的新鲜肉类、鱼类、水果、蔬菜、乳制品、干货以及酒类等。按照季节用品、厨房用品、服饰纺织、办公和电子产品、商用和家居百货 5 大区域进行划分，方便客户选购。为麦德龙在湖南省开设的第二家店，也是麦德龙全新升级的现购自运理念正式揭幕后开设的第一家新商场。2014 年，销售额 2000 万元。

二 专业市场

家居建材市场 位于天元区韶山路的建材市场，1996 年 5 月开业，占地面积近万平方米。年成交金额逾亿元，是株洲市当时规模较大的一个综合性建材批发零售专业市场，涵盖家具、陶瓷、洁具、石材、木材、钢材、水暖电器、装饰灯具、五金、电线水管、油漆等，是株洲市民最喜爱的购物场所之一。2001 年，金鼎新安居建材批发市场开业。新安居建材批发大市场位于体育中心西侧，株洲大道与湘山路交汇处，占地面积 8 公顷，近 4000 个商铺门面项目总投资 4.68 亿元。总面积 23 万平方米。同年，天元区引入全国最大家具连锁企业——红星美凯龙。红星美凯龙位于天元区湘山路，建筑面积约 8 万平方米，内设门面 356 个，从业人员 2000 余人，经营品种达 2000 余种。2014 年，销售额近 2 亿元。

天同文化茶城 位于天元区滨江广场。2012 年营业，是株洲市唯一的茶文化专业卖场。天同文化茶城由湖南天同商业投资管理有限公司投资、运营、管理，项目总投资 1200 万元，茶城运作初期年销售额 1800 万元 / 年，直接解决就业 200 人左右，间接拉动就业 5000 人。业务范围涵盖商业地产、商业投资、管理、运营、茶业、茶文化相关产业、酒店投资及管理、文化创意产业、陶艺品、农业开发。茶城分 2 层，一楼营业面积逾 6000 平方米，为茶业卖场，入驻 60 多家商户，附一楼营业面积逾 13000 平方米，经营茶具、根雕、茶家具、红木家具等，配套停车场面积 3000 多平方米、茶文化主题广场 2000 平方米。整体设计风格以古典中式为格调，以茶文化为主题，以茶历史为脉络，设计风格诠释茶文化理念，集观赏、体验、购物为一体的大型专业卖场。

汽车市场 2001 年，位于长江北路与庐山路交汇处的广本株洲宏骏 4S 店的开业，带动天元区汽车市场的起步发展。2009 年，豪骏和美宝行开业。2012—2013 年，又有兰天等 8 家 4S 店开张营业。2014 年，天元区境内有 4S 汽车销售店 17 家，汽车销售总额近 11.7 亿元。天元区的汽车市场有奔驰、宝马、奥迪、沃尔沃、福特、凯迪拉克等品牌建有 4S 店经营销售。

2014年株洲市天元区汽车4S店一览表

表16－1－2

序号	企业名称	地址	经营范围	成立时间
1	株洲市宏骏汽车销售服务公司	长江北路	汽车销售、配件、装饰	2001年05月
2	株洲市兰天天元汽车销售公司	湘山路47号	进口、国产别克汽车销售及配件	2012年07月
3	株洲宝盛汽车销售服务公司	金凯路1号	汽车销售、配件、保养	2012年08月
4	株洲北汽销售公司	栗雨工业区57区	汽车销售、配件	2013年08月
5	株洲锦天汽车销售服务公司	栗雨科技工业园创新大厦	东风风神汽车及配件销售	2013年12月
6	株洲市健车行汽车销售公司	黄河南路192	大众汽车销售及维修	2005年12月
7	株洲九城汽车销售服务公司	金凯路1号	汽车及汽车用品销售	2009年07月
8	株洲德熙行汽车贸易公司	株洲大道汽车博览园	汽车及汽车用品销售	—
9	湖南金凯汽车贸易公司	栗雨科技工业园金凯路7号	起亚汽车及汽车用品销售	2010年03月
10	株洲美宝行汽车销售服务公司	株洲大道688号	宝马汽车销售	2009年12月
11	株洲华兴汽车销售公司	体育中心北侧	一类机动车销售、维修	2010年03月
12	株洲兰天河西销售公司	湘山路47号	东风日产汽车及配件销售	2010年11月
13	株洲和信丰田汽车销售公司	株洲大道618号	丰田汽车及配件销售服务	2007年10月
14	株洲湘奥汽车销售有限公司	黑龙江路600号	一汽大众奥迪汽车销售	2011年06月
15	株洲润锦汽车销售有限公司	体育中心北侧	长安汽车销售及服务	2013年02月
16	株洲溢华汽车销售有限公司	天元区28区	汽车销售及服务	2014年03月
17	株洲嘉骏汽车销售有限公司	体育中心	汽车销售及服务	2013年10月

注：4S店是一种以“四位一体”为核心的汽车特许经营模式，包括整车销售（Sale）、零配件（Sparepart）、售后服务（Service）、信息反馈（Survex）等，简称“4S店”。

第三节 集贸市场

天元区建区前没有室内农贸市场，主要以马路市场为主。最大的集贸市场为王家坪集贸市场，由当地群众约定俗成，自由赶集，采取商品换卖和农副产品自产自销的经营模式。

1995年4月，株洲高新区在长江南路铁西社区建成铁西室外农贸市场。1997年，天元区为迎合新区发展，将农贸市场发展融入新区发展规划，先后建设耀萱（原耀华）农贸市场和天台农贸市场。同年9月，地处株洲农科所耀萱农贸市场的建成开业，结束株洲无室内农副产品经营市场的历史，成为全市首家室内农贸市场。2009年，市委、市政府决定自2009年5月起至2011年底，用3年时间对全市城市所有农贸市场进行提质改造。市、区两级财政及市场方按3∶3∶4的比例对市场进行整体提质改造。期内，天元区政府先后筹集500万元资金对辖区城区11个农贸市场进行改造，改造后的农贸市场划行归市、划区经营，环境干净整洁、宽敞明亮。2014年，天元区城区境内有11个农贸市场，建筑面积11578平方米，摊位1069个，从业人员752人，年成交额10377万元。

2014年株洲市天元区城区农贸市场一览表

表16－1－3

序号	市场名称	地点	建筑面积（平方米）	摊位个数（个）	年成交总额（万元）	所辖区域	开业时间
1	祥云	长江南路金锦社区	4500	200	3600	泰山路街道	2008年06月
2	旺佳	长江南路金锦社区	2190	102	2800	泰山路街道	2009年08月
3	铁西	长江南路铁西社区	2080	82	1080	泰山路街道	1995年04月
4	盛世鑫城	园方路云里社区	820	48	900	泰山路街道	2007年10月
5	珠江	珠江南路珠江花园	720	30	240	泰山路街道	1999年05月
7	人人家	嵩山路214队	660	42	108	嵩山路街道	2010年10月
8	耀萱	韶山路株洲市农科所	1432	86	1100	嵩山路街道	1997年09月
9	416队	黄河南路416队小区	1400	27	460	泰山路街道	2006年05月
10	天源	黄山路棉纺厂	756	16	89	泰山路街道	1992年02月
11	天台	园方路云里社区	1020	436	—	泰山路街道	1996年11月

第二章　服务业

第一节　餐饮业

一　酒店、饭店、茶餐馆

1992年，株洲河西只有2家个体经营饮食店。1995年，随着高新区成立，河西的餐饮业开始起步。至1997年底，天元区有大型酒店餐饮4家，滨江路宵夜档21个，从业人员620人。2004年，天元区有餐饮业法人单位10个，就业人员857人，营业额1.07亿元。2005年后，天元区餐饮业呈现发展速度快、网点分布广、饮食种类多的三大特点，餐饮业的环境和档次越来越高，拥有大中华、红花树、芙蓉镇、惟楚大厨房、大刘食府、湘福楼、天诚口味蛇馆、湘江一号、湘江汇、零花钱、八号大院等一大批特色餐饮店；有米萝、名典、上岛、迪欧等知名咖啡店；有华天、金海湾、金牛角王、维多利亚等中西餐厅；有紫光阁、水晶桃花源、望江楼、两对酒窝等茶餐厅；有绿野、超音速、波尔多酒吧酒廊。2008年，天元区有餐饮业法人单位33个，就业人员1890人，营业额2.58亿元。至2014年，天元区有餐饮企业83家。其中，规模、资质或限额以上餐饮企业25家，从业人员2266人，餐饮店近千家，经营品种繁多，各有特色。

2014年株洲市天元区品牌酒店、饭店一览表

表16－2－1

序号	名称	地址
1	华天大酒店	长江北路1号
2	西苑宾馆	西苑路39号
3	天台山庄	天台路68号
4	逸景华天大酒店	泰山西路572号
5	大中华酒店	天台路168号
6	红花树食坊	长江北路湘银小区斜对面
7	大金厨	泰山西路42号
8	盛世芙蓉耕食记	滨江南路37号
9	沙坡里金玉满堂	天台路230号

续表 16 - 2 - 1

序 号	名 称	地 址
10	外婆湾湘菜新概念	黄河南路322号
11	湘福楼	天伦路
12	八号大院	联谊路滨江广场内
13	六瑞堂	长江北路116号
14	福林酒楼	黄山西路556号
15	湘依寨	黄河南路天台金谷大厦
16	福尔莱大酒店	长江北路368号
17	晴溪山庄	西环线泰山西路口
18	悠移山庄	群丰镇悠移庄园
19	唯楚大厨房	黄山路448号
20	遇燕等你	珠江南路天泰小区

二 早餐小吃、快餐服务业

1996 年前，株洲河西的早餐小吃店少且品种少，以传统小吃如米粉、包子、油条、稀饭为主。2002 年，随着西苑、华天等大型酒店入驻，区内早点小吃上规模、有档次。1998—2005 年，天元区境内国外、港台快餐迅速发展。天台路、长江路等有肯德基、麦当劳、必胜客等快餐店；港台快餐有永和豆浆等。2007 年，天元区有肯德基、禾丰源、西苑美食、美食快线等 11 家快餐店。自 2008 年始，天元区内各种特色小吃如沙县小吃、罐罐香水饺、羊老三等大量出现。2009 年，国内快餐桂林人开业，兰州牛肉拉面、百年面馆等入驻天元区并稳步发展。2014 年，天元区有早餐小吃店 200 余家。

三 夜宵、烧烤

1992 年，株洲河西只有 3 家个体户经营宵夜，从业人员和经营品种少。从 1998 年起，区内夜宵、烧烤得到长足发展。沿江路吃口味虾宵夜一条街人气旺，韶山东路李小二、光头烧烤生意火爆。2014 年，天元区有一定规模的夜宵烧烤店近 100 余家，从业人员 600 余人。

第二节 旅馆业

1996 年 10 月，株洲河西第一家宾馆——西宛宾馆开业。随后位于长江南路华天酒店开业（后易名粤华大酒店，2010 年拆除）。1997 年随着天元区的设立，境内宾馆酒店业加快发展。2001 年，天台山庄开业；2002 年，株洲市第一家五星级酒店——华天大酒店在境内开业。至 2004 年，天元区有住宿业企业法人单位 7 个，就业人员 1932 人，营业额 1.47 亿元。2005 年后，天元区的宾馆酒店快速发展，先后兴办一批星级酒店宾馆。2007 年，天元区境内有五星级酒店华天大酒店，四星级酒店天台山庄，三星级酒店西苑宾馆、银城大酒店、银河大酒店，另有其他大中型酒店 10 家。2008 年，全区住宿业企业法人单位 21 个，从业人员 2001 人，营业额 2.7 亿元。2013 年，天元区境内有住宿业企业法人单位 22 个，从业人员 2478 人。至 2014 年，天元区拥有 8 家三星级宾馆，2 家四星级宾馆、1 家五星级宾馆，其他大中型酒店 9 家。

2014 年株洲市天元区三星级以上宾馆酒店一览表

表 16 - 2 - 2

序 号	宾馆名称	地 址	星 级
1	华天大酒店	长江北路 1 号	五 星
2	西苑宾馆	西苑路 39 号	三 星
3	天台山庄	天台路 68 号	四 星
4	逸景华天大酒店	泰山西路 572 号	四 星
5	大中华酒店	天台路 168 号	三 星
6	金锦海悦酒店	黄河南路 399 号	三 星
7	天诚宾馆	圆方路	三 星
8	京都宾馆	韶山路 194 号	三 星
9	豪逸酒店	长江南路 600 号	三 星
10	天伦宾馆	长江北路 8 号	三 星
11	金锦宾馆	天台路 146 号	三 星

第三节　生活服务业

1992—1998 年，株洲河西人口不多，生活服务业发展缓慢。从 1999 年起，随着株洲高新区、天元区的发展，区内的生活服务业进入快速发展期。天元区服务性行业包括照相、理发、洗染、婚丧喜庆服务、维修、中介等，其发展日趋时尚，服务项目亦趋多样性。1997 年，全区服务业营业额不足 400 万元。2002 年，全区服务行业营业总收入 1700 万元。2008 年，天元区有居民服务、修理和其他服务业企业法人单位 26 个。2013 年，天元区有居民服务、修理和其他服务业企业法人单位31个，比2008年增长24%。2014年，全区服务行业营业总收入超过5000万元。

摄影业 1992年，株洲河西没有一家照相馆。1996年，花园一村开设区内第一家照相馆。至1999年，境内有3家照相馆营业。随着人们的生活水平提高，摄影爱好者增多，照相网点和档次都发展起来。2014年，天元区有照相馆12家，从业人员46人。

美容美发业 1992年，株洲河西只有理发店3家，设施简陋。从1996年开始，美容美发业进入快速发展期。2001年，株洲梦工场理容公社和克丽缇娜美容店相继开业，带动一批高档美容美发机构的发展。2007年，天元区有施燕、兰星、克丽缇娜、美时慕、梦工厂、嘉年华、完美、雅阁、玫瑰女人、名瑞等专业美容美发店。此后，漂亮宝贝、创意思艺等进入天元区。至2014年，天元区有大型美容美发店37家，从业人员536名。

家政服务业 1997年，市妇联家政公司成立，主要从事保姆和清洁服务。2010年起，家政服务公司逐步增多。至2014年，天元区有小型家政服务中心16家，大型家政服务公司3家。

维修业 1992年，株洲河西有1家汽车维修点和2家摩托车修理店。1997年起，随着车之翼和华天等一级汽车维修公司的开业，带动天元区维修业的发展。2002年，天元区有从事汽车维修公司8个，摩托车修理店14家，电器维修店6家。2014年，天元区境内有汽车维修公司16家，从事维修业务的个体户186个。

第四节 休闲娱乐业

保健洗浴业 1996年，阳光足浴在株洲河西开业，随后带动一批保健洗浴中心的发展，数量多但规模不大。1999年，黄程保健在天元区开业。2003年，鸿远和富侨相继开业，保健洗浴业上档次和规模。2007年，天元区境内有阳光、黄程、鸿远、洋洲、京都、碧海蓝天、鸿远、康利、添水等桑拿足浴休闲场所。至2014年，天元区拥有大型的保健洗浴机构12家，从业人员630人。

娱乐业 2002年，世纪风歌厅开业，随着天元区经济的发展，涌现出大量的歌舞厅。2010年，有夜猫、东方红日、金豪、红番区、翡翠明珠、超音速、春江花夜、想唱就唱、宝丽金、钻石金柜、盛世康年、粤华、华天、感觉在线时尚、水晶桃花源、世纪风等KTV及夜总会。2014年，天元区有金尊、王朝、华天、福尔莱、迷城、世纪风、盛唐、盛世康年、温莎堡等KTV娱乐厅27家，从业人员530人。

第三章 对外贸易

第一节 进出口贸易

1999年前，天元区涉外经济主要为市有关外贸进出口专业公司加工，出口商品有猪鬃、针织衫等，数量很少。1999年，生产出口商品的单位有3个。2000年，全区对外贸易量突破1000万美元，比1997年的127万美元增加近10倍。2002年外贸企业增至12个。2005年，全区对外贸易量接近3000万美元。2011年，全区对外贸易量突破1亿美元。2014年，全区实现外贸总额12.5亿美元，出口产品结构发生变化，工业产品的出口值占全部出口值的89.1%。全区工业外贸企业97家，发展服务外包企业17家。株洲南方航空机械进出口公司、株洲冶炼集团和株洲时代新材料科技有限公司等工业外贸骨干企业完成外贸额均过亿元，株洲南车时代电气股份公司等骨干服务外包企业年合同执行额均超过8000万元。对外贸易的出口商品业由附加值较低的农副产品逐步转变为科技含量较高的工业产品。化工类产品有弹性元件、绝缘材料及制品等18个主要品种。其中，时代新材的减震系列产品畅销欧美各国。机电类产品有摩托车、紧固件、包装机械、整流变压器、数控开关等78个主要产品，产品在俄罗斯、非洲、东南亚各国均有销售。其中“南方”牌摩托车自2004年以来，每年出口量在10万台以上。有色金属类有硬质合金、圆盘刀、合金刀具等47个产品出口。其中，株洲钻石切削刀具股份有限公司生产的孔加工刀具和机夹焊接刀片，连续2年在全国同行产品评比中名列前茅，出口日本、西欧、东南亚等地。

第二节　对外经济合作

2002年以前，天元区对外经济合作的企业和项目均非常少，主要为“三来一补”的合作企业，只有3家。2002—2005年，天元区政府加大招商引资的工作力度，引进和培养一批外向型企业，园区企业逐步开始“走出去”，对外经济合作有了突破并逐年发展。2006—2010年，天元区对外投资中方合同投资额从200万美元提高到550万美元。其中，2007年为280万美元；2008年为350万美元，2009年为500万美元，年增长率接近40%。2011年，随着株洲高新区的发展，区内企业进入一个高速发展阶段，企业自身规模和产品显著提高，纷纷在境外寻找更多的发展平台。天元区对外投资合同投资额从2011年的680万美元发展到2014年的2100万美元。其中，2012年为1000万美元，2013年为1500万美元。作为园区企业代表的株洲时代新材料科技股份有限公司生产基地遍布全球，在5大洲、7个国家建有海外研发和制造基地。2011年，公司并购澳大利亚代尔克公司。2014年9月，并购德国ZF集团旗下橡胶与塑料业务。

第四章　招商引资

1993年7月，株洲高新区管委会招商合作局（简称“区招商局”）成立，办公地点始设天台横路（后市勘探设计院内）。1994年，搬至天台路科技展览馆（后市政务中心）。1999年，搬迁到黄河北路火炬大厦2楼。2000年10月，招商局升格为副处级机构。2010年7月，招商局办公地点搬迁到株洲大道北1号高新大厦10楼。2014年，招商局内设综合审批科、投资促进科、项目管理科3个副科级机构，归口管理株洲高新区行政审批代理服务中心、驻深圳招商处、投资促进中心，核定行政编制7名，事业编制13名，机关后勤服务全额拨款事业编制2名，主要负责株洲高新区的招商引资、项目建设协调、行政审批代理及客户服务等工作。1993—2014年，先后有彭支援、唐明揪、洪卫、聂敏林（副局长代）、陈大雄、聂敏林任区招商局局长。

第一节 机 构

株洲高新区行政审批代理服务中心 2001年5月，为强化服务，减少审批环节，完善服务企业的绿色通道，株洲高新区成立行政审批代理服务中心，主要负责为投资者提供政策指导及咨询、明确进区办事程序、代办进区手续、受理并及时反映和解决投资者的各种投诉等工作，归口招商局管理。2011年5月，行政审批服务中心有全额拨款事业编制6名。

株洲高新区驻深圳招商处 2003年10月，为主动接受粤港澳台经济辐射，积极应对珠三角产业梯度转移，设立正科级全额拨款事业单位株洲高新区驻深圳办事处，归口招商局管理。2005年4月，株洲高新区驻深圳办事处改名为株洲高新区驻深圳招商处。

株洲高新区驻上海招商处 2005年4月，设立正科级全额拨款事业单位株洲高新区驻上海招商处，归口招商局管理，主要负责长三角招商引资工作。2014年4月，撤销株洲高新区驻上海招商处。

驻北京招商处 2006年8月，株洲高新区设立驻北京招商处，归口招商局管理。负责株洲高新区和欧洲工业园对外宣传及招商引资工作。2010年10月，撤销驻北京招商处。

株洲高新区投资促进中心 2014年4月，设立正科级全额拨款事业单位株洲高新区投资促进中心，归口招商局管理，主要承担株洲高新区投资工作的组织、宣传、服务工作。

第二节 招商环境

一 招商政策

土地政策 1993年11月，株洲高新区党委、管委会编制《株洲国家高新技术产业开发区产业和城市建设发展规划》，提出土地出让在坚持“五统一”（统一规划、统一征收、统一开发、统一出让、统一管理）的前提下，对工业用地价格下浮20%，土地管理政策从优，对进区高新技术企业按1∶1的配额帮助解决资金困难。同时，出让工业用地在6平方千米范围内实现“五通一平”（指路通、水通、电通、讯通、气通，平整土地）。1999年12月，市政府办《关于落实高新区有关优惠政策的会议纪要》明确，对高新技术项目用地，政府返还项目土地使用费，免收购置生产经营用房的交易手续费和产权登记费，高新技术企业或高新技术项目新建或新购经营场所，自建成或购置之日起纳税有困难的，可按程序和税收管理规定报批减免。2008 年，工业用地标准从最初的“五通一平”，标准价格 12.8 万元 / 亩，变为“八通一平”（道路、供电、供水、气、通信、宽带、有线电视、给排水和土地平整）及“三化”（绿化、美化、亮化），标准价格 22.4 万元 / 亩。同时，对重点项目的土地价格，可实行“一厂一策”给予支持。

人才政策 2006 年始，株洲高新区先后出台《关于进一步加强人才工作的若干意见》等 6 个人才政策文件，并在全市率先设立 1000 万元的人才专项资金。对外地到株洲高新区长期工作的具有博士学位或副高级职称及以上的优秀人才，由用人单位一次性发给 5 万元 ~ 8 万元安家费，并报销本人及随迁家属子女到株洲的单程路费。对新引进到区内企业的具有博士学位或副高级职称及以上的（其科研成果有应用开发价值的）留学归国优秀人才，由政府每月发给 500 元生活津贴。为引进的具有博士学位或副高级职称及以上的优秀人才提供周转用房，住房由用人单位先出资兴建，政府予以适当补偿，以供购买或租赁。如其需购该房，只需交纳 1/3 的房款，在用人单位工作满 5 年后产权归其所有。在株洲高新区兴办高新技术企业或实施高新技术项目的优秀人才，本人、配偶及未成年子女调入城市准予落户，其子女入学、配偶就业优先安排。

2010 年，株洲高新区确立“建设全省人才高地”战略决策，出台《关于实施“5211 人才计划”暂行办法》，设立杰出英才奖，每年安排人才工作专项基金 1000 万元，用于人才资助、扶持、奖励等，对具有国际、国内领先水平的科研创新团队，最高可分别给予 1000 万元、500 万元扶持资金；对引进的海内外领军人才，最高给予 100 万元政府补助、100 万元项目扶持资金、100 平方米免租金工作场所等，并提供个税返还、融资扶持等优惠政策；对进站院士专家，每年给予 5 万元工作补贴；对海内外创新创业优秀人才和博士、正高级职称紧缺人才，每月分别给予 2000 元、1000 元工作津贴。

税费政策 1992 年 7 月 8 日，市委常委会会议通过《株洲高新技术开发区管理办法》，制定 40 余条优惠政策。当年，市委、市政府还相继出台《株洲高新技术产业开发区鼓励科技人员进区兴办民间科技企业暂行规定》和《株洲高新技术产业开发区鼓励外商进区投资实施办法》。株洲高新区成为国家级高新区后，来区投资并经认定（复审）合格的高新技术企业，从认定的当年起，减按 15% 的税率征收企业所得税。符合条件的小型微利企业，减按 20% 的税率征收企业所得税。生产性外商投资企业按 25% 的税率征收企业所得税。1993 年 5 月 20 日，市委召开株洲高新区建设现场办公会议并印发《关于株洲高新技术产业开发区有关问题的会议纪要》，明确有关株洲高新区增设机构和株洲高新区规划、国土、建工、房产、城建管理、供水、供电、供气、邮电通信、要素市场建设、基础设施建设、房地产开发、一级财政体制、标准厂房和科技园建设、项目评审以及加强对高新区的领导等 10 个具体问题。

1998 年 6 月 8 日，株洲高新区管委会与株洲市物价局联合下发《关于在株洲高新技术产业开发区内实行“无费区”试点的实施细则》。7 月 1 日，株洲高新区率先对区内生产性外商投资企业及高新技术企业，实行只收税，不收取其他任何行政事业性收费的“无费区”优惠政策，开全国 53 个国家级高新区先河，为工业企业节约 20% 以上基建成本。

1999 年 7 月，株洲高新区党委、管委会为吸引“留学人员回国主办重点实验室、创办高新技术企业，在高新技术产业开发区注册，并实施高新技术成果转化项目”，无偿提供 1.5 万平方米孵化基地，着手创办株洲留学人员创业园，当年引入首批 9 个项目入园创业。同年 12 月，市政府制定留学人员创业园的优惠政策，明确进驻创业服务中心的孵化企业享受高新技术企业的优惠政策；孵化企业 3 年内上缴增值税中地方所得部分，年终通过财政渠道给予返回；租用标准厂房作为孵化基地，其租金可优惠 5% ~ 30%；进入创业服务中心孵化的企业可享受“无费企业”政策，即企业只缴税，免缴一切行政事业性费。2000 年 3 月、8 月，市委、市政府先后 4 次专题讨论研究株洲高新区工业园区开发、项目进区开发用地、重点项目进区等问题，并印发会议纪要，对株洲高新区重点项目进区、开发用地等问题作了明确的规定。

2002 年，制定《外资科技工业园政策》《“双高”企业入园扶持办法》等优惠政策。明确外商投资企业或高新技术企业，免征地方税（包括地方所得税、城市房地产税、车船使用牌照税和屠宰税）。外商投资企业或高新技术企业所得税减免期满后，凡出口产品产值达到企业当年总产值 70% 以上的，经税务机关核实后，当年减按 10% 的税率征收企业所得税。外商从投资企业取得的利润直接再投资于该企业，增加注册资本，或者作为资本投资兴办其他外商投资企业，经营期不少于 5 年的，经税务机关批准，退还其再投资部分已缴纳所得税的 40% 税款；对再投资兴办、扩建产品出口企业或先进技术企业，可全部退还其再投资部分已缴纳的企业所得税。

奖励政策 2002 年，制定《株洲高新技术产业开发区招商引资奖励办法》等优惠政策。2003 年，重新修订《株洲高新技术产业开发区招商引资奖励办法》，明确在每年年初开展招商工作总结，对企业增盈、财政增收、招商引资等推动园区经济发展有重大贡献的招商引资中介人和区内有关单位、企业进行表彰奖励，株洲新区财政每年安排近 1000 万元全力支持招商引资和产业发展优惠政策的落实和奖励政策的兑现。

2006 年，出台《株洲高新区高新技术产业发展贷款贴息资金管理办法》，财政每年安排 300 万元，设立产业发展贷款贴息资金。

2008 年和 2009 年，为鼓励引导企业实施自主创新，先后出台《株洲高新区科技创新引导资金管理办法》《株洲高新区增强自主创新能力建设的实施意见》《专利实施奖励办法》等激励创新的政策，规定财政每年安排不低于 1000 万元科技创新引导资金，引导企业、社会、金融机构加强对科技创新的投入。

2013 年，株洲高新区管委会制定《鼓励和扶持企业上市的若干政策》和《关于支持企业股份制改造的实施意见》，对单个拟上市企业分 3 个阶段最高补贴 100 万元。

2014 年 8 月，制定《瞪羚企业扶持暂行办法》，经正式认定的瞪羚企业，可一次性获得 50 万 ~ 200

万元的区科技引导免息周转资金，项目优先推荐申报国家、省、市相关项目的资金支持，可获得株洲高新区风险补偿基金、高科发创智能制造装备创业投资基金、企业上市指导、企业上市补贴政策、株洲高新区“5211 人才计划”专项基金等政策支持。

二　优化服务

株洲高新区管委会作为市政府的派出机构，在项目进区、立项、审批、国土、规划建工、环保、人防、工商管理等方面享有市一级管理权限。1998 年，株洲高新区按照市委、市政府《关于加快株洲高新技术产业开发区发展的若干规定》等 3 个文件精神，开始对进区高新技术企业和“三资”企业实行一站式办公、一条龙服务。

2001 年，株洲高新区、天元区开展机构改革，提出“转变政府职能，进一步改善投资环境”要求，明确改革行政审批制度、规范行政审批权力，要求对项目入园行政审批事项简化程序，减少环节，规定时限，提高效率，改进服务。当年 5 月，株洲高新区行政审批代理服务中心成立，对投资者提供项目入园行政审批全程服务和政策咨询，免费为企业代办进区审批手续。2005 年，株洲高新区进一步强化服务理念，提出“以客为尊”，拓宽服务领域，创新服务方式，变全程式服务为全方位服务，明确项目进入前期即介入，及时掌握进区项目动态，及时提供服务。2008 年，株洲高新区制定《招商工作手册》，明确“客商至上、项目至上、服务至上”宗旨，实施“首问责任制”“一次性告知”和“认真受理、及时处理、办事公开承诺”制度。2009 年，株洲高新区加大与中介机构、市直有关部门的联系，提高代理服务的能力和水平。2014 年 10 月，株洲高新区对涉及 11 个区级相关职能部门中的 16 个事项进行梳理，绘制入园项目手续办理线路图，对行政审批事项和服务审批事项的时限进一步优化，方便入园项目尽快办理。入园项目从合同谈判到具备开工条件过程中，涉及株洲高新区的手续办理提速 67%。

至 2014 年底，株洲高新区行政审批服务中心共为入园企业提供全过程、全方位跟踪服务超过 1000 次，代理行政审批服务 100 余批次。同时，株洲高新区内商检、海关、进出口公司，律师事务所、会计师事务所、保险等机构先后建立，园区支持服务体系结构完善。

第三节　招商事务

一　招商策略

1992 年始，株洲高新区招商策略随着国家政策发展变化多次进行调整。

1992—1999 年，引入高新技术企业、推动传统产业改造升级。1992 年 5 月，株洲高新区成立后，招商工作按照“高新技术产业先导、项目带动、环境发展”要求，立足株洲，面向市外、省外、国外，坚持“走出去”“请进来”战略，通过上门招商、展会招商等形式，拓宽招商引资渠道，提高对外开放水平，大力引入高新技术企业。招商工作充分依托株洲雄厚的工业基础、发达的交通运输网络和丰富的人力资源等优势，深挖区域技术潜力，用高新技术带动传统产业的改造和升级。至1999年底，河东国有大中型企业有19家在河西建立生产基地。

2000—2005年，提升园区创新能力、培育高新技术优势产业。2000年3月12日，株洲市政府设立高新区工业五区开发建设指挥部，株洲新区掀起“二次开发”热潮。株洲高新区按照园区工业发展商的定位，坚持“大招商、招大商”的战略方针，树立全员招商意识。招商重点由过去的小打小闹、零零散散向“高、大、名”转变，从完善招商项目包装、加强对外宣传力度、优化服务环境着手，采用人盯人、以情动人、以心换心的招商策略，着力全民招商、以商招商、以外引外，强化招商项目的选择，重点关注新材料技术、电子与信息技术、生物技术、机电一体化、新能源与环保等领域，确保入园项目质量。努力把一批传统产业改造为高新技术企业，争取推出一批园区企业与国际大财团、大企业合作，加强高新技术的引入及园区自主创新能力的提升，打造一批园区自有知名品牌。

2006—2010年，开展特色园区招商、发展高新技术产业集群。招商引资重点突出开放强区战略，聚焦国内大型民营企业、国内500强企业，粤港企业及欧、日企业，以资金和项目引进为重点，坚持“招大、选强、引新”，加强招商队伍建设，强化以商招商、驻外招商，推进全民招商、中介招商、代理招商，推动新材料、先进制造、电子信息、生物医药和健康食品四大主导产业发展壮大，加速产业集聚，延伸产业链条，形成产业集群，大力引入国内外知名高校、科研机构及研发平台，充分发挥高等院校、科研院所和企业各自的优势，以重大科技成果产业化项目为纽带，推动产学研合作向深度和广度发展，促进产学研战略联盟的形成。

2011—2014年，强化创新型园区建设，打造“两型”产业集聚区。2011年，变引商为选商，提高入园项目门槛，严格按照“数量服从质量、规模服从创新、效益服从‘两型’”的原则，瞄准战略性新兴产业方向，着眼产业链条的核心产品、核心技术、核心设备，坚持“招大、选强、引新”，开展有针对性的招商引资，重点跟踪汽车零部件、新能源汽车整车及动力电池、新能源、新材料、现代服务业、文化产业、现代物流业和大型城市商业综合体项目。2013年9月，株洲高新区出台《株洲高新区创新驱动发展战略十年行动方案》，明确加速发展轨道交通、通用航空、汽车及零部件、风电光伏等动力产业，推进优势产业向高技术、品牌化、集群化进军，打造“两型”产业集聚区。围绕园区六大“百亿工程”，加大招才引智、招团引园力度，大力开展科技招商，引进与动力有关的科研创新项目及企业孵化平台项目，完善创业苗圃—孵化器—加速器的科技创业孵化链条，提升核心竞争力，助力株洲新区成为具有自主创新能力、国际竞争力、可持续发展能力和区域辐射带动能力的国家创新型科技园区，打造“中国动力谷”和未来的“世界动力谷”。

二 招商举措

宣传推介 1992年9月30日，株洲高新区在天台山庄举行新闻发布会，拉开株洲高新区对外宣传的序幕。株洲高新区招商局成立后，积极对外推介株洲高新区，主要通过参会参展、办会办展、登门推介、中介宣传等方式，对外发放宣传资料，推介发展新理念，塑造良好形象。2000年后，株洲高新区加大以园区为核心的营销策划力度，建立CIS识别系统，反映其独特的发展战略及文化，展示株洲高新区核心竞争力。同时，加强与商会、协会等组织的联系，通过合作等模式，把株洲高新区的资料及招商项目放到商会、协会网页及会刊上，扩大株洲高新区在各地的影响力。2014年，适时开通“株洲高新区”微信招商公众服务号，开拓招商宣传途径、加大招商宣传力度。

参会参展 1992年以来，株洲高新区主动走出去，积极组团或派员参加国家举办的夏交会、广交会、高交会、中博会、泛珠江三角洲经贸洽谈会，湖南省组织的沪洽周、港洽周、欧洽周等省、市举办的有影响力的招商活动。把握机会，强化对外招商宣传、学习先进地区经验、捕捉招商信息资源、广交朋友，以诚相待，全力以赴把好项目引进株洲新区。成立之初，株洲高新区组织参加1993湖南株洲（香港）招商洽谈会活动，认真做好会议的宣传布展工作，并成功与多家香港企业建立联系。

2007年6月，参加第四届珠洽会，株洲高新区有13个工业项目上会签约，合同金额30多亿元。株洲高新区被市政府授予组织工作先进单位，株洲高新区工委书记谢高进、管委会副主任袁生华等多人获得先进个人称号。2013年9月下旬，参加“湘商大会”系列活动，会上株洲高新区省签项目3个，市签项目8个，项目个数和签约额在全市名列前茅，被评为湘商大会活动组织红旗单位。

办会办展 为扩大对外宣传需要，株洲高新区主动承办、协办各种招商活动。成立当年，协办1993中国湖南株洲神农文化艺术节暨招商月活动，对外推介株洲高新区并有一批项目签约进区。并连续在北京、上海、香港、深圳等地举办招商活动，加大对外宣传，吸引一批企业入驻高新区。

2002年10月，在日本东京召开株洲高新区投资说明会，与日本东日商事株式会社、日中友好经济交流协会签订《株洲高新区外资工业园合作协议》。年内有多批日本客商到区考察，并有2家成功落户。2007年5月，株洲高新区着力开展特色工业园区的招商引资工作，在德国、英国、意大利等地举办多场欧洲工业园推介会。2010年5月，区招商局代表管委会成功承办2010年株洲汽车零配件产业招商会，吸引全国近300家汽车零部件企业参会。会后，招商局密切跟踪和联络意向进区企业，推动京精汽车零部件、宝钢车轮等10多家企业落户株洲高新区。

小分队招商 从2011年起，株洲高新区在国内外影响力显著加强，通过主办招商活动开展宣传数量明显减少，进而改为小分队招商形式，由管委会领导带队，项目跟踪联络负责人陪同的形式，奔走于北京、上海、深圳、香港等拥有大量先进技术产业的城市。至2014年，累计开展小分队招商活动110余次。

全员招商 2002年，株洲高新区开始实行全员招商。建立全员目标责任考核体系，在企业增盈、财政增收、招商引资等方面出台一系列奖励办法。制定《招商引资目标责任制》，明确以领导干部带头落实。2003年，株洲高新区成立由工委书记、管委会主任挂帅，主要经济部门负责人为小组成员的招商引资工作领导小组。年初各单位主要负责人与管委会主任签订招商引资责任状，将全区每年的招商引资任务对部门进行层层分解。由招商局负责逐月追踪统计社会招商情况并上报管委会，在每个季度初以《社会招商通报》的形式对各单位招商情况进行季度考核，在次年年初，召开招商工作总结大会，对重点项目中介人及中介单位进行表彰。同时，区招商局牵头邀请有关专家到区举办招商引资培训班，培训区内招商骨干100多人。

三 项目管理

招商项目入园评审 2008年，株洲高新区开始实行新的供地标准和用地要求，提高项目入园门槛。在进区合同中针对投资强度、固定资产投资、容积率、税收贡献和建设投产时间等设置硬性指标。其中，项目投资强度由原来的150万元/亩提高到200万元/亩，项目建设投产日期也作了更为明确的规定。用地在50亩以下、投资规模在8000万元以下的中小项目，原则上不再供应土地。

2010年，加强对进区项目的产业导向、科技含量、团队精神、经济实力以及发展前景等的审查。2011年，编写《入园工业项目评估决策体系方案（试行）》，明确入园项目由第三方专家论证、相关部门共同评审、领导最后决策的完整科学评估、决策制度。2012年3月，重新修订《入园工业项目评估决策体系方案（试行）》，详细列出入园环保指标，包括大气、水、噪声、固体废物、总量等指标，实行环保“一票否决制”，凡有一项指标不符合要求，项目不允许入园，保证入园项目环保审批率100%。4月，召开第一次重点项目入园评审决策会议，区招商局、环保局、发改局、产业局、“两型”办、财政局、国土局、开发建设局等相关单位共同与会评审，并邀请兆富咨询有限公司作为第三方专家论证机构参会。2014年1月，出台《入园工业项目评估决策体系方案》，结合试行经验及成果，加入外聘顾问团队在其专业范围内对项目出具书面意见，扩大评分单位范围，实施专业化评分手法，使项目入园流程更加系统化和科学化。至2014年底，株洲高新区共召开评审决策会议9次，24个项目上会评审，通过21个。

招商项目履约协调 2007年以来，市委、市政府开始实施“项目建设年”活动。其中，有重点招商项目履约要求。区招商局积极联络项目建设企业，推动建设企业与株洲高新区签订进区补充协议，通过采取限时开工建设、缴纳建设保证金、清理回收土地等一系列措施，约束、督促企业按合同要求尽快开工建设，尽快建成投产。针对北汽株洲生产基地等重点建设项目，招商局加大协调服务力度，每月定期编制项目建设进展情况表，建立专人联系负责制度，派出专人常驻现场服务，通过一系列的工作措施，及时有效地协调、处理项目建设中出现的问题，为项目的顺利建设扫清障碍。至2014年，招商局协调、督促近200家入园企业按时履约并开工建设。

未履约项目清理 2008年，株洲高新区开始园区闲置土地清理工作，区招商局与株洲高科集团公司、区国土部门协调配合，并陪同管委会领导赴珠三角、长三角地区，与企业高层展开沟通、协调。至2009年，成功收回三湘二期、力嘉二期、肯特、四方行、VGM、耀华、广洋等项目50公顷闲置土地。2010年，株洲高新区开始实行项目退出机制，对产业层次低、占地多、贡献小的未履约项目进行清退，坚持以清促用、以清促建，提高园区土地集约程度。区招商局牵头相关部门对园区293家企业履约情况进行调研，还针对37家企业的具体情况提出相应的处理意见，并配合区产业局做好园区未履约企业的清理整改及处置工作。株洲高新区管委领导带领招商工作人员，深入未履约及未达标企业负责人居住地登门拜访、沟通交流、积极协调。通过回购土地重新招商及推介企业合作开发新项目、引入新技术来提高土地产能等多种方式，开展园区未履约项目清理。2014年，原国光药业、创科硅业、广洋、力嘉、丹石5块近44公顷闲置或低效用地完成土地回收再招商工作，既解决困扰株洲高新区多年的历史遗留问题，又为株洲高新区新引产业投资96.5亿元，取得新区收回盘活低效土地，释放潜能、提速发展的持续突破。至2014年末，株洲高新区130公顷未开工或低效用地全部完成清理再招商工作，并全面提高了入园项目质量，在株洲高新区形成“低退高进”的良性发展局面。

四　表彰奖励

2002年始，株洲高新区在企业增盈、财政增收、重大招商引资中介人及单位、创新创业、高科技人才进区等方面出台一系列奖励办法。2004年2月，株洲新区斥资百万元重奖“双增双赢”暨“招商引资”功臣。2005年2月，株洲市高新区第三次召开总结表彰大会，54个招商有功单位和颜竹梅等10名招商引资先进个人受到表彰。同时，对获得“企业增盈、财政增收”的株洲时代电子技术有限公司总经理申宇翔等17名企业负责人奖励73.9万元人民币。其中，“株冶火炬”董事长李枝芳获得贡献奖15万元。2014年，株洲时代新材料科技股份有限公司凭借33件发明专利、53件实用新型专利、1项国家标准及另外3项行业标准共获得技术创新奖68.6万元；株洲冶炼集团股份有限公司凭借13件发明专利、13件实用新型专利及3项国家标准获得技术创新奖45.6万元；株洲时菱交通设备有限公司凭借销售收入首次突破10亿元、纳税首次突破亿元大关，获得管理创新奖40万元；株洲千金药业股份有限公司在2013年纳税实现11169万元，获得管理创新纳税奖励20万元；湖南南车时代电动汽车股份有限公司销售收入首次过10亿元，获得管理创新奖10万元。2003—2014年，株洲高新区累计发放各种奖励、扶持资金1450万元。

第四节　招商成效

1992—2014年，株洲高新区累计引进项目1685个，合同引资1075.19亿元。其中，引进内资项目1500个，实际利用内资510.12亿元；引进外资项目180余个，实际利用外资14.27亿美元。经过多年发展，新区形成先进制造、新材料、电子信息、食品医药等主导产业和轨道交通装备、通用航空、硬质合金深加工、汽车及零部件、新能源装备等特色产业集群。

一　外资

株洲高新区成立后，坚持“外向拉动”战略，主动“走出去”，积极拓宽招商引资渠道，提高对外开放水平。1992年，即引进总投资合人民币1.2亿元的中外合资企业——湘瑞塑料建材有限公司。1995年5月，株洲高新区外商投资企业协会成立，为外商企业投资开展服务。

2001年2月后，株洲高新区外资引入工作进入加速发展快车道。2004年10月，在2004年中国湖南投资贸易洽谈会上，签约株洲时菱等8个项目，该项目为《财富》世界500强企业排名第151位的日本三菱电机与中国南车集团株洲电力机车研究所签订合作协议，日本三菱投资3710美元。2005年1月，总投资2000万美元的力嘉（株洲）数码彩印包装工业园落户株洲高新区。2006年，新批外资项目17个，完成注册合同外资9766万美元，实际利用外资5557万美元。

2010年7月，新加坡"晋合·湘水湾"项目落户株洲高新区，签约金额超10亿美元，实际利用外资1.206亿美元，创造历史新高。是年，株洲高新区招商局获得2010年度全省利用外资工作先进单位荣誉称号。2011年4月，佳兆业、麦德龙入驻园区，全年实际利用外资1.6亿美元，株洲市总量排名第一、湖南省国家级园区排名第三。2011年、2012年、2013年，株洲高新区招商合作局连续3年获评湖南省商务工作（外资）先进单位。至2014年的3年中，沃尔玛、大汉惠普等先后签约入园，累计完成实际利用外资6.97亿美元。

二 内资

株洲高新区成立后，立足株洲国家工业基地优势，坚持高新技术产业先导战略，全力推动传统产业改造升级、着力对接国家重点工程，大力引入高新技术企业。1992年8月18日，湖南硬质合金厂刀具分厂奠基，总投资近亿元，为株洲高新区成立后引入的第一个大影响力项目。至1999年底，河东国有大中型企业有19家在河西建立生产基地。2000年，株洲高新区招商引资工作进入健康、快速、稳定发展阶段。当年引进项目73个，投资总额15.64亿元。其中，投资总额500万元以上的项目14个，为年计划的4.7倍。2001年7月，投资13.5亿元的株洲宏元化学建材工业园项目在株洲高新区开工，次年12月19日竣工。该项目为株洲高新区建立以来投资规模最大的项目，也是株洲建市以来投资规模最大的项目。

2004年，全区引进项目151个，合同引资39.5亿元，实际到位资金21.5亿元，工业项目固定资产投资10.2亿元，取得株洲高新区历史最高，获得省内联引资工作先进单位荣誉。

2008年1月，引进株洲高新区建区以来最具影响力、规模最大的北汽控股南方生产基地，该项目总投资52.8亿元。其中，固定资产投资达到35.8亿元。9月，株洲创科硅业有限公司投资15亿元，年产1500吨多晶硅生产线项目奠基。11月，中国南车集团株洲电力机车研究所有限公司与株洲高新区签订框架协议，计划新增投资33.5亿元，引进内资项目66个，实际利用省外境内资金38.5亿元，实现"招大引强"历史性突破。区招商局获得2008年度株洲市招商引资工作红旗单位。

2011年，株洲高新区招商引资工作再创新高，累计引进亿元以上签约项目37个。其中，50亿元以上项目2个，引进10亿～50亿元项目6个，实际到位省外境内资金53.15亿元。区商务局获得2011年度全省发展开放型经济先进单位、全省商务工作先进单位。2012年，累计签约进区项目26个，实际到位省外境内资金58.7亿元，株洲高新区在省内国家级园区中排名第一。

2014年8月，总投资60亿的北汽二工厂项目正式签订合作合同，项目建成后将达到50万辆整车的产能。全年引进亿元以上项目16个。其中，50亿元以上1个，10亿～50亿元1个，实际利用内资48.6亿元。天元区被评为2014年度株洲市招商引资工作一等先进县市区。

1993—2014年株洲高新区招商引资重点项目一览表

表16－4－1

序号	年度	招商引资重点项目
1	1993—2000	湘瑞塑料建材、金鼎硬质合金、湘瓷科艺、钻石刀具、株冶科技、湘怡中元电子、时代新材、时代电子
2	2001	金德工业园、湘火炬、华电抗磨、南方阀门、田龙铁道、海天工程
3	2002	千金药业、利德投资、金泰制药、科泰设备、科瑞变流、远东安森
4	2003	太子奶生物科技、南方工贸、协力药业、华兴实业、新奥燃气
5	2004	株洲时菱交通设备、耀华电器、高新电业、智荟生物、湘能电容器、斯特高新、康美尔乐、中基教育(北师大附中)
6	2005	上海三湘(后更名为炎帝生物)、香港力嘉彩印、唐人神、韩国丹石精细化工、尚格房产、海畅铁路、红龙电工
7	2006	汇隆包装、江山生物、株齿变速箱、远通泵业、基祥钢构、富士升电梯、天鹰科技、新成机器、香港佳都
8	2007	南车电动汽车、百时得、广洋高科、明日硬质、科瑞变流、拓普实业、力嘉二期、英国澳利国际、香港超然塑胶、中达电子、天桥起重、振球实业
9	2008	北汽控股南方生产基地、创科硅业、唐人神、长沙凯天环保、亿通投资、天一焊接、精益工贸、振球实业、泓通硬质合金
10	2009	株洲时代新材新产业工业园、海纳川汽车零部件产业园、南车风力发电项目、旭阳机电、香港泰宇凯达电脑本、沃尔得齿轮、富桥桥梁支座
11	2010	中建五局光伏项目、时代新材汽车配套产品、湘煤立达煤机、日本特科能热处理、京精汽车零配件、麦格米特电气控制、汇加节能门窗、华信轨道交通配件、高远电池
12	2011	三湘湘雅建康城、五矿高新产业园、传化长株潭物流园、贝尔信智慧信息产业城、株洲中小企业孵化基地、日望精工、高远电池二期
13	2012	香港卫视文化产业园、株硬精密工具产业园、株硬钻掘工具产业园、欧格瑞特种传动二期、华龙特种气体、健宁公共自行车
14	2013	观音岩旅游观光现代农业产业园、晶图科技、旭阳机电、精工硬质合金、盈顺硬质合金、晟华科技、北汽鹏龙行
15	2014	北汽二工厂、八达电子信息产业智慧谷、大汉惠普信息产业园、天瑞钣金宏达高分子、肯特硬质合金、台湾元创汽车冲压件、炎帝生物二期、日望精工二期

第十七篇　财税·金融

1992年10月，成立株洲高新区财政局，当年财政收入为93万元；2014年，株洲高新区财政收入突破50亿元。1994年9月，成立株洲市国家税务局四分局，负责增值税、消费税、企业所得税、金融保险营业税和储蓄存款利息个人所得税，当年完成税收1133万元，至2014年的21年间完成税收117.95亿元，年平均增幅35.43%。1994年9月，成立株洲市地方税务局河西分局，负责营业税、房产税、土地使用税和印花税等20多个税种的征管。当年完成税收1700多万元。至2014年税收收入达29.02亿元，21年间增收28.85亿元，增加16.97倍。

1992年刚建区时，金融机构只有城郊信用社；到2014年，先后有中国银行、建设银行、工商银行、农业银行、交通银行、招商银行和人寿保险、平安保险、太平洋保险等40多家金融、保险机构入驻天元区，驻区银行累计存款余额1460.2亿元，贷款余额827.1亿元。

第一章　财 政

1992年10月15日，株洲高新区财政局成立。

1997年8月，株洲高新区财政局更名为计财局，天元区财政局成立。

2000年12月，株洲高新区天元区进行职能归并、效能整合，实行统一的领导体制、统一的财政体制、统一的人事管理和统一的机构设置。2002年，株洲高新区计财局作为株洲高新区管委会内设机构，与天元区财政局一个机构两块牌子，内设综合法规科（加挂监察科牌子）、园区财管科、预算科、行财社保科4个副科级职能科室，归口管理株洲高新区天元区国有资产管理办公室、债权债务处置中心（加挂政府采购中心牌子）、会计管理中心3个事业单位。2005年，天元区农业税收征收管理局加挂区非税收入征收管理局牌子。2008年，区非税收入征收管理局升格为正科级事业单位，并更名为非税收入管理办公室。

2011年，株洲高新区天元区国有资产管理办公室从区财政局分离，天元区债权债务处置中心更名为天元区政府采购管理办公室并加挂天元区债权债务处置中心牌子。区财政局内设机构调整为综合法规科、园区财管科（加挂株洲高新区基本建设投资评估中心的牌子）、预算科、行财科、企业财务管理科、国库科、社保科。局属事业单位有：区政府采购管理办公室（加挂区债权债务处置中心牌子），区会计管理中心，区非税收入征收管理办公室（加挂区乡镇财政管理局牌子）。2012 年，株洲高新区、天元区会计管理中心更名为株洲高新区、天元区财政国库管理局。

1992—1997 年，先后有戴继乐、涂梅生任株洲高新区财政局局长。1997—2014 年，先后有刘运娥、丁勇、陈文君任株洲高新区、天元区财政局局长。

第一节　财政体制

区级财政体制　2001 年 7 月，遵照市委《关于加快株洲高新技术产业开发区建设促进株洲高新技术产业发展的决定》1 号文件精神，经市政府批准，决定从 2001 年 1 月 1 日起，对株洲高新区（天元区）实行"核定收支、收支包干、定额补助、超收全留、短收自负、一定三年"的财政管理体制。明确体制调整后，市财政对株洲高新区（天元区）的财力每年定额补助 540 万元。另外华银电力税收上收后，将逐年减少株洲高新区（天元区）的部分财力，从 2001 年起，市财政 3 年内每年补助株洲高新区（天元区）260 万元，3 年后市财政不再补助。株洲高新区内高新技术产业项目的土地出让金及相关收费收入上缴市财政后，全额返回高新区，新增建设用地土地收入除上缴中央、省部分外，其余全额返还株洲高新区，作为市政府对株洲高新区的投入。2001—2003 年，市政府每年对株洲高新区投入 3000 万元。2004 年，市财政调整株洲高新区管理体制，将行政区范围内的收入全部缴入区财政金库（除消费税、银行利息个人所得税、契税、城市维护建设税、教育费附加及市级非税收入外），主要工商税收财力按 65∶35 比例上解。同时享受以下优惠政策：城市维护建设税和教育费附加税按照当年城区完成数的比例，补助比例分别为 12.21% 和 14.75%，区范围内契税收入扣除征收经费后由市财政补助；当年主要工商税收增幅达到或超过市委、市政府确定的增长目标，增长部分形成财力增加区级分成 25 个百分点，并计入下一年度体制补助基数；土地出让金及相关收费除政策性上缴中央、省部分外，其余全额返还株洲高新区。株洲高新区抓住这一有利条件，在全市分税制财政体制改革的前提下，又力争新体制调优，做大做强区财政收入总量。2005 年，积极争取市委、市政府的支持，将株洲高新区、天元区范围内的城市维护建设税、教育费附加、契税、国土出让收入、规划配套费收入下放。2007 年，株洲高新区、天元区的契税收入体制重新进行调整，按照当年全市实际完成数 20% 计算，每月末由市契税耕地占用税征收管理处直接缴入区财政，年终不再结算；缴入区级金库的契税征收业务费及天元区范围内优惠政策支出由区级负担，年终按实际支出数结算。

镇（办）财政管理体制　2006 年，工委、管委会、区委、区政府根据财权与事权相统一和区级财力向镇、街道适当倾斜的原则，决定区对镇、街道实行收入共享，超收全留的新体制。镇、街道新投资引资项目形成新增税收，区得财力部分核减征收经费后，其余全额分成给镇、街道，充分调动镇、街道发展经济、增收兴财的积极性。2013 年，出台《天元区镇（办）财政管理体制调整方案》，明确实行"划分收支，核定基础，定额补助，结算分成，比例递增，逐年调整，自求平衡，体制五年"的新一轮镇（办）财政管理体制。

第二节 财政收支

一 财政收入

1992年株洲高新区成立之时，全区财政收入93万元。1997年，株洲高新区财政收入11133万元，但70%依靠政策财政收入支撑，仅华银电力股份公司企业税收就占财政总收入的55.96%。1998—2000年，受中央、省、市税收政策的影响，全区财政收入出现低速增长、震荡上升的情况。2000年的财政收入仅比1997年增加2873万元。2001年，随着市委1号文件的颁布，一个积极的财政体制开始应用于株洲新区，奠定了株洲高新区财政收入稳定增长的基础，并成功地化解华银电力收入上划给新区带来减收影响。同年，株洲高新区完成财政收入17298万元，较2000年增长23.5%。其中，地方一般预算收入占财政总收入的比重达到71.97%，较2000年增加3292万元，实现1.75倍速增长。这一时期，新区财政主体税种均保持40%以上的幅度增长，并且这些新的增长因素均来自于河西本土企业发展和投资拉动，新区财政基本实现“沙漠财政”向“增长型财政”的关键转变。2005年，新区财政总收入跃居全市各县区第一。自此，财政收入以年均25%的增幅，总量连续十年保持全市各县市区之首。2007年新区财政收入首次突破10亿大关；2010年，完成25.8亿元，实现了10亿元到20亿元的跨越，用时3年；2013年，完成42.7亿元，实现20亿元到40亿元的跨越，用时3年；2014年，新区财政收入和税收收入分别跨越50亿元、40亿元台阶，税收收入占一般公共预算总收入的比重提高到80%以上，实现新的跨越。

1998—2005年株洲高新区、天元区财政收入情况统计表

表17－1－1　　单位：万元

项 目	1998年	1999年	2000年	2001年	2002年	2003年	2004年	2005年
财政总收入	12541	12301	14006	17298	20401	24342	43112	69728
其中：经常性收入	—	—	13900	17175	20216	24165	43012	—
一、一般预算收入	—	—	7094	12449	14031	16089	21744	40286
1.工商税收	—	—	5746	5611	6821	11117	20874	31146
2.农业四税	—	—	229	737	1554	—	—	—
3.企业收入	—	—	520	1281	2922	—	—	—
4.行政性收费收入	203	5	46	3131	60	71	326	238
5.罚没收入	269	125	278	1202	223	263	220	193

续表 17 - 1 - 1

项　目	1998年	1999年	2000年	2001年	2002年	2003年	2004年	2005年
6.海域有偿使用收入	—	—	0	0	—	—	—	—
7.专项收入	—	246	261	452	411	485	8	1100
8.其他收入	50	7	6	35	2040	26	19	417
二、基金收入合计	—	—	15	115	174	213	250	973
地方财政收入合计	6225	6019	7109	12564	14205	—	—	—
三、上划中央“两税”收入	—	—	6897	4734	6196	8040	21118	28469
1.增值税(75%部分)	—	—	6897	4734	6196	8040	21118	28469
2.消费税	—	—	0	0	—	—	—	—

2006—2014年株洲高新区、天元区财政收入情况统计表

表 17 - 1 - 2　　单位：万元

项　目	2006年	2007年	2008年	2009年	2010年	2011年	2012年	2013年	2014年
公共财政预算总收入	90047	130282	165120	198055	258200	305589	370567	426583	520223
其中：税收收入	82499	124915	152145	143736	208013	220401	270875	320927	417680
非税收入	7548	5367	12975	54319	50187	85188	99692	105656	102543
一、地方收入	47895	60631	79308	133540	155344	199792	245437	274834	322179
(一)税收收入	40347	55264	66333	79221	105157	114604	145745	169178	219636
1. 增值税	12354	20670	22502	15862	14623	12073	13248	15279	23924
其中：改征增值税(75%部分)	—	—	—	—	—	—	—	1210	5473
2. 营业税(75%部分)	17192	20954	22590	30555	44781	47214	64596	79412	109212
3. 企业所得税(28%部分)	1183	1712	5063	3593	6130	9566	10758	13172	16378
4. 个人所得税(28%部分)	797	1259	2056	2991	3422	4697	4849	6221	7250
5. 资源税(75%部分)	7	2	4	1	1	11	17	16	10
6. 城市维护建设税	3108	3769	4044	4291	5096	7051	9105	11083	14065
7. 房产税	1153	1392	1921	2241	2311	2265	3080	4660	6721
8. 印花税	413	448	635	624	871	1342	1594	2635	3426
9. 城镇土地使用税(70%部分)	190	254	492	849	1908	2083	2874	4640	3672

续表 17 - 1 - 2

项 目	2006年	2007年	2008年	2009年	2010年	2011年	2012年	2013年	2014年
10. 土地增值税	60	157	294	349	2399	4339	5137	7572	9264
11. 车船税	—	—	—	—	—	—	—	—	—
12. 耕地占用税	—	2269	4469	14609	16899	16682	19782	12029	4661
13. 契税	—	2378	2263	3256	6716	7281	10705	12459	21053
14. 其他税收收入	1393	—	—	—	—	—	—	—	—
(二)非税收入	1155	5367	12975	54319	50187	85188	99692	105656	102543
1. 专项收入	7548	1785	2528	2656	3250	2989	3893	4728	6017
其中:排污费收入	6427	—	—	—	—	—	—	—	—
教育费附加	—	1785	2528	2656	3250	2989	3893	4728	6017
2. 行政事业性收费收入	246	359	2257	12223	1595	18039	17368	5894	3807
3. 罚没收入	177	677	311	473	321	553	998	433	695
4. 国有资本经营收入	—	0	—	—	—	—	—	—	—
5. 国有资源(资产)	—	2546	7629	38882	45017	63600	69988	94353	89960
6. 其他收入	698	—	250	85	4	7	7445	248	2064
二、上划中央收入	37061	62012	67506	47585	78961	79918	92487	111869	141962
1. 增值税	37061	62012	67506	47585	58492	48292	52992	56276	73804
2. 消费税(100%部分)	—	—	—	—	—	1062	6051	14036	17527
3. 企业所得税(60%部分)	—	—	—	—	13136	20499	23053	28226	35096
4. 个人所得税(60%部分)	—	—	—	—	7333	10065	10391	13331	15536
三、上划省级收入	5091	7639	18306	16930	23895	25879	32643	39880	56082
1. 增值税	—	—	—	—	4874	4024	4416	5093	7975
其中:改征增值税(25%部分)	—	—	—	—	—	—	—	403	1824
2. 营业税(25%部分)	—	—	—	—	14927	—	21532	26471	36404
3. 企业所得税(12%部分)	—	—	—	—	2627	15738	4611	5645	7019
4. 个人所得税(12%部分)	—	—	—	—	1467	4100	2078	2666	3107
5. 资源税(25%部分)	—	—	—	—	0	2013	6	5	3
6.城镇土地使用税(30%部分)	—	—	—	—	—	4	—	—	1574

说明：此表根据政府收支预算科目名称编制

二　财政支出

1992—1997年，株洲高新区财政总支出分别为60万元、442万元、2212万元、3059万元、5456万元和6875万元。从株洲高新区成立至2000年，株洲高新区（天元区）财政处于“保工资、保运转”向“保民生，保发展”的积极过渡期。这一时期株洲高新区财政支出安排的原则突出表现为“保吃饭、保运转、保偿债”，是典型的“吃饭”财政。1999年，区财政支出中，工资及基本运转支出占总支出的69.54%；基本建设支出760万元，占总支出的11.97%；偿债付息支出1174万元，占总支出的18.49%。随着财政收入的持续增长，财政支出由2001年的14591万元增长到2005年的30586万元，5年实现财政支出10.83亿元。2005年，财政支出首次突破3亿元，较“九五”期末翻了两番。区本级建设支出所占比重持续大幅增长，由2001年的21%增加到2005年的50.67%。

2005—2014年，随着支出总量成倍增长，新区将更多财力向民生倾斜。10年间全区累计完成民生支出86亿元，占公共财政预算支出的比重达69%，为教育、社保、卫生、计生等事业连续走在全省全市前列提供了坚实的财政资金支持。切实保障教育优先发展。教育支出累计完成15.72亿元，年均增长38.16%。建成银海、栗雨等学校，打造白鹤品牌学校，破解“入学难”，消除“大班额”，实现教育均衡发展；健全社会保障体系。社会保障和就业支出累计完成5.7亿元，年均增长40.98%。打造全省领先的城乡一体社会保障体系。支持“省城乡统筹社会保障和充分就业示范区”的建设，实现城乡养老保险和社会救助体系全覆盖。建立被征地农民基本生活保障制度，成为全省该制度最完善、实施最早、投入最多的区；助推医药卫生体制改革。医疗卫生和计划生育支出累计完成4.7亿元，年均增长56.87%。辖区3个街道社区卫生服务中心全部由区政府购买举办，75个村卫生室相继启动实施基本药物零差价销售制度试点；新农合、城镇居民医保、职工医疗保险和基本药物零差价销售制度实现全覆盖，城乡一体化的公共卫生体系框架基本建立；扶持三农发展。农林水事务支出累计完成3.51亿元，年均增长41.9%。重点支持乡村道路、水利等基础设施建设。通过银行“一卡通”发放各项惠农补贴资金6019万元。落实家电、汽摩下乡财政补贴政策，惠及农户近万户。全面落实农村“一事一议”财政奖补政策，推进农村公益事业建设。

财政支出逐年增长的同时，区财政部门严格执行中央八项规定和厉行节约等各项文件精神，通过强化预算指标审核，严控预算追加等举措，有效压缩“三公”经费和一般性支出，并于2014年制定出台天元区会议费、培训费、差旅费等管理办法，挤出更多的资金办民生实事。2014年，全区财政支出突破30亿元，10年年均增速33%，同年预算单位“三公”经费下降48%。

1998—2006年株洲高新区、天元区财政支出情况统计表

表17-1-3 单位：万元

预算科目	1998年	1999年	2000年	2001年	2002年	2003年	2004年	2005年	2006年
一、基本建设支出	980	760	543	1723	3416	5616	5334	10604	11733
二、企业挖潜改造资金	196	178	108	92	338	245	349	319	385
三、简易建筑费	6	0	0	0	0	0	0	0	0
四、地质勘探费	0	0	0	0	0	0	0	0	0
五、科技三项费用	65	50	116	287	1654	1643	1049	1697	1630
六、流动资金	0	0	0	0	0	—	—	0	0
七、支援农村生产支出	213	182	139	211	323	380	478	522	681
八、农业综合开发支出	0	0	0	0	0	125	26	32	18
九、农林水利气象等事业费	112	97	140	166	286	138	125	128	113
十、工业交通等部门的事业费	36	36	41	20	9	43	31	42	62
十一、流通部门事业费	0	0	0	4	0	0	—	0	4
十二、文体广播事业费	85	76	89	142	160	180	249	328	387
十三、教育事业费	1094	1151	1333	1488	1504	2075	2232	3046	2823
十四、科学事业费	10	13	16	0	36	36	5	7	5
十五、卫生经费	262	266	270	203	182	290	278	310	486
十六、其他部门的事业费	448	101	149	162	323	483	579	641	748
十七、抚恤和社会福利救济费	11	10	15	74	102	116	204	252	468
十八、行政事业单位离退休经费	0	0	6	0	0	0	—	0	80
十九、社会保障补助支出	0	8	150	163	144	318	986	875	1141
二十、国防支出	0	0	0	0	0	0	0	0	0
二十一、行政管理费	964	1023	1289	2317	2602	2600	3247	4153	4774
二十二、公检法司支出	277	312	455	467	446	528	592	719	789
二十三、城市维护费	914	830	813	704	2458	3195	1613	2129	2204

续表 17 - 1 - 3

预算科目	1998年	1999年	2000年	2001年	2002年	2003年	2004年	2005年	2006年
二十四、政策性补贴支出	42	58	102	61	30	16	8	32	11
二十五、支援不发达地区支出	20	8	34	29	30	27	25	30	65
二十六、土地和海域开发建设支出	—	—	—	—	5	—	—	0	—
二十七、车辆税费支出	—	—	—	—	—	—	—	—	223
二十八、债务利息支出	—	—	—	—	—	165	—	0	—
二十九、专项支出	—	15	13	7	39	107	31	5	205
三十、其他支出	1690	1174	1186	4535	3555	2161	2292	3731	2475
一般预算支出合计	7425	6348	7007	—	17642	20487	—	29602	31510
基金支出	48	14	100	1736	200	3222	1789	984	1484
财政总支出	7473	6362	7107	—	17842	23709	—	30586	32994

2007—2014年株洲高新区、天元区财政支出情况统计表

表 17 - 1 - 4　　单位：万元

预算科目	2007年	2008年	2009年	2010年	2011年	2012年	2013年	2014年
一、一般公共服务支出	8870	10723	13407	17199	25299	33663	45817	46847
二、外交支出	0	0	0	0	0	0	0	0
三、国防支出	0	0	0	0	0	5	0	10
四、公共安全支出	1429	1558	1708	2267	2493	3500	4147	6255
五、教育支出	4966	5950	8589	14942	14608	38489	34137	29633
六、科学技术支出	646	1544	2755	933	1402	1496	1771	2764
七、文化体育与传媒支出	185	182	351	263	296	388	803	699
八、社会保障和就业支出	3593	4391	5527	7274	7439	6809	9494	10501
九、医疗卫生与计划生育支出	1332	2031	2549	3371	6777	8540	9153	12493
十、节能环保支出	99	368	275	190	240	324	953	3049
十一、城乡社区支出	14575	21434	52136	63620	79666	79068	89284	129935

续表 17 - 1 - 4

预算科目	2007年	2008年	2009年	2010年	2011年	2012年	2013年	2014年
十二、农林水支出	1014	1319	1437	1795	2507	4501	7335	13720
十三、交通运输支出	23	4	0	5	70	14	33	5
十四、资源勘探信息等支出	—	—	1083	3648	5931	2301	5757	3440
十五、商业服务业等支出	—	—	—	455	75	417	38	65
十六、金融支出	958	922	—	0	0	0	0	0
十七、援助其他地区支出	—	—	—	0	0	0	0	0
十八、国土海洋气象等支出	—	—	—	0	0	0	0	1372
十九、住房保障支出	—	—	—	1091	2014	2169	2354	2688
二十、粮油物资储备支出	—	—	347	25	39	146	92	188
二十一、预备费	—	—	—	—	—	—	—	0
二十二、国债还本付息支出	—	—	—	4	—	0	1168	0
二十三、其他支出	6729	5971	3716	3035	5396	5269	4012	3951
一般预算支出合计	44419	56397	93880	120117	154252	187099	216348	267615
基金支出	5659	2891	3885	45303	27661	4727	5817	33124
财政总支出	50078	59288	97765	165420	181913	191826	222165	300739

说明：此表根据政府收支预算科目名称编制

第三节　财源建设

财源是财政之基、发展之源，财源建设事关经济运行和社会各项事业的发展，株洲高新区、天元区财政充分发挥财政政策、资金的引导作用，不断创新财政支持经济发展的手段，支持园区企业上台阶，夯实财源税基，实现新区经济发展和财源壮大的互赢。

2005 年，株洲高新区为吸引金融机构加大对园区企业投放贷款的力度，出台《株洲高新区高新技术产业发展贷款贴息资金管理办法》，区财政每年安排 300 万元，设立产业发展贷款贴息资金。

2006 年，株洲高新区、天元区出台《株洲高新区、天元区“创新奖”奖励办法》，在全市率先对为园区企业提供融资服务的银行、担保公司等金融机构实施奖励。2007 年，株洲高新区首开全国高新区之先河，提出“财政大平衡、园区小平衡”的思路，出台《株洲高新区园区开发建设财政体制方案》，土地出让收入、入园企业新增税收地方留成部分、上级财政或有关部门对园区开发建设的专项资金全部安排用于园区建设。新政策的实施，破解财政负债和园区投入的难题，形成园区开发建设投入与收益的良性循环，实现由政府管理园区向经营园区的转变、由财政投入为主向以社会资金投入为主的多元化投入的转变。积极引导金融机构和其他投资主体加大投入，支持园区、重点项目以及城区建设。重点支持天台工业园、栗雨科技工业园等园区建设，神农城、湘水湾、中央商务区等重点项目建设以及泰山路、嵩山路、天平东路、株洲大道等市政道路建设，促使新区构筑“一环两带”“七纵四横”的城区发展格局。2008 年和 2009 年，为鼓励引导企业实施自主创新，株洲高新区先后出台《株洲高新区科技创新引导资金管理办法》《株洲高新区增强自主创新能力建设的实施意见》《专利实施奖励办法》等激励创新的政策，规定财政每年安排不低于 1000 万元科技创新引导资金，引导企业、社会、金融机构加强对科技创新的投入。

2010 年，株洲高新区确立“建设全省人才高地”的战略决策，同年出台《关于实施“5211 人才计划”暂行办法》，设立“杰出英才奖”，对领军人才，给予最高 100 万元生活补助和 100 万元项目扶持资金；对优秀人才、博士，分别给予每月 2000 元、1000 元的生活津贴。启动财源建设的“1515 工程”，对 50 万元以上的纳税大户实施“一户一卡”服务管理，有重点、有目标地推进新区优势企业上规模、上台阶。

2011 年，株洲高新区与浦发银行株洲市支行合作成立全市首家科技银行。科技银行分期投入 1 亿元，1 亿元投入可实现放贷规模 10 亿元。中小企业可以以更快的速度、更宽松的征信条件、更优惠的成本获得更大的融资额度。2012 年，株洲高新区确定打造中国动力谷的战略目标，设立中国动力谷发展专项资金，涵盖科技创新、产业扶持、人才引进、金融服务等。2013 年以来，成立动力谷企业成长学院，提升动力产业中小企业经营管理水平；制定加强企业研发机构建设的意见，鼓励企业建立研发机构；建立中国动力谷科技金融创新联盟，为园区企业与省内外金融机构搭建投融资平台。与此同时，财政投入 10 亿元，支持创新创业平台建设，鼓励大众创业、万众创新。通过政策扶持和加大财政投入等方式，株洲高新区成功地用“小杠杆”撬动了“大资本”。2005—2014 年，株洲新区财政 10 年累计投入 130 余亿元，拉动社会总投资 1840 亿元。通过一系列政策和措施的落实，株洲高新区、天元区企业的经济总量和入库税收实现快速同步增长，2014 年，全区年纳税 100 万元以上的重点纳税企业 270 家，较 2011 年度的 132 家劲增 138 家，实现翻番；年纳税 5000 万元以上的支柱税源大户达到 13 户，新区财源不断夯实壮大。

第四节　财政管理

一　非税收入管理

2004 年，贯彻《湖南省非税收入管理条例》，株洲高新区将行政性收费、事业性收费、政府性基金（附加）、罚没收入、国有资产和国有资源收益及其他非税收入实行财政统管。财政部门编制非税收入年度计划，统一管理非税收入，非税收入纳入国库管理和财政专户管理，财政部门负责非税票据申报、发放、核销、检查等日常管理工作。2006年，启动非税收入信息管理系统更新改造；2008年，非税收入管理信息化系统全面启用，非税收入票据、资金解缴结算等全面实行信息化管理，建立起票据、征管、稽查三位一体的管理体系。

二　预算管理

部门预算 2001年,部门预算改革试点启动。2002年,部门预算改革全面推行,实行“零基预算”和“综合财政预算”，预算编制、预算执行、预算监督分离，新区财政预算编制日益科学和规范，资金使用效益不断提高。2007年，区财政实施政府收支分类改革，公开预算编制工作流程、公用经费定额和项目支出增减原则，初步建立起能全面、准确地反映政府各项经济活动的部门预算编制、执行体系。2014年，区财政将部门预算和排在公共、建设版块的重点项目资金预算全部下到对应的职能预算部门，并在部门预算编制过程中严格执行“三上三下”程序。

预算绩效管理 2007年，新区财政扎实推进预算单位项目绩效评价试点工作。2012年，农家书屋项目绩效评价工作得到省市财政部门的高度肯定；2013年，新区财政组织城管局、民政局、水利局等7个单位开展财政支出绩效自评工作,进一步推动财政支出管理由“重分配”向“重绩效”转变。2014年，新区财政引进具备省级评价资质的社会中介机构开展绩效重点评价，进一步督促预算单位提升财政资金使用的绩效意识，预算绩效管理水平以及绩效评价的公正性和公信力得到显著提高。

预决算公开 2013年，区财政拟定《预决算公开工作实施方案》，同年区级首批10家试点单位向社会公开部门预算和“三公”经费预算；2014年，区财政紧扣“两个不超过”原则（即三公经费决算数不超过年初预算数，下一年度三公经费预算数不超过上年预算数），16家政府组成单位全部公开部门预算和“三公”经费预算，并启动试点单位重大专项资金的公开工作。

三　财政监督管理

会计集中核算 2002年，会计集中核算改革启动。2003年，天元区财政率先在全省实施“零户统管、村账镇管，处账街管”改革，并对区内两镇两街道所辖的30个行政村、8个管理处和12个居委会进行会计集中核算。2004年，将区内25个直属基层工会纳入集中核算。2005年，全区44家一级预算单位和二级预算部门全部纳入集中核算，并出台《区行政事业单位财务开支内部控制标准》《区行政事业单位经费支出管理规定》以及《集中审批发放奖金津补贴及加班工资的暂行规定》等制度，对招待费、会议费、差旅费等钱物的发放进行有效核算控管，财务管理进一步规范，“小金库”和乱收乱支现象得到有效控制，会计监督职能不断强化。通过会计集中核算实践，为后续的国库集中支付改革前清理预算单位账户扫除障碍。

国库集中支付 2011年，启动实施国库集中支付改革试点。2012年，全区16家预算单位率先改革，实现国库集中支付网络平台上线运行，会计集中核算向国库集中支付转轨工作也顺利推行；2013年，全区新增改革单位25家，改革覆盖面扩展至41家一级预算单位；2014年，全区实现47家一级预算单位和15家二级预算单位改革“全覆盖”，并重建全区行政事业单位会计队伍，31家一级预算单位、10家二级预算单位建立健全财务机构、职责和人员，单位财务管理得到切实增强。自此，国库单一账户体系基本形成，所有财政资金都存放于该账户体系，实现财政资金“两个直达”，在预算单位需要实际支付时，通过直接支付和授权支付两种方式将资金从国库单一账户体系中直接支付到商品或劳务供应商。至2014年，改革资金量20.4亿元，涵盖公共财政预算、政府性基金预算和纳入专户管理的非税收入，新区国库集中支付改革成效显著。

政府采购 株洲高新区、天元区政府采购工作从2000年开始实施。2005年，区财政部门正式落实“管采分离”政策，采购规模由2001年的265万元扩大到2014年的13115万元。2001—2014年，全区政府采购总金额82020万元，节约资金11076万元，平均节支率11.9%。从2012年起，区财政部门试编政府采购预算，健全管理制度，规范运作程序，初步建立年初有预算、年中有计划、采购资金辐射预算内外的管理机制。政府采购范围拓展到工程、货物与服务三大方面。2014年4月，为提供更多有效的便企服务，拓宽园区企业销售范围，为新区培育新的财源，区财政局进一步创新政府采购管理方式，启动运营天元区园区企业政府采购服务平台，免费为企业提供信息对接、政府采购咨询等服务，并积极建立园区企业供应商库。

财政投资评审 2012年，出台《株洲高新区（天元区）关于进一步加强政府投资项目预结算评审的管理办法》，明确评审范围、评审机制以及激励约束机制等内容。财政性资金投资的基本建设项目评审覆盖率达100%，从源头上加强预算、概算控制。2004—2014年，累计完成682个项目的预结算评审，送审金额521522万元，审定金额471935万元，审减49587万元，审减率9.51%。

四　财政信息化

2010年，湖南省财政信息化建设“三年行动计划”启动，新区财政系统信息化建设工作开始发力。2012年，全区投入财政信息化建设资金近400万元，财政信息化管理水平显著提高，并于同年满分通过湖南省财政厅“三年行动计划”考核验收，建立起涵盖财政预算、指标、支付等核心业务的财政信息化应用支撑平台。至2014年，新区财政先后建成国库集中支付、公务卡、乡镇财政管理、非税收入、部门预算、指标管理和综合查询等10个业务信息系统，完成建设机房工程、金财内网专线、视频会议系统、电子政务系统等“金财工程”重点项目，基本实现“横向到边，纵向到底”的财政业务骨干网络，为全区国库集中支付等重大财政改革提供信息化支撑。

第二章 国家税务

1994年9月，成立株洲市国家税务局四分局，内设办公室、综合业务科、管理科、计征科、检查科和株洲市河西税务事务所等6个科室(所)。2001年6月,更名为株洲市国家税务局天元分局。

2007年11月，更名为株洲市天元区国家税务局(简称“区国税局”)，升格为副处级机构，地址位于株洲市天元区泰山东路131号。2014年，天元区国家税务局内设办公室、政策法规科、收入核算科、征收管理科、人事教育科、监察室、纳税服务科(办税服务厅)、税源管理一科、税源管理二科、税源管理三科、机关党委办公室、信息管理中心、财务科、天易税务分局等13个科室、1个税务分局。

2002年、2012年，两届荣获湖南省文明单位；2013年，获湖南省国家税务局系统优秀领导班子；2014年，区国税局办税服务厅获全国工人先锋号、湖南省国家税务局五星级办税服务厅。20年内，4次获株洲市文明建设红旗单位、15次荣获株洲市文明单位。

1994—2014年，先后有陈跃平、李文龙、张一波、陈陵、张双、彭学里任局长。

第一节 税 种

1994年，国家开始实行分税制，按税收种类划分中央与地方收入。市国税四分局主要负责增值税、消费税、企业所得税、金融保险业营业税和储蓄存款利息个人所得税。

一 增值税

从1994年1月1日起，开征增值税。税率分为三档，基本税率17%，低税率13%，出口退税环节实行零税率。小规模纳税人适用6%的征收率。销售货物的起征点为月销售额600元，销售应税劳务起征点为月销售额500元，按次纳税起征点为每次(日)销售额80元。原由国家、省、市政府及有关税务部门审批的临时性、困难性减免税，以税还贷、新产品减免税，利用“三废”减免税的不再执行；从1998年7月1日起,商业小规模纳税人的征收率由6%调整为4%；2009年，所有小规模纳税人的征收率为3%。增值税纳税人按其经营规模及会计核算情况划分为一般纳税人与小规模纳税人两类。2013 年，区局按照国家要求实行营业税征收改为增值税征收改革试点，改革范围为交通运输业、邮政业、电信业和部分现代服务业。

二　消费税

1994 年 1 月 1 日，开征消费税。消费税是税制改革时在流转税制中新设置的一个税种，采取从价征收和从量征收两种方法，不同消费品适应不同税率，税率或税额划分为 14 个档次，最高税率 50%，最低税率 1%。征收消费税的消费品包括烟、酒、化妆品、护肤护发品、贵重首饰及珠宝玉石、鞭炮、汽油、柴油、汽车轮胎、摩托车、小汽车等。

三　企业所得税

1994 年，废止原有的国营企业所得税和调节税、集体企业所得税、私营企业所得税，实行统一的内资企业所得税。1994 — 2001 年，区国税局主要负责征收外商投资企业和外国企业的企业所得税。2002 — 2008 年，新注册登记的企业，企业所得税一律由区国家税务局征收。2008 年，国家实行新的企业所得税法，新企业所得税法完成内、外资两套税法体系的统一，税率 25%，非居民企业取得税法规定的所得，适用税率 20%。现行企业所得税法设定免税收入、减计收入、加计扣除、所得减免、抵扣应纳税所得额、减免所得税、税额抵免等税收优惠。如果企业纳税年度发生亏损，准予向以后年度结转，可以用以后年度的所得弥补，结转年限最长不得超过 5 年。2009 — 2014 年，新增企业所得税纳税人中，应缴纳增值税的企业，其企业所得税由国家税务局负责征收管理。

四　金融保险业营业税

1997 年，国务院修订的《营业税暂行条例》中，将金融保险业营业税税率由 5% 提高到 8%，提高的 3% 由国税机关负责征收，划归中央财政收入。

五　储蓄存款利息个人所得税

1999 年 11 月，市国税四分局开征储蓄存款利息个人所得税，采用 20% 的比例税率，由扣缴义务人在结付利息时，代扣利息所得人应纳的税款代为缴库。

第二节 税 收

一 税收收入

市国税四分局成立的1994年，完成税收1133万元。1995年，全局完成税收总收入4028.3万元。其中，增值税、消费税两税收入4008万元，其他税21.2万元。1994—1998年，组织税收收入2.8亿元，5年实现税收收入一年一跨越，是全市国税系统税收任务增收最多、增长最快的基层局。1999年，实现税收过亿元，达13583万元。其中，增值税12408万元、金融保险营业税447万元、所得税726万元、利息税2万元。2005年，税收收入52438万元。其中，增值税、消费税48698万元，企业所得税2585万元，个人所得税1137万元。2007年，税收突破10亿元大关，达106502万元。其中，增值税、消费税100595万元，企业所得税2841万元、外商投资企业所得税592万元、个人所得税2474万元。2014年，全区国税收入迈上15亿元台阶，达155472万元。其中，增值税、消费税123230万元，企业所得税32241万元，收入规模和质量均创历史新高。1994—2014年，株洲高新区、天元区国税收入21年共组织税收117.95亿元，年平均增幅35.43%。

2008—2014年，增值税、消费税增长有起有落。2009年"两税"最少，只有70273万元，比2008年的102088万元下降31.16%；2014年达最高值，为123230万元。所得税中，企业所得税起落与"两税"相差不多，最少2010年只有9899万元，最高2014年32241万元。而储蓄存款利息个人所得税则从2008年起逐年减少，2008年为1253万元、2010年118万元，至2014年全区储蓄存款利息个人所得税为零。

二 税收优惠

出口退税 出口退税是指出口货物退还其在国内生产和流通环节实际缴纳的增值税、消费税。1994年税制改革以来，出口退税政策的调整主要为税率的调整，出口退税率由原来的3%、6%和9%三档调整为5%、9%、11%、15%、16%和17%六档。2014年，区国税局管辖的出口退税企业132户。其中，生产企业79户，外贸企业53户。1994—2014年，全区共退税1.15亿元。

税收减免 1994年，区国税局成立后，即对符合享受再就业税收政策、民政福利企业税收优惠、废旧物资回收企业税收优惠、资源综合利用税收优惠、软件企业退税等优惠政策条件的企业，依法办理税收减免。据不完全统计，1992—2001年，累计为区内高科技企业减免增值税1100万元，所得税过亿元。2014年，为1450户企业减免增值税3.7亿元，为1221户纳税人减免企业所得税1.8亿元，为40户出口退税企业免抵调退税8500万元，减免退税金额6.35亿元，为历史之最。

1994—2014年，全区共减免税收21.67亿元。

1994—2014年株洲高新区、天元区国税税收收入统计表

表17-2-1　　　　单位：万元

年 度	总收入	年 度	总收入
1994	1133	2005	52438
1995	4029	2006	72622
1996	5888	2007	106502
1997	7397	2008	118788
1998	9600	2009	80529
1999	13583	2010	95168
2000	14175	2011	90292
2001	22098	2012	103889
2002	28218	2013	120335
2003	39370	2014	155472
2004	37930	—	—

第三节　税务管理

1994年,全区征管户数950户。2014年7600多户,增加近8倍。税源管理实现“属地管理”向“分类管理”,“管户制”向“管事制”,“单兵作战”向“团队协作”的三个转变,步入科技征管新轨道。

一　税源管控

1995年,税收征管模式为“双人上岗,票款分离,上门征收,手工开票”和“征、管、查三分离”。

2001年,国税天元分局出台《纳税评估办法》,首个在全市系统对纳税人的纳税情况实行三级评估。出台《纳税信誉等级分类管理办法》,首个在全市系统实行纳税信誉等级管理。对个体户税额核定实行定税合议制,首个在全市系统推出税收“阳光工程”。2004年,启用增值税失控发票快速反应机制,积极防范不法分子用失控发票骗取抵扣款。2007年,建立有色金属制造、商贸企业、软件企业三大行业评估模型,当年完成纳税评估511户,评估税款8000余万元。2009年,征管改革按照科学化、规范化、精细化管理要求,加强对重点税源监控和管理,制定《通信

设备、计算机及其他电子设备制造业行业税收管理办法》。在丰泰家具市场、天元建材市场、群丰镇实行委托代征。2010年，强化非正常户、停歇业户和起征点以下户的动态管理，清理漏征漏管户900余户；制定汽车修理业等行业评估模型，评估346户，入库税收4839万元。2011年，扎实开展税源专业化管理，调整机构、岗位和税源管理职责，对4个税源管理科干部进行岗位轮换，优化征管人力资源。成立天易税务分局，做好区划调整后征管交接工作，共接收株洲县迁移注销的纳税人391户。2013年，加强对专业市场、汽配园、写字楼等地漏征漏管户清理工作，入库个体税收1000.92万元。8月1日，顺利实现“营改增”税制改革试点平稳过渡，成功开出全市第一张“营改增”发票。2014年，从区地税局接管“营改增”纳税人增至913户，入库“营改增”税收9254万元，接管户数和入库税款均为全市系统第一。

二 信息管税

1997年，市国税四分局按照“以计算机网络为依托，集中征收”的要求进行改革，在办税大厅逐步实行电子申报、缴税和办理相关税务事项。1998年，实现城乡税收信息数据共享，形成“集中征收，送税上门，电脑开票”的信息管税局面。2001年，全面推行个体税收预储，划卡缴税。开始应用《中国税收征管信息系统》(简称“CTAIS”)，在市系统首个通过CTAIS相关数据验收。2003年，开通分局到市局的2M光纤网，使文件传输速度由过去的每秒8K提高到每秒200K，信息化建设得到加强。分局所辖增值税一般纳税人纳入防伪税控系统管理。2004年，增值税一般纳税人ABC2000电子申报系统正式上线运行，全区一般纳税人全面实现网上申报。2005年，CTAIS系统在全省统一上线，分局成立运管办、数据管理中心，对日常的软件运转、数据质量进行严密监控，提高税收现代化管理水平。对综合征管软件、防伪税控系统、出口退税系统“三大税务软件系统”的数据进行整合，实现信息共享。推行电子申报网上缴税和财税库行关的横向联网工作，有912户纳税人进行电子申报网上缴税，310户小规模纳税人、508户一般纳税人进行财税行关横向联网。2009年，个体经营户全部实现税控机开票，“以票控税”得到全面有效落实。2010年，征管数据管理日趋规范准确，完成1400多户纳税人的财务软件报备管理工作。2012年，信息管税内外并举，通过与药监、医保部门沟通信息，辅导医药行业自查补缴税款44万元。2014年，区国税局在对房地产企业的风险评估中，利用外部信息，通过获取地税局的营业税申报收入与企业所得税申报收入进行分析比对，及时发现房地产企业企业所得税申报收入不及时的情况，通过核查入库税款361万元。

三 依法治税

1994年9月，市国税四分局成立后，认真执行国务院加强依法治税，严格税收管理权限，根据《新征管法及实施细则》要求，通过“清费立税”“无费区”等措施的推行和强化银行、工商、公安、检察、法院、企业主管部门、街道和新闻部门对执法的监督，形成立体的、多部门、多方位的协税合力，净化税收执法环境。2001 — 2002 年，全区有 20 户企业被评为纳税信誉等级 A 类企业。

2004 年，开展对株洲高新区税收优惠政策执行情况的清理检查，对 15 户享受“双高”（高新技术企业认证、高新技术产品认证）税收优惠政策的企业进行全面清理，进一步规范区税收征管秩序。对园区内税收法规执行情况、增值税缴纳情况、新办企业所得税缴纳情况、医药生产及购销企业、货物运输企业等开展税收执法检查。

2011 年，依法治税体系逐步完善，工作范围由规范税收执法行为，逐步延伸到规范决策、制度建设等领域。全面推广应用税务纪检监察管理信息系统。2012 年，与 2000 余户企业签订《税企廉政公约》，自觉接受内外监督评议。2014 年，加强对税收执法考核系统的监控，税收执法考核系统实现零差错。清理公开审批项目，有效杜绝变相审批、随意新设、边减边增、明减暗增、明放暗收等现象。

四　纳税服务

1995 年，提出“不能让一户税源由于我们服务上的差距从株洲高新区流失”的口号，积极推行“阳光行动”，做到“税收政策、办事制度、办税程序”三公开。1999 年，开展以“群众第一，基层第一，优质服务”为内容的“两一一优”竞赛活动，采取“少检查多辅导”“特事特办”“一天办成”等多种方式优化纳税服务，在当年省人大《关于株洲高新区经济发展环境存在的问题》报告中，分局无一问题，得到省市政府领导的高度赞扬。2002 年，在全市国税系统率先推出办税大厅“导税制”，将“首问责任制”深化为“首办责任制”。2003 年，率先在全市系统推出“一站式”服务，为纳税人提供受理、审批、回复等全过程服务。2005 年 8 月 15 日，国家税务总局局长谢旭人一行视察分局，对分局文明优质的纳税服务给予高度评价。2008 年，成立株洲市国税局纳税人学校天元分校，至 2014 年，办班 52 期，义务培训纳税人 19200 人次。2009 年，在办税厅设置纳税人自助服务区，推行全天候服务、限时延时服务、预约服务等个性服务。2010 年，采取“走出去、送上门”的形式，深入企业辅导纳税，解决实际问题。2011 年，积极推行“八项服务”，即导税服务、告知服务、全程服务、限时服务、延时服务、预约服务、提醒服务和自助服务办税。2012 年，推行 38 项“免填单”服务，建立出口退税交流、重点税源等 QQ 群。加强与园区、招商部门信息交流，做好规划或立项的涉税服务，并对高科奶业、时代新材等一批企业出具《税务事项告知书》，提示防范风险。2013 年，完成办税服务厅改造搬迁工作，推行“走进一道门、来到一扇窗、办完一切事”的“一窗多能”办税模式。2014 年，在全市系统首推《天元区国税局税务人员进户执法管理办法》，当年税务人员进户执法 521 户次，月均执法次数比上年减少近三分之二。为此，新华社记者到区局采访做法，并在新华网和新华社《内部参考》予以报道。区国税局代表全省系统在国家税务总局抽查的纳税人满意度调查中名列前茅，为湖南省国税局夺得全国系统前十名。

第三章 地方税务

1994年9月，株洲市地方税务局河西分局批准成立，内设办公室、计会科、管理检查科。1997年8月，河西分局更名为株洲市地方税务局第四分局。2004年10月，株洲市地方税务局第四分局更名为株洲天元区地方税务局。2011年7月，株洲天元区地方税务局升格为副处级单位，更名为株洲高新区（天元区）地方税务局，株洲高新区地方税务局和天元区地方税务局为一个机构，两块牌子。内设办公室、人事教育科、监察审计室、收入规划核算科、税政法规科、征管和科技发展科、税源管理一科、税源管理二科、税源管理三科等9个科室，办税服务厅、稽查局2个直属机构，第一税务分局、第二税务分局2个派出机构。成立以来，获得国家级荣誉3项，省、部级荣誉20余项，地厅级荣誉70余项。1994—2014年，先后有费锡奇、董锋、谭旭日、毛东庆、陈正跃任局长。

第一节 税 种

1994年9月，国家实施财税体制改革，省以下分设国家税务局和地方税务局。株洲高新区（天元区）地方税务局征收的税种有营业税、企业所得税、个人所得税、印花税、土地使用税、城市维护建设税、屠宰税。中央地方共享税种有营业税、个人所得税、地方企业所得税、资源税、房产税、城市房地产税、城镇土地使用税、耕地占用税、车船使用税、车船使用牌照税、城市维护建设税、印花税、固定资产投资方向调节税、契税、屠宰税、筵席税、土地增值税、农业税、农业特产税、牧业税、教育费附加。

2000年1月1日，对《中华人民共和国固定资产投资方向调节税暂行条例》规定的纳税义务人其固定资产投资应税项目发生的投资额征收固定资产投资方向调节税。2004年1月1日，取消农业税。暂停征收固定资产投资方向调节税。2006年2月17日，停止征收屠宰税。2007年1月1日，开征车船税。2008年1月1日，开征地方教育费附加。2010年9月1日，契税、耕地占用税的征管职能从财政部门统一划转至地税部门征收管理。2013年8月1日，在交通运输业和现代服务业实行营业税改增值税，2014年6月1日扩大到邮政业和电信业，营业税范围呈逐渐缩小趋势。至2014年，株洲高新区（天元区）地税局征收的税费有营业税、企业所得税、个人所得税、印花税、耕地占用税、城市维护建设税、资源税、房产税、契税、城镇土地使用税、车船税、土地增值税、教育费附加、工会费、残疾人就业保障基金、水利基金、文化事业建设费等。

第二节 税 收

1994 年国税、地税分设后，全区地方各税收入逐年增长，从 1994 年完成税收 1700 万元至 2014 年完成税收 29.02 亿元，21 年间增收 28.85 亿元，增长 16.97 倍。收入结构上，营业税一直是地税主体税种。1995 年，营业税总收入 679.54 万元，2014 年营业税收入 109992.90 万元，20 年内增长 160.86 倍。期内营业税占总收入比重经历先上升后下降的趋势，从 1995 年的 35.74%，上升到 2005 年的 52.96%，至 2014 年下降为 39.09%。收入增加，比重先升后降的还有教育费附加、房产税、企业所得税。印花税和城建税虽收入增加，但占总收入的比重则明显下降，城建税尤其突出。1995 年，城建税收入 612.49 万元，至 2014 年增加到 13123.04 万元，收入绝对数增长 20.43 倍，占总收入的比重由 31.68% 下降到 4.66%。

区地税部门在积极征税的同时，发挥职能作用，用好用足国家税收优惠政策扶持涵养税源，减免税款力度逐年加大。1995 年，共减免税额 18.43 万元。其中，针对新办企业减免 13.5 万元，占比 73.25%；2000 年，共减免税额 29 万元；2006 年，共减免税额 671.55 万元；2011 —2014 年，分别减免税额 3953.84 万元、5165.59 万元、2590.61 万元和 3779.61 万元，4 年共减免 15489.65 万元。

1994—2014 年株洲高新区（天元区）地方税收完成情况统计表

表 17 - 3 - 1　　单位：亿元

年 份	税 额	年 度	税 额
1994	0.17	2005	2.30
1995	0.19	2006	2.80
1996	0.22	2007	3.45
1997	0.41	2008	4.09
1998	0.41	2009	5.72
1999	0.37	2010	6.90
2000	0.53	2011	10.57
2001	0.72	2012	14.03
2002	0.89	2013	17.19
2003	1.11	2014	29.02
2004	1.60	—	—

第三节 税 源

株洲高新区（天元区）地方税务局主要税源为：房地产、建筑安装、高新技术企业、工业企业、行政事业单位、服务行业企业、个体工商业户和其他行业等。

1995 年，入库的服务业营业税占营业税总量的比重位于第一，占 37.23%；房地产、建安行业税收排名第二，占 35.80%；交通运输、仓储及邮电通信业税收排名第三，占 8.35%。2000 年，服务业营业税占营业税总量的比重仍位于第一，占 37.60%；交通运输、仓储及邮电通信业税收排名迅速上升到第二，占 32.06%；房地产、建安行业税收排在第三，占 24.27%；至 2001 年，房地产、建安行业在营业税占比中超越其他行业高居榜首，占 36.29%；交通运输、仓储及邮电通信业第二，占 35.16%；服务业占比有所下滑，占 24.66%。从 2001 年开始，房地产、建安行业逐渐成长壮大起来，占据地方税收的“半壁江山”。区地税局加大对房地产、建安税收的管理力度，对重点税源实行跟踪服务，及时为企业提供税收政策服务，强化日常税收征管，建立户籍式税源台账，把辖区内应税房产和土地逐一登记造册，及时掌握纳税人土地、房产增减变动和形态变动，堵塞税收征管漏洞，挖掘税收增长点。2010 — 2014 年，其间遭遇房地产“寒冬”，房地产、建安行业对收入贡献依然最大，尤其是 2011 年，建安行业税收占地税总收入 35.82%。2013 年，房地产业税收占总收入 34.27%，建筑业对税收贡献度从 2011 年开始虽有所下降，但均保持在 20% 以上。5 年中，房地产业和建筑业对税收贡献度均超过 50%，逐渐成为地税收入增长的主力军。2011 年后，实体经济持续低迷，制造业在收入总额中所占比重呈现连年下降态势，地税部门落实国家税收优惠政策，培养株洲时代新材料科技股份有限公司、株洲钻石切削刀具股份有限公司等企业成为制造业行业稳定税源企业；而住宿、餐饮业、文化、体育和娱乐业税收比重均连年降低。2014 年，租赁和商务服务业对税收总额贡献度达 25%，成为新的税源增长点。

2010 — 2014 年株洲高新区（天元区）地税收入税源分析表

表 17 - 3 - 2　　单位：万元

行业	2010年		2011年		2012年		2013年		2014年	
	入库数	占全年收入比重(%)	入库数	占全年收入比重(%)	入库数	占全年收入比重(%)	入库数	占全年收入比重(%)	入库数	占全年收入比重(%)
制造业	10276.75	14.91	13861.05	13.11	16992.58	12.11	21843.57	12.71	27636.66	9.52
建筑业	19230.33	27.90	37879.6	35.82	40444.71	28.82	45930	26.72	62712.79	21.61
房地产业	19715.19	28.60	27603.84	26.10	45291.60	32.27	58897.13	34.27	88334.28	30.44

续表 17 - 3 - 2

行业	2010年		2011年		2012年		2013年		2014年	
	入库数	占全年收入比重(%)	入库数	占全年收入比重(%)	入库数	占全年收入比重(%)	入库数	占全年收入比重(%)	入库数	占全年收入比重(%)
批发和零售业	1945.30	2.82	2272.11	2.15	2866.24	2.04	3771.46	2.19	4322.15	1.49
住宿和餐饮业	4817.48	6.99	5940.23	5.62	7873.23	5.61	7432.27	4.32	5866.10	2.02
租赁和商务服务业	4883.19	7.08	7313.51	6.92	12304.96	8.77	15045.78	8.75	72559.28	25
居民服务、修理和其他服务业	4340.75	6.3	5458.49	5.16	8970.50	6.39	12301.86	7.16	19791.02	6.82
文化、体育和娱乐业	999.23	1.45	1265.74	1.2	1260.95	0.9	1091.29	0.63	856.93	0.3
其他	2722.87	4	4155.39	3.92	4325.74	3.08	5560.72	3.24	8159.45	2.81
合计	68931.09	100	105749.96	100	140330.52	100	171874.10	100	290238.7	100

第四节　税务管理

一　税收征管

1995 年 4 月，株洲市地方税务局河西分局在全区范围内对地方税纳税人进行全面税务登记。征收方式上，采取查账征收和定额征收相结合的办法，对账务健全、核算准确的私营企业采取按实缴纳、年底结算办法征收。税源控管上，采取源泉管理和发票管理相结合的办法。承租人凭发票付租金，迫使出租房屋的纳税人到办税服务厅开具发票。1998 年和银行合作，开发个体工商户划卡缴税系统，在纳税申报期内通过税务部门向协议银行发出指令，银行按期从纳税人预先存入资金的专用账户上划缴税款。1994 年 4 月至 2008 年，地税纳税申报主要采取直接上门申报、电子申报、简易申报等方式，并逐渐采用网上申报方式。2009 年，开始启用大集中系统，从根本上改变税收数据条块分割管理模式，为税收分析和精细化管理奠定坚实基础。

2014 年，网上申报开通率 99.13%。启用自助办税终端，为纳税人提供 24 小时自助办税服务，提升信息化纳税服务水平。推广“信息管税”系统，创新推出“一表、一单、一巡查、一比对、一评估”征管方式，重点评估房地产行业，通过纳税评估，督促纳税人补充申报地方各税 1899 万余元；推进综合治税，各相关部门实行信息共享；委托国税、邮政窗口代征地方税费 272.3 万元。同年，全区办理税务登记的企业纳税人 7765 户，个体及合伙企业纳税人 2928 户。

二 票证管理

区地税局的票证包括内部使用的税务类票证和外部使用的发票类票证。内部使用的税务类票证包括通用完税证、代扣代缴完税证、税收通用缴款书等；外部使用的发票类票证包括企业特别申请印制的发票、行业通用发票、复写式发票、裁剪式发票等。从成立起，内部使用的税务类票证由计会科负责对票据的领发、审核、检查和缴销。成立之初，外部使用的发票类票证由管理检查科发票站负责领发、审核、检查和缴销。1997年，外部使用的发票改由办税大厅负责管理。2005年以后，所有票证纳入发票管理系统实行计算机管理，分级管理，内部使用的税务类票证由计划财务科负责管理，外部使用的发票类票证由征管和科技发展科发票站管理，在办税服务中心设立票证管理员，与票证管理部门对接，负责窗口票证领发、审核、检查和缴销，票证管理逐步规范化。

2000年，经上级批准，开展发票违章举报有奖活动，在区内经营饮食服务、娱乐业的单位和个人不向消费者提供《湖南省株洲市饮食娱乐定额发票》，而是提供白条、收据或其他发票，消费者可持盖有经营单位或个人的公私章的白条、收据或其他发票到违章发票举报中心举报。2003年，启动服务、娱乐业发票刮奖活动。2008年，推广税控机，借用科技手段实时记录纳税人发票开具信息，强化发票管理和税源监控。

2013年8月1日起，交通运输业和部分现代服务业实行营业税改增值税，这些行业的地税发票于当年底全面停用。

三 税务稽查

2011年，区地税稽查局成立，对纳税人生产经营活动中的偷、逃、抗、骗、漏税及滞纳情况进行查处，特别是加大对“钉子户”“漏管户”以及在社会上有一定影响案件的查处力度。通过不断完善与工商、公安等部门的合作机制，建立与工商、公安、国税等部门的工作联系制度，共同查处一批税收违法案件。2012年，重点打击查处建安企业假发票案件，当年查获假发票案6起，涉案金额3000余万元，补税、罚款近200余万元。2014年，重点稽查对象为房地产、建安企业以及股权转让行为，完成检查户数121户，处理举报案件10起，查补入库税费及滞纳金、处以罚款2413.62余万元。

第四章 金 融

1992年株洲高新区建区时，金融机构仅城郊信用社一家。随着改革开放加快推进，河西的开发建设，金融保险机构相继落户株洲高新区、天元区。1994年，中国平安财产保险股份有限公司和平安人寿保险股份有限公司成立株洲中心支公司落户株洲高新区。1997年12月，株洲市天元区农村信用社联合社成立。2000年后，中国银行、中国人民银行、中国农业发展银行、兴业银行、上海浦东银行、交通银行、招商银行、光大银行、长沙银行、中信银行、工商银行等股份制商业银行入驻天元区。同时，中国人寿保险、太平洋保险、天安产险、安邦产险、大地产险、都邦产险、长安责任、永诚产险、民安产险、南车时代高新投资担保公司、丰叶担保责任公司、湖南兆富投资担保公司、银行小额贷款等20多家金融、保险机构陆续入驻天元区。随着株洲高新区和天元区高新技术产业发展加快，企业对金融服务的需求日益增多。株洲高新区、天元区积极改善金融环境，提高金融服务水平，以推动企业更快更好发展。

2003年，株洲高新区设立金融服务局，帮助企业多渠道筹措资金，推进高新技术产业化进程。当年为企业落实各项贷款4.39亿元。先后与国家开发银行、湖南省农业银行、株洲市工商银行签订65亿元授信贷款合同。

2004年，向金融机构推荐72个质量好的项目和企业，推介资金7亿元，为区内企业争取各类货币资金贷款5.24亿元。银行承兑汇票等其他金融工具支持2.19亿元，争取银行授信额度24.45亿元。制定出台《产业发展贷款贴息资金各类办法（试行）》，组织11个贴息资金项目评审。组织召开第一次株洲高新区银政合作座谈会和株洲高新区金融午餐会，出台加强银政合作工作备忘录和支持企业申贷基本流程。

2005年，积极与金融单位联络，努力构建良好的政银企合作关系，全年组织各类银政企座谈会15次，向银行推介项目72个，共向银行争取各类资金支持6.1亿元。完善《高新区中小企业贷款贴息资金管理办法》，适时调整贴息资金方向，发挥贴息资金的引导作用。向精工硬质合金有限公司等13个项目拨付贴息资金124万元。成功接管原金桥担保公司，改组重建株洲火炬投资担保公司，为园区中小企业提供了较好的投融资平台。

2006年，金融服务中心和株洲火炬担保公司全面规范运作。金融服务中心为18个项目发放贷款贴息287万元。株洲火炬投资担保公司与株洲明日硬质合金有限公司签订160万元的贷款担保业务，并完成多个担保项目的评审。全年河西示范园企业新增贷款5.9亿元。株洲高新区管委会和天元区政府与中国人民银行株洲市中心支行联合下发《关于开展企业资信评级，促进中小企业成长的实施意见》文件，开展高新区金融生态环境建设。

2007年，向金融机构推介优质服务项目38个，推介资金7.4亿元，协助企业获得贷款2.7亿元。通过对20家申报贷款贴息企业进行认真审查、筛选，给予株洲钻石切削刀具股份有限公司等11家企业贴息资金124万元。为3家企业担保贷款5笔，担保贷款总额780万元。与中国进出口银行签署《中国进出口银行支持株洲高新区建设国家科技兴贸出口创新基地合作框架协议》，使3家企业获中国进出口银行湖南省分行53亿元授信。

2008年，积极创新服务手段，增加企业融资途径，搭建高新区自主融资辅导平台，组织高科集团、钻石切削等4家企业申报发行湖南省中小企业集合债券，推介小企业互保贷款工作。组织召开政银企及社会中介机构联席会议，协调招商、兴业2家银行为株洲高科集团融资1.1亿元，督促指导沃尔得等6家企业完善国家开发银行共6.16亿元贷款项目的申请资料。组织企业向湖南省融资合作洽谈会申报融资项目15个，申请资金2.54亿元。向高新创业投资担保有限公司推荐沃尔得等8个担保项目，担保额度1600万元。

2009年，拓宽企业融资渠道，积极推进园区企业上市工作，有10家企业进入上市培育名单。推动企业债券发行，为担保公司推荐优质项目，有3家企业获得贷款担保，总金额1290万元。组织11家银行和园区企业参加的政银企合作洽谈会。

2012年6月，株洲高新区与浦发银行株洲支行合作成立全市首家区科技银行。当年发放贷款14笔，为科技型、创新型中小企业授信4090万元，发放贷款2668万元。2013年，天元区科技银行发放贷款20笔，为中小型企业授信1亿元。

2014年，株洲高新区与浦发银行、建设银行、华融湘江银行、招商银行4家银行建立合作关系，并与株洲市中小微企业风险补偿基金签订合作协议，凡所有业务纳入市区合作风险补偿基金范围内市区各担50%的风险。株洲高新区管委会投入风险补偿基金1亿元，当年发放贷款36笔，为园区企业发放授信额度1.2亿元，贷款余额1.3亿元。至2014年底，株洲高新区、天元区范围内有政策性银行2家，国有及股份制商业银行机构17家，保险公司22家，融资性担保公司5家，小额贷款3家，证券公司4家。分布100多家金融网点、机构和金融中介，汇集全市接近70%的金融机构总部。2014年，19家驻区银行累计实现存款余额1460.2亿元，贷款余额827.1亿元。

第一节　天元区农村信用合作联社

株洲市天元区农村信用合作联社（简称“天元区联社”）位于株洲市天元区长江北路277号，1997年12月成立。网店分布辖区各地。天元区联社作为扎根本土的地方金融机构，承担为“三农”、社区、园区提供金融服务。成立后各项业务快速发展，经营管理及文明建设成效显著。2008—2014年，连续7年获评株洲高新区金融创新奖；2011年，获评省联社优胜奖；2012年、2014年被市委、市政府授予文明建设先进单位称号。组织职工参加“动力新区，乐业天元”岗位技能比武，囊括专业组点钞比赛前三名。截至2014年末，各项存款余额23.47亿元，各项贷款余额11.97亿元，在岗员工142人。

一　机　构

1997年12月，天元区联社成立时，内设办公室、业务股、财务股、计划信股、稽核股、保卫股；下辖河西、嵩山、天台山3个信用社，马家河、群丰2个农村信用社以及城南、天府、八一、芦淞、中心、炎帝、长江、保利、城中 14 个信用分社。

2000 年 3 月，株洲市城郊农村信用社联合社中心信用社及所辖的桥西、南大门、滨江、火车站、银兴、贺家土、金鑫、文化路、杉木塘、天台、解放街、三角叉 12 个信用分社合并到天元区联社。

2001 年 4 月，与株洲市城郊农村信用社联合实施以“湘江为界，划江而治”的机构重组方案。此次重组划出 1 个信用社（中心信用社）及河东 14 个信用分社，划出人员 63 人。下半年，再次撤并长江和保利分社。至 2001 年末，天元区联社有 5 个信用社，1 个营业部，9 个信用社分社，较年初减少 1 个信用社，16 个信用分社。

2007 年 5 月，天元区联社完成由二级法人向统一法人改革。

2007 年 8 月，完成代办站撤并工作，对原代办站人员进行清退、补偿、安置、网点整合、管理、善后等工作，撤并代办站 20 个，清退代办员 20 人。

2007 — 2008 年，整合网点，优化资源配置，对天元区内 18 个营业网点按照“强化服务、优化配置、节能提效、打造精品”原则，撤并低效网点 8 个，新设响塘、妙泉分社。2008 年底，有营业网点 10 个。分社实行扁平化管理和综合柜员制。

2009 — 2014 年，天元区联社辖河西、天台山、嵩山、群丰、马家河 5 个信用社，1 个营业部，4 个分社，共 10 个营业网点。1997 —2014 年，先后有唐贤东、李国赐、谭勇、何联兵任联社主任（理事长）。

二　金融业务

天元区联社自成立后，主要承办吸收公众存款，发放短、中期和长期贷款，办理国内结算，办理票据承兑与贴现、代理发行、代理兑付、承销政府债券，买卖政府债券、金融债券，从事同业拆借，代理收付款项及代理保险业务，经中国银行业监督管理机构批准的其他业务。

2005 年，湖南省农村信用社联合社成立以后，天元区联社相继推出一系列金融业务品种满足客户需求。开办大额支付系统，6 月成功接入省联社清算中心，并上线运行大额支付系统，实现异地资金汇划实时到账，异地资金汇划 60 秒内即可到账。12 月顺利并入湖南省农村信用社联合社综合业务网络系统，实现全省联网。

2006 年，开通小额支付系统，通过系统办理各项跨行结算业务，为企事业单位和居民提供快速、高效、安全的支付清算服务，提高银行资金运转速度。开通国库信息处理系统，单笔实时冲正，定时批量扣税和止付交易。推出福祥卡业务，10 月在联社内部员工中发行，12 月对外发卡。

2009 年 6 月，在全市率先开发农村土地承包经营权抵押贷款。当年，发放农村土地承包经营权抵押贷款 580 万元。7 月，推出“心连心”创业循环贷款，当年发放循环贷款 36 笔，金额 1.62 亿元。

2011 年，推出公务员消费贷款、出租车经营贷款、建材租赁贷款等信贷新产品。全年营销公务员消费贷款 2320 万元、出租车经营贷款 1860 万元、建材租赁贷款 1360 万元。

2012 年，整合推出财富通、商户发、诚贷宝、惠农桥四大类 16 个信贷产品，并制作成精美的产品手册广泛宣传。

2013 年 8 月，推出福祥便民卡。当年发放福祥便民卡 102 张，金额 4250 万元。该卡除贷款功能外，还具有普通借记卡现金存取、转账、POS 消费、网上支付、代收代付、自助银行、网上银行、电话银行等全部功能，在境外 135 个国家和地区有银联标志的 ATM 和 POS 机上均可使用。

2014 年，全面推广电子银行业务。全年营销福祥借记卡 29687 张，累计发卡 119150 张；其中营销 IC 社保卡 15274 张；营销福祥惠民卡 2481 张，营销福祥便民卡 450 张；新开通手机银行 8233 户、电话银行 7364 户、网上银行 2080 户、短公益广告通 13116 户。

三　管理机制

2003 年 6 月，国务院印发《深化农村信用社改革试点方案的通知》，农村信用社定位为农民、农业和农村经济发展服务的社区性地方金融机构；通过分类实施股份制、股份合作制、合作制等各种产权制度，使信用社真正成为“自主经营、自我约束、自我发展、自担风险”的市场主体。

2007 年 5 月，天元区联社，完成二级法人向统一法人改革后，年末账面盈余 19.13 万元，实际经营利润 50.9 万元，首次实现整体赢利，改变长期以来亏损的历史。

2008 年 3 月，成功兑付央行票据 2763 万元。2012 年，积极推进农商行改革，全面完成股金改造，全辖资格股全部转化为投资股。

2014 年，全力推进天元、城郊 2 家城区联社整合组建株洲农村商业银行。天元区政府组织召开清收农村信用社不良贷款动员大会，全年收回不良贷款 3110 万元；切实做好资产确权工作。至年末，97 处需确权的房产，已办理好确权手续的 61 处，占比 67.03%，48 宗需确权的土地，已完成确权的 19 宗，占比 39.28%。

四　金融服务

天元区联社作为天元区本土地方性金融机构，积极履行社会责任，主动适应市场，细分市场，以信贷产品创新为着力点，努力打造特色金融服务，先后研发推出 20 多个信贷产品。2013 年，相继成立商贷中心、微贷中心、小额农贷中心，全力支持实体经济发展，支持一大批企业、个体工商户发展壮大。

服务“三农” 天元区联社为农户量身定制小额农户信用贷款、农户联保贷款、夕阳红幸福农贷等信贷产品。2009 年 7 月，创新土地流转贷，扶持特色农业发展。2009—2014 年，发放农村土地承包经营流转权抵押贷款3.8亿元。主动与天元区财政局协作建立财政补助资金代发平台，积极做好粮补、直补、低保资金、“新农保”资金的代发工作。2012—2014年，为辖区内1390余户农民发放粮补和直补资金1600万元；为1.3万余户低保人员发放低保资金1800余万元；加强与社保局对接，做好社保IC卡和惠民卡的发放工作。先后在群丰镇、雷打石、马家河镇新设石塘村、新塘村、江璜村、胜塘村、太高村5个“村村通”助农取款金融服务点，使农村客户足不出村就能享受到便捷、高效的金融服务。在乡镇村组设立自助网点5个，安放自助机具18台，延伸农村金融服务的广度和深度。2014年末，天元区联社涉农贷款余额2.42亿元。

服务园区企业 2011—2014年，天元区联社发放38亿元支持480余家园区企业发展。2014年，加入高科企业联合会并成为副会长单位，主动对接汽配园、高科动力谷和新马金谷等园区，并开发企业高管便民贷、园区企业快捷贷、厂户按揭贷等系列信贷产品。

服务就业 天元区联社为商户量身打造信贷产品，相继开发商铺抵押贷、商户联保贷、商场担保贷、商会担保贷、POS机流量贷、创业贷等同贷产品。2013—2014年，累计发放商户贷款10.25亿元。其中创业贷主要针对高校毕业生、下岗失业人员、失地农户等群体创业所需的融资需求，2014年，通过株洲丰源投资担保有限公司担保的方式，推出创业贷款，当年发放创业贷款6800余万元，支持516名高校毕业生、失业人员、失地农民等就业创业。

服务财源建设 天元区联社贷款的中小企业有400余家，个体工商户有3000余个，年创税收2亿元。随着业务的发展，天元区联社自身纳税连年递增。2011年，天元区联社上缴各项税费920万元、2012年1520万元、2013年1800万元，2014年2050万元。

第二节 驻区银行

境内是银行机构的集中驻地。2014年，境内驻有政策性银行2家，除天元区联社外国有及股份制商业银行机构17家，占全市银行总数的80%以上。而分行机构不驻境内的中国建设银行株洲市分行、中国农业银行株洲分行均在境内设有支行和多家营业网点。

一 中国人民银行

中国人民银行株洲市中心支行 2002年5月1日，中国人民银行株洲市中心支行机关从河东搬至天元区天台路11号。该行是中国人民银行在株洲的派驻机构。2014年设有办公室(党委办)、货币信贷管理科、调查统计科、征信管理科、会计财务科、科技科、货币金银科、国库科等17个职能科室。下辖醴陵支行、攸县支行、茶陵支行3个县支行。2014年末，全市各项存款本外币并表余额2064.9亿元，各项贷款本外币并表余额1114.2亿元。

二 中国农业发展银行

中国农业发展银行株洲分行 成立于1996年12月。2000年7月自株洲市芦淞区建设南路16号迁入天元区长江北路128号。迁入时,有员工106人,内设机构6个。至2014年年,内设办公室、资金计划部、客户服务部、信贷管理部、风险管理部、财务会计部、信息科技部、人力资源部、监察审计部9个部门。下辖株洲市分行营业部、株洲县支行、醴陵市支行、攸县支行、茶陵县支行(含炎陵县业务组,其业务于2005年4月并入茶陵县支行)6个机构,员工137人。

迁入时,中国农业发展银行株洲分行的业务范围主要是粮食信贷业务,后几经拓展,至2014年,业务范围发展为政策指令性贷款(主要是粮食收购和调销贷款)、政策指导性贷款(农村流通体系贷款、水利设施贷款、农民集中住房建设中长期贷款)、商业性贷款。2014年,分行累放各项贷款29.92亿元,累收21.56亿元,净投放贷款8.36亿元,年末余额67.89亿元;各项存款余额26.06亿元;实现总收入42546万元,其中中间业务收入679.32万元,账面利润1.32亿元,人均利润94万元;国际业务结算量368.8万美元;不良贷款连续4年保持为零。在全省系统绩效考评中,居全省系统第一名。

三 商业银行

中国建设银行股份有限公司株洲分行 1954年10月成立,行址株洲市建设南路85号金融大厦。辖33个支行、1个营业部、1个财富管理中心,16个分行内设机构,员工总人数707人。2014年,存款余额303.77亿元,贷款余额147.49亿元。该行分行机构虽不驻辖区,但在天元区境内有栗雨、城西、长江南路、湘江、长江、金盾、黄山、湘银等8家支行和分理处,有24小时自助银行10家。

中国农业银行股份有限公司株洲分行 1964年2月成立,行址株洲市建设南路85号金融大厦。下辖9个县级支行和1个营业部,66个营业网点,在岗员工1182人。2014年末,各项存款222.38亿元,各项贷款105.01亿元。该行分行机构虽不驻辖区,但在天元区境内有农兴、庐山路、株洲学苑、天河、株洲高新技术开发区、天鑫、汇元7家支行和分理处,有24小时自助银行8家。

中国银行股份有限公司株洲分行 1982年成立,行址天元区天台路61号。辖31个机构,36个营业网点,员工总人数643人。2014年,全行资产总额211.11亿元,存款余额202.36亿元,贷款余额103.5亿元。其中在天元区境内有株洲大道、庐山路、长江北路、黄河北路、珠江南路、花园、泰山路、滨江等8家支行和分理处,1个分行营业部,有24小时自助银行11家。

中国工商银行股份有限公司株洲分行 1984年成立,行址天元区天台路35号,下设12个一级支行,13个直管支行,有营业网点46个,员工人数1051人。2011年,获国家、省工商银行宣传思想文化工作先进集体、湖南省分行中间业务价值贡献奖;2013年,获省工商银行新产品卓越奖、株洲市金融目标考核一等奖。2014 年，存款余额 210.99 亿元，贷款余额 109.29 亿元。天元区境内有栗雨、湘工大、长江路、春光、天园、株洲开发区、汇源、珠江路、黄河路等支行，1 个分行营业部，有 24 小时自助银行 11 家。

中国邮政储银行株洲市分行 2007 年 3 月成立，行址天元区嵩山路 298 号，有营业网点 42 个，其中在天元区境内有长江北路和滨江 2 个支行，1 个分行营业部，1 个储蓄所，3 个 24 小时自助银行。2014 年，实现存款余额 165.33 亿元，实现贷款余额 25.17 亿元。

兴业银行株洲支行 2007 年成立，行址株洲天元区联谊路 86 号。有 2 个营业网点，员工总人数 70 人，2014 年支行实现存款余额 43.67 亿元，贷款余额 25.74 亿元。

上海浦东发展银行株洲支行 2007 年成立，行址天元区天台路 123 号金茂尚都 1 ~ 4 楼。营业网点 3 个，员工人数 73 人。2011—2014 年，获中国银行文明规范服务千佳示范单位、中国银行业文明规范服务五星营业网点、湖南省文明窗口单位等称号。2014 年，实现存款余额 44.89 亿元，实现贷款余额 31.79 亿元。

交通银行股份有限公司株洲分行 2008 年成立，行址株洲市天元区长江北路 2 号。设有 5 个营业网点，员工总数 87 人。2012 — 2014 年，获省分行全面风险管理优胜单位、金融机构征信业务工作先进单位等多项荣誉。2014 年，实现存款余额 37.9 亿元，实现贷款余额为 29.8 亿元。

招商银行股份有限公司株洲支行 2008 年成立，行址天元区泰山路 216 号，设有 4 个营业网点，员工总人数 76 人。2014 年，实现存款余额 23.3 亿元，实现贷款余额 19.67 亿元。

光大银行股份有限公司株洲分行 2009 年成立，行址天元区庐山路 399 号，设有 5 个营业网点，员工人数为 94 人。2012 — 2014 年，先后获总行先进集体、湖南省银行业文明规范服务百佳示范单位等多项荣誉称号。2014 年，光大银行株洲分行实现存款余额 41.3 亿元，实现贷款余额 32.38 亿元。

长沙银行株洲支行 2009 年成立，行址天元区银天广场 39 号，设有 8 个营业网点，员工人数 185 人。2014 年，长沙银行株洲支行实现存款余额 84.96 亿元，贷款余额 50.61 亿元。获株洲市银行工作先进单位、株洲市银行业金融机构工作目标考核一等奖等荣誉。

中信银行股份有限公司株洲支行 2010 年成立，行址天元区滨江北路 111 号。设有 5 个营业网点，员工总数为 105 人。2014 年，中信银行株洲支行实现存款余额 52.65 亿元，实现贷款余额 28.48 亿元。2014 年被评为株洲市文明建设先进单位。

华融湘江银行株洲分行 2010 年由株洲市商业银行改制而成立华融湘江银行，行址天元区泰山路 60 号，设有 31 个营业网点，员工总人数 655 人。2010—2014 年，被湖南省国税局评为 A 级纳税信用单位，获得天元区政府金融创新奖。2014 年，华融湘江银行实现存款余额 192 亿元，实现贷款余额 113 亿元。

中国民生银行株洲支行 2011 年成立，行址天元区长江北路 113 号耀华大厦，设有 2 个营业网点，员工人数 54 人。2012 年，获株洲市金融创新先进单位。2014 年，民生银行株洲支行实现存款余额 20.05 亿元，实现贷款余额 22.76 亿元。获株洲市文明建设先进集体称号。

广发银行株洲支行 2011 年成立，行址在天元区庐山路 69 号综合楼 1 ~ 3 楼。设有 2 个营业网点，员工 33 人。2013 —2014 年，获广发银行长沙分行成长进步奖。2014 年，存款余额 19.9 亿元，贷款余额 12.1 亿元。

华夏银行株洲支行 2012 年成立，行址天元区庐山路 277 号慈善大厦，设有 1 个营业网点，员工总数 25 人。2014 年，实现存款 15.36 亿元，实现贷款余额 16.01 亿元。是年被华夏银行总行评为先进单位。

渤海银行株洲支行 2013 年成立，行址天元区天台路 7 号，办公建筑面积 500 平方米，设有 1 个营业网点，员工总数为 26 人。2014 年，实现存款余额 10.4 亿元，实现贷款余额 12.42 亿元。被渤海银行总行评为 2014 年度先进支行。

第三节 保 险

1993 年 5 月，中国人民保险公司在株洲高新区设立支公司，承保 20 多个险种。1994 年，中国平安财产保险股份有限公司和平安人寿保险股份有限公司相继成立株洲中心支公司落户株洲高新区。随后，中国人寿株洲分公司进驻株洲高新区。21 世纪以后，天安财险、大地保险、中华保险、太平财险、安邦财险、国寿财险、长安责任保险、永诚财险、民安财险、太平人寿、英大财险、华泰财险、紫金财险、华夏人寿、吉祥人寿、安邦人寿等相继入驻天元区。截至 2014 年，在天元区设立的市级保险公司 22 家。22 家保险机构当中，其中财险公司占 14 家，实现保费收入 8.15 亿元，占全市 19 家财险公司保费收入的 58.10%；寿险公司 8 家，是年实现保费收入 17.03 亿元，占全市 22 家寿险公司保费收入的 63.8%。

一 财产保险

中国平安财产保险股份有限公司株洲中心支公司 1994 年 12 月成立，地址天元区神农广场金座 8 楼。经营车险、财产险、工程险、货运险、责任险及意外健康险等各种法定产险业务，险种 200 多个。1995 年，株洲平安跻身全国平安系统三级机构十强，被省人民银行和省金融工会授予“3351”金融质量工程、先进单位集体；多次获市政府授予的财税金融工作先进单位。2014 年，实现保费收入 26654 万元。

中国人寿财产保险股份有限公司株洲市中心支公司 2008 年 1 月成立，地址天元区珠江南路 555 号 3 楼 306 号。经营财产损失保险、责任保险、信用保险和保证保险、短期健康保险和意外保险等。多年来，公司始终坚持“成己为人、成人达己”的核心理念，公司保费收入在株洲财险行业名列前茅，多次在株洲市公务用车定点保险政府采购招标中以良好的成绩入围。2014 年，公司实现保费收入 14369 万元。

中华联合财产保险股份有限公司株洲中心支公司 2005 年 9 月成立，地址天元区长江北路 368 号湘银大厦 8 楼。公司理性经营，稳健发展，连年被评为全省系统先进单位，占据株洲财产险市场 15% 以上的市场份额，为国家政策性农业保险指定承办机构，承担株洲市政策性农业保险。2008 年、2009 年、2010 年连续 3 年被市政府评为金融系统保险工作先进单位。2014 年，实现保费收入 20908 万元。

中国大地财产保险股份有限公司株洲中心支公司 2005 年 9 月成立，地址天元区天台路 3 号建设银行 8 楼。秉承“诚信为先、稳健经营、价值至上、服务社会”的经营理念，拓展业务范围，服务广大民众。2014 年，株洲公司实现保费收入 4130 万元。

太平财产保险有限公司株洲中心支公司 2005 年 12 月成立，地址天元区韶山路 215 号长江中央商务大厦 B 座 13 层楼。经营范围为财产损失险、责任保险、短期健康保险、意外伤害保险等业务。2014 年，实现保费收入 714 万元。

安邦财产保险股份有限公司株洲中心支公司 2006 年 2 月成立，地址天元区神农广场北侧 B 栋（金座）。经营财产保险、责任保险、信用保险、保证保险、短期健康保险、意外伤害保险及上述保险的再保险业务。2014 年，实现保费收入 1766 万元。

长安责任保险股份有限公司株洲中心支公司 2008 年 8 月成立，地址天元区天台路 169 号中国工商银行开发区支行 6 楼。经营一般性的财产保险、信用保险、保证保险等险种外，主要以土木工程项目质量责任保险为特色，在工程风险评估和控制等方面具有专业优势。2014 年，实现保费收入 2005 万元。

永诚财产保险股份有限公司株洲中心支公司 2009 年 2 月开业。地址天元区庐山路 333 号福泰国际 1 栋。经营财产损失保险、责任保险、信用保险、保证保险、短期健康保险、意外伤害保险。2014 年，实现保费收入 958 万元。

天安财产保险股份有限公司株洲中心支公司 2003 年 8 月成立，地址天元区嵩山路 288 号湖南日报株洲分社一楼大厅。经营家庭财产保险、建筑工程保险、安装工程保险、货物运输保险、机动车辆保险、船舶保险、能源保险、意外伤害保险等。天安保险曾获中国最受信赖 10 大财险公司、中国保险市场十强诚信品牌、中国企业诚信经营示范单位、全国企业文化建设先进单位等荣誉称号。2014 年，实现保费收入 2560 万元。

民安财产保险股份有限公司株洲中心支公司 2011 年成立，地址天元区庐山路 333 号。经营范围财产损失险、责任保险、信用保险、保证保险、短期健康保险、意外伤害保险。2014 年，实现保费收入 4021 万元。

都邦财产保险股份有限公司株洲中心支公司 2007 年 11 月成立并开业，地址天元区长江北路长江中央商务大厦 B 座 4 楼 407 室。经营机动车辆保险、财产损失保险、责任保险、信用保险、保证保险、短期健康保险、意外伤害保险等业务。2014 年，实现保费收入 110 万元。

英大泰和财产保险股份有限公司株洲中心支公司 2012年2月成立，地址天元区庐山路333号福泰国际1栋8楼。公司设有综合部、业务管理部、客户服务部、营销部，有员工20名。2014年，实现保费收入1914万元。

紫金财产保险股份有限公司株洲营业部 2012年9月营业。地址天元区珠江南路228号。株洲营业部设有总经理室、综合管理部、业务管理部、客户服务部。2014年，实现保费收入852万元。

华泰财产保险有限公司株洲中心支公司 2012年10月成立，地址天元区珠江北路安亭宾馆1楼。经营理念为集约化管理、专业化经营、质量效益型发展。在株洲保险市场中，走出一条独具特色的发展道路。2014年，实现保费收入590万元。

二　人寿保险

中国人寿保险股份有限公司株洲分公司 1996年成立，地址天元区泰山路127号。向个人及团体提供人寿、意外和健康保险产品，涵盖生存、养老、疾病、医疗、身故、残疾等多种保障范围。2014年，实现保费总收入10.5亿元，市场份额39.3%，占据株洲保险业的主导地位。公司多次荣获全省系统先进公司、省市两级文明建设先进单位、株洲市十大书香企业等称号。

中国平安人寿保险股份有限公司株洲中心支公司 1994年4月22日成立，地址天元区湘山路86号。2014年，实现保费收入3.35亿元，拥有客户量13万人，市场占有率居全市前三。先后5次荣获市人民政府颁发的株洲市保险机构先进单位荣誉称号；2009年被省消费者委员会评为湖南省消费维权先进单位。

中国太平洋人寿保险股份有限公司株洲中心支公司 2001年11月成立，是中国太平洋保险（集团）股份有限公司旗下专业寿险子公司。地址天元区炎帝广场北侧公园大道1号B栋4楼。经营险种160余个，覆盖人寿保险、年金保险、健康保险、意外伤害保险等多个领域。2014年，实现保费收入12358万元。

平安养老保险股份有限公司株洲中心支公司 中国平安保险（集团）股份有限公司是一家融保险、银行、投资等金融业务为一体的综合性金融服务集团，主要从事养老险业务。地址天元区韶山路长江中央商务大厦B座4楼。2014年，实现保费收入8145万元。

太平人寿保险有限公司株洲中心支公司 2011年9月20日开业，地址天元区泰山路153号株洲市畜牧水产局综合楼。经营范围个人意外伤害、个人定期死亡保险、个人两全寿险、个人终身保险、个人年金保险、个人短期健康保险、个人长期健康保险、团体意外伤害保险、团体定期寿险、团体终身保险、团体年金保险等。2014年，实现保费收入5225万元。

吉祥人寿保险股份有限公司株洲中心支公司 2013年4月开业，地址天元区黄河北路100号。公司内设立综合管理部、财务会计部、运营管理部、个险业务部、银保业务部、团险业务部6个部门，内勤员工22人，外勤员工近300人。2014年，实现保费收入2143万元。

华夏人寿保险股份有限公司株洲中心支公司 2013年5月成立，地址天元区庐山路69号庐山恋综合楼14楼。开设个人寿险业务、银行保险业务、保险经代业务，有专业人员18人，营销人员近100人。2014年，实现保费收入704万元。

安邦人寿保险股份有限公司湖南分公司株洲营业部 2013年10月成立，地址天元区黄河北路100号华尔兹公寓403室。经营人寿保险、健康保险、意外伤害保险等各类人身保险业务。2014年，实现保费收入3309万元。

第四节　其他金融业

境内其他金融业有融资性担保公司、小额贷款公司、证券营业部等。另有典当、租赁、财务公司。

一　融资性担保公司

株洲南车时代投资担保有限公司 2003年成立，地址天元区天台路123号金茂商都B座8楼。建筑面积800平方米，设有1个营业网点，从业员工22人。2014年，实现贷款余额0.38亿元。

湖南兆富投资担保有限公司 2003年成立，地址天元区黄河南路219号。设有1个营业网点，从业人员11人。2014年，实现贷款余额3.4亿元。先后获得2011年株洲市融资性担保公司先进单位、2012年度国家开发银行湖南省分行中小微企业贷款优秀合作企业、湖南省中小企业信用担保协会2014年融资担保机构创新奖等荣誉称号。

株洲丰叶担保有限责任公司 2008年成立，地址天元区森林路268号株洲国投大厦7楼。设有营业网点1个，从业员工51人。先后获得2011年度国有资产经营工作先进单位、2012年度国家开发银行优秀合作机构。2014年，实现贷款余额5.81亿元，被评为2014年度优秀服务机构。

湖南大农担保有限公司 2011年成立，地址天元区栗雨科技工业园1291号唐人神集团。设有1个营业网点，从业人员28人。2014年，实现贷款余额1.3亿元，当年评为省先进单位。

湖南省国信财富融资性担保有限责任公司 2014年成立，地址天元区黄河北路100号日盛华尔兹写字楼18楼。设有1个营业网点，从业人员23名。2014年，实现贷款余额2.32亿元。获市政府2014年度融资性担保公司工作先进单位称号。

二　小额贷款公司

天元区银丰小额贷款有限责任公司 2009年成立，地址天元区黄河南路150号天台金谷财富中心10楼。设有1个营业网点，从业员工9人。2012年、2013年、2014年连续3年获得株洲市金融工作先进单位称号。2014年，实现贷款余额4005万元。

天元区鸿金小额贷款有限责任公司 2013年成立，地址天元区神农广场北侧公园大道B栋。从业员工12人。2014年，实现贷款余额1.04亿元。

天元区中融小额贷款有限责任公司 2013年成立，地址天元区黄河北路100号。设有营业网点1个，从业员工15人。2014年，实现贷款余额1.03亿元。

三 证券

国泰君安株洲长江南路营业部 2001年3月成立，地址天元区长江南路291号，办公面积425平方米。经营证券经纪、证券投资咨询、融资融券、证券投资基金代销、为期货公司提供中间介绍、代销金融产品等业务。2014年，营业总收入1163万元。

申万宏源证券有限公司株洲珠江北路证券营业部 2011年3月成立，地址天元区珠江北路神农广场金座三楼，办公面积1231.9平方米。经营证券经纪、证券投资咨询、融资融券、代销金融产品、证券投资基金代销、为期货公司提供中间介绍业务、证券资产管理、证券承销与保荐等。2014年，营业总收入578.44万元。

招商证券天台路营业部 2011年成立，地址天元区天台路39号银天国际金融中心23楼。办公面积为700平方米。经营证券经纪、证券投资咨询与证券交易、证券投资活动有关的财务顾问、证券承销与保荐、融资融券、证券投资基金代销、为期货公司提供中间介绍、代销金融产品、保险兼业代理业务。2014年，营业总收入552.75万元。

国信证券股份有限公司株洲天台路证券营业部 2014年11月成立，地址天元区天台路39号银天国际写字楼1521室。办公面积335平方米。经营证券经纪、证券投资咨询、融资融券、证券投资基金代销、为期货公司提供中间介绍、代销金融产品等。2014年，营业总收入291.19万元。

第十八篇　城乡建设

20 世纪 60 年代初，市委、市政府主持制定的株洲市第一次城市总体规划确定河西为株洲市最大的蔬菜生产基地，适当发展一些农副产品加工业。20 世纪 70 年代末期，修编第二次城市总体规划中，将河西定位为用地 120 公顷的工业区，以轻纺和副食品加工工业为主。20 世纪 80 年代中期，市委、市政府作出“开发河西、城市西拓”的重大决策。1990 年，完成株洲市第三次城市总体规划。明确河西片是中心片，具有行政、经济管理、文化教育、商业等功能；工业主要安排技术密集型项目，并配以市级体育、教育、科研、文化、金融等设施，最终成为株洲市一个高质量的现代化新区。

1988 年 9 月，市委、市政府在河西设立株洲新技术产业开发试验区，占地 10 平方千米。当年即有 5 家企业入驻。1988 年 12 月，历时 3 年总投资 3200 万元的第一座跨湘江的株洲大桥建成通车，河西的交通环境有了重大改善，株洲城市西拓迈出重要一步。同年建成东西向主干道天台路，全长 1984 米，宽 60 米，为当时全市最直、最宽、标准最高的城市道路。1989—1991 年，共有 58 家企业入驻株洲新技术产业开发试验区。1991—1992 年，修建南北走向的主干道长江南路以及东西走向的泰山路，共长 765 米，路面宽均为 48 米。

1992 年，株洲新技术产业开发试验区更名为株洲高新技术产业开发区，并升格为国家级高新区，河西城市建设掀起新的高潮。市规划局对株洲高新区的开发建设作出专业规划，明确 2005 年占地 8.8 平方千米。先后开工建设珠江南路、黄河南路、黄河北路、黄山路、长江北路以及滨江北路等城市主次干道。至 1993 年，总长 10.8 千米的珠江南路、黄河南路等 7 条主次干道一期工程全部建成通车。工程建设中，按照高标准、高起点组织规划、设计、施工，水、电、气、通信、路灯等管网随路同期铺设、安装，设施配套齐全，雨污分流。1993 年初，自来水管道过江，日供水 6 万吨；6 月，邮电大楼交付使用，开送程控电话 4000 门。7 月煤气管道经株洲大桥桥下厢涵延伸至河西，9 月 29 日一次送气成功。8 月河西公交线路开通。1996 年 10 月，总投资 1.17 亿元的株洲市第四自来水厂在河西动工建设，其设施达国内同行业先进水平，日供水 10 万吨，可满足株洲高新区生产和生活用水需求；新建 110 千伏莲花输变电站等电力设施。1994—1996 年，结合整修湘江防洪大堤，建成路堤结合，长 9.1 千米的滨江路。至 1997 年，又一批主次干道相继建成通车，8.8 平方千米政策区“七纵四横”的高标准路网基本形成。至 1997 年 5 年间，株洲高新区基础设施建设累计投入 16 亿元，拉通道路总长 35 千米，在 6 平方千米城区范围实现“五通一平”（路通、水通、电通、讯通、气通，平整土地）。

20 世纪 90 年代初、中期，市委、市政府及大多数市直机关单位陆续搬迁至河西新址办公，河西成为株洲市的政治中心。随着河西社会经济的快速发展，常住人口急剧增长，促使住房开发建设不断升温。1991—1994 年，建成占地 71.9 公顷，总建筑面积 14.88 万平方米的滨江一村住宅小区，该小区被建设部评为全国优秀试点小区。

1997—2000 年，天元区先后修建泰山路延伸段，天易公路城区段、华天路、天伦路等 10 余条街区道路，并进行硬化、绿化和亮化。投入 3000 万元，对天台路黄河北路一、二街区和长江北路一、二街区进行提质改造，天台路赢得株洲第一路和全省最美一条街的美誉。2002 年，石峰大桥建成通车，为株洲高新区开发建设栗雨科技工业园、新马创新城发挥重要作用。2004 年，总投资 1.3 亿元的东湖立交桥竣工通车。2005 年，总投资 2.55 亿元，全长 4.1 千米，组合路幅宽 100 ~ 120 米，双向 12 车道的株洲大道建成通车，成为湖南省第一条立体化生态景观大道。

2001—2005 年，天元区新建和改造城市道路 35 千米，形成“六纵四横一大道”的城市道路网络。城市建成区面积 15 平方千米。2006—2010 年，天元区城市建设速度更快，城市建成区面积 33 平方千米。

2009 年 6 月—2011 年 4 月，建成株洲大道延伸段。至 2014 年，随着湘江上建起 5 座大桥、东湖立交桥竣工通车和武广高铁通车，天元区交通能力全面提升。尤其是武广高铁通车后，株洲至广州车程由 8 小时缩短至 2 小时，带动了株洲新区建设。这一时期，天元区改革创新城市管理体制，开展创建国家园林城市、国家卫生城市、国家交通管理模范城市、国家环境保护模范城市等活动，实施“美化、绿化、亮化、数字化”工程，200 余家房地产开发公司入驻天元区，建设大批工厂、商场、学校和居民住宅小区，尤其是多功能一体的栗雨中央商务区的建成，株洲新区实现由纯工业园向综合性产业园区的华丽转型，成为一个功能完善、园城结合、适宜居住的科技新城。

第一章 城乡规划

1988 年，随着湘江株洲大桥的建成，河西这片未开发的土地拉开规划建设序幕，各项规划陆续开始编制。自 1990 年株洲市第三次城市总体规划修编开始，河西纳入全市总体规划范围。其后，随着株洲高新区建设步伐的不断加快，株洲高新区城市规划范围内详细规划和专业规划逐渐编制完善，株洲高新区核心片区、栗雨片区、新马片区、武广新城片区、湘江新城片区先后完成规划编制，交通、生态、教育等公共服务和公共基础设施规划制定完成，株洲高新区不仅城市规划区范围内实现控制性详细规划全覆盖，远景发展的天易科技城范围也进行了预先规划研究。1996 年，市政府批准设立株洲市城市规划局河西分局。1997 年，设立株洲市城市规划局天元分局，行使市一级规划管理权限。2001 年，设立株洲市规划局天元分局，（简称“规划天元分局”）下辖三门中心所、马家河中心所。2014 年，按照新型城镇化工作要求，三门镇、雷打石镇正在编制镇总体规划，区域内各村庄也在进行村庄规划编制工作。1996—2014 年，先后有叶国良、刘惠林、熊敏华、刘向东、龙伟钢、易屹东任分局局长。

第一节　城乡建设规划

一　总体规划

1990 年，株洲市第三次城市总体规划修编开始，株洲高新区作为株洲市区的重要部分被纳入城市总体规划修编。

第三次城市总体规划修编　1990 年 10 月，株洲市完成第三次总体规划修编，1991 年 9 月通过省政府审批。河西片是中心片具有的行政、经济管理、文化教育、商业等项功能的延伸；工业主要安排技术密集型项目，并配以市级体育、教育、科研、文化、金融等设施，最终将成为株洲市一个高质量的现代化新区。20 世纪末，在河西兴建文化娱乐中心。建成具有举办省级全运会能力的体育竞赛中心。设立文教区，总用地 160 公顷，设立 1 所师范学院、1 所医学院、3 ~ 4 所中等专业学校。兴建中学，配套建设好小学、托幼设施。建设骨伤科医院、市三医院、市妇儿医院、市医疗检测中心、市康复中心。

1992 年 12 月 19 日，经国务院批准建立国家级株洲高新技术产业开发区，为满足株洲高新区的发展需要，城市总体规划针对株洲高新区片区进行调整和完善，规划近期即 1990 年至 2005 年占地 8.8 平方千米，包括以河西工业五区为中心，含一区、二区、四 A 区、九区部分地段，共同形成高科技工业园；以河西凿石为发展起点，向南沿湘江两岸至合花组成高科技农业园；沿高科技工业园周边发展的民营科技园。远期即 1990 年至 2010 年占地 18.80 平方千米，包括河西栗雨工业组团，新增用地 5 平方千米；民营科技园向京珠高速公路以西的新马组团发展，新增用地 5 平方千米。规划要求，公共服务设施以黄河路为轴线，布置开发区的行政管理和科技展览中心，一区、二区、三 A 区布置体育休闲、国际俱乐部和高级科技人才住宅园；技术服务支撑体系，规划在泰山路南侧布置高新技术孵化、创业者中心，在三 B 区设高技术教育科研、培训基地，沿长江南路四 A 区、四 B 区布置高新技术市场和高新技术产品交易区。

第四次城市总体规划修编　1998 年 7 月，完成调整性质的株洲市第四次城市总体规划修编，同年 8 月 12 日审定批准实施。株洲新区重点发展栗雨、新马、王家坪、长岭 4 大新的城市组团，使其成为城市未来发展主要空间。

近期规划城市主干道路建设——包括长江南路、北路和西路、泰山西路、珠江北路、黄河北路、嵩山路、西环路北段与湘江二桥。市政设施——完成四水厂及相应的配水管网建设，新建河西排水主干明渠和污水截流管。城市燃气工程——完成河西煤制气储配站和 2 座 5.4 万立方米气柜、煤制气厂1万立方米气柜及部分管道工程建设。绿化建设——完成天台公园建设。工业用地开发——包括河西一区、二区、四A区、五区、九区和十一区部分。公共设施——包括株洲市体育中心和文化艺术中心建设等。

《株洲市城市总体规划（2006—2020）》规划 河西核心组团规划用地25.01平方千米，人口30万人。天台片区主要功能为居住、行政、文化、商业、休闲、高新技术产业；东湖片区主要功能为体育文化、商贸物流、对外交通；新塘片区为大学城区和金融商务办公中心；凿石片区主要功能为休闲娱乐、高品质居住和生活服务。河西核心组团建设市级大型公共设施，包括文化艺术中心（包含歌剧院、音乐厅）、市公共图书馆和图书交易中心、青少年活动中心、株洲历史博物馆、科技馆、书画艺术馆、广电出版中心（集影视传媒、旅游休闲于一体的影视博览区）。2012年修改后，规划形成“一主四副”的城市空间结构。其中天元区高新副城包括栗雨组团、新马组团、高铁组团、湘江组团和太高组团，以高新技术产业、汽车产业、科技创新、商务商贸、休闲旅游等功能为主。栗雨组团规划用地14.16平方千米，规划人口8万人。功能为生物医药、新材料、光机电一体化等高新技术产业、城市会展中心、教育科研、生活居住和休闲娱乐等。

二 分区规划

2003年，由市规划设计院编制《株洲市天元区分区规划（2003—2020）》。规划人口为河西核心组团规划人口27.9万人，栗雨组团规划人口11万人，总人口38.9万人。用地规模：河西核心组团规划用地27.37平方千米，栗雨组团总用地14.16平方千米，总计41.53平方千米。发展目标以行政、金融商务、文化体育、教育科研、信息服务和高新技术产业为龙头，带动该地区综合职能的发挥，形成株洲市新兴的中心城区。功能定位在株洲市市级政治、文化、科技中心、株洲市新世纪城市规划和产业发展的领头雁和示范区。用地结构规划为一城：一个大学城；二园：栗雨科技工业园、天台工业园；二市：东湖市场群、凿石市场群；四带：株洲大道景观带、湘江生态经济带、西环路生态景观带、城市生态森林带；八组团：八个居住组团；十中心：一个市级行政金融中心、二个市级商业服务中心、一个体育中心、一个市级会议中心、一个文化中心、一个高尚休闲娱乐中心、三个区级商业服务中心。远景设想规划城市人口70万人左右，用地规模70平方千米。主要发展高新产业、公共服务、商贸居住。远景城市空间由西环线、京广高速客运铁路、沪昆客运铁路专线分割形成河西核心组团、栗雨组团、新马组团；三组团紧密联系、适当隔离，共同形成天元区远景城市功能分布格局。

三 专项规划

为保障天元区重点发展片区的建设需要，针对性地编制一些详细规划。

河西工业五区 1998年7月，市规划设计院完成河西5区控制性详细规划设计。规划范围为北自黄山路、南至长江南路、西抵珠江南路，总占地面积66.73公顷。规划以路网架把全区用地划分为7个工业组团60个地块、1个工业园中心、1条科贸街。每个工业组团用地不少于3公顷，限制污染性工业项目进行用地。工业园中心为公共服务设施用地；科贸街为商业办公和工业兼容用地。区内主要道路在南端与长江南路连结，路幅宽54米；次要道路宽20米、支路宽7米。景观风貌规划具体落实“三个控制”。即：控制区内与长江南路连接路为主轴线的路幅宽54米，其中道路绿化占地24米；控制区内临城市道路的景观界面建筑后退长江南路红线12米、黄河南路8米、珠江南路10米和黄山路20米，统一绿化；控制工业园的中心位置节点规划一个大型绿化广场，使5区绿地率不低于30%，其中公共绿地指标不低于15%。园区工业建筑要求采用大跨度的标准厂房，包容生产、科研、办公、仓储配套功能，与生产相配套的生活用房可穿插布置在工业用房内，便于生产和管理，其园区建筑形象要求色彩明快统一，造型简洁大方，以形成美观大方的现代化高科技工业园形象。规划园区以道路骨架划分51个出让地块、7个配征地块和2个非出让地块，每个地块单元面积6000～8000平方米，适建1栋标准厂房。工业用地房屋建筑限高6层、密度45%、容积率2，绿地率30%；兼容用地房屋建筑限高6层、密度40%、容积率2，绿地率40%。

滨江一村 1990年，市规划设计院完成滨江一村的规划设计。规划用地11.10公顷，主入口设在河西长江路主干道上，采用类似风车型的道路系统，道路将小区分为4个较完整的住宅组团和1个中心。中心由小学、托幼园、文化站、游园、商业小街组成。小区结构形式为小区—组团—住宅组（邻里院落）。道路系统由11米、5米、2.50米3级组成。住宅采用组团式布局形式，每个组团通过住宅、围墙、绿篱围成1～2个院落。该规划获省规划设计三等奖，并被列入全国第二批小区建设试点单位。

湘银小区 1998年9月，市建筑设计院对河西20区湘银居住小区一期工程进行修建性详细规划设计。规划用地范围4.78公顷，设计房屋建筑面积6.22万平方米，其中住宅5.60万平方米、公共建筑0.62万平方米，居住490户（其中别墅46栋）。2000年7月，市建筑设计院设计在一期工程基础上，对二期工程进行修建性详规设计。其用地范围紧临一期工程北侧，至滨江路坡下，总用地16.49公顷。几经调整修改后，规划房屋建筑面积28.91万平方米，其中住宅24.20万平方米，居住2170户7600人。

《株洲市天易示范区总体规划》 2010年，由市规划设计院编制。规划发展目标总体定位为“绿色科技新城、两型示范园区”，城市性质为“国家两型示范产业园区和长株潭城市群高新技术产业基地，环境优美的株洲河西新城区”；打造“先进制造业、现代服务业和生态休闲产业并举发展”的产业体系；形成“三带多廊、五城四园”的空间结构。三带：沿江形成滨江生活功能带、中部山体形成生态功能带、西部产业片区形成生产功能带。多廊：在规划区外围西侧山体，中部山体和湘江之间构筑多条横向联系生态廊道；五城：打造神农城、商务城、创新城、彩虹城和航电城；四园：规划区西侧布局栗雨园区、新马园区、太高园区、龙泉园区4个现代制造产业园区。

《湘江新城片区整体规划》 2012年，由中国城市规划设计院上海分院和株洲市规划设计院联合编制。规划湘江新城范围，北至车站南路、东至湘江、南至湘渌快速路、西至武广高铁，规划面积36.48平方千米。控制性规划范围为湘江新城滨江地区，北至车站南路、东至湘江、南至湘渌快速路、西至湘江大道，规划面积15.09平方千米。城市设计范围为北至车站南路、东至湘江、南至创新大道、西至湘江大道，规划面积6.19平方千米。湘江新城是“四副”之一的高新副城的主要组成部分，应发挥市级副中心的重要作用。产业上规划对湘江新城要求以休闲居住和研发创新功能为主。滨江地区以行政、商务金融、文化体育、教育科研、居住、休闲功能为主，产业园区重点发展高新技术产业和2.5产业（介于第二和第三产业之间的中间产业）。

栗雨中央商务区规划 2010年，由市规划设计院编制。范围东起快速环道西环路，西到栗雨园区规划二号路，南至黑龙江路，北邻湘江，规划总用地面积476.98公顷。规划目标发挥滨江资源特色，合理保留和利用自然山体与水系，形成生态良好的山水生态园区；加强城市景观设计引导和环境保护，将栗雨中央商务区建设成为生态科研特征明显、服务经济发达、公共服务设施完善的城市核心新空间，打造出简洁、现代、人性化的城市西大门形象。

新马工业园控制详细规划 2010年，由市规划设计院编制。范围东起京珠高速公路，南到株洲大道以南2000米处，西至株洲与湘潭的分界线，北至湘江，实际总用地面积约20.17平方千米。规划目标建立符合“两型社会”示范区要求的现代化新城；形成“一轴、三核、三带、四区、五组团”的用地布局结构。“一轴”，指规划区内沿快速路株洲大道两侧100～150米城市硬质景观轴。“三核”，指位于规划区中南部谷地的“欧洲风情谷”、位于规划区中部的“欧洲小镇”以及位于该地块湘江段的古桑洲。“三带”，指湘江风光带、京珠高速公路防护带和株洲与湘潭之间的市际生态防护带。“四区”，指位于株洲大道两侧的三个产业园区和一个仓储、物流园区。“五组团”，指位于园区中部和西北部，临湘江的五个以居住为主的城市综合功能组团。

株洲武广新城控制性详细规划 2010年，由北京土人景观与建筑规划设计研究院和市规划设计院联合编制。规划范围总面积约11.10平方千米，其中城市建设用地规模为10.91平方千米。包括以武广高铁线为界线形成的东西两片区，其中东片区范围为东起西环线、湘江，西至武广高铁，北起长江西路，南至西站南路，面积约7.58平方千米；西片区范围东起武广高铁，西至京珠高速公路，北起新马东路（长江西路），南至西站南路，面积约3.52平方千米。规划目标在武广客运站东侧，沿天梭广场—炎帝大道轴线两侧布置一系列商贸设施，大力发展商业贸易、金融服务等第三产业，使之成为株洲市未来的城市副中心；依托高铁站的便捷性以及自然环境的优越性，规划开发4个居住组团，构筑人与自然和谐发展的生态社区。人口居住10万人。

第二节　乡镇村建设规划

20世纪80年代初、中期，城郊结合部位规划区内的村民建房，由于没有制定具体的管理规定，以致多级多头审批，建房“失控”。1989 年 1 月，根据《株洲市城市规划管理办法》，对城郊接合部和河西开发区的村民建房实行分级负责、集体审批的工作制度，由市规划部门、郊区及所在乡共同踏勘定点，再行审批，并在河西开发区内划定农房区统一规划建设。1996 年，市规划局在天元区设立派出机构以后，按照《中华人民共和国城市规划法》《中华人民共和国城乡规划法》的相关规定，村民住宅建设由乡镇进行资格审查，规划部门现场踏勘确认不对规划实施造成不良影响后，再行发放规划许可证件。

自 1997 年始，天元区对农村集镇和部分村庄进行规划和建设。2004 年，省农办发布《关于全面小康示范村村庄规划建设的指导性意见》，要求“以改善村民居住条件，提高村民生活质量为目标，按照村庄美的总体要求，实行科学规划，统筹安排，综合治理，达到布局优化、环境美化、卫生洁化、水质净化、道路硬化。2014 年，按照新型城镇化工作要求，三门镇、雷打石镇着手编制镇总体规划，区域内各村庄进行村庄规划编制工作。

第三节　规划管理与执法

1996 年，市政府批准设立株洲市城市规划局河西分局，编制区内的分区规划和详细规划。1997 年，市编办批复同意设立株洲市城市规划局天元分局，根据市城市规划局授权，行使市一级规划管理权限。

随着株洲市城市建设规模的快速扩展和旧城改造步伐的加快，少数人违法违规进行建设，严重影响城市总体规划的实施，增加土地开发和建设的成本，降低城市品位。2008 — 2012 年，市政府先后出台《株洲市制止和拆除违法建设规定》《株洲市制止和拆除违法建设考核评比办法》《株洲市制止违法建设拆除违法建筑工作考核办法》，按照“坚决杜绝新增违法建设，对新增的违法建设要确保“发现率、制止率、拆除率”3 个 100% 的要求，2009 年始，实行由城市四区人民政府与市规划、国土部门紧密配合，开展制止和拆除违法建设工作的执法新模式。同时，对城市 4 区政府相关工作任务的完成情况进行考核评比。成立区级治（拆）违领导小组，组建区城市建设和管理委员办公室，组建制止和拆除违法建设管（治）理大队。2012 年，成立株洲市规划监察支队天元大队，当年查处违法建设 697 处，面积 11.45 万平方米；组织拆违行动 148 次，拆除违法建设 759 处，面积 18.28 万平方米。天元区在株洲市制止违法建设一、二季度考评中分别名列第一、第三名。同年，区政府出台《天元区治理违法建设工作专项考核办法（试行）》，建管办牵头进行区级治违控违考核。考评采取周检查、月考核、季评比、年总结的综合考评方式，构建区、镇（街道）、村（社区、管理处）三级考核网络，发挥考核推动作用。

2013 — 2014 年，全区组织一级拆违行动 72 次，二级拆违行动 32 次，三级拆违行动 13 次；司法强拆行动 7 次，配合城市三区集中拆违行动 7 次，累计拆除违法建设 834 处，面积 21.57 万平方米，拆除和控制违法建设 374 处，面积 44.33 万平方米。

第二章 城市建设

1992年7月，株洲高新区成立城建开发部。1997年8月，天元区城市建设局成立，属区人民政府工作机构。内设办公室、财务科、建设管理科；株洲高新区城建开发部更名为株洲高新区建设部。1998年4月，株洲高新区建设部更名为株洲高新区开发建设局，为株洲高新区管委会工作机构；天元区城市建设局更名为天元区城市建设委员会，属区政府直属行政机构，编制17名。内设办公室、计财股、建设管理股、公用事业股。

2000年10月，株洲高新区、天元区实行职能归并、效能整合，株洲高新区开发建设局和天元区城市建设委员会合并为株洲高新区开发建设局，属株洲高新区管委会内设机构和天元区政府直属行政机构，编制15名；内设综合科、公用事业科、规划建工科、园林绿化科4个科室。

2011年5月，株洲高新区开发建设局作为高新区管委会内设机构，与天元区城乡建设局一个机构两块牌子，为区人民政府工作机构。行政编制12名，保留原核定自定编制9名，机关后勤事业编制2名；内设综合科、规划管理科、工程管理科、建设管理科、住房保障科5个科室，归口管理天元区交通公路管理站和天元区重点工程管理办公室。株洲高新区开发建设局是负责株洲高新区建设行政管理的职能部门。同时履行天元区建设局职能，享有市级规划、建工、计划管理权限。

1992—2014年，先后有董树初、廖放明、柳怀德、关坦良、吴兵任株洲高新区、天元区城乡建设部（局）部长、局长。

第一节 基础设施建设

一 城区道路

1988年，动工兴建天台路。株洲河西路网建设开始。天台路东接株洲大桥，西抵天台山，经株雷路与107国道相连，全长1454米。1992年8月，南北走向的主干道长江南路竣工通车。之后，珠江南路、黄河南路、黄河北路、黄山路、长江北路等主次干道先后开工建设，总长10.81千米，至1993年9月全部建成通车。1994年，结合整修湘江防洪大堤，投资1亿元建成路堤结合、长达9.1千米的滨江路，并完成7条（段）城市主干道的二期工程施工，总长5.96千米，浇灌混凝土路面6.98万平方米。

1997—2000年，先后修建泰山路延伸段、天易公路城区段及府前商业步行街、华天路、天伦路等10余条街区道路，并进行硬化、绿化和亮化。2000年，投资2900万元对天台路进行美化亮化、黄河北路一、二街区、长江北路一、二街区改造。至此，天元区以天台路为主轴，长江路和黄河路为两翼，其他道路为支脉的道路网初具雏形。

2001年11月—2002年5月，黄河南路一、二街区建成。该路段全长1400米，工程总投资2000万元。其中，市政府投资1100万元，管线投资900万元。2002年3月，长江北路开工建设，11月竣工。长江北路属城市主干道，是外界进入天元区的重要通道，南起长江广场、北至东湖立交桥，全长4.5千米，路幅幅宽60米，双向6车道。道路分为5个街区。长江北路三、四、五街区全长2800米，改造提质工程投资4500万元，其中市政工程投资3500万元。

2003年9月12日，株洲市最大的市政基础设施建设项目株洲大道开工建设。该道内连快速环道西环线，外接京珠高速公路，是株洲市对外交通重要的出入口，也是连接长株潭的重要纽带。2005年9月30日全线竣工通车，历时23个月，工程总投资2.55亿元。东起东湖立交，西至京珠高速公路大石桥收费站，全长4.11千米，组合路幅宽度为100～120米，双向12车道。建设包括栗雨路、东湖路2条辅道新建、天易路主道改造和6座跨线桥涵、路灯、绿化等项目的建设。两年内完成土石方192万立方米、各类挡土墙8500立方米、雨污管道21千米，铺人行道3.8万平方米，沥青路面21万平方米，安装路灯480盏、红绿交通控制灯32套，种植各类乔木1.3万多株，新增绿化面积达45万平方米，其中按照季相变化设计的春、夏、秋、冬4个景区，各有景致，形成春赏樱花、紫玉兰，夏看花石榴、秋观果实，冬品梅花的独特景观。完成各类管线施工30千米，实现管网投资3000多万元。

2003年11月，嵩山路开工建设。2005年6月16日建成通车。嵩山路是天元区一条交通次干道，东起滨江路，西与黄河北路相接，全长1330米，路幅宽36米，双向4车道。建成后加速形成天元区“七纵四横”（纵指黄山路、泰山路、嵩山路、庐山路、昆仑山路、华山路，横指滨江路、长江路、黄河路、珠江路）道路网架结构。

2004年7月，庐山路建设开工，2005年4月30日竣工通车。庐山路东起滨江路，西抵炎帝广场与珠江北路相接，全长2.5千米，路幅宽48米，双向8车道。项目包括路基土石方、排水、水稳基层、沥青砼、地下综合管线、绿化种植、人行道铺装、路灯安装等工程，累计完成工程投资5460万元，其中新增沥青砼路面6万平方米，铺设人行道1.3万平方米，新增绿化面积1.6万平方米，安装路灯96基，完成各类管线施工8千米，实现投资900余万元。庐山路通车后，与珠江路、长江路、泰山路形成一个畅通无阻的河西“内环道”。

2007年5月，泰山路开工修建。东起天元大桥，经长江路、黄河路、珠江路、黑龙江路，西至中环大道，途经湖南工业大学新校区，至中环大道与栗雨科技工业园南侧相接，是株洲经济、科技、文化走廊。泰山路四、五、六街区东起珠江南路，西至中环大道，全长2920米，宽48米。泰山路四街区属于改造提质，五街区属于改扩建、六街区属于新建工程。建设内容有道路、排水、路灯照明、景观绿化、交通信号设施及标志标线、环卫垃圾桶、电力管沟和相关配套公用管线等，完成投资 1.3 亿元，至 2008 年 10 月竣工。

2008 年，黄河北路三四五街区建成。东起庐山路，西至高科环线栗雨东路延伸段，全长 3.45 千米，道路宽 48 米，路幅宽度为 48 米，双向四车道，机动车道宽 15 米，绿化隔离带宽 2×2.5 米，非机动车道宽 2×4.5 米，人行道宽 2×4 米，人行道外侧绿化带宽 2×5.5 米，跨西环线立交桥长 232 米，宽 37 米。建设包括道路土石方、道路路基路面、排水、路灯照明、景观绿化、交通信号设施及标志标线、环卫垃圾桶、电力管沟和相关配套公用管线等工程项目。2009 年，株洲大道延伸段和长江南路延伸段开工建设。2009 年 6 月—2011 年 4 月，修建株洲大道延伸段。东起大石桥，西抵湘潭县边界，全长 4.7 千米，路幅宽 80 米～120 米，是株洲市的西大门，为新马工业园的进出主要通道和管网主要载体，总投资 6.5 亿元，是一条立体化的生态景观大道。该项目以原有天易公路为主道，两侧各新建一条辅道，建设包括道路、9 座桥梁、1 个地下通道、路灯、绿化、管网配套设施等。主道为双向 6 车道，设计速度 80 千米 / 小时；辅道为双向混合 2 车道，设计速度 40 千米 / 小时。利用 5 组匝道、6 个上下穿越桥涵实现主、辅道交通转换，构建园区便捷交通和主道无障碍过境交通。该工程完成土石方 200 多万立方米，铺设人行道 3 万平方米、沥青路面 25 万平方米、公共管线 130 千米，安装路灯 600 盏，新增绿化面积 30 万平方米。

2011 年 6 月，修建泰山西路延伸段（即泰山路七、八街区）。东起西环线，西至湘芸路，全长 2.2 千米，路幅宽 64 米，为栗雨科技工业园和武广新城进出口主要通道和管网主要载体。2012 年 6 月竣工，完成投资 2.2 亿元。完成路基土石方 80 余万立方米、排水管线 1.1 万余米、公共管网 10 余千米、路灯 140 盏，新增绿化面积 4 万余平方米，标志标线信号灯全部到位。该路在全市率先推广使用 SMA 沥青路面技术，路面平整度、防滑效果和抗车辙性能等主要指标上达到全市领先水平。至 2012 年底，全区城市“七纵四横”道路结构基本形成。2013 年，长江南路延伸段（二、三、四街区）建成通车。起于泰山广场，终于天台工业园橡果路，全长 2281 米，规划路幅宽度 60 米，工程投资约 3 亿元。建设内容包括路基土石方、路基路面、市政排水、路灯照明、景观绿化、交通信号设施及标志标线、环卫垃圾桶、电力管沟和相关的配套公用管线等工程项目。

截至 2014 年底，天元区路网格局逐步由原来的“四纵七横”过渡到以栗雨科技工业园、新马工业园、月塘生态新城、自主创新园、湘江新城为主，以完善路网格局为原则的网格化、片区化路网格局。南北走向（横）道路主要有滨江路、长江路、珠江路、黄河路、衡山路、武广大道、炎帝大道；东西走向（纵）道路主要有天台路、庐山路、嵩山路、韶山路、黄山路、泰山路、神农大道、湘山路、西环线、湘江大道、湘芸路、栗雨路。

二 街巷改造

区域内小街小巷 境内原有道路等基础设施开发建设严重滞后，影响城市形象，制约城市发展。2008 年，天元区投资近 9000 万元对 20 条小街小巷改造建设。通过科学调度，黄山路延伸段、湘依路、时代电子路、为民支路、牛形山路、20 区规划路、国土支路、19 区规划路、9 区规划路、金锦路、云里居委会支路、伤科医院支路、6 区规划路、12 区规划路、蓝盾支路、湘火炬支路、长江北支路、老年公寓支路、逸夫小学路、21 区规划路等 20 条小街小巷于当年底全面建成，改造道路里程 10.1 千米、车行道面积 9.38 万平方米，新增绿化面积 3.71 万平方米、人行道面积 5.13 万平方米。

长江北路一、二街区改造 2007 年，按照一街一品的要求，将长江北路改造为路幅宽 60 米，双向 6 车道，沥青砼路面。2009 年，对长江北路沿线临街建筑实施美化工程。2010 年 2 月，投资 1000 万元，对长江北路一、二街区（长度约 2000 米）人行道局部破损严重的地段予以整体更换，整合人行道侧现有绿化带，更换树池约 200 个；对沿街绿化、小品设施进行调整或补充，对不符合要求的电力电讯等市政公用管线盖板进行更换整理，对暴露在地面上的管沟作地埋处理；装饰完成并启用长江北路过街地下通道 4 座；规范人行道上无障碍设施，沿街局部增设照明设施，打造立体交叉的夜景效果。

韶山中路改造 2010 年 8 月，对韶山中路进行全封闭施工，2010 年 10 月底竣工。改造范围东起长江北路，西至黄河北路，全长约 750 米，投资概算 800 万元。改造包括道路、排水、绿化、交通、管线以及附属工程等方面，项目改造维持原有道路平面线形，拆除市政府围墙改为绿化隔离带，道路交叉口增设置右转拓宽车道。道路基层采用翻挖方式处理，对人行道进行翻新。

道路美化 2009 年，根据市委、市政府统一部署，天元区投资 1.53 亿元对城区主要街道沿线建筑物实施美化改造。范围包括已建成长江南路、长江北路、黄河南路、黄河北路、珠江路、天台路、泰山路、嵩山路等 8 条街道沿街建筑物。改造拆除影响道路美观的外置防盗窗；整齐安装空调主机；拆除整治建筑物墙面凸出物、悬挂物、朝天面搭建物、遮阳雨棚等；对建筑物分别实施外立面清洗、整治、粉刷；对平屋顶住宅和公共建筑根据具体情况，进行坡屋顶设计；对临街铺面、广告店牌进行高品质设计、装潢；结合建筑色彩，环境景观要求，对标志性建筑实行统一设计、统一亮化，在全市率先提前完成美化亮化工程。创作工业雕塑壁画，在大部分街道为市民安装休闲凳椅和健身器材。全年完成美化工程 268 栋，亮化工程 48 栋，共计 316 栋；拆除防盗窗 10481 个，安装技防设施面积 3.8 万多平方米，迁移空调 6135 台，置换木窗户 1573 个，拆除和安装店招牌 1086 块。

滨江路美化 2010 年 4 月组织实施，至 2010 年 12 月完工。项目起于市乡镇企业局，止于科艺蓝湾，有 33 栋建筑，涉及居民 981 户，商铺 207 个。美化包括拆除标段内所有防盗窗、空调移机、外墙清洗、基础扩建、外墙重塑（外墙油漆、大理石干挂、瓷砖铺贴）、玻璃幕墙、钢结构、平改坡屋面、防水、铝合金窗更换、格栅安装、原外墙瓷砖凿除、零星砼凿除及钢构件拆除等工作，完成投资约 5500 万元。滨江路 46 栋房屋亮化工程全面完成，实现投资约 2000 万元，将湘江西岸打造成“株洲一景”。

砼改沥 2008 年 9 月，完成对华天路、天伦路、海天路、普兰特路、长江宝饰路、家家乐、创新路、联谊支路、牛家牌路、黄山路三街区、长江南路四五街区、天台支路、西苑路等 13 条砼改沥工程，改造车行道面积 13.2 万平方米，投资 2600 万元。

三 路灯

1988 年 12 月，湘江株洲大桥竣工通车的同时，桥上路灯两边对称排列，立柱 100 根，装灯 372 盏，路灯线全长 3.18 千米，全部采用钠灯，灯型为方形 3 盏柱形灯，在江南桥梁路灯灯型选择上为首例。1994—1997 年，完成天台山路延伸到炎帝广场等路段灯饰改造新增路灯 241 盏，制作灯饰广告作品 128 幅。

1998 年，市政府决定实施以路灯、灯饰为点缀的“亮丽工程”。在天台山路、滨江路等将其路灯进行新建和改造。2001 年，对株洲大桥、天台路新增霓虹灯、射灯、礼花灯。同年年底，天元区有路灯 2453 盏。

2005 年，株洲大道新建安装单臂双火灯 224 基，九火、十火中杆灯 18 基。庐山路安装高低双臂灯、中杆灯、单臂灯。至 2005 年末，境内有路灯 5108 盏。

2008 年，按照“灯亮、整洁”标准，对全区主次干道路灯设施进行全面整治，更换路灯灯泡、整流器、修复灯杆。对主要路段灯杆进行除锈、刷漆。

2010—2012 年，新建和改造珠江南路、海创路、天伦路等 10 条道路路灯，嵩山路、泰山路、庐山路 3 条道路等临街建筑物原有基础上进行亮化再提质，亮化提质后的株洲夜景更加流光溢彩，绚丽璀璨。自 2013 年始，推广节能产品，打造低碳绿色路灯照明，对长江南路 624 盏路灯推广使用 LED 高效节能灯。

2014 年，株洲市成为全省路灯照明节能改造首个试点城市。采用合同能源模式，先后将庐山路、泰山路、黄河路、珠江路近千盏路灯由高压钠灯更换为 LED 高效节能灯。

第二节 公用事业

一 供水

(一) 城区供水

1992 年以前，河西厂矿企业供水主要是自备水源供水。1993 年，株洲高新区自来水过江工程以及 10 平方千米范围内部分给水管网配套工程竣工，日供水 6 万吨，基本解决株洲高新区的用水需求，但仍不能满足高新区发展的需要。

兴建四水厂 1992 年，伴随着株洲高新区的高速发展和建设，建设河西株洲市第四自来水厂被列为市政府重点工程。1992 年开始筹划，因建设资金未落实，至 1995 年 6 月只建成 9.5 千米管网。1996 年 10 月，四水厂工程建设正式开工。1999 年 12 月，一期工程竣工投产，日供水能力 10 万吨，实现全厂自动化运行，自动化程度处于全国供水行业领先地位。

从 2010 年开始，四水厂先后建成原水预警间、增设应急投加系统、改造升级自控系统，实现湘江株洲段水质实时监控，应急响应处置及时有效，水质综合合格率始终保持在 99.8% 以上，确保市民用上安全水、放心水。

敷设供水管网 市自来水公司对区域供水格局进行科学规划，加大供水管网及配套设施的投入建设力度。截至 2014 年，该区域 DN500 以上供水管网长度 98 余千米。供水管网建设紧跟株洲各湘江大桥建设，实现东西贯通，形成全市多环路供水格局。2014 年，从河东至河西日送水量平均 4 万吨。供水管网建设与道路建设同步，相继拉通，改造长江路、黄河路、泰山路、庐山路、株洲大道等 40 余条供水主管网，建设并启动栗雨加压站，满足新马工业园、栗雨科技工业园、神农城、湘水湾、武广新城、天易集团自主创业园等一系列重点园区及新产业聚集区用水需求。

服务民生 2012 年，天元供水分公司成立，建设集业务受理、水表抄收、管网维护、咨询及投诉处理为一体的分区独立运营模式；推行客户经理负责制，开辟重点项目绿色通道，实施短信告知水量服务，开通网上水费缴纳等 6 种缴费方式，打造“十分钟缴费圈”等服务举措方便又快捷；天元区服务大厅新建并投入使用，为市民提供“一站式”专业化服务。供水管网抢修及时率始终 100%，客户满意率超过 92.52%，来电办结率 100%。截至 2014 年，改造该区域老旧小区供水一户一表 5 万余户，解决市民用水难题。

（二）农村供水

20 世纪 70 年代以前，天元区农村居民基本饮用塘坝水，极少数家庭饮用表层井水。70 年代后期，境内陆续开挖水井，打造压水井，建设小型水塔，农户逐步饮用卫生井水。20 世纪 80 年代，三门镇在码头口居委会建自来水厂，日供水量 2000 吨，供水区域覆盖镇区，并向株木工业小区及居民小区延伸。1994 年，兴建雷打石镇自来水厂，日供水量为 300 吨，供应 3 个居委会和雷打石镇瓷厂等单位，共计约 3000 人受益。2010 年，三门镇改建自来水厂，改造净水厂、输配水管网，受益人口 1 万余人。2011 年，株洲大道两侧铺设干线水管 6 千米，马家河镇居民自来水使用率 10%。至 2014 年，自来水用户 2000 多户。2013 年 8 月，区水利局牵头在三门镇白石村新建三门自来水厂，征地 1.33 余公顷。次年 8 月竣工，日供水量 5000 吨，供给三门、雷打石两镇，受益人口 1.4 万余人。至 2014 年，境内农户有近 5 万人用上自来水，其余农户均饮用井水。

二 供电

城区供电 1992 年，株洲市电力部门将河西张家园变电站原有 35 千伏供电站改造为 110 千伏供电站。1996 年，新建 110 千伏莲花输变电站等电力设施。2004 年，110 千伏窑塘变电站和 220 千伏王家坪变电站建成。2009 年，110 千伏松树变电站建成送电。2014 年，完成配电自动化系统工程建设，缩短地区停电时间，故障处理平均时间从 2.5 小时 / 次，下降到 0.5 小时 / 次，加快供电恢复速度。截至 2014 年，天元区有 220 千伏变电站 1 座，110 千伏变电站 4 座，变电容量合计 717.5 兆伏安，110 千伏及以上线路 227.463 千米。投入运行配电自动化线路 37 条，环网柜 91 台，智能柱上开关 2 台，开闭所 14 座，10 千伏线路 560 千米。先后改造完成珠江路、黄河路、长江路、滨江路、韶山路等主干道 10 千伏的配电工程，完成市劳动局、炎帝广场、天台工业园等地箱式开关站建设。

农村供电 1964 年，园艺场——马家河输电线路架通，马家河开始用电，后用电范围逐步扩大。1973 年，群丰镇开始架设农电，农民照明使用电灯。1983 年开始，境内各村设置配电室，境内部分居民开始使用电灯照明。1995 年，马家河乡政府投资将过江电线架入古桑洲，至此全境实现村村通电。2003—2005 年，群丰镇对境内 5 条高压线路进行大规模改造，新架 2 条线路，总长度 175 千米。2004 年，马家河镇 220 千伏变电站建成。从 2006 年开始，全区逐步开展农村电网改造。2007 年，三门镇新建 110 千伏变电站。至 2014 年，全区农村有 220 千伏变电站 1 座，110 千伏变电站 4 座，农村电网改造全部完成。

三 供 气

株洲高新区成立之初，没有自己的煤气供应厂，煤气需从河东老城区输送过来。2001 年，完成株洲高新区南部工业园燃气管道工程，管道全长 4551 米。至 2002 年底，株洲高新区、天元区煤气管道长度 24 千米，实现中压管送气，低压管到户的目标，各个生活小区基本接通煤气，煤气入户达 1.2 万户；2003—2005 年，新建株洲大道、庐山路、长江北路、昆仑山路等城市主干道供气管网，铺设主干管网 20.8 千米，完成各类改造项目 41 项，完成投资 1600 万元。至 2005 年底，全区日供气量达 3 万立方米，累计完成投资 5000 万元。2005 年 7 月，“天然气入株”点火仪式在天元区炎帝广场举行，天然气正式进入天元区。同时，天元区湘江以西，庐山路以南所有区域进行第一批天然气置换；至 8 月底，神农小区、邮政小区等 2 万余户居民第一批平稳用上清洁能源天然气。2006 年印发《关于在城区推广使用天然气的通知》，株洲华天酒店和株洲市第二中学当年就实行“煤改气”工程。至 2014 年，北汽控股株洲公司、时代新材、电动汽车等企业使用天然气工商户达到 1250 户，居民天然气用户达 13 万余户。建成便民服务网点 40 多个。

天然气管网建设 2005 年，为迎接天然气到来，5 月在长江北路尚格名城对面建成第一座中压调压站；2010 年 8 月，在西环线旁建设第二座中压调压站。天然气管道通过株洲大桥、石峰大桥和建宁大桥跨越湘江，连接河东，与河东构成环状供气。天然气管网建设与天元区道路、园区建设“四同步”，即同步设计、同步施工、同步验收、同步使用。栗雨科技工业园、新马工业园和武广新城均按“四同步”的要求同步实施。2010 年，天然气管道随株洲大道敷设到易俗河交接处，满足了天元区经济发展需求。截至 2014 年底，天元区中低压主干管网 420 千米，建有中压调压站 2 座，各个小区的调压箱、调压柜 442 个。

发展车用天然气 2004年，筹建体育中心加气站CNG加气站。该站位于天元区长江北路，2006年4月完成征地，开始基础设施建设。2007年5月30日，一次性通过省技术监督局评审鉴定充装许可，合格率98.9%。随后，建成分布能源站株洲新奥燃气与天易集团合资建成株洲第一个分布式能源站——神农城能源站。2012年12月24日，集购物、美食、娱乐、休闲、文化于一体超大型“一站式”购物中心神农城（南区）开业，能源站为其供热。2013年底，对体育中心加气站进行改造，对原来4机8枪，更换原来两个加气机、新增1台加气机，改造后为5机14枪。2014年10月28日，开始全面加气，加气能力达到4万立方米／日，比原来提高1倍。

四　公共交通

1983年3月，3辆公交车由轮渡运送至轮渡西渡口（现天元大桥西），开启河西公交车营运的历史。当时3辆公交车每天运营5趟次，从渡口（解放街派出所）至伞铺公社，线路长23千米，票价5分至3角钱不等。

1988年，株洲一桥通车，为天元区公交事业的发展提供全新的机遇。1989年1月4日，T17路公交线开通，从教育学院至中心广场。1995年6月，开通T18路公交线，从庆云山庄至湘银小区。1995年9月，延长T2路公交线至河西炎帝广场。1998年，开通32路公交线，从神农城北至湘滨。1999年，开通T35路公交路线，从田心社区及红港路、人民路至天元区。1999年6月，开通2路公交线（后更名T40路公交线）。2000年4月，开通T42路公交线。1988—2000年，经过天元区的公交线路有17路、18路、延长2路、32路、35路、40路、42路，共7条公交线。

2002年，株洲公交公司总部由荷塘区易址搬迁至天元区黄河南路。同年8月，开通T45路公交线，天元区至清石广场。2003年1月，开通T48路公交线，天元区至601生活区。同年8月，同时开通31路、51路、52路、53路郊区公交线，满足沿线多个社区居民公交出行。同年10月，开通T28路，南方公司至天元区。2004年5月，开通56路公交线。2004年9月，满足栗雨园区、长江路居民公交出行需求，开通59路公交线。2005年3月，调整T16、T21、T26路公交线走向，延伸至河西，满足天元区居民出行要求。2007年，开通T30路公交线。同年6月，开通T49路公交线，满足董家塅高科园区至芦淞区、天元区公交出行。2009年12月，开通T60路公交线，满足高铁站、工业大学乘客出行。

2010年3月，开通T61路公交线，满足栗雨园区及黄河路公交出行；2010年12月，开通T63路公交线，云龙示范区至芦淞区至天元区；2011年12月，开通T62路公交线，满足高塘社区居民公交出行，对接湘潭公交。2012年6月，开通59路公交线，塘湾至香山美境。同年9月，开通T66路公交线，天元区至石峰区政府；2013年3月，开通T68路公交线，满足职教城园区师生至中心城区公交出行。2014年8月，开通T69路公交线，满足湘湾小区居民公交出行。2014年9月，开通T70路公交线，满足佳兆业、美的城、天元中小学等地居民公交出行。至2014年底，境内公交线路或途经天元区的公交线路29条。

第三节 建筑业

随着株洲高新区开发建设，境内建筑业企业发展迅猛。1992年，湘安公司在河西开发区设立株洲开发区分公司，当年完成产值260万元。1992—1997年，株洲高新区完成各类建筑面积154.61平方米。1993年，株洲高新区有建筑业企业23家，园艺场每个管理处基本上都成立建筑公司（建筑队）。1996年，境内有建筑企业28家。其中，集体建筑企业18家，注册资金5389万元，私营个体建筑业企业10家。当年，完成建筑竣工面积18万平方米。

1997年，天元区境内有建筑企业22家，其中等级以上企业17家。当年，新开建筑工程63个，完成建安产值1.56亿元。2004年，全区共有建筑法人企业单位51个，就业人员9370人。建筑企业法人单位中，国有及国有独资公司2个，集体企业3个，私营企业21个，其余类型25个。51个建筑法人企业单位中，有房屋和土木工程建筑业企业法人21个，就业人员7679人；建筑安装业企业法人13个，就业人员1096人；建筑装饰业企业法人14个，就业人员344人；其他建筑业企业法人3个，就业人员251人。全年全区建筑业总产值4.79亿元，其中资质内企业4.55亿元，资质外企业0.24亿元。

2008年末，天元区有建筑业法人企业单位86个，从业人员7378人；建筑业法人单位中，国有企业及国有独资公司1个，占1.2%；集体企业1个，占1.2%；私营企业57个，占66.2%；其余类型企业27个，占31.4%。建筑业法人单位从业人员中，国有企业及国有独资企业占10.8%，集体企业占2.1%，私营企业占48.3%，其他有限责任公司占32.5%，其他类型企业占6.3%。86个建筑业法人单位中，房屋和土木业工程建筑业企业法人占26.7%，从业人员占70.7%；建筑安装业企业法人占24.4%，从业人员占16.8%；建筑装饰业企业法人占41.9%，从业人员占6.7%；其他建筑业企业法人占7.0%，从业人员占5.8%。当年建筑业企业法人单位建筑业总产值76052万元。其中，资质内企业完成71059万元，资质外企业完成4993万元。总产值中，房屋和土木工程建筑业占73.5%；建筑安装占16.2%；建筑装饰业占3.3%；其他建筑业占7.0%。主要建筑厂房、仓库、住宅、办公用房、批发和零售用房、住宿和餐饮用房、卫生医疗及其他用房。

2013年，天元区有建筑业企业法人单位83个，比2008年末下降3.5%，从业人员17536人，增长137.7%。在建筑业企业法人单位中，全部为内资企业。其中，国有企业占1.2%，有限公司占36.1%，私营企业占60.2%。年内，有建筑业企业法人单位83个，房屋建筑业23个，就业人员13266人；土木工程建筑业9个，从业人员2609人；建筑安装业21个，从业人员811人；建筑装饰和其他建筑业30个，从业人员850人。当年，建筑业企业法人单位资产总计23.42亿元。比2008年末增长244.9%

2014年，天元区资质建筑业企业总产值39亿元，实现建筑业增加值11.3亿元，房屋施工面积208.5万平方米，其中新开工面积110万平方米，施工面积122.2万平方米。

第三章　房地产业

自1997年起，随着株洲高新区建设高速发展，特别是北汽一工厂、二工厂先后落户天元区，中国动力谷自主创新园开园，汽车博览园陆续建成营业，大汉惠普软件信息产业园开工，14.16平方千米的栗雨科技工业园基本建成，26.3平方千米的新马创新城建设全面铺开，产业腾飞，带来人才集聚，成为天元区购房置业的中坚力量。

独特的区位优势和优越的软硬件条件，天元区汇集全市“政务资源”，成为株洲政务“首府”，以极强的吸附效应和发展后劲，带动着片区的商业地产和住宅地产进驻。不断聚集的人气吸引大批楼盘落地。大批定位高端的商务酒店如华天大酒店、天台山庄、逸景华天大酒店、福尔莱大酒店、株洲湖景酒店、株洲美的万豪酒店齐聚，形成天元区乃至全市独一无二的高端商务服务集群。

京港澳高速公路贯穿过境，让天元区成为南下北上的门户。武广高铁建成通车，让天元区到广州的时间缩短到2个多小时。武广高铁西站湘潭连接线通车，株潭融城更近。至2014年，包括枫溪大桥在内，天元区有5座大桥飞架，沟通石峰区、芦淞区，区域“骨架”进一步拉开。四通八达的街区、笔直宽敞的大道、众多的公共停车位……便利的交通环境，成为人们选择居住天元区的一大理由。

第一节　发展规模

天元区房地产开发包括住宅、别墅及高档公寓、经济适用房、办公楼、商业营业用房开发。20世纪80年代后期至1997年，株洲高新区境内房地产开发企业不多，至1996年，仅有房地产企业12家。这期间，房地产业处于粗放经营阶段，约50%开发企业挂靠政府相关部门或社团组织，30%为金融机构、政府部门主管，20%为民营和外商投资。所谓的房地产只是简单建住房，没有环境景观、品质、物业管理等。购买者主要是异地经商者和本地个体户，房价在600～800元/平方米之间。

1989年9月，中国房屋建设开发集团公司株洲公司成立河西开发分公司，为境内首家房地产开发公司，并率先在株洲湘江一大桥西建设滨江一村住宅小区。1994年，完成第一期工程总建筑面积14.88万平方米，其中住宅面积13.63万平方米，共53栋，1925套，开发的住房全部分给市直机关干部职工。该项目获得当时建设部颁发的住宅小区银质奖。

1998年12月底，株洲市停止福利分房，当年全市就有30多家大中型厂矿企事业单位成立房地产公司。而民营资本纷纷进军房地产，近20家民营开发企业诞生或从原来的国有性质转变为民营性质，如天元区境内的湘银、联谊、华晨、天顺房地产公司等，湘银经发展成为株洲市首家具备国家一级资质开发企业。其间，湘银小区、保利花园、联谊新村等一批当时的“高档商品房社区”走入市民视线。商品房小区建设开始注重建筑外观、社区规划、绿化、物业管理及社区配套，在建筑品质上有较大的提升，建筑风格也开始多样化。

1998—2001年，全市各企业事业单位普遍集资建房，商品房需求受限，房地产市场发展徘徊不前。基于集资建房的火爆以及由此可能带来的社会问题，株洲市于2001年停止集资建房建设审批。当年底，全市商品住宅均价超过1000元/平方米。

2001年后，境内房地产飞速发展，开发楼盘数量与面积快速增长，开发理念讲规划、讲品质、讲品位。园林地产、社区会所配套、智能化小区、节能型住宅、AA认证住宅产品，提升居住品质，不少经典楼盘应运而生。2002年，海派风格的海创·明珠花园扎营河西长江北路，独具一格的建筑风格风靡一时。株洲新区房地产开发投资和商品房销售以30%的速度递增，2003年的增速超过100%。2004年末，浙派的尚格名城布点天元区。

2004年，全区有房地产企业法人单位87家，就业人员2161人。其中，房地产开发经营法人企业73家，就业人员1486人；物业管理法人单位13家，就业人员668人；其他房地产单位1家，就业人员7人。房地产开发企业法人单位资产合计23.99亿元，负债17.7亿元，所有者权益6.29亿元。房地产企业法人实现业务收入8.34亿元，完成投资9.6亿元；商品房施工面积167.84万平方米，竣工房屋面积96.21万平方米。商品房销售面积61.12万平方米。其中住宅销售面积54.66万平方米。商品房销售额86680万元，其中住宅销售额6213万元。物业管理企业在管房屋建筑面积250.77万平方米。

2008年末，全区有房地产企业151家，比2004年增加64家。其中房地产开发企业92家，物业管理企业42家，中介服务业13家，分别比2004年增加19家、29家、13家；其他房地产4家，比2004年增加3家。全区房地产企业从业人员5002人，比2004年增加3509人。其中房地产开发企业1523人，物业管理企业3247人，中介服务业194人，分别比2004年增加37人、2579人、194人；其他房地产38人，比2004年增加31人。全年房地产企业主营业务收入16.34亿元，比2004年增长1.9倍。其中房地产开发业15.21亿元，物业管理企业0.91亿元，中介服务业0.15亿元，其他房地产0.07亿元，分别比2004年增长1.82倍、2.63倍、0倍和119.5倍。房地产企业实收资本14.61亿元，比2004年增长100.03%，营业利润2.17亿元，增加15.78亿元。全年房地产开发投资16.41亿元，商品房屋销售面积120.56万平方米，商品房销售额25.51亿元。当年，由浙江尚格置业有限公司在天元区境内开发的湖南尚格名城项目获国家住房和城乡建设部2008年度中国广厦奖，是湖南省唯一获得此殊荣的项目。城区商品房均价2604元/平方米。

2013年末，全区共有房地产企业法人单位179家，比2008年末增长18.5%。其中房地产开发经营企业116家，物业管理企业48家，分别比2008年末增长26.1%和14.3%；房地产中介服务企业12家，从业人员81人，其他房地产业3家，从业人员64人。全区房地产企业法人单位从业人员为9869人比2008年末增长97.3%，其中房地产开发经营企业2832人，物业管理企业6892人，分别比2008年末增长85.9%和112.3%。全区房地产企业法人单位的资产362.23亿元，其中房地产开发企业348.68亿元，比2008年末增加507%，物业管理企业7.54亿元，房地产中介企业0.2亿元，其他房地产业5.8亿元。全年房地产开发投资98.98亿元，商品房屋销售面积238.4万平方米，商品房销售额103.18亿元。

2014年，全区房地产投资出现下降。全年房地产开发投资85.8亿元，比上年下降10.2%。商品房屋销售面积165.04万平方米，比上年下降27.6%；商品房销售额81.5亿元，比上年下降17.4%。保障性住房投入加大，完成投资3.9亿元，建成安置房1709套。城区商品房均价4519元/平方米。

附：房产企业选介

株洲华晨房地产开发有限责任公司 成立于1995年，为国家一级资质房地产开发企业。下辖湖南华晨新里程商业运营管理有限公司、华晨物业公司、湖南白云投资发展有限公司、株洲大成房地产开发有限公司、株洲市嘉美房地产开发有限责任公司、湖南龙都置业股份有限公司、湖南君晨置业股份有限公司、株洲东源实业投资有限公司等分公司。

2001年，陆续开发境内珠江花园、珠江丽园、财富小区、庐山商务公寓、华晨·金座、金茂尚都、静园山庄、华晨国际、华晨·御园、华晨·庐山春天、华晨·东方时代广场、潇湘名城、华晨·栗雨香堤、华晨·神农文化休闲街、华晨·山水洲城等知名楼盘，产品涵盖高品质住宅、高端公寓、写字楼、酒店、商业街、别墅等多种形态。

公司自成立以来，累计开发建设面积达800万平方米，取得株洲房地产企业中资产排名第一、行业纳税额第一、株洲房企信用评级排名第一等成绩。先后被授予省房地产行业诚实守信企业、市房地产开发先进单位、“3·15”诚信之星、株洲市爱心单位等荣誉称号；所开发的楼盘多次获得“优秀园林小区”“十佳楼盘”“明星楼盘”等荣誉称号，为株洲房地产开发行业中的龙头企业。

湖南尚格置业有限公司 2004年8月成立，开发资质为二级，由香港尚格集团、浙江尚格置业合资组建的房地产开发企业。主要经营范围包括房地产开发与经营、房地产营销代理服务等，是一家按照现代企业制度规范运营的合资企业。公司先后在各地开发大批高品质楼盘，全力打造“尚格地产”品牌。公司在株洲大道8号投资开发的尚格名城，是公司2004泛珠三角经贸洽谈会上签约的超大型招商引资项目。整个项目总占地面积约53.33公顷，分8期开发，总建筑面积近120万平方米，总居住人口3万余人，总投资逾20亿元。使其成为株洲市大型的、配套齐全的和开创株洲大盘时代的典范社区。整个建筑规划与风格由国际著名建筑设计事务所与浙江大学联合设计，十大主题景观设计由中国香港、日本著名景观设计大师领衔，由株洲尚格物业管理有限公司进行全盘物业管理，专聘中国著名万厦居业担纲全程管理顾问。

中国房屋建设开发建设集团公司株洲公司 20世纪80年代，伴随着改革开放的步伐，全国各地掀起开发建设的浪潮，株洲市委、市政府决定开发株洲湘江西岸的园艺场。1989年9月，中国房屋建设开发集团公司株洲公司成立河西开发分公司，征用土地3.45公顷，率先在株洲湘江一大桥西建设滨江一村住宅小区，滨江一村小区北临湘江大桥，东旁湘江，南接金锦花园，西靠长江南路。第一期工程总建筑面积14.88万平方米，其中住宅面积13.63万平方米，共53栋，1925套住宅，总投资1.5亿元。承建单位为湖南省第五工程公司、中色二十三冶二公司、株洲市建筑工程公司等单位。滨江一村小区开发建设试点，改变当时市区内单位、部门各自分散建设住宅的落后模式，为株洲市住宅小区综合开发闯出新路。

第二节　板块开发

一　滨江板块

株洲大桥建成后，石峰大桥、建宁大桥、天元大桥、芦淞大桥先后相继通车，一座座大桥打通天元区发展的任督二脉，不断重构区域发展版图，带来一系列“大桥效应”，持续催热桥头地产，繁荣滨江板块。随着集道路、旅游、休闲观光等功能于一体的河西湘江风光带建成，资福晓钟、花堤飞莺、蝴蝶谷、左岸香颂、林溪踏歌、平沙步月、动力株洲、芳洲鹭影、琴桥寄远和云路放飞等“湘江十景”面向市民开放，江边成为市民游乐的最热门场所，滨江板块更加炙手可热。从北往南，旺城·天悦、大江观邸、尚格名城、明珠花园、联谊·丽景湾、恒丰·水岸春天、中信·蓝盾景园、湘银·金色阳光、中泰·财富湘江、晋合·湘水湾等景观楼盘纷纷落子。餐饮、酒吧、KTV、美容会所……从石峰大桥至建宁大桥滨江一线密密麻麻的商铺热闹非凡，商业价值无可比拟。

二　神农城板块

2010年起，总投资超过100亿元、以原有炎帝广场和天台公园为核心、以神农文化为主题，进行提质改造的神农城逐步开放，一大批标志性的建筑和景观亮相在市民眼前，集文化、旅游、商业于一体的这一新型城市开放空间，成为株洲独一无二的城市核心、城市名片。交通发达、生态宜居，优质资源撬动投资。2010年以来，周边地段不断升值，房企日渐增新。恒大华府、中建·御山和苑、华晨国际、奥园神农养生城、株洲奥园广场、华晨御园、泰山名城、喜悦花都、龙腾国际、康桥美郡等楼盘环绕四周。借助神农城板块的综合优势，商业综合体华晨国际广场、生态旅游休闲美食街华晨华人街、神农文化休闲街、东帆国际大厦等商业项目一一布局，抢占商机。

三　庐山路板块

东接芦淞大桥，西接神农城，一条2.2千米的庐山路，成为河西经济发展的“黄金走廊”。华晨国际、华晨·庐山春天、庐山恋、城市风景等住宅小区分列庐山路两侧。庐山一号、春天华晨·大拇指商业广场、华晨·国际广场正在大手笔建设，家乐福、必胜客、万达、株百等众多大牌汇聚。酒店、娱乐、餐饮……这一区域应有尽有，庐山路成为天元区一条重要的商业街。

四　栗雨湖板块

西临京港澳高速株洲出入口，北临湘江，东与城市快速环道相接，栗雨板块所在位置，正是株洲在未来长株潭一体化中的“桥头堡”。作为株洲高新区的科技创新和高新技术产业化区，发展成熟的栗雨科技工业园，吸引唐人神、南车时代电动、太子奶、千金药业等几百家企业入驻。产业发展带来地产项目。栗雨生态休闲谷周边，株洲美的城、佳兆业·金域天下、鸿洋·湖景名城、蓝溪谷、馨香·橄榄城、恒豪·翠谷城、高科·颐景园等10多个楼盘拔地而起。商业综合体美的时代广场、高端商务写字楼高科·总部壹号一一入驻，麦德龙、中传国际影城、国美电器、株洲美的万豪酒店、株百超市栗雨店等商业前来分羹。栗雨板块的市民，不出远门，即可享受吃喝玩乐购“一站式”休闲服务，成为株洲宜居生活的示范片区。

五　武广新城板块

以武广高铁株洲西站为中心，占地约11平方千米的区域，布局为武广新城，近期规划范围为天元区长江西路以南，西站南路以北，西环路、湘江以西，高铁客运站以东区域。武广高铁线以东片区，布局综合交通枢纽、康体养生、公园式低密度商住、教育、滨江商住、VR乐园商业及影视文化基地。投资5.8亿元的市二中新校区于2014年迁至武广新城。武广新城汇集株洲市小学、初中、高中等最优质的教育资源，成为株洲市“一站式”基础教育高地。周边学区概念楼盘武广·国际学苑、恒基·春藤小镇、金轮·翡翠名园、建宁翰府、华晨·第一城、九八·缔景城、中房·天玺湾等楼盘次第而起。

第三节　安置房建设

2004年，为妥善解决株洲新区城市建设和工业园开发建设的征地拆迁安置问题，确保被征地拆迁农民的安居乐业，天元区开始成规模启动拆迁安置区建设，由区重点办、安置办等部门归口管理。2012年6月调整为区建设局统筹协调、服务管理。

天元区安置房建设本着以人为本、重民生、办实事的原则出发，在启动集体土地安置房建设的同时，专门成立征地拆迁安置房建设工作领导小组办公室，先后出台《关于加强征地拆迁安置房建设管理工作的若干意见》等10个政策性文件，设立5000万元安置房建设专项周转资金，将其作为精品工程打造，通过政府拆借资金、银行贷款等渠道筹措资金，并通过财政贴息、严格监管等措施控制成本，执行成本销售原则。2007 年，天泰二期、莲花二期安置房销售均价 1048 元／平方米；2008 年，瀚水栗源安置房销售均价 1098 元／平方米。安置房的销售价格不到同期天元区同类商品房楼盘销售均价的一半；其保障措施、楼盘的质量、安置小区环境配套不比周边中档商品房小区逊色。如响塘花园安置小区，与武广西站、建宁国际学校比邻，湘江大道、栗雨南路贯穿其中，交通十分方便，项目总占地面积约 13.73 公顷，总建筑面积 8.7 万平方米，3 栋多层房，8 栋高层电梯房，共计 336 套。此为株洲市第一批安装电梯的安置房，咖啡色外墙、玻璃阳台挑窗，超大的楼栋间距和公共面积，通畅的环形通道，专业的物业管理，被誉为“完全可媲美市区商品房”的安置房。

2008 年，天元区安置房建设理念不断更新，从零散安置逐渐转变为集中安置；形式不断更新，从低层楼梯房逐步升级为高层电梯房；品质不断提高，从规划设计、工程选材、施工工艺、外观色彩、工程质量、绿化景观、配套设施等方面注重舒适、安全、便捷、生态宜居。如以“和谐、绿色、生态”为代名词的湘湾安置小区于 2011 年 8 月建成交付使用，是全市最大的示范性精品安置区。该小区由 38 栋单体建筑组成，用地面积 10.73 公顷，总建筑面积约 16 万平方米，绿地率 33%，总户数 1231 户，总投资 2.4 亿元。2009 年以来，全区加快安置房建设，新泰、凿石、竹山、兴湖、安泰、仙岭、浅塘、响塘等社区陆续建成部分安置房。至 2013 年 10 月，天元区建设安置小区 17 个，建成安置房 9651 套，其中集体土地性质安置房 2719 套，国有划拨土地性质安置房 6932 套，建设用地面积约 80.11 公顷，总建筑面积约 154.82 万平方米，较好地解决 2.9 万安置拆迁户的居住问题。2014 年 4 月，为统筹全区安置房建设，天元区专门成立区保障住房开发建设公司。至年底，凿石二期、南塘一期、仙岭二期、浅塘二期、响塘二期及新马 6 个安置房建设项目，9 套主体建设全面完成；天泰三期、竹山三期、安泰三期、兴湖二期、泉源一期、万丰一期等 10 个项目 2563 套，完成规划设计、征地拆迁、三通一平和围墙工程，全面开工建设。同年，天元区将 10011 套安置房纳入株洲市城市房屋办证历史遗留问题范围。年内，全区安置房办证完成市级公示 7000 户，发放房产证 6500 本，发放国土证 3248 本。是年，还完成廉租房实物配租 114 户 223 人，新增廉租房补贴 128 户 299 人。

第四章 “两型”建设

2007 年 12 月，经国务院同意，国家发改委批准长株潭城市群为全国资源节约型、环境友好型（简称“两型”）社会建设综合配套改革试验区。2009 年 5 月，按照《株洲市人民政府办公室关于成立株洲市长株潭城市群“两型社会”建设综合配套改革办公室的通知》精神，天元区“两型社会”建设综合配套改革领导小组办公室（简称区两型办）成立。根据《株洲市资源节约型和环境友好型社会建设综合配套改革试验总体方案》和《株洲天易示范区“两型社会”建设改革总体实施方案》的要求。自2009年始，天元区先后组织开展“低碳生活、绿色出行、节能宣传、绿心保护”等主题活动8次，在报纸、杂志、网络等相关媒体上刊登各种宣传文章近百篇，“两型社会”生活方式开始走进千家万户。与此同时，组织区级各部门力量，全力构建全方位、多层次“两型”改革方案和建设规划体系。

第一节 规划编制

2009年6月—2012年11月，先后编制完成《株洲天易示范区“两型社会”建设改革总体实施方案（2009—2020年）》《株洲天易示范区浅层地能开发利用专项规划》《株洲市天元区城乡统筹发展专项规划》《长株潭城市群“两型社会”建设综合配套改革示范区株洲天元片区规划》《株洲高新区、天元区建设全省两型产业集聚区实施方案》《株洲高新区、天元区两型产业集聚区建设规划》等规划方案，构建全方位、多层次的两型改革方案和建设规划体系。根据规划要求，全区的城市和工业园区的规划建设水平得到全面提升，做到凡是新进项目必须符合两型规划要求，园区建设更加强调依山就势、高低错落有致的自然生态理念。

第二节 项目建设

天元区组织策划建设投资过亿元的神农城“两型”主题公园，策划株洲包装设计产业园、神农书城、高新区工业设计CDD创意港等10余个项目。推进清洁低碳技术项目建设。重点在神农城项目规划设计、建筑施工、材料工艺等方面采用太阳能光伏发电、地热供暖等新能源、新技术和保温、隔热材料；推进索拉赛尔新能源有限公司集中连片光伏屋顶发电工程、威能新能源公司应用可再生能源集中供冷供暖全覆盖工程、秋克公司应用热源塔热泵技术建设中央空调等项目的建设。加速推进“两型”产业集聚效益，初步形成以北汽株洲基地为中心的汽车产业集群，以风电整机制造产业为龙头，涵盖风电电机、风电叶片、电控与系统集成等多个配套产业链的风电产业集群。

2012年，区“两型”办积极加强与株洲市规划局、湖南省“两型”办的联系，协调调整天元区绿心保护部分范围和未来发展空间等问题，全力做好绿心保护工作。按照长株潭绿心保护工作条例要求，在马家河镇金龙社区设立大型绿心保护双面立柱，在竹溪、石塘、太高等地埋设绿心保护界碑、界牌。

一 神农城、湘水湾建设

神农城 此项目是中共株洲市委、市人民政府实施“城市提质、园区攻坚、旅游升温”三大战役、提升城市品位的一项重大举措。由株洲高新区、天元区负责实施，由湖南天易集团公司承建。以原有的炎帝广场和天台公园为核心，沿现状保留城市森林带向两侧拓展，总占地198公顷，其中核心区规划面积108公顷，拓展区规划面积90公顷，总投资超过100亿元，以神农文化为主题，在原炎帝广场的基础上提质改造，并深化现有城市森林带内涵，建设神农像、神农太阳城、神农塔、神农湖、神农大剧院、神农艺术中心、神农坛、神农大道、神农景观带等标志性建筑和景观，形成集文化、旅游、休闲、娱乐于一体的新型城市开放空间，成为全球华人神农文化的展示和传播基地。2009年12月31日开工建设。2011年10月18日，神农城（神农湖）开园迎客。神农湖总面积22公顷，湖水主要通过自来水补水、雨水收集、水制处理循环、跌水方式蓄水。环绕神农湖，有欢乐谷、云水台、海棠坞、水华田、炎帝部落、九曲水廊、西广场、白鹭洲、听涛台等众多景点。至此，完成项目建设任务的50%。2012年8月，神农塔的改造完善工程竣工。2012年10月2日，神农塔重新对外开放。改造后的神农塔系神农城中心制高点和中央观景台。由于塔的四周均装上彩色龙鳞片，每至夜晚，整个神农塔在灯光的照射下熠熠生辉，与神农广场交相辉映，成为株洲的标志性夜景。同时，神农坛也建成开放。12月，太阳城商业步行街南区开门营业。同月，神农城炎帝文化主题公园晋级为AAAA级旅游景区，神农城项目获中国风景园林学会颁发的金奖。

湘水湾 总占地446.67公顷，包括占地133.33公顷的高尔夫球场、五星级酒店、城市商业综合体等子项目。2010年5月开建，2012年底湘水湾生态公园基本建成，与神农城景观连接成整体，构成新区中心城区南北轴的一道靓丽风景线，并带来可持续的消费潜力。

二 公共自行车租赁系统建设

建设公共自行车租赁系统，是市委、市政府倡导“保护环境、绿色出行”的惠民工程，是全市“两型社会”建设的重点项目，涉及包括天元区在内的城市各区。2011年5月，全市建设公共自行车租赁系统工程启动。

天元区由区城管部门牵头组织各镇、街道摸底调查、报送建议租赁点，开展民意调查，向市民群众广泛征求意见，确保网点布局科学合理。同时，区委、区政府组织开展大规模的主题宣传活动。组织“绿色出行”环保实践活动，全区100多名入党积极分子、“创环模”青年志愿者骑上租赁的公共自行车从神农广场出发，沿珠江南路，穿过湘江风光带，抵达体育中心，沿途向市民们发放宣传资料。制作天元区公共自行车系统布点示意图、株洲公共自行车办卡流程解读，分发到各镇（街道）、社区及天元区火炬大厦办卡点，促使更多市民知晓并踊跃办理市民卡，实现“绿色出行”。

针对公共自行车租赁系统建设之初许多市民不懂使用方法的情况，天元区派驻专人在各个网点值班，专门解答市民疑问，并公布办公室电话作为咨询热线。针对个别网点自行车被损坏的现象，加强文明用车宣传。仅 4 个月时间，全区设置自行车租赁点 148 个，投放公共自行车近 8000 辆，占全市投放量的 80%，主要分布在学校、社区、企业等人群密集的地方，惠及市民万余人。至 2012 年底，区内建成公共自行车点 312 个，区内机关干部办理公共自行车团体卡 1574 人，市民卡办理 2.94 万人，绿色出行蔚然成风。

三　湘江风光带建设

为进一步提高株洲市城区河西段的防洪抗洪能力，美化绿化湘江堤岸，提升株洲城市品质，按照省政府“三市并进、湘江治理、两型社会”的总体要求，秉持“把湘江融入城市，让城市拥抱湘江”的设计理念，市委、市政府决定启动株洲湘江风光带建设，实现与长沙湘江风光带和湘潭湘江风光带的融合接轨，打造“东方莱茵河”。项目河西段全长 11.3 千米，首期实施的株洲湘江风光带河西段投资 6.9 亿元。2009 年 9 月，株洲河西湘江风光带一期工程正式开工。一期工程立足株洲地域特色，将“神农文化”“工业文明”“红色政权”等历史、人文元素融入其中，利用有限的城市空间，将临江而立的山峦、港湾、寺庙等资源结合起来，打造“一江两岸十景”的景观结构。在众多的主景观区内，设有大量体育设施，如沙滩排球场、沙滩足球场、网球场、篮球场以及按国家级标准打造的航模广场等，还建有大型健康广场和 4 栋纯木质结构建筑的酒吧一条街，景点与景点之间由全长 9.5 千米的休闲自行车道贯穿，给株洲市民带来广阔的亲水、运动、旅游和休闲空间。2010 年 9 月 30 日，河西湘江风光带开放，集防洪、道路、旅游、休闲观光等功能于一体，不仅防洪能力显著提高，而且为市民提供娱乐、健身、休闲观光。2011 年 3 月 21 日，中共中央政治局常委、中央书记处书记、国家副主席习近平到株洲湘江风光带实地考察湘江综合治理工程。习近平叮嘱株洲市负责人，株洲市要在“十二五”时期实现顺利开局、切实转变发展方式，必须从抓好生态建设、节能减排上入手，在湘江流域治理方面取得更大的成绩。

第三节　创建试点示范

2009 年 8 月，中共株洲高新区工委、天元区委印发《关于深入开展“两型社会”建设示范点创建的通知》。《通知》要求，在全区范围内，建成一批有示范带动效应的两型园区、企业、机关、小区、社区、村庄、学校、家庭。同时还研究通过《天易示范区（株洲）两型示范点创建试行标准体系》，明确相关创建牵头单位。同年 9 月，区“两型”办印发《天易示范区（株洲）两型示范点创建考核评定办法（试行）》。经过宣传发动、组织申报、督查、考核等程序，先后有湖南南车时代电动汽车股份有限公司等 5 个单位成为区级示范创建单位。2010 年，经严格考评，株洲时代电子技术有限公司等 20 个单位被评定为区级两型示范创建单位。2011 年，株洲钻石切削刀具有限公司等 30 个单位被评为区级“两型”示范创建单位，株洲市大中华餐饮管理有限公司等 13

家单位被评为首批市级“两型”示范创建单位，白鹤学校等7个单位被评为全省“两型”示范创建单位。2012年，区“两型”办制定《株洲市天元区2012年“两型”示范创建工作实施方案》，明确六大示范工程项目和十大示范类型。经过考评，有北汽控股等36家单位被评定成为区级“两型”示范创建单位，株洲高新区管委会等6个单位被评为省级“两型”示范创建单位。2013年，考核认定2013年度区级“两型”示范单位28家，富利来公司、北师大附校、湘银社区、市商务局机关等12家单位申报成为2013年省、市“两型”示范创建单位。按照省、市部署，重点开展“两型”综合示范片区创建试点工作（全省仅3个试点片区）。围绕神农城核心综合示范片，重点指导市教育局、泰西社区、园丁小区、刘珊珍家庭先期实施两型化改造提升项目。推行“两型”素质教育，在机关、学校、企业、社区挂牌成立4家“两型”知识培训学校。组织编发《“两型”知识培训读本》，并在区检察院、时代电子公司、北师大附校、泰西社区等单位组织授课5场。传播“两型”知识，宣传“两型”理念。2014年，按照“点面结合，以点带面，突出重点，统筹推进”总体思路，创建区级14类“两型”示范单位，创建“两型”综合示范片区。泰西社区建成全市首家“两型”社区爱心交换站，被评为全省十大“两型”示范单位；云里、大湖塘、响水等5个单位被评为省级“两型”示范创建单位，27家单位创建成为区级“两型”示范单位。

第四节　综合配套改革

一　成立湖南天易集团有限公司

2008年，省委、省政府明确株洲天易示范区为长株潭城市群“两型社会”建设综合配套改革五大示范区之一。

为抢抓历史发展机遇，加快天易示范区的开发建设步伐，2009年2月，中共株洲高新区工委下发《关于成立湖南天易示范区开发建设有限公司的通知》。2009年3月2日，由株洲高新区管委会出资2.5亿元，湖南天易示范区开发建设有限公司正式注册成立，隶属株洲高科集团有限公司。新组建的湖南天易示范区开发建设有限公司是按照现代企业制度组建的综合性、多功能大型国有全资公司，是天易示范区的开发主体、建设主体和投资主体，业务范围包括城市基础设施投资与管理、城市资源经营与管理、股权投资与经营等，主要承担神农城开发建设及运营管理工作。2011年5月，湖南天易公司从株洲高科集团分离，并按照现代企业制度要求，组建湖南天易集团有限公司，注册资本为10亿元。

湖南天易集团公司以城市建设为纽带，以有效整合、规划成片规模开发土地资源为核心竞争力，突出土地一级开发、基础设施、商业开发与经营、股权投资四大重点。在市委、市政府和株洲高新区工委、管委会领导下，天易集团规模逐年壮大，总资产由2.5亿元上升到80亿元，人员由9人壮大到353人。公司按照现代企业制度成立董事会—经营层—部门及子公司的企业管理架构，逐步形成由一体两翼到多元化发展的业务体系，项目建设取得重大成绩。

二 创建“高塘模式”

马家河镇高塘社区位于长株潭“两型社会”天易示范区核心。2009年2月，区委、区政府决定在高塘村试点，开展“征转分离”工作，开创具有高塘特色的“村庄变社区、村民变市民、村民变股民”的城乡经济社会统筹发展模式。

征转分离 试行“征转分离”，促进土地集约利用。组织实施以“村组整体征收、整体拆迁；村民集体安置、集体转城；农村集体土地征转分离、先征后转”为核心内容的“征转分离”试点工作。截至2011年底，征收土地233.33公顷，保障太阳能光伏生产基地等重大项目进区落户。推进农民集中安置，集约利用生产生活安置用地，提高土地使用效率。加大农业片区公共基础设施建设，开展绿化、美化、亮化活动，实现社区“远看似公园、近看是家园、细看是乐园”的总体建设目标；创办“村级企业”，加快集体经济发展。创立高塘大禹投资集团公司，公司性质为村集体出资控股、全体村民自愿参股、其他自然人或企业认股的有限责任公司。村民成为拥有村集体资产的新型居民和实实在在的股东，打破传统的村集体经济的发展模式。大禹公司用两年时间实现注册资本从100万元到9200万元的飞跃发展；打破“二元结构”，建立民生保障制度。对被征收土地的农民实施养老、医疗、生活补助等一系列基本生活保障措施，一次性为“先征后转”失地农民办理村民转居民手续。被征收土地的农民根据不同年龄，分别享受10～15年的企业灵活就业人员养老保险补贴和医疗保险补贴。开展“撤村建居”，改革村级管理体制。

撤村建居 2010年6月，按照“撤村建居、政居分设”的要求，原高塘村组织实施了村级综合配套改革试点工作，改革村级管理体制，村改为社区，成立社区党委和社区居民委员会，并设立社区政务服务中心。2011年底，高塘社区作为全市户籍制度改革第一个试点单位，户籍统一登记为“居民户口”，村民正式转为居民；鼓励流转开发项目，实现以工哺农。“征转分离”政策的试行，促使高塘社区900多居民“洗脚进城”和“转业”，但社区仍有1000余居民还在从事农业生产。为了解决好这部分人的致富途径，从2011年起，社区党委利用高塘大禹投资集团人才、技术、资金和企业管理优势，采取总体规划布局、项目单独开发经营模式，并实施“3521”以奖代补办法（即前3年分别按500元、200元、100元/亩给予资金扶持），鼓励居民流转或自行发展特种畜禽养殖和经济观赏果木种植。基本形成以农业观赏和特种畜禽养殖为主，集餐饮、住宿、会务、垂钓、培训等功能一体的综合型休闲产业，初步形成农业观光休闲总体产业布局。通过成功实施“征转分离”，高塘社区不仅实现“公共服务均等化”的目标，而且社区居民的生活幸福指数远远高出城区居民。“高塘模式”赢得中组部、国土资源部、国家发改委体改司、湖南省和株洲市相关领导的高度肯定。

第五章 城市管理

天元区城市管理和行政执法主要由天元区城市管理行政执法局负责。1997 年以来，天元区城市管理先后完成国家优秀旅游城市、园林城市、卫生城市、文明城市和交通管理模范城市等一系列创建任务，在全市做到 22 个率先，连续 11 年在全市城市管理综合考评中排名第一，城市管理实现运作市场化、管理网格化、作业精细化、考评标准化。接待来自全国各地城市管理考察团近 1000 批次，先后获评株洲市文明建设先进单位、株洲市抗冰救灾先进集体、株洲市创文明城市先进单位。市政维护处冯正根被评为株洲市劳动模范、湖南省抗冰救灾先进个人。环卫工人易桂芝被评为株洲市文明建设先进个人、株洲市劳动模范，被推选为湖南省党代表，获得湖南省创先争优优秀共产党员、全国优秀环卫工人称号。环卫女工刘春南冲入火海救出 5 岁小孩，被评为株洲市见义勇为先进个人。2012 年，“暴雨中的守护哥”市政工人张亮的先进事迹在《人民日报》《中国青年报》《湖南日报》《株洲日报》等主流媒体进行专题报道。

第一节 管理机构

一 天元区城市建设和管理委员会办公室

2009 年 5 月成立，为天元区政府直属正科级全额拨款事业单位。主要职责为协调、监督、考核全区城市管理工作，协调指导镇、街道城市管理工作，负责全区综合整治工作等。2014 年，内设综合办、考评办、创建办，有干部职工 8 人。2009—2014 年，先后有吴建华、王胜华（主持工作）、郭飞、袁国栋任主任。

二 天元区城市管理行政执法局

1992 年 8 月，株洲高新区公用事业总公司成立，下设道路、环卫、园林、市政维护、渡口排渍站等。1993 年，成立株洲高新区市政、环卫管理公司，聘任宋仲枚为公司经理。1994 年 3 月，成立公用事业管理局，聘任宋仲枚为公司经理，朱遂科、刘根平为副经理。1996 年，市政、环卫管理公司分为株洲高新区环境卫生管理处和市政维护处 2 个事业单位，隶属株洲高新区城建部领导和管理。同年，成立株洲高新区城市建设管理局，下设建工处、人防办、绿化办、城市管理办公室、环境卫生管理处、市政维护处、建筑设计所等。1997 年 8 月，设立区城市建设委员会，人员 17 人，下设 9 个副科级事业单位，总人数 310 人。

2000 年 9 月，区政府按照“建管分离、干管分开、属地管理”原则，成立天元区城市管理局，归口管理区环境卫生管理处、区城管监察大队与区爱国卫生运动委员会，并实行合署办公。2001 年 12 月，成立区物业管理处。区市政维护处划归区城市管理局管理，区爱国卫生运动委员会及其职能划归区卫生局。2002 年 3 月，区城市管理局定编 9 人，内设办公室、综合管理办公室（办证服务中心）、考核办公室、门前三包办公室 4 个职能股室，归口管理城管监察大队、环境卫生管理处和物业管理处、市政维护处。全局系统有正式职工 173 人，城管协管员 30 人，负责全区的城市管理、公共场所的市容监察、清扫保洁、城区市政设施维护和辖区物业管理等工作。

2006 年成立区城市管理行政执法局党委。2007 年 1 月，区城市管理局更名为区城市管理行政执法局，作为区政府在城市管理方面集中行使行政处罚权的工作机构，具有行政执法主体资格，整合城市管理“8+1”职能，下设城管执法大队、环卫处、市政维护管理处、物业管理处、绿化办 5 个二级机构。同时，天元区城市管理监察大队更名为天元区城市管理行政执法大队。2007 年底，重新组建的区治理违法建设协调监察大队归口天元区城市管理行政执法局管理。2009 年 4 月，区治理违法建设协调监察大队从区城管局划出。

2014 年，区城市管理行政执法局机关内设办公室、考核办、综合办、财务室 4 个科室，下辖城管执法大队、环卫处、市政维护处、物业办、绿化办、数字城管监督指挥中心 6 个二级机构；共有城管执法队员 154 人（区聘 97 人），城管监督员 195 人，市政维护人员 31 人，绿化办 5 人，物业办 3 人，网格信息员及坐席员 41 人（区聘 37 人），环卫正式职工 81 人，一线清扫保洁人员 1124 人。负责城区道路、广场、公共场所的市容监察、卫生清扫保洁、市政设施维护、绿化管理养护、协调指导辖区物业管理、组织实施数字化城市管理工作等。2000—2014 年，先后有巢亮、曾天青、刘根平任局长，易虎存、王剑怀任党委书记。

第二节 环境卫生

一 街道清扫

1993 年，成立株洲高新区市政环卫公司，负责辖区内街道清扫。1997 年 8 月，成立区环境卫生管理处，担负辖区内街道清扫工作。

2002 年，天元区环境卫生管理处负责清扫保洁道路面积为 97 万平方米，临街门店“门前三包”责任制签订率 100%，垃圾袋装化率 100%，日处理生活垃圾 120 ~ 150 余吨，年处理垃圾能力为 4 万吨。有多能斗垃圾运输车 3 台，拉臂式垃圾运输车 1 台，翻斗式垃圾运输车 3 台，洒水车 1 台，扫路王车辆 1 台，保洁车 18 台，管理 4 座垃圾中转站和 2 座公厕。

2003 年，环卫处建立“二班三运转”工作模式，负责天元区城区范围内环卫设施的建设、维护、环卫规划编制，公共道路、广场（共 180 万平方米）路面清扫、保洁，生活垃圾收集、清运，“门前三包”管理，环卫监察，按规定收取有偿服务费用等。在巩固“二班三运转”成果的基础上，实行清扫保洁精细管理，清扫、保洁作业模式由原来的“二班三运转”改为“三班倒”作业模式。成立渣土污染处理应急分队，消除渣土污染影响。

2005 年，通过建立路段两班清扫作业，三班次轮回保洁工作模式，严格实行时间、人员、质量三个落实，实现主次干道清扫保洁率 100%。同时，坚持“扫尽、存好、运光”标准，推进居民生活垃圾产生减量化、储存容器化、收集运输密闭化，加强垃圾清运处理。2006 年，建成银海垃圾中转站及公厕，栗雨科技工业园垃圾中转站及公厕，天元区建筑垃圾临时处理场。

2007 年 6 月，全区开始实行 24 小时保洁，8 月，将 18 条道路清扫保洁权公开拍卖，第一批 3 条道路共 8.1 万平方米道路清扫保洁权分别以 11.4 万、14 万元和 11.85 万元成功拍卖。9 月 7 日，又对 15 条道路清扫保洁权进行拍卖，最终拍卖成交价为 180.9 万元，节约经费 44.6 万元。9 月，对 10 台负责清运的垃圾运输车的垃圾运输权进行拍卖，减少运营成本 20.5 万元。

2008 年 10 月，将 208 万平方米的道路清扫保洁、75 万平方米的绿化养护、25 万平方米的道路和 26434 米排水管道的维护，按照区域划分为 A、B、C 三个标段面向社会公开招标。通过竞争，宏达物业、天元环卫三产公司（天府物业）、天元园林公司分别以 275 万元、258 万元、175 万元中标。当年，天元区投入 800 万元，新建 15 座公厕、7 座垃圾中转站和 10 座环卫工人休息室，所有公厕全部免费对外开放。

2009 年 6 月，全区 66 条主次干道共 82.55 千米、47 条人行道共 134.1 千米的清洗项目整体对外承包，全部实行市场化运作，宏达物业以 287.62 万元中标。每天凌晨 12 点至早上 6 点清洗马路，确保路见本色。所有环卫车辆实现 GPS 定位管理，环卫机械化作业率 70%。

2010 年 8 月，环卫工人人均工资增长 200 元 / 月，达到 1000 元 / 月，为全市最高。次年 3 月，环卫工人工资再提标，达到 1200 元 / 月。从 2012 年开始，环卫工人每月新增 50 元绩效工资。

2011 年 6 月，因银海垃圾中转站距离学校太近，影响学生健康，市委书记陈君文批示将银海垃圾中转站关停。9 月，在全市率先购置 500 多个防风撮箕投放到各主次干道，配备防风撮箕的环卫女工获“环卫空姐”称号。

2012 年，区政府投资 1000 万元购置的 37 台大中型环卫专业设备正式投入使用；后又分两年投入 1000 万元全面提高清扫保洁、道路清洗、绿化养护、市政养护、农贸市场等日常管养标准。同时，增设一系列便民利民设施，所有公厕配备免费卷纸，城区生活垃圾做到日产日清，无害化处理率达 100%。全区基建工地围挡全部采用美观漂亮环保的绿篱围挡；在武广株洲西站设立全市第一座环保型移动公厕。当年，环卫处有环卫专用车 58 台。其中，清扫车 11 台，电动清洗车 7 台，疏通车 2 台，洒水车 13 台，扫地王车辆 3 台，电动垃圾收集车 9 台，垃圾清运车 9 台，垃圾收集车 3 台，人行道清扫车 1 台。清扫保洁道路面积为 403 万平方米，日处理生活垃圾 160 余吨，年处理垃圾能力达 5.8 万吨。

2013年，坚持24小时保洁制度，每天晚上12点至早上6点对主次干道及人行道进行清洗；率先在亲亲家园和联谊新村2个小区试行“垃圾直运”，简化垃圾清运环节，减少二次污染，并获得国家卫生城市复审省级专家的肯定。2014年，推行垃圾直运，将垃圾直运试点小区增至4个；全区共46家临街企事业单位、门店给环卫工人提供免费午餐点；为全区15座环卫工人休息室配备微波炉、空调、电视机等设施；对全区31台环卫车的GPS设备进行全面检修，更换摄像头模糊、信号弱等问题设备，并对部分车载定位软件进行升级，提高监控效率，确保洗路效果。

二　环卫管理

1992—1997年，区环境卫生管理工作由株洲高新区市政环卫公司负责。1997年后，由天元区环境卫生管理处负责，为副科级事业单位。

2001年12月，区环境卫生管理处升格为副科级事业单位，负责天元区城区范围内环卫设施的建设、维护，环卫规划编制，主次干道清扫、保洁，生活垃圾收集、清运，“门前三包”管理，环卫监察及按规定收取有偿服务费用等工作。同年，天元区城管监察大队在全市率先推行路段责任制，环卫管理处推行事业单位企业化管理模式，实行路段承包责任制，推出6条路段向社会发包，环卫监察和收费实行捆绑式运作。

2006年，天元区围绕创建国家文明卫生城市目标，先后迎来湖南省十运会、创中国优秀旅游城市验收，获株洲市城区环境综合整治红旗单位等称号。2007年7月，市委、市政府组织开展环境综合整治，天元区采取教管并举，疏堵结合，联合执法等方式，广度和深度上，加强对城市环境的综合整治。天元区城市管理局被评为株洲市环境综合整治红旗单位，区环卫处被评为环境综合整治优秀单位。

2014年5月，全区开展“牛皮癣”（临街及各类建筑物上乱贴乱画的小广告）专项整治，成立专项整治工作领导小组，在全区范围内开展大规模的清理整治行动，城管系统组织200多名干部职工深入楼栋，对老旧小区、城中村的“牛皮癣”顽疾进行集中清理，营造“人人参与，共同除癣”的氛围。与此同时，通过设置信息张贴栏，联合公安、工商部门综合治理等方式，确保“牛皮癣”清理的常态化、长效化。

三　创建国家卫生城市

2007年7月，全区启动创建全国卫生城市工作，形成政府牵头、部门主抓、上下联动、全民参与的组织格局。强化考核，落实责任，对各责任单位实行每月一次调度、每月一次排名、每月一次通报，设立100万元创卫奖金，实行奖优罚劣。成立由区政法委书记任政委、主管副区长任指挥长的领导小组，组织以城管为主，公安、工商、卫生、环保等单位参与的200多人的整治队伍，对天台路、长江路、天平路、泰山路等路段开展集中整治。劝导、纠正各类违规行为，对不文明行为实施现场处罚。组建 20 人的机动中队，日常巡查，对市民反映强烈的难点问题进行集中治理。8 月 3 日，株洲高新区、天元区机关干部及各社区 1200 多人在长江广场、天台路、等主次干道，参加全城“万人扫大街”行动。9 月，区政府发布《关于对城区市容环境卫生管理实行有奖举报的公告》，开通举报热线。

2008 年 3 月 28 日，天元区组织创建国家卫生城市再动员大会。副市长李异建参加，株洲高新区管委会主任、天元区区长何剑波到会讲话。5 月 12 日，天元区召开“无人管”小区推进创卫工作专题会议。区直各机关单位深入“无人管”小区，协助完善基础设施，成立业主委员会，建立小区管理的长效机制。同时，全区聘请 260 名市容环卫监督员，规范着装、规范程序、规范区域，与城管执法队员协同配合，重点对乱扔乱吐、乱穿马路、乱停乱放等一些违章行为和不文明行为进行纠章和处罚。市容环卫监督员加强市容保洁工作，捡拾烟头、槟榔渣、废纸、果皮等垃圾，人行道、花坛处垃圾较多的现象基本消失。2009 年 11 月 28 日，株洲市通过国家卫生城市考核鉴定验收。2010 年 1 月，株洲市获国家卫生城市命名。

四 城乡同治

2009 年，区城管办出台《天元区农村市容环卫整治工作方案》和《天元区农村市容环卫考评办法》，及时指导各镇强化领导，并形成市、区、镇、村（社区）分级考核体系。2010 年，在市级月度考评中，马家河镇获全市乡镇年度综合排名榜首。2011 年 6 月 5 日，组织天元区“低碳出行，绿色生活”万人签名活动。7 月 30 日，组织“低碳生活、快乐天元”公共自行车比赛。当年天元区城乡同治考核连续 2 年在城区 4 区中排名第一。2012 年 9 月 15 日，组织“城乡同治万人签名想唱就唱走进群丰”大型活动。是年，认真贯彻市委、市政府《关于加强农村环境综合整治全面推进城乡同治工作的实施意见》，出台《天元区城乡同治实施方案》和《天元区城乡同治考评办法》。当年投入 180 万元，培育太高、高塘城乡同治示范典型，同时打造出响水、砖桥示范点。2013 年，组织全区城乡同治“三个一”（即一封信、一副对联、一台戏）大型活动。发放《致广大农民的一封信》5.6 万份，印制城乡同治春联 3.05 万份，编排、演出城乡同治的皮影戏、舞蹈、花鼓戏、快板，同时启动“小手拉大手，清洁我家园，争当文明人”学生志愿活动，让学生引导家长革除陋习，争创文明清洁家庭。开展清洁家庭评比活动，每月评出五星清洁家庭 1800 余户，并给予一定的物质奖励。至 2013 年的 2 年中，投入 955 万余元对全区进行三边绿化，植树 7.1 万余株；制作并安装市区、乡镇、村社分界牌、路牌 230 余块；设置居民晾晒点 863 处；购置有压缩式垃圾运输车 3 台，高压冲洗水车 4 台，小型密闭式垃圾钩臂车 12 台，密闭式垃圾收集箱 120 个；改造合花、东风农贸市场；建设三门垃圾直运站。由区财政安排每村工作经费 2 万元，计 158 万元，用于城乡同治工作。2014 年，设置农村环境综合整治电子显示屏 2 个，大型户外广告 235 个，户外宣传栏 269 个。每月评出五星级清洁家庭 1800 余户，发放宣传手册和资料 7.3 万余份。更换添置分类垃圾箱及分类垃圾桶1000余个，每村安排专人进行垃圾分类。在太高、高塘、竹溪社区，砖桥村、苍霞村等地植树9.4万株，种植花草1612平方米，绿化乡村道路142千米。“四改”（改水、改厕、改圈、改厨）农户347户。城乡同治的开展，使农村卫生改善、村容村貌焕然一新，家庭清洁、陋习革除、讲文明礼貌成为时尚。天元区城乡同治工作在全市城区农村月度考评中屡次名列前茅，打造成为城乡同治工作的样板区、首善区、示范区。

第三节　城市美化亮化

一　建筑物美化

2007年12月，天元区对长江宾馆、商业银行、建筑设计院、农办、蓝盾景园、恒丰房产等16栋高层建筑进行亮化，2008年1月全部完工。2008年，投资680万元完成保利高尚小区、耀华新村、益民小区、庆云小区、富绅花园、泰山西村等21栋临街建筑物“穿衣戴帽”工程，分别进行美化刷新装饰，占全市任务总量的70%。同时对城市主次干道两侧约4000米建筑工地围墙进行喷绘刷新装饰，装贴以创卫、创模等公益性质为主题的喷绘宣传标语。

2009年2月，按照市委、市政府的部署，在株洲城区实施美化、绿化、亮化、数字化工程，即城市“四化”工程。其中，美化工作既要统一规划设计，提高规格标准，还要体现城市特色，彰显城市文化。通过为临街建筑物“穿衣戴帽刷漆”，使城市整体形象完成一次大变脸。亮化工作主要对城市夜景进行整体概念设计，既要突出点，更要连成线，扩成面。天元区委、区政府积极响应市委、市政府号召，把“四化”工程当作加快城市发展，建设“两型社会”的大事来抓。当年，为推进美化、亮化工程，区委、区政府制定《天元区主次干道临街建筑物美化工程实施方案》和《美化工程考核办法》，实行责任领导和责任部门分片分路段包干负责制，发放宣传手册，召开重塑和部分提质项目业主单位征求意见会。经过4个多月努力，全区投资1.53亿元，完成316栋临街建筑物的“穿衣戴帽”装饰美化工程，拆除防盗窗10481个，安装技防设施面积3.8万平方米，迁移空调机6135台，置换木窗户1573个，拆除和重装店招牌1086块，拆除围墙12处。配合株洲市城市管理行政执法局做好“亮化”工程，对区内16栋高层建筑安装夜景灯饰设施，做到美化、亮化同步实施，全面改善临街景观效果。

二　节日美化

自2001年始，每逢元旦、春节、“五一”、国庆等重要节日，天元区组织并动员街区、机关、学校、企业启动节日美化工程，重点在城市主干道、重要广场摆放鲜花，营造节日气氛。

2012年，投资2000万元，实现美化项目8个，装饰房屋26栋，改造招牌152个。市政务中心、华天大酒店，以及长江南路二街区，长江西路和黄山路棉纺厂段沿街建筑物等项目美化提质效果明显。同时，对2009年以来全区美化建（构）筑物开展全面排查，整治招牌321个。当年，从元旦、春节、“五一”、端午、中秋及国庆等节日，分别在天台路、长江路、株洲西站等主要路段和重要节点进行装扮，悬挂灯笼4000余个，摆放主题展板180余套，摆放鲜花200多万盆。节后，对于摆放的鲜花开展免费赠送活动，由市民自愿领取回家种植，共享美好环境。2013—2014年，为重要节日营造隆重气氛，在天台路、长江路、株洲西站等路段和重要节点实施节日美化亮化。

三 道路美化

1997年，区城市管理行政执法局开始担负起辖区内的道路维护，并尽力做好城市道路建设中的协调服务工作。

2006年，市政设施维护中严把质量关，控制维护成本，坚持“抓大放小，立足专项，突出重点，精细管理”的原则，配合迎“省十运”和“城区环境综合整治”，实施华天路、黄河南路二街区、天台山路、海天路砼路面及拱包修复，黄河广场、天台山路、株洲大桥南北匝道沥青路面修补，牛形山路渠道覆盖专项维护，实施株洲大桥南北匝道、耀华楼、黄河广场等路面积水改造，实现市政设施完好率保持在98%以上。

2008年，完成4460平方米沥青路面维修，1820平方米砼路面维修，12820平方米人行道维修，4950米道路侧平石调整，642米侧平石更换。

2009年，完成路面维修2.1万平方米，调整侧石13千米，更换侧石1.5千米，修复盲道和花坛1080平方米，开展道路清障60次，清理道路垃圾杂物500立方米，清除道路杂草2.6万平方米。

2011—2012年，泰山路延伸段竣工验收。项目东起西环线，西抵湘芸路，全长2.2千米，路幅宽64米，完成路面、管网、路灯、人行道、绿化、标志线等工程，成为一条路面优良、绿化优美、配套齐全的精品工程。

第四节 市容市貌管理

一 市政维护

1996年12月，株洲高新区城市建设部下设市政维护管理处，负责辖区内市政设施、人行道等维护。1998年8月，天元区市政维护管理处改由区城市建设委会管理，为副科级差额拨款事业单位，负责全区范围内市政设施及道路的维护工作，行使路政管理职责。

2001年底，区市政维护管理处管理道路维护面积约60万平方米（其中沥青路面约占30%），排水管网10余万米，渠道长度约1万米，人行道面积约12万平方米，沉泥井、泄水井约3000座，维护用机械、材料投入10万元。是年，出台《天元区市政维护处绩效考核办法》，考核结果直接与职工收入挂钩，加强市政维护、监察工作，监察率100%，占道办证率90%以上。当年完成工程总产值240万元，实现利润36万元。2002年完成工程总产值200万元，实现毛利60万元。“十五”期间，完成维护专用设备添置150万元，实现由量到质的变化。

2005年，区市政维护管理处拥有综合养护车、疏通车、压路机、铣刨机、破碎挖机等中型设备，队员持证上岗率100%，主次干道监察率100%，行政执法案卷合格率100%。路灯维护实现亮灯率98%以上。2007年，率先在全市推行“首违免罚”制度和城市管理有奖举报制度。

2008年，查处违法建设（搭建）1189处。其中，强拆777处，92302平方米，规划区内违法建设发现率和查处率均为100%。全年清掏化粪池316座，检查井8640座，疏浚下水管道21.5千米、排水管道340千米、渠道15千米，改造下水管道689米，对滨江、金锦、铁西等社区反映较多的下水道堵塞、污水外溢等问题进行处理。2009年，疏浚排水管道16千米，检查井清掏5100座次，更换井盖330套。

2010年9月，因株洲高科集团园区建设需拆除市政维护处栗雨维护站，后将黑龙江路与西环线交汇处0.67公顷土地作为市政维护处生产设备停放以及养护材料堆放的临时用地。2010年11月，实施设施养护中心项目建设。2011年，整合城管、市政、环卫等部门力量，组建天元区渣土管理中心，对辖区所有工地实行备案管理和应急处理片区责任制。

2012年3月18日，区市政维护处面向社会开通并公布“天元市政应急专线22392110”。9月，完成新基地用地国土、规划、环保等部门审批。新基地项目建设采用BT模式运作，建设设备用房约4000平方米，项目概算总投资约2000万元，建设周期为2年。坚持“抓小放大、立足专项、突出重点、精细管理”的原则，严把质量关，控制维护成本，开展日常维护管理工作，做好迎“省十运”及“城区环境综合整治”工作，市政设施完好率保持在98%以上，基本达到“路平、水畅”的维护标准；建立监察队员夜间巡查制，查处问题36起。截至2012年，辖区范围内已移交市政维护处管理和养护的市政设施存量主要包括约350万平方米道路、220千米排水管道、1.2万座窨井、22千米渠道、14座跨线桥、2座立交桥以及6座地下通道。

2013年，对全区主次干道、小街小巷和26个老旧社区的井盖进行更换，更换问题井盖1000多个。为38个老旧小区安装便民晾衣架600多座；对滨江一村、铁西小区等17个城中村和老旧小区的环境卫生、道路、排水进行全面改造。

2014年，投入900余万元完成区内无障碍通道、盲道、大型路面提质改造等51项集中问题的修建及改造工作；积极做好城区防汛防涝工作，改造和新建泄水井130多座，新铺设管道2000多米，更换井盖68套，暴雨期间城区未发生一起严重的内涝积水现象。

二 物业管理

天元区物业管理始于1993年，由株洲高区城建部归口管理。至1997年，辖区内拥有物业公司 18 家。其中，二级资质的 2 家，三级资质的 13 家，临时资质的 3 家，从业人员 500 余人。管理住宅小区和大厦 51 个，面积 150 多万平方米。

2001 年 12 月，成立天元区物业管理处，归口管理辖区内物业公司。当年，中国物业管理协会考评小组到株洲进行考评核查，湘银小区被评为全国优秀示范小区，首开全省一次性通过全国性优秀示范住宅小区评审工作的先例。

2002 年，天元区物业管理处在协调处理河西 22 栋拆迁遗留问题工作中，创立“大湖塘改造模式”，解决部分遗留问题，协调组织电力局完成对 22 栋和保利花园、广厦小区、荣华居等 67 栋 2180 户的一户一表改造，逐步规范对物业公司的目标管理，促进了社区建设。当年，全区物业管理公司实行目标管理，凤凰物业管理公司获得目标管理一等奖，中房物业管理公司、湘银物业管理公司获得目标管理二等奖，联谊物业管理公司、家园物业管理公司获得目标管理三等奖 。

2005 年，天元区拥有物业管理公司 35 家，从业人员 2340 人。其中，有一级资质的 2 家，二级资质的 3 家，三级资质的 30 家。截至 2006 年，先后完成辖区内 7047 户用电“一户一表”改造和 1154 户自来水“一户一表”改造工作。

2006 年，区物业管理处组织张家园、大湖塘屋面漏水维修改造，并引进专业绿化养护公司进驻。积极稳妥地处理泰华二村、泰山西村、西苑小区、富绅花园、保利高尚小区 3000 余户电改工作，完成保利怡沁园 218 户水改工作。监管和指导莲花小区、泰山西村等 11 个小区业主委员会的选举工作。同年 3 月，制定《天元区自来水用水“一户一表”改造领导小组工作方案》，于 7 月完成华天新村安置拆迁小区共 5 栋 144 户的“一户一表”水表改造。至 12 月，完成 6 栋 150 户“一户一表”水表改造工作。

2007 年，完成泰山西村、花园一村、花园二村、天台一期、泰华一村、二村，共 85 栋 3260 户的“一户一表”水表改造。

2008 年 10 月，制定《天元区老旧小区实施物业管理办法—老旧小区改造后，如何落实长效管理机制》《老旧小区考评验收办法》《天元区物业管理区域检查考评办法（草案）》。鼓励物业企业进驻老旧小区进行专业化物业管理，政府财政对老旧小区物业费进行补贴，促进和保证小区物业管理的正常运转。

2009 年 12 月，完成 4 个小区 23 栋 1000 户的水电“一户一表”、屋面防水、上下排水、小区道路、绿化等项目基础设施提质改造。5 月，根据市房产局有关文件精神和区政府办《关于认真做好房屋权属登记历史遗留问题》处理工作的通知，对华苑小区共 9 栋 235 户进行“两证”（房产、国土）办理工作。至 12 月，先后完成富绅花园，共 16 栋 500 户的水、电户表改造；庆云小区、金泉小区 6 栋 280 户的“一户一表”水表改造。

2010 年 12—2012 年，完成厦华、耀华新村、张家园、康华小、伞建小区、机关小区、汇达花园、城管局院落共 40 栋 1654 户的“一户一表”水表改造；完成株洲火炬大厦汇达花园 120 户用电“一户一表”改造方和区机关小区 200 户电改工程。

2013 年，采取宣传手册、板报、媒体等多种宣传方式，在辖区范围内积极宣传《物权法》《物业管理条例》等相关法规，规范物业行业管理。指导物业企业开展创建工作，严格按照国卫复审标准对辖区内 267 余个物管项目进行全面考核督查。妥善协调解决湘银等小区物业管理纠纷矛盾 60 余起。完成区机关小区、泰山西村、西苑小区等 1000 余户水、电改造。

2014 年，指导并监督城市风景、庐山恋等 15 个小区的业主委员会选举工作；完成钻石花园、怡园小区等 600 余户自来水用户水表改造工作。

三　网格化管理

2007 年 8 月，建立天元城管网站，发布城市管理相关法律法规、有关收费标准、办事程序、城管动态。2008 年 7 月，天元区投入 120 万元建成全市首个网格化城管指挥系统，配备视频执法车 1 台、电脑 2 台、专业化液晶拼接墙 1 面、对讲机 70 台、CDMA 定位手机 70 台，并设立数字无线信号接收塔 1 处，率先在全市引入现代化城市管理模式，实现城管、市政、园林、物业等单位信息共享、工作联动、快速反应机制，使问题一经发现就能及时处理、汇总统计、立案建档，真正实现综合型大城管格局，为天元区争当全市城市管理示范区和先行区奠定物质基础。

2010 年 1 月，市委副秘书长、市城管局长朱振湘把株洲市建立城管长效机制实施网格化管理工作试点任务交给天元区城管局。天元区城管局在主管副区长张意的领导下，紧锣密鼓开展试点工作和启动仪式筹备。1 月 15 日，株洲市建立城管长效机制实施网格化管理工作启动仪式在市委前坪举行。市城管局班子成员、城市 4 区分管副区长、4 区城管局长出席启动仪式。天元区作为试点单位，常务副区长邓尚文代表区政府表态发言。3 月 15 日，全市数字城管网格化管理试点工作总结会在火炬大厦九楼举行，主管副区长张意、市城管局相关领导、市数字城管中心主任和书记、城市四区城管局长和数字城管中心主任、天元区各终端单位负责人参加会议。会议决定在城市 4 区全面铺开数字城管网格化管理工作。按照株洲市统一部署，2010 年 4 月，天元区成立数字化城管领导小组，由区财政投入 400 万元专项资金用于全区数字化城管指挥中心软硬件设备建设，对已有数字城管定位系统进行升级改造，腾出 500 平方米办公用房，与市、区政务中心信息系统等进行对接，建成全市规格最高、功能最全、效果最佳的数字化城市管理指挥中心，并接入全市城市管理监督指挥中心大网格中。建成区共划分为 703 个单元网格，19 个责任网格，安装 24 个探头。至 2014 年，全区有户外监控探头 143 个，覆盖天元区主次干道、重要节点。辖区有城管大队、环卫处、市政、街道等 16 个终端单位，各终端单位分别安排专人负责信息接收、派遣和反馈。

2011 年，加大数字城管考评力度，所有信息采集员实行计件工资制；不断扩大和延伸监控范围，充分发挥每个户外监控探头在网格化管理中的功能作用。2012 年，利用全区 31 个城管“全球眼”探头、60 多台移动城管通、200 个灯饰、交通等其他探头实时监控，联合株洲电视台推出文明曝光台，对行人乱过马路、驾驶员乱扔垃圾等不文明现象进行曝光。8 月，成立全市首个城管培训学校，设立城市管理讲坛。

2013 年，扩大信息采集范围，将信息采集的触角向社区、背街小巷、城乡接合部等薄弱区域延伸。同时，开展对网格内的市房产局、市卫生局、市工商局等 18 家市直单位进行数字化考评。2014 年，利用 31 个“全球眼”监控探头全方位、全天候监控重点区域的市容环卫情况，信息采集员做到网格巡查不间断、全覆盖，共采集各类城市管理问题信息 13 万余条，按期处置率、按期结案率均达 98% 以上；进一步加强与“12345”市长热线、城管短信举报平台对接，共受理市民举报投诉 1200 余条，市民满意率 100%。

四　执法监察

1992 年，成立株洲高新区城市监察队，隶属株洲高新区城建部。1996 年，城市监察队升格为城市管理监察大队，下设环卫监察中队、市政维护监察中队和园林绿化监察中队。1997 年 8 月，天元区成立后更名天元区城市监察大队，担负全区城管执法工作。1999 年，区城市监察大队与渣余土管理办公室合并，成立天元区城市管理监察大队。2000 年 9 月，天元区城市管理监察大队归口区城市管理局管理。2001 年 12 月，天元区城管监察大队由副科级事业单位升格为正科级事业单位，内设内勤室、南中队、北中队和女子中队，主要负责城区的市容监察。

2005 年，区城市管理监察大队实行重心下移，启动城管进社区行动，向泰山、嵩山街道派驻城管队员；加强对渣土运输、破占道审批及建筑工地文明施工等行为的管理，有效地控制严重污染路面、破占道不规划及施工不文明等现象；采取疏堵结合、教管并举、联合执法的方式，开展“牛皮癣”、违章占道经营、人行道“三乱”等专项整治行动，并积极参与区委、区政府安排的拆违行动。3 月组建由离退休老干部、共青团和少先队三支城市管理志愿者队伍，配合城管队员及时制止、纠正市民的不文明行为，引导好的卫生习惯。

2007 年 3 月，率先在全市推行“首违免罚”制度和城市管理有奖举报制度。6 月，天元区城市管理行政执法局择优录取 37 名执法队员，壮大执法力量。7 月，区城管监察大队更名为区城市管理行政执法大队。2008 年 7 月，天元区城市管理行政执法大队按照城市清洁工程和创建国家卫生城市标准要求，结合全市“穿衣戴帽”工程，对全区各主次干道临街门店牌匾进行集中整治规范。通过整治，所有主次干道临街门店牌匾美观大方、规范统一，达到“上下一条线，突出一个面，白天美化，晚上亮化”的效果。2009 年，按照“五统一”的原则，设置 28 处擦鞋点；对于非机动车随意停放，在全区范围内划有 150 多处非机动车停车黄线，实行划线停车，规范停车秩序。

2010 年，开展“坚持为民服务，争做人民满意城管”的活动。加大渣土整治力度，与区内的渣土公司签订文明施工运输责任状，全面落实“六个不开工”原则。协同嵩山路、泰山路街道城管办，重点做好耀萱市场、小湖塘早市、金锦市场、珠江南路菜市场等周边环境的综合治理。加强对非法营运及非机动车辆乱停放整治，出动执法人员 3600 人次，执法车辆 800 台次，纠章教育乱停乱放车主2000余起，查扣摩托车132台，处罚200起。

2011年，组织开展“门店企业大走访”“三个一”帮扶、“小手拉大手”等活动，每年帮扶一名生活困难管理对象，每个季度召开一次管理对象座谈会，每周为管理对象做一件好事，变管理对象为服务对象，共计帮扶60多人，发放意见征求表3000份，收回2902份，满意度达80%以上，市民对城市管理工作的支持率和认同感大幅提升。

2012年，组织千人参加“环境集中整治”“自助清扫”等活动，加大马路市场整治力度，规范少数民族流动摊贩；疏堵结合治理车辆乱停放，增设停车位，将原来的停车位从108处增加到640余处，处罚乱停乱放车辆1300余台；强化渣土监管，设置建筑施工工地环境卫生保洁责任牌，抓住源头，查获撒漏现象200余起，处理工地进出口大小污染1700余处。2014年，区城管大队转变管理模式，实行片区责任制，并为一线队员配备执法电动车，提高工作效率。

五　考核督查

2006年，天元区城市管理局考评考核办更名为考核督查办，增加“督查”工作重点。修订《天元区城市管理综合考评考核办法》，各二级单位均制定各自考评考核办法。完善考评考核委员会，设立专职考核办主任。丰富考核方式，即为日巡视，周检查，月考核。加强对辖区内物业公司的业务考核，新增绿化养护单位考核，并把考核结果与管护经费挂钩。

自2008年3月始，株洲市对城区创卫工作实行“日考核、周反馈、月评比、季讲评”的考核方式。各区从财政预算中拿出200万元，建立奖惩保证金。城市4区每个月最后一名罚30万元，第一名奖30万元，逐月兑现，连续两个月排名垫底的区政府，要向市政府作出说明，所有的考核严格按照国家卫生城市的考核标准执行。当年3月，天元区率先获得全市市容环卫考评第一名，获得30万元奖励。

2011年，进一步完善《天元区城市管理考评办法》，将原有的100万元考核奖励基金提高到210万元。加大数字城管考评力度，所有信息采集员实行计件工资制；创新考评手段，落实全市城市管理问题销号管理制度，在全市率先制定明检突出问题销号表，采取未按时整改到位销号的予以5000元/件的处罚措施。并率先在全市实行自行车考核。

2012年，天元区成立以区长为主任的城市管理考评委员会，修订和完善《天元区城市管理工作考核办法》，形成一套完整的考评体系，建立以城市管理指挥中心为平台，覆盖主次干道、城乡接合部、城中村、社区等全方位的监管网络，整合网格信息员、城管队员、环卫工人、城管监督员等力量，确保城市管理所有问题发现及时，反应迅速，处置快捷，做到“第一时间发现问题、第一时间落实责任、第一时间整改问题、第一时间解决问题”，将数字城管考评成绩占综合总分的比例提高到50%，实行网格连带责任制，并首次将宣传工作纳入考核。是年12月，在全市率先实施基点考评，推行“民考官”的考评模式，即由社区组织志愿者对辖区所在单位院落进行城市管理工作考评，构建大城管格局。

2013 年后，调整考评办法，将奖励基金由原来的 210 万元增加到 246 万元，增加的部分从区城管局 6 个二级机构的预算里提留，让所有单位和部门都有压力和动力，让干与不干、干得好与干得坏所拿的奖金有明显的差别，形成良好的工作氛围。加大对宣传、数字城管案卷处置、网格化横向排名等指标低的单位的处罚力度，将按期结案率的处罚标准由原来的 98% 提高到 99.5%，做到有奖有罚、奖罚分明，切实增强责任感和紧迫感。建立严格的进出机制，把好市场准入关。以行业规范为依据，以实际效果为准绳，加强监管，严格考评，对连续考核效果差或多次整改不到位的相关公司实行末位淘汰。

第五节　老旧小区改造

2008 年，天元区投入改造资金 1200 余万元，对全区 54 个老旧小区的基础设施、环境卫生进行整治，对滨江、金锦、铁西等社区反映较多的下水道堵塞、污水外溢等问题进行有效处理，共疏浚下水管道 21500 米，改造下水管道 689 米，清掏化粪池 316 座；对 29 个老旧小区业主自治进行指导，辖区内老旧小区基本实现业主自治或物业公司管理，受到市民好评。

2009 年，根据区政府安排，天元区城市管理行政执法局完成荣华居、华天新村、怡园小区、鑫峰小区等 4 个老旧小区的改造工作。为消除影响物业管理市场化的隐患，天元区城市管理行政执法局与全区各责任单位通力合作，将全区 29 个无人管小区进行卫生大扫除，召开业主大会，成立业主委员会，组织业务培训，进一步引导居民形成物业消费意识，逐步将改造好的小区推向市场，部分小区结合实际情况收取 6 ~ 35 元 / 月的物业管理费，促进小区实施物业管理的进程。天元区的物业管理工作成为全市落实老旧小区长效管理的示范区。当年，全区还完成老旧小区 700 余户电改和 1600 余户的水改工作；联系房产、国土、规划、消防等 10 个单位，办理“两证”（房产、国土证）813 本。其中，华苑小区办理 267 户、天台二期 384 户、天元区法院宿舍 38 户、尧信花园 46 户、怡园小区 48 户、散户 30 余户。

2010 年，完成耀华新村和厦华小区 2 个老旧小区提质改造。2011 年，投资约 600 万元对金锦、大湖塘和滨江一村 3 个小区的下水系统进行全面的改造，累计清掏 75 座化粪池，拉通金锦至滨江主排水箱涵约 300 米，完成 9200 米管道疏浚，彻底解决小区下水问题。按照区政府十大实事工作安排，投入 280 万元对泰山西村、泰华二村 2 个老旧小区排水系统改造，疏浚管道 9200 米、清掏化粪池 75 座等。投入 13 万元，为 38 个老旧小区安装便民晾衣架 368 座；积极协调，对汇达花园、钻石花园等 11 个老旧小区 1000 余户水表、电表改造。

第六节 园林绿化

1993 年，株洲高新区城建开发部下设绿化办，属财政差额拨款单位，担负河西新城区绿化工程建设和公共绿化维养护任务。1994 年 9 月，绿化办属株洲高新区公用事业局管理。1996 年 11 月，绿化办定为副科级事业单，负责对园林公司进行宏观管理，对辖区有关单位进行业务指导，制定园林绿化规划，进行建设、管理和执法等工作。区园林绿化工作根据市委、市政府“关于进株洲高新区城市园林绿化工作从起步开始就按照高起点、高标准、大框架、全覆盖要求进行。做到建设一条街，绿化一条街；建成一片区，绿化一片区。绿化与建设同步进行。1996 年，新建设的天台山路即被湖南省建设厅评为最美一条街。1997 年，完成绿化投资 110.54 万元，新增绿化面积 3.44 公顷，组织炎帝广场铺草皮 4.6 万平方米，组织桥头广场新栽乔、灌木和修绿篱 1200 处，铺草皮 1.01 万平方米，绿化面积 1.1 公顷。全区参加义务植树 25746 人次。年内有中共株洲市委、株洲日报社等 10 家单位被评为省、市区园林式单位。1997 年底，株洲高新区城市绿化用地面积达 51.15 万平方米，绿化覆盖面积达 57.02 万平方米。

1998 年，天元区创办苗木公司，共兴建苗木基地 4 处；院内苗圃 0.2 公顷，滨江苗圃 0.33 公顷，响塘苗圃 1.67 公顷，天易路苗圃 1 公顷，面积总计 3.2 公顷。

2001 年，区委、区政府决定在全区范围内深入开展创建园林式城区活动。制定《株洲市天元区创建“园林式”城市实施方案》，成立创建工作领导小组，落实创建工作责任制。2001—2002 年，全区道路绿化投入资金 3000 多万元。至 2002 年，全区已基本形成以乔木为主，乔、灌、花、草相结合，总量适宜、分布合理、植物多样、景观优美的城市绿地环境，人均公共绿地 6.8 平方米、绿地率 35.8%、绿化覆盖率 41.17%。全区创建省级园林式单位 11 个，市级园林式单位 38 个，园林式小区 1 个。2002 年 12 月，市政府命名天元区为株洲市园林城区。

2004 年 3 月，株洲市制定《株洲市创建国家园林城市工作方案》，天元区将创建国家园林城市列为区政府工作重心。8 月，天元区园林绿化管理处实行体制改革，工商注册为株洲市天元区园林绿化有限公司，并升格为国家园林二级资质企业，股东 27 名，使公共园林绿化及养护由政府运作转为市场化运作。改制后，全区公共绿地面积 220 万平方米，由 10 家园林公司承包，进行合同管理。

2006 年，天元区完成 1100 平方米垂直绿化任务；提质改造长江北路、珠江南路等 7 条道路绿化；完成屋顶绿化面积 11263.7 平方米；完成栗雨高科环线，华山路一街区等 4 条道路绿化新建工程。当年创建园林式单位、小区 10 家，并验收合格，建好 2 块公共绿地，面积 5100 平方米；完成拆墙透绿任务；完成 30 多个地段近百万元增绿补绿工程。

2007 年 3 月，天元区按照市委、市政府的要求，圆满完成创建国家园林城市的验收任务，共完成屋顶绿化 8800 平方米，全民义务植树 2 公顷，补植 1285 株，拆除 6 处围墙，美化 18 处临街围墙，摆放鲜花 7.5 万盆，修复增设园林小品、花坛等设施；完成天台公园一期 6.67 公顷的基础设施建设、规划用地的绿化覆盖。当年天元区被授予株洲市创建国家园林城市红旗单位，曾天青、田敏被评为“株洲市创建国家园林城市先进个人”。

2008 年，完成大树种植 1 万棵。2009 年，市委、市政府召开全市“四化”（绿化、美化、亮化、数字化）工程建设动员会，天元区完成 54 个绿化提质和新建项目的建设，打造 5 个特色广场，建成 3 条特色道路，新建绿化面积 18.53 万平方米，提质改造面积 62.62 万平方米，拆除 12 处围墙，建绿 10781 平方米，透绿 22347 平方米，总投资 1.2 亿元。

2010 年，市委、市政府提出打响城市提质、园区攻坚、旅游升温“三大战役”口号，天元区高标准、高质量地完成 36 个绿化提质项目，共提质建绿 41.71 公顷，新增绿地 0.78 公顷，增加乔木 8235 株，亚乔木 3.97 万株，草花 4265 平方米，地被 18 万平方米，拆除围墙 1715.5 米，形成 6 条特色道路，即嵩山路紫薇一条街、黄河路花石榴一条街、珠江路红枫一条街、泰山路黄槐一条街、长江北路及五一支路的造型紫薇街；完成 8 个小区的绿化提质，建成社区小游园 5 处。天元大桥的立体绿化，成为株洲市立体绿化标杆，在验收中名列全市第一。

2011 年，天元区完成 6 个绿化提质项目，投入资金 3180 万元，种植乔木 584 株，球灌木 1361 株，地被 1.37 万平方米。同时对荣华居、五一新村、德政小区 3 个老旧小区的原有老化和长势不良地被植物进行更换，完善天元大桥西辅道以及广场原有绿化，与湘江风光带形成对接，在天台小区中心游园安装廊架和木质休闲亭各 1 个，健身器材 5 套。对火炬大厦、天元公安分局和税务稽查局等单位进行立体绿化，完成绿化建筑面积 4000 余平方米，丰富区域内的绿化层次。10 月，按照株洲市绿化总要求进行绿化再提质。12 月，投入 30 万元，按照市场化的运作模式建成全市第一座绿化垃圾处理站，有效解决绿化垃圾处理难的问题。2012 年，王正根被评为株洲市“四化”（美化、绿化、亮化、数字化）工程建设先进个人并立三等功，袁燕被评为株洲市“四化”工程建设先进个人（嘉奖）。2013 年，对主干道的绿化带进行清洗，提高养护水平。精心营造节日氛围，摆放各类鲜花 20.3 万盆。

2014 年，开展鲜花赠市民活动，共计赠送鲜花 2 万盆，提升市民爱绿护绿意识，累计赠送盆栽小苗 4000 份。至 2014 年底，全区已形成以乔木为主，乔、灌、花、草相结合，总量适宜、分布合理、植物多样、景观优美的城市绿地环境。人均公共绿地 10.7 平方米、绿化覆盖率 41.10%。全区有省级园林式单位 20 个，市级园林式单位 50 个，园林式小区 12 个。

第六章　环境保护

1997 年 8 月，株洲市天元区环境保护局成立于。2003 年 3 月并入株洲高新区开发建设局。同年 12 月，再次单独设局。2005 年 1 月，由市环境保护局垂直管理，成立株洲市环境保护局天元分局，负责辖区内环境管理工作，同时兼负环境监察职能。分局下设办公室、管理股、监察股，各股室还分别兼有环境监察中队的职能，有干部 16 名。2014 年，分局内设办公室、管理股、污控股、生态股、法制宣传股 5 个股。下辖 1 个股级事业单位环境监察大队，全局实有干部职工 19 人。1997 年 8 月以来，多次被市局评为环境保护目标管理考核先进单位。2002 年，获株洲市创建文明城市工作先进单位。2010年3月，获湖南省环保系统文明建设先进单位。1997—2014年，先后有蒋荣光、邓龙飞、齐艳辉、欧阳坚、李青山任分局局长。

第一节　环境质量

一　空气质量

天元区空气质量按《环境空气质量标准（GB3095-1996）》评价，1992—2003年，境内环境空气质量达到良好天数在200天左右，空气质量差。2004年，株洲在113个国家环保重点城市中空气污染指数列第六位，空气质量达标率50.6%，环境优良率53.8%，天元区空气质量为劣三级，环境空气质量差。2005—2008年，环境空气质量达到良好天数在298天至316天之间，环境空气质量达三级标准。2009—2012年，环境空气质量良好天数在338天至345天之间，均达二级标准。天元区环境空气质量逐年向好。2012年、2014年，按新《环境空气质量标准（GB3095-2012）》评价，环境空气质量良好天数分别达到214天和234天，优良率50%以上，首要污染物为PM2.5。1997—2014年，天元区空气污染主要来自河东的冶炼、化工、建材等企业和株洲电厂的总悬浮颗粒物、二氧化氮、一氧化碳、臭氧、可吸入颗粒物，对全区空气污染影响最大的为降尘和二氧化硫。特征为春季较重，夏季较轻。

二　水环境质量

天元区居民生活和工业用水主要来自湘江，除个别年份外，一般年份水质基本能达到Ⅲ类水质要求。平水期水质优于丰水期，丰水期水质优于枯水期，沿天元区江面水质优于沿河东江面，南面水质优于北面水质。1996—2000年，湘江株洲段有18个项目的一次值出现不同程度的超标，超标靠前的有总磷、石油类、化学需氧量、氨氮、总汞、总铅和总镉。1998年10月，湘江株洲段水位降至30米以下，为35年来最低水位，流量只有170立方米/秒，不及历年流量的十分之一，而企业工业废水和居民生活污水排放变化不大，湘江流量减少，水质变差。2003年，湘江株洲段水质按《地表水环境质量标准（GB3838-2002）》达到Ⅲ类水质要求，污染因子为石油类和氨氮，饮用水达到Ⅲ类水质标准。2004年，湘江株洲段水质出现镉超标2次、石油类超标4次、氨氮超标4次。2006年1月6日，霞湾港清淤时因导流渠防渗不到位，致使株洲冶炼厂渣场含镉物质随港水流入湘江，造成镉污染。湘江马家河段面镉含量0.067毫克/升，超标13.4倍。事件形成的污染带40～50千米，严重影响下游饮水安全。2008—2014年，湘江株洲段水质持续保持国家Ⅲ类水质标准，连续4年未出现重金属超标现象，水质良好。但各段面月均值氨氮、化学需氧量、粪大肠菌群时有超标现象。

三 声环境质量

噪声污染源，主要为交通噪声、功能区噪声、区域环境噪声。噪声污染影响人们正常的工作、学习和生活环境。株洲高新区成立时，河西车流少，居民、工矿企业不多，除建筑施工噪声较强外，其他噪声较少。20 世纪 90 年代中期，随着新区建设的高速发展，车多、人多、工程建设多，噪声增多。1998 年，天元区开展环境噪声控制达标区活动。2000 年 11 月 28 日，天元区城区建成全市第一片湖南省环境噪声控制达标区，面积 3.8 平方千米，人口约 4 万人，环境噪声昼间达标率 85.1%，夜间 91.9%。交通噪声昼间达标率 100%，夜间 92.3%；工业厂界昼间达标率 92.2%，夜间 97.1%。2014 年，天元区交通干线噪声加权平均等效声级为 65.6dB（A），整体交通噪声优于国家标准，无超标准路段。1 类功能区（居民区）的昼间等效声级为 52.59dB（A），夜间等效声级为 44.36dB（A）。2 类功能区（混合区）的昼间等效声级为 53.85dB（A），夜间等效声级为 47.29；3 类功能区（工业区）的昼间等效声级为 57.05dB（A），夜间等效声级为 49.92dB（A）。天元区功能区噪声均优于国家标准。区域环境噪声平均等效声级为 52.90dB（A），达到 GB3096—2008《声环境质量标准》声环境功能区类别一类区（55dB（A））要求。

四 固体废物

2000 年以前，境内固体废物不多，主要为生活和建筑废物。2000 年，产生固体废物 1565 吨。

2010 年，工业固体废物产生量 5.91 万吨，其中危险物 4 吨、冶炼 4.15 万吨、粉烘 0.05 万吨、炉渣 0.17 万吨，脱硫石膏 0.90 万吨、其他 0.14 万吨。2013 年，天元区产生一般工业固体废物 2.89 万吨。主要来源于汽车整车制造行业、无机盐制造行业、塑料板、管、型材的制造，三个行业产生的一般工业固体废物占全区总量的 77.5%。当年一般工业固体废物综合利用量为 1.63 万吨，处置量 1.26 万吨，排放量 0 吨；年内高新区产生工业危险废物 4154 吨，主要来源于汽车整车制造行业、金属表面处理及热处理加工行业、橡胶零件制造行业，三类行业为全区工业危险废物主要产生源。年内工业危险废物综合利用量 30 吨，贮存量 0 吨，处置量 4124 吨，排放量 0 吨，做到 100% 安全处置利用。至 2014 年，固体废物因整治关闭雷打石、群丰镇等冶炼和炼焦、煤矿企业，采取即产即清措施，整体固体废物清除环境良好。

五 土壤、农作物环境质量

1996—2005 年，境内部分土壤和农作物受汞、镉、铅及砷轻度污染。2006 年，全区重金属污染总面积 24.41 平方千米，涉及 14 个村，污染区域内总人口 2.29 万人。

2013 年，天元区耕作层土壤及农作物土壤 pH 值、重金属元素等 8 个项目，农作物分析除 pH 值外的 7 种重金属元素，土壤采用《土壤环境质量标准（GB15618－1995）》进行评价，农作物采用《食品中污染物限量（GB2762-2005）》进行评价。结果天元区合花村采集的土壤样品稻谷中的重金属含量除总铜、总铬外，其他元素超过《食品中污染物限量（GB2762-2005）》中的标准，特别是总锌和总铅超标较严重，市区土壤中重金属元素在农作物中有不同程度地富集。

第二节　污染防治

1997 — 2014 年，根据大气污染防治的法律法规，集中解决一批环境问题，维护老百姓的环境权益。按照《株洲市城市市区扬尘污染防治管理办法》，强化建筑施工管理，施工场地采用围挡作业，禁止现场搅拌混凝土，一律使用商品砼，现场堆放沙石物料应当设置堆放池，设置车辆冲洗平台，车辆必须净车出场，并形成道路清扫保洁制度；加大实施“黄土不露地”工程，城区裸露地面基本实现绿化覆盖或混凝土硬化，同时改用沥青替换混凝土铺设路面，减少地面扬尘污染；开展餐饮油烟专项整治，城区所有大中型餐饮服务企业、店面全部安装油烟净化装置；开展“消灭烟囱”行动，大幅减少二氧化硫和烟尘的排放，改善城市上空景观环境。

一　水环境治理

天元区位于湘江以西，境内有株洲市第四自来水厂，同时河东有株洲市二水厂、三水厂供水区域内生产和生活，而 3 个水厂水源均来自湘江，其水源为国家一、二级重点保护区。为加强湘江水源保护，根据《中华人民共和国水污染防治法》，努力治理水环境。

污染总量减排 1998 年以来，区政府每年都科学地制定《节能减排计划》，并和相关单位签订责任状，落实减排责任。2003 年，取缔关停株洲洪源洗衣厂和株洲高南有色金属有限公司。2004 年，开展清理整顿不法排污企业的专项行动，对 1998 年以来的 200 多个建设项目进行全面清理，对 23 个未办理环保审批手续的违规建设项目和 18 个未进行环保“三同时”竣工验收项目责令其补办手续。2005 年，对湖南协力药业偷排废水，明日硬质合金有限公司、湘大宾馆、大渔岛、状元楼、大佬食堂、和信酒楼、金锦宾馆 7 家企业逾期不补办环保手续进行行政处罚。

2010 年 2 月，区政府制定下发《关于下达天元区 2010 年度主要污染物减排计划的通知》，做到减排工作量化有目标、落实有措施、责任有单位、推进有时间、考核有奖惩。每月对减排单位进行现场检查一次，建立减排台账和档案。湖南经仕集团铅业有限公司通过烧结设备升级改造减少二氧化硫排放 16.5 吨，株洲钻石切削刀具股份有限公司通过废水处理设施改造减少化学需氧量排放 8.96 吨。当年分局对未执行环保“三同时”制度的株洲市金马机械化定点屠宰有限公司下达

《行政处罚决定书》，采取断电措施，强制实施停产，后该公司投入资金购置设施对屠宰废水进行治理污水做到达标排放。2012 年，分局配合天元区建管办和雷打石镇政府取缔土法炼焦窑，共依法铲除土焦窑 277 座，与 161 户业主签订不再重建土焦窑的承诺书。

2012 — 2014 年，对超标排污的天元区奔鹿瓷厂和宏盛锌业有限公司依法下达限期治理任务，督促北汽株洲分公司等企业进行废水废气治理，对三门镇玻璃工业园废水氨氮、氟化物、砷等不达标企业下达限期治理任务，10 家灯饰玻璃厂关闭酸洗工序，其中 6 家做到整厂关闭。区政府下拨补偿资金 300 万元。

规模化畜禽养殖场治理 2010 年，按照株洲市湘江流域水污染综合整治要求，天元区存栏 500 头猪以上的畜禽养殖场有天元区神农农贸有限公司。通过整治，尿粪经人工清理入池，干粪出售给当地农户进行农田蔬菜种植，尿粪水进入沼气池进行发酵，产生沼气供应公司生活用气及照明用电，经沼气池处理和化粪池多级沉淀净化后，所流出水经专用混凝土排水管道一部分送到公司无害化蔬菜基地种菜，一部分直接流入公司鱼塘养鱼。2013 — 2014 年，按照市政府划定的畜禽养殖禁养区，对天元区范围内列入关闭名单的 59 家畜禽养殖户全部关闭。积极争取财政资金，前期关闭经费下拨 384.3 万元，待完成验收后再下拨 384.3 万元。

建设河西污水处理厂 该厂位于天元区新东路 1220 号，是天元区唯一的一座污水处理厂。总投资 37616.5 万元，设计处理能力为日处理污水 8 万立方米。2009 年 12 月正式投入运行后，日平均处理污水量 7.49 万立方米。项目采用氧化沟处理工艺，经处理后的污水水质排放标准为《城镇污水处理厂污染物排放标准（GB18918-2002）》一级 B 标准。

二 空气环境治理

拆除烟囱与清洁生产 1998 年，境内开始创建烟尘控制区，10 月实现烟尘控制区目标。开展“蓝天行动”，拆除市区废弃烟囱。2010 — 2014 年，拆除株洲市银源投资公司、株洲天元纺织有限责任公司废弃烟囱、绿惠公司、栗雨砖厂、市国税局、市通信局、株洲师专、米粉厂 16 根废弃烟囱，减少用煤量和二氧化硫排放。期内，督促时代新材、株洲市财政局、株洲市康美食品有限公司、富洁食品厂等一批单位相继进行天然气改造，对天元区奔鹿瓷厂实施烟气排放改造，对城区部分加油站安装使用油气回收装置，完成北汽株洲基地挥发性有机物污染治理工程，强制对 12 家“双超”（超标、超总量）“双有”（使用有毒有害原料进行生产或者在生产中排放有毒有害物质）企业开展清洁生产审核，达到“节能、降耗、减污、增效”，协力药业等 10 余家单位做到清洁生产。2012 年，依法取缔土焦窑 277 个，拆除 4 根烟囱。2013 年 11 月 20 日，组织拆除天元区马家河镇浅塘社区 1 根 30 米高的烟囱，年内共拆除 6 根烟囱。2014 年，拆除市财政局 2 根烟囱。增大植树、种草面积，城区人均绿地面积由 2009 年的 7.5 平方米，增加到现在的 10.7 平方米，绿地覆盖率由 2009 年的 32.5% 增长到 2014 年的 41.1%，环境自净能力得到加强。

饮食业油烟整治 2010年，天元区有餐饮店688家，其中办理环评审批手续23家，安装油烟治理设施的72家，办理工商营业执照的572家，有污染投诉的134家。9月初，决定对其中91家群众反映强烈的餐饮业单位作为第一批整治单位，通过整改有21家单位安装油烟净化设施，5家转产，13家安装烟囱。

2011年，天元区人民政府组织区建管办、区监察局、区公安分局、区城管局、区工商分局、区环保分局、区疾控中心、城西供电局等部门召开整治天元区油烟污染动员会议，对辖区内72家油烟整治单位下发油烟限期治理通知书。通过整治，14家单位转产，14家安装油烟净化设备。8月，对湘江风光带饮食业油烟整治，督促湘江鱼馆等14家餐饮店安装油烟净化设施，解决湘江风光带油烟污染问题。

2014年，天元区建成区内有餐饮店725家，大型餐饮店30家，中型餐饮店50家，小型餐饮店645家（包括小吃店、米粉店），其中安装油烟处理设施、符合环保要求的155家。

三　声环境治理

1997年，天元区开始创建噪声控制区。2000年3月，天元区创建噪声控制区通过市环保局验收。2006年，市环保局规定对城区范围内建筑施工单位在开工25日前向环境监察大队申报该工程项目的名称、施工场所和期限、可能产生的环境噪声值以及所采取的防治措施情况；在城市医疗区、文教科研区以及机关或者居民住宅为主的区域内，禁止夜间进行产生环境噪声污染的建筑施工作业。每年高考、中考和学考特护期内，即5月30日0时至6月18日24时，全市所有建筑施工、装修及其他产生噪声的场所都不能产生影响学生学习和生活的超标噪声；夜间22点至凌晨6点，禁止进行产生环境噪声污染的建筑施工作业。每年6月7日至8日高考、6月16日至18日中考期间，市二中、北师大株洲附中各考点周围500米范围内，全天禁止建筑施工作业，其他单位和个人禁止进行有可能干扰考场环境的生产和经营行为，禁止周边燃放烟花、鞭炮，以确保考试环境安静、安全。

2010年，对境内噪控区的达标情况进行调查摸底，制定加强工业噪声污染防治、建筑噪声污染防治的规定和办法，对工业噪声、建筑工地噪声开展专项整治行动。全面整治市区工业噪声、社会生活噪声、建筑施工噪声、交通干线噪声等各类噪声污染源。2011年11月30日，《株洲市环境噪声污染防治管理试行办法》正式实施。

四　土壤重金属污染整治

株洲高新区成立时，有涉重金属企业1家，至1997年天元区成立，区内有2家。2006年1月8日，马家河镇新马村马石组 3 名村民因腹痛、腹泻等症状就医，经检验为尿镉超标，属轻度隔中毒。事件发生后，各级党和政府高度重视对事件的处理，并投入重大财力、物力、人力开展重金属污染整治。除新马村之外，经调查，全区重金属污染总面积 24.41 平方千米，涉及 14 个村，污染区域内总人口数 2.29 万人。2009 年，区委、区政府在镉污染区域启动“先征后转”工作，出台《实行“先征后转”社会保障和就业培训实施办法》，对污染区域内村民的生产转型、就业培训以及社会保障等问题都明确规定。同年，全区开展重金属污染土壤改性工作，新马村重金属污染土壤治理项目通过省环保厅验收。

2010 年，通过重金属污染隐患大排查，全区重金属污染隐患单位 3 家。通过整改，3 个单位全部完成整改任务。6 月，湖南经仕铅业有限公司淘汰落后生产工艺——烧结床，采用全封闭炉排烧结工艺，年减少二氧化硫排放 16.5 吨。株洲市天地龙电源科技有限公司新建废水处理池，废水循环使用，无废水外排。天元区跃进加工厂生产废水经设施处理后达标排放。2011 年，湖南经仕集团铅业有限公司周边小孩血铅超标。8 月，60 个小孩进行体检，其中合格的（100 微克以下的）18 人，超标的（100 ~ 200 微克）40 人，轻微中毒的（250 微克以上）2 人，分局对该公司进行整治，与有关部门一起对中毒人员进行治疗和善后工作。

2012 年，关停株化建材公司。2 月，印发《株洲高新区入园工业项目评估决策体系方案（试行）》，明确区环保分局对拟进区项目持有先行否决权。5 月，《株洲市天元区涉重金属企业关闭淘汰项目实施方案》通过省环保厅论证。按照方案要求，株洲三门精炼厂等 5 家关闭淘汰企业全部停产。2013 年 5 月，依法取缔雷打石镇土焦窑 276 座，与 161 户业主签订不再重建土焦窑的协议，狠抓涉重金属企业的关停和监管工作。按照《株洲市天元区涉重金属企业关闭淘汰项目实施方案》，全区年内列入关闭的重金属污染企业或生产线 5 家。8 月 31 日，6 家涉重金属企业全部关停，所有废渣、废液都按环保要求妥善处置。

五　创建国家环保模范城市

2003 年，天元区积极响应市委、市政府号召，着力为创建国家环保模范城市做贡献，召开多层次会议部署创建工作，将其纳入创建文明城市内容之一和政府工作目标。2007 年，“两型社会”建设以来，跟随全市创模步伐，进程加快，加大环保治理力度和资金投入，严格项目准入。2009 年，按照市委、市政府创建国家环境保护模范城市的总体部署，区委、区政府在全区开展创全国环境保护模范城市的工作。广泛动员辖区内市民参与，共向辖区内所有社区、管理处、村发放创环模宣传资料 6 万余份。辖区内所有社区以及机关事企业单位等公共场所都设立环保知识宣传栏，张贴标语，倡导绿色、环保型生活及生产。《株洲新区》报开设专栏，株洲高新网设立专题，形成强大的创环模宣传声势，营造“争当环保模范市民，争创环保模范城市”的舆论氛围。2010 年，为确保 85% 工业企业创成环保型单位和环保规范化建设单位，分局对 13 家创环保型单位和 8 家环境保护规范化建设单位进行宣传发动，并且每家进行现场指导，10月全部达标验收，全面完成创环模多项指标。

2011年，开展企业“一企一档”工作，做好资料收集完善、整理归档。分局对原辖区列入环统重点企业49家单位全部建档；分局投入近80余万元，将局办公楼1～4楼重新装修改造，投入8万元，将办公桌椅更换，投入20万元，购置仪器设备，分局环境监察标准化建设达标通过省专家评审组验收，达到三级要求。至年底，天元区26项创国家环保模范城市指标全部达到标准。

六　创建国家生态工业示范园区

2010年10月，《株洲高新技术产业开发区国家生态工业示范园区建设规划》通过专家论证，同年12月，环保部、科技部、商务部正式批准株洲高新区创建国家生态工业示范园区。是年，建立较为完善的组织机构，将工作的主动性和能动性贯穿整个创建过程。构建形成多产业复合、动静脉耦合的产业链网，以及水资源梯级利用链网、能源回收链网。建成凯天环保生产基地、北汽南方生产基地、轨道交通产业、电动汽车生产、风电设备生产基地、医药产业链建设、光伏太阳能项目等产品代谢类补链产业项目；建成雨水回用工程项目、中水回用项目（铺设管线约5.4千米，日补水量9500吨）、污水工程项目（日处理污水8万吨，年削减化学需氧量3400多吨）、栗雨休闲谷等重点项目。通过加强用水管理，实施企业内部中水回用、园区中水回用等措施，实现用水指标的不断优化，单位工业增加值新鲜水耗由2012年的2.52立方米/万元降低到2014年的1.79立方米/万元，中水回用从无到有，2014年中水回用率达到12.63%；通过加强用能管理、推广清洁能源、开展节能技改及能源梯级利用等措施，实现能耗指标的逐年优化，单位工业增加值综合能耗由2012年的0.09吨标准煤/万元降低为2014年的0.06吨标准煤/万元。至2014年，园区创建综合类国家级生态工业示范园区的9项基本条件和24项考核指标全部达标。

第三节　环保管理

自1997年始，株洲高新区、天元区严格执行环评制度，把好项目准入关，控制“两高一资”（高耗能、高污染、资源性）行业过快增长。成立天元区建设项目决策委员会，环保分局对建设项目享有一票否决权，坚决做到五个“一律不批”，即对超过污染总量控制指标、生态破坏严重的项目，不符合环保法律法规和国家产业政策的项目，选址与规划不符、布局不合理的项目，群众反映强烈的项目，以及污染防治技术不成熟的项目一律不批。2005年，株洲高新区审批新、改、扩建工业项目75个，环保审批率100%，年内否决华龙方便面、法国一口田制衣、石英化玻璃生产线等5家企业入区。

2009 年，全面规范企业建设项目、污染防治、排污许可证、危险废物、辐射安全、环保设施运行、环境污染事故、环保台账等八个方面的环境行为，强化企业环保责任。全面落实环境监管区域责任制，将全区分为若干个责任片区，分片包干，责任到人，严格守土有责。对全区工业企业重点排污口、环保设施、锅（窑）炉的废水、废气、废渣排放情况，进行跟踪检查，对国控重点污染源单位每月、一般污染源单位每季度进行现场检查，确保及时发现问题，妥善解决，有效防范环境污染事故的发生。开展“整治违法排污企业保障群众健康环保专项行动”，对“三废”整治不到位的企业予以处罚。

2010—2014 年，全区审批建设项目 301 个，报告书类项目 27 个，报告表类项目 172 个，登记表类项目 102 个，环境影响评价执行率 100%，因为环境污染和规划不符等问题，拒绝 6 个项目入园，其中有 3 个项目涉及投资规模 12.5 亿元。严格按照国家政策关闭 10 家涉重金属企业、淘汰土法炼焦窑 277 座，淘汰湖南经仕铅业有限公司 1.5 万吨 / 年粗铅冶炼生产线，年削减二氧化硫 368 吨。

一 环境维护

1997 年开始，环保天元分局注重对全区环境的维护，认真处理环境污染投诉信访案件，抓好环境信访、投诉、建议提案、污染纠纷工作，积极化解矛盾，维护社会稳定。2010—2011 年，调处各类污染纠纷、信访、投诉案件 746 起，其中建筑施工投诉 340 起，油烟污染投诉 253 起，涉及餐饮店 155 家，环保处警率 100%，结案率 100%，满意率 98%。2012 年，及时调处“110”投诉 265 起，其中油烟污染投诉 180 件，噪声污染投诉 85 件。回复网上投诉 8 起，回复信访事项转送单 4 件。2013—2014 年，调处各类污染纠纷、信访、投诉案件 740 起，其中油烟污染投诉 380 起，调查处理人大建议 4 件，政协提案 2 件。环保处警率 100%，结案率 100%，满意率 98%。

二 环境监察执法

自 1997 年始，天元区环保部门认真对污染源排污情况、污染治理设施运转情况、建设项目“三同时”（建设项目中环境保护设施必须与主体工程同步设计、同时施工、同时投入使用）执行情况现场监察。对重点工业污染源和污染物处理设施、减排项目做到每月现场检查一次以上，对一般污染源一个季度检查一次，对检查中发现的环境违法行为配合市局依法查处。2005 年 1 月，分局正式兼具环境监察职能。2010—2014 年，全局出动监察人员 4500 多人次，现场检查企业 1300 余家，对 50 余家违法单位立案处罚，罚款金额 100 余万元，关闭非法炼铟企业 1 家，成功处理 2014 年 6.5 液氯泄漏事故。5 年间征收排污费 370 余万元。

三　环保宣传

1997 — 2014 年，天元区通过开展世界环境日、地球日、环保世纪行、蓝天行动、保护母亲河、节能减排周、创模宣传、环保知识有奖答题赛、中小学生环保征文比赛、环保摄影、自行车环保行、环保志愿者湘江清整捡拾垃圾等形式多样的环境保护活动，宣传环境的重要性。通过报纸、电视、网络等多种形式，组织开展以 PM2.5 为重点的大气污染防治宣传教育，提高全民生态文明素养，推动公众践行文明、节约、绿色的消费方式和生活习惯。1999 年，全区环保世纪行围绕“向水和大气污染宣战”为题，在全区掀起宣传环保高潮。同年 4 月，建立健全区环保世纪行工作机构，制度活动方案，对区内销售使用泡沫餐具及其制品单位、群丰冶炼小区进行整治，对湘江沿岸乱倒、乱堆垃圾进行综合治理。从 2002 年开始，在全区开展“绿色行动”，创建绿色机关、企业、车队、学校、社区、文化场所、饭店、商店、家庭。当年泰山学校晋升为省级绿色学校。2004 年，白鹤小学评为省级绿色学校，泰山学校省级绿色学校通过国家级绿色学校评估。至 2014 年，全区共创建绿色单位 21 个。其中国家级绿色学校 1 所、省级绿色学校 2 所、市级绿色学校 5 所，绿色社区 5 家、绿色食品基地 1 个、绿色酒店 2 家，绿色企业 5 家。省级生态村 2 家。2005 年 5 月，认真贯彻落实“蓝天行动”实施方案，区人大环保世纪行组委会及分局对群众反映强烈，社会影响较大的环境污染、生态破坏和湘江水源保护问题进行执法检查，各相关单位有关涉及环境和生态保护的法律、法规宣传力度大、湘江保护较严格、环保执法到位。

四　环境管理体系认证

2002 年 4 月，株洲高新区启动环境管理体系认证，编写《环境管理手册》和《环境管理体系程序文件》，探索按照环境管理体系进行全区环境管理。2003 年，株洲钻石切削刀具有限公司、株洲高新区通过 ISO 14000 环境管理体系认证。随后，通过建立和实施环境管理体系标准，提高高新区环境管理和行政管理水平，经过 7 年运行、持续改进，至 2010 年，株洲高新区 ISO 14001 环境管理体系认证通过国家中安质环认证。

第十九篇　交通·邮电

1988年株洲大桥通车后，不仅拉近了河东与河西的距离，而且区域内交通迅速发展，形成有高速铁路、高速公路、省道、6处运营码头和292条县乡村道路纵横交错、四通八达的交通网络。1998年9月，随着邮政电信分立，株洲市邮政局随后迁入天台路。1992年7月，区域内开通程控电话。1999年，移动通信从电信中分离，通信事业由此不断发展。发展到2014年，区域内可以经营国际国内长途直拨、宽带、移动通信等全部电信业务。

第一章　交 通

20世纪80年代，河西园艺场属市郊区政府管辖，以种植蔬菜为主，交通极不方便，种植的蔬菜要靠轮渡运送河东城市销售。

1988年12月，株洲大桥建成通车。拉近株洲河东与河西的距离，同时也拉开株洲河西飞速发展的序幕。

1992年，株洲高新区成立之初，沿河河道长10.59千米，过河渡口有园艺场、大坪、易家港、莲花、东湖、隆兴等6个渡口。

1997年8月，天元区成立。原株洲高新区范围划归天元区管辖。天元区沿湘江河道长由株洲高新区时期的10.59千米增加到25.22千米。过河渡口有古桑洲、新马、栗雨、包家港、白沙洲等渡口。同年8月18日，潭耒高速株洲段开工建设，2000年12月26日竣工通车。

2004年，天元区范围内唯一省道——S313雷打石—谭家山段开工建设，2005年竣工通车。

2006年5月8日，武广高速铁路株洲段开工建设，2009年12月26日竣工通车。该铁路过境全长33.892千米，总投入35亿元。

2011年，株洲县雷打石、三门镇划归天元区。天元区河道增加到35.62千米，其中原开发区10.59千米，马家河镇8.61千米，群丰镇6.02千米，三门镇6.14千米，雷打石镇4.26千米。

至2014年，天元区境内有高速铁路、高速公路、省道各1条。县、乡、村道路292条，其中县道7条，乡道15条，村道270条。正在运营的码头6处，路、桥、码头实现无缝对接，农村路网结构日趋科学合理。

第一节　公 路

一　国 道

天元区有过境国道 1 条，即潭耒高速公路株洲段，是国家“五纵七横”国道主干线京港澳高速公路的一段，编号 G030。起于湘潭市马家河，向南经株洲、衡阳，止于耒阳市陈家坪，全长 168.85 千米。境内主线长 51.64 千米，北起马家河湘江大桥，往南进入天元区，至月塘村与天易一级公路立交，设月塘互通。至雷打石铁篱村与 313 省道老谭线立交，设伞铺互通。该高速公路系国家“九五”计划期间的重点工程。1994 年 11 月 8 日，国家计划委员会批准该工程项目建议书。株洲段征地拆迁从 1996 年 7 月开始，用半年时间征地 415.67 公顷，其中耕地 215.67 公顷。1997 年 8 月 18 日，该高速公路株洲段建设（当时的潭耒高速）在马家河乡金龙茶场举行开工典礼。1998 年 9 月，联络线天易公路开工建设，2000 年 12 月 26 日进行试运行。该路设双向 4 车道，设计时速 120 千米，路基宽度 28 米，中间设隔离带，工程总投资 48.81 亿元。境内有桥梁 24 座 2444.2 延米，涵洞 292 处。同年 12 月，潭耒高速公路建成通车。

二　省 道

天元区有过境省道 1 条。起于湘赣交界的萍乡市老关入境，与 320 国道相接，经醴陵市区、歇马岭、钟家垅、渌口、过湘江至雷打石、伞铺、米山塘出境，止于湘潭市谭家山分路口，简称老谭线，编号 S313。2004 年，该路雷打石—谭家山开工建设，2005 年竣工通车，全长 16 千米，四级沥青路面。313 省道由东向西横贯醴陵市和株洲县，并沟通 320、106、030、107 国道和 211 省道等纵向线路。

三　县乡村道

1996 年以前，天元区境内乡村道路均为机耕路。1997 年 8 月，天元区成立，株洲县马家河乡、群丰镇划归天元区管理。天元区拥有第一条硬化村道——株雷路（王家坪至雷打石，产权归市公路直属局），总里程 8 千米。1998 年 8 月，天元区交通公路管理站（简称“区交管站”）成立，代表区政府对辖区乡村道路进行管理、维修、养护和改造。

2001 年，天元区、株洲高新区职能归并、效能整合。天元区政府狠抓乡村道路建设，将其纳入每年为民办实事的议程，着重抓好农村主干线公路建设，打造农村公路主骨架网络。2002 年，天元区政府投资 270 万元，完成旗麦线（东起群丰镇株雷路，西接湘潭县麦子石，途经旗云、新文、妙泉、栗山、竹溪、石塘6个村，道路长6.7千米)、马王线（北接天易路，南接旗麦公路，途径仙岭、金龙、太高、石塘、竹溪5个村，道路长10千米）两条公路的砂改油工程；投资110万元，拓宽改造马太线、湘新线（栗山至湘云）；投资33万元，完成群丰镇响太线（响塘至太高）拓宽改造工程。同年区交管站由股级事业单位升级为副科级事业单位。2003年6月，成立由常务副区长任指挥长的天元区镇村公路建设工程指挥部，全面负责砂改油工程、村道硬化、工程质量监督管理及协调等工作，各镇明确一名分管领导，配备公路管理员，开始有计划地开展乡村道路建设。同年9月，启动湘新线建设，当年12月竣工通车，总投资300万元。2005年，完成国债项目——仙响线（仙岭至响塘）8.4千米的基础拓宽改造和路面混凝土硬化工程。至2005年的4年中，全区新修或硬化村道近120千米，初步形成“三纵六横”的农村交通网络构架，农村交通环境得到明显改善。

2006年，根据区农村公路建设改造总体规划和国家“十一五”规划，天元区开始实施农村“通畅”“通达”工程建设。按照“提级、提质、提速”要求，加大对农村公路建设力度。2007年，完成“通畅”工程项目10个，共20.5千米，完成“通达”工程项目1个，共5千米，总投资547.5万元。2008年，投资1400万元，对6.7千米旗麦公路进行拓宽改造，将原有路面宽6米改造为基础路面宽12米，砼路面宽9米的国家二级公路，并完成标志、标牌、标线的设置和行道绿化，开启全市农村建设二级公路的先河。同年投资540万元，参照国家二级公路标准，拓宽改造4.5千米马石线，将原路面宽6米拓宽为12米的砂石过渡路面；投资360万元，按照国家普四级公路标准对与旗麦路、马石线、株洲大道相连的马太、响太、竹石计9千米乡道路面进行砼硬化。2009年，投资1280万元，参照国家二级公路标准拓宽改造旗麦公路6.7千米和砼硬化马石公路4.5千米，实现乡村公路升级发展。

2011年2月，区划调整，三门、雷打石两镇划归天元区。两镇村道建设相对滞后，路况较差、等级偏低，为改善其交通环境，经区政府研究决定，用2～3年时间完成两镇16个行政村70千米村道硬化，完善现有农村路网结构。当年投入资金1008万元，完成两镇36.8千米村道硬化（路基宽3.5米提至5米，砼硬化路面宽3米提至4米以上，厚度由0.15米提至0.2米）。2012—2013年，投入2450万元，完成71.4千米村道硬化。2014年起，先后投入1000万元按普四级公路标准对三谭线（东起三门镇高岭加油站，西至湘潭县谭家山京广澳高速公路伞铺互通口收费站南侧，途经三门镇高岭、福田、株木、桎木、响水、石亭和雷打石镇铁篱村）进行拓宽改造，分流和有效缓解313省道行车的交通压力。至2014年的4年中，先后投入400余万元，完成2个镇6座危桥的新建或改造工作，其中2013年投入140万元新建燕子桥。

2014年，天元区有各类公路555.71千米/292条。其中县道67.6千米/7条（株洲市城郊公路局养护中心管养），乡道83.4千米/15条、村道404.71千米/270条，建有51个农村公路招呼站，行政村客运班线通达率100%。

第二节 桥 梁

一 古桥

境内古桥较多，大多以石桥为主，仅马家河镇境内就有大石桥、青龙桥、万福桥、卧龙桥、半边山桥、思源桥、仓屋岭桥等大大小小的石桥10余座。有的桥现在尚存，有的桥由于城市化范围不断扩大，这些历史古建筑基本不复存在。

罗正坝桥 位于雷打石镇的扶椅山村，修建于清康熙年间（1662—1722年）。该桥长约28米，宽4米左右。罗正坝桥是花岗岩累叠砌成的三孔石桥，中间有一个跨度较大的石拱，两边各一个小一点的辅助石孔，连接着湘潭与株洲地界，是株洲市区古石桥中保存较好的多拱石桥。罗正坝桥在当地，还被称为“神仙桥”。

六龙桥 位于三门镇响水村的六龙小溪上。桥宽3米，长约6米。该桥始建于清同治元年（1862）。六龙溪源自湘潭谭家山，途经响水等12个村，最后流向航电枢纽，汇入湘江。

卧龙桥 位于马家河镇金龙社区，修建年代不可考，宽约2米，仅3米长，由麻石砌成。它背靠着将军山、太子山，溪水发源于太高水库。

青龙桥 坐落在今马家河高塘村，因旁有青龙咀而得名。为典型的单拱桥，建于建文四年（1402），是株洲市区已知的年代最为久远的古桥之一，至2014年已有600多年的历史。据记载，公元1402年，因盘龙坝流经此处，一溪挡道，老百姓出行受阻，当地财主罗嘉福带头出稻谷3000担，运来长沙县丁字湾麻石，请能工巧匠修建此桥。

万福桥 位于马家河镇万丰村万福组。与原青龙桥相邻1千米，为青龙桥的附属桥，其村落也因桥而得名。万福桥修建于清同治四年（1865），其造型为圆拱形，桥面用麻石横设错缝铺面。桥两头地势稍高，因此桥面坡度很小。虽看起来比上游的青龙桥气势逊色许多，但是发挥的作用很大。在湘江沿河大堤未修建之前，万福桥曾是连接湘潭县易俗河地区至株洲马家河街口的重要通道。

大石桥 位于马家河镇仙岭村，修建于乾隆年间（也有资料记为明代中期），当地人亦称之“石桥”。由于桥东北端连接山坳，位置较高，西南端道路在一片田野中，位置低矮，所以大石桥形态很奇特，是一个桥面东高西低的斜坡桥。大石桥跨度约5米，是南北连接天元区群丰镇和马家河镇太高、金龙、仙岭等村区域至马家河古镇口岸，东西连接王家坪、响塘以及群丰镇沿湘江一带区域，至声名显赫的罗家大祠堂。

二 现代桥

株洲大桥（一桥） 1985年，湖南省计委批准下达大桥初步设计方案。12月21日，中共株洲市委、市政府成立株洲湘江大桥建设指挥部，由副市长朱洪富任指挥长（朱洪富去世后，由常务副市长周伯华继任）。大桥建设工程被列为湖南省、株洲市“七五”计划重点工程项目之一。同年底，株洲湘江大桥建设指挥部与铁道部第一勘测设计院签订湘江大桥设计施工承发包合同，工期3年。

1986年1月20日，举行株洲大桥建设开工典礼，湘江大桥正式动工兴建。1988年12月28日，总投资3200万元的株洲大桥通车。建成后的株洲大桥位于长江广场以东，中心广场以西。桥长1192.28米，宽24米，共30个桥墩31孔，大桥设计双向六车道，两侧为行人通道，桥两侧栏杆高1.3米左右，每隔20米有一灯柱。大桥主河槽结构为预应力钢筋混凝土箱型连续梁，引桥为预应力钢筋混凝土空心板简支梁，是当时湖南省已建桥梁中桥面最宽的特大型城市桥梁。桥下航道按三级航道设计，可通行千吨级轮船。桥上灯柱100根，入夜华灯齐放，彩虹横空。

石峰大桥（二桥） 1999年10月22日，联接天元区与石峰区的跨湘江大桥——株洲二桥（后更名为石峰大桥）动工兴建，2002年9月30日竣工。该桥为中环线上的一座特大桥，全长1946米，桥面为双向6机动车道，总投资2.34亿元。石峰大桥作为株洲快速环道工程的一个重要子项目，外接320国道和京港澳高速公路，内连株洲市石峰区和天元区。

建宁大桥（三桥） 位于株洲大桥上游6千米，是株洲快速环道工程重要子项目，连接株洲城市快速环道西环线和南环线。2001年10月24日动工兴建，2005年12月30日通车。全长1721米，宽30米，双向6车道，设计荷载为城A级，总投资2.35亿元。桥型为独塔单索面斜拉桥，是株洲市第一座斜拉桥，桥主塔高140米，主跨径240米，桥面由31对斜拉索凌空牵引。

天元大桥（四桥） 地处湘江株洲段中游，东接建宁大道，西连泰山路，全长1922米，桥宽28米，双向6车道，桥型为三塔部分斜拉桥，总投资4.33亿元，为株洲市首个采取BT方式融资建设的项目。2005年2月27日奠基，2007年6月12日通车。

芦淞大桥（五桥） 位于白石港入湘江口的上游，距市二水厂上游约1400米。东起芦淞区，接红港路，跨湘江，西至天元区，接庐山路。该桥是株洲市区“一圈三环”中内环重要组成部分，与天元大桥、芦淞区建设路、天元区长江路形成株洲的城市内环。2008年5月16日正式开工，2010年12月26日通车，全桥总长2495.6米，桥长1821.6米，宽33米，双向车道，桥型为三跨拱梁钢构组合体系，总投资7.1亿元。

枫溪大桥（六桥） 位于建宁大桥与天元大桥之间，北起黄河南路与科瑞路交叉口，向南上跨滨江路，越湘江，再先后跨越规划的沿江路、天池路，终于航空大道与曲尺大道交叉口。大桥采用双向六车道，道路等级采用城市Ⅰ级主干道标准，设计车速50千米/小时，全长1729米，桥长1429米，桥宽32米，主桥采用主跨300米的自锚式悬索桥型。该工程2013年7月15日开工建设，总投资7.91亿元。大桥是河西城区与河东枫溪新城、航空新城、株洲县渌口镇之间的快速过江通道。

马家河大桥 位于天元区马家河镇，G030潭耒高速公路跨湘江的特大桥梁，中心桩号1K+876米。该桥由省交通规划勘察设计院设计，省路桥公司桥一公司施工。1997年9月1日开工，2000年8月建成。主桥孔、跨径与高度按三级航道设计，全长938米，行车道宽27米，双向6车道，总投资7400万元。

东湖立交桥 此桥是株洲市城市快速环道的重要子项目，是株洲第一座大型城市立交桥。位于株洲市城市快速环道西环线与株洲大道交汇处，为双迂回双环型两层完全互通式立交桥，北接株洲石峰大桥，南接黄河北路，南北向长1242.5米；东西连接株洲大道，长1000米。主线桥双幅宽26米，匝道桥宽8米，工程总占地面积13.8公顷。2003年6月开工，总投资1.3亿元，2004年10月8日竣工通车。

王家坪立交桥 此桥为一项枢纽性工程，是打通株洲城市南大门的重要一环。位于株洲市天元区马家河镇，是中环大道与炎帝大道的转换互通。北接西环线与东湖立交桥呼应，东迎南环线与建宁大桥相通，南连株雷路，西至炎帝大道，为互通式枢纽立交，由匝道、辅道组成，总长5.8千米，总投资逾1.4亿元，2008年9月26日开工，2009年底通车。王家坪立交桥被评为全国市政金杯示范工程，是株洲市市政类工程首次问鼎国家级奖项。

第三节 铁路 水路

一 铁路

境内有1条铁路，即武广高速铁路。该路途经境内线长33.892千米，在群丰镇响塘村设站——株洲西站。

2006年5月8日，北起武汉、南至广州番禺的武广高速铁路天元区段开工建设。市委、市政府将株洲西站项目征地拆迁任务交给天元区。2008年9月，天元区成立株洲西站征地拆迁项目指挥部。至2009年4月，完成西站和炎帝大道征地拆迁30.47公顷。2009年12月26日，株洲西站建设竣工，武广高速铁路全线开通，通车首日株洲西站发送旅客1600余人次。株洲西站站前广场14万平方米，设有4个停车站。总建筑面积46669平方米，其中站房建筑面积15436平方米，站台雨棚投影面积28988平方米，地下进出站地道建筑面积1140平方米，为航空式站房。武广高速铁路开通后，株洲至广州车程由原来的8小时缩短至2小时。

二 水路

天元区湘江段 1992年，株洲高新区成立之初，沿河河道长10.59千米，过河渡口有园艺场、大坪、易家港、莲花、东湖、隆兴6个渡口。

1997年8月，天元区成立后，天元区沿河河道长增加至25.22千米，过河渡口有古桑洲、新马、栗雨、包家港、白沙洲等。

随着湘江上株洲二桥、三桥、四桥、五桥的通车，境内过河渡口减少。2011年，重新对辖区的渡口、渡船进行审定，核定客运渡口 7 处（原有客运渡口 10 处）、客运船舶 10 艘，客运渡工 10 名，配备签单发航员 7 人，设立渡口视频监控 5 处，并陆续完成对新核定渡口码头的改造。2013 年，包家港码头因不具备通行条件暂停航运，新建候船亭 4 处。2014 年，投入近 60 万元，完成古桑洲码头改造及候船亭建设。

截至 2014 年，天元区境内有新马、栗雨、包家港、白沙洲、古桑洲渡口码头，有株洲县至雷打石境内的汽渡码头。

株洲湘江渡口 位于市区建宁闸桥下游 300 米处，接园艺场至渌口公路，是市区湘江两岸机动车辆的重要渡口。1972 年动工修建，1974 年建成西岸设施，1976 年建成东岸设施。1977 年 1 月正式通航。1988 年，备有钢制渡船 6 车的 1 艘，8 车的 2 艘，完成渡运量 18.42 万余人次，最高日渡量 779 辆次。1988 年湘江株洲大桥通车后撤渡。

株洲航电枢纽 2002 年 8 月 1 日开工建设，2006 年 12 月 28 日株洲航电枢纽工程船闸通航。工程总预算 19.47 亿元，其中世界银行贷款 1 亿美元，交通部拨款 3.18 亿元，湖南省自筹 8.02 亿元。船闸是枢纽的通航设施，是湘江开发以航运为主的最重要组成部分，年设计通过能力 1260 吨，是湖南省规模最大的船闸。

第二章　邮政 通信

20 世纪 90 年代后期，株洲高新区、天元区邮政电信从原始操作型到半机动型，再到机动型和全新现代化，不断提升科技含量和融入现代时尚元素，逐步发展壮大。株洲高新区、天元区借势力推通信产业发展，1992 — 2002 年就投入资金 5 亿元，建设基站、铺设通信线路 300 余千米，中国电信、移动、联通、铁通在株洲的公司则不断加大对株洲高新区、天元区建设的投资，纷纷在境内建基站，铺线路，并大力抢占长途数据传输市场，加快 IP 电话，163、165 互联网用户发展。邮电通信走入寻常百姓家，成为人民生产生活必不可少的一部分，也成为株洲高新区、天元区经济社会快速发展的重要一极，成为株洲新区最具潜质的新的经济增长点。

2014 年，株洲移动、联通、铁通、网通办公总部设在天元区内，5 家公司（含株洲电信）在境内均设有多个营业网点，其中中国联通株洲分公司设有 3 个营业部，每个村和社区均设有 1~3 个社会服务网点；中国移动株洲公司在境内有社会服务网点 145 家。同时，境内还开展电报、传真、互联网业务。

第一节　邮 政

株洲高新区成立前，境内仅有少量的邮政网点，定点、定线、定时收取邮件或自行车代步邮件。株洲高新区成立后至1997年，境内长岭、花园2个邮政所的进出口邮件由天元区邮政局开办2条摩托车邮路。1998年9月，随着邮政电信分立，株洲市邮政局迁入天元区天台路。当年天元区境内有邮政支局1个，邮政代办所3个，并开通邮件速递业务。至20世纪末，境内“鸿雁”传书实现从步行“走”邮到自行车代步，到基本实现摩托车、汽车运邮的机械化“走”邮阶段。21世纪后，株洲新区逐步实现从“走”邮到特快专递EMS的飞越。在投递平台建设方面突出品牌战略和服务战略，全面打造“体制新、机制新、服务新、形象新、能打硬仗”的投递新军。同时，天元区根据人口分布和区域特点，对投递资源进行整合；政府大力支持，推进住宅楼房信报箱“户箱工程”建设，信报箱（群）建设上台阶。

2002年，市邮政局在天元区天台路226号设天台路支局，办理信件、印刷品、包裹、邮政汇兑、报刊订阅、义务兵信函、盲人读物、邮政储蓄、特快专递、集邮等业务。建成湘银站、铁西站、滨江站、华泰站、谢泰站、花园站、桥北站、大湖塘8个服务站，办理各种报刊、信函、包件的快递以及福利彩票的代售和代收代缴电信、移动、联通话费业务。

从2006年开始，邮政实行政企分开。邮政直面市场，信息流、资金流和实物“三流合一”为现代邮政业快速发展，邮务类、金融类、速递物流类业务取得突破。当年，株洲市申通快递服务有限公司进驻河西天元区发展。2014年，境内有湖南顺丰、中国邮政、株洲申通、株洲中通、株洲韵达、株洲华文、株洲国通、北京京邦达等8家快递服务公司，网点21个。全区形成政府市场、企业市场、商贸市场、文化市场、社区市场、流动人口市场6大市场，区、乡、村（社区）的邮政服务网络。

第二节　电　信

一　固定电话

株洲高新区成立前，境内通信工具主要为固定有线电话，为纵横制交换自动电话，但安装量小，农村每个村几部电话，有的村仅村部1部电话。随着株洲大桥的建成通车，株洲市政治中心逐渐西移以及株洲高新区的建立，河西通信事业发展迅猛。

1991年，株洲市邮电局与法国阿尔卡特公司签订引进程控电话设备合同。1992年6月，总投资3000万元、装机容量为3万门的株洲高新区邮电程控大楼奠基。7月，区内开通程控电话，电话号码由5位升至6位。1993年，株洲高新区把程控电话建设工程列入“八五”计划，当年开通程控电话4000门。1994年，全区程控电话扩容为1.2万门，装机1400余部。建立移动通信基站，开通磁卡电话。1995年3月，区内电话机电话号码由6位升至7位。1998年9月，无线寻呼从邮电局剥离，邮政、电信分设。当年株洲高新区境内电信有移动电话基站2个，程控装机容量6.4

万门，已装机1.7万余门，现代化的电信通信服务能满足国内外直拨电话、图文传真、用户电报，并开通169湖南信息港。1999年，随着株洲市电话安装“百万大行动”，天元区通信建设和发展的战略重点从城市转移到农村，打响全区电话发展的重大战役“村村通电话”。电话杆到村，使用7米以上的水泥杆和50对以上的电缆，将程控电话延伸到所有行政村。1999年，移动通信从电信中分离，分别成立中国移动株洲分公司、湖南电信株洲分公司，按国际上市公司模式运营。当年，株洲宽带ADSL投入运营，天元区随之跨入互联网宽带新时代。2001年，株洲电信启动光纤到楼、到小区建设，上网速率由窄带的56K向高速、大容量的8～100M转化。2004年，株洲电信推出“宽带两项服务”新承诺和“10000号24小时电话受理安装宽带业务”。2005年，天元区互联网宽带用户大比例增加。2009年6月28日0时开始，长沙、株洲、湘潭3个固定电话本地网合并调整为一个大本地网。株洲高新区、天元区固定电话随之升至8位电话号码，并统一使用0731的长途区号。至2014年,株洲电信在天元区境内经营国内国际长途直拨、普通电话补充(包括移机、改名过户、停机)、宽带（ADSL网络快车、中国宽带互联网、局域网、一线通、WLAN天翼通）等业务，有营业网点14个。

二　移动电话

移动通信　1999年，中国移动通信有限公司株洲分公司（简称株洲移动）使用第二代移动通信技术2G，网络制式为GSM。2000年，株洲移动自建一套覆盖本地的传输网络。

2000年3月，株洲移动开通第一个个人数据业务——短信息业务，之后株洲移动陆续推出彩信、咪咕音乐、咪咕阅读、139邮箱、来电提醒、12580等100多种个人数据业务。

2005年，株洲移动开通第一个集团信息化产品——集团彩铃，之后陆续推出专线、集团短信息、物联网、警务通、一卡通等50多个集团信息化产品。

2008年，株洲移动启动集团专线建设，正式进军全业务运营领域。截至2008年，株洲移动实现县市级城区、乡镇2G信号的连续覆盖。

2009年，株洲移动启动具有国家自主知识产权的TD—SCDMA（即第三代移动通信技术3G），截至2012年，全市建成3G基站800多个，载频5000多个。

2013年，株洲移动开始第四代移动通信网络（4G，TD—SCDMA）建设，截至2014年底，建成4G基站2600余个，基本实现了4G网络城区深度覆盖和乡镇广度覆盖。

2014年，株洲移动加速“三网融合”进程，开启家庭宽带建设，全年建成家庭宽带端口10万余个，建成光纤到户小区310个，并促成中国移动湖南数据中心落户株洲。是年，株洲移动重点集团客户专线预覆盖率100%。至2014年，株洲移动先后推出全球通、神州行、动感地带、动力100等品牌服务，搭建10086客户服务热线，建立客户咨询、投诉、业务等专线。在天元区范围内建营业厅 1 家，社会服务网点 145 家，从业人员 220 余人。

联合通信 中国联合网络通信有限公司株洲分公司(简称株洲联通)成立于 1999 年 7 月 19 日，是中国联通在株洲的分支机构。2006 年 6 月 20 日，位于天元区圆方路的新综合大楼举办奠基仪式。2010 年，新办公大楼投入使用。至 2014 年，株洲联通 4G 城区信号覆盖率 97% 以上，乡镇镇区信号覆盖率 98%，行政区覆盖 74%；3G 城区覆盖 96%，乡镇镇区信号覆盖 96%，行政区覆盖 81%；4G 上行速 150Mbps，下行速率 300Mbps。公司经营 GSM 移动通信业务、WCDMA（3G）、FDD/TDD—LTE（双 4G）移动通信业务、固网通信业务（包括固定电话、宽带）、国内国际长途电话业务、批准范围的本地电话业务、数据通信业务、互联网业务、IP 电话业务、云计算（IDC 机房）及其他电信增值业务，以及与主营业有关的其他电信业务。

2014 年，株洲联通实现通讯服务收入同比增长 12.61%；城区 4G 网络覆盖均值 95%；客户感知满意度 85%。是年，株洲联通在天元区有自营厅 1 个，社会服务网点 4 个。

第二十篇　教　育

1992 年，株洲高新区成立之初，辖区内学校有殷家洲、滨江、牛形山、大坪、韶溪、连喜坪、东湖、新塘、白鹤等 9 所小学和牛形山、天台 2 所中学。为及时解决学位紧缺、学生入学难问题，株洲高新区党委、管委作出多渠道筹集资金，加快教育基础设施建设的决策。1993 — 1996 年，株洲高新区共投入资金 500 多万元，其他渠道筹集资金 200 多万元，新建、改造滨江小学、泰山小学，大坪逸夫小学等一批学校，增加校区建筑面积 8675 平方米，增加学位 1500 个。至 1996 年，株洲高新区有学校 13 所，教学班 88 个。其中，中学 2 所，教学班 20 个；小学 11 所，教学班 68 个。

1997 年 8 月，天元区成立。株洲县马家河乡（小学 15 所，中学 1 所）、群丰镇（小学 12 所，中学 1 所）学校成建制划入天元区，株洲高新区学校归并天元区管理。全区中小学增至 42 所，校园占地面积 30.4 万平方米，在校中小学生教学班 338 个。其中，中学教学班 66 个，学生 3688 人；小学教学班 272 个，学生 12674 人。区教育局下辖泰山路街道、嵩山路街道、马家河乡、群丰镇 4 个教育办，负责对全区中小学（含村级小学）及学前教育、培训学校的管理。1998 年，经株洲市教育行政部门批准，株洲市妇联在天元区创办全日制全寄宿民办学校——株洲市太阳宫小学。1999 年，天元区政府成立教育督导机构，与区教育局合署办公，坚持“督政”与“督学”并举，实施普检年检、素质教育督导评估等制度。2000 年，通过督查，区政府加大对教育的投入，受到市教育局表扬。2002 年，天元区创办全市第一所“公办民助”体制学校——白鹤小学。2003 年，撤销嵩山路街道、泰山路街道教育办，范围内中小学校由区教育局直管；群丰镇、马家河镇教育办改为联校，负责两镇范围内小学管理，中学由区教育局直管。2004 年 8 月，天元区接收株铁三中、株洲师专附中 2 所学校。

2005 年 5 月，由北京师范大学、湖南中基教育资源开发有限公司联合，在天元区庐山路新建北京师范大学株洲附属学校。同年 9 月，将泰山小学、天台中学、株铁三中、株铁四小整合成泰山学校。2006 年，工委区委、管委政府提出株洲高新区、天元区教育“优质、均衡、活力、特色”的发展思路，推进教育纵深发展。天元区开始实行中学生综合素质评价制度，对学生从道德品质与公民素养、学习能力、实践能力、审美与表现能力、运动与健康状况 5 个方面进行全面评价，将评价结果纳入毕业和升学，推进素质教育的实施，当年天元区被评为“湖南省两项督导评估”先进示范区。2008 年 4 月，天元区区委提出“为解决城区学位紧张和城乡均衡发展的问题，必须做到城区扩张到哪里，新学校就建设到哪里；城区改造到哪里，学校就改造到哪里，农村保留多少学校，就改造多少学校”的发展目标，进一步推动全区学校的新建和扩建。同时对外来务工人员子女入学实现“零门槛”入学。按班额和就近原则统筹安排外来务工人员子女学生在泰山学校、天台小学、银海学校等条件一流的城区学校就读，并与本地生混合分班，真正实现本地和外来务工人员子女“同城待遇”。2009年，天元区启动“教育质量提升年”活动，出台《天元区教育局关于进一步提高中小学教育质量的指导意见》，并修订奖教奖学条例。区教育局提出《关于构建活力课堂的整体设想》，在全区探索实施以“自主探究、小组合作、民主和谐、快乐有效”为方针的活力课堂教学改革。

2010年，天元区启动“校园文化建设年”活动，出台《天元区校园文化建设工作方案》《校园文化建设考评方案》等文件，规范管理与建设，校风、学风、教风有了根本的好转。同年，湖南省教育均衡发展现场会在天元区召开，来自各县、市、区的考察团对银海学校等4所学校的校园文化建设给予高度评价。同年，天元区被市教育局评为督学责任区工作先进单位。

2011年3月，雷打石镇、三门镇由株洲县划入天元区管辖。区内学校达36所。其中，中学7所，小学29所，校园占地面积74.27万平方米。在校中小学生教学班585个。其中，初中教学班146个，学生6334人；小学教学班439个，学生17279人。2012年，湖南省共有11个县（市、区）达到首次申报国家级县域义务教育发展均衡县（市、区）条件，天元区为其中之一。

2000—2014年，天元区整合农村教育资源，相继撤并合花等16所村小、教学点。多渠道筹集资金8亿多元，吸纳民间资金4亿多元，新建、扩建白鹤小学、泰山学校、北师大附中、天台小学、银海学校、栗雨小学、天元学校等。2014年7月，天元区接收在原市二中校址新成立的建宁实验中学。同月，天元区通过湖南省首批（8家）“教育强区”评估验收。至2014年，天元区境内有高等教育学校1所，高中教育学校2所，义务教育学校38所、幼儿园74所、培训学校22所。

第一章　普通教育

第一节　学前教育

株洲高新区成立时，学前教育主要以学校学前班的形式，规模稍大的学校普遍设立学前班。1992年5月，株洲高新区第一所株洲市示范学前班园艺场殷家洲学校学前班验收合格。1997年后，株洲高新区、天元区高度重视学前教育发展，不断加大对学前教育的投入，形成公办区级园、乡镇（街道）中心幼儿园和普惠性民办幼儿园学前教育体系相结合的发展格局。天元区先后获得“湖南省学前教育三年行动计划实施工作先进县（市、区）”“湖南省学前教育先进县（市、区）”等称号。

一　公办幼儿园

2010年4月，天元区第一所公办幼儿园——群丰镇中心幼儿园开园。该园位于群丰镇湘滨村，由原群丰镇湘滨小学改建而成，为纯公办性质幼儿园，园内财务账目纳入教育局会计核算中心统一管理，严格按照物价局核定的公办幼儿园收费标准收费，系全市首家农村公办幼儿园。该园总投资35万元，占地面积2300平方米，建筑面积1100平方米，办园规模5个班，园内软、硬件设施可与城区幼儿园媲美，当地百姓很满意，称“城市的高档次，农村的低收费”。

2011年，天元区制定《天元区学前教育三年行动计划（2011—2013）》，进一步明确公办幼儿园的建设任务和进度。2012年5月，天元区委办公室、天元区政府办公室印发《关于将中心幼儿园建设纳入2012年各镇（街道）领导班子政绩和实事考核指标的通知》，明确以各镇（街道）为建设主体，通过新建或改建等形式，要求在本辖区内建设一所高标准的公办中心幼儿园，各镇（街道）党委书记为第一责任人，并纳入年度对镇、街道党政领导班子的政绩考核和实事考核指标。区财政以奖代拨的形式，在中心幼儿园验收合格后，分别给予50万～100万元的补助。

2012年9月，由区政府投资760万元建设的位于天元区湘东路湘湾小区B区的区级公办幼儿园——火炬幼儿园建成投入使用，是区政府创办的第一所城区公办幼儿园。园内设施全部按省级示范幼儿园标准配备，开设7个班，提供180个园位，每班配备“二教一保”，有专任教师17人。每班有适合幼儿阅读的图书，供教职工用的教育、文学、专业等工具书500余册，有点读笔、多媒体课件、幻灯片、教学资源DVD等电教资料，幼儿园硬软件设施、设备齐全。2012年9月，该园获评区级示范幼儿园。2013年，获评株洲市示范幼儿园。同时，被认定为湖南省贯彻《指南》区级实验园。

2012—2014年，全区相继投入800多万元完成三门镇、雷打石镇、泰山路街道、嵩山路街道、栗雨街道、马家河镇6所镇（街道）中心幼儿园建设。区内所有公办幼儿园园长实行公开招聘（公办编制），园内财务账目纳入教育局会计核算中心统一管理，严格按照物价局公办幼儿园收费标准收费。至2014年，全区有公办幼儿园7所，建筑面积11335平方米，提供园位1350余个。

二 民办幼儿园

1994年3月，株洲高新区滨江一村内建起全区第一所民办幼儿园——滨江幼儿园，占地面积2897平方米，建筑面积1892平方米，户外活动面积600平方米，室外设有大型玩具及塑胶跑道，园内设8个班级，园位设置人数为190人。1997年8月天元区成立时，全区有民办幼儿园3所。2003年，全区民办幼儿园发展到16所，幼儿活动站7所，托儿所7所。

2003年以后，区内民办幼儿园迅速发展，高新幼儿园、小哈佛幼儿园、小牛津幼儿园等上档次的名牌幼儿园纷纷开园，园舍条件、设施设备、保教质量均大幅提高。农村幼儿园的规模、质量也有所提高。

2006年以后，民办幼儿园的发展再次提速，新建的小区都配套建设幼儿园，园舍条件、设施设备、教职工配备、师资力量、办园特色等硬件、软件条件达到高端品牌幼儿园的水准。高新幼儿园、伟才幼儿园跨入省骨干民办幼儿园行列，金石幼儿园、钻石贝贝幼儿园、小博士黄金幼儿园等被评为市骨干民办幼儿园，尚学堂幼儿园、启智贝尔幼儿园、七彩童年幼儿园等荣获市级示范性幼儿园。

2012年始，区委、区政府采取民办公助模式，切实解决幼儿入园贵的问题，积极推进普惠性民办幼儿园建设，成立普惠性民办幼儿园建设领导小组，制定《天元区普惠性民办幼儿园建设工作方案》，对民办普惠性幼儿园实行财政普惠补助，通过自愿申报、考核评级、集中公示等一系列程序，确立太阳宫幼儿园、钻石贝贝幼儿园、滨江幼儿园等27所幼儿园为普惠性幼儿园。其中，一级普惠性幼儿园10所，二级普惠性幼儿园8所，三级普惠性幼儿园9所，共有普惠园位4300个。2011—2013年，区财政投入普惠补助资金487万元，为全区提供“质优、价廉”的学前教育服务。2013年，天元区荣获湖南省学前教育三年行动计划实施工作先进县市区称号。至2014年底，全区共有民办幼儿园64家。

2014年株洲市天元区幼儿园情况一览表

表20－1－1

序号	名称	校址	班级数	在校学生（人）	建筑面积（平方米）	建园时间（年）	园长姓名	备注
1	铁路株洲公务段河西托儿所	长江南路铁路小区内	5	140	2600	1993	谭芬芳	企业办
2	滨江幼儿园	天伦东路107号	9	284	1892	1994	刘　欧	民办
3	太阳宫幼儿园	联谊路72号(一桥北)	8	274	2921	1996	邓　燕	民办
4	佳沁蓝天幼儿园	圆方路开元三村内	4	125	500	1996	冯　丹	民办
5	贝贝幼儿园	嵩山路街道大坪六队	4	92	588	1997	张丽君	民办
6	笑笑幼儿园	大坪5队	4	88	360	1997	刘　映	民办
7	启明星幼儿园	泰山路街道云里社区旁	6	180	1228	1998	沈伟慧	民办
8	中英幼儿园	长江北路耀华楼	4	140	750	1999	廖秀娟	民办
9	花蕾幼儿园	圆方路	5	145	800	1999	李巧月	民办
10	邮电源幼儿园	建材大市场天元阁	6	180	812	1999	张力平	民办
11	天台幼儿园	圆方路	4	138	835	2000	张晓娟	民办
12	小蓝天幼儿园	雷打石镇公道街菜市场旁	4	80	560	2000	曹　丹	民办
13	小葵花幼儿园	张家园7队	2	45	300	2000	易　鏖	民办
14	金太阳花园里幼儿园	花园二村	6	153	1800	2000	袁　瑛	民办
15	马家河镇中心幼儿园	马家河镇金龙社区	6	165	2080	2001	龙　尚	民办
16	啦啦幼儿园	马家河镇浅塘社区徐家组5号	5	156	1210	2001	黄子娜	民办

续表 20－1－1

序号	名称	校址	班级数	在校学生（人）	建筑面积（平方米）	建园时间（年）	园长姓名	备注
17	育英幼儿园	群丰镇响塘社区高庙组	5	152	1200	2002	黄素芬	民办
18	小哈佛富绅幼稚园	长江北路为民路99号富坤花园	7	206	1969	2002	张　青	民办
19	钻石贝贝幼儿园	黄河南路钻石家园小区内	7	237	875	2003	何　焰	民办
20	高新幼儿园	黄河北路266号	14	405	5000	2003	林姝君	民办
21	三门镇阳光宝贝幼儿园	三门镇上节街4组16号	4	130	1000	2003	巫菊香	民办
22	福娃娃幼儿园	嵩山路武警新村	6	170	800	2004	万　红	民办
23	珠江幼儿园	珠江南路珠江花园内	5	107	1200	2004	张艳香	民办
24	小博士黄金幼稚园	长江北路119号耀华大厦C座	7	216	998	2005	吴蒙君	民办
25	剑桥摇篮幼稚园	泰山西路明月湖小区	8	263	1100	2005	张丽娟	民办
26	迎春幼儿园	三门镇高岭村	6	216	3680	2005	李迎春	民办
27	龙娃娃亲亲幼稚园	联谊房产亲亲家园	4	148	558	2005	王春莲	民办
28	金石幼儿园	家园小区	7	213	1380	2005	文海霞	民办
29	蓝月亮幼儿园	张家园7队	4	148	558	2005	黄文利	民办
30	爱加贝幼儿园	长江北路海创明珠花园内	9	208	1997	2005	唐水英	民办
31	小太阳英豪幼稚园	栗雨街道王家坪街道	5	176	1179	2006	谢　帆	民办
32	三门松柏小天使幼儿园	三门镇松柏村铜锣组	4	120	800	2006	易利春	民办
33	熹悦花都幼儿园	珠江南路熹悦花都小区	4	77	2100	2006	赵亚军	民办
34	湘银金蓓蕾幼儿园	湘银路湘银社区三楼	5	142	640	2006	符江林	民办
35	新幼儿园五一新村园	长江北路五一新村	5	120	490	2007	林姝君	民办
36	雷打石镇中心幼儿园	雷打石镇转桥村荷叶塘组	10	330	2880	2008	苏水平	公办
37	和平鸽月塘幼儿园	马家河镇月塘村大士庵组	6	208	790	2008	黄率平	民办
38	福娃幼儿园	金锦花园别墅三栋	4	139	485	2008	易剑勇	民办
39	和平鸽月塘幼儿园	马家河镇月塘村大士庵组	6	208	790	2008	黄率平	民办
40	雷打石镇胜塘幼儿园	雷打石镇胜塘村	3	75	350	2008	罗雄伟	民办
41	华龙幼儿园	炎帝广场社区居委会	9	348	1080	2008	王春莲	民办
42	七彩童年幼稚园	长江南路229号共和城小区内	7	280	1096	2009	唐　芳	民办
43	新苑阳光幼稚园	长江南路320号阳光小区	4	120	555	2009	匡水平	民办
44	万丰幼儿园	马家河万丰村	5	200	1200	2009	龙　鸥	民办

续表20－1－1

序号	名称	校址	班级数	在校学生（人）	建筑面积（平方米）	建园时间（年）	园长姓名	备注
45	群丰镇中心幼儿园	群丰镇湖滨社区	5	171	1380	2010	王彩云	公办
46	合花幼儿园	群丰镇合花村小阳组	5	167	3600	2010	刘胜利	民办
47	金鹰卡通幼儿园	黄山西路综合楼	4	110	1468	2010	何　雄	民办
48	泉源星贝幼儿园	马家河镇泉源社区	5	155	2880	2011	易佩思	民办
49	启智贝尔幼儿园	庐山恋小区	10	260	1280	2011	常萍萍	民办
50	小哈佛天泉一品幼稚园	珠江南路天泉一品辉煌世纪小区	9	213	2322	2011	李　静	民办
51	伟才幼儿园	泰山西路明月湖小区内	10	225	2905	2011	李金平	民办
52	尚学堂幼儿园	株洲大道68号尚格名城小区内	15	330	4562	2011	龙　兰	民办
53	火炬幼儿园	新东路湘湾小区B区	7	186	2000	2012	张春芬	公办
54	湘楚幼儿园	嵩山路青年乐园会所	5	125	602	2012	侯新辉	民办
55	乐乐幼儿园	马家河镇浅塘社区染铺组	3	23	450	2012	向　丹	民办
56	楚才星星幼稚园	王家坪街道	5	125	602	2012	侯新辉	民办
57	幸福泉幼儿园	黄河北路858号山河锦园小区内	6	158	1610	2012	唐文艺	民办
58	三门镇中心幼儿园	三门镇马道村马西组	4	92	1335	2013	张　枚	公办
59	泰山街道中心幼儿园	泰山路街道天泰小区	6	188	930	2013	彭　飞	公办
60	嵩山街道中心幼儿园	滨江北路大坪社区内	5	140	800	2013	袁雅琴	公办
61	彤心教育幼稚园	新闻路香草园春晓	6	165	1900	2013	杨　媛	民办
62	明星幼儿园	马家河镇仙岭社区	4	88	700	2013	罗　姣	民办
63	蓝猫幼儿园	雷打石农科村祠堂组8号	5	170	800	2013	万蓝英	民办
64	新泰幼儿园	湘山路新泰小区内	6	187	1100	2013	高　娟	民办
65	栗雨街道中心幼儿园	湘芸路月塘小区二期	9	330	3411	2014	刘　茜	公办
66	亲鑫幼儿园	雷打石镇公道街菜市场旁	4	104	2000	2014	巫湘纯	民办
67	日盛学府幼儿园	泰山西路泰山公馆	9	212	1750	2014	李　晋	民办
68	加州幼儿园	黄河北路竹山小区	7	200	1560	2014	曹　谦	民办
69	小牛津幼稚园	珠江北路栗雨高科颐景园小区	10	276	1213	2014	周秋芳	民办
70	芭贝乐幼儿园	黄山路华晨御园2栋101	6	170	1700	2014	吴　燕	民办
71	京田幼稚园	滨江北路789号	7	130	2000	2014	刘传芳	民办

第二节 小学教育

1992年，株洲高新区成立之初，区内有殷家洲、滨江、牛形山、大坪、韶溪、连喜坪、东湖、新塘、白鹤等9所小学。1993—1996年，先后建成或改建滨江小学、泰山小学、大坪逸夫学校，新增学位近2000个，有效缓解区内学生入学难问题。至1996年底，株洲高新区有小学11所，教学班68个，学生4181人。小学入学率100%，巩固率100%，合格率95.3%。

1997年天元区成立。群丰镇、马家河乡整体划入天元区，天元区小学(含村级小学)增至38所。同年，区教育局出台《关于深化素质教育的若干意见》《关于实施素质教育的方案》等系列文件，全面推进素质教育实验区建设，确定滨江小学等8所学校为素质教育试点学校。完全小学、中心小学逐步配备音、体、美、科学专职教师。1998年秋季起，城区小学开设电脑课程。1999年秋季起，城区小学四、五、六年级开始开设英语课。区教育局相继出台教育教学管理常规，音乐、美术、体育教育，图书管理、实验教学管理等规定，各学校教育教学管理逐步规范。“三课”（常规课、实验课、活动课）、“三节”（科技节、艺术节、体育节）成为区、校两级教学管理的重点工作。1997—2000年，天元区小学入学率100%，巩固率100%，小学毕业合格率100%，获得湖南省“普九”验收先进县市区称号。

2002年，株洲市第一所公办民助的小学——白鹤小学建成；泰山小学被定为教育部“九五德育”课题先进实验学校；湖南省政府授牌天元区为素质教育实验区。

2004年，区委提出“足额、多元、均衡、优质”教育发展目标。2005年，天元区代表株洲地区迎接湖南省体卫艺国防教育督查获先进单位；大坪逸夫小学、泰山小学获湖南省贯彻《学校体育工作条例》优秀学校；白鹤小学MTV《小白鹤》进入中央电视台综艺频道（CCTV-3）播出。2010春季，天元区小学试行“小班制”，即：保证小学一、二年级班额控制45人以内，其他年级班额控制50人左右，提供优质学位、执行划片招生、治理择校现象。

2011年，天元区启动“精细化管理年”活动，制定系列方案，在城区小学以减负为重点，在农村小学以规范教育教学常规为重点。同年3月，学籍管理平台启用。2012年4月，天元区城区小学素质教育纵深推进，各小学品牌效应彰显；银海学校“美的教育”、泰山学校“三雅教育”显现特色；天台小学成为全国科技教育示范校。2012年8月，《湖南教育》杂志以《还孩子们一个健康快乐的童年》为主题，对天元区小学课改经验进行报道，“健康快乐成长教育”这一“看得见、摸得着、行得通”的“天元经验”，在全国引起关注。同年，江璜小学被中央教科所确立为株洲市唯一的全国乒乓特色项目学校。银海学校、天台小学获评株洲市课改示范校。至2012年，全区小学基本解决城区“大班额”问题和择校现象，在全省率先实现标准班额。2013年，天元区成为全国首批国家义务教育基本均衡标准的县市区。

2014年，天元区取消一年一度的小学统考和抽考，并参加教育部“区域教育质量健康体检与改进提升”项目试点。至2014年，全区有小学31所（含一贯制），教学班486个，学生19799人。其中，公办小学28所，教学班359个，学生14397人；民办小学3所，教学班127个，学生5402人。全区小学入学率100%，巩固率100%，升学率100%，随班就读的残疾学生入学率100%。

第三节　初中教育

1992年株洲高新区成立之初，全区仅有牛形山、天台2所中学。为全面提高教学质量，从1994年开始，区内各中学开始实施从“应试教育到素质教育”转变，严格执行国家课程计划，开始配备部分综合学科专任教师，加强音、体、美、劳等薄弱学科教学。初中教育的中心工作是扎实推进“双基”达标工作，通过上门做工作，层层签订责任状、逐级考核等措施，形成齐抓共管的良好氛围。至1996年，株洲高新区初中入学率93.3%，合格率71.6%。全区中学20个班，学生912人，基本满足辖区内学生入学要求。

1997年8月，群丰镇、马家河乡划入天元区，区内中学有牛形山、天台、群丰、马家河4所中学。1998年，天元区启动创建素质教育实验区，初中基本上配齐音乐、美术、自然、图书室等功能室和教学器材，音、体、美、科学教师实现专职化。相继出台《天元区教育教学管理常规》和音乐、美术、体育和图书管理、实验教学管理等规定，各学校教育教学管理逐步规范，国家“三课”（常规课、实验课、活动课）、“三节”（科技节、艺术节、体育节）得到落实；1997—2000年，天元区初中入学率100%，巩固率99.5%，毕业合格率95%，中学教师合格率90%，全面实现“普九”目标。1998—2000年，先后投入近1000万元，拆除牛形山中学和天台中学原旧房，牛形山中学并入天台中学，在原天台中学校址新建天台中学教学楼，新增建筑面积5600多平方米，教学规模由6个教学班300人扩容到24个班1200多人，新增学位900多个，城区初中入学难问题得到缓解。

2001年，在全区中学开展中学“素质教育课堂达标”“看评随堂课”“说课、授课、评课竞赛”等活动，推进中学课堂教学水平的提高。2002年，天元区获评湖南省素质教育先进区。2003年，启动“湖南省课改实验区”建设。至2003年，天元区初中教育以巩固、提高普九成果为目标，连续3年获得省级“普九”验收先进县市区称号。2004年，因城区教育布局调整，师专附中划归天元区管辖；泰山小学、天台中学、株铁三中和株铁四小合并为泰山学校，成为九年一贯制学校。

2005年起，天元区初中办学优势逐步显现，师专附中连续8年中考质量稳居全市公办初中首位，天元区初中教育质量一举由全市末位升至首位；同年，民办初中开始起步，在天台中学原址上高标准建成十二年一贯制民办学校——北师大株洲附属学校，填补天元区无民办初中空白，形成公办、民办初中相互竞争、协调发展的良好局面。

2007年，天元区开始免除农村学校学生杂费，并以优秀成绩分别通过“两基”迎国检和湖南省“两项督导评估”考核。2008年，免除义务教育阶段学校学生杂费，并免除农村学校学生书籍课本费，按417.5元/生年标准拨付中学生生均公用经费。至此，全区真正实现“义务教育”。

2009年秋季学期开始，在马家河中学试点“小班制”，即班额控制在50人以内，在全省率先探索解决城区“大班额”问题和择校现象。至2010年秋季,天元区所有初中均实现标准班额。2011年，三门镇、雷打石镇划入天元区，新增三门镇中学、株木中学、雷打石学校3所初中。

2011—2013年，天元区启动为期3年的初中创优工程。先后投入3亿余元，用于新建和改造学校；在全区推进活力课堂教学改革，泰山盟校“121双主体”、天元中学“四学模式”等模式的逐步成熟，实现教学方式的改变。其间，马家河中学成功申报湖南省课改样板校；群丰中学承办全市乡村学校少年宫建设现场会；天元中学获评株洲市素质教育示范校、株洲市学科培训基地等。

2013年，师专附中整体搬迁至天元中学；2014年，天元区接管建宁中学，泰山学校初中部整体移至建宁实验中学。至2014年底，全区有初中8所，教学班165个，学生7278人。全区初中阶段入学率100%，巩固率100%，毕业生合格率99.9%，升学率97.95%。

2014年株洲市天元区中学、小学情况一览表

表20－1－2

序号	名称	校址	班级数	在校学生（人）	建筑面积（平方米）	建校时间（年）	校长姓名	备注
1	三门中心小学	三门镇下节街	13	562	2650	1930	刘长青	公办
2	胜塘学校	雷打石镇胜塘村	6	161	2599	1945	万炳均	公办
3	群丰镇长岭中心小学	群丰镇长岭街	6	195	1735	1946	谭高翔	公办
4	三门镇椺木小学	三门镇椺木村	6	158	2057	1946	张　华	公办
5	雷打石镇中学	雷打石镇	12	746	9369	1949	林太泉	公办
6	群丰镇旗云学校	群丰镇旗云村	6	153	1472	1951	罗艳霞	公办
7	砖桥中心小学	雷打石镇砖桥村	6	207	1991	1951	陈　平	公办
8	泉丰学校	雷打石镇泉丰村	6	104	1366	1954	姜子美	公办
9	泰山学校	牛形山路	54	2634	26339	1955	谭新艳	公办
10	新林学校	雷打石镇新林村	6	104	1558	1956	郭志强	公办
11	群丰镇妙泉学校	群丰镇妙泉村	6	198	1431	1968	刘　雄	公办
12	建强学校	雷打石镇建强村	6	177	1424	1969	李邑杉	公办
13	马家河镇金龙小学	马家河镇金龙村	6	231	991	1972	刘　芳	公办
14	马家河镇月塘小学	马家河镇月塘村	6	221	1394	1973	罗利强	公办

续表20－1－2

序号	名称	校址	班级数	在校学生（人）	建筑面积（平方米）	建校时间（年）	校长姓名	备注
15	马家河镇新马小学	马家河镇新马村	6	146	706	1974	全燕妍	公办
16	三门镇莲花小学	三门镇莲花村	6	161	1650	1974	宋迎春	公办
17	马家河中学	马家河镇	10	342	9616	1975	王友连	公办
18	三门镇石亭小学	三门镇石亭村	4	36	910	1975	马深根	公办
19	群丰镇江璜小学	群丰镇江璜村	6	116	1378	1976	彭　靖	公办
20	三门镇杨柳小学	三门镇杨柳村	6	121	1284	1978	文友粮	公办
21	群丰镇中学	群丰镇	7	255	5991	1979	谭文辉	公办
22	三门镇株木小学	三门镇株木村	4	131	1450	1981	张　剑	公办
23	三门株木中学	三门镇株木村	6	275	6423	1984	冯拥军	公办
24	群丰镇响塘学校	群丰镇响塘村	6	206	842	1990	黄珊群	公办
25	马家河镇凿石小学	马家河镇凿石村	6	203	1100	1990	仇恒毅	公办
26	三门镇中学	三门镇下节街	12	494	7980	1992	易康庄	公办
27	滨江小学	滨江一村	14	618	4848	1994	何　利	公办
28	霞石学校	雷打石镇霞石村	6	124	504	1995	刘建元	公办
29	太阳宫小学	桥北社区联谊路	24	667	2667	1998	曲湘云	民办
30	王家坪尚格希望中心小学	马家河镇	10	270	1511	2001	王建军	公办
31	白鹤小学	白鹤支路	38	1871	12626	2002	刘　容	公办
32	天台小学	天台小区	33	1582	8600	2005	文艳云	公办
33	北师大株洲附属学校	庐山路210号	154	6255	146222	2005	杨昭瑞	民办
34	银海学校	银海支路	50	2492	15454	2007	杨碧琼	公办
35	栗雨小学	栗雨街道新东路1号	35	1692	11210	2010	邓水群	公办
36	天元小学	黑龙江路	24	1086	20993	2013	刘　容	公办
37	天元中学	黑龙江路	29	1485	22754	2013	吴学平	公办
38	建宁实验中学	珠江南路	51	2410	44962	2014	唐厚睦	公办

附：学校简介

泰山学校 位于牛形山路 170 号，创办于 1955 年，是株洲市规模最大的公办六年制完全小学，学校占地面积 4.59 公顷。2014 年，该校拥有多功能综合大楼、语音室、电脑室、室内体操房、舞蹈房、音乐室、美术室、劳技室、国书室、学生阅览室、多媒体教室、400 米的塑胶跑道等，有教学班 54 个，学生 2634 人，教师 164 人。学校遵循为学生的一生幸福奠基的办学宗旨，独创“三雅”（优雅校园、儒雅教师、文雅学生）学校文化，让教师拥有宽雅的爱生胸怀、博雅的教育知能、邃雅的教学方法，让学生实现“雅思、雅行、雅趣”，在校训“崇德睿智、健康向上”的激励下，让每一位泰山人都能“快乐每一天、进步每一天、成功每一天”。学校根据自身文化历史积淀和地理环境特点，精心规划并分步实施，精心打造“学校文化”“班级文化”“课程文化”及“社团文化”的“四大文化”。办学成果显著，获得“全国绿色学校”“中国青少年心理化教育实验学校”“中国青少年励志教育地”“省教育科研实验学校”“省现代教育技术实验学校”“省名优学校”“省 A 级示范食堂”“株洲市素质教育先进学校”等多种荣誉称号。

白鹤小学 位于长江北路白鹤支路 8 号，创办于 2002 年秋季，是株洲市第一所公办民助小学，学校占地 1.73 公顷，建筑面积 12626 平方米。2014 年，有教学班 38 个，在校学生 1800 多名，教职工 106 人。学校树立办有灵魂的学校，培有思想的教师，育有个性的学生的办学理念。创建“全面育人、立体育人”的活力课程；校本课程积累篇、阅读篇、习作篇、思维篇的开发和实施领先株洲；英语学习网的创建实现网上教学互动，属省内首创；英语教师自行开发系统的英语学习软件则是国内少有。该校以一流的办学水平，优质的素质教育赢得市民的公认，成为孩子就学的首选之校，成为株洲市基础教育的品牌。学校相继获评湖南省现代教育技术实验学校、湖南省绿色学校、湖南省红领巾示范学校、湖南省家长学校示范学校、株洲市示范学校、株洲市文明建设先进单位、株洲市园林式单位、株洲市体卫艺工作先进单位、株洲市国防教育先进单位。

银海学校 位于长江北路银海支路 18 号，创办于 2007 年秋季，是一所公办完全小学。学校占地 2.69 公顷，建筑面积 15454 平方米。2014 年，有教学班 50 个，在校学生 2492 名，在岗教职工 132 人。学校追寻“美的教育”，树立“看见成长，遇见美好”的办学理念，致力创造美的校园、培养美的教师、孕育美的学生。是“教育 + 互联网”时代学校中的弄潮儿，教育信息化特色全国影响深远；校本化的阅读课程、数学思维课程、英语绘本课程、阳光社团课程翘首株洲；多学科的课堂教学范式特色鲜明、成效显著；小组合作在学科教学与班级管理上应用深入，快乐高效。获得全国教育信息化首批试点单位、全国语言文字规范化示范学校、国家级规范汉字书写教育特色学校、全国百优校园电视台、全国美术教育先进单位、湖南省安全文明校园、湖南省绿色学校、湖南省示范家长学校、全省国培基地学校（英语体育数学）、株洲市书香校园、株洲市课程改革样板校、株洲市快乐德育示范校等 60 多项荣誉称号。

天元小学 位于黑龙江路，创办于 2013 年，占地面积 5.44 公顷，是一所建设规格高、规模大、校园环境优美、师资队伍优良、设施设备一流的公办制学校。2014 年，有教学班 24 个，在校学生 1086 名，教职工 62 人。学校以守护学生天性、养育生命元气为办学理念。倡导全体师生“立志笃学、厚德尚行”，实施活力教育，打造活力校园，构建活力管理，培养活力师生，践行活力课堂，营造活力家庭。致力建设童心母爱、革故鼎新、合作进取的教师队伍，培养阳光自信、好学善问的学生，努力建设学生快乐、教师幸福、家长满意的品牌学校。先后获评湖南省小幼衔接先进单位、株洲市数字校园、株洲市平安校园、株洲市科技示范校、株洲市家长示范校、株洲市十佳少先队、株洲市快乐童声优秀组织单位、株洲市文明建设先进单位。

天元中学 位于黑龙江路，创办于 2013 年，总投资 2.2 亿元，占地面积 7.93 公顷，可开设 48 个教学班，容纳学生 2400 人。学校以促进人的全面发展为办学理念，以“明德至善、博学笃行”为校训。开办以来，率先进行人事制度改革，实行竞聘上岗。校本课程“经典诵读”是学校的办学特色之一，学校相继荣获全国青少年足球示范校、湖南省平安校园、湖南省安全文明校园、湖南省人民防空先进单位、湖南省食品安全示范校、株洲市初中数学学科培训基地等光荣称号。

建宁实验中学 创办于 2014 年，位于珠江南路 518 号，是一所市、区共建的现代化优质公办初级中学。2014 年 7 月，因株洲市第二中学迁往武广新城，市政府决定原市二中校园整体移变给天元区。校园占地面积 7.33 公顷，建筑面积 5.9 万平方米，可容纳 3000 名学生就读。2014 年，有教学班 51 个，其中初一 20 个班、初二 18 个班、初二 13 个班，初二、初三学生来自原泰山学校初中部和原建宁国际实验学校，在校学生 2400 名，教职工 180 人。学校树立建本明智，追求卓越的办学理念。着力创建体验、合作、探究型特色课堂模式，在课程设置上做到“三位一体”，兼顾学生个性发展；校本课程共提供生命教育、人文素养、高雅艺术、科学探索 4 大系列 20 多门课程，满足学生选修需要；德育课程体系化、国际化，着力培养具有公民素养、精英气质、创新意识、国际视野的学生。学校与香港循道中学缔结姊妹学校、与加拿大魁北克省莱斯特比皮尔逊公立教育局、与韩国亚洲大学等建立长期合作办学模式。相继获评全国青少年校园足球特色学校、全国青少年五好小公民“少年向上真善美伴我行”主题教育活动示范学校、湖南省级“两型”综合示范片区创建合格单位、湖南省实施国家校园武术段位制试点学校、湖南省中小学电脑制作活动最佳组织单位、株洲市示范家长学校等荣誉称号。

北师大株洲附属学校 创办于 2005 年 5 月，由北京师范大学、湖南中基教育资源开发有限公司联合举办。位于庐山路 210 号，占地面积 14.47 公顷，建筑面积 14.62 万平方米，总投资 3.5 亿元，按十二年一贯制设计，分小学、初中、高中 3 个学部。2014 年，有教学班 150 个，在校学生 6255 人，教职员工 615 人，专任教师 475 人，是北京师范大学在中南地区推行幸福素质教育的唯一直属实验学校。学校以“智情意美、全人发展”的理念推进幸福素质教育。建校 10 年来，教育成效突出。DI 创新大赛冲出国门，在世界舞台上屡次斩获大奖；机器人团队代表中国赴美国参加全球总决赛；足球小将打进国赛，排名全国前十。学校先后获评中国民办十大知名品牌学校、全国学校后勤管理先进单位、全国教学研究先进单位、国家课程标准美术实验教科书实验基地、湖南省现代教育技术试验学校、湖南省基础教育教学研究实验学校、湖南省“两型”示范基地、湖南省骨干民办学校、北京师范大学基础教育合作办学平台教师研修基地、北京师范大学基础教育合作办学平台校园足球基地、株洲市民办教育先进单位、株洲市高中教育质量建设先进单位。

第四节 高中教育

1996 年 7 月，株洲市第二中学从河东贺家土整体搬迁至天台路 33 号，境内始有高中教育。校址占地 8.67 公顷，建有 7 层共 38 间教室教学楼，面积 9000 平方米科技楼，符合国家标准的中学生运动场、大礼堂、配套 7 栋教工宿舍。当年有 37 个教学班，教职员 239 人。其中，特级教师 4 人，高级教师 68 人，一级教师 83 人，有 8 人任株洲市各学科教学研究会正、副会长。1998 年，市二中被教育部中央教科所确定为“中央教科所实验学校”。2000 年，被教育部确定为首批“全国现代教育技术实验学校”。同年 9 月，学校开设 58 个教学班，有学生 3143 人，教职工 254 人。

2005 年 5 月，北京师范大学株洲附属学校在天元区庐山路 210 号选址建校。投资 3.5 亿元，学校占地面积 14.47 万平方米，建筑面积 14.62 万平方米，开设小学、初中、高中 3 个学部。其中，高中教学班 1 个，学生 45 人，高中教师 11 人。学校是“十二五”规划期间株洲市城区唯一一所省级民办骨干学校。设立校园文化“八大节”：即科技节、文化节、艺术节、春晖节、读书节、文学节、体育节、英语节。学校以北京师范大学为依托，与北师大、复旦大学、上海交大、同济大学等全国一流大学联合广泛，享有自主招生优先推荐权。试行“2+4”初高对接模式，从初二级中选拔前 100 名优生提前进入高中学习。2009 年，被评为“中国民办教育十大知名品牌学校”。

2010 年，株洲市二中有高中教学班 48 个，在校学生 2416 人，高中在岗位专任教师 188 人。其中，在岗特级教师 6 人，硕士研究生 39 人，株洲市级学科带头人及市级骨干教师 51 人，外籍教师 1 人。被中国教育学会、中国发明协会、中央教育科学研究院授予“中小学创造力培养示范学校”。当年，市二中高考二本录取率达 88%，一本上线率和二本上线率进入全省示范性中学前 10 名。600 分以上人数占株洲地区 28%，文科、理科地区前 30 名学校各占 1／3。文理科第一名均出自市二中。同年，北师大附校有高中教学班 28 个，在校高中学生 1200 人，高中教师 84 人。一本上线率达 35%，二本上线率 75%；应届理科 600 分以上人数比例 12.5%。高中部学生参加全国首届数、理、化能力竞赛获 1 金 3 银 2 铜。是年，北师大株洲附中开设海豹班。2012 年高考，第一届海豹班正取生重点本科上线率 100%。5 人总分进入株洲市高考前 30 名。2013 届高考，第二届海豹班正取生重点大学上线率再一次达到 100%。

2014 年 9 月，株洲市二中从天台路整体一次性搬迁至天元区博古山路新校址办学。新校区投资 5.8 亿元，按“山水校园，当代书院”理念设计，校园占地面积 16.35 公顷，建筑面积约 10 万平方米，可容纳 72 个班，3600 余名学生就读。学校配合国际一流教学设备与生活设施，装备投资达 1.2 亿元。

至 2014 年末，境内有 2 所高中学校。市二中有高中教学班 62 个，学生 3212 名，在编在职教职员工 198 人。当年学校高考一本上线率 69.7%，二本上线率 91.9%，纯文化一本上线人数突破 500 人。600 分以上人数占全市总人数的近一半，3 名学生被清华大学录取。学校获评株洲市教育局高中教育质量建设先进单位，被省教育厅授予“教育质量显著优秀的省级示范性普通高中”称号。北师大株洲附校有高中教学班 40 个，学生 1928 人，高中教师 133 人。其中，特色教师 2 人，园级骨干教师、各省市名师、省市级骨干教师、省市级学科带头人 31 人，高级教师 46 人，具有研究生学历教师 52 人，应届生重点大学上线率达 40%，二本上线率达 61%。

第二章　继续教育

第一节　职业教育

1997 年 11 月，天元区第一所民办培训机构“株洲市第二文化宫培训学校”成立，该校注册开办资金 1000 万元，设教室 30 间，1998 年有教职工 18 人，学生 700 余人，培训项目有舞蹈、美术、主持、器乐、农民工培训、下岗再就业、家政服务员培训等。2000 年后，随着株洲高新区、天元区职能归并，经济、社会发展提速，株洲高新区、天元区民办培训学校得到快速发展。至 2014 年，全区有民办培训学校 22 所。其中，文化类培训学校 13 所，艺术类培训学校 9 所。巨人培训学校、马思特培训学校、学维思培训学校、丑小鸭培训学校、东方艺校等树立了自己的良好品牌。

一　就业培训

1994 年，株洲高新区举办失地劳动力厨师、宾馆服务员培训班。2003 年 1 月，天元区委、区政府出台《天元区就业培训暂行办法》，鼓励社会力量开展专业技术培训。2006 年 7 月，株洲高新区、天元区设立失地农民家庭高校毕业生回乡创业奖励基金，鼓励失地农民家庭高校毕业生回乡创业。2010 年，天元区开始选送适龄青年免费到相关职业院校进行学历培训，解决预备劳动力就业问题。2011 年，全面实施“五个百分百”工程，有创业意愿的劳动力 100% 参加免费创业培训。至 2014 年的 5 年中，全区共选送 5 批 339 名青年到职业学院免费进行学历培训。

截至 2014 年，全区组织开办计算机、汽车驾驶、汽车修理、电工、家电维修、钳工、厨师、家政服务、园林绿化、美容、宾馆服务、种植、SIYB 创业培训等各类班 1724 期，培训各类人员 51728 人次。

二 社区教育

自2010年始，天元区积极引导各社区学校、终身教育和学习型社会建设领导小组成员单位多层次、多类型、多形式的面向社会居民，依托市民学校、家长学校、农校、青少年宫、农家书屋、社团活动、志愿者协会和民间组织等，广泛开展文化修养、道德法制、生活休闲、职业技能、卫生健康等各项社区教育活动。

2011年10月，天元区成立终身教育和学习型社会建设领导小组，由常务副区长任组长，领导小组办公室设教育局。同年11月，天元区社区学院挂牌成立。学院位于泰山路街道大岭社区。同时天元区泰山社区学校、天元区大岭社区学习中心也在大岭社区挂牌成立。2013年8月，天元区出台《株洲市天元区社区学校建设工作方案》，全区各镇（街道）均建成社区学校和2个以上的社区学习中心。2013—2014年，大岭社区、湘银社区相继成功创建为市级示范性学习型社区。泰山街道大岭社区居民邓汉兴获评市级百姓学习之星。天元区社区学院连续两年被授予株洲市社区教育工作先进单位。至2014年，建成马家河、群丰、雷打石、三门和泰山路、嵩山路、栗雨4镇3街道社区学校，湘银社区学习中心、马家河镇高塘社区学习中心、三门镇响水村学习中心等14个社区（村）学习中心，初步完善区级设社区学院、镇（街道）设社区学校、社区（村）设学习中心的三级社区教育体系建设。

第二节 农民教育

一 扫盲教育

1994年，株洲高新区管委会印发《关于认真抓好扫盲教育的通知》，先后3次召开扫盲工作会议，根据教育“双基”达标（即2000年前基本普及9年义务教育和基本扫除青壮年文盲）要求，对区内青壮年文盲、半文盲进行摸底、登记、造册。全区分管理处成立扫盲培训班，定期培训学习，经过2年多的扫盲工作，至1996年，全区15～45岁青壮年中仅有文盲48人，占比为2.1‰，基本达到“双基”标准。

二 农业技术培训

株洲高新区成立之初，农业产业以种植蔬菜和饲养生猪、家禽为主。农业技术培训主要针对蔬菜种植培训和养猪专业户，区农业部门每年组织培训3～4期。天元区成立后，农业范围扩大，农业培训的门类逐步增多，有水稻、蔬菜种植、病虫害防治培训，畜禽养殖、疾病预防培训等。

进入21世纪后，农业生产向集约化、专业化发展，大力发展蔬菜基地、苗木基地、水稻示范基地、水果基地等，农业机械化程度也日益提高，农业、农机技术培训也随着社会的发展和进步，每年定期和不定期的举办各种不同门类的培训班，发放培训资料。2005年，举办各类农业技术培训班36场次，参加人员1770人次，培训内容涉及农业实用技术、农机驾驶技术、蔬菜栽培技术、养殖技术等。2011年始，以镇、街道为单位每年10月举办全民终身学习活动周活动，形式多样、内容丰富、贴近市民，乡村气习浓，参与人数多，学习效果好。2012年，天元区成立产品质量安全监督检验检测中心，中心在合花蔬菜基地举办首次培训班，培训人员60多人。2013年4月，全区各镇（街道）主管农业领导、农技员、区农业局领导、农技干部参加市农业局举办的农产品质量安全监管培训班暨农产品标识流通现场指导会。2014年，区农业部门在悠移山庄举办2期蔬菜农残DY1000检测培训，参加人员有各基地、各镇（街道）、各超市检测员等200余人。

第三节　老年教育

1998年5月，天元区老年大学成立。组织全区离退休老干部开展各项学习与培训，做好教学和服务工作。区老年大学年均有老干部学员28人。每周三定期开课，开设书画、诗词、门球、钓鱼、电脑、时事政策、养生保健、心理辅导、花卉养殖、户外采风等课程，年均组织教学、培训、竞赛、评比、采风等活动达30余次，完成教学课程100余课时。

第三章　教师队伍

第一节　教师数量与结构

1992年，株洲高新区成立时，全区有教师182人。其中，中学教师56人、小学教师126人；本科学历4人、大专62人、中专及以下116人。

1997年7月天元区成立后，原株洲县马家河乡、群丰镇划入天元区。全区有教师629人。其中，中学教师231人、小学教师398人。

2005年，全区有教师900人。其中，中学教师423人、小学教师477人。专任教师793人。其中，本科学历200人、大专467人、中专126人；高级教师31人、一级教师372人、二级教师320人、未评职称70人。

2011年，株洲县雷打石、三门两镇划入天元区。全区有教师1260人。其中，中学教师437人、小学教师823人。至2014年，天元区教师总人数为1327人。其中，中学教师460人，小学教师867人。

1997—2014年株洲市天元区中小学专任教师学历结构、年龄结构、职称情况表

表20－3－1　　　　单位：人

年度	类别	学校教职工总数	其中专任教师数	学历结构				年龄结构				职称情况				教师资格证	
				本科及以上	大专	中专	高中及以下	30岁以下	30~39岁	40~49岁	50岁及以上	高级教师	一级教师	二级教师	未评	专任教师持证人数	专任教师持证率
1997	中学	231	211	18	160	25	8	35	70	85	21	7	53	81	70	211	100%
	小学	398	378	3	70	287	18	47	187	112	32	2	115	152	109	378	100%
1998	中学	236	216	20	162	26	8	36	71	86	23	9	56	91	60	216	100%
	小学	433	412	4	76	214	18	52	201	124	35	2	137	174	99	412	100%
1999	中学	258	230	26	171	26	7	35	83	86	26	10	61	93	66	230	100%
	小学	466	445	8	100	323	14	55	221	132	37	3	140	198	104	445	100%
2000	中学	283	254	34	192	21	7	39	98	90	27	10	70	108	66	254	100%
	小学	466	445	8	100	323	14	55	221	132	37	4	143	195	103	445	100%
2001	中学	308	272	39	212	16	5	40	113	89	30	14	79	124	55	272	100%
	小学	481	406	9	125	267	5	52	202	117	35	—	144	187	75	406	100%
2002	中学	310	274	70	192	8	4	40	115	89	30	15	80	124	55	274	100%
	小学	470	410	13	165	227	5	52	204	119	35	—	146	190	74	410	100%
2003	中学	318	283	80	190	8	4	39	117	92	34	20	83	127	52	283	100%
	小学	471	415	26	207	180	2	48	212	118	37	1	148	195	71	415	100%
2004	中学	331	296	125	161	10	—	42	127	89	38	25	140	81	50	296	100%
	小学	465	425	36	212	177	—	45	222	119	39	—	151	219	55	425	100%
2005	中学	423	362	153	194	15	—	50	167	103	42	29	151	144	38	362	100%
	小学	477	431	47	273	111	—	46	225	122	38	2	221	176	32	431	100%
2006	中学	386	342	161	169	12	—	41	156	104	41	42	148	133	19	342	100%
	小学	511	465	52	291	122	—	50	245	131	39	3	235	188	39	465	100%
2007	中学	485	446	223	217	6	—	62	232	99	53	60	178	148	60	446	100%
	小学	575	519	159	281	79	—	88	203	162	66	4	281	190	44	519	100%
2008	中学	465	437	274	154	9	—	60	228	97	52	58	170	153	56	437	100%
	小学	611	594	254	266	74	—	119	249	157	69	11	348	182	53	594	100%

续表 20 - 3 - 1

年度	类别	学校教职工总数	其中专任教师数	学历结构				年龄结构				职称情况				教师资格证	
				本科及以上	大专	中专	高中及以下	30岁以下	30~39岁	40~49岁	50岁及以上	高级教师	一级教师	二级教师	未评	专任教师持证人数	专任教师持证率
2009	中学	415	375	235	140	—	—	91	171	41	72	48	172	105	50	375	100%
	小学	662	638	285	287	66	—	127	267	160	84	12	346	215	65	638	100%
2010	中学	428	403	256	147	—	—	56	158	120	69	75	215	83	30	403	100%
	小学	749	718	365	315	38	—	155	289	155	119	20	436	208	54	718	100%
2011	中学	437	418	334	80	4	—	40	153	163	62	102	244	57	15	418	100%
	小学	823	798	442	315	38	3	163	333	150	152	25	485	201	87	798	100%
2012	中学	426	373	304	66	3	—	39	139	156	39	103	214	45	11	373	100%
	小学	803	762	412	322	28	—	142	308	180	132	29	442	235	56	762	100%
2013	中学	405	376	304	73	—	—	26	117	162	72	98	223	50	6	376	100%
	小学	812	791	495	277	19	—	126	311	216	138	27	511	231	22	791	100%
2014	中学	460	447	386	61	—	—	47	176	167	57	96	251	70	30	447	100%
	小学	867	862	591	271	—	—	222	336	223	81	27	518	239	78	862	100%

第二节　教师培训

1997 — 2003 年，天元区教师继续教育培训侧重于基础理论及合格学历的培训。其间，共举办校长培训班 2 期 76 人，语文骨干教师提高班 1 期 15 人，小学语文和数学教师各 5 期 198 人，中师函授班 1 期 38 人，小学教育大专班 2 期 85 人，青年后备干部培训班 1 期 40 人，计算机基础知识培训班 20 期 685 人，共培训 1137 人次。并以小学语文骨干班为实验班，开展“自主 — 合作 — 研习”的教学模式课题实验，培养教师自学、协同、研习教育教学能力，其实验成果获得市二等奖。

2004 — 2007 年，侧重于新课程理念、师德教育及提高学历的培训。其间，区教育局制定《株洲市天元区新一轮中小学教师继续教育工作实施方案》，有计划、全面系统地开展以“新理念、新课程、新技术和师德教育”为重点的全员培训。小学教师以区培、中学教师以市培为主，骨干教师送省培和国培。全员培训，由区教育局师训股领导、教科室组织实施。利用寒暑假，分学科进行全员培训，每位教师按照主教科目参加学习培训，内容为新课程和学科培训。区教育局还采取中小学校长、教师赴全国知名培训基地 —— 杜郎口中学进行现场学习培训；在区内开展手拉手帮扶活动，城区学校送教于农村学校；学科带头人在全区上示范课；以白鹤小学为区培训基地，选送新教师或教学能力较为薄弱的老师认师跟班学习等多种形式丰富的培训内容。区委、区政府对教师培训加大投入,实施区内教育培训“三个二十万”工程。其中,20万元用于校长、教师培训,为中小学教师积极参培提供可靠经费保障。至2007年，全部完成此轮继续教育培训任务。通过培训的中学教师311名。其中专任教师282名，279名学历合格，合格率为98.9%；拔高学历（本科）188人，拔高比例66.7%；小学教师517名。其中，专任教师490名，学历合格490名，学历合格率100%；拔高学历（大专）406名，拔高率82.7%。

2009—2014年，侧重于网络远程培训和基地培训。多渠道、全方位、深层次地开展培训工作，围绕校本培、远程培、基地培、专题培、教师互培、校捆绑培6大块开展系列培训。先后选送789人到山东、上海、广西教育培训基地考察学习；充分发挥白鹤小学基地培训作用，让教师带着问题请师问教，理论联系实际，学以致用；邀请知名专家对教育领域的热点、焦点问题专题讲学、释疑解答；城区优秀教师送教下乡、农村教师到城区跟班培训，城乡教师互相学习、取长补短、共同提高；区内优势学校与薄弱学校结合，充分发挥区内优势学校资源，实现薄弱学校在师资培训、教育教研等方面的捆绑式发展，促进区域内师资基本均衡。

第三节　教师录用

1992—1999年，全区教师来源主要为吸收优秀的民办教师，全区203名民办教师通过民办统招考试择优到民师班学习后，有42名转为正式公办编制教师。大中专师范院校毕业生由市教育局统一分配录为正式编制教师150余名。2000年以后，根据国家相关政策，为建立科学、公正、规范的用人制度，拓宽学校选人用人渠道，优化学校教师队伍结构，面向社会人员公开招聘、面向区内优秀聘用教师内部招聘、通过绿色通道引进优秀专业技术人才。2000—2014年，全区招聘录用教师370人。其中，绿色通道引进优秀教师59人。

第四节　教师待遇

一　政治待遇

1997年9月，区教育系统张天如、齐湘平、张东风、刘德辉、袁辉、林斌、宋超群、胡卫、刘志国9人被推荐为政协株洲市天元区第一届委员会委员。

2002年11月，区教育系统龚守仁、刘水群、杨婷、金绍荣、胡卫、黄自强等15人被推荐为政协株洲市天元区第二届委员会委员。

2007年11月,区教育战线张辉当选为天元区第三届人大代表；易祝明、邓水群、肖玲、黄小丽、张成、李文、曾红波、张耀华、欧阳凌云等14人被推荐为政协株洲市天元区第三届委员会委员。

2012年11月，区教育战线吴耀华、杨碧琼当选为天元区第四届人大代表；易祝明、张耀华、邓水群、朱艳辉、刘德菊、文艳云、邹晓桃等10人推荐为政协株洲市天元区第四届委员会委员。

2012年，银海学校校长杨碧琼当选为湖南省第十次党代会代表。2013年，杨碧琼获湖南省五一劳动奖章、株洲市核心专家，2014年杨碧琼被评为全国优秀教育工作者。

二　经济待遇

基本工资　1992年株洲高新区成立时，教师月平均工资300元左右，由基础工资、职务工资及基础和职务工资之和的10%岗位津贴3部分组成。至1997年，天元区教师月平均工资约400元左右。2006年7月1日，教师工资执行套改后新工资标准，从改革前月人平均工资约1181元，改革后月人平均工资1737元，提高556元。2014年10月1日工资套改执行新工资标准，改革前月人平工资约2536元，改革后月人平均工资3599元，提高1063元。

生活津贴　从2007年1月1日起，天元区教师按国家政策开始执行生活津贴，具体标准为人均20500元/年；从2010年1月1日生活津贴由人均20500/年提高到人均24100元/年标准；从2014年1月1日起生活津贴由人均24100提高到人均30100元/年标准。

年终奖　1997年8月，天元区成立后按人均900元/人·年标准发放年终奖。从2008年起，教师年终奖按1000元/人·年标准执行。2011年，教师年终奖提高到7000元/人·年。从2012年起，教师年终奖按13000元/人·年标准执行。

其他政策性待遇　从2013年1月1日起，农村教师津贴按每月人均200元标准执行。

第四章　教学研究

1997年8月，天元区教育局下设教研室，负责教研特色创建工作。2002年3月，设天元区教育科学研究室（简称“教研室”），属天元区教育局归口管理的事业单位。

根据全区教研工作和教研活动的需要，区教研室先后成立38个中小学学科专业委员会，设立天元区活力课堂人才库、名师工作室，开设天元教研微信公众平台和王子微课PALACEQQ群平台等教研平台，成立盟校教研机构，将全区中小学校按照“地缘相近、规模匹配”的原则设立7大盟校，进行结盟教研与考核。教研工作目标定位为以“活力课堂”课程改革（I期和II期）为抓手，运用“盟校结盟”为手段，利用“互联网+教研”的方式带动城乡实现“均衡、优质、活力、特色”的教研目标。

第一节 课程改革

1997—2000年，区教研室主要任务是培训指导，分阶段、层次对各校校长、业务主管领导、教研组长、学科骨干、教师进行课堂教学改革理念培训，完成合格学校建设。

2000年，全区启动课改实验，城区小学全部开设英语课，初中普遍开设信息技术必修课和心理健康教育课；中小学学科课堂素质教育教学模式建模、推模和教师课堂素质教育达档活动全面开展。

2001—2003年，区教研室跟踪课堂，教研室各学科教研员集体下校达19所，共听课1000余节，听课评课100多节，讲座15场，各学校素质教育不断提升。至2003年，天元区申报国家素质教育达标区验收成功。

2004—2008年，根据区委、区政府确定的“足额、多元、均衡、优质”的教育发展战略目标，将提速教育内涵发展，改革课堂教学作为重点，区教研开展有教研特色的创建工作。充分运用盟校结盟优势以及天元区活力课堂人才库资源，依托学校教研攻关团队，转变老师教学方式，转变学生学习方式；课堂呈现出“充满人文关怀，闪耀智慧光芒，洋溢成长气息”的面貌。

2009年，天元区出台《关于创设“活力课堂”深化课程改革指导意见》，确立总体目标为构建“活力课堂”的系统理念和多样化的教学方式。下发《天元区全面推进“活力课堂”实施意见》，确立“用3～5年的时间，分3个阶段打造天元区教育品牌——‘活力课堂’的战略目标”。在全区中小学推广以“自主探究、小组合作、民主和谐、快乐有效”为主要特点的天元区“活力课堂”十六字教学模式。

2010—2011年，“活力课堂”研究提炼阶段。研究出“活力课堂”不同学科不同课型的基本教学范式；明确提出“抓课堂就是抓主业”，校长作为“活力课堂”第一责任人，管理团队直接对”活力课堂”推进工作负责，各校要发动学科骨干，成立攻坚团队，先突破优势学科，以点带面，稳步推进，讲究实效，边实践边总结，条件成熟后全面推广。由此各校陆续研究出不同学科、不同课型学科模式并在全区范围内进行首轮天元区‘活力课堂’成型性课堂建设教学模式展示活动，语文学科《“五步四单”阅读教学模式》《合作研读阅读教学模式》《“三言四评”口语交际模式》《四读教学模式》；英语学科《T+5P模式》《1T3L模式》等模式。

2012—2013年，“活力课堂”全面推进阶段。全面推进“活力课堂”改革，并在此过程中锻造名师，形成富有内涵的学校文化。

2013—2014年，“活力课堂”区域均衡阶段。通过整合区域人才优势、教学优势，实现集体攻关“活力课堂”的聚合效应；通过校内教师共同体、片区共同体、盟校共同体的协作、交流实现区域教学水平的均衡发展并形成特色。以区域推进策略为背景，六大盟校的结盟方式进一步实化为结盟五统一。即学习培训统一、教学管理统一、教育科研统一、教学模式统一、考核评价统一。

城乡结盟，不仅发展农村学校，扶持薄弱学校，围绕“共享、共创、共赢”的宗旨，结盟双方学校还在学校管理经验分享、学校文化共建、教科研联动、信息网络共享、教育教育质量提升的同时，保持各校原有优势，并通过城乡合力、互补互助打造出各校特色，提升学校品味、彰显学校活力。

2014年9月，启动信息技术与学科深度融合的“活力课堂二期课改”。出台《天元区深入推进“活力课堂”实施方案》，提出“长远规划、逐年推进、城乡结盟、翻转课堂”的实施策略。将“二维码应用”和“移动微课”的应用在全区中小学扎实、有序地推行。

2014年株洲市天元区义务教育课程计划设置一览表

表20－4－1

课程＼周课时＼年级		一	二	三	四	五	六	七	八	九
国家课程	品德与生活	3	3	—	—	—	—	—	—	—
	品德与社会	—	—	2	2	2	2	—	—	—
	思想品德	—	—	—	—	—	—	2	2	2
	语文	9	9	7	6	6	6	5	5	5
	数学	4	4	4	4	4	4	5	5	4
	科学	—	—	3	3	3	3	—	—	—
	生物	—	—	—	—	—	—	2	2	—
	物理	—	—	—	—	—	—	—	2	3
	化学	—	—	—	—	—	—	—	—	3
	历史	—	—	—	—	—	—	2	2	2
	地理	—	—	—	—	—	—	2	2	—
	英语	—	—	3	3	3	3	4	4	4
	体育	4	4	4	4	3	3	—	—	—
	体育与健康	—	—	—	—	—	—	2	2	2
	音乐	2	2	2	2	1	1	1	1	1
	美术	2	2	2	2	1	1	1	1	1

续表 20 - 4 - 1

课程＼周课时＼年级			一	二	三	四	五	六	七	八	九
国家课程	综合实践活动	信息技术教育	—	—	—	—	1	1	1	1	1
		研究性学习	—	—	—	1	1	1	1	1	1
		社区服务与社会实践	—	—	每周一节(可集中或分散安排教学)						
		劳动与技术教育	—	—							
地方课程	专题教育班(团)队活动		1	1	1	1	1	1	1	1	1
	科技与社团活动		—	1	1	1	1	1	1	1	—
校本课程	社团活动		1	1	—	—	—	—	—	—	—
	体艺2+1(体育)		—	—	—	—	—	1	1	1	—
	学校自主开发或选用		—	—	—	1	1	1	—	—	—
	健康教育与环境教育		1	1	1	1	1	1	1	1	1
周课时总计			27	27	30	30	30	30	34	34	34

说明：1. 以上表内数据均为各门课程的周课时总数

2. 健康教育和环境教育每周分别为 0.5 课时，单周上健康教育课，双周上环境教育课；人口与国情教育、青春期性教育每学期分别不少于 3 课时，可在体育或体育与健康课程计划中完成；国防教育、安全教育、禁毒教育、礼仪教育、时事政治与法制教育、反邪教教育等专题教育活动，可在专题教育和班(团)队活动课程计划中完成

3. 小学 1 ~ 2 年级的地方课程计划中只开设班(队)活动和文体活动，专题教育和科技活动不作要求

4. 语文课含 1 课时的写字课

第二节　教研成果

1992 —1996 年，株洲高新区成立后先后投入资金 6500 万元，推进“双基”达标（即 2000 年前基本普及 9 年义务教育和基本扫除青壮年文盲）工作。至 1996 年，全区小学入学率 100%，巩固率 100%，合格率 95.3%；初中入学率 93.3%，合格率 71.6%；15 ~ 45 岁青壮年中有文盲 48 人，占比为 2.1‰，基本达到“双基”标准。

2002 年，省政府授牌天元区为素质教育实验区；英语教学、德育教育进入省、市先进行列。

2003 年，天元区进入湖南省课改实验区。2004 —2008 年，进行素质教育改革探索阶段，课改成果得到市教育局的高度认可。2009 年，区教育局启动“活力课堂”课程改革，重点研究和推进“小组合作、自主探究、民主和谐、快乐有效”活力课堂，全区组织活力课堂教学活动 12 次，推出高效活力示范课 80 多节。

2010 年，天元区各学校深入实施“活力课堂”第一年。区教育局以教育质量提高作为考核学校的重要指标。在全市中考中天元区优秀率排名第一，合格率排名前列。

2011 年，教育部在株洲市进行统一抽测，天元区小学、中学教育质量综合评估获株洲市第一名、第二名。2012 年，天元区泰山学校获湖南省心理健康教育先进单位，该校参与省“十二五”教育技术规划课题“互联网与心理健康教育研究”，成为教育部和团中央“中国青少年心理化教育实验学校”。2013 年和 2014 年，湖南省教科院基础教育研究所全体教研员两次到区进行调研与指导，对天元区“活力课堂”区域推进给予高度评价。2014 年 8 月，天元区参加中国教育学会组织的全国第二届微课程大赛，天元区 70 多个微课获全国一、二、三等奖，区教育局获优秀组织奖（全国仅 7 个）。

2011 — 2014 年，天元区在课程改革推动下，教育教学质量继续保持良好的势头，教育部教育质量统测中，小学综合排名全市第一，中学排名第二。中考成绩在株洲地区排名第二。

第五章　教育管理

第一节　管理体制

一　管理机构

株洲高新区成立前，境内属园艺场教育归口市郊区教育局管理。1992 年 7 月，株洲高新区成立社会工作部，内设文教科，下辖普教办、招生办、教研室，负责区内教育管理工作。

1997 年 8 月，天元区教育局成立（株洲高新区社会工作部文教科并入天元区教育局），负责对全区教育事业工作的管理。区教育局设办公室、计财股、教育股、人事股、教研室、勤管办、装备站 5 个内设机构和 2 个二级机构，行政编制 12 人，二级机构事业编制 10 名。辖嵩山路街道、泰山路街道、马家河乡、群丰镇 4 个教育办。1999 年，天元区政府教育督导室成立，与区教育局合署办公，其办事职能机构挂靠区教育局。

2003 年 4 月，区教育局撤并下辖的泰山路街道、嵩山路街道、马家河镇、群丰镇 4 个教育办，在农村建立马家河、群丰 2 所联校。

2014年，天元区教育局内设办公室、人事股、计划股、督导室、监审室、教育股、财务股、社安股、绩效办、工会办、基建办11个职能股室，会计中心、教研室、装备站、勤管办、青少年活动中心5个二级机构，是区政府负责全区教育工作直属正科级全额拨款事业单位，在编人员38人。

1997年—2014年，先后有齐湘平、龚守仁、董运喜任区教育局局长。

二　教学体制

1992年，株洲高新区教育以政府办学为主。1997年8月天元区成立后，实行分级管理的基础教育管理体制，形成区、镇（乡、街道）、村三级办学，区、镇（乡、街道）两级管理模式。随着以市场为导向的社会主义商品经济的不断深入，逐步建立以政府办学为主、社会各界共同办学的体制。1998年，天元区第一所民办基础学校——株洲市太阳宫小学成立。随后，民办幼儿园、民办学校、民办培训学校应运而生。办学经费上，除政府每年增加财政投入外，辅之以征收用于教育的住宅小区教育配套费，非义务教育阶段学生学杂费，社会捐资、集资和设立教育基金等多渠道筹措教育经费的体制。2007年，进城务工人员子女作为弱势群体，其入学问题日益得到重视。

2010年，为解决农民工子弟入学问题，株洲高新区、天元区财政出资兴建栗雨小学，基本解决农民工子弟的入学难问题。2014年，全区免除所有义务教育公办中小学在校学生学杂费。

第二节　教育经费

一　财政投入

1992—1997年，株洲高新区建立以财政拨款为主，其他多种渠道筹措教育经费为辅的体制，逐年增加对教育的投入，保证全区中小学校教育经费的稳定来源，推动全区教育事业的健康、快速发展。

1997—2004年，天元区财政性教育经费支出由1997年的374万元上升到2004年的3178万元，年均增长12.6%

2005—2014年，天元区财政对教育的支出拨款由2005年的4064万元上升到2014年的34233万元，年均增长23.8%。

二　社会筹资

1993年7月，由中房房地产公司投资160余万元，动工兴建滨江小区配套学校滨江小学，提供小学学位810个。

1996年4月，邵逸夫教育基金会投资50万元港币，株洲高新区配套资金130万元，对大坪小学教学楼进行改扩建，招生规模由12个班扩容到24个班，并于1997年秋季正式招生，学校命名为大坪逸夫小学。

2002年9月，完成白鹤小学建设。由政府出资150万元，耀华房地产开发公司出资300万元兜底建设。学校占地面积1.79公顷，提供学位1620个。

2003年，天台小学建设按房地产商开发面积10元/平方米标准分摊，政府财政兜底建校。学校占地面积1.33公顷，建筑面积约8000平方米，总资产约1600万元，株洲中意房地产开发公司出资500万元，华晨房地产开发有限公司出资180万元，湖南银源投资股份有限公司出资130万元，株洲海天工程塑料实业有限公司60万元，株洲建锋房地产开发有限公司出资50万元、株洲家园房地产开发公司出资40万元，湖南金洲房地产开发有限公司出资29万元；合计筹措社会资金989万元全部用于学校建设，提供学位1620个。2005年，引进湖南中基教育资源开发有限公司投资3.5亿元建设北京师范大学株洲附属学校。学校按国家示范中学标准规划建设，开设高中、初中、小学共125个班，学生5000多人。

2004年，银海学校建设由湘银房地产出资380万元，海创房地产出资80万元，联谊房产出资70万元，青年乐园房产出资35万元全部用于学校建设，提供学位2160个。2005年，海外侨胞黄笃杰之女黄守傅，捐资2万加元（约合人民币12万元），其余建设资金由区财政兜底，兴建马家河中学图书馆。

2011年，启动天元中学和天元小学建设。由政府融资平台（土地开发公司）出资建校，区教育局代政府采取BT模式建设。总投资约3.5亿元。其中，株洲高科集团出资6000万元、湖南天易公司出资4000万元、湖南工业大学出资2300万元，共计1.23亿元用于学校建设，新增学位4560个。

2014年，政府输出教育品牌，与房产商合作建校，建学区房。白鹤小学尚格分校由湖南尚格置业有限公司出资4079万元施工建设，建设完成后整体移交政府兴办公办义务教育学校，提供小学学位1620个。

至2014年的22年中，房地产开发商捐资4亿多元，这些资金全部用于新建学校和改善中小学办学条件。

三　经费政策

2001年始，对农村义务教育阶段贫困家庭学生实行“两免一补”政策。2006年10月，株洲市出台《株洲市农村义务教育经费管理暂行办法》，规定从2007年起，全部免除农村义务教育公办中小学在校学生学杂费。天元区制定《株洲市天元区农村义务教育经费保障机制改革实施方案》，成立由分管教育的副区长任组长，区财政局、教育局、物价局、审计局和监察局等单位主要负责人为成员的农村义务教育经费保障机制改革领导小组及办公室。办公室设在教育局财务股，并由专人负责。义务教育经费保障机制改革工作形成区长亲自抓、分管区长具体抓、相关部门齐抓共管的良好局面，确保义务教育经费保障机制改革工作的顺利推进。同时补助民办义务教育阶段学生学杂费，标准为初中生按 290 元 / 生 · 年、小学生按 220 元 / 生 · 年。

2014 年起，免除所有义务教育公办中小学在校学生学杂费，小学生按 600 元 / 生年补助公用经费，初中生按 800 元 / 生 · 年补助公用经费。

四　经费管理

1997 年 8 月，天元区教育局下设计财股。2002 年 3 月，职能分工调整分设计划发展股和财务股。

2003 年 4 月，区教育局成立会计核算中心，对教育局所属单位采取“集中记账、分校核算”的会计核算模式。2003 年 4 月，区教育局出台《株洲市天元区教育系统会计集中核算管理办法》。明确集中会计核算不改变单位资金来源渠道，不改变单位资金使用性质，不改变单位资金审批权。财务收支实行“集中管理，统一开户，分户核算”。2009 年 10 月，出台《天元区义务教育公用经费支出管理暂行办法》，明确公用经费使用的原则、开支范围及监督管理。2011 年 2 月，出台《株洲市天元区中小学校财务管理制度》，从总则、财务管理体制、预算管理制度等 11 个方面对学校财务管理进行规范。2012 年 5 月，出台《株洲市天元区教育局设备、器材、物品采购管理办法》，规范教育设备器材、物品的采购工作，进一步加强管理、明确职责、理顺关系，规范学校物资设备采购行为，做到优质优价和优质服务。同年 9 月，实行财政国库集中支付制度改革，加强财政性资金管理与监督，提高资金运行效率和使用效益。2013 年 11 月，出台《株洲市天元区教育局关于进一步加强设备购置基建维修项目预结算的管理办法》，从项目立项、概算、预算和结算等方面作出要求，进一步规范投资项目管理，建立健全投资合理、运作规范、监管严格的政府投资管理体制。2014 年 10 月，出台《株洲市天元区教育局关于教育系统公务接待费、会议费、培训费及差旅费管理办法》，从公务接待、会议、培训及出差的审批程序、原则、标准及报销等方面都作出具体规定。

1997—2014 年株洲市天元区教育经费投入及生均公用经费统计表

表 20 - 5 - 1

年 份	教育经费投入（万元）	生均公用经费（元）	
		小 学	初 中
1997	374	10	15
1998	1042	10	15
1999	1125	10	15

续表 20 - 5 - 1

年 份	教育经费投入（万元）	生均公用经费（元）	
		小 学	初 中
2000	1250	10	15
2001	1629	10	15
2002	1998	20	25
2003	2441	25	30
2004	3178	25	30
2005	4064	25	30
2006	4514	45	50
2007	6013	50	55
2008	7273	280	417.5
2009	9104	280	417.5
2010	13100	300	500
2011	17932	400	600
2012	23984	500	700
2013	30532	500	700
2014	34233	600	800

第三节　教学设施

1992 年，株洲高新区成立社会工作部，由普教办兼管教育装备设施，全区学校装备设施总资产不足 500 万元。1997 年 8 月，天元区教育局成立，下设二级机构——天元区教育技术装备站。

1998 —1999 年，天元区所有中小学配备基本教学仪器和设备，中心小学以上学校按一类标准配备，完小及教学点按二类标准配备，并启动对全区中小学实验教学考核。

2000 —2001 年，天元区电化教学起步，各中小学校配备“三机一幕”（幻灯机、电视机、录音机、幕布），城区学校语音教室配备到位，并启动教师电脑技术培训。

2002 —2004 年，全区投入 667.24 万元，进行全面教育装备建设，全区初中、城区小学教学器材设备配备达到省级一类标准要求，其他学校电教器材、艺体器材等配备达到省二类标准。

其中，新建的白鹤小学校园网、200 米塑胶运动场及相关设备等引领全市。投入 38 万元对群丰中学进行合格学校建设。完成 400 名教师的信息技术培训，16 名计算机教师全部通过省信息技术高级证考试。

2005 —2006 年，完成泰山学校、天台小学和师专附中的校园网等建设与改造，更新滨江小学计算机网络教学设备等，区教育装备站评为湖南省现代教育技术工作先进单位。

2007 —2010 年，全区投入 604 万元，重点对马家河中学、群丰中学和城区学校进行合格学校建设与改造。其中，投入 90 余万元，对马家河中学、王家坪小学、长岭小学进行合格学校建设，主要是配备理科仪器、补充音体美器材、建设专用教室，并完成滨江小学的校园网建设等；投入 99 万元对全区 13 所小学及师专附中和泰山学校进行设备配备；投入 415 万元完成对金龙小学、妙泉小学、旗云小学和师专附中进行合格学校建设，主要是补充办公电脑、多媒体教室、计算机专用教室和班班通设备等。同时，完成新建的栗雨小学的设施配备。

2011 年，全区投入 625 万元，重点对三门、雷打石两镇所有中小学校进行合格学校建设。其中，投入 429 万元，完成建强小学、株木中学等 9 所合格学校建设；投入 82.6 万元，完成泰山学校和师专附中创优建设；投入 16.5 万元，完成 4 个农村乡镇学校的校园网布线工程；投入 16.5 万元，建设教育城域网，并实现中心机房与各学校的裸光纤直通及中心小学以上学校的视频会议系统建设。同年，获得全省县市区教育技术装备目标管理考核优秀单位、湖南省教育技术装备工作先进集体。

2012 年，全区投入 797 万元，重点完成各中小学校班班通等教育信息化建设。其中，投入 488 万元，建设 213 个 55 寸触摸一体机模式班班通教室，132 个液晶模式班班通教室；投入 109 万元，为天台小学、砖桥小学等 8 所学校建设电脑教室；投入 34 万元用于三门中学、雷打石中学等 7 所学校 8 间实验室建设；投入 166 万元，为全区中小学教师配备办公电脑 360 台，为中心小学以上学校配备摄像机各 1 台。是年，天元区获得全省信息技术与学校课程融合“三优联评”活动优秀组织奖，湖南省教育技术装备工作先进单位。

2013 年，全区投入 1020 万元，重点完成天元中学、天元小学装备配备，区教育城域网机房扩容升级，三门、雷打石两镇 15 所中小学、幼儿园安防监控建设等。全区实现教育系统 OA 无纸化办公和天元教育网站群建成，并将城域网中心机房整体搬迁至天元小学，教育城域网主干带宽达 300M，36 所中小学校全部实现裸光纤直通，顺利通过全省现代教育技术实验区验收。

2014 年，全区投入 364 万元，重点新增 14 间录播教室，班班通 23 套、数字广播系统 12 套、教师办公电脑 491 台，全区中心小学以上学校基本实现全自动互动录播，通过湖南省“县域内整体推进三通工程”奖补资金项目验收。11 月 20 日，教育部副部长杜占元到天元区银海学校做基础教育信息化调研时，对天元区学校教育信息化工作给予高度肯定。是年，获评湖南省基础教育信息化宣传工作先进单位和湖南省基础教育资源网进校园活动先进单位。

附：驻区高等院校简介

湖南工业大学 始建于1978年12月，时名株洲基础大学，后更名为株洲大学。1986年9月，经国家科委批准，在株洲大学基础上筹建中国包装工程学院，成为中国包装总公司唯一直属的本科院校。1989年，经国家教委批准，更名为株洲工学院。2000年，实行湖南省人民政府和中国包装总公司共建，以省管理为主的新体制。2001年，湖南城市建设学校（1986年成立）并入株洲工学院。2004年9月，湖南省财会学校（1980年成立）并入株洲工学院。2006年2月，经教育部批准，株洲工学院升格为湖南工业大学。同年，合并株洲师范高等专科学校（1972年成立）和湖南冶金职业技术学院（1960年成立）。2008年，被教育部评定为本科教学工作水平优秀高校。2009年，获得外国留学生招收资格。2010年，以优秀成绩通过硕士研究生培养过程质量评估。2013年，获服务国家特殊需求博士人才培养项目招生权。学校以包装教育为特色，建立以工为主，工、理、管、文、经、法、教育、艺术等协调发展的学科体系，拥有1个服务国家特殊需求博士人才培养项目，11个硕士学位一级学科硕士学位点，涵盖50个二级学科硕士学位点，11个硕士研究生专业学位的授权领域；拥有国家级特色专业4个，省级特色专业12个，省级重点专业8个。至2014年，湖南工业大学有河西、河东2个校区，总占地面积255.47公顷。有全日制学生37907人。其中，硕士研究生1276人。拥有较先进的计算机网络服务体系，建有标准的塑胶田径运动场、体育馆及满足体育教学需要的各类运动场地。学校图书馆新馆面积3.7万平方米，馆藏图书300余万册。其中，纸质图书225余万册，电子图书10240GB。教学科研仪器设备总值16.39亿元，教学用计算机5091台，多媒体教室和语言室座位247439个。学校拥有教职员工2507人，专任教师1830人。其中，教授285人，副教授606人，博士232人，博士生导师16人，硕士生导师298人；享受国务院政府特殊津贴人员10人，湖南省科技领军人才1人，全国优秀教师3人，省优秀教师6人，省教学名师5人，省级青年骨干教师18人，21人进入省“121人才工程”和“百人工程”，5人进入省学科带头人行列。

学校与美国密执根州立大学、德国斯图加特应用科技大学、法国兰斯大学、韩国延世大学、中国香港城市大学、中国香港理工大学等国内外知名大学建立广泛的科研合作和学术交流关系；并与国内东南大学、中南大学等10多所高校联合培养博士研究生。学校主动服务湖南新型工业化和中国包装现代化的办学导向，努力培养厚基础、宽口径、强能力、高素质、具有创新精神和实践能力的应用型高级专门人才。办学30多年来，为国家输送13万余名高素质专业人才。

第二十一篇　科学技术

1992年12月，国务院批准株洲高新区为国家高新技术产业开发区，从而赋予株洲高新区集聚和开发高新技术产业，以科技强区，有效提高区域创新能力，加快经济增长方式的转变。是年，株洲高新区有高新技术企业34个，高新技术产品产值5680万元。2001年，株洲高新区高新技术企业76家，占株洲市的49%，占全省的18%。有国家级、省级火炬计划项目35个，高新技术产品产值63.71亿元，与1992年相比，增加112.17倍。2005年，株洲高新区高新技术企业129家，高新技术产品产值160.22亿元，利税12.21亿元。2011年，株洲高新区高新技术企业118个，实现高新技术产品产值815.99亿元，利税48.62亿元，出口总额7.4亿美元。2014年，株洲高新区有高新技术企业118家，软件企业25家，上市公司12家，完成高新技术产品产值1098.40亿元，利税92.19亿元，实现利润51.02亿元。区内拥有博士后科研工作站7家，国家级企业技术中心7家，省级企业技术中心21家，国家级实验室5家、省部级实验室12家；申请专利1100件，授权专利700件。是年，株洲高新区在全国105家国家级高新区中，排名上升至第28位。

至2014年，经过23年发展，株洲高新区已成为轨道交通、新材料、电子信息、新能源汽车、生物医药及健康食品等产业基地。先后被国家认定为国家新材料成果转化及产业化基地、国家火炬计划湖南传感技术产业基地、国家高新技术产品出口基地、国家轨道交通装备制造基地、国家知识产权试点园区、国家科技兴贸创新基地、综合性国家高技术基地、国家新型工业化产业示范基地、ISO 140000环境管理认证区等10个国字号科技创新基地称号。株洲高新区拥有国家两院院士3名，国家有突出贡献专家39名，国家百千万人才工程人选3名，省121工程人选84名，国务院特殊津贴专家388名；先后承担国家“863”计划项目55项，国家火炬计划74项，国家重点新产品项目90项，国家创新基金项目195项。期内，获得国家新材料成果转化及产业化基地、国家火炬计划传感技术产业基地、国家高新技术产品出口基地、国家知识产权试点园区、国家新型工业化产业示范基地、国家高新技术产业化基地和全国科技进步先进城区等国家级创新平台。中国综合实力（科学发展）百强区、全国科技进步先进县市区称号。

1992—2014年株洲高新区高新技术企业情况统计表

表21－1－1

年份	企业个数（家）	产品产值（万元）	产品利润（万元）	产品利税（万元）
1992	34	5680	1150	1365
1993	62	10652	2473	1830

续表 21 - 1 - 1

年 份	企业个数(家)	产品产值(万元)	产品利润(万元)	产品利税(万元)
1994	62	20479	1797	2882
1995	74	40140	15550	20473
1996	47	92864	16801	22104
1997	55	134520	23195	32185
1998	54	182000	18030	37400
1999	63	261355	19250	39218
2000	70	334127	20915	43983
2001	76	637130	24340	58107
2002	78	953655	36169	59303
2003	103	1080949	59494	192420
2004	119	1322347	63071	122093
2005	129	1602164	78812	167342
2006	136	1945403	110158	159908
2007	148	2703235	145455	267412
2008	148	3791793	140638	306857
2009	106	4906485	247438	377993
2010	108	6413819	303485	524559
2011	118	8159924	314015	486216
2012	98	10546302	356433	691442
2013	108	10098259	558785	506864
2014	118	10983955	510226	921909

第一章　科技机构

第一节　管理机构

一　天元区科学技术局

1997 年 8 月，成立天元区经济与信息化局（天元区科学技术局），编制 6 名（含科协）。主要工作为制定与组织科技项目，管理全区民营科技企业和专利工作，负责对外技术交流和智力引进、科技人员专业培训和继续教育、科技成果评选等。2000 年 10 月，天元区科技局、区科协与株洲高新区产业发展局合并办公，办公地址黄河北路火炬大厦。

二 株洲高新区科学技术局

2011 年 5 月，株洲高新区产业发展局与天元区经济与信息化局一个机构两块牌子。同时，加挂株洲高新区科学技术局、科学技术协会、知识产权局牌子。内设综合科、科技管理科、企业管理科 3 个科室，办公地址高新大厦 10 楼。主要负责科技发展规划的制定与实施，各级各类科技项目、科技成果的申报、高新技术企业与软件企业的申报、科技专项费用的管理、科技合作与交流、企业专利、知识产权的申报与保护、科协工作与农村科技工作。

第二节 科普机构

一 天元区科学技术协会

1997 年 8 月成立，主要致力于科普宣传。天元区科学技术协会组织科技下乡活动，对一批科研项目给予资金支持，引进大批优良品种，推进农业结构调整，促进农业增效农民增收。区科协在乡镇街道设立科技领导小组，配备专职领导和科技专干，村级设立以村主任为首的科普小组。全区科协系统会员 7000 多名，形成组织网络。2000 年，与株洲高新区科协合并办公。从 2006 年起，连续 8 年被市科协评为科协工作先进单位。

二 株洲高新区科学技术协会

2000 年 10 月成立，与株洲高新区产业发展局合署办公。株洲高新区科协从事国内、国际学术交流，开展科技、科普活动，推广先进技术成果产业化，提高人民群众的科学技术知识水平。

第三节 科研机构

株洲高新区拥有一批高端科技人才。其中，国家两院院士 3 名，国家有突出贡献专家 39 名，国家百千万人才工程人选 3 名，省 121 工程人选 84 名，国务院特殊津贴专家 388 名。株洲高新区先后承担国家“863”计划项目 55 项，国家火炬计划 74 项，国家重点新产品项目 90 项，国家创新基金项目 195 项，拥有国家级企业技术中心 7 个、省级企业技术中心 21 个。国家工程中心 4 个，省级工程 18 个，国家重点实验室 4 个，省级重点实验室 12 个。国家和省部级质量检验中心 4 个。

株洲高新区先后获得国家新材料成果转化及产业化基地、国家火炬计划传感技术产业基地、国家高新技术产品出口基地、国家知识产权试点园区、国家新型工业化产业示范基地、国家高新技术产业化基地和全国科技进步先进城区等国家级创新平台。株洲高新区内有国家级企业技术中心5个，国家级企业工程中心4个，省级企业技术中心21个，部省级工程技术研究中心18个，国家级实验室5个，省部级实验室12个，市级企业技术中心7个，质量检验中心4个，博士后科研工作站7个。

附:科研单位选介

南车时代电动汽车股份有限公司湖南省企业技术中心 2001年成立，位于株洲高新区栗雨科技工业园内。有研究人员200余人。其中，博士14人，占7%；硕士61人，占30%；学士130人，占63%。建立从汽车电驱动系统、动力系统集成到整车的完备技术研发体系。先后承担国家“863”计划电动汽车专项18项。至2014年，销售节能与新能源汽车整车6000余台，车辆节能率20%～60%；销售驱动电机系统、充电机等关键零部件6000余台套。

株洲时代新材料科技股份有限公司企业技术中心 2002年成立，位于株洲高新区栗雨科技工业园内，为省级技术中心。有技术员工3400人，大专以上占60%。其中，博士42人，硕士300人，外籍专家9名。先后承担高新技术产业化示范工程项目、国家863计划、国家科技支撑计划、国家科技攻关计划等32个多项国家、省部级重点项目。主持起草国内标准20余项，国家标准2项，取得国家授权专利400余项。其中，发明专利140余项。

2014年株洲高新区科技研究单位一览表

表21－1－2

科技研究单位	机构名称	地 址
国家级企业技术中心	南车株洲电力机车有限公司技术中心	田心高科园
	株洲硬质合金集团有限公司技术中心	天台工业园
	株洲冶炼集团有限责任公司技术中心	田心高科园
	株洲时代新材料科技股份有限公司技术中心	栗雨科技工业园
	中国南方航空工业(集团)有限公司技术中心	董家塅高科园
	株洲齿轮有限责任公司技术中心	栗雨科技工业园
	湖南唐人神集团股份有限公司技术中心	栗雨科技工业园
国家级企业工程中心	变流技术国家工程研究中心	田心高科园

续表 21 - 1 - 2

科技研究单位	机构名称	地 址
国家级企业工程中心	大型交电装备复合材料国家地方联合工程研究中心	田心高科园
	国家农产品加工技术研发畜产品加工专业分中心	长江南路
	中国环保水墨印刷成套装备研发中心	栗雨科技工业园
省级企业技术中心	株洲千金药业(集团)股份有限公司技术中心	栗雨科技工业园
	株洲南方阀门股份有限公司技术中心	天台工业园
	株洲湘火炬火花塞有限责任公司技术中心	天台工业园
	湖南太子奶集团生物科技有限公司技术中心	栗雨科技工业园
	株洲联诚集团有限公司技术中心	田心高科园
	株洲天桥起重机股份有限公司技术中心	田心高科园
	株洲时代电子有限公司技术中心	天台工业园
	湖南千金湘江药业股份有限公司技术中心	金山工业园
	株洲南车时代电气股份有限公司	田心高科园
	株洲日望精工有限公司	天台工业园
	湖南南车时代电动汽车股份有限公司技术中心	栗雨科技工业园
	中盐湖南株洲化工集团有限公司	田心高科园
	湖南智成化工有限公司	田心高科园
	株洲新通铁路装备有限公司	金山工业园
	株洲南车株洲电机有限公司	田心高科园
	株洲飞鹿高新材料技术股份有限公司	金山工业园
	株洲春华实业有限责任公司	金山工业园
	株洲时代金属制造有限公司	田心高科园
	株洲博雅实业有限公司	田心高科园
	湖南生命伟业科技有限公司技术中心	创业中心
	湘煤立达矿山装备股份有限公司技术中心	栗雨科技工业园
部省级工程技术研究中心	中国环保水墨印刷成套装备研发中心	栗雨科技工业园

续表 21 - 1 - 2

科技研究单位	机构名称	地　址
部省级工程技术研究中心	机械工业高效硬质切削刀具工程技术研究中心	天台工业园
	湖南省电动汽车电传动系统工程技术研究中心	栗雨科技工业园
	湖南省减振降噪材料工程技术研究中心	栗雨科技工业园
	湖南省高性能切削刀具工程技术研究中心	天台工业园
	湖南省女性健康药物工程技术研究中心	栗雨科技工业园
	湖南省肉类生产加工工程技术研究中心	栗雨科技工业园
	湖南省新型阀门工程技术研究中心	天台工业园
	湖南轨道牵引电机工程技术研究中心	田心高科园
	湖南省机械传动工程技术研究中心	田心高科园
	湖南省复合材料工程技术研究中心	栗雨科技工业园
	湖南省大功率电气传动工程技术研究中心	田心高科园
	湖南省中小型航空发动机工程技术研究中心	董家塅高科园
	湖南省轨道装备冷却工程技术研究中心	田心高科园
	湖南省汽车转向系统工程技术研究中心	栗雨科技工业园
	大型交电装备复合材料工程研究中心	栗雨科技工业园
	湖南省焊接自动化装备工程研究中心	栗雨科技工业园
	湖南省冶金物料搬运装备工程技术研究中心	田心高科园
国家级实验室	硬质合金国家重点实验室	天台工业园
	机车和动车组牵引与控制国家重点实验室	田心高科园
	株洲变流技术国家工程研究中心实验中心	田心高科园
	新型功率半导体器件国家企业重点实验室	田心高科园
	大功率交流传动电力机车系统集成重点实验室	田心高科园
省部级实验室	无机非金属材料工程技术重点实验室	栗雨科技工业园
	机械工业硬质刀具结构与材料技术工程实验室	天台工业园
	航空发动机震动技术工程实验室	董家塅高科园
	大功率交流传动电力机车系统集成企业重点实验室	田心高科园

续表 21 - 1 - 2

科技研究单位	机构名称	地 址
省部级实验室	电动商用车动力系统关键技术企业重点实验室	栗雨科技工业园
	铅锌联合冶金湖南省企业重点实验室	田心高科园
	湖南省电力电子器件企业重点实验室	天台工业园
	减振降噪技术湖南省企业重点实验室	栗雨科技工业园
	湖南省中小航空发动机重点实验室	董家塅高科园
	工业和平环境技术湖南省企业重点实验室	董家塅高科园
	湖南省电气绝缘技术企业重点实验室	田心高科园
	湖南省种猪分子育种技术企业重点实验室	栗雨科技工业园
市级企业技术中心	株洲市储能与动力用锂离子电池工程技术研究中心	栗雨科技工业园
	株洲市农村环境工程技术研究中心	长江北路
	株洲环保水墨印制成套装备工程技术研究中心	栗雨科技工业园
	株洲市储能材料与器件工程技术研究中心	栗雨科技工业园
	湖南湘煤达矿山装备有限公司	栗雨科技工业园
	株洲宏达电子有限公司	天台工业园
	株洲高新区壹星科技有限公司	田心高科园
质量检验中心	国家轨道交通高分子材料及制品质量监督检验中心	栗雨科技工业园
	湖南省轨道交通高分子材料及制品质量监督检验中心	栗雨科技工业园
	湖南省阀门产品质量监督检测站	天台工业园
	铁道部产品质量监督检验中心牵引电气设备检验站	田心高科园
博士后科研工作站	株洲硬质合金集团有限公司博士后工作站	天台工业园
	株洲冶炼集团有限责任公司博士后工作站	田心高科园
	南车株洲电力机车研究所博士后工作站	田心高科园
	中国航空工业部第六〇八研究所博士后工作站	董家塅高科园
	南车株洲电力机车有限公司博士后工作站	田心高科园
	湘火炬汽车集团股份有限公司博士后工作站	天台工业园
	株洲时代新材料科技股份有限公司博士后工作站	栗雨科技工业园

第二章　科技队伍

2005—2014年，株洲高新区、天元区先后制定《株洲高新区、天元区2005—2015年人才队伍建设规划》《株洲高新区、天元区引进和培养人才办法（试行）》《株洲高新区、天元区有突出贡献专业技术人才评选办法（试行）》《株洲高新区、天元区人才开发基金管理使用办法（试行）》《株洲高新区、天元区关于进一步加强人才工作的若干意见》等多个文件，为引进、选拔、培养、奖励人才提供政策依据和保障。成立人才人力资源开发服务中心，配置专人从事人力资源的开发工作；通过制定政策实施人力资源的政策性开发，建立健全人才信息库，实现人才资源的科学管理和优化配置。

第一节　科技人才

1992年，株洲高新区从业人数1333人。有博士、硕士学员8人，大学本科学历专业技术人才136人；有高级技术职称的52人，有中级技术职称的107人。

1997年，株洲高新区企业职工7502人。有博士、硕士42人，大学本科728人，大专1045人，中专生1708人；有高级技术职称162人，中级技术职称596人，初级技术职称1082人，研究开发人员398人。

2001年，株洲高新区企业职工37109人，工业企业有留学归国人员40人，博士37人，硕士218人，大学4804人，大专6847人，中专4111人；有高级职称1475人，中级职称4685人，初级职称5452人；科技项目研发3540人。引进的专业技术人员部分从事先进制造、新材料、电子信息、生物医药4大主导产业。少部分从事新能源、环保行业。至2002年，博士、硕士315人，占人才总数的1.7%；具有大学本科学历技术人才5305人，占人才总数的27.9%。具有高级技术职称的1495人，占人才总数的7.9%；具有中级技术职称的4825人，占人才总数的25.3%。

2005年，株洲高新区企业从业人员5.45万人。拥有博士、硕士419人，学士7700人；具有高级技术职称的1932人；具有中级技术职称的5138人，具有初级技术职称的6166人，科技活动人员7040人。2009年，博士68人、硕士1086人，大学本科学历13783人；具有高级技术职称的2562人；具有中级技术职称的7140人，具有初级技术职称的10486人，科技活动人员13140人；科发人员7654人。至2010年的5年中，全区引进博士、硕士760名。

2011年，全区引进大学以上人才4672名。其中，高层人才151名，高级技工272名，均比往年大幅增长。2012年，株洲市委、市政府授予株洲高新区人才特区称号。

2014年，株洲高新区有各类专业技术人才10万余人。其中，中国工程院院士3名，博士341人，副高以上职称、硕士以上学历6000多人，本科以上学历超过32%。全区建立博士后工作站7个，集聚研发团队100余家，高层次人才2000余名，先后完成国家级计划项目190个，国家创新基金项目125个。

第二节 科技培训

2002年7月，区劳动人事局制定《株洲新区2003—2005人事教育培训工作计划》。此后，根据株洲高新区工委、管委，天元区区委、区政府有关精神，通过与高等学校、科研院所、国外培训机构合作，采取请进来、走出去的方法，分区内、境内、境外3个层次，培训科技人员。2004年，工委、区委在新加坡建立境外培训基地。2005年，又在苏州高新区建立国内培训基地。还建立清华大学、浙江大学人才培训基地。唐人神集团每年选拔10名高层管理人员和10名技术骨干到新加坡国立大学和美国深造。时代电动汽车公司、钻石切削公司与高校合作，制定选拔送培硕士、博士研究生政策，对参加中南大学、华南理工大学、湘潭大学等高校继续教育的技术人员给予资助。2012年6月，经湖南省科协批准，在株洲高新区设立全省第二家以园区为平台的院士专家工作站，院士专家在园区企业开展科研合作、技术指导、人才培训、项目转化等各类活动，有力推动企业快速发展。至2014年，全区企业举办企业经营管理培训班和专业技术高级研修班累计120期，培训企业专业人才18700余人次。同时，企业先后组织16批586人到境外培训学习。

第三章 科技项目与成果

第一节 科技项目

从1997年起，株洲高新区发展产业局（科技局）每年组织多批课题上报，争取列入省、国家科技项目或指导性计划。到2002年，株洲高新区实施各类科技项目计划47项。其中，国家级““863””计划项目5项，火炬计划项目11项，国家创新基金项目5项，国家重点新产品项目26项。其中，株洲时代新材公司2001年承担的轨道交通减振用高性能复合弹性元件结构材料的研究和清华大学、华中科技大学、株洲电力机车厂2002年承担的电动车组高温超导变压器研究与开发国家“863”计划项目；湖南太子奶生物科技公司1998年承担的无菌技术制造活性乳酸菌功能乳饮品，株洲时代橡胶元件研究所2000年承担的轨道车减震橡胶弹性元件，湖南湘依铁路机车电器公司2002年承担的机车行走部故障诊断装置国家火炬计划项目；株洲时代橡塑元件研究所1999年承担的高速重载机车V型弹簧，株洲湘瓷科艺公司2001年承担的等静压成型大型电真空陶瓷管国家火炬计划项目；株洲千金药业1997年承担的妇科千金片薄膜包及技术应用，株洲电力机车厂研究所1997年承担的机车电气控制系统、机车硅整流装置国家重点新产品项目等。

2005年，新承担国家“863”计划项目3项，国家创新基金项目3项，国家火炬计划项目3项，重点新产品项目4项。其中，承担国家“863”计划有株洲电力机车研究所的镍氢电池管理系统，株洲电动汽车运营示范公司和株洲电力机车研究所电动汽车运行考核试验研究，中国南车集团、株洲电力机车厂的电力机车和城轨车辆产业群信息系统集成等3个项目。

2007年，新承担国家“863”计划项目8项，国家创新基金项目7项，国家火炬计划项目2项，重点新产品项目7项。其中，株洲变流技术国家工程研究中心和中国南车株洲电力机车研究所就分别承担3项国家“863”计划项目。2010年，株洲高新区企业承担的国家创新基金项目36项。

2011年，株洲冶炼集团有限公司承担国家“863”计划重金属清洁冶炼关键技术项目和搭配处理含锌渣的直接清洁炼铅关键技术与示范项目。

2013—2014年，株洲高新区承担国家“863”计划项目7项，国家创新基金项目40项，国家火炬计划项目6项，重点新产品项目10项。至2014年，全区拥有国家“863”项目54项，火炬计划50项，创新基金项目193项，新产品项目80项。

1992—2014年株洲高新区主要科技项目一览表

一、株洲高新区国家863计划项目

表21－3－1

序号	项目名称	承担单位	时间（年）
1	轨道交通减振高性能复合弹性元件结构材料的研究	株洲时代新材料科技股份有限公司	2001
2	高分子小分子杂化系高性能阻尼材料的基础研究及其应用开发	华东理工/株洲时代新材料科技股份有限公司	2002
3	特殊工况的润滑与防护纳米磁性液体的制备与应用	钢铁研究总院/株洲维格磁流体有限公司	2002
4	电动车组高温超导变压器研究与开发	清华大学/华中科技大学/株洲电力机车厂	2002
5	高性能超细晶金属陶瓷产业化技术的研究与应用	中南大学/北京科大/株洲硬质合金集团	2002
6	燃料电池客车电机及其控制系统	清华大学/株洲电力机车研究所	2003
7	燃料电池客车多能源动力总成控制系统	清华大学/株洲电力机车研究所	2003
8	燃料电池轿车DC-DC变换器	同济大学/株洲电力机车研究所	2003
9	燃料电池轿车电机及其控制系统	同济大学/株洲电力机车研究所	2003
10	纯电池客车电机及其控制系统	北理工/株洲电力机车研究所	2003
11	青藏铁路用高分子材料的研究(轨道结构用橡胶垫板、轨道结构用绝缘轨距挡板)	福建师范大学/株洲时代新材料科技股份有限公司	2003
12	高速轨道交通减振降噪材料和结构的一体化设计技术与性能评估方法	上海交通大学、株洲时代新材料科技股份有限公司	2003
13	覆镍深冲钢带产业化生产中的关键技术研究	湘潭大学/株洲利德新材料科技有限公司	2003

续表 21 - 3 - 1

序 号	项目名称	承担单位	时间（年）
14	PFI成型高速列车大尺寸复杂材料构件技术研究	国防科技大学/株洲电力机车广缘科技有限公司	2003
15	15MVA-IGBT大功率变压系统设计方案研究	株洲电力机车研究所	2004
16	高温超导主变压器复合材料杜瓦研制	株洲电力机车广缘科技公司	2004
17	金属基析板电子浆料及其应用产业化关键技术研究	湖南利德投资股份有限公司	2004
18	镍氢电池管理系统	株洲电力机车研究所	2005
19	株洲市工况下电动汽车运行考核试验研究	株洲电动汽车示范运营公司、株洲电力机车研究所	2005
20	电力机车和城轨车辆产业群信息系统集成	中国南车集团株洲电力机车厂	2005
21	车用大功率DC-DC变换器研发	株洲电力机车研究所	2006
22	车用驱动电机系统研发	株洲电力机车研究所	2006
23	串联式混合动力客车动力系统技术平台研究开发	株洲电力机车研究所	2006
24	电机用低成本高性能绝缘材料应用技术研究	株洲时代新材料科技股份有限公司	2006
25	动力组减震弹性元件	株洲时代新材料科技股份有限公司	2008
26	轨道扣件系统用高分子部件	株洲时代新材料科技股份有限公司	2008
27	长株潭国家“两型社会”试验区电动汽车大规模示范运营研究	株洲电动汽车股份有限公司	2008
28	湖南省电动汽车试验示范运行技术考核	株洲市电动汽车示范运营有限公司	2008
29	车用驱动电机系统产业化集成技术研究	株洲电力机车研究所	2008
30	基于通信的重载组合列车安全监控预警关键技术及设备	株洲南车时代电气股份有限公司	2008
31	高速列车故障诊断与智能维护技术研究	株洲南车时代电气股份有限公司	2008
32	风电机组及关键部件测试技术研究	南车株洲电力机车研究所有限公司	2009
33	无线重联长大货运客车	株洲南车时代电气股份有限公司	2009
34	列车信息系统	株洲南车时代电气股份有限公司	2009
35	电气化铁路功率补偿	株洲变流技术国家工程研究中心有限公司	2009
36	变频调速集成优化	株洲变流技术国家工程研究中心有限公司	2009
37	轨道扣件系统用高分子部件	株洲时代新材料科技股份有限公司	2009
38	动车组用减震降噪弹性元件	株洲时代新材料科技股份有限公司	2009

续表21－3－1

序号	项目名称	承担单位	时间(年)
39	车用驱动电机系统产业化集成技术研究	湖南南车时代电动汽车股份有限公司	2009
40	长株潭国家两型社会试验区电动汽车大规模示范运行研究	湖南南车时代电动汽车股份有限公司	2009
41	重金属清洁冶炼关键技术	株洲冶炼集团有限公司	2010
42	搭配处理含锌渣的直接清洁炼铅关键技术与示范	株洲冶炼集团有限公司	2010
43	车用驱动电机系统产业化集成技术研究	南车株洲电力机车研究所有限公司	2011
44	风电机组及关键部件测试技术研究	南车株洲电力机车研究所有限公司	2011
45	基于通信的重载组合列车安全监控预警关键技术与设备	株洲南车时代电气股份有限公司	2012
46	高速列车故障诊断与智能维护技术研究	株洲南车时代电气股份有限公司	2012
47	IMW级微型燃气轮机及其供能系统研制	中国南方航空工业(集团)有限公司	2013
48	IMW微型燃气轮机及其供能系统研制	中国南方航空工业(集团)有限公司	2013
49	城市轨道列车在途监测与预警安全系统关键技术	南车株洲电力机车研究所有限公司	2013
50	深度混合动力客车产业化技术攻关	湖南南车时代电动汽车股份有限公司	2014
51	插电式混合动力客车产业化技术攻关	湖南南车时代电动汽车股份有限公司	2014
52	商车车电驱动系统全产业链开发	湖南南车时代电动汽车股份有限公司	2014
53	镜面不锈钢带单面覆镍生产关键技术研究	株洲永盛电池材料有限公司	2014
54	燃气轮机传动系统研制和产业化	南方宇航、608所	2014

二、株洲高新区国家创新基金项目

表21－3－2

序号	项目名称	承担单位	金额(万元)	时间(年)
1	高速重载机车V型弹簧	株洲新时代橡塑元件研究所	80	1999
2	铁路机车走行部车载故障诊断装置	湖南湘依铁路机车电器有限公司	70	2000
3	等静压成型大型电真空陶瓷管	湖南湘瓷科艺股份有限公司	70	2001
4	车载列车通信网	株洲时代电子技术有限公司	65	2001
5	铁路新型转向架减振系统耐磨件的工业生产	株洲海天工程塑料实业有限公司	85	2002

续表21 - 3 - 2

序 号	项目名称	承担单位	金 额(万元)	时间(年)
6	APG绝缘子研制	株洲电力机车广缘科技公司	75	2004
7	节能型内燃机车辅助传动控制系统	株洲时代广创变流技术有限公司	55	2005
8	快开式排泥阀	株洲南方阀门股份有限公司	50	2005
9	≤0.1微米超细晶粒硬质合金及其制品	株洲精诚实业有限公司	68	2005
10	高速、重载机车(DJ4)车轴	株洲九方热表技术有限公司	55	2006
11	计算机监控的模糊自适应大功率整流设备	株洲四方电力电子有限公司	55	2006
12	电磁平板硫化机	株洲时代装备技术有限公司	55	2006
13	核工业放射性污染超声波清除装备	株洲华晟电子设备有限公司	55	2007
14	全伺服高精度瓦楞纸板印刷机	株洲三新包装技术有限公司	55	2006
15	最新G.SHDSL技术数字电路倍增设备	株洲聚龙科技有限公司	50	2007
16	数控线圈涨形机	株洲南方机电制造有限公司	50	2007
17	LY－60/45/90型硬质合金压力烧结炉	株洲钻石硬质合金设备有限公司	80	2007
18	燃气轮机燃用黄磷尾气热电联供机组及示范	株洲南方燃气轮机成套制造安装有限公司	90	2007
19	轨道交通用关键材料研发及技术推广服务平台	株洲时代橡塑元件开发有限公司	80	2007
20	株洲轨道交通设备制造新型焊接技术服务平台	株洲九方焊接技术研究所	70	2007
21	湖南硬质合金公共技术服务平台	株洲市生产力促进中心	80	2007
22	F－TQG15型非接触式列车轴端光电速度传感器	株洲天利铁路机车车辆配件有限公司	60	2008
23	机车用砂及QPS－1型轮轨瓷砂喷射装置	株洲庆云电力机车配件工厂	50	2008
24	T100型动力转向架	株洲旭阳机电科技开发有限公司	65	2008
25	数控线圈扁绕机	株洲九方工模具有限责任公司	65	2008
26	汽车电动助力转向器(EPS)	株洲易力达机电有限公司	65	2008
27	高性能新型锌熔炉	株洲迪远石硬质合金工业炉有限公司	65	2008
28	免洗式节能高产型蒸发器	湖南中兴节能设备有限公司	50	2008
29	40吨/600千瓦热镀锌合金电炉	株洲火炬工业炉有限责任公司	65	2008
30	500千伏电容式电压互感器(CVT)	湖南湘能电容器有限公司	60	2008
31	CPG500型高速铁路无缝线路长轨条铺轨机组	株洲新通铁路装备有限公司	65	2008

续表21－3－2

序号	项目名称	承担单位	金额(万元)	时间(年)
32	含硫酸钠工业废水循环生产沉淀硫酸钡的关键技术及装置	株洲天隆化工实业有限公司	60	2008
33	膜片式自动化快开排泥阀	株洲南方阀门实业有限公司	120	2008
34	株洲轨道交通产业集群中小企业技术创业孵化及公共服务平台	株洲高新技术开发区创业服务中心	80	2008
35	异种皮质骨椎间融合器	湖南恒天生物科技有限责任公司	70	2009
36	覆镍深冲钢带	湖南利德材料科技股份有限公司	80	2009
37	不锈钢基板厚膜电热元件	湖南利德电子浆料有限公司	70	2009
38	低成本高性能大尺寸全陶瓷网纹辊	湖南华联特种陶瓷有限公司	80	2009
39	1.5千瓦永磁直驱同步风力发电机定子	湖南博风科技有限公司	80	2009
40	WZ500C通用型无砟道床铺轨机组	株洲长远铁路建机有限公司	60	2009
41	矿井多功能安全监控与应急救援系统	株洲大成测控技术有限公司	70	2009
42	全自动数控开卷校平纵横（联合）剪切落料生产机	株洲锻压机床有限公司	80	2009
43	JK10U高强度、高硬质超细晶粒硬质合金材料	株洲精工硬质合金有限公司	70	2009
44	半导体用6N高纯锑	株洲科迪亚实业有限公司	70	2009
45	新型防滑钉芯专用再生适磨硬质合金	株洲明日硬质合金有限公司	70	2009
46	超小型同向引出高能量钽电解电容器	株洲日望电子科技有限公司	70	2009
47	电动汽车模数化智能脉冲快速充电机	株洲市达能科技有限公司	60	2009
48	超小功率金卤灯自动化、精密化生产线	株洲市德光设备制造有限责任公司	70	2009
49	高效离心式贯流泵	株洲市科达电机技术有限公司	70	2009
50	高强度高耐磨硬质合金及其产品	株洲市振湘实业有限责任公司	60	2009
51	大规格高精度圆弧锥齿轮	株洲沃尔得特种齿轮有限公司	60	2009
52	电石渣替代50%以上的生石灰用于粉煤灰蒸压加气砌块的关键技术和设备	株洲协成建材有限公司	80	2009
53	110～220千伏防污型高强度SF6瓷套	株洲阳光电瓷有限责任公司	70	2009
54	高性能双晶耐腐蚀硬质合金拉丝模具	株洲力洲精密模具有限公司	30	2009
55	配电网系统防漏电防触电拉丝模具	株洲光希科技有限责任公司	20	2009
56	超细双晶耐腐蚀硬质合金模具材料	株洲力洲硬质合金有限公司	75	2009

续表 21 - 3 - 2

序 号	项目名称	承担单位	金 额(万元)	时间(年)
57	节能型内燃机车辅助传动控制系统	株洲时代广创变流技术有限公司	130	2009
58	用增强 RFI/RTM - WIMP 方法制备轨道交通车辆大尺寸复合材料部件	株洲电力机车广缘科技有限责任公司	170	2009
59	新型梯度功能陶瓷水煤浆喷嘴	株洲开发区铁洪实业有限公司	30	2009
60	新型生物柴油过程强化技术及其设备	株洲威能实业有限公司	40	2009
61	新型杠杆一体式传动机车入口门联动锁	株洲高新区锦丰机车装备有限责任公司	30	2009
62	五维立体纵横弹子防盗锁	株洲钱进技术开发有限公司	30	2009
63	GC 系列智能型温湿度控制器	株洲共创科技有限公司	20	2009
64	THC 型高能混合钽电容器	株洲宏达电子有限公司	85	2009
65	声像信息综合控制系统	株洲华通科技有限责任公司	75	2009
66	新型高效 81 千瓦微型燃气轮机发电机组	湖南航翔燃气轮机有限公司	75	2009
67	三层合金径向推力轴承	株洲高能化工动力机械有限公司	20	2009
68	EA4 吨大功率高速重载机车车轴	株洲九方热表技术有限公司	150	2009
69	陶瓷用高分子复合模种	醴陵市东升精密模具有限公司	30	2009
70	醴陵陶瓷产业集群公共技术服务平台	湖南华联瓷业研究所	70	2009
71	株洲硬质合金试验、专业检测创新资源共享服务平台	株洲金山民营科技园有限公司	90	2009
72	轨道交通装备类中小企业专业化技术服务平台	株洲高新田心高科产业园产业发展有限责任公司	50	2009
73	基于连续式高温物理提纯工艺的高纯度微晶石墨材料	株洲弗拉德科技有限公司	80	2010
74	自点火提前放电式防雷装置	株洲普天中普防雷科技有限公司	80	2010
75	智能变流与静止无功发生(ASVG)一体化成套装置	株洲科瑞变流电气有限公司	70	2010
76	基于 ARM 芯片的 T220 型电力机车微型控制系统	株洲田龙铁道电气有限公司	80	2010
77	大功率机车变形单元	株洲九方制动设备有限公司	70	2010
78	数字式司机控制器	株洲丰达电力机车配件实业有限责任公司	60	2010
79	BMC 汽车灯罩用紫外光固化涂料	株洲东峻新技术集成有限公司	80	2010
80	1.85M 超宽幅节能环保镭射软压机	株洲金兰机电公司	70	2010

续表21－3－2

序 号	项目名称	承担单位	金 额(万元)	时间(年)
81	高、低档变速的新型电动汽车驱动装置	株洲联动齿轮工业有限公司	70	2010
82	点焊电极表面电火花熔敷TiB2涂层用熔敷棒	株洲科力特新材料有限公司	80	2010
83	低磨(改性)聚氨脂TPU水泵轴套	株洲宏大高分子材料有限公司	60	2010
84	星载合成孔径雷达差分干涉监测及工程应用	株洲开发区智能电子有限公司	70	2010
85	新型永磁同步电机变频试验系统	株洲中达特科电子科技有限公司	50	2010
86	新型炼钢厂钢包开口钎用合金钻头	株洲开拓有限公司	70	2010
87	无源式速度传感器	株洲电力机车电机修造有限公司	70	2010
88	稳压式汽油焊割机	株洲铭山科技有限公司	70	2010
89	大功率交流支力机车牵引电机供风冷却用风机	株洲联诚集团风机有限公司	70	2010
90	高速列车合金钢(35CrMoA)空心车轴	株洲天力锻业有限责任公司	90	2010
91	龙门式数控中频淬火机床	株洲敏锐机车配件有限责任公司	90	2010
92	JAFX系列机车视频监控记录装置系统	株洲广义电子技术有限公司	50	2010
93	一体化全伺服高精度瓦楞纸板印刷机	株洲三新包装技术有限公司	140	2010
94	全自动恒张力数控线圈包带机	株洲南方机电制造有限公司	160	2010
95	湖南硬质合金公共技术服务平台	株洲市生产力促进中心	60	2010
96	株洲硬质合金试验、专业检测创新资源共享服务平台	株洲金山民营科技园有限公司	70	2010
97	废旧硬质合金资源化回收处理与利用	株洲佳诚有色金属有限公司	70	2010
98	短流程还原熔炼锌粉成套装置	株洲火炬工业炉有限责任公司	160	2010
99	链盘式连续微波焙烧炉	株洲华威微波科技有限公司	50	2010
100	智能人体卫生器	株洲合华科技有限公司	50	2010
101	新型高效生物质水煤浆制浆、燃烧系统集成技术及装备	株洲市蓝宇热能科技研制有限公司	50	2010
102	注射成型火花塞用氧化铝陶瓷	株洲市景泰汽车零部件有限公司	50	2010
103	超高纯氧化铅	株洲金源化工有限公司	80	2010
104	超细晶粒硬质合金棒材	株洲美特优硬质合金有限公司	60	2010
105	液压系统元件材料铁改铝	株洲华海液压机械制造有限公司	70	2010
106	低光衰、高节能、高效率LED照明灯	株洲正好电子有限公司	70	2010

续表 21 - 3 - 2

序 号	项目名称	承担单位	金 额（万元）	时间（年）
107	新型高效节能十五管还原炉	株洲百泰硬质合金设备有限公司	80	2010
108	高硬质、高耐磨硬质合金焊丝或焊条及其产品	株洲市明川硬质合金有限公司	60	2010
109	整体式全封闭电动清运车	株洲大方精密机械制造有限公司	80	2010
110	一种电力机车变压器油泵电机	株洲敏锐轨道电气有限责任公司	50	2011
111	电力机车用真空断路器	株洲庆云轨道牵引装备有限公司	50	2011
112	基于分布式控制技术的铁路大型养路机械通用网络控制平台	株洲时代电子技术有限公司	110	2011
113	高强度陶瓷高速冲模	株洲湘瓷金刚模具有限公司	80	2011
114	LED路灯及其远程实时监控系统	株洲耀祥光电科技有限公司	50	2011
115	基于蛇型管热系统的大功率特种水冷电抗器	株洲时代散热技术有限公司	90	2011
116	双路格雷码磁编码器	株洲威森机车配件有限公司	90	2011
117	碳化钨搅拌球磨机	株洲长江硬质合金设备有限公司	80	2011
118	用于锂电池壳体的宽幅不锈钢带单面覆镍材料	株洲永盛电池材料有限公司	60	2011
119	总线式智能组合仪表	株洲广汇科技工贸有限公司	90	2011
120	可焊接、高耐磨、高韧性碳化钛基硬质合金	株洲市中航金大陆实业有限公司	50	2011
121	T100型动力转向架	株洲旭阳机电科技开发有限公司	120	2011
122	汽车电动助力转向器（EPS）	株洲易力达机电有限公司	120	2011
123	燃气轮机燃用可燃工业废气热电联供机组应用及示范	株洲南方燃气轮机成套制造安装有限公司	160	2011
124	轨道交通装备类中小企业专业化技术平台	株洲高新区田心高科园产业发展有限公司	50	2011
125	中小航空发动机零部件专业技术服务平台	株洲高新区董家塅高科园产业发展有限责任公司	50	2011
126	株洲轨道交通产业集群中小企业技术创业孵化及公共技术服务平台	株洲高新区创业服务中心	50	2011
127	株洲硬质合金试验、专业检测创新资源共享服务平台	株洲金山民营科技园有限公司	50	2011
128	大功率交流传动电力机车减振器	株洲联诚集团减振器有限责任公司	70	2012
129	手持式机车受电弓测试仪	株洲高新区壹星科技有限公司	70	2012
130	阴极板自动分板冲压生产线	株洲华德实业有限责任公司	70	2012

续表21－3－2

序号	项目名称	承担单位	金额(万元)	时间(年)
131	高耐磨含铝化镍和硼铜基的硬质合金材料及其制品	株洲特利亚硬质合金有限公司	70	2012
132	石油、煤田钻采用硬质合金高耐磨材料	株洲金韦硬质合金有限公司	70	2012
133	超白精细化学品一焦锑酸钠	株洲安特锑业化工有限公司	70	2012
134	变质铁基特种耐磨材料及其应用	株洲湘能特钢铸造有限责任公司	70	2012
135	核污染双重控制超声波清洗设备	株洲华晟电子设备有限公司	70	2012
136	FD－TJY型机车风道继电器	株洲天利铁路机车车辆配件有限公司	60	2012
137	电力机车变压器用电动油泵	株洲市荣达铁路机电有限公司	60	2012
138	大功率高速机车用油水复合冷却塔	株洲联诚集团富力实业有限责任公司	60	2012
139	分子量450万以上的UHMWPE全密封托辊	株洲市杜能新材料有限责任公司	60	2012
140	纳米改性天然橡胶长行程弹性旁承	株洲名扬橡塑有限公司	60	2012
141	LLL1200－C型粗煤泥离心脱水机	株洲舜臣选煤机械有限责任公司	70	2012
142	大功率单颗集成稀土铜镁钛铝合金LED系列灯具	湖南东方稀土光能有限公司	50	2012
143	盾构机用多滚刀回转切削试验成套设备	株洲华华科城冶金设备制造有限公司	50	2012
144	SIC晶须增韧〔Ti(CN)〕基金属陶瓷切削刀具	株洲天利钻具有限公司	50	2012
145	基于低成本高性能三元材料的圆柱形锂离子电池	株洲弘强能源有限公司	50	2012
146	CPG500型高速铁路无缝线路长轨条铺轨机组	株洲高通铁路装备有限公司	120	2012
147	精密高效硬质合金数控切削刀片	株洲欧科亿硬质合金有限公司	12	2012
148	端面扭动聚合物复合润滑抗磨材料	株洲海天工程塑料实业有限公司	140	2012
149	地铁车辆用阻燃面漆	株洲市九华新材料涂装实业有限公司	70	2012
150	新型高强度钢件 接专用成套设备	株洲春华实业有限责任公司	70	2012
151	控网(wcon.net)一开放物联网在线监控平台	湖南中菱实业有限公司	60	2012
152	株洲轨道交通产业集群中小企业技术创业孵化及公共技术服务平台	株洲高新区创业服务中心	70	2012
153	中小航空发动机零部件专业技术服务平台	株洲高新区董家塅高科园产业发展有限责任公司	70	2012
154	基于声像综合控制技术的高精视频系统	株洲华通科技有限责任公司	60	2013
155	液力传动轨道车用电气控制系统	株洲嘉成科技发展有限公司	60	2013

续表 21 - 3 - 2

序 号	项目名称	承担单位	金 额(万元)	时间(年)
156	高速及城轨机车用空气干燥器	株洲市九方空气净化器厂	70	2013
157	动力组辅助变流屏柜装置	株洲日望精工有限公司	70	2013
158	高速机车用复合绝缘子	株洲创春科技实业有限责任公司	70	2013
159	高速及城轨机车用速度传感器	株洲电力机车电机修造有限公司	70	2013
160	高效节水型机车用整体卫生间	株洲车城机车配件有限公司	70	2013
161	高性能多线切割机	株洲德瑞佳科技有限公司	70	2013
162	蓄电池式电控永磁铁	株洲悍瑞佳科技有限公司	70	2013
163	柔性石墨高强复合密封垫片	株洲博尔密封材料有限公司	60	2013
164	铁路桥梁连续检查装置	株洲国铁实业有限公司	60	2013
165	高性能通用机床夹具	株洲金亿星实业有限公司	60	2013
166	高性能专用变频器	株洲立动电气科技有限公司	60	2013
167	智能二线制电涡流位移/振动变送器	株洲三捷电子有限公司	60	2013
168	通用淬火机床数控系统	株洲三湘机电设备有限公司	60	2013
169	S13系列新型节能环保型立体三角形卷铁芯油浸式变压器	株洲市变压器有限公司	60	2013
170	干式牵引变压器	株洲市科达电机技术有限公司	60	2013
171	新结构高性能的细长轴金属件表面抛光装置	株洲市石峰区德建实业有限公司	60	2013
172	大功率电机用高银焊料的替代材料研发及其产业化	株洲南方有色焊材有限公司	70	2013
173	地铁车辆用高性能水性阻尼涂料	株洲华联高科有限责任公司	80	2013
174	分区控温达2300℃的高温碳化炉	株洲迪远硬质合金工业炉有限公司	80	2013
175	高强度蓝宝石长晶热场炉	株洲佳邦难熔金属有限公司	70	2013
176	铁路捣固车捣固镐用高耐磨耐冲击合金片	株洲金鼎硬质合金有限公司	60	2013
177	低锑低烟资料环保阻燃剂	株洲麒麟科技有限公司	60	2013
178	宽温域高阻尼液态状环氧树脂基阻尼材料	株洲世林聚合物有限公司	60	2014
179	含铼工业废弃物资源化利用制备高纯铼制品	株洲凯特高科材料有限公司	70	2014
180	可循环使用危险化工品特种周转箱	株洲众乐特种包装有限责任公司	60	2014
181	高精度机车车载测速雷达	湖南湘依铁路机车电器股份有限公司	160	2014

续表21－3－2

序 号	项目名称	承担单位	金 额(万元)	时间(年)
182	THC型高能混合钽电容器	株洲宏达电子有限公司	120	2014
183	多功能重载无轨移车台	株洲南车特种装备科技有限公司	120	2014
184	双层点火间隙防雷装置	株洲普天中普防雷科技有限公司	120	2014
185	大规格高精度高速重载螺旋锥齿轮	株洲沃尔得特种齿轮有限公司	140	2014
186	超低温贮能超级电容器	株洲日望电子科技股份有限公司	120	2014
187	高强度高耐磨硬质合金及其制作方法和应用	株洲市振湘实业有限责任公司	120	2014
188	工业高压电瓷再生关键技术及产业化	株洲阳光电瓷有限责任公司	120	2014
189	中高压开关电力设备用动密封装置	湖南维格磁流体股份有限公司	70	2014
190	数控多头可调距钻床	株洲市中成机构制造有限公司	60	2014
191	真空冶金提取高纯铟	株洲科能新材料有限责任公司	80	2014
192	株洲轨道交通产业集群中小微企业技术创业孵化及公共技术服务平台	株洲高新区创业服务中心	50	2014
193	中小航空发动机零部件专业技术服务平台	株洲高新区董家塅高科园产业发展有限责任公司	50	2014

三、株洲高新区国家火炬计划项目

表21－3－3

序 号	项目名称	承担单位	时间（年）
1	准无菌技术制造活性乳酸菌功能乳饮品	湖南太子奶生物科技股份有限公司	1998
2	1万吨/年UPVC管及2500吨/年管件	湖南株洲化工集团有限责任公司	2000
3	6000吨、年高纯软磁用氧化铁	湖南株洲化工集团有限责任公司	2000
4	轨道车减震橡胶弹性元件	株洲新时代橡胶元件研究所	2000
5	75千克级特大顶锤	海南金海股份株洲分公司	2000
6	大型集装箱检测自动传送系统	株洲九方自动化装备有限公司	2000
7	PS－3数字照相机	湖南神风通信股份有限公司	2001
8	IGBT牵引变流器	株洲电力机车研究所	2001
9	车用中小功率变流器	株洲时代电子技术有限公司	2001

续表 21 - 3 - 3

序号	项目名称	承担单位	时间（年）
10	机车走行部故障诊断装置	湖南湘依铁路机车电器有限公司	2002
11	片式钽电解电容器	湖南湘怡中元科技股份有限公司	2002
12	铁路新型转向架减振系统耐磨件的工业生产	株洲海天工程塑料实业有限公司	2003
13	特种硬质合金(JC10F)产品	株洲市精诚实业有限责任公司	2003
14	D08－475道岔捣固车电气系统	株洲时代电子技术有限公司	2003
15	轨道车减震橡胶弹性元件(重点)	株洲时代新材料科技股份有限公司	2003
16	TDV2－12.5/25型真空主断路器	株洲通达铁路电机厂	2004
17	“恒祥”多功能车载智能系统	株洲市华兴实业有限责任公司	2004
18	车道机电系统	株洲开发区中南电脑科技有限公司	2005
19	大功率电力机车主变压器	株洲南车电机股份有限公司	2005
20	先导式可调减压阀	株洲南方阀门股份有限公司	2005
21	补血益母颗粒	株洲千金药业股份有限公司	2006
22	超细晶ti(cn)基金属陶瓷切削刀具	株洲钻石切削刀具股份有限公司	2006
23	六类数字通信对绞电缆	株洲神通电信实业有限公司	2006
24	SS4B型电力机车	中南南车集团株洲电力机车有限公司	2006
25	重型汽车分动器	株洲齿轮有限公司	2006
26	兆瓦级直驱式永磁同步风力发动机	株洲南车电机股份有限公司	2006
27	电动汽车整车及关键零部件产业化基础	中国南车集团株洲电力机车研究所	2007
28	车道机电系统	株洲开发区中南电脑科技有限公司	2008
29	补血益母草颗粒产业化	株洲千金药业股份有限公司	2008
30	航空发动机零部件切削刀具	株洲钻石切削刀具股份有限公司	2008
31	高性能超细硬质合金	株洲精工硬质合金有限公司	2008
32	同向引出型超大容量钽电容器	株洲日望电子科技有限公司	2010
33	椿乳凝胶	株洲千金药业股份有限公司	2010
34	高速列车高效重力切削刀具(FMD03、YBG302等牌号)产业化项目	株洲钻石切削刀具股份有限公司	2010
35	和谐号大功率货运牵引机车减振器件	株洲时代新材料科技股份有限公司	2010

续表 21 - 3 - 3

序号	项目名称	承担单位	时间（年）
36	高精度机车车载测速雷达	湖南湘依铁路机车电器有限公司	2010
37	电气化铁路牵引供电网压提高装置	株洲变流技术国家工程研究中心有限公司	2010
38	膜片式自动化快开排泥阀	株洲南方阀门股份有限公司	2011
39	高效节能蓄热式熔铅炉	株洲火炬工业炉有限责任公司	2011
40	株洲高新区轨道交通装备制造产业集群科技型中小企业创业孵化服务平台	株洲高新区创业服务中心	2011
41	新型特粗精粒冷墩冷冲硬质合金	株洲金鼎硬质合金有限公司	2012
42	新型永磁同步电机变频试验系统产业化	株洲中达特科电子科技有限公司	2012
43	基于ARM芯片的T220型电力机车微机控制系统	株洲田龙铁道电气有限公司	2012
44	GYA200型尾矿库自动化安全监控系统	株洲广义自动化技术有限公司	2012
45	低谐波高大功率整流器产业化项目	株洲科瑞变流电气有限公司	2013
46	全自动恒张力数控线圈包带机	株洲南方机电制造有限公司	2013
47	干功高精度螺旋锥齿轮	株洲齿轮有限责任公司	2013
48	株洲市中小企业硬质合金公共技术服务平台	株洲高科企业孵化器有限公司	2013
49	镍钴二元合金钢带的产业化研究	株洲永盛电池材料有限公司	2014
50	高韧性、低杂质含量超粗硬质合金	株洲肯特硬质合金有限公司	2014

四、株洲高新区国家重点新产品项目

表 21 - 3 - 4

序号	项目名称	承担单位	时间（年）
1	盐酸奥昔布宁	株洲湘江制药厂	1996
2	固本统血冲剂	湖南株洲千金药业有限公司	1997
3	妇科千金片薄膜包衣技术应用	湖南株洲千金药业股份有限公司	1997
4	棉籽高级烹调油、色拉油	株洲普兰特油脂有限公司	1997
5	ZQC6T53变速器总成	株洲汽车齿轮厂	1997
6	SS8型客运电力机车	株洲电力机车厂	1997
7	TPW4型稳定车电气控制系统	铁道部株洲电力机车研究所	1997

续表 21 - 3 - 4

序号	项目名称	承担单位	时间（年）
8	TPW5型内燃机车微机控制柜	铁道部株洲电力机车研究所	1997
9	TPW2型电力机车微机控制及诊断显示系统	铁道部株洲电力机车研究所	1997
10	TPZ20型捣固车电气控制系统	铁道部株洲电力机车研究所	1997
11	TGZ14S型SS8电力机车硅整流装置	铁道部株洲电力机车研究所	1997
12	LKJ – 93型列车运行监控记录装置	铁道部株洲电力机车研究所	1997
13	TGZ10 – 2775/925型变流装置	铁道部株洲电力机车研究所	1998
14	TPZ13电子控制柜	株洲电力机车研究所	1998
15	高精度、高性能硬质合金可转位刀片	株洲硬质合金厂	1998
16	热处理硬质合金顶锤、硬质合金齿	株洲硬质合金厂	1998
17	水泥机立窑湿式除尘回收装置	株洲开发区三达环保机器有限公司	1999
18	储罐浮动出液装置LF型	株洲百通技贸有限公司	1999
19	旋流式油水分离器HC型	株洲百通技贸有限公司	1999
20	印刷金膏	湖南省陶瓷研究所	1999
21	流体装卸鹤管LA型	株洲百通技贸有限公司	1999
22	DF8B微机控制柜及显示诊断装置	铁道部株洲电力机车研究所	1999
23	TPD系列机车空调电源系统	铁道部株洲电力机车研究所	1999
24	DT – MUDS多路分米波邻频无线电视传输分配系统	株洲大同科技企业总公司	2001
25	TAX2型机车安全信息综合监测装置	铁道部株洲电力机车研究所	2001
26	LKJ – 2000型列车运行监控记录装置	株洲电力机车研究所	2002
27	内燃动车组微机控制网络系统	株洲电力机车研究所	2003
28	复合涂层梯度硬质合金精密可转位刀片	株洲钻石切削刀具股份有限公司	2003
29	城市轨道交通列车再生制动能量吸收装置	株洲时代电子技术有限公司	2003
30	09 – 32连续式捣固车电气系统	株洲时代电子技术有限公司	2004
31	电力机车辅助系统	株洲电力机车研究所	2004
32	独立通风SS9机车(SS9)	中国南车集团株洲电力机车厂	2004
33	准高速动力分散电动车组交流传动系统	中国南车集团株洲电力机车研究所	2005
34	B0 – B0 – B0交流传动六轴电力机车	中国南车集团株洲电力机车厂	2005

续表21－3－4

序号	项目名称	承担单位	时间（年）
35	JZT－1型轴承状态监测及故障诊断系统	株洲时代电子技术有限公司	2005
36	多功能水泵控制阀(JD745X)	株洲南方阀门股份有限公司	2005
37	超细硬质合金棒材	株洲硬质合金集团有限公司	2006
38	四轴宽轨道KZ4A型高速交流传动电力机车	中国南车集团株洲电力机车研究所	2006
39	机车分布式微机控制与网络系统	中国南车集团株洲电力机车研究所	2006
40	节能型内燃机车辅助传动控制系统	株洲时代广创变流技术有限公司	2006
41	轨道车辆用新型抗侧滚扭杆	株洲时代新材料科技股份有限公司	2006
42	YX741X可调式减压阀	株洲南方阀门股份有限公司	2007
43	汽车悬架用新型推力杆	株洲时代新材料科技股份有限公司	2007
44	三聚氰胺板材专用UV涂料	株洲东峻新技术集成有限公司	2007
45	NSVC－TCR/TSC型动态无功补偿装置	中国南车集团株洲电力机车研究所	2007
46	城郊快速运输客运电力机车	中国南车集团株洲电力机车有限公司	2007
47	基于全压结技术的高压大电流独立半导体器件	株洲时代电气股份有限公司	2007
48	高性能精密加工钢材用CVD涂层刀具 (型号：TBC152，YBC252)	株洲钻石切削刀具股份有限公司	2008
49	ZQC5T16轿车变速器总成	株洲欧格瑞传动股份有限公司	2008
50	车站站台缓冲防滑安全防护装置	株洲时代新材料科技股份有限公司	2008
51	TGCS轨道几何作业参数计算机	株洲时代电子技术有限公司	2008
52	电动汽车慢脉冲快速充电机	株洲达能科技有限公司	2008
53	智能控制的大力率整流设备	株洲科瑞变流电气公司	2008
54	汽车电动助力转向传感装置	株洲时代卓越汽车电子技术有限公司	2008
55	高档锯齿硬质合金JGR06	株洲精工硬质合金有限公司	2008
56	数控线圈涨型机	株洲南方机电制造有限公司	2008
57	高速动车组用JD162异型具牵引电动机	南车株洲电力机车有限公司	2009
58	TGCS轨道几何作业参数计算机	株洲时代电子技术有限公司	2009
59	高性能精密加工钢材用CVD涂层刀片	株洲钻石切削刀具股份有限公司	2009
60	完全自主化A型地铁车辆	南车株洲电力机车有限公司	2010

续表 21 - 3 - 4

序号	项目名称	承担单位	时间（年）
61	铁路客车用减振降噪阻尼材料	株洲时代新材料科技股份有限公司	2010
62	TEG6119HEV 型串联式混合动力整车及系统	湖南南车时代电动汽车股份有限公司	2010
63	城轨交通车辆电气系统	株洲南车时代电气股份有限公司	2011
64	验证加工材料数控切削刀具(牌号：YD101.YBG102)	株洲钻石切削刀具股份有限公司	2011
65	大功率弧电流特种电源系统	株洲变流技术国家工程研究中心有限公司	2011
66	DM745X 膜片式液控斜板阀	株洲南方阀门股份有限公司	2011
67	SPM750 双馈型风电变流器	南车株洲电力机车研究所有限公司	2012
68	超细 Ti(CN) 基金属陶瓷切削刀具	株洲钻石切削刀具股份有限公司	2012
69	超低温贮能电容模块	株洲日望电子科技有限公司	2012
70	智能变流与静止无功发生一体化成套装置	株洲科瑞变流电气有限公司	2012
71	大功率电力机车交流传动电气系统	株洲南车时代电器股份有限公司	2013
72	椿乳凝胶	株洲千金药业股份有限公司	2013
73	铁路大型养路机械网络控制平台	株洲时代电子技术有限公司	2013
74	堵塞配电网漏电智能化节电安全装置	株洲光希科技有限责任公司	2013
75	BDS104 永磁电机驱动系统 (控制器：DKQ101，电机 TQ101)	湖南南车时代电动汽车股份有限公司	2014
76	低感复合母排	株洲南车时代电气股份有限公司	2014
77	NSVG(STATCOM) 型电能质量综合治理装置	株洲变流技术国家工程研究中心有限公司	2014
78	单面覆镍不锈钢带	株洲永盛电池材料有限公司	2014
79	LH－1 型生物质发电用进料系统	湖南鸿远高压阀门有限公司	2014
80	DWL－48 连续式捣固稳定车电气系统	株洲时代电子技术有限公司	2014

第二节 科技成果

2002 年，湖南湘瓷科艺公司新研制开发的丝网印刷金膏荣获国家五部委联合颁发的国家级重点新产品称号；瓷用 6% 金水、8% 金水，分别获得全国轻工博览会金奖和国家轻工科技进步三等奖；钯金水获全国新技术博览会金奖。釉下五彩陈设及生活艺术瓷在国际上独树一帜，被誉为中国的当代“官窑”。

2003 年 4 月，通达铁路电机公司成功研发并获得新型防漏型齿轮箱、柴油机系中冷器、新型电动刮雨器等专利。其中，真空断路器、高新节能永磁电机均为填补国内空白的高新技术产品。同年 10 月，湘依铁路电机公司研发的铁路机车光电式速度传感器产品经过 50 多万千米的运行试验，各类技术指标均达到或超过进口同类产品，被铁道部指定为铁路机车光电式速度传感器的定点生产厂家。

2006 年开始，南车株洲电力机车研究所成功开发出各类型风电机组，形成陆地、海滨及海洋等风场区域全覆盖。至 2013 年，南车株洲研究所风机装备在全国 39 个风场，捕风发电覆盖在辽宁、内蒙古、云南、贵州、陕西、新疆、宁夏、山东、湖南等 11 个省、自治区。

2010 年起，株洲时代电动汽车公司生产增程插电式城市客车、双源双充纯电动客车、8 米纯电动客车。至 2013 年，这类新能源电动客车已登陆台湾地区。

2014 年，南车株洲电力机车有限公司承担的 120 千米 / 小时米轨城际动车组项目获国家重点新产品；株洲时代电气公司承担的特大功率电力电子器件荣获国家重点新产品；株洲时代电子技术公司承担的 WD－320 轨道动力稳定车网络控制系统获国家重点新产品。

至 2014 年的 23 年中，株洲高新区累计获得国家级科技进步奖 28 项。其中，一等奖 6 项，二等奖 8 项，三等奖 14 项。

1992—2014 年株洲高新区获国家科学技术进步奖项目一览表

表 21 － 3 － 5

序号	获奖等级	项目名称	完成单位	完成人员
1	一等奖	永磁同步电传动系统关键技术研究	南车株洲电力机车研究所有限公司	冯江华 许峻峰 李益丰等
2		六轴铰接式轻轨车辆	南车株洲电力机车有限公司	索建国 杨 张 柳晓峰等
3		1MV 级微型燃气轮机及其供能系统研制	中国南方航空工业(集团)有限公司	夏光耀 谢卫红 白创军等
4		电能质量控制关键技术与成套装备研制及工程应用	湖南工业大学，株洲变流技术国家工程研究中心有限公司	李圣清 吴 强 罗仁俊等
5		基于双电机直联式混合动力城市客车研制	湖南南车时代电动汽车股份有限公司	郭淑英 刘 凌 席力克等
6		氧化锌酸性浸出液直接萃取提铟新工艺	株洲冶炼集团股份有限公司	刘一宁 黄 勇 林文军等
7	二等奖	铁路客车用减振降噪阻尼材料制备技术	株洲时代新材料科技股份有限公司	谭亮红 罗仡科 贺才春等
8		超细晶粒整体硬质合金涂层 PM/HM 系列精密铣刀的研究与开发	株洲钻石切削刀具股份有限公司	汤爱民 陈 利 肖思来等
9		高精度楞纸板印刷机的双网纹辊八色技术的研究与应用	株洲三新包装技术有限公司	刘为成 刘兴旺 王 勇 刘志军等

续表 21 - 3 - 5

序号	获奖等级	项目名称	完成单位	完成人员
10	二等奖	城市轨道交通供电系统再生能量回馈装置开发	株洲南车时代电气股份有限公司	张铁军 张志学 何多昌等
11		超下下SeldingerPICC置管技术的临床应用效果与卫生经济学评价	株洲市中心医院	谭江红 刘丽萍 谢 竟等
12		1.5MV/1.65MW系列水冷双馈风力发电机研制	南车株洲电机有限公司	李进泽 王建良 阳辉力等
13		抗热裂组合轧辊的研究及应用	株洲硬质合金集团有限公司	唐志军 彭 文 徐 涛等
14		DC750V蓄电池电力工程车	南车株洲电力机车有限公司	索建国 樊运新 张彦林等
15	三等奖	全自动废铅酸蓄电池两级破碎分选系统及冶炼系统的研制	株洲金鼎高端装备有限公司	陈红雨 夏雄伟 薛 辛等
16		时速160千米速度等级快速客运交流传运机车牵引电机与牵引变压器研制	南车株洲电机有限公司	孙 兵 胡 贵 吴顺海等
17		高速铁路用高性能微聚氨酯弹性体减振垫配方技术研究及应用	株洲时代新材料科技股份有限公司	许双喜 刘 刚 黄自华等
18		HXDIC型交流传动机车牵引电机准却风机	株洲联诚集团有限责任公司	刘能文 谭 艳 阳吉初等
19		厢式浆洗技术降低浸出渣含锌新工艺研究及应用	株洲冶炼集团股份有限公司	刘郎明 陈爱国 袁建明等
20		高性能反射隔热保温复合水性涂料关键技术研究与应用	湖南工业大学、湖南富亿帕杰建筑节能涂料有限公司	张继德 刘懿锋 汤建新等
21		自点火提前放电防雷装置	株洲普天中普防雷科技有限公司	殷建军 匡宪伟 邓应辉等
22		线性回归与移动平均法联合建立传染病预警模型及应用研究	株洲市疾病预防控制中心	熊新平 龙术国 李竹清等
23		养殖业污染综合治理技术应用与推广	株洲市畜牧水产技术服务中心	刘开元 丁石春 王天柱等
24		全自动数控扁绕机	株洲广博自动化设备有限公司	朱永隆 胡 进 邓 泉等
25		POCT血糖仪在新生儿血糖检测中的应用研究	株洲市三三一医院	李小斌 杨 阳 张士朋等
26		微型腹腔镜小儿腹股沟疝高扎术的改良研究	株洲市中心医院	王 劲 叶 亮 邓顺钢等
27		NFDY-1型现场油封装置研制	中国南方航空工业(集团)有限公司	张津东 胡 进 周 昶等
28		PAC-1、CD62P和CD63在抗磷脂综合征自然流产患者中的表达及意义	株洲市中心医院	凌国灿 王艳梅 赖春田等

第四章　科技合作

第一节　国际合作

1992 年 12 月，俄罗斯石油化工总公司总经理卡切采夫到株洲高新区考察并签订合作意向书。1994 年 1 月，与美国加州红木市副市长克莱尔、MIC 总裁范恙签订合作意向书。1 月 19 日，成立高新区进出口公司。1997 年，成立株洲高新区外商投资企业协会。2002 年 6 月，日本东日商事株式会社与株洲高新区签订设立外资工业园合作协议。2004 年 3 月，株洲高新区被科技部认定为国家高新技术产品出口基地。10 月，印度尼西亚商界王钦贤任团长的一行 15 人到株洲高新区考察，签订投资合作意向书。11 月，美国“中国商务之旅”代表团专程到株洲高新区考察，签订投资合作协议。2005 年 9 月，与欧盟瑞典欧洲信息中心负责人签订合作意向书。11 月，与德国黑森州财政部部长瓦尔特签订合作意向书。同月，欧盟驻华大使安博考察株洲湖南欧洲工业园。

2013 年 4 月，中国南车高瑞轨道交通装备产品落户马来西亚霹雳洲巴都牙也市。7 月，电力机车研究所与美国新泽西理工学院签订合作协议，双方联合建立高铁网络实验室。9 月，电力机车厂生产的交流传动货运电力机车 8 台发运到南非。

2014 年 4 月，时代电动公司生产的油电混合新能源公交客车在巴西世界杯运动会运营。6 月，株洲电力机车公司供给马其顿共和国 6 列高速动车组。

第二节　国内合作

1999 年 12 月，经科技部批准成立株洲高新区创业服务中心（留学人员创业园）。2002 年 12 月，省内外 40 余家高等院校、科研院所与区内企业进行项目对接活动。2004 年 10 月，株洲高新区与深圳侨商国际联合会签署《战略合作协议》，聘请会长马介璋为株洲高新区高级经济顾问。

2012 年 12 月，在株洲高新区成立 20 周年庆祝会上，首次聘请 7 位院士专家。2013 年 6 月，成立株洲高新区动力谷企业成长学院并首期开班，全区规模企业负责人和企业技术研究中心负责人 200 多名参加听课培训。2014 年 3 月，中国动力谷迎来株洲市首位千人计划专家周孟初加盟，受聘为中国动力谷专家顾问委员会第一届委员。3 月，株洲高新区与华中科技大学教授、湖北省汽车工程学会副理事长、原美国麻省理工学院斯隆汽车实验室专家陈国华教授团队签约。以陈国华教授为核心的研发团队将在中国动力谷自主创新园投资建立发动机与汽车电子研究院，并推动研究成果产业化。4月，西安航空基地管委会、南车株洲电力机车公司、陕西煤业化工集团在西安签订合作协议，三方携手打造“中国南车陕西产业基地”。5月，22位国家千人计划专家，6位海内外顶尖人才和高校合作团队为中国动力谷开展项目合作与对接。11月，株洲高新区首个创业苗圃——金谷创业苗圃开园。至2014年，株洲高新区已与中国科学院、北京大学、清华大学、湖南大学、中南大学等100多所大学、40家科研院建立紧密的合作关系。

第五章 高新技术产业化

第一节 科技（产业）园

1992年，株洲高新区始创仿真国际化创新环境，逐步形成高新技术产业化基地。至2014年，先后建立创业服务中心、国际企业孵化器、留学人员创业园、株洲市大学生创业示范园、中国动力谷自主创新园等重大科技载体；建设天台工业园、栗雨科技工业园、新马创新城、汽车博览园等新型科技载体。

一 株洲高新技术创业服务中心

1993年5月，成立株洲高新区创业服务中心。1999年6月，成立留学人员创业园。2010年6月，成立株洲市大学生示范园。以上一中心两园实行三块牌子一套人马，定为自收自支公益型科技事业单位。创业中心依托株洲高新区的软研环境，担负为株洲高新区培养高新技术企业和企业家，推动大学生以科技创业带动社会就业，促进高新技术成果转化等任务。至2014年，创业中心有留学人员创业园和天台金谷2个孵化基地，孵化厂房31栋，面积28万多平方米，累计服务于孵化企业890家。2014年，被评为国家级科技企业孵化器先进单位。

二 中国动力谷自主创新园

中国动力谷自主创新园位于新马西路，2013年建立。该园定位为引进和培育企业研发机构的核心载体，致力于营造“山、水、林、园”于一体的生态研发和生产环境，建设成为全国具有影响力和竞争力的自主创新示范区，总用地面积352.13公顷，总投资约223亿元，总建筑面积50万平方米。主要包括“一圃两器三中心”。即创业苗圃2.4万平方米、孵化器2.86万平方米、加速器 20 万平方米、研发中心 9.32 万平方米、公共技术中心 4.16 万平方米、管理服务中心 7.5 万平方米及人才公寓等功能区涵盖创新创业链全过程。2014 年，完成投资 16.9 亿元，展示中心、会议服务中心完成主体封顶，公共管理中心完成主体 10 层；10 万平方米研发中心与 14 万平方米加速器已完成土建主体部分建设，公租房已完成主体封顶。至 2014 年，有 8 家知名科研机构、设计开发企业入驻或签订入驻意向。

第二节　高新技术企业

1992 年，株洲高新区高新技术企业 34 家，高新技术产品产值 5680 万元，产品利润 1150 万元。至 1997 年，株洲高新区招商引资引进企业 107 家。其中，高新技术企业 55 家。株洲高新区加强与大专院校，科研院所和在株国有大中型企业的联合与协作，依托株洲河东工业基础优势，在传统产业的改造、工业初级产品深加工和产业群体带动方面，培植和再造湖南钻石硬质合金有限公司、南方摩托有限公司、时代新材、时代电子、湘依电器、通达电机、湘瑞塑料建材有限公司等一批新兴的高新技术企业，形成近 30 亿元的工业生产能力。建区 5 年间，累计开发新技术新产品 187 个，实现省级以上火炬、巨龙、滚动科研计划项目 81 个。1997 年，株洲高新区工业总产值 14.49 亿元，高新技术产品产值 13.45 亿元，高新技术产品利润 2.32 亿元，利税 3.22 亿元。

2001 年，株洲高新区考察申报认定高新技术企业 11 家，高新技术产品 17 项，已列入国家级火炬计划项目 3 项，列入省级火炬计划项目 9 项，申报国家“863”计划项目 3 项。其中，株洲时代新材的“轨道交通减振用高性能纳米复合弹性结构材料的研究”项目被批准列入“十五”“863”计划。2002 年，株洲高新区建区 10 周年时拥有高新技术企业 78 家，高新技术产品产值 93.31 亿元，产品利税 5.93 亿元。2005 年，株洲高新区有高新技术企业 129 个。其中，当年新认定 10 家。高新技术产品产值 160.22 亿元，产品利税 16.73 亿元。

2006 年，株洲高新区拥有高新技术企业 136 个，高新技术产品产值 194.54 亿元，高新技术产品利润 11.02 亿元，高新技术产品利税 15.99 亿元。

2011 年，株洲高新区有高新技术企业 118 家，累计实现工业总产值 1018.94 亿元，实现利税 48.62 亿元，出口创汇 7.40 亿元。2013 年，株洲高新区科技投入 54.71 亿元，实现工业总产值 1422.29 亿元，高新技术产值 1009.83 亿元。当年，株洲高新区在全国 106 个国家级高新区综合实力排名中列第 40 位，天元区在全国市辖区综合实力百强中排第 79 位。

2014 年，株洲高新区有高新技术企业 118 家，实现工业产值 1635.24 亿元。其中，年销售收入过亿元的企业 62 家，过 10 亿元的企业 18 家，过 50 亿元的企业 8 家，过 100 亿元的企业 4 家。高新技术产品产值 1098.4 亿元，高新技术产品利润 51.02 亿元，高新技术产品利税 92.19 亿元。轨道交通、通用航空和新能源汽车三大动力产业完成工业总产值 1000 亿元，占全区工业总产值比重 59.8%。株洲高新区在国家高新区综合实力排名第 28 位。

2014年株洲高新区高新技术企业一览表

表21－5－1

序号	单位名称	领 域	证书编号	区 域
1	南车株洲电力机车有限公司	高新改造传统	GR201443000169	田心工业园
2	株洲天桥起重机股份有限公司	高新改造传统	GR201443000227	田心工业园
3	湖南南车时代电动汽车股份有限公司	高新改造传统	GR201443000208	天元区
4	株洲时代电子技术有限公司	电子信息技术	GR201443000100	天元区
5	株洲时代新材料科技股份有限公司	新材料技术	GR201443000003	天元区
6	株洲通达铁路电机厂	高新改造传统	GR201443000048	天元区
7	株洲南车特种装备科技有限公司 原名：株洲九方工模具有限责任公司	高新改造传统	GR201443000065	田心工业园
8	株洲南车时代电气股份有限公司	高新改造传统	GR201443000158	田心工业园
9	株洲联诚集团有限责任公司	高新改造传统	GR201443000032	田心工业园
10	南车株洲电机有限公司 原名：株洲南车电机股份有限公司	高新改造传统	GR201443000027	田心工业园
11	湖南海利株洲精细化工有限公司	新材料技术	GR201443000108	田心工业园
12	株洲九方装备股份有限公司原名：株洲九方装备模具实业有限公司	高新技术改造传统	GR201443000019	田心工业园
13	株洲欧格瑞传动股份有限公司	高新技术改造传统	GR201443000050	天元区
14	株洲千金药业股份有限公司	生物与新医药技术	GR201443000072	天元区
15	株洲时代橡塑元件开发有限责任公司	新材料技术	GR201443000157	天元区
16	株洲欧科亿硬质合金有限公司 原名：株洲精诚实业有限公司	新材料技术	GR201443000216	董家塅工业园
17	株洲市九华新材料涂装实业有限公司	新材料技术	GR201443000077	田心工业园
18	株洲南方阀门股份有限公司	高新改造传统	GR201443000081	天元区
19	株洲中航动科南方燃气轮机成套制造安装有限公司 原名：株洲南方燃气轮机成套制造安装有限公司	新能源及节能技术	GR201443000141	董家塅工业园
20	南车株洲电力机车研究所有限公司	高新改造传统	GR201443000075	田心工业园
21	株洲湘依铁路机车电器有限公司	高新改造传统	GR201443000488	天元区
22	中国南方航空工业(集团)有限公司	航空航天技术	GR201443000412	董家塅工业园

续表21－5－1

序号	单位名称	领 域	证书编号	区 域
23	株洲南方机电制造有限公司	高新改造传统	GR201443000469	天元区
24	株洲四方电气有限公司	电子信息技术	GR201443000390	天元区
25	唐人神集团股份有限公司	生物与新医药技术	GR201443000383	天元区
26	湘煤立达矿山装备股份有限公司 原名：株洲力达液压机械有限责任公司	高新技术改造传统	GR201443000282	天元区
27	湖南华升株洲雪松有限公司	生物与新医药技术	GR201443000348	董家塅工业园
28	株洲日望电子科技有限公司	电子信息技术	GR201443000328	天元区
29	株洲易力达机电有限公司	高新改造传统	GR201443000458	董家塅工业园
30	株洲田龙铁道电气有限公司	电子信息技术	GR201443000349	天元区
31	株洲湘火炬火花塞有限责任公司	高新改造传统	GR201543000171	田心工业园
32	株洲电力机车厂长河机电产品开发公司	电子信息技术	GR201543000180	天元区
33	株洲电力机车广缘科技有限公司	高新改造传统	GR201543000099	田心工业园
34	株洲中达特科电子科技有限公司	电子信息技术	GR201543000072	天元区
35	株洲宏大高分子材料有限公司	新材料	GR201543000186	田心工业园
36	湖南电力物流服务有限责任公司	高技术服务业	GR201543000117	田心工业园
37	株洲名扬橡胶有限公司	高新改造传统产业	GR201543000104	董家塅工业园
38	株洲精工硬质合金有限公司	新材料技术	GR201543000035	天元区
39	株洲时代装备技术有限责任公司	高新改造传统	GR201543000497	田心工业园
40	株洲科瑞变流电气有限公司	电子信息技术	GR201543000035	天元区
41	株洲日旺精工有限公司	高新改造传统产业	GR201543000035	天元区
42	湖南航翔燃气轮机有限公司	新能源及节能	GF201243000225	董家塅工业园
43	株洲三新包装技术有限公司	高新改造传统产业	GF201243000248	天元区
44	湖南中普防雷股份有限公司 原名：株洲普天中普防雷科技有限公司	电子信息技术	GF201243000271	天元区
45	株洲九方热表技术有限公司	高新改造传统产业	GF201243000281	田心工业园
46	株洲九方制动设备有限公司	高新改造传统	GF201243000283	田心工业园

续表 21 - 5 - 1

序号	单位名称	领 域	证书编号	区 域
47	株洲电力机车电机修造有限公司	高新改造传统	GF201243000290	田心工业园
48	株洲建设雅马哈摩托车有限公司	高新改造传统	GF201343000098	董家塅工业园
49	株洲市微特电刷有限公司	新材料技术	GF201343000123	天元区
50	湖南南方宇航工业有限公司 原名:南方宇航工业股份有限公司	航空航天技术	GF201343000080	董家塅工业园
51	株洲旗滨集团股份有限公司	新材料技术	GF201343000116	田心工业园
52	株洲南方宇航电动车辆制造有限公司 原名:株洲市大方精密机械制造有限公司	高新技术改造传统产业	GF201343000022	董家塅工业园
53	湖南利德电子浆料有限公司	新材料	GF201343000008	天元区
54	株洲弗拉德科技有限公司	新材料	GF201343000077	天元区
55	株洲新时代输送机械有限公司	高新改造传统	GF201343000113	天元区
56	株洲华通科技有限责任公司	电子信息	GF201343000115	天元区
57	湖南湘瓷科艺股份有限公司	新材料	GF201343000137	天元区
58	株洲佳邦难熔金属有限公司	新材料	GR201543000464	天元区
59	株洲华锐硬质合金工具有限责任公司	新材料	GF201443000137	天元区
60	株洲湘火炬机械制造有限责任公司	高新改造传统产业	GF201443000105	董家塅工业园
61	湖南永盛新材料股份有限公司 原名:株洲永盛电池材料有限公司	新材料技术	GF201443000138	天元区
62	株洲变流技术国家工程研究中心有限公司	新能源技术	GF201443000035	田心工业园
63	株洲钻石切削刀具股份有限公司	新材料技术	GF201443000103	天元区
64	株洲金鼎硬质合金有限公司	新材料技术	GF201443000071	天元区
65	湖南炎帝生物工程有限公司	生物与新医药技术	GF201443000006	天元区
66	株洲天力锻业有限责任公司	新材料技术	GF201443000047	田心工业园
67	株洲肯特硬质合金有限公司	新材料技术	GF201443000065	天元区
68	株洲天桥舜臣选煤机械有限责任公司 原名:株洲舜臣选煤机械有限责任公司	高新改造传统产业	GF201443000013	天元区
69	株洲晶昱实业有限责任公司	新材料技术	GF201443000076	田心工业园
70	株洲高新区壹星科技有限公司	高新改造传统产业	GF201443000115	田心工业园

续表21－5－1

序号	单位名称	领域	证书编号	区域
71	湖南山河科技股份有限公司 (2013年3月从长沙搬至株洲)	航空航天技术	GF201443000135	董家塅工业园
72	湖南千金协力药业有限责任公司	生物与新医药技术	GF201543000036	天元区
73	湖南富利来环保科技工程有限公司	资源与环境污技术	GF201543000145	天元区
74	湖南维格磁流体股份有限公司	高新改造传统产业	GF201543000092	天元区
75	湖南高远电池有限公司 原名：株洲市高远电池有限公司	新能源与节能技术	GF201543000059	天元区
76	湖南生命伟业科技有限责任公司	资源与环境技术	GF201543000026	天元区
77	中建五局建筑节能科技有限公司	新能源与节能技术	GF201543000134	天元区
78	株洲海天工程塑料实业有限公司	新材料技术	GF201543000069	天元区
79	湖南神通光电科技有限责任公司	新材料技术	GR201343000089	董家塅工业园
80	株洲博雅实业有限公司	高新改造传统技术	GR201343000061	田心工业园
81	株洲九方铸造有限责任公司	新材料	GR201343000189	田心工业园
82	株洲联诚集团风机有限公司	高新改造传统产业	GR201343000020	田心工业园
83	株洲华盛实业有限公司	高新改造传统技术	GR201343000194	田心工业园
84	株洲金韦硬质合金有限公司	新材料	GR201343000027	天元区
85	株洲悍威磁电科技有限公司	高新改造传统技术	GR201343000217	天元区
86	株洲普天华信防雷技术有限公司	高新改造传统技术	GR2013430000147	天元区
87	湖南新九方科技有限公司	资源与环境技术	GR2013430000014	天元区
88	株洲精五环硬质合金有限公司	新材料技术	GR201343000139	天元区
89	湖南明鼎科技有限公司	高新改造传统产业	GR2013430000072	天元区
90	株洲汇隆实业有限公司	高新改造传统产业	GR2013430000127	天元区
91	湖南南方宇航高精传动有限公司	高新改造传统技术	GR201343000257	董家塅工业园
92	株洲南车机电科技有限公司	高新改造传统	GR201443000235	田心工业园
93	株洲凯特高新材料有限公司	新材料	GR201443000013	董家塅工业园
94	中航湖南通用航空发动机有限公司	航空航天技术	GR201443000084	董家塅工业园

续表21－5－1

序号	单位名称	领 域	证书编号	区 域
95	湖南特科能热处理有限公司	新材料技术	GR201443000105	天元区
96	株洲红龙电工有限公司	高新技术改造传统	GR201443000007	天元区
97	株洲瑞德尔冶金设备制造有限公司	高新技术改造传统	GR201443000083	天元区
98	株洲三特环保节能股份有限公司	资源环境技术	GR201443000193	天元区
99	株洲博雅科技股份有限公司	新材料	GR201443000355	田心工业园
100	株洲荣达铁路机电公司	高新改造传统	GR201443000300	田心工业园
101	株洲广义电子技术有限公司	电子信息	GR201443000278	天元区
102	株洲明益鑫轨道交通装备制造有限公司	高新改造传统产业	GR201443000272	天元区
103	株洲火炬工业炉有限责任公司	高新改造传统产业	GR201543000069	田心工业园
104	株洲优瑞科有色装备有限公司	高新改造传统产业	GR201543000124	田心工业园
105	株洲市科达电机技术有限公司	高新改造传统产业	GR201543000015	田心工业园
106	湖南九方焊接技术有限公司	高技术服务业	GR201543000337	田心工业园
107	株洲市太昌电子电气设备有限公司	电子信息技术	GR201543000330	天元区
108	湖南铁道职业技术学院天一实业有限公司	高新改造传统产业	GR201543000429	天元区
109	株洲市创锐高强陶瓷有限公司	新材料	GR201543000461	天元区
110	株洲科锐硬质合金股份有限公司	新材料	GR201543000316	天元区
111	株洲市微朗科技有限公司	高新改造传统产业	GR201543000430	天元区
112	株洲开元自动焊接装备有限公司	高新改造传统产业	GR201543000321	天元区
113	株洲湘火炬汽车灯具有限责任公司	高新改造传统产业	GR201543000328	天元区
114	株洲嘉成科技发展有限公司	电子信息技术	GR201543000301	天元区
115	株洲春华实业有限责任公司	高新改造传统产业	GF201543000083	金山工业园
116	株洲科盟车辆配件有限责任公司	高新改造传统产业	GF201543000163	天元区
117	株洲星联铁道车辆机电装备有限责任公司	高新改造传统产业	GF201443000087	天元区
118	株洲科能新材料有限公司	新材料	GR201543000035	金山工业园

第六章　科技管理

第一节　项目管理

一　高新技术企业申报

从1993年起，株洲高新区组织区内企业进行申报高新技术企业。同年，湖南钻石硬质合金刀具公司落户株洲高新区，成为株洲高新区第一家中外合资高新技术企业。1996年，湘瑞塑料建材、通达电机、南方摩托等40多个企业相继落户株洲高新区。

1998年4月，株洲高新区举行高新技术企业授牌仪式，省科委对湘通通信设备公司、湘瑞塑料建材有限公司、湖南钻石硬质合金刀具公司等55家高新技术企业授牌。

2001年，新增时代新材、时代电子、南方阀门、宏元化学建材、电力机车研究所、唐人神等11家高新技术企业。启动“一区三园两基地”建设（河西示范园、田心高科园、董家塅高科园、新材料基地、传感技术产业基地）。当年，全区高新技术企业达76家。其中，光机电一体化产业37家，新材料产业19家，电子信息产业14家，生物医药产业6家。

2010年，株洲高新区高新技术企业家达108家。当年新增高新技术企业11家。2011年，新增株洲电力机车研究所风电事业部、株洲圣达刀具切削公司、株洲文一电碳公司、佳美硬质合金公司等10家高新技术企业。

2014年，新增时代电动、北汽股份等企业。株洲高新区拥有高新技术企业118家。株洲高新区乘势打造“中国动力谷”，全力打造轨道交通、通用航空、新能源汽车三大千亿产业集群。

二　项目申报

1997年，株洲高新区成立区产业发展局组织区内企业进行科技项目申报，重点申报光机电一体化、电子信息、新材料、轨道交通、环保技术等高新技术领域的重大项目。主要有国家863计划，国家、省科技攻关项目，国家、省火炬计划、中小型企业创新基金项目，电子发展基金项目，国际合作项目，技术基础设施项目，省产业化专项资金项目，省计委专项等科技项目。至2002年，株洲高新区有国家级火炬计划项目13个，湖南省级火炬计划项目14个，湖南省高新技术产业发展引导资金项目19个，湖南省科技型中小型企业创新基金项目5个。2010年，推荐的3个科技项目获得省科技厅资金支持。

2012年，株洲高新区有国家级火炬计划项目1306项，省级项目900项。至2014年，株洲高新区累计申报各类科技项目11000项，获批4901项。其中，国家级3900项、省级760项、市级41项。共获得国家、省、市科技项目资助经费8.2亿元。

三 专利申报

从1997年起，株洲高新区开始进行专利申报、专利申请。2005年，株洲高新区申请各类科技专利399件，河西示范园申请专利102件。其中，发明专利19件、实用新型专利54件、外观设计专利29件。

2010年，完成专利申报352项，组织30家企业向科技部、省科技厅和市科技局申报60余项计划项目。2014年，申报各类科技专利突破1000件，获准581件，时代新材料公司的高速铁路用超高分子量聚乙烯复合材料研制与产业化应用获湖南省科技进步一等奖；株洲钻石切削刀具公司的汽车发动机精密高效刀具开发项目获国家重大专项，争取国家财政部拨款2174.89万元，并推荐为重点领域企业和行业知识产权战略推进计划项目。

至2014年的18年中，全区拥有国家授权专利3600件，另有国际专利18件。

四 知识产权保护

2000年后，株洲高新区高度重视知识产权工作。至2005年，已与90多家企业建立知识产权联系网络，78家企业有专人负责知识产权保护工作。当年确定株洲时代新材料技术股份有限公司等7家企业为知识产权试点企业。2006年，株洲高新区科学技术局增挂株洲高新区知识产权局牌子，同时成立高新区知识产权保护中心。株洲高新区制定《专利专项资金管理暂行办法》，明确在区科技三项经费中安排专利资金用于扶持区内含金量高、市场前景好的专利申请、保护和推广工作。至2014年底，全区列入湖南省知识产权管理推进计划的企业36家。株洲高新区成为国家级知识产权试点园区。

第二节 技术市场

2004年12月，成立株洲高新区技术市场管理办公室，隶属区产业发展局管理，与产业局科技管理科合署办公，负责受理各类技术合同的认定及登记工作，申报技术贸易机构和发放技术贸易资格证书。

2006年8月，成立株洲高新区知识产权保护中心，先后出台《株洲高新区、天元区优秀专利实施方案》《株洲高新区、天元区科技成果转化和知识产权交易管理办法》。使全区技术市场有章有规可循。技术市场推动全区研究开发市场化、技术成果商品化、高新技术产业化的进程，促进科技与经济的紧密结合。2010年，株洲高新区在全市首创知识产权质押融资，为天地龙企业实现500万的质押贷款。联系担保公司为天易示范区，沃尔德等6家企业担保9260万元。至2014年的10年中，技术市场签订产学研项目合同数246个，合同金额2.93亿元，科技成果转化4485项。

第二十二篇　文化·体育·旅游

区域内文化底蕴深厚，文物古迹较多。唐宋至清末，到境内景点凿石、空洲游历、考察而留下诗文、题刻、碑记的著名骚人墨客众多，为后人创设了厚重的人文氛围。随着株洲高新区、天元区的组建、调整和快速发展，区域内文化、体育和旅游业也不断发展，使之更好地满足大众需要。

第一章　文 化

第一节　文化管理

一　管理机构

1992年，株洲高新区成立设社会工作部，全区文化体育事业归属社会工作部管理。1997年8月，天元区文化广播体育局成立（其前身为市郊区文化广播体育局），内设办公室、社文股、社体股。核定局机关行政编制3名，后勤事业编制1名，设二级事业机构天元区文化馆和天元区电影站，事业编制4名。1998年9月，天元区文化市场管理稽查队（后易名天元区文化市场稽查大队）成立。是年，群丰镇文化站被湖南省授予全省“百强集镇文化站”称号。2002年3月，区文化馆和区电影站合并为天元区文化电影站。同年6月，区文化广播体育局更名为天元区文化体育局。2007年2月，区文化电影站更名为天元区文化馆。2011年5月，天元区文化体育局更名为天元区文化体育新闻出版局，与天元区旅游局合署办公，履行原区文化体育局的行政管理职能，并承担区“扫黄打非”领导小组办公室日常工作，撤销区文化市场稽查大队。2014年，天元区文化体育新闻出版局（加挂天元区旅游局牌子）内设办公室、社会文化体育股、市场股、旅游股，在编在岗人员14人，设二级事业单位文化馆；全区镇、街道均设立综合文化站。

1997—2014年，先后有邓海华、徐清林、郭飞、杨忠明任局长。

二　文化团体

株洲高新区、天元区成立后，辖区内群众文化团队不断增多。1998年，市妇联组建的天元区第一个文化团队“天元区常春艺术团”成立，随后区内各类文化团队注册成立。2014年，天元区有各类注册的群众文化团队 82 个。其中，综合类 15 个，舞蹈类 21 个，音乐类 2 个，戏剧类 2 个，民间文艺类 42 个；各级政府机关、企事业单位艺术团队 37 个，并逐步形成各具文化特色的团队组织。

天元区常春艺术团 1998 年成立，有团员 120 余人，内设合唱队、舞蹈队。2002 年，成为中国合唱协会的团体会员。共参加全国、省、市举办的文艺比赛 60 余场次。2007 年，被全国妇联、国家体育总局授予全国亿万妇女健身活动先进集体称号。

天元区老龄大学艺术团 2003 年 9 月成立，有团员 56 人。该团经常深入厂矿、部队、敬老院、劳教所等单位慰问演出。2010 年 6 月，参加由中国民族舞蹈研究会、中国合唱艺术研究会联合举办的“携手青春，走进世博”大型综艺活动，参赛节目《送你一枝玫瑰花》获牡丹金奖和最佳舞台风采奖。2013 年，获欢乐潇湘湖南省第三届广场舞大赛最佳风尚奖。

湖湘文化志愿者协会 2004 年 5 月发起，2011 年 7 月注册。下辖特色地名考录部、关爱老兵工作部和文学艺术综合部。2014 年，有注册会员 286 人，协会办公及活动场所为天元区栗雨街道永安社区王家坪。协会致力于本土文化的挖掘、保护、研究和宣传工作，被国家级和省市级媒体多次报道。《中国文化报》《湖南日报》、湖南电视台和本土媒体经常以专题的形式报道湖湘文化志愿者协会的活动情况和取得的成果。自成立至 2014 年末，协会成员在各级刊物上发表文章 2000 余篇。

第二节 文学艺术创作

株洲高新区、天元区成立以后，由于地处城市中心，区内文学创作人员主要依托市级机构开展文学创作活动。2011 年 6 月，成立天元区文学艺术联合会，为全市首家区级文联机构。2014 年，区内有天元诗联协会、天元区书法协会、天元区戏曲协会、天元区滨江艺术团、天元区摄影协会等文学艺术创作团体开展活动。

一 诗 词

1998 年 8 月，原株洲市郊区诗书画协会更名为株洲市天元诗社，原《仙庾诗词》更名为《天台诗词》，诗社挂靠天元区老干局。由于种种原因诗社停止运作一段时间。2004 年，天元区诗社副社长王建武建议南楚诗社按区成立小组或分社。2005 年，成立南楚诗社天台小组，王建武任组长，会员近 40 人，小组靠会员捐款维持运行。出版刊物《天台吟草》，共出 4 期，后《天台吟草》更名为《天台吟韵》，共出刊 5 期。2006 年，南楚诗社天台小组更名为南楚诗社天台分社，会员近 60 名。出刊 7 期，开展株洲广播电视塔、社区创卫等系列采风活动，举行社区诗词吟唱会、“我们的节日”吟唱会等系列活动。2008 年，南楚诗社天台分社更名为株洲市天元诗联社，市画家吴楚龙任会长。2009年6月，诗联社召开“株洲精神讨论会”，对什么是株洲精神进行讨论、挖掘，会员们撰写的文章、诗词先后在《株洲日报》《株洲新区》报刊发。2010年5月，诗联社组织慰问湖南最美护士二医院护士何瑶，会员黄亮璋宣扬何瑶事迹的诗作在《人民日报》头版发表，使何瑶事迹迅速在全国传播。年内，彭子辉词《临江仙·赠建筑工人》获湖北省第五届黄鹤楼诗词大赛一等奖。2012年6月，正式注册成立株洲市天元诗联协会。诗联成立以来，出版吴楚龙的《画余吟稿》、伍三平的《流风余韵》、黎福清的《诗从梦中来》、王建武的《箭舞吟草》、张精干的《夏风韵语》、符太鹏的《梦底家山》等诗词作品集20余本，会员彭子辉在全国第一届百诗联赛中作品获优秀奖，作品《敦煌赋》在中国敦煌国际葡萄节中被安排成节目在大会上集体朗颂，并获一等奖；吴楚龙在市端午吟唱第一届诗会中获三等奖，作品市树、市花获三等奖，区书画展览一等奖；市环保杯诗词大赛刘初元获一等奖，周祥新获三等奖；全国迎新春诗联大赛唐怀忠获二等奖，文希林获三等奖；全国第二届百诗百联大赛中张精干获优秀奖；全国第四届中华诗人踏青行，吉政钦获一等奖，并获十一届天籁杯中华诗词大赛金奖；陈春明诗词获公安战线二等奖，书法获优秀奖；易伟仁诗词获全省金融系统三等奖。2008—2014年，会员先后有8人加入中华诗词学会。

二　舞蹈

2008年8月，天元区滨江艺术团成立。2012年，在全国第一届排舞比赛中获得3个二等奖。2013年，创作《舞动青春》。同年在全国第二届排舞比赛中夺得团体一等奖，《唱，唱，唱》获一等奖，《眼中的美丽》获二等奖；《唱，唱，唱》还夺得湖南省广场舞大赛“舞王”称号。2014年，在湖南省《欢乐潇湘 群舞飞扬》大赛中获第三名，市、区二级《欢乐潇湘》大型群众文化活动比赛中获二等奖；原创作歌伴舞《焦裕禄》、情景剧《小小剧》多次展演。是年，天元区滨江艺术团更名为天元区滨江艺术舞蹈协会，团员发展到70余人。

三　书画

2012年9月，天元区书画协会成立，有会员61人。其中全国、省、市美术、书法协会会员近20名。协会每年举办一次会员作品展览，每二年参加并协办一次天元区艺术节书画展览。成立以来，配合天元区人大参加市人大宪法日书画展、区纪委参加市纪委清风廉政书画展。组织纪念红军长征胜利80周年，毛泽东主席诞生123周年书画展。有200多人次获得全国、省、市、区奖励。

四　戏曲

1999年9月，滨江艺术舞蹈志愿者协会成立，其前身为株洲市老年大学京剧团。2014年3月，注册更名为天元区戏曲协会，有会员46人。至2014年，演出场次100余场，参演省、市戏曲和文艺会演多次获奖。2014年10月，参加全国京剧票友演唱会剧目《廉锦枫》获优秀奖。会长粟意文被中国传统文化促进会聘为委员，《湖南日报》《株洲日报》《株洲晚报》等多家媒体采访报道。

五 摄影

2009年，天元区成立摄影协会，会员多时30余人。截至2014年，天元区境内中国摄影家协会会员周国志作品《希望》《丰》《规划未来》《一塘欢乐》《塔川秋色》《瑶乡的孩子》《黄山观海》《天子山风光》等18篇摄影作品获全国优秀作品奖。郑安戈、阳世云、郑斯文、周志奇、赵凯等拍摄的《在天路上撒野》《星光闪闪》《童话世界》《守候》《欢迎，欢迎》《屹立》《长寿老人》《高原赛马》《高峡绝壁绘新图》《环看宏村》等30多篇作品在全国各类大赛中获奖。张国庆、郑安戈、陈向东、林红、张立峰、周志奇等拍摄的《鸟瞰》《劲松》《七彩凤凰》《铁血滇西》《保护母亲河》《炎陵白鹅》《黄桃丰收》《情系灾区》《温暖》《挖桩人》等20多篇作品在省级比赛中获奖。协会组织“株洲高新区成立15周年、天元区建区20周年”庆典、“魅力新区”等摄影作品展览。

第三节 群众文化

1992年，株洲高新区成立之初，文化场馆较少，除园艺场场部和棉纺厂分别有一家电影院。随着株洲高新区、天元区社会经济高速发展，区内各类民办文化娱乐场所如音像放映、音乐茶座、KTV、歌舞厅、游戏网吧、书吧、书店等应运而生。与此同时，市、区政府先后在天元区建起市第二工人文化宫、炎帝广场、株洲广播电视发射塔、市规划展览馆、神农城、河西湘江风光带、区文化馆等大型文化场馆。2008年，启动镇、街道综合文化站和农家书屋建设。至2010年，天元区有茶馆58家，网吧36家、电游室22家、KTV舞厅29家、专业电影院2家、书店9家、打字文印出版社16家。2014年，天元区启动镇、街道、社区（村）公共电子阅览室建设。截至2014年末，天元区有出版物零售经营许可证在档经营户主77家，电子游戏经营户6家，印刷许可在档户92家，KTV舞厅32家、茶馆68家，网吧74家、电影院3家。

一 文化场馆

1994年12月，由市总工会组织兴建的株洲市第二工人文化宫落户株洲高新区。位于天元区长江广场西南角，占地面积2.13公顷，建筑面积12750平方米，总投资1500万元。1995年8月，集纪念、文化、旅游一体的株洲炎帝广场破土动工，广场位于株洲高新区中轴线——天台路顶端，占地面积17公顷，是当时河西新城区的核心区，广场内建有19.97米高的大型炎帝塑像、假山及相应商业设施。1996年5月，位于炎帝广场西侧的株洲广播电视发射塔动工兴建。1997年，市第二工人文化宫被授予全省健身健美最佳场所。河西的第一家KTV、第一家电影院、第一家高档会所、第一家健身房均诞生此处。1999年12月，株洲广播电视发射塔竣工，总投资8000多万元，塔高293米，海拔365米，当时被誉为20世纪中国最高的多功能钢制结构广播电视塔，具有广播电视、观光旅游、休闲娱乐等功能。

2009年，株洲炎帝广场提质改造，新命名为株洲神农城。该城占地面积近200公顷，投资近100亿元。广场平面设计成展开的扇形，以炎帝主题园为主的神农城核心区与炎帝文化相关的九大建筑与景观，即神农太阳城、神农塔、神农湖、神农大剧院、神农艺术宫、神农坛、神农大道、神农渠等融合在一起。

2010年10月，株洲最大文化休闲场所株洲河西湘江风光带建成，河西湘江风光带北起石峰大桥北侧，南至滨江路与珠江路出口交汇处，全长11.3千米，总用地面积约105万平方米，从南到北穿插放生平台、湿地公园、蝴蝶谷、康园、欧式酒吧一条街、快活林、花溪、大型沙滩、湾池、航模广场、火车头广场、株洲史浮雕墙等16处景点。

2011年5月，位于天元区天台路18号的市规划展览馆建成，总建筑面积1.04万平方米。展馆共分3层，陈列分为印象株洲、蓝图总览和豪迈开拓3个展厅，设置16个展示区域，另有城市书吧、多媒体会议室等配套服务设施，是集规划展示、科普教育、特色旅游、娱乐休闲等多功能于一体的综合性展览馆。

2013年，天元区文化馆启动建设，馆址位于天元区森林路258号8楼，场馆总面积3200平方米，馆内设艺术展览厅、舞蹈排练厅、书法培训室、电子阅览室等厅室31间。至2014年底，完成主体建设、室内装修、设备配备。

2014年，泰山路街道、嵩山路街道、栗雨街道、马家河镇、群丰镇所辖社区共设公共电子阅览室67间，各阅览室均配备服务器、计算机等设备。

二　文化活动

株洲高新区成立前，所辖范围文化活动较少。株洲高新区、天元区成立后，随着城区的扩大，社会、经济的发展，机关、企业、学校、社团积极组织举办各类文化活动，社区文化、广场文化、企业文化开展富有特色。

节庆文化活动　天元区每年重要节日都开展系列文化活动，尤其是元宵节天元区均组织开展福包派送、舞龙大赛，祈福大典、有奖游园、文艺演出、心愿墙等系列群众文化活动。

1997年10月，“中国湖南株洲炎帝节”开幕式和商品交易会晚会演出在炎帝广场举行，来自全市60多个单位，4000多名专业和业余演员登台演出，国内一批知名演员前来助演。

2002年10月，中国湖南株洲炎帝节暨株洲开发区成立10周年庆典专场文艺晚会在炎帝广场举行。此次活动由市委、市政府主办，株洲高新区、天元区1800名观众方阵参加演出。

2007年10月12日晚，庆祝株洲高新区成立15周年、天元区建区10周年和株洲新区“迎奥运香港明星足球队株洲高新区表演赛暨焰火演唱晚会”大型文化活动在市体育中心举行，观众4万余人。

2010年6月5日至7月30日，举办株洲新区首届文化艺术节。活动主题为“情满新区、畅想未来”。内容分开幕式暨庆祝建党89周年文艺会演、中青年教师才艺比赛、合唱大赛、群众文化文艺会演、摄影比赛及摄影展、书画比赛及书画展6大项目，分4个阶段进行。各镇（街道）、区直机关各单位、市直驻区各单位及辖区规模以上企业、辖区部分房地产企业参与。第三阶段的株洲新区首届艺术节合唱大赛节目中，辖区62个单位2300余人参加，合唱曲目80首。7月30日，举行新区首届艺术节闭幕式暨颁奖晚会。

2012年4月至10月，以“我爱新区”为主题举办株洲新区第二届艺术节。第二届艺术节有7大类艺术主题。4月，器乐类才艺展示决赛在神农湖水秀舞台举行。5月，近200名青年团员参与青年诗歌朗诵会，用诗歌抒发热爱新区的情怀。7月，卫生系统创建国家健康城市宣传月活动文艺会演。8月，群众文艺会演在群丰镇湘云社区群众大舞台举行，会演分为“和谐之乐·大众文艺专场”和“传承之美·民俗文化专场”，来自辖区内社区（村）、机关、企业和学校的22个文艺团队300余名演员参加演出，观众2万余人次。9月，书画摄影大赛100余幅获奖作品从不同角度艺术再现新区在经济建设、社会发展中取得的丰硕成果和独特魅力。10月，20支参赛队伍1600余名演员参与合唱。同月，举行动漫创意展示活动，参赛者用动漫的表现手法诠释心中的“弘扬雷锋精神、创建文明城市、展示新区形象”主题。12月，专场文艺晚会在高新大厦会议中心隆重举行。12月18日，株洲高新区成立20周年、天元区建区15周年庆典演出在栗雨休闲谷广场举行470多名来自区直机关、辖区各基层单位以及辖区内的企事业单位演员登台演出。

广场文化活动 株洲高新区、天元区成立初，广场少，文化活动也少，只是偶尔有人散散步，打打太极拳或练练剑。20世纪末，广场舞在境内兴起。1998年9月，市委决定在炎帝广场长期举办周末广场文化活动，活动命名为“周周乐”，同时印发《关于办好株洲市“周周乐”周末广场文化演出活动有关事项的通知》。11月15日晚，株洲教育学院在炎帝广场承办首场“周周乐”广场演出活动，观众2万多人。此后，每年4月中旬至11月底为“周周乐”广场文化活动的时段，后因炎帝广场提质改造而停办。炎帝广场“周周乐”广场文化活动16年间，演出总场次450余场，参演人员9万人次，观众45万人次。进入21世纪，广场文化日渐活跃，区内先后建起神农城、河西湘江风光带、栗雨休闲谷等大型文化休闲广场。湘江风光带有室外球场、露天电影场、舞池舞台、儿童乐园等，每晚娱乐休闲人数上万人。

2003年后，区内广场舞队发展迅速。从2010年开始，市文化局每年组织一次广场舞比赛，为参加全市的比赛，天元区每年都要进行一次循环淘汰赛，选送队伍参加全市总决赛。2011年，天元区选送的24支队伍参加株洲市第二届“万人广场舞”表演大赛，天元区滨江社区健身队获全市第一名。炎帝广场提质改造成神农城后专业演出改为水秀表演、水幕电影为主，每天都有近万人观看。炎帝广场（神农城）先后被评为全省优秀文化广场和全国优秀特色文化广场。2014 年，全区范围内有广场舞队 80 多个，每到晚上区内大小广场都是跳舞音乐声，仅神农广场每晚跳广场舞者有 300 人以上。

厅室休闲娱乐活动 株洲高新区成立初，厅室休闲场所极少。20 世纪 90 年代后期，区内陆续办起华天大剧场、滨江、二宫、耀华等多家歌舞厅，在河西一桥南边有星期五娱乐城。同时相继兴起一批卡拉 OK 厅、电视录像厅、桌球室、乒乓球室、迪吧、茶座等。进入 21 世纪，KTV 歌厅、茶座、网吧、电子游戏室增多。近年来，随着社会经济的发展，人民生活水平的提高，K 歌、打麻将、玩纸牌、上网、玩电子游戏、品茶聊天、看书阅报成为市民们的重要室内休闲文化活动。

三　传统文化

舞龙、舞狮 境内正月舞龙、舞狮盛行。从正月初六至十五，城乡各地到处都是舞龙、舞狮队的拜年表演。特别是乡村，每个乡、镇、村都有舞龙、舞狮队，直玩至正月十五晚上。2010 年以后，随着春节活动的多元化、正月舞龙、舞狮活动有所减少，但一些大型的庆典活动，如天元区组织的每年在神农广场开展的元宵节庆典活动，都有舞龙、舞狮队参加。2014 年 2 月 14 日元宵节当天，区文体新局在神农广城举办欢度元宵舞龙大赛等多项活动，观众达 3 万余人。

龙舟比赛 境内沿湘江各乡、镇、村有端午节开展龙舟比赛的习俗，沿江各村几乎都有龙舟队。20 世纪 90 年代，马家河乡龙舟队在全市稍有名气；但近年来随着农村城镇化和居民文化活动的丰富多彩，端午节龙舟比赛有所减少。

唱戏 20 世纪末开始，农村红白喜事或做寿流行唱戏、放电影，唱戏一般请当地班子。至 2014 年，农村喜事活动档次越来越高，有的还请管乐队，K 歌等活动。城区店庆开业请管乐队、腰鼓队热闹。

四　文艺活动

株洲高新区、天元区成立后，区内文艺活动一直较活跃，机关单位、厂矿企业、学校、工会、青年组织等经常举办各种形式的文艺活动，如总工会组织的“五一”劳动节职工文艺活动，团区委组织的“五四”青年节青年文艺活动，教育局组织的“教师节”文艺活动等，其他厂矿、企业、乡镇、街道（社区）在重大节日也均组织文艺活动。其形式有文艺会演、知识抢答、演讲比赛、K 歌、交谊舞比赛等。

1998 年 4 月，区文体局、团区委联合举办天元区“通达杯”青年歌手赛，并推荐选手参加市文化局举行的“三九杯”农民歌手赛，获二等奖 1 名，三等奖 1 名。1999 年 10 月，为庆祝国庆

50周年，区文体局与市妇联联合举办99千禧集体婚礼和文艺演出活动。

2000年，区委宣传部组织“五下乡”活动，组织现代花鼓戏《太平村的锣声》下乡演出，受到农民朋友的好评。同年5月，举办天元区“消防杯”歌手大赛，经过角逐，最后评出天元区“十佳歌手”。

2002年，通过选拔，全区选送54名舞蹈、声乐、器乐人才参加湖南省第三届“蒲公英”比赛，37人在省市获得银牌和铜牌。2003年12月，株洲高新区工委、管委，天元区委、区政府主办，区文化体育局承办的“新区大合唱”，全区机关、基层、企业56个队参加，合唱演员3000余人。2006年9月，嵩山路街道湘银社区“邻里节”启动仪式暨文艺会演在湘银社区举行。该社区利用文化搭台，开展“手拉手、邻帮邻，幸福社区亲上亲”等邻里节活动，把居民从家庭引向社区，从管家事引导到关注社区建设；同时开展“幸福社区总动员”、法律服务进社区、爱心义卖等文化活动，寓教于乐。2008年，湘银社区获评“全国文化先进社区”。

2012年10月，“幸福株洲·百团大会演”天元区总决赛在湘江风光带举行。通过近两个月的展演选拔，天元区辖区内机关、学校、社区、厂矿的13个文艺团队、235名演员参加总决赛。2013—2014年，天元区举办“欢乐潇湘·幸福新区”大型群众文艺会演，共设12场大型展演和2场综合性群众文艺晚会。节目形式有舞蹈、器乐、表演唱、京剧、太空拳、花鼓戏、小品、时装秀、情景剧、独唱等，活动在辖区各大公共广场进行，共吸引29支群众文艺团队和协会组织、400余名演员参与演出，5万余人观看。2014年，舞蹈《八女投江》和情景剧《难忘的岁月》在株洲市“欢乐潇湘　欢乐株洲”大型群众文艺会演中分别获银奖和铜奖，歌舞《礼》获市特等奖并赴省参赛。

第四节　文化市场管理

一　娱乐市场管理

株洲高新区成立之前，文化娱乐产业市场小，所辖范围属市郊区人民政府管辖。株洲高新区、天元区成立后，区文化管理部门按照《文化市场管理条例》和政策法规逐步加大对文化市场管理执法力度。

1998年2月，区文化广播体育局印发《关于加强文化市场管理的通知》，明确文化市场管理对象、范围及经营户必须遵守的义务内容。同时，组建天元区文化市场管理稽查队。

1999年，区文化广播体育局全面启动全区文化经营户证照审核工作，通过排查摸底，审核发证，全区有文化经营户90户，审核发证64户。其中，打字复印20户，电子游戏15户，卡拉OK厅、茶座10户，桌球室8户，棋牌游艺室3户，书店、书摊8户。

2000年，区文化广播体育局印发《关于认真做好健身气功清理整顿工作和加强公共文化经营场所安全工作的实施方案》，加强对社会有害气功组织的清理整顿，对气功非法出版物一律收缴销毁，对非法编写、印刷、复制、销售、传播气功出版物的单位、组织和个人严肃查处和依法追究责任。

2002 年，对未办证和证件过期的经营户进行清理，核发证照 83 户，配合市文化局稽查队对辖区内网吧进行全面的清理整治。

2004 年，在全区 27 个社区首批聘请网吧义务监督员 54 名，并对其进行业务培训。2004—2005 年，组织开展文化市场清理整治行动 20 余次，关闭无证电游室 5 家，收缴赌博机 16 台，查处违规网吧、电游 6 家。举办法律法规培训班 4 期，培训经营户 100 余人，在节假日期间向经营户发放慰问信和安全文明提醒书 300 余份。

2007 年，区文化市场稽查大队对校园周边地区经营的网吧、电子游戏厅进行 20 余次突击检查，查处违规网吧、电游室 10 多家，清理违规流动演出团 4 个。

2009 年，先后参与和组织各种专项整治行动 20 余次，查处违规网吧、电游室 10 家。同年 5 月，召开全区文化市场管理工作专题会议，并与各电游经营户签订《天元区文化市场经营管理责任书》。

2010 — 2011 年，组织执法人员参加市、区各级培训，完善文化市场工作制度。区文化市场稽查大队持续开展以校园周边、城中村为重点的文化市场整治工作。2 年中共出动执法人员 152 人次，车辆 50 余台次，查处接纳未成年人电游室 5 家，无证电游室 1 家。配合上级相关部门开展以网吧、歌舞厅等文化娱乐经营场所为重点的文化市场整治。

2012 — 2014 年，加强对市场经营单位证照的年审和换发，换发证照 140 余个。配合上级部门开展网吧集中检查行动 5 次，发放整改通知书 60 余份，整改安全隐患 40 多处。对全区范围内网吧、KTV 门店进行全面的排查，发放中国梦和社会主义核心价值观宣传资料 2000 余份。

二　新闻出版市场管理

1997—2003 年，天元区对未办证和证件过期的经营户进行清理，对符合要求的门店重新进行办证和补证。配合市文化局开展 4 次全市性的“扫黄打非”活动，对全区出版物市场进行拉网式检查清理，查处书店 13 家，收缴色情淫秽盗版小说 68 本、非法“口袋书”200 余册。

2004—2006 年，组织开展出版物市场清理整治行动 12 次，查处违规经营户 7 家，收缴非法出版物 130 余件。2005 年 1 月，区委宣传部、文体局、公安分局、工商管理分局、“扫黄打非”办公室等 6 个部门联合印发《关于治理整顿印刷复制业市场秩序的方案》，加大对印刷复制业的整顿、管理和违法、违规追究。

2007—2009 年，以校园周边为重点，对音像、书报刊店进行 20 余次突击检查，查处违法违规书报刊经营户 13 家，非法出版物 182 件。2013 年，根据国务院办公厅和省政府办公厅关于政府机关软件正版化的通知，区政府办印发《关于对全区政府机关软件正版化情况进行调查摸底的通知》，并召开培训会议。根据市软件正版化工作领导小组的统一安排，确定天元区政府机关电脑操作系统（Windows7 共 37 套）为开放式授权，国产办公软件（永中软件）为场地授权，2014 年初安装完毕。2014 年 5 月、9 月，联合市文化市场综合执法局天元执法大队、天元区教育局等部门重点对泰山、银海、白鹤等小学和建宁实验中学校园周边书报刊店开展专项集中整治。

第五节　文物及非物质文化遗产保护

2008 年，天元区东湖发现的大规模恐龙化石，经中科院著名专家鉴定，距今有 6500 万年到 8000 万年。在三门镇燕子村六斗坡发现的旧石器点，揭示境内 20 万年前就有人类活动踪迹。发现的井寺冲、羊角山、龙家坡等 9 个古居遗址，证实远在 1 万年至 4000 年前的新石器时代，在天元区的这块土地上，就有人类生活和居住。

一　文物古迹

(一) 古遗址

东湖恐龙化石　2008 年，施工人员在天元区嵩山路街道东湖管理处东湖学校建设项目施工中发现恐龙化石，经中科院古脊椎动物与古人类研究所著名专家赵喜进初步鉴定，有晰脚龙、鸭嘴龙、虚骨龙、霸王龙、似鸟龙、鸟臀类及鱼类等化石，是一个典型的晚白垩世恐龙动物群。至 2014 年，已发现 6 个岩层有恐龙化石，共 222 块。晚白垩世距今约 6500 万 ~ 8000 万年，发现的恐龙化石群至少有 5 种恐龙。恐龙化石集中在 13 米厚的灰绿色砾岩和紫红色砂石泥岩中，范围约 1 万平方米，其出露层位多。恐龙化石相对集中，恐龙类别多，尤其是在大中城市内发现恐龙化石，国内外仅有株洲一处。

六斗坡旧石器点　三门镇燕子村六斗坡系湘江中游西岸三级台地，东距湘江 5 千米。六斗坡周围均为一座座小山丘，三门河从北面 300 米处流过。1988 年 6 月，文物复查时，在网纹红土层断面发现有断痕的石料。此后，株洲市博物馆的考古人员到现场作进一步勘查，从网纹红土层内采集到石刮削器（刮削器现藏于株洲市博物馆）1 件。刮削器是采用石英砂岩进行单面锤击而成，上面有明显的人工打击点。后经省考石研究所专家到石器出土点考察，认定刮削器出土于距地表 2 米以下的第四纪网纹红土层。根据此地层堆积年代推断，六斗坡旧石器点遗存距今约 20 万年。六斗坡旧石器点是湘江流域至今发现的唯一一处旧石器时代文化遗存，它与澧水、沅水旧石器时代遗址地层堆积相当。

古居落遗址　截至 2014 年，天元区已发现古居落遗址 9 处。其中，商周时期遗址 7 处，汉代遗址 2 处。

井寺冲遗址。位于群丰镇响塘村，发现商代和西周的夹砂灰陶罐，方格纹硬陶片。

庵山冲遗址。位于群丰镇响塘村，发现商代和西周的石斧、夹砂灰陶罐，方格纹硬陶片。

湘云遗址。位于群丰镇湘云村，发现商代和西周的石斧，夹砂灰陶罐，曲折纹与方格纹硬陶片。

羊角山遗址。位于雷打石镇，发现商代，西周与汉代的夹砂灰陶釜、泥质灰陶罐、弦纹与小方格硬陶片。

胡家湾遗址。位于群丰镇新文村，发现东周时代的石斧、石镞、泥质灰陶钵、罐、方格纹硬陶片。

岐塘遗址。位于三门镇株木村，发现东周时代的石斧、泥质灰陶残片、方格纹硬陶罐。

龙家坡遗址。位于群丰镇旗云村，发现东周和汉代的夹砂灰陶釜、小方格纹硬陶罐。

万家塘遗址。位于马家河镇浅塘村，发现汉代的夹砂灰陶、泥质灰陶残片、小方格纹硬陶罐。

桂花遗址。位于雷打石镇扶兴村，发现汉代的泥质灰陶、硬陶残片、小方格纹硬陶罐。

（二）古寺庙

空灵岸 亦称观音岩，位于雷打石镇盘石、霞石两村交界处的九狮山上。空灵岸，依石而立，傍水而生，山水秀丽，风光迷人，南纳南岳衡山之紫气，北望岳阳洞庭之烟波，素以“潇湘八景”之一著称；空灵寺与南岳庙、岳阳楼并称“潇湘三圣地”。1999 年 4 月，被株洲市政府列入重点文物保护单位；先后列入省、市重点宗教活动场所名录。

空灵寺。始建于南朝梁天监七年（508），空灵岸因佛而建寺宇，因风景奇特而引文人墨客畅游之。唐代监察御史刘长卿游览空灵寺时写下《江中对月》一诗。唐代著名诗人杜甫携眷载舟漂泊湘江，行至空灵岸，流连过午，遂赋《次空灵岸》诗一首。“空灵霞石峻，枫括隐奔峭”成为千古佳句，“霞石埠”因此而名。两年间，杜甫曾四次携眷游览空灵岸，有于此营庐长居之意。自此，空灵岸声名大震，寺院建筑规模也随之扩大。远近香客游人、社会名流、文人墨客纷纷慕名至此，观光朝拜、吟诗作赋、题词作画。宋代著名书法家米芾游空灵岸时，挥毫题写“怀杜岩”镌刻于悬岩之上。宋代理学大师朱熹偕张南轩游览空灵岸后，到朱亭结亭讲学。明万历年间，铸三尊鎏金佛像和十八尊罗汉铜像，置于寺内，至今保存完好，被列为国家二级保护文物。湘军将领左宗棠为空灵寺题字“百宝腾光”。清代直隶提督郭松林为空灵寺题字“目前南海”。清兵部尚书、湘军将领彭玉麟游此遂作《梅花图》，并题“神工劈出空灵岸，稳坐菩提自在身，写树梅花作清供，琼瑶一色静无尘”诗一首，遣使送与空灵寺，镌于石碑，因之新建“梅花阁”。梅花石碑陈于阁内，此碑现藏于株洲市博物馆，为国家三级保护文物。民国时期，时任湖南省主席何键题写“梅花阁”，嵌于阁檐。1986 年，空灵寺重修，中共中央政治局委员、国务院副总理方毅为空灵岸题写“空灵岸”匾额，嵌入南山门门额。全国政协副主席、中国佛教协会会长赵朴初题写“空灵寺”“三圣殿”匾额。1990 年 4 月，全国书法家协会副主席、著名书法家李铎游空灵寺时，题写“大雄宝殿”匾额。2002 年，李铎又书杜甫《次空灵岸》诗，镌刻于赤壁之上；全国书法家协会主席沈鹏书唐代诗人刘长卿诗镌于赤壁之上；全国著名金石书画家李立为殿堂书“佛光普照”四个大字。湖南省书法家协会主席、著名书法家周昭怡女士书“空寺凌湘水，灵岩托楚山”对联刻于南门石柱上。

观音岩洞。内供奉观世音菩萨像。洞口如同狮口，可容纳数百人礼佛焚香，同侧曾有清末武侠兰仙果所书之对联；“洞口开自那年，吞不尽潇湘奇气；岩腹藏些何物，怕莫是古今牢骚”。洞尽头有石池，上有清泉滴流，四时不涸，呼为“仙泉”。

三圣殿。1986年9月27日奠基。次年10月31日竣工。占地面积144.4平方米，楼高24.1米，分为四层。一层为僧舍；二层为茶社；三层为三圣殿；四层为藏经楼。殿中奉1.86米南无阿弥陀佛、南无观世音、南无大势至菩萨立像，工程建筑面积340平方米，全框架结构，红柱、白墙、重檐、金色琉璃瓦，八角兽头风铃，蔚为壮观。

南山门。1987年建成。建筑面积40平方米。山门高6.5米，红门、白墙、绿瓦。

大雄宝殿。1990年4月11日奠基。次年11月30日竣工。大殿高9.8米，占地面积207.2平方米，建筑面积239.7平方米，总造价22.8万元。全框架结构，红柱、白墙、金色琉璃瓦、重檐，重檐间四周花窗。殿中奉释迦牟尼大佛像，两旁立阿难、迦叶菩萨像。大殿两侧墙上陈18罗汉塑像。

地藏阁。1991年4月1日奠基。同年11月30日竣工。占地面积84.6平方米，建筑面积54平方米。全框架结构。单檐金色琉璃瓦。阁内奉地藏王菩萨及比丘、长者塑像。

钟鼓亭。1990年10月动工。次年3月10日竣工。占地面积20.3平方米，建筑面积11.9平方米。六红柱、重檐、金色琉璃瓦。依岩就势，造型雅致。亭重檐间嵌“钟鼓亭”石匾。亭中悬挂大钟、大鼓各1个。

僧舍楼。1991年4月建成。占地面积147.4平方米，建筑面积265平方米。砖混结构，后阳台前走廊，共13间，每间为1床1柜1桌1凳，住僧1人。

天王殿。1994年9月10日奠基。次年10月18日竣工。占地面积304.8平方米，建筑面积337.5平方米，殿高10.55米，全框架结构。大殿分两层，一层为殿堂，殿中央奉弥勒佛塑像，两侧为四大天王塑像。殿堂重檐间悬挂书法家陈沛华书“天王殿”金匾。门前两侧立有2米高汉白玉石狮一对。二层为书画展厅，四周走廊，大殿红柱、白墙、重檐、金色琉璃瓦、八角兽头风铃。

空灵寺门楼。1994年9月动工。次年10月建成。楼高7米，重檐，金色琉璃瓦，红柱、白墙。重檐间正中嵌赵朴初书“空灵寺”汉白玉匾，正门两侧嵌陈沛华书“空悬殿宇千秋壮，灵佑河山万代昌”汉白玉联。大门右侧墙上嵌“空灵寺碑记”。

功德堂。1996年9月22日奠基。次年9月30日竣工。占地386.9平方米，建筑面积656平方米（内厨房建筑面积70平方米），全框架结构，红柱、白墙、重檐、金色琉璃瓦、八角兽头风铃。功德堂高14.96米，分3层。一层为斋餐馆，二层为功德堂，三层为僧舍。

资福寺 原位于株洲市南湖街79号。建于梁武帝时期，迄今有1500多年的历史。《湘潭县志》载：“资福寺在株洲，田册四亩。”至民国7年（1918）已发展为两进的院落寺庙群，从南至北，有槽门、前院、后院、观音殿、堂等。南北战争时期，兵荒马乱，观音殿、堂等俱被烧毁。据《湖南省志》载，南宋四大名将之一的淮北宣抚判官刘锜曾夜宿于此，并留有诗文：“迅扫妖氛六合清，匣中宝剑气犹横，夜观星斗鬼神泣，昼会风云龙虎惊。重整山河归北地，两扶圣主到南京，山僧不识英雄汉，只管滔滔问姓名。”该寺自建造以来，一直香火旺盛。1998年，经省政府批准，迁往株洲市河西黄河南路与滨江路交汇处，由南岳南台寺释妙开大师任主持。资福寺整个建筑呈四合院式，大雄宝殿是典型的元代木结构建筑。宝殿的墙上绘有大量的水陆画，这些线条流畅，刚劲有力的绘画有着很高的艺术价值。该寺为省级重点宗教场所。

凿石浦 清朝时位于湘潭县一都九甲，现今位于株洲市天元区栗雨街道办事处凿石社区湖塘组。凿石岩上曾建有神农炎帝赤松子雨师庙，凿石浦里有茶盘州。凿石浦土地肥沃，气候温和，先民们在此种植水稻、桑麻、茶叶、蔬菜和制陶。凿石浦上用凿石建有龙凤桥，附近也有许多带龙字的地名，如龙塘等。凿石浦水陆交通发达，唐太宗贞观元年（627）在凿石浦建立庆霞寺，常住僧为南岳派来的曹洞宗传人，有个名为树秋的日本和尚曾在此修行。

唐大历四年（769）二月底，杜甫从潭州（长沙）来到庆霞寺。名胜志《凿石浦志》说："子美由蜀南征，爱庆霞寺山水清雅，因宿于寺，题有诗，后建草堂。”杜甫在《宿凿石浦》诗中有“仲春江山丽”之句。“仲春”是指农历二月，“江山丽”是称株洲凿石浦的江山十分秀丽。正因为杜甫在庆霞寺写有《宿凿石浦》一诗，凿石岩也被称为杜甫岭，以此缅怀热爱株洲人民的杜甫。唐大历五年（770）四月初八晚，长沙兵乱，杜甫乘船逃难，于初十早晨路过凿石浦，后在船上写有《早行》一诗，深刻披露臧玠兵乱祸潭州，给湖南人民带来的巨大灾难。北宋建隆元年（960），后人为纪念杜甫，在庆霞寺右侧建立凿石浦杜甫草堂，由临河门楼、回塘景区、两栋草房、土墙柴房、石刻、遗像和怀杜诗碑组成。清康熙乾隆嘉庆同治年间，由曾任衡阳刺史高其任，湘潭知县秦鏷等进行4次维修扩建，草堂基本保持完好。一些官员、知名人士、邑人、杜甫后人来到凿石浦杜甫草堂进行拜谒。清光绪甲辰年（1904）秋，由株洲名士郭寿谖编撰名胜志《凿石浦志》，怀念杜甫，怀杜诗百首左右，许多诗刻有石碑。

宋元丰元年（1078），北宋书法家米芾（1051—1107年）来到株洲凿石浦草堂拜谒，并在凿石岩写下“怀杜岩”3个大字，时人摩崖而刻之。米芾，宋代四大书法家之一，被宋徽宗召为书画博士，官礼部员外郎，酷爱读杜甫的著作，写有《读杜甫集》一诗。由于米芾写有“怀杜岩”3个字，所以凿石岩也被称为怀杜岩。

庆霞寺 位于今株洲市天元区栗雨办事处凿石社区（清代属湘潭县一都九甲）。“前临大河，后依山麓”，与株洲市区南端夹湘水南北相望。前人谓此处：“携樽于喁，响答空灵之峡；冷雁哀猿，路通花石之泮”“环翠岭以作屏，聚烟村以成市；北通省会，帆影迷离，南望衡阳，岳云缥缈。”寺峙之岸，坐西北，朝东南。垣墙环绕，古木森然。经历代捐修，至清末，其规模已颇为壮观。正寺首进为“关圣殿”，供关羽像，两壁碑刻如林；中进为“佛祖殿”，供如来佛像，左右分列18罗汉和24位诸天菩萨；后进为“观音殿”，供倒坐铁观音，像重3500千克，其下为莲花座，中为腰身，上为两肩及头，额上还立一小观音，铁像正面为金皮包裹，显得富丽堂皇。屋宇雕梁画栋，僧房斋舍一应俱全。寺于唐太宗贞观元年丁亥秋己酉月（627）9月，由当地富绅龚克已捐资兴建。龚还募修如来佛像，施寺后水田奉佛供僧，名其地为佛田冲。唐代宗大历四年己酉（769），大诗人杜甫由蜀南征，爱庆霞寺山水清雅，因宿于寺，题有诗《宿凿石浦》，以记行踪。后人遂于寺右建工部草堂。北宋中，大书法家米芾南游来潭，于寺左临江石崖上大书“怀杜岩”三字。时人摩崖而刻之。历代文人，士大夫多来凭吊，题咏刻石而云。近地人士亦将每年重阳日定为“工部祭祀之期”。寺内长住僧为禅宗南岳派曹洞宗传人，虽屡遭兵燹，而香火不断。地方殷富士宦相继施田贡土纳银者甚众。施田土大宗的有：明初洪武间，仇承信施 3.1 公顷，屋 1 栋，土 8 块。清顺治十七年（1660），王道祚施 3.07 公顷；康熙十八年（1679），匡亮采施田 4 公顷。康熙三十六年（1697），寺住持僧越贤募铸 3500 千克铁佛（即后进饰金铁观音）。此寺毁于清末民初。

龙门寺 坐落在石塘社区五云峰山腰。五云峰海拔 126.8 米，是群丰境内最高峰。龙门寺始建于唐宋时期，原名雷神殿，是当地民众一个祈雨的场所。明朝天顺年间湘潭籍建威将军袁扶桑屡建奇功，封为护国公，在石塘社区范围内御赐封田 266.67 公顷，解甲归田后在山中建庙。因雷神殿已毁。就在遗址上重建喇嘛庙 1 座，更名为袁氏家庙。清光绪年间袁扶桑第十四代子孙袁海观，官至两广总督。他拨银 4000 两再次重修，将其定名龙门寺。相传，清朝是它鼎盛时期，当时规模很大，香火旺盛。有 3 殿 3 厅，立有观音菩萨、关公神像、500 罗汉、24 位诸天菩萨等。每逢佛事，上自衡阳，下至岳阳的信众逾万。后因年久失修，民国期间房屋现存极少。后移风易俗，更是损毁干净。1994 年，重修龙门寺。现存的龙门寺按原貌图形缩小在原址建造，被注册为株洲市五大宗教活动场所之一。寺内现有主持 2 人,居士 6 人。寺中古建筑保存有 325 年道禅师墓 1 座，清末年间御封一品诰命夫人墓 1 座及部分遗址。

北禅寺 位于三门镇北端湘江之滨。寺院由一个大土壕基围住，壕基里还有一层青砖围墙，以红粉刷饰，壕基北起三门老碗厂，南至曹文盛，东临湘江，西至孟家湖，内有水田 2 公顷，旱土 0.67 公顷。寺院分 3 进。进寺有 3 张拱形寺门，中门上书“北禅古刹”。寺门朝东南方向，与昭陵滩遥瑶相望。湘江从昭陵滩倾泻而下，直奔寺脚，再急转北去，像一条白龙朝拜北禅寺一样，气势雄伟惊人。前院内有 10 余株大樟树和飞蛾树。院坪以鹅卵石相嵌，正中留有一条宽 5 ~ 6 尺的青石板道，进寺第一厅门首为戏台，戏台两边是钟鼓亭，院内两厢各为子楼台，院中左有一株银桂，右有一株古柏。正面神龛上坐三官菩萨（即天官、地官、水官）高 5 ~ 6 尺，两厢有数十位木雕菩萨，高约 2 尺。中厅神龛上安放玉皇大帝，两边排有天兵天将数十位。丹池中有一株饭碗粗的常年青木树，池内养乌龟百余只，大的有脸盆大，龟背上大多刻有“放生”字样，和尚每日倒饭给它们吃。中厅背面神龛上是大腹便便、哈哈大笑的“弥勒菩萨”，与丹池对面神龛上的观音菩萨、金童、玉女相望，上台阶第三厅神龛上是如来佛祖、18 罗汉、24 位诸天菩萨。全寺有 9 口钟、鼓，早晚齐鸣，声传十里。后厅右厢为厨房杂屋，最后为和尚们的宿舍。

该寺始建于何年，无文字记载。该寺原有寺田 13.33 公顷，到民国时，仅剩下 1.34 公顷。寺内原有百多位和尚，每年分春秋大祭，各地僧人均来朝拜聚会，讲经说法。清光绪末年，这里只有 11 位和尚住寺。到民国时期，仅留下罗九益及唐三公 2 个和尚（其侄唐晓生 67 岁尚健在）。沦陷前几年，该寺内厢房有村民搬入居住，自后再无和尚住寺，而寺逐渐毁落。

古桑洲 又名鼓额洲，鼓额洲这个名字是从《文选》中杨雄的《长扬赋》中“皆稽颡树颔”而来。所谓鼓颡，即击鼓行“稽颡树颔”的大礼，“颡”就是额头之意。相传三国时期，曹操带兵讨伐孙权时，在河岸歇息，士兵纷纷向河中投掷石头，堆积如山的石头将上游泥沙阻塞淤积，日积月累，形成江心沙洲，后逐渐有人搬到洲上定居，因岛上长满桑树而被后人称为古桑洲，由此而得名。古桑洲又名鲶洲，是因为俯视古桑洲时，它像一条江中的鲶鱼。古桑洲长 3.5 千米，宽约 250 米，占地面积 37.33 公顷，常住人口 60 多户 240 余人，以捕鱼、种菜、栽桑养蚕为生。岛上绿树成荫，风景秀丽，常有观光旅游者到洲上游玩。洲头有一株植于明嘉靖年间的古樟树，树高 30 米，胸围 5.7 米。古樟树之前，有座古坊，崇义坊是也。古坊建于明嘉靖年间，是明嘉靖皇帝为褒奖罗瑶义行而赐建的。有一古墓，为古颡洲罗氏五代先祖罗瑶公墓。马家河镇的古桑洲上有桑树 10 余公顷，桑树资源丰富，蚕桑文化悠久，栽桑、养蚕是古桑洲居民多年来的主要经济来源之一。蚕丝被年均销售 800 ~ 1000 床。

二　非物质文化遗产

天元区有市级非物质文化遗产 2 项。一为曾剑民间手工技艺——雕镂件的鎏金贴金工艺。2009 年，申报为市级非物质文化遗产项目。另为刘冬群传承的传统正红蜡烛制作技艺，刘冬群被推荐为市第三批市级非物质文化遗产项目代表传承人。

雕镂件的鎏金贴金工艺 在雕刻、镂空的器具上进行鎏金贴金（或镏银贴银），使本来木制石刻、金属器物等显得更加金碧辉煌，庄严厚重，恢宏大气。该工艺元代兴起，明代最为兴旺，距今有 800 余年的历史。曾剑，1949 年 10 月生于株洲，住在天元区泰山路街道滨江社区滨江一村，其祖父曾桂板及父亲曾海荣擅长这一技术，后由其父曾海荣传给曾剑。曾剑为了继承和发扬这一民族传统工艺，1997 年在长沙开办三希堂工艺坊，在继承传统工艺的基础上，利用现代新工艺、新材料，为长沙天心阁、湖南一师、杨裕兴、无名粉馆、电视金鹰女神、株洲市天元超市、新华书店、神农阁等单位做鎏金贴金工艺。他的成果被国家知识产权局授予发明专利。2010 年 8 月，曾剑被推荐为株洲市第一批市级非物质文化遗产项目代表传承人。

正红蜡烛制作技艺 群丰镇竹溪社区刘冬群为代表的正红传统手工蜡烛由于颜色纯正，配料传统，其燃烧火焰大、不流泪等特点。刘冬群丈夫陈永年的爷爷出生在清光绪年间，从事屠宰营生，在那时进行屠宰之时必须有蜡烛和其他宗教用品共同祭拜使用。陈永年的爷爷根据《陈氏八修族谱》的记载，学到正红蜡烛技术。其后陈永年的爷爷将其技艺传给其父陈迪明，陈迪明将其技艺传给陈永年。2005 年，陈永年投入 10 万元，在自己家中开办传统正红手工蜡烛制作坊。产品销售于资福寺、龙门寺、九郎山、蓝田寺、空灵寺等寺庙，用于祭祀和宗教活动。因陈永年在外工作，已把这项传统技艺传承给妻子刘冬群。

三 文物保护

1998年，天元区投入资金6000余元，对罗哲烈士墓进行修缮，并在墓周植松柏树80余株。

1999年6月，罗学瓒烈士墓列为区级文物保护单位。2000年，对罗哲、罗学瓒烈士墓再次进行修缮，对杜甫草堂、庆霞寺等建筑古迹会同有关部门进行考证，古桑洲明代罗瑶墓被批准为区级文物保护单位。2001年，天元区筹集资金8000余元，对马家河古桑洲罗瑶古墓进行修缮。同年，与曾立新等5人签订管理罗瑶古墓委托书。2014年4月，天元区文体新局协同市文物局分别在罗学瓒故居、罗学瓒烈士墓、空灵寺、罗正坝桥、罗瑶古墓树立市级文物保护单位牌。6月，在罗哲和罗学瓒烈士墓地入口安装指示牌和免费开放标牌。至2014年，天元区范围内有文物保护遗址14处。其中，省级文物保护遗址1处，市级文物保护遗址13处。根据国家文化遗产分类标准有古遗址2处，古墓葬3处，古建筑2处，古代交通文化遗产2处，石刻1处，近现代重要史迹及代表性建筑4处。为做好文物保护工作，区文化部门按照省、市文物保护相关规定同文物遗址所在基层单位层层签订文物保护责任书，并在保护单位区域内分别聘请1～2名人员对保护遗址进行日常管理。

2014年株洲市天元区文物保护遗址一览表

表22－1－1

(一)湖南省文物保护遗址				
名 称	位 置	时 代	保护范围	建设控制地带
罗哲烈士墓	马家河镇	1928年	墓围四向各至50米	四向各至保护范围外50米
(二)株洲市文物保护遗址				
名 称	地理位置	时 代	保护范围	建设控制地带
东湖恐龙化石出土点	嵩山路街道东湖管理处	第四纪	四向各至遗址文化堆积边缘外50米	四向各至保护范围外50米
六斗坡旧石器出土点	三门镇	旧石器时代	石器出土点四向各至50米	四向各至保护范围外50米
荒田冲墓群	群丰镇	汉	以墓群外缘为起点，四向各至30米	四向各至保护范围外30米
板栗形墓群	马家河镇	汉—清	以墓群外缘为起点，四向各至30米。	四向各至保护范围外30米
罗瑶墓	马家河镇	明	以墓碑为基点，四向各至50米。	四向各至保护范围外50米
观音岩(空灵寺)	雷打石镇	唐	东至湘江河边，南至三斗冲坳上750米，西至王雷公路东侧500米，北至霞石埠关公脑河边1000米	—

续表 22 - 1 - 1

名 称	地理位置	时 代	保护范围	建设控制地带
三门古码头	三门镇	清	码头踏步外延30米	—
罗正坝桥	雷打石镇	清	以桥基为起点，四向各至30米	四向各至保护范围外50米
青龙桥	马家河镇	清	主体构筑物外30米	四向各至保护范围外30米处
永禁洋烟碑	雷打石镇	清	以碑为基点，四向各至30米处	—
罗学瓒故居	马家河镇	中华民国	以故居墙基为起点，四向各至30米	四向各至保护范围外10米
罗学瓒墓	马家河镇	1930年	墓围四向各至30米	四向各至保护范围外50米
炎帝塑像	炎帝广场	1997年	以塑像基座四周的外围线为基点，四向各至100米	

第六节　图书传媒

一　报 刊

2003 年 10 月 1 日，为加大株洲高新区对外宣传力度，扩大影响力，《株洲新区》创刊，刊名由李铎将军题写，为半月刊、单彩、对开四版；市委常委、株洲高新区工委书记、天元区委书记王群为《株洲新区》题写创刊词。2004 年年初，株洲新区报编辑部正式成立，为副科级全额拨款事业单位，归口区委宣传部管理；同年 10 月，《株洲新区》正式改为旬报。2005 年 1 月底，《株洲新区》进行首次改版，取消报眼；同年 5 月 28 日，出版二次创业珍藏版。2006 年 12 月 14 日，《株洲新区》百期座谈会举行，株洲高新区工委书记、天元区委书记谢高进予以寄语，要求突出体现高新区的特点，围绕“发展高科技，实现产业化”两大主题，报道高科技产业和自主创新方面的特色；至当月 20 日，《株洲新区》出刊 100 期。同年，株洲新区报编辑部获评市级巾帼标兵岗。2007 年，为宣传株洲高新区成立 15 周年，出版发行增刊《激情跨越再创辉煌》。2009 年 8 月 10 日，《株洲新区》再次改版，由传统大报改为黄金瘦报；同年 11 月 30 日，迎来 200 期。2011 年，株洲新区报编辑部升格为正科级全额拨款事业单位，仍归口区委宣传部管理；同年，《株洲新区》由单彩改为双彩、旬报改为周报，每周一发行。2012 年 6 月初，在《株洲新区》创刊 300 期之际，市委副书记、市长王群寄语：《株洲新区》见证新区成长，记录新区历史，展示新区形象，传播新区精神，凝聚新区人心，是一份不可多得的新区精神文化大餐；株洲高新区工委书记、天元区委书记谢高进题词：《株洲新区》是新区前进的号角，是新区创新的历史，是新区“两型”的足迹，是新区发展的画卷。同年，株洲新区报编辑部获评全市内资出版先进单位。2014 年 7 月 21 日，《株洲新区》出版 400 期。

二 图书

20 世纪 90 年代，境内没有大型书店和图书馆，图书主要为机关单位、乡镇街道、学校、企事业单位图书室的藏书，仅供本部门、单位职工阅读。辖区中心地段长江广场周边有多个邮政报刊亭，发行报纸、杂志等。进入 21 世纪，进驻株洲新区的市直机关、规模企业多数建有单位图书室或图书吧。2008 年，省委、省政府及市委、市政府将“农家书屋”建设工程列入为民办实事考核指标之一。同年，区委、区政府启动“农家书屋”建设工程。至 2012 年底，全区建成农家书屋 78 家，平均每家书屋拥有图书 1669 册、报刊 15 种、音像资料 87 件套，并配备电视机、DVD、灭火器等设施，建立相关规章制度。马家河镇金龙社区农家书屋结合社会主义新农村建设，积极组织开展“读书月”读书竞赛、科技讲座等各类文化活动。2012 年，马家河镇金龙社区农家书屋被新闻出版总署授予“全国示范农家书屋”称号。

2013 年 9 月，湖南工业大学新校区（天元区泰山路）图书馆正式启用，面积 3.45 万平方米，是湖南省高校中最大的图书馆之一，藏书 300 多万册。其中，纸本藏书 225 万多册，电子图书 43.63 万册。图书馆可以使用的数据库包括中国知网、超星数字图书馆、万方数据库系统等 60 多个，与湖南省高校数字化图书馆实现资源共建共享。图书馆每周开放 7 天，每周开放 93.5 小时，网络及数字资源全天 24 小时开放，所有书库和阅览室对读者全开架服务，开架借阅率 100%。

2014 年，全区 113 个村（社区、管理处）均建有农家书屋。其中，泰山路、嵩山路、栗雨 3 个街道，马家河、群丰 2 个镇所辖社区实现公共电子阅览室全覆盖。当年，区文体新局新购 5000 余册书籍对部分农家书屋进行增补。

三 互联网

2007 年，株洲高新区、天元区主要领导开始筹划建立政府综合信息门户网站，由区委宣传部筹建。2008 年 4 月，区委常委会议正式决议，通过网站建设方案，并在全市率先成立天元区互联网宣传管理中心。2012 年，天元区互联网宣传管理中心正式更名为天元区互联网宣传与管理办公室。

株洲高新网 2008 年 7 月，经工委、管委、区委、区政府同意，株洲高新区、天元区综合信息门户网站——株洲高新网正式开通，由株洲高新区管委会、天元区政府主办，区委宣传部归口管理，区互联网宣传与管理办公室具体承办。网站集政务公开、服务、资讯、投资指南等功能于一体，开设区情概览、资讯中心、投资指南、政务公开、在线办事、互动交流、便民服务 7 个栏目，内容囊括资讯、经济、娱乐、文学、旅游等诸多方面，主要负责宣传株洲新区的重大活动和重要工作，以及向群众提供政务信息和办事服务，网站信息量大，具有很强的指导性、针对性和可阅性。11 月，株洲高新网完成首页改版工作。改版后增加论坛、博客两项功能。同时，开通天元区政协、工委区委办、金融服务中心、天元文明网、科技兴贸网、城管局、马家河镇、创业中心、征兵网、党务公开网、建管网、人口计生网、卫生信息网13个子网站，开设创建国家卫生城市、天元区征兵网、新区艺术节、葡萄文化节、人大、政协、全会、“走基层、转作风、改文风”、老年科协网等36个专题网页。

2014年5月，株洲高新网全新改版，突出新闻宣传，并加大对打造中国动力谷的宣传力度。至2014年底，株洲高新网总访问量710万人次，日均点击率超过3635次。网站共编发信息13945条。其中，750余条信息被国家、省、市网站及其他媒体转载或采用。

天元区政府门户网 2014年1月，天元区政府门户网站正式开通，设有“魅力天元”“政务公开”“网上办事”“公共服务”“政民互动”“新闻中心”“招商引资”7个栏目。截至年底，信息发布平台共上传发布各类信息12807篇，上报市政府门户网站1000余篇优质信息，政民互动栏目共收到群众来信44件，回复37件。

四 广播

20世纪80年代，原郊区政府设有广播电台，园艺场设有广播站。1992年，株洲高新区成立后，园艺场所属区域归口株洲高新区管理，广播站撤销。1997年8月，天元区成立后，随着通信、网络、电视普及，天元区政府没有设立广播电台，但株洲县马家河乡、群丰镇划入天元区后，广播站照常工作。进入21世纪后，随着通信、网络、电视的普及，全区广播站基本关停，仅有学校使用广播等设施。

五 电视

株洲高新区、天元区地处城市中心位置，主要依托市级电视网络，自身没有设立电视台及电视中转站。20世纪90年代株洲高新区成立初期，城区电视已基本普及，大多采用有线电视（含闭路、共用天线系统），农村则以无线天线为主。1996年5月，株洲广播电视塔建成，占地1公顷，总投资8000万元，塔高海拔365米，位于炎帝广场附近。至2000年，天元区城区家庭基本使用有线电视，电视人口覆盖率96%。2010年5月，占地3.33公顷，总建筑面积4.7万平方米，总投资2.46亿元的株洲广播电视传媒大厦在泰山路落成，株洲广电局（台）整体搬入天元区。2010年后，天元区（含城市、农村）有线电视覆盖率、电视人口覆盖率均达100%。

第七节 档案史志

一 档案

1983年12月，株洲市郊区档案馆成立。1984年11月由馆改局，馆、局合署办公，更名为株洲市郊区档案区志局。1993 年，株洲高新区设立档案室。

1997 年 8 月，株洲市区划调整，郊区档案区志局变更为天元区档案区志局，局、馆两块牌子，一套人马，合署办公，定编 6 人，内设办公室、业务监督指导股、档案馆。郊区档案馆档案整体移交天元区档案馆。1998 年 5 月，天元区档案区志局属区政府直属的事业机构，人员编制 5 人。内设办公室、档案馆，加挂天元区档案馆的牌子。

2000 年 11 月，株洲高新区档案室撤销，档案移交天元区档案馆。2014 年，天元区档案区志局在编人员 6 人，内设办公室、业务股、档案股，加挂天元区档案馆的牌子。1984—2014 年，先后有郭晓红、杨敬、唐雪斌、王红平、田江萍任区档案区志局局长兼馆长（郭晓红、杨敬为副局长，主持区档案区志局工作）。

馆藏设施与档案收藏 1983 年 12 月，株洲市郊区档案馆馆址设株洲市建设南路郊区人民政府院内。2001 年 1 月，天元区委、区政府各机关从河东老郊区政府机关院搬入株洲河西黄河北路新政府办公楼办公，区档案区志局（馆）一并搬入。2010 年 7 月，区档案区志局（馆）随区委、区政府各机关搬迁至株洲大道北 1 号高新大厦主楼 12 楼，局馆总面积 710 平方米。其中，库房面积 480 平方米，办公用房面积 180 平方米，机房面积 50 平方米。2012—2013 年，分两次投资 20 余万元，按国家标准设计安装档案密集架 37 组。投资 10 余万元建立并扩充完善一套完整 DARMS 电子文档数据中心管理系统。其间，区档案区志局完成电子文档数据中心管理系统调试，并与政府信息中心挂接，达到信息资源共享。2013 年，区档案馆完成库房档案 7 万条文件级目录、2 万案卷级目录输入，2 万余卷档案的全文扫描数据工作。区内政府部门计算机全部完成与局管理软件端口链接。至 2014 年，区档案馆库房共有按国家标准设计的密集架 37 组，专用档案铁柜 139 组，资料柜 22 组，图纸柜 4 组，库房安装防盗监控系统、灭火器、密集架、除湿机、消毒柜、防磁柜、温湿度自控仪等设施设备。设有接待室、阅档室、微机室、复印室、消毒室等功能用房。同时，还配备电脑、传真机、扫描仪、打印机、复印机、速拍仪、照相机等现代化办公设备。档案馆共馆藏全宗 122 个，馆藏各类档案 3.8 万余卷。其中，文书档案 1.7 万余卷，专业档案 1.9 万余卷，公章 243 枚，实物 32 捆，资料 96 袋，藏书 730 余册，杂志 89 套，报纸 30 套，图纸 246 套。所藏档案最早的起于 1955 年。

区档案馆档案资料来源于高新区工委、管委，天元区区委、政府，区人大，区政协及其工作部门与直属单位，各乡、镇、街道、人民团体、部分企事业单位形成的文书档案；撤销单位及其改制企业单位档案，一些区划调整后撤销的单位，破产、改制企业、厂矿及其临时机构形成的档案；本区重点工程建设的基建档案、婚姻档案、会计档案、法律援助档案、公证档案；各全宗单位的照片档案、荣誉档案、实物档案等。

档案馆馆藏 档案的接收征集主要是根据《中华人民共和国档案法》的规定，接收征集区域范围内的档案资料，接收征集的方式主要是定期接收和平时接收。其中，较大规模接收有 1986 年、1993 年和 2013 年，共接收档案 5000 余卷。建馆后，特别是郊区撤销天元区成立，株洲高新区、天元区合并，一些单位、企业、厂矿和特殊原因要求入馆的档案，档案馆按规范整理要求接收。

档案管理 区档案区志局成立后，致力于档案馆（室）规范化建设，加强对各单位档案管理人员的业务和法律法规培训，经常开展档案行政执法检查。1999年12月，地税四分局档案中心创省一级规范化管理达标验收。2001年，区法院、区检察院创省一级规范化管理达标验收。2002年7月，株洲高新区、天元区下发《关于加强档案信息化的通知》，成立天元区档案信息化建设领导小组，办公室设档案区志局。

2003年，滨江社区档案室通过省三级达标验收，成为全市社区档案管理的第一个示范点。企业档案重点服务企业改制工作，区档案区志局主动参与改制企业的档案处置工作，接收普兰特、南方皮革厂、保利达、园林绿化处等改制、破产企业的重要档案，并对其进行移交、鉴定、整理、排列上架，推动企业改制的顺利进行。

2009年，区检察院创建省特级档案规范化管理达标验收；2011年，地税四分局创省特级档案规范化管理达标验收；2012年，区档案馆全面启动创建国家二级综合档案馆工作，并将此项工作纳入区文明城区创建工作目标考核之中；2013年，泰山路街道、嵩山路街道、马家河镇基层档案室创档案规范化管理省一级标准，并顺利通过评审验收；栗雨街道、三门镇、雷打石镇、群丰镇4家基层档案室创建工作正在推进中。

至2014年，全区分别有卫生局、法院、检察院、劳动人事局、城管局、高科集团、天易公司、教育局、组织部、泰山路街道、嵩山路街道、栗雨街道、马家河镇、群丰镇、雷打石镇、三门镇等单位部门设立专门档案室。区检察院创建规范化管理省特级，嵩山路街道创建档案工作规范化管理省一级。农村档案紧扣服务“三农”主题，以新农村建设为载体，全区各镇、村级档案整理覆盖率100%。

档案宣传 2012年，围绕贯彻落实《中华人民共和国档案法》和《湖南省档案管理条例》学习教育与宣传，区档案区志局将其编印成册发放到全区各机关、企事业单位。2013年3月，区档案区志局以图文并茂的形式在区政府大楼宣传长廊张贴反映档案事业深远意义以及区档案区志局服务理念、行为理念、精神风貌和崇高追求的宣传图片。6月，制作大型档案宣传知识宣传板报4块，参加市档案局在市中心广场举行的“档案走进家庭”为主题的档案宣传。2014年，在区档案信息网上开辟档案工作法律法规专栏，进一步营造依法治档的氛围。6月9日国际档案日，区档案区志局精心制作以“走进档案”为主题的宣传板报16块，张贴在区政府办公大楼宣传长廊。同年，还编印《档案法律法规标准与政策文件选编》《百姓家规》、天元区档案宣传板报集锦《坚实的脚印》发到全区各机关企事业单位。

档案利用 区档案区志局（馆）始终把档案资料的开发利用摆在重要位置，为党的政策落实，平反冤假错案、编史修志、国民经济发展规划、招商引资、调解矛盾、平息纠纷、稳定社会秩序、发展本区经济等提供优质有效的服务。

2005年5月，天元区现行文件服务中心成立，区委、区政府授权区档案馆组织开展现行文件服务，做好政务信息公开，优化政务环境。

2010年7月，局（馆）设有阅档室，专为档案利用者查阅档案资料，有专职的接待工作人员，有完备的接待查阅制度，有较先进的档案资料检索工具，有方便复制的复印机等配套设施。

至2014年的18年中，区档案区志局（馆）共接待查阅档案资料利用者2.5万余人次，提供档案资料42.32万余卷（册），出具证明及复印材料近3.4万余张；从查阅结构分析，民生档案查阅利用率高达95%以上，解决广大群众查实土地权属、山林承包、房产权证、婚姻登记、社会保障等原始依据问题，让群众充分享受低保、医疗、就业、养老、退休等各方面的惠民政策。

二 党史

1997年，中共株洲市天元区委党史资料征集办公室（简称“区委党史办”）设立，归口区委办公室领导和管理，为正科级全额拨款事业单位，核定编制2名。2008年12月，经湖南省实施公务员法工作领导小组批准，列入参照《中华人民共和国公务员法》管理范围。其职责是负责区内党史资料的收集、整理、编纂工作。1998—2014年，先后有王雁清、周怀国、杨伏初、罗文斌、刘剑、毛丽辉任党史办主任。

党史研究 2000年始，区党史办与湖湘文化志愿者协会等民间团体合作，开展对罗哲、罗学瓒两位革命烈士生平的研究工作，史料日益完善，为市委党史办编写《红色株洲》提供史料支撑。2014年1月，与湖湘文化志愿者协会合作，在马家河镇罗家大院举办“纪念罗学瓒同志诞辰120周年”活动。

执政纪事与党史编纂 区委党史办成立后，根据省、市统一安排，每年上半年，组织编写《中共株洲高新区工委、株洲市天元区委执政纪事》，客观、全面、准确、科学记载上一年度工委、区委重大决策、重要工作、主要成就和主要领导重要活动，编入《湖南省党委工作纪事》和《株洲市党委工作纪事》。同时，组织、指导各镇（街道）编写镇（街道）党（工）委执政纪事。所纂资料经审定后，均编入《株洲市党委工作纪事》。

2013年7月，启动《中国共产党株洲高新技术产业开发区、株洲市天元区历史（1992—2012）》编纂工作，2014年底，基本完成全书统稿、编辑工作。全书约35万字，分株洲高新区初创探索时期（1992年2月—1997年8月）、株洲高新区与天元区并肩发展时期（1997年8月—2001年2月）、株洲高新区、天元区加速发展时期（2001年2月—2012年12月），全面记述株洲高新区、天元区成立以来经济社会发展基本情况、重大事件、主要成就及基本经验。

三 地方志

1993年，株洲市郊区志编委会编纂出版《株洲市郊区志》。全书设郊区概况、大事记、政治、经济、文明建设 5 章，比较简要的记载了株洲市郊区 1951 年成立至 1993 年政治、经济、文化等方面的情况，全书 13 万字。

1998 年，区档案区志局成立后，地方志工作由局长负总责，分管副局长主抓。2002 年 3 月，区管委政府办、区档案区志局组织编辑出版回顾、总结株洲高新区十年成就一书，书名为《辉煌的十年》。全书设概述、大事记、机构与人事、城市建设、高新技术产业、财政金融、招商与创业、展望未来等 8 篇，约 15 万字。

2003 年，编辑出版《株洲新区年鉴（2003）》，此为株洲高新区首部年鉴，记载株洲新区成立至 2002 年社会发展基本情况和重大事件，全书采用分类编辑法，设 17 个部类，约 55 万字。

2006 年，编辑出版《株洲高新区、天元区年鉴（2006）》，时限记载 2003—2005 年高新区、天元区政治、经济、社会发展等情况。全书 24 个部类，133 个分目，561 个条目，照片 256 幅，表格 22 个，约 80 万字。

2014 年，编辑出版《株洲高新区、天元区年鉴（2014）》，是株洲高新区、天元区年鉴创刊后的第三部，记载株洲高新区、天元区 2012—2013 年国民经济和社会发展的基本情况和重大事件，综述、大事记等有关内容，全书共设 19 个部类、177 个分目，858 个条目，照片 258 幅，62 万字。

2014 年底，筹备启动《株洲市天元区志（株洲高新区志）》的编修。1997—2014 年，还为株洲市志办提供《株洲行政区划》《株洲巨变》《株洲市志》及《株洲年鉴》等入志、入鉴资料。

第二章　体 育

1992 年至 1997 年 6 月，境域体育设施差，器材少，群众体育活动少。1997 年天元区成立后，设立专门的文体管理部门，体育事业有所发展。2000 年以后，天元区体育部门按照全民健身工作要求，通过举办天元区大众体育运动会、全民健身日、全民健身周、社区运动会、乒乓球赛、篮球赛、广播体操比赛等一系列体育活动，全民健身运动深入社区、机关、企业、学校。与此同时，体育场馆、健身场地、健身路径、健身器材等基础体育设施不断完善，市民科学健身意识和全民健身的理念增强。至 2014 年，天元区经常参加体育锻炼的人数达常住人口 65% 以上。

第一节　体育设施

1992 年，株洲高新区成立之初，除市棉纺厂、辖区学校、园艺场机关等有少量的体育设施外，区内体育设施落后，更没有像样的体育场馆。1997 年 8 月，随着天元区的成立、经济社会的高速发展和城区建设提速，全区体育设施建设步伐加快，政府、企业、学校、新经济组织等纷纷投入体育设施建设。

1997 年，位于天元区的株洲市第二中学体育运动场建成，占地面积 17169 平方米，为当时天元区范围内最大的体育运动场。1998 年，株洲市太阳宫小学运动场建成，是天元区建成最早的小学运动场。1998—2000 年，全区新建场馆 19 个。

2003 年 6 月，为确保湖南省第十届体育运动会在株洲市如期召开，根据市委、市政府安排，天元区正式启动株洲市体育中心建设，至 2006 年 6 月竣工。建成后的体育中心占地 56 公顷，建筑总面积 10 万多平方米，总投资 6.9 亿元。整个中心规划为场馆区、游乐区、奥林匹克花园 3 个功能区。其场馆区分为体育场、体育馆和游泳跳水馆 3 部分。作为主题建筑的体育场，建筑面积 7 万多平方米，设有 42740 个座位，内置 8 条 400 米长的椭圆形跑道、10 条直道和一个标准足球场，可承接国际足球、田径赛事；体育馆为内封闭结构，可承接体操、篮球、排球、乒乓球、羽毛球、蹦床等国际国内赛事；游泳跳水馆可承接游泳、跳水、水球等国际国内赛事。

2004 年，天元区区委、区政府将社区体育设施建设纳入各房地产开发工程建设总体规划，并与工程开发建设同步实施。新建小区设有体育健身路径和体育健身器材，同时将社区体育设施建设和体育活动专项经费纳入财政预算，并根据区国民经济增长比例，逐年增加对体育设施经费的投入。至 2010 年 10 年中，全区新建场馆 261 个。

2012 年，占地面积 1.7 万多平方米的北师大株洲附校体育运动场建成。同年，天元区委、区政府出资为全区 26 个社区（村）配备体育健身器材 26 套，建设农民健身广场 20 个。2013 年，占地面积 1.74 万多平方米的天元中学体育场建成。至 2013 年的 3 年中，新建场馆 130 个。至 2014 年，全区拥有大型运动场馆 19 个，各类体育场馆 427 个。其中，室内场馆 51 个，室外 376 个。根据全国体育场地普查数据显示，天元区体育场地面积达 115.35 万平方米，按全区 2014 年总人口 29.13 万计算，人均体育场地面积 3.96 平方米。

第二节　竞技体育

1998 年 10 月，天元区组织 110 名运动员参加株洲市首届大众运动会 7 个项目的比赛，获得 4 个第一名，3 个第二名，2 个第三名。同年，天元区保龄球队代表株洲市参加湖南省首届大众体育运动会获得男子单、双打第三名，女子双打第四名。

2000 年，在张家界举行的湖南省第三届“军风杯”钓鱼锦标赛上，天元区代表队获得总分第一名。

2001 年 9 月，天元区 225 名运动员参加株洲市第九届运动会篮球、乒乓球、游泳、武术等 20 个项目比赛，共获得金牌 55 块，银牌 72 块，铜牌 46 块。在全市 21 个代表队中，天元区获团体总分第三名，城市四区总分第一名。

2003 年，天元区组队参加湖南省第六届农民运动会乒乓球比赛夺得团体第七名。

2005年，天元区组织218人的代表团参加株洲市第十届运动会大众组18个项目的比赛。天元区以总分545分获县市区团体总分第一名；金牌10枚，金牌总数为全市第二名。

2007年9月，天元区派出140多名运动员参加株洲市第三届大众体育运动会，参加全部16个项目的比赛，取得团体总分259分，金牌5枚。天元区代表团健身气功代表队、健美操代表队、围棋代表队获得体育道德风尚奖，健美操规定动作、健身气功获集体项目金牌。周志雄、陈任芝、蔡晶3人分获跳绳青年组男人个人、太极拳个人42式、围棋男子个人金牌。

2011年9月，天元区选送运动员参加湖南省第五届农民运动会健身秧歌比赛，获规定套路金奖、自选套路银奖。同年11月，天元区选送102名运动员参加株洲市第四届大众运动会10个项目的比赛，夺得金牌9枚，银牌6枚，铜牌9枚，团体总分第四名。同时，天元区代表团还获得道德风尚奖。

2013年10—12月，天元区参加株洲市第十二届运动会项目比赛，获得团体总分第四名，比赛项目9个第一名，8个第二名，10个第三名。其中，集体项目获集体太极剑、健身秧歌、健身气功集体“易筋经”3个第一名；个人项目获青年男子42式太极拳、青年女子42式太极拳、中年女子42式太极剑、青年男子“易筋经”、青年男子“六字诀”、青年女子“六字诀”6个第一名。

2014年6月，天元区悠移庄园龙舟代表队代表株洲市参加湖南省在岳阳举办的“巨博杯”端午节龙舟赛，获第四名。

第三节　群众体育

株洲高新区、天元区认真贯彻落实《中华人民共和国体育法》和《全民健身计划纲要》，坚持体育与经济建设同步发展，大力开展全民健身运动。2000年3月，天元区嵩山路街道被国家体育总局批准为全国第二批先进体育社区。2004年，区文体局被国家体育总局授予“全民健身周活动优秀组织奖”单位。2005年，区文体局被国家体育总局授予“2001—2004年度全国群众体育先进单位”。2006年，区文体局被省体育局授予“全民健身周活动先进单位”。2008年，天元区嵩山路街道小湖塘社区获“全国城市体育先进社区”称号。2013年，泰山路街道大岭社区获“2009—2012年度全国群众体育先进单位”荣誉称号。

一　全民健身运动

自2001年始，天元区全面实施全民健身计划，形成体育事业与株洲新区经济建设同步发展的好势头。区文体部门广泛开展全民健身教育宣传，鼓励和引导广大人民群众积极参加体育锻炼，并积极组织创办体育团体、协会，开展全民参与的体育活动。2006年，区文体局被省体育局授予“全民健身周活动先进单位”。2009年，天元区分别被国家体育总局和湖南省体育局授予“全民健身日先进单位”称号。至2012年，全区成立体育团体、协会52家，各级社会体育指导员150多人。

举办好全区大型体育赛事的同时，区文体部门积极与教育部门及各镇、街道配合举办中小学生运动会、农民运动会等；组织配合各体育团体、协会举办篮球、乒乓球、气排球、健身舞等赛事活动，不断推进全民健身活动的开展。至2014年，全区经常参加锻炼的人数占常住人口的65%以上。区内大小广场、健身场馆，随处可见打球、跳广场舞、扭秧歌、打太极拳队伍的身影，形成“体育进家庭，花钱买健康”的良好氛围。2014年，天元区选送队伍参加株洲市第五届健身广场舞选拔赛，获市总决赛二等奖。

二　大众体育运动会

1998年9月，区文广体局根据区委、区政府的安排，组织举办天元区首届大众体育运动会，开展广播体操、拔河、时代列车、飞镖、保龄球、台球等7个项目比赛。全区23个代表队1125名运动员参赛，5000余观众观看比赛，乡镇参赛率100%，直属单位参赛率96%。

2001年6月，举办天元区第二届大众体育运动会，开展篮球、乒乓球、羽毛球、中国象棋、围棋、保龄球、拔河、网球、台球、双人三足跑、飞镖等11个项目的比赛。全区50多家单位，36个代表队1000余名运动员参加比赛，通过8天角逐，华天大酒店、区城管局、市工商局分获团体总分前3名，张意平等78名运动员荣获个人单项奖。

2004年8月，举办天元区第三届大众体育运动会，开展健身秧歌、篮球、乒乓球、拔河、飞镖、跳绳、爬楼梯、保龄球、健身路径、趣味体育、中国象棋、围棋12个项目的比赛，全区35个代表队，共计1500余名运动员参加比赛。

2007年7月25日—8月8日，举办天元区第四届大众体育运动会，开展娱乐篮球、气排球、乒乓球、羽毛球等6个项目7个单项的比赛。全区43个代表队600多名运动员参加比赛。南方工贸、国税分局、高科集团分获团体总分前3名，

2009年7月，举办天元区第五届大众体育运动会，开展3人制篮球、气排球、乒乓球、羽毛球、4×60米障碍接力、保龄球、跳绳等7个项目的比赛，通过激烈角逐，南方工贸、区教育局、区人民法院代表团分获团体总分前3名。

2013年，举办天元区第六届大众体育运动会，开展篮球、象棋、围棋、拔河、徒步、广播体操、集体跳绳7大项目的比赛，全区35个代表队、1200余名运动员参加比赛。

三　体育竞赛活动

1998年，区政法委、区老干局举办首届“政法杯”篮球赛、首届门球赛。1999年，天元区先后举办首届“地税杯”乒乓球赛，组队参加株洲市庆“三八”万人长跑比赛、市“天台山庄”乒乓球赛、株洲市首届体育艺术风采比赛以及湖南省第二届农民运动会等赛事活动。

2000年，先后举办“嵩山杯”龙舟赛、第三届“华天杯”保龄球赛，并组队参加省第三届“军

凤杯”钓鱼锦标赛等大型体育赛事。2002年，参加株洲市首届社区体育运动会，承办老年门球、乒乓球和扑克3个项目比赛，泰山路街道铁西社区门球赛点获优秀赛区。2003年11月，举办株洲“高科杯”全国汽车场地越野锦标赛。2004年4月，举办“声雨竹”杯全国汽车场地越野锦标赛。同年，区乒协先后承办全市县处级干部第二届乒乓球赛，全区副科以上干部首届乒乓球赛。2005年7—9月，在炎帝广场举办中国民间（职业）拳击公开赛。大赛采用政府引导、社会赞助的方式运作，每场观众数千人。2006年，天元区举办全民健身周和文体之星拉力赛、全市县处级以上领导干部乒乓球比赛、栗雨街道第三届群众运动会等体育活动。同时参与举办在株洲市体育中心举办的省十运会和省七届残运会。2007年，选送运动员参加市第三届运动会全部项目的比赛。2008年，先后举办天元区篮球联赛、株洲市第六届“天元杯”行政事业单位县（处）级干部乒乓球赛和全区首届农民运动会等体育竞赛活动。2009年8月，天元区组织首个全国“全民健身日”启动活动。2010年，举办“高科杯”第三届篮球联赛和天元区首届羽毛球联赛。

2011年，举办首届“高新杯”篮球联赛。8月，天元区选送运动员参加湖南省第五届农民运动会，健身秧歌比赛获1金1银。2012年，举办第九届天元杯行政事业单位县处级以上领导干部乒乓球赛、“醴潭杯”篮球赛。2013年，天元区组织114名运动员参加株洲市第十二届运动会，参加11个项目比赛，总分排名全市第四。2014年，组织举办株洲市第五届健身广场舞大赛天元区选拔赛，选送的队伍参加株洲市总决赛获二等奖。同年11月，区文体新局协同区篮球协会举办“时代新材杯”第七届篮球联赛，时代新材队获第一名。

四　团队体育活动

2002年10月，株洲高新区、天元区乒乓球协会成立，为天元区成立最早的体育活动团队，由区人大常委会副主任文季纯任会长。随后，天元区相继成立拳击、篮球、气排球、徒步、广场舞等协会。至2014年，天元区有市、区级各类单项运动协会10家，各类社会体育活动团队63支，参与活动的会员近万人。另外，全区各社区、行政村有腰鼓队、太极拳、健身广场舞等大众项目为主的健身站点200余个，各级社会体育指导员150多人。天元区乒乓球协会自成立（2002年）至2014年，举办9届比赛活动；篮球协会自成立（2007年）至2014年，举办七届篮球联赛活动；徒步登山协会截至2014年，有登记会员199名，下设嵩山、卫生、法院3个分会，组织徒步活动108次，日常训练213次，参加训练活动人员6000余人次。

第四节　学校体育

1992年，株洲高新区建区之初，学校条件差，体育设施相对落后，但对体育教育比较重视，按照“德、智、体、美、劳”全面发展的要求，将体育教育纳入学校教育重要组成部分。学校体育课按小学每周三节、初中每周两节的标准纳入课程表，所有小学均配备乒乓球台、爬竿、沙坑等基本设施及简单器材，中学还配置篮球场，但体育课堂教学处于“半放羊”状态，学生课外体育活动开展较少。

1993年开始，在中小学开展“五项体育达标活动”。通过考试考核，对每个学生发放《国家体育锻炼标准》达标证；通过学生体育测试和数据分析，提高体育课堂教学效果，增强学生体质。1995年，体育作为独立学科纳入中考成绩，作为学生毕业和升学的依据，分值30分。另市教育局还每年组织体育特长生考试，达到标准的学生可以直接被高中降分录取。

1997年，举行天元区第一届中小学生体育运动会。项目包括乒乓球、篮球、田径等项目。以后天元区每年都举行一次中小学生运动会并以区为单位组队参加株洲市“三好杯”运动会。

1999年，“三节”（科技节、艺术节、体育节）开始成为教育日常活动，并纳入学校年度考核必查项目。

2006年，区教育局出台《关于进一步加强学校体育工作的意见》，全区中学生实施综合素质评价，“运动与健康”纳入综评的五个维度之一，各学校开始开展形式多样、内容丰富的阳光体育活动。同年，区泰山学校400米塑胶运动场建成，为株洲地区义务教育阶段建成的首个塑胶运动场。

2010年，天元区全面实施“快乐德育、人文智育、阳光体育”活动。体艺“2+1”（每个学生掌握2项体育技能和1项艺术技能）进入课程表，开展阳光体育示范学校和体艺“2+1”特色学校等项目评选，出台系列考核措施和评选制度，并以行政手段给以推进。2011年，天元区获评全国校园阳光体育活动先进区。至2012年，全区学校基本达到阳光体育学校评选标准。

2013年，天元区启动社团建设年活动，体育社团课实行走班制，全区各学校共建立体育社团200多个，丰富学生体育锻炼实施途径。同年，天元学校建成拥有1400余座位的室内体育场馆，也是株洲市条件最好的义务教育体育场馆。

2014年，天元区启动校园足球试点区创建工作，白鹤小学、建宁实验中学、北师大株洲附校等学校获评全国第一批足球示范学校。建宁学校代表株洲市参加湖南省青少年校园足球赛获得省三等奖；太阳宫小学被省体育局、省教育厅授予国家校园武术段位制湖南省首批试点学校；泰山学校传统体育项目表演《龙狮雄风》荣获2014年第七届中国学生舞龙锦标赛开幕式金奖。至2014年，株洲高新区、天元区累计投资3亿多元，实现全区所有学校（教学点）运动场塑胶化，建成标准化足球场9个。2010 — 2014年，天元区连续5年在株洲市教育局体、卫、艺年度考核中荣获第一名。

第五节 老年体育

1998年5月，天元区老年人体育协会成立。成立后不断完善老年体协工作网络，加强骨干培训和比赛项目推广，积极宣传、组织、发动全区老年人参与全民健身活动。2011年，区政府投入20万元对株洲大桥下3个草地门球场进行修缮，每天免费为近200名老人开放练球。2014年，投入20万元对区老干部活动中心的2个门球场进行草皮更换与场地修缮，为老年门球爱好者提供更优良的练球环境。区老年体协年均组织和承办门球、钓鱼、棋牌、地掷球、乒乓球、健身球操、太极拳（剑）等老年体育比赛项目约20余次。至2014年，区内有门球、柔力球、地掷球、象棋、围棋、健身球操等老年运动队伍，先后成立老年武术分会、老年健身辅导站等老年社会团体。

第六节　民间武术

全国首家民间拳馆——德奥拳击俱乐部由马家河镇农民胡继宏创建。民间武术巫家拳，是巫必达命名的一种拳种，拳技法精湛，朴实无华，手法奇妙、腿法精怪。而拳师黄德兴则为株洲市名老拳师，曾获省武运会三等奖。

一　民间拳击

1998年，马家河镇中路村农民胡继宏在马家河镇新马村创建全国首家民间拳馆——德奥拳击俱乐部。胡继宏从小喜欢武侠小说，7岁时拜湘潭一名拳师为师开始习武。后拜拳击爱好者李杨伦为师。1989年，胡继宏参加庆祝株洲市武术运动学校建成的武术比赛，击败一名散打爱好者。1991年，参加株洲市拳击擂台赛夺得75公斤级冠军。1994年，参加“中南五省重量级拳击比赛”获得81公斤级冠军。准备参加之后的全国南北拳王争霸赛决赛，但因种种原因，该决赛阶段比赛没有举办，加上当时民间拳击比赛的“稀缺”，此后他没能踏上拳击赛场。

“退役”后的胡继宏在家乡马家河镇新马村创建德奥拳击俱乐部，以组织拳击活动为途径，吸引更多人来参与拳击、关注拳击。俱乐部里，有拳击、散手摔跤、剑道、综合格斗等课程，俱乐部有室内训练场地、宿舍、食堂。是年，德奥拳击俱乐部举办首次民间拳击擂台比赛，奖品为自家黑山羊。比赛吸引附近10多名拳击好手参与，观众达3000多人。1999年，胡继宏在北京一家太阳能企业冠名下举办第二届赛事，此次赛事有来自上海、广州的拳手参加，赛事水平得到较大提升。2001年，胡凭着朋友送的几根钢管、一车木材，拉扯几根绳子，在株洲市太阳宫摆下拳击擂台，自任裁判、教练、解说员。2002年，胡继宏和朋友在石峰区开办拳击酒吧，因地方较偏，资金跟不上，加上管理不善，使其推广拳击赛的道路变得“泥泞”。

2004年5月20日，德奥拳击俱乐部在炎帝广场举办株洲首次“民间拳王”职业拳击挑战赛。赛事取得巨大成功，成为株洲市的职业拳击标志性赛事，每场赛事吸引上万名观众。2007年，胡继宏将民间拳击赛擂台摆到徐家桥步行街，并与湖南电视台合作，影响范围越发广泛。胡继宏有学员几百名，弟子乔兵和张鹏2007年7月分别在辽宁省丹东市举办的全国首届职业拳击联赛69公斤和75公斤级别冠军，并在泛亚太女子拳王争霸赛暨中韩男子拳击对抗赛上获得亚军。2009年，胡继宏女儿胡蝶在其培育下进入湖南省女子拳击队，两次参加全国女子锦标赛。次年10月，胡蝶和职业拳手江林决战，击败江林，成为一名职业拳手。

2010 年 4 月，胡继宏获得 WBO（世界职业拳击组织）授权，负责推广 WBO 中国区职业拳击比赛，发掘中国的拳击高手参加世界职业拳击赛。2011 年，胡蝶随“民间拳王”胡继宏移师长沙，参加湖南省第四届民间拳王争霸赛，决赛中以点数优势战胜一名男子选手，获得 55 公斤级别冠军，获得“民间拳王”称号。2012 年 12，胡蝶参加在株洲市体育中心举行的世界拳击组织（WBO）中国区重量级拳王争霸赛中打败排名世界第二的泰国女选手。2014 年 9 月，首次参加在家乡马家河镇中泰女拳王对决的胡蝶，战胜来自泰国曼谷的拳手河叠。

二 巫家拳

据群丰镇江璜村李姓族谱记载及《武术传薪录》记述，清嘉庆二年（1797）福建汀州府连城人氏巫必达与李家拳师李三佰交锋，李三佰习龙门拳，巫必达善使南少林拳，李三佰输给巫必达后，于是俯首求教。因巫必达孤身一人闯荡江湖，左脚跛，经李三佰诚心挽留，遂在李家湾定居，给李姓传授拳术。同时，还给马家河冯南山、冯连山兄弟教武授徒，李、冯两家均得巫必达真传。后为纪念巫必达，李姓后人将他的拳术命名为巫家拳。

李姓命名的巫家拳，是巫必达将福建少林拳术的各种攻、手法，与武当内家拳法有机结合而形成的一种独特拳法。巫必达晚年将其拳术整理为各种套路，有的套路偏刚，有的偏柔，后逐渐融会贯通，形成有刚有柔，动作紧凑，衔接自然，环环相扣，无明显停顿，无跌扑，布局严整的完整体系；操拳时有如行云流水，连绵不断；其拳势刚健敏捷，干净利落，气势风韵别具一格。巫家拳拳理为交手不离七孔，手打三分，脚追七分，乘空而进，见隙必攻，手近身近脚相随，意动气动劲亦动。其拳法套路有：六肘、八拳、十二拳等 18 种。

为传承巫必达的拳术，李姓广授门徒向全国扩散，近代著名把式有李实华、李振林、李德健、黄德兴等人。在株洲当时就有“三李一黄，武艺高强”之盛誉。株洲还有苦练巫家拳的马福益，被民间称为“神刀马”。民国期间，湖南省在湘潭县设擂比武。李德健取得全省第二名，李德健长子曾在中国人民解放军部队任武术教官。群丰镇为全国著名拳术巫家拳发源地，在全国多地都设有巫家拳馆，尤以湘潭市县为最，湖南电视台都市频道多次报道。群丰等镇的农民多在农闲时互相切磋，强身健体。

三 拳师黄德兴

黄德兴，1918 年出生，祖居群丰镇，后迁居市园艺场渡口。11 岁就下河摆渡，分担家庭生活重担。因他年幼，常受不法之徒欺负打骂，希冀自己能有江湖侠士的本领，以对付恶人。12 岁开始拜师习武，练拳健身。他先后拜王德林、肖和生、邓光伏、易忠林为师，学练巫家拳、汇宗拳等。习武用功，早晚坚持练，白天抓住空闲练，三更半夜起床练。通过悉心苦练，他练就过硬的扫脚功夫。他的手法灵活多变，威慑力大。1937 年，成为易忠林师傅的贴心徒弟和代桩师傅。1939 年，他在株洲镇精武体育会举办的选拔赛中，以灵活多变的手法和过硬的扫脚，击败对手，获得第一名，被选为精武体育会的教练，在株洲武坛初露头角。黄德兴走上武坛后，不受宗派门户观念束缚。虚心好学，吸取各家之长，精益求精。他向李实华师傅学过扑击，跟李德健师傅学习摔跤。后来 3 人一起切磋武艺，成为武林好友。由于他勤学苦练，体力过人，拳术全面娴熟，在株洲地区当时就有"三李一黄，武艺高强"（三李即李实华、李德健、李振斌，一黄就是黄德兴）之盛誉。

中华人民共和国成立后，黄德兴被定为株洲市名老拳师，曾获省武运会三等奖。他将练了几十年的汇宗拳，在原有的基础上增加摔打实战的单练动作，并配合发力，放大架式，使汇宗拳融进他的心得体会，套路结构和力路更臻完善。

第三章　旅游业

天元区成立之初，境内旅游资源缺乏，旅游业主要以走出去为主。进入 21 世纪以后，随着经济社会的发展，区内旅游休闲业迅速发展，先后建起神农生态园、农家山庄等休闲度假基地，对原有的文化古迹景点进行开发修缮。2006 年 6 月，为发展天元区旅游产业，区政府印发《株洲市天元区旅游业发展优惠政策》，从税收、土地、人才引进，投资等方面实行优惠和奖励。2011 年 5 月，天元区成立旅游局，与文化体育新闻出版局合署办公。2011 年始，天元区旅游产业通过实施项目包装、品牌带动、形象策划、市场培育、行业服务、人才培训和旅游目的地建设，充分利用神农城、湘江风光带、栗雨休闲谷等城市名片和原有的文化古迹景点，着力打造"魅力新区 快乐天元"。2012 年，神农城成功创建国家 AAAA 级旅游景区。至 2014 年全区有 AAAA 级风景区神农城，省、市级文化保护单位、风景名胜区，宗教活动场所 30 余处；有星级旅游宾馆 8 家，其中五星级旅游宾馆 1 家，四星级旅游宾馆 1 家，三星级旅游宾馆 6 家；休闲农庄和农家乐 76 家，其中国家四星农家乐 1 家，省五星农家乐 3 家，省 4 星农家乐 2 家，市五星农家乐 1 家，市四星农家乐 3 家，市三星农家乐 6 家。五星级旅游餐馆和购物示范点 4 个；旅行社 20 家，其中国际旅行社 4 家，国内旅行社 16 家。2011 年，全区接待游客 284.78 万人次，旅游总收入 24.98 亿元。2014 年，全区接待游客 490.12 万人次，旅游总收入 45.30 亿元。

第一节　旅游资源

一　人文景观

空灵寺 位于雷打石镇盘石村，建于南北朝梁天监七年（508），中奉观音大士像，故又称观音岩，杜甫、刘长卿、朱熹等文人墨客曾在此留下踪迹。现有建筑为1986年重修，1999年4月，被市政府列入重点文物保护单位，先后列入省、市重点宗教活动场所名录。

资福寺 临近黄河南路与滨江路交汇处，始建于梁武帝时期。寺中建有天王殿、大雄宝殿、观音殿、藏经楼等佛教建筑。

龙门寺 位于群丰镇石塘社区，始建于唐宋时期，距今1300多年，有石壁、拜日台、笑天狮、晚清高官袁海观父母古墓、龙泉莲花池等多处人文自然景观。明朝天顺年间（1457—1464年），建威将军袁扶桑解甲归田在山中重建喇嘛庙，更名为“袁氏家庙”。清光绪年间（1875—1908年）两广总督袁海观拨银四千两，再次修复，将其定名为“龙门寺”。1994年，重修龙门寺。

罗哲烈士墓 位于马家河镇高塘社区，为省级文物保护单位及株洲市爱国主义教育基地。正中墓碑阴刻毛泽东手书“罗哲烈士之墓”，两旁为墓志，记载烈士生平事迹。罗哲烈士是早期中共党员，牺牲于1928年。1956年毛泽东主席写信给罗哲遗属，将题碑文和300元赠款一并寄来，为罗哲修墓。烈士墓历经几番修缮后，墓阶齐整肃穆，墓地青松翠柏，墓碑晶莹洁白，碑顶红星闪耀。

罗学瓒烈士墓 位于马家河镇月塘社区，为市级文物保护单位及爱国主义教育基地。罗学瓒，曾任中共醴陵县地方执行委员会书记、湘潭县委书记、浙江省委书记。1930年，在浙江杭州就义。

二　休闲景区

神农城国家AAAA级景区 2011年10月建成，在原炎帝广场基础上改建，景区总占地面积198公顷，以炎帝文化为内核，包括九大建筑及景观，即神农广场、神农像、神农太阳城、神农塔、神农湖、神农坛、神农艺术中心、神农大剧院以及神农艺术休闲街，形成集文化、旅游、商业于一体的新型旅游综合体。建有欢乐谷、云水台、海棠坞、水华田、炎帝部落、九曲水廊、西广场、白鹭洲、听涛台等20多处景点。

湘江风光带 2010年10月建成，位于城市的湘江沿岸，南起凿石山景区，北至石峰大桥，全长11.3千米，总投资约6.9亿元，总用地面积105万平方米，宽80～200米不等。湘江风光带充分利用自身良好的自然与人文资源，打造“一江两岸十景”的景观结构，拥有蝴蝶谷、健康广场、左岸酒吧街、沙滩排球场、极限运动场、航模广场等众多休闲健身场所。

栗雨休闲谷 2011年2月建成，位于栗雨中央商务区中心地带。依托湖水资源优势，因地制宜设计了观光、休闲、滨水风情3个功能分区。沿湖景观园林以自然式布局为主，植物以疏林草地的形式与起伏变化的自然游道、花草，形成自然、生态、疏密有致的环湖景观。

万丰湖 2014年建成，为生态水系景观工程，位于新马新城中心地带的万丰港流域，南起京港澳高速公路，北至滨江北路，东、西分别为万丰路、新丰路，总面积约118公顷，全长约4.5千米，其中水体面积约53.33公顷，山体公园面积9.4公顷。

古桑洲 位于马家河镇。又名鲶洲，是湘江株洲下游段的一个小洲，长3.5千米，宽约250米，总面积约37.33公顷。古桑洲历史久远，据史册记载，它主要是由一座古墓，即岳麓山书院山长罗典之先祖罗瑶之墓而著名。在洲头有一株植于明嘉靖年间的古樟树。当地居民在千百年前就以种桑养蚕而闻名于世，洲上居民世代都靠养蚕、打渔为生。

悠移庄园 位于群丰镇，系株洲市首批规划建设的农业休闲旅游企业和国家五星级休闲农庄。集会议休闲区、科技观光示范、采摘果蔬立体园、群众文化广场、汽车影院、悠移运动健身骑士俱乐部、校外拓展实践活动学习区于一体。

第二节 旅游服务

1992年，株洲高新区成立之初，区内旅游服务业几乎处于空白。1996年10月，株洲河西首家星级旅游酒店株洲西苑宾馆开业。1998年11月，天元区首家旅行社株洲中联国际旅行社开业。2010年后，天元区文体新局配合市委提出的旅游升温战略，切实做好神农城、汽车博览园、美的万豪酒店、湘水湾酒店等重点旅游建设项目的服务。开展以“走乡村、赏春色、进农家、品乡情”为主题的旅游宣传服务进社区活动和“5·19”中国旅游日公众宣传主题活动。在天元区政府门户网站上开辟“魅力天元——天元旅游”专栏。至2014年，天元区有旅行社20家，其中国际旅行社4家，国内旅行社16家；星级宾馆8家，其中五星级1家，四星级1家，三星级6家。

2014年株洲市天元区境内旅行社一览表

表22－3－1

序号	单位名称	经营范围	注册地址	星级
1	株洲中联国际旅行社有限责任公司	国内游、入境游、出境游	天元区天台路市政府大门左侧	四星级
2	株洲市环球国际旅行社有限责任公司	国内游、入境游、出境游	天元区泰山路88号	四星级
3	湖南完美假日国际旅行社有限责任公司	国内游、入境游、出境游	天元区天平路花园一村	四星级
4	湖南旅游国际旅行社有限责任公司	国内游、入境游、出境游	天元区庐山恋综合楼21楼	五星级
5	株洲教育国际旅行社有限责任公司	国内游、入境游	天元区和平路126号	三星级
6	株洲妇女国际旅行社	国内游、入境游	天元区河西桥头北侧太阳宫	三星级
7	株洲春秋国际旅行社有限责任公司	国内游、入境游	天元区长江北路联谊新村	三星级
8	株洲市巴士旅行社有限公司	国内游、入境游	天元区长江北路117号	—

续表22－3－1

序号	单位名称	经营范围	注册地址	星级
9	株洲兴科国际旅行社有限公司	国内游、入境游	天元区天台横路市国土局院内	—
10	株洲市鸿飞国际旅行社有限公司	国内游、入境游	天元区长江北路耀华大厦B座	三星级
11	株洲市飞燕国际旅行社有限公司	国内游、入境游	天元超市一楼正大门右侧专柜	—
12	株洲新天地国际旅行社有限公司	国内游、入境游	天元区长江北路保利大厦	—
13	株洲市华夏职工旅行社有限责任公司	国内游、入境游	天元区天伦路2号	—
14	株洲弘宇旅行社有限责任公司	国内游、入境游	天元区新闻路8号	—
15	株洲山水国际旅行社有限责任公司	国内游、入境游	天元区长江南路9号天健华庭	—
16	株洲市佳程旅行社有限责任公司	国内游、入境游	天元区黄河南路钻石家园16号	—
17	湖南添胜国际旅行社有限责任公司	国内游、入境游	天元区马家河镇仙岭村毛家坝组	三星级
18	株洲乐途国际旅行社有限责任公司	国内游、入境游	天元区保利大厦B座	—
19	湖南华天国旅株洲旅行社有限公司	国内游、入境游	天元区长江北路保利大厦	—
20	湖南宝贝出发吧旅行社有限公司	国内游、入境游	天元区天台路39号银天广场	—

2014年株洲市天元区境内星级酒店一览表

表22－3－2

序号	酒店名称	星级	房间	床位	地址
1	华天大酒店	五星	251	480	天元区长江北路1号
2	福尔莱酒店	四星	248	326	天元区长江北路368号
3	西苑宾馆	三星	85	151	天元区河西税务大楼后院
4	银城大酒店	三星	111	188	天元区泰山路28号
5	天伦商务酒店	三星	122	220	天元区长江北路8号
6	金锦海悦酒店	三星	72	121	天元区黄河南路399号
7	大中华酒店	三星	79	135	天元区天台路188号
8	逸景华天酒店	三星	289	350	天元区泰山西路572号

第二十三篇　医疗卫生·计划生育

株洲高新区成立之初，社会工作部内设的计卫科负责卫生行政管理工作。1992 年 10 月，成立卫生工作管理站，履行株洲高新区卫生防疫、妇幼、爱卫、红十字会等工作职能。同时，原株洲市园艺场卫生院更名为长江医院，担负株洲高新区的基本医疗、卫生保健等工作。1992 年 10 月，长江医院租用原园艺场俱乐部 5 间房屋开展基本医疗工作，医务人员及职工 24 人。医院下设大坪、隆兴、韶溪、金锦 4 个医疗点。1992 年 10 月—1997 年 7 月，先后有陈远瑞、王保马任计卫科副科长；易水清任卫生工作管理站站长；王保马任长江医院院长。

1997 年 8 月，天元区卫生局成立，为区人民政府组成单位。1997 — 1999 年，全区围绕人人享有健康保健工作目标，开展卫生体制改革。从 1998 年 1 月 1 日起，全区农村卫生医疗机构实行“一体化”管理，对各医院实行院（站、所）长负责制、综合目标管理责任制和统一组织领导、统一人员调配、统一药品采购、统一工作布置、统一财务核算的管理模式。构建社区卫生服务体系。按照“统一规划、合理利用、一网多用、上下联动”的原则，集政府、企业、民营经济之合力建立社区卫生服务站。1998 年 8 月，首批开设桥北、云里、花园里、大湖塘 4 家社区卫生服务站。8 月 11 日，以居委会卫生服务站为基层单位，以三级医疗为技术依托建立的双向转诊、专家会诊和技术指导关系的第一批社区卫生服务站在全省首开先河向居民提供医疗健康保障服务。1997 年 8 月 — 1998 年，全区投资 25.5 万元，新建 1 个社区卫生服务中心、13 个社区卫生服务站，对 4.3 万人实行分类建卡、协约服务、分卡包干、分工协作的管理模式，实行全方位服务。长江医院通过门诊改造，成立社区卫生服务中心，为居民提供便利的医疗服务。1998 年 12 月，天元区成为湖南省首批社区卫生服务试点区。

自 2006 年始，区委、区政府连续 3 年投入 240 万元，用于群丰镇卫生院和马家河镇卫生院建设和提质改造。2011 年，全区总投资 1400 余万元，新建栗雨和改造嵩山路街道、泰山路街道社区卫生服务中心，总建筑面积 7995 平方米。2012 年，投资 2500 余万元，建成区疾控中心、卫生监督所大楼。2013 年，争取中央补助资金 170 万元，对区妇幼保健所业务用房改造、硬件设施设备增添；投入 400 余万元。完成群丰镇、雷打石镇卫生院公卫楼改扩建、新建工程，各基层医疗机构全部完成中医馆改造工程。2014 年，为部分乡镇卫生院配备彩超、DR、全自动生化仪等医疗设备，并对全区村卫生室分批进行标准化村卫生室的改造工作。

2012 年，完成社区卫生服务中心经营机制转换，各中心全部交由区政府举办，率先在全市实现社区卫生服务回归公益性；率先在全市实行“家庭医生”签约式服务，贴心服务到家。2013 年，嵩山路街道社区卫生服务中心成功创建为“国家级示范社区卫生服务中心”，并积极引进中医药新技术——新药管疗法；2014年，嵩山路街道社区卫生服务中心启动中医药治疗青少年近视研究工作；泰山路街道社区卫生服务中心建成全省首家数字化接种门诊和自助体检小屋；区疾控中心被评为全国疾病预防控制工作先进集体；天元区成功创建国家级慢性非传染性疾病综合防控示范区。

第一章　医疗卫生机构

第一节　管理机构

一　天元区卫生局

1997年8月，天元区卫生局成立，为区政府组成部门，主要负责全区医疗卫生行政管理、卫生应急、社区卫生、农村卫生、妇幼保健、传染病防治、慢性病管理、公共场所卫生监督、学校卫生管理、生活饮用水管理、新型农村合作医疗管理、医药卫生体制改革、无偿献血等工作。1998年，内设办公室、政工股、业务股、计财股4个职能股室。下辖卫生防疫站、妇幼保健所和长江医院，加挂区爱国卫生运动会、区公费医疗办公室牌子。2007年，天元区新型农村合作医疗管理办公室成立，隶属天元区卫生局。2010年，成立爱国卫生运动委员会办公室，隶属区政府办公室。2011年，新增泰山路、嵩山路、栗雨3个街道社区卫生服务中心。2012年3月，成立天元区红十字会，挂靠区卫生局管理。2014年，天元区卫生系统有直属二级机构10个，即疾控中心、妇幼保健所、新农合办、4个镇卫生院和3个社区卫生服务中心；全区有各级各类医疗机构190家，其中疾病预防控制中心（卫生监督所）、妇幼保健所、天元区人民医院各1家，个体医疗机构91家、卫生室及医务室86家、乡镇卫生院和社区卫生服务中心站11家，病床216张，卫生工作人员487人（在编职工196人、退休职工83人，乡村医生65人）。

1992—2014年，先后由易水清任株洲高新区卫生工作管理站站长；刘兆龙、易水清任株洲高新区计卫联合支部书记；曾三林、王亚东、王思永任局长，曾三林、汪建梅、齐艳辉、王保马、王思永任书记。

二　天元区新型农村合作医疗管理办公室

2007年，天元区列入全省的新型农村合作医疗试点区，是株洲市城市4区唯一试点区。

2007年3月23日，天元区实施新农合制度，服务天元区泰山路、嵩山路、栗雨3个街道和马家河、群丰镇2个乡镇，人口5.77万人。2007年8月2日，天元区新型农村合作医疗管理办公室成立，为卫生局下属副科级全额拨款事业单位。内设综合科、审核科、稽查科及财务科，业务用房面积 300 平方米。2011 年，区划调整新增三门镇、雷打石镇，新农合制度惠及全区农业人口 11.21 万人。

第二节　公共卫生服务机构

一　天元区疾病预防控制中心

位于天元区新东路与珠江北路交汇处。前身为株洲高新区卫生工作管理站，成立于 1992 年 10 月，最初职能负责区卫生局、卫生防疫、妇幼、爱卫、红十字会等工作事务；1997 年 8 月区划调整，成立天元区卫生防疫站，其机构为副科级事业单位，负责辖区内的疾病预防与卫生监督等工作。2006 年 3 月，升格为正科级事业单位，更名为天元区疾病预防控制中心，加挂天元区卫生监督所牌子。承担辖区内疾病预防控制与公共卫生技术管理等 15 项职能。2014 年，中心有事业编制 38 名，在职在编职工 28 人，临聘人员 13 人。其中高级职称 2 人，中级职称 14 人，初级职称 13 人。

二　天元区妇幼保健所

成立于 1997 年，隶属天元区卫生局，是公共卫生的重要组成部分，由区划调整时郊区妇幼保健所分流 2 人，调入 1 人。2002 年，由区卫生局调配原长江医院附楼一楼作为业务办公区域，设妇女保健科、儿童保健科等科室，工作人员增至 5 人；2005 年，升格为副科级单位；2006 年 12 月搬迁至天元区圆方路 129 号办公。2007 年，由区政府牵头，区计生服务站与妇幼保健所业务合并，实施计卫联合。2011 年，升为正科级事业单位，人员编制增至 9 人，实有在职职工 15 人，拥有业务用房面积 1000 余平方米，设妇女保健室、儿童保健室、婚姻保健室、健康教育室、B 超室、信息统计室，担负全区保健工作、临床工作、妇幼信息工作、培训工作、健康教育工作、计划生育技术服务工作。

第三节　医疗机构

一　市驻区医疗机构

株洲市中心医院　位于长江南路 116 号。原名株洲市一医院，始建于 1953 年，是一所集医疗、科研、教学、预防保健于一体的三级甲等综合性医院。医院占地 17.33 公顷，建筑面积 19.2 万平方米，编制床位1500张。设有临床科室40个、医技科室10个，临床研究所2个，临床实验室6个，医疗中心11个，其中株洲市心脏中心、肝胆胰中心、脑血管病中心落户天元区。医院学科实力雄厚，有消化内科、血液科两个国家级临床重点专科建设项目，省级重点专科3个，市级重点学科、特色专科12个。医院整体医疗技术水平位居全市卫生行业首位。2013年3月，株洲市一医院整体搬迁至天元区长江南路，更名为株洲市中心医院。

株洲市中医伤科医院 1992年12月，株洲中医伤科医院在河西兴建分院竣工。1993年3月28日，河西分院试行营业。1994年4月28日，医院整体搬迁至河西，位于天元区圆方路117号。株洲市唯一一所全省规模较大，专业性较强，集医疗、科研、教学、康复于一体的国家三级甲等中医骨伤专科医院。占地面积3486平方米，建筑面积17098平方米，病床435张，医务人员506人。中医骨伤科列为湖南省"十一五"重点专科，株洲市医学特色专科。医院骨伤科二级分科精细，按专科特长设有正骨科、髋关节科、脊柱科、膝关节科、肩肘科、胫踝科、手足科、筋伤科、外科等科室。开展骨折内外固定、肢体矫形术、骨科微创内固定术、关节镜、椎间盘镜，脊柱矫形手术、人工关节置换术、显微外科断肢（指）再植、再造、大面积骨软组织缺损修补等手术。

二 区级医疗机构

天元区长江医院的前身是株洲市园艺场卫生院。1992年10月，株洲市园艺场卫生院作为株洲高新区的基本医疗服务机构，同时更名为株洲高新区长江医院。当时医院条件十分简陋，医院人才匮乏，与新区城区人口急速增长极不相适应。1997年8月，天元区成立后，区委、区政府做出新建长江医院的决策。1998年4月，征用原株洲园艺场电影院，总投资545万元，于2000年12月建成面积5637平方米的长江医院综合楼。区卫生局、区疾控中心、区妇幼保健所、长江医院均迁入长江医院综合楼办公。

2005年12月，长江医院改制，由仁和眼科医院租赁经营，更名为天元区人民医院（仁和眼科医院），营业面积8000多平方米，开设病床120张。医务人员180人，开设眼科、内科、外科、妇科、儿科、产科、五官、中医、口腔、放射、药剂、生化、检验、妇幼保健、卫生防疫、皮肤性病、针灸理疗科等20多个科室，其中眼科为特色专科。医院引进美国VSIX－S3准分子激光近视治疗仪、眼力健冷型白内障超声乳化治疗仪、螺旋CT、原装进口德国西门子B超、德国蔡氏手术显微镜、全自动生化仪、电子胃镜、多普勒、心电图等医疗设备设施，全面开展综合诊疗服务。

三 基层医疗机构

(一) 乡镇卫生机构

乡镇卫生院 天元区有乡镇卫生院4家。1997年原株洲县马家河乡卫生院、株洲县群丰镇卫生院更名为天元区马家河乡卫生院、天元区群丰镇卫生院，由天元卫生局统一管理。1997 年，区政府投资 10 万元，新建群丰镇卫生院门诊，并分期装修医疗综合楼。1998 年 8 月，集资 80 万元扩建马家河卫生院，新建 1500 平方米的住院综合楼。1998—1999 年，两院先后分别购置 100 毫安 X 光机、心电图机、全自动洗胃机、口腔综合治疗机、12 孔合光无影手术灯、万能手术床、病床、骨折牵引床、化验器材、外科产科手术器材等医疗设施。2011 年，原株洲县雷打石镇、三门镇中心卫生院划由天元区卫生局统一管理。

村卫生室 1997 年，原株洲县马家河乡、群丰镇由株洲市天元区管理，马家河乡、群丰镇 29 个村卫生室划入天元区；2011 年，区划调整后株洲县雷打石镇、三门镇 43 个村卫生室划入天元区；2012 年，栗雨街道社区卫生服务中心成立，原马家河镇栗雨村、南塘村、王家坪村、凿石村 4 个卫生室划入栗雨街道社区卫生服务中心管理。2014 年，全区有村卫生室 72 家。

（二）社区医疗机构

社区卫生服务中心 天元区于 1998 年率先在全省开展社区卫生服务工作。从 2001 年开始，因资金困难，社区工作运转出现脱节，社区卫生服务工作以临床医疗为主。

2011 年，市委、市政府将社区卫生服务中心建设纳入十大民生实事，天元区重新规划建设社区卫生服务中心。新建栗雨、泰山街道社区卫生服务中心，改造嵩山路和泰山路 2 个街道社区卫生服务中心。2012 年 1 月，天元区完善社区卫生服务中心经营机制转换，各中心全部交由区政府举办，率先在全市实现社区卫生服务回归公益性。其中，嵩山路街道社区卫生服务中心原由省直中医院主办，泰山路街道社区卫生服务中心由天元区人民医院举办。社区卫生服务中心纳入株洲市医保门诊定点单位、天元区预防接种定点单位。2014 年，天元区有 3 个街道社区卫生服务中心，实现“15 分钟健康服务圈”，并在全市率先实行“家庭医生”签约式服务。

社区卫生服务站 1999 年，区卫生局成立桥北、滨江、花园里、大湖塘 4 个社区卫生服务站。2000 年以后，因社区卫生服务站资金周转难，社区卫生服务站工作一度停滞。2007 年以后，区卫生局逐步规划设置泰山路街道的铁西、谢家冲、泰西社区卫生服务站，嵩山路街道的大湖塘、小湖塘社区卫生服务站。2013 年，泰西社区卫生服务站申请歇业。2014 年，天元区有铁西、谢家冲、大湖塘、小湖塘 4 个社区卫生服务站。

四　社会医疗机构

（一）民营医疗机构

株洲风湿病医院 位于天元区庐山路 27 号。前身为株洲市风湿病研治所，1998 年正式成立。医院占地 0.37 公顷，建有 3900 平方米的门诊综合大楼，960 平方米制剂楼；是一所主治风湿病、类风湿、骨质增生、腰颈椎间盘突出等疾病的专科医院。

株洲和睦佳医院 位于天元区黄山路与湘依路交界处。2008 年成立。医院重点建设产、妇、体检、少女4个诊疗中心，致力微创妇科、无创妇科、无痛妇科医疗服务。

株洲佳满康复医院 位于天元区湘依路16号。2009年12月成立，占地1.33公顷，建筑面积1.8万平方米，开设病床266张，开设骨创烧伤康复病区、神经康复病区等科室。开展伤残患者的医疗康复、职业康复、社会康复、教育康复、老年托养、康复辅助器具生产、配置等医疗。

株洲九龙泌尿专科医院 位于天元区泰山路188号。2013年成立。开设前列腺诊疗科、性功能障碍诊疗科、不孕不育诊疗科、生殖整形诊疗科、泌尿感染诊疗科、泌尿结石诊疗科、性传播疾病诊疗科、性心理咨询科等专业诊疗。

株洲百草园中医脊椎医院 位于天元区嵩山路198号。是1995年经市卫生局批准的首家以治疗脊椎病为主的专科医院。采用中医非手术疗法为主治疗脊椎及其相关疾病，开设脊椎科、中医骨科、疼痛科、中医科、西医内科、不孕不育、癫痫科、针灸推拿科、医学影像科、检验科、心电图、B超等相关科室。

（二）个体医疗诊所

天元区个体医疗诊所每个社区都有，人口较集中的社区范围内最多达到5家。2011年以前，株洲市诊所管理权限由市卫生局管理，后下放至区卫生局。2011年，市卫生局将辖区范围内108家个体医疗机构转交天元区卫生局管理。2014年，全区有个体医疗机构108家。其中，正常营业97家，歇业11家，有医务人员208人。开展内科、中医科、口腔科、妇科等科目医疗服务。

第二章 医疗技术与队伍

第一节 医疗技术

1992年，区基层医疗服务主要靠乡村医生承担，以提供简单、方便、快捷的基本医疗为主，为群众提供内科、小儿科、妇科等常见疾病的治疗，开展简单的外伤包扎、中暑等农村常见病的救治。1997年、2011年两次区划调整后，天元区新增马家河镇、群丰镇卫生院，三门镇、雷打石镇中心卫生院，并在1998年天元区开始开展社区卫生服务工作，区内医疗服务能力有了较大提升，卫生院和社区卫生服务中心能为基层群众提供全科医疗、内科、妇科、小儿科、外科等常见病、多发病的诊断与治疗，开展疝气、阑尾切除、剖腹产等手术，提供常规检验、照片、心电图等基本检查。

2010年前后，各镇卫生院、社区卫生服务中心、村卫生室、社区卫生服务站工作重心由提供基本医疗服务逐步向以提供基本公共卫生服务转移，小病进卫生院和社区卫生服务中心诊疗，大病到市属以上医院救治。

第二节　医疗设备

1992 年，区内基层医疗机构配备听诊器、血压计、体温计等基本医疗设备。1997 年，新增马家河乡卫生院、群丰镇卫生院后，卫生院配备 B 超、X 光机等设备。2005 年，更新并添置手术床、显微镜、生化仪等设备。2011 年以后，基层医疗机构逐步实现信息化，省、市、区逐步为基层医疗机构配备办公电脑。2012 年以后，基层医疗机构开始逐步使用电子病历，门诊、住院、药房、费用结算等科室通过电脑等信息技术实现互联互通，区卫生局为其配置全自动血球计数器。2013 年，添置电监护仪、B 超机、X 光机。2014 年，更新一批半自动生化分析仪、全自动尿液分析仪、全自动洗胃机、彩超机，基层医疗机构的设备得到逐步更新。

第三节　医技队伍

1992—1997 年，株洲高新区卫生工作管理站工作人员 4 名，长江医院医务工作人员 20 名。1997 年、2011 年两次区划调整后，天元区基层医疗机构医务人员相应增加，卫生系统技术力量得到充实。

2014 年，天元区医疗卫生单位有工作人员 487 人，其中局机关 14 人，疾控中心、妇幼保健所、农合办 42 人，7 个基层单位 151 人，村卫生室 72 人，医务室、卫生所、个体诊所 208 人。

第四节　医政管理

一　医疗机构执业许可

1994 年 9 月，按照《医疗机构管理条例》的规定，将辖区内医疗机构分为医院、门诊部、诊所、医务室、卫生站、村卫生室 6 类，重新登记审核。对照医疗机构设置基本标准进行现场验收，合格的重新发给医疗机构执业许可证，不合格的责令整改达标或取缔。1995 年，根据《中华人民共和国母婴保健法》规定，对从事母婴保健专项技术服务的单位和人员严格按《母婴保健专项技术服务许可及人员管理办法》进行管理，每 3 年对从事此项工作的医疗机构进行重新审核登记，对从业人员每年进行培训和技术考核，合格者发给许可证。自 1996 年起，对医疗机构每年进行一次校验，每 2 年对专业技术人员进行业务培训和考核，不合格者，给予暂缓校验直至吊销执业许可证。2011 年，市卫生局将全市所有个体医疗机构管理权限全部下发到区级卫生行政部门。2014 年 6 月，境内有区级卫生行政部门管理的各级各类医疗机构 190 家，其中持有母婴保健专项技术执业许可证 8 家。

二 执业医师、护士注册管理

1993年3月26日，按照《中华人民共和国护士管理办法》及《湖南省护士管理办法实施细则》的规定，由市卫生局对执业护士进行资格认定及资格考试，区卫生局负责对辖区内执业护士实施审核登记，首次注册后每5年延续注册1次。1998年7月，《中华人民共和国执业医师法》颁布，区卫生局对辖区内所有医师进行摸底、审核、登记造册。已取得医师以上专业技术职务任职资格的，认定为执业医师；已取得医士专业技术资格的，认定为执业助理医师，并按临床、中医、公卫、口腔分类，报省卫生厅审核，由省卫生厅发给执业医师资格证、助理执业医师资格证，然后由区卫生局审核注册，发给执业医师证。1999年以后，申请医师资格从业人员一律参加国家统一考试，取得执业医师资格或执业助理医师资格方予注册。区卫生局对辖区内执业医师、执业助理医师每2年进行1次业务培训和考核。2014年，全区有注册执业医师449名，注册执业护士2179名。

三 医疗废物管理

2003年10月13日，卫生部印发《医疗废物管理条例》，条例公布后，区卫生局组织举办《条例》学习班，辖区内医疗机构医疗废物按国家规定的程序进行收集、贮存、管理、处置。以后所有新建和变更地址及原有一级以上医院和部分有条件的门诊部、诊所必须建立污水处理设施，医疗污水必须经处理后才能排放下水道，并组织专项执法检查。2003—2014年，天元区继续按该条例执行。

第三章 疾病预防控制

第一节 传染病

区内主要有艾滋病、性病、肝炎、甲型H1N1流感、麻疹、疟疾等22种法定传染性疾病，这些疾病均有不同程度的发病。

一 甲类传染病

1997—2012年，天元区无甲类传染病报告。2012年5月，报告霍乱携带者1例。

二　乙类传染病

2003 年起，区内各医疗机构、街道社区卫生服务中心和镇卫生院实行网络直报。2014 年，区内乙类传染病发病率居前五位病种依次是肺结核、梅毒、肝炎、淋病、痢疾。2014 年，发生乙类传染病 12 种 826 例，发病率为 380.66/10 万。

(一) 结核病

2002 年，天元区卫生防疫站开设结核病防治门诊，对疑似肺结核患者实行免费胸片和痰涂片检查，对辖区内活动性肺结核患者提供免费的抗结核药物治疗。2008 年，区疾控中心与辖区综合医疗机构合作，开始结核病治疗的医防合作，将市中心医院作为区结核病防治定点医院。同年，第四轮全球基金结核病控制项目在天元区开展。2014 年 12 月，区疾病预防控制中心对湖南工业大学 3.6 万名学生进行结核病筛查，共发现活动性肺结核患者 30 例，其中涂阳患者 6 例。自 2005 年起，天元区结核病发病率均超过 90/10 万，其中 2008 年发病率最高，达到 187.81/10 万。

1997 — 2014 年，天元区卫生防疫站先后 4 次被评为获湖南省结核病控制项目工作先进单位；1 次被评为株洲市结核病防治工作先进单位。

2005 — 2014 年株洲市天元区活动性肺结核病人登记情况表

表 23 - 3 - 1　　　　单位：人

年 度	全区人口数	发病率	病人登记	涂阳病人
2005	120950	103.35/10万	36	30
2006	120686	100.26/10万	49	29
2007	120777	156.49/10万	81	27
2008	120867	200.22/10万	130	48
2009	121435	99.64/10万	101	39
2010	121935	136.14/10万	103	30
2011	215365	96.1/10万	177	58
2012	213673	103.4/10万	215	58
2013	215071	104.6/10万	208	74
2014	216994	127.2/10万	207	83

2005—2014年株洲市天元区肺结核病人治疗管理情况表

表23－3－2　　单位：人

年度	管理人数	治疗				结核死亡		转归			
		初治数	复治数	全程督导数	全程管理数	结核病	肺结核	治愈	好转	无变化	死亡
2005	36	35	1	36	0	0	0	30	6	0	0
2006	49	44	5	49	0	0	0	29	20	0	0
2007	81	78	3	81	0	0	0	27	54	0	0
2008	130	119	11	98	16	0	0	42	70	18	0
2009	101	91	10	98	2	0	0	35	60	3	3
2010	103	92	11	96	7	0	0	26	69	6	2
2011	177	158	19	157	20	0	0	51	116	7	3
2012	215	191	24	208	7	0	0	50	155	7	3
2013	208	184	24	206	2	0	0	72	134	1	1
2014	207	190	17	206	1	0	0	71	127	9	0

(二) 麻疹

从1997年开始,天元区以有效防控麻疹为目标,开展麻疹防治工作。2002年,发生麻疹10例。2008年，发生麻疹34例。2008—2010年，区政府发文连续3年对6岁以下儿童开展麻疹疫苗强化免疫,累计摸底造册41180人,共强化免疫40956人,接种率均达95%以上。2010—2012年,天元区连续3年无麻疹疫情。2011—2014年,全区每年对8个月～7岁儿童开展麻疹类查漏补种。2012—2014年，全区麻疹发病率控制在1/10万以下。

(三) 甲型H1N1流感

2009年，全区报告甲型H1N1流感病例77例。针对甲型H1N1流感疫情，全区在全市率先开展重点人群接种甲型H1N1流感疫苗14163人份。2013年，报告21例。2009—2014年，共报告103例。

(四) 艾滋病

2001年，天元区报告首例HIV（艾滋病）阳性病例。至2014年，全区报告确诊该病病例增至80人。其中在册管理62人，男性51人，女性11人，有6人系夫妻，符合治疗标准的52人，均被纳入国家免费治疗，有2人因工作原因转回原籍地治疗。

(五) 病毒性肝炎

病毒性肝炎常年居乙类发病数前三位。2008—2014年，发病数总体呈上升趋势，2014年发病数最多，达220例。1999—2014年，全区病毒性肝炎发病数1565例。

(六) 其他乙类传染病

1997—2014年，区内还有痢疾、狂犬病、钩体病、出血热、伤寒+副伤寒、猩红热、淋病、疟疾等乙类传染病，但不常年发病或发病数较少。

三　丙类传染病

1997—2014年，区内主要以流行性感冒、流行性腮腺炎、风疹、急性出血性结膜炎、其它感染性腹泻病、手足口病为主。其中手足口病和其它感染性腹泻病发病数一直居丙类传染病的前两位。2014年共发生丙类传染病5种1803例，发病率为830.90/10万。

(一) 手足口病

2008年始，全区将手足口病纳入法定丙类传染病管理。2008—2014年，发病数总体呈上升趋势，2014年发病数最多，达1031例。发病人群以5岁以下婴幼儿为主，占总发病数90%以上；发病人群以散居儿童和幼托儿童为主。累计报告手足口病聚集性疫情12起，手足口病重症病例6例。

(二) 其它感染性腹泻病

2004—2014年，发病数总体呈上升趋势。2014年发病数最多，达589例。

1999—2014年株洲市天元区法定传染病发病情况统计表（一）

表23－3－3　　单位：人

年份	艾滋病		肝炎		甲型H1N1流感		麻疹		出血热		狂犬病		乙脑		痢疾		肺结核		伤寒+副伤寒		百日咳		猩红热		淋病	
	发病数	死亡数	发病数	死亡数	发病数	死亡数	发病数	死亡数	发病数	死亡数	发病数	死亡数	发病数	死亡数	发病数	死亡数	发病数	死亡数	发病数	死亡数	发病数	死亡数	发病数	死亡数	发病数	死亡数
1999	—	—	21	—	—	—	6	—	2	—	—	—	2	—	26	—	19	—	2	—	1	—	—	—	—	—
2000	—	—	13	—	—	—	1	—	—	—	—	—	—	—	3	—	22	—	1	—	2	—	—	—	—	—
2001	—	—	15	—	—	—	3	—	—	—	—	—	—	—	33	—	20	—	1	—	—	—	—	—	2	—

续表23－3－3

年份	艾滋病		肝炎		甲型H1N1流感		麻疹		出血热		狂犬病		乙脑		痢疾		肺结核		伤寒+副伤寒		百日咳		猩红热		淋病	
	发病数	死亡数	发病数	死亡数	发病数	死亡数	发病数	死亡数	发病数	死亡数	发病数	死亡数	发病数	死亡数	发病数	死亡数	发病数	死亡数	发病数	死亡数	发病数	死亡数	发病数	死亡数	发病数	死亡数
2002	—	—	19	—	—	—	10	—	—	—	—	—	—	—	27	—	18	—	12	—	1	—	1	—	5	—
2003	—	—	18	—	—	—	—	—	—	—	—	—	—	—	17	—	13	—	3	—	—	—	1	—	15	—
2004	—	—	44	—	—	—	13	—	—	—	—	—	—	—	22	—	46	—	5	—	—	—	1	—	46	—
2005	—	—	148	1	—	—	11	—	1	—	—	—	—	—	16	—	115	—	1	—	—	—	—	—	23	—
2006	1	—	96	—	—	—	2	—	—	—	—	—	—	—	23	—	110	—	—	—	—	—	1	—	10	—
2007	3	—	113	—	—	—	3	—	1	—	—	—	—	—	22	—	173	—	5	—	—	—	—	—	25	—
2008	—	—	158	—	—	—	34	—	2	—	1	1	—	—	15	—	227	—	2	—	—	—	5	—	26	—
2009	—	—	132	—	77	—	4	—	3	—	—	—	—	—	27	—	120	—	1	—	—	—	1	—	48	—
2010	—	—	126	—	1	—	—	—	—	—	—	—	1	—	18	—	160	—	3	—	—	—	4	—	21	—
2011	—	1	143	—	4	—	—	—	4	—	—	—	—	—	16	—	207	—	2	—	—	—	9	—	28	—
2012	1	—	145	—	—	—	—	—	5	—	—	—	—	—	15	—	221	—	—	—	—	—	5	—	15	—
2013	4	—	154	—	21	—	4	—	5	1	—	—	—	—	14	—	225	—	2	—	—	—	5	—	27	—
2014	8	—	220	—	—	—	1	—	2	—	—	—	—	—	17	—	276	—	7	—	—	—	13	—	43	—
合计	17	1	1565	1	103	0	92	0	25	1	1	1	3	0	311	0	1972	0	47	0	4	—	46	0	334	0

1999－2014年株洲市天元区法定传染病发病情况统计表（二）

表23－3－4　　单位：人

年份	梅毒		钩体病		疟疾		流行性感冒		流行性腮腺炎		风疹		急性出血性结膜炎		其他感染性腹泻病		手足口病		合计		发病率（/10万）
	发病数	死亡数	发病数	死亡数	发病数	死亡数	发病数	死亡数	发病数	死亡数	发病数	死亡数	发病数	死亡数	发病数	死亡数	发病数	死亡数	发病数	死亡数	
1999	—	—	—	—	—	—	—	—	—	—	—	—	—	—	—	—	—	—	79	—	—
2000	2	—	1	—	—	—	—	—	—	—	—	—	—	—	—	—	—	—	45	—	—
2001	—	—	1	—	1	—	—	—	—	—	—	—	—	—	—	—	—	—	76	—	—

续表 23－3－4

年份	梅毒		钩体病		疟疾		流行性感冒		流行性腮腺炎		风疹		急性出血性结膜炎		其他感染性腹泻病		手足口病		合计		发病率（/10万）
	发病数	死亡数	发病数	死亡数	发病数	死亡数	发病数	死亡数	发病数	死亡数	发病数	死亡数	发病数	死亡数	发病数	死亡数	发病数	死亡数	发病数	死亡数	
2002	—	—	—	—	1	—	—	—	—	—	—	—	—	—	—	—	—	—	94	—	—
2003	3	—	1	—	—	—	—	—	—	—	—	—	—	—	—	—	—	—	71	—	61.2793
2004	3	—	—	—	—	—	—	—	21	—	—	—	—	—	11	—	—	—	212	—	174.2934
2005	7	—	—	—	—	—	1	—	48	—	—	—	—	—	42	—	—	—	413	1	341.4634
2006	11	—	—	—	—	—	5	—	20	—	—	—	1	—	52	—	—	—	332	—	275.094
2007	18	—	—	—	—	—	7	—	24	—	—	—	7	—	56	—	—	—	457	—	378.3833
2008	76	—	—	—	—	—	29	—	24	—	3	—	1	—	184	—	115	—	902	1	746.2748
2009	95	—	—	—	—	—	109	—	67	—	17	—	—	—	265	—	244	—	1210	—	996.4178
2010	187	—	—	—	—	—	20	—	161	—	3	—	7	—	336	—	490	—	1538	—	1261.328
2011	180	—	2	—	—	—	30	—	212	—	—	—	1	—	226	—	924	—	1988	1	923.0841
2012	143	—	2	—	1	—	57	—	71	—	—	—	—	—	178	—	418	—	1277	—	597.6422
2013	73	—	1	—	1	—	72	—	57	—	3	—	1	—	545	—	579	—	1793	1	833.6782
2014	235	—	1	—	3	—	89	—	93	—	1	—	—	—	589	—	1031	—	2629	—	1211.554
合计	1033	0	9	0	7	0	419	0	798	0	27	0	18	0	2484	0	3801	0	13116	4	—

第二节　非传染性疾病

一　地方病

境内地方病以碘缺乏病为主。每年 5 月 15 日，区卫生部门开展防治碘缺乏病宣传活动，以提高公众对碘缺乏病危害性的认识，掌握防治知识。2006 年 6 月，区人民政府成立由副区长杨爱云为组长的地方病防治领导小组。2009 年，天元区通过消除碘缺乏病考核评估，制定全区消除碘缺乏病的阶段目标。2011 年，区卫生部门对区内 100 名 8～10 岁儿童进行尿碘含量测定，平均值 340.45 微克 / 升，碘含量超标，需要适当减少碘的摄入量。2010 — 2014 年，天元区对全区居民食用盐进行碘含量监测，合格率超过 97%。

二 慢性非传染性疾病

2012年，天元区启动“慢性非传染性疾病预防综合防控示范区”创建工作。同年8月，省卫生厅批复，天元区为全省重点支持地区。天元区先后3次调整领导小组，规格逐步升级，成立以株洲高新区工委书记、区委书记为顾问，区长任组长，常务副区长任副组长，各镇、乡街道及相关部门共31家单位的一把手为成员的慢性病综合防控示范区创建工作领导小组，并签订责任状。出台《天元区慢性非传染性疾病综合防控规划（2013—2015）》。全区投入2.01亿元，高标准构建慢性病综合防控示范区。形成由区卫生局牵头，区疾控中心指导，基层医疗卫生机构负责落实的社区慢性病专业防治体系，为全区慢性病防治提供科学指导和技术支持。

2012年，由天元区卫生局牵头组织，对辖区内18～65岁的5580人次常住居民，开展基线调查。全区18岁以上成人高血压、糖尿病患病率分别为21.8%和9.28%。在全区所有医疗机构建立慢性病监测网，对患者死亡原因、心脑血管事件、肿瘤和慢性病及其危险性因素等信息，进行登记。全区组建34个慢性病患者自管理小组，发展组员356名，开展形式多样的自我管理活动。按照全民健康生活方式行动创建标准，全区创建4类49家示范单位。2013年6月14日，天元区以1103分的高分（总分为1280分）通过省卫生厅现场评审，并向国家卫生部申请“国家级慢性病综合防控示范区”验收。2013年12月9日，天元区成为“省级慢性非传染性疾病综合防控示范区”。2014年12月29日，天元区荣获“国家级慢性病综合防控示范区”称号。

第三节 卫生免疫

一 计划免疫

1992年10月，株洲高新区卫生工作管理站成立，承担高新区卫生防疫、妇幼、爱卫、红十字会等工作职能。负责对儿童实行计划免疫，通过接种四种疫苗预防六种儿童常见传染病（简称“四苗防六病”）。1994年后，全区保持无脊灰状态；2003年，全区无白喉、百日咳、新生儿破伤风、流行性脑脊髓膜炎病例报告，15岁以下儿童乙型肝炎、儿童结核病发病率大幅下降；5岁以下儿童乙肝表面抗原携带率已控制在较低水平。

2004年，全区开展适龄儿童脊髓灰质炎疫苗的强化免疫，共摸底造册6825人，强化免疫6651人。

2005年3月16日，国务院颁布《疫苗流通和预防接种管理条例》，6月1日起施行。天元区按照上述条例规定，第一类疫苗乙肝疫苗、卡介苗、脊髓灰质炎疫苗、百白破疫苗、麻疹疫苗，均免费向儿童接种。第二类疫苗又称“计划免疫外疫苗”，遵循“知情、自愿、自费”原则接种，包括风疹疫苗、麻腮风疫苗、狂犬疫苗、流感疫苗、甲肝疫苗、水痘疫苗等。是年，区对 26 所小学及托幼机构的新生（插班生）预防接种证进行查验，对漏种儿童及时进行补种，共补种 1065 人次。此后每年 9 月，全区均对学校、托幼机构新入托、入学儿童及新转入学生进行查验预防接种证，并形成制度一以贯之。

2006年,天元区启动儿童预防接种信息化管理,共摸底0～7岁儿童11032人,发放金卡6689张。全区流动人口儿童建卡、建证率 96.6%，儿童计划免疫单苗、四苗及乙肝疫苗全程接种率 95.5%。2008 年，全省扩大免疫规划，免费疫苗扩大到 13 种疫苗，可防 15 种传染病，适龄人群的疫苗接种覆盖率逐年提升。2014 年，适龄儿童建证建卡率均大于 95%，基础免疫和加强免疫接种率均在 90% 以上。

2008 — 2014 年株洲市天元区基础免疫报告接种情况统计表

表 23 - 3 - 5　　　　单位：接种率 %

年 份	出生数（人）	BCG	OPV	DPT	MenA	MR	MMR	HBV	MenA+C	JE－1	HAV	DT
		接种率	接种率	接种率	接种率	接种率	接种率	接种率	接种率	接种率	接种率	接种率
2008	2353	99.5	95.3	95.2	95.3	95.5	95.1	95.9	95.6	95.8	95.7	95.1
2009	2403	99.6	95.7	95.5	95.4	95.9	95.4	96.9	95.7	95.8	95.8	95.1
2010	2706	99.8	96.1	95.7	95.8	96.5	95.6	97.6	95.4	96.1	95.9	95.4
2011	2856	100	96.3	95.9	95.9	96.8	95.9	97.8	96.1	96.4	96.2	95.5
2012	3071	100	96.3	96.1	96.2	97.1	96.1	98.3	96.2	96.5	96.4	95.6
2013	3469	100	96.5	96.2	96.4	97.3	96.3	98.7	96.3	96.8	96.7	95.8
2014	3111	100	96.7	96.5	96.7	97.8	96.4	99.2	96.5	96.9	96.7	95.8

二　针对性防控

2008 年，天元区落实卫生部关于《扩大国家免疫规划方案》，全年使用一类疫苗 82135 支，使传染病的发病率大幅降低。

2009 年，针对甲型 H1N1 流感疫情，天元区疾控中心在全市率先开展重点人群接种甲型 H1N1 流感疫苗 14163 人份。是年，全区开展 0 ～ 14 岁儿童乙肝疫苗查漏补种活动，共摸底造册 15655 人，使用乙肝疫苗 12650 支，补种率 96.7%。

2012 年，针对新疆输入性脊髓灰质炎疫情，全区对 2 月龄至 7 岁儿童开展脊髓灰质炎疫苗二轮次查漏补种，共摸底造册17252人，第一轮补种率96.7%，第二轮补种率97.2%。

2014年，区卫生局在全区开展脊灰疫苗强化免疫活动，共摸底造册适龄儿童11796人，完成第一轮11536人脊灰疫苗的强化免疫，接种率97.8%；第二轮11395人脊灰疫苗的强化免疫，接种率96.6%。

三　麻疹防控

1992年，株洲高新区成立后，每年都要开展对儿童的麻疹疫苗接种。严格落实儿童入托、入学预防接种证查验制度。区卫生部门与区教育部门紧密配合，严把查验关，落实补种关，确保应种未种儿童的补种工作落实到位；扎实开展常规免疫和麻疹疫苗强化免疫/查漏补种工作，全区麻疹疫苗的接种率多年保持在95%以上。2008—2010年，天元区政府发文连续3年对6岁以下儿童开展麻疹疫苗强化免疫，累计摸底造册41180人，强化免疫40956人，接种率均达95%以上。

2010—2012年，天元区连续3年无麻疹疫情。2012—2014年，全区麻疹发病率控制在十万分之一以下。

第四节　突发性疾病防治

一　抗击“非典”

2003年年初，传染性非典型肺炎突然在全国许多省市暴发。党中央、国务院和省、市提出“沉着应对，措施果断；依靠科学，有效防治；加强合作，完善机制”的工作方针。根据这一方针，全区各级各单位成立“非典”防治工作领导机构124个，印发宣传资料、下发文件、发布防治信息、主办防治简报专刊、进行新闻报道、开办“非典”防治知识培训班和讲座。建立4级信息网络管理体系。全区通过逐级排查、摸底，在天易、株雷公路设立检疫消毒站；在株洲火车站设立接待站。全区均严格按照“三盯一”的办法，对疑似病人实施隔离留观和医学跟踪观察。

区卫生局成立情报信息组、医疗救治组、专家技术组、后勤保障组等机构，制定技术处理、现场处理和医疗救治3个应急预案，切实做好消毒防护，构筑预防屏障。区疾控部门成立4个应急处理队，开展流行病学调查、疫源检索、可疑疫点消毒工作。各医疗单位加大体检、排查工作力度。期内，全区集中隔离88人，在家实施医学观察2315人。

全区投入专项经费157万元，保证“非典”防治工作的正常开展。整合卫生资源，对区属5个医疗单位医务人员统一调配、统一指挥。区属医疗单位腾出60间病房、关闭1个社区卫生服务站、4个门诊，以此作为“非典”工作用房，建立5个发热门诊和3个集中隔离留观站；抽调医护人员120名，专门从事医疗救治、医学跟踪和初步排查工作，并派出常驻集中隔离留观站医务人员36名。因措施得力，天元区取得抗击“非典”胜利。

二　抗击“甲流”

2009 年，区内报告发生 77 例甲型 H1N1 流感病例。5 月 4 日，天元区制定并下发《天元区卫生局人感染猪流感应急处置预案（试行）》。5 月 6 日，成立以王亚东为组长的甲型 H1N1 流感防控领导小组，同时成立应急机动队。按照株洲市应急物资装备标准，天元区投入 2 万元，添置 N95 口罩、防护服、免洗手消毒剂、喷雾器等器械和物资，应急办配备专用电话、传真机、专用网线，同时调配专门车辆用于突发事件的处置。积极开展甲型 H1N1 流感防控知识宣传，编印宣传册 2000 份，将其发放到社区、村和学校，并于 5 月 13 日在铁西社区进行专题宣传活动。9 月，全区集中安排季节性流感疫苗接种工作，共接种 13000 人次。同时对重点人群接种甲型 H1N1 流感疫苗 17400 人次。甲型 H1N1 流感被有效阻击，没有在区内造成重大损失。

三　流行性出血热病例

2013 年 1 月 16 日，天元区栗雨街道发生 1 例流行性出血热病例死亡疫情。区卫生部门出动疫情处置车 6 次，派出专业人员 23 人次，终末消毒 220 平方米，接种出血热疫苗 23 人次，组织街道居民开展防鼠灭鼠、环境卫生清扫，疫情得到有效控制，于 1 月 29 日结案。

第五节　健康教育

2001 年，全区下发健康教育宣传资料，每户居民拥有 2 份以上相关读物。2002 年，先后利用“主题日活动”，开展健康教育。2003 年，面对突如其来暴发的“非典”疫情，天元区将健康教育集中到抗击“非典”宣传活动上来，举办抗击“非典”知识培训班，接受群众咨询，消除群众的恐惧情绪。

2004 — 2005 年，全区加强健康教育网络建设，开展“以日促年”健康教育宣传活动。先后开展世界防治结核病日、全国预防接种宣传日等多项宣传活动。仅 2005 年，接受咨询达 300 余人次。

2006 — 2007 年，先后开展多项特定主题宣传活动和“以日促年”健康教育宣传活动，接受咨询达 600 余人次。2008 年，以株洲市创建国家卫生城市为契机，天元区健康教育开始向纵深发展，教育的形式更加多样，接受教育的人数显著增多。2009 年，全区积极开展甲型 H1N1 流感、结核病、艾滋病等重点传染病防治知识宣传，重点人群健康知识知晓率和健康行为形成率均达到 85% 以上。

2010 年，区卫生局分别与区爱卫办、应急办等单位合作，加强健康教育控烟工作督导，小湖塘社区的健康教育控烟工作受到全国健康教育与健康促进工作督导组好评。

2011 年，区卫生局开展全区健康教育工作业务培训和工作督导，加强健康教育宣传阵地建设，全面推进健康教育控烟工作。是年，天元区全民健康生活方式行动领导小组成立，下设办公室。

随着各种卫生日的确立，卫生日主题宣传活动已成为健康教育的一项重要工作。全区每年继续开展形式多样的卫生“主题日宣传活动”。

2012 年 12 月，区内所有医疗卫生机构均达到无烟单位要求，无烟医疗卫生机构覆盖率 100%；42 家单位被授予无烟管理示范单位称号；成功创建健康社区 7 家、健康单位 10 家、健康食堂 5 家、健康餐厅 5 家。2013 年，区内开展健康巡讲活动，艾滋病健康教育、结核病健康教育、职业病健康教育的效果尤为显著。

第六节 爱国卫生运动

1997 年天元区成立后，按照“政府组织、地方负责、部门协调、群众动手、科学管理、社会监督”的方针，实施城乡联动，开展城乡爱国卫生运动。成立天元区爱国卫生运动委员会，下设办公室，组织开展健康教育、普及卫生知识、除“四害”（蚊子、苍蝇、老鼠、蟑螂）、推进农村改水和改厕等工作。

1997 年，全区除“四害”工作主要以大规模突击性为主。至 2002 年转入长效管理、日常管理。辖区内除“四害”药物投放辖区内面积由 1997 年的 52% 逐年上升到 2002 年的 78%。2000 年改厕 240 座，全区卫生厕所使用率达 58.5%，比 1997 年增长 31.6%。1998—2002 年的 5 年内全区新建手压机井 1171 座，电动泵井 1123 座，农村引用清洁卫生水 99.42%，自来水覆盖率 92.1%。5 年中创建省级文明卫生单位 19 个，市级文明卫生单位 20 个，文明卫生楼栋 24 栋。

2003—2005 年，全区全力抗击“非典”，深入开展除“四害”卫生防病工作，强化健康教育，普及卫生知识，提高卫生素质，强化农村改水改厕。3 年内爱卫网络由城市拓展到农村，至 2005 年底有 348 名工作人员担负起全区的爱卫工作；除“四害”实施规范管理，建立环境卫生总和治理长效管理机制，促使“四害”年平均阳性率由 2002 年的 1.98% 下降到 1.70%；全区手压井由 2002 年的 1171 座增至 2429 座，电动泵水由 1123 增至 8487 座，农村清洁卫生饮用水普及率 99.8%，自来水覆盖率 95%，卫生厕所由 2000 年的 240 座增至 340 座。3 年中创建省级文明卫生单位 6 个，市级文明单位 8 个，在城市 4 区中率先创建市级环境卫生示范村 1 个。

2010 年，先后制定《天元区农贸市场长效管理工作实施方案》《天元区五小行业及二次供水卫生管理考评方案》《株洲市天元区 2010 年灭鼠先进市复查迎检工作方案》，成立领导小组，明确工作职责，通过强化工作机制、加强联合、交叉执法、加大督查力度、建立考核机制等有效措施加强“五小”行业长效管理，通过灭鼠先进市五年一次的省级复查验收。2011 年，成立区农村市容环境卫生考评领导小组，出台《天元区农村市容环卫整治工作方案》《天元区农村市容环卫考评办法》，下发《天元区迎接省爱卫会灭蚊灭蟑先进市复查工作方案的通知》《天元区 2011 年迎接全省城市卫生检查工作方案》，年内通过灭蚊灭蟑先进市复查验收。2012 年，完善农村爱卫组织网络，调整充实区爱卫会成员。投入资金 500 万元，清理卫生死角 1678 处，清运垃圾 2000 余吨，清除“牛皮癣”6.3 万多处，辖区市容环境更加整洁有序。投入 22 万多元引进专业公司进行“四害”消杀，确保杀灭质量，城区“四害”密度控制在国家标准之内。2013 年，全区改厕 100 个。

2014 年，全区稳步推进卫生创建活动，4 个无烟管理示范单位、2 个市级卫生村、1 个市级文明卫生村通过市级初查。全面巩固除“四害”达标成果，实行除“四害”市场化运作，投入 22 万多元将辖区公共区域及 5 条街道“5 小”（小餐饮店、小美容美发店、小旅馆、小浴室、小副食店）门店承包给专业公司进行消杀，确保杀灭质量，全年免费发放除“四害”药物 14 万余元，添置灭鼠设施、设备 10 万余元，有效控制“四害”的繁殖孳生。全年完成改厕 100 个。积极开展“世界卫生日、世界无烟日”等主题的宣传活动，展出宣传板报 42 块，发放各类宣传资料 1.4 万余份，免费发放除“四害”药物 520 千克。2011 年、2013 年，天元区被评为全市爱国卫生工作目标管理红旗单位；2012 年、2014 年被评为全市爱国卫生工作目标考核优胜单位。

第四章　妇幼保健

1997 年，天元区妇幼保健机构成立，隶属天元区卫生局。2008 年 10 月，区妇幼保健院成功创建全国计划生育优质服务先进单位。

第一节　妇女保健

1997 年，全区住院分娩率相对较低，新生儿破伤风发生率较高。为改变这一现状，开始实施“母亲安全工程”，逐步取缔家庭接生。同时加大对乡镇卫生院产科投入和产科人员、村级保健员培训。

2004 年，天元区以降低孕产妇死亡率、婴幼儿死亡率为工作重点，严抓狠管辖区各级医疗单位的产科建设，除天元区长江医院因改制耽搁外，群丰镇、马家河镇卫生院均投入 2 万余元通过市级产科建设验收。2006 年实施高危孕产妇分级管理制度，孕产妇死亡责任追究。1998 — 2005 年，天元区连续 8 年孕产妇死亡率为 0。1998 — 2014 年，天元区住院分娩率从 58.43% 上升到 99.9%；新法接生率 100%，新生儿破伤风发生率从 2.19‰下降为 0，消除新生儿破伤风。

一　农村妇女病普查

1998 年始，全区开展妇女病普查工作。1998 — 2004 年，共检查 10531 人次，患病率 38.62%，主要疾病为阴道炎、宫颈炎、卵巢囊肿、子宫肌瘤等，发现的病人都及时进行了治疗。2009 年，根据湖南省人民政府办公厅关于转发省卫生厅《湖南省农村妇女病普查普治工作方案》的精神，天元区率先在全市启动“免费农村妇女病普查”，将经费纳入区财政预算，三年一周期。从 2012 年开始，免费农村妇女病普查项目中增加 TCT 检查项目。至 2014 年，检查 21728 人次，发现宫颈巴氏涂片检查异常 135 人，TCT 异常 255 人，2 例复查后确诊为宫颈癌，均及时进行手术，挽救了生命。

二 艾滋病母婴阻断

2010 年 3 月，天元区启动孕妇免费艾滋病筛查，艾滋病免费检测初筛，实验室设在天元区人民医院和疾控中心，筛查对象为已怀孕未做艾滋病筛查的妇女，当年共筛查 508 人次。随着预防艾滋病工作的深入，预防艾滋病母婴传播工作成为一项常规工作。2013 年，株洲市中心医院搬迁至天元区后，天元区艾滋病初筛实验室定为株洲市中心医院和天元区人民医院两所医院。2011—2014 年，有 8681 名孕妇接受免费艾滋病检测，未发现 HIV 抗体阳性孕产妇。

三 农村住院分娩补助

2009 年，天元区开始实施农村孕产妇住院分娩补助国家级项目，并设立高危重症贫困孕产妇救助基金，开展高危重症贫困孕产妇救助，实行农村住院分娩补助 300 元 / 人。对住院分娩收费规定限价：区级医疗机构单胎平产 850 元、剖宫产 2500 元，双胎增加 150 元，镇卫生院平产 600 元、剖宫产 2000 元。2010—2012 年，全区有 3466 人受益，金额 103.98 万元，有 18 名高危孕产妇获得救助，金额为 0.42 万元；2013 年，补助 1764 人金额 53.23 万元，救助高危重症贫困孕产妇 21 人，救助金额 7.04 万元；2014 年，补助 1298 人金额 43.52 万元，救助高危重症贫困孕产妇 27 人，救助金额 5.27 万元。

四 规范增补叶酸

2007 年，湖南省实行为所有妊娠早期 3 个月和准备怀孕的妇女（含流动人口）规范服用叶酸，以预防新生儿神经管缺陷发生率。2007—2009 年，规范服用叶酸人数 3767 人。2010 年，为加大出生缺陷干预工作力度，启动免费补服叶酸项目。2010—2014 年，全区规范服用叶酸人数 14391 人，其中免费补服叶酸人数为 3815 人。

五 婚前医学检查

1998 年始，为控制出生缺陷，提高出生人口素质，天元区进行婚前医学检查。至 2002 年，检查 1253 对夫妇，检出疾病率 11.2%。2003 年，随着《婚姻登记条例》的颁布，改强制性婚检为自愿婚检。此后，婚检基本处于停滞状态。2007 年，天元区率先在全省启动“免费婚前医学检查”，采取民政、计生等多部门配合，实行先婚检后登记制度。2009—2014 年，婚检率分别为 80.95%、89%、89.96%、91.47%、92.06%、83.64%，共计免费检查 11961 对。

六　出生医学证明

1996年1月1日始，按照《中华人民共和国母婴保健法》统一使用《出生医学证明》。自2014年1月1日起，启用第五版《出生医学证明》。2009年1月1日出生的活产儿和1996年1月1日后出生的需要补发《出生医学证明》的儿童实行免费发放。至2014年，全区医疗机构分娩新生儿15200人，为新出生人口发放《出生医学证明》15200份。2014年，区妇幼保健所接管出生医学证明换发补发工作，全年补发《出生医学证明》132份。

第二节　儿童保健

1997年始，在全区范围内开展7岁以下儿童健康管理，重点抓好体弱儿管理工作。全区托幼机构从原有的9家发展到2014年75家，且对符合条件的托幼机构颁发托幼机构卫生保健管理合格证。每年“六一”前对儿童进行健康检查，至2014年，检查58172人次，发现的主要疾病有缺铁性贫血、佝偻病、龋齿等，均予以医学干预。2005年，规范托幼机构卫生保健管理，与防疫、教育、消防联合对全区29所幼儿园进行执法检查，对3所整改后仍不合格幼儿园予以停办。2006年以来，在全区开展新生儿疾病筛查（先天性甲低和苯丙酮尿症）和听力筛查，筛查率逐年上升。2007年，天元区高新幼儿园被第一批授牌为株洲市幼儿园（所）卫生保健工作示范单位。

2007年始，新生儿窒息复苏培训纳入助产技术机构和人员准入的基本条件，减少新生儿死亡率。2010年，启动3岁以下儿童健康体检免费项目，为0～36个月婴幼儿建立保健手册，开展定期的访视和健康体检。2014年，新生儿疾病筛查和听力筛查分别达到95.14%、91.33%。全区7岁以下儿童系统管理率不断提高，5岁以下儿童死亡率持续下降，从1998年的17.49‰下降至2014年的4.84‰。

1998—2014年株洲市天元区孕产妇健康保健和7岁以下儿童健康保健统计表

表23－4－1　　单位：人

年度	孕产妇管理					儿童保健			
	产妇数	系统管理数	住院分娩数	活产数	新法接生率	7岁以下儿童数	儿童保健人数	5岁以下儿童死亡数	5岁以下儿童死亡率
1998	907	788	530	915	58%	5128	1135	16	17.5‰
1999	845	779	624	849	74%	5290	1807	13	15.3‰
2000	1193	1095	936	1195	79%	4405	1186	16	13.3‰

续表 23 - 4 - 1

年度	孕产妇管理					儿童保健			
	产妇数	系统管理数	住院分娩数	活产数	新法接生率	7岁以下儿童数	儿童保健人数	5岁以下儿童死亡数	5岁以下儿童死亡率
2001	1099	912	919	1102	84%	5105	3638	9	8.16‰
2002	1120	988	932	1122	83%	6376	2080	16	14.2‰
2003	1053	941	905	1054	86%	6464	2138	17	16.1‰
2004	1367	1025	1293	1375	100%	9078	5670	20	15.4‰
2005	1232	945	1194	1238	100%	9293	8156	22	17.7‰
2006	1845	1596	1844	1852	100%	9969	8892	20	10.7‰
2007	1878	1665	1887	1897	100%	9659	9281	18	9.48‰
2008	2079	1760	2077	2088	100%	10949	10638	11	5.26‰
2009	2743	2360	2743	2759	100%	12276	10561	16	5.79‰
2010	2754	2126	2754	2765	100%	14199	12586	14	5.06‰
2011	2709	2284	2709	2724	100%	14773	13065	5	1.83‰
2012	3657	3326	3677	3677	100%	20739	18764	24	6.52‰
2013	3727	3223	3719	3720	100%	21305	18762	20	5.37‰
2014	3083	2624	3080	3094	100%	21278	18376	15	4.84‰

第五章 卫生监督管理

1997年天元区成立始，公共场所卫生、医疗机构执业、食品卫生为区卫生部门监督管理的重点。随着区内经济发展迅速，城市居民人口快速增加，餐饮、理发、美容、洗浴、医疗机构等经营性公共场所迅速增多。为确保卫生安全，区卫生部门依法对其进行卫生监督管理，从卫生许可、执业许可、健康体检、卫生知识培训、抽样检测、消毒液发放，到“五小行业”〔小食品经营及加工单位（含小食品店、卤食店、职工食堂、糕点、冷饮等）、小理发美容店、小旅店（旅社、招待所）、小浴室（洗浴、沐足）、小歌舞厅（歌厅、舞厅、影剧院及娱乐场所等）〕卫生整治、迎接国家卫生城市复检，卫生部门工作人员付出了艰辛努力。

第一节　公共场所

一　监测、监督与卫生许可

1997 年起，天元区卫生部门每年组织辖区内公共场所从业人员进行健康体检，当年有 155 名从业人员进行体检，体检率 98%。从 1998 年起，天元区卫生监督覆盖率 100%，“五病”人员调离率 100%。

2002 年，天元区公共场所增至 154 家，从业人员增至 408 人，其中旅店业 2 家，从业人员 3 人，办证、体检率 100%；文化娱乐场所 35 家，从业人员 74 人，办证率 92%，体检率 90%；公共浴室（足浴）35 家，从业人员 229 人，办证率 90%，体检率 90%；理发店、美容店 82 家，从业人员 102 人，办证率 95%，体检率 95%；3 人因体检不合格，下发 3 份职业禁忌调离书；全年采样户数 154 家，样品数 77 个，合格率 95%。全区涉及生活饮用水卫生的农村深机井 7750 口，供水人口 42894 人；对城市二次供水设施检查 1 次，水质化验 2 次，从业人员体检 2 人，区内未发生事故性水环境污染对人体健康造成影响的个案。

2006 — 2007 年，天元区办证 797 家，办理健康证 5650 本，职业禁忌人员调离 158 人。2008 年，全区集中抽样监测，采样 725 个，合格率 96%；对监测不合格的门店加大监督监测频率，提出整改意见，直至监测结果合格；核发卫生许可证 1011 家，办理健康证 14759 本，持证率 98%。2009 年，全区集中抽样监测，采样 3964 个，合格率 92.8%；对区内公共场所进行量化评级，重新评级打分，评出 A 级单位 2 家、B 级单位 4 家、C 级单位 397 家。2010 年，区卫生行政部门设立投诉举报电话，当年接到各类投诉 20 例，受理、调查处理、办结 20 例。

2013 — 2014 年，天元区卫生部门出动卫生监督车辆 2273 车次，卫生监督人员 7508 人次，监督检查 13041 户次，集中整治 122 家，处罚 40 家，查处各类违法行为 47 件次，无证行医 13 家，取缔 9 家，共处罚金 8.9 万。区卫生部门对 12 家生活饮用水单位实行建档管理，管理率 100%。健全卫生监督体系，聘任镇级卫生监督协管员 14 名和村级卫生监督协管信息员 72 名，实现卫生监督全覆盖。

2014 年，天元区新办和年审卫生许可证 658 家，健康体检办证 9617 人，持证率 99.4%。

二　整治“五小”行业

从 2008 年 3 月起，天元区广泛深入开展“五小”行业综合整治行动。号召区直机关、街道、社区居委会和基层群众积极参与。全体机关干部下到社区，深入门店，参与“五小”行业及“城中村”整治工作。区卫生、工商、城管、公安、消防、环保等职能部门协调配合，攸县、炎陵县卫生部门积极援助，开展以整治“五小”行业为突破口的“卫康行动”。区卫生部门出动卫生监督员 300

余人次，卫生监督车辆 65 台次，检查“五小”行业 820 家，限期停业整改 172 家，出具监督文书 750 份，取缔无证经营户 245 家，对 36 家经营户予以立案处理，罚款 3.4 万元，在全区营造卫生安全的消费环境，区内 98.2% 的单位基本达到创建要求，并培育炎帝广场等“五小”行业样板街。2009 年，天元区“五小”行业通过国家暗检。在全市“五小”行业整治考核中，天元区 2008 年、2009 年两年获得 7 个第一。

第二节　食品卫生

1997 年，区内食品从业人员接受体检 495 人，占应检人数 92%，检出“五种”传染病及病源携带者 4 人，检出率 0.8%；公共场所从业人员接受体检 155 人，占应检人数 98%，检出 1 名“五病”人员被调离；完成中小学生健康体检，建档 9613 人，体检率 100%。

2000 年 7 月 12 日，天元区召开 2000 年食品卫生整治会议，27 家与会食品经营单位和主管部门签订食品卫生目标管理责任书；8 月，对早夜市加强卫生管理，规范了经营者的经营行为，要求定点、定时、亮证经营，同时要求卫生设施齐全并符合规范；全年从业人员体检 1510 人，办理健康证 1379 人，办证率 92%，“五病”人员调离率 100%，从业人员培训率 100%；进行食品卫生监督监测 2310 户次，对违法违规经营者下发整改意见书，限期改进，取缔拒不接受整改的 12 家饮食店和 15 家早夜市；全年完成抽样送检 547 件，其中餐具 451 件，食品 96 件，合格率 90%。

2001—2004 年，全区从业人员体检 9308 人，324 名“五病”人员均及时予以调离，调离率 100%；卫生知识培训 9308 人，培训率 100%，培训合格率 100%；新办、核发卫生许可证 2119 个；出动监督执法人员 4381 人次，出动车辆 798 台次，查获假冒伪劣食品 9.23 吨、价值 10.9 万元，捣毁制假销假窝点 2 处；假冒伪劣化妆品 0.06 吨、4 种、价值 1500 元，没收产品共 0.58 吨并给予销毁，查封 1 家地下死猪屠宰加工场地，查处 11 家地下加工窝点，取缔食品生产经营场所 31 家，责令停业整改 19 家；开展食品卫生监督量化分级管理，全区评定 A 级单位 3 家，B 级单位 5 家，C 级单位 13 家。

2005 年，区内食品卫生监督监测重心，转为专项治理。对学校校园内和周边食品行业、净菜加工行业、豆制品加工行业、婴幼儿奶粉进行专项治理。2006 年，针对净菜、豆制品、卤制品、米粉、早点、夜宵市场、腊制品、省“十运会”接待酒家、各中小学幼儿园食堂和副食店，以及学校周边的食品卫生安全，进行专项整治；出动卫生监督员 321 人次，车辆 236 台次，处罚违法食品销售单位 4 家，查处价值 5000 余元的不合格食品 2000 千克，均被销毁。通过一系列专项整治，境内市场食品卫生状况明显好转。

2007 年，对学校校园内及其周边的食品经营户，农家乐、餐饮业、保健食品、节假日食品卫生进行专项整治，查获假冒伪劣食品 6 种，案值 1.5 万余元，其中非法生产食品 0.5 吨，均被销毁。取缔食品生产违法经营场所 5 家，责令停业整改 10 家，罚款 0.8 万元。

2008 — 2010 年，全区开展乳及乳制品生产企业卫生许可情况、餐饮消费专项执法检查，打击违法添加非食用物质和滥用食品添加剂、“放心碗”学校、幼儿园食堂、“农家乐”“地沟油”“一次性筷子”等专项整治行动，出动执法人员 1550 人次，检查餐饮单位 448 户次、学校和托幼机构 30 户次，对 1 家使用过期食品添加剂单位给予行政处罚，罚款 2000 元；处罚早餐店 12 家，警告 25 家，责令整改 26 家，立案处罚 9 家，处罚金额 3200 元；推行餐饮量化分级管理，对餐饮单位和学校食堂进行量化分解评分，评出 3 家 A 级单位、14 家 B 级单位、611 家 C 级单位，量化分级管理覆盖率 100%。从 2011 年起，区卫生部门对区内的熟食、槟榔、大米、臭豆腐等食物进行食品安全风险监测。

2011 — 2013 年，采样 296 份，检测 676 项次。2012—2014 年. 每年均对北师大附中等 3 家单位管道直饮水进行采样及监测，共采集样品 130 份，检测 910 项次；对学校食堂及农家乐自备水源的井水进行采样及监测，采集样品 104 份，检测 2017 项次。

第三节　学校卫生

20 世纪 90 年代，《学校卫生工作条例》颁布后，区教育、卫生部门严格执行《条例》，每年开展近视、蛀齿、蛔虫病、贫血、沙眼、营养不良监测建档，对学校生活饮用水卫生、传染病防控、教学环境、生活环境、校医务室（保健室）配备及健康教育等情况开展检查和整顿，校园卫生环境不断改善，学生的常见病、多发病、传染病的发病和食物中毒事故得到有效控制。

2011 年，天元区卫生监督所开展学生健康监测及秋季肠道蠕虫防治，对全区 37 所学校的 23187 名中、小学生全部进行体检，建立健康档案。年内学校常见病和多发病防治覆盖率 95% 以上。

2012 — 2013 年，天元区卫生监督所对中小学及托幼机构的保健室（卫生室）的配备、饮用水的安全问题、主要公共场所的消毒制度、消毒记录进行监督。对在监督检查中发现的问题进行及时指导后再行复检，确保整改到位。

2014 年，天元区卫生监督所开展学校直饮水专项监测工作。对辖区内 4 家使用直饮水设备的学校水质进行采样检测，检测结果均合格。“双考”期间对各考点、考生所在学校的校园环境及周边公共场所进行检查。是年，天元区卫生监督所被评为全市学校卫生工作先进单位。

第四节　精神卫生

2009 年，天元区启动重性精神病患者管理，天元区卫生局设重性精神病患者防治办公室，7 家基层医疗机构均设立精防专干，为辖区内严重精神障碍患者提供信息管理、随访评估、分类干预、健康体检等服务。2012 年，完成全区重性精神病摸底排查，并建立工作台账。2014 年，将重性精神病患者救治救助工作纳入“民生 100”工程，全区救治救助 114 人次。

第五节 医疗机构执业监督

2011 年以前，天元区个体医疗机构管理权限在株洲市卫生局。2011 年，市卫生局将个体医疗机构管理权限下放区级。2012 年，天元区有医疗机构 189 家。其中，社区卫生服务中心 3 家、社区卫生服务站 4 家、镇卫生院 4 家、个人诊所 98 家，诊所中口腔执业类别的 22 家，妇产科执业类别的 7 家，中医执业类别的 36 家，内科执业类别的 74 家；监督单位建档率 100%，医疗执业监督覆盖率 100%。

2012 年，天元区卫生监督所辖内 186 家医疗机构的医疗废物处置情况进行检查，对存在不规范行为的医疗机构下达《卫生监督意见书》，责令限期整改，6 家医疗机构医疗废物处置整改不到位，受到行政处罚。

2013 年，天元区卫生监督所成立由所长任组长的医疗服务市场大整治领导小组，制定并下发《天元区 2013 年基层医疗机构集中整顿工作实施方案》。联合区公安、工商、药监、计生、街道等单位，对全区 185 家医疗机构监督检查 740 次，对 2 家医疗机构予以警告，对 9 家医疗机构予以行政罚款。

2014 年，天元区卫生监督所开展“整顿医疗秩序，打击非法行医”专项活动，检查区内医疗机构 186 家，取缔无证行医 6 家，没收药品、医疗器械 6 箱，行政处罚 3 家，对 86 家医疗单位提出改进意见；联合公安机关，打击“医托”“号贩子”和职业“医闹”等，排查化解医患纠纷。

第六章 新型农村合作医疗

新型农村合作医疗制度是由政府组织、引导、支持，农民自愿参加，个人、集体和政府多方筹资，以大病统筹为主的医疗互助共济制度。

2003 年，天元区开展新农合工作试点。2007 年，天元区正式列入全省的新型农村合作医疗试点区，是株洲市城市 4 区唯一的试点区。2007 年 8 月 2 日，天元区新型农村合作医疗管理办公室成立（简称“合管办”）。2007 年 8 月，天元区新型农村合作医疗工作领导小组成员成立，由天元区卫生局局长王亚东兼任合管办主任。2008 年 3 月，调整天元区新型农村合作医疗管理办公室主任，由常务副主任易虹琴任合管办主任。

第一节 筹资及资金管理

2007 年 3 月 24 日，全区召开新型农村合作医疗动员大会，正式启动新型农村合作医疗管理制度。实行个人缴费、集体扶持和政府资助相结合的筹资机制。2011 年，区划调整新增三门镇、雷打石镇，参合人数增加到 109176 人。2014 年，参合人数达 108252 人。

2007—2014 年株洲市天元区新农合医疗筹资、参合情况表

表 23 - 6 - 1

年 度	筹资标准（元/人/年）	上级配套资金（万元）	参合人数（人）	参合率（%）
2007	10	26	53272	92.30
2008	10	84	44483	97.63
2009	20	92	49015	97.80
2010	20	132	51354	93.25
2011	30	200	109176	97.38
2012	50	240	108812	98.60
2013	60	280	110711	99.00
2014	90	320	108252	99.03

第二节　定点医疗机构

2007 年，区政府发布《株洲市天元区新型农村合作医疗管理办法（试行）》和《株洲市天元区新型农村合作医疗管理办法实施细则》。经审定,2007 年 3 月“新农合”定点医疗机构省级 6 家、市级 6 家、区级 1 家、乡级 2 家、村卫生室 28 家。6 月 28 日，株洲市中医伤科医院列入定点医疗机构，同年 12 月开通两家卫生院即生即补制度。2008 年 2 月，分别将株洲市四医院、三三一爱尔眼科、株洲北雅医院列入新农合市级定点医疗机构，2009 年 11 月，市卫生局制定《株洲市新型农村合作医疗市级定点医院直补工作实施方案》，区内开通 5 家定点医疗机构即生即补制度。2010 年，三门、雷打石镇区划调整新增乡级医疗机构 7 家，8 月全市启动市、区级定点医疗机构“即时结报”制度，11 月 1 日启动门诊统筹制度。至 2014 年，天元区“新农合”定点医疗机构省级 24 家、市级 34 家、区级 1 家、乡级 7 家、村卫生室 72 家。

第三节　“新农合”医疗补偿

一　补助原则

以收定支，收支平衡，补助适当，略有节余。新型农村合作医疗基金主要用于补助参加新型农村合作医疗农民的大额住院医疗费用，同时实行住院费用补助及门诊费用补助相结合，既提高抗风险能力，又兼顾农民受益面。

2007—2014年株洲市天元区新农合医疗补偿人次、金额情况表

表23－6－2

年 份	补助人数（人次）	补助总金额（万元）	年度封顶线（元）
2007	1692	125.20	12000
2008	2497	332.59	30000
2009	4308	571.21	30000
2010	6446	750.89	80000
2011	23915	2089.13	80000
2012	152568	3056.04	100000
2013	106832	3278.29	120000
2014	145128	3926.58	120000

二 补助政策

2007年4月20，全区正式启动补偿报销制度。对大额医疗费用住院补助实行封顶，补助最高限额年度个人1.2万元；对于长期卧床不起、糖尿病合并并发症等13种特殊及慢性重大疾病给予特殊门诊补助，每年可报销300元/人的门诊费用。10月，将年龄在60岁以上的参合人员凭合作医疗证到天元区人民医院进行免费体检。此后，对住院和门诊补偿报销多次进行调整。

2008年5月，首次对补助进行调整。对大额医疗费用住院补助实行封顶，补助最高限额年度个人累计3万元。同一病种因病逐级转诊住院的病人，一年内只算一次起付线，起付线就高不就低，在报销比例低的级别医院住院费用中扣除，报销比例分段计算。

2010年10月，再次对补偿进行调整。8月，全市启动市级定点医疗机构“即时结报”制度；对大额医疗费用补助实行封顶，补助最高限额年度个人累计8万元。同时对无第三方责任的意外伤害纳入新农合补偿政策：住院医疗费用在3000元以内的按照普通住院统筹计算方法补助，最高补助限额1000元；医疗费用3001～10000元以内的实行1500元定额补助；医疗费用在10001～20000元的实行2000元定额补助；20001～30000元的实行2500元定额补助；3万元以上的实行3000元定额补助。对于有第三方责任的一律不纳入补偿。

2011年4月1日，实施天元区农村五保对象住院基本医疗全免政策。从2011年7月起，开展多项惠民政策：（1）0～14岁儿童先心病免费救治；0～14岁儿童急性淋巴细胞白血病、急性早幼粒细胞白血病按单病种包干费用的70%补偿，乳腺癌、宫颈癌、终末期肾病、耐多药结核病、重性精神病临床路径规范化治疗新农合按70%补偿；（2）住院分娩补偿：计划内孕产妇在区级以上定点医院住院分娩平产定额补助550元，乡级定额补助300元；剖宫产区级以上补助800元，

乡级补助 650 元；非定点医疗机构平产补助 200 元，剖宫产补助 400 元；（3）无第三方责任的意外伤害补偿政策调整：住院医疗费用在 5000 元以内的按照普通住院统筹计算方法补助，最高补助限额 1000 元；医疗费用 5001 ~ 10000 元以内的实行 1500 元定额补助；医疗费用在 1 万 ~ 2 万元的实行 2000 元定额补助；2 万 ~ 3 万元的实行 2500 元定额补助；3 万 ~ 4 万元的实行 3000 元定额补助；4 万 ~ 5 万元的实行 4000 元定额补助；5 万元以上的实行 5000 元定额补助。对于有第三方责任的一律不纳入补偿；（4）调整市级定点医疗机构 23 个单病种包干结算病种及支付标准的政策。与此同时对普通门诊统筹实行以家庭为单位进行管理，限额补偿。标准是：按家庭参合人数 ×22 元 / 人；特殊重大疾病门诊补偿：肝肾等重大器官移植术后服药的一年补偿 10000 元，耐多药结核病患者门诊一年补偿 3000 元；重性精神病患者门诊治疗一年补偿 1000 元；体外碎石治疗、狂犬疫苗纳入门诊报销；当年 9 — 11 月对天元区农村妇女实施“妇女两癌”筛查。

2011 年 10 月，第三次对补助进行调整。对大额医疗费用住院补助实行封顶，补助最高限额年度个人累计 8 万元。2012 年 8 月，第四次对补偿进行调整。普通门诊统筹实行以家庭为单位进行管理，限额补偿。标准为按每人每年 30 元。

2013 年 1 月，第五次对补助进行调整。对大额医疗费用住院补助实行封顶，补助最高限额年度个人累计 12 万元；乡级定点医疗住院 1 月启动《天元区新农合乡镇卫生院 15+100 模式》；4 月 1 日启动区、乡两级医疗机构全面推行农村孕产妇住院分娩基本医疗费用全免政策；4 月 15 日启动天元区新农合精神病患者在定点医疗机构住院享受基本医疗费用全免；全面推行新农合省级定点医疗即时结报制度。门诊补助普通门诊政策取消，改为一般诊疗费乡镇卫生院收费标准 10 元 / 次，新农合补偿 8 元 / 次。启动药品零差率销售的村卫生室一般诊疗费收费标准为 5 元 / 次，新农合补偿 4 元 / 次。

2014 年 1 月，第六次对补助进行调整。住院：（1）在定点血透医疗机构进行腹膜透析的尿毒症患者诊费用纳入报销，报销比例 75%，报销费用 3 万元封顶。（2）无第三方责任的意外伤害补偿政策调整：住院医疗费用在 5000 元以内的按照普通住院统筹计算方法补助，最高补助限额 1000 元；医疗费用 5001 ~ 10000 元以内的实行 1500 元定额补助；医疗费用在 1 万 ~ 2 万元的实行 2500 元定额补助；2 万 ~ 3 万元的实行 4000 元定额补助；3 万 ~ 4 万元的实行 6000 元定额补助；4 万 ~ 5 万元的实行 8000 元定额补助；5 万元以上的实行 10000 元定额补助。对于有第三方责任的一律不纳入补偿。（3）6 月启动乡级定点医疗机构使用《湖南省新型农村合作医疗基本药物目录》（2010 年版）和《国家基本药物湖南省增补品种目录》（2011 年版基层部分）中的中成药、中药饮片及单纯用推拿、按摩、拔火罐、针灸（温灸）、牵引、理疗等非药物治疗的相关费用提高 5% 的报销比例。门诊补助：（1）尿毒症患者在定点医疗机构血透纳入报销：每年透析次数在 1 ~ 50 次的患者 350 元 / 次的血透费用新农合全额负担；51 ~ 100 次的血透费用新农合负担 300 元 / 次，患者负担 50 元 / 次；101 ~ 130 次的血透费用新农合负担 230 元 / 次，患者负担 120 元 / 次；全年 130 次以上的血透费用由患者全额承担；全年透析次数控制在 100 次以内的可按 300 元 / 月报销特殊门诊费用。（2）12 月 1 日起启动门诊核磁共振检查纳入报销范围，报销金额为 260 元 / 次。

2007—2014年株洲市天元区新农合医疗住院补偿情况表

表23－6－3

医疗机构	政策调整时间	乡级		区级		市级			省级	
						二级	三级	—		
		起付线（元）	报销比例（%）	起付线（元）	报销比例（%）	起付线（元）		报销比例（%）	起付线（元）	报销比例（%）
定点医疗机构	2007	100	60	300	40	1000		25	1500	20
	2008	100	75	300	60	600		40	800	40
	2010	100	80(基药报90%)	300	70	500		60	700	55
	2011	100	85(基药报95%)	300	75	500		60	700	55
	2012	100	85(基药报95%)	300	75	700	1000	65	1200	60
定点医疗机构	2013	100	90（基药报95%）	500	75	700	1200	65	1200	60
	2014	100	90（基药报100%）	500	75	700	1200	65	1200	60
非定点医疗机构	2007	200	50	600	30	1500		20	2000	15
	2008	200	60	600	45	800		30	1000	30
	2010	200	60	600	45	800		30	1000	30
	2011	200	60	600	45	800		30	1000	30
	2012	200	60	600	45	1200		45	1500	45
	2013	200	60	700	55	1500		45	1500	45
	2014	200	60	700	55	1500		45	1500	45

第七章　计划生育

1992年7月，株洲高新区管理委员会下设社会工作部内设的计卫科负责株洲高新区的计划生育行政管理工作。同年10月，株洲高新区计划生育工作管理站成立，有工作人员6人，履行株洲高新区计划生育工作职能，租借原园艺场俱乐部两间房屋办公。

1997年8月，天元区计划生育委员会成立，为区政府主管全区计生工作的行政职能部门。内设办公室（财务资产管理股）、计划统计股、宣传法规股3个部门，有职工7人。2001年12月，天元区计划生育委员会改名为天元区计划生育局。2002年10月，更名为天元区人口和计划生育局，内设机构增至 8 个。1997 年至 2014 年 7 月，先后有童举纲、汪建梅、陈铁文、尹新田、黄白玉、贺文祥任主任（局长）。

第一节　宣传教育

20 世纪 90 年代，天元区境内许多群众还停留在“多子多福”“男孩才是传后人”的落后生育观念中。1997 年 8 月，针对这种情况，区计生委决定开展计划生育政策宣传。区计生委出动宣传车，在全区各村及大街小巷进行宣传；开展贯彻《湖南省计划生育条例》的宣传月活动，印发《湖南省计划生育条例》小册子、张贴宣传标语、出动宣传车、举办知识抢答赛、座谈会、报告会、电视采访报道进行宣传。开展计划生育冬季集中行动，保证孕检率 100%。围绕优生优育、避孕节育和生殖保健，推出以居委会为中心，以楼栋为载体，以入户为目标，以生殖保健为重点的宣传活动；利用人口学校每年举办 5 期培训班进行宣传教育，区政府拨款 10 万元，聘请 100 余名计划生育宣传员，设 50 个咨询服务点，制作 340 块宣传牌流动展出。声势浩大的宣传和多种优质服务转变群众落后观念，提高计划生育的自觉性。

1999 年 3 月，为促进人们婚育观念转变，区委、区政府决定在全区开展婚育新风进万家活动，活动由区计生委具体承办。通过此次活动，建成各乡（镇）计生宣传一条街：有铁质宣传标语牌（宣传广告牌）、宣传窗（宣传栏、黑板报）、宣传咨询台、义务宣传员；在株雷公路悬挂横跨马路的铁质标语，在人口密集地段设置不少于 20 块固定标语牌，设置婚育新风进万家的宣传栏；城市街道设置规范的、永久性的、大型计划生育宣传广告牌，机关办公楼开辟计生宣传栏。建成区、乡（镇、街道）、村（居委会、管理处）三级人口学校，利用新婚对象领取结婚证时开展计划生育基础知识教育，乡（镇、街道）、村（居委会、管理处）每季分“五期”对育龄人群进行生殖保健、优生优育、节育避孕等方面教育。区、乡（镇、街道）两级党委学习中心组每半年组织人口理论与“婚育新风进万家”的专题讲座。每月安排广播闭路电视播放 2 次以上人口政策、优生优育、少生快富奔小康等内容。由区计生委组成集政策法规、“三优”咨询、技术服务小分队，利用集中宣传活动，面对面的开展宣传咨询和综合服务。区计生委统一组织编印《人口与计划生育优质服务》手册，内容涉及人口政策、生殖健康、优生优育、节育避孕、办事指南等方面，分发 2 万册到各家各户。通过开展“婚育新风进万家”活动，促进人们婚育观念的转变，满足广大群众日益增长的优生优育生育保健需求。

2002 年，天元区计生局将计划生育宣传教育和创新型生育文化纳入社区文化建设，实现婚育新风进社区，并将婚育新风进万家活动融入社区群众喜闻乐见的文化生活当中。在滨江、湘银社区设置生殖保健图板，公开办事指南、规范计划生育广告、标语等，以高雅温馨形式增加宣传效果。

2003 — 2013 年，天元区计划生育政策保持比较稳定，但计生部门宣传教育工作仍坚持常抓不懈，老百姓对计划生育工作的认可度逐年提高。雷打石镇通过彩龙船、专题剪纸、诗词楹联等活动把计划生育宣传融入新农村建设，引导群众婚育观念潜移默化转变，自觉履行计划生育政策。

2014年，天元区计生部门开展“计生服务惠万民”工程，不断创新服务理念，优化服务功能。破除免费药具发放梗阻现象，方便企业职工和流动人口领取免费避孕药具，区计生部门将计生药具直接送进企业。区计生人员深入株洲汽配园、湖南恒天生物科技有限公司、锦波实业等大型企业发送避孕套和宣传资料，并现场进行计生政策和优生优育宣传。

第二节 计生管理

1998年4月，区计生委在全区开展“农村三结合项目”优质服务（计划生育工作与发展市场经济相结合，计划生育工作与引导农民致富相结合，计划生育工作与建立文明幸福家庭相结合）。动员社会和群众的力量，帮助他们解决生产、生活、生育中的实际困难。在泰山路街道新塘管理处开展计划生育与建设文明幸福家庭相结合的活动，群众共推选出12个文明幸福家庭；群丰镇长岭村开展计划生育与引导农民脱贫致富奔小康相结合活动，总结推广全国劳模包光良养猪致富的经验等。通过开展“三结合”工作，使农村的妇女进一步解放，为育龄群众提供全方位的优质服务，帮助、扶持实行计划生育的家庭更快致富。

1998年7月，区计生领导小组决定在全区开展村（居委会、管理处）计划生育“三位一体”阵地建设活动。严格执行《湖南省计划生育条例》，制定计划生育公约和计划生育工作制度，实现规范化管理。规定凡在区内居住的流动人口中的怀孕者，必须持有原居住地发放的“准生证”。当年将流动人口计划生育管理与流动人口治安管理结合。

2000年1月，区计生委组织开展计划生育“四查四到位”活动，即一查党政一把手亲自抓、负总责，人口与计划生育工作法定代表人负责制的执行情况，促进“责任到位”；二查避孕节育情况，免费查访避孕节育措施、生殖保健、优生优育、计划生育药具管理等工作的开展情况，促进“措施到位”；三查财政投入和乡镇计划生育统筹费的征收情况，促进计划生育经费“投入到位”；四查党员、干部、群众违反计划生育法规，非医学需要实施胎儿性别鉴定和终止妊娠，个体行医者施行节育手术，做假节育手术等破坏计划生育的违法行为，以及弄虚作假、瞒报、虚报人口数据，贪污、挪用计划生育经费等违法违纪行为，促进违法违纪单位和人员应负的“法律责任到位”。通过活动，掌握育龄妇女生育、节育动态；全力保障计生经费正常运转。

2001年，天元区成立流动人口计划生育管理领导小组，流动人口实行一站式管理。凡入住该区有生育能力的外地妇女都要登记造册，建档立卡，卡随人动，并将管理工作分解到用工单位和房屋出租户。年内开展全区性流动人口计划生育清查行动，出动计划生育干部送发《致流动人口的一封信》3万份；清查流动人口17643人次，补办流动人口计划生育证8015本，为已婚妇女进行生殖健康监测7300余人。2002年，全区流动人口13万多人，区政府投资先后建设流动人口之家251个，为流动人口提供良好学习生活条件。

2006 年，天元区启动创建全国计划生育优质服务先进区工作，区委、区政府坚持将人口计生优质服务工作列入全区重要议事日程，纳入全区经济、社会发展和文明建设的总体规划之中，作为各级党政班子和主要领导实绩考察的重要内容。坚持以各级党政一把手亲自抓、负总责为核心的人口与计划生育目标管理责任制。层层签订责任状，做到目标明确，责任到人，全区上下形成横向到边，纵向到底的目标管理体系。建立严密的区、镇（街道）两级计划生育目标管理监督制约机制，严格进行监控考核。2008 年，天元区成功创建全国计划生育优质服务先进区。

2013 年，天元计划生育政策保持稳定，群众逐步形成少生快富的意识。2014 年 3 月，随着人口结构逐渐出现的不合理情形，湖南省人大常委会审议通过《关于调整完善生育政策的决议》。决定从 2014 年 3 月 28 日起在全省全面实施“单独两孩”政策。一方为独生子且夫妇双方或一方具有湖南省户籍或者夫妇双方户籍不在湖南省，但一方是湖南省国家机关、事业单位、国有企业或国有控股企业的正式职工的夫妇可以生育二胎。截至 2014 年底，天元区有 1258 个家庭符合“单独两孩”生育条件。

第三节　计生服务

2000 年 5 月，区计生局开展妇科病普查普治工作，全区 15 个村 2210 名育龄妇女免费接受妇科病检查，其中患有生殖器官炎症疾病的有 481 人，子宫肌瘤 8 人，卵巢囊肿 8 人，子宫脱垂 2 人，其他疾病 11 人，治愈率 80%；100% 的育龄妇女无偿接受生殖保健知识的宣传指导；对全区 130 多名不孕症患者进行建档，组织到各大医疗机构与计划生育服务机构进行治疗，使其中 12 对夫妇实现生育。

2002 年，按照城市人口与计划生育工作“属地管理、单位负责、居民自治、社区服务”的管理体制，区计生局在湘银、滨江两个社区示范，通过以点带面推动全区城市社区计划生育服务工作的开展。整合社会资源与力量，计生、工商、劳动、建设等部门采取“一条龙”服务的形式，为群众的生育、节育、办证、领证、务工、经商提供便利有效的管理与服务。配备社区保安流动人口计划生育协管员，使社区保安巡检与流动人口计划生育巡检有效结合，增强齐抓共管的合力；充分利用社区卫生资源，发挥社区医疗服务阵地的作用，将计划生育服务与社区卫生服务融为一体。湘银、滨江社区配备计算机，对育龄妇女实行信息化管理，其社区硬件与软件建设达到全市一流水平。

2007 年 8 月，区委、区政府将开展实施出生缺陷干预活动列为为民办实事日程中，对符合政策生育对象实施出生缺陷干预。对申请对象，由镇（街道）、区两级进行审批。计生技术服务部门将对检测对象的妊娠结果进行随访，对再次生育缺陷儿的检测对象进行入户调查，相关情况报市计生部门备案。出生缺陷干预项目所需资金，从区级计划生育事业费中列支，全年全区投入 15 万元，为 750 对再生育夫妇进行出生缺陷干预。同年，区计生局对辖区内贫困家庭留守儿童开展“关爱女孩·帮扶结对”活动。将独生子女、两女结扎户贫困家庭中的女孩作为重点帮扶对象，帮他们多方联系各级领导、民营企业家对辖区内计生家庭中的贫困女孩进行结对帮扶。天元区约有2000名少儿因父母外出务工，孩子们学习生活缺少引导和管理，学习成绩普遍下降，性格孤僻，遇事走极端等。区计生局、计生协为他们建立爱心小超市、开展“我为留守儿童赠图书、关爱留守儿童募捐”活动，捐款赠物，利用闲置房屋建立留守儿童之家，开辟图书室、活动室和学习室，为留守儿童提供服务。全区有80多名党员干部与计生贫困女孩家庭结成对子，区级领导为贫困女孩送上书包、红包和联系卡，长期帮助解决生活学习中的困难。

2011年，全区开展计划生育服务“一地一品”活动，即在所辖的7个镇（街道）分别启动7项计生服务活动。泰山路街道开展“春苗行动”，探索婴幼儿早期教育新法，2400多名婴幼儿受益；嵩山路街道开展“青春健康工程”，请专家为辖区内各中小学校讲授青春期生理心理知识；栗雨街道开展生育关怀“康乃馨行动”，让新生儿家庭倍感温馨，半年就走访探视500多户；马家河镇的“牵手行动”，救助贫困女孩260多人；群丰镇的“幸福工程”，先后为50多位母亲各提供3000元资金，帮助他们发展生产，走出困境。三门镇的“金色年华工程”，为300多户计生老人送去关心和关爱。2012年8月，区财政下拨900万元对免费孕前优生检查项目资金启动国家级项目孕前优生健康检查，把预防措施落实在怀孕之前，有效降低出生缺陷的发生风险。2012—2014年，全区检查2887对，发现303人存在怀孕风险因素。其因素包括肝功能异常、妇科炎症、尿常规异常、性病、围产4项异常等，均建议暂缓怀孕。

2014年9月，城镇独生子女父母奖励政策在全省全面铺开，全区各部门全力配合，经过地毯式排查，筛查出符合该政策生育291人，发放奖励资金113.468万元。

第四节 计生工作成效

1997年，天元区人口出生率13.59‰。2014年，天元区人口出生率12.21‰，18年间人口出生率下降1.38‰；1997年，天元区新生儿缺陷率21.5‰，2014年，天元区新生儿缺陷率12.6‰，下降8.9‰；1997年，天元区新生儿死亡率16.25‰，2014年，天元区新生儿死亡率8.13‰，下降8.12‰。期内，《中国人口报》《湖南人口报》《湖南日报》《株洲日报》《株洲晚报》对全区计划生育工作的先进事迹进行过宣传报道20次。2006年，省委宣传部、省计生委等十个单位授予天元区湖南省婚育新风进万家活动先进集体，同年，省委、省政府授予天元区全省计划生育工作先进单位；2008—2014年，天元区连续7年获全国计划生育优质服务先进区称号。至2014年，连续18年获湖南省计划生育优质服务模范区称号。

第二十四篇　社会生活

株洲高新区、天元区成立后，居民生活不断改善，衣食住行等方面发生了翻天覆地的变化，居民收入逐年提升，消费水平不断提高，家庭和睦、生活幸福。与此同时，在长期生产实践与社会生活中形成的民风习俗随着社会的变革与进步逐步改变，社会风气不断好转，道德模范、身边好人、孝老爱亲、见义勇为、助人为乐、敬业奉献、诚实守信的居民大量涌现，新的社会风尚逐渐形成。

第一章　居民生活

第一节　衣食住行

一　饮　食

改革开放以前，在实行经济计划的很长一段时间里，人们的衣、食、住、行都离不开票证，居民购买粮油，要用“城镇居民粮油供应证”，并到专门指定的门市部排队购买，每月人均30～40元的工资基本上花在吃上。20世纪80年代末，出现一些私营餐馆，“下馆子”吃饭是件非常难得的好事。90年代中期，土菜馆逐渐流行，同时兴起一些西式餐厅，如肯德基等。随着改革开放的深入，富裕起来的新区人，对于吃有了自己的想法，可以想吃啥就买啥，没有票证的限制，居民餐桌上的饭菜逐渐丰富，街头各类特色餐馆越来越多，海鲜等高档菜品开始流行。进入21世纪以后，城乡居民家庭开始由温饱型向小康型转变，衣食住行中，食的比重在人们生活消费中所占比重发生根本的变化。随着生活条件的改善，人们的饮食又逐渐从大鱼大肉转向讲究清淡。

二　厨　具

厨房事小，无外乎柴米油盐酱醋茶，但就是这些小事，折射出一个时代的发展。改革开放30多年，厨房里的灶，就经历土灶、煤灶、煤气灶、管道燃气灶等几个发展阶段，老百姓的生活也发生了翻天覆地的变化。20 世纪 80 年代，很多家庭由于房子小没有条件单独设厨房，所谓的厨房就是在公共过道放一个煤球炉，用的是黑煤球。自 20 世纪 90 年代始，厨房随着家庭居住环境的改变发生变化，独立的厨房，钢瓶液化气、煤气灶，抽油烟机等陆续出现在居民的生活中，有条件的家里厨房台面还用上大理石。进入 21 世纪，人们对厨房功能要求不再是简单的烹调，越来越多的人把厨房看成享受快乐生活的天地，厨房为开放式，美观、舒适，设计科学环保，厨房用上天然气，配置集成环保灶，管道抽油烟机，又增添微波炉、电磁炉、电饭煲等现代炊具，使煮饭烧菜实现燃气化加电器化。2014 年，天元区居民家庭 90% 拥有集成环保灶，消毒柜、洗碗机、榨汁机、豆浆机等。

三 穿着

1970 年以前，传统和保守观念将人们穿着禁锢在一段灰色的记忆中。进入 20 世纪 80 年代，喇叭裤、牛仔裤、蝙蝠衫、紧身裤各领风骚。20 世纪 90 年代后，一步裙、露脐装、半截裤、破洞牛仔裤、松糕鞋、哈一族的肥裤子、掉裆裤等穿着多彩多样。进入 21 世纪，人们穿着讲究时尚，流行什么，就穿什么。同时，也追求个性化。

四 发型

“麻花辫”是 20 世纪 70 年代女生最流行的发型，小平头则是男生们的经典发型。20 世纪 80 年代，年轻女孩短短的卷发取代长长的大辫子。20 世纪 80 年代末，烫发有了各式造型。20 世纪 90 年代，随着流行音乐、摇滚乐的发展，香港影星明星成为年轻人效仿的偶像，厚厚的头发五五分或三七分，女生们则流行自然的直发，不留刘海，把头发往两边梳开。20 世纪 90 年代末，大街上的美发店就同一夜春风来，千朵万朵梨花开，从钢丝烫、陶瓷烫、锡纸烫到离子烫等，各种烫发花样百出。进入 21 世纪，发型已蜕去千篇一律和刻意模仿的外皮进入一个个性化的年代，无论男女，年轻或年长，人们的发型都成为人们展现自我个性的载体。

五 住房装饰

20 世纪 70 年代前，可以说无正式的住房装饰，因为当时大多数人还不拥有属于自己的住房，一般都是一家人挤在十几平方米的房子里，人们仅仅是为了有一个睡觉的地方而布置自己的住所，筒子楼、木板楼是这个时代的标志。20 世纪 80 年代至 90 年代，是房屋装修的起步阶段，当时大多数城市居民都拥有了第一套住房，装修装饰开始正式进入居民的生活，榉木饰面、墙裙，现场制作的家具等成为当时装修的格调。20 世纪 90 年代末至 21 世纪初，装修装饰公司开始形成一定规模，同时专业的装修设计师开始出现，装修材料不断丰富，工艺做法有了很大的提高，设计风格的多样化，高高的墙裙变成踢脚线，主色调开始趋于淡色，吊顶越来越简单，一种全新的家装风格走向人们的生活。进入 21 世纪，品牌装饰公司脱颖而出，设计风格不断丰富，实用、舒适、个性、轻装修重装饰，集成化家居成为这个阶段家居设计的主题，同时注重环保，用料讲究，色调自然和谐，回归自然，追求环保、绿色，维护家人健康安全。

六　出 行

20 世纪 70 年代，小汽车很少，自行车是家庭主要交通工具，居民为坐公交车经常要走几公里路，去一个远些的地方要转两三次车，飞机是极少数人才能见到的。自行车也只有少数家庭拥有。20 世纪 80 年代初，摩托车开始进入初级发展时期，并渐渐成为发家致富的载体，一大批个体户成为摩托车的新贵。20 世纪 90 年代，摩托车作为一种时髦的代步工具进入寻常百姓家，以无比迅速的趋势蔓延。21 世纪初，私家车开始进入富裕家庭。进入 21 世纪，特别是 2010 年以后，私家车以无比迅猛的速度增加。2014 年，天元区城区 20% 以上家庭拥有汽车。

七　结 婚

20 世纪 50 年代，结婚基本不用准备什么，两个铺盖卷到一块，简简单单摆上一桌酒，就算结婚。20 世纪 60 年代，结婚开始有点讲究，按老一辈的说法，得凑够 72 条腿或 36 条腿，也就是请木匠做个大木床、大衣柜、桌子、椅子等几件家具。20 世纪 70 年代，除了 36 条腿外，增加单车、缝纫机、收音机“三大件”。20 世纪 80 年代，家庭建设上开始向电器化迈进，旧的三大件变成电视机、电冰箱、洗衣机新的“三大件”。20 世纪 90 年代，新的“三大件”又变成电脑、空调和摩托车。跨入 21 世纪，天元区家庭消费也随之向科技化迈进，结婚用品档次不断攀升，曾经的“三大件”增加到无数件，液晶电视、数码摄录机、家庭影院、笔记本电脑、电器一体化，新的“三大件”演变成房子、车子和票子。

第二节　居民收入

1997—2014 年，天元区城镇居民人均可支配收入年平均增长率 12.0%，农村居民人均可支配收入年平均增长率 12.4%。

1997—2014年株洲市天元区城乡居民人均可支配收入统计表

表24－1－1

年 份	城镇居民收入（元）	比上年增长（%）	农村居民收入（元）	比上年增长（%）
1997	5601	—	2688	—
1998	5921	5.7	2873	6.9
1999	6043	2.1	3074	7.0
2000	6648	11.6	3179	3.4
2001	7243	7.4	3207	0.9
2002	7934	9.5	3324	3.6
2003	8786	10.7	3660	10.1
2004	10061	14.5	4338	18.5
2005	11230	11.6	4999	15.2
2006	12455	10.9	5225	4.5
2007	14711	16.4	5636	30.3
2008	17080	6.8	8314	22.2
2009	18958	22.4	9490	14.1
2010	21347	12.6	11359	19.7
2011	24425	14.4	13893	22.3
2012	27967	14.5	16631	19.7
2013	34983	10.3	17680	6.3
2014	38246	9.6	19696	11.4

第三节　居民消费

一　住房支出

天元区城乡居民居住状况得到很大改善。从居住面积的数量变化来看，是逐年扩大，全区城镇居民人均居住面积1997年13.1平方米，2005年21.8平方米，2010年扩大至41.6平方米，2014年上升到45.7平方米，年均增长7.6%；农村居民人均居住面积1997年38.7平方米，2005年51.1平方米，2010年上升到55.5平方米，2014年62.8平方米，比1997年增长62.3%。住房条件的改善，使住房支出大幅上升。1997年城镇居民家庭人均住房支出193元，2005年为960元，2010年为1057元，2012年为1549元。1997年农村居民人均住房支出101元，2005年为569元，到2014年住房支出达2512元。

二　食品消费

天元区居民食品消费在消费支出中占相当大的比重，但随着时代的发展，人们的食品消费在社会消费支出中所占的比重越来越小。1997年，城镇居民人均食品支出2003元，占消费支出总额的48.9%。2005年，人均食品支出2863元，占39.2%。2014年，人均食品支出5521元，占29.6%。1997年，农村居民人均食品支出1070元，占消费支出总额的57.0%。2005年，人均食品支出1709元，占45.8%。2014年，人均食品支出3230元，占42.3%。

三　衣着消费

区内居民在衣着消费上日益讲究，支出大为增加。穿着服饰款式多样，追求时尚化、个性化。1997年末，每户城镇居民家庭衣着支出302元。2005年，城镇居民家庭每户衣着分别支出850元。2010年，城镇居民家庭每户衣着分别支出1176元。2014年提升到1582元。1997年，每户农村居民家庭衣着支出92元；2005年167元；2010年441元；2014年上升到567元。

四　耐用品消费

区内居民家庭耐用消费品由实用型向享受型转变，产品更新换代周期逐渐缩短，耐用消费品逐步向电脑、移动电话、家用汽车等方向发展。1997年末，每百户城镇居民拥有家用电脑18台、移动电话15部。2014年末，城镇居民家庭每百户拥有电脑66台、移动电话249部、家用汽车20辆。

五　医疗保健

随着生活质量的提高，天元区居民医疗保健支出逐年增长。1997年，城镇居民人均医疗保健支出99元；2005年560元；2010年723元；2014年1137元。1997年，农村居民人均医疗保健支出62元；2005年183元；2010年277元；2014年777元。

六　交通和通信

区内居民交通和通信支出为居民家庭消费的新增长点。1997年，城镇居民交通和通信人均支出 178 元；2005 年 833 元；2010 年 1951 元；2014 年 2137 元。1997 年，农村居民交通和通信支出 85 元；2005 年 780 元；2010 年 1253 元；2014 年 1095 元。

七　文教娱乐

天元区居民在教育和娱乐方面的支出逐年增多。1997 年，人均文教娱乐服务支出 155 元；2005 年 478 元；2010 年 995 元；2014 年 4468 元。

第二章　宗 教

第一节　佛 教

南北朝，佛教传入区境。至民国时期，境内马家河镇有庆霞寺、石光寺、回龙庵、通天观、净觉庵、大士庵；群丰镇有龙门寺、静德庵、藕花庵、天复庵；雷打石镇有空灵寺、龙岩寺（牟尼庵）、洪山寺、太和寺、茅莲庵；三门镇有北禅庵、福居寺、龙华寺、三家观、西林庵、龙泉庵、宝石庵。至 2014 年，境内佛教场所有空灵寺、资福寺、龙门寺 3 处，有宗教教职人员 19 人，信众逾万人。其中，空灵寺、资福寺为省级重点宗教场所。

第二节　基督教

区境内的基督教为民国 7 年（1918）传入的中华内地会，在三门、马家河等设有教堂；民国 19 年（1930），在马家河集镇上中华内地会设立马家河堂，由湘潭基督教会和教徒捐资购置。民国 23 年（1934），长老会三门镇谭家湾支堂在三门镇谭家湾建立，先后发展教徒 50 余名；同年，内地会谭家山堂在三门镇石亭村建立。民国 29 年（1940），在马家河浅塘村建立浅塘堂，由湘潭基督教会和教徒捐资购置。至 2014 年，境内基督教堂仅存三门基督教教堂，位于三门镇石亭社区，是天元区基督教徒重要聚会场所，也是市级宗教场所，有宗教教职人员 2 人，信徒 50 余人。

第三章　婚姻 家庭

第一节　婚 姻

1950 年，国家颁布《中华人民共和国婚姻法》，实行婚姻自由、一夫一妻、男女平等的婚姻制度。

禁止直系血亲和三代以内旁系血亲结婚。境内男女青年普遍实现自由恋爱、婚姻自主，按法定年龄结婚，实行优生优育，晚婚晚育。近亲结婚者显著减少。行政机关、企事业单位男女青年兴节约文明之举，利用婚假旅游结婚度蜜月，或举行集体婚礼者增多；招赘、离婚、再嫁、再娶均得到法律保护；孤寡老人的爱情被称之为“黄昏恋”，也为人们所理解。同时，婚娶中出现讲排场、摆阔气、大办酒席、赠送高额彩礼等奢侈之风。区内男女青年未婚同居、未婚先孕、事实婚姻现象增多。同时出现少数30多岁甚至40岁以上大龄未婚男女青年选择终生不育的“丁克”家庭现象。社会开放度和流动性增大，跨省、跨地区婚姻大量出现，还有个别涉外婚姻。

2000年第五次人口普查，全区调查15岁及15岁以上人口8490人，其中男性4305人，女性4185人。未婚1682人，其中男性1012人，女性670人；初婚有配偶6141人，其中男性3037人，女性3104人；再婚有配偶175人，其中男性88人，女性87人；离婚102人，其中男性49人，女性53人；丧偶390人，其中男性119人，女性271人。

2010年第六次人口普查，全区调查15岁及15岁以上的人口17291人，其中男性8654人，女性8637人；未婚3407人，其中男性1927人，女性1480人，占8.6%；有配偶12987人，其中男性6437人，女性6550人；离婚296人，其中男性130人，女性166人；丧偶601人，其中男性160人，女性441人。

两次普查调查男性平均婚龄均大于女性。

第二节　家 庭

2000年第五次人口普查，辖区共有家庭户33766户。按户类别分，一代户8411户，二代户19941户，三代户5227人，四代户187户。二代户最多，占总户数59.06%；按户规模分，1人户2792户，2人户6624户，3人户11940户，4人户6775户，5人户3716户，6人1243户，7人户344户，8人户137户，9人户63户，10人以上户132户。3人户最多，占总户数的35.36%。

2010年第六次人口普查，辖区有家庭户63167户。按户类别分，一对夫妇户19661户，占总户数的31.13%，比2000年第五次人口普查增加6.22个百分点；二代户家庭居多，共34449户，占总户数的54.54%，比2000年第五次人口普查减少4.52个百分点；三代户8799人，占总户数的13.93%，比2000年第五次人口普查减少1.55个百分点；四代户258户，占总户数的0.41%，比2000年第五次人口普查减少0.14个百分点。按户规模分，1人户6774户，占总户数的10.72%，比2000年第五次人口普查增加2.45个百分点；2人户15326户，占总户数的24.26%，比2000年第五次人口普查增加4.64个百分点；3人户25349户，占总户数的40.13%，比2000年第五次人口普查增加4.77个百分点；4人户8855户，占总户数的14.02%，比2000年第五次人口普查减少6.04个百分点；5人户4650户，占总户数的7.36%，比2000年第五次人口普查减少3.65个百分点，6人以上户2213户，占总户数的3.5%，比2000年第五次人口普查减少2.18个百分点，呈现4人以上的多人户占比下降趋势明显，占比越来越小。2014年，全区总户数86700户。

第四章 习 俗

第一节 生活民俗

一 饮 食

主食 天元人主食为大米饭。20世纪50年代以前，多数贫苦农民主粮不足，以红薯、蔬菜代饭，有“蔬菜半年粮”之说。自20世纪80年代始，城乡有别。城市居民多为外地移民，饮食文化多元化，南北杂陈，东西混杂；农村居民基本上一日三餐都以大米饭为主食，杂粮偶尔作为健康辅食上餐桌。城镇居民早餐以面条、米粉、包点为主，中晚餐以大米饭为主。时兴“夜宵”，有炒粉、口味虾、唆螺等风味小吃。

酒类 当地人习惯于用稻谷酿酒，俗称“谷烧酒”，酒精度数较高，一般为40℃上下，也有少数居民喜欢用大米酿酒，其之出品称作“米酒”，度数较低，妇孺则多喜欢喝糯米水酒（亦称“甜酒”或“夫子酒”）。除用五谷杂粮酿酒外，还有居民善于酿造果酒，尤其是古桑洲的居民酿造的桑葚酒，其色酡红，色香味俱佳，为天元一绝。

菜肴 天元之菜肴，以湘菜为主，但城乡略有差别。城区居民喜食武冈卤菜、湘西腊肉、攸县豆腐、醴陵杀猪肉等风味食品；乡村居民偏于湘潭口味。但城乡人皆嗜食辣椒，有“无辣不欢”之习，尤其推崇扯树辣椒。筵席重山珍海味，一般喜用“八大碗”。21世纪以来，海鲜逐渐进入农家餐桌。

茶 天元区人有饮茶习惯。宾客进门，主人先敬茶一杯，饭后一杯茶。有些人喜欢喝盐茶，用芝麻豆粉冲饮。有些人家用腌制的椿叶、盐姜、紫苏切碎冲茶招待客人。

二 服 饰

服装 清代，当地男女衣着有大襟和对襟两种，以大襟居多。大襟有长短之别，短襟较普遍。对襟无袖子的称为背搭。男女都穿大头便裤，男人穿长袍马褂。富家妇女，喜穿褶裙和镶花边、枚条的短襟，也有的穿花边便裤。

民国初期，衣着基本照旧，唯枚条衣减少；农村男人习惯用大罗布手巾，平时可缠腰紧身，热天可擦汗洗澡，冷天可围领缠头，方便实用。劳动妇女则习惯系围裙。民国16年（1927）以后，出现中山装、西装、罗裙，原来的长袍马褂逐渐减少。富家年轻妇女则穿旗袍、罗裙，有的配以长筒袜和高跟鞋；普通人家的男女仍多穿短衫、便裤，学生则穿学生装。

中华人民共和国成立后，服装结构变化甚大。男有中山装、学生装、解放装、青年装、工作服等。女式有列宁装、春秋装、轻便服、工人装和各式大衣、女裙。20 世纪 50 年代初，部分青年男女着花色服装。20 世纪 60 — 70 年代，服装色泽单调，以青蓝灰为主。20 世纪 80 年代后，衣料花色品种丰富，各式款式服装不断更新。21 世纪始，着装以追求保暖蔽体转变为追求时尚、个性。衣服面料除棉质、麻质外，还有各式化纤合成和丝绸面料。主要款式有中山装、西装、休闲装服、夹克衣、运动服、儿童服、学生装、呢子服、唐装等。

冠戴 清代，男人一般戴西瓜皮帽。民国时期，知识分子戴礼帽；普通民众多戴碗帽、毡帽；妇女戴平绒帽，或用绉纱包头。1949 年后，一般男人爱戴军便帽、工人帽；老年妇女戴绒帽、毛绒帽；年轻妇女戴风雪帽、太阳帽；儿童帽的品种尤多。21 世纪以来，旅游事业勃兴，各式旅游帽风行。

首饰 清末民国时期，女人戴耳环，有钱人挂金质或银质耳环。姑娘出嫁时，要备头簪、手镯、项链等首饰。20 世纪 60 — 70 年代，被看成封建、资产阶级生活方式遭排斥。20 世纪 80 年代以后，开始流行戴耳环、项链和戒指，且式样新奇，一些男人也恢复戴戒指。

鞋袜 清朝妇女裹小脚、穿尖嘴鞋。富者鞋面绣花。辛亥革命以后放脚，尖嘴鞋逐渐淘汰。劳动人民穿布鞋、草鞋或带袢布凉鞋；下雨穿木屐、油鞋，夏天部分人穿木板拖鞋。富有人家穿皮鞋、球鞋，雨天穿胶鞋。清代，男女都是用布缝袜。民国时期出现棉纱袜、丝袜、短袜等。20 世纪 50 年代起，穿机制胶底布鞋、解放鞋、皮鞋、胶鞋、塑料凉鞋、拖鞋等，袜子有线袜、丝袜、锦纶袜、尼龙袜、毛线袜等等。21 世纪后，女性流行穿皮靴，长短不一。老年人冬天穿布棉鞋和皮棉鞋。年轻人多穿旅游鞋、运动鞋、皮鞋。女性流行穿长筒袜、连裤袜等。

三 住宅

清朝和民国时期，富户住宅多为砖木结构，造型美观、大气，有前门、围墙、后花园，有池塘亭榭。一般民宅多为杉皮屋和茅棚。1950 年后，贫雇农分得地主房屋，居住条件有所改善。20 世纪 70 年代，盛行连片建居民点。20 世纪 80 年代，农村土木结构房屋都已改成砖木结构，部分人家已建成砖混结构的双层或三层楼房。城市住宅出现三层至五层的水电、卫生设备基本配套的楼房和别墅式小区。

四 出行

清代及民国初期，交通不便，外出多靠步行。少数富豪、官宦坐轿或骑马。湘江沿岸居民，则搭乘木船。20 世纪 80 年代，区域内乡乡通汽车，人们出入更方便。自行车、摩托车成为主要短途交通工具，部分人拥有汽车。1988 年，株洲大桥修建，公路建设大发展，汽车出行成为主流。进入 21 世纪，小汽车进入普通百姓家。出门坐飞机、高铁成为常事。

第二节 岁时习俗

春节（大年） 农历正月初一为春节，也泛指初一至十五这段日子。正月初一日早晨，一般都择定时辰开门，叫“开财门”，点烛、焚香、敬神、放鞭炮，以示庆祝。然后，晚辈向长辈拜年，同辈互相祝贺。早餐一般吃米面、糍粑之类的食品。日中向家族间尊长拜年，路遇熟人拱手祝贺。初二日，黎明即起，杀鸡“起牙”。商户更为讲究，早餐筵席丰盛，但菜肴中凡“脑”不吃。意即不食（蚀）脑子（本钱）。早饭后，女婿要去岳家拜年，有“初一崽，初二郎（婿），初三初四各人行”的说法。从初二至十五日元宵，亲友相互拜年，请吃年饭，玩纸牌，玩龙灯狮子，尽情欢乐。中华人民共和国成立后，春节期间，城乡有组织地开展“拥军优属、拥政爱民”和文体活动。拜年、请年饭仍沿袭旧俗，但敬神的习俗减少。

元宵节 农历正月十五为元宵节，又名“上元”，全家人晚上团聚在一起吃“元宵”，以示团圆。入夜，家家户户到处点燃蜡烛和龙灯。所谓“三十晚上的火，十五夜里的灯”。沿河一带，还有送花船的活动。有些地方元宵日在庙堂悬挂纸扎彩船，用仪仗队吹鼓班迎神出庙，游行街巷田庄，晚上请歌郎陪神唱“夜歌”，通宵达旦。次日天亮郑重地将彩船送至江边焚烧，所谓“送船神”，以示送灾降福。中华人民共和国成立后送花船的活动不复存在。

清明节 祭扫祖墓日，又叫追远节。旧时，部分族祠还举行“清明祭”。中华人民共和国成立后，学校、团体多在清明节组织祭扫烈士墓，进行革命传统教育。

端午节 农历五月五日俗称“端阳”，兴吃包子、粽子、蒜子、盐蛋。各户门前插上艾叶、菖蒲。中午过节，饮雄黄酒。午时室内遍洒雄黄、大蒜药水，以除虫蛇。一边洒雄黄水，一边口中念念有词：“五月五日午时节，蛇虫蚊子尽皆灭。”用雄黄、艾叶、蒜皮烧水洗澡。湘江沿岸的村镇兴划龙舟，观者踊跃。

中元节 农历七月十五日是中元节。天元区称“烧包”，自初十至十五各家设祖先牌位，用香烛酒肴供奉。十五日，各户都做糯米斋敬祖，还有用南瓜、冬瓜、豆子等农产品饯祖，下午17～18时焚烧纸衣、纸钱送祖。有的族祠迎祖、送祖还举行祭礼。

中秋节 农历八月十五日为中秋节。家家户户兴吃月饼，一般是中午食酒食聚餐，晚食月饼、药糖等，阖家赏月团聚。

重阳节 农历九月九日为重阳节。旧俗在这天晒坛子取泉水酿酒，谓之“重阳酒”。文人墨客，有重九登高之习。学校师生或机关团体于是日举行爬山、登高等竞赛活动。从1987年开始重阳节又为“老人节”，城乡老年人都在这日聚会，志愿者多去敬老院奉献爱心。

冬至节 旧时冬至日，大部分宗祠举行“冬至祭”，大摆筵席，以示祷祝。民间开始杀“年猪”，蒸酒、焙腊肉准备过年。

小年 腊月二十四日过小年，中午杀鸡过节，晚上供果焚香，设灶灯，送灶王爷上天。祝祷灶王上天言好事，保佑来年吉祥如意。小年过后，家家户户杀年猪，办年货，送年礼。里里外外打扫卫生，有二十七日打扫灰尘的习俗。

除夕 是农历的最后一天，俗称“大年夜”“三十晚上”“过年”。这天晚上将辞去旧岁，迎来新年。“三十晚上”吃团圆饭，又称“年夜饭”。外出的家庭成员赶回家团圆。敬神放鞭炮。晚上守岁，长辈给儿孙发压岁钱。

第三节 礼仪习俗

婚嫁 清代，联婚过程大体分为议婚、订婚、结婚 3 个阶段。民国时期，婚礼稍有改革，提倡文明结婚。男女双方婚前可以见面相识，相互了解。烦琐仪礼，亦有所简约。废跪拜礼，实行鞠躬礼；废彩服绣鞋，改用披纱等。

1950 年，国家颁布《中华人民共和国婚姻法》，废除封建婚姻制度，实行婚姻自主。男女双方到法定年龄，都可自由选择配偶，双方自愿即可到政府办理婚姻登记手续。20 世纪 50 — 70 年代，提倡新风，婚礼简朴，干部职工一般只举行简单结婚仪式，不过彩礼。乡村仍摆酒设宴，陪嫁礼物较为简单，一般是铺盖用具，富有家庭有手表、单车、缝纫机“三大件”。80 年代开始，男家给女家的彩礼逐渐升级，女方陪嫁物品越来越多，婚宴场面越摆越大。90 年代婚嫁更趋奢华，讲究高档商品。男方给女方过礼有几万元、十多万元的，金银首饰齐备。女方嫁妆家具用具齐全，彩电、冰箱、洗衣机为“新三大件”，打发新郎衣着鞋帽从里到外一色新，还讲究名牌，有的打发摩托车或小轿车。21 世纪开始，城市婚宴多在酒店举行，仪式隆重。也有由单位举办集体结婚仪式，有些青年男女实行旅行结婚。天元民间婚庆习俗具有浓郁的地方特色，必须要有媒人，如果是自由恋爱没有媒人的，须约请一个媒人。结婚前夕，由媒人与男女双方家庭沟通、协商，敲定结婚日期、婚礼、婚庆仪式等。谢媒礼为皮鞋一双，由男方负责答谢。结婚这一天女方家的所有直系亲人都要去男家做“上亲”，“上亲”在男家会受到高规格的招待，男方还要为每个“上亲”送上一份厚礼，俗称“扒胯肉”。新婚的当晚，男女双方的好友、同事、同学要在新房里举行“闹洞房”活动。

生育 旧俗，生第一胎，要立即向孩子的外婆家报喜。生的是男孩，喜炮从大门外放进；生的是女孩，则喜炮从厅堂内放出，以示区别。出生的第三天取乳名，用红纸写上“根深蒂固，易养成人”的吉祥字样。小孩用红线扎手，请接生婆“出行”，抱着小孩驱鹰、赶鸡，用木槌敲大门，说是这样小孩长大有胆量。还要做“三周酒”“满月酒”或“百日酒”，亲朋备礼前来庆贺，外婆家的礼物特别丰盛，并将鸡蛋染红，送给来客，叫作吃“红蛋”。到周岁时也有做“周岁酒”庆贺。第一个到产妇家的外人，俗称“踩生”，须打发礼物若干。妇女产后，吃洗胎茶和发奶食品，未满月一般不外出，名曰“坐月子”。满月这天，抱着小孩回娘家，名曰“走月”。

寿辰 天元习俗，过散生日，亲人聚餐小庆；过整生日，亲戚朋友送寿礼，表示庆贺。一般

50岁以上的寿辰，有做“生日酒”的习俗。男人30岁不做生日酒，女人40岁不做生日酒，俗称“男不做三，女不做四”；男人岁数逢九时做生日酒，女人岁数逢十时做生日酒，俗称“男进女满”。富豪人家挂寿匾、寿屏，举行拜寿仪式，还请戏班演戏，或花钱放电影庆贺。20世纪60—70年代，做生日酒的习俗渐衰。20世纪80年代，祝寿之风又起。

丧葬 入殓。旧俗，人刚死时烧纸钱，名叫“受用钱”。接着带死者的铺垫和鞋，送到江边或池塘边焚烧，由孝子具香烛敲锣到江边“请水”，然后用腊树叶烧水给死者沐身，穿“回程”衣服鞋袜，抬到门板上，名叫“脱涅癣”。同时请道士上棺（入殓）。富者在入殓时还要宰猪掌灯，并将部分猪肉送各家亲戚，报丧，名叫“报丧肉”。另择吉日做“封殓饭”，将棺材“封扣”。

守灵。旧俗，入殓后设立灵堂，挂孝幔，陈设香案。亲戚一般在鞋面或臂袖上（男左女右）缝一块白布，名叫“戴孝”。孝子则头戴凉冠，身披麻衣，腰系草绳，脚穿草鞋，手执孝棍，伴灵守丧，最少七天七夜，最长49天。在此期间，族亲朋邻友好备香烛、鞭炮，送挽幛、挽联、祭菜等前往吊唁，谓之“吊灵”，俗称“作揖”，孝子一一跪谢。暂不安葬的便移棺到厅侧，家人每天在灵位前敬饭，如侍生前。

安葬。旧俗，孝眷择定吉日，请和尚道士做功德超度。请风水先生勘察择定坟地。安葬前一天开山挖穴，晚上举行堂祭，先家奠，后客奠。鼓乐“闹丧”，通宵达旦。次日安葬，先别灵，再出殡，鸣锣开道，扬幡引路，孝子拜路，女婿打路幡竹，沿途丢纸钱，谓之“散路钱”。豪绅人家还请有名望的人“点主”，亲友为之举行路祭。灵柩抬到墓穴前，按择定的时辰下葬，复土掏堆成墓。掏堆时，闲人抢“掏堆饭”吃，说是吃了大胆。次早家人将下葬时地仙用过的水煮饭吃，名叫吃“分金饭”。在亡人安葬之后，亲属连续3～7个晚上到坟前烧纸钱，放爆竹，谓之“送火”。

20世纪60—70年代，丧葬旧俗大有改变。安葬时开追悼会，追述死者生平事迹，寄托哀思，出殡时用花圈、锣鼓、鞭炮送葬。20世纪80年代以后，安葬死者推行“火葬”，安葬于公墓。进入21世纪以后，厚葬风气抬头，少数丧事摆席上百桌，上百部车辆送葬，有的人家办丧事花销几十万元，筑坟豪华。

第五章 社会风尚

第一节 道德楷模

天元区涌现出一大批敬业奉献、孝老爱亲、诚实守信、见义勇为、助人为乐的道德模范、身边好人。自2010年开始，天元区每两年组织一届道德模范评选；自2013年开始，每两年组织一次美德少年评选，并不断向上级推荐中国好人、模范人物。

一　身边好人

“中国好人”邱伏萍（生命伟业总经理，诚实守信类，2012 年 8 月入选）、洪少明（高祺贸易董事长，诚实守信类，2013 年 5 月入选）、陈国营（市公安局干部，助人为乐类，2013 年 10 月入选）、徐辉煌（416 队原副队长、总工程师，敬业奉献类，2014 年 2 月入选）、彭程（栗雨街道高塘社区居民，孝老爱亲类，2014 年 12 月入选）。

“株洲好人”王宏伟（见义勇为类，湖南工业大学，2012 年度入选）、王灵（雷打石镇建强村居民，孝老爱亲类，2012 年度入选）、刘春南（见义勇为类，栗雨街道中路社区，2013 年度入选）、洪少明（诚实守信类，株洲创业园，2013 年度入选）、陈国营（助人为乐类，株洲市公安局干部，2013 年度入选）。

二　道德模范

(一) 株洲市道德模范

第一届（2010 年）：胡建武（见义勇为类，马家河中学）、蔡雪枚（提名奖，嵩山路街道）；第二届（2012 年）：欧东阳（敬业奉献类，株洲广播电视台）、洪少明（诚实守信类，株洲创业园）、王宏伟（提名奖，湖南工业大学）；第三届（2014 年）：陈国营（敬业奉献类，市公安局）、彭程（提名奖，栗雨街道）；第四届：李冬至（提名奖，雷打石镇）。

(二) 天元区道德模范

第一届道德模范（2010 年）：敬业奉献类，陈雨岚（区地税局）、罗平（马家河镇）；见义勇为类，胡建武（马家河中学）、龙春辉（泰山路街道）；孝老爱亲类，蔡雪枚（嵩山路街道）、邹外成（嵩山路街道）；助人为乐类，罗新辉（马家河镇）、王佩霞（泰山路街道）；诚实守信类，罗彪（马家河镇）、张伟民（天元建材市场）；提名奖，李韵卿（市司法所）、钱国光（群丰镇）、袁正坤（马家河镇卫生院）、黄丽娟（马家河镇）、梁辉霞（长岭中心小学）、文升卓（嵩山路街道）、杨华建（泰山学校）、何雨婷（泰山学校）、罗伟（嵩山路街道）。

第二届道德模范（2012 年）：敬业奉献类，王雪飞（时代新材）、陈正集（雷打石镇）、张亮（市政维护处）；见义勇为类，王宏伟（湖南工业大学）；孝老爱亲类，王灵（雷打石镇）、柳振奇（泰山路街道）；助人为乐类，冯名高（三门供销社）、刘爱华（马家河镇）；诚实守信类，龙启志（嵩山路街道）、罗美湘（马家河镇）；提名奖，欧阳金荣（栗雨街道）、谭宪芳（马家河镇）、王文杰（栗雨街道）、郭伟（雷打石镇）、李莉（栗雨街道）、黄子娜（马家河镇）、刘春南（天府物业）。

第三届道德模范（2014 年）：敬业奉献类，潘雪云（泰山路街道）、文贱林（三门镇）、杨正双（群丰镇）；见义勇为类，向阳（泰山路街道）、王柳勇（泰山路街道）；孝老爱亲类，彭程（马家河镇），张启明（雷打石镇）；助人为乐类，洪望弟（嵩山路街道）、唐琼（马家河中学）；诚实守信类，黄文革（栗雨街道）。提名奖，徐辉煌（省地勘局416队）、周理平（马家河镇）、刘自东（雷打石镇）、肖水力（广东湛江武装部转业）、卜铁根（三门镇）、袁顺安（泰山路街道）、吴度开（高科集团）、殷利蓉（嵩山路街道）、胡德明（马家河镇）、王永忠（栗雨街道）。

（三）天元区美德少年

第一届（2013年）：袁帅（雷打石学校）、罗蓉睿（白鹤小学）、雷鸣也（泰山学校）、杨思迪（北师大附校）、马玲珑（株木中学）、刘湘渝（滨江小学）、王和（栗雨小学）、李文韬（天台小学）、楚巧鸿（师专附中）、贺锦程（银海学校）。

第二节　模范事迹

一　孝老爱亲

栗雨街道高塘社区的彭程（男，1986年4月生），2005年，因父亲发生车祸，母亲受刺激患上痴呆症，后瘫痪在床。在他的悉心照顾下，父亲几度奇迹般生还或好转。他却因此错过毕业设计，只能延期毕业。2012年，刚参加工作的他回家看到母亲全身长满褥疮，因照顾不周而彻底瘫痪，他首度辞职照顾母亲。2013年下半年，刚到高塘社区上班3个月的他，母亲再次病情复发，他再度辞职照顾妈妈。2014年初，父亲去世，母亲又被查出脑萎缩伴有脑积水，他一直寸步不离地守在病床前照顾。彭程先后获全国孝亲敬老之星、中国好人称号。

雷打石镇建强村的王灵（女，1984年10月生），1984年，村民把女婴王灵送到张月娥门口，没有生育的夫妇俩收养了她。早在1976年，夫妇俩还收了"哥哥"王金明。"哥哥"王金明，是一个先天性的残疾人。他的四肢除了右手能正常活动，其余的全部变形，无法动弹；背部拱起一坨脊骨，之下几乎没有臀部，连坐都坐不稳。从此，4个人的命运就紧紧拴在了一起。穷人的孩子早当家。王灵刚刚7岁时，由于父母要外出打工，照顾哥哥的职责，就渐渐移交到她手中。从送饭、做饭到喂饭，从接屎倒尿到洗澡、洗衣服、洗被子到服侍睡觉，事无巨细。凡是"保姆"要做的事，王灵全部要做。"我觉得自己只是做了该做的事情，他虽然不是我的亲哥哥，但是我们从小一起长大。如果生活中没有他，还真觉得少了点什么。我不觉得他是负担，只是家里多双筷子。"为了将"哥哥"和"爸妈"照顾到底，婚后的她还是坚持跟家人生活在一起。2012年，王灵被评为株洲第二届"十大孝星"。2013年1月，王灵获评株洲好人。

二　见义勇为

1998—2014年，天元区先后审核、确认、表彰区级"见义勇为"人员28名，其中经推荐后同时还获得市以上表彰的有丁俊峰、刘洋、王凯、靳刚、文群祥、楚厚存、楚天乐、陶映辉、尹心田、胡建武、石东春、王宏伟、刘春南、杨建华、向阳、王柳勇16人。

2011年6月8日下午，湖南工业大学包装设计艺术学院学生王宏伟和班里的9位同学在江边捡贝壳时，同学杨丙伟不慎跌入深水区。见此情景，会游泳的张钦尧、许良立两位同学急忙游过去救援。不习水性的王宏伟与其余同学在岸边等着接应。然而，水流湍急，许良立体力不支上岸。情急之下，身为班长的王宏伟不顾一切地跳进水里营救同学。此时的江水愈发湍急，3人同时被江水冲离岸边数米之远，抱作一团。眼看同学张钦尧、杨丙伟即将和自己一起沉入水中，王宏伟用尽全力猛地将两位同学推向岸边……张钦尧、杨丙伟得救了，可王宏伟却消失在滚滚波涛中。2011年，株洲市政府追授为见义勇为先进个人。2013年1月，王宏伟获评2012年见义勇为类“株洲好人”。

2013年12月23日下午6点左右，栗雨科技工业园附近的一间民房突然着火，浓烟滚滚，随时都有坍塌的危险。该民房租户文中安夫妇起火时并不在屋内，家中只有5岁的孙子乐乐。夫妻俩得知消息赶到时，发现火势很大，虽救人心切，但除了大声呼救，根本无法冲进房内。突然，一个身影快速冲进火海，将乐乐抱出了火海，几秒过后，轰的一声，房梁坍塌。这个冲进火海的人，就是天元区栗雨街道中路社区的刘春南（女，1973年2月出生），当时她正好路过现场。刘春南获评2013年度见义勇为类“株洲好人”。

三　助人为乐

天元区嵩山路街道白鹤社区的蔡雪枚（女，1968年11月生），一个平凡而又伟大的母亲。她是一个孤独症孩子的母亲，为了让孩子能像正常人一样，她辞掉工作专心陪护12年；她是社区里忙碌的义工，谁家有困难她总是热心帮助；她还是200多个残疾儿童的“爱心妈妈”，12年艰辛陪伴孤独症儿子。洲洲（化名）一岁半那年，被医院确诊患有孤独症。这种病是一种婴幼儿的大脑功能性发育障碍，并将伴随终生。洲洲的病让蔡雪枚原本幸福的一家，顿时陷入深渊。蔡雪枚四处求医，自己还恶补了海量的智障儿康复方面的知识，并且辞职专门陪伴儿子，进行强化训练，这一练就是12年。孩子开口说话了，奇迹就在执着的母爱中，在常人无法想象的磨难、艰辛中出现。社区里有两个智障残疾人，经常半夜大喊大叫，引起邻居们不满。蔡雪枚多次上门与他们谈心，她安抚两人说，没有人要伤害他们，不要影响别人的生活。同时，她也常常向邻居们道出残疾人的苦衷，多尊重残疾人，把他们当正常人对待。协调之后，邻里关系融洽起来。200多个孩子共同的“妈妈”。2003年8月，蔡雪枚成立全国首家为孤独症孩子及家长提供免费帮助的慈善机构——株洲市家长支援中心。几年来，她总是不厌其烦地介绍自己的训练方法，无偿援助省内外近千名1.5岁至15岁的孤独症患儿。目前，与200多个孩子建立固定联系。“孩子吃蔡妈妈做的家常菜就特别香”“孩子变得懂事了，规矩了”……家长们纷纷感叹，自己的孩子都特别愿意亲近蔡雪枚，把她当成了自己的“妈妈”。“面对困难不妥协，面对挫折不埋怨，对每一件事物都怀有一颗感恩的心。”这是蔡雪枚的生活态度，也让她拥有了更积极的人生。2010 年，蔡雪枚获评株洲市首届道德模范提名奖。

株洲市公安局后装部的民警陈国营（男，1956 年 2 月生），36 年来，把株洲县古岳峰廖家村当成第二故乡。1973 年，他到株洲县古岳峰镇廖家村当知青，1976 年回城。39 年前，祖籍江西，17 岁的陈国营和其他 20 名不同地方的高中生一起，到廖家村当知青，未出过远门的他们，得到了村民的热情照顾。陈国营一直认为，自己无论如何都不能忘记村民的恩情。他因患喉癌而变成语言残疾。为给村里修一条水泥路自己拿出 10 万元，还垫资 10 万元，并多方筹资 50 万元，村民集资 10 万元，政府拨款 30 万元，修路共花费 110 万元。78 岁的唐奶奶是廖家村五保户，每次提到陈国营她总是泪流满面，唐奶奶无儿无女，身体也不好，陈国营一直对唐奶奶很照顾，年纪大得了白内障，此次去医院做手术的医药费也都是陈国营一个人出的；村民马度身患重病无钱医治去世，他自掏腰包买棺材埋葬；村民马兵家穷房屋倒塌，他捐资修建 4 间房屋。他把这个村作为自己的第二故乡，几十年如一日，即便是自己动过手术，身患三级语言残疾的情况下，他依旧坚持为村里做一些有意义的事情，他常说：“如今，这个地方没有企业，没有矿藏，村民还是种地生活，很不富裕，我现在有工资，能帮一点就帮一点，我是从这个村出来的，这里就是我的家。”2014 年 1 月，陈国营获评助人为乐类“株洲好人”。

四 敬业奉献

2010 年 1 月，内蒙古西乌珠穆沁旗地调项目邀标，湖南省地质勘查局 416 队的总工程师徐辉煌冒着零下十几度的低温，带着年轻的技术员，历经两天半的跋涉，来到冰天雪地的工作区，渴了喝冰冷的矿泉水，饿了啃冷硬的馒头，连续踏勘数天，收集到宝贵的第一手资料。他的足迹遍布三湘大地、南海之滨、新疆沙漠、甚至走出国门深入到柬埔寨无人区。长期的劳累，使他健康严重透支，2011 年，他前往柬埔寨王国桔井省五千山多金属矿进行地质调查，每天坐 100 多千米的摩托车，在崎岖山路上颠簸，钻进遮天蔽日的原始森林，调查采样、寻找矿点。11 月 2 日，突如其来的脑溢血，徐辉煌倒在了工作岗位上。20 多年 7000 多个日夜的坚持，他用自己的生命写下了奉献和大爱。2014 年 2 月，徐辉煌获评敬业奉献类“中国好人”。

天元区雷打石镇铁篱村的李冬至（男，1945 年 10 月生），20 世纪 70 年代被村民推荐为株洲县第一届“赤脚医生”培训班学员，期满后回村开办该村卫生所，为村民服务至今。“既然选择了做医生，那就不管寒冬雪夜，只要病人有需要，就得赶去。”在李冬至眼里，所有病人都是他的亲人。2008 年，因为冰灾，村民“问题”频发，让李冬至接受最严峻的考验。一个傍晚，李冬至正准备吃饭，却听到有人急切地叫唤：“不得了，马大娘摔倒在地起不来了……”话还没有听完，他放下筷子，背着药箱就往马大娘家里赶。马大娘 80 多岁，老伴已去世，子女都在外工作。李冬至一进院子，便看到马大娘孤零零地躺在冰地上，不能动弹。他和邻居扶起马大娘送回家，为其处理好伤口后，准备为她做饭。可家中水管被冻住，李冬至只能摸黑提水，做好饭菜后，再端到大娘床边，一口一口地喂。李冬至对村里需要随访的乡亲如数家珍。多年来，他已为全村千余名村民建立健康档案。全村的麻疹、白喉、百日咳等得到有效控制，新生儿破伤风、脊髓灰质炎绝迹。铁篱村的地形是九冲十八岔。翻山越岭，便成了李冬至的“家常便饭”。2012 年 1 月的一个深夜，村里患有肺气肿、肺心病的低保户王立，因受凉病情急性发作，情况十分危急。李冬至接到王立家人的电话后，立马爬出被窝，赶到病人家中进行抢救，帮王立脱离了危险。又连续经过十多天观察、护理和治疗，王立得以好转。李冬至获评敬业奉献类“中国好人”。

五　诚实守信

湖南生命伟业公司总经理邱伏萍（女，1971 年 2 月生），干练、诚信、富有爱心，是对她最好的诠释。“做企业最重要的，是重合同守信用！”公司每签订一个合同，她都要亲自审定。如有对客户显失公平的条款，她都会进行修改。大家常听到他风趣的邵阳乡音：“我们不能搞霸王条款哟！”对合同履约，她一诺千金。2007 年，长沙市一个 800 多户的住宅楼的直饮水工程进点后，由于施工方负责人将资金用于其他投资失败后，不幸去世，造成工程停工。4 年时间，公司因此损失近百万元。有员工建议她向对方追讨违约金，邱伏萍淡淡一笑：“人家是很困难的，我们一起承担吧！”2009 年，公司与其他 2 家企业共同联保办理了信用贷款。合同到期后，其中一家企业无力履约还贷，银行拟走法律程序，为了帮助这家企业走出困境，免受“失信”之责，邱伏萍将自己在闹市区的一套房产变卖后，借给那家企业还清了贷款。这样的事情，还有许多在合作伙伴和客户中交口称誉。2012 年 8 月，邱伏萍荣登中国好人榜诚实守信类好人。

年轻企业家洪少明（男，1981 年 8 月生），身怀 5000 元创业的他，经过一番摸爬滚打，他把 8 个子公司合并成了一个集团公司。15 年的创业，他始终坚持“质量合格，价格合理”，从未卖出一件假货。有一次，他和客户签订布料期货合同后，原材料价格上涨，导致供货成本提高，他还是坚持诚信的原则以订单合同价格进行供货，致公司亏损 10 多万元。创业成功后，他开始履行自己的社会责任，多年来，他为湖南株洲、桑植、茶陵，四川汶川，玉树，福建的公司捐款捐物累计达 200 多万元，赢得了“爱心儒商”的称号。2012 年，洪少明获评株洲市第二届道德模范诚实守信类模范。2013 年 5 月，洪少明荣登中国好人榜诚实守信类好人。

第二十五篇　乡镇·街道

第一章　马家河镇

马家河镇地处株洲市天元区西部，京珠港澳高速路、株洲大道、武广高铁等公路、铁路穿越境内，交通便利，区位优势明显。中国动力谷、万丰湖、新马 EBD、汽车博览园、汽车产业集群等重点项目先后落户境内，既是湖南长株潭经济一体化发展的核心区域，又是株洲高新区园区开发和项目建设的主战场。境内自然环境优美，有湘江岛屿——古桑洲。人文底蕴深厚，有历史名人罗瑶、罗典和革命先驱罗哲、罗学瓒等。

2014 年 12 月马家河镇所辖社区一览表

表 25 － 1 － 1

社区名称	成立时间（年）	办公地址	居民小组数（个）	户数（户）	人数	辖区主要单位
太高社区	2010	太高社区新屋组	18	515	1800	马家河敬老院
高塘社区	2010	高塘社区安置小区	18	512	2197	—
新马社区	2010	新马社区新付组	19	634	2715	马家河卫生院、新马小学
金龙社区	2010	金龙社区东风组	18	615	2513	金龙小学
仙岭社区	2010	仙岭社区群建组	16	532	2080	高科新马金谷
万丰社区	2010	万丰社区茹西组	17	588	2489	—
泉源社区	2010	泉源社区李家组	13	421	1455	—
农科社区	2010	农科社区大屋组	10	192	887	—
中路社区	2010	中路社区大海组	17	595	2462	—
浅塘社区	2010	浅塘社区浅塘组	16	685	2715	株洲市廉政反腐教育基地桥头堡
月塘社区	2010	月塘社区黄家组	21	621	2568	马家河中学、月塘小学、潭耒高速公路管理处、株洲大禹兆丰新材料有限公司、湖南南车时代电动汽车股份有限公司(部分在辖区内)、北京汽车股份有限公司株洲分公司(部分在辖区内)
大石桥社区	2005	仙岭社区陈谷组	6	198	482	—
古桑洲社区	1999	古桑洲社区上组	2	159	476	—
合计			191	6267	24839	—

第一节　境域概况

镇名源流　传说当年明朝正德皇帝经长江入洞庭，溯湘江而上，沿途微服私访。当行至雷打岭小镇附近时，正德皇帝刚下马，御马便直奔湘江河边饮水。此处过河的人很多，眼尖的人发现这匹极不一般的马下河饮水，惊呼：御马下河了！附近居民奔走相告：马下河，马下河。马下河的地名由此而生，后来文人将“马下河”书写成“马家河”。马家河由此得名。长期以来，行政机关建在此地，马家河乡、镇名称源于此。

境域人口　马家河镇位于北纬 27° 48′ 30″ ~ 27° 10′ 49″，东经 113° 02′ 51″ ~ 113° 08′ 03″ 之间。1984 年，马家河乡成立。东靠市园艺场，南邻群丰乡，西与湘潭县毗邻，北临湘江，面积 64.9 平方千米，耕地 1533.33 公顷，境内总人口 1.2 万人。2005 年，区划调整后，地处天元区西端，东与栗雨街道相连，南与群丰镇接壤，西与湘潭县易俗河镇毗邻，北依湘江，总面积 50.2 平方千米。全镇 199 个村民小组，5930 户，总人口 20285 人。2010 年，辖区 11 个村的 21346 人的户籍全部变更为非农业人口。2014 年末，辖区总人口 24839 人。总人口中，有汉族 24759 人；土家族、苗族等少数民族 82 人，占 0.3%。

建置区划　明清时属湘潭县。1950 年，始设马家河乡，属湘潭县一区。1953 年，由乡建镇；1956 年，复为乡。1959 年 1 月，划归株洲市郊区，属雷打石人民公社。1961 年 3 月，公社体制缩小，建立马家河人民公社。1965 年，划归株洲县。1968 年 9 月，重新并入雷打石公社。1969 年 3 月，再次恢复马家河人民公社。1984 年，成立马家河乡，辖新马、万丰、高塘、印洲、仙岭、金龙、太高、泉源、月塘、王家坪、南塘、浅塘、凿石、栗雨、中路、农科 16 个村。1997 年，划归株洲市天元区。1999 年 3 月，撤乡建镇，辖古桑洲、王家坪 2 个居委会和高塘、金龙、农科、浅塘、泉源、太高、万丰、仙岭、新马、月塘、中路、凿石、南塘、王家坪、栗雨 15 个村。2005 年，析凿石、南塘、王家坪、栗雨等 4 个村和王家坪居委会置栗雨街道。2005 年 7 月，增设新马社区。2010 年 6 月，11 个村改制为社区，新马社区更名为大石桥社区。2014 年，全镇辖 13 个社区。

镇治机构　1950 — 1994 年，马家河乡人民政府驻新马村。1994 年，迁入在南塘村新建的马家河乡人民政府办公楼。2007 年，在仙岭村新建马家河镇人民政府办公楼。2009 年 1 月，迁入新址办公。至 2014 年的 35 年中，先后有罗子其、龙启富、殷作纯、王子根、谭福明、曹钱光、马谷秋、阳仲雄、王少华、黄政发、石备荒、章定良、谭茗任马家河乡（镇）党委书记，有郭凯明、王子根、伍远光、刘坤如、吴建华、郭利辉、韩建伟、阳仲雄、易虎存、张意、黄政发、徐清林、傅永东、吴兵、郭飞、王建国任马家河乡（镇）乡长、镇长。

第二节　经济发展

种植业　境内以种植水稻、蔬菜、红薯、茶叶为主。1950 至 70 年代以水稻、茶叶种植为主。

水稻种植品种单一，技术条件落后，产量不高。从1986年开始，境内推广杂交水稻，至1995年实现普及杂交水稻。是年，开始吨粮田建设。1998年，顺利实现全乡亩产过吨粮目标。1999年，完成农村土地延包工作。2002年，南塘村占地百亩的农业科技示范场被批准成为天元区首个国家农业部立项的农业项目。2006年，太高、金龙两村80公顷农田完成土地整理。至2014年，水稻种植面积随着城镇化发展减少到333.33公顷，全镇蔬菜规模化种植面积132.6公顷。

养殖业 境域以猪、羊、家禽养殖为主。长期以来，基本为居民自家散养，没有较大规模的养殖场。1978年，引进“长大”瘦肉型母猪和杜洛克、大白等良种公猪，发展一批集体猪场。1992年，全乡生猪养殖4.7万头、商品鸡鸭养殖50万羽。1995年，养殖业产值占农业总产值的47%以上。1997年，全乡出笼鸡鸭160万羽，年产值达5000余万元；出栏生猪2.3万头。湘江流域沿岸村民充分利用河滩优势，大力发展黑山羊养殖，年均出栏量5万头以上。2002年，神农农贸公司投资700万元的万头生猪品改基地建成投产，带动周边群众大力发展养殖业。2014年，根据国务院新颁布的《畜禽规模养殖污染防治条例》，湘江沿岸1千米禁养区内严禁规模养殖，境内规模养殖业有所缩小，全镇全年饲养生猪1.8万头，羊0.5万头，家禽1.9万羽。

工业 境域以砂石、水泥预制构件、新型材料为主。从1972年起，先后组建建筑队、红砖厂、预制场、供应站、农机站、轴配厂、食品厂等10余家企业。1986年，集资兴建机砖厂，年产量2000万块。1991年，马家河乡成为株洲市首个乡镇企业达标乡，年产值960万元。1997年，兴办采砂场、片石场、仙岭铸件厂。1997—1998年，全面完成乡镇企业改制。2009年，高塘村在全镇率先成立村级公司——大禹公司；2010年，更名为湖南高塘大禹投资集团。2014年，全镇有各类企业27家，工业总产值2.3亿元。

商业贸易 民国末年，马家河集镇（新马社区）已有一定规模，是当地水陆交通的汇集处和经济文化中心，商铺林立，成为当地的物资交流集散地。最有名的大商号有唐恒泰、陈明记、陈渭记、隆裕酱油及宫集义药铺。20世纪50年代，境内有供销社、粮油店等商店。80年代，农村集市逐步出现，新马为最早集市。1994年，建成王家坪集镇，商业发展逐渐形成规模。20世纪末，栗雨、金龙、仙岭等村陆续建立集市。2014年，境内有新马、月塘、仙岭、金龙4个集市。

财政金融 1951年，人民银行在马家河设营业所；1955年，农业银行在马家河设营业所，设立公社信用社。1984年，建立乡财税所。1997年，全乡储蓄总额8850万元，被市政府授予小康乡（镇）称号。2014年，全镇完成财政总收入2450万元。境内有农村信用社分社2所。

旅游服务 2002年，株洲神农生态园初步建成，项目规划占地45.33公顷，总投资规模3000万元，集种植、养殖、旅游、餐饮、娱乐、休闲为一体，是株洲当时最大的农业生态园项目。2005年4月，太高乡村度假俱乐部挂牌成立，月接待顾客2000余人次。2005年，马太路休闲观光产业带基本建成，全镇休闲农家乐发展到40多户。2011—2014年，高塘社区逐步开发“乡村旅游”特色产业，形成以农业观赏和畜禽养殖为特色的“十园一院”休闲基地。

第三节　基础设施

道路交通 1969年，建成株雷路。1979—1980年，铺设为沥青路面，是第一条贯通马家河境内的县道。1995年后，京珠高速公路株洲段、天易高等级公路相继启动建设，实现与株洲市区和湘潭县的对接。至1997年，境内有马家河—太高（1958年建成）、马家河—东湖（1960年建成）、马家河—王家坪（1969年建成）、仙岭—响塘（1975年建成）4条5千米以上沙石乡村公路，全长27.5千米；有1条县道（株雷路）。2000年，建成京珠高速和株洲大道互通口。2005年9月，株洲大道竣工通车，辖区内长度4.5千米。2002—2007年，镇政府筹资1500余万元，建成村级道路16条，实现村村通水泥路。2009年，高塘大禹路率先实现绿化、亮化、美化，成为全区城乡统筹发展的样板路。2011年，武广高铁客运株洲西站建成。2014年，新马南路、新东路等园区道路相继通车。辖区公共交通覆盖至80%的社区。2014年，全镇村级公路里程80千米，镇到社区到组道路基本硬化。

农田水利 中华人民共和国成立后，乡政府陆续组织开展塘坝、水库建设，保证农作物灌溉，至1990年，境内建有小（二）型水库1处。1992年起，全乡掀起冬修水利的高潮。至2005年，全镇完成水利工程396处，整修水泥被覆山平塘453处，对全镇的病、险水库进行除险加固处理，造塘还塘5.33余公顷。开展境内湘江大堤整修4次，堤顶加宽到6.5～8米，湘江大堤可以抵御50年一遇的洪水。2009年，改造太高水库溢洪道，水库防洪泄水能力提升。至2014年，境内有小(2)水库1处，排渍站5处。

邮政通信 清宣统三年（1911），设马家河湘潭邮局邮政代办支局，开展民间邮电业务；民国2年（1913）改为邮政代办所。1959年，境内开始通电话，后陆续增加交换机和架设电缆线。20世纪70年代，开通邮路。1988年，安装10瓦调频发射台，改有线广播为无线广播，通信质量明显提升。2006年，手机信号覆盖到村。2011年，建成马家河镇邮政所。2014年，境内有邮政所1处，有移动、联通、电信通信塔15座，有通信服务站点15处，成年人手机持有率95%以上。除古桑洲社区外，其余12个社区均开通宽带网络。

供电 1964年，园艺场—马家河输电线路架通，马家河境内通电。从1983年开始，各村设置配电室，境内部分居民开始使用电灯照明。1995年，乡政府投入资金，将过江电线架入古桑洲。至此，全乡实现村村通电。2004年，220千伏变电站建成。2006年，全镇农网改造全部完成。2014年，全镇供电线路总长150千米，安装变压器62台，总容量8000千伏安。

饮水 20世纪70年代初以前，境内居民基本饮用塘坝水。70年代中后期，境内陆续开始打水井，饮用水逐步改为井水。1991年，70%以上的农户用上井水。2011年，株洲大道两侧铺设干线水管6千米，居民自来水使用率10%。至2014年，自来水用户达2000多户。

城镇村庄建设 民国末年，马家河集镇（新马社区）已有一定规模。马家河老街长不到200米，当时有2米余宽的麻石路面。1990年，马家河乡启动王家坪集镇建设，1994年建成。集镇街道长约500米，商店一字排开，之后逐步增加邮局营业厅、电信营业厅、移动营业点等商店和乡卫生院，商业发展逐渐形成规模。2008—2009年，新农村建设在太高、金龙2个村进行。2010—2014年，全镇新建垃圾池1500多个，栽种道路沿线绿化植物2万余株，建成入户花园26个，设置健身器材点7处，建设休闲健身广场2个，马家河镇被评为全市一类乡镇。

第四节　社会事业

教育　光绪三十二年（1906），建菱溪高等小学堂。民国元年（1912），菱溪高等小学堂更名为菱溪高等小学校。1950年秋，高小部与湘潭县藕灵乡第一中心小学（原县立第五高级小学）、王氏石浦小学合并组成湘潭县第四完全小学，后更名为红花山小学。1960年，开办初中班。1964年，增设农业中学班。1966年下半年，农中班停办。1970年，始办马家河公社中学。设初中、高中各2个班，属株洲县管辖。1981年，高中停办，开办初中。2014年，马家河中学有9个教学班，学生350余人，教师41名。至2014年末，全镇有金龙、月塘、浅塘、新马4所完全小学，在校学生1000余人；有幼儿园4所，在园幼儿572人。

文化体育　龙灯、狮子、龙舟、花鼓戏等是境内传统民间活动，端午节赛龙舟活动在全市范围内颇具名气。1983年，马家河电影院建成并投入使用，不定期放映电影，1991年停止放映。2003年，全国汽车场地越野赛在马家河镇神农生态园举行。2004年，德奥拳击馆举办“黑山羊杯”农民拳击赛，中央电视7台和省、市主流媒体现场报道。2007年，湖南省农业厅授予马家河镇“亿万农民健身活动先进乡镇”称号。2008—2010年，建成村级农家书屋11个。2014年，全镇有镇文化站1处，有社区文化活动中心13处，藏书2.4万册；有省、市级文物保护单位6处。

医疗卫生　1988年，卫生院由县移交乡政府接管。1993年，在王家坪村新建医疗门诊部。1995年，全面恢复村级卫生室，实行合作医疗。1998年，马家河乡卫生院综合门诊大楼建成并投入使用。2008年，推行新型农村合作医疗和城镇居民医疗保险，马家河镇“新农合”参合14900人，城镇医保参保人数307人，参合参保率90%。2014年，全镇有镇卫生院1个，床位50张，社区医疗卫生室13个，专业卫生人员32名。城镇居民医疗保险（含“新农合”）参保21000人，10115人次办理医保报销，补助金额2062万元。城镇“三无”人员、“五保”对象定点住院基本医疗费实现全免。

社会保障　2001年，马家河镇敬老院挂牌成立。2002年底，入院20位老人。2005年，成立镇劳动保障服务站和劳动力就业培训中心。2006年6月，马家河镇启动新敬老院建设。2008年，建成投入使用，入住老人48人。从2012年起，开始办理失地农民社保和企业退休人员人脸建模和养老金资格认证工作，3500名退休居民养老金按时发放。至2014年的4年中，累计完成低保、“五保”、优抚、大病、助残等救助3800余人次，发放各类保障救助资金1500万元；全镇新农保9000余人、失地农民社保4000余人。其间，全镇建立村级劳动保障服务平台7个，农村实用技术培训近万人次，累计劳动力转移就业3500余人。

第二章　群丰镇

群丰镇位于株洲市天元区中南部，距市政府驻地10千米，东向紧临湘江，京珠高速公路纵贯境西，简易公路通达各社区，湘江四季通航，境内有武广高速铁路客运株洲西站。水陆交通优势明显，为典型的城郊结合部位。长岭茶叶有名声。境内有始建于唐宋时期的龙门寺。有冶炼、建材之乡誉称。

2014年12月群丰镇所辖社区一览表

表25－2－1

社区名称	成立时间（年）	办公地址	居民小组数（个）	户数（户）	人数	辖区主要单位
石塘社区	2011	石塘学校	13	322	1180	龙门寺、石塘学校
白莲社区	2011	高丰组	15	472	1737	株洲东海建材有限公司(白莲砖厂)、群丰刷料实业有限公司(白莲刷子厂)、株洲高新区志泉实业有限公司
湘滨社区	2008	枯井组	17	380	1650	群丰镇中心幼儿园
栗山社区	2011	园塘组	16	329	1479	栗山砖厂
响塘社区	2010	响塘组	16	368	1768	唐人神集团、万利砖厂
妙泉社区	2011	永兴组	14	458	1650	妙泉砖厂
江璜社区	2011	正明组	18	426	1720	江璜小学、湘誉山庄、江璜置业服务有限责任公司
竹溪社区	2011	黄荆组	16	409	1172	—
长岭社区	2011	九组	17	500	1905	长岭中心小学、湖南省农村信用社联合社、群丰镇人民政府
湘云社区	2011	三组	18	500	2174	株洲市悠移农业科技发展公司、湖南泳迪农业科技有限公司、湖南方为节能建材有限公司
新文社区	2011	胡家组	16	408	1615	湖南经仕有限集团、唐人神集团
旗云社区	2014	向湾组	12	445	1565	梓农混凝土有限公司、盛景园林
高台岭社区	2011	楠竹山组	10	257	960	焊条厂、长江管业、华赢实业
新街社区	1997	四组	6	385	678	群丰卫生院、群丰国土所、国强食品加工厂
合花社区	2012	大坡组	15	546	2048	神龙砖瓦厂、合花砖厂、合花加油站、合花幼儿园、合花加工厂、湖南江丰有限公司、合花沙场
新塘社区	2011	青石组	17	488	1680	—

第一节 境域概况

镇名源流 境内地貌以岗地为主，山峰较多，故称群峰。1961 年，以群峰谐音简写为“群丰”，寓以群众齐心协力夺取农业丰收之意。后沿袭此名。

境域人口 群丰镇东临湘江，以湘江航道中心线为界，与株洲县均坝乡隔江相望。位于北纬 27° 42′ 36″ ~ 27° 48′ 23″ ，东经 113° 01′ 03″ ~ 113° 07′ 25″ 之间。西与湘潭县梅林桥乡接壤，南与雷打石镇为邻，北与马家河镇连接。镇域面积 53.96 平方千米。东西宽 11.2 千米，南北相距 10.7 千米。耕地 1465.8 公顷，林地 1949.7 公顷，森林覆盖率 37.5%。水域 774.5 公顷，园地 192.4 公顷。2014 年，7844 户，总人口 25620 人。其中，非农人口 2563 人（不含暂住人口）。人口密度每平方千米 475 人。

建置区划 民国 22 年（1933），设置藕花乡，隶属湘潭县二区。1949 年 8 月湘潭县和平解放后，藕灵乡隶属湘潭县一区（株洲区）。1958 年，撤乡属红旗（易俗河）人民公社。1959 年 1 月，划归株洲市郊区，属雷打石人民公社。1961 年，建立群丰人民公社。1965 年，划归株洲县。1968 年 9 月，并入雷打石人民公社。1969 年 2 月，恢复原体制。1986 年，群丰乡与长岭乡合并成立群丰乡。1993 年，撤乡建群丰镇。1997 年 8 月，群丰镇从株洲县划归天元区管辖。2014 年，全镇 16 个社区，231 个居民小组。

镇治机构 20 世纪 50 年代至 2013 年，群丰镇驻长岭村志清公。2014 年 8 月，群丰镇政府搬迁至新址响塘社区办公。至 2014 年的 35 年中，先后有何宗其、袁华国、李清廉、陈仲辉、龙建国、文申合、吴建华、姜玉成、吴伯毛、张意、王雁清、杨宇、何胜华任党委书记，有申冬梅、刘放军、龙建国、姜玉成、吴伯毛、石备荒、王太培、章定良、杨宇、何胜华、徐拥军、刘剑任镇长。

第二节 经济发展

农业 传统农作物以水稻、茶叶、红薯、蔬菜、油茶为主。1949 年之前，水稻品种低劣，稀植一季稻亩产仅 150 千克，品种单一。1955 年，试种间作水稻，逐步使用农药、化肥。1963 年，试种双季稻获得成功。1975 年，达到一人一猪，一亩一猪目标。20 世纪 70 年代，境内种植茶叶 67 公顷，年产茶叶 45 吨左右，雷贯山茶叶闻名全省。1980 年，粮食总产量 930 万千克，平均亩产 537 千克。1986 年，株洲市外贸猪场（今唐人神公司）在响塘村建万头猪场，率先使用混合饲料养猪。1990 年，有耕地面积 1556.67 公顷，其中水田 1421.73 公顷，旱土 134.94 公顷，当年农业总产值 914 万元。是年，竹溪开始养黑山羊。2003 年起，由国家投资、地方筹资 1831 万元，先后对湘云、旗云、石塘、新塘等 4 个社区的 341.33 公顷农田进行改造。建立合花、湘滨无公害蔬菜基地。合花无公害蔬菜基地被湖南省人民政府授予放心蔬菜基地，株洲市授予无公害蔬菜示范基地。2014 年，竹溪黑山羊养殖基地养殖黑山羊 5000 只。境内有白鹭湖、泉水窟温泉、南青山寨、紫薇山庄、湘誉山庄、悠移山庄、大坡农庄、合花休闲基地休闲观光农业 45 家。

工业 民国时期，域内工业都是一些小手工业。1951 年成立手工业社；1965 年开办公社农机厂，年产值 200 万元。1974 年，开办玻璃厂、农机站。1984 年，大力发展乡镇企业，群丰乡属企业发展到 58 个，主要有冶炼、粉末冶金、机械、隔音设备、制砖、制茶等 10 多个门类。1988 年，乡镇企业产值过亿元。冶炼产品铋、锑、铅、氧化锌、硬质合金、优质铅锭远销美国，红砖占株洲市区建筑业 70% 的份额，有冶炼、建材之乡誉称。1990 年，乡属工业总产值 1664 万元。2002 年，实行乡镇企业改制。2005 年，境内长岭工业小区批准建设。总规划面积 97.6 公顷，有亿丰新材、南方焊接、华赢实业、湘钻包装 4 个项目建成投产。至 2014 年，境内有小型私营企业 93 家，有妙泉新型建材有限公司、经仕废旧物资再生资源公司、长江管业等规模企业 33 家，年工业总产值 4 亿元。其中产值超亿元的有经仕废旧物资再生资源公司。

商业贸易 民国时期境内只有包家祠堂、长岭小街、杨家祠堂、港口山 4 家南杂商店、肉店。1965 年，雷打石区供销社在群丰设立响塘、长岭、湘云、妙泉、石塘供销分社，经营南杂、百货、日杂、农资。1995 年，兴建长岭商贸住宅小区。建成商铺住宅 98 家。新街长 760 米、街道宽 20 米，新老街连片、商贾云集，已成为群丰镇的商贸中心。另外陆续建设新塘、长岭、合花、响塘、新文、妙泉、竹溪、江璜 8 家集市。2014 年，境内有大小商铺 142 家，集贸市场 8 处。全镇社会商品零售总额 2.86 亿元。

财政金融 20 世纪 50 年代，境内成立农村信用合作社，当时以农民每户每股 2 元参股的金融组织。1993 年，群丰镇成立互助基金会，吸收农民、企业存款 890 万元，将此款发放贷款支持企业发展。后因没有严格按照银行模式管理而规避风险，以致造成资金无法兑现而引发群众事件，根据上级文件精神，基金会被清盘后关闭。2014 年，全镇公共财政收入 1300 万元，企业实交税金 2610 万元，公共财政支出 530 万元；有群丰信用社 1 家金融机构及下辖网点 4 个。

第三节　基础设施

道路交通 民国时期，群丰境内过境大道，只有一条能走独轮车跑马的驿道（从伞铺至龙头铺）过境。1958 年年初，修湘江防洪堤形成一条从三门至株洲市区的江边土马路。从 1966 年起，多次分段修建株雷公路（从株洲城区至雷打石镇主干路）。1988 年株洲一大桥通车后，株雷公路也铺好沥青路面。1995 年，整修境内的湘江大堤，路堤结合，将大堤加宽 2.5 米，增高 1 米，防洪能力由 20 年一遇到 50 年一遇。2007 年，全长 6.56 千米，贯通境内东西的旗麦公路硬化竣工，湘江线、湘新线、石竹线、响太线相继竣工。2014 年，境内有京珠高速公路南北过境，武广高速客运专线南北过境、武广高速铁路客运株洲西站设置在群丰镇响塘社区范围内。南北贯通过境的湘江大道正在建设中。32路公交车终点站设在群丰镇湘滨社区，51路公交车终点站设在群丰镇石塘社区龙门寺。过境班车有从王十万、谭家山、三门、古岳峰到株洲市区的多班车次。

水利设施 中华人民共和国成立后，大力兴修水利，整修山塘、平塘。1958—1968年，先后建成湘江大堤水利工程、乌冲小型水库、野鸭塘小型水库、响塘水库、新文先进水库。1970年，新修合花、高台岭、湘胜七〇4条高排渠道和湘滨、石家埠、黄竹港、月形港、小麦港、泉水港6座排渍站。修旧开新水泥被覆山塘1155口，总蓄水量736.4万立方米，基本农田旱涝保收面积达1489.13公顷。1980年，境内有小（二）型水库3座，高排灌渠道2条，电力排灌机埠2座，旱涝保收稳产高产农田666.67公顷，占水田面积56%。

农机农电 1960年，始用柴油机抽水灌田。1966年，江璜、湘云、长岭、高台岭开始使用手扶拖拉机和东方红中型拖拉机运输和耕地。1966年，使用株洲县农机厂生产的人力打稻机。至1980年，全镇拥有农业机械146台，其中大小拖拉机71台，各种型号电动机、内燃机35台。20世纪90年代后，春耕、双抢、冬耕、旱地耕耙、除虫除草等逐渐使用机滚船、耕整机、动力喷雾器、动力打稻机、抛秧软盘等。至2014年，使用联合收割机，拥有农用运输车63台，各类农用机械7864台（套）。是年，有农机服务专业合作社12家，主要进行喷药、耕田、收割、运输服务。

邮政通信 民国时期，境内无邮政邮电所。邮件由藕花乡乡公所代收，再由各保甲长开会时接转。1951—1965年，雷打石邮政邮电所在群丰长岭设代办所。1961年，群丰公社开始使用手摇电话机，并架线通到各大队部。1990年，使用有线程控电话。1995年，使用移动电话。是年，设置群丰邮政邮电所。至2014年，境内邮政所1处，代办点15处；有电信塔机房3处，程控电话用户2100户，宽带用户3916户，每百人中有46人持有移动电话。

水电 20世纪70年代，村民饮用山塘水，表层井水，水质差，易污染。1973年，开始架设农电，农民照明使用电灯。2003—2005年对境内5条高压线路进行大规模改造，新架2条线路，总长度175千米。在原每村1～2台变压器的基础上新增变压器26台，实现同网同价。2009年，响塘安置房使用城市自来水，受益3500人。至2014年，全镇建有小型水塔1635座，受益6813人；压水井2414口，受益9210人；大口卫生井1244口，受益4507人。

城镇建设 按照《湘江生态经济带开发建设总体规划》对沿岸城镇发展的要求，积极推进小城镇建设，进一步发展和完善以现有长岭中心区为主的小城镇，按照规划和定位，进一步改善镇区范围内的水、电、路等基础设施。建立长岭街，全长3千米、宽12米。2012年9月，城乡同治万人签字活动在群丰发起，各社区成立清扫队，添置洒水车，垃圾集中堆放，定时清扫道路和运送垃圾，加上改水改厕和沼气池的使用，环境卫生、居住条件明显改善。

拆迁安置 1997年，群丰镇划入天元区后，定格为天元区的“后花园”。随着株洲城市向西拓展，规划的武广新城、湘江新城定位群丰境内，群丰由后花园转变为城市开发建设的前沿阵地。为开发武广新城，安置征地农户，建成响塘一期安置房6栋3.2万平方米，198户拆迁户入住。响塘二期开发在全市率先建设小高层，共建 11 栋 8 万平方米。安置拆迁户 720 户。江璜、湘云、长岭、高台岭、旗云拆迁安置点基础设施均已完善。至 2014 年，全镇共建安置房 810 套，完成办证 712 套。

第四节　社会事业

教育科技 民国时期，境内只有几家祠堂办有私塾。1949 年以后，兴办黄家祠堂、包家祠堂、城背冲、柳林宫、石塘、杨家祠堂 6 所小学及石塘附中学校。至 1980 年，有小学 13 所，中学 1 所，有教职员工 180 人。随着教育制度改革，计划生育政策实施，生源减少，为整合师资力量，改善办学环境，对学校布点进行调整。至 2014 年，境内有 1 所中学，5 所完全小学、1 所中心小学、2 个教学点、8 所幼儿园，在校学生 1125 人，教师 89 名。境内有市级科技社隆平高种粮社，主要研究水稻种植。水产研究所 1 处，设在白莲，主要研究热带鱼在株洲安全过冬项目。

医疗卫生 民国年间，境内只有 2 家中草药店，4 名郎中出诊坐堂卖药。1958 年，成立雷打石医疗所，设雷打石白沙洲。1966 年，开始开办以大队为单位的合作医疗站。1970 年，群丰卫生院在长岭成立开业。1980 年，公立群丰地区医院在群丰人民公社新文大队虎形生产队设院，与集体办的群丰卫生院同步开办。1980 年，群丰地区医院迁入株洲市区。至 1980 年，有卫生院 1 所，诊所 4 个，专业医务人员 22 人；合作医疗站 13 个，“赤脚医生”18 人。1991 年，征地在长岭村长岭商贸小区内新建中心卫生院。2006 — 2014 年，经提质改造后，中心卫生院占地面积 0.33 公顷，医疗业务用房面积 3000 平方米，开设住院病床 50 张，拥有医务人员 26 名。2014 年，境内有 1 所中心卫生院、15 个村卫生室，15 名村医。

文化体育 20 世纪 60 — 70 年代，境内有流动电影队，各大队成立毛泽东思想文艺宣传队，群丰茶场建起能容纳 600 人的电影院。从 1992 年起，每年举办农民民俗文化艺术节、文艺演出、体育比赛为主，辅以一些农民喜欢的民间表演，以村为单位组队参赛。悠移山庄龙舟队，农闲训练，多次代表株洲市参加湖南省龙舟赛取得好名次，2014 年获全省第四名。2014 年，全镇共有腰鼓队 10 支、舞狮队 4 支、龙灯队 6 支、汽车电影院 1 座、经营性民间表演管乐演出队 4 支。

第三章　雷打石镇

雷打石镇地处湘江西岸，乃历史名镇，距今已有 400 多年历史。与株洲县城隔江相望，京珠高速公路纵贯镇内 6 个村，并拥有 1 处互通口 —— 铁篱互通口，通过互通口可直达株洲县县城和株洲航电枢纽工程坝区。京广铁路隔江而过，株洲县唯一的汽渡码头坐落于此。境内空灵岸为市级重点文物保护单位，砖桥村于 2005 年、2011 年获评全国文明村。陶瓷为镇传统产品，享有“瓷镇”之誉。

2014 年 12 月雷打石镇所辖社区（村）情况表

表 25 - 3 - 1

社区(村)名称	成立时间(年)	办公地址	居(村)民小组数(个)	户数(户)	人数(人)	辖区主要单位
沧沙社区	1965	新兴组	4	386	1285	自来水厂、株洲市示范性综合实践基地
青石社区	1965	十二店组	4	465	1642	天宝铸造公司、铁粉末厂、加油站
公道社区	1965	河边一组	5	398	1123	奔鹿瓷厂、冶炼厂、康达公司、蓝天幼儿园、亲鑫幼儿园、蓝猫幼儿园
胜塘村	1986	新屋组	21	760	2324	—
胜利村	1965	沧沙组	26	642	1980	唐人神油脂化工精炼厂
神围村	1965	杨氏祠组	10	307	936	—
霞石村	1965	湴冲组	17	506	1802	—
盘石村	1965	王家组	14	537	1663	戴永红炒货、杭电枢组
龙塘村	1965	龙塘组	18	475	1364	—
仙鹅村	1965	高家组	16	358	1168	—
泉丰村	1965	楠竹组	16	485	1648	—
金塘村	1965	保架组	16	444	1455	—
东林村	1965	东林组	21	395	1048	—
龙岩村	1965	爱吾组	7	217	748	—
龙泉村	1965	罗家组	11	290	1116	龙泉空心砖厂
新林村	1965	竹仁组	20	690	2026	—
建强村	1965	王家组	14	435	1330	—
中心村	1965	和平组	10	329	1111	—
脉湾村	1965	伍方组	14	296	1076	—
铁篱村	1965	枞树组	21	485	1698	立新化纤厂
小冲村	1965	上湾组	15	308	1131	—
砖桥村	1965	枫树组	15	542	1585	亨利食品厂
养鲤村	1975	嘴上组	20	771	1779	—
农科村	1975	祠堂组	3	93	310	—
布塘村	1965	大塘组	17	413	1374	—
扶椅山村	1965	扶泉组	9	280	934	福兴鞭炮厂

第一节　境域概况

镇名源流 雷打石镇东北角昔日有磨盘山，相传山上有巨石如磨，周围九石似牛，远远看去，恰似九牛推磨。一天忽然电闪雷鸣，磨盘山遭遇雷击，被劈为两半，故名“雷打石”，镇由此得名。

境域人口 雷打石镇地处湘江西岸，位于北纬27°07′23″～27°11′38″，东经113°07′49″～113°13′33″之间。西与湘潭谭家山镇毗邻，南北与三门、群丰镇接壤，东与株洲县渌口镇隔江相望。辖区东西最大距离13.6千米，南北相距11.1千米。镇域面积86.96平方千米，其中耕地面积1947.4公顷。2014年，镇辖23个行政村，3个社区居委会，共338个村民小组，13个居民小组，总户数11653户，人口34238人。民族主要为汉族，其中有少数民族64人。

建置区划 中华人民共和国成立时，属湘潭县藕灵乡。1953年建镇，隶属湘潭县第十五区。1956年，升格为县直属镇。1959年，划入株洲市郊区，名雷打石人民公社。1961年复为郊区直属镇。1965年，划归株洲县，属雷打石区。1967年，更名为建新镇。1968年9月，并入雷打石人民公社。1970年，恢复雷打石镇，仍属雷打石区。1987年，撤区为镇。1995年11月，伞铺乡并入雷打石镇，镇治迁伞铺垅集镇，始成现域。2011年1月，划归天元区。2014年，辖23个村、3个社区，338个村民小组，13个居民小组。

镇治机构 20世纪50年代，雷打石镇政府在雷打石镇老街办公。1995年11月，雷打石镇与伞铺乡合并后办公地址搬迁至伞铺垅。2014年，镇人民政府驻农科村。1995—2014年，先后有邓金涛、文升合、马谷秋、罗灵芝、齐利国、张国雄、谢志毅、罗文斌任党委书记，侯志刚、易虎存、刘志高、张国雄、桂林、李文亮、李浩、罗曼、易作为任镇长。

第二节　经济发展

种植业 全镇耕地面积1948.4公顷，人均0.06公顷。以种植水稻、蔬菜为主。中华人民共和国成立前水稻种植单季稻，产量低。1963年，试种双季稻。1978年，种植杂交水稻。1980年，全镇粮食总产量12300吨，水稻亩平559.5千克。1990年，全镇农业总产值1041万元。1992年，部分村试种优质稻。21世纪后，调整农业产业结构，砖桥村特种养殖、铁篱辣椒基地、胜利季节菜基地等形成一定规模。2007年，开始连片种植蔬菜，胜塘、砖桥、铁篱3个蔬菜基地面积200多公顷，年产值2300万元。2011年，生产粮食2.4万吨。其中，玉米、豆类产量约0.1万吨，蔬菜种植133.33余公顷。2014年，全镇推广杂交水稻面积3386.67公顷、“双低”油菜种植200余公顷，蔬菜种植面积100余公顷，有种植大户47户。

养殖业 雷打石历来是养殖大镇，以养猪为主，其次是鸡、鸭、黑山羊、黄牛。20世纪90年代前，生猪养殖主要为农户散养，仔猪市场远近闻名。养鲤和农科村的仔猪市场形成规模，吸引衡阳、湘潭、长沙等地甚至江西、广东等省的养殖大户前来购买仔猪。2000 年，境内开始发展特种养殖，养殖甲鱼、牛蛙、河蟹等。2011 年，养殖逐渐规模化，生猪饲养量 5.2 万头，其中母猪 0.2 万头，家禽饲养量 11 万羽。至 2014 年，全镇有 273 家养殖大户，养殖收入 1 亿元。其中，仙鹅村袁正达养殖场年出栏生猪 700 多头，中心村张茂海养殖场年出栏黄牛 60 多头，中心村郭培年出栏黑山羊 300 多只。

林业 林木有油茶、针叶林，部分为落叶乔木，以人造林为主。中华人民共和国成立后，政府每年组织村民人工造林，义务植树。1990 — 1996 年，全镇对油茶进行低改，面积 2540 公顷，使茶油产量从常年每公顷产油 60 千克提高到 120 千克，最高每公顷产油 547.5 千克。2000 年，新造林 33.33 公顷，森林覆盖率 18.5%。至 2014 年，全镇有林地面 4466.67 公顷，森林覆盖率 46%，并建立曼地亚红豆杉基地、胜塘苗木基地、龙泉苗木基地、铁篙水果基地。

工业 清嘉庆年间（1796 — 1820 年），雷打石有人凿烧石灰。至咸丰年间（1850 — 1861 年），发展至 8 窑 1 公司，职工 3000 余人，年产石灰 4 万吨。陶瓷生产是镇传统工业，瓷业工人及其家属曾一度占雷打石老街总人数 65%，素有瓷镇之称。民国 6 年（1917），谢光明等人开办合顺瓷厂，尔后发展到 10 余家，从业人员上千人。民国 36 年（1947）6 月，中共中央军委在镇内建立秘密交通联络站中华窑业厂。1950 年，中华窑业厂收归国有，更名为湘江瓷厂，瓷厂生产的生活用品远销俄罗斯、西亚、东南亚一些国家，工人最多 2000 余人，年产陶瓷 2200 万件。20 世纪 90 年代初期，镇办工厂伞铺机械厂、星空化工厂、轧钢厂。1990 年，全镇工业总产值 909 万元。1996 年，盘石村村民戴永红创办戴永红炒货，成为株洲人家喻户晓的休闲食品，获得湖南省著名商标。2000 年，全镇工业总产值 3.24 亿元，主要产品有烟煤、防火材料、电瓷、建材等，其中以采煤业尤为显著。2014 年，全镇有工业企业 110 个，其中规模以上工业企业 5 个，工业企业总产值 20055 万元。

商贸金融 镇内集市主要有历史悠久的伞铺农贸市场和雷打石镇商业一条街。境内明初已形成湘潭县内谷米码头，有小村镇名沧沙埠。明末清初，已成繁华小镇。后因社会动乱变故，小镇时兴时衰。20 世纪 50 年代，街区长约 1 千米，宽约 8 米，沿湘江西岸呈一字形布列，大小商店 500 余家。其时，成立农村信用合作社。1991 年，雷打石镇成立互助基金会。1995 年 11 月，雷打石镇与伞铺乡合并后，镇治迁入伞铺垅集镇。1999 年，镇农村合作基金会停办。2002 年，邮政储蓄银行在雷打石老街和伞铺集市均设有分行。2012 年，镇政府投资 1000 万余元完成街道路面、绿化、照明、供排水、杆线等改造，街道延长至 1.2 千米，街上有各种店铺 300 余家，集市有摊位 410 个，每月有 6 天赶集，年集市成交额达 1000 万元。2014 年，镇内有胜塘、霞石、砖桥、中心、建强、铁篙、盘石 7 个中心农贸市场，有摊位 1200 余个，年集市贸易成交额达 5500 万元；有 50 平方米以上超市 107 个。是年，境内有金融网点 4 个。

第三节　基础设施

道路交通 镇上交通运输有水路、陆路，是株洲市至河西各乡镇的必经之路。20 世纪 70 年代初，修建雷打石老街至湘潭县谭家山镇的 2 米宽土路。1990 年，改建为 7 米宽的 313 省道。2004 年，硬化砖桥至建强 10.7 千米村级公路，自此开始逐渐硬化各村之间村级道路。2008 年，硬化沿河及 S313 近 10 千米的道路。当年投资 180 余万元对全村 21 个组，12 千米村级主干道进行拓宽改造和水泥硬化。铁篱村率先启动组组通公路建设。

2009 年，境域湘江边有霞石渡口、青石渡口（这两个渡口在 2002 年建设航电枢纽的时候被废除）、胜利渡口、白沙洲渡口 4 个。从雷打石镇渡过湘江到株洲县的汽渡码头有青石汽渡码头、白沙洲码头。青石汽渡码头因汽渡生意惨淡，于 2011 年撤除。湘江风光带从雷打石镇直通株洲河西，高速公路互通口至株洲航电枢纽有联络线，村与村之间的乡村公路形成网络体系。堂市乡、三门镇、古岳峰镇等邻近乡镇至株洲的公交车均经过雷打石镇。2014 年，境内所有的村和 90% 的组道路均硬化。

邮政通信 20 世纪 50 年代初期，雷打石镇老街有 1 家邮政邮电所。1961 年，开始使用手摇电话机。1990 年，开始逐渐普及程控电话。1995 年，开始使用移动电话（模拟机）。1999 年，移动数字基站开通。至 2014 年，有移动、联通、电信通信塔 6 座，移动、电信服务网点 4 个，电话普及率为 85% 以上。

供水供电 境内村民长期饮用山塘水。20 世纪 80 年代初期，村民开始自费挖水井。1994 年，兴建雷打石镇自来水厂，日供水量为 300 吨，供应 3 个居委会和雷打石镇瓷厂等单位，3000 人受益。至 2014 年，有挖水井 6600 多口，压水井 1000 多口，机钻井 56 处。境内有 220 千伏变电站 1 座，主变压器 6 台，总容量 300 千伏安。

水利 中华人民共和国成立后，政府组织大修水利。1958 年，整修 10.5 千米长的湘江大堤，后多次进行加高培厚、整修和涵闸改造，使其达到 50 年一遇的标准。1958 —1965 年，建成小型水库 9 座。1970 年，建成小型抽水泵站 27 处，装机 305 千瓦。1972 —1976 年，建成包家港、汤家冲、沧沙、神围港、霞石湖、彭家湖、王家湾、双江口 8 处排渍机泵站。1981 年，新建双江口电灌站。1994 年，更新胜利高排闸门。2012 年，将所有河、涵闸、水库等重要水利工程责任到人。2014 年，境内有大小高排渠 7 条，全长 16.6 千米；山塘 1303 口，水库 10 座，其中小（一）型 1 座，小（二）型 9 座，总库容 400 万立方米；排渍机台 20 处，有效灌溉面积 1787.9 公顷，旱涝保收面积 1078.7 公顷。

第四节　社会事业

教育 中华人民共和国成立之前，境内有家族祠堂办私塾。中华人民共和国成立后，政府将私塾改办成祠堂学校，后各个祠堂学校逐渐扩建成公办学校。至 1995 年，镇内有伞铺中学（初中）

和株洲县六中（高中）2 所中学，小学 22 所，教职工 320 人。2001 年，镇内有 2 所中学，小学 20 所，教职工 274 人。因生源逐渐减少，2004 年，镇内学校缩减至 2 所中学和 11 所小学，教职工 187 人。2008 年，在砖桥村建立镇中心幼儿园 1 所，可同时容纳幼儿 300 余人。2014 年，镇内有中学 1 所，小学 6 所，小学适龄儿童入学率 100%；初中适龄人口入学率、小升初升学率、九年义务教育覆盖率均达 100%。

医疗卫生 民国年间，雷打石老街和伞铺垅有郎中坐诊的中草药店。1958 年，在白沙洲成立雷打石镇医疗所。1966 年，开办以大队为单位的合作医疗站。1970 年，成立伞铺乡卫生院和河西医院。2004 年，河西医院和伞铺卫生院合并为雷打石镇中心卫生院，有职工 40 人。2014 年，全镇有中心卫生院 1 所，村卫生室 22 个。

文化体育 境内传统文化有舞龙、舞狮、龙舟、花鼓戏、皮影戏等。20 世纪 60 年代，流动电影队到各村轮流放映电影。1983 年，在乡政府建立可容纳近 1000 人的电影院。2011 年，建成镇文化站 1 处，集演出厅、图书室、展览室、办公室、文化广场等于一体。2012 年，建成村级文化活动中心 26 处，农家书屋 26 个，书籍、音像 4 万余册。

第四章 三门镇

三门镇地处湘江西岸，东滨湘江，南连堂市乡，西连古岳峰镇和湘潭县，北毗雷打石镇。三门镇是千年古镇，素有“米谷码头”“玻璃之乡”之称，先后获湖南省文明镇、湖南省特色乡镇、全省文明建设先进单位、湖南省基层文化建设先进单位、国家第三批改革示范小城镇等称号。三门镇响水村是株洲市美丽乡村建设示范村。

2014 年 12 月三门镇所辖村（社区）情况表

表 25 - 4 - 1

村（社区）名称	成立时间（年）	办公地址	居（村）民小组数（个）	户数（户）	人数（人）	辖区主要单位
石亭村	1965	中心组	21	430	1680	—
福星村	1965	中心组	15	377	1243	—
梽木村	1958	梽木学校	21	429	1631	—
苍霞村	1962	腰塘组	17	310	1283	金文生态种养殖合作社、苍农生猪养殖专业合作社、三门镇苍霞村建筑劳动服务有限公司、三门镇苍霞村种养合作社、株洲华标农业发展有限公司

续表23－4－1

村（社区）名称	成立时间（年）	办公地址	居（村）民小组数（个）	户数（户）	人数（人）	辖区主要单位
范家洲村	1971	龙安组	8	130	542	三门镇政府、信用社、国税局、地税局、派出所、三门镇二中、三门镇中心小学
马道村	1962	马西组	20	401	1517	三门镇中心幼儿园、三门镇阳光宝贝幼儿园
湖田村	1961	学校组	17	365	1406	三门镇碳粉厂株洲市天元区三门镇日鑫玻璃厂
金牌村	1961	盛家组	17	251	1080	三门镇敬老院
莲花村	1962	新屋组	22	315	1107	莲花小学
南江村	1962	虎形组	28	456	1658	—
松柏村	1966	松柏组	20	550	2080	—
黄田村	1965	中心组	22	489	2600	小太阳幼儿园
湖坪村	1961	新湾一组	15	248	1013	—
高岭村	1961	新仓组	8	148	539	三门镇迎春幼儿园
白石村	1980	雨家组	25	660	2360	—
株木村	1980	油榨组	26	550	2258	株洲惠丰养殖专业合作社、株洲新良农技服务专业合作社、株洲绿思源种养殖合作社、株洲恒盛农产品加工有限公司
杨柳村	1972	黄基组	22	510	2010	杨柳小学、谭家湾市场、信用社、杨柳湖
月形村	1959	樟碧组	52	926	3426	—
上节街社区	1956	一组	5	712	1023	三门镇政府、三门派出所、三门信用社、通达纸箱厂、邮政、阳光宝贝幼儿园、三门镇中心医院、三门卫生院、三门房管所
码头口社区	1956	四组	5	568	925	三门中学、三门小学、三门自来水厂、三门鑫新纸箱厂、邮政储蓄、农业银行、三门粮站
护塘村	1966	布塘组	21	419	1643	—
响水村	1966	油榨组	14	256	931	株洲市响水村置业有限公司
高峰村	1966	三丘田组	16	481	1720	—

第一节 境域概况

镇名源流 清光绪年间《湘潭县志》曰："或言水中三石如门，或言岸旁山有三石门，今以水经注三峡之言并数三滩为三门似近"。当地人习称"三石门"为石三门，在三门镇高峰村一条山谷冲里。石三门处在山谷小溪的上游红石山脚下。石壁倾斜，半腰有三个石门，因似门扉，故名曰三门。

境域人口 三门镇地处天元区最南端。位于北纬27°09′51″~27°14′32″，东经113°06′34″~113°12′18″之间。2014年，镇域总面积92.33平方千米，辖区东西最大距离8.25千米，南北最大距离14.36千米；有耕地2427公顷，林地4200顷，水域2100公顷，总户数10400户，总人口3.5万人，其中城镇人口2802人，人口密度每平方千米383人。自古以来，三门镇民族以汉族为主。

建置区划 相传清初，三门镇被称为马草场，至清康熙年间（1662—1722年），更名为三门镇，为湘潭县湘江边重镇。民国初期，三门镇属湘潭县东四区下八都、十六都。至民国23年（1934），始置三门镇，属第四区。1951年，建立三门镇，属二十一区。1956年，撤区并乡，属苍霞乡。1958年，恢复镇，属五星人民公社。1959年，从湘潭县划归株洲市郊区，属五星公社。1961年，复置三门镇，为株洲市郊区直属镇。1965年，划归株洲县管辖，属三门区。1986年，三门乡并入三门镇。2011年，三门镇从株洲县划入天元区管辖。2014年，三门镇辖2个社区，22个村，共421个村民小组。镇人民政府驻上节街社区。

镇治机构 1965年，三门镇政府驻范家洲村。1986年，镇政府迁至株木山。同年，在上节街居委会新建总建筑面积为5000平方米的政务中心。1987年，三门镇政府整体搬迁至新址办公。有职工70余人。1986—2014年，先后有吴汉钦、朱政法、苏友根、吴安浩、彭飞雁、于大平、刘继承、雍建敏任党委书记，有苏友根、吴安浩、张自强、彭飞雁、易国中、周铁刚、彭春明、马云舞、王剑怀、李浩、周敦奎任镇长。

第二节 经济发展

种植业 三门镇是农业大镇，农林牧副渔业是境内传统支柱产业。传统农作物以水稻、油菜、辣椒、棉花、花生、蔬菜为主。1986年，三门乡并入后，面积92.33平方千米，人口33984人，是当时株洲县面积最大、人口最多的镇。1990年，粮食总产量2.9万吨，是株洲县最大的粮食生产基地。1995年，三门镇积极开展吨粮田建设，实行"六定"目标管理，年产水稻3.2万吨，实现双季稻亩产成建制过吨粮。2004年，全面落实惠农政策，减免农业税收，发放农业补贴，粮食年产量3.39万吨，跃居株洲市地区各乡镇首位。2008年，粮食种植面积4866.67公顷，年产3.65

万吨，位居株洲县首位。2009年，实施农田改造，启动村级土地整理项目，有226.67公顷水田恢复生产。2012—2013年，三门镇开始发展特色农业，成立三门园林花木合作社和秋莲合作社，新建南江村33.33公顷无公害蔬菜基地、松柏村26.67公顷无公害蔬菜基地、月形村60公顷芦笋基地，启动南江村33.33公顷生态养殖和石亭村20公顷苗木基地建设，并完成株木、莲花和南江等村1333.33公顷土地整理项目。2014年，成立响水置业和响水农业公司，新建油牡丹、板蓝根等基地13.33公顷，响水村成为全镇农业发展的龙头。2014年，积极推广早晚稻种植新农业技术，组织科技示范户种植大户培训，全镇粮食产量3.8万多吨。

养殖业 1995年，三门镇以生猪养殖作为发展经济的突破口，引进“大约克”良种公猪，出栏生猪7万余头，生猪养殖成为全镇支柱产业。1997年，全镇112户养殖户共发展生猪11.2万头，成为株洲县第一个养猪过10万头的乡镇。2004年，成立诚志养殖协会，有会员367人。2005年，全镇形成福星、株木、马道、杨柳、湖田5个生猪养殖小区。网箱养鱼是三门镇又一特色产业。2006年，开始发展网箱养鱼业，全镇养鱼网箱400多口。2008年，网箱养鱼规模不断扩大，成为支柱产业之一，养鱼网箱达600余口，产值超千万元。2009年，出栏生猪15万头，500头以上养殖户48户，惠丰养殖合作社被评为省级示范点。2014年，开展湘江沿岸1千米范围内畜禽养殖场关停工作，18户养殖户退出养殖，年出栏量3.8万头。

工业 20世纪90年代初，素有“玻璃之乡”之称的三门镇，几家玻璃厂因经营管理不善全部停产。1995年，三门镇大力推动乡镇企业发展，18家企业主要经营建筑、建材、机械、造纸、玻璃等，完成年总产值18700万元。1996年，兴办五华玻璃厂，并以民营、承包、租赁等形式对企业进行股份制改造，有9家重点企业进行改革，乡镇企业进一步发展。1997年，强化企业管理，对水泥厂、石灰厂等企业进行技术改造，调整企业结构，创立灯饰玻璃品牌，产品销入广州市场。1998年，引进兴旺玻璃厂。1999年，重开水泥厂和石灰厂，新办日月玻璃厂和有色金属精炼厂，乡镇企业取得重大发展，三门镇被评为株洲市先进经济小区。2000年，乡镇企业以玻璃灯饰、冶金冶炼、建筑建材、纸箱制造为主，年产值5亿元。玻璃企业由原有1家发展至8家，形成一个初具规模的玻璃工业园区，其产品分灯饰、工艺等8大类，200多个花色品牌。2006年，全镇有工业企业27家，其中，玻璃企业占17家。2008年，全镇玻璃企业减少13家，10家企业新建治污设施，1家企业新引进池炉生产线，玻璃产业朝可持续方向发展。2014年，三门镇10家玻璃企业中，有6家因未达标排放污水而被关停，其余恒鑫玻璃厂、华夏玻璃厂、季达玻璃厂、永胜玻璃厂4家在实现污水零排放的前提下继续生产。

商业贸易 清末民初，三门镇始设集市，交易多以大米、水产为大宗，素有“米谷码头”的美称。中华人民共和国成立后，扩建集镇，建成长500米、宽12米的主街，基础设施完善，集市交易日益兴旺，是附近数十平方千米范围内农副产品集散地。2000年，境内有市场4个，分别是莲花、株木、王石坳、唐家湾。2014年，有市场7个，其中50平方米以上的超市3个；有住宿餐饮企业26个，社会消费品零售总额3511万元。

第三节 基础设施

交通道路 三门镇内有三谭线、三古线、三月线、天小线4条主干道。至1999年，全镇有镇级公路32千米，村级道路160千米，拥有大小货运车辆900台，运输量为2916吨。京珠高速公路三门段1999年开工建设，2000年12月通车。2004—2009年，完成三谭线、三门大道、三古线硬化，实现村村通水泥路。2014年，对三谭线、三月线等主干道进行改造。

农田水利 1996年，三门镇结合低产田改造，重点推进水利建设，完成水利工程13处，整修山坪塘160余口，修建灌渠70余千米。2007年，完成省农业综合开发项目和国家农田整理项目。2008年，对月塘、月形、丫塘三座水库进行整修。2009年，新建白石村牛嘴冲水库。2009—2011年，完成福星托塘水库整修加固、杨柳水库渠道清淤、湖坪、月形水库加固等工程。2014年，除险加固株木、黄田2座小型水库，完成60处水利以奖代补工程，启动石亭、护塘等6个村80余处小农水项目整修。

邮政通信 1983年，三门镇第一所邮电局成立。1987年，无线电话大哥大在境内出现。1996年，开通范家洲等11个村的程控电话，改变广播、电话共线的落后局面。2000年，发展程控电话3000户、有线电视50户，无线微波电视覆盖率100%。2014年，有邮政储蓄所1处、电信服务网点1个。

水电 20世纪80年代，镇区内建有1座自来水厂，位于下节街居委会，厂区面积0.23公顷，日供水量2000吨，供水区域覆盖镇区，并向株木工业小区及居民小区延伸。2007年，三门镇新建110千伏变电站。2008年，石亭、湖坪两村的农电改造项目率先完成。随后，金牌、杨柳等9村的农电改造项目相继完成。2011年，完成月形、石亭两村的农网改造。2013年8月，区水利局牵头在三门镇白石村新建三门自来水厂，日供水量5000吨，主供三门、雷打石两镇，受益人口1.4万余人。2014年，完成株木、白石、上节街等村农电建设项目。

城镇建设 1997年，三门镇第二次编制城镇发展规划，对主街道进行拓宽和维修，并成立城管中队，狠抓城镇环境建设，镇村面貌不断改善。20世纪末，三门镇大部分村都没有村部，村级办公场所一般设于村内小学或农户家中，办公面积狭小，条件极为简陋。2004年，实施北扩南进的发展战略，新建6000余平方米的商品房，并建成停车场。2008年，聘请市规划局对城镇建设进行高标准规划，完成一期城镇改造工程，完善城镇范围内水、电、路基础设施，并新建成农贸市场。2009年，启动二期城镇改造工程，对城镇环境进行重点整治，改善人居环境。2010年，按照“保护老街、改造旧街、建设新街”工作思路，全面启动主街道改造项目，规范城镇管理，城镇建设步伐加快。自2012年始，推进村部建设，先后新建或改建马道、湖坪、黄田、燕子等12个村村部。2014年，将高岭、范家洲等9个村村部和2个社区办公场所全部纳入建设计划。

第四节 社会事业

教育 1995年以前，三门镇有2所中学、21所小学。1995—1996年，对松柏、莲花2所小学的教学楼进行全面维修和改建。1997 年，维修和改建全镇 23 所学校。2004 年，合并镇二中和镇中心小学。2007 年，新建三门小学科教楼。2009 年，新建杨柳小学。2011 年，株木、桎木、莲花 3 所合格学校建成验收。2013 年 9 月，全镇第一所公立幼儿园建成开园。建筑面积为 1330 平方米，拥有教职工 18 人。2014 年，全镇有 2 所中学、6 所小学、4 所幼儿园。

文化体育 2009 年，推进镇文化站和村级农家书屋建设。同年，新建福星、响水、杨柳三村的村级篮球室。2011 年，22 个村级全部完成农家书屋建设，藏书 3 万余册。2012 年，全镇 22 个村实现远教学习室全覆盖。2013 年，举办三门镇第一届农民运动会，有 600 余人参加。2014 年，建成村级文化书屋和文化广场。同年，举办三门镇首届广场舞大赛，群众体育文化生活不断提质。

医疗卫生 1965 年，成立三门镇中心卫生院。1966 年，与株洲县三门镇卫生院合并而命名为株洲县三门镇中心卫生院；2011 年更名为天元区三门镇中心卫生院。至 2014 年，全镇配有村级卫生室 17 个，有卫生院 1 所，病床 100 余张，医务人员 48 人。新型农村合作医疗参保人数 2.9 万余人，参合率 97.4%。

电视广播 1978 年，三门镇建立广播站。2000 年，开始发展闭路电视。2013 年，网络电视走进三门镇，实现电视以网络为基础按需观看、随看随停的便捷方式。2014 年，全镇通宽带的村 22 个。

第五章　泰山路街道

泰山路街道地处天元区的主城区，人口数量位居全市城区街道第一。株洲市政协和株洲市财政局、建设局等多家机关单位驻境内；境内多高新技术企业。天台工业园、钻石工业园、湖南工业大学、株洲广播电视中心、株洲中心医院、神农城均位于境内。有建于梁武帝时期，迄今 1500 多年历史的资福寺。

2014 年 12 月泰山路街道所辖社区情况表

表 25 － 5 － 1

社区名称	成立时间（年）	办公地址	居民小组数（个）	户数（户）	人数（人）	辖区主要单位
徐家冲社区（管理处）	1997	黄山路 203 号	8	1126	3496	株洲时代新材科技股份有限公司、株洲时代电子股份有限公司、市农业科学研究所
天台社区（管理处）	2003	圆方路 1 号	7	393	1295	优托邦、市教育局、湖南天易公司、市公安局、广电、沃尔玛

续表23－5－1

社区名称	成立时间（年）	办公地址	居民小组数（个）	户数（户）	人数（人）	辖区主要单位
滨江社区	1995	长江南路680号	10	3765	13000	株洲市住建局、株洲市园林绿化局、湖南省检验检疫局、河西排渍站
大岭社区	2001	黄山路棉纺厂宿舍区内	3	1255	5885	中心医院、天台科技园、株洲市徐家冲军干所
广场社区	2003	珠江南路(神农小区后侧)	11	4200	12000	市食品药品监督局、市档案局、市城建档案馆、泰山路街道办事处、株洲市松本林业有限公司
家园社区	2003	泰山路天元国税局南侧	8	635	1781	—
金锦社区	2003	金锦花园5栋旁	13	2367	8104	市工商行政管理局、政协株洲市委员会、共青团株洲市委
泰西社区	2000	珠江南路泰西路1号	6	3375	8438	天台小学
泰园社区	2001	牛形山路荣华居小区内	27	1477	6851	市总工会、市无线电监测站、第二工人文化宫、天元购物广场、建行城西支行、市卫生局、中国海关、天虹、市政务中心、市城市管理检测中心、泰山学校、市客运管理处、天元区地税局、华融湘江银行、市工程造价站、市墙改办
铁西社区	2002	铁路小区665号	1	2730	7865	—
湘紫社区	2007	张家园散户6队	8	4017	12000	市发展与改革委员会、天元区人民医院、株洲新奥燃气公司
谢家冲社区	2001	黄山路236号	5	1563	4817	天元区消防大队、湖南钻石切削刀具股份有限公司、湖南省地矿局416队、开发区创业服务中心、海联粮油科学技术有限公司、湖南湘依铁路机车电器股份有限公司、株洲佳满假肢矫形有限公司、株洲和睦佳妇科医院
新塘社区(管理处)	1992	珠江北路	12	1968	5860	湖南工业大学、株洲军分区
云里社区	1994	云里路	33	2858	7145	市财政局、市两型办、市粮食局、城市执法支队、市民政局、市公证处、伤科医院、区妇幼保健院、中国联通、勘测设计院、建宁学校、招商银行、中国银行、浦发银行、中国移动、中国电信、南车时代电子、工商银行
张家园社区(管理处)	2003	黄山路182号	15	2886	8820	天元区国税局、中国人寿保险株洲分公司、市畜牧水产局、公交公司
文家冲社区	2015	备注：1.2014年12月24日，街道成立文家冲社区和工大社区两个居委会，但2014年并未正式派驻人员及办公选举等工作，两个单位所属的行政区域均属新塘社区居委会辖区范围内。2.文家冲社区于2015年9月挂牌，工大社区于2015年12月挂牌				
工大社区	2015					

说明：徐家冲、天台、新塘、张家园4个社区与徐家冲、天台、新塘、张家园4个管理处两块牌子，一套人马

第一节　境域概况

街名源流 1993年，河西泰山路建成通车，命名泰山路。因该路纵贯境内，设区政府派出机构——街道办事处，故名。

境域人口 泰山路街道地处天台路以南城区。位于北纬27°49′38″～27°51′04″，东经113°06′09″～113°09′54″。东、南部临湘江，隔江与芦淞区相望，西部与马家河镇接壤，北与嵩山路街道毗邻。1997年，辖区人口总数2.7万人；2009年，人口增至10万人；2014年，辖区面积13平方千米，其中城区面积8平方千米，农村面积5平方千米。辖区东西最大距离6千米，南北最大距离约3千米。总人口10.8万人。其中，常住人口7.8万人，流动人口3万人；少数民族人口229人。

建置区划 民国时期，境域属湘潭县。中华人民共和国成立时，属湘潭县第一农场。1954年3月，划入株洲市，后更名为株洲市园艺场，属株洲市郊区。1992—1997年，属株洲高新区。1997年5月，成立城市工作处，后改设为泰山路街道。

1997年，街道下辖徐家冲、张家园、天台、新塘4个农村管理处和春香、长留、桥南、云里、铁西5个居委会；2001年，对城区居委会进行调整，4个管理处不变，调整为滨江、泰园、铁西、泰西、云里、谢家冲、大岭7个社区；2003年，4个管理处不变，7个社区调整为滨江、金锦、铁西、云里、广场、泰园、谢家冲、大岭、泰西、家园10个社区；2007年，新建湘紫社区；2014年，新建文家冲社区和工大社区。辖区有13个社区、4个农村管理处。

街治机构 1997年成立时，泰山路街道办事处驻牛形山路69号；2012年，新建办公楼，街道办事处迁至黄山路466号办公。2014年，街道定编45人。1997—2014年，先后有曹孟秋、何登科、齐艳辉、龚守仁、袁哲明、黄志斌任街道党工委书记，有刘兰美、程燕、齐艳辉、袁哲明、黄志斌、谭勇任街道主任。

第二节　经济发展

农业 1997年，有农业人口6133人，土地面积327公顷，其中耕地面积188公顷，农民人均年收入约2400元。1998年，有常青蔬菜面积73.33公顷，复种次数达5次以上，年产蔬菜5278吨。1999年，发展"一村一品"特色养殖业，以新塘生猪品种改良工程为重点。2000年，种植香芋，新引进芙蓉鲫和鲈鱼，以张家园和天台为示范点。是年，出栏生猪1.26万头，出笼家禽2.39万羽，出水鲜鱼130吨。2002年，以稻田改种为主题，张家园发展蔬菜设施栽培，投资6万元，新建大棚 106 个，举办技术培训班 2 期；种植白菜苔 26.67 公顷。2005 年以后，随着城市建设的推进，土地被征收，农民变成城市居民。2014 年，生猪存栏仅 356 头、鸡鸭存栏 480 羽。

街道企业 1998 年，组建成立市天泰房地产开发有限公司和市泰鑫物业发展公司，是街道一级率先兴办的企业。2001 年，建立机械化施工站和新塘预制场。2003 年，成立株洲泰山置业股份有限公司。2010 年，建成天台娱乐中心项目，成为当时全区乃至全市街道乡镇一级纯市场运作最大的商业地产项目。至 2014 年，建成标准厂房、商业房产、门店面积超过 4 万平方米，资产总值超过 2 亿元，年收益 400 多万元。

商贸金融 1997 年，完成工建商贸总产值 4894 万元，实现利润（含私企）115.8 万元，上缴集体利润 20.5 万元，完成上缴国税 138.8 万元。2001 年，随着株百天元超市的开业，成为街道第一家具备一定规模的超市。是年，境内有市场 6 个，各种商业店铺 1000 余个。2012 年，形成以天元购物广场、天虹百货和神农太阳城的商业发展轴。2014 年，街道约有大小商铺 2300 家，其中惟楚大厨房、逸景华天、福林酒楼等 43 家大型餐饮场所，逸景华天、豪逸酒店等 15 家酒店，盛世鑫城、祥云、铁西等 10 家农贸市场，有中国人民银行、中国银行、中国工商银行等多家金融机构，网点 30 余个。

第三节 基础设施

道路交通 1992 年，天台路全线建成通车，当时被称为“全省最美一条街”。接着长江南路、泰山路、珠江南路一街区、黄河南路一街区、黄山路二街区先后建成。1994 年，结合整修湘江防洪大堤，建成路堤结合、长达 9.1 千米的滨江路。1996 年，建成黄河南路三、四街区、泰山路四街区、珠江南路一街区、黄河南路一街区二期工程、天台支路、天伦路、华天路等工程项目。2002 年，街道投资 350 万元，对天伦路提质改造。2006 年，由街道筹资修建天台小学道路。2007 年，街道筹资，修建国税新村道路。2008 年，贯穿辖区主干道的泰山路建成通车。2012 年，长江南路建成通车。2014 年，境内有天台路、长江南路、黄河南路、珠江南路等 9 条主干道，天台支路、天伦路、西苑路、湘依路等小街小巷。

征拆安置 自 2004 年开始，街道启动征地拆迁农民安置房建设工程，相继主持和配合建成天泰、新泰、安泰、瀚水栗源、湘湾等多个安置小区，建成安置房 3500 多套。2014 年，发放天泰、新泰等安置小区 1500 多本房屋产权证，700 多本国土分户证。

社区建设 自 2003 年始，社区服务用房按照统一规划、统一设计、统一颜色、统一徽标和统一施工要求建设。2004 —2006 年，有家园、云里、铁西等 10 个社区用房建成。2014 年，新塘、湘紫完成办公用房选址，文家冲、工大社区正协商办公用地。

第四节　社会事业

教育 1993年，动工兴建滨江小区教育配套设施滨江小学，学校占地0.47公顷，建筑面积4847平方米，是株洲高新区第一所新建学校。1996年，市二中整体搬迁至市委对面，2000年，开设初、高中58个班，学生共3143名，有教职工254人。1999年，街道有全日制学校6所。其中，初级中学2所（牛形山、天台），完全小学2所（泰山、滨江），初级小学两所（殷家洲、新塘）。在校学生3204人，教职工197人，校舍面积14673平方米。2005年，有大、中小学9所，其中城区7所，农村学校2所。2014年，辖区内有1所大学，中小学校6所，幼儿园27所。

文化体育 春节期间，居民自发组织舞龙队、舞狮队等灯会演出，走街串巷地进行演出。2003年，建成泰山休闲广场、府前步行街、炎帝广场水上乐园等项目。2004年起，各社区开展系列丰富多彩群众性文化体育活动。铁西社区开展“三八”巾帼门球赛、乒乓球赛；滨江社区开展启明星家庭卡拉OK大赛；大岭社区开展呼啦圈、跑步、拔河比赛，谢家冲社区开展猪八戒背媳妇趣味游戏；街道开展首届“家园杯”社区歌手大赛。2012年，位于一桥河西桥头的滨江电影城开业，成为街道乃至天元区首家现代化电影城；2013年，位于湖南工业大学内的时代凤凰国际影院开业，主打学生市场；2013年12月，中影国际影城落户神农太阳城。2014年，大岭社区联合湖南工业大学体育学院成立社会体育指导与管理专业实践教学活动站，对居民进行专业的群众性体育培训。铁西社区老年门球场完成改造后，成为社区一个品牌。云里社区将社区少年宫打造成孩子们的“快乐大本营”。

医疗卫生 1992年，原株洲市园艺场卫生院更名为株洲高新区长江医院，下设大坪、金锦2个医疗点。1994年，株洲中医伤科医院整体搬迁至天台支路。2011年，株洲市中心医院落户长江南路4B区，拥有编制床位1500张。2012年，泰山路街道社区卫生服务中心从天元区人民医院剥离出来，设有康复病房床位10张，职工38人。至2014年，辖区诊所、药房及性保健品店共86家。

第六章　嵩山路街道

嵩山路街道是株洲高新区建设的前沿阵地，是株洲市的政治、金融和文化中心，多驻机关事业单位。中共株洲市委、市政府、株洲日报社，株洲市80%左右的机关单位、均驻境内。街道区位优势独特、水陆交通便捷，人居环境优美。境内有规模以上企业34家，以汽车组装、轨道交通为主。商贸发达，有大小商铺3000多家。

2014年12月嵩山路街道管理处（原园艺场工区）情况表

表25－6－1

名 称	成立时间（年）	办公地址	居民小组数(个)	户数（户）	人数（人）	辖区主要单位
隆兴管理处	1992	栗雨科技工业园蓝筹公寓	16	525	2085	—
东湖管理处	1992	江山路198号	20	892	3100	株百栗雨超市、株洲市千金药业等
大坪管理处	1992	滨江北路	11	483	1280	—
莲花管理处	1992	神农大道	15	248	1409	—

2014年12月嵩山路街道所辖社区情况表

表25－6－2

社区名称	成立时间（年）	办公地址	居民小组数(个)	户数（户）	人数（人）	辖区主要单位
大湖塘社区	1995	新闻路紫金名门	25	4022	13500	中共株洲市委、市经信委、市住房公积金中心、旅游外事侨务局、株洲日报社、天元区检察院、天元区城管局、区社保中心、区就业局，市邮政管理局、市邮政速递物流公司
桥北社区	1997	韶山东路泰华二村	5	1376	4128	市科技局、市质安处、市妇联、市文联、市规划设计院、市统计局、市文体广新局、市司法局、市招投标局(现为市公共资源交易中心)、市科协、市文化综合执法局、城发集团、市交通征稽处、市志办、区国土分局、炎帝专修大学、兴业银行、交通银行、保利大厦、三湘大厦、鼎诚大厦等
莲花社区	2005	株洲大道556号	4	920	2760	体育中心
尚格社区	2009	尚格名城天香国舍	7	3750	13000	市国税局、市人防办、金德工业园、城西供电局、南方航空工贸、天一实业、硬质合金、石英化玻
小湖塘社区	2001	和平路185号	29	4350	15600	国土局、规划局、水务局、安监局、食药局、商务局、区工商局、区人武部、嵩山路街道办事处
湘银社区	2001	湘银小区内	11	4762	10852	市交通局、市残联
白鹤社区	2003	花园一村	9	2349	7200	市林业局、白鹤小学、农科所旧址

续表25－6－2

社区名称	成立时间（年）	办公地址	居民小组数(个)	户数（户）	人数（人）	辖区主要单位
香山社区	2009	东湖小区	6	1271	3948	天元交警大队、市技术监督局、唐人神集团、协力药业、高科集团、天元区政府、天易集团、智荟生物、中小企业促进园
大坪社区	2004	滨江北路	21	3805	14144	市人力资源和社会保障局、市国安局、农业发展银行株洲分行、农业银行、建筑设计院、市农业局
花园里社区	1994	花园路	9	2010	7624	市政府、市政府法制办、市信访局、市红十字会、市贸促会、市农民素质教育办、市物业管理处、市地税直属局、市房地产经营管理处、市住房保障处、市政府经融办、天台山庄
东湖社区	1992	江山路	20	892	3100	株百栗雨超市、株洲市千金药业、康美尔乐公司、恒豪房地产、经世龙城房地产等

注：东湖社区与东湖管理处两块牌子，一套人马

第一节　境域概况

街域源流　因境内有以中岳嵩山命名的嵩山路。设街道，以此为名。

境域人口　嵩山路街道位处天元区天台路以北城区。位于北纬 27° 49′ 38″ ~ 27° 27′ 51″，东经 113° 06′ 09 ″ ~ 113° 09′ 54″ 。东临湘江与石峰区、芦淞区隔江相望，南与泰山路街道相连，西、北与栗雨街道毗邻。辖区东西最大距离 2.7 千米，南北相距 5.9 千米。2002 年，总面积 15 平方千米，总人口约 3.2 万人。2008 年，常住人口约 7.1 万人。2014 年，总面积 15 平方千米，常住人口约 10 万人，多系汉族。人口密度每平方千米 4467 人。

建置区划　民国时期属湘潭县。中华人民共和国成立时属湘潭县第一农场。1954 年 3 月，划入株洲市，后更名为株洲市园艺场，属株洲市郊区。1992—1997 年，属株洲高新区。1997 年 8 月，成立嵩山路街道办事处，属天元区。辖隆兴、莲花、东湖、大坪 4 个管理处和桥北社区。2014 年，辖 11 个社区，4 个管理处，共 268 个居民、村民小组。

街治机构　1997 年 8 月—1999 年 12 月，街道办事处暂借大坪管理处二楼大厅作为办公地点。1999 年 3 月 18 日，在嵩山路 186 号新建嵩山路街道综合大楼。12 月 30 日，街道办事处搬迁至综合大楼办公。1997—2014 年，先后有陈远瑞、巢亮、张意、高建明、吴兵、罗红群、刘卫军任街道党工委书记；有王少华、童举纲、赵凯、肖波、罗红群、刘卫军、罗文斌、李浩任街道主任。

第二节 经济发展

农业 境内农业主要以种植水稻和蔬菜为主，养殖生猪和家禽。20 世纪 60—70 年代，境内东湖和隆兴 2 个工区分别产萝卜和西瓜，并小有名气。1997 年街道成立初期，蔬菜种植主要以白菜、萝卜、蘑菇、大蒜、韭菜等为主。1999 年，出栏生猪 1.5 万头，家禽 3.4 万只，鲜鱼 150 吨，山羊 400 头，七彩山鸡、野鸭 2000 只，珍珠鸡 500 只，农民人均收入 3100 元。1999 年，引进项目发展农业，隆兴管理处引进湘银生态园项目，租赁土地 17.2 公顷、水塘 2.73 公顷，开发休闲农业；引进花卉种植资金 100 万元，建立 6.8 公顷花卉基地；全处改种面积 17.33 公顷。同年发展无公害绿色食品，建立固定销售点，日销蔬菜 400 千克。2001—2005 年，大坪、莲花、东湖、隆兴 4 个管理处培植发展以养殖为主，年产值在 10 万～15 万元的税源基地 4 个。2011 年，实现农村牧渔业总产值 4419 万元。2014 年，粮食作物总播种面积 167 公顷，总产量 887 吨，年出栏生猪 5431 头。

企业 1997 年，嵩山路街道抓住天易公路的修通和湘江二桥的兴建，大力发展第三产业，以房地产为龙头，以建筑、建材为两翼，一业带动多业，益民房产公司、大坪建筑公司，东湖、城西 2 个预制构件和东湖沙砾石场等企业迅速兴起。

1999—2000 年，完成益民房产公司、大坪建筑公司、鬃刷厂、东湖预制场体制改制，生产规模扩大，产值上升。2001—2005 年，着力发展区街工业和商贸服务业，在壮大原有支柱产业的基础上，新发展企业 10 个。2014 年，辖区内有小型私营企业 3017 家，有南车株机、唐人神、金德、南车电动等上规模企业 34 家，工业总产值 156 亿元。

商贸金融 1999 年，街道依托天易公路主干道和长江北路、黄河北路和嵩山路支干道连通、湘江二大桥在境内筹建的优势，优化投资环境、扩大招商引资范围，吸引江海公司加油站、风湿病医院、湘银小区、德政小区、莲花预制场等一批项目落户。2007 年，集中打造“一街（特色餐饮业街）、一圈（金融商业圈）、一中心（超市商业型中心）”，引进 10 个项目，合同引资超过 2 亿元。2013 年，随着红星美凯龙等大型商场的入驻，“一中心”更加凸显。

2014 年，境内有大小商铺 3100 家，社会商品零售总额 35.3 亿元。其中，有红花树、江洋海鲜、湘鄂情等 7 家大型餐饮场所，有美宝行、宝盛、宏骏等一大批高档汽车 4S 店，有耀萱农贸市场、庐山路集贸市场、人人家菜市场、庆云菜市场。有建设银行、中国银行、工商银行、农业银行、邮政储蓄银行、光大银行、中信银行等 39 家金融机构和网点。

第三节 基础设施

道路交通 境内交通方便，有嵩山路、天台路、庐山路、沿江北路、长江北路、黄河北路、新闻路、韶山路等主干道，纵横交错。有株洲大桥、石峰大桥与江东城区相连，长江北路西接天易公路，直通湘潭市。2000 — 2007 年，先后对天平中路、湘银社区路进行美化、绿化、亮化，修建株洲大道、庐山路等道路，建成东湖立交桥。至 2014 年，辖区范围内形成三纵（长江北路、滨江北路、黄河北路）七横（天台路、韶山路、嵩山路、庐山路、昆仑山路、香山路、莲花路）城市道路格局。

邮政通信 辖区天台路以北的邮政局建设于 1998 年，由原邮电局分设邮政、电信、移动、联通 4 家单位。2014 年，境内有邮政局 1 家，移动、联通电信网点 20 个，大小快递公司 40 多个。

水利 1997 年，境内有水塘 11.67 公顷，渠道 3 千米，抗旱机台 2 座，排渍站 3 个。1998 年，开展大规模兴修水利工作，开工 25 处，完成土石方 1.2 万立方米，出动劳动力 1500 个，劳动工日 1.2 万个，投入资金 5.6 万元。1999 年，完成土石方 3500 立方米，被覆山塘 10 口；完成隆兴抗旱机台护坡工程。2004 年，再次投资 34.5 万元改造、修缮、巩固低排、高排、山塘。2014 年，街道范围内农村部分范围缩小，城市片区逐渐增加，辖区范围内仅有水塘 7.33 公顷。

安置房建设 从 2004 年开始，街道启动安置房项目建设，先后完成莲花小区一期、莲花小区二期、东湖小区、竹山小区一期、竹山二期、兴湖家园一期、兴湖家园二期项目开发建设。至 2014 年，完成安置房建设 40.4 万平方米，共 3143 套，门面及商铺总面积 26995 平方米。

社区建设 1997—2003 年，社区建设总投入 765.76 万元，上级投入 65 万元，社区自筹 700.76 万元，主要用于办公用房、道路建设及维护、社区美化等。2003 — 2005 年，相继启动大坪管理处、花园里社区、湘银社区、桥北社区、大坪社区、白鹤社区、大湖塘社区、小湖塘社区服务中心建设，其中湘银社区建成 2600 平方米全市一流的多功能服务中心。2007 年，街道增设香山、尚格 2 个社区，启动东湖综合服务用房建设。2011 年，以高标准建设隆兴综合服务用房。至 2014 年，除香山社区和尚格社区服务用房还是物业用房外，其他 8 个社区均按上级要求建设综合服务用房。

第四节　社会事业

教育 1997 年街道成立之初，境区内有韶溪学校、东湖小学和大坪逸夫小学。1998 年 8 月，投资 58 万余元建设连喜坪小学。2000 年 9 月，动工兴建白鹤小学。2001 年 5 月，投资 90 多万元，开始天台中学二期工程建设。2002 年 8 月，由大坪管理处投资 500 余万元，兴建占地 5500 余平方米的高新幼儿园。2005 年，北师大株洲附属学校建成开业，校园建筑面积 14.62 万平方米，有班级 154 个，为境内最大的民办学校。2007 年，大坪逸夫学校改扩建成银海学校，占地面积 2.72 公顷，建筑面积 15454 平方米，拥有在岗教师 121 名。2014 年，辖内有北师大附中、天元中学 2 所中学，有白鹤、银海、天元、太阳宫 4 所小学；有高新、小哈佛、太阳宫、尚学堂等 24 所幼儿园。

医疗卫生 街道成立之初，有隆兴、桥北和花园里 3 所卫生所。2004 年，位于境内庐山路 27 号的株洲市风湿病医院开业。2009 年，大坪管理处综合楼引进天元区卫生局下属机构嵩山路街道社区卫生服务中心，开展以预防、保健、基本医疗等全方位服务。2014 年，境内有株洲市风湿病医院，社区卫生服务中心 1 个，诊所 25 家，药店 30 家。

文化体育 2006 年，位于境内的株洲体育中心开工建设，占 56 公顷，建筑面积 10 万多平方米。2007 年，街道投资近 8 万元完成白鹤和桥北 2 个社区大众体育设施建设和老年活动设施建设。2009 年，新建大坪、花园里 2 处大众体育和老年活动设施。2014 年，街道在湘银社区二楼设立综合性多功能的室内文化活动场所，坚持长期免费向居民开放。同年，莲花社区、湘银社区、白鹤社区、隆兴管理处由区文体新局统一配备室外乒乓球台共 4 张。

第七章　栗雨街道

栗雨街道是区政府为加速城市化、工业化进程而超前设置的一个街道，绝大部分区域处于城市快速环道以内。境内有栗雨科技工业园。京珠高速公路和天易高等级公路在附近交汇。辖区内各类工业企业、商业服务企业聚集。是株洲新区开发建设的前沿地和主战场，也是天元区的政治中心。

2014 年 12 月栗雨街道所辖社区情况表

表 25 － 7 － 1

社区名称	成立时间（年）	办公地址	居民小组数(个)	户数（户）	人数（人）	辖区主要单位
栗雨社区	2010	新东路 1036 号	27	1368	3965	北京汽车股份有限公司湖南株洲分公司、明日硬质合金有限公司、延峰伟世通汽车饰件有限公司、南车时代、株洲汇隆包装印务有限公司、时代新材、湖南科瑞变流电气有限公司、弘通硬质合金有限公司、明益鑫交通轨道有限责任公司、颐丰防腐、路通高速救援公司、公交停车场，栗雨小学
凿石社区	2010	凿石小区 9 栋 4 楼	21	920	2920	—
南塘社区	2010	南塘小学	26	536	2300	—
永安社区	2010	王家坪街道 78 号	4	362	876	拉丝厂
王家坪社区	2010	栗雨街道玉泉家园王家坪社区	19	530	2350	华晨·山水印象、日盛·山湖城、王家坪安置小区玉泉家园、王家坪小学

第一节　境域概况

街名源流 境内明初有栗山嘴，又有雨仙庙，后连缀沿袭其名。设街道，以此为名。

街域人口 栗雨街道地处天元区北端，位于北纬 27°50′19″～27°47′49″，东经 113°07′34″～113°03′53″。东与泰山路街道和嵩山路街道交界，南接群丰镇，西与马家河镇接壤，北滨湘江与石峰区相望。辖区东西最大距离 7 千米，南北相距 6 千米。总面积 15.14 平方千米。人口密度为每平方千米 761 人。2005 年，辖区人口 10552 人。其中，城市人口 1884 人，农村人口 8668 人。2014 年，总面积 15.14 平方千米。总人口 12898 万人。其中，常住人口 12058 人，流动人口 840 人。

建置区划 民国时期属湘潭县马家河。1957 年，将境内栗塘与雨仙庙两地名各取一字连缀成栗雨村，属湘潭县马家河人民公社。1959 年，马家河人民公社成建制划入株洲市郊区。1965 年，划归株洲县。1997 年 8 月，划归天元区。2005 年 4 月 29 日，从马家河镇划出栗雨村、凿石村、南塘村、王家坪村、王家坪社区设栗雨街道。2011 年，栗雨村、凿石村、南塘村、王家坪村分别改为栗雨社区、凿石社区、南塘社区、王家坪社区，原王家坪社区改名为永安社区。2014 年，辖区有 5 个社区，126 个居民小组。办事处驻江山路 59 号。2005—2014 年，先后有傅永东、谭红德、包剑任街道党工委书记，有谭红德、谭茗、包剑、言晓波任街道主任。

第二节　经济发展

农业 境内耕地较少，2005 年耕地面积 333.33 公顷，人均耕地 0.027 公顷。主产蔬菜、水稻，另有零散的豆类、薯类、油料种植。养殖业较兴旺。2005 年，推进产业结构调整，引导农民走服务城市的特色农业之路。2008 年，发展王家坪村早白菜苔，栗雨村娃娃菜等特色品种。2011 年，南塘村成立蔬菜种植基地，种植面积 10 公顷，以种植大棚蔬菜为主。随着城镇建设的大规模发展，耕地面积不断减少。2014 年，耕地面积 160 公顷，人均仅 0.012 公顷。是年粮食作物播种面积 572 公顷，总产量 4205 吨。出栏生猪 7632 头，出售和自宰家禽 10.4 万羽。

工业 境内主要为园区工业。栗雨科技工业园内有中央、省、市、区管辖的电力、纺织、化工、建筑材料等工业企业 93 家。境内有法人单位企业 222 家，其中制造业 126 家。重点企业有北汽株洲分公司、株洲科瑞变流电气有限公司、湖南南车时代电动汽车股份有限公司、南车株洲电力机车研究所有限公司风电事业部。

商贸金融 境内有王家坪集镇。2014 年 11 月，美的·时代广场建成开业，世界五百强零售商麦德龙、国际知名酒店万豪酒店、国美电器、肯德基、必胜客国际巨头进驻，栗雨商圈逐步形成。2014 年，境内有批发和零售业 31 家，有住宿和餐饮业 14 家。有金融网点 1 家。

第三节 基础设施

道路交通 株洲大道穿越境内。天易高等级公路从东至西南，斜穿境城中。简易公路通社区达居民小组。栗雨科技工业园内，新东路、明月路、栗雨东路、黑龙江路、黄河西路，纵横交错。2005年，境内有株雷路、君山路、马王路等3条县级公路。2008年，西环线修通贯穿南塘村、王家坪村。2009年，新建黑龙江路、江山路。2012年，新建湘芸路、栗雨路、新东路。

水利 供水境内跨湘江流域总长8.4千米，有山塘47口，大小堰渠16条，机电排灌8台。2009年，街道对2.6千米湘江河段渠道防渗加固。2011年，栗雨社区内的株洲河西污水处理厂污水处理规模为8万吨/天。2012年，新建湘江河堤坝凿石至南塘段2.6千米，栗雨段3.2千米。2014年，街道投入400万元。完成王家坪街道接入自来水工程建设，为140户居民解决生活用水。

征迁安置 2005年，街道完成征地333.85公顷，拆迁面积11.3万平方米。为4户住房急改造且无经济来源、无劳动力的特困户修建安居房。2008年，建成瀚水栗源安置小区，房屋720套，安置栗雨、泰山路街道失地农民2400余人。2012年，先后征拆项目27个，面积270.57公顷，拆除房屋281栋，交地133.85公顷。2014年，先后启动项目25宗，其中新增项目14宗，面积100.71公顷；续征项目11宗，面积222.14公顷。拆除房屋610个编号，拆除面积30.7万平方米，完成交地12宗，面积170.03公顷。至2014年的5年中，分别建成栗雨社区湘水栗园、凿石社区凿石花园、王家坪社区玉泉家园安置小区，安置房3200余套，安置拆迁户8200余人。

第四节 社会事业

教育卫生 境内王家坪小学，前身为湘潭县王氏石浦小学，始建于清光绪二十九年（1903），是一所百年老校。2001年，迁址新建。2002年秋季，搬入新校址。2005年，辖区有王家坪中心小学、凿石小学，南塘小学3所学校；2010年8月，在栗雨社区新建栗雨小学。2011年，境内有王家坪卫生院、凿石社区卫生院2家，2012年，建成栗雨街道卫生服务中心。2013年，投资50余万元新建栗雨街道中心幼儿园。至2014年，境内有学校5所；有公办幼儿园1所，民办幼儿园3所。有社区卫生院3家，卫生服务中心1家，有床位18个，专业卫生人员16名，其中执业医师11人，注册护士5人。

文化体育 境内体育设施较全，有开放式门球场、篮球场、乒乓球台，开放式体育健身场地，85%的社区安装健身器材，参加体育活动人员占常住人口80%。境内有广场舞队伍10支，龙舟队伍、腰鼓队、舞狮队、龙灯队各1支，各社区均有农家书屋。2007—2013年，街道连续举办7届群众运动会。2013年，举办社区文化艺术节。社区成立羽毛球协会、书画协会、舞蹈协会、徒步协会4支队伍。是年，凿石社区广场舞队参加湖南省广场舞比赛中获得第二名。王家坪社区刘玉兰，15年笔耕不辍，搜集整理出几十万字的民间故事结集出版，书名为《乾隆与蔡三》，收入“三江随笔”丛书。

人物

一　人物传

罗　熙　生卒年不详，字子元，号兰畹，明末时湘潭县（今天元区马家河镇）人。少时勇气绝伦，据传他家有两座石狮各重数百斤，他双手并举，面不改色。又常白马素衣，手执一鞭。与一群儿童相约，各以竹竿染黄泥，罗熙策马而过，有能污其马和衣者，奖百钱。群儿竞相投之，百数十次，终无一能中者。罗亦好读书，常以忠义自许。明崇祯时，先随何腾蛟转战湘、桂，累建战功，升为广东游击，授安远将军。后随南明桂王入云南。为保护桂王，他多次率部殿后，奋力抗敌，曾数次使桂王转危为安。于是被提拔为锦衣卫副总兵，晋授奉国将军，专负保卫桂王之责。清顺治十六年（1659），清军攻占云南，桂王走入缅甸，罗熙因居后，为清兵冲阻，未能随桂王入缅，所部亦皆逃散，乃只身携印章从小路还家，其时夫人和二女，皆死于兵难。乃削发为僧，隐居于法源寺。而心仍念明朝，思欲为之死节。归家之初，常手持印章，相对而泣，及为僧方止。不久，闻桂王被擒，被吴三桂杀害于云南。乃丧服痛哭三昼夜，埋其印章投湘江沙头潭而殁，家人求其尸不得，于其故居为衣冠冢以作纪念。因他的事迹感人至深，于是诗人作诗悼念之，起而和者数十人，咏诗数百首，汇集成《兰畹流芳录》，其集已遗失，今见于罗氏族谱者仅有五律 7 首，其第一首云："总结南明局，从容就义人。血凝袍上泪，气尽马头尘。披衲多同志，怀沙岂后身。欣逢南董笔，独鉴锦衣臣。""怀沙岂后身"，即表彰他为爱国诗人屈原的继承者。又有"兰畹同梅岭，馨香羡两臣"，则认为他的节义，可与史可法共馨香。

罗云皋（1721—1791）字天闻，一字开九，号西塘，天元区马家河镇人。少时才华出众，出口成章，名噪一时。一日，云皋至清水塘，一长者出联求对。其联云："清水塘，清钱打清酒，清清楚楚。"云皋随口对云："大石桥，大人办大事，大大方方。"罗云皋与罗典同为清康熙至乾隆时代人。于族谊为兄弟。罗典出任长沙岳麓书院时，闻其贤，乃亲到乡间访问。在马家河大石桥边相遇，时田中荞麦正旺，罗典出联请对，其联云："风吹荞动桥不动"，罗云皋见路旁有桑树，乃即对云："日晒霜溶桑未溶。"罗典闻之大喜，因问其所学，乃知其好《周易》；醉心于濂洛关闽之学。于是邀请他去岳麓书院讲学。他如约赴岳麓时，罗典派一些高才生去湘岸迎接。诸生见他布衣徒步，相貌朴拙，有轻视之意，及与之唱和，题咏数日，得诗 200 余首，才思不竭。由是诸生大为敬佩，以是闻名国中。罗典向乾隆推荐其才。乾隆召见，罗典陪同罗云皋上殿。乾隆因问：

你如何“徒进师未进”。罗云皋初见皇帝，不免有些拘谨，一时瞠目不知所对，罗典无奈，只好引其退殿。刚出殿门，罗云皋叹曰：“时乖命不乖。”罗典深为惋惜道：适才皇上问，你为何不这样答？自此，罗云皋终生不仕。唯博览群书，穷探学术，以育人为志，讲学于西塘之阴，其学生多有高中者。以史书繁博，学徒不能尽识，乃仿南北朝史例，删繁择要，抄为280卷。敏于诗，每一提笔，或数十韵，或数百篇，思如泉涌。遗稿《梅花百咏》《题桃花扇》100余韵可以概见。罗云皋性旷达，慷慨好施，不论贫交疏族，有困难尽力扶助，毫无吝啬。即使家中衰落，也不变其义举。著有《西塘草》《学古初稿》《周易补义》《明史指掌录》及《史约偶评》等著作，已散佚。今湖南省名人资料中心尚存《西塘草余稿》4卷和诗集2本。

罗典（1718—1808）字徽五，号慎斋，天元区马家河镇高塘村人。罗典自幼聪明好学，才思敏捷，7岁入私塾读书。乾隆十二年（1747）乡试第一名，十六年（1751）进京会试进士，授编修，转江南道监察御史。历任吏、工二部给事中，擢鸿胪寺少卿。二十一年（1756）为河南乡试副考官，二十四年（1759）为顺天乡试主考官，二十七年（1762）为河南乡试主考官，二十八年（1763）为会试同考官，三十年（1765）督四川学政。罗典主持学政，不纯评论诗文优劣，而主要在培育人才。每于试前召集诸生讲学，试毕复行规劝教诲。外出时，闻私塾读书声，即往视察，并予指教。典性刚介廉洁，任工部给事中时，有部属冒领肥私，以银3000两贿典，典不纳，并痛加惩戒。后皆按款核销，再无人虚报冒领。乾隆四十七年（1792），因母老，典辞官回乡，主持岳麓书院20余年。教人治学以坚毅为要，力求读书明理，兼通时务，经他培养的学生中有发明成业者达数百人。书院学租收入，除为学生办理膏火外，全用于修建书院斋舍。又曾在武陵主讲郎江书院5年。嘉庆十三年（1808）无疾而终，时年90岁。著有《凝园读书管见》《凝园诗抄》《罗鸿胪集》等书。

郭松林（1833—1880）字子美，天元区雷打石镇脉湾村人。清咸丰二年（1852）十一月入湘军。三年（1853），随部在南岳一带作战。四年（1854），参加罗泽南部敢死队由湘奔南昌，支援清军，得到罗的器重，呈报曾国藩，受曾的嘉奖。六年（1856），曾国藩趁太平天国天京内讧之机，令曾国荃剿江西太平军，郭松林率兵转战江西各地，先后攻占福安，吉安、景德镇等十余处城镇，由把总提为守备。十年（1860），随曾国荃部围攻安庆太平军，在小池驿站胜陈玉成部，又在集贤关与太平军鏖战数日。翌年，击败太平军侍王李世贤部援军。后领兵独立作战，攻陷安庆后，升游击。旋随湘军长驱东向、连战庐江、无为州、运漕镇及沿江各要隘，得保为参将。清同治元年（1862），他从湘军转入李鸿章淮军，升副将。李勾结外国洋枪队镇压清浦太平军，他率军协同作战，抢先攻下清浦城。次年，会合英国人戈登“常胜军”攻陷大仓，进占茜泾、支塘、昆山、新阳，升总兵，加赏二品封典。后随清军进攻江阴、无锡太平军援军，他奉令为先锋，毁太平营垒，邀赏加提督衔。在进攻无锡战役中，双方相持不下，他率轻骑从小路突击，袭占无锡城，邀赏头品顶戴，开始统松字 2 营，后增至 8 营。三年（1864），协同刘铭传、戈登等军连陷太平军于宜兴、溧阳、常州、常熟、丹阳、授福山镇总兵，赏穿黄马褂。随后进入浙江，攻占湖州等地，邀赏云骑尉世职。署理福建陆路提督。四年（1865），率部从海路抵厦门，会同各军围攻漳州、漳浦太平军李世贤部，攻陷堡垒，太平军退走广东。同治五年（1866）初，捻军从河南进入湖北，郭松林受湖北巡抚曾国荃奏调之命赴鄂镇压。首战应城和云梦县捻军，后抵安陆臼口，遭到捻军伏击，受伤十余处，被部属救出。伤愈后，复入李鸿章营，独领一军，改松字营为武毅军。时东捻军赖文光部退到山东寿光，他率部追击，在弥河大败捻军。赖文光率部南退，他会合刘铭传部追击 300 余千米。十二月，在扬州瓦窑铺击灭东捻军。七年（1868），西捻军领袖张宗禹率部由陕西、山西履冰渡河，郭松林奉李鸿章令驰援，与西捻军激战 16 昼夜。在沙河与潘鼎新会攻，西捻军覆灭，张宗禹投水自尽，郭松林赏穿黄马褂，封一等轻车都尉。八年（1869），郭松林调补湖北提督。九年（1870），任直隶总督李鸿章麾下直隶提督。光绪六年（1880），回原籍修养，自恃战功在身，奢侈淫乐。钦差大臣彭玉麟至江南巡视，查访到郭松林娶妾 13 个，犯了欺君罔上之罪。郭松林怕受斩刑惩处，与妾赵氏（盖扬州）吞金自杀身亡。

王秀芳（1866—1902）绰号王四爵主，天元区马家河镇凿石村人。从小以船为家，漂泊水上。他会武功，加入哥老会，能言善辩，结交甚广。清光绪十五年（1889），他在凿石浦首创红帮（洪帮）楚南山堂，任正龙头，号忠义堂。楚南山以“反清复明”为宗旨，以“亲爱精诚”“努力救国”为口号，数年之间，会众发展至数万人，势力范围扩到长江中游一带。手下刘炳，赌钱渔色，欺兄骗弟，严违会规，他即开堂问罪，判处死刑。清光绪二十四年（1898），与黄兴结为金兰之交。二十五年（1899）春，孙中山派毕永年等赴湖南、湖北联络哥老会，劝说哥老会首领与兴中会合作，与他取得联系。经过联络，长江流域的哥老会党奉他为“大龙头”、共谋革命，开展秘密活动。

清光绪二十六年（1900）初，林圭（湘阴人，长沙时务堂学生）等立富有山堂，发放富有票，筹组自立军，王秀芳为富有山堂内八堂中骨干。林圭提出要建立“新造自立之国”，以武汉为中心进行军事准备，王秀芳分统新堤右军，号广贤军，参与军务，积极为起义军运载枪支弹药，筹措军饷。8 月 9 日，自立军前军统领秦力山在安徽发动起义，被清军镇压。8 月 22 日，驻汉口清军捣毁自立军机关，唐才常等被捕。王秀芳发动新堤右军起义，亦全军溃败。手下刘炳叛变降清，带领飞翰营（即哥老会和自立军中降清之叛徒组织）四处缉拿他。清吏悬赏 500 两银圆购其头。是年，他在江西九江被捕，解至汉口，被严刑拷打，以烧红的铁菱角铺在地上，将他裸身翻滚，皮肉皆焦。清吏审问：“你有多少人？”他厉声道：“上通两广、下通两京，一声号召，无不响应，我立志驱除鞑虏，誓不投降。”被害后，葬于家乡曹家湾上首牌楼冲。

袁树勋（1847—1915）字海观。天元区群丰镇人。年 20 岁，出外谋生。投奔时任南京上新河厘金局总办的族长袁某，被派充杆子（检查过往船只的差役）。他后任江苏某处厘金局局长。

清同治十年（1871），其妻兄唐子明为曾国藩任两江总督时幕友，袁得唐的引荐，被列入上奏名单，遂为慈禧所知。袁被分发江苏候补知县，随即补实缺。历任上海、无锡等6县知县。又奉派天津巡道。适逢八国联军陷天津，慈禧与光绪出奔西安。江西总督刘坤一号召东南各省派兵勤王，江西布政使冯煦、巡抚李兴锐见袁树勋身材魁伟，做事机敏，乃命其充当统带，率部兼程北上勤王。既抵潼关，慈禧及两宫人员已先期到达。袁树勋得太监李莲英帮助，见到慈禧。次年冬，与八国联军和约成，慈禧回京，提升袁树勋为上海兵备道，深得清廷信任。地方政治、军事、外交、警察、关税厘金都在他掌握中，清廷还让他总理庚子赔款。不久，又提升为山东巡抚。清宣统元年（1909），又以山东巡抚署理两广总督。时广东赌风猖獗，奸商纷纷开设赌馆，政府则以抽赌捐渔利，政风腐败，舆论哗然。他到任后，即奏革除赌博，政府所收数百万赌捐全摊入盐税。此举引起赌商和盐商反对，致被清廷撤职查办。自此，他于南京石板桥营建别墅，有台亭楼阁花木之胜。居约一年，正拟贿通清廷，以图再起，而辛亥革命军兴，民国成立，乃避居上海租界。民国3年（1914），袁世凯复辟，电邀袁树勋为内政部长，袁以年老多病辞谢。民国4年（1915），死于上海。

罗 哲（1902—1928）字以恒，马家河镇高塘村人。10岁在乡村读私塾，1918年进入长沙高等工业学校读书。五四运动爆发后，加入毛泽东为代表的新民学会，参加长沙工人、学生及各界人士开展的反帝反封建运动，组织“爱国十人团”，创办《岳麓周刊》，宣传革命。1922年秋，考入北京俄文专修馆（后改中俄大学）读书，积极参与李大钊领导的反帝反军阀斗争。1926年3月18日，北京各界人士召开抗议日本联合八国武装干涉中国内政大会，组织驱逐八国公使请愿团，他被选为请愿代表，在斗争中遭北洋军阀段祺瑞镇压，他被击伤脚部。4月，得知毛泽东在广州举办农民运动讲习所，他离开北京到广州，任农民运动讲习所教员，经毛泽东介绍，加入中国共产党组织。9月，奉命回湖南，任湖南省农民协会组织干事，以特派员身份，往来湘鄂铁路沿线各县，传达省农民协会指示。1927年年初去武汉，任全国农民协会筹委会秘书，和毛泽东居住一起，共同研究斗争策略。“马日事变”后，奉毛泽东之命秘密回到长沙，准备秋收起义。10月到湘潭，任中共湘潭县委组织部部长。在白色恐怖下，奔走于易俗河、株洲、朱亭等地，恢复和发展党组织，建立农民武装。至1928年3月，在湘潭地区建立30多个党支部，发展党员400多人，筹集枪支150多支，率部攻打团防局，镇压土豪劣绅。5月底，接任中共湘潭县委书记。当时，中共党组织连遭破坏，大批革命同志英勇牺牲，他处境十分艰难。通过多种秘密途径开展活动，重整旗鼓，但因叛徒告密不幸被捕，押送长沙陆军监狱，遭严刑折磨，坚强不屈。他对同时被捕入狱的妻子曹云芳说：“我死了，你不要着急，好好抚养两个孩子，让他们继承革命事业。”10月23日，临刑时高呼“中国共产党万岁！”慷慨就义于长沙浏阳门外，遗体归葬家乡打板塘山坡上。1956年8月11日，中共中央主席毛泽东给罗哲遗属曹云芳写信说“罗哲为党艰苦工作，我可作证”，汇款300元给罗哲修墓，并亲笔题写碑名：“罗哲烈士之墓”。

黄逸夫（1888—1928）字守典，天元区群丰镇响塘村人。8岁读私塾，13岁辍学。1911年录取长沙体育专科学校，1912年弃读回乡，为图生计，兴办石灰窑。1923年3月，考入湘军讲武堂第二期。1925年入国民革命军第二军军官学校第二期学习，1926年春毕业。7月初任国民革命军第二军第四师少校参谋，参加北伐战争。7月底，随第二军转战江西，直取南昌，打败军阀孙传芳部，升任团长。1927年5月，他不满蒋介石独裁统治和屠杀政策，辞职回乡。6月，经地方人事推荐，任湘潭县挨户团副团长，掌握城区两个排兵力。此时，他对共产党员、革命工农积极分子，未执行国民党的捕杀政策，与城乡反动势力斗争。9月，中共湖南省委布置恢复、发展党组织，领导农民反击白色恐怖，年底，发动年关起义。中共湘潭工委通过共产党员李镜靖争取黄逸夫，黄表示要靠拢党组织，接受党的领导，为革命献身到底。不久，经李镜靖介绍加入中国共产党，并经组织决定由他率领挨户团第一，第二两个排作冬季总暴动主力武装。他接受任务后，积极引导官兵为暴动作组织准备。不料内奸告密，黄逸夫被捕，1928年2月17日牺牲于湘潭熙青园外。

殷顺存（1894—1929）天元区群丰镇响塘村人。出身书香世家，喜爱书法，曾任农村小学教师。上海“五卅”惨案后，革命浪潮席卷全国，他组织学生进行反帝爱国宣传活动，晚上，走村串户，鼓励农民起来革命。1925年7月加入中国共产党。1926年7月，北伐军入湘，他和教师易进修组织全区教师，深入农村，宣传发动群众，开展农民运动。10月，湘潭东二区成立农民协会，被选为农协执行委员、秘书，配合其他农会领导人到乡村实行“二五”减租，与马家河“六大豪绅”进行斗争。“马日事变”后，土豪兴风作浪，率领农民自卫军处决了土豪黄亮臣，并与谭慧等人率农民义勇队两千余人赴易家湾攻打许克祥部。失利后，他和谭慧、易进修转战华容丰财南垸，参加贺龙领导的洪湖根据地的武装斗争。1929年正月十五晚，趁玩龙灯喧闹之机，率工农武装40余人，袭击污沟团防局，团丁被擒，30余支枪全部缴械，震慑反动当局。4月，出席三岔河紧急会议，研究新的战斗方案，被敌人团团围住，为保护同志安全转移，挺身而出，大声说：“我是共产党，要捉就捉我！”敌人将他押上轮船，经洞庭湖直驶沅江，轮船驶到草尾雨仙庙附近时，趁敌不备，纵身入湖，光荣献身。

罗学瓒（1894—1930）号荣熙，天元区马家河镇中路村人。1913年，考入湖南第四师范。后转入第一师范，与毛泽东同窗共读，在毛泽东、蔡和森倡导下，经一年多酝酿，组织新民学会，探讨救国救民真理。1918年夏，他在一师毕业。其时，北京教育界人士，发起赴法勤工俭学，8月，入北京大学预备班，学习法文。1919年7月13日，和包光溢等58人赴法，进入蒙达尼大学读书3个月，后到克鲁佐钢铁厂当电工，对该厂工人状况进行具体分析，写了《法兰西工人》一文，分析工人专靠罢工不能达到解放自己的种种原因，指出：“要从经济制度入手，改财产垄断制为均有制，工人才能最终摆脱困境。”他和蔡和森、向警予、李维汉等人以新民学会名义，组织学习马克思主义，探讨改造中国与世界的真理。1920年2月，组织勤工俭学励进会，尔后又组织工学世界通信社，他负责向国内发稿，报道留法勤工俭学和华工运动情况，商讨各类社会问题，受到毛泽东和国内新民学会成员高度赞扬，他们的活动引起北洋军阀政府恐慌，北洋政府蓄意刁难赴法勤工俭学学生，激起学生愤慨。7月9日，各厂、校勤工俭学学生代表组成116人先发队进占里昂大学。罗学瓒、李立三率先发表宣言，得到法国各界人士响应。其时，北洋军阀政府驻法公使勾结法国政府将罗学瓒、李立三、蔡和森、陈毅、张昆弟等104人囚禁于兵营28天。1921年冬，和蔡和森等人以“过激党”罪名被遣送回国，赴上海与党中央接上联系，加入中国共产党。被派往北平中法大学学习。1922年秋，党派他到长沙从事工人运动，在湘区党委领导下，从事对人力车工人的组织发动工作，培养谭汗俊等人入党，建立长沙市第七支部。1924年，带领学生、工人群众查抄焚烧日货，以特派员身份在湘潭、醴陵等地活动，并组织无声电影放映队在马家河、伞铺等地放映，宣传孙中山的“联俄、联共、扶助农工”三大政策，号召人民洗雪国耻，打倒军阀。1925年冬，任中共醴陵地方执行委员会书记，发展党、团员、在各区乡建立区委和支部，与李味农、潘疆爪、张啸霞等左派人士建立联系，宣传中国共产党的主张，发展同国民党左派的统一战线，支持学生组织社会问题研究社，动员和团结大批进步青年开展反帝爱国运动。1926年，罗学瓒等人组织工会、农民协会、商会、女子联合会等群众组织，支援北伐军攻克醴陵城。农民协会活动公开后，举办农民干部培训班，醴陵农协会员迅猛发展到20余万人，受到毛泽东赞许。1927年春，协助毛泽东在醴陵考察农民运动。9月，以中共湖南省委委员兼湘潭工委书记的身份进入湘潭，与罗哲、成正青等人奔走易俗河、马家河、株洲等地，组建30多个党支部。1928年3月，中共湘潭县委机关遭破坏，党的干部张仪、黄逸夫等被敌人杀害，他被反动当局通缉。5月，奉命赴上海，负责党的宣传工作。1929年1月，转中共浙江省委工作，后任中共浙江省委书记。2月，到萧山等县主持召开县委扩大会议，部署工作任务。4月，中共浙江省委给兰溪县委的秘密通告被敌人发现，叛徒暴露了省委机关的通信联络，他被捕入狱。狱中，组织同狱同志创办《夜光报》，给难友们讲解《资本论》激励斗志。1930年8月27日，被杀害于杭州狱中刑场。

黄海珊（1862—1934）天元区马家河镇人。出身中医世家，为黄氏六代中医传人。幼年就读家塾，塾师极为器重。16岁独立行医于株洲、湘潭等地，求诊者日众。诊余不断钻研中医经典著作及祖辈遗术。不但医学理论造诣益深，且积累丰富的临床经验，以内科、妇科、儿科见长，尤以治疗急性热病和疑难杂症著称。他非常称道东垣先生脾胃为本的论述，强调调整脏腑之间升清降浊之功能，以及把握阴阳五行相互制约、相互依存之关系。在临证中非常重视调理脾胃和善用活血祛淤之法。常挽逆症于轻灵之方，起沉疴于平淡之剂。在治疗外感内伤疾病中，他时时注意脾胃状况，不轻易用芩、莲、大黄等苦寒克伐之品。亦不能一见阴血不足，不念脾胃之功，轻率以熟地、阿胶等腻补之药，影响脾胃运化功能。辨证施治中，善别脏腑经络的不同情况，决定升降润燥之不同治法。治疗胃痛，辨在气在血，属寒属热，偏实偏虚。以调气法为主，解决胃实肝旺、脾虚的矛盾。黄海珊亦擅长用活血祛淤法，对瘀血的辨证，非常重视“望、闻、问、切”。见舌质暗红，目眶微晦，面部隐隐灰滞，就能防微杜渐地作瘀血论治。结合病程久暂，痛处之移著而察瘀血之所在，加以随证施治。他医术精湛、医德高尚。家境贫寒，取之有道。遇贫患家，难支药费，即解囊援助；穷乡僻壤，跋涉艰难，不论路途远近，心无二端。为起沉疴，常侍患者床前达旦。清宣统三年（1911）春，乡人捐资，出版《验方纂要》一册（即300单方）传世。因诊务繁忙，积劳成疾。1922年，昏迷数日，水米不入，双目失明。但求诊者仍络绎不绝，黄海珊仍用心诊治。并相继命长子震益、四子美君、七子庚吉为其抬轿出诊抄方。四邻百姓，无不赞美。9年后眼明复如常人，能亲自看病处方。1934年病逝。

易灭非（1896—1935）原名进修，字先尚，号世盖，别名道生，天元区泰山路街道天台管理处人。7岁起，随父读私塾，12岁时辍学从耕。1916年，到长沙学木工手艺，3年后出师回家，开设门窗家具木器行，兼做农活。他在长沙学徒时，看见青年学生声援“五四”运动的行动，深受启发，对不平等的社会现象产生不满。他曾一面学艺，一面习武，练就一身武艺。1926年7月，成立湘潭县东二区第六乡农民协会，当选农协执行委员长。10月，由汪春华、胡光生介绍加入中国共产党。他成立第六乡党支部，担任支部书记。“马日事变”后，他按照区委决定，组织第六乡农民数百人参加攻打易家湾、准备围攻长沙的战斗，担任侦察工作。同年9月，他又组织第六区农民参加株洲暴动。起义失利后，坚持地下活动。1928年2月，参加省委在残梅举行的会议，受中共株洲区委派遣，带领小分队攻打渌口和淦田团防局，夺取一批武器，支援醴陵年关暴动。不久，遭株洲团防局逮捕后经中共组织营救出狱。出狱后，中共株洲区委委员汪起凤将易灭非等一批党员转移到华容、南县一带。易利用他在华容滋口定居的侄女婿郭志高的亲戚关系，以郭父开设的“湘华裕木器行”为据点，安排一批党员从事木工、水运工作，以此作掩护开展秘密活动。他在湖北监利、公安、石首一带找到贺龙部刘德云大队。1929年春节，协同刘德云大队攻下杨林所（当时属岳阳）团防局，夺取一批武器。然后，又化装成团防局的士兵，先后攻打南县和安乡等地的一些团防局，共夺得步枪22枝、手枪8枝和一批弹药，并组织易汉云等以装枯饼、豆子作掩护，将武器秘密水运回株洲再转送平江、浏阳等地，资助红五军。同年7月，奉命与省委特派员陶尧夫回株洲，恢复凿石、天台、新市3个党支部，成立直属省委领导的中共株洲区委。9月，因叛徒告密，陶尧夫及区委书记易万泉等被捕遭杀害。易灭非因得群众报信，而免遭逮捕。他先后在安源、醴陵、浏阳、长沙等地从事地下斗争。直到1930年9月，随同红一方面军撤围长沙，回到株洲，和湘东特委派来的丁继盛、易汉文一道，组建株洲特别区委。1931年，由易灭非接任特别区委书记。同年8月，中共湘赣省委成立，株洲特别区委成为湘赣省委的直属区委（后改为长湘区委）。经过一年的积极工作，区委由7个支部40多名党员，发展为22个支部193名党员，还建立10个秘密工会，发展100多名会员。党的组织由株洲附近扩大到醴陵姚家坝、渌口、湘潭县城、易家湾、暮云市、大托铺和长沙城内。同时，还在株洲清水塘老街同仁昌药铺，建立为湘赣省委与在上海的中共中央、中央苏区以及湖南联络的秘密交通联络站；组织一批党员以挑货郎担、收旧货、磨剪刀等为掩护，在长沙、湘潭等地搜集情报，筹集急需的战备物资，由秘密交通线从株洲转送到中共湘赣省委驻地——江西永新。易灭非出色的工作，多次受到中共湘赣省委表扬。在同年12月召开的中共湘赣省第二次代表大会上，易被选为省委候补委员。1934年2月，区委副书记林岗叛变投敌，易灭非潜往永新。同年8月，易随红六军团突围西征，从事政治宣传工作。1935年5月，在夺取泸定桥的战斗中牺牲。

罗正纬（1884—1951）字达存，号涵原。天元区马家河镇大石桥人。先后就读于明德速成师范学校、中路师范、湖南优级师范，因成绩优异，清廷奖给举人加中事科中书衔。1912年，与友人符定一在长沙创办湖南省高等中学，他任教务主任兼国文教员。谭延闿第一次督湘时，他任省财政厅审计处长兼湖南都督府和巡按使署的顾问，后又任湖南省参议会议员。与教育界人士将清末教育总会改组为湖南教育会，被选为该会干事和第二教育会评议员。1915年，他受聘于袁世凯，任参议院一等一级主事，袁奖给四等嘉禾章。段祺瑞组织安福俱乐部时，被选聘为新国会众议院议员，迁居北京。"五四"运动爆发。他以众议员的名义与李大钊、黄右昌等发动各界人士数百名向北洋军阀政府提出弹劾交通总长曹汝霖，要求撤职查办，以支持当时声势浩大的"三罢"运动。1921年，与蔡元培、刘揆一等邀约北京70个团体及各界爱国人士发动组织全国国民外交大会，以作国家外交的后盾，获得全国响应，各省区纷纷组织外交分会，以示支持。终于迫使华府会议列强瓜分中国的阴谋未能得逞。南北和会兴起，他与湖南各界知名人士和国会议员周勃、符定一等22人，提出4条建议，致电南北和会，请求解决湖南善后事宜。以谋湖南省人民之休养生息。张敬尧在湖南实行禁运，影响谷米流通，民怨甚大。乃与湘籍议员8人致电张敬尧，请开米禁，以苏民困。湖南驱张运动兴起，以毛泽东为首的驱张代表团抵京活动。他邀约湘籍议员周勃、王毅等10人，组织旅京驱张委员会于湖南会馆，决议驱张5条，起草驱张檄文，迭次出面质问北洋政府，要求将张撤职查办。后来他追随谭延闿，时谭方率湘军人粤讨伐陈炯明，因亦随军入粤。1926年3月，谭延闿代理国民革命政府主席，聘他为顾问，乃又南下入粤。6月，与方维夏、蒋式嘉等从军北伐，11月抵武汉。宁汉分裂后，他离开武汉，去安徽巢县任皖中区检查烟苗特派员公署会办。不久，该公署撤销，改任山东省财政厅预算委员会委员。1934年，他在南京张之江部骑兵十四旅任顾问。是时，国民政府令纂辛亥革命史，他受冯玉祥之委托，编纂滦州革命史。事毕，抗日军兴，乃迁居长沙。时，何键将国学馆改为湖南国学专修学校，他任教务长，兼湖南省政府顾问，省参议会参议。长沙"文夕大火"，他携眷回乡暂住。1939年乃携眷入蜀，居重庆金刚坡。后任国民党国史馆编审委员兼顾问，被聘为行政院参议，居歌乐山。1947年，他居长沙之妙高峰，被聘为省府顾问，犹热心于经学与孙文之道，与胡庶华、曹典球等人组织大同学会湖南分会。又与赵恒惕、仇鳌等人发起修建南轩公园和南轩图书馆，并为图书馆作记。1948年，回乡劝族人以族产兴学，未果。乃营新居，收集藏石，拟著书立说以终余年。他著书甚多，有《又我斋联语》《鲁联》《戊辰宁皖集》《读经评议》《读经问题》《涵原学书》《涵原政书》《涵原杂著》《涵原读存》《涵原文存》《东南西北集》《中国学术纲要》《民族文化原理》《治学讨论集》《建国学术设计书》《东方文化与现在中国及世界的关系》《现代人物评》《对于青年之贡献》《青年时习录》等，惜多散佚。1951年6月，病逝于北京。

包光溢（1894—1951）号振宇，天元区群丰镇江璜村人。1918年，毕业于湘潭县立昭潭中学，其时正值李石曾、吴稚辉等人组织留法勤工俭学会，他报名应考被录取。1919年7月13日，和罗学瓒等58人赴法。先后在赖华涉、蒙伯利亚、波尔都、里昂等地化肥厂、电化厂、药材颜料厂和人造丝厂做工，经过7年劳动积蓄，筹集读书费用。1921年夏，他以《留法通信》名义先后五次向国内发稿，概述华工在工界、商界和学界消息以及勤工俭学情况，在《大公报》上发表，得到国内各界有识之士的认可。1927年2月，入法国波尔都大学化学系学习，攻读、研究工业化学。1929年6月，获化学博士学位。毕业后，转法国里昂人造丝厂任工程师。1931年春，回国，赴上海伟成公司大昌精炼皂厂任工程师。1937年上海沦陷后，辞去工作，回乡办教育，任湘滨中学和石浦中学董事及族办小学董事长，认真物色教员，审查添置学校设备；及时了解学生状况，定期检查教学质量；妥善解决办学中的具体问题。中华人民共和国成立后，任湘潭县一区人民代表和湘潭县第一届人民代表大会会议特邀代表。1950年5月，任湖南省人民政府参事室参事。1951年5月，病逝。

肖丽生（1880—1952）名泽，天元区三门镇白石村人。少年时读私塾5年，后随其父居住辰州府（湖南沅陵县），博览群书。1904年入凤凰县邮电局工作，任巡察吏。一次，路过山东博山，羡慕该地的玻璃工业，决心钻研制造玻璃工艺知识，在湖南创办玻璃工业。1912年，他到长沙，一面着手调查省内硅石及其他原料产地；一面筹集资金，与长沙工商界彭次英等人集股。筹集白银18万两，在长沙六铺街办起湖南第一家玻璃厂——麓山玻璃厂，生产煤油灯具、彩缸、花瓶、电灯罩等十个产品，畅销长沙、宁乡、益阳、衡阳等地。翌年，扩展厂房，增设熔炉，增加职工，产量增长一倍。1915年，该厂制品在美国巴拿马赛会获一等奖。1918—1919年，部分产品出口东南亚各地，年出口值约六七万关平两（每一关平两折合银元1.6元）。1921年，因股东意见不一，他带一班人筹集5000银元，在长沙兴办宝华玻璃公司，赁地15000平方米，建筑新厂房。1924年，全厂职工581人，他任总经理，潜心经营，改进技术，增加花色品种，提高产品质量，推行计件工资，使宝华成为湖南省规模最大的玻璃工业厂家。1934年，产品滞销积压，流动资金周转困难，他求助交通银行、上海银行行长与省建设厅厅长谭常恺，经共同研究，同意投资法币10万元，以宝华厂牌名，发行辅币50万元，套换市场现金（银元），结果现金尽数落入银行，招来贷款债务，流动资金被冻结，发行的辅币挤兑，将库存产品按八折价抛售，工厂停产倒闭。他气愤难平，离开工厂。随后，去长沙大托铺鼎罐塘办农场。1950年，中共湖南省委书记金明、工业厅厅长高文华聘他兴办湖南玻璃总厂，任筹备处总工程师。1952年病逝。

刘慕曾（1903—1957）原名先荣，字护安，天元区三门镇人。自幼立志向学，崇拜清末洋务派和湘军首领曾国藩，更名慕曾。1920年毕业于长沙师范，回三门镇创办普安高级小学，任校长兼语文教员。翌年，被推荐位湘潭县议员。1922年，入南海康有为门下，探求中国变法之道。不久，入湖南公立法政专科学校，攻研法律。1926年，入国民革命军，任陆军十八军三十一师政训处少校科员。1929年，受同乡刘千俊邀请，随刘先后赴安徽省含山、全椒县和江西省南丰县任现县府幕僚长，佐治县政。1936年9月，任贵州第三区行政专员公署主任秘书、绥阳县长。翌年六月调任遵义县长。其时，抗日战争爆发，部分机关、学校、工厂西迁入黔到遵义，他负责一一安置。1938年春，南京政府迁至武汉，陈诚任武汉卫戍总司令兼湖北省政府主席，委任他为上校秘书及湖北省政府主任秘书，出入陈诚左右。1943年，陈任远征军司令，刘奉召到云南楚雄，参与戎幕。1944年又先后任后军政部文书科长、军政部后勤司令部秘书处长。1946年，调任军政部军法司长，后任国防部军法处长。1947年，陈为东北行辕主任，刘任行辕办公厅主任兼行辕政务委员会办公厅主任。1948年，任辽宁省政府委员兼秘书长。1949年，随陈诚赴台湾，先后任台湾“省政府”主任秘书、“行政院”参事兼机要室主任。1954年陈诚辞职。“行政院”改组，他调任“台湾银行”顾问。1957年1月21日，病逝于台北。

彭利华（1955—1975）女，天元区群丰镇长岭村人。1968年高小毕业后，刻苦自学，酷爱毛泽东著作和革命书籍，常为五保户挑水、背柴、送菜，7年如一日。1975年4月21日14时，彭新华等3个女孩在雷贯山水库玩耍，彭新华掉进水里。新华的爸爸彭水生闻讯赶来，跳入水中，被新华一把抱住不放，曾在战场上负过重伤的彭水生，再也无力浮游，在水里挣扎。利华闻讯后，飞跑到水库边，纵身跃入水中，用左臂划水，右臂向前奋力朝彭水生父女俩身边游去。社员彭雪华见此危急情景，一边下水，一边大声呼喊：“利华，前面是两丈多深的陡壁，危险！”利华置自己生死于度外，仍然奋力向彭水生父女俩落水挣扎处划去。几分钟后，终于触到彭水生的脚，她竭尽全力往上一撑，紧抱一团的彭水生父女俩被顶出水面。相继赶到的社员将彭水生、彭新华父女俩救到岸上。利华却沉入水底，献出年轻的生命。中共株洲县委、共青团株洲市委通报表彰其英勇事迹。

刘先胜（1901—1977）1901年6月生，天元区雷打石镇人，中国人民解放军高级将领，南京军区原副司令员。参加土地革命战争、长征、抗日战争和解放战争。1955年，被授予中将军衔。

1922年，参加安源路矿工人大罢工，被选为工人代表。1924年7月，加入中国共产党。同年冬打入矿警队，协助党组织做争取和改造矿警队的工作。1927年9月，随矿警队参加湘赣边界秋收起义，任工农革命军第一军第一师第二团排长。起义失利后，率部分武装在株洲渌口一带坚持游击战，1928年，编入湘东南游击队。1930年后，历任湘赣红军独立师第一师连长、营长、师部副官主任，参加湘赣根据地反"围剿"斗争。1933年，入瑞金马克思主义学校学习。1934年春起，先后任红九军团直属队总支书记、团政委、军团卫生部政委、红六军团五十二团政委。参加中央苏区反"围剿"战斗和红军长征。抗日战争爆发后，奉命随陈毅奔赴江南抗日前线，参加新四军，开展艰苦卓绝的抗日游击战争。先后任新四军教导队总支书记兼政治三队政治指导员、教导大队组织科科长、新四军江南指挥部第一支队政治部组织科科长、江南人民抗日救国军政治部主任、第一团政治委员、新四军苏北指挥部第三纵队政治委员。参与指挥著名的黄桥决战，保卫抗日根据地。1941年，皖南事变发生后，任重建后的新四军第一师第三旅政委兼苏中军区第四军分区政治委员、副司令员，第三旅旅长，第十八旅旅长兼苏中军区第一军分区司令员。指挥部队参加粉碎日军"清乡"的战斗，为巩固和发展苏中抗日根据地做出贡献。1944年，任新四军第一师参谋长。同年12月，协助师长粟裕指挥新四军南下苏浙皖边区、扩大江南抗日根据地的重要战略进攻行动，并任新成立的苏浙军区参谋长。解放战争开始后，任华中军区参谋长，1945年11月，任华中野战军参谋长。1946年7月至8月，协助华中野战军司令员粟裕，运用灵活的战略战术，指挥宣（家堡）泰（兴）等战斗，歼敌6个旅5.3万人，取得苏中七战七捷的胜利，受到党中央、毛泽东主席的高度评价。1946年12月，参与指挥宿北战役。1947年1月，任华东野战军副参谋长。孟良崮战役中，不顾积劳成疾，以顽强毅力，组织参谋人员日夜深入前沿阵地，周密侦察敌情，争分夺秒协助粟裕等首长研究作战方案，亲临前线指挥作战。此役全歼国民党王牌军整编第七十四师，击毙师长张灵甫，粉碎敌人企图南北夹击华东野战军的阴谋。1948年以后，任苏北军区副司令员、苏南军区副司令员，参与指挥1949年渡江战役，为解放华东地区做出了贡献。中华人民共和国建立后，历任苏南军区司令员、苏南行政公署副主任、江苏省军区司令员。1952年12月，任江苏军区司令员，配合地方党政部门收容国民党散兵游勇，搜剿残敌，打击匪特，保障各级政府接管工作的顺利进行。1955年，获二级八一勋章、一级独立自由勋章、一级解放勋章。1955年，被授予中将军衔。1960—1969年，任南京军区副司令员、兼任军区军事工厂领导小组组长，负责军事工厂工作，注重军代表队伍建设，狠抓军工产品质量，扭转多年亏损的局面，新产品试制取得很大成绩。是第四届全国政协委员。因战争年代积劳成疾，长期患病，他多次主动提出退居二线。1969年8月，再次提出退休并获得批准。1977年10月12日病逝。1977年10月被中国人民解放军总政治部追认为烈士。

黄树群（1919—1987）天元区马家河镇人，系名中医黄海珊之孙，继承祖技，博览群书，造诣较深。擅长临床，尤擅内科、妇科、儿科杂症。风华茂龄即声誉株洲、湘潭一带。临床经验丰富，曾积累惊风、卒中、癃闭等百种病验案，及古方新用等资料。黄树群常言："医者所负重大使命，不得考虑个人得失，才是炎黄子孙。"临诊严肃认真，不分贫富之家，视同一体。不论远近之路，心无二端。赤贫送诊，尽力济人。咳痰吐浊，小溲大便，必躬身验视，从不草率。自备"三黄散"，作发热患儿外敷，概不收费。对危急病人，不分昼夜，一心扑救。仁术仁心，寿世寿人。20世纪50年代，黄树群热忱培养中医人才，积极带徒，创建马家河联合诊所。1956年，为湘潭县中医药班讲课，在湘潭县中医进修班任教中，紧密结合临床，深受学员欢迎。带徒之时，谆谆教诲，细心辅导，为人谦虚谨慎，虚心好学，不耻下问，常倡东坡之言："然知之则可。若强不知以为知，不如无知。"获得同道者美誉。行医50余载，列为省名老中医。为湘潭县中医院创始人之一，先后任该院院务委员、门诊、住院部主任和省中医学会会员、湘潭县政协委员。1987年离世。

苏本善（1909—1996）曾用名德隆，男，1909年生，天元区三门镇人。1928年夏，毕业于南京中央军校，曾任国民党军连长、营长，交通研究院少校队长，训练总监部副大队长，第四路军教导团中校参谋等。抗日战争时期，任第十集团军总部上校参议兼宣传科长，浙江定海县、象山县县长，绍兴地区专员公署专员兼少将保安司令，浙江保安部队第三纵队中将司令。抗日战争结束后，任武汉华中长官公署专员、湖南督察专员兼保安司令部高参。1949年8月，参加湖南和平起义。中华人民共和国成立后，任湖南省军政委员会顾问，湖南省人民政府参事。湖南黄埔同学会副会长，第四、五、六届湖南省政协委员、常委，民革中央团结委员会委员。1996年7月5日逝世。

李梅生（1936—2001）男，1936年12月出生，天元区雷打石镇胜利村人。出生于贫农家庭，只读过三年书，10岁开始靠放牛、砍柴艰难度日，直到解放。1952年9月，参加中国人民解放军。1953年7月参加广东东山岛战斗。1955年3月任副班长，同年10月加入中国共产党。1956年1月任排长。1958年2月组织派送他到第五步兵预备学校学习，1960年9月，学习结束后任四十一军一二二师独立工兵营二连副连长。1961年1月，任一二二师三六五团二营五连连长，5月任政治指导员。1965年1月，任一二二师三六五团一营副营长，8月任营长。1969年，任四十一军步兵第三六五团参谋长。1970年10月，任三六五团副团长。1973年8月，任三六六团团长。1978年4月，到军事学院基本系学习。1979年7月，任陆军第一二二师副师长。1983年5月，任陆军第四十一军副军长。1985年8月，调任广西军区副司令员，他工作扎实，经常深入边、海防部队解决实际问题，为广西军区部队和民兵预备役建设作出突出贡献。1988年8月至1992年9月，兼任北海军分区司令员，他团结党委"一班人"，狠抓部队思想、组织、作风和正规化建设，开创军分区建设的新局面。1988年，被授予少将军衔。1998年7月退休。2001年12月因交通事故，在广西玉林不幸逝世。

二 人物表

株洲市天元区烈士表

烈士姓名	简 介
罗 哲	马家河镇人，1902年生，1922年参加革命，中共党员，任中共湘潭县工作委员会书记，1928年9月在长沙浏阳门外柿子岭就义
张藻庭	马家河镇人，1893年生，1925年参加革命，中共党员，任中共湘潭县东二区委员会委员，1929年8月在湘潭县胡头岭被敌人杀害
罗春忠	马家河镇人，1924年生，1948年参加革命，后赴朝鲜在志愿军四十七军一〇四师四二〇团当战士，1951年10月在朝鲜作战牺牲
罗福生	马家河镇人，1931年生，1949年参加革命，共青团员，任志愿军后勤部暂编一团司机，1952年3月在朝鲜作战牺牲
罗学忠	马家河镇人，1935年生，1956年2月参军，共青团员，任〇一四五部队四支队炮手，立三等功一次，1959年1月在福建前线作战牺牲
罗学兵	马家河镇人，1944年生，1964年9月入伍，中共党员，在四十七军一四一师四二二团当战士，1967年11月在长沙市五一路因抢救国家财产牺牲
罗先国	马家河镇人，1957年生，1977年1月参军，共青团员，在五四〇〇九部队六十三分队当战士，1979年2月在对越自卫还击中牺牲
郭建平	马家河镇人，1961年生，1978年12月入伍，共青团员，解放军五三二五三部队八十一分队战士，立三等功一次，1979年2月在对越自卫还击中牺牲
罗学瓒	马家河镇人，1893年生，1919年参加革命，中共党员，任中共浙江省委员会书记，1930年8月在浙江杭州被杀害
王竹林	马家河镇人，1898年生，1930年参加革命，中共党员，任湘鄂赣军区独立师司务长，1935年3月在江西瑞金县梓杭山被杀害
王秀芳	马家河镇人，1866年生，1896年参加革命，1902年在汉口被杀害，牺牲时任富有山堂(地下组织名称)内堂中骨干
殷顺存	群丰镇人，1894年生，1925年参加革命，中共党员，任湘潭县东二区农协会秘书，1930年被捕后在沅江县草尾牺牲
包光耻	群丰镇人，1927年生，1946年参加革命，在华东野战军四纵队十师三十二团二营当战士，同年在山东莱芜县作战牺牲
刘新美	群丰镇人，1924年生，1950年入伍，赴朝鲜志愿军，在第八十八军二〇二师六〇四团三营八连任排长，1953年2月在朝鲜阳山作战牺牲
陈葵生	群丰镇人，1915年生，1950年入伍，赴朝鲜志愿军，在八十八军二〇三师六〇六团当战士，1952年3月在朝鲜作战牺牲
李德其	群丰镇人，1933年生，1951年4月入伍，赴朝鲜志愿军，在六十八军二〇四师当战士，1952年6月在朝鲜作战牺牲

烈士姓名	简 介
谭普臣	群丰镇人，1917年生，1948年参加革命，赴朝鲜志愿军，在二十七军八十师炮兵团当战士，1953年1月在朝鲜三八线作战牺牲
刘成海	群丰镇人，1927年生，1948年参加革命，后赴朝鲜在志愿军二十七军八十师二三八团任战士，1952年在朝鲜战场失踪。1982年由株洲县人民政府追认为烈士
包光凯	群丰镇人，1930年生，1951年5月参军，在志愿军六十八军二〇三师六〇八团二营当副班长，1953年7月在朝鲜二里洞作战牺牲
王显成	群丰镇人，1925年生，入伍参军赴朝鲜，在志愿军四十四军六一六团一支队三分队当战士，1952年在朝鲜战场失踪，1982年由株洲县人民政府追认为烈士
黄逸夫	群丰镇人，1883年生，1927年参加革命，中共党员，同年在湘潭熙春园被敌人杀害
包光怀	雷打石镇人，1922年生，1953年6月参军，在九〇五九部队独立师二分队当战士，1956年1月在福建厦门因公牺牲
谭桂林	雷打石镇人，1904年生，1926年参加革命，任湘潭县谭家山农协会委员，1927年8月在湘潭县沦门前被敌人杀害
谭明德	雷打石镇人，1894年生，1926年参加革命，任湘潭县谭家山农协会秘书，1927年9月在湘潭雷家坟山被杀害
钱子勤	雷打石镇人，1882年生，1926年参加革命，中共党员，任湘潭县三区农协会秘书，1928年2月在湘潭县狱中牺牲
钟亮玉	雷打石镇人，1928年生，1948年参加革命，在解放军四十五军一三二师战士，1950年11月在广西剿匪牺牲
刘先胜	雷打石镇人，1901年生，1919年参加革命，1924年加入中国共产党，系南京军区副司令员。1977年10月在浙江宁波市病故。1977年10月被总政治部追认为烈士
潘淑平	雷打石镇人，1926年生，1946年参加革命，在华东野战军四纵队十师三十二团二营当战士，同年在山东莱芜县作战牺牲
冯仕威	雷打石镇人，1930年生，1949年参加革命，赴朝鲜志愿军在炮兵五师四十四团观通队当观察员，1951年2月在朝鲜红川郡作战牺牲
王夏南	雷打石镇人，1930年生，1946年参加革命，后赴朝鲜在志愿军二十六军七十八师二三四团三营八连当班长，1951年6月在朝鲜平津淮阻击战中牺牲
罗青山	雷打石镇人，1929年生，1947年参加革命，中共党员，赴朝鲜在志愿军后勤部汽车十三团三连当班长，1951年12月在朝鲜熙川作战牺牲
袁宪存	雷打石镇人，1925年生，1951年6月参军，共青团员，在志愿军六十八军二〇四师六一〇团一营当战士，1952年2月在朝鲜江原道作战牺牲
潘寿松	雷打石镇人，1932年生，1951年6月参军，共青团员，在志愿军六十八军二〇四师六一〇团三营当副班长，1952年6月在朝鲜作战牺牲
易冬生	雷打石镇人，1932年生，1951年6月参军，共青团员，在志愿军六十八军二〇四师六一一团当战士，1952年10月在朝鲜作战牺牲
王　平	雷打石镇人，1929年生，1949年参加革命，赴朝鲜志愿军在四十六军一三七师四〇九团当战士，1953年7月在朝鲜上甘岭作战牺牲
旷仁俊	雷打石镇人，1926年生，1949年参加革命，赴朝鲜志愿军在五十四军一三三师三九八团二营四连当战士，1954年在朝鲜牺牲

烈士姓名	简介
彭福泉	雷打石镇人，1933年生，1950年1月入伍，共青团员，在云南省军区蒙自军分区当战士，1954年1月在蒙自军分区因公牺牲
杨克忠	雷打石镇人，1923年生，1949年参加革命，赴朝鲜志愿军在二十四军七十二师二一五团当战士，1954年6月在朝鲜牺牲
姜伯奎	雷打石镇人，1937年生，1955年参加革命，在株洲市公安局任侦察员，1960年7月在株洲市广播电台灭火中牺牲。1960年7月共青团株洲市委追认为模范共青团员，中共株洲市委追认中共正式党员，1967年6月由湖南省人民委员会追认为烈士
罗茂纯	雷打石镇人，1942年生，1961年入伍，共青团员，光洞六八五七部队战士，1963年1月在广东东莞县水上训练中牺牲
郭国良	雷打石镇人，1928年生，1951年入伍，赴朝志愿军在暂编七团一营一连当战士，同年在朝鲜战场失踪。1982年由株洲县人民政府追加认为烈士
刘建国	雷打石镇人，1934年生，1951年入伍，赴朝志愿军暂编七团通信员，1952年在朝鲜战场失踪。1982年由株洲县人民政府追认为烈士
杨正明	雷打石镇人，1931年生，1950年入伍，赴朝志愿军暂编七团战士，1952年在朝鲜战场失踪。1982年由株洲县人民政府追加烈士
廖国栋	三门镇人，1887年生，1926年参加革命，在湘潭县七区三乡农民协会秘书，1927年11月在三门师神庙被杀害
范金生	三门镇人，1929年生，1949年参加革命，赴志愿军在五十军一五〇师二营当战士，1951年1月作战牺牲
曹伯钧	三门镇人，1932年生，1951年入伍，赴朝志愿军在六十八军六一〇运输连当战士，1952年4月在朝鲜东线作战牺牲
聂运兴	三门镇人，1930年生。1950年入伍，参加抗美援朝，在志愿军暂编七团当战士，1952年6月在朝鲜中线作战牺牲
李兆明	三门镇人，1925年生，1949年参加革命，1951年1月在朝鲜作战牺牲
刘意成	三门镇人，1930年生，1951年6月入伍，赴朝志愿军六十八军二〇二师六〇五团三营六连战士，1952年8月在朝鲜江原道作战牺牲
王树芝	三门镇人，1930年生，1951年6月入伍，赴朝志愿军四十七军一三九师四一六团三营战士，1953年3月作战牺牲
王石泉	三门镇人，1951年6月入伍参加抗美援朝，在志愿军六十八军二〇四师六一一团一营当战士，1953年7月作战牺牲
白长庚	三门镇人，1934年生，1951年5月入伍参加抗美援朝，在志愿军六十八军二〇四师六一一团一营当战士，1953年7月在朝鲜上甘岭作战牺牲
唐海涛	三门镇人，1934年生，1956年3月入伍，中共党员，在广西〇四一五部队四支队任台长，1960年9月在广东惠阳县因公牺牲
李建安	三门镇人，1942年生，1959年入伍，在福建六五八五部队三营七连任副班长，1963年9月在福州市军训中牺牲
吴海清	三门镇人，1935年生，1956年3月入伍，中共党员，在海军四〇八八部队政治部任干事，1966年7月在福建宁德县军训中牺牲
李道德	三门镇人，1940年生，1958年3月入伍，中共党员，空军七二五一部队飞行员，1967年6月在辽宁复县飞行训练中牺牲

烈士姓名	简 介
王梅初	三门镇人，1938年生，1959年8月入伍，中共党员，空军七二六八部队副中队长，1969年5月在广东飞行训练中牺牲
张跃进	三门镇人，1958年生，1979年1月入伍，共青团员，五三二五四部队七十六分队战士，1979年2月在对越自卫还击战中牺牲。部队党委给他追记三等功
李德敬	三门镇人，1960年生，1979年1月入伍，五三二五四部队七十八分队战士，1979年2月在对越自卫还击战中牺牲。部队党委给他追记三等功
曹铁星	三门镇人，1958年生，1979年1月入伍，五三二五四部队八十五分队战士，1979年2月在对越自卫还击战中牺牲。部队党委给他追认为中共党员
曹伯君	三门镇人，1932年生，1951年6月入伍，为赴朝志愿军四十七军一三九师四一六团三营九连战士，1953年在朝鲜战场失踪。1982年由株洲县人民政府追认为烈士
余建安	三门镇人，1933年生，1951年入伍，为赴朝志愿军六十八军二○四师六一○团运输连战士。1952年1月在朝鲜长丰郡作战牺牲
易大明	三门镇人，1924年生，1951年6月参军，为赴朝鲜志愿军六十八军二○三师六○九警卫连副班长，1952年6月作战牺牲
刘竞蒲	三门镇人，1929年生，1951年6月入伍，赴朝鲜，志愿军二○四师六一一团班长，1953年7月在朝鲜金城作战牺牲
杨振东	三门镇人，1927年生，1951年参加抗美援朝，在志愿军暂编七团当战士，1952年在朝鲜战场失踪。1982年由株洲县人民政府追认为烈士
彭光明	泰山路街道人，1926年生，1949年4月参加革命，1951年在朝鲜志愿军部队牺牲，牺牲时为战士
王万鹏	泰山路街道人，1968年10月生，1987年11月参加革命，1996年7月5日在抢救舰艇时牺牲，牺牲时为舰艇机电长
易万全	泰山路街道人，1892年生，1924年参加革命，1926年10月在长沙因叛徒出卖被捕后牺牲。当时任乡农协会委员长
殷桂山	泰山路街道人，1891年生，1924年参加革命，1929年11月5日在长沙被捕后牺牲。当时任农协会委员长
袁发南	泰山路街道人，1930年生，1950年参加革命，1951年6月在福建安溪县牺牲，牺牲时为福建某部队战士

附　录

重要文件

关于建立株洲高新技术产业开发区的批复

湘政办函〔1992〕38 号

株洲市人民政府：

你市政府株政报〔1991〕19 号《关于建立株洲高新技术产业开发区的请示》收悉。经省人民政府研究，同意建立株洲高新技术产业开发区，作为省级高新技术产业开发区，请参照长沙高新技术产业开发区的有关政策试行。

湖南省人民政府办公厅

一九九二年二月十日

关于在株洲建立国家高新技术产业开发区的通知

国科发火字 858 号

湖南省人民政府：

经国务院批准（国函〔1992〕169 号）并由国务院授权，我委对株洲市建立的高新技术产业开发区的区域、面积进行了审定。现将有关事宜通知如下：

一、同意株洲高新技术产业开发区为国家高新技术产业开发区，执行《国务院关于国家高新技术产业开发区和有关政策规定的通知》（国发〔1991〕12 号）规定的各项政策。

二、株洲高新技术产业开发区规划面积 8.8 平方千米。区域范围：北、东、南以滨江路为界，西以黑龙江路为界。近期开发 3.78 平方千米，开发完成后，需扩大开发面积时，应报国家科委批准。

三、望你们切实加强对高新技术产业开发区的领导，认真搞好高新技术产业开发区的建设与改革，推动高新技术产业开发区的健康发展。

四、我委将会同有关部门对株洲高新技术产业开发区的工作进行全面审查（具体时间另行通知），经审查合格后将授予国家高新技术产业开发区认定标牌。

国家科委

一九九二年十二月二十九日

湖南省人民政府关于调整株洲市市辖区行政区划的通知

湘政函〔1997〕100 号

各行政公署，自治州、市、县人民政府，省直机关各单位：

根据《国务院关于同意湖南省调整株洲市市辖区行政区划的批复》（国函〔1997〕40 号）精神，经省人民政府研究，现通知如下：

一、将株洲县的群丰镇和马家河乡划入株洲市市区。

二、撤销株洲市东区、南区、北区、郊区，调整设立株洲市荷塘区、芦淞区、石峰区、天元区。

荷塘区辖原东区的月塘、茨菇塘、宋家桥 3 个街道，原郊区的明照、荷塘铺（不含新民、田心、双丰 3 个村）、蝶屏 3 个乡和龙头铺镇的茶园、东流、三搭桥 3 个村。区人民政府驻新华东路。

芦淞区辖原南区的建设、建宁、董家塅和原北区的贺家土 4 个街道，原郊区的曲尺、建宁、五里墩 3 个乡。区人民政府驻芦淞路。

石峰区辖原北区的响石岭、清水塘和原东区的田心 3 个街道，原郊区的龙头铺镇（不含茶园、东流、三搭桥 3 个村）和清水、云田、荷花 3 个乡以及荷塘铺乡的新民、田心、双丰 3 个村。区人民政府驻建设北路。

天元区辖原株洲县的群丰镇、马家河乡和原郊区的园艺场。区人民政府驻黄河北路。

湖南省人民政府

一九九七年六月二十八日

湖南省民政厅关于调整株洲市部分行政区划的批复

湘民行发〔2011〕6 号

株洲市人民政府：

你市《关于部分行政区划调整的请示》（株政〔2010〕73 号）收悉。经研究，并经省人民政府批准，现批复如下：

同意将株洲县的雷打石镇和三门镇划归天元区管辖。行政区划调整后，天元区辖 3 个街道、4 个镇，总面积 327.6 平方千米，总人口 24.6 万人，区人民政府驻地不变；株洲县辖 4 个镇、10 个乡，总面积 1053.6 平方千米，总人口 33.7 万人，县人民政府驻地不变。

湖南省民政厅

二〇一一年一月三十日

株洲市人民政府关于市辖区行政区划调整的通知

株政发〔1997〕31 号

各县、市、区人民政府，市直机关各单位，各企事业单位：

根据湖南省人民政府《关于调整株洲市市辖区行政区划的通知》（湘政函〔1997〕100 号）精神，对我市市辖区行政区划进行调整，现通知如下：

一、将株洲县的群丰镇和马家河乡划入市区。

二、撤销市东区、南区、北区、郊区，调整设立市天元区、芦淞区、荷塘区、石峰区。

天元区：东、北以湘江河为界，南以群丰镇与雷打石镇界线为界，西以株洲市与湘潭市界线为界。以株洲县的马家河乡、群丰镇的行政区域及原郊区园艺场为天元区的行政区域。天元区辖泰山路、嵩山路 2 个街道办事处和马家河乡、群丰镇 2 个乡（镇）。区人民政府驻黄河北路（暂住建设南路）。

芦淞区：东、南以原郊区与株洲县界线为界，西以湘江河为界，北以白石港河（老河）、京广铁路（西边线）及建宁乡与明照乡界线为界。以原南区的建设、建宁（不含东湖、文化路 2 个居委会）、董家塅等 3 个街道办事处和原北区的贺家土街道办事处（不含白石港以北的 6 个居委会和黄泥塘居委会京广线以东区域）及原郊区的曲尺乡、建宁乡、五里墩乡的行政区域为芦淞区的行政区域。芦淞区辖建设、建宁、董家塅、贺家土 4 个街道办事处和曲尺、建宁、五里墩 3 个乡。区人民政府驻芦淞路。

荷塘区：东以株洲市与长沙市、原郊区与株洲县界线为界，南以明照乡与建宁乡界线为界，西以京广铁路（西边线）及白石港河（老河）为界，北以蝶屏乡与云田乡界线为界。以原东区的月塘、茨菇塘、宋家桥 3 个街道办事处、原南区建宁街道办事处的东湖、文化路 2 个居委会（归月塘街道办事处辖）、原郊区的明照乡、蝶屏乡、荷塘铺乡（不含新民、田心、双丰 3 个村）、龙头铺镇的东流、茶园、三搭桥 3 个村（归明照乡管辖）及原北区贺家土街道办事处黄泥塘居委会京广线以东区域（归茨菇塘街道办事处管辖）的行政区域为荷塘区的行政区域。荷塘区辖月塘、茨菇塘、宋家桥 3 个街道办事处和荷塘铺、明照、蝶屏 3 个乡。区人民政府驻新华东路。

石峰区：东以白石港河（老河）为界，南以湘江河为界，西以株洲市与湘潭市界线为界，北以株洲市与长沙市界线为界。以原北区的清水塘、响石岭、原东区的田心等3个街道办事处，原北区贺家土街道办事处白石港以北的6个居委会（归响石岭街道办事处管辖）、原郊区的清水乡、荷花乡、云田乡、龙头铺镇（不含茶园、东流、三搭桥3个村）以及原郊区荷塘铺乡的新民、田心、双丰3个村（归龙头铺镇管辖）的行政区域为石峰区的行政区域。石峰区辖响石岭、清水塘、田心3个街道办事处和清水、荷花、龙头铺、云田4个乡（镇）。区人民政府驻建设北路。

原郊区城市工作处管辖的7个居委会一律由所在区分别划入就近的街道办事处。

三、本市调整后的市辖区行政区划从1997年8月1日起实行。

株洲市人民政府

一九九七年七月二十日

中共株洲市委株洲市人民政府
关于颁发《株洲高新技术开发区管理办法的通知》

株发〔1992〕11号

各县、市、区委和人民政府，各企事业单位，市直机关各单位和各人民团体：

为了加速株洲高新技术开发区的建设，加强开发区的管理，根据中发〔1992〕2号文件、国发〔1991〕12号文件和湘政发〔1991〕36号文件精神，参照国家经济特区和经济技术开发区的有关规定，结合我市实际，制定了《株洲高新技术开发区管理办法》，现予颁发，请认真贯彻执行。

中共株洲市委

株洲市人民政府

一九九二年七月十一日

株洲高新技术开发区管理办法

第一章 总 则

第一条 为了加速株洲高新技术开发区（简称开发区）的建设，加强开发区的管理，特制定本办法。

第二条　开发区现辖原市郊区园艺场和市农科所地域范围。开发区是我市的经济特区、高新技术产业开发区、改革开放试验区和经济社会发展示范区。

第二章 机构与职权

第三条　开发区管理委员会，属市人民政府派出机构，代表市人民政府行使开发区行政管理职能，并在国家科委、省高新技术产业开发领导小组和省科委指导下开展工作。

第四条　开发区设立工商行政管理、税务、公安专门行政机关、属开发区管理委员会职能部门。其他行政职能分别由管理委员会有关部、室行使。所设职能部门，在开发区内，行使市政府各职能部门的职权，业务上接受市直有关部门的指导。开发区各职能部门的干部由管理委员会任免和管理。

第五条　开发区管理委员会根据市有关部门切块下达的计划，负责制定和实施开发区的经济和社会发展计划。

第六条　市直各部门要根据“特区特办”的原则，积极支持和配合开发区的工作，对开发区的特殊政策和发展措施，要协调一致抓落实。市政府部门对开发区企业的原材料、能源、资金供应和交通运输等方面实行扶持政策，择优保障。

第三章 工商行政管理

第七条　开发区管理委员会工商行政管理机关，负责开发区内企业的法人登记和发证工作。需要报省核批的投资项目或企业，由管理委员会会同市有关部门报省审批。高新技术企业认定工作由市科委主管。

第八条　开发区积极兴办各类高新技术产业，鼓励各种成分经济的发展。开发区内可以兴办全民、集体、私营、个人所有制企业，可以兴办合作制、股份制和外资独营、中外合作、中外合资企业。开展来料加工、来件、来样生产装配、补偿贸易；进行供水、供电、交通、通信等专项开发或综合开发；兴办第三产业，包括文件、娱乐设施；从事成片土地开发经营和其他投资。

第九条　投资者的投资或提供的合作条件，可以是现金、实物、产权、技术、地产或其他财产权利。

第十条　为了保护投资者各方的利益，开发区对一切合营、合股企业、责任有限公司和股份有限公司进行审查。在提供资信证明和有关资料后三十天内作出具体答复。

第四章 劳动人事管理

第十一条　开发区内企业可根据生产、经营、工作需要，自主确定机构设置、人员编制、劳动计划。

第十二条　开发区实行全员劳动合同制管理、企业职工制度、管理人员和技术人员聘用制。

企业可自行确定用工数量、时间、条件、对象、形式，所用职工不受粮户关系、地域、在职和非在职的限制，实行企业与职工双向选择，用人手续由企业办理。

第十三条 开发区企业及经费自理的事业单位，可自行确定工资、资金分配制度，工资标准和管理办法可参照中外合资企业有关规定执行。

第十四条 开发区内机关、企事业单位职工实行养老、待业、医疗、工伤、女工生育息工等社会保险，由开发区管理委员会设立保险机构统筹管理。

第十五条 开发区内单位根据需要引进的各类人才需正式调入的，由用人单位提出，报开发区管理委员会审批。

第五章 财税管理

第十六条 开发区税务机关执行本办法规定的税收优惠政策，并在执行中不断创新和完善，以促进开发区建设的快速发展。

第十七条 开发区企业实行中外合资企业财务管理规定和会计制度。

第十八条 建立开发区开发基金。从一九九二年起，市财政（包括城市三项费用）及市科委每年安排一定数额的资金，用于开发区建设。原用于河西的各项事业发展经费，由市财政切块下达，并按国家的有关规定增拨。开发区企业所缴各项税款，从一九九二年起，五年内全部返还用于开发区的建设。

第十九条 开发区企业的固定资产实行快速折旧，年限可缩短为三年至七年。

第二十条 开发区内企业从被认定之日起，按 15% 的税率征收所得税，税后免交两金。出口产品的产值达到当年总产值 70% 以上的，减按 10% 的税率征收所得税。

第二十一条 开发区内生产性的外商投资企业，免征地方所得税和其他地方税十年，非生产性的外商企业免征地方所得税和其他地方税五年。

第二十二条 开发区国内投资企业从正式投产年度起，经开发区税务机关核准，头三年免征所得税，后两年减半征收。

第二十三条 中外合资和合作经营的企业以及外商独资经营的企业，经营期在十年以上的，经开发区税务机关核准，可从开始获利年度起，头三年免征所得税，免税期满后，纳税确有困难的，经批准再给予适当减免税照顾。

第二十四条 对内资企业减征或免征的税款，统一作为国家扶持基金，单独核算，专户储存，由管理委员会监督，专项用于新技术、新产品的开发。

第二十五条 开发区内资企业研制的新产品，按规定减免产品税、增值税；中试产品经批准可给予减免税照顾；凡兴办劳务、服务和修理等第三产业的企业，从新办的第一年起免征营业税三年。

第二十六条 区外企业在开发区新办企业中分得的利润，可提取一定比例用作本单位的工资福利基金，并免征税费；分得的利润在开发区再投资的，免征所得税和两金。

第二十七条 高等院校、科研院所、邮电和军工等部门在开发区兴办企业，国家原规定的税收政策更优惠的，可择优使用。

第六章 金融管理

第二十八条 市人民银行应积极支持开发区设立独立的金融机构，支持各专业银行在开发区设立分支机构，为开发区内企业提供资金信贷服务。企业开户实行银行和企业双向选择。

第二十九条 开发区内的金融机构、投资公司可享受本区内的有关优惠政策。

第三十条 市内专业银行对开发区企业的流动资金贷款、固定资产贷款和科技贷款，实行倾斜政策。

第七章 规划和土地管理

第三十一条 根据城市总体规划，市规划办负责组织编制开发区区域规划，确定开发小区功能。小区详细规划，由开发区管理委员会编制，经市规划办审批后组织实施。投资项目的选址审批、发证和管理，由开发区负责。

第三十二条 开发区土地经国土部门分次批量审批，由开发区管理委员会统一开发经营。进入开发区单位的用地，由开发区管理委员会审批和发证。

第三十三条 开发区土地实行有偿使用制度。土地使用权的出让，通过招标、拍卖、协议等方式进行，出让期最长为七十年。

第三十四条 国内企事业单位和外商可在开发区租地建房，也可购地成片开发后，实行再转让。

第八章 治安和户籍管理

第三十五条 开发区公安机关管理开发区的社会治安和居民户籍，境外人员按经济特区的办法管理。

第三十六条 开发区实行城市居民常住户口、暂住户口、农村户口制度。

第三十七条 区外单位和个人在开发区兴办企业，随同来企业工作的职工，是城市户口的，可在开发区落户。

第三十八条 开发区根据生产、工作需要，引进的各类特需人才，可以在开发区落户。如是农村户口的包括其配偶和未成年的子女，可优先转城市户口。

第三十九条 非城市人口在开发区购买住宅、办厂、办店及参加开发区建设的，在缴纳规定数额的城市增容费后，可在开发区落城市户口，享受城市居民同等待遇。

第九章 附 则

第四十条 本办法的解释权和修订权属市委和市人民政府；开发区管理委员会可根据本办法制定实施细则。

第四十一条 本办法自颁布之日起生效。

中共株洲市委 株洲市人民政府 关于加快株洲高新技术产业开发区建设 促进株洲高新技术产业发展的决定

株发〔2001〕1号

2001年2月18日

在新的世纪，高新技术产业已成为综合实力竞争的制高点和经济、社会发展的首要推动力量。株洲高新技术产业开发区（简称“高新区”）是我市改革的试验区、对外开放的窗口和高新技术产业化的基地，建设好高新区是落实科技是第一生产力思想，实施科教兴市战略，实现我市经济跨越式发展的战略选择。为了进一步加快高新区建设，促进我市高新技术产业发展，尽快把高新区建设成为我市最具活力的经济增长极和以高新技术产业为主体的现代化新城区，特作如下决定：

一、明确指导思想，确定发展目标，构筑高新技术产业发展新格局

（一）总的指导思想：高举邓小平理论伟大旗帜，贯彻“发展高科技、实现产业化”的战略决策，以创新为灵魂，以改革开放和科技进步为动力，培育扶植新兴产业，改造提升传统产业，合理配置资源，按照市场导向、效益优先、技术创新和可持续发展原则，坚持高新技术产业发展与国有大中型企业和科研院所的改制、改组、上市、新产品开发相结合；科研成果开发与产业化生产相结合；科学研究与开发创新相结合；政府引导与市场化运作相结合，以高新区的发展为基础，带动全市高新技术产业发展，实现我市高新技术产业量的扩大和质的提升。

（二）总的目标：到2005年，高新区工业总产值达到200亿元，“国家新材料成果转化及产业化基地”和“国家火炬计划传感技术产业基地”建设初具规模，综合实力力争进入国家级高新区前30名，把高新区建设成为以高新技术产业为主体的现代化新城区。

（三）构筑“一区三园两基地”的产业发展新格局。在重点建好河西高新技术产业示范园的基础上，加大田心高科技工业园、董家塅高科技工业园的建设力度。河西高新技术产业示范园以“国家新材料成果转化及产业化基地”和“国家火炬计划传感技术产业基地”为主体，建成以新材料

及传感技术为主的南部工业园和以电子信息、生物医药、先进制造技术为主的北部工业园，形成沿天易——长江大道高新技术产业带。田心高科技工业园依托区域内现有产业优势，重点发展轨道电力牵引技术产业。董家塅高科技园依托区域内现有产业优势，重点发展航机陆用技术产业和健康食品。

（四）在产业发展中坚持培育新兴产业和改造传统产业相结合。在培育新兴产业方面，以新材料、先进制造技术、电子信息、生物医药产业为重点。在改造传统产业方面，要充分利用传统产业的存量资源，注入高新技术，实现生产要素的优化配置，促进国有大中型企业的产业升级和结构调整。

（五）加大招商引资力度，促进项目进区。进一步拓宽招商引资渠道，优化招商引资环境，制定和实施鼓励投资的相关政策，改进招商引资方式方法，提高招商引资工作效率，为高新区建设和发展不断提供新的项目源。

大力发展民营科技企业。要积极鼓励兴办民营科技企业，支持民营科技企业进入高新区发展，加大对民营科技企业金融和财税的支持力度，并为其创造公平的竞争环境。通过引导和服务，不断提高民营科技企业的技术创新能力和管理水平。

二、理顺高新区管理体制，建立高效的运行机制

（六）高新区党工委、管委会是市委、市政府的派出单位（副市级）。高新区直接管理范围为科技部批准的“一区三园”（河西高新技术产业示范园、田心高科技工业园、董家塅高科技工业园）8.8平方千米政策区和河西35平方千米规划区。“一区三园”由高新区按照“统一领导、统一政策、统一规划、统一审批、统一征税”的模式进行管理。

“一区三园”的开发建设要采用市场化运作手段，组建股份制的开发公司，统筹园区建设，形成良性开发机制。

（七）高新区与天元区在职能归并和效能整合后，实行统一的领导体制、统一的财政体制、统一的人事管理、统一的机构设置，形成高效、便捷的新区运行机制。

作为改革的试验区，高新区机构改革要先行一步，其内设机构按照“精简、效能”的原则进行设置，不要求上下对口，高新区职能部门同时履行天元区政府有关职能部门的职责。

市国土局、工商局、国税局、地税局分别在株洲高新区设立派出机构，由派出单位与高新区实行双重领导，党的关系隶属于高新区党工委，人员编制、人事管理由派出单位负责，主要负责人由派出单位商高新区同意后任免。

三、明确高新区职权，进一步优化高新区建设与发展环境

（八）高新区管委会代表市政府具体管理高新区各项相关行政事务，行使如下市级综合性经济技术管理和相应行政管理职能：

1. 贯彻执行党和国家有关发展高新技术产业的方针政策；研究制定和组织实施高新区的有关配套政策和各项管理办法，检查督促各项政策、法规的执行情况；探索高新区改革和发展的新路子、新模式。

2. 编制高新区总体发展规划，制定高新区中长期发展建设和科技、经济发展规划，并组织实施。

3. 和市科委共同组织评审高新技术项目和企业；指导高新区内企业的科学研究、新产品开发，组织区内科技计划项目的申报和科研成果的签订工作。

4. 统一管理高新区的进出口事务和对外经济技术合作，处理高新区的涉外事务。审批管理范围内3000万美元(不含3000万美元)以下外商投资项目和固定资产投资规模在5000万元人民币(不含5000万元)以下的所有建设项目。

5. 按市级权限审核和批准管理范围内各类企业的工商注册、登记、发照、年检和监督以及市场管理、合同管理。

6. 在核定的总编制及干部职数内，负责高新区直属事业单位的定编、人事档案管理；成立专业技术职称评审委员会，负责管理范围内企事业单位专业技术人员的职称评定，报主管部门备案；负责高新区范围内劳动监察、工资、仲裁合同签证、劳动用工、劳务市场等方面的审批与管理工作。对于跨地区干部调配事项，由高新区审批，报市组织、人事部门核准后办理有关手续。

7. 负责管理范围内的高新技术产业企业的基本建设项目的立项审批和基建计划的下达。

（九）对“一区三园”实行相对封闭管理，由市有关部门依法授权高新区相应机构行使如下市级管理权限：

1. 在城市总体规划的指导下，由高新区会同市规划局编制高新区区域规划，其中，三个园区的详细规划，由高新区组织编制，经市级评审后组织实施，进入三个园区的项目的选址审批由高新区直接负责办理，“一书两证”由市规划局盖章后，于每年初全部交由高新区内规划部门发放。

2. 三个园区内的用地，园区外的高新技术项目用地，按市级权限由高新区统一经营、统一管理，有关手续由市国土局授权高新区国土部门直接办理，高新技术项目用地按协议出让方式，实行土地价格优惠，其他土地出让可采用招标、拍卖等方式。依法需报省和省以上的项目用地，由市国土局负责办理。三个园区内高新技术产业项目的土地出让价金及其相关收费收入全额返还高新区。新增建设用地有偿使用费除上交中央、省部分外，其余全额返还高新区。

3. 负责三个园区内高新技术产业建设项目的招投标，组织施工企业进入市有形建筑市场，并对施工队伍、施工现场、质量安全、劳保统筹、施工报建及竣工验收实行统一管理，审批《建筑工程开工报告》，发放“施工许可证”，监督发放《中标通知书》。

四、拓宽投融资渠道，促进高新技术产业快速发展

（十）增强高新区的自我投入和滚动开发能力。高新（天元）区设立一级相对独立的财政体制。市财政在对高新区财政体制进行调整中，要坚持分税制财政体制的基本原则，在划分收入范围方面，要支持高新区的发展。

（十一）市政府设立高新技术产业发展专项资金。从2001年开始，连续3年，由市财政组织拼盘每年安排不少于3000万元，由高新区集中用于河西高新技术产业示范园的基础设施建设和高新技术产业发展。

（十二）建立和完善以政府为引导，以企业为主体，直接融资和间接融资相结合的高新技术产业投融资机制。建立高新技术产业投资服务公司，为中小型科技企业和孵化项目提供资金支持。

在产权结构调整的基础上，将高新技术产业发展有限公司改建为股份有限公司，转换经营机制，规范组织制度，通过自我积累，不断发展壮大，争取直接上市或间接上市，为高新区的建设和发展提供有效的融资渠道。

市金融机构应按照国家信贷政策，对技术含量高，发展潜力大的高新技术企业和项目给予优先支持，运用市场手段，组织设立投资担保公司，也可由高新技术产业投资服务公司提供担保，金融机构提供信贷。

（十三）鼓励风险投资机构进入我市高新技术产业领域。凡在高新区内注册，在我市高新技术产业项目的投资额占该机构在我市投资总额不低于70%的投资机构，一并比照执行高新技术企业税收及其他优惠政策，并可按当年总收益的3%～5%提取风险补偿金，用于补偿以前年度和当年投资性亏损。风险补偿余额在不超过该企业当年末净资产10%的额度内可按年度结转。

五、进一步加大对高新区建设和高新技术产业发展的政策扶持

（十四）严格执行国家赋予高新区的各项税收优惠政策和其他推动技术创新的优惠政策。

（十五）“一区三园”内的高新技术企业和生产型外商投资企业，实行只收税、不收行政事业性收费的“无费区”政策。

（十六）对高新技术成果完成人和从事成果产业化实施的科技人员、管理人员的奖励（包括股权形式），凡再投入高新技术成果产业化项目的，经税务部门批准，暂不征收个人所得税；已分红或转让的，按实际收益计征个人所得税。

（十七）高新技术成果作为无形资产参与转化项目投资，成果占注册资本的比例在相关规定的基础上适当放宽。

鼓励和支持企业采取期权制，以加快区内企业成果转化和技术创新步伐。

（十八）高新技术企业和高新技术项目可以对生产和科研设备采取快速折旧的方法，折旧年限可缩短为三年至五年。

（十九）鼓励大专院校、科研院所和大中型企业专业技术人员及海外留学人员携带项目进入高新区进行项目孵化和产品开发，并给予创业初期房租减免和资金扶持等政策。市内人员可以保留与原单位的关系不变，来我市实施高新技术项目的市外人员，准予本人、配偶及未成年子女调入城市，免交有关费用。

六、切实加强对高新区的领导，形成发展高新技术产业的合力

（二十）市委、市政府成立高新技术产业开发区领导协调小组，由市委书记任顾问，市长任组长，高新区党工委书记、管委会主任任副组长，成员由市委、市政府有关部门负责人组成，协调解决高新区开发、建设和管理工作中的重大问题，检查国家有关政策和本决定的落实情况。

（二十一）全市各级各部门一定要树立全局意识，统一对加快高新区建设和促进高新技术产业发展的认识，按照非均衡发展战略的要求，坚决贯彻市委、市政府的决定，积极支持和配合高新区的工作，优化高新区的发展环境，在全社会形成支持高新区和高新技术产业超常规发展的合力。

本决定的实施由市委办公室、市政府办公室负责检查督促。

中共株洲高新区工委　株洲高新区管委会
关于加强企业研发机构建设的意见

株高发〔2014〕1 号

为贯彻中共十八大和十八届三中全会精神，落实《中共中央国务院关于深化科技体制改革加快国家创新体系建设的意见》（中发〔2012〕6 号）和全国科技创新大会关于在国家高新区实施“创新驱动、战略提升”的战略部署，株洲国家高新区制定了《打造中国动力谷——株洲高新区创新驱动发展战略十年行动方案》，提出要着力加强区域内企业研发机构建设，推进以企业为主体的技术创新，有效提升企业自主创新能力，全力打造中国动力谷。为加强企业研发机构建设，现结合株洲高新区实际，提出如下意见。

一、充分认识加强企业研发机构建设的重要意义

企业是自主创新的主体，作为企业开展技术创新、实现科技进步的基础条件，企业研发机构在对外联系高校和科研院所、集聚全社会科技资源，对内凝聚企业创新能力、持续为企业提供成熟配套的技术、工艺和新产品，带动产业技术进步和产业升级等方面具有重要作用。加强企业研发机构建设，是增强企业核心竞争力、促进企业转型升级的战略选择，是推进中国动力谷建设、完善区域创新体系的重要举措，是优化科技创新资源配置、促进科技经济紧密结合的有效途径，是深入实施创新驱动战略、建设创新型园区的必然要求。全区各级各部门必须从战略和全局的高度深刻认识加强企业研发机构建设的重要性，切实将其摆在工作的重要位置。

二、规范企业研发机构的分类

企业研发机构是企业自主成立的独立或合作性质的具有一定研究开发能力的技术创新组织，

包括工程技术研究中心、重点实验室、院士工作站、博士后工作站、企业研究院、产业技术协同创新研究院、产业技术创新战略联盟、公共服务平台、工程研究中心、工程实验室、企业技术中心、国家技术创新示范企业等10类。

工程技术研究中心：以促进产业科技创新为目标，开展技术研究、试验和成套技术服务，提供成熟配套的技术、工艺、装备和产品。

重点实验室：以应用基础和高技术研究为重点，针对技术前沿开展创新性研究，获取原始创新成果和自主知识产权。

院士工作站、博士后工作站：以企业研发机构为依托，以产学研合作项目为纽带，引导院士、科学家、博士后及其创新团队向企业集聚，攻克核心技术，培养创新人才队伍。

企业研究院：依托大型企业设立、具有组织和开展科技创新活动能力的综合性研究开发机构，开展原创性和重大战略产品研发，抢占技术制高点。

产业技术协同创新研究院、产业技术创新战略联盟：由企业、大学、科研机构或其他组织机构联合组成，以培育壮大新兴产业和优势产业为目标，开展产业共性技术研发、企业孵化和成果转化。

公共服务平台：以科技资源集成开放和共建共享为目标，通过整合、集成、优化科技资源，提升公共技术服务能力。

工程研究中心：以行业技术为导向，对科研成果进行工程化研究和系统集成，开发具有产业化前景的共性、关键技术，加快成果产业化步伐。

工程实验室：开展重点产业核心技术攻关和关键工艺试验研究，研制重大装备样机及其关键部件，开展产业技术标准的研究，为行业、企业提供技术服务。

企业技术中心：推动企业在内部建立市场、科研、生产一体化的技术进步机制，增强企业技术开发与创新能力。

国家技术创新示范企业：鼓励工业企业开展技术创新，促进和完善以企业为主体、市场为导向、产学研相结合的技术创新体系的建设。

三、明确企业研发机构建设的目标

1. 到2015年底，建立1～2家区域性和行业性创新公共服务平台。再通过2～3年，全面建立三大动力产业和其他优势产业公共服务平台。

2. 到2015年底，创建一批国家级科技服务机构，全面建成中国动力谷科技创新服务中心。

3. 到2015年底，园区内大中型工业企业全部建成市级及以上的企业研发机构。再通过2～3年，实现规模以上高新技术企业的研发机构全覆盖。

4. 到2015年底，骨干企业、创新型领军企业和行业龙头企业新增创建省级、国家级企业研发机构和海外研发机构10～15家。

5. 聚集一批国内外一流的科研创新团队和尖端人才。

四、完善企业研发机构管理

1. 建立企业研发机构认定制度。进一步规范和引导园区工业企业创建企业研发机构工作。鼓励园区工业企业尽快建立达到“五有”（有技术人员、有场所设备、有研发经费、有研发方向、有专利产出）建设要求的研发机构。符合市级企业研发机构认定条件的，应积极向市直相应主管部门申报、审核、认定；各项条件突出者，鼓励创建省级、国家级企业研发机构。

2. 建立企业研发机构动态管理制度。企业建立研发机构，应重点加快企业研发队伍建设，引进领军人才和研发团队，加强与高校和科研院所合作，加大研发投入、改善研发条件、创新研发机制、提高研发能力。区引智办对市级各类企业研发机构实行动态管理，依据相应的管理办法，每两年进行一次综合考核评估，评估优秀率约 10%。

五、建立企业研发机构建设激励机制

中国动力谷以株洲高新区“一区四园”为载体，资源共享，错位发展，着力将动力谷核心区建设成为引进和培育企业研发机构的核心载体。株洲高新区设立中国动力谷产业发展专项资金，用于支持项目建设和人才引进，推动中国动力谷建设成为全国有影响力的自主创新示范区。

1. 鼓励建立市级企业研发机构，对评估为优秀的市级企业研发机构，给予技术团队 10 万元奖励。未建有市级及以上企业研发机构的工业企业（具有独立法人资格研发机构的企业除外）原则上不得申报承担各类市级及以上计划项目。

2. 重点支持三大动力产业及相关产业企业新建研发机构。对新认定的省级、国家级企业研发机构，在批准组建当年分别给予 20 万元、50 万元奖励。

3. 鼓励省级及以上企业研发机构入驻动力谷核心区，经认定后 5 年内，株洲高新区在运营场所租金方面给予“三免两减半”的优惠政策。

4. 引进培育高水平研发机构。鼓励高水平研发机构入驻动力谷核心区。动力产业企业新建企业研究院，经认定后 5 年内每年给予最高 100 万元的建设和运营经费支持；国内外知名高校、国家级科研院所联合企业设立产业技术协同创新研究院、产业技术创新战略联盟，经认定后 5 年内每年给予最高 300 万元的建设和运营经费支持；动力产业领域的国家级科研院所和国际知名科研机构成建制落户株洲高新区，采用“一事一议”的办法给予建设和运营经费支持。

5. 加快建设科技服务机构和公共服务平台。围绕三大动力产业，动力谷核心区重点引进新建一批为产业发展服务的国家级科技服务机构，一次性给予 50 万元建设和运营经费支持；重点引进新建一批为产业发展服务的国家级公共服务平台，经认定后 5 年内每年给予最高 100 万元的建设和运营经费支持；鼓励已建立的国家级科技服务机构入驻动力谷核心区，一次性给予 30 万元建设和运营经费支持。

6. 大力促进发明专利产业化。引导和鼓励企业进区通过创业带动专利技术成果产业化。对实施发明专利产业化成效显著的企业，一次性给予最高 100 万元的奖励。

7. 鼓励国内外高层次人才、高水平科研创新团队进区创新创业。区内的高层次人才，享受株洲市“万名人才计划”和株洲高新区、天元区“5211 人才计划”有关优惠政策。具有国内领先水平科研创新团队，经核定后一次性给予最高 500 万元的中国动力谷产业发展专项资金支持；具有国际领先水平的科研创新团队，经核定后一次性给予最高 1000 万元的中国动力谷产业发展专项资金支持。

本意见由株洲高新区管委会负责解释，自公布之日起实施，以上相关条款具体实施细则另行制定。

中共株洲高新区工委

株洲高新区管委会

2014 年1月7 日

红色记忆

(一) 红色的天台山

庄严肃穆的炎帝始祖塑像坐落的天台山及周边地区，是一块由革命先烈鲜血染成的英雄土地。早在 1926 年，株洲河西就建立了中共党组织，涌现了罗学瓒、罗哲、罗成泗、谭明德、易灭非等一批早期的共产党员。大革命时期，这里是湘潭县（今天元区）乃至湖南省农民运动最活跃的地区之一；土地革命时期，是中共湖南省委、湘赣、湘东特委领导的中共株洲市委、株洲区委、株洲特别区委和中央湘赣省委、省苏维埃政府唯一的“白区”工作基地。天台山及附近的南方冲、张家园、铁龙庵、新市、殷家垅、凿石等地的党组织和革命人民，为中国革命的胜利，为巩固发展湘赣革命根据地付出了巨大牺牲，做出了重大贡献。

大革命失败以后，国民党反动派对株洲人民进行血腥镇压。1927 年，在毛泽东亲自领导下，发动了包括株洲暴动在内的湘赣边界秋收起义。国民党湖南反动当局，把株洲河东地区作为“共党巢穴”，除派重兵严厉镇压之外，还密布密查，四处侦捕共产党人。党组织在河东无法立足活动。由于株洲地处交通要道，战略地位十分重要，中共湖南省委和毛泽东曾指示湘东特委要千方百计在株洲恢复发展党组织。然而河东有重兵把守，侦探密布，工作难于开展，于是把目标转向河西。从 1928 年 7 月开始到 1934 年 4 月，先后在天台山、南方冲、凿石等地建立过五届市委（县级）、区委，虽屡遭破坏，但河西人民不怕牺牲，前仆后继，坚持斗争，为革命献出宝贵生命的有易灭非、易万全、殷桂山等 10 多人。为缅怀先辈们的英勇事迹，兹将历届党组织建立活动情况简介于下。

中共湘潭县东二区第六乡党支部 1926年，受株萍路矿株洲转运站工人罢工斗争和八叠乡农民领袖汪先宗组织农民向豪绅地主开展平粜斗争的影响，出身于天台山南方冲一个贫困破落秀才家庭的易进修（后改名为易灭非），积极投入秘密农民运动。1926年2月12日，汪先宗被豪绅勾结军阀惨杀以后，易进修公开进行反对豪绅地主的斗争。于同年8月10日发动组织农民成立了湘潭县东二区第六乡农民协会，并被推选为执行委员长。10月，经八叠乡党员汪春华、胡先生介绍加入中国共产党，成为河西地域最早的党员之一。其后，他发展张家园、铁龙庵、渡口等地的张藻庭、周明伦、郭凤鸣、易春循、王福三，凿石仇华林、仇子卿等人入党，建立中共湘潭县东二区第六乡支部，易进修任书记。

党支部建立以后，开展了轰轰烈烈的农村大革命，发动群众清算豪绅地主贪占的不义之财，押着土豪劣绅游垅示众；同时制定民规定约，禁止牌赌吸鸦片烟等陈规恶习；组织农民出力，强令豪绅出谷出钱，整修山塘水利，拓宽道路，修固桥梁，改善农民生产生活条件，深得群众拥护。

大革命失败以后，豪绅地主反扑报复，反动派四处搜捕农协干部，党员张藻庭、郭凤鸣等惨遭伤害。幸存的党员在株洲无法立足，原株洲区委委员汪起凤（此时已任省委联络员）根据省委巡视员袁德生的意见，将易进修、易春循、易汉云等转移到华容注滋口易进修侄女婿郭志高家，并在郭家开设的“湘华裕木器铺”掩护下，从事木工、驾船等营生以隐蔽活动，并建立了党支部，为后来回株洲恢复党组织作准备。后在省委联络员汪起凤（女，八叠人）指挥下，在湖北监利和本省南县攻打团防局，夺取了一批枪支弹药，支援在平江浏阳一带活动的红五军。

中共株洲市委 1928年6月，中共湖南省委、湘东特委在安源召开联席会议，决定组建“株洲铁委”（铁路委员会），派刘荣桂、张汉文来株洲开展工作。因军警密布、监视严密，无法开展活动，组建“铁委”未果。后来转到河西，找到了尚未暴露党员身份的易泽恩等人，经过秘密串联发展，于1928年7月在天台山附近成立了“中共株洲市委”，由刘荣桂任书记，委员有易泽恩、张汉文、易恩中、易魁元、张春燕，在南方冲、凿石一带活动。这年9月，因委员罗云生叛变，将市委情况密告株洲“清乡”委员袁法信（百井冲人，新中国成立后被镇压）、区长范德斌，并旋报湘潭县清乡委员朱林荪、常备案第五队长冯希孔，在罗云生的策划下，趁在易泽恩家召开市委委员和支部书记会议时，里应外合，袁法信与冯希孔带领常备军五队包围易泽恩的家，将与会13人全部逮捕。易泽恩在外巡哨趁机逃脱，后来也被捕判刑10年。不久，刘荣桂等10人惨遭杀害，市委遭到破坏。

中共株洲区委 1929年，株洲市委被破坏以后，省委为株洲恢复党组织，多次研究对策。后根据省委“巡视员”袁德生（百井冲人，任过湘赣省委常委、省苏维埃主席，1934年作AB团被暗杀）联络员汪起凤的意见，决定派隐居华容注滋口的易进修回株洲开展工作。经省委同意，同时派易进修、陶尧夫秘密回到老家，经过串连与秘密发展一批党员，在一都（天台山旧称一都九甲）凿石仇华林家里成立“中共株洲区委”，由易万全任书记，殷桂山任宣传委员，仇华林任组织委员，王绍荣任秘书，易迪云、仇子卿任候补委员。

区委成立以后，立即制定工作计划，迅速打开局面，除在河西地区发展组织外，还在河东清水塘、响石岭等地开展工作。1929 年 10 月，陶尧夫至汉口麻石工会（省委秘密联络处），被当地军警逮捕。在陶身押回长沙后，湖南清乡司令部于 10 月 24 日派特务队来到天台山，将易万全、殷桂山、王绍莹等逮捕，正在洗澡的易灭非得到侄儿通报，提起衣裤就跑，才幸免于难。同年 11 月 5 日，陶尧夫、易万全、殷桂山三人惨遭杀害，区委从此停止活动。

中共株洲特别区委 1930 年，株洲区委被破坏以后，党组织一度处于瘫痪停顿状态。1930 年 9 月，毛泽东率领红一方面军撤围长沙后，在株洲召开红一方面军总前委扩大会议，在部署红军东进赣西以及筹款等事以后，于 9 月 16 日在醴陵县城状元洲召开了中共湘东特委会议。他之所以决定红军东进赣西，旨在开辟赣西革命根据地，同时在湘东开展工作，以与赣西相配合。为此，除指示特委书记张启龙全面铺开醴陵、攸县、茶陵、浏阳、萍乡的工作外，特别强调要派得力干部去株洲发展党组织开展工作。

根据毛泽东的指示，张启龙从醴陵选派中共六大代表丁继盛来株洲组建“中共株洲特别区委”，下辖几个支部，党员有宁八、易灭非、林岗等人，活动在河东宁家冲、八叠、白关、河西天台山、凿石等地。1931 年 2 月，因湖南省委书记宁迪卿叛变，供出了株洲区委的情况，湖南清乡司令部于当月派特务队将丁继盛、宁八（宁迪卿之堂侄）逮捕杀害，易灭非等得报脱险。因敌人不了解基层支部、党员情况，党组织得以保存完好，不久，中共湘东南特委指定易灭非继任特别区委书记，坚持斗争。

中共株洲直属区委 1931 年 8 月，经中共中央和苏区中央局批准，由湘东南和赣西南特委所辖地区组建湘赣省，并成立中共湘赣省委，省苏维埃政府，将株洲地区作为省苏维埃的白区，把株洲特别区委改为湘赣省委的“直属区委”，仍由易灭非任书记，当时只有几个支部 20 多名党员。经过易灭非的努力，到年底就发展到 10 个支部 47 名党员，并为湘赣省委、省苏维埃政府提供大量的情报、物资材料，如油印机、油墨、电池、蜡纸、西药等苏区紧缺物资。

中共长湘区委 1932 年，由于易灭非领导株洲直属区委工作出色，将株洲建成湘赣省委唯一的白区工作基地与指挥中心，省委在向中央和苏区中央局的工作报告中，曾三次表扬了株洲直属区委的工作。为了加强和扩展的党组织，1932 年 3 月，湘赣省委决定，将株洲直属区委改为“中共长（沙）湘（潭）区委”，仍由易灭非任书记，负责长沙、湘潭、株洲与醴陵渌口等地的白区工作。主要任务是发展扩大党的组织；组建秘密工会、农会；开展兵运工作；建立地下交通联系站；筹集技术物资材料等。由于易灭非领导有方，实干巧干，各项任务都做得十分出色。到 1933 年底，在长沙城、大托铺、湘潭易家湾、宝塔岭，株洲清水塘、白关铺、醴陵、渌口等地建立了党组织，加上河东、河西原有 10 个支部共计 22 个支部，党员达 193 人，还在长沙、湘潭和株洲组建了 10 个秘密工会，发展会员 100 多人。并与反动当局开展公开与秘密相结合的政治斗争。如长沙城两支部访问演出在东塘剪断电话线、张贴革命标语；在湘潭组织人力车夫罢工、阻断汽车行驶。一时弄得湖南反动当局惊惶失措。省长何健下令清乡司令部调两团兵力，沿长沙、大托铺、易家湾、湘潭和株洲等地“清剿”镇压，搞了半个多月一无所获。期间，易灭非通过亲戚关系，在清水塘老同仁昌药铺和铺旁开设“刘西泰饭店”，建立湘赣省委省苏与时在上海的中共中央、湘南特委（衡阳、郴州）等地秘密联络的地下交通大站，由清水塘支部书记郭国奎、党员刘利生负责。为苏区与中共传递文件、情报，给中央上缴金银物资发挥了重要作用。后因醴陵交通站负责人张可叛变，郭国奎、刘利生等同时被捕，惨杀于攸县。由于易灭非工作出色，1932 年 10 月，在湘赣省第二次党代表大会当选为省委候补委员。1934 年 4 月，副书记林岗叛变投敌，基层组织悉数被破坏，易灭非潜往江西永新，由湘赣省委安排在红六军团政治部工作，同年 8 月，长湘区委停止活动。易灭非随红六军西征，不幸于 1935 年在泸定桥战斗中壮烈牺牲。

(二) 园艺场一带革命斗争史略

大革命时期的湘潭县东二区即现在的株洲马家河与园艺场一带。北伐军于 1926 年 7 月 10 日攻克湘潭、株洲，25 日攻克长沙。成立湖南省政府后，东二区的农民运动迅猛地发展起来，8 月马家河龙家坊（现在的园艺场）各地都成立乡农会。区农协会于 9 月初成立筹备会，到 9 月 24 日成立区农民协会，选举黄良瑜（园艺场东湖工区人）、钱青、罗阜南（马家河人）、谭惠、冯子初、殷顺存（园艺场齐家冲工区人）、张子赓、罗正容（女）等组成执行委员会、黄良瑜为委员长，钱青（子初）为副委员长，罗阜南任秘书，谭惠任赤卫纠察队长，张子赓任裁判员，罗正容任女子联合会主任。

东二区的农运发展快，得力于以殷顺存（园艺场齐家冲工区）、易灭非（园艺场渡口工区人），北伐军进入湖南 1 个多月内，全区普遍建立农会，斗争很积极，其阶级观念强，思想基础好，主要由于罗学瓒（马家河人，后被杀害于杭州），早在 1924 年至 1925 年利用在长沙组织一批学生，带着无声电影机联合当地教师在马家河龙家坊（园艺场）大石桥一带，向广大农民宣传三大政策，主张耕者有其田，并揭露帝国主义勾结军阀侵略我国土地，屠杀我国人民的罪行，动员农民组织起来谋求解放。

当全区农民运动轰轰烈烈搞起来之后，农会就领导农民开展维护民食，阻境平粜，禁止退佃，减租，减息，清算贪污，反对破坏，以及修塘筑坝、修桥补路，保护森林等活动。同时宣传男女平等，婚姻自由。这些活动的开展，都直接触及地主豪绅的利益，引起他们仇视农会，以致以彭漱夫（马家河人）等六大劣绅联合，黄应余不法之徒倒毁区农会，并打伤个别农民。

阶级斗争进入高潮，于是区农会负责人冯子初、谭惠、谭纲（后叛党）、殷顺存、罗正容组织一个声讨六大劣绅的总指挥部（六大劣绅郭春生、郭登云土改时被判死刑，王德福、罗秋生、彭淑夫土改时外逃，胡自强土改时被判死刑），由纠察队长谭惠任总指挥，一二天之内发动农民群众一万五千余人都拿鸟铳、梭镖、自由棍，吹着喇叭、高举犁头、红旗，口中唱着“打倒贪官污吏，打倒土豪劣绅！”“国民革命一定成功，一定成功”！西从万福桥，南由大石桥，东自龙家坊（即园艺场）浩浩荡荡地向马家河挺进，总指挥谭惠手执一面大红旗，插在通往马家河要道——

黄土坳上，发布命令：

一、大旗不拔，只能向前不可后退。

二、不许乱拿别人的财物，要做到“金子嫌它黄，银子嫌它白”。

三、队伍的每个成员以束草为标记。

六大劣绅闻风而逃，农民冲进劣绅之家，找不到其人，即在其家杀鸡、宰猪、担谷、淘米、就食其家，如此轰轰烈烈进行了五六天，劣绅才无可奈何地向农民低头认罪，于是区农会对六大劣绅作了如下四种处罚：

一、鸣炮赔礼。

二、由六大劣绅赔款两百石谷。

三、用快邮代电散发悔过书。

四、用红绸捆轿扛沿途放鞭炮，将被打者送回农会，经过这次讨伐斗争，长了农民斗争之志，扫了劣绅之威风，在宣布处罚的大会上，全场一片掌声，并高呼“打倒土豪劣绅，农民协会万岁！一切权利归农会”，毛泽东到湖南五县考察农民运动，这个典型事件被载入《湖南农民运动考察报告》史册中，以流传万世。

1924 年，八叠党支部建立，支部书记易春庭（园艺场莲花工区人）、农民领导汪先宗同意负责秘密开展农民运动，因新市一带（即现园艺场沿河边）与八叠乡同属一都九甲，故八叠乡的农民运动,涉及园艺场,按当时情况两地在一个党支部领导下进行工作。易灭非系园艺场渡口工区人，由汪先宗介绍在八叠入党，回园艺场本地开展秘密活动，组织农民协会。1925 年 8 月，他亲自书写告示向外张贴，公开号召农民团结起来，迅速加入农会。在汪先宗被反动派杀害之后，部分劣绅嚣张起来，公开反对农会，扬言要抓易灭非等人，易灭非被迫只得暂时隐蔽，停止公开活动。

1926 年 7 月以后，东二区农运蓬勃发展，易灭非、殷顺存组织全区教师大力宣传发动，为全区农运发展建立了显著功勋，同时，易灭非先后组织五乡、六乡（即园艺场境内），易任区农会宣传委员兼六乡农会委员长，组织农民向土豪劣绅开展二五减租，平粜和修路筑塘坝。其行为深得人心。

马日事变后，易灭非与周和生（园艺场新塘工区人）去长沙探听消息，亲眼看到许克祥对革命人民的暴行，回来以后立即向区农会党支部汇报，研究对策，区农会即时作出决定，号召各农会组织义勇军攻打长沙，易灭非率领园艺场地区农民武装与区农民武装汇合，在谭惠、殷顺存等的领导下，东渡湘江（渡口过河）去易家湾作战，事败后，返回本地潜伏。

秋收暴动开始，株洲地区农民又掀革命的热潮，攻打团防局，镇压反革命的暴行，易灭非领导农民在园艺场地区公开审判处决了恶霸地主黄十一（园艺场莲花工区人）。后率领一部分农民参加袁德生主持召开的残梅会议，准备率领农民武装去井冈山，队伍被冲散。反革命对革命人民采取残酷的镇压，有的同志被捕、有的同志被杀、有的同志外逃、有的同志隐散。但革命的火焰并没有熄灭，直到 1948 年，由革命先烈罗学瓒之子地下党员罗立洲领导园艺场农民与反革命进行坚决的斗争，直到 1949 年 8 月株洲解放，对解放株洲、湘潭起了重要作用。

历代诗文选

宿凿石浦

唐·杜甫

早宿宾从劳，仲春江山丽。
飘风过无时，舟楫敢不系。
回塘淡暮色，日没众星嘒。
缺月殊未生，清灯死分翳。
穷途多俊异，乱世少恩惠。
鄙夫亦放荡，草草频卒岁。
斯文忧患余，圣哲垂彖系。

注：杜甫（712—770），字子美，巩县人（今河南省巩义市）。盛唐现实主义诗人。晚年漂泊湖南，病死在湘江舟中。凿石浦位于株洲市南5公里之湘江西岸。杜甫于唐大历四年（公元769年）由长沙溯湘江而上，到达凿石浦。据《凿石浦志》称：“……子美由蜀南征，爱庆霞寺山水清雅，因宿于寺，题有诗，后建草堂。”杜甫在此住宿一宵，次日早行。宋书法家米芾曾书“怀杜岩”三字，后人勒石悬崖上，已毁。庆霞寺始建于唐太宗元年，杜甫到此时，已建寺140多年了。现寺不存，留有断碑残碣，遗迹可辨

早 行

唐·杜甫

歌哭俱在晓，行迈有期程。
孤舟似昨日，闻见同一声。
飞鸟数求食，潜鱼亦独惊。
前王作网罟，设法害生成。
碧藻非不茂，高帆终日征。
干戈未揖让，崩迫开其情。

注：此诗为第二天早上，诗人离开凿石浦时所写

次空灵岸

唐·杜甫

沄沄逆素浪，落落展清眺。

幸有舟楫迟，得尽所历妙。
空灵霞石峻，枫栝隐奔峭。
青春犹无私，白日亦偏照。
可使营吾居，终焉托长啸。
毒瘴未足忧，兵戈满边徼。
向者留遗恨，耻为达人诮。
回帆觊赏延，佳处领其要。

注：空灵岸在天元区雷打石镇，为湘江西岸的一处峭壁巉岩。其岩有石伸出江面如一狮头，中部有一洞窟，有僧人修小庙于其间，奉观音大士像，故又名观音岩

过空州

明·胡松

孤单晚夷犹，肖条过野州。
江分双派水，云敛半岩秋。
落照横山脚，惊波撼石头。
十年身世梦，漂泊付沙鸥。

凿石怀古

明·蒋灿

谁貌杜陵老，忧怀笔底传。
凋残悲瘦马，慷慨拜啼鹃；
作客依江阁，浮家寄楚船。
高才同濩落，千古有青莲。
大雅长往矣，遗容后代看。
万间思广厦，一谏失微官；
抗志隆中对，饥驱蜀道难。
萧骚两鬓白，应为忆长安。

注：蒋灿（1593—1658），字韬仲，号雉园，晚号慕皆。著有《雉园诗文集》藏于家

石浦草堂怀古

清·尹澍

满腔忠愤动乾坤，蠖屈龙伸那足论。

天为浣花留胜迹，地从凿石辟荒村。

阔收云梦胸前荡，府视曹刘气已吞。

兰若松林题旧句，秋风萧瑟吊空门。

注：尹澍，出生不详，字雨麓，乾隆时期，曾任通州学政、知府

凿石浦怀古（一）

清·秦镤

昔贤栖泊处，经历几春秋。

溪壑云相接，古今事已幽。

岸花欹欲堕，樯燕语不留。

衡阳岚何恨，湘江水自流。

依依南浦月，淡淡夕阳楼。

楚地千重翠，先生健笔收。

叹惜斯人去，寒烟泛白鸥。

注：秦镤，出生不详，字礼堂，乾隆二十三年（1758），任湘潭知县

凿石浦怀古（二）

清·秦镤

招提小憩拂尘床，不为探幽问草堂。

一夕江山分暮色，百年舟楫溯回塘；

风流自有高人识，卜筑空余野衲忙。

重剔藓碑遗像在，几回清磬独苍凉。

问讯遗踪半涧阿，下车一载惜蹉跎。

偶停石浦维舟晚，剧忆名流点笔多；

飞写有情留篆刻，浣沙余韵费研摩。

秋风缺月生残夜，文室挑灯续放歌。

杜陵老笔满乾坤，花石空灵次第论。

瀼屋三间悬故国，湘舟一叶系孤村；

情殷北阙江声咽，胸荡南云岳势吞。

回首昔贤清赏地，风骚沦落倚空门。

澄海清芳缔构传，夕阳枫树映江天。

应疑佛住留尘刹，转惜诗穷吝福田；

遗句不教湮片石，巍亭从此表三贤。
烟光淡荡春江丽，准待公余好放船。

石潭山

清·陈鹏年

潭光秋见底，峰色晚逾青。
洞已迷林屋，山犹列水经。
古藤蟠鸟迹，宿草带龙腥。
斗绝金堂杳，兰舟未可停。

注：陈鹏年（1663—1723），字北溟，又字沧州，湖广湘潭人，清代官吏、学者。康熙三十年进士。历官浙江西安知县、江南山阳知县、江宁知府、苏州知府、河道总督，卒于任。著有《道荣堂文集》《沧州诗集》《喝月词》《历仕政略》《河工条约》等卷。石潭山即空灵岸

杜陵草堂行

清·张九钺

春江蟠天花雨黑，巨浪崩岩怒撞击。
风吹肃肃春枫林，上有诗人万古宅。
中原盗贼阻不归，挈妻携子将焉依。
朝吟白凫暮朱凤，岁云暮矣常苦饥。
当时将帅无严武，忍使飘零伴豺虎。
谁知一宿系山川，过者思之奠椒醑。
湘灵岳帝侍君久，客星夜夜依南斗。
地委江湖稷契身，天悬日月文章手。
潭人今古重性情，作祠仍以草堂名。
佛钟社鼓争趋走，浦底蛟龙静不惊。
浣花瀼西传舍耳，平生安得有宁止。
红蘅碧杜墨花香，来往精灵聊在此。
名高前后一长吁，贾傅褚公今无有。
前村残日啼鹧鸪，我独踯躅胡为呼？

注：张九钺（1721—1803），字度西，号紫岘，又号岘亭，湘潭人。乾隆二十七年（1762）顺天乡试中举，次年会试，得中通明榜。历任江西南丰、峡江、南昌及广东始兴、保昌、海阳知县等职，晚年致仕回湘。嘉庆初年主讲渌江书院。著有《紫岘山人诗集》等多部诗文集及纂修多部志书

凿石怀古（四首）

清·张九镒

(一)

风流雅韵拂琴床，选胜公余到佛堂。
自为诗人谋卜筑，非耽景色满林塘。
杜陵北望歌吟在，湘水东流一夕忙。
若仿浣花作图画，丰碑端不卧荒凉。

(二)

爱国心情谢在阿，当时人事叹嗟跎。
飘零一叶维舟小，怅望千秋寄恨多。
石浦尘踪徒彷佛，草堂诗句共编摩。
贤侯提唱真能事，残月西风足啸歌。

(三)

龙战阴氛象变坤，南浮烟水与谁论。
数声清磬留深寺，几树丹枫映旧村。
岳岫层云胸自荡，洞庭遥浪气全吞。
偶探胜地消吟赏，肯信归依不二门。

(四)

半岭山风逸籁传，峨峨遗像面湘天。
寻踪尚剔荒苔石，布地空存古刹田。
万丈光芒宗不雅，百年心迹接名贤。
会看重构危亭景，欸乃春流稳放船。

注：张九镒，字权万，号桔洲，湘潭人。乾隆丁巳（1787）进士。授编修历少詹士，出为南汝光道，再补川东道。归里掌教岳麓书院，有《桂花园》《退谷诗抄》

登归舟访凿石浦

清·朱珪

停桨上凿石，岸滑胶我步。
披榛入山门，湘江涨春树。

红垂木瓜华，绿苞箨龙孺。

回塘犹在眼，遗像碑未仆。

遥怜杜陵老，风涛送迟暮。

白凫惧漂没，丹凤空号诉。

皇英与屈贾，万古同此路。

诛茅未宜浅，招魂暂经驻。

美哉明府贤，清泠泪悬露。

面浦开草堂，幽敞斯可作。

发兴莫蹉跎，开幽神所祚。

注：朱珪（1731—1807年），字石君，号南崖，清朝乾隆、嘉庆时期著名大臣。朱珪在朝为官一生清廉，是古代官吏之楷模。此诗为路过株洲所写

鹧鸪矶竹枝词

清·吴登鸿

鹧鸪矶头山雨晴，淘沙湾里暮潮生。

吴娘鸭嘴船初放，一带寒流恹笛声。

过凿石浦

清·吴登鸿

羽扇棕鞋白苧衫，夕阳风挂剪江帆。

蓬窗短榻欹藤枕，卧看江心怀杜岩。

注：吴登鸿（1748—1830），字笠樵，湘潭人。鹧鸪矶在昭陵滩下，三门之上五里处

凿石工部草堂

清·周系英

西游一纪下岷峨，水国残年复此过。

为爱古人攀屈宋，那将诗酒学阴何。

愁看极北干戈满，清绝湖南感慨多。

白酒荒江怅飘泊，老湘潭计竟蹉跎。

注：周系英（1765—1824年），字孟才，号石芳，湘潭县人。乾隆癸丑进士，有《周侍郎奏议》《北游小草》《雪鸿轩日记》《海粟居士诗文集》等书行世

游石浦矶头

清·易慎谷

云根高蹑啸长风，雨后苍茫望不穷。
江水乍添春草绿，估帆遥带夕阳红。
环中山拥岚千叠，天际洲浮蓼一丛。
何处渔歌喧隐隐，惊鸥遥起淡烟中。

游杜公草堂

清·易慎谷

南国风霜刀尺冷，西京车马羽书迟。
七哀长泄羁臣泪，三礼曾邀故主知。
茅屋秋风依古寺，青灯缺月想当时。
灵修恋否江潭畔，指点湘累旧有祠。

吊少陵草堂

清·易慎谷

谁家废苑傍僧房，道是当年旧草堂。
三径雨余苔藓滑，一畦风定菜花香。
残碑剥落文章古，遗像飘零岁月长。
欲问孤舟维系处，青灯缺月冷潇湘。

游庆霞寺

清·易慎谷

临江古寺望层层，半壁山门绕葛藤。
此去漫云登彼岸，毕生何处叩高僧。
春深雨没承芳草，顶上先迷照佛灯。
莫道慈航难作渡，从来苦海本无塍。

注：易慎谷（1787—1823年），清代诗人，刻有《蝉鸣集》问世。他对当时的株洲八景，如建宁故址、太尉碑、分袂亭等一一写诗赞美

凿石浦谒工部草堂

清·罗萱

千百年来遗像在，江天搔首对苍茫。
空庭寂寞余芳草，破槛参差倚夕阳；
漫漶断碑多七字，峥嵘雄笔压三唐。
涧毛潦水无人荐，帷热南丰一瓣香。

注：罗萱，出生年月不详，字伯宜，湖南湘潭人。著有《仪郑堂文笺注》二卷，《粤游日记》一卷，《蓼花斋诗词》四卷

石浦纪事

清·郭寿谖

峭壁回塘气象研，江山犹是仲春天。
迹原从有诗人胜，名已长为过客传；
浊雾层层霞寺外，飘风弗弗草堂前。
扶筇父老提筐妇，也祝亲临令尹贤。
莫愁风雨尚飘摇，共道成都众志高。
十丈巉石题宋字，千年古寺说唐朝；
时逢屯否宫临蝎，泽启诗书鸟化鹗。
我纵头颅白如雪，愿随鞭镫学诗豪。
晓行夜醉亦从容，跋涉虽艰气自雄。
万里间关哀子美，四年劳勚笑林宗；
黄牛巫峡征途远，缺月青灯旅浦穷，
留得湘南乾净土，为谋仗策赖群公。
重阳佳节避灾来，故事空传莫却灾。
诸盗讵能名理喻，一帆偏逐饱风回；
遍抄旧咏劳同学，为拓遗书剔积苔。
正是清时兴学日，好除荆棘育英才。

注：郭寿谖，出生年月不详，清朝名士。光绪甲辰年，编撰《凿石浦志》

凿石怀古

清·刘元燮

清风啸咏踞琴床，胜迹撩人郭外堂。

一自诗人留剩墨，几凭暮景吊横塘；
拾遗旧恨潇湘阔，地主新情版筑忙。
浦月照颜何所思，江潭无恙客星凉。
一宿曾将图画传，岸花天似浣花天。
神依古刹霞为幄，祭缀香蘅浦作田；
太傅祠堂今有配，少游词伯此称贤。
他年更绘风流宰，印合风飘暖泛船。

注 :刘元燮，出生年月不详，字孟调，湘潭人。雍正八年（1730）进士。选翰林院庶吉士，授编修。出为山西道监察御史，擢苍梧道。著有《寒香草堂集》四卷等

题梅花供空灵岸

清·彭玉麟

神工劈出空灵岸，稳坐菩提自在身。
写树梅花作清供，琼瑶一色静无藏。

注：彭玉麟（1816—1890），字雪琴，衡阳人。清末湘军将领，随曾国藩创办湘军水师。光绪九年（1883）任兵部尚书，并受命赴广东办防务。后以病回籍。彭玉麟所画梅花供空灵岸，后人刻之于石，即空灵岸所藏著名的“梅花石”

空灵峡

清·王闿运

屈上沅舲杜入湘，炎炎夏日旅情长。
渌波枉渚迷津阔，素浪宛灵乱石荒。
迁客偶来留啸咏，野鸥何事亦栖遑。
南风烈日牵船去，犹有长年较我忙。

注 :王闿运(1833—1916)，字壬秋，号湘绮。湘潭人。咸丰举人，历任成都尊经书院、长沙思贤讲舍、衡州船山书院、南昌高等学堂主讲。晚年授翰林院检讨，加侍读衔。辛亥革命后，任清史馆馆长。著有《湘军志》《湘绮楼诗集》，主编了《湘潭县志》

登空灵岩和杜工部

清·释敬安

舍舟运神游，登栈眩奇眺。
洲渚屡旋复，岩石咤危峭。

云窦滴余润，洞隙纳微耀。
凿险若神工，履阴嶷鬼啸。
造物奏玄功，观空得要妙。
既惬青霞心，岂顾白衣诮。
黄屋罗英灵，沧州隐鱼钓。
取舍各有宜，殊音自同调。

注：释敬安（1851—1912），本姓黄，字寄禅，湘潭人。少以孤贫出家，致力诗文，得王闿运指授，才思日进，入“碧湘诗社”。曾于宁波阿育王寺剜臂肉燃灯供佛，并烧二指使骈，自号八指头陀，曾任浙江天童寺方丈。辛亥革命后，当选为中华佛教总会会长，为当时著名的爱国诗僧。有《八指头陀诗文集》

古街古宅

（一）古街

三门古街 沿着三门河堤前行，为三门久负盛名的古街。此街街中铺满乳白、厚重的麻石，十分整齐。一些麻石，还延伸到两边台阶上，让并不宽阔的路面亮堂起来。江边满目的麻石，证明着石街曾经的繁华。古代，三门镇市面繁荣，商业发达，尤以粮食贩运和加工业为甚，是湘江之滨的一个大集市。古街临江的一面，曾建有一个土码头，俗称“米谷码头”，各地水运过来的粮食和生活用品，在此处起货，再发往四面八方。

古街两边的房屋，一楼是高高的木板房，二楼是小阁楼，屋顶是俊秀的飞檐。房屋一间紧接一间，挤得密密麻麻。雕花的木栏杆，各有特色，没有一处重复。现古街保留了一些原来的风貌，但随着岁月的侵蚀，已经破损不堪。一楼的木板房虽然经过改造，但失去了“江南小镇”的韵味；小阁楼虽然还完整，但外墙、雕栏和飞檐已残缺不全。

雷打石老街 进入雷打石镇内，一条老街向前延伸，维系着一代代雷打石人的生活，凝聚着一方历史与沧桑的所在。雷打石老街依湘江而建，对岸就是株洲县城。过去从河西去南岳进香，这里是必经之路。占据着陆路与水路的优越位置，这里曾是重要的商品集散地，当年的繁华可想而知。位于沧沙街59号的铁匠铺和老街一侧的邓家公屋都是清光绪年间建造。

雷打石镇有400多年历史。西南端的沧沙埠，为明代货物囤积运转之地。清康熙十三年（1674），吴三桂陷长沙，曾屯兵于此。老码头旧址痕迹犹在，三块带有圆孔的麻石并排矗立在堤岸上，这是当年码头栏杆所用的基石。码头所在与株洲县城隔江相望，正对面则是渌江汇入湘江的入口。上得岸去，是一个三岔路口，向北可通株洲市区，向南沿湘江而上可达空灵岸景区，往西经过伞铺可到达湘潭。在一堵破旧的墙根下面，有一块石碑，碑体上刻在“永禁洋烟，如违禀究”八个大字。

马家河老街 位于湘江株洲段南岸，属于马家河镇新马村地界。现为马家河镇所辖的新马居委会，为一条古街，其历史可追溯到明朝晚期。民国末年，马家河集镇已有一定规模。马家河老街，街长 200 米，当时有 2 米余宽的麻石路面。出街口花岗石铺成的码梯直达湘江边，既是当地的经济中心，也是居民聚居最为集中的地方。集镇中有清末黎培敬府第、胡家庙、龙王庙等古色古香建筑，唐恒泰、陈明记、陈渭记、隆裕酱油及宫集义药铺等是当地规模最大的商铺。1927 年，毛泽东考察湖南农民运动时，在马家河停留数日，对当时的农民运动给予很高的评价。中华人民共和国成立后，陈渭记、袁益盛南杂两家商铺改为马家河供销社，隆裕酱油作坊曾一度作为饭堂、蔬菜市场和粮站。马家河小集镇很长一段时期保持着原有风格和功能。现仍保留着马家河供销社，马家河知青点等具有时代特征的建筑。

（二）古宅

鼓磉洲罗氏宗祠 位于马家河镇高塘村槽门组。根据罗氏族谱图文记载：建于 1746 年，四周围墙圈定，前有影壁，宽 19.20 米，厚 1.38 米，高 4.50 米，属京城翰林院建筑风格。影壁上的瓦当，仍泛着黄色，且左右图案相间，各不相同。影壁为镂空砌体，左右为菱形，中间为蜂窝状。影壁左右各有辕门，左辕门有麻石铺路通往青龙桥至马家河。右辕门有道直通大石桥。祠堂正门，门楼青瓦朱顶，左右飞檐。厚实大门门环硕大，门楣上书“罗氏宗祠”，左右分别书“鼓磉名家”“琳琅旧族”。与影壁齐名的，当属同期建造的，前院当中的亭阁“明德堂”，当地人称“皇亭”。始建于乾隆十一年（1746），为乾隆皇帝钦赐建造。

袁家祠堂 位于群丰镇石塘村。现群丰镇石塘村村部设在祠堂。祠堂曾做过藕灵完小，石塘山学校。袁家祠堂曾经是一个大祠堂。西门现已封闭，只留下几级石阶和石鼓。祠堂东门曾经做过供销社，现保存较好。此祠堂与袁海观有关。清末时曾任上海道台、两广总督的袁海观出生于此。相传他战功卓著，深得皇帝赏识。当地村民介绍，祠堂里原先十分热闹，如祭祀、看戏等，后多次进行翻修。残留在学校操场上的石碑，刻着大清道光二十四年（1844）、三十五年（1855）和民国 30 年（1941）的字样，还记载了一些捐款修建者的姓名及捐款数额。

脉湾庄园 位于雷打石镇脉湾村。清光绪四年（1878），光绪帝批准因身体有伤的郭松林回老家脉湾休养，他把在苏南、南京等地抢掠来的金银财宝，装了 18 船运回家乡。当年，他在故乡大兴土木，广征天下能工巧匠，建成 1 座占地 67 余公顷的豪华皇家庄园，其建筑之考究，装潢之华美，在当地堪称一流。他建造的一座汉白玉牌坊，其高度比皇宫的还要高 1.1 尺。并在大厅前仿照故宫建筑建造一座椭圆形的人工“逍遥湖”，湖四周围着汉白玉栏杆，依湖一字儿排开建造十四套豪华的“皇后”居室。郭松林还耗巨资修筑“小长城”，这“小长城”是用三合土和青砖筑砌的高约 3.3 米，宽约 2.4 米的围墙，上面建有 7 座小烽火台，全长 1800 米左右，每天有兵士轮流巡逻，日夜护卫着庄园。脉湾庄园建造已逾百年，大部分都已毁掉，但仍留有残墙断瓦。

万丰老屋 位于马家河镇万丰村长塘组。面积四五百平方米，依山傍水，保存较为完好。祖屋房梁，房柱均采用上好木材，墙壁由盐、糯米、三合土混合而成，整体结构毫不逊于钢筋混凝土。

不仅非常坚固，而且冬暖夏凉。建于 1905 年，由罗映赓的曾祖父始建，有厢房、正房、横堂屋等。后损毁过半，1958 年重修过。老屋虽老，但天井、台阶，处处都有质地精良、雕刻精细的大理石，显现出宅子曾经的富贵大气。建房子麻石和大理石出自长沙丁字湾和祁阳。老屋 6 米多高，屋顶正中的横梁上面有八卦、漆纹图案。还有房屋建造的年代：光绪丙午年。堂屋原有照墙，照墙上有清人黎培镜题赠“婺焕湘中”四个阳文金字，每字约有 80 厘米见方，字字苍劲有力。

湘江而上，到达凿石浦。据《凿石浦志》称：“……子美由蜀南征，爰庆霞寺山水清雅，因宿于寺，题有诗，后建草堂。”杜甫在此住宿一宵，次日早行。宋书法家米芾，曾书“怀杜岩”三字，后人勒石悬崖上，已毁。庆霞寺始建于唐太宗贞观元年（629），杜甫到此时，已建寺 140 多年。现寺不存，留有断碑残碣，遗迹可辨。

地名传说

天台山 位于原市园艺场天台工区，现神农广场、神农塔一带。天台山虽然不复存在，但是“天台”这个名字却被留存了下来。新区第一条大道即长江广场至神农广场，冠名为“天台路”。

传说：从前，河东也有一座天台山，和河西天台山隔江相望。两座山不肯相让，互相比赛着长高，天长日久，已高耸入云。上天知道了，惊呼，这还了得！于是八仙当中的张果老腾云驾雾至此，一屁股坐在河西的天台山上，同时手中的拐杖向着河东的天台山敲去。霎时两座较劲的高山乖乖停止了生长。天台山，也因为这个古老的传说，闻名遐迩。

怀杜岩 又名杜甫岭、矶头岭、冲天岭，山上曾有座雨师庙。怀杜岩，位于栗雨街道办凿石社区湖塘组矶头岭，该处已被列入湘江风光带规划中。矶头岭地处凿石浦。怀杜岩遗址靠新市四水厂那边，离杜诗中回塘不远。怀杜岩脚下昔有浣花之垒，玉洁高清。

据《凿石浦志》记载，宋朝著名书画家米芾，怀着对诗圣杜甫的敬仰之心，专程按杜甫从洞庭湖溯湘江而上的路径，来到凿石浦，吊唁诗圣。他拜谒了杜陵草堂之后，对伸入湘江之上的巨石十分喜爱，于是登临石上，远望杜陵草堂，激情喷发，挥毫在巨石上写下“怀杜岩”三字。他眯眼细看，对自己写的怀杜岩三字又欣喜有加，并认定这三个令他欣喜的字，是笔之功，于是紧抱狼毫，仰卧石上，美美地睡了一觉。“怀杜岩”三个大字曾凿在伸入湘江的巨石之上。20 世纪 50 年代初期大兴水利建设浪潮中，群众凿石筑西岸湘江大堤时将它毁掉以石修堤。

空洲岛 相传商朝纣王无道，周文王逼反西岐，诸路神仙有的投靠周文王旗下，帮助伐纣；有的投奔纣王，助纣为虐，昆仑山掌门昆仑道人起程赴西岐助周伐纣，昆仑山九头守山雄狮趁山上无主，弃守山之责，遂下山自由游玩。九头雄狮自昆仑山来，眼界大开，特别是来到湖南湘江中游衡山余脉一带，眼见风光旖旎，物阜民丰，便将修炼之事早已置之脑后，三年五载仙气渐失，本性渐露，它们先在湘潭一带伤害人畜，践踏作物，后跨过湘江危害湘东醴陵，使人茂粮丰的富饶之地，变成田土荒芜、人烟稀落萧条之所。

一日，南海观音领着两位莲花仙子下得凡来视察民情，路过湘东，遥见今日的天元区霞石一带晦气四溢，便降下云端，细看时，百里之内，人去楼空，满目萧条，观音惊愕之时，发现九头雄狮正在霞石山间戏耍。观音识得是昆仑雄狮，便对它们喝道："孽畜，还不回去？"其中一头狮子张开血盆大口，吼一声，扑向观音。观音顺便折一柳枝向雄狮掷去，顽狮立马变成一座石山，形状似雄狮张口面向湘江，立于霞石渡口上方。这就是今天所称的空灵岸。其余顽狮见状，伏地求饶，观音将每头雄狮脖子上拴上一个铜铃，打发它们回昆仑山，接受昆仑道人调教，镇守宝山。

观音镇服那头顽狮后将柳枝抛向空中，旋即变成一支箭，落入湘江之中，眨眼间，只见江面上两片柳叶立时变成两只金鸭，箭般射出托起柳条，柳条变成一岛，把两只金鸭压入水底。相传此岛浮于水面，随水涨落，因此叫作空洲岛。

伞铺垅 原本叫"散步垅"。后来阴差阳错地把"散步垅"叫成了伞铺垅。

清代乾隆期间，有个叫苏中泉的状元，官至史部侍郎，家在离伞铺垅里把路的保驾楼。这保驾楼就是当时为接待皇帝微服私访而专门修建的住宅楼房，以保皇帝之驾。楼房的遗址，虽经历代沧桑，至今仍依稀可辨。皇帝来此微服私访住在此地，茶余饭后，免不了要到外面去散散步。而伞铺这个地方山清水秀，又有茂林修竹，正是一个休闲散步的好地方。日复一日，年复一年。这个地方就被人们称呼为"散步垅"了。

从雷打石到伞铺垅来，离伞铺还有里把路的地方，就有一个下马桥。文武百官至此，必须下马步行。从伞铺出发经谭家山那头约两里路左右，有个叫铁篱笆的地方，相传那是为了保护皇帝散步安全而专门设立的门栏。保驾楼的对面偏南里多路的地方，有个黄旗坳，皇帝出来散步时，那地方就会升起黄旗，告示众人，不要闯入禁区。黄旗坳右前方有个杀人坳，那是状元家丁追杀盗贼的地方。说的是某一天的夜里，一个不怕死的盗贼，竟鬼使神差地潜入保驾楼内状元家偷东西，被家丁发现，窃贼闻风而逃，家丁们穷追不舍，一直追到两里多路外杀死了这个盗贼。从此，这个地方就叫杀人坳。

三门 在离六龙桥下游约两百米处，右侧有一座突兀的圆顶山峰。形似窝窝头，山体如刀削。除有少量零星草木长在崖壁之外，大部分崖壁裸露，呈赤褐色，地貌似丹霞。山峰高出地面约五六十米。山体下部似有三道拱形门洞的痕迹。右边两道石门的痕迹比较清楚。门高约 10 来米，门宽约 3 米。两门并列，相距约 5 米。第三道石门在左边，与右边的两道门相距较远，也没有那么高，痕迹依稀可辨，不如右边两道门清晰。三张门的下部都被杂树乱草遮蔽，树上藤蔓覆盖，开满金银花。

这就是石三门，据说，三门镇的名称即由此而来。群众把石三门的故事编成顺口溜："那年宜城被火烧，黎民百姓无处逃，黎民想把宜城建，没有银钱建不成。听说牛尾有石城，石城里面住仙人，神仙他有银钱借，黎民焚香来借银。借条写在石桌上，借得银子建宜城。等到宜城建好后，再筹银子还石城。石门神仙报个梦，只要宜城改个名。宜城改名叫三门，就算还了我的银。今后再也无银借，石城从此就关门。”

又有传说，三门原来叫宜城，明朝末年李自成起义，攻破京城掳走了山海关总兵吴三桂的爱妻陈圆圆。吴三桂“冲冠一怒为红颜”，便投降了清兵，并引清兵入关，一道追剿李自成。后来追到湖北九宫山，没找着李自成的下落。吴三桂便继续率兵南下，来到湘江边上，一把火烧了宜城。吴三桂走后，当地人又集资建了宜城。因为石城老爷显灵报梦，从此改名叫三门。

据说石门内原来有洞，人可走进去两丈许，里面的洞太狭小，但可以通到湘江边。曾有人在洞内生火，看见湘江边上冒烟。但后来洞子闭塞了，石门也关了。

金牌村 传说很久以前，三门镇金牌村，村上有位美丽、聪慧的姑娘，她在田野间一水井里洗葱。姑娘边洗边唱起了当地的歌谣，欢快的气氛让人陶醉。调皮的姑娘觉得葱香，便低头口含葱叶，用葱根划动着井水。突然，她看到水井中好像晃出一个黄灿灿的东西，她想仔细瞧瞧那发光的东西到底是什么，便伸手去捞。当她捞起定神一看，她惊呆了，在手上的居然是块沉甸甸的金牌。姑娘惊喜的忘记了含在口里的葱，葱便掉入井中，金牌也随之消失了。姑娘在井中仔细寻找，发现金牌就在井中，但要捞却捞不上来。姑娘向村民谈起此事，村民纷纷前来一探究竟，发现金牌确实是隐隐就在井中，却怎么也捞不上来。水中冒金牌，这是一件很神奇的事情，其他村从来没出现过此情况。金牌出现在该村之后，年年丰收，鱼米充裕，该村从此就以金牌为名。

民间故事

（一）对子抵船钱

株洲群丰，以前有个智慧人物叫钱六姐。她读书不多，却聪明过人。这天，钱六姐走亲戚，要过河。天色已晚，又下起绵绵细雨。到岸边，她见岸上蹲着两个人，不上渡船。虽然奇怪，也顾不上问，便喊船夫。船夫病了，让儿子小三替他。这小三聪明好学，喜欢捉弄富家子弟。常信口编个对子让他们对，对上了可以上船，对不上收双倍的船钱。小三听见叫船的，出舱一看，是个女的，打扮也很整齐，当她是大户人家，就说了过河的条件。钱六姐一想小孩子家能出什么对子，就说：“请出上联吧！”小三说：

晴天过河船搭脚。

字面很平常，仔细一想，还挺难对，天越来越黑，雨也越下越大。钱六姐在岸上打着伞来回思索，忽然触景生情，对出下联：

雨夜行路伞遮身。

小三说：“请上船吧！”话音刚落，岸上两个人站起来要上船。原来这是两个富家子弟，让小三难在这里已经一个时辰了。小三说：“等等，对子是人家对上的，你们想白占便宜可不行。这样吧，赶上天黑下雨，饶你们一次。不过，这位大姐的船钱得由你们出。”那两人连连答应，随钱六姐进了船舱。

(二) 小气老庚题诗

河西果木园有三老庚，相处很好，常在一起吃喝玩乐。但是有个老庚很小气，爱白吃不出钱，时间长了，惹起另两个老庚对这个小气鬼的反感，便商议以后吃喝都不告诉他。

有一天，大、二老庚买了一只大肥鸡和几斤酒到河中间的一只船上摆宴。小气老庚打听到了。于是，他就弄一只大木箱子，自己坐在里面，从河上游顺水漂到船边，正当船上两老庚举杯饮酒时，突然发现河中漂来一只箱子，赶紧放下杯子，把木箱子捞上船来，并且高兴地说：“我们今天真是一举两得。”可话没说完，那小气老庚从木箱中钻出来说：“老庚！今天我有好运气，又有酒喝，又有鸡吃。”弄得船上两老庚哭笑不得。一个老庚说：“一起喝酒可以，但要作诗对喝酒，并要以墨里墨黑，清清白白，容易容易，难得难得为诗引。”

大老庚题：

墨壶的墨墨里墨黑，写在纸上清清白白，

纸要吃墨容易容易，墨要吃纸难得难得。

二老庚题：

天上乌云墨里墨黑，落下的水清清白白，

水往下流容易容易，水往上走难得难得。

小气老庚题：

我坐在箱里墨里墨黑，现在出来清清白白，

我吃老庚的容易容易，老庚吃我的难得难得。

(三) 杜甫与凿石浦的传说

769年春的一天，57岁的杜甫为避战乱，携家眷乘舟，从潭州（今长沙）溯湘江而上，去衡州（今衡阳）投奔好友衡州刺史韦之晋，途经株洲。

船行到凿石浦时，湘江上空突然刮起旋风，江面巨浪滚滚。船无法前行，只好停靠在避风的凿石浦的江边。据杜甫在诗中描写了那场风的威力，“飘风过无时，舟楫敢不系。”“飘风”就是突然而起的暴风，没有征兆，也没有一定的方向，民间又称妖风。

那天傍晚，杜甫只好上岸，一行到凿石浦那座不起眼的庆霞寺。小庙里来了个大诗人杜甫，换成别的时间、地点，这都是蓬荜生辉的大好事。但乱世之中，庙里的和尚本来就饥寒交迫，只说了一句“阿弥陀佛”就忙别的去了，晚餐也是敷衍了事。那天夜里，庙里死气沉沉，杜甫心情更加不好，写了《宿凿石浦》感叹：“穷途多俊异，乱世少恩惠。”

第二天早上，孩子没睡醒，杜甫就叫起他们行船赶路，孩子哭吵着。和尚也不留，与昨晚见面时一样，重复一句“阿弥陀佛”。杜甫离开凿石浦时，又写了《早行》一诗，怨愤之情溢于言表：“歌哭俱在晓，行迈有期程，孤舟似昨日，闻见同一声。”

如果不是杜甫遇到狂风突起，船无法前驶，心身俱疲，怕前不着村后不着店，早早地选择投宿的地方，他的船只估计向衡阳方向前进了。

杜甫离开凿石浦后，途经渌口，作《过津口》一诗。这天中午，船到空灵岸，杜甫被眼前美景所陶醉，临时落帆止步，停舟靠岸，阅尽空灵妙景，“幸有舟楫迟，得尽所历妙”。直到次日午后，他还不忍离开，开船之后，又仔细看了一遍：“回帆觊赏延，佳处领其要。”然后，杜甫险过昭陵滩，夜宿花石戍，经晚洲，向衡阳进发，去投奔老友衡州刺史韦之晋。

杜甫 4 次途经天元区，留下 4 首诗歌。从诗中看，杜甫在凿石浦的心情最沮丧，在空灵岸的心情最舒畅。

（四）五云峰轶事传闻

天降五云峰 早年间，洪水淹天门，人畜困于水。救苦救难的观音菩萨，即乘五朵彩云伴着无数朵小白云前来救生，被一牧童发现，说：天上菩萨赶石头。天机一经点破，转瞬之间，小白云果真变成大小各异的石头，五朵彩云化作五座山峰，降落人间。正挣扎于水中的人畜，纷纷爬上山峰而免遭灭顶之灾。

雷祖殿祭碑 清嘉庆七年（1802），久旱无雨，大地干裂，百姓心急如焚。有人记起先人所说：“自唐朝以来，五云峰旧有神祠，几次旱祷祀，有求必应。”于是，人们在五云峰顶雷祖殿上焚香摆供，祭拜天地佛祖。午时祭拜一过，未时大雨倾盆。万物昭苏，生芽得救，百姓解忧，杀猪宰羊，立碑致祭，传道后人。直至现今，祭碑仍完好无损，立于五云峰之巅。

巧变蛋为桃 一日，乾隆皇帝下江南，途径五云峰，便下马入龙门寺拜佛进香。众僧盛迎礼毕，乾隆欲测试和尚是“从我圣旨，还是遵你庙规，”便令随从弄来鸡蛋，分赐于方丈和其他和尚，命每人以吃蛋为题作诗一首并吃下鸡蛋。众僧正感为难，只见方丈手捧鸡蛋，对皇上微微一笑，然后慢慢念道：“皇上赐我一个桃，既无核来又无毛，老僧带你西天去，免得阳间受一刀。”说罢，即吃下了鸡蛋。乾隆不由暗惊，无话可说。他原想以吃食难以分清荤素的鸡蛋来为难方丈，没想到方丈聪明至此，竟能正好运用诗的表达方式，把皇上的有意作难轻而易举地化除了。

“二龙戏蛛”与“十全十美” 民国 3 年（1914），袁世凯意欲称帝。恐袁海观捷足先登，便派奸细打入袁海观家族内部，扬言不改祖坟海观当不了皇帝，并鼓动袁海观之三子袁增文、六子袁增笏于该年清明前同一天内，将其祖父、祖母之坟改迁合葬于五云峰狮子山口下，以恢复被断龙脉，方得佛祖保佑当上皇帝。

兄弟二人言听计从，分别带人至五云峰山脚和湘潭县易俗河杉塘湾两墓地掘坟取棺。当其祖父之棺材出土时，突然一股地气上冒，只见一只小木脸盆大的红蜘蛛紧贴棺木上方，又见墓地两侧罗围尖端处各卧有一条金黄色的小蛇。以棍相赶，蛛、蛇均不离开。百姓称之为“二龙戏蛛”。又当袁增笏在杉塘湾墓地挖出其祖母棺材时，发现有九个半土蛋平摆于棺底土层上。便认为这半个土蛋之差是因为时辰未到，只有在改坟合葬之后才能发育成全。迁坟合葬之后，到一天就能圆袁海观称帝之梦，那就是“十全十美”了。据说，这九个半土蛋后由其族人保存在上海的私寓中。两坟合葬所用钢材、水泥系德国货，现合墓仍完好无损，受到当地群众保护。

袁海观当时当然并未得到佛祖和神灵的什么保佑，不仅没当上皇帝，连命也没能保住。在给父母改坟后的次年三月初七即去世，享年 69 岁，葬于南岳衡山大旗岭金盆山。

索　　引

说明

1. 本索引将本志的篇、章、节标题按汉语拼音字母顺序排列；

2. 索引名称后的阿拉伯数字表示内容所在的页码。

D

E

F

G

H

J

K

L

M

S

T

W

后　记

《株洲市天元区志（株洲高新区志）》编纂工作于2015年3月启动，全区71家承编单位、300余名编撰人员共同努力，众手成志，于2018年12月付梓。全志共设25篇、126章、477节，117万余字，另加综述、大事记、人物、附录等部分组成。内容上限起于事物发端，下限至2014年，全面、系统地记述株洲高新区和天元区行政区域内自然、政治、经济、文化、社会的历史和现状。《株洲市天元区志（株洲高新区志）》的编修工作，总体上分为以下几个阶段。

动员培训，明确任务阶段。2015年3月24日，株洲高新区、天元区召开《株洲市天元区志（株洲高新区志）》编修动员大会，区志编修工作全面启动。株洲高新区管委、天元区政府联合下发《〈株洲市天元区志（株洲高新区志）〉编修实施方案》，并与各撰稿单位一把手签订修志工作目标责任状。印发《〈株洲市天元区志（株洲高新区志）〉编修工作指南》，将区志编修实施方案、篇目、凡例、行文通则、编写质量标准等和国务院、省市有关地方志工作的文件、资料汇编成册，发放与会人员及各承编单位。动员大会后，各单位迅速行动，至2015年4月中旬，全区71家承编单位均成立修志机构，配备编修人员，安排相关工作经费，4月下旬，区志办对各单位分管领导和撰稿人员进行基础知识培训，邀请市志办专家讲课；5月，先后分6批次对全区71个承编单位的编修负责人及撰稿主笔进行全面培训，培训中就篇目资料搜集和初稿试写等进行研讨、交流，培训达到预期目标；6月上旬，全区71个承编单位100%启动修志工作。

搜集资料、编写初稿阶段。自2015年7月开始，区志办在单位基本拥有编写资料基础上，指导部分单位进行试写初稿。2015年9月，区纪委监察局在全区第一个上交由区志办认定基本合格的初稿。至2015年10月上旬，全区71家承担撰稿任务的单位有20%的单位上交初稿，但多数不符合要求。针对各单位在编写初稿中遇到的问题和困难，2015年10月，区志办又用5天时间分5批次对全区修志主笔人员进行再培训，重点就资料不足、体例不符、文体欠准等问题面对面予以指导。区志办对上交的稿件做到来一篇，就在最短的时间内提出修改完善意见，返还撰稿单位补充修改，自始至终保证区志按照预定方案时间节点推进。2015年底，全区71个承编单位90%上交初稿。2016年8月，全区全部承编单位都按照编纂方案要求上交志书初稿。与此同时，区志办完成总述、大事记、地理建置、人物、文件选登等初稿撰写。

合编总纂、确保质量阶段。自2016年9月开始，区志办对各承修单位经过反复修改补充后报送的初稿进行审改、对接、合编。查遗补漏，进一步修改完善。区志办集中编辑力量，采取召开专题研讨座谈会、实地考察调研、上级与下级部门沟通、约访当事人、到上级对口单位征集等多种方法搜集和核实资料，解决部分志稿资料不翔实、数据不真实、事实不清楚等问题。内部评审，把好第一关。将合编好的志稿返回承修单位进行内审，各单位将志稿分发给领导班子成员、各科室负责人以及离退休老同志评议、征求意见，查遗补漏，确保合编后的志稿内容真实、准确、全面。强化总纂，力避差错。严格按照志书行文通则和质量标准进行梳理。至2016年底，综述、大事记、附录和25个大篇的专志初稿的修改、对接合编工作基本完成。2017年3月开始，对各单位审定返回的稿件由主编进行统稿和总纂，从体例、语言表述、内容交叉重复、政治原则、保密要求等问题进行严格把关，确保全书不出现重大疏漏和原则性错误，经得起历史的检验。2017年上半年完成《株洲市天元区志（株洲高新区志）》稿评审稿。2017年10月20日，由株洲市志办、区政府在天台山庄主持召开《株洲市天元区志（株洲高新区志）》稿评议会，将志稿正式提交上级主管部门和专家评议。经过省市县三级评审会议审定，原则上通过评审。评议会后，区志办根据评审会议及各方面意见，制定修改方案，组织专业人员再次进行全面的修改、调整、补充、完善，全面认真进行审定，并反复核校，力求精益求精。最后经过市志办终审，省地方志编委会验收，于2019年1月公开出版发行。

《株洲市天元区志（株洲高新区志）》编纂过程有以下几个特点：

领导重视，保障有力。2015年全面启动区志编修以来，修志工作建立党委领导、政府主持、各相关部门共同参与的工作机制。一是成立《株洲市天元区志（株洲高新区志）》编纂委员会。由工委、区委书记及管委会主任任顾问，区人民政府区长任主任；4年间，管委、政府在常务会上4次听取区志工作汇报，研究区志工作；区地方志工作均以管委会、政府的名义开展，包括开会、工作安排、表彰、督查等。每年3月左右政府召开全区地方志工作会议，都有区领导出席讲话。其中，2015年及2017年区地方志工作会议，区长亲自出席并讲话。管委会、政府4年间分别下发《关于印发〈株洲市天元区志（株洲高新区志）〉编纂实施方案的通知》《关于开展〈株洲市天元区志（株洲高新区志）〉编纂工作督查的通知》《关于认真做好〈株洲市天元区志（株洲高新区志）〉内部承编单位内部评审工作的通知》3个文件。谢高进、周建光书记，李智、朱振湘主任和董巍区长多次过问工作进度，听取工作汇报，提出工作要求。工委区委、管委政府分管领导刘铁华、杨宇、袁哲明、蒋智等每季度都听取区志编修情况汇报，及时有针对性地提出工作要求，帮助解决修志过程中出现的问题。二是工作保障机制建全。《株洲市天元区志（株洲高新区志）》编纂经费130万元。从2015年起，每年纳入区财政预算，分4年拨付到位。区志编辑部有办公室，购置电脑、扫描仪、传真机、照相机、全自动打印、复印机等现代化办公设备，为编修人员提供良好的工作条件，提高了工作效率。

措施具体、督导得力。一是为了按计划推进株洲新区首部志书的编修，区绩效考核办将各单位区志编修工作按照领导重视的程度、交稿的时间、稿件的质量等纳入年度目标管理绩效考核。2015年9月，根据区志编修进度快慢不一、质量不平衡的情况，管委会、区政府下文，由管委会、区政府督导室对全区各单位修志工作进行督查，督查结果在全区予以通报。二是自2015年启动编修区志以来，区志办每个季度出版一期全区地方志工作动态，及时将区领导和上级指示要求、区志编修进展、好的作法与经验、存在问题予以报道。《动态》发至区级领导及各单位主要负责人，4年间共编辑地方区志工作动态16期，刊发文章近90篇，较好地发挥宣传、经验交流、推进区志编修工作的作用。三是建立和健全工作制度。区志编纂办公室每月有计划、有检查、有总结，完成任务情况纳入档案区志局月度绩效考核。编辑部人员工作认真负责，积极主动，全身心的抓培训、抓指导、抓编辑，每个单位上交的初稿至少经过4次编审修改，最多的达12次。四是攻坚克难，敢啃“硬骨头”。天元区与株洲高新区合为一志，比一般行政区修志复杂，在资料搜集、撰写手法、志书总纂上难度较大，特别是资料缺失问题尤为突出。全体编修人员不畏艰难，凝聚智慧，扎实工作。为了采集翔实的编纂资料来充分反映新区发展变化，使志书横不缺项，纵不断主线，区志办编辑人员深入主要职能属于市级的有关部门和单位，如市档案局、发改局、规划局、建设局、房产局、邮政局、气象局、水文队、灯饰办、供水、供电、供气、公交及各银行、保险公司、电信移动、田心高科园、董家塅高科园等50多家单位搜集资料60多万字，通过筛选整理，较好地弥补区内相关单位志书内容的空缺，丰富志书内涵。

点面结合，彰显特色。株洲新区是株洲市政治、经济、文化、金融、高新技术中心，写新区的特色离不开新区建设，更离不开高新技术产业。因此，区志办在志书中加重对城市建设、高新技术产业、科学技术、金融等篇章记述。在城市建设方面，将城市规划、路桥建设、“两型社会”建设、房地产业进行重点记述，尤其对株洲6座湘江大桥建成通车和市委、市政府西迁对株洲新区的高速发展进行重点记述，凸现其重要的促进作用。对于城市的发展，则在房地产业中用五大板块形成充分展示株洲新区的版图和发展。在城市建设中将“两型建设”升格为章，充分展现株洲新区建设环境友好型、资源节约型的高起点。区志还加重了对高新技术产业发展记述，并将相关内容前置，对株洲高新区建区、建设、发展全过程，特别是园区开发、产业配套、创新创业服务进行充分记述，充分彰显株洲新区创造辉煌的历程。

修志问道，以启未来。发扬方志人精神，志存高远，力学笃行，直笔著信史，彰善引风气，为当代提供资政辅治之参考，为后世留下堪存堪鉴之记述。《株洲市天元区志（株洲高新区志）》的完成，得到各级领导，曹敬庄、彭雪开等专家学者及方方面面的大力支持，凝聚了广大修志工作者的心血和汗水。由于《株洲市天元区志（株洲高新区志）》有别于其他行政区志的特殊性，事涉千条线，内容纷繁复杂，虽然我们做了百分之百的努力，但因水平有限，疏漏和错误在所难免，恳请社会各界人士和读者批评指正。

编 者

2018年12月